संशोधित एवं आधुनिक संस्करण

बेसिक कम्प्यूटर कोर्स

[Basic Computer Course]

***made simple* (सरलीकृत)**

NIELIT (DOEACC) के संशोधित (*Revised*) पाठ्यक्रम पर आधारित

द्वारा

प्रोफेसर सतीश जैन

B.Sc., B.E. (IISc), M.E. (IISc), M. Tech. (IIT Kanpur)
Wing Commander (Retd.)
Ex-Professor of Information Technology,
Institute of Information Technology & Management
GGS Indraprastha University, Delhi

डा. शालिनी जैन

B.E. (Delhi College of Engineering)

एम. गीता अय्यर

B. Com., Dip. Computer Science

BPB PUBLICATIONS
B-14 Connaught Place, New Delhi-110 001

REPRINTED 2023

FIRST EDITION 2014

ISBN: 978-81-8333-522-5

Distributors:

BPB PUBLICATIONS
20, Ansari Road, Darya Ganj
New Delhi-110002
Ph: 23254990/23254991

DECCAN AGENCIES
4-3-329, Bank Street,
Hyderabad-500195
Ph: 24756967/24756400

MICRO MEDIA
Shop No. 5, Mahendra Chambers,
150 DN Rd. Next to Capital Cinema,
V.T. (C.S.T.) Station, MUMBAI-400 001
Ph: 22078296/22078297

BPB BOOK CENTRE
376 Old Lajpat Rai Market,
Delhi-110006
Ph: 23861747

To View Complete BPB Publications Catalogue Scan the QR Code:

Published by Manish Jain for BPB Publications, 20 Ansari Road, Darya Ganj, New Delhi-110002 and Printed a Manipal Technologies Limited, Manipal

www.bpbonline.com

समर्पित

भगवान गणेश, लॉर्ड मुरगन, श्री राज राजेश्वरी एवं श्री साईं बाबा को

जिनके आशीर्वाद से जीवन की सारी बाधाएँ दूर हो जाती हैं।

आमुख (Preface)

इस पुस्तक को लिखने का उद्देश्य NIELIT (DOEACC) द्वारा डिज़ाइन किए गए "बेसिक कम्प्यूटर कोर्स (BCC)" के सम्पूर्ण पाठ्यक्रम को सरल हिंदी एवं यूज़र फ्रेंडली तरीके से कवर करना है।

यह पुस्तक आठ अध्यायों में विभाजित है और प्रत्येक अध्याय NIELIT (DOEACC) द्वारा प्रदत्त पाठ्यक्रम की रूपरेखा के अनुरूप प्रत्येक विषय को कवर करता है। कई चित्रों और स्क्रीन्स का प्रयोग प्रत्येक कॉन्सेप्ट को स्पष्ट रूप से समझाने के लिए किया गया है। यह आशा की जाती है कि कोई भी व्यक्ति जिसे हिंदी और अंग्रेजी भाषा का थोड़ा भी ज्ञान है, वह इस पुस्तक का प्रयोग करके एक पर्सनल कम्प्यूटर पर कार्य कर सकेगा और इंटरनेट ऐक्सेस, वर्ड प्रोसेसिंग एवं प्रेजेन्टेशन तैयार करना जैसे कार्य भी आसानी से कर सकेगा। परिशिष्ट (Appendix) को विशेष रूप से सोशल नेटवर्किंग के बारे में बताने के लिए लिखा गया है। इस पुस्तक के पाठक साइंस या कॉमर्स बैकग्राउंड से होने चाहिए ऐसी अपेक्षा नहीं की जाती है। यह पुस्तक पाठकों में PC का प्रयोग करके लैटर्स लिखना, ई-मेल भेजना, अकाउंट का कार्य करना, गेम्स खेलना, प्रेजेन्टेशन बनाना आदि कार्यों को करने में रूचि पैदा करेगी।

हमने सॉल्व्ड प्रश्न पत्रों और अभ्यास के लिए अनसॉल्व्ड सैंपल प्रश्न पत्रों का एक सैट भी शामिल किया है। हम आशा करते हैं कि यह पुस्तक ऑनलाइन परीक्षा में पूछे गए प्रश्नों का उत्तर देने में आपके लिए सरल और उपयोगी साबित होगी।

पूरी पुस्तक के दौरान् पाठकों का ध्यान आकर्षित करने के लिए महत्त्वपूर्ण एवं मुख्य बिंदुओं को हाथ के चिन्ह (☞) के साथ पैरेलल एवं हॉरीजाँटल लाइनों के बीच रखा गया है।

हम इस पुस्तक में पाठकों को ऑनलाइन BCC परीक्षा में सफल होने के लिए शुभकामनाएँ देते हैं।

हम पाठकों के आभारी होंगे यदि वो हमें इस पुस्तक के प्रस्तुतीकरण, पठनीयता और कवरेज के बारे में अपने आलोचनात्मक विचार हमें भेजेंगे। हम पाठकों से अनुरोध करते हैं कि यदि वे विषय वस्तु में किसी तरह के सुधार की आवश्यकता महसूस करते हैं तो हमें अपने सुझाव ई-मेल से भेज सकते हैं। हमारा ई-मेल ऐड्रेस है bpb@vsnl.com

इस पुस्तक का सरल भाषा में अनुवाद **श्रीमती संगीता चतुर्वेदी** ने बहुत ही कम समय में किया है, अत: हम उनका हृदय से आभार व्यक्त करते हैं।

5 मई 2014 ***लेखक***

पाठ्यक्रम - रूपरेखा

बेसिक कम्प्यूटर कोर्स (BCC)

1. **कम्प्यूटर के बारे में जानना:** कम्प्यूटर क्या है, कम्प्यूटर के बेसिक ऐप्लीकेशन्स, कम्प्यूटर सिस्टम के कम्पोनेंट्स, सेंट्रल प्रोसेसिंग यूनिट (CPU), VDU, कीबोर्ड एवं माउस, अन्य इनपुट/आउटपुट डिवाइसेज, कम्प्यूटर मेमोरी, हार्डवेयर और सॉफ्टवेयर का कॉन्सेप्ट, कम्प्यूटिंग का कॉन्सेप्ट, डाटा और इन्फॉर्मेशन, IECT के ऐप्लीकेशन्स, कीबोर्ड, माउस, मॉनीटर और प्रिंटर को CPU से कनेक्ट करना और पॉवर सप्लाई चैक करना।
2. **GUI आधारित ऑपरेटिंग सिस्टम का प्रयोग करके कम्प्यूटर पर कार्य करना:** ऑपरेटिंग सिस्टम क्या है, लोकप्रिय ऑपरेटिंग सिस्टम्स के बेसिक्स, यूजर इंटरफेस, माउस का प्रयोग, माउस के राइट बटन का प्रयोग, आयकन्स को स्क्रीन पर मूव करना, कॉमन आयकन्स का प्रयोग, स्टेटस बार, मेन्यू और मेन्यू सिलेक्शन का प्रयोग, एक ऐप्लीकेशन रन करना, फाइल देखना, फोल्डर्स और डायरेक्ट्रीज, फाइल्स और फोल्डर्स को बनाना और रीनेम करना, अलग-अलग विंडोज को खोलना और बंद करना, हेल्प का प्रयोग, शॉर्ट-कट्स बनाना, ऑपरेटिंग सिस्टम सैटअप के बेसिक्स, कॉमन यूटिलिटीज़।
3. **वर्ड प्रोसेसिंग को समझना:** वर्ड प्रोसेसिंग बेसिक्स, डॉक्यूमेंट्स को खोलना , बंद करना, टेक्स्ट बनाना और मैनीपुलेट करना, टेक्स्ट की फॉर्मेटिंग, टेबल हैंडलिंग, स्पेलचैक, लैंग्वेज सैटिंग और थीसौरस, वर्ड डॉक्यूमेंट्स की प्रिंटिंग।
4. **स्प्रेडशीट का प्रयोग:** स्प्रेडशीट के बेसिक्स, सेल्स का मैनीपुलेशन, फॉर्मूलाज और फंक्शन्स, स्प्रेडशीट की एडिटिंग, स्प्रेडशीट की प्रिंटिंग।
5. **कम्यूनिकेशन में इंटरनेट का प्रयोग:** कम्प्यूटर नेटवर्क्स के बेसिक्स, लैन, वैन, इंटरनेट के कॉन्सेप्ट, इंटरनेट के ऐप्लीकेशन्स, इंटरनेट से कनेक्ट होना, ISP क्या है, इंटरनेट के बारे में जानना, इंटरनेट कनेक्टिविटी से संबंधित ट्रबलशूटिंग के बेसिक्स।
6. **WWW और वेब ब्राउज़र्स:** वर्ल्ड वाइड वेब, वेब ब्राउजिंग सॉफ्टवेयर, सर्च इंजिन्स, URL को समझना, डोमेन नेम, IP ऐड्रेस, ई-गवर्नेंस वेबसाइट का प्रयोग।
7. **कम्यूनिकेशन एवं कोलाबोरेशन:** इलेक्ट्रॉनिक मेल के बेसिक्स, एक ई-मेल अकाउंट प्राप्त करना, ई-मेल्स भेजना और पाना, भेजे गए ई-मेल्स को ऐक्सेस करना, ई-मेल्स का प्रयोग, डॉक्यूमेंट कोलाबोरेशन, इंस्टैंट मैसेजिंग नेटीकेट्स।
8. **छोटे प्रेजेन्टेशन्स तैयार करना:** प्रेजेन्टेशन सॉफ्टवेयर के बेसिक्स, प्रेजेन्टेशन बनाना, स्लाइड्स की तैयारी और प्रेजेन्टेशन, स्लाइड शो, प्रेजेन्टेशन/हैंडआउट्स का प्रिंटआउट लेना।

विस्तृत पाठ्यक्रम (Syllabus)

बेसिक कम्प्यूटर कोर्स (BCC)

पाठ्यक्रम की रूपरेखा (Syllabus Outline)

क्र. सं.	विषय	थ्योरी	ट्यूटोरियल	प्रैक्टिकल
1.	कम्प्यूटर को जानना	1	1	1
2.	(GUI) आधारित ऑपरेटिंग सिस्टम का प्रयोग करके कम्प्यूटर पर कार्य करना	2	–	4
3.	वर्ड प्रोसेसिंग के बारे में समझना	2	1	6
4.	स्प्रेडशीट का प्रयोग	1	1	4
5.	कम्यूनिकेशन में इंटरनेट का प्रयोग	1	–	2
6.	WWW और वेब ब्राउज़र्स	1	–	2
7.	कम्यूनिकेशन एवं कोलाबोरेशन	1	–	2
8.	छोटे प्रेज़ेन्टेशन्स तैयार करना	1	1	1
	कुल योग	**10**	**4**	**22**

विस्तृत पाठ्यक्रम

1. कम्प्यूटर को जानना

1.0 परिचय

1.1 उद्देश्य

1.2 कम्प्यूटर क्या है

1.2.1 ऐनालॉग कम्प्यूटर

1.2.2 डिजिटल कम्प्यूटर

1.3 कम्प्यूटर के बेसिक ऐप्लीकेशन्स

1.3.1 वैज्ञानिक शोध

1.3.2 बिजनेस ऐप्लीकेशन्स

1.3.3 मनोरंजन

1.3.4 कम्यूनिकेशन

1.3.5 मेडिसन

1.3.6 इंजीनियरिंग

1.3.7 पुस्तक प्रकाशन

1.3.8 बैंकों में

1.3.9 गेम्स

1.3.10 शिक्षा

1.3.11 व्यक्तिगत

1.3.12 अकाउंटिंग

1.4 कम्प्यूटर सिस्टम के कम्पोनेंट्स

1.4.1 सेंट्रल प्रोसेसिंग यूनिट

1.4.2 कीबोर्ड, माउस और VDU

1.4.3 अन्य इनपुट डिवाइसेज

1.4.4 अन्य आउटपुट डिवाइसेज

1.4.5 कम्प्यूटर मेमोरी

1.5 हार्डवेयर और सॉफ्टवेयर के कॉन्सेप्ट्स

1.5.1 हार्डवेयर

1.5.2 सॉफ्टवेयर

1.6 सॉफ्टवेयर के प्रकार

1.6.1 सिस्टम सॉफ्टवेयर

1.6.2 यूटिलिटी सॉफ्टवेयर

1.6.3 ऐप्लीकेशन सॉफ्टवेर

1.6.4 सिस्टम सॉफ्टवेयर का वर्गीकरण

1.6.5 टूल्स के रूप में ऐप्लीकेशन सॉफ्टवेयर पैकेजेस

1.7 कम्प्यूटिंग के कॉन्सेप्ट्स

1.7.1 सूचना और डाटा की परिभाषा

1.7.2 बेसिक डाटा टाइप्स

1.7.3 डाटा की स्टोरेज

परीक्षार्थियों के लिए उपयोगी सुझाव

प्रिय पाठकों,

प्रत्येक परीक्षा अपने आप में विशेष होती है और इसी विशेषता की पहचान करके आप सर्वश्रेष्ठ रिजल्ट प्राप्त कर सकते हैं। इसके साथ-साथ आपको सही रणनीतियों के साथ कार्य करना भी जरूरी है, जिसके लिए आवश्यक है प्रश्नपत्र को सही ढंग से विश्लेषण करना। लेखकों ने आपको प्रश्नपत्र का विश्लेषण करने के लिए गाइड के रूप में प्रभावी मदद देने का भरपूर प्रयास किया है और इसके द्वारा आप स्वयं भी प्रभावी कार्य योजना बना सकते हैं। क्योंकि आपको ऑन-लाइन परीक्षा में बैठना है अत: आपको दिए गए निर्देशों को ध्यान से अवश्य पढ़ें।

गल्तियाँ करने के कैसे बचें?

ऑब्जेक्टिव टाइप प्रश्नों को प्रारंभिक रूप से पढ़ लेने के बाद, केवल उन्हीं प्रश्नों का उत्तर लिखें जिनके सही उत्तर आपको निश्चित रूप से मालूम हैं। हमेशा यह तय करें कि आप प्रत्येक प्रश्न के लिए केवल सीमित समय ही लगाएँगे।

परीक्षा के लिए तैयारी कैसे करें?

यह पुस्तक NIELIT (DOEACC) के द्वारा प्रदत्त BCC कोर्स को पूरी पाठ्य सामग्री को शामिल करती है।

आप एक डेमो परीक्षा देकर, परीक्षा जैसी स्थितियों का अनुभव कर सकते हैं। इसके लिए आप कोई भी सैंपल पेपर लें और स्पेसीमेन उत्तर पत्रिका में उत्तर लिखकर निर्धारित समय के भीतर सभी उत्तर पूर्ण करने का प्रयास करें। एक या दो दिनों के बाद, अपने उत्तरों का आंकलन करें और यदि अभी भी आपको कोई संशय है, तो आप उसे इस पुस्तक के संबद्ध भाग से स्पष्ट अवश्य करें।

आपको परीक्षा में अपार सफलता के लिए शुभकाएनाएँ। आपको कम्प्यूटर के उपयोग के क्षेत्र में रोजगार के लिए उज्जवल भविष्य की भी शुभकामनाएँ।

लेखक

विषय सूची

बेसिक कम्प्यूटर कोर्स (BCC)

BOOKS *by Prof. Satish Jain*

'O' Level made simple Books (According to NIELIT (DOEACC) Syllabus effective from July, 2010 Examination)

- **IT Tools and Business Systems** *(covering M1-R4, A1-R4 and B1.1-R4 papers)*
- **Internet Technology and Web Design** *(covering M2-R4, A2-R4 and B1.2-R4 papers)* ***(Also available in Hindi)***
- **Programming and Problem Solving through 'C' language** *(covering M3-R4, A3-R4 and B1.3-R4 papers)* ***(Also available in Hindi)***
- **Application of .Net Technology** *(covering M4.1-R4 paper)*
- **Introduction to Multimedia** *(covering M4.2-R4 paper)*
- **Introduction to ICT Resources** *(covering M4.3-R4 paper)*
- **BPB 'O' Level Course** (Covering: IT Tools and Business Systems, Internet Technology & Web Design and Programming and Problem Solving through 'C' Language) (Also covering A1-R4, A2-R4, A3-R4 as well as B1.1-R4, B1.2-R4 and B1.3-R4 papers)

'A' Level made simple Books (According to NIELIT (DOEACC) Syllabus effective from July, 2010 Examination)

- **Computer System Architecture** *(covering A4-R4 and B1.4-R4 papers)*
- **Structured System Analysis & Design** *(covering A5-R4 and B1.5-R4 papers)* ***(Also available in Hindi)***
- **Data Structure Through C++** *(covering A6-R4 and B2.1-R4 papers)* ***(Also available in Hindi)***
- **Introduction to Database Management Systems** *(covering A7-R4 and B2.2-R4 papers)*
- **Basics of OS, Unix and Shell Programming** *(covering A8-R4 and B2.3-R4 papers)*
- **Data Communication and Network Technologies** *(covering A9-R4 and B2.4-R4 papers)*
- **Introduction to Object Oriented Programming through Java** *(covering A10.1-R4 and B2.5.1-R4 papers)*
- **Software Testing and Quality Management** *(covering A10.2-R4 and B2.5.2-R4 papers)*

'O' & 'A' Level BPB's Golden Solutions for NIELIT (DOEACC) Examination Question Papers

- 'O' Level–**IT Tools and Business Systems** *(Also covering A1-R4 and B1.1-R4 papers)*
- 'O' Level–**Internet Technology & Web Design** *(Also covering A2-R4 and B1.2-R4 Papers)*
- 'O' Level–**Programming & Problem Solving through 'C' language** *(Also covering A3-R4 and B1.3-R4 Papers)*
- 'O' Level–**ICT Resources** *(covering M4.3-R4 paper)*
- 'O' Level–**Introduction to Multimedia** *(covering M4.2-R4 paper)*
- 'A' Level –**Data Communication and Network Technologies** *(Also covering A9-R4 and B2.4-R4 papers)*

For B.E., MCA, M.Sc.(IT), B.Sc.(IT), BCA, PGDCA, and other IT Related Examinations for leading Indian Universities and Engineering Colleges

- **Introduction to Database Management**
- **Systems Analysis, Design and Management Information System**
- **Computer Networks**
- **Principles of Electronics–Analog and Digital**
- **Computer Organization and Architecture**
- **Data Structures** *made simple*
- **Advanced Computer Networking**
- **Wireless Communications and Networking**
- **Software Testing and Quality Management**
- **PC Software** *made simple*
- ***Guide to*** **Digital Electronics and Devices** *(Ques. & Ans.)*
- ***Guide to*** **Computer Networks and Data Communications** *(Ques. & Ans.)*
- ***Guide to*** **Systems Analysis, Design and MIS** *(Ques. & Ans.)*
- ***Guide to*** **Data Structures** *(Ques. & Ans.)*
- ***Guide to*** **Database Management Systems** *(Ques. & Ans.)*
- ***Guide to*** **Advanced Computer Networking** *(Ques. & Ans.)*
- ***Guide to*** **Computer Organization and Architecture** *(Ques. & Ans.)*
- ***Guide to*** **BPO and IT JOBS** *(Ques. & Ans.)*

For MBA, PGDBM and other Business Related Examinations for leading Indian Universities and Management Colleges

- **Computers in Business Management** *Principles and Practice*
- ***Guide to*** **Computers in Business Management** *(Ques. & Ans.)*
- **Information Technology Concepts** *(2nd Revisied and Updated Edition)*
- **BPB's Computer Course** *made simple (2nd Revisied and Updated Edition) [Windows 7/XP with MS Office 2007]*
- **BPB's Computer Course** *[Windows 7 with MS Office 2010]*
- **BPB's MS Office 2010 and Windows 7 Course**

'O' Level CHM (Computer Hardware Maintenance) made simple (According to NIELIT (DOEACC) Syllabus)

- **Electronics Components and PC Hardware** *(covering CHM–O1 paper)*
- **PC Architecture** *(covering CHM–O2 paper)*
- **Computer Peripherals and Networking** *(covering CHM–O3 paper)*
- **System Software, Dignostics and Debugging Tools** *(covering CHM–O4 paper)*

Basic Computer Course (BCC) ***made simple*** (According to NIELIT (DOEACC) Syllabus of year 2011 Examination)

Course on Computer Concepts (CCC) ***made simple*** (According to NIELIT (DOEACC) Syllabus of year 2010 Examination)

Training Guides for Application Software Packages

- **CorelDRAW 10** ***Training Guide***
- **CorelDRAW 12** ***Training Guide***
  CorelDRAW Graphics Suit X3 (Version 13) ***Training Guide***
- **Photoshop CS3** ***Training Guide***
  Photoshop CS5 ***made simple***
- **PageMaker-6.5** ***Training Guide***
  PageMaker-7.0 ***Training Guide***
- **MS Office 2007** ***Training Guide***
  MS Office 2010 ***Training Guide***
- **MS Word 2007** ***Training Guide***
  MS Word 2010 ***Training Guide***
- **MS Excel 2007** ***Training Guide***
  MS Excel 2010 ***Training Guide***
- **Internet** ***Training Guide***
- **Windows 7** ***Training Guide***
- **Dreamweaver CS5** ***Training Guide***
- **Flash Professional CS5** ***Training Guide***
- **Illustrator CS5** ***Training Guide***

अध्याय-1

कम्प्यूटर को जानना (Knowing Computer)

1.0 परिचय (Introduction)

कम्प्यूटर एक इलेक्ट्रॉनिक उपकरण है जिसे इस प्रकार डिजाइन किया गया है ताकि यह एक विस्तृत स्टेप-बाई-स्टेप स्टोर किए गए निर्देशों के प्रोग्राम के निर्देशन के अंतर्गत डाटा को ग्रहण एवं स्टोर करें, उन्हें प्रोसेस करे और फिर आउटपुट रिजल्ट्स प्रस्तुत करें। इसमें बहुत सी विशेषताएँ हैं जो किसी व्यक्ति को अपनी दिमागी शक्ति को बढ़ाने में सहायक होती हैं। हम कह सकते हैं कि मैकेनिकल मशीन ने इंसान को अतिरिक्त असल पॉवर प्रदान की है जबकि कम्प्यूटर ने इंसान को अतिरिक्त दिमागी पॉवर प्रदान की है।

1.1 उद्देश्य (Objectives)

पाठक निम्न को समझने में सक्षम होंगे:

- कम्प्यूटर क्या है?
- कम्प्यूटर के बेसिक ऐप्लीकेशन्स
- हार्डवेयर और सॉफ्टवेयर की अवधारणा
- डाटा प्रोसेसिंग की अवधारणा
- इन्फॉर्मेशन, इलेक्ट्रॉनिक और कम्यूनिकेशन टेक्नॉलॉजी (IECT) के ऐप्लीकेशनस।

1.2 कम्प्यूटर क्या है? (What is a Computer)

कम्प्यूटर एक इलेक्ट्रॉनिक डिवाइस है जो निर्देशों के सैट के अनुसार, जिसे प्रोग्राम कहते हैं, विभिन्न प्रकार के कार्य कर सकता है (देखें चित्र 1.1)। इसके बाद यह रिज़ल्ट को डिस्प्ले या प्रिंट करता है। कम्प्यूटर एक सामान्य उद्देश्य की मशीन है जो कच्चे तथ्यों (raw facts) को मैनीपुलेट करती है। निर्देशों के एक सैट के अनुसार, जो इसमें फीड किए गए हैं।

चित्र 1.1: कम्प्यूटर सिस्टम के विभिन्न भाग।

'कम्प्यूटर' शब्द 'कम्प्यूट' शब्द से आया है, जिसका अर्थ होता है कैलकुलेट अर्थात् गणना करना। अतः एक कम्प्यूटर को आमतौर पर एक कैलकुलेटिंग डिवाइस माना गया है जो एरिथमैटिक ऑपरेशन्स को बहुत तेज गति से पर्फार्म करती है। लेकिन अधिक परिशुद्धता से कहें तो, इसे हम एक ऐसी डिवाइस के रूप में परिभाषित कर सकते हैं जो डाटा पर ऑपरेट करके कैलकुलेशन्स करती है।

कम्प्यूटर को हार्डवेयर और सॉफ्टवेयर का कॉम्बिनेशन माना जा सकता है, जो कुछ डाटा को इन्फॉर्मेशन में बदल देता है। आइए इन शब्दों के बारे में जानें जिन्हें नीचे बताया गया है।

- कम्प्यूटर को फ़िजिकल कम्पोनेंट्स को **हार्डवेयर** कहा जाता है। ये फ़िज़िकल कम्पोनेंट्स इलेक्ट्रॉनिक, इलेक्ट्रिकल, मेकैनिकल, मैग्नेटिक या ऑप्टिकल, किसी भी प्रकार के हो सकते हैं। कुछ इस तरह के भाग हैं हार्ड डिस्क, फ्लॉपी डिस्क, कलर मॉनीटर, कीबोर्ड आदि।
- प्रोग्राम्स का सैट, जो एक विशेष कार्य को करता है, सॉफ्टवेयर कहलाता है। हार्डवेयर और सॉफ्टवेयर के बीच के अंतर को जानने के लिए आप यह कह सकते हैं कि हार्डवेयर में प्रत्येक कम्प्यूटर-संबंधित वह ऑब्जेक्ट शामिल होती है जिसे आप हाथ से छू सकते हैं और पकड़ सकते हैं। जैसे डिस्क, कीबोर्ड, प्रिंटर, वायर्स, यूनीवर्सल सीरियल बस (या USB), पेन ड्राइव आदि। जबकि सॉफ्टवेयर में कम्प्यूटर संबंधित प्रत्येक प्रोगाम शामिल होता है जिसे आप छूकर अनुभव कर सकते हैं। उदाहरण के लिए, सिस्टम ऑपरेटिंग सिस्टम, एक एंटीवायरस प्रोग्राम, वेब ब्राउजर्स, सभी डाटा रिपोर्ट्स आदि।
- कच्चे तथ्य (Raw Facts) को डाटा कहा जाता है।
- जिस डाटा का कोई अर्थ होता है वही सूचना कहलाता है।
- जो कमांड कम्पयूटर को बताते हैं कि क्या करना है, निर्देश कहलाते हैं।
- जो निर्देश इसे बताते हैं कि क्या करना है, प्रोग्राम कहलाते हैं।

☞ कम्प्यूटर ना केवल डाटा को स्टोर और प्रोसेस करता है, बल्कि इसे रिट्रीव भी करता है, अर्थात् डाटा को इसकी मेमोरी या स्टोरेज से जब और जैसी जरूरत हो तब इकट्ठा करे इस प्रकार से, कम्प्यूटर एक जनरल शब्द है, जो एक इलेक्ट्रॉनिक डाटा प्रोसेसिंग मशीन के नाम से जाना जाता है, जिसे कई प्रकार के कार्यों में प्रयोग किया जाता है।

कम्प्यूटर्स दो बेसिक प्रकार के होते हैं। ये हैं:

(a) ऐनालॉग

(b) डिजिटल

1.2.1 ऐनालॉग कम्प्यूटर (Analog Computers)

ऐनालॉग कम्प्यूटर फिज़िकल प्रकार की सूचना को हैंडल और प्रोसेस करते हैं। जैसे टेम्प्रेचर, प्रेशर आदि। ये ऐनालॉग या इसके समतुल्य फ़िज़िकल वैल्यू को मापने पर आधारित होता है।

1.2.2 डिज़िटल कम्प्यूटर्स (Digital Computers)

डिज़िटल कम्प्यूटर्स सूचना को प्रोसेस करते हैं जो एक बाइनरी या टू-स्टेट फॉर्म यानी ज़ीरो और वन के रूप में होती है। कम्प्यूटिंग टर्म्स में हम ज्यादा डिज़िटल टाइप कम्प्यूटर्स की बात करते हैं।

डिजिटल कम्प्यूटर्स अलग-अलग रेंज के अंतर्गत आते हैं जिन्हें माइक्रो कम्प्यूटर्स, मिनी कम्प्यूटर्स, मेनफ्रेम और सुपर कम्प्यूटर्स कहा जाता है, जिन्हें और भी आगे साइज के बढ़ते क्रम के अनुसार - छोटे, मध्यम, बड़े और बहुत बड़े में वर्गीकृत किया जाता है।

1.3 कम्प्यूटर के बेसिक ऐप्लीकेशन्स (Basic Application of Computers)

कम्प्यूटर एक जनरल परपस टूल है, जो विभिन्न प्रकार के कार्य कर सकता है। आप कम्प्यूटर्स का प्रयोग विभिन्न ऐप्लीकेशन्स के लिए कर सकते हैं और इसके लिए आपको विभिन्न प्रकार के सॉफ्टवेयर पैकेजेस बदलने पड़ते हैं।

☞ एक पेरोल प्रिंट करने के लिए, निर्देशों या प्रोग्राम के एक सैट का प्रयोग होता है जबकि कुछ डिजाइन बनाने के लिए उसी कम्प्यूटर का प्रयोग, निर्देशों के अलग सैट के साथ किया जा सकता है।

चित्र 1.2 में दिखाए गए कम्प्यूटर के कुछ कॉमन उपयोगों के बारे में नीचे चर्चा की गई है।

1.3.1 वैज्ञानिक शोध (Scientific Research)

कम्प्यूटर का सर्वप्रथम उपयोग वैज्ञानिक शोध कार्य के लिए किया गया था। कम्प्यूटर से किए जाने वाले वैज्ञानिक विश्लेषण की स्पीड बहुत तेज होती है। और परिशुद्धता बहुत अधिक।

कम्प्यूटर द्वारा नियंत्रित रोबोट्स का प्रयोग उन क्षेत्रों में किया जाता है जहाँ मानव जीवन के लिए खतरा होता है। जैसे कम्प्यूटर का प्रयोग गहरी समुद्री खोज एवं परमाणु अनुसंधान के लिए किया जाता है।

कम्प्यूटर्स आजकल विश्वविद्यालयों एवं शोध संस्थानों में शिक्षा पद्धति का अहम हिस्सा बन गए हैं। बिना कम्प्यूटर्स के शोधकर्ता अपनी शिक्षा को आगे बढ़ाना कठिन मानते हैं।

1.3.2 बिज़नेस ऐप्लीकेशन (Business Application)

कम कीमत की वजह से, PCs (पर्सनल कम्प्यूटर्स) का प्रयोग छोटे व्यापारियों द्वारा भी अपने अकाउंट्स का हिसाब रखने के लिए किया जाता है। कम्प्यूटर्स का प्रयोग मल्टीनेशनल कम्पनियों द्वारा अपना बिजनेस पूरे विश्व में मैनेज करने के लिए भी किया जाता है।

कम्प्यूटर मैनेजमेंट को बिजनेस पोजीशन के बारे में अपडेटेड जानकारी टेक्स्ट और ग्राफिक के रूप में (जैसे चार्ट्स ग्राफ्स आदि) तुरंत और बहुत ही कम कीमत पर प्रदान करते हैं। अत: मैनेजर्स बिजनेस संबंधित निर्णय सही ढंग सक और बिना देरी के ले सकते हैं। कम्प्यूटर का प्रयोग करके, मैनेजर्स सिमुलेशन या what if ऐनालिसिस भी कर सकते हैं और यह जान सकते हैं कि उनके निर्णय का असर बिजनेस पर भविष्य में कैसा होगा।

1.3.3 मनोरंजन (Entertainment)

मूवीज़, एनीमेशन फिल्में, समाचार पत्रों और टीवी में विज्ञापन आदि में कम्प्यूटर का प्रयोग बड़े पैमाने पर होता है। आपने एक टीवी शो कौन बनेगा करोड़पति अवश्य देखा होगा जहाँ कम्प्यूटर का प्रयोग दर्शकों को आकर्षित करने के लिए किया जाता है। मनोरंजन उद्योग कम्प्यूटर का प्रयोग मूवीज़ के प्रोडक्शन को प्लान करने के लिए, एवं विभिन्न स्पेशन इफेक्ट्स बनाने के लिए करते हैं। कई ऐनीमेशन फिल्म्स कम्प्यूटर पर बनाई जाती हैं और बाद में इन्हें टेलीविजन के माध्यम पर ट्रांसफर कर दिया जाता है।

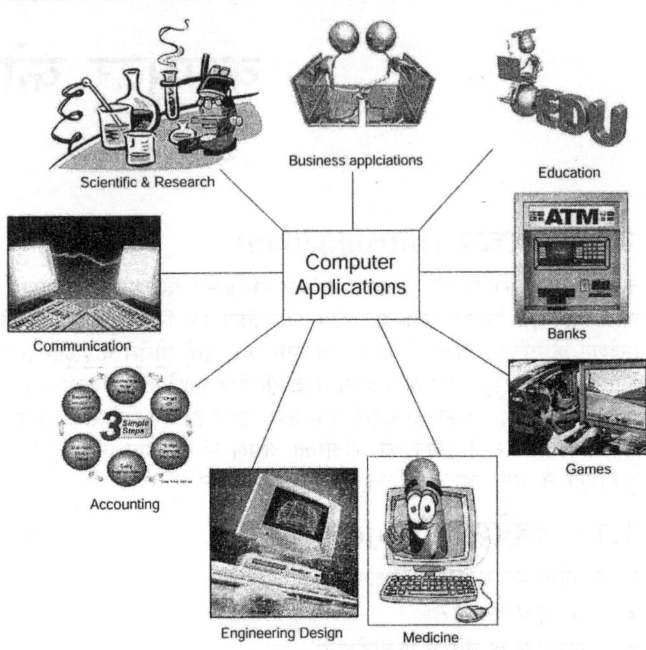

चित्र 1.2: विभिन्न कार्यों को दिखाती हुई तस्वीर जिनमें कम्प्यूटर का प्रयोग होता है।

1.3.4 कम्यूनिकेशन (Communication)

ई-मेल या इलेक्ट्रॉनिक मेल का प्रयोग, जहाँ कोई भी व्यक्ति कम्प्यूटर और एक टेलीफोन लाइन का प्रयोग करके लंबे मैसेजेस, रिपोर्ट्स आदि को विश्व में कई लोगों तक, बहुत ही कम कीमत में पहुँचा सकता है।

मैसेजेस ट्रांसफर करने के लिए ई-मेल के प्रयोग से समय की एवं पेपर की बचत होती है। इसके अलावा, जो व्यक्ति इलेक्ट्रॉनिक मैसेजेस प्राप्त करता है, वह इन्हें अपने पीसी पर बाद के उपयोग के लिए सेव कर सकता है, या वह इन्हें अपने कम्प्यूटर पर पढ़ सकता है, उसका जवाब दे सकता है, इन्हें फॉर्वर्ड कर सकता है, या इन्हें डिलीट भी कर सकता है। कम्प्यूटर्स का प्रयोग बहुत ही कम लागत पर अन्य देशों के लोगों से फोन पर बात करने में भी किया जाता है। हम इसे इंटरनेट टेलीफोन कहते हैं।

1.3.5 मेडिसिन (Medicine)

मेडिकल क्षेत्र में, कम्प्यूटर्स का प्रयोग, मरीजों के रिकॉर्ड मेन्टेन करने जैसे सामान्य कार्यों से लेकर कठिन कार्यों जैसे सर्जरी के दौरान रोबोट्स को नियंत्रित करके सर्जन्स की मदद करने में भी होता है। कम्प्यूटर को हार्टबीट, ब्लडप्रेशर आदि मॉनीटर करने के लिए बनाया जा सकता है और इसे पेशेंट की हिस्ट्री मेन्टेन करने के लिए तैयार किया जा सकता है।

1.3.6 इंजीनियरिंग (Engineering)

कम्प्यूटर्स का प्रयोग डिज़ाइन स्टेज से लेकर इंजीनियरिंग क्षेत्र में मैन्यूफैक्चरिंग प्रोसेस कंट्रोल तक में किया जाता है। कम्प्यूटर एडेड डिज़ाइन (CAD) ने किसी भी मशीन को वास्तव में न बनाकर भी इसकी डिज़ाइनिंग, टैस्टिंग और

मॉडिफाइंग को संभव बनाया है। आप किसी भी मशीन का फाइन प्रोडक्शन निश्चित करने से पहले इसे कम्प्यूटर जनरेटेड इमेज पर देख सकते है। और सिमुलेट भी कर सकते हैं।

एक बार जब इसकी डिज़ाइन स्वीकार कर ली जाती है, तब कम्प्यूटर एडेड मैन्यूफैक्चरिंग (CAM) प्रोसेस की शुरूआत होती है। आप बहुत ही तीव्र गति से और न्यूनतम श्रम से इस तरह के प्रोडक्ट्स बड़ी संख्या में तैयार कर सकते हैं।

कम्प्यूटर्स का प्रयोग आर्किटेक्ट्स के द्वारा भी बड़ी-बड़ी बिल्डिंग को ड्रॉ और डिज़ाइन करने के लिए किया जाता है। ये इसका भी टेस्ट करते हैं कि क्या ये बिल्डिंग्स प्राकृतिक आपदा जैसे भूकंप के प्रति तटस्थ रह सकेंगी। एक भावी मकान मालिक स्वयं यह अनुभव कर सकता है जैसे कि वह बिल्डिंग के भीतर और अपने घर को अलग-अलग एंगल्स से देख रहा है, वह अलग-अलग फर्नीचर अरेंजमेंट्स को रखकर तथा लाइटिंग एवं दीवारों के रंगों का अनुभव भी कर सकता है। इससे बिल्डिंग के पूरा बनने के बाद किसी भी प्रकार के परिवर्तन की गुंजाइश नहीं रह जाती है।

इलेक्ट्रॉनिक्स इंजीनियरिंग में, कम्प्यूटर्स का प्रयोग इंटीग्रेटेड सर्किट्स (ICs) को डिज़ाइन और टैस्ट करने के लिए किया जाता है, जो रेडियो, टीवी, खिलौनों और कम्प्यूटर्स में प्रयोग किए जाते हैं।

1.3.7 पुस्तक प्रकाशन (Book Publishing)

डीटीपी या डेस्क टॉप पब्लिशिंग एक नया क्षेत्र है जिसे कम्प्यूटर के कुशल प्रयोग के कारण ही बनाया गया है। डीटीपी में, कम्प्यूटर और लेजर प्रिंटर का प्रयोग करके कोई भी बड़ा आसानी से पुस्तक लिख सकता है और डिज़ाइन कर सकता है।

आजकल, समाचार पत्रों को देश के विभिन्न भागों में डीटीपी का प्रयोग करके डिज़ाइन किया जाता है और एक जगह पर प्रिंट किया जाता है एवं इसे इस तरह से वितरित किया जाता है ताकि हमें यह प्रत्येक सुबह मिल सके।

पुस्तक लिखने के कई कार्यों को पहले करने में काफी लंबा समय लगा करता था जैसे इंडेक्स बनाना, लेकिन अब इन्हें ऑटोमैटिक रूप से पर्सनल कम्प्यूटर और डीटीपी सॉफ्टवेयर की मदद से आसानी से किया जा सकता है।

1.3.8 बैंकों में (In Banks)

बैंकों में कम्प्यूटर का प्रयोग प्रमुख रूप से होता है। कम्प्यूटर के उपयोग के कारण बैंकों द्वारा दी जाने वाली कई सुविधाओं में काफी प्रगति हुई है। आज कोई भी व्यक्ति दिन के चौबीसों घंटे ATM (ऑटोमेटेड टेलर मशीन) से कैश डिपॉजिट और विथड्रॉ कर सकता है।

बैंक अकाउंट्स की पूरी बुककीपिंग कम्प्यूटर्स द्वारा ही होती है। डिपॉजिट, विथड्रॉअल, इंट्रेस्ट चार्जेस आदि के बारे में जानकारी कम्प्यूटर्स द्वारा ही मैनेज की जाती है। जब बैंकों की अलग-अलग ब्रांचेज कम्प्यूटर नेटवर्क के द्वारा कनेक्ट की जाती है, तो इंटरब्रांच ट्रांजैक्शन, जैसे चैक्स की क्लीयरिंग, को तुरंत कम्प्यूटर द्वारा किया जा सकता है। यदि बैंक की ब्रांचेज इंटरकनेक्टेड होती है तो कोई भी व्यक्ति किसी भी बांच में पैसा जमा करवा सकता है और निकाल भी सकता है।

1.3.9 गेम्स (Games)

आप कम्प्यूटर्स पर घंटों गेम्स खेल सकते हैं। गेम्स मनोरंजक और शिक्षाप्रद दोनों तरह के हो सकते हैं। ऐक्शन गेम्स के द्वारा आप कठिन परिस्थितियों में भी लड़कर अपना रास्ता निकाल सकते हैं। आप एक स्पेस पायलट होने का भी अनुभव कर सकते हैं जो आक्रमणकारियों से लड़ता है।

एडवेंचर गेम्स दूसरी तरह के कम्प्यूटर गेम्स होते हैं। इस तरह के गेम्स लोकप्रिय गेम Dungeons and Dragons की तरह होते हैं। अन्य गेम्स लॉजिकल डिडक्शन्स का प्रयोग करके किसी समस्या को सुलझाने के लिए कहते हैं। आप या तो किसी मर्डर मिस्ट्री को सॉल्व करते हैं अथवा क्रेजी वर्ड्स से लड़ाई करते हैं। दोनों ही केसेज में आपको सोचना है कि आप क्या कर रहे हैं। अन्य प्रकार के कम्प्यूटर गेम्स में शामिल होते हैं स्पोर्ट्स के सिमुलेशन्स, जैसे फुटबॉल, क्रिकेट, कार्ड गेम्स आदि।

1.3.10 शिक्षा (Education)

कम्प्यूटर बेस्ड ट्रेनिंग (GBT), कम्प्यूटर असिस्टेड लर्निंग (CAL) और कम्प्यूटर असिस्टेड इंस्ट्रक्शन (CAI) प्रोग्राम्स उपलब्ध हैं, जिनका प्रयोग करके, आप बेसिक से लेकर ऐडवांस्ड तक जैसे मैथ्स, फिजिक्स, बायोलॉजी आदि विषय सीख सकते हैं।

शोधकर्ताओं का विश्वास है कि जब भी कम्प्यूटर द्वारा ऑडियो वीडियो माध्यमों का प्रयोग करके किसी नए कॉन्सेप्ट को स्टूडेंट्स के सामने लाया जाता है तो वो उस विषय को तेजी से और बेहतर ढंग से समझ पाते हैं।

1.3.11 व्यक्तिगत (Personal)

आजकल, लोग कम्प्यूटर्स का प्रयोग अपने रिकॉर्ड्स रखने एवं अपने निवेश, आय, खर्चों तथा सेविंग्स का हिसाब रखने एवं विश्लेषण करने के लिए करते हैं। एक पर्सनल फाइनैंशियल मैनेजमेंट पैकेज जिसे MS-मनी कहा जाता है, इस प्रकार के कार्य के लिए उपलब्ध है। यह पैकेज आय, इंट्रेस्ट, इंश्योरेंस आदि को कैलकुलेट करने, पेमेंट्स के लिए चैक करने और इन्कम टैक्स कैलकुलेशन्स में मदद करता है।

1.3.12 अकाउंटिंग (Accounting)

स्पेशलाइज़्ड प्रोग्राम जैसे टैली 9 (Tally 9), कम्पनी के फाइनैंशियल अकाउट्स और इन्वेंट्री मैनेजमेंट को हैंडल करने के लिए उपलब्ध है। अकाउंट्स को मैनेज करने का कार्य बहुत आसान है जहाँ कम्प्यूटर्स का प्रयोग होता है। एक ऑपरेटर जिसके पास कुछ अकाउंटिंग बैक ग्राउंड होता है, ट्रायल बैलेंस, प्रॉफिट और लॉस अकाउंट और यहाँ तक कि बैलेंस शीट भी इन अकाउंटिंग सॉफ्टवेयर पैकेजेस की मदद से तैयार कर सकता है।

1.4 कम्प्यूटर सिस्टम के कम्पोनेंट्स (Components of A Computer System)

एक डिजिटल कम्प्यूटर की पाँच प्रमुख कार्यकारी यूनिट्स हैं:

(a) सेंट्रल प्रोसेसिंग यूनिट (सीपीयू)
(b) वीजुअल डिस्प्ले यूनिट (VDU), कीबोर्ड और माउस
(c) अन्य इनपुट एवं आउटपुट डिवाइसेज
(d) कम्प्यूटर मेमोरी
(e) हार्डवेयर और सॉफ्टवेयर का कॉन्सेप्ट

1.4.1 सेंट्रल प्रोसेसिंग यूनिट (CPU) (Central Processing Unit)

सीपीयू कम्प्यूटर का मस्तिष्क है। इसका प्रमुख कार्य है प्रोग्राम को रन करना और अन्य सभी कम्पोनेंट्स जैसे मेमोरी, कीबोर्ड, प्रिंटर आदि के कार्य को नियंत्रित करना।

बेसिक कम्प्यूटर संगठन का एक ब्लॉग डायग्राम चित्र 1.3 में दिखाया गया है।

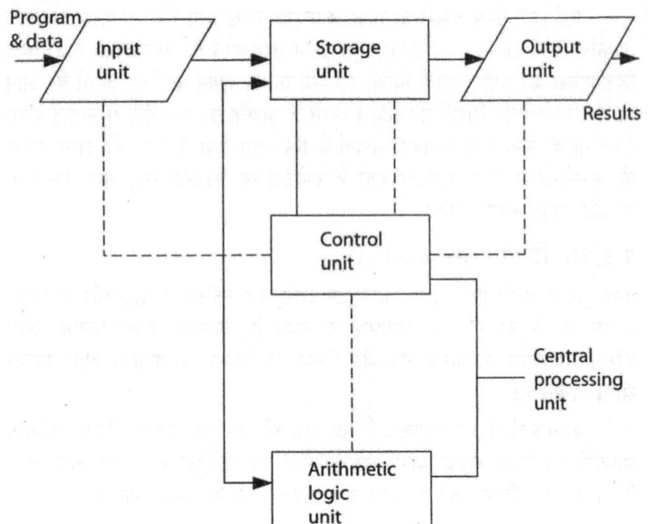

चित्र 1.3: एक कम्प्यूटर सिस्टम का ब्लॉक डायग्राम रिप्रेजेन्टेशन।

इस चित्र में, सॉलिड लाइन्स का प्रयोग डाटा और निर्देशों के फ्लो को दर्शाता है। जबकि डॉटेड लाइन्स कंट्रोल यूनिट द्वारा किए जाने वाले कंट्रोल को दर्शाती है। चित्र में कम्प्यूटर की विभिन्न यूनिट्स के बेसिक अरेंजमेंट को दिखाया गया है। इसमें डिज़िटल कम्प्यूटर सिसटम के पाँच प्रमुख बिल्डिंग ब्लॉक्स, या फंक्शन यूनिट्स दिखाए गए है। ये पाँचों यूनिट्स पाँच बेसिक ऑपरेशन्स, जिनके नाम हैं इनपुटिंग, स्टोरिंग, प्रोसेसिंग, आउटपुटिंग और कंट्रोलिंग डाटा, जिन्हें सभी कम्प्यूटर सिस्टम्स द्वारा पूरा किया जाता है। ये पाँचों यूनिट्स नीचे के पैराग्राफ्स में बताई गई हैं।

इनपुटिंग: इसका अर्थ है कम्प्यूटर में डाटा एंटर करना, जो यूज़र द्वारा किसी इनपुट डिवाइस की मदद से, जैसे कीबोर्ड द्वारा किया जाता है।

स्टोरिंग: इसका अर्थ है डाटा और निर्देशों को कम्प्यूटर की मुख्य मेमोरी में मैनीपुलेशन के लिए होल्ड करके रखना।

प्रोसेसिंग: इसका अर्थ है एरिथमैटिक और लॉजिकल दोनों तरह के ऑपरेशन्स पर्फार्म करना या कम्प्यूटर में एंटर किए गए डाटा का मैनीपुलेशन करना ताकि इस डाटा में से उपयोगी सूचना निकाली जा सके।

आउटपुटिंग: इसका अर्थ है यूज़र को सूचना या रिजल्ट दिखाना या तो स्क्रीन (मॉनीटर) पर अथवा पेपर पर (प्रिंटर के द्वारा)।

कंट्रोलिंग: इसका अर्थ है उपरोक्त सभी प्रोसेसेज को कोऑर्डिनेशन में डायरेक्ट करना। यह कंट्रोलिंग सीपीयू में कंट्रोल यूनिट द्वारा की जाती है।

एक छोटे कम्प्यूटर की सीपीयू में सिंगल माइक्रो प्रोसेसर होता है। एक बड़े कम्प्यूटर के सीपीयू में बहुत से माइक्रोप्रोसेसर होते हैं और प्रत्येक माइक्रप्रोसेर का विशेष कार्य होता है।

माइक्रोप्रोसेसर में एक कंट्रोल यूनिट एवं एक एरिथमैटिक और लॉजिकल यूनिट (ALU) होती है। जब मेन मेमोरी को माइक्रोप्रोसेसर में जोड़ा जाता है, तब यह सीपीयू बन जाती है।

सीपीयू के प्रमुख सैक्शन हैं:

(a) प्राइमरी मेमोरी
(b) ALU
(c) कंट्रोल यूनिट

प्राइमरी मेमोरी (Primary Memory)

प्राइमरी मेमोरी या मुख्य मेमोरी यूनिट कम्प्यूटर का एक प्रमुख भाग है (देखें चित्र 1.4)। यह उस डाटा को होल्ड करता है जो करंट में सीपीयू द्वारा मैनीपुलेट किए जाते हैं। यह आवश्यक ऑपरेटिंग सिस्टम जैसे माइक्रोसॉफ्ट डिस्क ऑपरेटिंग सिस्टम या MS-DOS या विंडोज को भी रखता है। चूँकि प्राइमरी मेमोरी सीपीयू में स्वयं ही अवस्थित होती है, अत: इसे इंटर्नल मेमोरी या रैंडम ऐक्सेस मेमोरी भी कहा जाता है।

ऐरिथमैटिक लॉजिक यूनिट (Arithmetic Logical Unit)

किसी कम्प्यूटर सिस्टम की ऐरिथमैटिक लॉजिक यूनिट वह जगह होती है जहाँ निर्देशों का वास्तविक संचालन होता है। अधिक स्पष्ट तौर पर कहा जाए तो, ALU में ही सभी कैलकुलेशन्स पर्फार्म किए जाते हैं और सभी तुलनात्मक कार्य भी किए जाते है।

ALU में जनरेट होने वाले मध्यवर्ती रिजल्ट्स मेमोरी यूनिट में टेम्परेरी रूप से तब तक स्टोर रहते हैं जब तक बाद में इसकी जरूरत न पड़े। डाटा और निर्देश, जो प्रोसेसिंग से पहले मेन मेमोरी के स्टोर रहते हैं, को जब और जैसी जरूरत हो, ALU में ट्रांसफर किया जाता है, जहाँ प्रोसेसिंग होती है। मेमोरी यूनिट में कोई प्रोसेसिंग नहीं होती है।

प्रोसेसिंग के दौरान डाटा प्राइमरी मेमोरी से ALU में और वापस फिर से

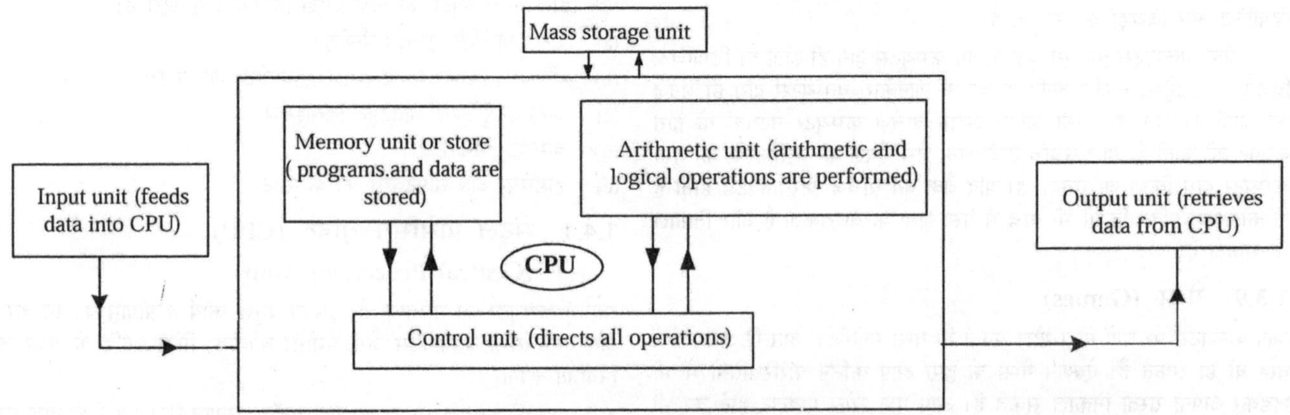

चित्र 1.4: एक डिजिटल कम्प्यूटर के विभिन्न भागों द्वारा किए जाने वाले कार्य और स्कीमैटिक डायग्राम।

मेमोरी में कई बार मूव करता रहता है। प्रोसेसिंग पूरी होने के बाद, फाइनल रिजल्ट्स, जो मेमोरी यूनिट में या RAM में स्टोर होते हैं, आउटपुट डिवाइस जैसे मॉनीटर या प्रिंटर में भेज दिए जाते हैं।

सभी ALUs को चार बेसिक एरिथमैटिक ऑपरेशन्स करने के लिए डिजाइन किया जाता है जो हैं- ऐड, सबट्रैक्ट, मल्टीप्लाई और डिवाइड इसके अलावा ये लॉजिकल ऑपरेशन्स जैसे लैसदैन, ईक्वल टू या ग्रेटर दैन भी पर्फार्म करते हैं।

कंट्रोल यूनिट (CU) (Control Unit)

यह यूनिट कम्प्यूटर की पूरी कार्य प्रणाली को कंट्रोल करने के लिए जिम्मेदार होती है। इस यूनिट के द्वारा जनरेट किए गए टाइमिंग और कंट्रोल सिग्नल अन्य यूनिट को प्रोग्राम के एक्जीक्यूशन एवं प्रॉपर कंट्रोल के लिए भेज दिए जाते हैं। यह यूनिट मेमोरी और इनपुट/आउटपुट डिवाइसेज के बीच डाटा ट्रांसफर को भी कंट्रोल करती है।

1.4.2 VDU (वीजुअल डिस्प्ले यूनिट) या मॉनीटर, कीबोर्ड और माउस (VDU (Visual Display Unit) or Monitor, Keyboard and Mouse)

इनपुट/आउटपुट डिवाइसेज वो डिवाइसेज हैं जो कम्प्यूटर में सूचना एंटर करने के लिए या डाटा प्रोसेसिंग डिवाइसेज के रिजल्ट डिस्प्ले करने के लिए प्रयोग की जाती हैं। इन डिवाइसेज के बारे में नीचे चर्चा की गई है।

VDU (वीजुअल डिस्प्ले यूनिट) या मॉनीटर (VDU (Visual Display Unit) or Monitor)

VDU या मॉनीटर देखने में एक टेलीविजन की तरह ही होता है और इसकी साइज (जैसा टीवी के केस में होता है) स्क्रीन की वक्र लंबाई के रूप में मापी जाती है। मॉनीटर्स आमतौर पर 9", 12", 14", 15", 17", 19" और 19" साइज में उपलब्ध होते हैं। यह टेक्स्ट या पिक्चर को रंगीन या ब्लैक एंड व्हाइट में दिखाता है, जो कि इसके टाइप पर निर्भर होती है। कलर मॉनीटर्स, ब्लैक एंड व्हाइट मॉनीटर्स की अपेक्षा अधिक महँगे होते हैं। जो भी आप कीबोर्ड पर टाइप करते हैं, आप उसे मॉनीटर पर देख सकते हैं। चित्र 1.5 में एक आम मॉनीटर दिखाया गया है।

चित्र 1.5: एक TFT टाइप का मॉनीटर

कीबोर्ड (Keyboard)

प्रोग्राम्स और डाटा कम्प्यूटर में कीबोर्ड द्वारा एंटर किए जाते हैं जो एक कम्प्यूटर से अटैच्ड होता है। कीबोर्ड टाइपराइटर के कीबोर्ड जैसा ही होता है। इसमें अल्फाबेट्स, डिजिट्स, स्पेशल कैरेक्टर्स, फंक्शन कीज़ और कुछ कंट्रोल कीज़ होती हैं। जबभी कोई की प्रेस की जाती है, एक इलेक्ट्रॉनिक सिग्नल उत्पन्न होता है जो एक इलेक्ट्रॉनिक सर्किट द्वारा खोजा जाता है, जिसे कीबोर्ड एन्कोडर कहते हैं। (देखें चित्र 1.6)।

कम्प्यूटर में टाइपराइटर पर पाई जाने वाली सभी कीज होती हैं एवं कुछ अतिरिक्त कीज भी होती हैं। ये अतिरिक्त कीज कर्सर कंट्रोल कीज होती हैं (अर्थात् कर्सर को स्क्रीन पर चारों और मूव कराने वाली कीज) जैसे इन्सर्ट, डिलीट और स्क्रॉल कंट्रोल कीज। कुल 101 कीज होती हैं (कुछ में अधिक होती हैं)। कीबोर्ड के दाईं ओर न्यूमेरिक कीपैड होता है जिसमें नंबर्स और बेसिक मैथमैटिकल सिंबल्स होते हैं।

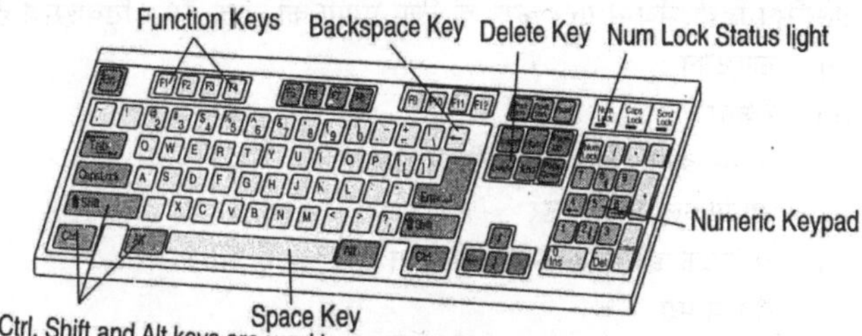

चित्र 1.6: कीबोर्ड जिसमें अलग-अलग कीज को फंक्शन दिखाए गए हैं।

न्यूमेरिक कीपैड का प्रयोग कर्सर कंट्रोल के लिए भी होता है। न्यूमेरिक की पैड का डबल फंक्शन Num Lock की से कंट्रोल किया जाता है।

☞ कीबोर्ड के टॉप पर F1 से लेकर F12 तक की फंक्शन कीज होती है। इनमें फंक्शन चल रहे प्रोग्राम पर निर्भर होते हैं। F1 की का प्रयोग प्रोग्राम से हेल्प पाने के लिए होता है।

माउस (Mouse)

माउस एक पॉइंटिंग डिवाइस है। इसे एक हाथ में पकड़ा जाता है और एक फ्लैट सतह पर इधर उधर मूव कराया जाता है। चित्र 1.7 में आधुनिक प्रकार का माउस या puck दिखाया गया है।

चित्र 1.7: माउस

माउस का प्रयोग मॉनीटर स्क्रीन पर स्केचेज, डायग्रॉम्स आदि ड्रॉ करने के लिए किया जाता है। इसे ड्रॉइंग कार्य के लिए ग्राफिक टैबलेट पर भी मूव किया जाता है। माउस का प्रयोग टेक्स्ट को एडिट करने के लिए किया जाता है। स्क्रीन पर टेक्स्ट को एडिट करने के लिए, माउस को मूव करके स्क्रीन के मनचाहे पॉइंट के पास ले जाकर तेजी से कर्सर को प्लेस किया जाता है।

एक प्रकार का माउस रोलिंग बॉल का प्रयोग करता है, जबकि अन्य ऑप्टिकल सेंसिंग तकनीक का प्रयोग करते हैं। इन्हें पीसी से एक केबल या इन्फ्रारेड लाइट का प्रयोग करके लिंक किया जाता है। एक सामान्य माउस में दो या तीन बटन होते हैं। माउस बटन क्या करते हैं यह आपको पीसी पर चलने वाले ऐप्लीकेशन प्रोग्राम पर निर्भर करता है। कुछ सिस्टम्स में यह संभव है कि बटन्स के अलग-अलग कार्य निर्धारित किए जाएँ।

1.4.3 अन्य इनपुट डिवाइसेज (Other Input Devices)

इनपुट डिवाइसेज वो डिवाइसेज हैं जो सूचना को कम्प्यूटर या अन्य डाटा प्रोसेसिंग डिवाइसेज में एंटर करने के लिए प्रयोग की जाती हैं। ये डिवाइसेज हैं:

(a) लाइटपेन
(b) स्कैनर
(c) वॉएस इनपुट और रिकॉग्नीशन सिस्टम
(d) ऑप्टिकल मार्क रीडर
(e) मैग्नेटिक इंक कैरेक्टर रिकॉग्नीशन
(f) वेब कैमरा

लाइटपेन (Light Pen)

लाइटपेन एक पॉइंटिंग डिवाइस है। इसे मॉनीटर पर एक डिस्प्ले किया गया मेन्यू ऑप्शन सिलेक्ट करने के लिए प्रयोग में लाया जाता है। यह एक फोटोसेंसिटिव पेन जैसी डिवाइस है जब भी इसकी टिप स्क्रीन को टच करती है। यह मॉनीटर स्क्रीन पर एक पोजीशन को सेंस करने में सक्षम होती है।

स्कैनर (Scanner)

स्कैनर्स भी एक प्रकार की इनपुट डिवाइसेज होते हैं। ये सूचना को सीधे कम्प्यूटर में एंटर करने में सक्षम होते हैं। सूचना को डायरेक्ट एंटर करने का मुख्य लाभ यह होता है कि यूजर्स को सूचना टाइप नहीं करनी पड़ती है। इससे तेज और अधिक शुद्धता से डाटा एंट्री मिलती है। (देखें चित्र 1.8)

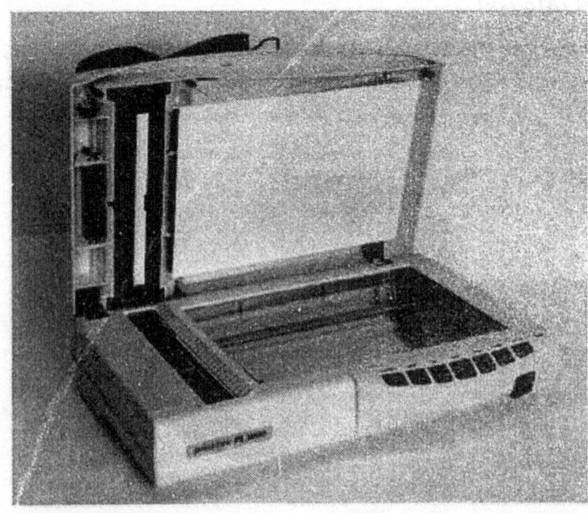

चित्र 1.8: स्कैनर

वॉएस इनपुट एवं रिकॉग्नीशन सिस्टम (Voice Input and Recognition System)

वॉएस इनपुट एवं रिकॉग्नीशन सिस्टम एक इनपुट डिवाइस है, जिसमें एक माइक्रोफोन या टेलीफोन होता है, जो इंसानी आवाज को इलेक्ट्रिकल संकेतों में बदल देता है। इस तरह से मिला हुआ सिग्नल पैटर्न कम्प्यूटर को भेजा जाता है, जहाँ इसे प्रीस्टोर्ड पैटर्न्स के साथ मैच कराया जाता है ताकि इनपुट की पहचान की जा सके। जब कोई क्लोज मैच मिलता है, तो सिस्टम एक शब्द की पहचान करता है। प्रीस्टोर्ड पैटर्न्स कैसेट को सिस्टम की शब्दावली कहा जाता है। इस शब्दावली को बनाने के लिए, सिस्टम को शब्दों एवं वाक्यांशों को जिन्हें शब्दावली में रखना है, पहचानने के लिए प्रशिक्षित करना होता है।

OMR (ऑप्टिकल मार्क रीडर) (OMR (Optical Mark Reader))

ऑप्टिकल मार्क रीडर्स (OMR) स्पेशल स्कैनर्स होते हैं जो एक प्री-स्पेसीफाइड टाइप के मार्क की पहचान करने के लिए प्रयोग किए जाते हैं जिन्हें पेंसिल या पेन से बनाया जाता है। उदाहरण के लिए, प्रतियोगी परीक्षाओं के ऑब्जेक्टिव टैस्ट पेपर में आप अपना उत्तर एक स्पेशल शीट पर छोटे-छोटे वर्गों को पेंसिल या पेन से भरकर मार्क करते हैं। ये उत्तरशीट्स को कम्प्यूटर में ऑप्टिकल मार्क रीडर का प्रयोग करके फीड किया जाता है। कम्प्यूटर इन उत्तर शीट्स की जाँच करता है। OMR का उपयोग ऑब्जेक्टिव टाइप टैस्ट की ग्रेडिंग तक ही सीमित नहीं है। वास्तव में, कोई भी इनपुट डाटा, जो चॉएस या सिलेक्शन के प्रकार का होता है, को OMR इनपुट के लिए रिकॉर्ड किया जा सकता है।

OMR जाँचे जाने वाले पेज पर लाइट फोकस करता है और गहरे चिन्हों से रिफ्लेक्ट होने वाले लाइट पैटर्न को फिर डिटेक्ट किया जाता है। चित्र 1.9 में OMR कैरेक्टर्स को दिखाया गया है।

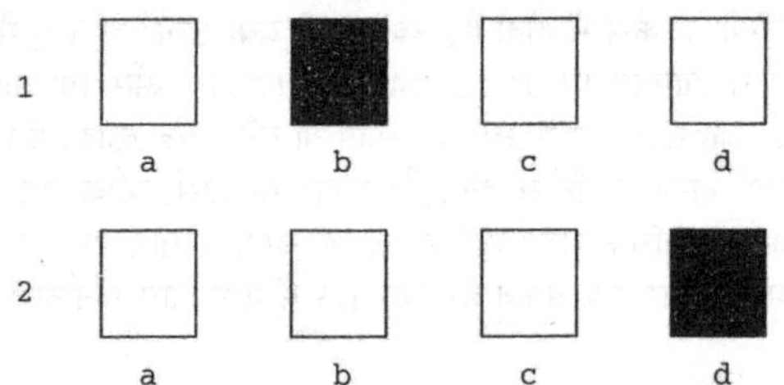

चित्र 1.9: एक उत्तरशीट में ऑप्टिकल मार्क

बारकोड रीडर (Bar-code Reader)

बारकोड रीडर्स स्पेशल डिवाइसेज हैं जो बार कोडेड डाटा को पढ़ने के लिए प्रयोग की जाती है। बारकोड एक स्पेशलाइज्ड कोड है जो आइटम्स की तुरंत पहचान के लिए प्रयोग होता है। इसमें छोटी लाइन्स की एक सीरीज होती है, जिन्हें बार्स कहा जाता है। बार्स की वास्तविक कोडिंग, बार की चौड़ाई में होती है, ना कि बार्स की ऊँचाई में। इन्हें मुख्य रूप से चीजों जैसे किताबों, पोस्टल पैकेजेस, बैजेस आदि की पहचान के लिए प्रयोग में लाया जाता है। (देखें चित्र 1.10।

चित्र 1.10: बार कोड्स

MICR (मैग्नेटिक इंक कैरेक्टर रिकॉग्नीशन)
(MICR (Magnetic Inc Character Recognition))

MICR बैंकों के चैक्स और डिपॉजिट स्लिप्स पर स्पेशल एनकोडेड कैरेक्टर्स को डिटेक्ट करते हैं। इनकोडेड कैरेक्टर्स डिटेक्ट करने के बाद, MICR उन्हें कम्प्यूटर के लिए डिजिटल डाटा में कन्वर्ट करता है। चित्र 1.11 में एक बैंक चैक दिखाया है जो MICR डिवाइस का प्रयोग करके प्रोसेस किया जाएगा।

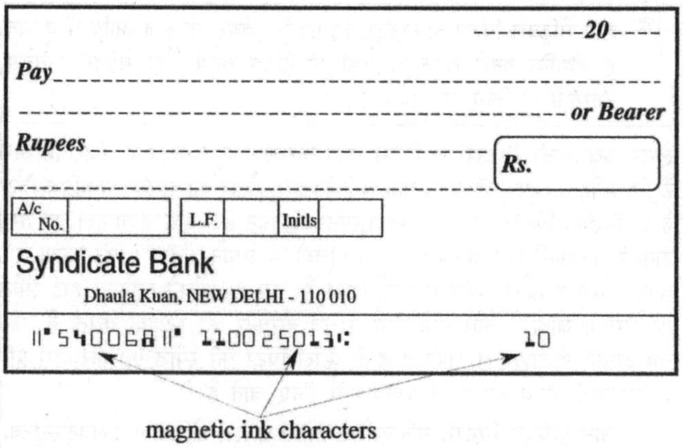

20

Pay

or Bearer

Rupees

Rs.

A/c No. | L.F. | Initls

Syndicate Bank

Dhaula Kuan, NEW DELHI - 110 010

⑈540068⑈ 110025013⑆ 10

magnetic ink characters

चित्र 1.10: एक बैंक चैक जो MICR डिवाइस का प्रयोग करके प्रोसेस किया जाता है।

वैब कैमरा (Web Camera)

वेब कैमरा किसी कम्प्यूटर को एक ऑब्जेक्ट पर फोकस करके इनपुट स्वीकार करने की अनुमति देता है। कैमरा इनपुट ऑब्जेक्ट पर फोकस किया जाता है ताकि ऑब्जेक्ट की पिक्चर ली जा सके। वेब कैमरे से ली गई पिक्चर को एक दूरस्थ स्थान पर नेटवर्क द्वारा ट्रांसफर किया जा सकता है। ऑब्जेक्ट की इमेज को दूरस्थ कम्प्यूटर के मॉनीटर पर, जो नेटवर्क से इंटरनेट द्वारा कनेक्टेड हो, देखा जा सकता है। वॉएस को भी नेटवर्क पर ट्रांसमिट किया जा सकता है। इस प्रकार दो या अधिक लोग एक दूसरे से इस तरह बात कर सकते हैं या एक दूसरे को देख सकते हैं। इसी तरीके से वीडियो कॉन्फ्रेंसिंग में भी प्रयोग किया जाता है।

वीडियो कैमरा (Video Camera)

वीडियो कैमरा एक कैमरा है जो लगातार पिक्चर्स लेता रहता है और मॉनीटर पर डिस्प्ले होने वाला सिग्नल जनरेट करता रहता है या यह सिग्नल स्थाई रिकॉर्डिंग के लिए होता है। वीडियो कैमरा द्वारा जनरेट किए गए सिग्नल आमतौर पर ऐनालॉग होते हैं, लेकिन आजकल डिजिटल वीडियो कैमरे भी उपलब्ध हैं।

1.4.4 अन्य आउटपुट डिवाइसेज (Other Output Devices)

आउटपुट डिवाइसेज कम्प्यूटर सिस्टम की डिवाइसेज हैं जो सूचना या रिजल्ट को हार्डकॉपी (प्रिंटर) या सॉफ्टकॉपी (मॉनीटर) के रूप में सप्लाई करती हैं। कुछ कॉमन आउटपुट डिवाइसेज इस प्रकार हैं:

(a) प्रिंटर्स
(b) प्लॉटर्स
(c) मल्टीमीडिया प्रोजेक्टर
(d) स्पीच सिंथेसाइज़र

प्रिंटर्स (Printers)

प्रिंटर्स सूचना को स्थाई रूप से पढ़े जाने वाले रूप में प्रदान करते हैं। ये रिजल्ट्स, प्रोग्राम्स और डाटा को प्रिंटेड आउटपुट प्रस्तुत करते हैं। प्रिंटर्स को इस प्रकार से वर्गीकृत किया जाता है:

(a) इंपैक्ट प्रिंटर्स
(b) नॉन इम्पैक्ट प्रिंटर्स

इम्पैक्ट प्रिंटर्स इलेक्ट्रो मैकेनिकल तरीके का प्रयोग करते हैं जो हैमर्स या पिन्स को रिबन और पेपर पर स्ट्राइक करके टेक्स्ट प्रिंट करते हैं। इम्पैक्ट प्रिंटर्स को आगे निम्न प्रकार से वर्गीकृत किया जा सकता है:

(a) लाइन प्रिंटर्स
(b) कैरेक्टर्स प्रिंटर्स

लाइन प्रिंटर्स (Line Printers)

लाइन प्रिंटर टेक्स्ट की एक लाइन एक बार में प्रिंट करता है। प्रिंटिंग स्पीड 300 से 3000 लाइन्स प्रति मिनट के बीच बदलती रहती है। अलग-अलग प्रकार के लाइन प्रिंटर्स हैं ड्रम प्रिंटर और चेन प्रिंटर (देखें चित्र 1.12)।

चित्र 1.12: लाइन प्रिंटर

ड्रम प्रिंटर: एक ड्रम प्रिंटर में एक सिलिंड्रिकल ड्रम होता है जिस पर कैरेक्टर्स खुदे हुए (एम्बॉस्ड) होते हैं। लाइन पर प्रत्येक प्रिंट पोजीशन के लिए कैरेक्टर्स का एक कम्प्लीट सैट खोदा गया होता है। ड्रम को बहुत तेज स्पीड पर घुमाया जाता है। प्रत्येक लाइन की प्रत्येक कैरेक्टर पोजीशन में एक मैग्नेटिक रूप से चलने वाला हैमर होता है। सतह पर एम्बॉस किए गए कैरेक्टर पर एक हैमर के स्ट्राइक करने से कैरेक्टर प्रिंट होता है। प्रिंटर प्रिंट किए जाने वाले सभी कैरेक्टर्स को प्रोसेसर से टेक्स्ट की एक लाइन में प्राप्त करता है। हैमर रिबन और पेपर को ड्रम पर मनचाहे कैरेक्टर के विपरीत हिट करता है जब यह प्रिंटिंग पोजीशन में आ जाता है। इसका नॉएज लेबल हाई होता है और इसकी स्पीड 200 से 2000 लाइन्स प्रति मिनट के बीच बदलती रहती हैं। ये प्रिंटर्स महँगे भी होते हैं।

चेन प्रिंटर: चेन प्रिंटर एक तेजी से घूमने वाली चेन का प्रयोग करता है जिसे प्रिंट चेन कहा जाता है (देखें चित्र 1.13)। मैग्नेटिक रूप से चलने वाले हैमर्स प्रत्येक प्रिंट पोजीशन में लोकेटेड होते हैं। एक लाइन प्रिंट करने के लिए, लाइन के कैरेक्टर्स मेमोरी से प्रिंटर बफर में ट्रांसमिट हो जाते हैं। बैंड को हाई स्पीड पर घुमाया जाता है। बैंड को घुमाने के साथ साथ, एक हैमर भी ऐक्टिवेट होता है, जबभी मनचाहा कैरेक्टर इसके सामने आता है। इस प्रकार 132 कैरेक्टर्स प्रति लाइन वाले प्रिंटर के लिए, 132 हैमर्स रिबन को स्ट्राइक करने के लिए पोजीशन किए जाएँगे।

प्रिंटर का नॉएज लेबल हाई होता है और इसकी स्पीड 400 से 2400 लाइन्स प्रति मिनट के बीच होती है।

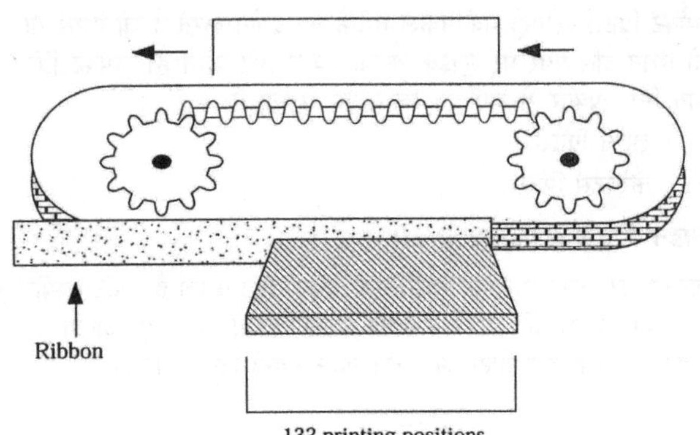

चित्र 1.13: चेन प्रिंटर

कैरेक्टर प्रिंटर्स (सीरियल प्रिंटर)

(Character Printers (Serial Printer))

कैरेक्टर्स प्रिंटर एक बार में टेक्स्ट का एक कैरेक्टर प्रिंट करता है। कैरेक्टर प्रिंटर करता है। ये धीमी स्पीड के प्रिंटर होते हैं। इनकी प्रिंटिंग स्पीड 30 से 600 कैरेक्टर्स प्रति सेकेंड तक हो सकती है। विभिन्न प्रकार के कैरेक्टर प्रिंटर्स हैं डॉट मैट्रिक्स प्रिंटर्स और लेटर क्वालिटी प्रिंटर्स।

डॉट मैट्रिक्स प्रिंटर: डॉट मैट्रिक्स प्रिंटर सबसे अधिक लोकप्रिय सीरियल प्रिंटर है (देखें चित्र 1.14)। इसके प्रिंट हैड में पिन्स की एक वर्टिकल ऐरे होती है। जैसे-जैसे प्रिंट हैड पेपर पर बाएँ से दाएँ मूव करता है, चुनी गई पिन्स रिबन पर मार करती है और पेपर पर बिंदुओं से पैटर्न बनाती है।

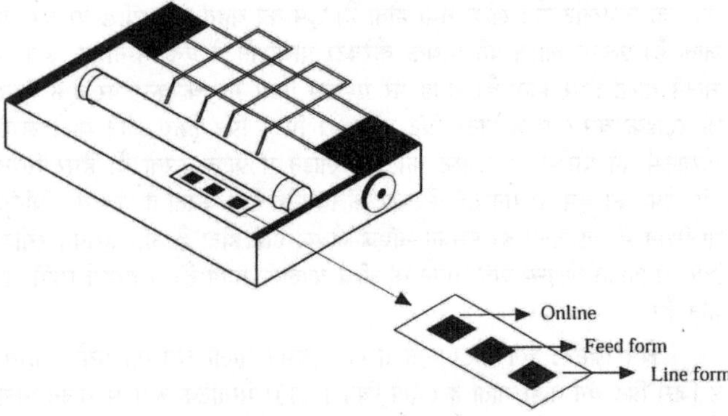

चित्र 1.14: डॉट मैट्रिक्स प्रिंटर

प्रिंट हैड में 7, 9, 14, 18 या 24 पिन्स की वर्टिकल ऐरे हो सकती है।

डॉट मैट्रिक्स प्रिंटर लेटर क्वालिटी प्रिंटर से तेज गति वाला होता है। ये प्रिंटर्स दो या तीन स्पीड्स पर ऑपरेट करते हैं। स्पीड जितनी कम होगी प्रिंटिंग क्वालिटी उतनी ही बेहतर होगी। हायर स्पीड ड्राफ्ट प्रिंटिंग के लिए है और लोअर स्पीड नीयर-लेटर क्वालिटी (NLQ) प्रिंटिंग के लिए है अर्थात् प्रिंटिंग लेटर क्वालिटी प्रिंटर जितनी ही अच्छी होती है। कई डॉट मैट्रिक्स प्रिंटर्स बाई डायरेक्शनल होत हैं, अर्थात् ये टेक्स्ट की एक लाइन बाई से दाई ओर प्रिंट करते हैं और अगली लाइन दाई से बाई ओर। डॉट मैट्रिक्स प्रिंटर्स में फिक्स्ड कैरेक्टर फॉन्ट्स नहीं होते हैं। ये स्पेशल कैरेक्टर्स और ग्राफिक्स प्रिंट कर सकते हैं। बाजार में 80 कॉलम और 132 कॉलम वाले डॉट मैट्रिक्स प्रिंटर्स उपलब्ध हैं।

☞ डॉट मैट्रिक्स प्रिंटर्स अकाउंट्स डिपार्टमेंट, वेयर हाउसेज आदि में कॉमन हैं क्योंकि इनसे बहुत से ऐडमिनिस्ट्रेटिव कार्य जैसे मेलिंग लेबल्स आसानी से किए जा सकते हैं।

लेटर क्वालिटी प्रिंटर्स: ये प्रिंटर्स फुल कैरेक्टर्स प्रिंट करते हैं, जिसका अर्थ है कि कोई कैरेक्टर डॉट्स से नहीं बना है। इस प्रकार का सबसे लोकप्रिय प्रिंटर है डेज़ीव्हील प्रिंटर। एक डेज़ीव्हील प्रिंटर में, प्रिंट हैड एक डेज़ीफूल की तरह होता है, जिसकी प्रिंट आर्म्स फूल की पत्तियों के समान होती है। प्रिंट किया जाने वाला कैरेक्टर प्रिंटर बफर में भेजा जाता है। हब (hub) को लगातार हाई स्पीड पर घुमाया जाता है और एक हैमर उचित कैरेक्टर को स्ट्राइक करता है, जब वह अपनी पोजीशन में आता है डेज़ी व्हील प्रिंटर की स्पीड 90 कैरेक्टर्स प्रति सेकेंड होती है ये आजकल प्रयोग नहीं किए जाते हैं।

नॉन इम्पैक्ट प्रिंटर्स: नॉन इम्पैक्ट प्रिंटर्स थर्मल, केमिकल, इलेक्ट्रोस्टैटिक, लेजर बीम या इंकजैट टेक्नॉलॉजी का प्रयोग प्रिंटिंग के लिए करते हैं। आमतौर पर नॉन इम्पैक्ट प्रिंटर, इम्पैक्ट प्रिंटर की अपेक्षा तेज होते हैं। ये प्रिंटर्स निम्न प्रकार से वर्गीकृत किए जाते हैं:

(a) इलेक्ट्रोमैग्नेटिक प्रिंटर
(b) थर्मल प्रिंटर
(c) इंकजैट प्रिंटर
(d) लेज़र प्रिंटर

इलेक्ट्रोमैग्नेटिक प्रिंटर (Electromegnetic Printer)

ये प्रिंटर मैग्नेटिक रिकॉर्ड्स तकनीकों का प्रयोग करते हैं। इस तकनीक का प्रयोग करके, आवश्यक आउटपुट एक ड्रम की सतह पर लिख दी जाती है। इसके बाद यह सतह मैग्नेटिक पाउडर से पास कराई जाती है, जो चार्ज्ड एरियाज में चिपक जाता है। यह पाउडर फिर पेपर पर प्रेस किया जाता है।

थर्मल प्रिंटर (Thermal Printer)

इस प्रकार का प्रिंटर एक स्पेशल ही सेंसिटिव पेपर का प्रयोग करता है। इन पेपर्स पर एक स्पेशल हीट-सेंसिटिव कोटिंग होती है। जब भी पेपर पर कोई स्पॉट गर्म की जाती है, तो यह डार्क हो जाती है। कैरेक्टर डॉट्स की मैट्रिक्स से प्रिंट होता है। प्रिंट हैड में 5×7 या 7×9 छोटी-छोटी हीटिंग एलीमेंट्स की मैट्रिक्स होती है। (देखें चित्र 1.15)।

एक कैरेक्टर प्रिंट करने के लिए, प्रिंट हैड को करेक्ट पोजीशन तक ले जाया जाता है। इसके बाद हीटिंग एलीमेंट मनचाहे एरियाज के लिए ऑन किए जाते हैं। कुछ समय बाद इन्हें ऑफ कर दिया जाता है। इसके बाद प्रिंट हैड अगली कैरेक्टर पोजीशन पर मूव हो जाती है। इन प्रिंटर्स की स्पीड 200 कैरेक्टर्स प्रति सेकेंड की होती है।

इंकजैट प्रिंटर (Incjet Printers)

इंकजैट प्रिंटर्स डॉट मैट्रिक्स की तुलना में अधिक कुशल होते हैं। डॉट मैट्रिक्स प्रिंटर्स की तरह ही, इंकजैट प्रिंटर्स में भी प्रिंट हैड होता है, लेकिन इंकजैट के

प्रिंट हैड में मेटल पिन्स नहीं होते हैं, जो प्रिंट हैड से नहीं निकलते हैं। बल्कि इंकजैट के प्रिंट हैड में कई छोटी-छोटी नोजल्स होती हैं जो पेपर पर इंक स्प्रे करती है। प्रत्येक नोजल इन्सान के बाल से भी पतली होती है।

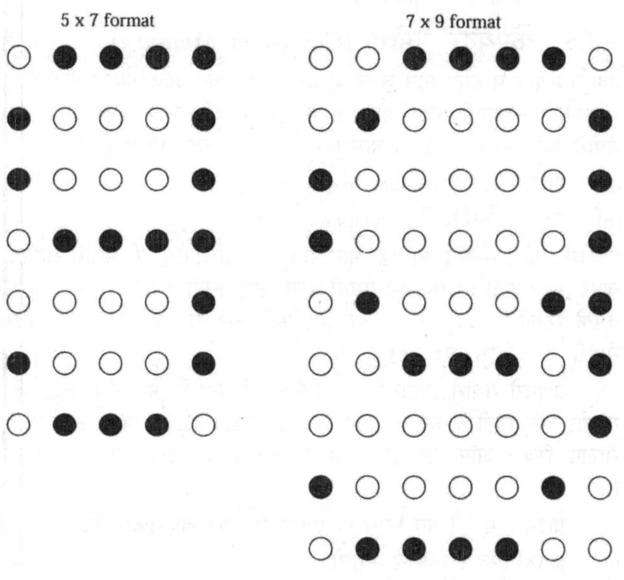

चित्र 1.15: थर्मल प्रिंटर में डॉट मैट्रिक्स।

इंकजैट प्रिंटर्स इंक ड्रॉप्स की कंटीन्युअस स्ट्रीम का प्रयोग पेपर पर कैरेक्टर्स प्रिंट करने के लिए करते हैं। इंक की बूँदें नोजल को छोड़ने के बाद ही इलेक्ट्रिकल तरीके से चार्ज हो जाती है। इसके बाद ये बूँदें पेपर पर उचित पोजीशन तक इलेक्ट्रिकल रूप से चार्ज की गई डिफ्लेक्शन प्लेट्स द्वारा ले जाई जाती है। प्रिंट क्वालिटी अच्छी होती है क्योंकि कैरेक्टर दर्जनों छोटी-छोटी डॉट्स को मिलाकर बनता है। ये प्रिंटर्स टेक्स्ट और ग्राफिक्स की बेहतर क्वालिटी तैयार करते हैं और ये तेज़ होते हैं। प्राय: सभी इंकजैट स्टैंडर्ड रूप से कलर ऑप्शन प्रदान करते हैं। जो अलग-अलग डिग्री के रिजॉल्यूशन में होते हैं। इंकजैट प्रिंटर्स उच्च गुणवत्ता का प्रिंट तैयार करने में सक्षम होते हैं। जो प्राय: लेजर प्रिंटर की क्वालिटी से मैच करता है एक स्टैंडर्ड इंकजैट पिंटर में 300 डॉट्स प्रति इंच का रिज़ॉल्यूशन होता है, यद्यपि नए मॉडल्स में यह और भी बेहतर है (देखें चित्र 1.16)।

चित्र 1.16: इंकजैट प्रिंटर

☞ इंकजैट प्रिंटर्स छोटे बिजनेस, होम कम्प्यूटर्स एवं अलग-अलग कम्प्यूटर ऑफिसों के लिए आदर्श होते हैं।

लेज़र प्रिंटर (Laser Printers)

लेजर प्रिंटर्स नॉन इम्पैक्ट टाइप प्रिंटर्स होते हैं। ये एक बार में एक पेज प्रिंट करते हैं। ये प्रिंटर्स एक फोटोसेंसिटिव ड्रम पर एक इमेज तैयार करने के लिए लेजर या किसी अन्य लाइट सोर्स का प्रयोग करते हैं कम्प्यूटर इस लेजर बीम को कंट्रोल करता है जब भी इसे ड्रम से आगे-पीछे भेजा जाता है, यह ऑन या ऑफ होती है। रास्टर स्कैम सिद्धान्त के आधार पर एक इमेज बनती है। लेजर एक्सपोज़्ड एरियाज़ टोनर को आकर्षित करते हैं। इसके बाद ड्रम टोनर को पेपर पर ट्रांसफर कर देता है। पेपर फिर एक फ्यूजिंग स्टेशन तक मूव करता है, जहाँ पर टोनर पेपर में स्थाई रूप से हीट या प्रेशन के साथ फ्यूज कर दिया जाता है। इसके बाद, ड्रम को डिस्चार्ज और क्लीन कर दिया जाता है। अब ड्रम अगले पेज की प्रोसेसिंग के लिए तैयार होता है। लेजर प्रिंटर्स शांत होते हैं और ये उच्च गुणवत्ता का आउटपुट उत्पन्न करते हैं। ये प्रिंटर्स महँगे होते हैं और इनको समय-समय पर देखभाल की जरूरत होती है। लो-स्पीड लेजर प्रिंटर्स प्रति मिनट 10 पेजेस या इससे अधिक उत्पन्न करते हैं और इन्हें माइक्रो कम्प्यूटर्स के साथ प्रयोग किया जाता है। हाई स्पीड लेजर प्रिंटर्स जो 30 पेजेस प्रति मिनट तक उत्पन्न कर सकते हैं, को मिनी और लार्ज कम्प्यूटर्स के साथ प्रयोग किया जाता है। लेजर प्रिंटर्स बड़ी वॉल्यूम के प्रिंटिंग कार्य के लिए लोकप्रिय हो रहे हैं। ये मुख्यरूप से डेस्कटॉप पब्लिशिंग कार्य के लिए प्रयोग किए जाते हैं। चित्र 1.17 में एक लेजर प्रिंटर दिखाया गया है।

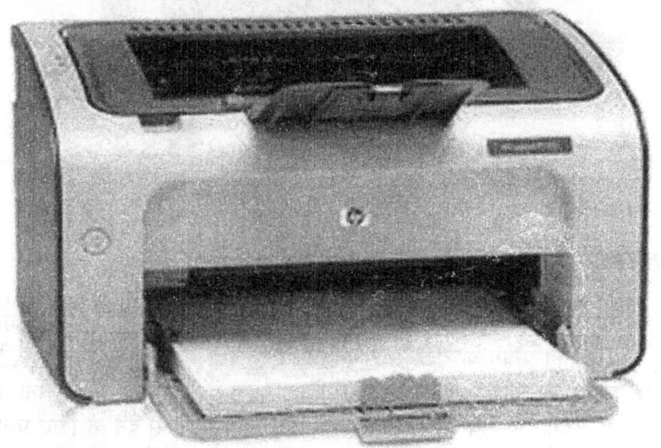

चित्र 1.17: लेजर प्रिंटर

लेजर प्रिंटर और इंकजैट प्रिंटर में तुलना

(Laser Printer Vs Incjet Printer)

लेजर प्रिंटर इकजैट प्रिंट से कई तरीकों में अलग हैं:

(a) लेजर प्रिंटर में टोनर या इंक सूखी होती है। इंकजेट प्रिंटर में यह गीली होती है।

(b) इंकजेट प्रिंटर लेजर प्रिंटर की तुलना में 10 गुना महँगा पड़ता है, क्योंकि इंक को जल्दी-जल्दी बदलना पड़ता है।

(c) इंकजेट प्रिंटर से निकला हुआ प्रिंटेड पेपर थोड़ा गीला होता है, लेकिन लेजर प्रिंटर से निकला हुआ डॉक्यूमेंट नहीं।

(d) यदि आपकी प्रिंटिंग की जरूरतें कम हैं, तब एक इंकजेट प्रिंटर ही पर्याप्त होता है। लेकिन यदि आपकी प्रिंटिंग वॉल्यूम काफी हाई है, तो आपको एक लेजर प्रिंटर खरीदने के बारे में सोचना चाहिए।

प्लॉटर्स (Plottors)

प्लॉटर्स आउटपुट डिवाइसेज हैं। इन्हें सही और अच्छी क्वालिटी के ग्राफ़िक्स एवं ड्रॉइंग्स, कम्प्यूटर के कंट्रोल के अंतर्गत, प्रस्तुत करने के लिए इस्तेमाल किया जाता है। ये ग्राफ़िक्स या ड्रॉइंग्स बनाने के लिए इंकपेन या इंकजैट का प्रयोग करते हैं। सिंगल कलर या मल्टी कलर पैनों का प्रयोग किया जा सकता है। चित्र 1.18 में एक प्लॉटर दिखाया गया है।

चित्र 1.18: प्लॉटर

मल्टीमीडिया प्रोजेक्टर (Multimedia Projector)

मल्टीमीडिया प्रोजेक्टर एक आउटपुट डिवाइस है जो एक पीसी से जुड़ी होती है और इसका प्रयोग कम्प्यूटर से सूचना को एक बड़ी स्क्रीन (कपड़े की स्क्रीन या दीवार) पर प्रोजेक्ट करने के लिए किया जाता है। इस तरह की सूचना को कई सारे लोग देख सकते हैं। इसे व्यापक तौर पर प्रेज़ेन्टेशन्स देने के लिए प्रयोग किया जाता है। प्रेज़ेन्टर इसे सीधे पॉइंट करके दिखा सकता है या प्रदर्शित सूचना को मार्क या एडिट करके दिखा सकता है जिससे यह आसानी से समझ में आ सके। एक पीसी पर ऑडियो, वीडियो, इमेज और ऐनीमेशन तैयार किए जा सकते हैं और एक मल्टीमीडिया प्रोजेक्टर का प्रयोग करके प्रेजेन्टेशन को अधिक जीवन्त और रोचक बनाया जा सकता है।

स्पीच सिंथेसाइज़र (Speech Synthesizer)

स्पीच सिंथेसाइज़र एक आउटपुट डिवाइस है जो टेक्स्ट डाटा को बोले जाने वाले वाक्यों में बदल देता है। स्पीच प्रस्तुत करने के लिए बेसिक साउंड यूनिट्स (basic sound units) जिन्हें phonemes कहा जाता है, को जोड़ दिया जाता है। एक टेक्स्ट में शब्दों की सीक्वेंस (sequence) को Phonemes में जोड़ा जाता है, उसे ऐम्प्लीफ़ाई (amplify) किया जाता है और कम्प्यूटर से जुड़े एक स्पीकर द्वारा इसे आउटपुट किया जाता है।

स्पीच सिंथेसाइज़र्स, अंधे और गूँगे लोगों के इलाज में, व्यापक तौर पर इस्तेमाल किए जाते हैं। स्पीच सिंथेसाइज़र का प्रयोग करके टेक्स्ट सूचना को अंधे लोगों के लिए पढ़कर सुनाया जाता है। इसी तरह एक गूँगा व्यक्ति जो भी कहना चाहता है वह सूचना टाइप करता है और स्पीच सिंथेसाइज़र इसे बोले जाने वाले शब्दों में परिवर्तित करता है।

1.4.5 कम्प्यूटर मेमोरी (Computer Memory)

एक कम्प्यूटर में डाटा स्टोर करने के लिए मेमोरी की आवश्यकता होती है। इसे ऐरिथमैटिकल कार्य करने और प्रोग्राम एवं पिक्चर्स स्टोर करने के लिए भी मेमोरी की जरूरत होती है। कम्प्यूटर मेमोरी दो तरह की होती हैं:

(a) प्राइमरी मेमोरी (Primary memory)

(b) सेकेंडरी मेमोरी (Secondary memory)

प्राइमरी मेमोरी सीपीयू का एक भाग होती है जबकि सेकेंडरी मेमोरी सीपीयू से बाहर स्थित होती है। सेकेंडरी मेमोरी डाटा स्टोर करती है और इसे तब भी स्टोर करके रखती है जब पीसी की इलेक्ट्रिसिटी काट दी जाती है जबकि प्राइमरी मेमोरी के कंटेंट्स तुरंत नष्ट हो जाते हैं।

प्राइमरी मेमोरी इलेक्ट्रॉनिक सर्किट्स से बनी है और जब तक वोल्टेज सप्लाई ऑन रहती है, तब तक यह डाटा को रखती है। जब पीसी के लिए पॉवर सप्लाई स्विच ऑफ कर दी जाती है, तब इसका डाटा भी नष्ट हो जाता है।

प्राइमरी मेमोरी को निम्न दो प्रकार में बाँटा जा सकता है:

(a) RAM (रैंडम ऐक्सेस मेमोरी)

(b) ROM (रीड ओन्ली मेमोरी)

रैम (RAM) रैंडम ऐक्सेस मेमोरी (Random Access Memory)

RAM (रैम) का अर्थ है रैंडम ऐक्सेस मेमोरी और यह एक रीड/राइट मेमोरी होती है। RAM में सूचना लिखी जा सकती है और इसमें से सूचना पढ़ी भी जा सकती है। यह एक वोलाटाइल मेमोरी है। यह तब तक स्टोर की गई सूचना को रखती है जब तक इसे पॉवर सप्लाई की जा रही है। जैसे ही पॉवर स्विच ऑफ कर दी जाती है तो RAM में स्टोर की गई सूचना नष्ट हो जाती है। विभिन्न क्षमताओं वाली RAM उपलब्ध हैं जैसे 128K, 256K, 512K आदि sims PC के लिए उपलब्ध हैं।

स्टैटिक एवं डायनामिक रैम (Static and Dynamic RAM): RAMs के दो महत्त्वपूर्ण प्रकार होते हैं: स्टैटिक RAM और डायनामिक RAM। स्टैटिक RAMs, जब तक पॉवर सप्लाई ऑन होती है, तब तक स्टोर की गई सूचना को रखता है। लेकिन डायनामिक RAM में बहुत ही थोड़े समय में स्टोर की गई सूचना नष्ट हो जाती है (केवल कुछ ही मिलीसेकेंड्स के अंदर) यद्यपि पॉवर सप्लाई ऑन हो तब भी। अत: डायनामिक RAMs को समय समय पर रिफ्रेश करना पड़ता है, आमतौर पर प्रत्येक 2 मिलीसेकेंड्स में! डायनामिक RAMs सस्ते हैं और इनकी पैकिंग डेंसिटी काफी अधिक तथा इनकी स्पीड भी मध्यम होती है। इनमें पॉवर की खपत भी कम होती है। इनका प्रयोग वहाँ होता है जहाँ मेन मेमोरी की बड़ी क्षमता की जरूरत होती है। स्टैटिक RAMs महंगे होते हैं और इनमें पॉवर की खपत अधिक होती है। इनमें रिफ्रेशिंग सर्किट्री की आवश्यकता नहीं होती है। इनमें डायनामिक RAMs की अपेक्षा अधिक स्पीड होती है। स्टैटिक RAM और डायनामिक RAM को क्रमश: SRAM और DRAM भी लिखा जाता है।

रॉम (ROM) रीड ओन्ली मेमोरी (Read Only Memory)

ROM का अर्थ है रीड ओन्ली मेमोरी और यह स्थाई तरह की मेमोरी होती है। जब पॉवर सप्लाई स्विच ऑफ हो जाती है तब भी इसके कंटेंट्स नष्ट नहीं होते

हैं। एक ROM में यूज़र लिख नहीं सकते हैं। इसके कंटेंट्स मैन्यूफैक्चरिंग के समय ही लिख दिए जाते हैं। ROMs में स्थाई तरह के प्रोग्राम और अन्य प्रकार की सूचना स्टोर की जाती है। प्रोग्राम्स के ऐक्ज़ीक्यूशन के समय कम्प्यूटर द्वारा इनकी आवश्यकता होती है। ROMs में sine, cosine, logarithm, square root, exponential और code conversion table आदि, फंक्शन स्टोर रहते हैं। ROM के उदाहरण हैं Toshiba Mask ROM, TCS 534000, 512K x 8bits.

प्रॉम (PROMS): प्रोग्रामेबल ROMs जिन्हें PROMs कहा जाता है, भी उपलब्ध होते हैं। इसके अलावा विभिन्न प्रकार के PROMs जैसे इरेजेबल PROM जिन्हें EPROM कहा जाता है, इलेक्ट्रिकली इरेज़ेबल PROM जिन्हें E^2PROM कहा जाता है, भी उपलब्ध हैं। यूज़र्स सूचना को PROMs, EPROMs और E^2PROMs में लिख सकते हैं। एक बार प्रोग्राम किए जाने के बाद, EPROM और E^2PROM में रिकॉर्ड की गई सूचना को इरेज़ करके इसकी जगह इसमें दूसरी सूचना रिकॉर्ड की जा सकती है लेकिन PROM में एक बार जो यूज़र द्वारा सूचना लिख दी जाती है उसे बदला नहीं जा सकता है।

मेमोरी की वोलाटिलिटी (Volatility of Memory): मेमोरी की वोलाटिलिटी का अर्थ है जब कम्प्यूटर की पॉवर को स्विच ऑफ कर दिया जाता है तब सूचना को बचाए रखने की क्षमता। वोलाटाइल मेमोरी वो मेमोरी होती है जिसके कंटेंट्स पॉवर को स्विच ऑफ करते ही नष्ट हो जाते हैं। एक कम्प्यूटर की मेन मेमोरी, जो डायनामिक RAM या स्टैटिक RAM चिप्स से बनी होती है, पॉवर के रुकते ही तुरंत इसके कंटेंट्स को खो देती है। एक रैंडम ऐक्सेस मेमोरी (RAM) वोलाटाइल होती है लेकिन मैग्नेटिक कोर मेमोरी जिसमें मैग्नेटिक एलीमेंट्स होते हैं, वोलाटाइल नहीं होती है। मैग्नेटिक कोर मेमोरी का प्रयोग सेकेंड जनरेशन के कम्प्यूटर्स में होता था।

सेकेंडरी मेमोरी (Secondary Memory)

सेकेंडरी मेमोरी को प्रोग्राम्स, डाटा एवं अन्य सूचना के बल्क स्टोरेज (Bulk Storage) या मास स्टोरेज (mass storage) के लिए इस्तेमाल किया जाता है। मेन मेमोरी की अपेक्षा इसमें अधिक क्षमता होती है। इसमें सिस्टम सॉफ्टवेयर, ऐसेंबलर्स, कम्पाइलर्स, उपयोगी पैकेजेस, बड़ी डाटा फाइलें आदि स्टोर की जाती हैं। सेकेंडरी मेमोरी नॉन वोलाटाइल प्रकार की होती है। हार्डडिस्क और फ्लॉपी डिस्क जैसी मैग्नेटिक मेमोरीज़ कम्प्यूटर में प्रयोग की जाने वाली सबसे कॉमन सेकेंडरी मेमोरीज़ हैं।

रैंडम ऐक्सेस डिवाइसेज, डायरेक्ट ऐक्सेस डिवाइसेज हैं। इन डिवाइसेज में सूचना कहीं पर भी उपलब्ध होती है अर्थात् यह किसी भी क्रम में उपलब्ध हो सकती हैं।

☞ एक रैंडम ऐक्सेस स्टोरेज डिवाइस वो होती है जिसमें डिवाइस की किसी भी लोकेशन को ऐट रैंडम ऐक्सेस किया जा सकता है और स्टोर की गई सूचना का डायरेक्ट रिट्रीवल (direct retrieval) किया जा सकता है।

मैग्नेटिक डिस्क्स (magnetic disks) और मैग्नेटिक ड्रम्स (magnetic drums) आमतौर पर इस्तेमाल होने वाली डायरेक्ट ऐक्सेस स्टोरेज डिवाइसेज हैं।

मैग्नेटिक टेप (Magnetic Tape)

मैग्नेटिक टेप डाटा की बड़ी वॉल्यूम के लिए एक बहुत ही लोकप्रिय स्टोरेज माध्यम है जिसे क्रम से ऐक्सेस और प्रोसेस करने की जरूरत होती है। टेप एक प्लास्टिक रिबन है जो आमतौर पर 1/2 इंच चौड़ा होता है, जो एक साइड से आयरन ऑक्साइड मैटीरीयल से कोटेड होता है जिसे मैग्नेटाइज किया जा सकता है। टेप रिबन को 50 से 2400 फीट की रील्स में स्टोर किया जाता है। यह टेप रिकॉर्डर पर प्रयोग होने वाले टेप की तरह होता है, अंतर केवल इतना होता है कि यह उच्च कोटि का एवं अधिक मजबूत होता है। मैग्नेटिक टेप को मिटाया जा सकता है और बार-बार प्रयोग में लाया भी जा सकता है।

1.5 हार्डवेयर एवं सॉफ्टवेयर का कॉन्सेप्ट (Concepts of Hardware and Software)

1.5.1 हार्डवेयर (Hardware)

कम्प्यूटर के फ़िज़िकल कम्पोनेंट्स को हार्डवेयर कहा जाता है। ये आइटम्स इलेक्ट्रॉनिक, इलेक्ट्रिकलण मैग्नेटिक, मैकेनिकल या ऑप्टिकल कम्पोनेंट्स में से कुछ भी हो सकते हैं। कम्पोनेंट्स के उदाहरण हैं माइक्रोप्रोसेसर्स, ICs, हार्डडिस्क्स, फ्लॉपी, आदि।

एक कम्प्यूटर सिस्टम सीपीयू (सेंट्रल प्रोसेसिंग यूनिट), कीबोर्ड, वीजुअल डिस्प्ले यूनिट (VDU) अर्थात् मॉनीटर, पेरीफेरल डिवाइसेज और एक ऑपरेटिंग सिस्टम को मिलाकर बनता है। हार्डवेयर की साइज़ और सॉफ्टवेयर जो मिलकर मॉडर्न कम्प्यूटर सिस्टम को टोटल वर्क लोड के लिए तैयार करते हैं, निम्न क्राइटेरिया के आधार पर प्रमुख रूप से तय किए जाते हैं।

(a) आवश्यक टर्मिनल्स की संख्या

(b) प्रत्येक टर्मिनल पर यूजर्स एक साथ पर्फार्म किया जाने वाला कार्य, उसकी मात्रा एवं उसका प्रकार। इंटरैक्टिव प्रोसेसिंग जैसे प्रश्न एवं उत्तर और फॉर्म फिल करना हल्के कार्य होते हैं। बैच प्रोसेसिंग (लंबे-लंबे सर्च और एक पूरी रिपोर्ट प्रिंट करना) हैवी कार्य होते हैं। कम्प्यूटर एडेड डिज़ाइन, इंजीनियरिंग और साइंटिफ़िक ऐप्लीकेशन्स के लिए तेज मैथमैटिकल प्रोसेसिंग की जरूरत होती है।

(c) डाटा को होल्ड करने के लिए आवश्यक ऑनलाइन डिस्क स्टोरेज की मात्रा।

1.5.2 सॉफ्टवेयर (Software)

यह कम्प्यूटर प्रोग्राम्स, प्रोसीज्योर्स और संबद्ध डॉक्यूमेंटेशन के सैट होते हैं जो कम्प्यूटर सिस्टम के प्रभावी कार्य से संबंधित होते हैं।

कम्प्यूटर्स में सॉफ्टवेयर की भूमिका
(Role of Software in Computers)

निर्देशों का सैट जो एक विशेष कार्य पर्फार्म करता है, को प्रोग्राम या सॉफ्टवेयर प्रोग्राम कहा जाता है। प्रोग्राम में निर्देश कम्प्यूटर को निर्देश देते हैं कि वह इनपुट ऑपरेशन्स पर्फार्म करे, डाटा को प्रोसेस करे और रिजल्ट्स को आउटपुट करे।

1.6 सॉफ्टवेयर के प्रकार (Type of Software)

सॉफ्टवेयर को निम्न श्रेणियों में वर्गीकृत किया गया है:

(a) सिस्टम सॉफ्टवेयर

(b) ऐप्लीकेशन सॉफ्टवेयर

(c) यूटिलिटीज़

चित्र 1.19 में सॉफ्टवेयर पैकेजेस के वर्गीकरण को दिखाया गया है:

1.6.1 सिस्टम सॉफ्टवेयर (System Software)

सिस्टम सॉफ्टवेयर, या सिस्टम पैकेजेस, एक या अधिक प्रोग्राम्स के सैट होते हैं, जो बेसिक रूप से एक कम्प्यूटर सिस्टम के कार्य को कंट्रोल करने के लिए डिज़ाइन किए गए हैं। ये जनरल प्रोग्राम्स है जो कम्प्यूटर सिस्टम का प्रयोग करने में यूजर्स की मदद करने के लिए लिखे गए हैं। ये सभी ऑपरेशन्स को कंट्रोल करना, कम्प्यूटर के भीतर एवं बाहर डाटा को मूव करना और ऐप्लीकेशन

प्रोग्राम को एक्ज़ीक्यूट करने में सभी स्टेप्स पर्फार्म करना, जैसे कार्यों को करते हैं। आमतौर पर सिस्टम पैकेजेस निम्न का समर्थन करते हैं:

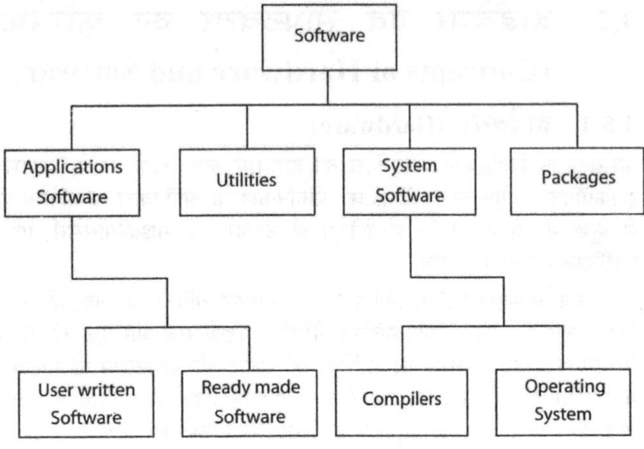

चित्र 1.19: सॉफ्टवेयर की श्रेणियाँ

(a) अन्य सॉफ्टवेयर को रन करना
(b) पेरीफेरल डिवाइसेज, जैसे प्रिंटर्स, कार्ड रीडर्स, डिस्क, टेप डिवाइसेज आदि के साथ कम्यूनिकेट करना।
(c) अन्य प्रकार के सॉफ्टवेयर को डेवलप करना।
(d) विभिन्न हार्डवेयर रिसोर्सेज जैसे मेमोरी, पेरीफेरल्स, सीपीयू आदि के प्रयोग को मॉनीटर करना।

इस प्रकार सिस्टम सॉफ्टवेयर कम्प्यूटर सिस्टम के कार्यों को अधिक प्रभावशाली एवं कुशल बनाते हैं।

1.6.2 यूटिलिटी सॉफ्टवेयर (Utility Software)

यूटिलिटी प्रोग्राम एक प्रोग्राम है जिसे सिस्टम या सिस्टम कम्पोनेंट्स पर मेन्टेनैंस कार्य पर्फार्म करने के लिए डिज़ाइन किया गया है। उदाहरण के लिए, एक स्टोरेज बैकअप प्रोग्राम, एक डिस्क और फाइल रिकवरी प्रोग्राम, या एक रिसोर्स एडीटर यूटिलिटी सॉफ्टवेयर पैकेजेस है।

यूटिलिटी प्रोग्राम्स, जिन्हें सर्विस प्रोग्राम्स भी कहा जाता है, रूटीन्स हैं जो कुछ सर्विसेज पर्फार्म करती हैं, जैसे टेक्स्ट्स की एडिटिंग या लॉजिकल मिस्टेक्स करेक्ट करने के लिए प्रोग्राम्स की डीबगिंग, प्रोसेसिंग के लिए एक निश्चित सीक्वेंस में रिकॉड्स की सॉर्टिंग करना, या डाटा को एक I/O डिवाइस से दूसरे में ट्रांसफर करना।

1.6.3 ऐप्लीकेशन सॉफ्टवेयर (Application Software)

ऐप्लीकेशन सॉफ्टवेयर एक कम्प्यूटर प्रोग्राम है जिसे यूजर्स की मदद के लिए विशेष प्रकार के कार्यों को करने के लिए डिज़ाइन किया गया है। इस लिए, एक ऐप्लीकेशन प्रोग्राम एक ऑपरेटिंग सिस्टम से अलग होता है (जो कम्प्यूटर को रन करता है), एक यूटिलिटी प्रोग्राम से अलग होता है (जो मेन्टेनैंस या जनरल परपस कार्य करता है) और एक लैंग्वेज से अलग होता है (जिससे कम्प्यूटर प्रोग्राम्स बनाए जाते हैं)। उस कार्य पर निर्भर रहते हुए, जिसके लिए यह बनाया गया है, एक ऐप्लीकेशन प्रोग्राम टेक्स्ट, नंबर्स, ग्राफ़िक्स या इन एलीमेंट्स के कॉंबिनेशन को मैनीपुलेट कर सकता है। कुछ ऐप्लीकेशन पैकेजेस प्रत्येक कार्य पर फोकस करके अद्भुत कम्प्यूटिंग पॉवर प्रदान करते हैं। अन्य, जिन्हें इंटीग्रेटेड सॉफ्टवेयर पैकेजेस कहा जाता है, कुछ कम पॉवर प्रदान करते हैं, लेकिन इनमें कई प्रकार के ऐप्लीकेशन्स शामिल होते हैं, जैसे वर्डप्रोसेसर (वर्ड 2007), स्प्रेडशीट (एक्सेल 2007) और डाटाबेस प्रोग्राम (ऐक्सेस 2007)। एक ऐप्लीकेशन प्रोगाम जैसे एक पेरोल पैकेज में एक कम्पनी के वर्कर्स के लिए प्रत्येक महीने की पेस्लिप्स तैयार की जाती है। इसकी प्रकार से एक इन्वेन्ट्री पैकेज भी एक संगठन में उपलब्ध अलग-अलग पार्ट्स। उपकरण की लिस्ट बनाने में प्रयोग किया जाता है।

ऐप्लीकेशन पैकेजेस प्रोडक्शन शिड्यूल, जनरल लैज़र, और जनरल अकाउंटिंग पैकेजेस जैसे जनरल परपस फंक्शन्स तक सीमित होते हैं। स्पेशल परपस सॉफ्टवेयर पैकेजेस को भी विकसित किया गया है जो बैंकिंग, हॉस्पीटल ऐडमिनिस्ट्रेशन इन्श्योरेंस, डेस्कटॉप पब्लिशिंग, मैन्यूफैक्चरिंग आदि क्षेत्रों के लिए प्रयोग किए जाते हैं।

☞ ऐप्लीकेशन सॉफ्टवेयर, या ऐप्लीकेशन पैकेजेस एक या अधिक प्रोग्राम्स के सैट होते हैं जो एक निश्चित उद्देश्य या ऐप्लीकेशन के कार्य को पूरा करने के डिज़ाइन किए जाते हैं।

सिस्टम और ऐप्लीकेशन पैकेजेस में अंतर

(Differences between System and Application Packages)

सिस्टम सॉफ्टवेयर प्रोग्रामर्स और कम्प्यूटर यूजर्स को कई लाभ एवं सुविधाएँ प्रदान करता है। अच्छा सिस्टम सॉफ्टवेयर ऐप्लीकेशन सॉफ्टवेयर को कम्प्यूटर पर कम मेहनत के साथ चलाने की अनुमति प्रदान करता है। सिस्टम सॉफ्टवेयर के बिना, ऐप्लीकेशन पैकेजेस कम्प्यूटर सिस्टम पर आसानी से चलाए नहीं जा सकते हैं। लेकिन, सिस्टम सॉफ्टवेयर का प्रोडक्शन एक कठिन कार्य है जिसके लिए हार्डवेयर की पूरी जानकारी होने के साथ कम्प्यूटर साइंस में स्पेशलाइज्ड ट्रेनिंग होनी भी जरूरी है।

☞ सिस्टम प्रोग्रामर्स, जो सिस्टम सॉफ्टवेयर बनाते हैं, उच्च प्रशिक्षण प्राप्त स्पेशलिस्ट और कम्प्यूटर आर्किटेक्चर टीम के महत्त्वपूर्ण मेंबर्स होते हैं।

इसकी तकनीकी जटिलता के कारण, सिस्टम सॉफ्टवेयर को बहुत कम इन-हाउस डेवलप किया जाता है। सिस्टम सॉफ्टवेयर आमतौर पर कम्प्यूटर मैन्यूफैक्चरर्स के द्वारा डेवलप और डिस्ट्रीब्यूट किया जाता है। जो कस्टमर्स कम्पयूटर सिस्टम को खरीदते हैं या लीज पर लेते हैं, वो हार्डवेयर के साथ-साथ अपने कम्प्यूटर सिस्टम के प्रभावी कार्य संचालन के लिए कुछ सॉफ्टवेयर भी प्राप्त करते हैं।

सिस्टम सॉफ्टवेयर संपूर्ण कम्प्यूटर सिस्टम का एक अभिन्न अंग होता है। इसका कार्य यूजर की आवश्यकताओं और हार्डवेयर की क्षमताओं के बीच के अंतर की पूर्ति करना होता है। किसी प्रकार के सिस्टम सॉफ्टवेयर के बिना एक कम्प्यूटर अप्रभावशाली हो जाता है और इसका संचालन करना असंभव होता है।

1.6.4 सिस्टम सॉफ्टवेयर का वर्गीकरण (Classification of System Software)

सिस्टम सॉफ्टवेयर पैकेजेस को निम्न प्रकार से वर्गीकृत किया जा सकता है:

(a) ऑपरेटिंग सिस्टम्स
(b) असेंबलर्स
(c) कम्पाइलर्स
(d) इंटरप्रिंटर्स

ऑपरेटिंग सिस्टम्स (Operating Systems)

ऑपरेटिंग सिस्टम एक मास्टर कंट्रोल प्रोग्राम है जो कम्प्यूटर को चलाता है और एक शिड्यूलर (scheduler) की तरह कार्य करता हैं। ये सिग्नल्स के फ्लो को सीपीयू से कम्प्यूटर के विभिन्न भागों तक कंट्रोल करते हैं। कम्प्यूटर के स्विच ऑन होने के बाद यही पहला प्रोग्राम होता है जो कम्प्यूटर की मेमोरी में लोड (कॉपी) होता है। लोकप्रिय ऑपरेटिंग सिस्टम्स में MS-DOS. OS/2, विंडोज़ और Unix शामिल हैं। Macintosh, Finder और Multifinder का प्रयोग करते हैं। डिजिटल सिस्टम्स VMS और Ultrix ऑपरेटिंग सिस्टम्स का प्रयोग करते हैं। IBM मेनफ्रेम कम्प्यूटर MVS, VM या DOS/VSE ऑपरेटिंग सिस्टम का प्रयोग करते हैं।

☞ ऑपरेटिंग सिस्टम कम्प्यूटर सिस्टम का एक महत्त्वपूर्ण कंपोनेंट होता है, क्योंकि यह उन ऐप्लीकेशन प्रोग्राम्स, जो इस पर चलते हैं, के लिए स्टैंडर्ड्स (standards) सैट करता है। सभी प्रोग्राम्स इस तरह लिखे होने चाहिए जिससे ये ऑपरेटिंग सिस्टम से बात कर सकें।

ऑपरेटिंग सिस्टम निम्न कार्य करते हैं:

(a) जॉब मैनेजमेंट (Job Management)
(b) टास्क मैनेजमेंट (Task Management)
(c) डाटा मैनेजमेंट (Data Managemnt)
(d) सिक्योरिटी (Security)
(e) बूट स्ट्रैप (Boot Strap)

जॉब मैनेजमेंट (Job Management): छोटे कम्प्यूटर्स में, ऑपरेटिंग सिस्टम, यूजर से मिले हुए कमांड्स को रिस्पांड (respond) करता है और ऐक्ज़ीक्यूशन के लिए मनचाहे ऐप्लीकेशन प्रोग्राम को लोड करता है। एक बड़े कम्प्यूटर में, ऑपरेटिंग सिस्टम अपने जॉब कंट्रोल (JCL) का संचालन करता है, जिन्हें प्रोग्राम्स के मिक्स के रूप में वर्णित किया जा सकता है, जो पूरी शिफ्ट के लिए चल सकें।

टास्क मैनेजमेंट (Task Management): सिंगल टास्किंग कम्प्यूटर्स में, ऑपरेटिंग सिस्टम के पास वास्तव में करने के लिए कोई टास्क मैनेजमेंट नहीं होता है, लेकिन मल्टीटास्किंग कम्प्यूटर्स में यह एक या अधिक प्रोग्राम्स (जॉब्स) के लगातार होने वाले कार्यों के लिए जिम्मेदार रहता है। ऐडवांस्ड ऑपरेटिंग सिस्टम्स् में यह क्षमता होती है कि ये प्राथमिकता दे सकें और इंटरैक्टिव प्रोग्राम्स को सबसे पहली प्राथमिकता दी जाती है। ऐडवांस्ड ऑपरेटिंग सिस्टम्स् में अधिक फाइन - ट्यूनिंग क्षमताएँ होती है जिससे एक विशेष कार्य को कम्प्यूटर ऑपरेटर से दिए गए कमांड द्वारा या तो तेज किया जा सकता है अथवा धीरे भी किया जा सकता है। मल्टीटास्किंग को करने के लिए कम्प्यूटर को इस तरह से डिज़ाइन किया जाता है ताकि यह डाटा के कम्प्यूटर में आने और इसे प्रदर्शित करते समय ऐक्ज़ीक्यूट होने वाले निर्देशों की अनुमति दे सके।

डाटा मैनेजमेंट (Data Managemnt): ऑपरेटिंग सिस्टम का एक अहम् कार्य है डिस्क पर डाटा का ट्रैक रखना। जिससे DOS नाम पड़ा अर्थात् डिस्क ऑपरेटिंग सिस्टम। ऐप्लीकेशन प्रोग्राम को पता नहीं होता कि डाटा वास्तव में कहाँ पर स्टोर किया गया है या इसे कैसे पाना है। यह ज्ञान, ऑपरेटिंग सिस्टम के ऐक्सेस के तरीके में या डिवाइस ड्राइवर रूटीन्स में होता है। जब एक प्रोग्राम डाटा को ऐक्सेप्ट करने के लिए तैयार हो जाता है, तब यह ऑपरेटिंग सिस्टम को कोडेड मैसेज द्वारा सिग्नल देता है। ऑपरेटिंग सिस्टम डाटा को ढूँढ कर इसे प्रोग्राम को डिलीवर करता है। इसके विपरीत, जब प्रोग्राम आउटपुट के लिए तैयार होता है, तो ऑपरेटिंग सिस्टम, प्रोग्राम में से डाटा को, डिस्क में अगली उपलब्ध जगह पर ट्रांसफर कर देता है।

सिक्योरिटी (Security): मल्टीयूज़र ऑपरेटिंग सिस्टम्स् ऑथराइज़्ड यूज़र्स (Authorised Users) की एक लिस्ट मेन्टेन करते हैं और अनऑथराइज़्ड यूज़र्स (Unauthorised Users) के खिलाफ पासवर्ड प्रोटेक्शन प्रदान करते हैं। ये अनऑथराइज़्ड यूज़र्स कम्प्यूटर सिस्टम में प्रवेश करना चाहते हैं। बड़े ऑपरेटिंग सिस्टम भी बिलिंग के परपस (purpose) से ऐक्टिविटी लॉग्स (logs) और यूज़र्स के समय की अकाउंटिंग को मेन्टेन करते हैं। ये सिस्टम फेल्योर की स्थिति में बैकअप (backup) और रिकवरी रूटीन्स (recovery routines) भी प्रदान करते हैं जिससे फिर से सब कुछ शुरू किया जा सके।

बूट स्ट्रैप प्रोग्राम (Boot Strap Program): बूट का अर्थ है स्टार्ट या कम्प्यूटर सिस्टम को रेडी करना जिससे यह हमारे निर्देशों को ले सके। 'बूट' ('boot') शब्द बूट स्ट्रैप ('boot strap') में से आया है। जिस तरह बूट स्ट्रैप आपको अपना बूट ऑन करने में मदद करते हैं; उसी तरह कम्प्यूटर की बूटिंग भी इसे इसके ROM (रीड ओन्ली मेमोरी) के निर्देशों को इसकी मेन मेमोरी में लोड करने में मदद करती है। पर्सनल कम्प्यूटर में, ROM चिप में एक छोटी बूट स्ट्रैप रूटीन होती है जो ऑटोमैटिक रूप से ऐक्ज़ीक्यूट हो जाती है जब भी कम्प्यूटर को ऑन या रीसैट किया जाता है। बूट स्ट्रैप रूटीन ऑपरेटिंग सिस्टम को ढूँढती है, इसे लोड करती है और फिर इस पर कंट्रोल पास कर देती है। आप अपने कम्प्यूटर सिस्टम को दो तरह से बूट कर सकते हैं; एक कोल्ड बूटिंग (Cold Booting) कहलाती है जब कम्प्यूटर को पहले ऑन किया जाता है, और दूसरी वॉर्म बूटिंग (Warm Booting) कहलाती है, जब कम्प्यूटर पहले से ही ऑन होता है और उसे रीसैट किया जाता है। वो पर्सनल कम्प्यूटर्स जिसमें सिंगल टास्किंग ऑपरेटिंग सिस्टम्स् (single tasking operating systems) का प्रयोग होता है, क्रैश होने के बाद यह आमतौर पर जरूरी होता है कि कम्प्यूटर को रीसैट किया जाए। उदाहरण के लिए IBM PC कम्पैटिबल मशीन्स में, आप वॉर्म बूटिंग, Ctrl + Alt + Delete keys को एक साथ दबाकर कर सकते हैं। इस तरीके से यह इनीशियल चैक्स (initial checks) जैसे मेमोरी चैक्स आदि नहीं करता है, जो यह तभी करता है जब इसे पहली बार स्विच ऑन किया जाता है।

असेंबलर्स (Assemblers): एक प्रोग्राम जो एक असेंबली लैंग्वेज प्रोग्राम को मशीन लैंग्वेज प्रोग्राम में ट्रांसलेट करता है असेंबलर कहलाता है। एक असेंबलर जो एक ऐसे कम्प्यूटर पर चलता है जिसके लिए यह ऑब्जेक्ट कोड (मशीन कोड) प्रस्तुत करता है, को सेल्फ असेंबलर (या रेजीडेंट असेंबलर) कहा जाता है। एक कम पॉवरफुल और सस्ते कम्प्यूटर में हो सकता है कि पर्याप्त सॉफ्टवेयर और हार्डवेयर की सुविधा, प्रोग्राम डेवलपमेंट और कन्वीनिएंट असेंबली के लिए न हो। इस परिस्थिति में एक तेज और पॉवरफुल कम्प्यूटर को प्रोग्राम डेवलपमेंट के लिए इस्तेमाल किया जाता है। इस तरह से डेवलप किए गए प्रोग्राम्स छोटे कम्प्यूटर्स पर चलाए जाते हैं। इस तरह के प्रोग्राम डेवलपमेंट में एक क्रॉस असेंबलर की जरूरत होती है। एक क्रॉस असेंबलर एक असेंबलर है जो एक ऐसे कम्प्यूटर पर चलता है, जो उससे अलग होता है और जो मशीन कोड प्रस्तुत करता है।

कम्पाइलर्स (Compilers): एक प्रोग्राम जो एक हाई लेवल लैंग्वेज प्रोग्राभ को मशीन लैंग्वेज प्रोग्राम में ट्रांसलेट (translate) करता है, कम्पाइलर कहलाता है। एक कम्पाइलर, एक असेंबलर से ज्यादा बुद्धिमान होता है। यह सभी तरह की लिमिट्स (limits), रेंजेस (ranges), ऐरर्स (errors), आदि को चैक करता है। लेकिन इसका प्रोग्राम ऐक्ज़ीक्यूशन टाइम ज्यादा है और यह मेमोरी का एक बड़ा हिस्सा ऑक्यूपाई (occupy) करता है। इसकी स्पीड कम होती है और इसकी मेमोरी यूटिलाइज़ (utilize) करने की कुशलता भी कम होती है। यदि एक कम्पाइलर एक ऐसे कम्प्यूटर पर चलता है जिसके लिए यह ऑब्जेक्ट कोड प्रस्तुत करता है, तो इसे सेल्फ या रेजीडेंट कम्पाइलर कहा जाता है।

☞ यदि एक कम्पाइलर एक ऐसे कम्प्यूटर पर चलता है, जो उससे अलग होता है जिसके लिए यह ऑब्जेक्ट कोड प्रस्तुत करता है, तब इसे एक क्रॉस कम्पाइलर कहा जाता है।

इंटरप्रिटर्स (Interpreters): इंटरप्रिटर एक प्रोग्राम होता है जो हाई लेवल लैंग्वेज प्रोग्राम के एक स्टेटमेंट को मशीन कोड्स में ट्रांसलेट करता है और इसे ऐक्ज़ीक्यूट करता है। इस तरीके से यह आगे बढ़ता है जब तक कि प्रोग्राम के सभी स्टेटमेंट्स ट्रांसलेट और ऐक्ज़ीक्यूट न हो जाएँ। दूसरी तरफ एक कम्पाइलर, पूरे हाई लेवल लैंग्वेज प्रोग्राम पर एक बार या दो बार नज़र डालता है और फिर पूरे प्रोग्राम को एक साथ मशीन कोड्स में ट्रांसलेट कर देता है। एक कम्पाइलर इंटरप्रिटर से करीब 5 से 25 गुना तेज होता है। इंटरप्रिटर, कम्पाइलर की अपेक्षा छोटे प्रोग्राम होते हैं। यह कम मेमोरी स्पेस लेता है। इसे छोटे सिस्टम्स में, जिसमें सीमित मेमोरी स्पेस होती है, इस्तेमाल किया जा सकता है। कम्पाइलर द्वारा बनाया गया ऑब्जेक्ट प्रोग्राम स्थाई रूप से भविष्य के रेफरेंस के लिए सेव कर लिया जाता है। दूसरी तरफ, इंटरप्रिटर द्वारा बनाया गया, स्टेटमेंट का ऑब्जेक्ट कोड सेव नहीं होता है। यदि एक निर्देश को अगली बार इस्तेमाल किया जाना है, तो इसे फिर से इंटरप्रिट करना पड़ेगा और फिर से मशीन कोड में बदलना होगा। उदाहरण के लिए, एक लूप में जब वही प्रक्रिया बार बार दोहराई जाती है, तब लूप के प्रत्येक निर्देश को, लूप के ऐक्जीक्यूट होने के साथ साथ, फिर से इंटरप्रिट करना पड़ेगा।

☞ कम्पाइलर्स इंटरप्रिटर की अपेक्षा करीब 5 से 25 गुना तेज होता है। इंटरप्रिटर कम्पाइलर की तुलना में एक छोटा प्रोग्राम होता है।

1.6.5 टूल्स के रूप में ऐप्लीकेशन सॉफ्टवेयर पैकेजेस (Application Software Packages as Tools)

वर्ड प्रोसेसर (Word Processor)

वर्ड प्रोसेसर एक सॉफ्टवेयर पैकेज है जो आप को टेक्स्ट एंटर करने और शब्दों एवं वाक्यांशों (Phrases) को मैनीपुलेट करने में मदद करता है। आप आसानी से लेटर, डॉक्यूमेंट और रिपोर्ट टाइप कर सकते हैं और उन्हें आगे प्रयोग करने के लिए स्टोर कर सकते हैं। आप इस डॉक्यूमेंट को प्रिंटर पर जब और जैसे चाहें प्रिंट कर सकते हैं। इस प्रकार, वर्ड प्रोसेसर पर तैयार किया गया डॉक्यूमेंट एकाय एक्यूरेट बनाया जाता है, इसका लुक बेहतर होता है और इसे बहुत ही कम समय मे प्रिंट किया जा सकता है।

आप डायॅक्यूमेंट में स्पेलिंग भी चैक कर सकते हैं। आप एक वाक्य मं उचित शब्दों का चयन करने के लिए मदद ले सकते हैं। इसके अलावा आप पेज नंबर्स डाल सकते हैं और मार्जिन्स बदल सकते हैं। आप सिलेक्ट किए गए शब्दों पर जोर डालने के लिए उन्हें बोल्ड फेस में, इटालिक्स में या बोल्ड इटालिक्स में प्रिंट कर सकते हैं।

☞ एक वर्ड प्रोसेसर कम्प्यूटर की हाड डिस्क में बहुत लंबे लैटर्स स्टोर कर सकता है। आप बाद में इन लैटर्स को मॉडिफाई कर सकते हैं या कीबोर्ड से कुछ कीज़ प्रेस करके उनकी कॉपीज प्रिंट कर सकते हैं।

यदि आपको लैटर में कुछ परिवर्तन करने हैं, तो आप पूरा लैटर टाइप किए बिना ही ऐसा कर सकते हैं। इसके साथ-साथ, वर्ड प्रोसेसर का प्रयोग करके उसी लैटर को कई अलग-अलग ऐड्रेसेज पर मेलमर्ज सुविधा का प्रयोग करके भेजा जा सकता है। आप इंटरनेट पर ई-मेल द्वारा भी कई लोगों को लैटर भेज सकते हैं। इस प्रकार, आपको प्रत्येक व्यक्ति के लिए अलग-अलग लैटर टाइप नहीं करने पड़ते हैं। आप वर्ड प्रोसेसर को Fax सुविधा का प्रयोग करते हुए लैटर्स या पिक्चर्स भेजने का निर्देश भी दे सकते हैं।

प्रेजेन्टेशन टूल (Presentation Tool)

प्रेजेन्टेशन टूल में ग्राफ़िक्स और एनीमेशन पैकेजेस शामिल होते हैं। पॉवर पॉइंट 2007 यूएसए के माइक्रोसॉफ्ट कॉर्पोरेशन द्वारा डिजाइन किया गया एवं सबसे अधिक बिकने वाला प्रेजेन्टेशन ग्राफ़िक्स सॉफ्टवेयर पैकेज है एवं यह सबसे आधुनिक वर्जन है। पॉवर पॉइंट ने प्रेजेन्टेशन ग्राफ़िक्स की वर्किंग के लिए नए मानक सैट किए है। पॉवर पॉइंट आपको आइडियाज और जानकारी लाने में मदद करता है जो आप अपने दर्शकों तक बिना कठिनाई के पहुँचा सकते हैं। पॉवर पॉइंट से आप निम्न कार्य कर सकते हैं।

- ओवरहैड प्रोजेक्टर (OHP), 35 mm स्लाइड या ऑन स्क्रीन प्रेजेनटेशन्स के लिए तुरंत पेपर तैयार कर सकते हैं।
- अपने प्रेजेन्टेशन्स को स्पीकर नोट्स के साथ सप्लीमेंट कर सकते हैं।
- वर्ड 2007 और एक्सेल 2007 जैसे अन्य ऐप्लीकेशन पैकेजेस में बनाए गए मैटीरियल का प्रयोग कर सकते हैं।

स्प्रेडशीट पैकेज (Spreadsheet Package)

स्प्रेडशीट पैकेज डाटा वैल्यूज और उनके बीच की रिलेशनशिप को एक टेबुलर फॉर्मेट में ऐक्सेप्ट करता है जिसमें रोज़ (rows) और कॉलम्स (columns) होते हैं। यह यूजर को इन वैल्यूज पर कैलकुलेशन्स करने की अनुमति देता है। यह मनचाहे फॉर्मेट में डाटा को मैनीपुलेट भी करता है। पीसी के लिए जो पहली स्प्रेड शीट उपलब्ध थी वह VisiCalc थी, जो सबसे अधिक बिकती थी। VisiCalc थी, जो सबसे अधिक बिकती थी। VisiCalc के बाद Lotus 1-2-3 आई। अंत में सबसे अधिक बिकने वाला स्प्रेडशीट प्रोग्राम आया एक्सेल 2007।

☞ स्प्रेडशीट पैकेज एक सॉफ्टवेयर पैकेज है जो हमें डाटा को टेबुलर रूप में दिखाता है, डाटा को टेबुलर रूप में (रोज एवं कॉलम्स) ग्रहण करता है और टेबुलर रूप से स्टोर किए गए डाटा पर कैलकुलेशन्स करने के लिए बहुत से फंक्शन्स प्रदान करता है।

बिज़नेस सॉफ्टवेयर (Business Software)

बिज़नेस सॉफ्टवेयर पैकेज का विकास किसी भी बिजनेस की जनरल आवश्यकताओं को पूरा करने के लिए किया गया है। जैसे, एक कम्पनी अपने अकाउंट्स को कम्प्यूटराइज़ करना चाहती है। इस प्रकार के सभी सॉफ्टवेयर पैकेजेस को बिज़नेस सॉफ्टवेयर कहा जाता है। बाज़ार में कई रेडीमेड बिज़नेस सॉफ्टवेयर भी उपलब्ध है। ये बहुत सी बिजनेस जरूरतों को पूरा करते हैं। इस तरह के सॉफ्टवेयर पैकेजेस के उदाहरण हैं इन्वेंट्री मैनेजमेंट सिस्टम, पेरोल सिस्टम, फाइनैंशियल अकाउंटिंग, होटल मैनेजमेंट एवं रिजर्वेशन सिस्टम आदि। यद्यपि बाजार में स्टैंडर्ड बिज़नेस सॉफ्टवेयर पैकेजेस उपलब्ध हैं, फिर भी कुछ कम्पनियाँ अपनी निर्धारित आवश्यकताओं के अनुसार कस्टमाइज़्ड सॉफ्टवेयर प्राप्त करने को अधिक पसंद करती हैं। लेकिन इस तरह के सॉफ्टवेयर पैकेजेस किसी अन्य यूजर की वर्कप्लेस पर सीधे इन्स्टॉल नहीं किया जा सकता है क्योंकि दूसरे यूजर की जरूरतें पहले यूजर से अलग हो सकती हैं और सॉफ्टवेयर किसी अन्य यूजर की आवश्यकताओं में फिट नहीं हो सकता है।

1.7 कम्प्यूटिंग की अवधारणा (Concept of Computing)

कम्प्यूटिंग को आमतौर पर कम्प्यूटर हार्डवेयर और सॉफ्टवेयर को प्रयोग करने वाली एवं उसे बेहतर बनाने वाली गतिविधि के रूप में परिभाषित किया जाता है। यह सूचना तकनीक का कम्प्यूटर संबंधित भाग है। कम्प्यूटर साइंस (या

कम्प्यूटिंग साइंस) इन्फॉर्मेशन और कम्प्यूटेशन के सैद्धान्तिक फाउंडेशन का अध्ययन और विज्ञान होता है और इनका कम्प्यूटर सिस्टम्स में एप्लीकेशन और इम्प्लीमेंटेशन किया जाता है।

एक आम तरीके में, हम कम्प्यूटिंग को व्यापक उद्देश्यों, प्रोसेसिंग, स्ट्रक्चरिंग और विभिन्न प्रकार की सूचनाओं के प्रबंधन के लिए हार्डवेयर और सॉफ्टवेयर की डिजाइनिंग एवं बिल्डिंग के लिए परिभाषित कर सकते हैं। कम्प्यूटर्स का प्रयोग करके वैज्ञानिक अध्ययन करना, कम्प्यूटर सिस्टम को बुद्धिमत्ता पूर्ण तरीके से कार्य करवाना, कम्यूनिकेशन और एंटरटेनमेंट मीडिया को बनाना और प्रयोग करना, किसी विशेष उद्देश्य से संबंधित सूचना को खोजना और इकट्ठा करना आदि कार्य किए जा सकते हैं।

1.7.1 सूचना एवं डाटा की परिभाषा (Definition of Information and Data)

डाटा रिप्रेजेन्टेशन का अर्थ उन तरीकों से हैं जो एक कम्प्यूटर में स्टोर की गई सूचना को दर्शाने के लिए आंतरिक रूप से प्रयोग की जाती है। कम्प्यूटर्स कई अलग-अलग प्रकार की सूचना स्टोर करते हैं जैसे नंबर्स, टेक्स्ट, साउंड और ग्राफ़िक्स।

लेकिन, कम्प्यूटर में स्टोर की गई सभी प्रकार की सूचना आंतरिक रूप से सिंपल फॉर्मेट में स्टोर होती है जैसे 0's और 1's की सीक्वेंस।

1.7.2 बेसिक डाटा टाइप्स (Basic Data Types)

रजिस्टर्स में डाटा या कंट्रोल सूचना में से कोई एक रहती है। कंट्रोल सूचना एक बिट या बिट्स का समूह होती है जो डाटा मैनीपुलेशन के लिए आवश्यक कमांड सिग्नल्स की सीक्वेंस को निर्धारित करने के लिए प्रयोग किया जाता है।

डाटा संख्याएँ और अन्य बाइनरी-कोडेड सूचना होती हैं जो रजिस्टर्स में निम्न संभावित डाटा टाइप्स पर ऑपरेट होती हैं:

- कम्प्यूटेशन्स में प्रयोग किए जाने वाले नंबर्स
- डाटा प्रोसेसिंग में प्रयोग होने वाले अल्फाबेट के लेटर्स
- विशेष उद्देश्यों के लिए प्रयोग होने वाले अन्य डिस्क्रीट सिंबल्स।

बाइनरी नंबर्स को छोड़कर सभी डाटा टाइप्स बाइनरी कोडेड रूप में रिप्रेजेंट किए जाते हैं।

नंबर सिस्टम: एक नंबर सिस्टम जिसका बेस या रैडिक्स r है, एक सिस्टम है जो डिजिट्स के लिए अलग सिंबल्स का प्रयोग करता है। डिजिट सिंबल्स की एक स्ट्रिंग के द्वारा नंबर्स को रिप्रेजेंट किया जाता है। उदाहरण के लिए बाइनरी 0 और 1 और बेस है 2, डेसीमल 0, 1, 2-9 और बेस है 10, ऑक्टल 0, 1, 2-7 और बेस है 8, हेक्सा डेसीमल 0, 1, 2-9, A, B, C, D, E, F और बेस है 10।

कन्वर्जन (Conversion): डेसीमल से रैडिक्स r सिस्टम में इसके बराबर का रिप्रेजेन्टेशन। मोस्ट सिग्निफ़िकैंट डिजिट (MSD) और लीस्ट सिग्निफ़िकैंट डिजिट (LSD) टर्म्स का प्रयोग इस के लिए होता है।

डेसीमल नंबर्स को बाइनरी नंबर्स में कन्वर्ट करना

1.	$7 \div 2 = 3, r = 1$	$13 \div 2 = 6, r = 1$	$15 \div 2 = 7, r = 1$
	$3 \div 2 = 1, r = 1$	$6 \div 2 = 3, r = 0$	$7 \div 2 = 3, r = 1$
	$1 \div 2 = 0, r = 1$	$3 \div 2 = 1, r = 1$	$3 \div 2 = 1, r = 1$
		$1 \div 2 = 0, r = 1$	$1 \div 2 = 0, r = 1$
	इसलिए बाइनरी में 7 को 111 के रूप में लिखा जाता है।	इसलिए 13 को बाइनरी में 1101 के रूप में लिखा जाता है।	इसलिए 15 को बाइनरी में 1111 के रूप में लिखा जाता है।

क्रमशः...

बाइनरी नंबर्स को डेसीमल नंबर्स में कन्वर्ट करना

1. $11 = 1 \times 2^1 + 1 \times 2^0 = 2 + 1 = 3$
2. $101 = 1 \times 2^2 + 0 \times 2^1 + 1 \times 2^0 = 4 + 0 + 1 = 5$
3. $1111 = 1 \times 2^3 + 1 \times 2^2 + 1 \times 2^1 + 1 \times 2^0 = 8 + 4 + 2 + 1 = 15$

नोट: ज़ीरो (0) पॉवर किसी भी डिजिट की हो, इसकी वैल्यू हमेशा 1 होती है। ज़ीरो (0) के साथ गुणा करने से वैल्यू हमेशा '0' ही होती है।

अलग-अलग नंबर सिस्टम्स में नंबर्स का रिप्रेजेन्टेशन

डेसीमल (बेस 10)	बाइनरी (बेस 2)	ऑक्टल (बेस 8)	हेक्सा डेसीमल (बेस 16)
0	0	0	0
1	1	1	1
2	10	2	2
3	11	3	3
4	100	4	4
5	101	5	5
6	110	6	6
7	111	7	7
8	1000	10	8
9	1001	11	9
10	1010	12	A
11	1011	13	B
12	1100	14	C
13	1101	15	D
14	1110	16	E
15	1111	17	F

1.7.3 डाटा का स्टोरेज (Storage of Data)

आजकल डाटा को हार्ड डिस्क, सीडी रॉम, डीवीडी, पेन ड्राइव और पोर्टेबल हार्ड ड्राइव में स्टोर किया जाता है।

हार्डडिस्क और सीडी रॉम आदि पर स्टोर किया गया डाटा सीधे ऐक्सेस किया जा सकता है। इस प्रकार ये स्टोरेज डिवाइसेज तेज़ होती है।

हार्ड डिस्क (Hard Disk)

हार्डडिस्क एक ऐसी डिवाइस है जो डायरेक्ट ऐक्सेस (direct access) के लिए आवश्यक डाटा के व्यापक (mass) स्टोरेज के लिए इस्तेमाल की जाती है। यह अधिक स्थिर और मजबूत होती है तथा यह एक धूलरहित वातावरण में रखी जाती है। इसकी ट्रैक और बिट डेन्सिटीज़ (Bit densities), मैग्नेटिक टेप की अपेक्षा काफी अधिक होती है। यह फ्लॉपी डिस्क की तुलना में अधिक तेजी से, अधिक सूचना स्टोर कर सकती है। हार्ड डिस्क अलग अलग साइज़ों में आती है जैसे 3.5 इंच और 5.25 इंच। बड़ी डिस्क मेन फ्रेम्स में इस्तेमाल होती हैं और छोटी डिस्क पीसी में। (देखें चित्र 1.20)

डाटा और निर्देश जो इनपुट यूनिट्स के द्वारा कम्प्यूटर सिस्टम में एंटर किए जाते हैं, को कम्प्यूटर में, वास्तविक प्रोसेसिंग शुरू होने से पहले ही, स्टोर किया जाना चाहिए। इसी तरह, प्रोसेसिंग के बाद कम्प्यूटर द्वारा प्रस्तुत किया गया रिज़ल्ट भी कम्प्यूटर सिस्टम में भीतर ही कहीं रखा जाना चाहिए इससे पहले कि इन्हें आउटपुट यूनिट्स को भेजा जाए। इसके अलावा, कम्प्यूटर द्वारा प्रस्तुत इंटरमीडिएट रिजल्ट्स को ऑनगोइंग (होने वाली) प्रोसेसिंग के लिए संभाल कर रखना चाहिए।

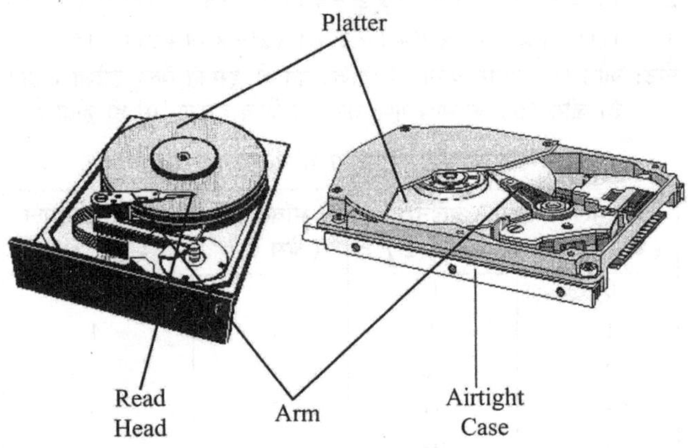

चित्र 1.20: हार्ड डिस्क

☞ एक कम्प्यूटर सिस्टम की मुख्य मेमोरी को इस तरह की आवश्यकताओं की पूर्ति के लिए डिज़ाइन किया गया है। यह डाटा और निर्देशों को स्टोर करने के लिए एवं इसके साथ साथ इंटरमीडिएट और फाइनल रिजल्ट्स को भी स्टोर करने के लिए स्पेस प्रदान करती है।

संक्षिप्त में कहा जाए तो, स्टोरेज यूनिट के विशेष कार्य निम्न को स्टोर करना हैं:

(a) प्रोसेस किए जाने वाले सभी डाटा एवं निर्देश

(b) प्रोसेसिंग के इंटरमीडिएट रिज़ल्ट्स और

(c) आउटपुट डिवाइसेस को भेजने से पहले फाइनल रिज़ल्ट्स

एक कम्प्यूटर में सूचना को 0s और 1s की स्ट्रिंग्स (strings) के रूप में स्टोर किया जाता है। उदाहरण के तौर पर, एक मैग्नेटिक कोर मेमोरी में 0 से कोर का मैग्नेटाइज़ेशन क्लॉक की दिशा में दर्शाया जा सकता है जबकि 1 से मैग्नेटाइज़ेशन को एंटी क्लॉक वाइज़ (anti clock wise) दिशा में। इसी तरह, एक इलेक्ट्रॉनिक मेमोरी में, 0 से वोल्टेज लेवल की अनुपलब्धता (unavailability) को दर्शाया जाता है जबकि 1 से एक निश्चित वोल्टेज लेवल की उपस्थिति (presence) को। इस तरह 0 और 1 दो सिंबल्स हैं जो कम्प्यूटर्स में कंपोनेन्ट्स की बाइनरी स्टेट्स को दर्शाने के लिए इस्तेमाल किए जाते हैं। इन्हें बाइनरी डिज़िट्स (BInary digiTS) या बिट्स (BITS) कहा जाता है।

☞ कम्प्यूटर्स, मेन मेमोरी को शब्दों या बाइट्स (Bytes) में विभाजित करने की सुविधा भी प्रदान करते हैं। एक बाइट में आमतौर पर सूचना की 8 बिट्स होती हैं।

कॉम्पैक्ट डिस्क (CD)

यह एक ऑप्टिकल रीड ओन्ली मेमोरी (ROM) है। डिस्क एक रेज़िन (Resin) से बनी होती है, जैसे पॉलीकार्बोनेट (Polycarbonate)। यह एक ऐसे मैटीरियल से कोटेड होती है जो इसकी रिफ्लेक्टिंग प्रॉपर्टी को बदल देगा जब इस पर हाई इंटेंसिटी की लेज़र बीम डाली जाएगी। कोटिंग मैटिरियल बहुत ही रिफ्लेक्टिव होता है और आमतौर पर यह आल्यूमीनियम होता है। हाई इंटेंसिटी की लेजरबीम एक ट्रेस (trace) के किनारे छोटा पिट (pit) बनाती है जो '1' को रिप्रेजेन्ट करता है और जो सतह बिना पिट (pit) के होती है उसे 'land' कहा जाता है वह '0' को रिप्रेजेन्ट करती है। चित्र 1.21 में एक कॉम्पैक्ट डिस्क दिखाई गई है।

चित्र 1.21: कॉम्पैक्ट डिस्क

डाटा को पढ़ने के लिए एक लेज़र बीम को काम पर लगाया जाता है। कुछ केसेज (cases) में अलग लेज़र बीम्स लगाई जाती हैं: एक पढ़ने के लिए और एक लिखने के लिए। रिफ्लेक्ट की गई लेज़र लाइट, एक फोटो डायोड (photo diode) द्वारा सेंस (sense) की जाती है ताकि डाटा को पढ़ सके। लेज़र रिफ्लेक्टेड लाइट की इंटेंसिटी बदलती है जैसे ही इसके रास्ते में कोई पिट आता है। एक पिट लाइट को फैला देता है ताकि फोटो डायोड कभ रिफ्लेक्टेड लाइट पा सके। लेकिन land फोटोडायोड को पर्याप्त लाइट रिफ्लेक्ट करती है। इस तरह रिफ्लेक्टेड लाइट में होने वाला यह परिवर्तन, डाटा को पढ़ने के उद्देश्य से, सेंस किया जाता है और फिर इसे इलेक्ट्रिकल सिग्नल्स (electrical signals) में बदला जाता है।

ऑप्टिकल डिस्क्स दो तरह की होती हैं, इनके नाम हैं: कॉम्पैक्ट डिस्क्स (CDs) या CD-ROMs और WORM (write once and Read Many) डिस्क्स।

CD-ROM रैंडम ऐक्सेस डाटा रिट्रीवल प्रदान करते हैं और इनमें 40 साल से अधिक की शेल्फ लाइफ (shelf life) होती है। CD-ROM करीब 700 MB डाटा स्टोर कर सकते हैं, (करीब 800 फ्लॉपीज़) जो इसे व्यापक परिमाण में डाटा स्टोर करने, उच्च क्षमता के सॉफ्टवेयर जैसे इलेक्ट्रॉनिक रेफरेंस बुक्स, बिज़नेस और मनोरंजक सॉफ्टवेयर स्टोर करने के लिए उत्कृष्ट माध्यम बनाता है।

☞ CD-ROM पेपर के ऊपर एक इंप्रूवमेंट (improvement) है और इसमें बड़े डॉक्यूमेंट्स और सूचनाएँ आसानी से सर्च (search) और रिट्रीव (retrieve) की जा सकती हैं।

डिज़िटल वीडियो डिस्क (DVD)

डिजिटल वीडियो डिस्क (DVD) फिलिप्स (Philips) और सोनी (Sony) द्वारा 1995 में निकाली गई। यह एक ऑप्टिकल स्टोरेज डिवाइस है जो बिल्कुल CD की तरह ही होती है। एक DVD में CD की तरह के ही स्टैंडर्ड डायमेंशन्स (standard dimensions) होते हैं लेकिन ये एक CD प्लेयर द्वारा पढ़ी नहीं जा सकती है। जबकि एक DVD प्लेयर स्टैंडर्ड CDs को पढ़ सकता है। एक DVD में 4.7 गीगाबाइट (gigabyte) तक का डाटा स्टोर हो सकता है।

पेन ड्राइव (Pen Drive)

एक थंब ड्राइव (Thumb drive), जिसे फ्लैश ड्राइव (Flash drive), पेन ड्राइव या USB ड्राइव भी कहा जाता है, एक छोटी पोर्टेबल डिवाइस है जो अँगूठे के आकार की होती है, जिसे कम्प्यूटर के USB पोर्ट से कनेक्ट किया जा सकता है। थंब ड्राइव का मुख्य कंपोनेंट है फ्लैश मेमोरी। फ्लैश मेमोरी एक खास तरह की मेमोरी है जो करेंट इसमें से पास न होने की स्थिति में भी डाटा को रोके रखती है। यह कुछ कुछ ऐक्सटर्नल हार्डडिस्क की तरह होती है। फ्लैश मेमोरी का प्रयोग इलेक्ट्रॉनिक उद्योग में बहुत कॉमन है। आप को मोबाइल फोन, डिजिटल कैमरा, PDA (पर्सनल डिजिटल असिसटेंट) आदि में फ्लैश मेमोरी मिलेगी। पेन के साइज़ हैं 4GB, 8GB, 16GB और 64 GB एवं इससे अधिक।

चित्र 1.22: पेन ड्राइव

मेमोरी कार्ड (Memory Cards)

मेमोरी कार्ड एक डिवाइस है जो डिजिटल फाइल्स को स्टोर एवं ट्रांसफर करने का एक आसान, तेज और विश्वसनीय तरीका प्रदान करती है। यह एक पोर्टेबल हार्डडिस्क ड्राइव की तरह कार्य करती है लेकिन यह कुछ कुछ विशेष लाभों के साथ आती है, क्योंकि प्राय: सभी मेमोरी कार्ड फ्लैश मेमोरी तकनीक पर आधारित होते हैं जिनका फॉर्म फैक्टर बहुत छोटा होता है और यह नॉन वोलाटाइल और सॉलिड स्टेट होती है। इसी वजह से फ्लैश मेमोरी कार्ड्स हार्ड डिस्क ड्राइव्स की अपेक्षा अधिक चलने वाले एवं अधिक विश्वसनीय होते हैं। मेमोरी कार्ड्स बहुत से निर्माताओं द्वारा बनाए जाते हैं और ये अलग-अलग स्टोरेज क्षमताओं एवं ट्रांसफर स्पीड में पाए जाते हैं।

इस प्रकार के मेमोरी कार्ड्स भी होते हैं जिन्हें आप अपनी इलेक्ट्रॉनिक डिवाइसेज में इस्तेमाल कर सकते हैं। ये हैं:

स्मार्ट मीडिया कार्ड (Smart Media Card): स्मार्ट मीडिया कार्ड, फ्लैश मेमोरी मार्केट में पहली चुनौती है। इसे संयुक्त रूप से Olympus और Fuji ने खोजा था। स्मार्ट मीडिया कार्ड सबसे कॉमन टाइप का डिजिटल कैमरा स्टोरेज मीडिया है। (देखें चित्र 1.23)

सीक्योर डिजिटल कार्ड (SD Card): सीक्योर डिजिटल कार्ड मूल रूप से सेकेंड जनरेशन मल्टीमीडिया कार्ड (MMC) है। ये फ़िज़िकल रूप से MMC के जैसे ही होते हैं, केवल SD कार्ड पर एक अतिरिक्त लॉकिंग स्विच होता है। (देखें चित्र 1.24)। यह लॉकिंग स्विच डाटा को पढ़ने, लिखने और स्टोरेज कार्ड से खोजे जाने से बचाता है। एक SD कार्ड डिवाइस MMC को पढ़ और लिख सकती है। लेकिन, SD कार्ड में डिजिटल राइट्स मैनेजमेंट (DRM) क्षमता होती है जो MMC में उपलब्ध नहीं है। SD कार्ड्स दो अलग-अलग प्रकार में उपलब्ध होते हैं, ये हैं:

मिनी SD मेमोरी कार्ड (Mini SD Memory Card): SD कार्ड की सफलता के बाद, मिनी SD मेमोरी कार्ड को मोबाइल फोन मार्केट की माँगों को पूरा करने के लिए विकसित किया गया। मिनी SD कार्ड SD कार्ड की तरह सभी लाभ प्रदान करता है, लेकिन यह ओरीजनल SD कार्ड की अपेक्षा छोटा होता है। इस कार्ड को सबसे पहले मोबाइल फोन्स एवं मिनिएचर इलेक्ट्रॉनिक्स में प्रयोग के लिए ही बनाया गया था जैसे MP3 प्लेयर्स। क्योंकि अधिकतर मिनी SD कार्ड पैकेजेस में SD कार्ड ऐडैप्टर शामिल होता है। आप इस मिनी SD कार्ड को अपनी SD कार्ड डिवाइसेज में प्रयोग कर सकते हैं।

चित्र 1.23: स्मार्ट मीडिया कार्ड

माइक्रो SD मेमोरी कार्ड (Micro SD Memory Card): माइक्रो SD कार्ड मिनी SD कार्ड से भी छोटा होता है। माइक्रो SD कार्ड को सेल्यूलर फोन्स एवं छोटी मोबाइल डिवाइसेज में प्रयोग करने के लिए डिज़ाइन किया गया था। माइक्रो SD कार्ड को एक एडैप्टर की मदद से एक SD कार्ड स्लॉट में से एक्सेस किया जा सकता है।

चित्र 1.24: SD कार्ड

माइक्रो SD फॉर्मेट आजकल 8GB तक की क्षमताओं में उपलब्ध हैं और ये लगभग SD कार्ड के 1/4 भाग के बराबर होते हैं जो कि 15 mm W से 0.7 mm तक होते हैं।

पोर्टेबल हार्ड ड्राइव (Portable Hard Drive): पोर्टेबल हार्ड डिस्क ड्राइव, जो एक कम्प्यूटर पर स्थित बाहरी पोर्ट में प्लग की जाती है जैसे USB या FireWire, जो बैकअप के लिए प्रयोग की जाती है। लैपटॉप्स के लिए, PC कार्ड स्लॉट का प्रयोग एक केबल को फुल साइज़ ड्राइव से कनेक्ट करने के लिए होता है या हार्ड डिस्क को PC कार्ड के भीतर ही पूरी तरह से रखा जाता है। (देखें चित्र 1.25)। बाजार में उपलब्ध पोर्टेबल साइज के प्रकार हैं 320 GB, 500 GB, और 1 टेराबाइट (Terabyte)।

चित्र 1.25: पोर्टेबल हार्ड ड्राइव

यह यूजर को बैकअप की अनमति देती है। या मुख्य इंटर्नल हार्डड्राइव से महत्त्वपूर्ण सूचना को अलग से स्टोर करने की अनुमति देती है, जो ऑनलाइन या ऑफलाइन गतिविधियों द्वारा खो सकती हैं। डॉक्यूमेंट्स जैसे म्यूज़िक फाइल्स, डीवीडी इमेजेस, मूवीज़, डिस्क इमेजेस और आपकी मुख्य इंटर्नल हार्ड ड्राइव के कंटेंट्स का बैकअप, इन सभी को एक बाहरी हार्ड ड्राइव पर सुरक्षित तरीके से रखा जा सकता है।

मेमोरी यूनिट्स (Memory Units)

कम्प्यूटर में सभी सूचना इलेक्ट्रॉनिक कम्पोनेंट्स जैस इंटीग्रेटेड सर्किट्स का प्रयोग करके स्टोर की जाती है। दो बाइनरी स्टेट्स को दर्शाने के लिए दो सिंबल्स 0 और 1 का प्रयोग होता है। इन्हें बिट्स (BITS) कहा जाता है जो BInary DigiTs का संक्षिप्त रूप है। इसमें, 0 सिग्नल की अनुपस्थिति को दर्शाता है जबकि 1 सिग्नल की उपस्थित को। एक BIT को इसलिए कम्प्यूटर में डाटा की सबसे छोटी इकाई माना जाता है। कुछ मेमोरी यूनिट्स को निम्न सब सैक्शन में वर्णित किया गया है।

बाइट (Byte): बाइट डाटा की वो यूनिट है जो आठ बाइनरी डिजिट (0 और 1) लंबी होती है (1 बाइट = 8 बिट्स)। अधिकतर कम्प्यटर्स एक लैटर, न्यूमरल या टाइपोग्राफिक सिंबल्स यूनिट जैसे कैरेक्टर्स को रिप्रेजेन्ट करने के लिए बाइट यूनिट का ही प्रयोग करते हैं। उदाहरण के लिए g, 5, # आदि। एक बाइट का प्रयोग बिट्स की स्ट्रिंग को होल्ड करने के लिए भी किया जा सकता है जो ऐप्लीकेशन के परपस से कुछ बड़ी यूनिट में प्रयोग करने के लिए जरूरी होती है।

किलोबाइट (KB): एक किलोबाइट (KB) वास्तव में 2^{10} = 1024 बाइट्स होती है। या 1 KB = 1024 बाइट्स (लगभग 1000 बाइट्स इसलिए इसे 1 KB कहा जाता है।

मेगाबाइट (MB): एक मेगाबाइट (MB) वास्तव में 2^{20} = 1048, 576 बाइट्स (डेसीमल नोटेशन) होती है। या 1 MB = 1024 KB लगभग 1000 KB)।

गीगाबाइट (GB): एक गीगाबाइट (GB) वास्तव में 2^{30} बाइट या 1073, 741, 824 बाइट्स (डेसीमल नोटेशन) होती है या 1 GB = 1024 MB (या लगभग 1000 MB)।

टेराबाइट (TB): एक टेराबाइट कम्प्यूटर स्टोरेज क्षमता का एक मापक है ओर यह 2^{40} बाइट्स के बराबर होता है। या 1 TB = 1024 GB (लगभग 1000 GB)।

पेटाबाइट (PG): एक पेटाबाइट 2^{50} बाइट के बराबर होती है या लगभग 1,125,899,900,000,000 बाइट्स (डेसीमल नोटेशन में)। 1 PB = 1024 TB (लगभग 1000 TB)।

एक्ज़ाबाइट (EB): एक एक्ज़ाबाइट 2^{60} बाइट के बराबर होती है या 1 EB = 1024 PB (लगभग 1000 PB)।

ज़ेटाबाइट (ZB): एक ज़ेटाबाइट 2^{70} बाइट के बराबर होती है या 1 ZB = 1024 EB (लगभग 1000 EB)।

योटाबाइट (YB): एक योटाबाइट (Yottabyte) 2^{80} बाइट के बराबर होती है या 1 YB = 1024 ZB (लगभग 1000 ZB)।

1.7.4 डाटा प्रोसेसिंग की अवधारणा (Concept of Data Processing)

डाटा, फैक्ट्स का एक कलेक्शन होते हैं जिन्हें ऑर्गनाइज़ और मैनीपुलेट किया जाता है ताकि ये उपयोगी सूचना बन सके। कुछ उदाहरण हैं सेल्स ऑर्डर का एक कलेक्शन, क्लास अटेंडेंस कार्ड्स आदि। लेकिन प्रोसेसिंग उन ऐक्शन्स या ऑपरेशन्स की एक सीरीज़ होती है जो इनपुट डाटा आइटम्स को उपयोगी आउटपुट सूचना में बदलते हैं। इस तरह से, डाटा प्रोसेसिंग को हम ऐसे ऐक्शन्स या ऑपरेशन्स की सीरीज के रूप में परिभाषित कर सकते हैं जो डाटा को सूचना में परिवर्तित करती है। डाटा प्रोसेसिंग में निम्न स्टेप्स होते हैं।

(a) डाटा को कैप्चर करना
(b) डाटा को स्टोर करना
(c) डाटा और अन्य उपयोगी सूचना को अपडेट (update) और रिट्रीव (retrieve) करना

☞ रॉ फैक्ट्स को उपयोगी सूचना में बदलने के लिए किया जाने वाला मैनीपुलेशन डाटा प्रोसेसिंग कहलाता है। डाटा प्रोसेसिंग मैनुअल या इलेक्ट्रॉनिक दोनों तरीकों से की जा सकती है।

बिज़नेस डाटा प्रोसेसिंग में बेसिक कार्य
(Basic Tasks in Business Data Processing)

बिज़नेस डाटा प्रोसेसिंग रॉफैक्ट्स का इलेक्ट्रॉनिक मशीन्स द्वारा किया जाने वाला मैनीपुलेशन है। इलेक्ट्रॉनिक डाटा प्रोसेसिंग (EDP) का मुख्य उददेश्य बहुत ही तेज गति से प्रोसेसिंग जैसे जटिल कार्य को करना है।

कभी कभी, डाटा प्रोसेसिंग कार्य का एक भाग, मैनुअल तरीकों के प्रयोग से किया जाता है। उदाहरण के लिए, एक क्लास टीचर मार्क्स की लिस्ट को हाथों से तैयार करती है और इसे आगे कम्प्यूटर से प्रोसेसिंग के लिए भेज देती है ताकि स्टूडेंट्स को ग्रेड्स और क्लास में मेरिट पोज़ीशन अवार्ड की जा सके।

बाद वाला भाग तेज और अधिक सही होता है जब यह एक इलेक्ट्रॉनिक मशीन जैसे एक डिज़िटल कम्प्यूटर पर किया जाता है।

चूँकि इलेक्ट्रॉनिक मशीन्स बिल्कुल सही और ऑपरेशन्स में तेज होती है, इसके साथ साथ ये सस्ती भी होती हैं, अंत: हर कोई, मैनुअल तरीके से ज्यादा इन्हें पसंद करता है। एक बिज़नेस डाटा प्रोसेसिंग सायकल में तीन बेसिक स्टेप्स होते हैं। (देखें चित्र 1.26))। ये हैं:

(a) इनपुट सायकल
(b) प्रोसेसिंग सायकल और
(c) आउटपुट सायकल

इनपुट सायकल (Input Cycle)

इस फेज़ में एक स्टोरेज माध्यम पर जो एक प्रोसेसिंग मशीन में एंट्री के लिए

सबसे अधिक उपयुक्त होती है, किसी भी सुविधाजनक रूप में, डाटा तैयार किए जाते हैं। उदाहरण के लिए, एक मैनुअल सिस्टम में, हम डाटा को एक पेपर की शीट पर एक टेबुलर फॉर्म में ही शायद लिखना पसंद करेंगे, जैसे एक क्लास के स्टूडेंट्स की मार्कशीट। हम ऐसा करते हैं क्योंकि टेबुलर फॉर्म में लिखे गए मार्क्स को पढ़ना बहुत सुविधाजनक होता है। इलेक्ट्रॉनिक डाटा प्रोसेसिंग मशीन्स में हम डाटा को एक फ्लॉपी डिस्क, एक ज़िप डिस्क या एक कॉम्पैक्ट डिस्क (CD) पर स्टोर कर सकते हैं।

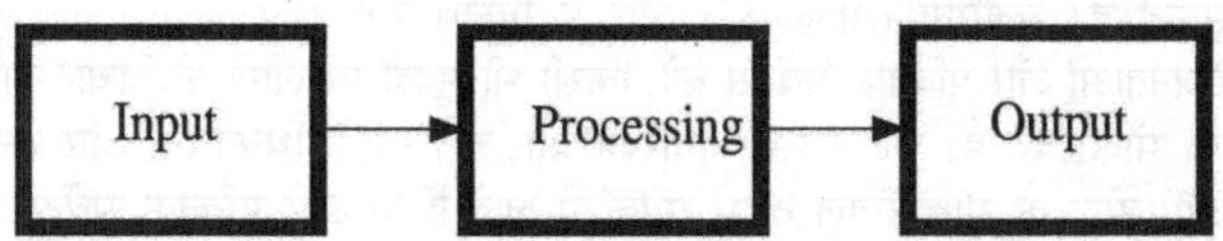

चित्र 1.26: एक बेसिक डाटा प्रोसेसिंग सायकल का ब्लॉक डायग्राम

प्रोसेसिंग सायकल (Processing Cycle)

इस सायकल में, हम इनपुट किए गए डाटा को, निर्देशों के अनुसार, आउटपुट डाटा के साथ कंबाइन या मैनीपुलेट करते हैं। उदाहरण के लिए, एक मैनुअल प्रोसेसिंग सायकल में, एक क्लास टीचर, अलग अलग सब्जेक्ट्स में प्रत्येक स्टूडेंट द्वारा प्राप्त किए गए मार्क्स को ऐड करता है। इसके बाद टीचर इस ऐडीशन को अधिकतम मार्क्स से डिवाइड करता है जिससे मार्क्स की पर्सेंटेज निकलती है। टीचर, मार्क्स की पर्सेंटेज के आधार पर ग्रेड्स भी अवार्ड करता है। एक इलेक्ट्रॉनिक डाटा प्रोसेसिंग सिस्टम में, ये ऐक्शन्स, निर्देशों की एक सीरीज़, जिन्हें प्रोग्राम कहा जाता है, के साथ ऑटोमैटिक रूप से होते जाते हैं। यह प्रोग्राम कम्प्यूटर में स्टोर होते हैं। प्रोग्राम या निर्देशों के सैट द्वारा जैसा कहा जाता है कम्प्यूटर बिल्कुल वैसा ही काम करते हैं।

आउटपुट सायकल या आउटपुट को मैनेज करना
(Output Cycle or Managing Output)

एक बार जब डाटा प्रोसेस हो जाते हैं, तब रिज़ल्ट्स को उस रूप में बाहर लाया जाता है, जिस रूप में यूज़र चाहते हैं और जो सबसे उपयुक्त होता है। इसे ही आउटपुट सायकल कहा जाता है। उदाहरण के लिए, मार्क्स प्रोसेसिंग के केस में, प्रत्येक स्टूडेंट के प्रत्येक सब्जेक्ट के मार्क्स ट्रांसफर किए जाते हैं ताकि रिपोर्ट कार्ड्स प्रिंट हो सकें। पास/फेल के बारे में रिमार्क्स भी इस रिपोर्ट पर मेरिट और ग्रेड्स के साथ रिकॉर्ड किए गए होते हैं। यह कार्य एक क्लास टीचर द्वारा एक मैनुअल डाटा प्रोसेसिंग सिस्टम में और एक कम्प्यूटर द्वारा एक इलेक्ट्रॉनिक डाटा प्रोसेसिंग सिस्टम में प्रिंटर द्वारा किया जाता है।

1.8 इन्फॉर्मेशन, इलेक्ट्रॉनिक्स और कम्यूनिकेशन टेक्नॉलॉजी (IECT) के ऐप्लीकेशन्स (Application of Information Electronics and Communication Technology (IECD))

1.7.1 ई-गवर्नेन्स (E-Governance)

ई-गवर्नेन्स, मॉडर्न सूचना और संचार तकनीक जैसे इंटरनेट, लोकल एरिया नेटवर्क्स, मोबाइल्स आदि का एक ऐप्लीकेशन है जो सरकार द्वारा इन्हें अधिक प्रभावी बनाने, इनकी कुशलता बढ़ाने, इनकी सर्विस डिलीवरी को बेहतर बनाने एवं डेमोक्रेसी को प्रमोट करने के लिए तैयार किया गया है।

इसमें सरकार द्वारा दी जा रही सेवाओं में प्रवेश को टेक्नॉलॉजी का प्रयोग करके बेहतर बनाने के लिए भी बनाया गया है ताकि लोगों को, बिजनेस पार्टनर्स को एवं कर्मचारियों को इसका लाभ मिल सके। इन सबका केंद्र इन्फॉर्मेशन और कम्युनिकेशन टेक्नॉलॉजीस (ICTs) से लेकर, ICT इनेबल्ड सरकार और सरकारी ट्रांसफॉर्मेशन्स पर भी होता है। इसके कुछ उदाहरण इस प्रकार हैं:

(a) ICTs और विशेष रूप से इंटरनेट का प्रयोग, एक बेहतर सरकार पाने के लिए टूल के रूप में होता है।
(b) एक सरकारी संगठन के सभी कार्यों के सभी तथ्यों में इन्फॉर्मेशन और कम्यूनिकेशन टेक्नॉलॉजीस का प्रयोग करना।
(c) इंटर्नल और एक्सटर्नल रिलेशनशिप्स को ट्रांसफार्म करके, टेक्नॉलॉजी, इंटरनेट आदि के द्वारा, सर्विस डिलीवरी, कॉस्टीट्युएंसी पार्टिसिपेशन (constituency participation) और गवर्नेस (governance) का लगातार आप्टिमाइजेशन (optimization) होता रहता है।

ई-गवर्नेस क्यों? (Why e-governance?)

ई-गवर्नेस नागरिक सेवा को ट्रांसफॉर्म करती है, नागरिकों को सूचना तक पहुँचने की ताकत देती हैं, उनकी भागीदारी सरकार में सुनिश्चित करती है और नागरिकों के आर्थिक तथा सामाजिक अवसरों को बढ़ाती है ताकि वो अपने लिए और आने वाली पीढ़ी के लिए बेहतर जिंदगी जी सकें।

☞ गवर्नमेंट्स, स्पेशलाइज्ड इंस्टीट्यूशन्स (Specialized Institutions) होते हैं जो गवर्नेस में अपना सहयोग देते हैं। रिप्रजेन्टेटिव गवर्नमेंट्स (Representative Governments), नागरिकों का समर्थन चाहते और प्राप्त करते हैं, लेकिन वो अपने पब्लिक सर्वेंट्स (Public Servents) का भी सक्रिय सहयोग चाहते हैं। गवर्नेस पॉलिटिक्स (Politics), पॉलिसीज़ (Policies) और प्रोग्राम्स का ही नतीजा है।

ई-गवर्नमेंट और ई-गवर्नेन्स के बीच में अंतर
(Difference between e-government and e-governance)

जहाँ ई-गवर्नमेंट को, सरकार के कार्यों के इर्द-गिर्द केंद्रित के रूप में पारंपरिक तौर पर समझा जाता है, वहीं ई-गवर्नेस को गवर्नेस में नागरिकों की भागीदारी और कार्यों को शामिल करके, संभावनाओं को बढ़ाने के रूप में समझा जाता है।

ई-गवर्नेस का प्रयोग करके, ई-गवर्नमेंट की गतिविधियाँ
(Activities of e-government using e-governance)

ई-गवर्नमेंट के प्राइमरी डिलीवरी मॉडल्स को इस प्रकार विभाजित किया जा सकता है:

(a) गवर्नमेंट-टू-सिटीजन या गवर्नमेंट-टू-कन्ज्यूमर (G2C)
(b) गवर्नमेंट-टू-बिजनेस (G2B)
(c) गवर्नमेंट-टू-गवर्नमेंट (G2G)
(d) गवर्नमेंट-टू-एम्प्लॉयीज़ (G2E)

इन सभी इंटरैक्शन डोमेन्स (interaction domains) के भीतर ही, चार तरह की गतिविधियाँ होती हैं।

(a) सूचना को इंटरनेट पर भेजना। उदाहरण: रेगुलेटरी सर्विसेज (regulatory services), जनरल हॉलिडेज़ (आम छुट्टियाँ), पब्लिक हीयरिंग शिड्यूल्स (Public hearing schedules), इश्यू ब्रीफ्स (issue briefs), नोटिफ़िकेशन (notification), आदि।
(b) ऐजेंसी और नागरिकों, एक बिजनेस, या अन्य गवर्नमेंट एजेंसी के बीच

टू-वे कम्यूनिकेशन। इस मॉडल में, यूज़र्स ऐजेंसीज़ के साथ बातचीत कर सकते हैं, अपनी समस्याएँ भेज सकते हैं, अपने कमेंट्स या अनुरोध भी एजेंसी को भेज सकते हैं।

(c) ट्रांजैक्शन्स करना। उदाहरणतः टैक्स रिटर्न्स भरना, सर्विसेज (services) और ग्रांट्स (grants) के लिए ऐप्लाई करना।

(d) गवर्नेंस। उदाहरणतः ऑनलाइन पोलिंग (online polling), वोटिंग (voting) और कैंपेनिंग (campaigning)।

ई-गवर्नेंस की चुनौतियाँ और फायदे

(Risks and Benefits of e-governance)

चुनौतियाँ *(Risk)*

ई-गवर्नमेंट को डिज़ाइन करने और उसे लागू करने में बहुत सारी बातों एवं उनके प्रभावों पर विचार करना पड़ता है जिसमें, सरकार और उसके नागरिकों के बीच की अमध्यस्थता, आर्थिक, सामाजिक तथा राजनैतिक फैक्टर्स पर प्रभाव, साइबर अटैक की संभावनाएँ और इन सभी क्षेत्रों में होने वाली गड़बड़ियाँ आदि शामिल हैं।

हाईपर सर्वीलैन्स (Hyper Surveillance) (उच्चस्तरीय निगरानी): सरकार और इसके नागरिकों के बीच के बढ़ते संपर्कों का दोहरा असर हो सकता है। एक बार जब ई-गवर्नमेंट विकास की ओर बढ़ती है और अधिक शक्तिशाली हो जाती है, तो इसके नागरिकों को व्यापक स्तर पर, सरकार के साथ इलेक्ट्रॉनिक माध्यम द्वारा जुड़ना पड़ता है। इससे सिविलियन्स (आम जनता) की प्राइवेसी (privacy) में कमी होती जाती है क्योंकि सरकार उनके बारे में अधिक से अधिक सूचना प्राप्त कर लेती है। और जब बात इतनी बढ़ जाती है कि सरकार को अपने नागरिकों की अनगिनत सूचनाओं में प्रवेश मिलने लगता है तब नागरिकों की प्राइवेसी पूरी तरह से नष्ट हो जाती है।

लागत (Cost): ई-गवर्नमेंट के विकास और उसे लागू करने में बहुत सारा धन खर्च किया जाता है, फिर भी कुछ लोग कहते हैं कि इससे मध्यम दर्जे का उत्पाद ही मिलता है। ट्रायल इंटरनेट - आधारित गवर्नमेंट्स को परिणाम और प्रभाव अक्सर मापने मुश्किल होते हैं या असंतोषकारी होते हैं।

इन ऐक्सेबिलिटी (Inaccessibility) (प्रवेश न कर पाना): एक ई-गवर्नमेंट साइट जो वेब ऐक्सेस और समर्थन प्रदान करती है, अक्सर, बहुत से महत्त्वपूर्ण यूज़र्स तक पहुँचने में जिनमें वो भी शामिल हैं जो दूर दराज़ के क्षेत्रों में रहते हैं, घरों में ही रहते हैं, कम पढ़े लिखे हैं, गरीबी रेखा पर ही स्थित हैं, किसी बड़ी बीमारी से ग्रसित हैं, सिंगल पेरेंट्स या फिर बुजुर्ग हैं, असमर्थ होती हैं।

फायदे *(Benefits)*

यह सुविधाजनक और बिजनेस और लोगों के लिए लाभकारी है क्योंकि इसमें बिना समय, पैसा और ऊर्जा खर्च किए हुए, सबसे करेंट, उपलब्ध सूचना तक आसानी से पहुँचा जा सकता है।

ई-गवर्नमेंट प्रक्रियाओं को आसान बनाने और पब्लिक सेक्टर एजेन्सीज़ (Public Sector Agencies) तथा नागरिकों के लिए सरकारी सूचना में प्रवेश को आसान बनाने में मदद करती है। उदाहरण के लिए, द इंडियन ब्यूरो ऑफ मोटर वेहिकल्स (The Indian Bureau of Motor Vehicle) में, ड्राइवर रिकॉर्ड्स को सर्टिफ़ाई करने, जो कंट्री कोर्ट प्रोसीडिंग्स (Country Court Proceeding) में भर्ती किए जाते हैं, की प्रक्रिया को काफी आसान बना दिया है। ई-गवर्नमेंट के निम्न फायदे हो सकते हैं:

(a) कुशलता (Efficiency)

(b) बेहतर सेवाएँ (Better Services)

(c) जन सेवाओं में बेहतर ऐक्सेसिबिलिटी (Better accessibility to Public Services)

(d) पारदर्शिता और जवाबदेही (Transparency and accomtability)

डेमोक्रेटाइज़ेशन (Democratization): ई-गवर्नमेंट का एक लक्ष्य है, ज्यादा से ज्यादा नागरिकों की भागीदारी। इंटरनेट के द्वारा, पूरे देश के लोग, राजनेताओं और पब्लिक सर्वेंट्स से बात कर सकते हैं और अपनी आवाज़ उन तक पहुँचा सकते हैं। ब्लॉगिंग (Blogging) और इंटरैक्टिव सर्वे (Interactive Survey), राजनेताओं और पब्लिक सर्वेंट्स को, किसी भी मुददों पर लोगों के विचार जानने का मौका देते हैं। चैट रूम्स, नागरिकों को, चुने गए अधिकारियों और उनके ऑफिसेज़ के साथ रीयल टाइम संपर्क में लाते हैं या उन्हें पब्लिक सर्वेंट्स के साथ सीधे बातचीत करने की जगह एक दूसरा माध्यम प्रदान करते हैं, जिससे वोटर्स का अपनी सरकार पर सीधा प्रभाव और असर पड़ता है। इस तरह की टेक्नॉलॉजीस, अधिक पारदर्शी सरकार बना सकती हैं और वोटर्स को तुरंत यह देखने की सुविधा देती है कि क्यों उनके चुने गए नेता उस तरह काम नहीं कर रहे हैं जैसे उन्हें करना चाहिए। इस तरह से वोटर्स यह भी निर्णय ले सकते हैं कि भविष्य में उन्हें किसे वोट करना चाहिए और किस तरह से पब्लिक सर्वेंट्स की मदद करें ताकि वो अधिक प्रोडक्टिव हो सकें। एक सरकार सैद्धान्तिक रूप से, एक सच्ची डेमोक्रेसी की तरफ बढ़ती है, जब ई-गवर्नमेंट का सही तरीके से ऐप्लीकेशन किया जाता है। गवर्नमेंट की पारदर्शिता पब्लिक को यह जानने का मौका देती है कि किस तरह से निर्णय लिए जाते हैं और किस तरह से चुने गए अधिकारियों या पब्लिक सर्वेंट्स को उनके कार्यों के लिए जिम्मेदार ठहराया जाता है। इस तरह पब्लिक का सरकारी लेजिस्लेचर (lagislature) पर सीधा और गहरा प्रभाव पड़ सकता है।

पर्यावरणीय बोनस (Environmental Bonuses): ई-गवर्नमेंट के प्रस्तावक (proponents) यह तर्क देते हैं कि ऑनलाइन गवर्नमेंट सेवाओं से हार्डकॉपी फॉर्म्स की आवश्यकता घटेगी। हाल ही में जो पर्यावरण विशेषज्ञों के समूह द्वारा दवाब डाला जा रहा है, मीडिया और लोगों के द्वारा जो दवाब पड़ रहा है, उससे कुछ सरकारें और संगठन, इंटरनेट की ओर रूख कर गए हैं ताकि पेपर का उपयोग कम से कम हो।

स्पीड, कुशलता और सुविधा (Speed, Efficiency and Convenience): ई-गवर्नमेंट, नागरिकों को कम्प्यूटर्स के साथ बातचीत करने की अनुमति देता है जिससे कभी भी किसी भी जगह पर रहते हुए उद्देश्य को पाया जा सके, और डेस्क्स (desks) और विंडोज (windows) के पीछे बैठे सरकारी एजेंटों तक स्वयं चलकर जाने की जरूरत ही न पड़े। कम्प्यूटराइज़ेशन से बेहतर अकाउंटिंग और रिकॉर्ड कीपिंग को नोट किया जा सकता है और फार्म्स को आसानी से ऐक्सेस किया जा सकता है जिससे प्रोसेसिंग समय की बराबरी की जा सके। ऐडमिनिस्ट्रेटिव साइड पर, विभिन्न स्थानों पर रखी हार्ड कॉपीज़ की जगह डाटाबेस में अब संबंधित सूचनाओं और फाइलों को स्टोर किया जाता है और उन्हें आसानी से खोजा और पाया भी जा सकता है। जिन व्यक्तियों में शारीरिक अक्षमता है या जिनकी ऐसी स्थिति नहीं है कि वे सरकारी दफ्तरों के चक्कर लगाएँ, वो अब घर बैठे ही, सरकार के कार्य में सक्रिय रूप से भाग ले सकते हैं।

जन स्वीकृति (Public Approval): ई-गवर्नमेंट के हाल में हुए कुछ प्रयासों को जनता की स्वीकृति और उत्सुकता मिली है। नागरिक राजनैतिक मुददों पर होने वाली ऑन लाइन चर्चाओं में भाग लेते हैं और यह संख्या बढ़ती ही जा रही है, और युवक, जो परंपरागत तौर पर सरकारी कार्यों में कम रूचि दिखाते हैं, वो भी ई-वोटिंग की प्रक्रिया की तरफ खिंच रहे हैं।

1.8.2 एंटरटेनमेंट (Entertainment)

मीडिया और एंटरटेनमेंट उद्योग मल्टीमीडिया टेक्नॉलॉजी का सबसे ज्यादा फायदा उठाते हैं। इमेजेस, ऐनीमेशन और साउंड का व्यापक रूप से प्रयोग ऐनीमेशन मूवीज़ (Animation Movies) बनाने में होता है। कम्प्यूटर की क्षमता का उपयोग म्यूजीशियन्स भी, साउंड्स को रिकॉर्ड, एडिट और मिक्स करने के लिए करते हैं। एंटरटेनमेंट CDs, गेम्स, कॉमिक्स और बच्चों के लिए स्टोरीज़ का प्रयोग एजुकेशन और ट्रेनिंग के लिए किया जाता है

वीडियो एडिटिंग, मिक्सिंग, 3D ऐनीमेशन और मॉर्फिंग (morphing) विभिन्न उद्देश्यों के लिए वीडियो फिल्म्स बनाने के लिए व्यापक पैमाने पर इस्तेमाल होने वाली कुछ तकनीके हैं।

इलेक्ट्रॉनिक एन्साइक्लोपीडिया (Electronic Encyclopedia)

इलेक्ट्रॉनिक बुक्स, डिक्शनरीज़, एन्साइक्लोपीडिया और मैग्ज़ीन्स, प्रिंटेड शब्दों को डिज़िटल डोमेन में भेजती हैं। ये ना केवल टेक्स्ट इलस्ट्रेशन्स और फोटो देती हैं बल्कि, साउंड, वीडियो और ऐनीमेशन भी जोड़ती हैं जिससे एक अच्छी समझ और आसान प्रवेश मिलता है जो प्रिंटेड बुक्स के साथ उपलब्ध नहीं होता है। इनमें स्टोर करने की क्षमता अधिक होती है, ये अधिक इंटरैक्टिव होते हैं और इनकी रिट्रीव करने की क्षमता भी बेहतर होती है।

ये आमतौर से एक CD-ROM पर ही डिलीवर किए जाते हैं। इनके कंटेंट्स अलग अलग होते हैं और ये इस बात पर निर्भर करते हैं कि ये किस टॉपिक्स और ग्रुप के लिए बनाए गए हैं। वीडियो क्लिप्स और स्पोकन टेक्स्ट्स से इसे और भी बेहतर बनाया जा सकता है ताकि विषय को रूचिकर बनाया जा सके।

विज्ञापनों के क्षेत्र में, मल्टीमीडिया, बहुत परिवर्तन लाएगा। यह फ्रीलांस (Freelance) एजेंसियों (Agencies) को सस्ते रफ कट्स बनाने, क्लिप्स तैयार करने आदि कार्यों की अनुमति देता है, जिससे बड़ी विज्ञापन ऐजेंसियों का प्रभुत्व काफी हद तक कम किया जा सके।

एंटरटेनमेंट सॉफ्टवेयर (Entertainment Software)

एंटरटेनमेंट सॉफ्टवेयर, कम्प्यूटर को एक एंटरटेनमेंट टूल की तरह इस्तेमाल करने में मदद करते हैं। इस तरह के ऐप्लीकेशन्स के कुछ उदाहरण हैं:

- **वीडियो गेम्स:** कम्प्यूटर सिस्टम पर हजारों वीडियो गेम्स ऐप्लीकेशन्स उपलब्ध हैं। इन ऐप्लीकेशन्स में स्पेशल ऑडियो और वीजुअल इफेक्ट्स का प्रयोग किया जाता है ताकि यूज़र्स के लिए गेम्स रोमांचकारी और उत्तेजक बनें।
- **इंटरैक्टिव टेलीविजन (Interactive Television):** ये ऐप्लीकेशन्स यूज़र्स को या तो उनके कम्प्यूटर सिस्टम को ही एक इंटरैक्टिव टेलीविजन की तरह इस्तेमाल करने की अनुमति देते हैं या उनके कन्वेंशनल (conventional) टेलीविजन को ही एक इंटरैक्टिव टेलीविजन में परिवर्तित करते हैं। एक इंटरैक्टिव टीवी यूज़र्स को अपनी पसंद के TV प्रोग्राम्स सिलेक्ट करने, जब चाहें तब उन्हें देखने, और VCR - की तरह के फंक्शन्स जैसे फास्ट - फॉर्वर्ड और रिवाइंड द्वारा, प्रोग्राम के साथ इंटरैक्ट करने की अनुमति देते हैं।

1.9 कम्प्यूटर को जीवन में लाना (Bringing Computer to Life)

समय के साथ प्रत्येक पीसी धीमा हो जाता है। नीचे कुछ सरल उपाय दिए गए हैं जिनसे कम्प्यूटर को वापस जीवंत बनाया जा सकता है।

नियमित देखरेख (Regular Maintenance)

अपने पीसी पर कुछ बेसिक मेन्टेनैंस करें। विंडोज रजिस्ट्री क्लीन करें, डिस्क डीफ्रैग रन करें, एक स्कैन डिस्क, एक वायरस स्कैन और एक मालवेयर स्कैन रन करें तथा अपने रीसायकल बिन को क्लीयर करें। एक अप्रत्याशित रूप से धीमा इंटरनेट कनेक्शन का अनुभव ही अक्सर वह एकमात्र साइन होता है यह पहचानने का कि आपका कम्प्यूटर वायरस या अन्य मालवेयर से संक्रमित है। पुरानी फाइल्स को और अस्थाई फाइल्स को डिलीट करें। कभी भी अपनी C: ड्राइव पर फ्री स्पेस की स्पेस की जगह ना छोड़ें जो इन्स्टॉल की गई RAM या कुल साइज (जो भी बड़ा हो।) का 10% से कम हो। एक अच्छी तरह से मेन्टेन किया गया पीसी एक ऐसे पीसी की अपेक्षा अच्छी तरह ऑपरेट करता है जिसमें कभी कोई मेन्टेनैंस नहीं हुई। इसके लिए निम्न करें:

(a) अपने पीसी को क्लीन करना शुरू करने से पहले किसी भी तरह के डाटालॉस से बचने के लिए फुल बैकअप करने की याद रखें।

(b) आप को कम्प्लीट एंटी वायरस और एंटी स्पाइवेयर स्कैन भी चलाना चाहिए इससे पहले कि आप कोई अन्य एक्शन लें। दूसरा महत्त्वपूर्ण स्टेप यह चैक करना होता है कि आपकी हार्डडिस्क में कोई ऐरर्स नहीं है।

(c) आपके पीसी पर फाइल्स और डायरेक्ट्रीज पॉवर कट से करप्ट हो सकती है। ये विंडोज़ के क्रैश होने या अपने पीसी को मेन्स से बंद करने से भी हो सकती है। अत: किसी ड्राइव को डीफ्रैगमेंट करने से पहले इन सबकी चैकिंग करना अच्छा होता है, जिससे कम्प्यूटर को फाइल्स को पुन: व्यवस्थित करने में मदद मिलती है और यह उन्हें अधिक कुशलता से ऐक्सेस और रिट्रीव कर सकता है।

(d) C: ड्राइव आयकन पर राइट क्लिक करें और मेन्यू से प्रॉपर्टीज चुनें। टूल्स टैब पर क्लिक करें और 'चैक नॉउ' प्रेस करें। चैक डिस्क डायलॉग बॉक्स में ऑटोमैटिकली फ़िक्स सिस्टम ऐरर्स' इस चैक मार्क पर क्लिक करें। स्टार्ट पर क्लिक करें और विंडोज पूछेगी कि क्या अगली बार जब आपका पीसी स्टार्ट होता है तब आप एक चैक शिड्यूल करना चाहते हैं। 'यस' पर क्लिक करें।

(e) विंडोज को शटडाउन करें और पीसी को रीस्टार्ट करें। विंडोज रीस्टार्ट होने से पहले आप XP के एक स्क्रीन देखेंगे जो डिस्क चैक को ऑटोमैटिक रूप से रन करती है। यह काफी समय लेती है इसे पूरा करने में क्योंकि यह इस बात पर निर्भर करता है कि आपकी पीसी कितना तेज है और कोई समस्याएँ तो नहीं मिली है। यह ऑटोमैटिक रूप से अपने पीसी को फिर से स्टार्ट करता है और सामान्य विंडोज लॉगइन स्क्रीन पर जाता है।

(f) एक ही समय पर ज्यादा ऐप्लीकेशन्स खुले होने पर भी आपका कम्प्यूटर धीरे चलने लगता है। यदि कोई ऐप्लीकेशन हैंग हो जाता है, तो इसे रिकवर करने तक धैर्य रखें, यदि यह कुछ मिनटों से ज्यादा के लिए हैंग हो जाए तो Ctrl + Alt + Delete कीज़ दबाएँ या इसे शटडाउन करने के लिए Quit करें।

(g) **लेटेस्ट अपडेट्स प्राप्त करें:** विंडोज़ अपडेट सर्विस एक फ्री, रेगुलर सर्विस है जो आपके कम्प्यूटर पर अपडेट्स

(h) **बॉडी वर्क:** कम्प्यूटर के दो बड़े शत्रु हैं हीट और डस्ट (ताप और धूल)। जब धूल कम्प्यूटर के भीतर के सर्किट या फैन पर जमा हो जाती है, तब यह आपके कम्प्यूटर को ओवर हीट कर देती है, जिससे गड़बड़ी की संभावना बढ़ जाती है। यदि संभव हो तो, अपने कम्प्यूटर को जमीन से अलग रखें और एक अच्छी तरह से हवादार कमरें में रखें। प्रतिवर्ष क्लीनिंग करने से भी कम्प्यूटर को कूल रखा जा सकता है।

(i) मॉनीटर को क्लीन रखने के लिए, पहले गीला वाइपर यूज करें और फिर

सूखा डस्टिंग का कपड़ा। हमेशा LCD स्क्रीन्स को और अन्य मॉनीटर्स को पोछते समय सतर्क रहें। इसके बाद अपने कीबोर्ड को साफ करें और कीज के बीच की जगह पर जमी हुई धूल को फूँककर उड़ाएँ। कैन्ड एयर ब्लोयर का प्रयोग करें और फैन्स से एवं इनपुट/आउटपुट (I/O) पोर्ट्स से, जो कम्प्यूटर के पीछे की तरफ होते हैं। धूल साफ करने का कार्य करें।

(j) **भविष्य में:** अधिक सेल्फ डायग्नॉस्टिक टूल्स से अगले जनरेशन के कम्प्यूटर्स यूजर्स को संभावित समस्याओं के प्रति आगाह करेंगे और समाधान भी सुझाएँगे। अगली जनरेशन के यूजर्स समय से पहले ही स्पाईवेयर और वायरस के खतरों के बारे में जान जाएँगे जो ऑनलाइन डाटाबेसेज के द्वारा पहचाने और खोजे जा सकते हैं।

☞ स्वयं को अपडेट करने के बारे में सॉफ्टवेयर अधिक से अधिक स्व-जागरूक होता जा रहा है। जैसे ही आप कोई ऐप्लीकेशन लाँच करते हैं, यह आमतौर पर ऑनलाइन सर्विसेज से यह चैक करके सुनिश्चित करता है कि आप लेटेस्ट, बगफ्री वर्जन का सॉफ्टवेयर प्रयोग कर रहे हैं।

1.10 पेरीफेरल डिवाइसेज से कनेक्ट करना (Connecting to the Peripheral Devices)

इंटर्नल कम्पोनेंट्स को कनेक्ट करने के बाद, आप सिस्टम केस को क्लोज कर के बाहरी कम्पोनेंट्स को कनेक्ट कर सकते हैं जैसे कीबोर्ड, माउस, मॉनीटर और प्रिंटर।

1.10.1 माउस को कनेक्ट करना (Connecting the Mouse)

माउस के टाइप के आधार पर, आप इसे कम्प्यूटर के पिछले भाग में उचित पोर्ट से कनेक्ट कर सकते हैं। एक माउस को कम्प्यूटर सिस्टम के साथ निम्न में से किसी एक तरीके से कनेक्ट किया जा सकता है:

- एक सीरियल पोर्ट का प्रयोग करना
- एक बस कनेक्शन
- PS/2 माउस पोर्ट
- USB पोर्ट
- वायरलैस तरीका

आइए इनमाउस कनेक्शन्स को विस्तार से समझें:

सीरियल माउस (Serial Mouse)

सीरियल पोर्ट माउस को कनेक्ट करने का सबसे कॉमन तरीका है। सीरियल माउस कम्यूनिकेशन पोर्ट (COM 1 या COM 2) के साथ कनेक्ट किया जाता है अर्थात् कम्प्यूटर पर उपलब्ध किसी एक सीरियल पोर्ट के साथ।

एक सीरियल माउस को कनेक्ट करना बहुत आसान है क्योंकि आपको केवल माउस वायर से जुड़े कनेक्टर को खाली सीरियल पोर्ट में प्लग इन करना है।

कभी-कभी आपको माउस के लिए प्रयोग किए जाने वाले COM पोर्ट को निश्चित करने के लिए माउस ड्राइव को कन्फिगर करना पड़ता है, लेकिन अधिकतर नए माउस ड्राइव सॉफ्टवेयर स्वयं को ऑटो कन्फिगर कर सकते हैं।

बस माउस (Bus Mouse)

जहाँ सीरियल माउस को सीरियल पोर्ट के साथ कनेक्ट किया जाता है, वहीं बस माउस को एक स्पेशल कॉर्ड से जोड़ा जाता है जो सिर्फ माउस के लिए ही बनी होती है।

यह स्पेशल माउस ऐडैप्टर बोर्ड पीसी के एक्सपांशन स्लॉट में इन्स्टॉल होती है और फिर माउस को पीछे दिए गए कनेक्टर से जोड़ा जाता है।

PS/2 पोर्ट माउस (PS/2 Port Mouse)

आजकल, कई कम्प्यूटर्स माउस से कनेक्ट करने के लिए स्पेशल माउस पोर्ट के साथ आते हैं। यह तरीका बस माउस तरीके के जैसा ही है, केवल माउस कंट्रोल सर्किट्री पीसी के मदरबोर्ड के भीतर ही बनी होती है, एक अलग कार्ड के रूप में कनेक्ट नहीं होती है। इस प्रकार के माउस को PS/2 माउस कहा जाता है क्योंकि ये कनेक्टर्स IBM/S PS/2 रेंज के कम्प्यूटर्स में कॉमन है।

USB पोर्ट माउस (USB Port Mouse)

USB पोर्ट का प्रयोग एक माउस को कनेक्ट करने के लिए किया जा सकता है चूँकि पॉवर ऑन। बूटअप प्रोसेस के दौरान माउस की जरूरत नहीं होती है। अत: USB माउस को हैंडल करने के लिए किसी स्पेशल BIOS की जरूरत नहीं होती है। USB माउस हार्डवेयर इन्स्टॉलेशन के लिए USB पोर्ट में सिर्फ माउस को प्लग इन करना होता है। विंडोज XP ऑपरेटिंग सिस्टम इसे ऑटोमैटिक रूप से पीसी में इन्स्टॉल कर सकता है।

वायरलैस माउस (Wireles Mouse)

एक वायरलैस माउस में, कम्प्यूटर सिस्टम से कनेक्ट करने के लिए किसी केबल की आवश्यकता नहीं होती है।

मूल रूप से, दो तरह के वायरलैस माउस होते हैं:

- इन्फ्रारेड वायरलैस माउस
- रेडियो-कंट्रोल्ड वायरलैस माउस

इन्फ्रारेड वायरलैस माउस (Infrared Wireless Mouse)

एक इन्फ्रारेड माउस मेन सिस्टम से कनेक्टेड रिसीविंग यूनिट के साथ इन्फ्रारेड लाइट का प्रयोग करके कम्यूनिकेट करता है। चूँकि इन्फ्रारेड लाइट ऑब्जेक्ट्स से होकर पास नहीं होती है। अत: इसके लिए एक इन्फ्रारेड माउस की जरूरत होती है जो मेन सिस्टम से कनेक्टेड रिसीविंग यूनिट की लाइन ऑफ साइट की सीध में रहे।

रेडियो-कंट्रोल्ड वायरलैस माउस (Radio-controlled Wireless Mouse)

जब कोई रेडियो कंट्रोल्ड वायरलैस माउस मूव होता है, तब रेडियो सिग्नल्स इसके द्वारा मेन सिस्टम से कनेक्टेड स्पेशल रिसीवर यूनिट को ट्रांसमिट होते हैं। रिसीव किए गए रेडियो सिग्नल कम्प्यूटर को इस प्रकार भेजे जाते हैं जिस प्रकार केबल से प्राप्त कोई नॉर्मल माउस सिग्नल भेजा जाता है।

चूँकि रेडियो सिग्नल ऑब्जक्ट से होकर पास होता है, अत: रेडियो कंट्रोल्ड माउस रिसीविंग यूनिट की लाइन ऑफ में होना चाहिए।

यदि एक जगह पर एक से अधिक वायरलैस माउस का प्रयोग किया जाता है, तो इनकी रेडियो फ्रीक्वेंसीज अलग-अलग होगी, इसलिए आपको यह चिता करने की आवश्यकता नहीं है कि एक माउस का सिग्नल दूसरे माउस के सिग्नल से डिस्टर्ब हो रहा है।

☞ माउस को कनेक्ट करने से पहले, कम्प्यूटर को ऑफ करना और अनप्लग करना सुरक्षित तरीका है। यदि आपका माउस एक USB डिवाइस है, तो हो सकता है कि आपका कम्प्यूटर ऑन रहेगा।

1.10.2 कीबोर्ड को कनेक्ट करना (Connecting the Keyboard)

कीबोर्ड के प्रकार के आधार पर आप इसे कम्प्यूटर के पीछे की तरह उचित पोर्ट से कनेक्ट कर सकते हैं।

➔ **एक PS/2 कीबोर्ड कनेक्ट करने के लिए, निम्न करें:**

(a) कीबोर्ड केबल को PS/2 पोर्ट से कनेक्ट करें। सावधानी से PS/2 पोर्ट से ही कनेक्ट करना चाहिए, क्योंकि कीबोर्ड और माउस के PS/2 पोर्ट बिल्कुल एक जैसे ही दिखते हैं। यदि आपके कम्प्यूटर पर PS/2 पोर्ट्स कलर्ड होते हैं, तो PS/2 कीबोर्ड आमतौर पर जामनी (Purple) कलर होता है।

➔ **एक USB कीबोर्ड को कनेक्ट करने के लिए निम्न करें:**

(a) USB कीबोर्ड को PC पर USB पोर्ट से कनेक्ट करें। यदि अन्य USB डिवाइसेज हैं, तो कीबोर्ड को USB हब के साथ कनेक्ट करें। आपको ड्राइव्स को कीबोर्ड के लिए इन्स्टॉल करना होगा यदि इसमें अतिरिक्त एडवांस्ड फीचर्स हैं। आपका इस केस मे कीबोर्ड के लिए सॉफ्टवेयर भी इन्स्टॉल करना होगा। यदि जरूरत पड़े तो कीबोर्ड मैनुअल को रेफर करें (देखें चित्र 1.27)।

Serial port, used to connect the mouse

Parallel port, used to connect the printers

USB port is used to connect the mouse, pen drive, printers, etc.

चित्र 1.27: कनेक्ट करने के पोर्ट्स

1.10.3 मॉनीटर को कनेक्ट करना (Connecting the Monitor)

मॉनीटर एक आउटपुट डिवाइस है जो स्क्रीन पर सूचना को डिस्प्ले करने के लिए प्रयोग की जाती है। मॉनीटर को इन्स्टॉल करने के लिए सिस्टम के साथ सिग्नल केबल को और पॉवर कार्ड को पॉवर आउटलेट के साथ अटैच करना होगा।

➔ **मॉनीटर को कनेक्ट करने के लिए निम्न करें:**

(a) पॉवर केबल के एक छोर को मॉनीटर के पीछे बने पॉवर पोर्ट से कनेक्ट करें।

(b) पॉवर कॉर्ड के दूसरे छोर को पॉवर आउटलेट या सिस्टम पॉवर सप्लाई केस के साथ कनेक्ट करें।

(c) मॉनीटर को बिल्ट-इन पॉवर-ऑन सेल्फ टैस्ट (POST) का प्रयोग करके चैक करें।

(d) सिग्नल केबल के एक सिरे को मॉनीटर के पीछे वीडियो पोर्ट के साथ कनेक्ट करें।

(e) सिग्नल केबल के दूसरे सिरे को वीडियो ऐडैप्टर के साथ कनेक्ट करें।

(f) सिग्नल केबल के हार्ड स्क्रूज को टर्न करके सिग्नल केबल को सिस्टम केस में लॉक करें।

1.10.4 प्रिंटर को सीपीयू के साथ कनेक्ट करना (Connecting the Printer to CPU)

प्रिंटर को सीधे आपके कम्प्यूटर से कनेक्ट करना

(To Connect a Printer Directly to Your Computer)

अधिकांश नए प्रिंटर्स प्लग एंड प्ले को सपोर्ट करते हैं, जबकि कई पुराने प्रिंटर्स ऐसा नहीं करते हैं। आपके कम्प्यूटर से अटैच किए गए प्रिंटर को इन्स्टॉल करने के स्टेप्स में अतर होता है जो इस बात पर निर्भर करता है कि क्या यह प्लग एंड प्ले को सपोर्ट करता है।

➔ **एक प्लग एंड प्ले प्रिंटर से सीधे कनेक्ट करने के लिए निम्न करें:**

1. प्रिंटर मैन्यू फैक्चर के निर्देशों के अनुसार अपने कम्प्यूटर के उचित पोर्ट के साथ प्रिंटर केबल को कनेक्ट करें।
2. प्रिंटर की पॉवर कॉर्ड को एक वॉल आउटलेट में प्लग करें और प्रिंटर को ऑन करें।
3. विंडोज आपके प्लग एंड प्ले प्रिंटर को खोजता है, **और कई केसेज में** इसे इन्स्टॉल करता है और आप से किसी तरह का **सिलेक्शन करना भी** नहीं चाहता है। प्रिटर प्रिंट करने के लिए तैयार है।
4. यदि फाउंड न्यू हार्डवेयर विज़ार्ड सामने आता है, तो इन्स्टॉल द सॉफ्टवेयर ऑटोमैटिकली चैक बॉक्स को सिलेक्ट करें, नेक्स्ट पर क्लिक करें, और फिर निर्देशों का पालन करें

आप **प्रिंटर्स एंड फैक्सेज** के बाई ओर स्थित **प्रिंटर टास्क्स** के अंतर्गत **ऐड अ प्रिंटर** पर क्लिक करके एक प्रिंट को ऐड कर सकते हैं।

ऐड अ प्रिंटर विज़ार्ड का प्रयोग करना

(Using the Add a Printer Wizard)

विंडोज़ XP ऐड अ प्रिंटर विज़ार्ड प्रदान करता है जिससे प्रिंटर्स इन्स्टॉल करना आसान हो जाता है। आप प्रिंटर्स फोल्डर को निम्न तरीकों से खोल सकते हैं:

1. **स्टार्ट** मेन्यू पर क्लिक करें, या कंट्रोल पैनल पर क्लिक करके **प्रिंटर्स एंड फैक्सेज** चुनें। प्रिंटर्स एंड फैक्सेज डायलॉग बॉक्स खुलता है।
2. प्रिंटर टास्क्स के अंतर्गत **ऐड अ प्रिंटर** पर क्लिक करके ऐड प्रिंटर विज़ार्ड को ओपन करें और फिर नेक्स्ट पर क्लिक करें।
3. उस ऑप्शन को सिलेक्ट करें जो आपके द्वारा प्रयोग किए जाने वाले प्रिंटर का वर्णन करता है।
   - लोकल प्रिंटर पर क्लिक करें।
   - माई प्ल एंड प्ले प्रिंटर चैक बॉक्स को ऑटोमैटिक रूप से डिटेक्ट और इन्स्टॉल करें। या
   - एक नेटवर्क प्रिंटर
4. उस पोर्ट को सिलेक्ट करें जिसे आप चाहते हैं कि आपका प्रिंटर प्रयोग करें।
   - एक नया पोर्ट बनाएँ या
   - लोकल पोर्ट पर क्लिक करें और फिर नेक्स्ट पर क्लिक करें।
5. स्क्रीन के निर्देशों का पालन करते हुए ऐड प्रिंटर विज़ार्ड के साथ एक प्रिंटर ऐड करने का कार्य समाप्त करें।

☞ ऐड प्रिंटर के साथ एक नेटवर्क प्रिंटर और एक लोकल प्रिंटर को इन्स्टॉल करने के बीच केवल इतना अंतर होता है कि आपको नेटवर्क प्रिंटर का पाथ अवश्य बताना चाहिए या इसके नेटवर्क लोकेशन को खोजने के लिए ब्राउज़ करना चाहिए।

1.11 पीसी की पॉवर सप्लाई चैक करना (Checking Power Supply of PC)

पॉवर सप्लाई का काम होता है आउटलेट से प्रदान किए गए पॉवर को कम्प्यूटर के भीतर के कई पार्ट्स में प्रयोग करने के लायक पॉवर में कन्वर्ट करना। पॉवर

सप्लाई केस के ठीक पीछे भीतर की ओर माउंटेड होती है।

केस के बाहर की ओर वाली साइड में एक मेल, थ्री प्रॉग्ड पोर्ट (Three Pronged Port) होता है जिसमें एक पॉवर सोर्स के साथ कनेक्टेड पॉवर केबल को पलग किया जाता है। अक्सर एक पॉवर स्विच होता है और एक पॉवर सप्लाई वोल्टेज स्विच होता है।

कलर्ड वायर्स के बड़े बंडल्स पॉवर सप्लाई की विपरीत दिशा से कम्प्यूटर के भीतर तक जाते हैं। वायर्स के विपरीत छोर पर बने कनेक्टर्स, कम्प्यूटर के भीतर विभिन्न कम्पोनेंट्स के साथ कनेक्ट होते हैं।

कुछ विशेष रूप से मदर बोर्ड में प्लगइन करने के लिए डिज़ाइन्ड होते हैं जबकि अन्य में ऐसे कनेक्टर्स होते हैं जो फैन्स, फ्लॉपी ड्राइव्स, हार्ड ड्राइव्स, ऑप्टिकल ड्राइव्स और यहाँ कि कि कुछ हाई पावर्ड वीडियो कार्ड्स के साथ फिट होते हैं।

पॉवर सप्लाई वॉटेज से रेटेड होती है जिससे यह दिखाया जाता है कि कितनी पॉवर वो कम्प्यूटर को दे सकती है। चूँकि प्रत्येक कम्प्यूटर पार्ट को अच्छी तरह से कार्य करने के लिए निश्चित मात्रा में पॉवर चाहिए, अत: यह महत्त्वपूर्ण है कि एक ऐसी पॉवर सप्लाई हो जो सही मात्रा की पॉवर प्रदान कर सके।

पॉवर सप्लाई की टैस्टिंग एक महत्त्वपूर्ण स्टेप है जब भी कई मुद्दों की ट्रबलशूटिंग की जाती है, सबसे मुख्य तब जब आपका कम्प्यूटर स्टार्ट होने में ही समस्या करता है।

आप एक पॉवर सप्लाई को अपने आप मैनुअल तरीके से टैस्ट कर सकते हैं, एक मल्टीमीटर का प्रयोग करके या आप एक पॉवर सप्लाई टैस्टर भी खरीद सकते हैं जिससे ऑटोमैटिक पॉवर सप्लाई यूनिट टैस्ट (PSUT) किया जा सके।

यहाँ कुछ और जानकारी दी जा रही हैं कि आप कैसे अपनी पॉवर सप्लाई को टैस्ट कर सकते हैं और इनमें से कौन सा तरीका आपके लिए सबसे अच्छा है यह आप स्वयं तय कर सकते हैं।

कम्प्यूटर में एक पॉवर सप्लाई को टैस्ट करने के दा तरीकों में से एक है मल्टीमीटर द्वारा मैनुअल तरीके से पॉवर सप्लाई को टैस्ट करना। मल्टीमीटर का प्रयोग करके एक सही तरीके से संचालित किया गया USB टैस्ट, यह निश्चित करता है कि पॉवर सप्लाई अच्छी वर्किंग ऑर्डर में हैं या इसे बदलना जरूरी है।

पॉवर सप्लाई को टैस्ट करने के महत्त्वपूर्ण स्टेप्स निम्न हैं:

1. एक पॉवर सप्लाई यूनिट को मैनुअल तरीके से टैस्ट करने में हाई वोल्टेज इलेक्ट्रिसिटी के साथ कार्य करना शामिल है।

☞ एक PSU टैस्टर के साथ पॉवर सप्लाई टैस्ट करने के दौरान ऐसे कई पॉइंट्स हैं जिनके बारे में आपको शुरू करने से पहले ही जानकारी होनी चाहिए।

2. **अपना केस खोलें:** पीसी को टर्न ऑफ करें, पॉवर केबल को हटाएँ और कम्प्यूटर के बाहर से कनेक्टेड किसी भी अन्य चीज को अनप्लग करें। अपने पॉवर सप्लाई टैस्ट को आसान बनाने के लिए, आपको अपने खुले हुए और डिस्कनेक्टेड केस को ऐसी जगह रखना चाहिए जहाँ आप इस पर आसानी से कार्य कर सकें, जैसे एक टेबल पर या अन्य फ्लैट और नॉन स्टैटिक सतह पर।
3. कम्प्यूटर के भीतर की प्रत्येक इंटर्नल डिवाइस से पॉवर कनेक्टर्स को अनप्लग करें।

☞ पॉवर कनेक्टर को अनप्लग करके इसे सुनिश्चित करने का एक आसान तरीक यह है कि पीसी के भीतर पॉवर सप्लाई से आने वाले पॉवर केबल के बंडल में से काम करना शुरू करें। वायर का प्रत्येक ग्रुप एक या अधिक पॉवर कनेक्टर्स पर जाकर टर्मिनेट होना चाहिए।

4. आसान टैस्टिंग के लिए सभी पावर केबल्स ओर कनेक्टर्स को इक्ट्ठा करके ग्रुप करें।
   जब आप पॉवर केबल्स को व्यवस्थित करते हैं तो उन्हें रूट करें और जहाँ तक संभव हो सके उन्हें कम्प्यूटर केस से अधिक से अधिक दूर तक खींचे। इससे पॉवर सप्लाई कनेक्शन्स को टैस्ट करना आसान हो जाता है।
5. निश्चित करें कि पॉवर सप्लाई पर स्थित पॉवर सप्लाई स्विच अच्छी तरह से सैट है।
6. अपने मल्टीमीटर को ऑन करें और डायल को घुमाकर VDC (वोल्ट DC) सैटिंग पर रखें।
7. पहले हम 24 पिन मदरबोर्ड पॉवर कनेक्टर टैस्ट करेंगे। मल्टीमीटर के नेगेटिव प्रोब (काले) को किसी भी ग्राउंड वायर्ड पिन से कनेक्ट करें और पॉजीटिव प्रोब (लाल) को पहली पॉवर लाइन से जिसे आप टैस्ट करना चाहते हैं। 24 पिन मेन पॉवर कनेक्टर में +3.3 VDC, 4 VDC, - VDC (ऑप्शनल), +12 VDC और - 12 VDC लाइन्स मल्टीपल पिन्स के आसपास होना चाहिए।
8. प्रत्येक टैस्ट की गई वोल्टेज के लिए मल्टीमीटर द्वारा दिखाए गए नंबर को नोट करें और निश्चित करें कि रिपोर्टेड वोल्टेज तय सीमा के भीतर है।
9. पॉवर सप्लाई के पीछे स्विच को टर्न ऑफ करें और उसे वॉल से अनप्लग करें।
10. अब अपनी सभी इन्टर्नल डिवाइसेज को पॉवर से दोबारा कनेक्ट करें।
11. अपनी पॉवर सप्लाई को प्लगइन करें, यदि पीछे की तरह स्विच है तो उसे फिलप करें, फिर अपने कम्प्यूटर को ऑन करें जैसा आप हमेशा करते हैं जब पॉवर स्विच पीसी में आगे की ओर होता है।
12. जब आपकी टैस्टिंग पूरी हो जाती है तो पीसी को ऑफ करें और अनप्लग करें, और फिर कवर को केस में वापस रखें।
    यह मानते हुए कि पॉवर सप्लाई का टैस्ट अच्छा हुआ या आपने पुरानी पॉवर सप्लाई को नई से बदल दिया, आप अब कम्प्यूटर को ऑन कर सकते हैं।

1.12 सारांश (Summary)

यह अध्याय कम्प्यूटर्स और इसके ऐप्लीकेशन्स के बारे में बताता है। इसमें कम्प्यूटर के बेसिक ऐप्लीकेशन्स की भी चर्चा की गई और विभिन्न प्रकार के सॉफ्टवेयर पैकेजेस का प्रयोग किया गया इसमें कम्प्यूटर के विभिन्न कम्पोनेंट्स की भी चर्चा की गई जैसे सीपीयू, कीबोर्ड, माउस और अन्य इनपुट/आउटपुट डिवाइसेज। अध्याय के पीछे के भाग में हार्डवेयर और सॉफ्टवेयर के बारे में चर्चा की गई है। हार्डवेयर का अर्थ होता है किसी भी कम्प्यूटर सिस्टम फिज़िकल कम्पोनेंट्स जिन्हें हम देख और छू सकते हैं। सॉफ्टवेयर शब्द कम्प्यूटर प्रोग्राम्स के सैट को कहा जाता है। सॉफ्टवेयर को दो मुख्य वर्गों में विभाजित किया जाता है- सिस्टम सॉफ्टवेयर और ऐप्लीकेशन सॉफ्टवेयर। सिस्टम सॉफ्टवेयर एक या अधिक प्रोग्राम का सैट होता है जिन्हें कम्प्यूटर सिस्टम के ऑपरेशन को कंट्रोल

करने के लिए डिज़ाइन किया जाता है। ऐप्लीकेशन सॉफ्टवेयर एक या अधिक प्रोग्राम्स का सैट होता है जिन्हें किसी विशेष समस्या का हल निकालने या किसी विशेष कार्य को करने के लिए डिज़ाइन किया गया है। डाटा प्रोसेसिंग की अवधारणा की भी चर्चा की गई है। पेरीफेरल्स को कनेक्ट करना सबसे आसान कार्य होता है। जो आप किसी कम्प्यूटर को बनाते समय ध्यान में रखते हैं। अंत में, इस अध्याय में एंटरटेनमेंट सॉफ्टवेयर के बारे में बताया गया जो कम्प्यूटर सिस्टम्स को एक एंटरटेनमेंट टूल के रूप में प्रयोग करने की अनुमति देते हैं।

मॉडल प्रश्न और उत्तर (Model Questions and Answers)

A. मल्टीपल चॉएस

1.1 LPT शब्द इनमें से किससे संबंधित है:

(a) सीरियल पोर्ट (b) सेंट्रॉनिक्स पोर्ट
(c) पैरेलल पोर्ट (d) उपरोक्त में से कोई नहीं

1.2 इनमे से किसमें ROM, CPU, RAM और एक्सपांशन कार्ड्स होते है:

(a) हार्ड डिस्क (b) फ्लॉपी डिस्क
(c) मदरबोर्ड (d) उपरोक्त में से कोई नहीं

1.3 जो भाषा कम्प्यूटर समझ और एक्ज़ीक्यूट कर सकती है, वह कहलाती है:

(a) मशीन लैंग्वेज (b) ऐप्लीकेशन सॉफ्टवेयर
(c) सिस्टम प्रोग्राम (d) इनमें से कोई नहीं

1.4 एक सीडी रॉम पर डाटा को लिखने, इरेज करने और दोबारा लिखने के लिए किस प्रकार की सीडी रॉम आपको प्रयोग करनी चाहिए।

(a) CD-RW (b) CD-R
(c) CD-W (d) इनमें से कोई नहीं

1.5 CD-ROM एक

(a) अस्थाई मेमोरी है (b) स्थाई स्टोरेज है
(c) ऑप्टिकल मेमोरी है (d) इनमें से कोई नहीं

1.6 इनमें से किसमें इन्फॉर्मेशन रिट्रीवल सबसे तेज होता है:

(a) पेन ड्राइव (b) सीडी रॉम
(c) हार्ड डिस्क (d) उपरोक्त सभी

1.7 RAM का अर्थ है:

(a) रैंडम ऐक्सेस मेमोरी (b) रीड ऑल्सो मेमोरी
(c) रीड ऐक्सेस मेमोरी (d) रैंडम ऑल्सो मेमोरी

1.8 इनमें से क्या एक सेकेंड्री स्टोरेज डिवाइस है?

(a) सीडी-रॉम (b) रैम
(c) रॉम (d) OMR

1.9 1 किलोबिट्स इनमें से किसके बराबर होता है:

(a) 1000 बिट्स (b) 1024 बिट्स
(c) 512 बिट्स (d) 1048 बिट्स

1.10 डाटा प्रोसेसिंग के दौरान, निर्देशों का वास्तविक एक्ज़ीक्यूशन इनमें से किसमें होता है।

(a) आउटपुट यूनिट (b) कंट्रोल यूनिट
(c) हार्ड डिस्क (d) एरिथमैटिक लॉजिक यूनिट

1.11 इनमें से क्या 'सॉफ्टवेयर' शब्द का सबसे अच्छे से वर्णन करता है:

(a) ऑपरेटिंग सिस्टम प्रोग्राम्स (b) ऐप्लीकेशन प्रोग्राम्स
(c) (a) और (b) दोनों (d) इनमें से कोई नहीं

1.12 माउस को कम्प्यूटर सिस्टम के साथ इनमें से किसके द्वारा कनेक्ट किया जा सकता है:

(a) USB पोर्ट (b) पैरेलल पोर्ट
(c) सीरियल पोर्ट (d) केवल (a) और (c)

1.13 इनमें से कौन एक इनपुट डिवाइस नहीं है?

(a) माइक्रोफोन (b) माउस
(c) स्कैनर (d) इनमें से कोई नहीं

B. निम्न स्टेटमेंट्स सही सही है या गलत बताइए।

2.1 कम्प्यूटर की मदद निर्णय लेने की प्रक्रियाओं में नही ली जा सकती है।

2.2 ALU, CPU का एक भाग होता है।

2.3 कभी भी अपने कम्प्यूटर को तब रिपेयर न करें जब पॉवर सप्लाई ऑन हो।

2.4 कम्प्यूटर ग्राफिक्स का मुख्य लाभ यह है कि यह प्रोडक्टिविटी को कई गुना बढ़ा देता है।

2.5 एक ROM पर स्टोर किए गए डाटा को कम्प्यूटर यूजर द्वारा बदला नहीं जा सकता है।

2.6 VDUs का प्रयोग इनपुट और आउटपुट डिवाइसेज दोनों की तरह से किया जा सकता है।

2.7 OCR एक ऐसी डिवासइ है जो लिखे या टाइप किए गए टेक्स्ट को स्कैन करता है और इसे कम्प्यूटर द्वारा पढ़े जाने वाले रूप में ट्रांसफॉर्म करता है।

2.8 एक के बाद एक प्रोग्राम की प्रोसेसिंग करना जिसमें यूजर का दखल न हो, बैच प्रोसेसिंग का एक उदाहरण है।

2.9 मैग्नेटिक टेप पर स्टोर किये गये डाटा को ऐक्सेस करना रैंडम होता है।

2.10 कम्प्यूटर सॉफ्टवेयर को आमतौर पर सिस्टम सॉफ्टवेयर और ऐप्लीकेशन सॉफ्टवेयर के रूप में वर्गीकृत किया जाता है।

उत्तर

1. 1.1 (c) 1.2 (c) 1.3 (a) 1.4 (a) 1.5 (c)
1.6 (d) 1.7 (a) 1.8 (a) 1.9 (b) 1.10 (d)
1.11 (c) 1.12 (d) 1.13 (d)

2. 2.1 F 2.2 T 2.3 T 2.4 T 2.5 T
2.6 F 2.7 T 2.8 T 2.9 F 2.10 F

अध्याय-2

GUI आधारित ऑपरेटिंग सिस्टम का प्रयोग करके कम्प्यूटर ऑपरेट करना (Operating Computer Using GUI Based Operating System)

2.0 परिचय (Introduction)

ऑपरेटिंग सिस्टम एक प्रोग्राम है जो यूज़र और कम्प्यूटर हार्डवेयर के बीच एक मध्यस्थ का कार्य करता है। एक ऑपरेटिंग सिस्टम का उद्देश्य है एक ऐसा वातावरण प्रदान करना जिसमें एक यूज़र, सुविधाजनक तरीके से और कुशलतापूर्वक प्रोग्राम्स को ऐक्ज़ीक्यूट (execute) कर सके। ऑपरेटिंग सिस्टम को कम्प्यूटर सिस्टम सही कार्य कर रहा है या नहीं, यह अवश्य सुनिश्चित करना चाहिए। यूज़र प्रोग्राम्स को सिस्टम के सही कार्य के साथ इंटरफियर (interfere) करने से रोकने के लिए, हार्डवेयर को उचित मैकेनिज़्म (mechanism) प्रदान करना चाहिए ताकि इस तरह का सही व्यवहार सुनिश्चित किया जा सके।

2.1 उद्देश्य (Objectives)

इसके पाठक, निम्न बातों को समझ सकेंगे:

- ऑपरेटिंग सिस्टम के बेसिक्स
- ऑपरेटिंग सिस्टम का यूज़र इंटरफेस
- ऑपरेटिंग सिस्टम की सैटिंग्स
- फाइल और डायरेक्ट्री मैनेजमेंट
- फाइल्स के प्रकार

2.2 ऑपरेटिंग सिस्टम के बेसिक्स (Basics of Operating System)

एक ऑपरेटिंग सिस्टम, कम्प्यूटर में सिस्टम सॉफ्टवेयर प्रोग्राम्स का एक सैट होता है जो ऐप्लीकेशन सॉफ्टवेयर प्रोग्राम्स द्वारा कम्प्यूटर हार्डवेयर के प्रयोग करने के तरीके को और यूजर्स द्वारा कम्प्यूटर को कंट्रोल करने के तरीके को नियंत्रित करता है। हार्डवेयर के कार्य जैसे इनपुट/आउटपुट और मेमोरी स्पेस ऐलोकेशन में ऑपरेटिंग सिस्टम, कम्प्यूटर हार्डवेयर और ऐप्लीकेशन प्रोग्राम्स के बीच मध्यस्थ का काम करते हैं। जबकि ऐप्लीकेशन प्रोग्राम्स आमतौर पर सीधे हार्डवेयर द्वारा ही ऐक्ज़ीक्यूट किए जाते हैं। ऑपरेटिंग सिस्टम्स ऐप्लाइड कम्प्यूटर साइंस (Applied Computer Science) में एक पढ़ाई का विषय भी है।

कम्प्यूटर के लिए एक ऑपरेटिंग सिस्टम का कार्य मुख्यत: सिस्टम के हार्डवेयर और सॉफ्टवेयर रिसोर्सेज को मैनेज करना है। डेस्कटॉप्स (Desktops) या लैपटॉप्स (Laptops) के हार्डवेयर रिसोर्सेज में प्रोसेसेज (processes), हार्डडिस्क (harddisk), मेमोरी (memory), डिस्कस्पेस (diskspace), माउस (mouse), प्रिंटर्स (printers), अन्य पेरीफेरल्स (peripherals) आदि शामिल होते हैं जबकि सॉफ्टवेयर रिसोर्सेज में उस डेस्कटॉप/लेपटॉप पर इस्तेमाल किए जाने वाले विभिन्न सॉफ्टवेयर ऐप्लीकेशन्स आते हैं। ऑपरेटिंग सिस्टम्स, ऐप्लीकेशन्स के लिए एक कन्सिस्टेंट इंटरफेस (consistent interface) प्रदान करने में महत्त्वपूर्ण भूमिका निभाते हैं जो इस्तेमाल की जाने वाली हार्डवेयर या पेरीफेरल्स से स्वतंत्र होता है। इस उद्देश्य के लिए हो सकता है कि ऑपरेटिंग सिस्टम के साथ साथ अलग अलग ड्राइवर्स (drivers) भी इस्तेमाल किए जाएँ।

2.2.1 ऑपरेटिंग सिस्टम (Operating System)

एक ऑपरेटिंग सिस्टम (OS), एक सॉफ्टवेयर है जो कम्प्यूटर हार्डवेयर की इंटर्नल गतिविधियों को कंट्रोल करता है और यूज़र इंटरफेस (User Interface) प्रदान करता है। सभी ऐप्लीकेशन प्रोग्राम्स को इस तरह से प्रोग्राम किया जाना चाहिए ताकि वो ऑपरेटिंग सिस्टम के साथ बातचीत कर सकें और हार्डवेयर रिसोर्सेज का प्रयोग कर सकें।

यही पहला प्रोग्राम होता है जो कम्प्यूटर के स्विच ऑन होने के बाद कम्प्यूटर की मेमोरी में लोड (कॉपी) किया जाता है। लोकप्रिय ऑपरेटिंग सिस्टम्स हैं विंडोज़ XP, विंडोज़ विस्टा, OS/2 और यूनिक्स (Unix)। IBM मेनफ्रेम कम्प्यूटर MVS, VM या DOS/VSE ऑपरेटिंग सिस्टम का प्रयोग करते हैं।

☞ ऑपरेटिंग सिस्टम का प्रमुख कार्य है यूजर और हार्डवेयर के बीच एक इंटरफेस प्रदान करना। यह इंटरफेस एक यूजर को अधिक कुशल तरीके से हार्डवेयर रिर्सोर्सेज का उपयोग करने की सुविधा प्रदान करता है।

ऑपरेटिंग सिस्टम (OS) का मुख्य ध्यान, कम्प्यूटर रिर्सोर्सेज को एक या अधिक कार्यों के लिए ऐलोकेट (allocate) या डिऐलोकेट (de-allocate) करना होता है। वास्तव में, इसे हार्डवेयर के ऊपर के एक कवर के रूप में देखा जा सकता है। इस तरह ऑपरेटिंग सिस्टम, प्रत्येक कम्प्यूटर सिस्टम का एक महत्त्वपूर्ण भाग है।

जो ऑपरेटिंग सिस्टम एक बार में एक ही यूज़र को सपोर्ट करता है, सिंगल यूज़र ऑपरेटिंग सिस्टम कहलाता है जैसे विंडोज़ XP। कुछ OS जैसे लाइनक्स, यूनिक्स आदि, एक बार में मल्टीपल यूजर्स को सपोर्ट करते हैं।

एक ऑपरेटिंग सिस्टम निम्न सभी कार्य करता है:

(a) **प्रोसेसर मैनेजमेंट:** OS प्रोसेसर्स को (यदि कम्प्यूटर के पास एक से अधिक प्रोसेसर होते हैं) अलग अलग कार्य असाइन (assign) करते हैं जो कम्प्यूटर सिस्टम द्वारा किया जाना आवश्यक है।

(b) **मेमोरी मैनेजमेंट:** यह (OS), सिस्टम प्रोग्राम्स, यूज़र प्रोग्राम्स और डाटा को मेन मेमोरी और सेकेंड्री मेमोरी ऐलोकेट करता है।

(c) **इनपुट/आउटपुट मैनेजमेंट:** यह इनपुट/आउटपुट मैनेजमेंट का कार्य करता है और विभिन्न इनपुट/आउटपुट डिवाइसेज (devices) को असाइन और कोआर्डिनेट (coordinate) करता है।

(d) **फाइल मैनेजमेंट:** यह फाइल्स को विभिन्न स्टोरेज डिवाइसेज पर मैनेज करता है और इन फाइल्स को एक स्टोरेज डिवाइस से दूसरी में ट्रांसफर करता है। यह टेक्स्ट एडीटर्स (Text Editors) या किसी अन्य फाइल मैनीपुलेशन सॉफ्टवेयर पैकेजेस की मदद से सभी फाइलों को आसानी से बदलने और मॉडिफ़ाई किए जाने की अनुमति देता है।

(e) **शिड्यूलिंग:** यह जॉब प्रायरिटी (Job Priority) को स्थापित करता है और उसे लागू भी करता है। अर्थात् यह कम्प्यूटर सिस्टम में जॉब्स या कार्य किस क्रम में ऐक्ज़ीक्यूट किए जाने हैं, उसे निर्धारित करता है और मेन्टेन भी करता है।

(f) **टाइम शेयरिंग:** यह कम्पाइलर्स (Compilers), ऐसेम्बलर्स (Assemblers), यूटिलिटी प्रोग्राम्स (Utility Programs) और अन्य सॉफ्टवेयर पैकेजेस को, कम्प्यूटर सिस्टम पर काम करने वाले अलग अलग यूजर्स के लिए असाइन और कोऑर्डिनेट करता है।

(g) **सिक्योरिटी मैनेजमेंट:** यह डाटा सिक्योरिटी और इंटेग्रिटी को स्थापित करता है। अर्थात् यह अलग अलग प्रोग्राम्स और डाटा को इस तरीके से रखता है जिससे ये एक दूसरे के बीच दखलंदाजी न कर सकें। इसके अलावा, यह गलत यूज़र द्वारा डाटा को नष्ट किए जाने से भी बचाता है।

(h) यह डंप्स (dumps), ट्रेसेज (traces), ऐरर मैसेजेस (error messages), अन्य डीबगिंग (debugging) और ऐरर डिटेक्टिंग (error detecting) कोड्स भी प्रस्तुत करता है।

(i) यह इंटर्नल क्लॉक (Internal Clock) को मेन्टेन करता है और अन्य यूज़र्स के लिए सिस्टम यूसेज के लॉग (log) को भी मेन्टेन करता है।

(j) यह कम्प्यूटर सिस्टम और कम्प्यूटर ऑपरेटर (मानव) के बीच कम्यूनिकेशन को आसान बनाता है।

एक ऑपरेटिंग सिस्टम के मुख्य कार्यों को, संक्षेप में इस तरह से वर्गीकृत किया जा सकता है:

(a) रिसोर्स मैनेजमेंट (प्रोसेसर मैनेजमेंट, मेमोरी मैनेजमेंट, डिवाइस मैनेजमेंट)

(b) प्रोसेस मैनेजमेंट (जॉब शिड्यूलिंग, टास्क मैनेजमेंट)

(c) डाटा मैनेजमेंट (फाइल मैनेजमेंट और इनपुट/आउटपुट मैनेजमेंट)

(d) सिक्योरिटी मैनेजमेंट

☞ कुछ लोकप्रिय OS हैं MS-DOS, विंडोज़ XP, विस्टा, यूनिक्स, लाइनक्स, सोलारिस और OS/2।

सभी ऑपरेटिंग सिस्टम्स को चार श्रेणियों में बाँटा गया है:

(a) **सिंगल यूज़र ऑपरेटिंग सिस्टम:** जो ऑपरेटिंग सिस्टम एक बार में कम्प्यूटर पर एक ही यूज़र को काम करने की अनुमति देते हैं उन्हें सिंगल यूज़र ऑपरेटिंग सिस्टम कहा जाता है। उदाहरण: DOS, विंडोज़ XP आदि।

(b) **मल्टीयूज़र ऑपरेटिंग सिस्टम:** एक मल्टीयूज़र ऑपरेटिंग सिस्टम, एक ही कम्प्यूटर पर एक साथ कई यूज़र्स को काम करने की अनुमति देते हैं: प्रत्येक यूज़र को एक सिंगल कम्प्यूटर से कनेक्टेड टर्मिनल दी जाती है। उदाहरण: लाइनक्स, यूनिक्स, विंडोज़ 2000 आदि

(c) **सिंगल टास्किंग ऑपरेटिंग सिस्टम:** जो ऑपरेटिंग सिस्टम एक सिंगल जॉब/प्रोग्राम को एक बार में ही ऐक्ज़ीक्यूट कर लेते हैं, उन्हें सिंगल टास्किंग ऑपरेटिंग सिस्टम कहा जाता है। उदाहरण MS-DOS

(d) **मल्टी टास्किंग ऑपरेटिंग सिस्टम:** मल्टीटास्किंग ऑपरेटिंग सिस्टम एक बार में एक से अधिक जॉब्स के ऐक्ज़ीक्यूशन को सपोर्ट करता है। आजकल के अधिकांश ऑपरेटिंग सिस्टम जैसे विंडोज़ 2000, OS/2, यूनिक्स, लाइनक्स आदि, मल्टीटास्किंग को सपोर्ट करते हैं।

विंडोज़ XP और 7, पीसी के लिए विंडोज़ डेस्कटॉप ऑपरेटिंग सिस्टम के बाद वाले वर्जन हैं। विंडोज़ XP ने डेस्कटॉप को एक नया और अधिक पर्सनलाइज़्ड लुक दिया है, जिससे यूजर्स को इमेजेस इंपोर्ट (Images Import) या स्कैन करने में आसानी होती है। यह म्यूज़िक फाइल्स को वेब पर लाने और फिर उन्हें पोर्टेबल डिवाइसेस पर ट्रांसफर करने के लिए बने हैं। विंडोज़ 7 अलग अलग फैमिली मेंबर्स को अपने अपने अलग डेस्कटॉप और फाइल्स के पर्सनल सैट इस्तेमाल करने की अनुमति देती है। स्टार्ट मेन्यू को रीडिज़ाइन किया गया है जिससे ज्यादा इस्तेमाल होने वाले प्रोग्राम्स को ढूँढने में आसानी हो। विंडोज़ XP और विंडोज़ 7 प्रोफेशनल वर्जन और होम ऐडीशन वर्जन दोनों तरह से ही मिलते हैं।

2.2.2 लोकप्रिय ऑपरेटिंग सिस्टम्स के बेसिक्स (लाइनक्स, विंडोज़) (Basics of Popular Operating Systems) (Linux, Windows)

विंडोज़ (Windows)

माइक्रोसॉफ्ट विंडोज़ आजकल का सबसे कॉमन ऑपरेटिंग सिस्टम है। यह विश्व का सबसे अधिक बिकने वाला ऑपरेटिंग सिस्टम है।

विंडोज़ GUI नाम के सॉफ्टवेयर की श्रेणी के अंतर्गत आता है। GUI का अर्थ है ग्राफ़िकल यूज़र इंटरफेस। यूज़र इंटरफेस यह निर्धारित करते हैं कि आप अपने कम्प्यूटर के साथ किस तरह से इंटरैक्ट (interact) करते हैं। इंटरफेस के हार्डवेयर वाले भाग में स्क्रीन मॉनीटर, कीबोर्ड और माउस आते हैं। इंटरफेस का सॉफ्टवेयर वाला भाग निर्धारित करता है कि कौन सी चीजें स्क्रीन पर एक जैसी दिखती हैं और कैसे आप अपने पीसी को कमांड्स देते हैं ताकि आपका कार्य हो जाए। विंडोज से पहले यह कार्य कीबोर्ड कमांड्स से होता था, और इसलिए ऑपरेटिंग सिस्टम इस्तेमाल करना काफी कठिन लगता है। विंडोज़ वातावरण के आविष्कार के साथ, कई सारे कम्प्यूटर के दैनिक कार्य, जैसे प्रोग्राम्स चलाना, फाइल्स खोलना, कमांड्स चुनना आदि, एक ग्राफिकल अप्रोच (graphical approach) द्वारा किए जाते हैं जो कम्प्यूटर के नए यूज़र्स के लिए काफी इन्ट्यूटिव (intuitive) होता है। इसके अलावा विंडोज़ प्रोग्राम्स, वही कमांड स्ट्रक्चर और ग्राफ़िकल आइटम्स स्क्रीन पर इस्तेमाल करते हैं, अत: यदि आपने एक विंडोज़ प्रोग्राम में महारत हासिल कर ली, तो दूसरे प्रोग्राम्स को सीखना बहुत आसान हो जाएगा।

जैसे ही आप पॉवर सप्लाई स्विच ऑन करते हैं, विंडोज़ ऑपरेटिंग सिस्टम प्रोग्राम पीसी में लोड हो जाता है, कुछ शुरूआती जाँच के बाद, और फिर पीसी का कंट्रोल अपने हाथ में ले लेता है। यह आपके कम्प्यूटर हार्डवेयर और सॉफ्टवेयर, जो आप इस्तेमाल करते हैं, के बीच में कम्यूनिकेशन लिंक प्रदान करता है। उदाहरण के लिए, जब आप अपने स्प्रेडशीट सॉफ्टवेयार को एक फाइल सेव करने के लिए कहते हैं, तो ऑपरेटिंग सिस्टम कम्प्यूटर सिस्टम को बताता है कि कैसे और कहाँ इसे सेव करना है।

लेकिन, विंडोज़, एक ऑपरेटिंग सिस्टम से अधिक कुछ और भी है। यह ऐसे फंक्शन प्रदान करता है जो आपको कई प्रोग्राम्स एक साथ मैनेज करने

की अनुमति देते हैं, पीसी को कस्टमाइज़ करते हैं, और पीसी से जुड़े हुए कई मेन्टेनेन्स के कार्य भी करते हैं। यह कई ऐक्सेसरीज के साथ भी आता है और साथ में सॉफ्टवेयर प्रोग्राम्स, जैसे यूटिलिटीज़ और मीडिया प्लेयर आदि भी इसमें होते हैं।

विंडोज़ पीसी का ध्यान रखता है और बैकग्राउंड में कई चीजें करता है जो आपको दिखाई नहीं देती हैं। यह सीन्स (scenes) के पीछे आपके सॉफ्टवेयर पैकेजेस और हार्डवेयर वर्किंग को मैनेज करने में व्यस्त रहता है। विंडोज़ निम्न कार्य करता है:

- आपके लिए ऐप्लीकेशन प्रोग्राम स्टार्ट करने के तरीके प्रदान करता है।
- एक बार में एक से अधिक प्रोग्राम्स चला सकता है। इसे मल्टीटास्किंग कहते हैं। इसका अर्थ है कि आप के पास एक ही साथ वर्ड प्रोसेसिंग और एक स्प्रेडशीट प्रोग्राम दोनों खुले हो सकते हैं और आप उनके बीच आना जाना कर सकते हैं।
- आपको फाइल्स मैनेज करने का एक तरीका प्रदान करता है। फाइल्स वो डॉक्यूमेंट होते हैं जिन्हें आप बनाते हैं जैसे लेटर्स, मेमोज़ और वर्कशीट्स। विंडोज़ एक्सप्लोरर, जो एक फाइल मैनेजमेंट प्रोग्राम है और विंडोज़ के साथ आता है, का प्रयोग, फाइल्स को कॉपी, मूव, डिलीट, ऑर्गनाइज़ करने या फाइल्स के साथ कार्य करने के लिए किया जाता है।
- आपको इंटरनेट ऐक्सेस के सैटअप में मदद करता है। इंटरनेट कनेक्शन विज़ार्ड आपको इंटरनेट सर्विस प्रोवाइडर (ISP) के साथ एक अकाउंट सैटअप करने में मदद करता है। एक बार जब आपके पास एक अकाउंट आ जाता है, तो आप इंटरनेट एक्सप्लोरर जो विंडोज़ के साथ आता है, का प्रयोग, वेब को सर्फ करने के लिए कर सकते हैं।
- विंडोज़ आउटलुक ऐक्सप्रेस के साथ आता है जो एक ई-मेल प्रोग्राम है। इस प्रोग्राम का प्रयोग करके, इंटरनेट के द्वारा इलेक्ट्रॉनिक मेल भेजी और पाई जाती है।
- विंडोज़, बहुत सारे, उपयोगी ऐक्सेसरी प्रोग्राम्स के साथ आता है, जैसे वर्डपैड और वर्ड प्रोसेसिंग प्रोग्राम्स। इसमें नोट्स आदि टाइप करने के लिए एक टेक्स्ट एडीटर होता है जिसे नोटपैड कहा जाता है।
- यह डेस्कटॉप और मॉनीटर के अन्य स्क्रीन क्षेत्रों को कस्टमाइज़ करने का तरीका प्रदान करता है।

लाइनक्स ऑपरेटिंग सिस्टम (Linux Operating System)

लाइनक्स का परिचय (Overview of Linux)

लाइनक्स का मल्टीयूज़र, मल्टीटास्किंग ऑपरेटिंग सिस्टम है जिसे पहले लाइनस बेनेडिक्ट टोरवाल्ड्स (Linus Benedict Torvalds) ने 1991 में बनाया था। लाइनक्स एक 32 बिट ऑपरेटिंग सिस्टम है। यह विभिन्न प्रकार के अलग अलग प्लैटफार्म्स जैसे इंटेल (Intel) स्पार्क (Sparc) अल्फा (Alpha) आदि पर चलता है। इसे हर तरह से UNIX का पूरी तरह से इंप्लीमेंटेशन के तौर पर माना जा सकता है लेकिन इसे UNIX नहीं कहा जा सकता है कारण Unix, AT&T का एक रजिस्टर्ड ट्रेडमार्क प्रोडक्ट (Registered Trademark Product) है। लाइनक्स को एक फ्री सॉफ्टवेयर लाइसेंस, जिसे GNU जनरल पब्लिक लाइसेंस (GPL) कहा जाता है, के अंतर्गत एक फ्री साफ्टवेयर की तरह डिस्ट्रीब्यूट (distribute) किया जाता है।

बेसिक लाइनक्स एलीमेंट्स (Basic LINUX Elements)

लाइनक्स के मुख्य ऐलीमेंट्स के बारे में नीचे एक एक करके बताया जा रहा है।

कर्नेल (Kernel): कर्नेल लाइनक्स सिस्टम का कोर होता है और यह सिस्टम के स्टार्ट होते ही मेमोरी में लोड होता है। यह मेन मेमोरी, फाइल्स एवं पेरीफेरल डिवाइसेज मैनेज करता है। टाइम एवं डेट को मेंटेन करना, ऐप्लीकेशन्स को लाँच करना एवं सिस्टम रिसोर्सेज़ को ऐलोकेट करना आदि भी OS के इसी भाग के कार्य होते हैं।

शैल (Shell): शैल एक प्रोग्राम है जो यूज़र द्वारा दिए गए कमांड्स को इंटरप्रिट करता है। ये कमांड या तो कमांड लाइन पर टाइप किए जाते हैं या एक फाइल में रखे जाते हैं जिसे "शैल स्क्रिप्ट" कहा जाता है। "शैल स्क्रिप्ट" में रखे कमांड्स को शैल द्वारा इंटरप्रिट किया जाता है।

फाइल सिस्टम (File System): लाइनक्स सभी चीजों को फाइल मानता है। यहाँ तक कि एक डायरेक्ट्री को भी यह फाइल मानता है जिसमें कई अन्य फाइलें होती हैं। सभी हार्डवेयर डिवाइसेज जैसे I/O डिवाइसेज, स्टोरेज डिवाइसेज आदि को फाइल ही माना जाता है।

लाइनक्स फाइल सिस्टम को एक हैरार्की (hierarchy) में व्यवस्थित किया जाता है जो रूट डायरेक्ट्री से स्टार्ट होती है। यह रूट एक फॉवर्ड स्लैश (/) द्वारा दर्शाई जाती है। रूट डारेयक्ट्री के अंतर्गत कई सिस्टम डायरेक्ट्रीज़ एवं होम डायरेक्ट्री होती हैं। चित्र 2.1 में लाइनक्स की स्टैंडर्ड डायरेक्ट्रीज़ दिखाई गई हैं।

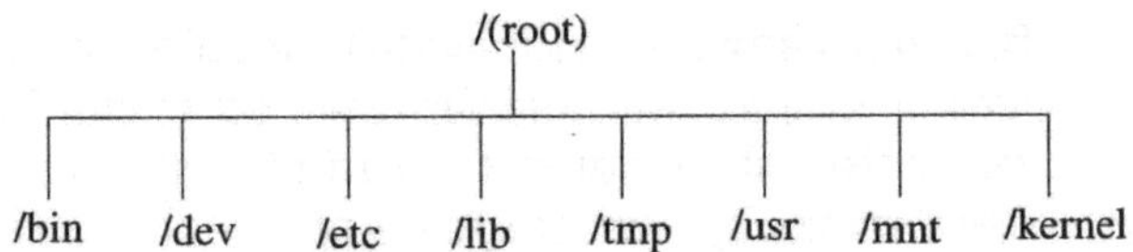

चित्र 2.1 लाइनक्स फाइल सिस्टम

लाइनक्स में फॉर्वर्डस्लैश (/) का प्रयोग एक सेपरेटर (विंडोज या डॉस में बैकसलैश (\) को सेपरेटर की तरह प्रयोग किया जाता है) की तरह प्रयोग में लाया जाता है। उदाहरण के लिए एक सबडायरेक्ट्री mydir जो usr डायरेक्ट्री के अंदर है, को /usr/mydir के रूप में दिखाया जाएगा। usr के पहले लगाया गया स्लैश (/) रूट डायरेक्ट्री को दर्शाता है।

/bin: इस डायरेक्ट्री में ऐक्ज़ीक्यूटेबल प्रोग्राम फाइल्स होती हैं (बाइनरी फाइल्स)। इस डायरेक्ट्री में लाइनक्स कमांड के लिए फाइल्स को ढूँढा जा सकता है। (डॉस के command.com फाइल की तरह)

/dev: इस डायरेक्ट्री में स्पेशल डिवाइस फाइल्स होती हैं। उदाहरण के लिए प्रिंटर एक फाइल हो सकता है। जिसे इस डायरेक्ट्री में Prn कहा जाता है, हार्ड डिस्क को hda फाइल कहा जा सकता है और इसके पहले पार्टीशन को hda0.

/etc: इस डायरेक्ट्री में संपूर्ण सिस्टम के कन्फिगरेशन की सारी सूचना टेक्स्ट फाइल्स के रूप में होती है।

/lib: इस डायरेक्ट्री में लाइब्रेरी फाइल्स होती है। लाइब्रेरी फाइल्स में प्रोग्रामर के द्वारा इस्तेमाल करने के लिए रूटीन एवं पुनः इस्तेमाल किए जाने वाले फंक्शन होते हैं।

/tmp: इस डायरेक्ट्री में सभी अस्थाई फाइल्स होती है जो सिस्टम से धीरे धीरे हटा दी जाएँगी। यह विंडोज़ 98 के C:\windows\temp डायरेक्ट्री की तरह है।

/usr: इस डायरेक्ट्री में यूज़र की होम डायरेक्ट्रीज़ होती हैं जैसे ऑनलाइन मैनुअल पेजेस के लिए सोर्स टेक्स्ट, गेम्स एवं अन्य डायरेक्ट्रीज़। प्रत्येक यूज़र की एक होम डायरेक्ट्री होती है। उदाहरण के लिए, यदि

एक यूज़र का नाम 'Mini' है, usr डायरेक्ट्री में 'Mini' नाम की एक डायरेक्ट्री अवश्य होगी, इस डायरेक्ट्री 'Mini' में वो सभी फाइल्स एवं सब डायरेक्ट्रीज़ होंगी जो यूज़र "mini" द्वारा बनाई गई हैं।

/Kernel: इस डायरेक्ट्री में सभी कर्नेल स्पेसिफाइड कोड होते हैं। कर्नेल लाइनक्स सिस्टम का दिल होता है। यह रिसोर्स ऐलोकेशन, सिक्योरिटी एवं लो लेवल हार्डवेयर इंटरफेस के लिए जिम्मेदार होता है।

/mnt: यह वह डायरेक्ट्री है जहाँ हार्ड डिस्क को छोड़कर सभी स्टोरेज डिवाइसेज़ रखी जाती हैं। इस डायरेक्ट्री में 'floppy' एवं 'cdrom' जैसी सबडायरेक्ट्रीज़ होती हैं जो जब ये डिवाइसिस रखी जा रही होती हैं तब सीडी रॉम और फ्लॉपी डिस्क के कंटेंट्स बारी बारी से दिखाती है।

लाइनक्स पारदर्शी रूप से अनेक अलग अलग फाइल सिस्टम्स को सपोर्ट करता है जैसे MS डॉस, MINIX, VFAT, PROC, ISO9660, EXT2 आदि। पारदर्शी का अर्थ है इसमें रखीं सभी फाइल सिस्टम्स एवं फाइलें यूज़र के लिए एक सिंगल हैरार्किकल वर्चुअल फाइल सिस्टम की तरह दिखती हैं। यूज़र को यह जानने की आवश्यकता नहीं है कि किस प्रकार का फाइल या फाइल सिस्टम वो इस्तेमाल कर रहा है। फ्लॉपी डिस्क, कॉम्पैक्ट डिस्क आदि की फाइल्स, इस वर्चुअल फाइल सिस्टम का एक हिस्सा बनती हैं।

कमांड्स (Commands)

एक लाइनक्स कमांड, आपके द्वारा टाइप किए गए कैरेक्टर्स की एक सीरीज़ होती है। ये कैरेक्टर्स खाली जगह से अलग किए हुए शब्दों से बने होते हैं। पहला शब्द खुद कमांड होता है और बाकी के शब्द कमांड के आर्ग्यूमेंट्स (arguments) होते हैं। आर्ग्यूमेंट्स वह सूचना प्रदान करते हैं जिनकी जरूरत कमांड को ऐक्ज़ीक्यूशन के समय पड़ सकती है। लाइनक्स कमांड केस सेंसिटिव होते हैं। अर्थात् CP एवं cP अलग होता है।

☞ आपको सभी लाइनक्स कमांड्स को लोअर केस अक्षरों में ही टाइप करने चाहिए।

कमांड लाइन से शैल (shell) को कमांड भेजी है। एक कमांड लाइन में कमांड, निर्देश की लाइन, ऑप्शन तथा कमांड लाइन के आर्ग्यूमेंट्स होते हैं जो आप दे सकते हैं। उदाहरण के लिए निम्न लाइन एक कमांड लाइन है:

$ man cp

कमांड्स को शैल प्रॉम्प्ट ($, #) पर एंटर किया जाता है। प्रॉम्प्ट केवल एक चिन्ह होता है जो कमांड लाइन के शुरू में ही दिखाई देता है। यह आपको बताता है कि लाइनक्स कार्य के लिए तैयार है और आपके कमांड का इंतजार कर रहा है।

डिवाइस ड्राइवर्स (Device Drivers): डिवाइस ड्राइवर सॉफ्टवेयर पैकेज होते हैं जो कर्नेल (kernel) का प्रमुख भाग बनाते हैं। ये हार्डवेयर डिवाइसिस और OS के बीच के संपर्क को नियंत्रित करते हैं।

यूटिलिटीज़ (Utilities): यूटिलिटीज़ सॉफ्टवेयर टूल्स हैं जो लाइनक्स OS में शामिल होते हैं और ये आपको टेक्स्ट एडिटिंग, प्रोग्रामिंग एवं कम्यूनिकेशन जैसे कई कार्य करने की अनुमति देते हैं।

लाइनक्स में फाइल हैंडलिंग (File Handling in Linux)

लाइनक्स की प्रत्येक डायरेक्ट्री या फाइल को, रूट डायरेक्ट्री से शुरू होने वाले इसके पाथनेम (Pathname) का इस्तेमाल करके रेफर (Referred) किया जाता है। उदाहरण के लिए, usr डायरेक्ट्री को /usr (/ या रूट इसकी पेरेंट डायरेक्ट्री है) के रूप में एवं mini को /usr/mini, के रूप में दर्शाया जाता है जहाँ usr, mini डायरेक्ट्री की पेरेंट डायरेक्ट्री होती है।

पाथ नेम दो प्रकार के होते हैं:

1. ऐब्सोल्यूट पाथ नेम (Absolute Pathname)
2. रिलेटिव पाथनेम (Relative Pathname)

ऐब्सोल्यूट पाथनेम रूट से शुरू होने वाली किसी एक डायरेक्ट्री के संपूर्ण पाथ को बताता है जैसा कि ऊपर वर्णन किया गया है। रूट को एक फॉर्वर्ड स्लैश (/) के साथ दर्शाया जाता है। उदाहरण के लिए 'Delhi' डायरेक्ट्री का ऐब्सोल्यूट पाथनेम होगा /user/mini/sales/north/Delhi

रिलेटिव पाथ नेम, एक डायरेक्ट्री के लोकेशन को बताता है जो करंट वर्किंग डायरेक्ट्री से संबंधित (relative) होता है। उदाहरण के लिए मान लो कि आप की करंट वर्किंग डायरेक्ट्री /user/mini/sales/north है। तो 'Delhi' डायरेक्ट्री का रिलेटिव पाथ नेम "Delhi" होगा कारण रिलेटिव पाथनेम स्लैश "/" से शुरू नहीं होते हैं।

☞ यदि पाथ नेम में स्लैश "/" नहीं लगाते हैं तो लाइनक्स मान लेता है कि आप रिलेटिव पाथ नेम इस्तेमाल कर रहे हैं।

करंट वर्किंग डायरेक्ट्री को पहचानना (Identifying the Current Working Directory)

यह जानने के लिए कि आप अभी किस डायरेक्ट्री में काम कर रहे हैं, निम्न कमांड टाइप करें:

$ pwd Enter

यहाँ pwd कमांड आपकी करंट वर्किंग डायरेक्ट्री का ऐब्सोल्यूट पाथ नेम प्रिंट करेगा। इसमें कोई आर्ग्यूमेंट्स नहीं होते हैं। उदाहरण के लिए, चित्र 2.2 में यूज़र mini के लिए रिजल्ट /usr/mini के रूप में आता है।

नई डायरेक्ट्रीज़ बनाना (Making New Directories) (mkdir)

नई डायरेक्ट्री बनाने के लिए डायरेक्ट्री के नाम के साथ mkdir कमांड का प्रयोग किया जाता है। उदाहरण के लिए मानलो कि यूज़र मिनी (जोकि अभी होम डायरेक्ट्री /usr/mini में है) चाहती है कि एक sales नामक नई डायरेक्ट्री बनाई जाए तो वह निम्न कमांड दे सकती है (देखें चित्र 2.2)

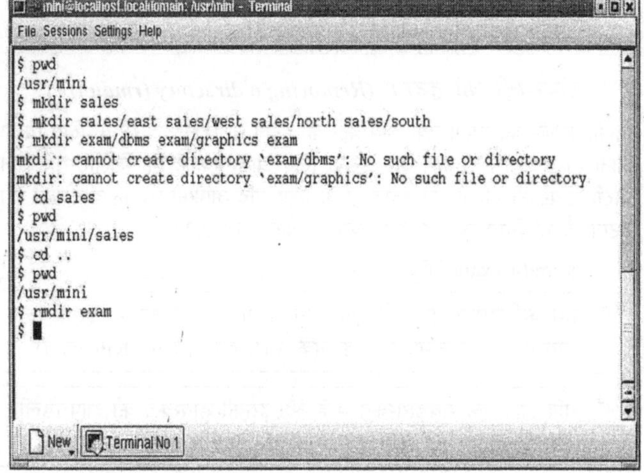

चित्र 2.2: एक सैंपल लाइनक्स सैशन जिसमें अभी तक बताए गए कमांड्स का प्रयोग हुआ है

$ mkdir sales Enter

सबडायरेक्ट्री sales करेंट डायरेक्ट्री /usr/mini में बन जाती है।

एक mkdir कमांड से यदि कई सारी डायरेक्ट्रीज़ बनानी हैं तो प्रत्येक डायरेक्ट्री के नाम को एक स्पेस द्वारा अलग अलग लिखें। उदाहरण के लिए निम्न कमांड से कई डायरेक्ट्रीज़ बनती हैं:

$ mkdir sales/east sales/west sales/north sales/south Enter

उपरोक्त कमांड sales सबडायरेक्ट्री के अंदर 4 डायरेक्ट्रीज़ बनाता है।

☞ आर्ग्यूमेंट्स को बताने का क्रम महत्त्वपूर्ण है। याद रखें कि हम एक पेरेंट डायरेक्ट्री बनाए बिना कोई सबडायरेक्ट्री नहीं बना सकते हैं।

यदि हम कमांड को इस तरह से एंटर करते हैं:

$ mkdir exam/dbms exam/graphics exam Enter

तो यहाँ, सिस्टम dbms और graphics नाम की सब डायरेक्ट्रीज़ बनाने में फेल होगा जबकि यह exam डायरेक्ट्री बना देगा। (देखें चित्र 2.2)

एक अलग डायरेक्ट्री में जाना (moving to a different directory)(cd)

आप cd कमांड का प्रयोग करके अपनी करेंट वर्किंग डायरेक्ट्री को बदल सकते हैं। इसके लिए Cd कमांड के बाद जिस डायरेक्ट्री में आप जाना चाहते हैं उसका पाथ नेम लिखना होगा (पाथ नेम ऐब्सोल्यूट या रिलेटिव कुछ भी हो सकता है)। उदाहरण के लिए sales डायरेक्ट्री में जाने के लिए निम्न कमांड टाइप करो:

$ cd sales Enter

ध्यान रहे, उपरोक्त कमांड में हमने रिलेटिव पाथ नेम का इस्तेमाल किया है। यह कमांड देने के बाद यदि आप pwd कमांड देते हैं तो आप रिजल्ट इस तरह से देखेंगे: /usr/mini/sales (देखें चित्र 2.2)

☞ पाथ नेम के बिना cd कमांड हमेशा यूज़र को उसकी होम डायरेक्ट्री में ही वापस ले आता है।

☞ लाइनक्स में एक सिंगल डॉट (.) का प्रयोग करेंट वर्किंग, डायरेक्ट्री को एवं डबल डॉट (..) का प्रयोग करेंट वर्किंग डायरेक्ट्र की पेरेंट डायरेक्ट्री को दर्शाने के लिए किया जाता है। उदाहरण के लिए cd.. टाइप करने पर यह यूज़र mini को उसकी होम डायरेक्ट्री (/usr/mini) में ले जाएगा क्योंकि यही sales की पेरेंट डायरेक्ट्री है।

एक डायरेक्ट्री को हटाना (Removing a directory (rmdir))

rmdir कमांड का प्रयोग एक डायरेक्ट्री को हटाने या डिलीट करने के लिए किया जाता है। यह कमांड काम करे, इसके लिए आवश्यक है कि डिलीट की जाने वाली डायरेक्ट्री खाली हो। उदाहरण के लिए यदि आपको 'exam' डायरेक्ट्री को हटाना है तो निम्न कमांड टाइप करो: (देखें चित्र 2.2)

$ rmdir exam Enter

☞ हम कई डायरेक्ट्रीज़ को एक साथ डिलीट कर सकते हैं। इसके लिए डायरेक्ट्रीज के नामों को एक एक स्पेस द्वारा अलग अलग लिखें।

☞ यदि आप एक सबडायरेक्ट्री मे हैं और इसकी डायरेक्ट्री को आप डिलीट करना चाहते हैं तो ऐसा आप नहीं कर पाएँगे।

डायरेक्ट्रीज़ के कंटेंट्स की लिस्टिंग करना
(Listing the contents of Directories) (ls)

करेंट डायरेक्ट्री की फाइल्स एवं सब डायरेक्ट्रीज़ की लिस्ट बनाने के लिए ls कमांड का प्रयोग होता है। इसका कार्य डॉस के DIR कमांड जैसा ही होता है। उदाहरण के लिए यूज़र mini को उसकी करेंट डायरेक्ट्री के कंटेंट्स की लिस्ट बनाने के लिए, निम्न टाइप करना होगा:

$ ls

और उसे निम्न रिज़ल्ट मिलेगा:

east
north
south
west

इस डिस्प्ले का क्रम इस प्रकार होता है न्यूमरल (संख्याएँ) →अपरकेस कैरेक्टर्स (Uppercase characters) →लोअरकेस कैरेक्टर्स (Lower case character) अर्थात् जो लिस्ट प्रदर्शित होगी उसमें अक्षरों से पहले संख्याएँ आएँगी और अक्षरों में भी अपर केस के अक्षर, लोअरकेस से पहले आएँगे।

यदि एक निश्चित डायरेक्ट्री (मानलो north) के अंतर्गत आने वाली फाइलों एवं डायरेक्ट्रीज़ के नामों की लिस्ट बनाई जानी तो हमें डायरेक्ट्री के नाम के साथ ls कमांड देना होगा जो इस प्रकार होगा:

$ ls north

उपरोक्त कमांड चित्र 2.3 में दिखाए अनुसार रिजल्ट प्रदर्शित करेगा।

आमतौर पर एक डायरेक्ट्री में कई फाइल्स होती हैं और यूज़र यह जानने के लिए उत्सुक रहता है कि एक खास फाइल इसमें है या नहीं। इस स्थिति में, उसे ls कमांड को फाइल के नाम के साथ डालना चाहिए जैसे:

$ ls March

उपरोक्त कमांड से यह बताया जाएगा - File Not Found error, क्योंकि हमारी करेंट डायरेक्ट्री में "March" नाम की कोई फाइल है ही नहीं। यदि यह फाइल होती तो ls फाइल का नाम डिस्प्ले करता।

ls कमांड को कई सारे ऑप्शन्स के साथ इस्तेमाल किया जा सकता है। ये ऑप्शन, पूर्व निर्धारित आर्ग्यूमेंट्स होते हैं जिन्हें एक माइनस चिन्ह (–) के साथ इस्तेमाल किया जाता है। अलग अलग ऑप्शन कमांड को अलग अलग तरह से कार्य करने पर मज़बूर करते हैं।

उदाहरण के लिए, निम्न कमांड से फाइलों और डायरेक्ट्रीज़ के नाम कई कॉलम्स में प्रदर्शित होंगे:

$ ls –x

east north south west

टेबल 2.1: कमांड ls के विभिन्न ऑप्शन्स

(ऑप्शन) (Option)	**इन्हें पाने के लिए (Used to)**
-x	मल्टी कॉलमनर आउटपुट।
-r	फाइल्स और सबडायरेक्ट्रीज़ को रिवर्स ऑर्डर में लिस्ट करता है।
-t	फाइल्स और सबडायरेक्ट्रीज़ को टाइम ऑर्डर के साथ लिस्ट करता है।
-a	आमतौर पर हिडन फाइल्स के साथ-साथ बाकी सभी

क्रमशः...

क्रमशः...

	फाइल्स को भी लिस्ट करता है। फाइल को छोड़कर सभी फाइल्स को लिस्ट करता है।
-A	inode मॉडिफिकेशन टाइम के द्वारा फाइल्स को लिस्ट करता है।
-c	प्रत्येक फाइल के लिए inode लिस्ट करता है।
-i	अनुमति, अधिक, साइज़, मॉडिफिकेशन टाइम करता है।
-l	आदि प्रदर्शित और साथ में फाइल और डायरेक्ट्री में नाम भी।

फाइल्स बनाना (Creating Files) (cat के प्रयोग से)

एक फाइल बनाने के लिए शैल प्रॉम्प्ट पर cat कमांड टाइप करके > कैरेक्टर और फिर फाइल का नाम टाइप करो। उदाहरण के लिए यदि एक फाइल January बनानी है तो निम्न कमांड एंटर करो:

$ cat > January [Enter]

आपके एंटर key दबाते ही, आप से कहा जाएगा कि फाइल के कंटेंट्स एंटर करो। डाटा टाइप करके [Ctrl] + [D] keys एक साथ दबाओ जिससे कमांड लाइन टर्मिनेट हो जाए (चित्र 2.3 देखें)।

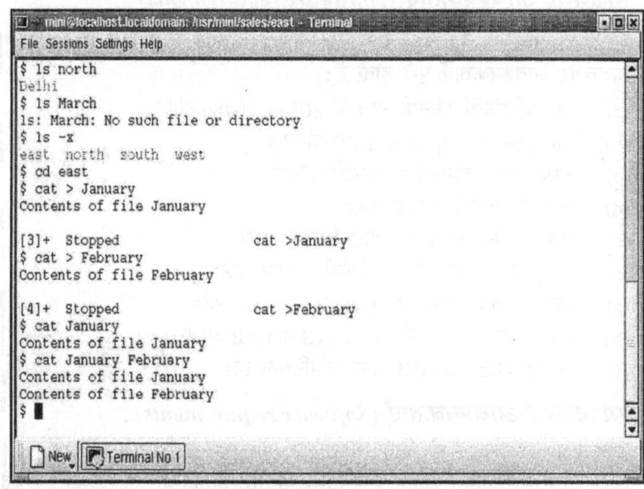

चित्र 2.3: एक सैंपल लाइनक्स सैशन जिसमें ls और cat कमांड्स का प्रयोग किया गया है।

फाइल के कंटेंट्स की लिस्टिंग करना (cat)

एक फाइल के कंटेंट्स की लिस्ट बनाने के लिए cat कमांड का प्रयोग होता है और इसके बाद फाइल का नाम लिखा जाता है। डॉस में इसके लिए TYPE कमांड था।

उदाहरण के लिए, January फाइल के कंटेंट्स की लिस्ट बनाने के लिए निम्न टाइप करो:

$ cat January [Enter]

ऐब्सोल्यूट पाथ नेम डालकर, फाइल को अन्य डायरेक्ट्री में डिस्प्ले किया जा सकता है। cat कमांड से एक से अधिक फाइल्स को प्रदर्शित करने के लिए इनके नामों को एक एक स्पेस से अलग अलग लिखा जाता है जैसा कि निम्न कमांड में देखा जा सकता है:

$ cat January February [Enter]

उपरोक्त कमांड, दो फाइलों के कंटेंट्स को दो अलग अलग लाइनों में दिखाता है। cat के इस्तेमाल से फाइल्स के कंटेंट्स को बनाना और प्रदर्शित करना, जैसा चित्र 2.3 में दिखाया गया है।

फाइल्स की कॉपी करना (Copying Files)(cp)

cp कमांड का प्रयोग एक फाइल को दूसरी में कॉपी करने के लिए किया जाता है। डॉस में इसकी तरह COPY कमांड होता है। डॉस की ही तरह cp कमांड में भी दो आर्ग्यूमेंट्स की जरूरत होती है- एक सोर्स फाइल का नाम (जिसके कंटेंट्स कॉपी किए जाने हैं।) और दूसरा टार्गेट फाइल का नाम (जिसमें कंटेंट्स को कॉपी किया जाना है)।

उदाहरण के लिए, January फाइल की कॉपी March फाइल में होनी है तो निम्न टाइप करना होगा: (देखें चित्र 2.4):

$ cp January March [Enter]

ध्यान रखें कि अब यदि ls कमांड दिया जाएगा तो यह तीन फाइल्स January, February, March दिखाएगा।

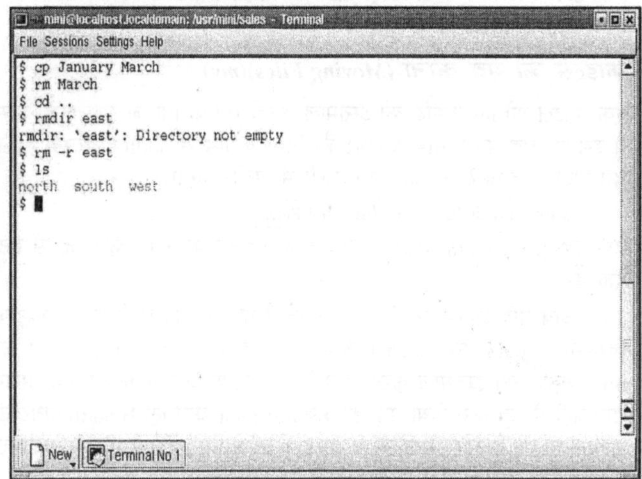

चित्र 2.4: एक सैंपल लाइनक्स सैशन जिसमें cp और rm कमांड्स का प्रयोग किया गया है।

☞ cp को -i ऑप्शन के साथ प्रयोग करो यदि आप चाहते हैं कि सिस्टम आपसे, फाइल्स को कॉपी करने से पहले, कन्फर्मेशन माँगे।

यहाँ January फाइल की कॉपी एक नई फाइल March में हो गई है।

☞ यदि March फाइल पहले से ही हो तो, इसके कंटेंट्स नष्ट हो जाएँगे और इसके बदले January फाइल के कंटेंट्स इसमें आ जाएंगे।

यदि आप कमांड के साथ एक से ज्यादा ऑप्शन देना चाहते हैं तो आप निम्न में से कुछ भी इस्तेमाल कर सकते हैं:

$ ls -l -a -t

$ ls -lat

दोनों तरीके काम करेंगे।

फाइलों को डिलीट करने के लिए (Deleting Files)(rm)

एक फाइल को डिलीट करने या हटाने के लिए rm कमांड का प्रयोग किया जाता

है। यह DOS के DEL कमांड के जैसा है।

उदाहरण के लिए, यदि March फाइल को हटाना है तो यह टाइप करो:

$ rm March Enter

इसे चित्र 2.4 में दिखाया गया है।

☞ rm को -i ऑप्शन के साथ प्रयोग करो यदि आप चाहते हैं कि सिस्टम आपसे cp कमांड की तरह, किसी फाइल को हटाने से पहले कन्फर्मेशन माँगे।

एक डायरेक्ट्री हटाने के लिए rm को -r ऑप्शन के साथ इस्तेमाल करो। यहाँ -r का अर्थ है recursive deletion। उदाहरण के लिए निम्न कमांड accounts डायरेक्ट्री को हटा देगा:

$ rm -r accounts Enter

☞ rmdir केवल खाली डायरेक्ट्री को ही हटाता है जब कि rm -r से यदि डायरेक्ट्री खाली नहीं भी है, तब भी हट जाएगी।

चित्र 2.4 में सिस्टम ने डायरेक्ट्री 'east' को rmdir कमांड से डिलीट नहीं किया लेकिन rm -r कमांड से कर दिया।

फाइल्स को मूव करना (Moving Files)(mv)

एक फाइल को mv कमांड का इस्तेमाल करके मूव कराया जा सकता है। डॉस में इसकी तरह का कमांड MOVE है। निम्न कमांड से north डायरेक्ट्री sales डायरेक्ट्री से हटकर /usr/mini डायरेक्ट्री में चली जाएगी:

$ mv north /usr/mini/north Enter

उपरोक्त कमांड north की कॉपी नहीं बनाता है बल्कि उसे एक जगह से हटा देता है।

अब यदि आप ls कमांड टाइप करते हैं तो आप को सिर्फ दो डायरेक्ट्रीज़ दिखेंगी, south एवं west (चित्र 2.5 देखें)। डायरेक्ट्री 'east' को rm -r कमांड का इस्तेमाल करके हटा दिया गया था और north को एक अलग डायरेक्ट्री में मूव करा दिया गया है। अब /usr/mini डायरेक्ट्री में north डायरेक्ट्री शामिल हो गई है और इसकी सभी सबडायरेक्ट्रीज़ एवं फाइल्स भी इसमें शामिल हैं जैसा कि चित्र 2.5 में दिखाया गया है।

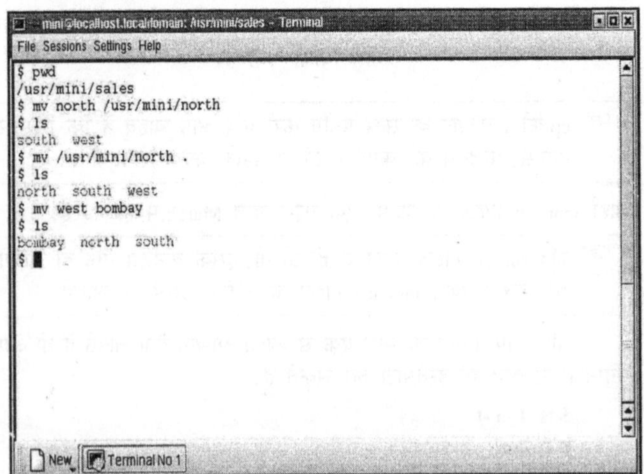

चित्र 2.5: एक सैंपल लाइनक्स सैशन जिसमें अब तक बताए गए कमांड्स का प्रयोग किया गया है।

mv कमांड को फिर से देकर north डायरेक्ट्री को वापस लाया जा सकता है।

$ mv /usr /mini /north .

ध्यान रखें कि डॉट (.) करेंट डायरेक्ट्री को दर्शाती है। mv कमांड से फाइल्स एवं डायरेक्ट्रीज़ के भी रीनेम किया जा सकता है। उदाहरण के लिए निम्न कमांड 'west' डायरेक्ट्री को रीनेम करके 'bombay' बना देगा (देखें चित्र 2.5):

$ mv west bombay Enter

फाइल्स को भी इसी प्रकार से रीनेम किया जा सकता है। यदि डेस्टिनेशन (destination) पहले से ही मौजूद है तो यह उसके ऊपर से लिख दी जाएगी और यदि यह मौजूद नहीं है तो इसे बना दिया जाएगा

☞ mv में भी -i ऑप्शन होता है जैसा cp और rm में होता है और यह भी उसी तरह काम करता है।

लाइनक्स का इन्स्टॉलेशन (Installation of Linux)

हम एक लोकप्रिय Red Hat Linux 7.2 के बारे में इस विभाग में चर्चा करेंगे। LINUX OS को इन्सटॉल करने की प्रक्रिया जो हम मानेंगे, उसे बताने से पहले आइए देखें कि लाइनक्स की हार्डवेयर और सॉफ्टवेयर आवश्यकताएँ क्या हैं।

हार्डवेयर आवश्यकताएँ (Hardware requirements)

रेड हैट लाइनक्स को तभी इन्स्टॉल किया जा सकता है जब निम्न बेसिक हार्डवेयर आवश्यकताएँ पूरी होती है:

(a) x86 प्लैटफॉर्म जिनके नाम हैं, 80386, 80486 आदि
(b) Intel, Sparc, Alpha or AMD प्रोसेसर
(c) x386 CPU फैमिली या इससे अधिक
(d) कम से कम 128 MB RAM
(e) कम से कम 2 GB फ्री हार्ड डिस्क स्पेस
(f) इनपुट डिवाइसेज जैसे कीबोर्ड, माउस आदि
(g) कंट्रोलर कार्ड जैसे SCSL IDE, Firewire आदि
(h) एक नेटवर्क कार्ड जैसे ISA, PCI या USB आदि
(i) साउंड कार्ड जो LINUX से कपैटिबल हो।

सॉफ्टवेयर आवश्यकताएँ (Software requirements)

लाइनक्स इन्स्टॉलेशन के लिए सॉफ्टवेयर आवश्यकताएँ निम्न होती हैं:

(a) एक पार्टीशनिंग प्रोग्राम जैसे fdisk या disk druid जो रेड हैट द्वारा सप्लाई किया गया है।
(b) लाइनक्स सॉफ्टवेयर पैकेज।

इन्स्टॉलेशन से पहले की प्रारंभिक प्रक्रिया (Preliminary Steps before Installation)

पहला स्टेप है इन्स्टॉलेशन डिस्क तैयार करना।

➔ **इन्स्टॉलेशन डिस्क तैयार करने के लिए:**

1. रेड हैट सीडी-रॉम डिस्क में से boot.img फाइल को फ्लॉपी डिस्क पर कॉपी करो। यह फाइल सीडी की /images डायरेक्ट्री में मिलेगी। इस फाइल को या तो डॉस रीराइट कमांड से (डॉस/विंडोज़ सिस्टम में) या लाइनक्स dd कमांड से (किसी पहले से मौजूद लाइनक्स या यूनिक्स सिस्टम में) बनाया जा सकता है। उदाहरण के लिए dd कमांड का प्रयोग करके एक इन्स्टॉलेशन डिस्केट तैयार करने के लिए:

   (a) सीडी रॉम को इन्सर्ट और माउंट करने के बाद, एक खाली फ्लॉपी

अपने कम्प्यूटर की फ्लॉपी ड्राइव में डालो।

(b) अब निम्न कमांड दो

dd if = mnt /cdrom/images/boot.img

of = /dev/fd0 bs = 1440K Enter

उपरोक्त कमांड इनपुट फाइल ('if') mnt /cdrom /boot.img में से आउटपुट फाइल ('of') /dev/fd0 पर कॉपी करेगा। यह मान लिया जाता है कि फ्लॉपी ड्राइव /dev /fd0 से एक्सेस की जा सकेगी।

री राइट प्रोग्राम का प्रयोग करके एक इन्स्टॉलेशन डिस्केट बनाने के लिए, निम्न कमांड दें (यह मान लिया गया है कि सीडी रॉम D ड्राइव से ऐक्सेसिबल है।):

D:>cd images dosutils \rewrite Enter

सोर्सफाइल के लिए "D:\boot.img" एंटर करो और डेस्टिनेशन के लिए "A:" एंटर करो।

बूटेबल इन्स्टॉलेशन डिस्क अब तैयार है और आप इसे अपने लाइनक्स सिस्टम को इन्स्टॉल करने के लिए प्रयोग में ला सकते हैं।

रेड हैट लाइनक्स को बूटिंग से भी इन्स्टॉल किया जा सकता है। इसके लिए इनमें से कोई एक तरीका अपनाएँ:

(a) एक फ्लॉपी डिस्केट के प्रयोग से बूटिंग (जैसा ऊपर बताया है उसके अनुसार बनाई गई)

(b) सीडी रॉम से डारेक्ट बूटिंग (आपके BIOS को इसे सपोर्ट करना चाहिए)

(c) इन्स्टॉलेशन सॉफ्टवेयर को रखने के लिए हार्ड ड्राइव पार्टीशन का प्रयोग करें।

(d) एक डॉस कमांड लाइन से बूटिंग

(e) एक नेटवर्क से HTTP या FTP प्रोटोकॉल प्रयोग करके बूटिंग

(f) एक NFS (नेटवर्क फाइल सिस्टम) माउंट की गई हार्ड ड्राइव से बूटिंग

2. अगला स्टेप है एक पार्टीशनिंग रणनीति की योजना बनाना। यह स्टेप, मौजूद हार्डवेयर की जानकारी पर निर्भर होता है। योजना की प्रक्रिया में, सिस्टम का भविष्य में विस्तार भी शामिल होना चाहिए। यह जानना कि हार्ड डिस्क स्पेस को किस प्रकार प्रत्येक लाइनक्स सॉफ्टवेयर के लिए ऐलोकेट करें, वास्तव में प्रत्येक लाइनक्स सिस्टम प्रशासक द्वारा ली जाने वाली एक बड़ी चुनौती है। उसे निम्न प्रश्नों के उत्तर ढूँढने चाहिए:

(a) कितनी डिस्क की आवश्यकता अभी है और कितनी भविष्य में होगी?

(b) क्या किसी अन्य OS की भी आवश्यकता है?

(c) भविष्य में कितने एप्लीकेशन सॉफ्टवेयर पैकेजों के इन्स्टॉल किए जाने की संभावना है?

(d) कितने डाटा का बैकअप किया जाना आवश्यक है?

(e) सिस्टम में कितने यूज़र होंगे?

3. यदि आप चाहते हैं कि सिस्टम लाइनक्स के साथ साथ किसी अन्य ऑपरेटिंग सिस्टम को भी बूट करे तो अगला स्टेप है एक बूट लोडर चुनना। बूट लोडर एक सॉफ्टवेयर है जो लाइनक्स के साथ किसी अन्य OS की बूटिंग के लिए जिम्मेदार होता है। उदाहरण: LILO (Linux Loader) एवं GRUB (Grand Unified Boot Loader)

4. अब फ्लॉपी डिस्क को एक फ्लॉपी ड्राइव में इन्सर्ट करो (जो इन्स्टॉलेशन डिस्केट आपने बनाई थी, यदि आप अपने सिस्टम को बूट करने के लिए फ्लॉपी का इस्तेमाल करते हैं) और अपने सिस्टम के पॉवर को ऑन करो। कुछ समय बाद ही, रेड हैट इन्स्टॉलेशन प्रोग्राम स्क्रीन सामने आ जाएगी।

हार्ड ड्राइव की पार्टीशनिंग (Hard Drive Partitioning)

वर्तमान और भविष्य की आवश्यकताओं को ध्यान में रखते हुए एक हार्ड डिस्क को पार्टीशन किया जाना चाहिए। उदाहरण के लिए मानलो कि हमें 40 GB क्षमता की हार्ड डिस्क दी गई है। इसके विभिन्न पार्टीशन इस प्रकार से किए जा सकते हैं:

/swap डायरेक्ट्री	–	मेन मेमोरी से करीब दुगुनी, उदाहरण के लिए यदि एक सिस्टम की मेमोरी 128 MB है तो उसे 256 MB swap स्पेस चाहिए।
/डायरेक्ट्री (रूट)	–	उपलब्ध स्पेस का करीब 60%
/bin डायरेक्ट्री	–	उपलब्ध स्पेस का करीब 20%
/usr डायरेक्ट्री	–	बची हुई जगह

/usr का साइज़ सबसे बड़ा होना चाहिए। क्योंकि इसी में सभी यूज़र फाइलें/डायरेक्ट्रीज़, इन्स्टॉल्ड ऐप्लीकेशन सॉफ्टवेयर, वेब पेजेस, लॉग फाइलें आदि स्टोर की जाती हैं।

लाइनक्स सिस्टम की बूटिंग (Booting a LINUX System)

सामान्य बूटिंग प्रक्रिया में आप के कम्प्यूटर का बेसिक सबसिस्टम चैक करना शामिल है जैसे रैम का अमाउंट और वैलिडिटी, सीपीयू की स्पीड एवं टाइम, फ्लॉपी की उपस्थिति, सीडी रॉम या हार्ड ड्राइव, की बोर्ड एवं अन्य उपकरण आदि। लाइनक्स बूट करने में फेल तब होगा जब इसे कोई हार्डवेयर की गड़बड़ी मिलेगी, हार्डवेयर गायब मिलेगा या हार्डवेयर का गलत तरीके से कन्फिगरेशन हुआ होगा।

इसके बाद BIOS, बूटेबल डिस्क को खोजेगा, उस क्रम में जो सैटिंग में दिया गया है (जैसे पहले फ्लॉपी में खोजो, फिर सीडी रॉम और उसके बाद हार्ड ड्राइव में)। इसके बाद, यह पहली हार्ड डिस्क के मास्टर बूट रिकॉर्ड (MBR) में से बूट कोड को खोजेगा। डिस्क का यह एरिया (MBR) बूट सैक्टर को रखता है जो बूट लोडर को लोड करता है (जैसे LILO, GRUB या Boot Magic)।

जब लाइनक्स कर्नेल लोड हो जाता है, कर्नेल निम्न कार्य करेगा:

(a) एक रैम डिस्क इमेज को इनीशियलाइज़ (initialize) करके लोड करना

(b) टाइमिंग टेस्ट करना

(c) किसी भी बूट टाइम कर्नेल आर्ग्यूमेंट्स का पद परिचय देना

(d) सीपीयू को पहचानना, सैट अप करना तथा इनीशियलाइज़ करना

(e) कर्नेल मेमोरी सैट अप करना और प्रोसेस की हैंडलिंग करना

(f) कर्नेल बूट मैसेज डिस्प्ले करने के लिए एक कन्सोल खोलना

(g) कन्फिगर की हुई सिस्टम डिवाइस को इनीशियलाइज़ करना

(h) मेमोरी हैंडलिंग शुरू करना (पेजिंग आदि)

(i) फाइल सिस्टम को सैट अप एवं माउंट करना

(j) init.कमांड को स्टार्ट करना

यह पूरी घटनाओं की सीक्वेंस तब होती है जब लाइनक्स कर्नेल लोड होता है और इसे /usr/src/Linux/init/main.c. फाइल में पाया जाता है।

☞ यदि सब ठीक हो जाता है तो आप देखेंगे एक "login" प्रॉम्प्ट। अब आप अपना यूज़र नेम और पासवर्ड इस्तेमाल करके लॉग इन कर सकते हैं।

2.3 विंडोज़ 7 ऑपरेटिंग सिस्टम (Windows 7 Operating System)

विंडोज़ 7, PC के लिए उपयोग होने वाले विंडोज़ डेस्कटॉप ऑपरेटिंग सिस्टम का आधुनिक संस्करण (Latest Version) है। यह माइक्रोसॉफ्ट कॉर्पोरेशन के किसी भी अन्य ऑपरेटिंग सिस्टम से अधिक उत्कृष्ट एवं विश्वसनीय है। यह उसी आधार पर बना है जिस पर विंडोज़ विस्टा (Windows Vista) बना था।

2.3.1 विंडोज 7 के अलग-अलग संस्करण (Different Versions of Windows 7)

USA का माइक्रोसॉफ्ट कॉर्पोरेशन विंडोज़ 7 के कई संस्करण प्रदान करता है जिसमें मिले जुले फीचर्स और क्षमताएँ होती हैं, जो अलग-अलग हार्डवेयर प्लैटफॉर्म्स, व्यक्तिगत पसंद एवं बिजनेस की जरूरतों के अनुसार बनी होती है।

विंडोज 7 के ये वर्जन्स इस प्रकार हैं:

- **विंडोज 7 होम प्रीमियम:** यह संस्करण अधिकतर नए PCs में इस्तेमाल होता है। इसमें मनोरंजन फीचर्स शामिल होते हैं जैसा कि इसके पहले विंडो विस्टा होम प्रीमियम में होता था।
- **विंडोज 7 प्रोफेशनल:** यह संस्करण होम प्रीमियम का सुपरसैट है और इसमें विंडोज मीडिया सेंटर सहित सभी फीचर्स शामिल होते हैं।
- **विंडोज 7 अल्टिमेट/एंटरप्राइज:** ये संस्करण एक जैसे हैं। इनमें से सर्वश्रेष्ठ रिटेल्स पर और ओरीजनल इक्विपमेंट मैन्युफैक्चरर (OEM), के पास उपलब्ध है। लेकिन एंटरप्राइज केवल बड़े आकार के ग्राहकों को ही वितरित की जाती है। इस संस्करण में होम प्रीमियम और प्रोफेशनल के सभी फीचर्स शामिल होने के साथ कुछ एडवांस नेटवर्किंग फीचर्स, Bitlocker एनक्रिप्शन और मल्टीमीडिया लैंग्वेज के लिए सपोर्ट होता है।

ये सभी संस्करण 32 बिट और 64 बिट विकल्पों में उपलब्ध होते हैं। आजकल विंडोज 7, 64 बिट को कामन रूप से नए कम्प्यूटर्स पर इन्स्टॉल किया जा सकता, खासतौर से उन सिस्टम्स पर जिनमें 4GB या अधिक RAM होती है।

☞ विंडोज 7 में एक अच्छा एंटी वायरस प्रोग्राम होता है। आप माइक्रोसॉफ्ट सिक्योरिटी एसेंशियल्स नामक फ्री एंटीवायरस प्रोग्राम डाउनलोड कर सकते हैं, जो विंडोज 7 के किसी भी संस्करण के साथ काम कर सकता है।

विंडोज 7 ऑपरेटिंग सिस्टम के फ़ीचर्स (Features of Windows 7 Operating System)

- **लाइब्रेरीज़:** लाइब्रेरीज की मदद से सरलता से डॉक्यूमेंट्स, म्यूजिक, पिक्चर्स आदि को अलग-अलग जगहों (फोल्डर्स) से लाकर उन्हें एक साथ दिखाया जा सकता है। नोट करें कि जब फाइल्स एक साथ डिस्पले की जाती है, ये वास्तव में अपने ओरीजनल फोल्डर्स में स्टोर होती है, अतः एक ही फाइल कई लाइब्रेरीज में हो सकती है।
- **विंडोज एरो (Windows Aero):** 3D ग्राफिकल यूजर इंटरफेस (GUI) जिसमें ट्रांसलसेंट ''ग्लास जैसी'' विंडो होती है जिससे टास्क बार पर जब भी पॉइंट किया जाए तो आप प्रोग्राम्स की सूक्ष्म इमेज (सबनेल) देख सकते हैं।
- **इन्स्टैंट सर्च (Instant Search):** यह अन्य विंडोज OS की अपेक्षा अधिक तेज और परिश्रमी है। प्रत्येक फोल्डर में सर्च को शामिल किया गया है जिससे इसमें स्टार्ट मेन्यू का प्रयोग किए बिना फाइल को कहीं से भी खोजना बहुत आसान हो जाता है।
- **विंडोज डिफेंडर एवं फायर वॉल:** एडवांस्ड एंटी-स्पाइवेयर और टू-वे ताकि OS, सर्विसेज, प्रोग्राम्स, इंटरनेट एक्सप्लोरर और कम्प्यूटर के अन्य भागों को स्पाईवेयर से सुरक्षित रखा जा सके।
- **इंटरनेट एक्सप्लोरर 7:** यह बेहतर वेब ब्राउजर है जो अधिक सुरक्षित है और टैब वाले इंटरफेस के साथ आता है।
- **विंडोज मीडिया प्लेयर 12:** यह एक नए इंटरफेस के साथ बहुत सा कार्य किया जाता है जो मीडिया लाइब्रेरी, फोटो डिस्प्ले और ऑर्गनाइज़ेशन, सर्च-ऐज-यू-टाइप की क्षमता और म्यूजिक शेयरिंग के लिए होता है।
- **विंडोज लाइव मेल:** यह आउटलुक एक्सप्रेस का रिप्लेसमेंट है। यह बेहतर स्थिरता, रीयल टाइम सर्च, जंक मेल फिल्टरिंग और एंटी-फिशिंग (Phishing) प्रदान करता है।
- **ऐक्सेस सेंटर की आसानी:** ऐक्सेस सेंटर की आसानी या ईज़ (Ease) ऑफ ऐक्सेस सेंटर ठीक वैसा ही है जैसा विंडोज के पहले के संस्करणों में ऐक्सेसिबिलिटी विकल्प होता था। अब यह कई बेहतर और नए फीचर्स के साथ आता है जो आप प्रयोग करके ऐक्सेसिबिलिटी फीचर्स के लिए सुझाव प्राप्त कर सकते हैं।
- **टास्कबार इम्प्रूवमेंट्स:** विंडोज 7 में टास्कबार के द्वारा टास्कबार पर स्थित आयकन्स को आसानी से रीअरेंज किया जा सकता है और जहाँ उन्हें रखा जाता है, वहीं उन्हें रोककर रखा जा सकता है। रीसेंट डॉक्यूमेंट, विजिट की गई वेब साइट्स, प्लेलिस्ट आदि को रिव्यू करना भी आसान है।
- **जंप लिस्ट:** जंप लिस्ट से, आप तुरंत उन फाइल्स को खोज सकते हैं जिन पर आपने हाल ही में काम किया था। इस फीचर से, आप आयकन पर राइट क्लिक करके इसे लिस्ट में से सिलेक्ट कर सकते हैं।
- **पेरेंटल कंट्रोल्स:** पेरेंटल कंट्रोल्स से पेरेंट्स के लिए यह चुनना आसान होता है कि कौन से गेम्स उनके बच्चों को खेलने चाहिए। पेरेंट्स कुछ विशेष गेम टाइटल्स को प्रतिबंधित कर सकते हैं, और अपने बच्चों को उन गेम्स को खेलने से रोक सकते हैं जो एक आयु स्तर से ऊपर के लिए हों, या विशेष प्रकार के कंटेंट्स से उन गेम्स को ब्लॉक कर सकते हैं, जिन्हें आप नहीं चाहते हैं कि आप के बच्चे देखें या सुनें।
- **Bit Locker ड्राइव एन्क्रिप्शन:** यह कम्प्यूटर की सिस्टम ड्राइव (C: ड्राइव) के कंटेंट्स को एन्क्रिप्ट करता है और साथ ही किसी भी अन्य इंटर्नल हार्डडिस्क या रिमूवेबल हार्ड ड्राइव या USB फ्लैश ड्राइव को भी, ताकि इसे अनरीडेबल (अपठनीय) बनाया जा सके। सुरक्षा को और भी आगे बढ़ाया जा सकता है, और इसके लिए एक USB की को डीक्रिप्शन की के साथ इन्सर्ट करने की जरूरत होती है।
- **यूजर अकाउंट कंट्रोल:** इसके लिए अनुमति की जरूरत होती है जब भी एडमिनिस्ट्रेटिव कार्यों को करने का अनुरोध यह सुनिश्चित करने के लिए होता है कि आपने एक वायरस या स्पाई-वेयर एप्लीकेश के बदले, उन्हें माँगा है। यह सही है यद्यपि आपने एक ऐसे यूजर नेम के साथ लॉग ऑन किया है जिसके पास एडमिनिस्ट्रेटिव अधिकार है। इसे जैसी जरूरत हो उसी तरह से सुरक्षित या बाधक बनाने के लिए कस्टमाइज किया जा सकता है।
- **होम ग्रुप:** होम ग्रुप से होम नेटवर्क को सैटअप करना और फाइल्स शेयर करना तथा वीडियो, फोटोज आदि को अपने नेटवर्क के अन्य लोगों के साथ शेयर करना आसान हो जाता है। एक विज़ार्ड का प्रयोग फीचर सैटअप करने के लिए होता है और एक पासवर्ड का प्रयोग अन्य कम्प्यूटर्स द्वारा किया जाता है जो आपके ग्रुप को जॉइन करने के इच्छुक

हैं। होम ग्रुप्स तभी ऐक्सेस किए जा सकते हैं जब नेटवर्क लोकेशन "Home" पर सैट की जाती है और यह उस डोमेन के साथ दखल नहीं देती है जिसके साथ कम्प्यूटर काम करता है।

- **अन्य फीचर्स:** विंडोज 7 में विंडोज XP मोड ऐसी क्षमता प्रदान करता है जिससे उन एप्लीकेशन्स को भी चलाया जा सकता है जिनमें विंडोज 7 के साथ कम्पैटिबिलिटी का मुद्दा होता है। इसे एक वर्चुअल मशीन (VM) जो XB SP3 को चलाती है के द्वारा किया जाता है। VM में इन्स्टॉल किए गए एप्लीकेशन विंडोज 7 स्टार्ट मेन्यू में दिखाई देते हैं और किसी भी अन्य एप्लीकेशन की तरह चलते हैं। यह एक फ्री डाउनलोड की तरह उपलब्ध होता है जिसे माइक्रोसॉफ्ट ES वेबसाइट से डाउनलोड किया जा सकता है। इसके लिए AMD - V या इंटेल - VT की जरूरत होती है जो BIOS में इनेबल्ड हों।

बैटरी की लाइफ लैपटॉप्स में अपडेटेड ड्राइवर्स की वजह से बढ़ाई जा सकती है, ताकि डिवाइसेज के लिए अधिक स्लीप फीचर्स मिल सके और ऐडैप्टिव डिस्प्ले ब्राइटनेस प्रदान की जा सके, जो ऑटोमैटिक रूप से डिस्प्ले को डिम कर देता है यदि कम्प्यूटर जल्द ही यूज नहीं किया जाता है।

टच स्क्रीन सपोर्ट विंडोज टच की मदद से उपलब्ध होते हैं यदि डिस्प्ले इसे सपोर्ट करता है, जिससे मेन्यू सिलेक्शन्स, स्क्रॉलिंग मीडिया प्लेइंग आदि की अनुमति मिल सके। ये सब बिना कीबोर्ड या माउस का प्रयोग किए हुए संभव है।

2.4 विंडोज 7 की ओपनिंग स्क्रीन के बेसिक एलीमेंट्स (Basic Elements of Opening Screen of WIndows)

विंडोज 7 की ओपनिंग स्क्रीन के अलग-अलग भाग चित्र 2.35 में दिखाए गए हैं। इनके बारे में नीचे बताया गया है।

2.4.1 डेस्कटॉप

जब आप विंडोज 7 में काम करते हैं, तब आप डेस्कटॉप पर आइटम्स मूव करते हैं, उन्हें रिट्रीव करते हैं, उन्हें हटाते हैं और कई अन्य काम रोज़ाना करते हैं। डीफॉल्ट से, डेस्कटॉप पर केवल एक ही आइटम होता है और वह है रीसायकल बिन। डेस्कटॉप आयकन्स के फंक्शन्स निम्न टेबल में बताए गए हैं।

सिस्टम आयकन	फंक्शन
कम्प्यूटर	यह आयकन आपको आपके कम्प्यूटर से कनेक्टेड रिसोर्सेज को ब्राउज करने में मदद करता है।
यूजर्स फाइल्स	यह आयकन उस पर्सनल यूजर का नाम दर्शाता है जो कम्प्यूटर में लॉग ऑन करता है। इसके फोल्डर कंटेंट्स प्रत्येक यूजर के लिए अलग होते हैं। इस फोल्डर में वो फाइल्स होती हैं जो यूजर की होती हैं।
रीसायकल बिन	यह आयकन एक विंडो खोलता है जिसमें प्रत्येक सर्वर के नाम या आपके अपने वर्कग्रुप के कम्प्यूटर्स डिस्प्ले होते हैं।
कंट्रोल पैनल	यह आयकन एक विंडो खोलता है जिसमें सिस्टम कन्फिगरेशन और मैनेजमेंट टूल्स होते हैं।

कम्प्यूटर आयकन (Computer Icon)

कम्प्यूटर आपके अपने सिस्टम में स्टोर किए गए रिसोर्सेज का गेटवे है। डेस्कटॉप पर स्थित कम्प्यूटर आयकन आपको आपके PC से जुड़े सभी रिसोर्सेज में ब्राउज करने की अनुमति देता है। जब आप कम्प्यूटर आयकन पर क्लिक करते हैं, तब चित्र 2.36 में दिखाए अनुसार एक विंडो दिखाई देती है। कम्प्यूटर की सूचना तीन भागों में विभाजित होती है:

(a) **हार्डडिस्क ड्राइव्स:** यह कम्प्यूटर की हार्डडिस्क ड्राइव्स को डिस्प्ले करता है।

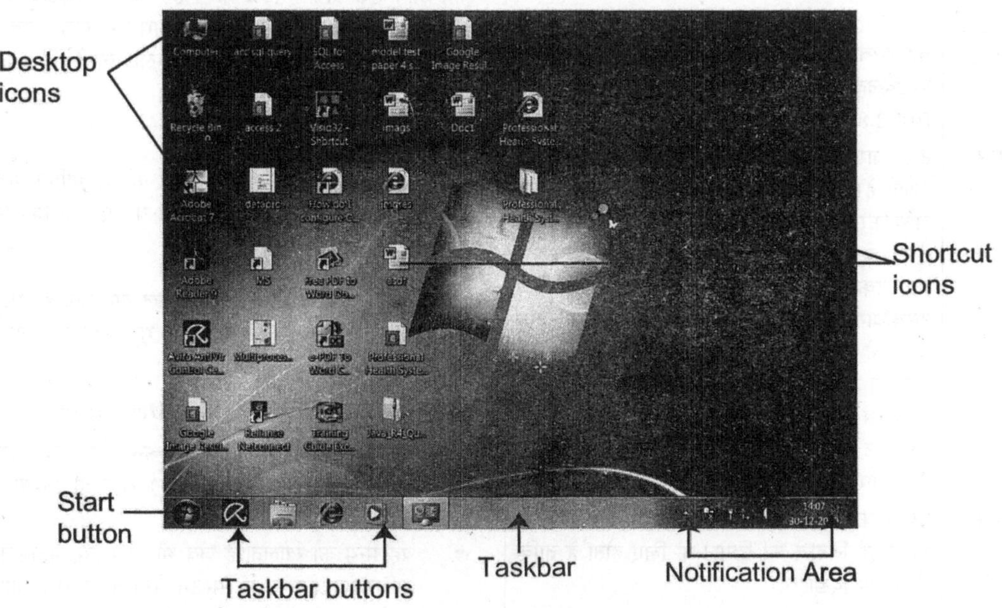

चित्र 2.6: विंडोज 7 स्क्रीन के विभिन्न भाग

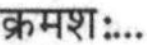

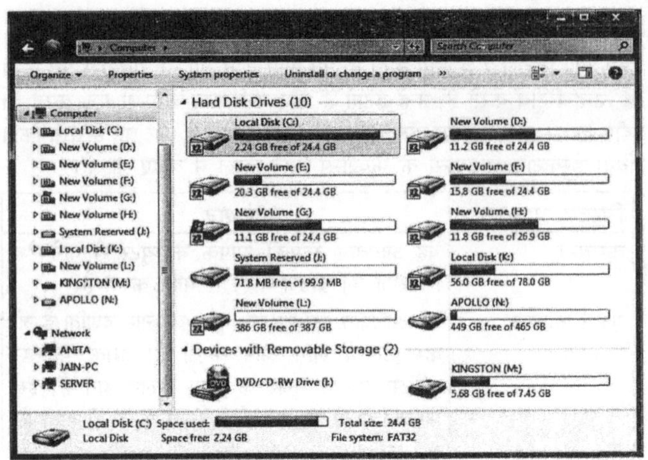

चित्र 2.7: कम्प्यूटर विंडो

(b) **ड्राइव्स जो रिमूवेबल स्टोरेज के साथ हों:** यह फ्लॉपी डिस्क, CD ROM, ZIP ड्राइव आदि डिस्प्ले करता है।

(c) **नेटवर्क लोकेशन:** कम्प्यूटर विंडो के बाएँ पेन में, यह किसी भी डिस्क ड्राइव या फोल्डर की लोकेशन डिस्पले करता है जो कम्प्यूटर से कनेक्टेड है।

बाकी फीचर्स जैसे शॉर्टकट आयकन्स और रीसायकल बिन विंडोज XP में बताए गए हैं।

टास्कबार (Task Bar)

टास्कबार स्क्रीन में नीचे स्थित एक हॉरीजाँटल बार है (देखें चित्र 2.6)

टास्कबार एलीमेंट्स	फंक्शन
स्टार्ट बटन	यह टास्कबार में बाएँ किनारे पर होता है। स्टार्ट बटन पर क्लिक करके स्टार्ट मेन्यू आ जाता है जिसे आप चित्र 2.8 में देख सकते हैं।
टास्कबार आयकन्स	टास्कबार आयकन्स, आयकन्स के एक सैट को दर्शाते हैं। ये आपको सिंगल क्लिक के साथ प्रोग्राम लाँच करने में मदद करते हैं। जब क्लिक किया जाता है, तो ये बटन्स या आयकन्स कुछ विशेष फंक्शन्स या टास्क को एक्टिवेट करते हैं। उदाहरण के लिए टास्कबार आयकन्स में इंटरनेट एक्सप्लोरर लाँच करने के आयकन्स शामिल होते हैं। आप अपने कुछ पसंदीदा प्रोग्राम्स को भी टास्कबार में ऐड कर सकते हैं। जिस प्रोग्राम को आप ऐड करना चाहते हैं उस पर राइट क्लिक करें और फिर पिन दिस प्रोग्राम टू टास्कबार पर क्लिक करें।
शो डेस्कटॉप बटन	शो डेस्कटॉप बटन का प्रयोग अस्थाई रूप से सभी खुली हुई विंडोज को छिपाने के लिए होता है ताकि डेस्कटॉप दिखाई दे।
टास्क बटन्स	टास्क बटन्स टास्कबार के बीच के भाग में दिखाई देते हैं। आपके द्वारा स्टार्ट किए गए प्रत्येक प्रोग्राम के लिए एक बटन्स दिखाई देता है। इसी तरह आपके द्वारा खोले गए प्रत्येक डॉक्यूमेंट के लिए भी एक बटन दिखता है। आप इन बटन्स पर क्लिक करके एक खुले हुए प्रोग्राम या फोल्डर से दूसरे में मूव कर सकते हैं। (देखें चित्र 2.6)

क्रमशः...

क्रमशः...

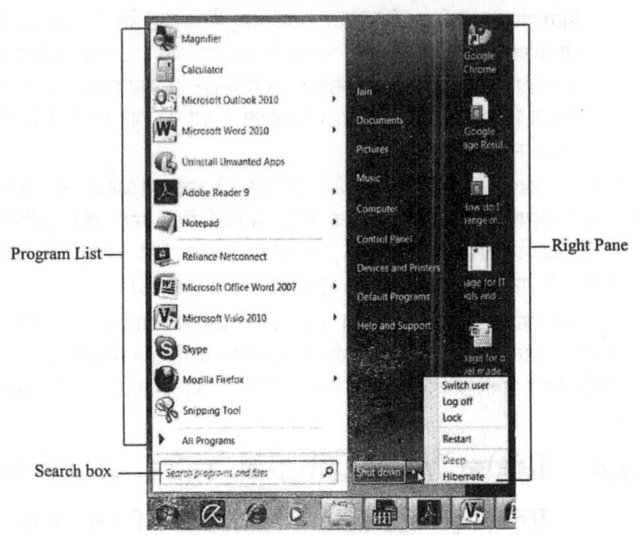

चित्र 2.8: स्टार्ट मेन्यू

2.4.2 एक विंडो के एलीमेंट्स (Elements of a Window)

जब आप एक प्रोग्राम स्टार्ट करते हैं, तब यह विंडोज 7 डेस्कटॉप पर अपनी ही विंडो में दिखाई देता है। आप प्रोग्राम पर कार्य करते समय इसी की विंडो में अलग-अलग एलीमेंट्स को मैनीपुलेट करते हैं। एक प्रोग्राम विंडो के ये एलीमेंट्स चित्र 2.9 में दिखाई गए हैं।

बॉर्डर्स (Borders)

चारों किनारे जो एक विंडो की परिधि को परिभाषित करते हैं, बॉर्डर कहलाते हैं। बॉर्डर्स से विंडो की साइज बदलने का एक तरीका भी मिलता है।

टाइटल बार (Tible Bar)

विंडो के टॉप बॉर्डर के ठीक नीचे टाइटल बार होता है। इसमें प्रोग्राम या डॉक्यूमेंट का नाम डिस्प्ले होता है। इसे विंडो को मूव करने के लिए भी प्रयोग किया जाता है।

सिस्टम मेन्यू आयकन (System Menu Icon)

सिस्टम मेन्यू आयकन एक छोटा आयकन होता है जो टाइटल बार के बाई ओर स्थित होता है। सिस्टम मेन्यू आयकन सक दो फंक्शन होते हैं (देखें चित्र 2.9), ये हैं:

- यह मेन्यू को खोलता है जब भी आप इस आयकन पर क्लिक करते हैं। अधिकांश प्रोग्राम्स में सिस्टम मेन्यू का कमांड आपको विंडो की साइज कंट्रोल करने में मदद करता है। लेकिन कुछ प्रोग्राम्स में उनके मेन्यूज पर स्पेशल आइटम्स भी होते हैं।

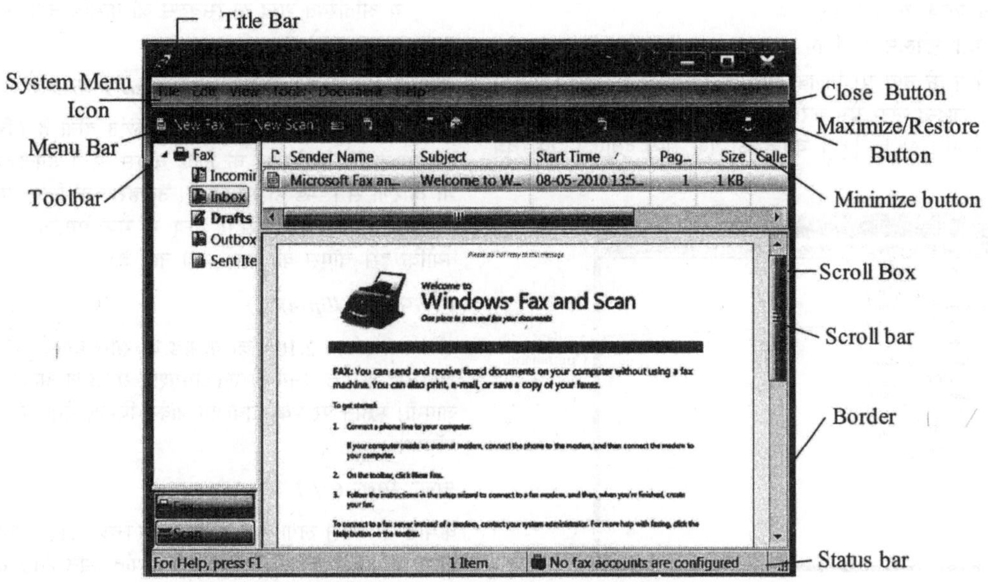

चित्र 2.9: एक प्रोग्राम विंडो के एलीमेंट्स

- एक प्रोग्राम या डॉक्यूमेंट का सिस्टम मेन्यू आयकन विंडो को क्लोज करता है जो प्रोग्राम को टर्मिनेट या डॉक्यूमेंट को क्लोज करता है जब भी आप इसे डबल क्लिक करते हैं।

क्लोज बटन (Close Button)

टाइटल बार के दाएँ किनारे पर एक वर्ग होता है जिसमें × चिन्ह होता है जिसे हम क्लोज बटन कहते हैं। इस क्लोज बटन पर क्लिक करके एक डॉक्यूमेंट या फोल्डर को क्लोज किया जा सकता है या एक प्रोग्राम को टर्मिनेट किया जा सकता है (देखें चित्र 2.9)।

मिनिमाइज़, मैक्सीमाइज़ और रिस्टोर बटन्स (Minimise, Maximise abd Restire Button)

टाइटल बार के दाएँ किनारे पर स्थित तीन छोटे बटन्स जैसा कि चित्र 2.9 में दिखाया गया है, जिनमें छोटी ग्राफ़िक्स होती हैं, मिनिमाइज बटन, मैक्सीमाइज या रिस्टोर बटन और क्लोज बटन्स है। ये कंट्रोल्स बटन्स हैं जिनसे आप विंडो की साइज को तुरंत बदल सकते हैं या इसे क्लोज कर सकते हैं।

- मिनिमाइज बटन पर क्लिक करने से विंडो की साइज एक बटन के आकार की हो जाती है जो टास्क बार पर दिखता है। एक बार मिनिमाइज़ करने के बाद विंडो डेस्कटॉप पर कोई जगह नहीं लेती है लेकिन इसका प्रोग्राम चलता रहता है।
- मैक्सीमाइज बटन पर क्लिक करने से विंडो को बड़ा किया जा सकता है ताकि यह पूरे डेस्कटॉप को कवर कर सके। जब विंडो मैक्सीमाइज की जाती है। तभी मिनिमाइज और रिस्टोर बटन दिखाई देते है।

स्क्रॉल बार्स, स्क्रॉल बॉक्सेज और स्क्रॉल बटन्स (Scroll Bars, Scroll Boxes and Scroll Buttons)

यदि एक विंडो इतनी लंबी नहीं होती है कि इसके कंटेंट्स पूरी तरह से दिखाई दें, तो आप वर्टिकल स्क्रॉल बार को स्क्रॉल करेंगे जो दाएँ किनारे के साथ दिखाई देता है। इसी तरह से यदि विंडो इतनी चौड़ी नहीं होती है, तो विंडो के निचले किनारे के साथ एक हॉरीजाँटल स्क्रॉल बार दिखाई देता है।

☞ स्क्रॉल बार्स माउस के द्वारा एक विंडो में नेवीगेट करने का आसान तरीका प्रदान करते हैं ये विंडो के कंटेंट्स के बारे में भी उपयोगी सूचना प्रदान करते हैं।

स्क्रॉल बार्स में छोटे आयताकार बॉक्सेज होते हैं जिन्हें स्क्रॉल बॉक्स कहा जाता है (देखें चित्र 2.9)। स्क्रॉल बार के भीतर इस बॉक्स की पोजीशन आपको बताती है कि आप विंडो में कहाँ पर हैं। यदि स्क्रॉल बॉक्स स्क्रॉलबार में सबसे ऊपर होता है, तो इसका अर्थ है कि आप डॉक्यूमेंट के टॉप पर है।

स्क्रॉल बटन्स वर्टिकल स्क्रॉल बार के ऊपरी और निचले किनारों के पास दिखाई देते हैं और हॉरीजाँटल स्क्रॉल बार के बाएँ और दाएँ किनारों के पास।

मेन्यू बार (Menu Bar)

टाइटल बार के ठीक नीचे शब्दों की लाइन से ही मेन्यू बार बनता है (देखें चित्र 2.9)। मेन्यू बार केवल एक एप्लीकेशन विंडो में ही दिखाई देता है, डॉक्यूमेंट विंडो में नहीं। मेन्यू बार का प्रत्येक शब्द एक मेन्यू को दर्शाता है जो आपके क्लिक करने पर खुलता है (देखें चित्र 2.10)। मेन्यूज के नाम प्रत्येक प्रोग्राम में अलग-अलग हो सकते हैं, लेकिन इनमें कुछ कॉमन हैडिंग्स होती है जैसे **फाइल, एडिट, विंडो** और **हेल्प**।

☞ विंडोज 7 में, मेन्यू बार डीफॉल्ट से ही छिपाा रहता है, जैसे कि कंट्रोल पैनल में होता है। मेन्यू बार को डिस्प्ले करने के लिए, आपको Alt की दबानी होगी। मेन्यू बार टूलबार के ऊपर दिखाई देता है। यदि आप चाहते हैं कि मेन्यू बार स्थाई रूप से दिखाई दे, तो आप उस विंडो के ऑर्गनाइज़ टैब में से लेआउट सिलेक्ट करें और फिर मेन्यूबार सिलेक्ट करें। मेन्यू बार दिखाई देगा।

मेन्यू कमांड्स को चुनना (Choosing Menu Commands)

एक मेन्यू कमांड को चुनने में दो स्टेप्स शामिल हैं:

- इसे खोलने के लिए इस पर क्लिक करें।

- मेन्यू से आवश्यक कमांड चुनें।

→ **एक मेन्यू को खोलने के लिए:**

1. माउस से मेन्यू के नाम पर क्लिक करें या कीबोर्ड से Alt + (मेन्यू नाम में अंडरलाइन्ड लेटर प्रेस करें। उदाहरण के लिए एडिट (Edit) मेन्यू खोलने के लिए Alt + E कीज़ को एक साथ दबाएँ (देखें चित्र 2.10)।

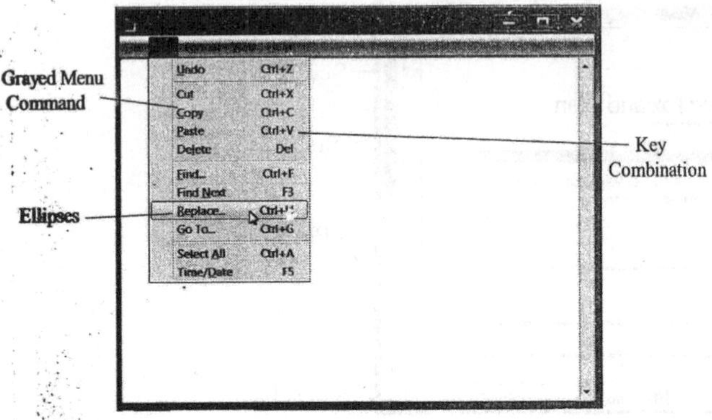

चित्र 2.10: एडिट मेन्यू

एक मेन्यू जब खुल जाता है, तब आप मेन्यू कमांड को निम्न में से किसी एक तरीके से चुन सकते हैं:

- कमांड नेम में अंडरलाइन्ड लेटर टाइप करके (जैसे चित्र 2.10) में पेस्ट के लिए **P** दबाकर) या
- कमांड के नाम पर क्लिक करके।
- ↓ या ↑ ऐरो कीज़ को दबाने से वांछित कमांड नेम हाइलाइट करके फिर Enter दबाएँ।

मेन्यू को बिना कोई कमांड सिलेक्ट किए हुए क्लोज करने के लिए, Esc की दबाएँ या मेन्यू के बाहर कहीं भी क्लिक करें।

मेन्यूज में स्पेशल इंडिकेटर्स (Special Indicators in Menus)

जब आप एक मेन्यू खोलते हैं, तो आप देखेंगे कि कई कमांड्स के साथ स्पेशल शब्द या सिंबल्स कमांड नाम के साथ ही होते हैं। (देखें चित्र 2.11)।

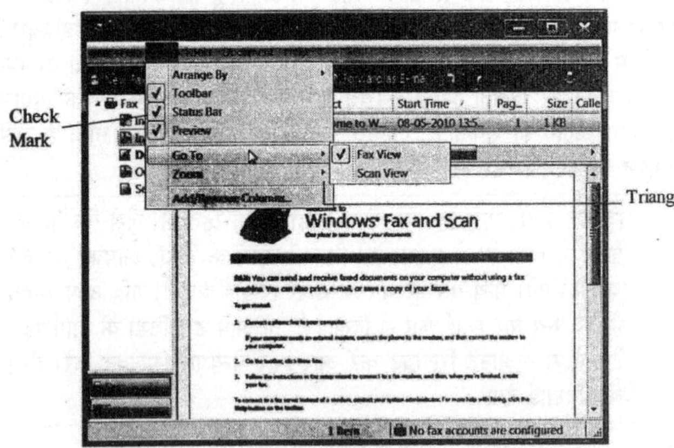

चित्र 2.11: मेन्यू में स्पेशल इंडिकेटर्स

ये अतिरिक्त शब्द या सिंबल्स जो कमांड नाम के पास होते हैं निम्न की तरफ इशारा करते हैं:

ग्रेड (Grayed) या डिम्ड (Dimmed) कमांड

जब कमांड ग्रेड या डिम्ड रूप में प्रदर्शित होता है (चित्र 2.10), तो इसका मतलब है कि सिलेक्शन के लिए चॉएस अभी उपलब्ध नहीं है। कमांड और भी कारणों से डिम्ड हो सकता है। उदाहरण के लिए, यदि एक विंडो पहले से मैक्सीमाइज़्ड है, तो सिस्टम मेन्यू में मैक्सीमाइज़ कमांड डिम्ड हो जाएगा क्योंकि इस चॉएस का कोई अर्थ नहीं है।

एलिप्सेज (Ellipse)(...)

एलिप्सेज (चित्र 2.10) जो कमांड के साथ होता है, का अर्थ है कि जब भी आप यह कमांड चुनेंगे तो एक्ज़ीक्यूशन से पहले आपसे अतिरिक्त सूचना माँगी जाएगी। स्क्रीन पर एक डायलॉग बॉक्स दिखाई देगा जो आपसे अतिरिक्त सूचना माँगेगा।

चैक मार्क (√)

कमांड के पहले लगा हुआ चैकमार्क (चित्र 2.11) यह दर्शाता है कि कमांड (एक टॉगल है जो एक्टिवेटेड है (अर्थात् ऑन है)) टॉगल वह कमांड होता है जिसे आप ऑफ या ऑन कर सकते हैं। जब भी आप इसे सिलेक्ट करते हैं तब प्रत्येक बार यह ऑफ या ऑन होता है। कमांड को सिलेक्ट करते है यह ऑफ से ऑन में या ऑन से ऑफ बदल जाता है। यदि कोई चैकमार्क नहीं तो कमांड या सैटिंग को ऑफ माना जाता है।

ट्राएंगल (Triangle)

मेन्यू कमांड के दाईं ओर यदि एक ट्राएंगल होता है (चित्र 2.11) तो इसका अर्थ होता है कि कमांड में चुनने के लिए अतिरिक्त चॉएसेज है। इसे कास्केडिंग मेन्यू भी कहा जाता है। आप कास्केडेड मेन्यू से उसी तरह से सिलेक्शन करते हैं जैसे आप एक नॉर्मल मेन्यू में से करते हैं।

की कॉंबिनेशन (Key Combination)

कुछ मेन्यू कमांड्स में की स्ट्रोक्स लिखे होते हैं जिनका प्रयोग मेन्यू को खोलने और उस कमांड को चुनने के लिए किया जा सकता है (चित्र 2.10) इन्हें शॉर्टकट कीज़ भी कहा जा सकता है।

शॉर्टकट मेन्यूज (Shortcut Menus)

राइट माउस बटन प्रेस करने से एक छोटा मेन्यू जो, हाल ही में सिलेक्ट की गई ऑब्जेक्ट से संबंधित होता है या जिसे माउस अभी पॉइंट कर रहा है उससे संबंधित हो दिखाई देता है। इस मेन्यू को पॉपअप मेन्यू भी कहा जाता है। उदाहरण के लिए, यदि आप टास्कबार पर राइट क्लिक करते हैं, तो आप उन कमांड्स का एक मेन्यू पाएँगे जो टास्कबार से ही संबंधित हों (देखें चित्र 2.12)।

डायलॉग बॉक्सेज (Dialog Boxes)

डायलॉग बॉक्स (चित्र 2.13) एक स्पेशल टाइप विंडो होती है जो आपसे एक प्रश्न पूछती है और आपको टास्क करने के लिए विकल्प चुनने का अवसर देती है या आपको सूचना प्रदान करती है। डायलॉग बॉक्स तभी दिखाई देगा जब आप एक ऐसा कमांड चुनेंगे जिसके बाद में एलिप्सेज (...) लगी होती है। डायलॉग बॉक्सेज तब दिखाई देते हैं जब विंडोज या इसके एप्लीकेशन प्रोग्राम में कमांड एक्ज़ीक्यूट करने के लिए ज्यादा सूचना जरूरी होती है। विभिन्न डायलॉग बॉक्स एलीमेंट्स इस प्रकार होते हैं:

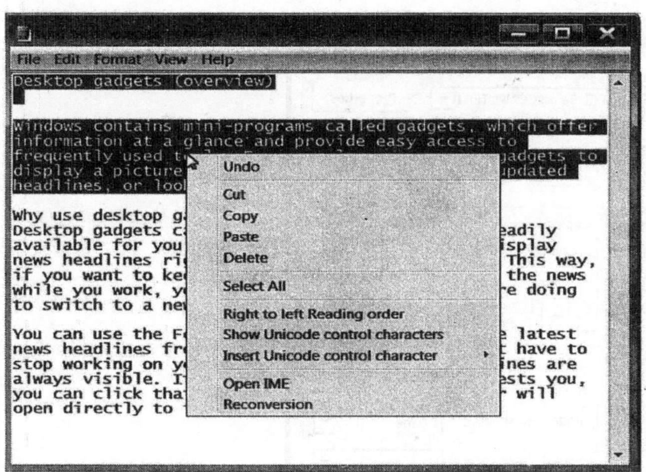

चित्र 2.12: शॉर्टकट या पॉपअप मेन्यू

डायलॉग बॉक्स टैब्स (Dialog Box Tabs)

कुछ डायलॉग बॉक्सेज (देखें चित्र 2.13) में मल्टीपल ऑप्शन पेजेस होते हैं। डायलॉग बॉक्स के ऊपर दिए गए आयकन पर क्लिक करके आप अपनी चॉएस का पेज चुन सकते हैं। कीबोर्ड से, आप Ctrl + Tab कीज दबाकर इन ऑप्शन पेजेस पर आना जाना कर सकते है।

डायलॉग बॉक्स एलीमेंट्स के बीच मूव करना (Moving between Dialog Boxe Elements)

डायलॉग बॉक्सेज में अक्सर बहुत से सैक्शन्स होते हैं जैसा कि चित्र 2.13 में दिखाया गया है। आप दो तरीकों से इन सैक्शन्स में मूव कर सकते हैं:

- उस सैक्शन पर क्लिक करें जिसे आप बदलना चाहते हैं।
- कीबोर्ड से, आप Tab की दबाकर इन सैक्शन्स के बीच मूव कर सकते हैं और Spacebar दबाकर उन्हें डिलीट कर सकते हैं।

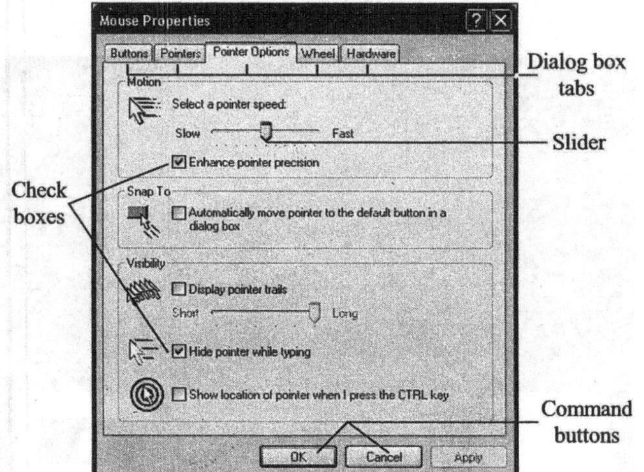

चित्र 2.13: डायलॉग बॉक्स टैब्स

डायलॉग बॉक्स में सूचना एंटर करना (Intering Information in a Dialog Boxe)

डायलॉग बॉक्स में आठ अलग-अलग तरह के सैक्शन्स होते हैं, जहाँ आपको सूचना एंटर करनी होती है (देखें चित्र 2.13 और 2.14)

- टेक्स्ट बॉक्सेज
- ऑप्शन बटन्स
- लिस्ट बॉक्सेज
- कमांड बटन्स
- चैक बॉक्सेज
- स्लाइडर्स
- स्पिनर्स

टेक्स्ट बॉक्सेज: टेक्स्ट बॉक्स को एडिट बॉक्स भी कहा जाता है और यहीं पर आप सूचना टाइप करते हैं (देखें चित्र 2.14)। टेक्स्ट बॉक्स में सूचना एंटर करने के लिए, टेक्स्ट बॉक्स को क्लिक करें। इंसर्शन पॉइंट टेक्स्ट बॉक्स में दिखाई देगा। इंसर्शन पॉइंट यह दर्शाता है कि यही वह जगह है जहाँ आपके द्वारा टाइप किए गए कैरेक्टर दिखाई देंगे।

- यदि टेक्स्ट बॉक्स खाली है, तो इंसर्शन पॉइंट बॉक्स के बाईं ओर दिखता है।
- यदि बॉक्स में पहले से ही टेक्स्ट है, तो इन्सर्शन पॉइंट उस जगह पर दिखाई देगा जहाँ आप माउस से क्लिक करेंगे।

चैक बॉक्सेज: चैक बॉक्सेज छोटे वर्गाकार बॉक्सेज हैं (देखें चित्र 2.12) प्रत्येक चैकबॉक्स डायलॉग बॉक्स के अन्य सभी चैक बाक्सेज से स्वतंत्र होता है। एक चैक बॉक्स आइटम सिलेक्ट करने के लिए बॉक्स पर क्लिक करें या बॉक्स के पास लिखे टेक्स्ट में कहीं भी क्लिक करें और इसी तरह से डीसिलेक्ट करने के लिए इसी प्रक्रिया को दोहराएँ। जब एक चैक बॉक्स को सिलेक्ट किया जाता है तो इसमें बॉक्स के भीतर (×) या (√) डिस्प्ले होते हैं। कुछ चैक बॉक्सेज में तीन स्थितियाँ होती हैं:- चैक्ड, अनचैक्ड और पार्टली चैक्ड। काले की जगह ग्रे चैक मार्क का अर्थ होता है कि कंडीशन इस पर लागू होती है और कुछ सिलेक्शन्स ऐप्लाई नहीं होते हैं।

ऑप्शन बटन्स: आप्शन बटन्स को रेडियो बटन्स भी कहा जाता है और ये mutually exclusive विकल्पों के सैट प्रस्तुत करते हैं (देखें चित्र 2.14)। ऑप्शन बटन्स हमेशा दो या अधिक के ग्रुप्स में उपस्थित होते हैं और इनका आकार गोल या डायमंड की तरह का होता है। आप ग्रुप में से किसी भी एक विकल्प को चुन सकते हैं, लेकिन एक से ज्यादा नहीं। विकल्प चुनने के लिए बटन पर या बटन के पास के टेक्स्ट में कहीं पर भी क्लिक करें।

कमांड बटन: कमांड बटन्स ऑप्शन बटन्स की तरह ही होते हैं और इनका प्रयोग तुरंत किसी कमांड को एक्जीक्यूट करने के लिए होता है। ये आयताकार होते हैं, वर्गाकार या वृत्ताकार नहीं। कमांड बटन का एक उदाहरण है OK बटन जो प्राय: सभी डायलॉग बॉक्स में पाया जाता है (देखें चित्र 2.13)।

ड्रॉपडाउन लिस्ट बॉक्सेज: ड्रॉपडाउन लिस्ट बॉक्स ऑप्शन या आइटम्स की एक लिस्ट प्रस्तुत करता है जिसमें से आप चुन सकते हैं। लिस्ट बॉक्स में से सिलेक्शन करने के लिए, माउस से इस पर क्लिक करें या कीबोर्ड से मनचाहे ऑप्शन को हाईलाइट करें और फिर Enter दबाकर इसे चुनें (देखें चित्र 2.14)।

स्लाइडर्स: स्लाइडर, स्लाइडिंग कंट्रोल की तरह काम करता है। इसे एक ही दिशा में मूव कराने से, कुछ वैल्यू बढ़ती है, जबकि दूसरी दिशा में मूव कराने से वही वैल्यूज घटती हैं। (देखें चित्र 2.13)

स्पिनर्स: स्पिनर ऐरोज़ का एक जोड़ा होता है जो एक टेक्स्ट बॉक्स में वैल्यू को बढ़ाने या घटाने के लिए प्रयोग होता है (देखें चित्र 2.14)। टेक्स्ट बॉक्स

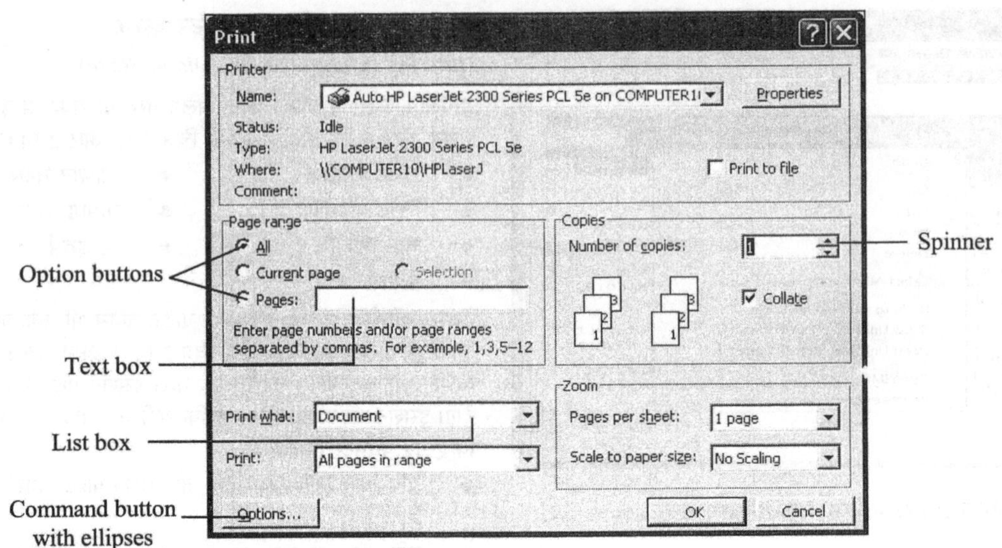

चित्र 2.14: डायलॉग बॉक्स एलीमेंट्स

में वैल्यू बढ़ाने के लिए अप ऐरों पर क्लिक करें और घटाने के लिए डाउन ऐरो पर।

2.4.3 दो विंडोज के बीच स्विच करना (Switching Between Two Windows)

आपके पास दो अलग-अलग एप्लीकेशन विंडोज हो सकती है जो एक साथ खुली हों। ऐसी स्थिति में जो विंडो ऊपर होती है वही एक्टिव विंडो कहलाती है अर्थात् वह विंडो जिस पर आप काम कर रहे हैं और इसे फोरग्राउंड विंडो भी कहा जा सकता है। एक्टिव विंडो का टाइटल्स बार आमतौर पर एक ही रंग में प्रदर्शित होता है जबकि अन्य सभी इनैक्टिव विंडोज के टाइटल बार्स अन्य रंगों में प्रदर्शित होते हैं। इसके साथ साथ, एक्टिव विंडो का टास्कबार बटन, टास्कबार में दबा हुआ दिखाई देता है।

➔ **एक्टिव विंडो को बदलने के लिए, निम्न में से किसी एक तरीके का प्रयोग करें:**

1. जिस विंडो पर आप स्विच करना चाहते हैं उसके टास्कबार बटन पर क्लिक करें। या
2. Alt की को प्रेस करके होल्ड करें। अब Tab की दबाकर टास्कबार स्विचर विंडो को सामने लाएँ (देखें चित्र 2.15)।
3. टास्क स्विचर विंडो में एक आयकन प्रदर्शित होता है जो प्रत्येक रनिंग प्रोग्राम को दर्शाता है और एक्टिव विंडो के आयकन के चारों ओर एक बॉक्स ड्रॉ होता है। Alt की को दबाए रखकर Tab की को तब तक दबाएँ जब तक विंडो एक्टिव न हो जाए।
4. विंडोज 7 प्रोग्राम विंडो को फोरग्राउंड में लाता है।

➔ **खुली हुई विंडो के थंबनेल प्रिव्यू (Thumbnail Preview) को देखने के लिए:**

1. जिस विंडो का आप प्रिव्यू देखने चाहते हैं उसके टास्क बार बटन पर माउस पॉइंटर को लाएँ।
2. विंडो की एक छोटी पिक्चर जिसे थंबनेल कहा जाता है, दिखाई देगी, जैसा चित्र 2.16 में दिखाया गया है।

➔ **खुली हुई विंडो के फ्लिप Aerp 3D व्यू देखने के लिए:**

1. Windows Logo की + Tab की को एक साथ प्रेस करें जिससे Aero फ्लिप 3D खुले (देखें चित्र 2.17)।
2. Windows Logo की को दबाए रखकर Tab की को बार बार दबाएँ या माउस व्हील को रोटेट करें ताकि खुली हुई विंडो के चारों घुमा जा सके।

चित्र 2.15: टास्क बार स्विचर विंडो

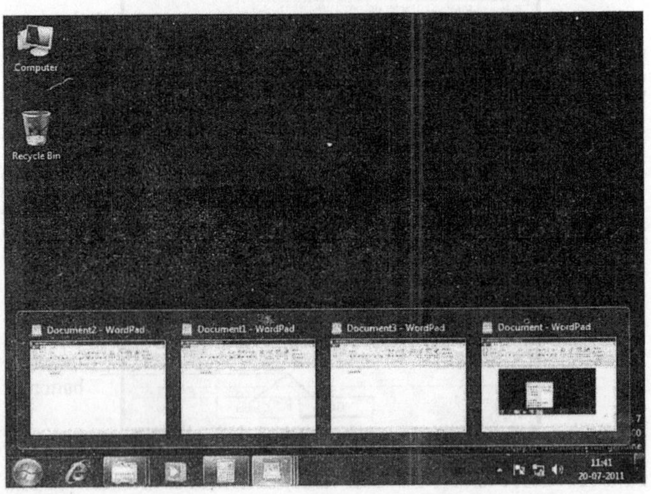

चित्र 2.16: विंडो का थंबनेल प्रिव्यू

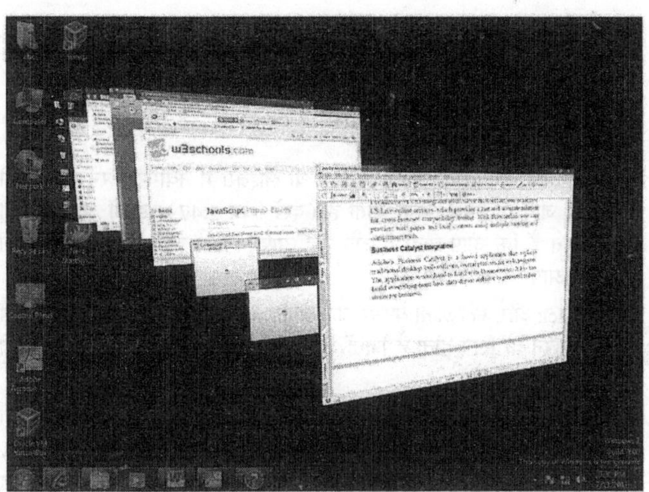

चित्र 2.17: खुली हुई विंडो का Aero 3D फ्लिप व्यू

☞ Aero फ्लिप 3D और थंबनेल प्रिव्यू कम्प्यूटर में तब तक काम नहीं करेगा जब तक आपका कम्प्यूटर विंडोज Aero रन कर रहा है।

2.5 विंडोज 7 में फाइल मैनेजमेंट (File Management in Windows 7)

विंडोज ऑपरेटिंग सिस्टम में फाइल्स और फोल्डर्स दो मौलिक अवधारणाएँ है। जैसे ही आप अपने कार्य को PC में सेव करते हैं, आप तुरंत ही फाइल्स और फोल्डर्स बनाते हैं और उन्हें व्यवस्थित करते हैं।

2.5.1 विंडोज़ एक्सप्लोरर (Windows Explorer)

विडोज़ एक्सप्लोरर एक फाइल मैनेजर ऐप्लीकेशन है और एक नेवीगेशन टूल भी है जो विंडोज़ 95 के बाद के सभी माइक्रोसॉफ्ट विंडोज़ ऑपरेटिंग सिस्टम में शामिल किया गया है। यह फाइल सिस्टम्स को ऐक्सेस करने के लिए एक ग्राफ़िकल यूजर इंटरफेस प्रदान करता है।

जब आप विंडोज़ 7 में टास्कबार से विंडोज़ एक्सप्लोरर खोलते हैं, तब यह लाइब्रेरीज़ व्यू का डीफॉल्ट होता है। विंडोज़ एक्सप्लोरर को खोलने का एक तरीका है **Windows की + E** को प्रेस करना। विंडोज़ 7 के विंडोज एक्सप्लोरर में कई नए फीचर्स होते हैं जैसे लाइब्रेरीज़, फाइल लिस्ट, सर्च बॉक्स, ऐड्रेस बार और बटन्स, जिनसे प्रिव्यू पेन को टॉगल किया जा सके।

पहले, विंडोज़ एक्सप्लोरर एक सिंपल फाइल ब्राउजर था जिसमें एक फुल पाथनेम डिस्क ड्राइव के नाम से शुरू होता था जिसके बाद एक कोलन (:) और एक बैकस्लैश (\) लगता था। यदि फाइल डिस्क ड्राइव के टॉप फोल्डर (जिसे रूट डायरेक्ट्री कहा जाता है) में रहती है, तो आपको फाइल का नाम टाइप करना होता है। लेकिन, यदि फाइल दूसरे फोल्डर में रहती है, तो आपको बैक स्लैश के बाद फोल्डर की सूची रखनी होगी। यदि फाइल कई नेस्टेड फोल्डर में होती है तो आपको प्रत्येक फोल्डर को क्रम से लिखना होगा, सबसे बाहरी से लेकर सबसे भीतरी तक, प्रत्येक फोल्डर के नाम को बैक स्लैश से अलग करना होगा:

उदाहरण के लिए

c:\autoexec.bat

d:\Sherry\Wordproc\Home\Insure\Fire and Casualty.exe

पहला फाइल नेम autoexec.bat रूट डायरेक्ट्री में होता है। दूसरा फाइल नेम Fire and Casualty नेस्टेड डायरेक्ट्रीज की सीरीज में होता है।

लेकिन समय के साथ-साथ विंडोज़ एक्सप्लोरर में काफी परिवर्तन हुआ है। आज, विंडोज़ एक्सप्लोरर एक फुल फीचर्ड शैल है जो आपको ऑपरेटिंग सिस्टम के प्रत्येक पहलू को मैनेज करने में आपकी मदद करता है। यह अभी भी एक फाइल मैनेजर की तरह ही कार्य करता है, लेकिन विंडोज़ 7 में ड्राइव लैटर्स और फोल्डर ट्रीज हाईलाइट होते हैं जो कि **लाइब्रेरीज़** नामक एक नए फाइल - ऑर्गनाइज़िग फ़ीचर पर ट्रेस-आउट के बदले किया जाता है।

लाइब्रेरी एक वर्चुअल फोल्डर है जिसमें आपके सिस्टम या एक नेटवर्क पर स्थित वास्तविक फोल्डर्स के लिए लिंक शामिल होती है। जब आप विंडोज़ एक्सप्लोरर में एक लाइब्रेरी को देखते हैं, तो कंटेंट्स पेन उस लाइब्रेरी के भाग के रूप में लोकेशन्स में स्थित प्रत्येक फाइल एवं फोल्डर को डिस्प्ले करता है। आप इसी तरह से अपनी फाइल्स को ब्राउज़ कर सकते हैं जैसे आप एक फोल्डर में करते या आप अपनी फाइल्स जो प्रॉपर्टीज़ (जैसे डेट, टाइप, ऑथर) द्वारा व्यवस्थित हैं, को देख सकते हैं। डीफॉल्ट से विंडोज़ 7 में चार लाइब्रेरीज़ डिस्प्ले होती हैं। (चित्र 2.18)।

ये हैं:

(a) **डॉक्यूमेंट्स (Documents):** यह लाइब्रेरी वर्ड प्रोसेसिंग डॉक्यूमेंट्स, स्प्रेडशीट, प्रेजेन्टेशन्स और अन्य टेक्स्ट-संबंधित फाइल्स को व्यवस्थित करने के लिए प्रयोग की जाती है।

(b) **पिक्चर्स (Pictures):** यह लाइब्रेरी कैमरे, स्कैनर या ई-मेल की डिजिटल पिक्चर्स को व्यवस्थित करने के लिए प्रयोग की जाती है।

(c) **म्यूज़िक (Music):** यह लाइब्रेरी डिज़िट म्यूजिक को व्यवस्थित करने के लिए प्रयोग होती है चाहे यह म्यूजिक एक ऑडियो सीडी से खोला गया हो या इंटरनेट से डाउनलोडेड हो।

(d) **वीडियोज (Videos):** यह लाइब्रेरी वीडियोज, जो डिजिटल कैमरा, कैमकॉडर या वीडियो फाइल्स जो इंटरनेट से डाउनलोडेड है, से ली गई क्लिप्स, को व्यवस्थित करने के लिए प्रयोग होती है।

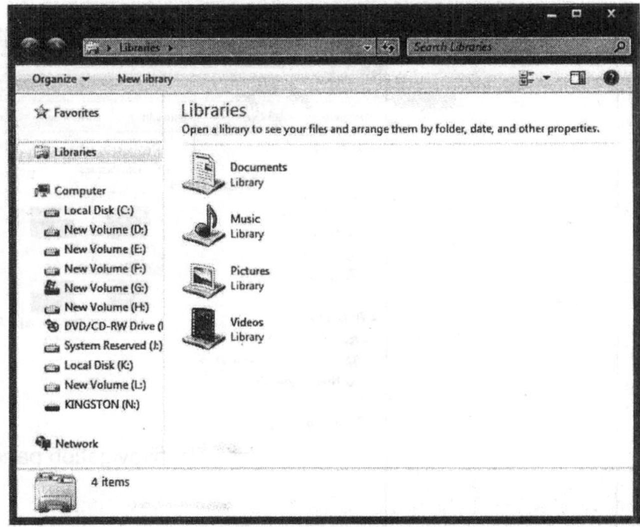

चित्र 2.18: विंडोज़ 7 में लाइब्रेरीज़ फोल्डर

विंडोज़ एक्सप्लोरर में किए गए अन्य प्रमुख परिवर्तन हैं इसका इंडेक्स्ड सर्चेज

के लिए इसका आउटस्टैंडिंग सपोर्ट जो जादुई रूप से कार्य कर सकता है जब आप हार्ड ड्राइव पर किसी विशेष डॉक्यूमेंट को खोज रहे होते हैं।

➔ **विंडोज़ एक्सप्लोरर को स्टार्ट करने के लिए:**

1. स्टार्ट बटन पर क्लिक करें, ऑल प्रोग्राम्स को हाई लाइट करें और फिर एक्सेसरीज़ को हाईलाइट करें।
2. अब विंडोज़ एक्सप्लोरर पर क्लिक करें, या टास्क बार में विंडोज़ एक्सप्लोरर बटन पर क्लिक करें।
3. विंडोज़ एक्सप्लोरर विंडो चित्र 2.18 की तरह से दिखाई देगी।

इस विंडो को विभिन्न एलीमेंट्स आपको विंडोज़ में नेवीगेट करने में मदद करते हैं या फाइल्स, फोल्डर्स और लाइब्रेरीज़ के साथ आसानी से कार्य करने में आपको सपोर्ट करते हैं। (देखें चित्र 2.18)। इन एलीमेंट्स के बारे में नीचे बताया जा रहा है।

2.5.2 फोल्डर या लाइब्रेरी विंडो के एलीमेंट्स (Elements of Folder or Library Window)

जब भी आप एक फोल्डर या लाइब्रेरी को खोलते हैं, आप इसे एक विंडो में देखते हैं। इस विंडो के विभिन्न एलीमेंट्स इस तरह से डिजाइन किए गए हैं ताकि आपको फाइल्स, फोल्डर्स और लाइब्रेरीज के साथ काम करने या विंडोज में चारों ओर आसानी से घूमने में मदद मिल सके। फोल्डर या लाइब्रेरी विंडो के एलीमेंट्स चित्र 2.19 में दिखाए गए हैं और नीचे इनका वर्णन किया गया है।

नेवीगेटिंग पेन (Navigation Pane)

नेवीगेटिंग पेन विंडो के बाईं ओर दिखाई देता है। इसमें चार से पाँच नोड्स दिखाई देते हैं जैसे **Favourites, Libraries, Computer, Network** और **HomeGroup** (केवल तभी दिखाई देगा जब नेटवर्क लोकेशन Home पर सैट होगी)। आप नेवीगेशन पेन को छिपा सकते हैं, इसकी चौड़ाई एडजस्ट कर सकते हैं, या इसके कंटेंट्स बदल सकते हैं, ताकि केवल Favourite नोड और एक हैरार्किकल फोल्डर लिस्ट ही शामिल की जा सके। आप नेवीगेशन पेन का प्रयोग लाइब्रेरीज, फोल्डर्स, सेव्ड सर्चेज और पूरी हार्ड डिस्क में ऐक्सेस करने के लिए भी कर सकते हैं।

ऐड्रेस बार (Address Bar)

ऐड्रेस बार का प्रयोग एक अलग फोल्डर या लाइब्रेरी में नेवीगेट करने या पिछली में वापस जाने के लिए किया जाता है (देखें चित्र 2.47)। इसमें आप यह भी देख सकते हैं कि आप कहाँ हैं और यह आपको वहाँ जाने में भी मदद करता है जहाँ आप जाना चाहते हैं।

Back और Forward बटन्स का प्रयोग अन्य फोल्डर्स या लाइब्रेरीज में नेवीगेट करने के लिए होता है जिन्हें आप करेंट विंडो को बंद किए बिना पहले से ही खोल चुके हैं।

History drop-down लिस्ट आपको उन ऐड्रेसेज में दोबारा एंटर करने की अनुमति देता है जिन्हें आपने पिछले सैक्शन्स में एंटर किया था। New breaderumb trail फीचर का प्रयोग आपको ऐड्रेस बार में नेवीगेट करने में मदद करता है। इस फीचर का प्रयोग करने के लिए, किसी भी फोल्डर नेम पर क्लिक करके सीधे उस लोकेशन में जाएँ या फोल्डर नेम पर क्लिक करके सीधे उस लोकेशन में जाएँ या फोल्डर के पास बने डाउन ऐरो पर क्लिक करें जिससे उसी स्तर पर अन्य सबफोल्डर्स भी डिस्प्ले हो सके (देखें चित्र 2.20)।

टूलबार (Tool Bar)

टूलबार का प्रयोग कॉमन टास्क, जैसे आपके फाइल्स और फोल्डर्स की दिखावट को बदलने, फाइल्स को CD में बर्न करने, या एक डिजिटल पिक्चर स्लाइड शो चलाने के लिए किया जाता है। टूलबार पर कुछ एलीमेंट्स हमेशा उपलब्ध रहते हैं, जिनमें ऑर्गनाइज़ मेन्यू बाईं ओर और तीन बटन्स, दूर दाईं ओर होते हैं, जो व्यूज बदलते हैं, प्रिव्यू पेन को दिखाते या छिपाते हैं, और एक हेल्प विंडो खोलते हैं (चित्र 2.19)। लेकिन टूलबार के अन्य बटन्स करेंट सिलेक्शन के आधार पर बदलते रहते हैं।

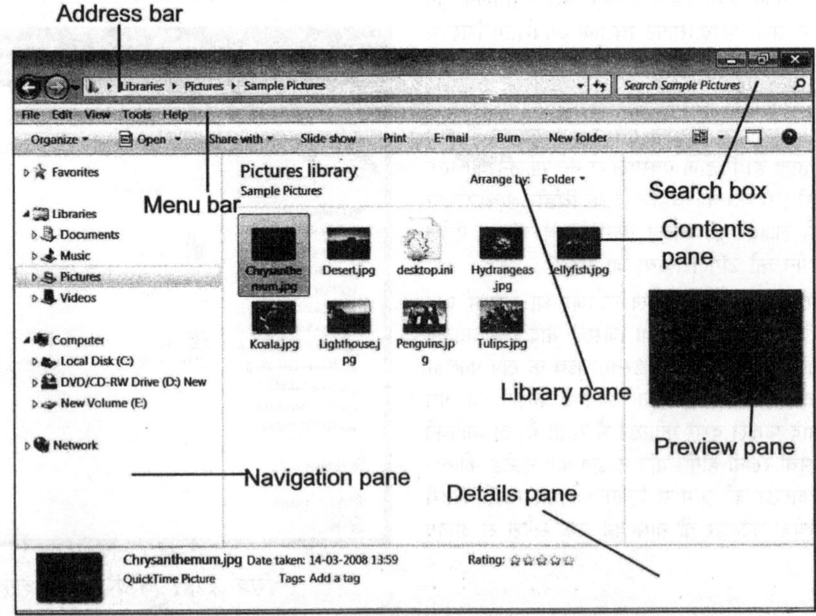

चित्र 2.19: विंडेज़ 7 में फोल्डर या लाइब्रेरी विंडो के एलीमेंट्स

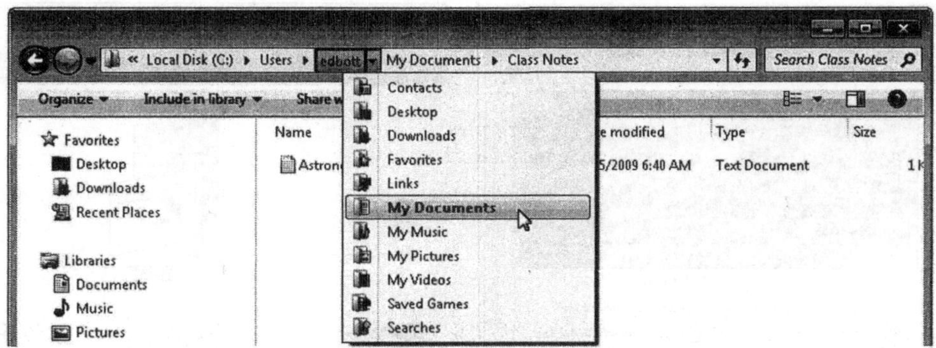

चित्र 2.20: ऐड्रेस बार में नेवीगेट करने के लिए Breadcrumb trail फीचर

लाइब्रेरी पेन (Library Pane)

लाइब्रेरी पेन तभी दिखाई देता है जब आप लाइब्रेरी में होते हैं जैसे पिक्चर्स लाइब्रेरी (चित्र 2.19)। इसका प्रयोग लाइब्रेरी को कस्टमाइज़ करने या अलग अलग प्रॉपर्टीज के द्वारा लाइब्रेरी फाइल्स अरेंज करने के लिए होता है।

सर्च बॉक्स (Search Box)

सर्च बॉक्स में एक शब्द या वाक्यांश (Phrase) टाइप करें ताकि करेंट फोल्डर या लाइब्रेरी में किसी आइटम को खोजा जा सके (देखें चित्र 2.19)। सर्च का दायरा करेंट लोकेशन तक ही सीमित होता है और यह कंटेंट्स पेन में तुरंत सर्च का रिजल्ट डिस्प्ले करता है। सर्च बॉक्स की चौड़ाई को इसके बाएँ किनारे को दाएँ या बाएँ किसी भी दिशा में खींच कर एडजस्ट किया जा सकता है।

डिटेल्स पेन (Details Pane)

डिटेल्स पेन सिलेक्ट की गई फाइल से जुड़ी हुई प्रॉपर्टीज को दिखाता है (देखें चित्र 2.19)। फाइल प्रॉपर्टीज़ फाइल के बारे में सूचना होती है, जैसे ऑथर, फाइल की अंतिम बार बदलने की तारीख और अन्य कोई विवरणात्मक टैग्स जो आपने शायद फाइल में जोड़े हों। आप टॉप बॉर्डर को ऊपर या नीचे खींच कर डिटेल्स पेन की हाईट एडजस्ट कर सकते हैं।

प्रिव्यू पेन (Preview Pane)

प्रिव्यू पेन का प्रयोग अधिकतर फाइल्स के कंटेंट्स देखने के लिए किया जाता है। यदि आप एक ई-मेल मैसेज, टेक्स्ट फाइल या पिक्चर सिलेक्ट करते हैं, तो आप इसके कंटेंट्स, बिना इसे एक प्रोग्राम में खोले ही देख सकते हैं (देखे चित्र 2.19) यदि आप प्रिव्यू पेन नहीं देखते हैं, तो आप इसे ऑन करने के लिए टूलबार में स्थित प्रिव्यू पेन बटन पर क्लिक करें।

मेन्यू बार (Menu Bar)

डीफॉल्ट से, मेन्यू बार छिपा रहता है। यदि यह दिखाई देता है, तो यह टूलबार के ऊपर स्थित रहता है जैसा कि चित्र 2.19 में दिखाया गया है। यदि मेन्यू बार डिस्प्ले नहीं हुआ है, तो आप इसे अस्थाई रूप से दिखा सकते हैं।

➔ **मेन्यू बार को डिस्प्ले करने के लिए:**

1. ऑर्गनाइज़ मेन्यू पर क्लिक करें, लेआउट चुनें और फिर मेन्यू बार चुनें, Alt + F10 कीज़ को एक साथ दबाएँ।

विंडोज 7 में फाइल्स और फोल्डर्स चुनने के लिए

(Selecting Files and Folders in Windiws 7)

➔ **एक फाइल चुनने के लिए:**

1. उस फोल्डर या विंडोज एक्सप्लोरर विंडो को खोलें जिसमें फाइल हैं।
2. फाइल पर क्लिक करें।

➔ **मल्टीपल फाइल्स चुनने के लिए:**

1. उस फोल्डर या विंडोज एक्सप्लोरर विंडो को खोलें जिसमें फाइल्स हैं।
2. पहले प्रथम फाइल पर क्लिक करें।
3. अब Ctrl की को दबाए रखकर अन्य जो भी फाइल्स आपको चुननी हैं उन्हें क्लिक करें (देखें चित्र 2.21)।

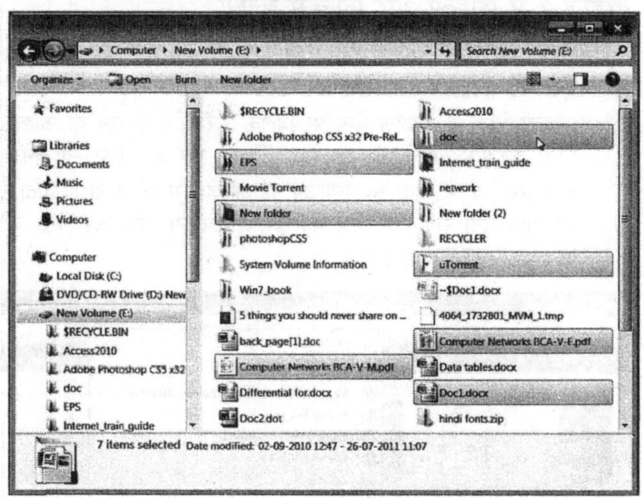

चित्र 2.21: मल्टीपल फाइल्स चुनना

➔ **फाइल्स के एक ग्रुप को चुनने के लिए:**

1. उस फोल्डर या **विंडोज एक्सप्लोरर विंडो** को खोलें जिसमें फाइल है।
2. पहली फाइल जिसे आप चुनना चाहते हैं उसके बाई तरफ माउस को मूव करके पोजीशन करें।
3. अब माउस को दाई तरफ क्लिक और ड्रैग करें जब तक सभी फाइल्स सिलेक्ट न हो जाएँ (देखें चित्र 2.22)।

➔ **एक फोल्डर के सभी आइटम्स को चुनने के लिए:**

1. उस फोल्डर या विंडोज एक्सप्लोरर विंडो को खोलें जिसमें फाइल हैं।

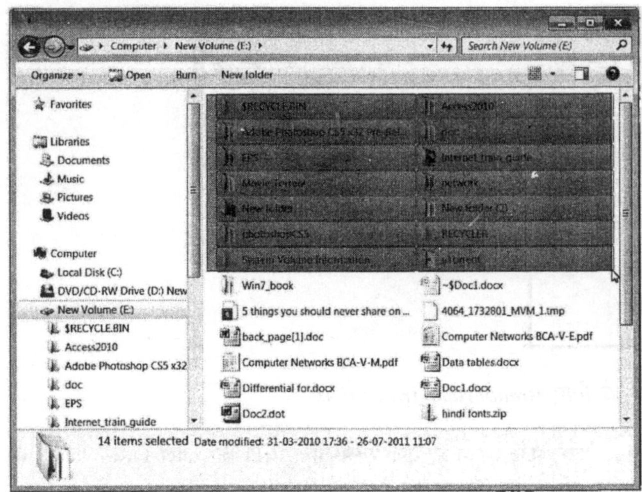

चित्र 2.22: फाइल्स के ग्रुप को चुनना

2. आर्गनाइज़ मेन्यू पर क्लिक करें और सिलेक्ट ऑल चुनें। या Ctrl + A कीज एक साथ दबाएँ।
3. विंडोज एक्सप्लोरर सभी फाइल्स और फोल्डर्स को सिलेक्ट करता है।

विंडाज 7 में फाइल्स और फोल्डर्स बनाना (Creating Files and Folders in Windows 7)

→ **एक नई फाइल/फोल्डर बनाने के लिए**

1. फोल्डर विंडो में, फाइल मेन्यू पर क्लिक करें और न्यू चुनें या फोल्डर विंडो को एक खाली एरिया में राइट क्लिक करें और फिर न्यू चुनें।
2. दोनों स्थितियों में, एक सबमेन्यू उन नई ऑब्जेक्ट्स की सूची दिखाता है जो आप बना सकते हैं जैसे फोल्डर्स शॉर्टकट्स और कई तरह की फाइल्स (देखें चित्र 2.23)

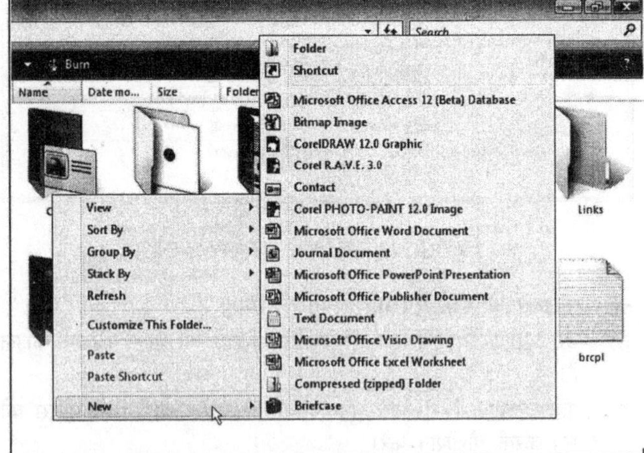

चित्र 2.23: नई फाइल या फोल्डर बनाना

3. लिस्ट में से एक एलीमेंट चुनें। विंडोज 7 चुनी गई ऑब्जेक्ट को बनाता है।

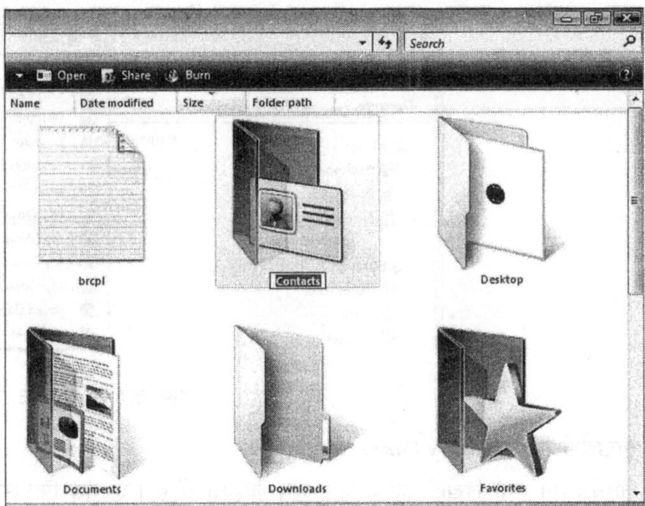

चित्र 2.24: एक फोल्डर को रीनेम करना

☞ यदि आप टूलबार में से न्यू फोल्डर बटन पर क्लिक करते हैं, तो विंडोज 7 एक नया फोल्डर बनाता है।

विंडोज 7 में फाइल्स और फोल्डर्स को नाम देना और उन्हें रीनेम करना (Naming and Renaming Files and Folders in Windows 7)

→ **फाइल या फोल्डर को रीनेम करने के लिए:**

1. उस फाइल या फोल्डर को चुनें जिसे आप रीने करना चाहते हैं,
2. **ऑर्गनाइज** मेन्यू पर क्लिक करें और **रीनेम** चुनें, या F2 की दबाएँ (देखें चित्र 2.24)। या फाइल/फोल्डर पर राइट क्लिक करके **रीनेम** को कंटेक्स्ट मेन्यू में से चुनें।
3. करेंट नाम के चारों ओर एक बॉक्स दिखाई देगा और पूरा नाम सिलेक्ट हो जाएगा। बॉक्स में नया नाम टाइप करें और Enter की दबाएँ (चित्र 2.24 देखें)।

विंडोज 7 में फाइल और फोल्डर को खोलना (Opening Files and Folders in Windows 7)

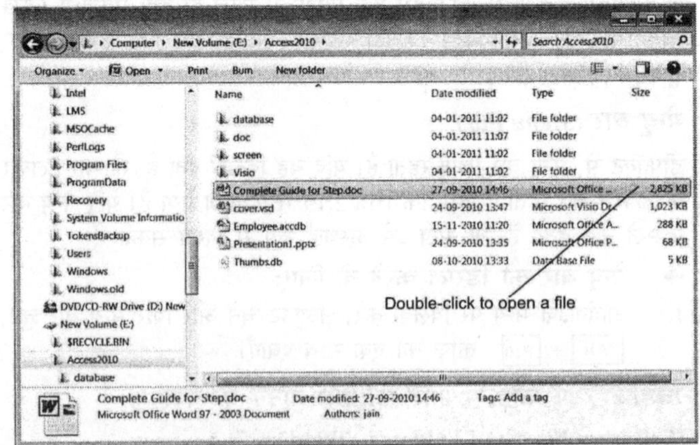

चित्र 2.25: एक फाइल को खोलना

1. आप राइट पेन में फाइल या फोल्डर पर डबल क्लिक करके उसे खोल सकते हैं (देखें चित्र 2.25)।

फोल्डर और फाइल को मूव या कॉपी करना
(Moving or Copying Files and Folder)

एक फाइल या फोल्डर को दूसरी ड्राइव या फोल्डर में मूव या कॉपी करना आसान है। इसके लिए राइट पेन में से फाइल या फोल्डर को ड्रैग करके दूसरी डिस्क ड्राइव तक (या दूसरी ड्राइव पर एक फोल्डर तक) ले जाएँ जिससे इसे वहाँ पर कॉपी/मूव किया जा सके।

➔ **एक फाइल या फोल्डर को दूसरी ड्राइव या फोल्डर में मूव करने के लिए:**

1. उस फाइल या फोल्डर को सिलेक्ट करें जिसे आप मूव करना चाहते हैं।
2. सिलेक्ट किए गए फाइल/फोल्डर को पॉइंट करें और फिर बाएँ माउस बटन को दबाकर रखें
3. अब राइट पेन से फाइल/फोल्डर को ड्रैग करके पेन में लाएँ और इसे उस फोल्डर या ड्राइव में ड्रॉप कर दें जिसमें आप इसे रखना चाहते हैं। (देखें चित्र 2.26)।
4. चित्र 2.26 में मूव बटन यह दर्शाता है कि फाइल्स फोल्डर कहाँ पर मूव होगा।

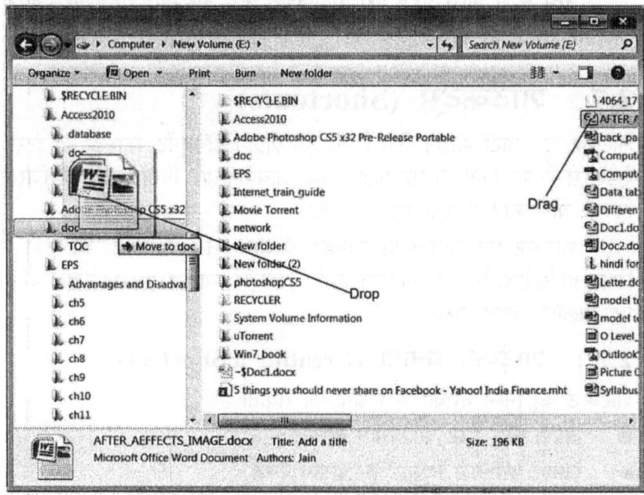

चित्र 2.26: एक फाइल/फोल्डर को एक जगह से दूसरी जगह मूव करना

5. वांछित जगह पर फाइल/फोल्डर को मूव करने के लिए माउस बटन को रिलीज करें।

➔ **एक फाइल/फोल्डर को दूसरी ड्राइव या फोल्डर में कॉपी करने के लिए:**

1. उस फाइल/फोल्डर को चुनें जिसे आप कॉपी करना चाहते हैं।
2. चुनी गई फाइल/फोल्डर पर पॉइंट करें, फिर माउस के लेफ्ट बटन को दबाकर रखें।
3. Ctrl की दबाएँ जब आप फाइल/फोल्डर को राइट पेन से लेफ्ट पेन तक ड्रैग करेंगे और फिर इसे उस फोल्डर या ड्राइव में ड्रॉप करेंगे जहाँ आप इसे रखना चाहते हैं। (देखें चित्र 2.27)

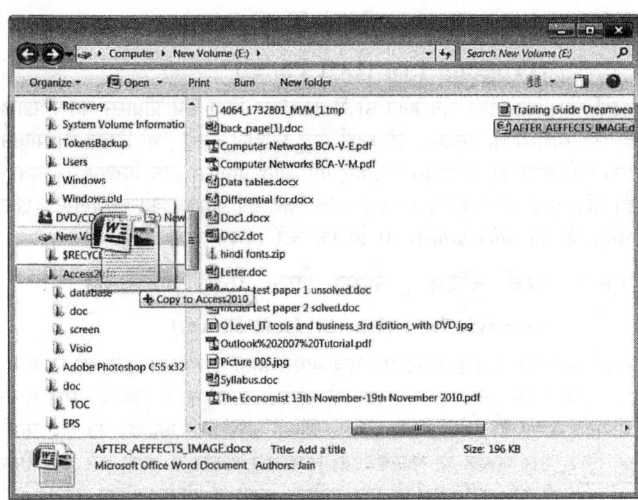

चित्र 2.27: एक फाइल/फोल्डर को कॉपी करना

4. चित्र 2.27 में कॉपी बटन यह दर्शाता है कि फाइल या फोल्डर कहाँ कॉपी किए जाएँगे।
5. माउस बटन को रिलीज करें ताकि फाइल/फोल्डर वांछित जगह पर कॉपी हो सकें।

विंडोज 7 में फाइल्स या फोल्डर्स को डिलीट करना
(Deleting Files and Folders in Windows 7)

➔ **फाइल्स और फोल्डर्स को डिलीट करने के लिए:**

1. जिस फाइल या फोल्डर को आप डिलीट करना चाहते है उसे चुनें।
2. **ऑर्गनाइज़** मेन्यू पर क्लिक करें और **डिलीट** चुनें। या फाइल/फोल्डर पर राइट क्लिक करें और कंटेक्स्ट मेन्यू में से **डिलीट** चुनें।
3. डिलीट फाइल डायलॉग बॉक्स दिखाई देगा। इस डायलॉग बॉक्स में **'यस'** पर क्लिक करें।
4. फाइल फोल्डर में से डिलीट हो जाएगी।

☞ कम्प्यूटर से डिलीट किए गए ऑब्जेक्ट्स रीसायकल बिन में भेजे जाते हैं। आप रीसायकल बिन फोल्डर डबल क्लिक करके इन्हें (जरूरत पड़े तो) रिकवर कर सकते हैं।

2.6 विंडोज 7 में स्टार्ट मेन्यू (Start Menu in Windows 7)

जब आप टास्क बार पर स्थित स्टार्ट बटन को क्लिक करते हैं तब स्टार्ट मेन्यू दिखाई देता है, जैसा चित्र 2.37 में दिखाया गया है। स्टार्ट मेन्यू आपको कई कस्टमाइज़ेशन विकल्प प्रदान करता है। यह आपको दिखाता है कि किसने लॉग ऑन किया है। यह ऑटोमैटिक रूप से अक्सर इस्तेमाल होने वाले प्रोग्राम्स को टॉप लेवल मेन्यू के साथ जोड़ देता है। यह आपको किसी भी प्रोग्राम को, जिसे आप चाहते हैं, स्टार्ट मेन्यू में मूव करने में मदद करता है। स्टार्ट मेन्यू तीन बेसिक भागों में विभाजित होता है। ये हैं:

(a) प्रोग्राम लिस्ट
(b) सर्च बॉक्स
(c) राइट पेन

2.6.1 प्रोग्राम लिस्ट (लेफ्ट पेन) (Program List (Left Pane))

स्टार्ट मेन्यू का लेफ्ट पेन हाल ही में इस्तेमाल किए गए प्रोग्राम्स को दिखाता है और साथ में वो प्रोग्राम्स, जो स्टार्ट मेन्यू में डाले गए हैं, भी दिखते हैं। प्रोग्राम लिस्ट में हाल ही में इस्तेमाल किए गए आठ प्रोग्राम्स तक दिखाए जा सकते हैं। यदि आप अपने कम्प्यूटर पर इन्स्टॉल किए गए प्रोग्राम्स की पूरी लिस्ट देखना चाहते हैं, तो ऑल प्रोग्राम्स पर क्लिक करें (चित्र 2.28)।

2.6.2 सर्च बॉक्स (लोअर लेफ्ट पेन) (Search Box (Lower Left Pane))

स्टार्ट मेन्यू का निचला लेफ्ट पेन सर्च बॉक्स होता है जो कम्प्यूटर को फाइल्स, फोल्डर्स, डॉक्यूमेंट्स या कम्प्यूटर जो आपके कम्प्यूटर से जुड़े हैं, सर्च करने में मदद करता है। (देखें चित्र 2.28)। किसी फाइल या फोल्डर को सर्च करने के लिए, उस फाइल या फोल्डर का नाम सर्च बॉक्स में टाइप करें और फिर [Enter] की प्रेस करें। सर्च रिजल्ट क्लीयर करने के लिए क्लीयर बटन [X] पर क्लिक करें।

2.6.3 राइट पेन (Right Pane)

स्टार्ट मेन्यू का राइट पेन अक्सर इस्तेमाल होने वाले फोल्डर्स में ऐक्सेस प्रदान करता है। ये चित्र 2.28 में दिखाए गए हैं और इनका वर्णन नीचे किया गया है।

करेंट यूजर (Current User)

यह उस यूजर का फोल्डर खोलता है जिसने विंडोज पर अभी अभी लॉग ऑन किया है। इस फोल्डर में फाइल्स जैसे डॉक्यूमेंट्स, पिक्चर्स आदि होते हैं।

डॉक्यूमेंट्स (Document)

यह डॉक्यूमेंट फोल्डर को खोलता है जहाँ आप फाइल्स स्टोर कर सकते हैं।

पिक्चर्स (Pictures)

यह पिक्चर फोल्डर को खोलता है जहाँ आप पिक्चर्स और ग्राफिक फाइल्स स्टोर कर सकते हैं।

म्यूज़िक (Music)

यह म्यूजिक फोल्डर को खोलता है, जहाँ आप म्यूज़िक फाइल्स को स्टोर और प्ले कर सकते हैं।

गेम्स (Games)

यह गेम्स फोल्डर को खोलता है जहाँ आप उन गेम्स को ऐक्सेस कर सकते हैं जो आपके कम्प्यूटर पर इन्स्टॉल किए गए हैं।

कम्प्यूटर (Computer)

यह कम्प्यूटर को खोलता है जहाँ से आप हार्ड डिस्क ड्राइव्स, प्रिंटर्स, स्कैनर, CD-ड्राइव एवं अन्य हार्डवेयर जो आपके कम्प्यूटर से कनेक्टेड है, ऐक्सेस कर सकते हैं।

कंट्रोल पैनल (Control Panel)

यह विंडो को खोलता है जो आपको सॉफ्टवेयर इन्स्टॉल करने में मदद करता है और विंडोज की सभी सैटिंग्स जैसे डेट, टाइम, कीबोर्ड, माउस, पासवर्ड, डिस्प्ले, साउंड सैटिंग्स आदि को बदलने में सहायता करता है।

डिवाइसेज एवं प्रिंटर्स (Devices and Printers)

यह एक विंडो खोलता है जहाँ आप प्रिंटर, माउस और अन्य डिवाइसेज जो आपके कम्प्यूटर पर इन्स्टॉल की गई हैं, के बारे में सूचना प्रदान करता है।

डीफॉल्ट प्रोग्राम्स (Default Program)

यह एक विंडो को खोलता है जहाँ आप डीफॉल्ट प्रोग्राम्स के बारे में सूचना देख सकते हैं।

हेल्प एवं सपोर्ट (Help and Support)

यह हेल्प डिस्प्ले करता है जो विंडोज के बारे में ही सूचना की स्क्रीन के सैट्स होते हैं जहाँ आप विंडोज और कम्प्यूटर को इस्तेमाल करने के बारे में हेल्प टॉपिक्स सर्च कर सकते हैं।

राइट पेन के नीचे शट डाउन बटन होता है। कम्प्यूटर को ऑफ करने के लिए इस शट डाउन बटन पर क्लिक करें। शट डाउन बटन के पास बने ऐरो पर क्लिक करने से एक मेन्यू प्रदर्शित होता है जिसमें अतिरिक्त विकल्प होते हैं जिनसे आप यूजर्स की स्विचिंग, लॉग ऑफ करना, रीस्टार्ट करना, स्लीप या शट डाउन जैसे कार्यों को कर सकते हैं। (देखें चित्र 2.28)

☞ यदि आप चाहते हैं कि विंडोज 7 ऑटोमैटिक रूप से सभी प्रोग्राम्स और डॉक्यूमेंट्स जो अभी आपके स्क्रीन पर हैं, को रीओपन करे, तो स्टार्ट मेन्यू में से पॉवर बटन ऐरो पर क्लिक करें और फिर sleep पर क्लिक करें।

2.7 शॉर्टकट्स (Shortcuts)

शॉर्टकट एक छोटी फाइल होती है जो एक प्रोग्राम डॉक्यूमेंट, फोल्डर या इंटरनेट ऐड्रेस से लिंक्ड होती है। यह फाइल एक आयकन द्वारा दिखाई जाती है जिसके निचले बाएँ कोने में एक ऐरो होता है।

शॉर्टकट एक फाइल या फोल्डर के साथ लिंक्ड होता है, जो कहीं भी स्थित हो सकते हैं- एक लोकल हार्ड डिस्क पर या CD-ROM ड्राइव पर या एक फ्लॉपी डिस्क पर।

2.7.1 शॉर्टकट बनाना (Creating a Shortcut)

शॉर्टकट को निम्न तरीकों से बनाया जा सकता है:

- कॉपी और पेस्ट का प्रयोग करके
- क्रिएट शॉर्टकट विज़ार्ड का प्रयोग करके

☞ शॉर्टकट एक ऑब्जेक्ट के लिए पॉइंटर की तरह होता है, स्वयं ऑब्जेक्ट नहीं होता। इसका अर्थ है कि आप शॉर्टकट्स को बना सकते हैं और डिलीट कर सकते हैं, बिना उस ऑब्जेक्ट को प्रभावित किए, जो फाइल से लिंक्ड होती है।

➔ **कॉपी और पेस्ट का प्रयोग करके शॉर्टकट बनाने के लिए:**

1. उस आइटम पर राइट क्लिक करें जिसके लिए आप एक शॉर्टकट बनाना चाहते हैं।
2. **कंटेक्स्ट** मेन्यू से **कॉपी** चुनें।
3. अब डेस्कटॉप पर राइट क्लिक करके कंटेक्स्ट मेन्यू में से **पेस्ट** चुनें।

➔ **क्रिएट शॉर्टकट विजार्ड का प्रयोग करके शॉर्टकट बनाने के लिए:**

1. डेस्कटॉप पर राइट क्लिक करें, **कंटेक्स्ट** मेन्यू से **न्यू** चुनें।
2. क्रिएट शॉर्टकट का विज़ार्ड सामने आएगा जैसाकि चित्र 2.29 में दिखाया गया है।

3. इसमें ब्राउज़ बटन पर क्लिक करें। ब्राउज फॉर फोल्डर डायलॉग बॉक्स में से उस आइटम को खोजें जिसके लिए आप शॉर्टकट बनाना चाहते हैं।
4. अब नेक्स्ट > पर क्लिक करें, और शॉर्टकट के लिए एक नाम टाइम करें, **फिनिश** पर क्लिक करें, आप का शॉर्टकट डेस्कटॉप पर दिखाई देता है।

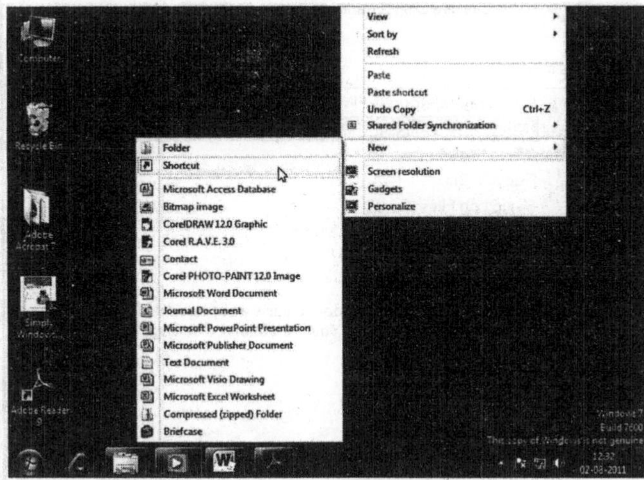

चित्र 2.28: शॉर्टकट बनाना

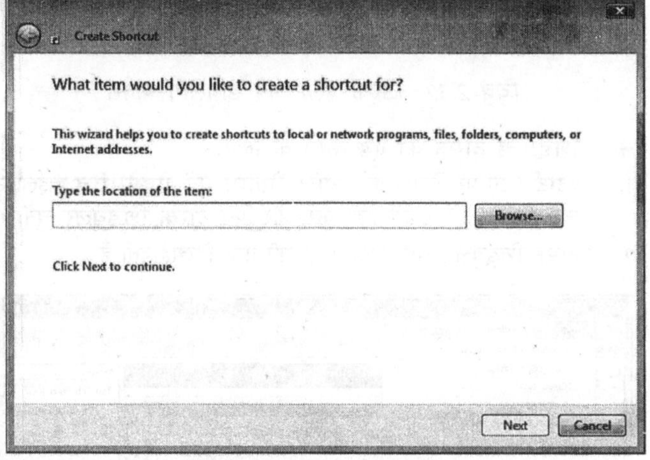

चित्र 2.29: विज़ार्ड द्वारा शॉर्टकट बनाना

2.7.2 एक शॉर्टकट को रीनेम करना (Renaming a Shortcuts)

जब आप एक शॉर्टकट बनाते हैं, तो विंडोज उसे एक डीफॉल्ट नाम देती है जो उस ऑब्जेक्ट के आधार पर होता है, जिसका ये शॉर्टकट।

➔ **शॉर्टकट का नाम बदलने के लिए:**

1. शॉर्टकट पर राइट क्लिक करें।
2. कंटेक्स्ट मेन्यू से **रीनेम** चुनें।
3. जो नाम आप प्रयोग करना चाहते हैं उसे टाइप करें।

2.7.3 एक शॉर्टकट को डिलीट करना (Deleting a Shortcut)

➔ **शॉर्टकट को डिलीट करने के लिए:**

1. आयकन सिलेक्ट करें और Delete की दबाएँ, या, डिलीट किए जाने वाले शॉर्टकट पर राइट क्लिक करें और कंटेक्स्ट मेन्यू से **डिलीट** चुनें।
2. विंडोज डिलीशन से पहले कन्फर्मेशन के लिए आपसे पूछती है।

2.8 आवश्यक विंडोज ऐक्सेसरीज़ (Essential Windows Accessories)

विंडोज 7 कुछ यूटिलिटी सॉफ्टवेयर पैकेजेस प्रदान करता है, जैसे कैलकुलेटर, नोटपैड, पेंट, एंटरटेनमेंट, स्पिनिंग टूल साउंड रिकॉर्डर, वर्डपैड और सिस्टम टूल्स जैसे डिस्क क्लीनअपन, डिस्क डीफ्रैग्मेंटर, टास्क शिड्यूलर, टैबलेट PC और कई अन्य जो एक्सेसरीज ग्रुप में होते हैं।

2.8.1 सिस्टम टूल्स (System Tools)

सिस्टम टूल्स विकल्प ऐक्सेसरीज़ के अंतर्गत पाया जाता है। यह कम्प्यूटर सिस्टम मैनेजमेंट के लिए टूल्स का एक सैट प्रदान करता है। इसमें डिस्क डीफ्रैग्मेंटर, डिस्क क्लीन अप, बैकअप, शिड्यूलिंग आदि शामिल हैं।

डिस्क डीफ्रैग्मेंटर (Disk Defragmenter)

डिस्क डीफ्रैग्मेंटर, फ्रैग्मेंटेड फाइल्स और फोल्डर्स, जो भी आपके कम्प्यूटर की हार्डडिस्क पर होते हैं, एक साथ समेट कर इकट्ठा कर देता है, जिससे प्रत्येक फाइल वॉल्यूम में सिंगल कंटीग्युअस स्पेस घेरती है। इसके फलस्वरूप, आपका सिस्टम आपकी फाइल्स एवं फोल्डर्स में ऐक्सेस प्राप्त करता है और नए फाइल्स/फोल्डर्स को अधिक दक्षता से सेव करता है। आपकी फाइल्स/फोल्डर्स को एक साथ इकट्ठा करके डिस्क डीफ्रैग्मेंटर वॉल्यूम के फ्री स्पेस को भी इकट्ठा कर देता है। इसी वजह से नई फाइल्स को फ्रैग्मेंट करने की संभावना कम हो जाती है।

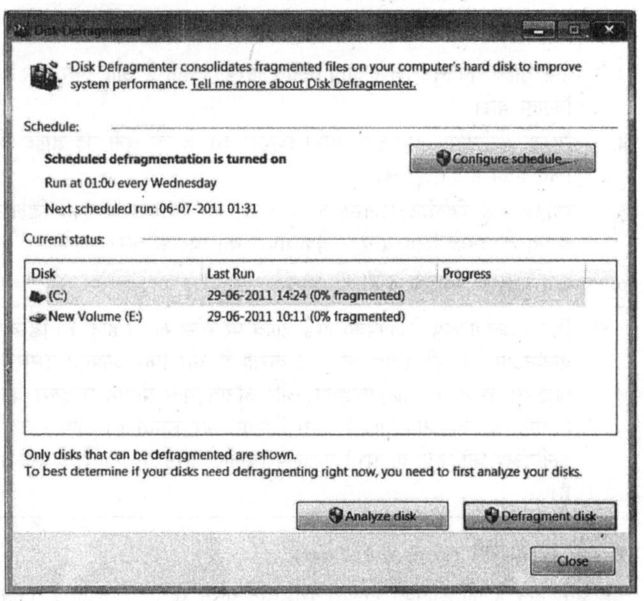

चित्र 2.30: डिस्क डीफ्रैग्मेंटर विंडो

➔ **डिस्क डीफ्रैग्मेंटर को खोलने के लिए:**

1. **स्टार्ट** बटन पर क्लिक करें, **ऑल प्रोग्राम्स** चनें, **ऐक्सेसरीज** को हाईलाइट करें, सिस्टम टूल्स को हाइलाइट करें, और फिर डिस्क डीफ्रैग्मेंटर चुनें। डिस्क डीफ्रैग्मेंटर विंडो चित्र 2.30 की तरह खुलेगी।
2. डीफ्रैग्मेंटेशन स्टार्ट करने के लिए, **करेंट स्टेटस** के अंतर्गत उस डिस्क को चुनें जिसे आप डीफ्रैग्मेंट करना चाहते हैं।
3. डीफ्रैग्मेंट डिस्क पर क्लिक करें।

डिस्क क्लीनअप (Disk CleanUp)

आप डिस्क क्लीनअप का प्रयोग कर सकते हैं ताकि अपनी हार्डडिस्क पर स्पेस खाली करा सकें। इसमें टेम्परेरी इंटरनेट फाइल्स, हटाई जाती है, इंस्टॉल किए गए कम्पोनेंट्स और प्रोग्राम्स जिन्हें अब आप प्रयोग नहीं करेंगे, हटाया जाता है, और रीसायकल बिन को खाली किया जाता है।

➔ **डिस्क क्लीनअप खोलने के लिए:**

1. **स्टार्ट** बटन पर क्लिक करें, **ऑल प्रोग्राम्स** चुनें, **एक्सेसरीज** हाइलाइट करें, **सिस्टम टूल्स** हाइलाइट करें, फिर डिस्क क्लीनअप चुनें।
2. डिस्क क्लीनअप ड्राइव सिलेक्शन डायलॉग बॉक्स चित्र 2.31 की तरह दिखाई देगा।

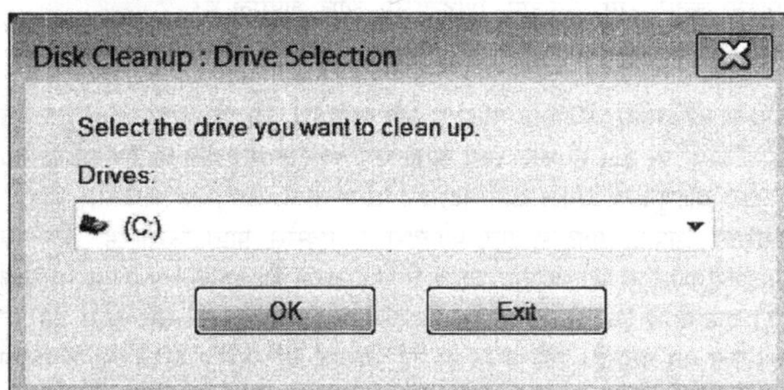

चित्र 2.31: डिस्क क्लीनअप: ड्राइव सिलेक्शन डायलॉग बाक्स

3. उस ड्राइव को चुनें जिसे आप क्लीन करना चाहते हैं और फिर OK पर क्लिक करें।
4. डिस्क क्लीनअप डायलॉग बॉक्स दिखाई देता है जो चुनी गई ड्राइव के लिए होता है (देखें चित्र 2.32)।
5. **फाइल्स टू डिलीट:** लिस्ट के अंतर्गत, जो फाइल्स आपको डिलीट करनी है उनके लिए प्रत्येक चैकबॉक्स को क्लिक करें।
6. अब OK पर क्लिक करें।

☞ डिस्क क्लीन रूप से आपकी हार्ड ड्राइव पर स्पेस खाली होती है। डिस्क क्लीनअप आपकी ड्राइव को सर्च करता है और फिर आपको टेम्परेरी फाइल्स, कैश (Cache) फाइल्स, और अनावश्यक प्रोग्राम फाइल्स को दिखाता है, जो आप सावधानी से डिलीट कर सकते हैं। आप डिस्क क्लीनअप को कुछ या सभी फाइल्स डिलीट करने का निर्देश दे सकते हैं।

टास्क शिड्यूलर (Task Scheduler)

यह एक टूल है जो आपको टास्क्स शिड्यूल करने में मदद करता है (जैसे डिस्क डीफ्रैग्मेंटर) ताकि वो रेगुलर रूप से रन हो, एक ऐसे समय पर जो आपके लिए सुविधाजनक हो। टास्क शिड्यूलर प्रत्येक बार तब शुरू होता है जब आप विंडोज 7 स्टार्ट करते हैं और यह बैकग्राउंड में रन करता है।

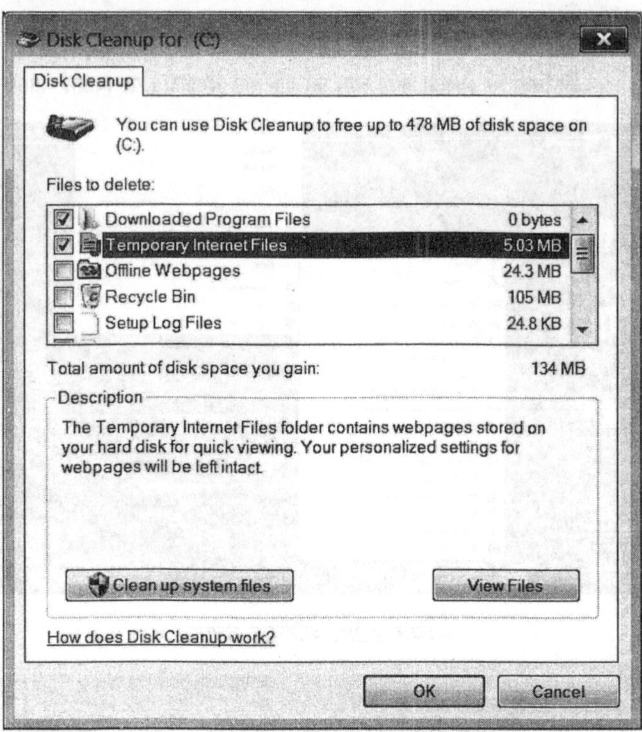

चित्र 2.32: डिस्क क्लीनअप डायलॉग बॉक्स

➔ **शिड्यूल्ड टास्क को ऐड करने के लिए:**

1. **स्टार्ट** बटन पर क्लिक करें, **ऑल प्रोग्राम्स** चुनें, **ऐक्सेसरीज** हाईलाइट करें, सिस्टम टूल्स हाईलाइट करें और फिर **टास्क शिड्यूलर** चुनें।
2. टास्क शिड्यूलर विंडो चित्र 2.33 की तरह दिखाई देती है

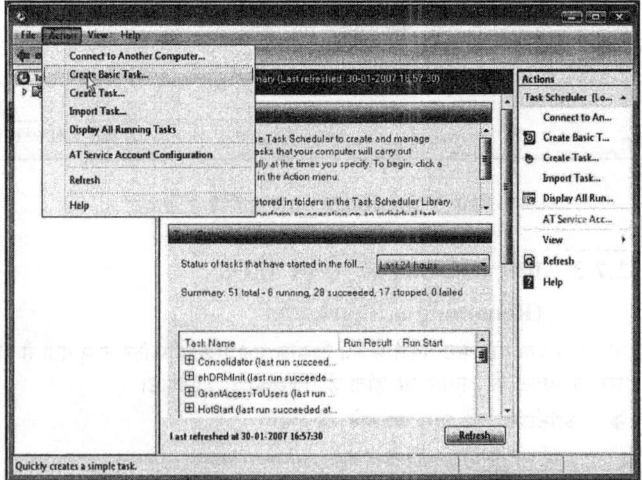

चित्र 2.33: टास्क शिड्यूलर विंडो

3. इस विंडो में **ऐक्शन** मेन्यू पर क्लिक करें, फिर **क्रिएट बेसिक टास्क** पर क्लिक करें। (देखें चित्र 2.33)
4. **क्रिएट बेसिक टास्क विजार्ड** में, टास्क के लिए एक नाम टाइप करें और विवरण लिखें, अब **नेक्स्ट** पर क्लिक करें।
5. अगले स्टेप में, **when do you want the task to slant?** में से एक ऑप्शन चुनें अर्थात् daily, weekly आदि, और **नेक्स्ट** पर क्लिक करें।
6. अगले डायलॉग बॉक्स में, यह शिड्यूल निर्धारित करें जो आप प्रयोग करना चाहते हैं और फिर नेक्स्ट पर क्लिक करें।
7. एक प्रोग्राम को ऑटोमैटिक रूप से स्टार्ट करने को शिड्यूल करने के लिए **स्टार्ट अ प्रोग्राम** पर क्लिक करें और **नेक्स्ट** पर क्लिक करें।
8. लिस्ट में से एक प्रोग्राम चुनें, या जो प्रोग्राम आप स्टार्ट करना चाहते हैं उसे ब्राउज करके, फिर **नेक्स्ट** पर क्लिक करें।
9. **फिनिश** पर क्लिक करें।

2.9 ऑपरेटिंग सिस्टम सिंपल सैटिंग (Operating System Simple Setting)

विंडोज़ 7 को प्रभावी ढंग से प्रयोग करने के लिए, आपको विंडोज़ और अन्य प्रोग्राम्स, जो आप अपने कम्प्यूटर के हार्डवेयर के साथ कार्य करने के लिए रन करते हैं, को कन्फिगर या रीशेप करना होगा। आप इसे करने के लिए निम्न फ़ीचर्स का प्रयोग करेंगे:

फ़ीचर	फंक्शन
प्रॉपर्टीज़	ये आपके कम्प्यूटर के हार्डवेयर और सॉफ्टवेयर में उपस्थित कई अलग-अलग ऑब्जेक्ट्स के लिए सैटिंग्स हैं।
कंट्रोल पैनल	यह आपको कई प्रॉपर्टीज और अन्य सैटिंग्स देखने और उन्हें बदलने की अनुमति देता है।

2.9.1 प्रॉपर्टीज़ (Properties)

विंडोज़ 7 में प्रत्येक ऑब्जेक्ट, आपके कम्प्यूटर के हार्डवेयर कम्पोनेंट्स, सॉफ्टवेयर प्रोग्राम्स और आयकन्स-की प्रॉपर्टीज होती हैं। ये प्रॉपर्टीज़ सैटिंग्स होती हैं जो तय करती है कि कैसे वह ऑब्जेक्ट कार्य करती है। उदाहरण के लिए इस फाइल की प्रॉपर्टीज़ हाती हैं फाइलनेम, साइज और डेट, जब फाइल में अंतिम बार मॉडिफिकेशन किया गया था।

➔ **किसी ऑब्जेक्ट की प्रॉपर्टीज को बदलने के लिए:**

1. ऑब्जेक्ट पर राइट क्लिक करें, चित्र 2.34 की तरह से शॉर्टकट मेन्यू दिखाई देगा।
2. शॉर्टकट मेन्यू से प्रॉपर्टीज पर क्लिक करें, प्रॉपर्टीज डायलॉग बॉक्स दिखाई देता है।

जो प्रॉपर्टीज आप बदलते हैं वह आपके द्वारा चुनी गई ऑब्जेक्ट पर निर्भर होती है।

2.10 आपके कम्प्यूटर को व्यक्तिगत बनाना (Personalizing Your Computer)

पर्सनलाइज़ेशन विंडो विंडोज़ 7 का एक बहुत ही पॉवरफुल और उपयोगी फीचर है। जो सैटिंग्स कम्प्यूटर या डेस्कटॉप से संबंधित है वो व्यक्तिगत प्रॉपर्टीज होती है। इन प्रॉपर्टीज में डेस्कटॉप बैकग्राउंड, स्क्रीन सेवर, कलर, फॉंट आदि शामिल है। पर्सनलाइज प्रॉपर्टीज़ को पर्सनलाइज़ेशन विंडो से सैट किया जा सकता है।

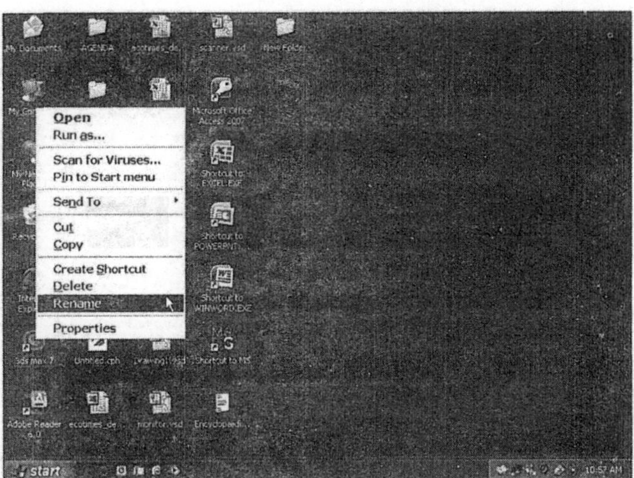

चित्र 2.34: शॉर्टकट मेन्यू, जिससे किसी ऑब्जेक्ट की प्रॉपर्टी बदली जाती है।

➔ **पर्सनलाइज़ेशन विंडो दिखाने के लिए:**

स्टार्ट बटन पर क्लिक करें, फिर कंट्रोल पैनल पर क्लिक करें। कंट्रोल पैनल विंडो में पर्सनलाइज़ेशन आयकन पर क्लिक करके इसे खोलें। या डेस्कटॉप की किसी खाली जगह पर राइट क्लिक करें और पर्सनलाइज़ चुनें। इससे स्क्रीन पर पर्सनलाइज़ेशन विंडो दिखाई देगी।

2.10.1 डेस्कटॉप बैकग्राउंड या वॉलपेपर (Desktop Background or Wallpaper)

वॉलपेपर बैकग्राउंड पैटर्न या पिक्चर होता है जिसके ऊपर डेस्कटॉप मेन्यूज, आयकन्स और अन्य एलीमेंट्स डिस्प्ले होते हैं और मूव करते हैं। वॉलपेपर इमेज jpeg फॉर्मेट में या gif फॉर्मेट में हो सकती है। वॉलपेपर इमेज सेंटर्ड, स्ट्रेच्ड या टाइल्ड हो सकती है।

विंडोज 7 तीन दर्जन से अधिक डेस्कटॉप बैकग्राउंड इमेजेस के साथ आता है जैसे प्राकृतिक दृश्य, आर्किटेक्चरल फोटोज और भी बहुत कुछ। यदि आपको बिल्ट-इन इमेजेस में से कोई भी इमेज पसंद नहीं आती हैं, तो आप अपनी किसी फोटो को डेस्कटॉप बैकग्राउंड की तरह इस्तेमाल कर सकते हैं।

➔ **डेस्कटॉप पर बैकग्राउंड सैट करने के लिए:**

1. पर्सनलाइज़ेशन विंडो में, डेस्कटॉप बैकग्राउंड लिंक पर क्लिक करें। चित्र 2.35 की तरह से डेस्कटॉप बैकग्राउंड विंडो दिखाई देगी। इस विंडो में पिक्चर लोकेशन ड्रॉप डाउन लिस्ट बॉक्स से कोई भी पिक्चर या सॉलिड कलर, जिसे आप प्रयोग करना चाहते हैं, चुनें।
2. ब्राउज़ बटन पर क्लिक करें, यदि आप अलग-अलग ड्राइव्स से अपनी इमेज का प्रयोग करना चाहते हैं।
3. पिक्चर पोज़ीशन ड्रॉप डाउन लिस्ट से वॉलपेपर की पोज़ीशन चुनें।
4. विंडो को बंद करने और चेंजेस को स्वीकार करने के लिए सेव चेंजेस पर क्लिक करें।
5. जो पिक्चर या कलर आप सिलेक्ट करते है वह डेस्कटॉप बैकग्राउंड के रूप में ऐप्लाई हो जाएंगी।

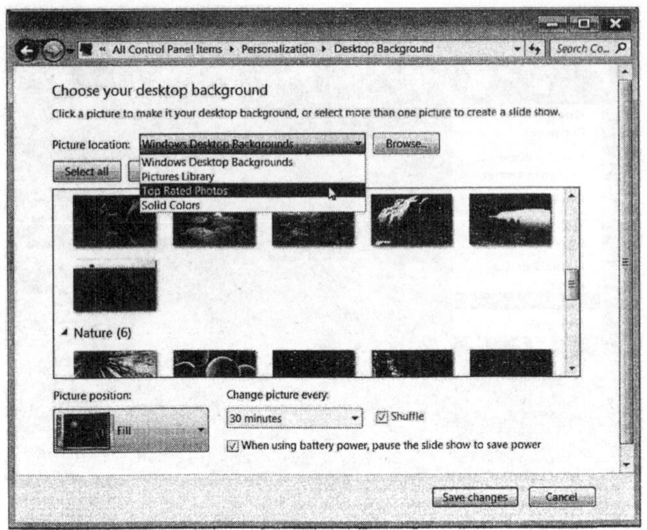

चित्र 2.35: डेस्कटॉप में वॉलपेपर सैट करना

स्क्रीन सेवर *(Screen Saver)*

स्क्रीन सेवर एक ऐनीमेटेड इमेज है जो पीसी मॉनीटर पर तब ऐक्टिवेट होती है जब यूजर कम्प्यूटर से दूर जाता है और मॉनीटर को ऑन छोड़ देता है। स्क्रीन सेवर का मुख्य उद्देश्य होता है मॉनीटर के भीतर उपस्थित फॉस्फोरस पदार्थ में किसी भी इमेज की बर्निंग से सुरक्षा करना।

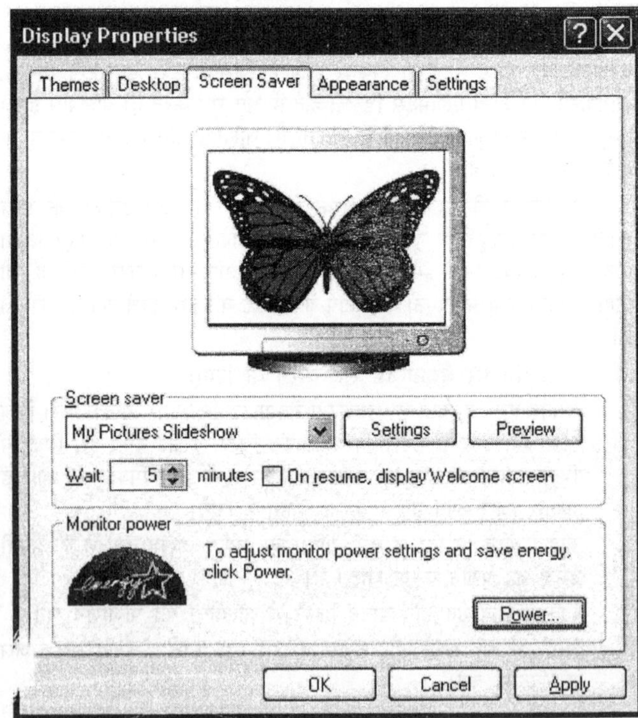

चित्र 2.36: स्क्रीन सेवर टैब के साथ डिस्पले प्रॉपर्टीज़

→ **स्क्रीन सेवर को सैट करने के लिए:**

1. पर्सनलाइज़ेशन विंडो में, सिलेक्ट स्क्रीन सेवर लिंक पर क्लिक करें (देखें चित्र 2.36)।
2. स्क्रीन सेवर ग्रुप की ड्रॉप डाउन लिस्ट में से मनचाहे स्क्रीन सेवर को सिलेक्ट करें।
3. वेट (wait) सेक्शन में (स्क्रीन सेवर ग्रुप के अंतर्गत) आप टाइम भी सैट कर सकते हैं।
4. सिलेक्ट किए गए स्क्रीन सेवर का प्रिव्यू देखने के लिए प्रिव्यू बटन पर क्लिक करें।
5. On Resume, display welcome screen पर क्लिक करें ताकि यह सुनिश्चित हो कि जो भी स्क्रीन सेवर के बीच में आएगा वो आपका कार्य तभी देख सकेगा जब वह आपका पासवर्ड जानता हो।
6. सभी सैटिंग्स ऐप्लाई करने के लिए, ऐप्लाई बटन पर क्लिक करें और फिर OK बटन पर क्लिक करके डायलॉग बॉक्स को बंद करें।

☞ विंडोज़ 7 में आप स्क्रीन सेवर के रूप में व्यक्तिगत पिक्चर्स का भी प्रयोग कर सकते हैं। इसके लिए, आपको स्क्रीन सेवर ग्रुप से फोटोज सिलेक्ट करनी होगी।

2.10.2 प्रिंटर्स को ऐड और रिमूव करना (Adding and Removing Printers)

विंडोज 7 Add printer का विकल्प प्रदान करता है ताकि प्रिंटर्स को इन्स्टॉल करना आसान हो। इसमें विज़ार्ड को रन करने के लिए और प्रिंटिंग प्रक्रिया को मैनेज करने के लिए प्रिंटर्स फोल्डर की मदद ली जाती है। आप प्रिंटर्स फोल्डर को निम्न तरीकों से खोल सकते हैं:

→ **एक प्रिंटर ऐड करने के लिए:**

1. स्टार्ट मेन्यू पर क्लिक करें और कंट्रोल पैनल चुनें या डिवाइसेज एंड प्रिंटर्स पर क्लिक करें।
2. डिवाइसेज एंड प्रिंटर्स डायलॉग बॉक्स में ऐड अ प्रिंटर पर क्लिक करें।
3. उस विकल्प को चुनें जो आपके द्वारा प्रयोग किए जाने वाले प्रिंटर का वर्णन करे।
   - क्लिक लोकल प्रिंटर
   - नेटवर्क प्रिंटर, वायरलैस या ब्लूटुथ प्रिंटर
4. उस पोर्ट को चुनें जो आप चाहते हैं कि आपका प्रिंटर प्रयोग करें।
   - एक नया पोर्ट बनाएँ या
   - लोकल पोर्ट पर क्लिक करके नेक्स्ट पर क्लिक करें।
5. स्क्रीन के निर्देशों का पालन करते हुए ऐड प्रिंटर विज़ार्ड द्वारा एक प्रिंटर को ऐड करने की प्रक्रिया पूरी करें।

☞ ऐड प्रिंटर विज़ार्ड द्वारा एक नेटवर्क प्रिंटर को इन्स्टॉल करना और एक लोकल प्रिंटर को इन्स्टॉल करने के बीच अंतर सिर्फ इतना है कि आपको नेटवर्क प्रिंटर या ब्राउजर के लिए पाथ निश्चित करना होगा ताकि इसकी नेटवर्क लोकेशन का पता लगाया जा सके।

→ **एक प्रिंटर को हटाने के लिए:**

1. यदि आप एक प्रिंटर का प्रयोग नहीं कर रहे होते, तो आप इसे डिवाइसेज और प्रिंटर फोल्डर से हटा सकते थे।
2. डिवाइसेज और प्रिंटस को खोलने के लिए क्लिक करें।

3. उस प्रिंटर पर राइट क्लिक करें जिसे आप हटाना चाहते हैं, रिमूव डिवाइस पर क्लिक करें और फिर यस पर क्लिक करें।

☞ यदि आप प्रिंटर को डिलीट नहीं कर सकते हैं, तो इस पर फिर से राइट क्लिक करें। Run as administrator पर क्लिक करें, Remove device पर क्लिक करें और फिर yes पर क्लिक करें।

2.10.3 डेस्कटॉप गैजेट्स के साथ कार्य करना (Working with Desktop Gadgets)

विंडोज़ 7 में मिनी प्रोग्राम्स होते हैं जिन्हें डेस्कटॉप गैजेट्स कहा जाता है। ये सूचना एवं टूल्स को आपके प्रयोग के लिए तुरंत उपलब्ध कराते हैं। गैजेट्स का प्रयोग एक पिक्चर स्लाइड शो डिस्प्ले करने के लिए किया जाता है। इन्हें लगातार अपडेटेड हैडलाइन्स देखने या कॉन्टैक्ट्स खोजने के लिए भी प्रयेग किया जाता है। उदाहरण के लिए आप हैडलाइन गैजेट्स का प्रयोग कर सकते हैं ताकि आपको यह लेटेस्ट न्यूज हैडलाइन्स दिखाए। आपको अपने डॉक्यूमेंट पर काम करना बंद नहीं करना पड़ेगा क्योंकि हैडलाइन्स हमेशा दिखती रहेगी। यदि आप कोई ऐसी हैडलाइन देखते हैं जिसमें आपकी रूचि है तो आप उस हैड लाइन पर क्लिक कर सकते हैं और आपका वेब ब्राउज़र उस हैडलाइन को खोल देगा।

गैजेट्स ऐड करना (Adding Gadgets)

डीफॉल्ट द्वारा, गैजेट्स डेस्कटॉप पर डिस्प्ले नहीं होते हैं। लेकिन, आप आसानी से गैजेट्स को ऐड या रिमूव कर सकते हैं जब भी आपको लगता है कि आपके कम्प्यूटर स्क्रीन पर कुछ नया होना चाहिए। गैजेट गैलरी विंडोज 7 के साथ आती है जिसमें करीब एक दर्जन चीजें रहती हैं लेकिन एक बहुत बड़ी ऑनलाइन गैलरी के लिए हैंडी लिंक भी होता है।

➔ **डेस्कटॉप पर गैजेट्स ऐड करने के लिए:**

1. डेस्कटॉप के खाली एरिया पर राइट क्लिक करें फिर गैजेट्स चुनें।
2. विंडोज गैजेट्स गैलरी विंडो खुलती है, जिसमें चित्र 2.37 की तरह से विभिन्न गैजेट्स दिखाई देते हैं।

चित्र 2.37: विंडोज़ गैजेट गैलरी डायलॉग बॉक्स

3. जिस गैजेट को आप डेस्क्टॉप पर ऐड करना चाहते हैं उस पर डबल क्लिक करें या उस गैजेट पर राइट क्लिक करें और फिर ऐड बटन पर क्लिक करें।
4. क्लॉक गैजेट डेस्कटॉप पर चित्र 2.38 की तरह से दिखाई देगा।
5. गैजेट्स ऐड करने के बाद, आप क्लोज बटन पर क्लिक करके विंडोज

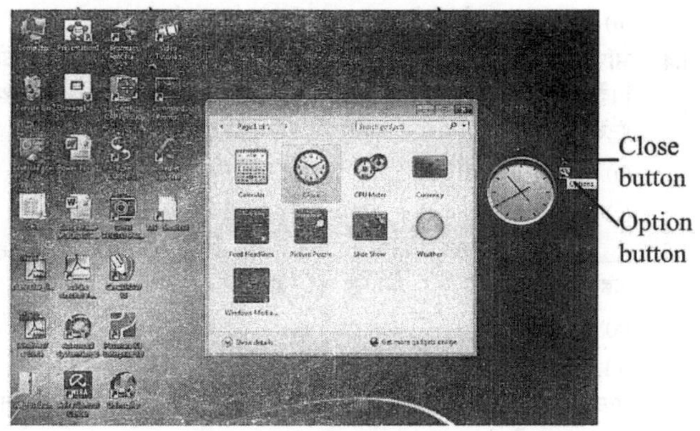

चित्र 2.38: डेस्कटॉप गैजेट्स ऐड करना

2.11 सारांश (Summary)

इस अध्याय में आपने GUI-आधारित ऑपरेटिंग सिस्टम के कॉन्सेप्ट के बारे में जाना। GUI-आधारित ऑपरेटिंग सिस्टम में विंडोज, आयकन्स और मेन्यूज का प्रयोग होता है जिससे आप कमांड्स संचालित कर सकते हैं जैसे फाइल्स और फोल्डर्स को खोलना, डिलीट करना, मूव करना आदि। इस अध्याय में लाइनक्स और विंडोज़ ऑपरेटिंग सिस्टम्स के बेसिक्स की भी चर्चा की गई है। विंडोज़ में फाइल मैनेजमेंट और डायरेक्ट्री आपको फाइल और फोल्डर्स के बेसिक्स समझने में मदद करता है। इसके साथ-साथ, फाइल्स के प्रकार और फाइल्स पर किए जाने वाले विभिन्न कार्य जैसे उन्हें खोलना, कॉपी करना एक जगह से दूसरी जगह मूव करना और पेस्टिंग के बारे में भी बताया गया है। आपने कई अन्य तकनीकें भी सीखीं जिनसे सिस्टम टूल्स जैसे डिस्क क्लीनअप, डिस्क डीफ्रैग्मेंटर और टास्क शिड्यूलर को बदला जा सकता है।

मॉडल प्रश्न और उत्तर (Model Questions and Answers)

A. मल्टीपल चॉएस

1.1 विंडोज़ में डिस्क ड्राइव A: से डिलीट की गई फाइल ____________ में जाती है:

(a) रीसायकलबिन (b) माई कम्प्यूटर

(c) विंडोज़ एक्सप्लोरर (d) स्थाई रूप से डिलीटेड

1.2 ऑपरेटिंग सिस्टम का अर्थ है ____________

(a) प्रोग्राम्स का एक सैट जो कम्प्यूटर की वर्किंग को कंट्रोल करता है।

(b) एक कम्प्यूटर ऑपरेटर के काम करने का तरीका

(c) हाई लेवल लैंग्वेज को मशीन लेवल लैंग्वेज में बदलना

(d) फ्लॉपी डिस्क ड्राइव्स जिस तरह से ऑपरेट करती हैं वह तरीका

1.3 इनमें से कौन सा विंडोज को साइजिंग करने का प्रथम स्टेप है:

(a) टाइटल बार को पॉइंट करना

(b) व्यू मेन्यू को नीचे लाना ताकि टूलबार डिस्प्ले हो सके

(c) किसी भी कॉर्नर या बॉर्डर पर पॉइंट करना

(d) व्यू मेन्यू को नीचे लाकर लार्ज आयकन्स में बदलना।

1.4 सॉफ्टवेयर एक प्रोग्राम होता है जो कम्प्यूटर के ओवरऑल ऑपरेशन को निर्देशित करता है, इसके उपयोग में मदद करता है और यूज़र के साथ इंटरैक्ट करता है। विभिन्न प्रकार के सॉफ्टवेयर कौन कौन से हैं?

(a) ऑपरेटिंग सिस्टम (b) लैंग्वेज कम्पाइलर
(c) यूटिलिटीज़ (d) उपरोक्त सभी

1.5 ___________ एक स्क्रीन बैकग्राउंड और विंडो का मुख्य एरिया है जहाँ आप फाइल्स एवं प्रोग्राम्स को खोल और मैनेज कर सकते हैं।

(a) आयकन्स (b) डेस्कटॉप
(c) ऐप्लीकेशन विंडो (d) स्क्रीन सेवर

1.6 एक ऐप्लीकेशन को डेस्कटॉप पर स्थित शॉर्टकट द्वारा इस प्रकार खोला जा सकता है:

(a) इसके शॉर्टकट पर डबल क्लिक करके
(b) राइट क्लिक और ओपन ऑप्शन चुनकर
(c) आयकन सिलेक्ट करके फिर एंटर key दबाकर
(d) उपरोक्त सभी

1.7 शॉर्टकट आयकन के संदर्भ में इनमें से कौन सा स्टेटमेंट गलत हैं:

(a) शॉर्टकट्स को ड्रैगिंग एंड ड्रॉपिंग द्वारा बनाया जा सकता है।
(b) शॉर्टकट्स को कट एंड पेस्ट तरीके से बनाया जा सकता है।
(c) शॉर्टकट्स को शॉर्टकट विज़ार्ड द्वारा बनाया जा सकता है।
(d) उपरोक्त में से कोई नहीं।

1.8 एक नए प्रिंटर को इनमें से किसमें डिवाइसेज और प्रिंटर्स ऑप्शन के द्वारा ऐड किया जा सकता है:

(a) कंट्रोल पैनल (b) फाइल मैनेजर
(c) डायनामिक डाटा एक्सचेंज (d) इनमें से कोई नहीं

1.9 GUI का प्रयोग ___________ के बीच एक इंटरफेस के रूप में होता है:

(a) हार्डवेयर एवं सॉफ्टवेयर (b) मानव और मशीन
(c) सॉफ्टवेयर और यूज़र (d) उपरोक्त में से कोई नहीं

1.10 एक ऐप्लीकेशन से दूसरे में डाटा या इमेजेस को ऐक्सचेंज करना इसके प्रयोग से किया जाता है:

(a) आयकन्स (b) कंट्रोल पैनेल
(c) क्लिपबोर्ड (d) इनमें से कोई नहीं

B. निम्न कथनों में सही या गलत बताइए।

2.1 जब कोई फोल्डर दूसरी जगह पर कॉपी किया जाता है तब फोल्डर के सबफोल्डर्स भी कॉपी हो जाते हैं।

2.2 जब कोई भी ऑब्जेक्ट डिलीट नहीं की जाती है, तब डेस्कटॉप में रीसायकलबिन आकयन नहीं दिखता है।

2.3 विंडो के कंटेंट्स को स्क्रॉल बार पर क्लिक करके स्क्रॉल किया जा सकता है।

2.4 लाइनक्स एक मल्टीयूजर, मल्टीटास्किंग ऑपरेटिंग सिस्टम है जिसे वर्ष 1991 में लाइनक्स टोरवैल्ड्स (Linus Torvalds) ने विकसित किया था।

2.5 रीसायकल बिन आपको विंडोज में फाइल्स और फोल्डर्स को आसानी से रिकवर नहीं करने देता है।

2.6 फोल्डर में फाइल्स या सब फोल्डर्स नहीं हो सकते हैं।

2.7 सी-डी रॉम पर उपलब्ध प्रोग्राम्स हमेशा वायरस फ्री होता है।

2.8 टाइटल बार विंडो में सबसे ऊपर होती है।

2.9 टास्क बार विभिन्न कार्यों को करने का एक कॉमन तरीका प्रदान करता है जैसे विभिन्न प्रोग्राम्स को स्टार्ट करना, सामान्य रूप से प्रयोग होने वाले फोल्डर्स को ऐक्सेस करना, फाइल्स सर्च करना, फोल्डर्स और प्रोग्राम्स आदि सर्च करना।

2.10 डीफॉल्ट द्वारा, टास्कबार केवल तीन बटन्स डिस्प्ले करता है जो इंटरनेट एक्सप्लोरर, मीडिया प्लेयर और विंडोज एक्सप्लोरर प्रोग्राम से संबंधित हैं।

उत्तर

1.	1.1	(d)	1.2	(a)	1.3	(c)	1.4	(d)	1.5	(b)
	1.6	(d)	1.7	(d)	1.8	(a)	1.9	(c)	1.10	(c)
2.	2.1	T	2.2	F	2.3	T	2.4	T	2.5	F
	2.6	F	2.7	F	2.8	T	2.9	F	2.10	T

अध्याय-3

वर्ड प्रोसेसिंग को समझना (Understanding Word Processing)

3.0 परिचय (Introduction)

वर्ड प्रोसेसिंग, कम्प्यूटर का उपयोग करके, डॉक्यूमेंट्स (documents) को बनाने, एडिट करने एवं प्रिंट करने का सबसे कॉमन ऐप्लीकेशन पैकेज है। वर्ड प्रोसेसिंग के लिए आपके पास एक कम्प्यूटर, विशेष प्रोग्राम जिसे वर्ड प्रोसेसर कहा जाता है, और एक प्रिंटर होना चाहिए। वर्ड प्रोसेसर आपको एक डॉक्यूमेंट बनाने में, इसे इलेक्ट्रॉनिक रूप से डिस्क पर सेव करने में, इसे एक स्क्रीन पर प्रदर्शित करने में, कीबोर्ड से कमांड्स और कैरेक्टर्स एंटर करके इसे मॉडिफ़ाई (modify) करने में तथा एक प्रिंटर पर इसे प्रिंट करने में सक्षम बनाता है।

टाइपराइटर की अपेक्षा, वर्ड प्रोसेसिंग के इस्तेमाल का एक बड़ा फायदा यह है कि आप पूरा डॉक्यूमेंट दोबारा टाइप किए बिना ही इसमें बहुत से परिवर्तन कर सकते हैं। यदि आपने एक भी टाइपिंग की गल्ती की है तो आपको केवल कर्सर को वापस लौटाना है और गल्ती को सुधारना है। यदि आप एक पैराग्राफ़ को डिलीट करना चाहते हैं तो आप आसानी से इसे हटा सकते हैं, बिना इसका निशान छोड़े। एक डॉक्यूमेंट के बीच में एक शब्द, एक वाक्य या एक पैराग्राफ़ इन्सर्ट करना भी उतना ही आसान है। वर्ड प्रोसेसर, डॉक्यूमेंट्स के बीच में या एक डॉक्यूमेंट के भीतर ही, टेक्स्ट के सेक्शन्स को एक जगह से दूसरी जगह मूव कराना भी काफी आसान बनाता है। जब आप सभी मनचाहे परिवर्तन कर लेते हैं तब, आप फाइल को एक प्रिंटर तक भेजते हैं ताकि हार्डकॉपी मिल सके। आप इसे इलेक्ट्रॉनिकली (electronically) ऐड्रेसी (addressee) को मेल भी कर सकते हैं।

3.1 उद्देश्य (Objects)

पाठक निम्न को समझने में सफल होंगे:

- वर्ड प्रोसेसिंग के बेसिक्स
- वर्ड 2010 इंटरफेस का प्रयोग करना
- एक ब्लैंक डॉक्यूमेंट बनाना
- डॉक्यूमेंट्स को खोलना और बंद करना
- टेक्स्ट को बनाना और उसमें मैनीपुलेशन (manipulation) करना
- टेक्स्ट को फॉर्मेट करना
- टेबल को मैनीपुलेट करना

3.2 वर्ड प्रोसेसिंग के बेसिक्स (Word Processing Basic)

वर्ड प्रोसेसिंग पैकेज जैसे वर्ड 2010 टेक्स्ट को एंटर करने और शब्दों एवं वाक्यांशों को मैनीपुलेट करने में मदद करता है। आप टाइप किए गए लेटर, डॉक्यूमेंट और रिपोर्ट को आसानी से बदल सकते हैं और उन्हें भविष्य में इस्तेमाल करने के लिए स्टोर कर सकते हैं। आप इन डॉक्यूमेंट्स को जब और जैसी जरूरत हो, वैसे प्रिंट भी कर सकते हैं। इस तरह से वर्ड प्रोसेसर पर बनाए गए डॉक्यूमेंट्स को एकदम एक्यूरेट बनाया जा सकता है जो दिखने में अच्छा दिखता है और इसे प्रिंट भी किया जा सकता है।

☞ आप वर्ड प्रोसेसर का प्रयोग लेटर्स प्रिंट करने में, मेलिंग लिस्ट बनाने में, रिपोर्ट्स एवं डॉक्यूमेंट्स बनाने में कर सकते हैं। इन सभी कार्यों की स्पीड टाइप राइटर की तुलना में काफी तेज होती है।

आप डॉक्यूमेंट्स में स्पेलिंग्स भी चैक कर सकते हैं। आपको एक वाक्य में सही शब्द चुनने के लिए मदद मिल सकती है। इसके अलावा, आप पेज नंबर्स ऐड कर सकते हैं और मार्जिन्स बदल सकते हैं। आप सिलेक्टेड शब्दों पर जोर देने के लिए उन्हें **बोल्ड फेस**, **इटालिक्स** या **बोल्ड इटालिक्स** में प्रिंट कर सकते हैं।

☞ वर्ड प्रोसेसर आपको अधिक कुशलता से और प्रभावी ढंग से कार्य करने एवं कम से कम मेहनत के साथ काम करने की सुविधा प्रदान करता है।

MS वर्ड 2010 एक वर्ड प्रोसेसर है जो विंडोज ऑपरेटिंग सिस्टम के अंतर्गत कार्य करता है। वर्ड में से अधिक से अधिक प्राप्त करने के लिए आपको समझना होगा कि यह पैकेज किस तरह से व्यवस्थित है। कोई भी सॉफ्टवेयर प्रोडक्ट Metaphors के इर्द-गिर्द बनाया जाता है जो आपको उस प्रोडक्ट के प्रयोग के बारे में गाइड करते हैं। उदाहरण के लिए, विंडोज़ ऑपरेटिंग सिस्टम डेस्कटॉप मेटाफॉर (Metaphor) पर आधारित है। इसकी स्क्रीन डेस्क के टॉप की तरह होती है जिस पर आप टूल्स को व्यवस्थित करते हैं जिनके साथ आप कार्य करते हैं।

प्रायः सभी वर्ड प्रोसेसर्स अपने पूर्वज अर्थात् टाइपराइटर की कुछ विशेषताओं को शेयर करते हैं। आपके पास एक पेज होता है जिस पर आप कैरेक्टर्स टाइप करते हैं। आपके पास एक रूलर होता है जो टेक्स्ट को ऐलाइन करता है और आपके डॉक्यूमेंट पर ग्राफ़िक, टेबल्स और अन्य एलीमेंट्स को भी ऐलाइन करता है। आपके पास टैब स्टॉप्स और मार्जिन सैटिंग्स भी है।

विंडोज़ के लिए वर्ड का आधुनिक संस्करण टाइप रास्टर की समानताओं को शेयर करता है जिस प्रकार पहले के वर्ड प्रोसेसर्स करते थे। यह कई नए फ़ीचर्स भी ऐड करता है। एक बार जब आप इन अतिरिक्त फीचर्स को समझ जाते हैं, तब ये MS वर्ड के नए वर्जन्स द्वारा बनाई गई पॉवर का प्रयोग करने में आपको सक्षम बनाते हैं।

3.2.1 वर्ड प्रोसेसिंग पैकेज (MS वर्ड 2010) को खोलना (Opening Word Processing Package (MS Word 2010))

→ **वर्ड 2010 को स्टार्ट करने के लिए:**

1. **स्टार्ट** बटन पर क्लिक करें, **ऑल प्रोग्राम्स** को हाईलाइट करें और **MS ऑफिस** पर क्लिक करें। अब MS ऑफिस वर्ड 2010 को सिलेक्ट करें (देखें चित्र 3.1)।

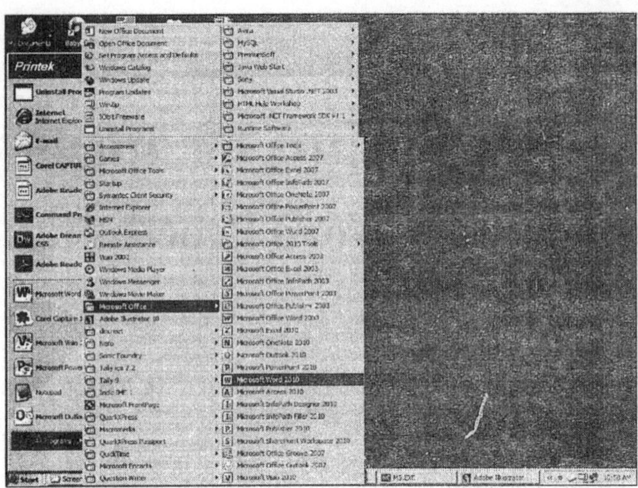

चित्र 3.1: MS वर्ड 2010 को स्टार्ट करना

3.2.2 वर्ड 2010 इंटरफेस का प्रयोग करना (Using Word 2010 Interface)

MS वर्ड 2010 की यूजर इंटरफेस MS वर्ड 2007 की तरह ही है। MS वर्ड 2010 ने कई नए फीचर्स शामिल किए हैं, जैसे बेहतर वर्ड आर्ट, बेहतर थीम्स, बैकग्राउंड, रिमूवल और अन्य इमेज एडिटिंग फीचर्स। नई यूजर इंटरफेस जो मेन्यूज, टूलबार्स, और अधिकतर टास्क पेन्स को MS वर्ड के पिछले वर्जन की तुलना में रिप्लेस करती है, को फाइल टैब और रिबन से रिप्लेस कर दिया गया है। इसे इस तरह से डिजाइन किया गया है, ताकि यह आपको अधिक उत्पादक होने में मदद कर सके। आप कई टास्क के सही फीचर्स को आसानी से खोज सकते हैं, नई कार्य प्रणाली को खोज सकते हैं ओर इस तरह अधिक कुशल बन सकते हैं। चित्र 3.2 में वर्ड 2010 एप्लीकेशन विंडो के एलीमेंट्स और एक खुले हुए वर्ड 2010 डॉक्यूमेंट को पूरी जानकारी के साथ दिखाया गया है।

3.2.3. फाइल टैब (File Tab)

फाइल टैब कलर्ड टैब है जो माइक्रो सॉफ्ट ऑफिर 2010 प्रोग्राम्स के ऊपरी बाएँ कोने में स्थित होता है। यह क्विक ऐक्सेस टूलबार के ठीक नीचे होता है (देखें चित्र 3.2)। जब आप फाइल टैब को क्लिक करते हैं, तब आप बैक स्टेज व्यू देख सकते हैं। फाइल टैब, ऑफिस बटन को, जो वर्ड 2007 में होता है, रिप्लेस करता है। इसमें न्यू, ओपन, सेव, सेव ऐज, प्रिंट आदि कमांडस होते हैं।

3.2.4 क्विक एक्सेस टूलबार (Quick Access Toolbar)

यह टूलबार डीफॉल्ट से ही वर्ड 2010 विंडो में सबसे ऊपर स्थित होता है। डीफॉल्ट से, यह टूलबार सेव, अनडू और रिपीट बटन्स दिखाता है।

3.2.5 डायलॉग बॉक्स लाँचर (Dialog Box Launcher)

डायलॉग बॉक्स लाँचर्स छोटे आयकन्स होते हैं जो कुछ ग्रुप्स में दिखाई देते हैं। डायलॉग बॉक्स लाँचर पर क्लिक करने से एक रिलेटेड डायलॉग बॉक्स या टास्क पेन खुलता है, जिसमें उस ग्रुप से रिलेटेड अनेक विकल्प होते हैं।

3.2.6 शब्दावली (Terminology)

वर्ड 2010 के लिए निम्न शब्दावली के इस पुस्तक में प्रयोग किया गया है।

सिलेक्ट (Select): टेक्स्ट के एक सैक्शन मेन्यू के नाम, कमांड डायलॉग बॉक्स विकल्प या ग्राफिकल ऑब्जेक्ट को की-बोर्ड या माउस ऐक्शन्स से हाइलाइट या मार्क करता है।

चूज़ (Choose): एक कमांड को एक्जीक्यूट और कम्प्लीट करता है। जब आप रिबन पर कमांड चुनते हैं तो आप कुछ कमांड्स को एक्जीक्यूट करते हैं और बाकी के कमांड्स तब एक्जीक्यूट होते हैं जब आप डायलॉग बॉक्स से OK चुनते हैं।

एक्टिव (Active): एक एप्लीकेशन या डॉक्यूमेंट विंडो को फोर ग्राउंड में लाता है। जब आप एक से अधिक एप्लीकेशन पर काम करते हैं, या वर्ड विंडो वह विंडो होती है जिसमें आप काम कर रहे होते हैं।

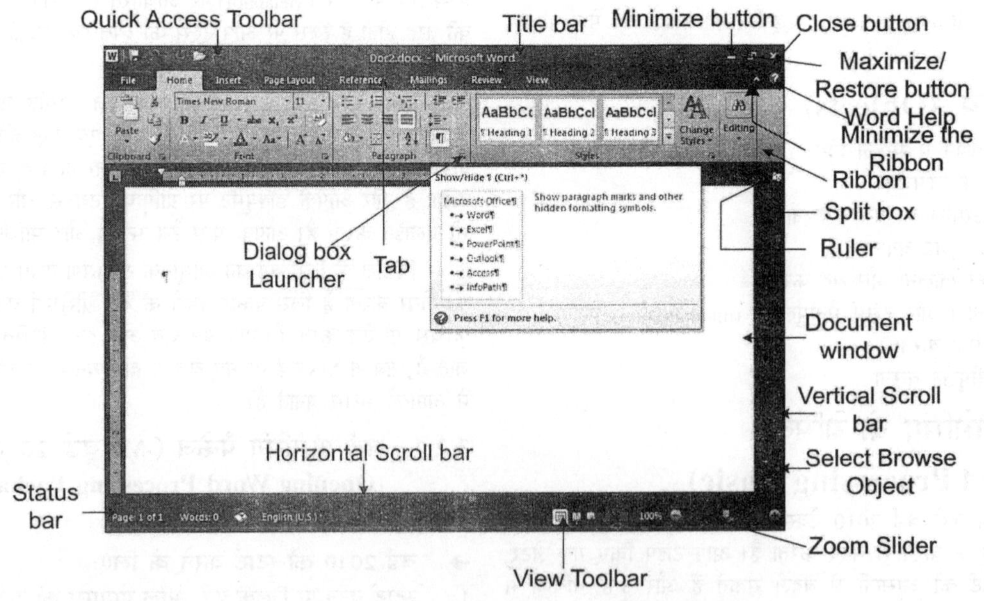

चित्र 3.2: वर्ड 2010 विंडो के एलीमेंट्स

3.2.7 वर्ड 2010 डॉक्यूमेंट विंडो (Word 2010 Document Window)

टाइटल बार (Tible Bar)

यह खुली हुई विंडो के सबसे ऊपर होता है और इसे टाइटल बार कहते हैं (देखें 3.2)।

मिनिमाइज़ बटन (Minimize Button)

टाइटल बार के दाईं ओर एक अंडर स्कोर (_) होता है जो स्क्रीन के नीचे एक एप्लीकेशन प्रोग्राम स्टोर करता है।

मैक्सीमाइज बटन (Maximize Button)

टाइटल बार के दाईं ओर एक बॉक्स होता है जो उपलब्ध स्पेस को डॉक्यूमेंट या एप्लीकेशन से भर देता है।

क्लोज बटन (Close Button)

टाइटल बार के दाईं ओर एक बॉक्स होता है जिस पर (×) चिन्ह होता है, जो विंडो या डायलॉग बॉक्स को बंद कर देता है, जब आप इसे माउस पॉइंटर से क्लिक करते हैं।

रीस्टोर बटन (Restore Button)

टाइटल बार के दाईं ओर एक डबल बॉक्स होता है जो एप्लीकेशन या डॉक्यूमेट को एक साइजेबल विंडो में रिस्टोर कर देता है।

हेल्प बटन (Help Button)

यह रिबन के दाएँ सिरे पर दिखाई देता है। जब माउस पॉइंटर किसी भी बटन के ऊपर कुछ सेकेंड्स के लिए आता है (जिसे होवरिंग कहा जाता है) तब यह एक स्क्रीन टिप दिखाता है, जिसमें ना केवल बटन का नाम होता है, बल्कि इसका काम भी होता है।

स्टेटस बार (Status Bar)

विंडो के नीचे स्थित स्टेटस बार आपको करेंट डॉक्यमेंट के बारे में सूचना देता है। आप किसी भी सूचना के आइटम के डिस्प्ले को ऑफ कर सकते हैं। इसके लिए आपको पहले स्टेटस बार पर राइट क्लिक करना होगा फिर आइटम पर।

व्यू टूलबार (View Toolbar)

स्टेटस बार के दाईं ओर व्यू टूलबार होता है। यह डॉक्यूमेंट के व्यू एडजस्ट करने के लिए टूल्स प्रदान करता है।

माउस पॉइंटर (Mouse Pointer)

ऑन स्क्रीन ऐरो, I-बीम, या ड्रॉइंग बटन उन लोकेशन्स या जगहों को दिखाते हैं जो माउस के ऐक्शन से प्रभावित होते हैं।

सिलेक्ट ब्राउज ऑब्जेक्ट (Select Brows Object)

यह टूलबार आपको एक एक्टिव डॉक्यूमेंट में फील्ड, एंडनोट, फुटनोट, कमेंट, सेक्शन, पेज, एडिट्स, हैडिंग, ग्राफ़िक या टेबल द्वारा ब्राउज़ करने में मदद करता है। GoTo और Find फंक्शन्स भी टूलबार का हिस्सा होते हैं।

रूलर (Ruler)

एक बार जिसमें स्केल होती है, जो पैराग्राफ में टैब्स, पैराग्राफ इंडेंट्स और मार्जिन के बारे में बताती है, जहाँ पर इंसर्शन पॉइंट (कर्सर) स्थित होता है। रूलर का प्रयोग माउस से पैराग्राफ्स को तेजी से फॉर्मेट करने के लिए होता है।

स्प्लिट बॉक्स (Split Box)

लाइट ग्रे बार जो वर्टिकल स्क्रॉल बार के टॉप पर होता है, जिसे आप ड्रैग करके विंडो को दो व्यूज में स्प्लिट कर सकते हैं, जो एक ही डॉक्यूमेंट में हों।

स्क्रीन टिप्स (Screen Tips)

स्क्रीन टिप्स कमांड बटन का नाम दिखाते हैं, जो रिबन में दिखाए गए हैं। जैसे ही आप मउस पॉइंटर को चुने गए टैब्स कमांड पर रखते हैं, वैसे ही तुरंत स्क्रीन टिप्स दिखाई देते हैं।

3.2.8 रिबन कमांड (Ribbon Command)

रिबन टाइटल बार के ठीक नीचे डिस्प्ले होता है। रिबन में, कमांड्स लॉजिकल ग्रुप्स में व्यवस्थित होते हैं, जो टैब्स के अंतर्गत संग्रहित होते हैं (चित्र 3.2)। आप ऐक्टिव टैब पर डबल क्लिक करके रिबन को छिपा सकते हैं। अलग-अलग तरह के टैब्स वर्ड 2010 में उपलब्ध है।

होम टैब: यह बटन डॉक्यूमेंट पर काम करने से संबंधित है जैसे क्लिपबोर्ड, फाँट, पैराग्राफ, स्टाइल्स और एडिटिंग।

इन्सर्ट टैब: यह बटन आपके द्वारा इन्सर्ट किए जाने वाले सभी आइटम्स से संबंधित है जैसे टेबल्स, हैडर्स एवं फुटर्स एवं सिंबल्स।

पेज लेआउट टैब: यह बटन डॉक्यूमेंट की दिखावट से संबंधित आइटम्स के लिए होता हे जैसे पेज सैटअप, पेज बैकग्राउंड, पैराग्राफ और अरेंज।

रेफरेंस टैब: यह बटन उन आइटम्स से संबंधित है जो आप लंबे डॉक्यूमेंट में ऐड कर सकते हैं, जैसे टेबल ऑफ कंटेंट्स, फुटनोट्स, बिब्लियोग्राफी, कैप्शन्स, इंडेक्स और टेबल ऑफ ऑथोरिटीज़।

मेलिंग टैब: इस बटन में मास मेलिंग बनाने से संबंधित कमांड्स होते हैं। इसमें क्रिएट, स्टार्ट मेल मर्ज, राइट एंड इन्सर्ट फील्ड्स, प्रिव्यू रिजल्ट्स और फिनिश कमांड्स होते हैं।

रिव्यू टैब: यह बटन प्रूफिंग, लैंग्वेज कमेंट्स, ट्रैकिंग, चेंजेस, कम्पेयर और प्रोटेक्ट जैसे कमांड्स से संबंधित होता है।

व्यू टैब: यह बटन डॉक्यूमेंट्स का डिस्प्ले या व्यू बदलने से संबंधित कमांड्स को शामिल करता है।

स्क्रॉल बार (Scroll Bar)

स्क्रॉल बार दाईं ओर वर्टिकल स्क्रॉलिंग और नीचे हॉरीजाँटल स्क्रॉलिंग के लिए दिखाई देता है जैसा चित्र 3.2 में दिखाया गया है। वर्ड 2010 में आप एक साथ कई डॉक्यूमेंट्स पर काम कर सकते हैं।

क्विक ऐक्सेस टूलबार का प्रयोग करना (Using Quick Access Toolbar)

आप क्विक ऐक्सेस टूलबार में बटन्स ऐड कर सकते हैं, जो उन्हें शामिल करने के लिए फैल जाता है। यदि आप कई बटन्स ऐड करते हैं तो टाइटल बार का टेक्स्ट देखना थोड़ा मुश्किल होगा या सभी बटन्स दिखाई नहीं दे सकते हैं। इस समस्या को सुलझाने के लिए, आप क्विक ऐक्सेस टूलबार को रिबन के नीचे मूव कराते हैं। इसके लिए पहले कस्टमाइज़ क्विक ऐक्सेस टूलबार, बटन पर क्लिक करें और फिर 'शो बिलो द रिबन' पर क्लिक करें।

1. **क्विक ऐक्सेस टूलबार** के दाएँ सिरे पर स्थित **कस्टमाइज क्विक ऐक्सेस** टूलबार बटन पर क्लिक करें।

   डीफॉल्ट से सेव, अनडू और रिपीट बटन क्विक ऐक्सेस टूलबार पर दिखाई देते हैं (देखें चित्र 3.2)।

3.2.9 रिबन कमांड द्वारा क्विक ऐक्सेस आयकन्स का प्रयोग करना (Using Quick Access Icons by Ribbon Command)

यदि आप क्विक ऐक्सेस टूलबार में सेव आयकन पर क्लिक करते हैं, तो वर्ड 2010 आपकी करेंट फाइल को सेव करता है। यदि आप एक नई फाइल सेव कर रहे हैं तो एक डायलॉग बॉक्स आएगा, और आपसे अपनी फाइल के लिए एक नाम चुनने को कहेगा। यदि आप प्रिंट आयकन पर क्लिक करते हैं, तो यह तुरंत डीफॉल्ट प्रिंटर से आपकी पूरी फाइल प्रिंट कर देगा।

रीडू आयकन लास्ट अनडू कमांड जो आपने चुना था, उसे रिवर्स करता है। उदाहरण के लिए, यदि आप एक पैराग्राफ डिलीट करते हैं, तो यह गायब हो जाता है। लेकिन यदि आप तुरंत अनडू आयकन पर क्लिक करते हैं, तो पैराग्राफ फिर से दिखने लगता है। यदि आप तुरंत आयकन पर क्लिक करते हैं तो रीडू कमांड अनडू कमांड को रिवर्स करता है अतः फिर से पैराग्राफ डिलीट हो जाता है।

अनडू आयकन बहुत ही यूनीक है। इसे इस्तेमाल करने के दो तरीके हैं। पहले में, आप अनडू आयकन पर क्लिक करके अपने लास्ट चुने गए ऐक्शन को आप अनडू कर सकते हैं। दूसरे में, आप अनडू आयकन के दाईं ओर दिखाई दे रहे नीचे की ओर पॉइंट करने वाले ऐरो पर क्लिक करके अपने एक या अधिक पिछले ऐक्शन्स की सूची को डिस्पले किया जा सकता है जैसा चित्र 3.3 में दिखाया गया है।

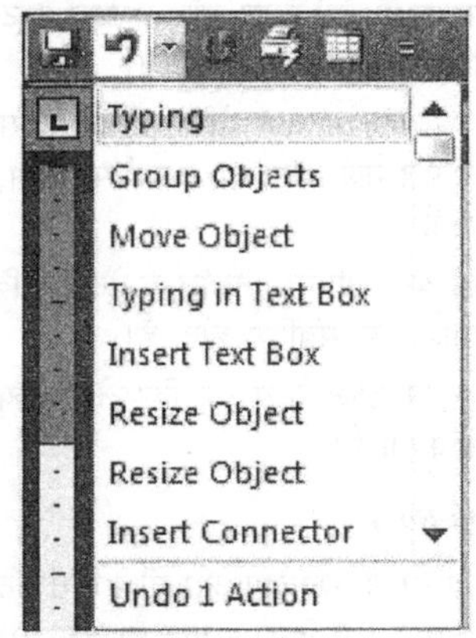

चित्र 3.3: अनडू आयकन ऐक्शन्स की लिस्ट डिस्प्ले करता है।

रूलर्स (Rulers)

रूलर आपको एक डॉक्यूमेंट के लिए मॉर्जिन्स, पैराग्राफ इंडेंटेशन और टैब सैटिंग कंट्रोल करने में मदद करता है।

☞ हॉरीजॉटल रूलर हमेशा डॉक्यूमेंट विंडो के टॉप पर दिखाई देता है। वर्टिकल रूलर केवल पेज लेआउट व्यू या प्रिंट प्रिव्यू में ही दिखता है।

रूलर्स को डिस्प्ले करना या छिपाना (Displaying or Hiding Ruler)

वर्ड 2010 आपको अपने काम की जरूरतों के अनुसार रूलर को छिपाने या दिखाने की फ्लेक्सिबिलिटी प्रदान करता है।

→ **रूलर्स को दिखाने के लिए:**

1. व्यू टैब में, शो ग्रुप में, रूलर चैक बॉक्स को सिलेक्ट करें (देखें चित्र 3.4)।
2. हॉरीजॉटल और वर्टिकल रूलर्स पेज के ऊपर ओर बाईं ओर दिखाई देते हैं।

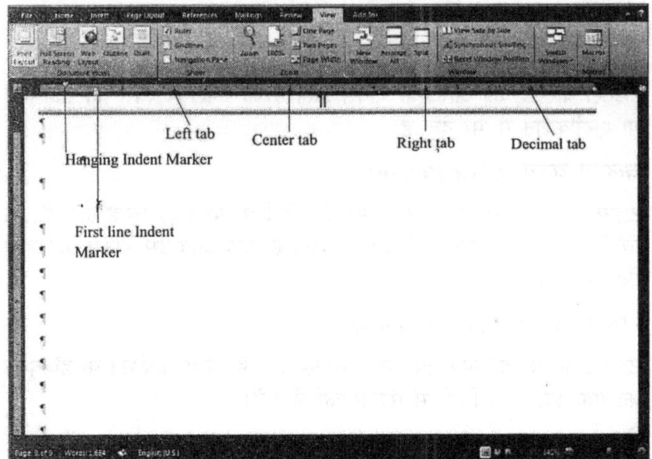

चित्र 3.4: वर्ड 2010 हॉरीजॉटल रूलर जिसमें टैब्स मार्किंग शामिल है।

हॉरीजॉटल रूलर को पढ़ना (Reading the Horizontal Ruler)

मार्जिन सैटिंग्स रूलर के निचले किनारे पर स्थित ऊपर की ओर मुँह करने वाले पॉइंटर्स के द्वारा मैनेज की जाती है। इन पॉइंटर्स को ड्रैग करके बाईं या दाईं मार्जिन को एडजस्ट किया जाता है। लेकिन, यदि आप इन पॉइंटर्स को ड्रैग करते हैं, तो वर्ड 2010 एक वर्टिकल लाइन दिखाता है, जो डॉक्यूमेंट में मार्जिन की पोजीशन को दर्शाती है।

☞ इंडेंट मार्कर्स और टैब स्टॉप्स जो हॉरीजॉटल रूलर्स पर होते हैं, पैराग्राफ के लिए सैटिंग्स को रिफ्लेक्ट करते हैं, जिसमें इंसर्शन पॉइंट शामिल होता है।

पैराग्राफ इंडेटेशन सैटिंग, नीचे की ओर पॉइंट करने वाले पॉइंटर जो रूलर के ऊपरी किनारे पर होते हैं, से मैनेज की जाती है। इन पॉइंटर्स की ड्रैग करके, पैराग्राफ की पहली लाइन का इंडेटेशन एडजस्ट किया जाता है। लेकिन यदि आप पॉइंटर को ड्रैग करते हैं, तो वर्ड 2010 एक वर्टिकल लाइन दिखाता है, ताकि आप नई इंडेंटेशन सैटिंग की नई पोजीशन देख सकें।

चित्र 3.5: वर्ड 2010 स्टेटस बार के एलीमेंट्स

नोट करें कि आप टैब सैटिंग्स को रूलर पर डबल क्लिक करके एडजस्ट कर सकते हैं। टैब्स चार तरह के होते हैं, जिनके बारे जानकारी टेबल 3.1 में दी गई है।

टेबल 3.1: विभिन्न प्रकार के टैब

टैब	फंक्शन
लेफ्ट-एंलाइन्ड	जैसे-जैसे आप टाइप करते हैं, कैरेक्टर्स टैब के राइट साइड में दिखते हैं, इसे बॉक्स में एक L शेप के एंगल द्वारा दर्शाया जाता है।
सेंटर एलाइन्ड	कैरेक्टर्स टैब पोजीशन पर ही सेंटर्ड होते हैं, इसे एक एंगल जिसमें एक वर्टिकल बार होता है जो बेस लाइन के बीचोबीच स्थित होता है, से दर्शाया जाता है।
राइट-एलाइन्ड	कैरेक्टर्स टैब के बाईं ओर एक्सटेंड होते जाते हैं जैसे जैसे आप टाइप करते हैं। इसे रिवर्स L- शेप के एंगल द्वारा दर्शाया जाता है।
डेसीमल	डेसीमल टैब पोजीशन के साथ एलाइन होता है, जो सैंटर एलाइन्ड टैब के सिंबल द्वारा दर्शाया जाता है जिसमें वर्टिकल बार के दाईं ओर एक डेसीमल पॉइंट होता है।

स्टेटस बार (Status Bar)

स्टेटस बार जो वर्ड 2010 विंडो के नीचे दिखाई देता है, एक्टिव डॉक्यूमेंट या जो भी काम आप प्रोसेस कर रहे हैं, उनके बारे में सूचना दिखाता है।

स्टेटस बार को डिस्प्ले करना (Display Status Bar)

स्टेटस बार पर इंसर्शन पॉइंट की लोकेशन डिस्प्ले होती है। डीफॉल्ट से, स्टेटस बार आपको बताता है कि इंसर्शन पॉइंट किस पेज पर है, लेकिल आप इसकी लोकशन सैक्शन लाइन और कॉलम के द्वारा भी डिस्प्ले कर सकते हैं। इसे आप पेज के टॉप से लेकर इंच में भी दिखा सकते हैं। इसके लिए स्टेटस बार पर राइट क्लिक करें, और फिर जो भी विकल्प आप डिस्प्ले करना चाहते हैं, उस पर क्लिक करें। विकल्प चुनने के बाद, स्क्रीन चित्र 3.5 की तरह से दिखाई देगी।

➔ **स्टेटस बार पर आइटम्स छिपाने के लिए:**

1. स्टेटस बार पर माउस से राइट क्लिक करें, कस्टमाइज स्टेटस बार पॉप आप मेन्यूज दिखाई देते हैं, जो भी विकल्प स्टेटस बार में आपको छिपाना है उसे सिलेक्ट करें।

स्टेटस बार को पढ़ना (Reading the Status Bar)

स्टेटस बार में स्क्रीन पर दिखाई देने वाले टेक्स्ट के बारे में सूचना दिखाई देती है। टेबल 3.2 में स्टेट्स बार में दिखाई देने वाले मैसेज का वर्णन किया गया है (देखें चित्र 3.5)।

टेबल 3.2: स्टेटस बार में मैसेज

मैसेज	एक्सप्लेनेशन
पेज 6	आप डॉक्यूमेंट के पेज 6 पर हैं।
Sec 1	आप डॉक्यूमेंट के सैक्शन 1 पर हैं।
6/6	आप 6 पेज वाले डॉक्यूमेंट में पेज 6 पर हैं। ये पेज नंबर डॉक्यूमेंट के वास्तविक पेजेस की संख्या पर आधारित होते हैं, ना कि प्रिंटेड पेज नंबर पर। यदि आपने 1 से हटकर किसी अन्य नंबर से पेजेस की नंबरिंग शुरू की है, तो यह प्रिंटेड पेज नंबर से मैच नहीं करेगा।
At 8.4"	टेक्स्ट की एक लाइन जो पेज के टॉप से वर्टिकल पोजीशन के अनुसार 8.4" पर स्थित है।
Rn 6	इस पेज में आप टेक्स्ट की 6th लाइन पर है।
वर्ड काउंट	डॉक्यूमेंट में शब्दों की संख्या।
Col 1	टेक्स्ट की लाइन में कैरेक्टर पोजीशन की लाइन की शुरूआती स्थिति।
ओवर/इन्सर्ट	बताता है कि ओवरटाइप मोड ऑन है या ऑफ।
व्यू टैब्स	डॉक्यूमेंट का अलग व्यू।
जूम	जूम स्लाइडर को क्लिक करना। यदि आप जूम इन मूव करते हैं (अर्थात्+आयकन), तो यह बढ़ने के लिए मूव होता है। यदि आप जूम आउट मूव करते हैं (अर्थात्-आयकन) तो यह घटने के लिए मूव होता है।

3.2.10 हेल्प प्राप्त करना (Getting Help)

आप वर्ड हेल्प सिस्टम का प्रयोग करके किसी भी वर्ड टॉपिक या टास्क के बारे में मदद प्राप्त कर सकते हैं। यह सिस्टम टूल्स और फाइल्स का एक कॉंबिनेशन होता है जो आपके कम्प्यूटर पर उस समय स्टोर किए गए थे जब वर्ड 2010 को इन्स्टॉल किया गया था। यदि आपका कम्प्यूटर इंटरनेट से कनेक्टेड है, तो आप office-com से भी रिसोर्सेज को ऐक्सेस कर सकते हैं।

➔ **हेल्प पाने के लिए:**

1. वर्ड हेल्प बटन पर क्लिक करें जो रिबन के दाएँ सिरे पर स्थित है। या F1 की दबाएँ। वर्ड हेल्प विंडो खुलती है जिसमें चित्र 3.6 में दिखाए अनुसार जनरल हेल्प टॉपिक्स की लिस्ट डिस्प्ले होती है।
2. किसी भी टॉपिक पर क्लिक करके उससे संबंधित सूचना डिस्प्ले करें (चित्र 3.6 देखें)

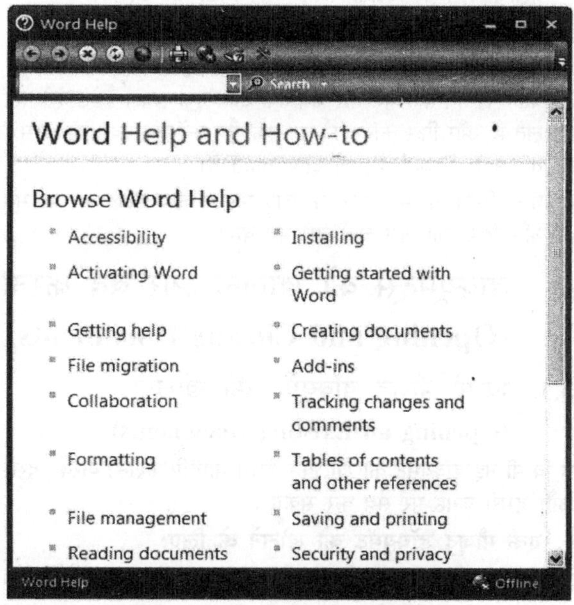

चित्र 3.6: वर्ड हेल्प डायलॉग बॉक्स

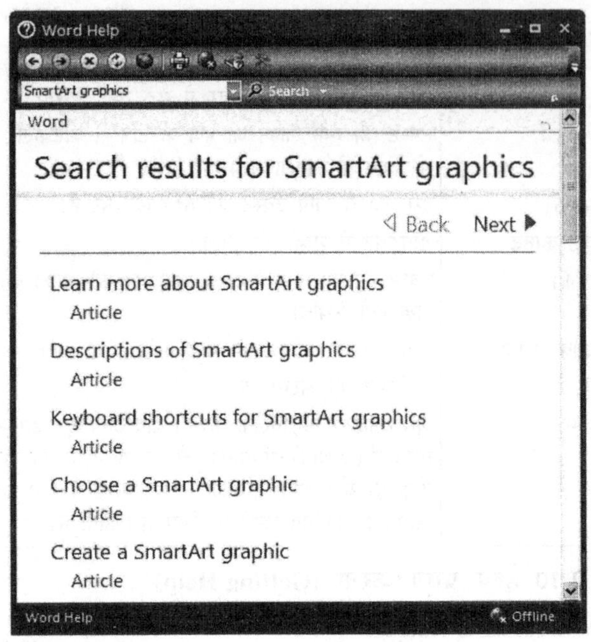

चित्र 3.7: सर्च बॉक्स में एक शब्द टाइप करें।

3. किसी विशेष टॉपिक पर हेल्प पाने के लिए, एक शब्द या वाक्यांश जो टॉपिक से संबंधित हो, सर्च बॉक्स में टाइप करें और फिर की दबाएँ। उदाहरण के लिए हमने सर्च बॉक्स में Smart Art Graphics शब्दों को टाइप किया है। (देखें चित्र 3.7)।
4. हेल्प विंडो टॉपिक्स की एक लिस्ट डिस्प्ले करती है। इसमें से जो भी आप चुनना चाहते हैं उसे चुनें (देखें चित्र 3.7)।
5. हेल्प विंडो स्टेप-बाई-स्टेप विवरण डिस्प्ले करती है।
6. क्लोज बटन पर क्लिक करके हेल्प विंडो को बंद करें।

➔ **हेल्प को रीसाइज या रीपोज़ीशन करने के लिए:**

1. हेल्प विंडो को रीसाइज़ करने के लिए, पॉइंटर को हेल्प विंडो के एक कोने पर तब तक मूव करें जब तक आप एक डबल हैडेड ऐरो नहीं देख लेते हैं, और फिर कॉर्नर को तब तक ड्रैग करें जब तक विंडो उस साइज़ की नहीं हो जाती है, जो आप चाहते हैं।
2. हेल्प विंडो को मूव करने के लिए पॉइंटर को टाइटल बार पर मूव करें और विंडो को जैसे चाहें वैसे मूव करें।

3.3 डॉक्यूमेंट्स को खोलना और बंद करना (Opening and Closing Documents)

3.3.1 किसी मौजूद डॉक्यूमेंट को खोलना (Opening an Existing Documents)

आप किसी नई डॉक्यूमेंट को खोलकर उसमें मॉडिफिकेशन्स करके, दूसरे नाम से और दूसरी जगह पर सेव कर सकते हैं।

➔ **एक मौजूद डॉक्यूमेंट को खोलने के लिए:**

1. **फाइल** टैब पर क्लिक करें, बैक स्टेज व्यू आ जाएगा।
2. **ओपन** टैब पर क्लिक करें, **ओपन** डायलॉग बॉक्स चित्र 3.8 की तरह से दिखाई देगा।

चित्र 3.8: ओपन डायलॉग बॉक्स

3. लुकइन: ड्रॉप डाउन लिस्ट में जो फाइल आप खोलना चाहते हैं। उसकी लोकेशन चुनें।
4. ड्रॉप डाउन ट्राएंगल व्यूज बटन को क्लिक करके जिस तरह से फाइल और फोल्डर लिस्ट टेबल फॉर्म में डिस्प्ले होगी, उसे बदलें:

बटन	फंक्शन
थंबनेल	यह आयकन्स को थंबनेल्स में प्रदर्शित करता है। जब आप एक फोल्डर के नाम पर क्लिक करते हैं, तो एक गाढ़ा हाइलाइटेड बॉर्डर दिखाई देता है।
टाइल्स	यह आयकन्स को मीडियम साइज में डिस्प्ले करता है।
आयकन्स	यह आयकन्स को छोटे साइज में डिस्प्ले करता है।
लिस्ट	यह कमांड्स की एक लिस्ट डिस्प्ले करता है।
डिटेल्स	यह फाइल की डिटेल्स जैसे साइज, टाइप, लास्ट मॉडिफाइड आदि को डिस्प्ले करता है।
प्रॉपर्टीज़	यह फाइल की प्रॉपर्टीज़ डिस्प्ले करता है।
प्रिव्यू	यह फाइल का प्रिव्यू डिस्प्ले करता है।

5. डॉक्यूमेंट को लिस्ट में से चुनकर, **ओपन** बटन पर क्लिक करें।
6. सिलेक्ट किया गया वर्ड 2010 डॉक्यूमेंट खुल जाएगा।

एक डॉक्यूमेंट में चारों ओर मूव करना (Moving Around in a Document)

डॉक्यूमेंट में स्क्रॉल करना (Scroll through a Document)

आप माउस या कीबोर्ड का प्रयोग करके डॉक्यूमेंट में स्क्रॉल कर सकते हैं। यदि आप डॉक्यूमेंट विंडो को स्प्लिट करते हैं, तो आप डॉक्यूमेंट के दो अलग-अलग भाग देख सकते हैं।

माउस की सहायता से डॉक्यूमेंट में स्क्रॉल करना
(Scrolling through a Document Using the Mouse)

ऐसा करने के लिए	यह करें
एक लाइन ऊपर स्क्रॉल करने के लिए	अप स्क्रॉल ऐरो पर क्लिक करें।
एक लाइन नीचे स्क्रॉल करने के लिए	डाउन स्क्रॉल ऐरो पर क्लिक करें।
एक स्क्रीन ऊपर स्क्रॉल करने के लिए	स्क्रॉल बॉक्स के ऊपर क्लिक करें।
एक स्क्रीन नीचे स्क्रॉल करने के लिए	स्क्रॉल बॉक्स के नीचे क्लिक करें।
एक निश्चित पेज पर स्क्रॉल करने के लिए	स्क्रॉल पेज को ड्रैग करें।
बाएँ स्क्रॉल के लिए	बाएँ स्क्रॉल ऐरो पर क्लिक करें।
दाएँ स्क्रॉल के लिए	दाएँ स्क्रॉल ऐरो पर क्लिक करें।
नॉर्मल व्यू में मार्जिन से आगे बाईं ओर स्क्रॉल करने के लिए	शिफ्ट की दबा कर लेफ्ट स्क्रॉल ऐरो पर क्लिक करें।

एक पेज ऊपर या नीचे स्क्रॉल करने का तेज तरीका है, वर्टिकल स्क्रॉल बार पर सिलेक्ट ब्राउज ऑब्जेक्ट पर क्लिक करें और फिर मनचाहे विकल्प पर क्लिक करें (देखें चित्र 3.2)।

एक डॉक्यूमेंट को टाइप करना एवं उसकी एडिटिंग करना
(Typing and Editing a Document)

आप एक डॉक्यूमेंट में, बिना राइट मार्जिन के अंत की चिंता किए हुए, टाइपिंग स्टार्ट कर सकते हैं। लाइन के अंत में जो शब्द होते हैं, ऑटोमैटिक रूप से टेक्स्ट को अगली लाइन में रैप (wrap) कर लेंगे। आप Backspace key दबाकर टेक्स्ट को सही कर सकते हैं। डॉक्यूमेंट की एडिटिंग, विंडोज़ के सिद्धांत पर आधारित होती है, अर्थात् सिलेक्ट करो फिर काम करो।

3.3.2 सेव और सेव ऐज़ (Save and Save As)

पहली बार जब आप एक फाइल को सेव करते हैं, तो आपको तीन आइटम्स निर्धारित करने होंगे:

1. ड्राइव और फोल्डर जिसमें आप अपनी फाइल स्टोर करना चाहते है।
2. फाइल का नाम।
3. फाइल को सेव करने का फॉर्मेट।

➔ **एक डॉक्यूमेंट को सेव करने के लिए:**

1. **फाइल** टैब पर क्लिक करके **सेव** टैब पर क्लिक करें। या क्विक ऐक्सेस टूलबार पर स्थित सेव बटन को चुनें।
2. जब आप पहली बार एक डॉक्यूमेंट को सेव करते हैं तो वर्ड 2010 Save As ... डायलॉग बॉक्स डिस्प्ले करता है (देखें चित्र 3.9) ताकि आप डॉक्यूमेंट का नाम टाइप कर सकें।
3. सेव इन: ड्रॉप डाउन में क्लिक करें और ड्राइव या फोल्डर का नाम निर्धारित करें जिसमें आप फाइल को सेव करेंगे।
4. फाइल नेम: टेक्स्ट बॉक्स में क्लिक करें और फाइल के लिए एक नाम टाइप करें।
5. सेव बटन पर क्लिक करें।

एक डॉक्यूमेंट को नाम देना (Naming a Document)

विंडोज में, फाइल का नाम एक से 255 कैरेक्टर्स तक लंबा हो सकता है। इसके बाद पीरियड (.) लगता है और तीन कैरेक्टर्स तक का फाइल नेम एक्सटेंशन होता है। (अधिकांश केसों में यही होता है कि वर्ड को ही, वर्ड डॉक्यूमेंट्स के लिए डीफॉल्ट नाम सप्लाई करने को कहा जाता है, जो कि .DOC होता है।) आप फाइलों को नाम देते समय निम्न कैरेक्टर्स को छोड़कर अन्य कोई भी कैरेक्टर इस्तेमाल कर सकते हैं;

* ? : [ ] + = \ / : < >

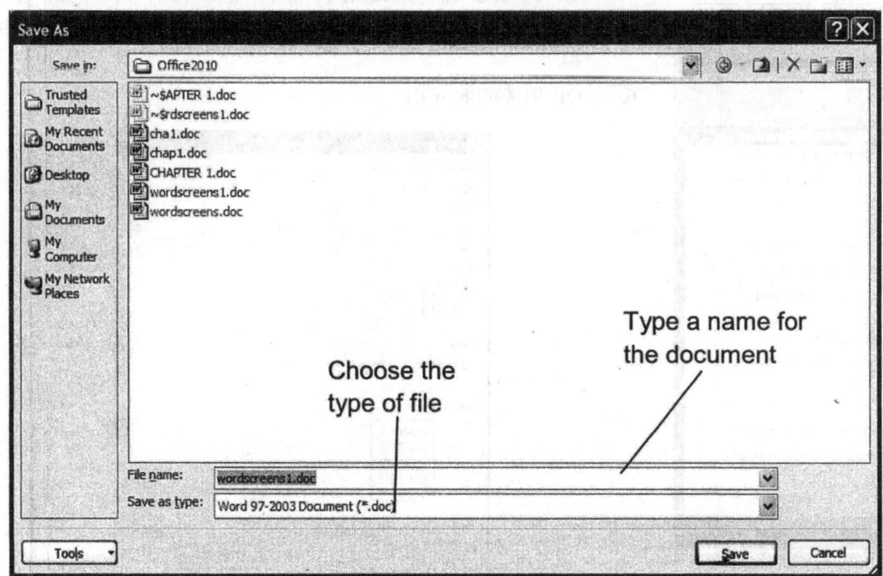

चित्र 3.9: सेव ऐज़ डायलॉग बॉक्स

☞ आपको एक डॉक्यूमेंट प्रिंट करने से पहले इसे प्रिव्यू करना चाहिए। इससे आपको यह पता लगाने में मदद मिलेगी कि पेज ब्रेक वास्तव में कहाँ आएगा। यदि आवश्यक हो तो आप इसे बदल भी सकते हैं।

आप पीरियड (.) का इस्तेमाल सिर्फ फाइल नाम को एक्सटेंशन से अलग करने के लिए ही कर सकते हैं अन्यथा नहीं।

3.3.3 पेज सैटअप विकल्प (Page Setup Options)

वर्ड 2010 की डीफॉल्ट मार्जिन ऊपर और नीचे से 1 इंच होती है जब कि बाएँ और दाएँ से 1.25 इंच होती है। आप पूरे डॉक्यूमेंट की मार्जिन बदल सकते हैं या डॉक्यूमेंट के अलग अलग भाग की मार्जिन बदल सकते हैं। (यदि आपने डॉक्यूमेंट को सेक्शन्स में विभाजित किया है तो)

नोट करें कि ड्रॉफ्ट और आउटलाइन व्यू में, आप मार्जिन नहीं देख पाते हैं। लेकिन आप इनके बीच में स्पेस को देख पाते हैं। प्रिंट लेआउट व्यू में, आप पेज को जैसा प्रिंट होगा वैसा ही देख सकते हैं। हमेशा प्रिंट लेआउट व्यू को सिलेक्ट करो यदि आप चाहते हैं कि हैडर्स, फुटर्स, पेज नंबर्स, फुटनोट्स आदि दिखें। आप दो में से एक प्रकार का पेज ओरिएंटेशन भी चुन सकते हैं जैसे पोर्ट्रेट (वर्टिकल) या लैंडस्केप (हॉरीजाँटल)। आप किसी एक सैक्शन या पूरे डॉक्यूमेंट के लिए पेपर साइज और पेज ओरिएंटेशन को बदल सकते हैं।

☞ मार्जिन सैटिंग्स में इंडेंट्स जुड़ जाते हैं। अर्थात् यदि आप 1.0'' लेफ्ट मार्जिन स्पेसिफाई करते है और 1/2'' लेफ्ट इंडेंट, तो आपका टेक्स्ट लेफ्ट मार्जिन से 1.5'' पर प्रिंट होगा। यदि आप 1.0'' राइट मार्जिन सैट करते हैं और पैराग्राफ के राइट किनारे को 1.0'' पर इंडेंट करते हैं तो टेक्स्ट पेज के राइट किनारे से 2'' पहले ही स्टॉप हो जाएगा। (देखें चित्र 3.10)

एक पेज में केवल एक यूज़र डिफाइन्ड (user defined) लेफ्ट मार्जिन सैटिंग हो सकती है और केवल एक ही यूज़र डिफाइन्ड राइट मार्जिन सैटिंग होती है लेकिन पेज के प्रत्येक पैराग्राफ में अलग अलग लेफ्ट और राइट इंडेंटेशन हो सकते हैं।

डॉक्यूमेंट की मार्जिन सैट करना (Setting Document Margins)

मार्जिन सैट करने के दो तरीके हैं। ये हैं:

- पेज सैटअप कमांड द्वारा जो पेज लेआउट टैब में होता है।
- प्रिंट लेआउट व्यू में रूलर्स का प्रयोग करके मार्जिन एडजस्ट करना

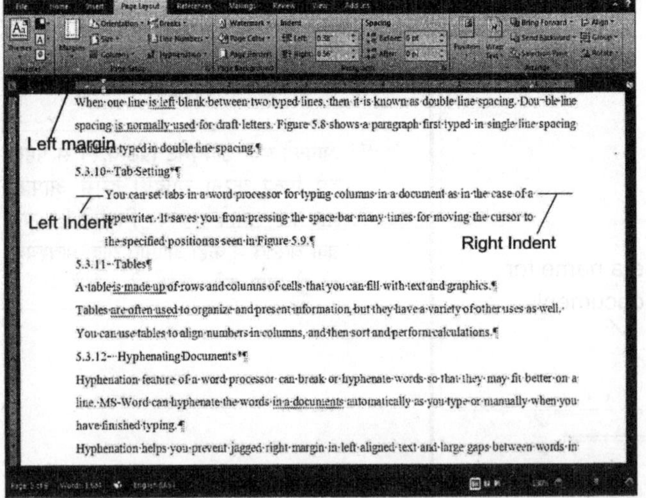

चित्र 3.10: पेज मार्जिन और इंडेंट्स

➔ पेज सैटअप कमांड द्वारा मार्जिन सैट करने के लिए:

1. उन सेक्शन्स को सिलेक्ट करो जिनके लिए आप मार्जिन बदलना चाहते हैं या इंसर्शन पॉइंट को उस सेक्शन में रखो जिसकी मार्जिन आप बदलना चाहते हैं।
2. पेज लेआउट टैब पर क्लिक करो और पेज सैटअप के दाएँ कोने में बने ऐरो पर क्लिक करो। **पेज सैटअप** डायलॉग बॉक्स खुलेगा। चित्र 3.11 की तरह मार्जिन टैब प्रॉपर्टी शीट सामने आएगी जब इस पर क्लिक करेंगे।
3. मार्जिन प्रॉपर्टीशीट में निम्न ऑप्शन होते हैं:

ऑप्शन (Option)	**विवरण (Description)**
टॉप (Top):	पेज के ऊपर से मनचाही मार्जिन टाइप करो या सिलेक्ट करो।
बॉटम (Bottom):	पेज के नीचे से मनचाही मार्जिन टाइप करो या सिलेक्ट करो।
लेफ्ट (Left):	पेज के बाएँ किनारे से मनचाही मार्जिन टाइप करो या सिलेक्ट करो।
राइट (Right):	पेज के दाएँ किनारे से मनचाही मार्जिन टाइप करो या सिलेक्ट करो।
गटर (Gutter):	जैसी आवश्यकता हो वैसी गटर स्पेस को सिलेक्ट करो या टाइप करो। गटर वह ऐक्स्ट्रा (extra) स्पेस होती है जो मार्जिन में जोड़ी जाती है ताकि बाइंडिंग (binding) के लिए जगह छोड़ी जा सके।
ओरिएंटेशन (Orientation):	पोर्ट्रेट या लैंडस्केप पेज सैटिंग विकल्पों में से एक को को चुनें।

4. **ऐप्लाई टू:** में, डॉक्यूमेंट का वह भाग चुनो जहाँ से आप नई सैटिंग ऐप्लाई करना चाहते हैं।
5. **मिरर मार्जिन:** यह ऑप्शन लेफ्ट राइट मार्जिन ऐडजस्ट करता है जिससे जब आप पेज के दोनों तरफ प्रिंट करते हैं तो फेसिंग (facing) पेजों की इनसाइड और आउटसाइड मार्जिन दोनों बराबर विड्थ की होती है। प्रिव्यू बॉक्स आपके द्वारा सिलेक्ट की गई सैटिंग्स का इफेक्ट दिखाता है।
6. OK पर क्लिक करो।

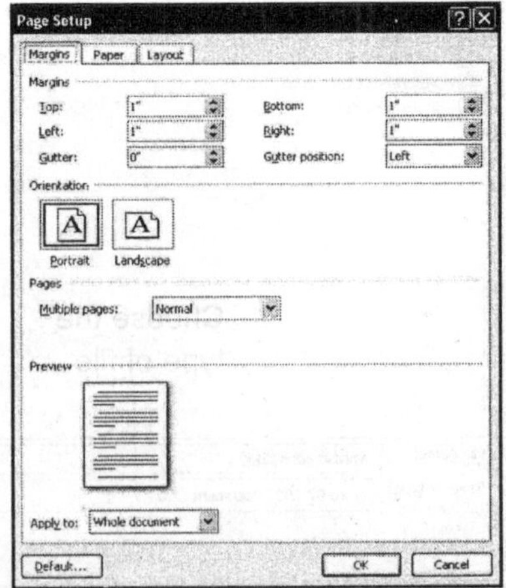

चित्र 3.11: पेज सैटअप डायलॉग बॉक्स

➔ **रूलर का प्रयोग करके मार्जिन सैट करने के लिए:**

1. प्रिंट लेआउट व्यू में स्विच करो।
2. यदि रूलर प्रदर्शित नहीं है तो व्यू टैब में जाकर शा ग्रुप पर क्लिक करके रूलर चैक बॉक्स को चुनें।
3. रूलर पर ट्रांजीशन एरिया को पॉइंट करो अर्थात वहाँ जहाँ ग्रे धीरे धीरे व्हाइट हो जाता है।
4. माउस पॉइंटर डबल हैडेड ऐरो में बदल जाता है।
5. मार्जिन को माउस से ड्रैग करके, मनचाही जगह पर ले जाओ। जब आप ड्रैग करते है तो रूलर के डाइमेंशन्स (dimensions) बदल जाते हैं। (देखें चित्र 3.12)

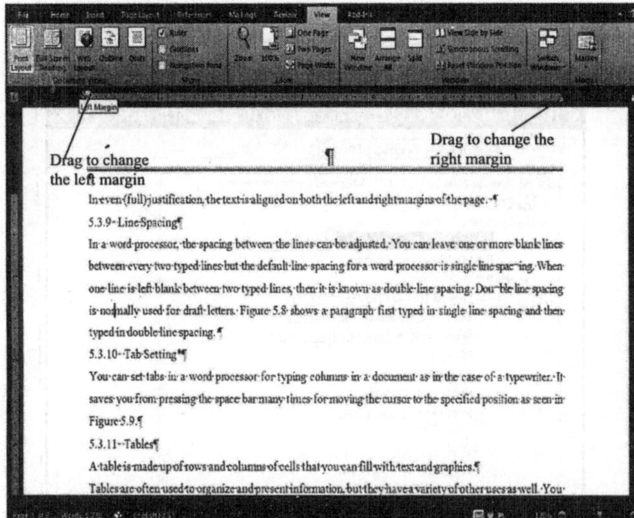

चित्र 3.12: मार्जिन बदलने के लिए रूलर के सिरों को प्रिंट लेआउट में ड्रैग करें।

पेपर साइज़ (Paper Size)

जो पेपर साइज़ आप इस्तेमाल करते हैं, उसके अनुसार ही अक्सर पेज मार्जिन सैट होती है।

➔ **पेपर साइज़ को सिलेक्ट करने के लिए:**

1. जिस सेक्शन को आप बदलना चाहते हैं उसमें से टेक्स्ट को सिलेक्ट करो।
2. पेज सैट अप डायलॉग बॉक्स में, पेपर टैब पर क्लिक करो। चित्र 3.13 की तरह प्रॉपर्टी शीट दिखाई देगी।
3. ऑप्शन नीचे दिए गए हैं:

ऑप्शन (Option)	**फंक्शन (Function)**
पेपर साइज़ (Paper Size)	ड्राप डाउन के रूप में जो लिस्ट है उसमें अलग-अलग स्टैंडर्ड पेपर साइज़ दिए गए हैं। इनमें से एक सिलेक्ट करो या विड्थ और हाइट बताओ। आमतौर पर A4 और लीगल (Legal) पेपर साइज प्रयोग होते हैं।
विड्थ (Width)	आप जिस पेपर का प्रयोग कर रहे हैं उसकी विड्थ को टाइप करो या सिलेक्ट करो।
हाइट (Height)	आप जिस पेपर का प्रयोग कर रहे हैं उसकी हाइट को टाइप करो या सिलेक्ट करो।

4. **ऐप्लाई टू:** में से डॉक्यूमेंट का वह भाग सिलेक्ट करो जो आप सिलेक्टेड पेपर साइज़ पर प्रिंट करना चाहते हैं।

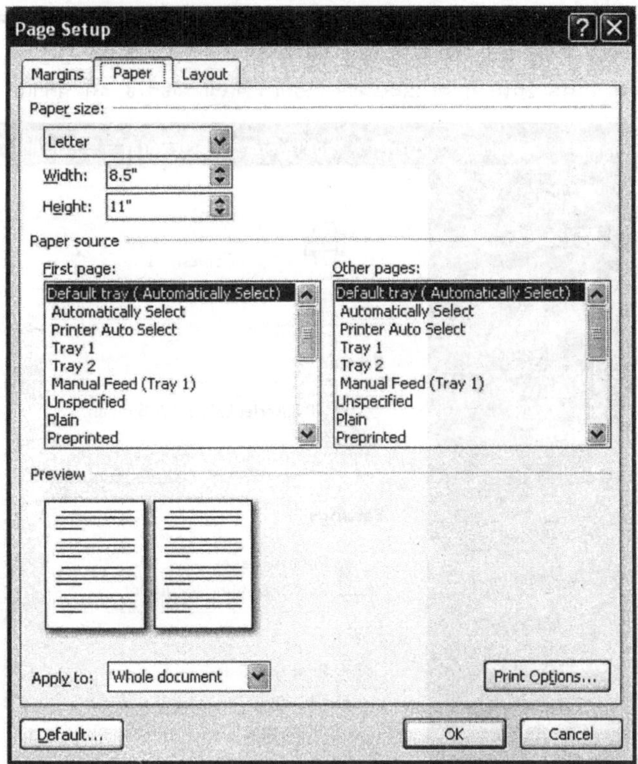

चित्र 3.13.: पेपर साइज़ प्रॉपर्टीशीट टैब

5. **डीफॉल्ट** बटन पर क्लिक करो यदि आप इन सैटिंग्स को डीफॉल्ट सैटिंग के रूप में सेव करना चाहते हैं, जिससे आप इसे, इसके बाद प्रिंट होने वाले सभी पेजों पर ऐप्लाई कर सकेंगे।
6. OK पर क्लिक करो।

3.3.4 डॉक्यूमेंट को प्रिव्यू और प्रिंट करना (Previewing and Printing a Document)

जब आप किसी डॉक्यूमेंट को प्रिंट करने के लिए तैयार होते हैं, तब आप **फाइल** टैब पर क्लिक करें और प्रिंट पर पॉइंट करें। जब बैक स्टेज व्यू सामने दिखाई देगा तब प्रिंट आयकन पर क्लिक करें। वर्ड तब आपके कम्प्यूटर के डिफॉल्ट प्रिंटर का और प्रिंट बैकस्टेज व्यू में निर्धारित की गई सैटिंग्स का प्रयोग करता है। आप एक अलग प्रिंटर का भी प्रयोग कर सकते हैं या फाइल टैब बैक स्टेज व्यू में प्रिंटर सैटिंग्स को बदल सकते हैं। आप फिर यह निर्धारित कर सकते हैं कि किस प्रिंटर का प्रयोग करना है और क्या प्रिंट करना है तथा कितनी कॉपीज़ प्रिंट करनी है। आप सैटिंग्स में अन्य बदलाव भी कर सकते हैं।

☞ एक डॉक्यूमेंट प्रिंट करने से पहले, आपको प्रिव्यू द्वारा चैक करना चाहिए कि ये पेपर पर किस तरह दिखेगा। प्रिव्यूइंग मल्टीपेज डॉक्यूमेंट के लिए जरूरी है लेकिन यह एक पेज के डॉक्यूमेंट के लिए भी उपयोग है।

प्रिंटर प्रॉपर्टीज के विकल्पों को सैट करना
(Setting Printer Properties Options)

विंडोज प्रिंटर को सैटअप करने की पूरी जानकारी को मैनेज करती है। लेकिन विंडो आपके लिए तीन काम छोड़ देती हैं:

- वर्ड 2010 में जो प्रिंटर आप इस्तेमाल करना चाहते हैं उसे चुनना।

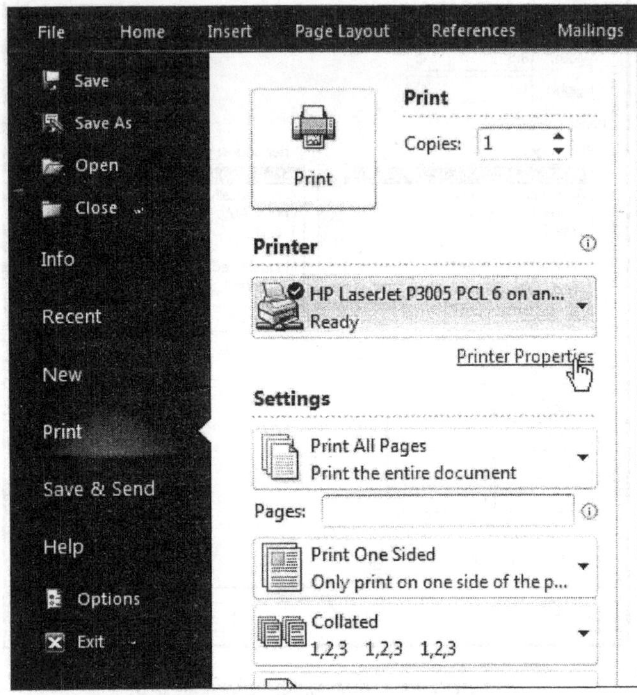

चित्र 3.14: फाइल टैब में प्रिंटर प्रॉपर्टीज सिलेक्ट करना

- उस प्रिंटर को इन्स्टॉल करना यदि यह विंडोज प्रिंटर्स की लिस्ट में शामिल नहीं है।
- स्पेशल प्रिंटिंग की जरूरतों के लिए प्रिंटर सैटअप बदलना।

☞ अधिकतर प्रिंटर विकल्प वर्ड 2010 द्वारा आपके चुने गए प्रिंटर के आधार पर सैट किए गए हैं। इसमें ऐसे कई विकल्प उपलब्ध है जिनसे आप अपनी जरूरतों के अनुसार प्रिंटिंग विकल्पों को कस्टमाइज़ कर सकते हैं।

➔ प्रिंटर स्पेसिफिक विकल्पों को सैट करने के लिए:

1. **फाइल** टैब पर क्लिक करें, चित्र 3.14 की तरह से बैक स्टेज व्यू दिखाई देगा।
2. **प्रिंटर** ड्रॉप-डाउन लिस्ट के अंतर्गत, प्रिंटर को सिलेक्ट करें।
3. **फाइल** बैक स्टेज व्यू में **प्रिंटर प्रॉपर्टीज** पर क्लिक करें (देखें चित्र 3.14)।
4. **प्रिंटर प्रॉपर्टीज** डायलॉग बॉक्स चित्र 3.15 की तरह से दिखेगा।
5. **प्रॉपर्टीज** डायलॉग बॉक्स में आमतौर पर निम्न टैब होते हैं।

टैब	विकल्प
एडवांस्ड (Advanced)	अतिरिक्त फीचर्स जैसे पेज प्रोटेक्शन, कॉपीज, पेपर साइज और पोस्टस्क्रिप्ट विकल्प एडवांस्ड टैब पर पाए जा सकते हैं।
पेपर/क्वालिटी (Paper/Quality)	पेपर और प्रिंटिंग की क्वालिटी के लिए विकल्प सैट करता है।
फिनिशिंग (Finishing)	जो आप चाहते हैं वह प्रिंटिंग क्वालिटी सिलेक्ट करें। यह विकल्प प्रत्येक प्रिंटर के लिए अलग-अलग हो सकता है।
इफेक्ट्स (Effects)	यह आपके डॉक्यूमेंट के प्रिंट्स को एक पेपर साइज पर दिखाता है जो फॉर्मेटेड से अलग होता है। इसमें नॉर्मल साइज की पर्सेंटेज भी निर्धारित होती है।

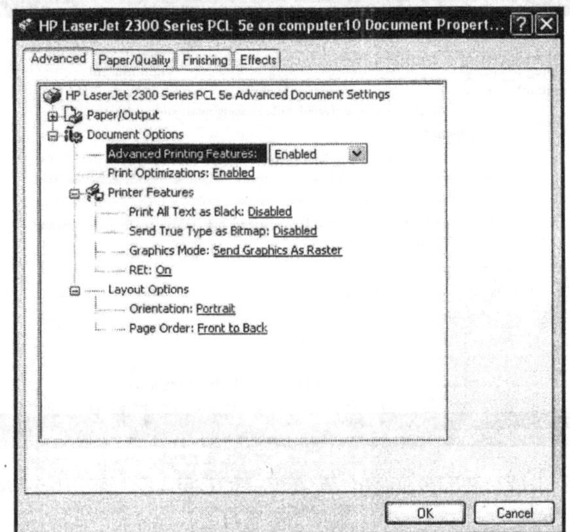

चित्र 3.15: प्रिंटर प्रॉपर्टीज डायलॉग बॉक्स

6. **एडवांस्ड** टैब पर क्लिक करें। इसके विकल्प हैं:

   पेज ऑर्डर सैक्शन में

   - यदि आप फ्रंट टू बैक चुनते हैं, तो यह उस ऑर्डर को निर्धारित करता है जिसमें आपके डॉक्यूमेंट के पेजेस प्रिंट होंगे। यह पेज 1 से लेकर अंत तक प्रिंटिंग करता है।
   - यदि आप बैक टू फ्रंट चुनते हैं, तो यह डॉक्यूमेंट को अंतिम से लेकर पहले पेज तक प्रिंट करता है।

7. पेपर/क्वालिटी टैब पर क्लिक करें। इसके विकल्प इस प्रकार हैं: (देखें चित्र 3.16)

   पेपर विकल्प में

   - अलग पेपर पर क्लिक करके सैटिंग्स को पूरा करें जो आपको एक अलग पेपर सोर्स सिलेक्ट करने और पहले पेज के लिए सैटिंग्स टाइप करने की अनुमति देता है। आप अन्य पेजेस और बैक कवर के लिए भी सैटिंग्स टाइप कर सकते हैं।

- **सोर्स इज़:** ड्रॉप डाउन लिस्ट पर क्लिक करें और मनचाहे विकल्प को चुनें जहाँ पर पेपर प्रिंटर में स्थित है।
- **टाइप इज़:** जिस तरह का पेपर आप प्रयोग करना चाहते हैं उसे चुनें।

8. OK पर क्लिक करें।
9. **प्रिंट** डायलॉग बॉक्स में, पुन: OK पर क्लिक करें।

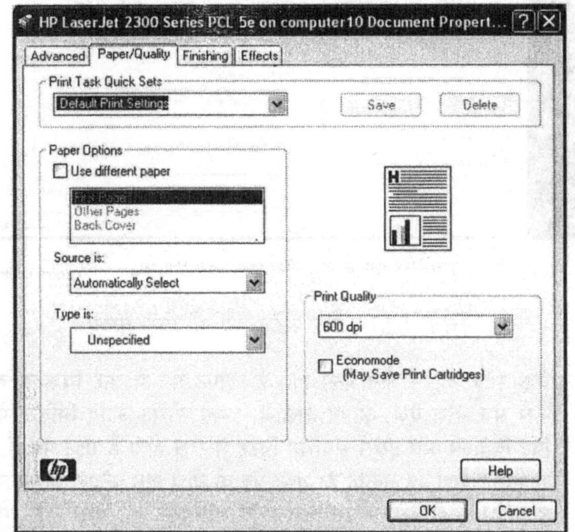

चित्र 3.16: पेपर/क्वालिटी टैब प्रॉपर्टी शीट के प्रॉपर्टीज विकल्प

करेंट डॉक्यूमेंट को प्रिंट करना (Printing the Current Document)

प्रिंट का सबसे सरल तरीका है पहले डॉक्यूमेंट को खोलना। **फाइल** टैब पर क्लिक करें, प्रिंट टैब चुनें। बैकस्टेज व्यू आता है, इसपर प्रिंट आयकन चुनें। या क्विक ऐक्सेस टूलबार पर स्थित प्रिंट बटन पर क्लिक करें। डीफॉल्ट से, वर्ड 2010 सिलेक्ट किए गए प्रिंटर पर खुले गए करेंट डॉक्यूमेंट की केवल एक कॉपी ही प्रिंट करता है और छिपे हुए टेक्स्ट को प्रिंट नहीं करता है।

➔ **डॉक्यूमेंट की एक कॉपी प्रिंट करने के लिए:**

1. प्रिंट किए जाने वाले डॉक्यूमेंट को खोलें।

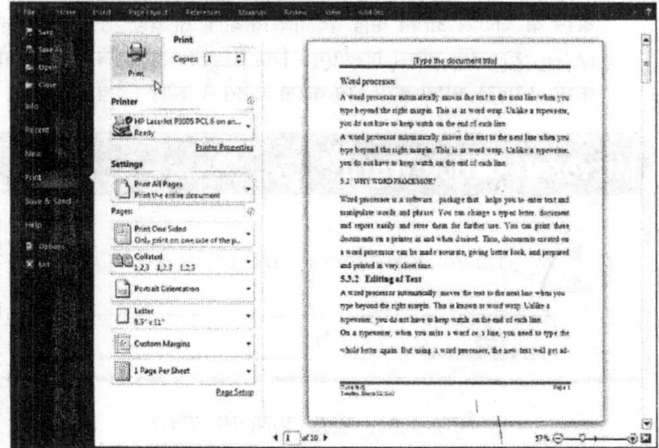

चित्र 3.17: प्रिंट बैक स्टेज व्यू

2. **फाइल** टैब पर क्लिक करें और फिर **प्रिंट** कमांड चुनें। प्रिंट बैक स्टेज व्यू दिखाई देता है, अब प्रिंट आयकन पर क्लिक करें या Ctrl + Shift + F12 कीज को एक साथ दबाएँ (देखें चित्र 3.17)।
3. प्रिंट बैक स्टेज व्यू बंद हो जाता है और स्टेट्स बार में प्रिंट जॉब की प्रोसेस डिस्प्ले होती है (चित्र 3.18)।

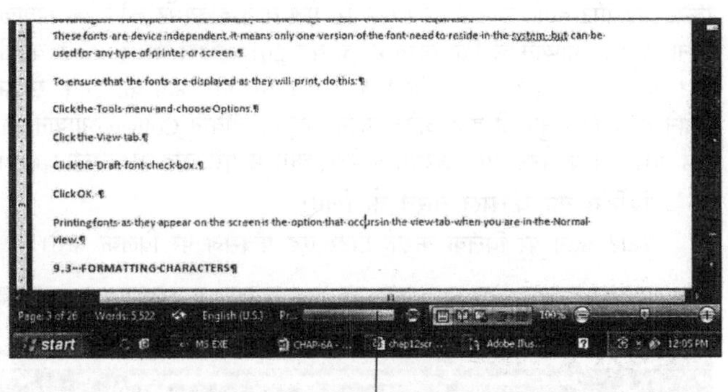

The process of print job in the status bar

चित्र 3.18: स्टेट्स बार में प्रिंट जॉब की प्रोसेस डिस्प्ले होना

पेज रेंज विकल्प (Page Range Options)

- पूरा डॉक्यूमेंट प्रिंट करने के लिए, ऑल बटन पर क्लिक करो जिससे यह गाढ़ा दिखे।
- केवल उस पेज को प्रिंट करने के लिए जिसमें अभी इन्सर्शन पॉइंट है, करेंट पेज बटन पर क्लिक करो।
- सिलेक्टेड टेक्स्ट को प्रिंट करने के लिए, पहले इसे सिलेक्ट करो, इसके बाद प्रिंट डायलॉग बॉक्स में, पेज रेंज एरिया में सिलेक्शन बटन का इस्तेमाल करो। यह चॉएस तब डिम्ड (dimmed) हो जाएगी जब आप अपने डॉक्यूमेंट में कुछ और सिलेक्ट करेंगे।
- पेजों की एक रेंज जैसे एक 50 पेज वाले डॉक्यूमेंट में 6 से 10 तक के पेजों को प्रिंट करने के लिए, पहला पेज नंबर टाइप करो और फिर अंतिम नंबर को भी, पेजेस: टेक्स्ट बॉक्स में टाइप करो। दोनो नंबरों को अलग करने के लिए एक हाइफन का प्रयोग करो (जैसे **6-10**)।
- आप एक खास सेक्शन में भी पेजों को प्रिंट कर सकते हैं। आपके डॉक्यूमेंट में दूसरे सेक्शन को प्रिंट करने के लिए, पेजेस बॉक्स में **S2** टाइप करो। यदि आप दूसरे सेक्शन के पेज संख्या 7 से तीसरे सेक्शन के पेज संख्या 10 तक प्रिंट करना चाहते हैं तो पेजेस बॉक्स में **P7S2 - P10S3** टाइप करो।
- **प्रिंट:** ड्रॉप डाउन लिस्ट में वो ऑप्शन होते हैं जो आपको, उन पेजों को सिलेक्ट करने की अनुमति देते हैं, जिन्हें आप प्रिंट करना चाहते हैं। ये आप्शन हैं:

ऑप्शन (Option)	**विवरण (Description)**
ऑल पेजेस (All pages)	यह डीफॉल्ट ऑप्शन है और वर्ड, रेंज में सभी पेजों को प्रिंट करता है।
ऑड पेजेस (Odd pages)	जब इस ऑप्शन को सिलेक्ट किया जाता है तो यह रेंज के ऑड नंबर वाले पेजों को प्रिंट करता है।
ईवन पेजेस (Even pages)	जब इस ऑप्शन को सिलेक्ट किया जाता है तो यह रेंज के ईवन नंबर वाले पेजों को प्रिंट करता है।

ऑड और ईवन पेजेस का ऑप्शन बहुत उपयोगी है, जब आप डबल साइडेड प्रिंटिंग करना चाहते हैं।

कॉपीज़ (Copies): नंबर ऑफ़ **कॉपीज़:** बॉक्स में, आप डॉक्यूमेंट की जितनी कॉपीज़ प्रिंट करना चाहता है, वह संख्या स्पेसीफाई करो।

कोलेट (Collate): यह ऑप्शन निर्धारित करता है कि मल्टीपल कॉपीज़ किस तरह प्रिंट होंगी। मानलो आप एक 10 पेज वाले डॉक्यूमेंट की पाँच कॉपीज़ बिना Collate ऑप्शन के प्रिंट करते हैं, तो वर्ड 2010 पहले पेज 1 की 5 कॉपी प्रिंट करेगा, फिर पेज 2 की और अंत में पेज 10 की। आप को इनके सैट्स बनाने के लिए मैनुअली इन्हें अरेंज करना पड़ेगा। लेकिन Collate ऑप्शन से, वर्ड 2010 पाँच सैट्स प्रिंट करेगा। प्रत्येक, क्रम में पूरी तरह से कंप्लीट होंगे।

➔ प्रिंटिंग को कैंसिल करने के लिए:

1. स्टार्ट बटन पर क्लिक करके प्रिंटर एंड फैक्सेज पर क्लिक करो।

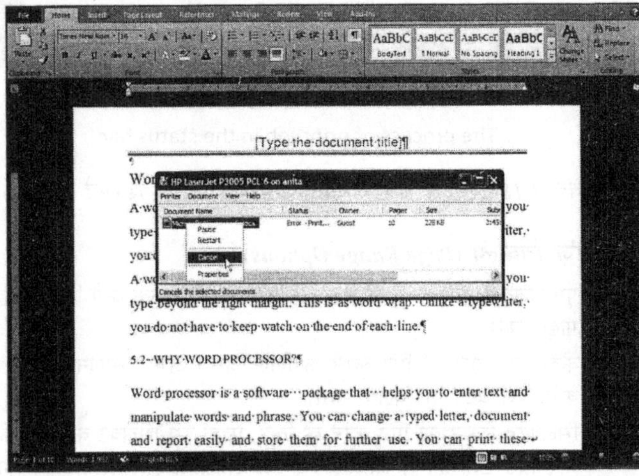

चित्र 3.19: प्रिंटर फोल्डर विकल्प

2. प्रिंटर एंड फैक्सेज डायलॉग बॉक्स में जब प्रिंटर आयकन पर डबल क्लिक करके प्रिंटर फोल्डर को खोल सकते हैं (देखें चित्र 3.19)।
3. उस डॉक्यूमेंट को सिलेक्ट करो जिसकी प्रिंटिंग आप कैंसिल करना चाहते हैं। और फिर डॉक्यूमेंट का नाम चुन कर राइट क्लिक करके कैंसिल प्रिंटिंग चुनो। यदि प्रिंटर आयकन विंडोज़ के टास्क बार पर नहीं दिखाई देता है, तो वर्ड ने शायद प्रिंट के कार्य को पहले ही प्रिंटर पर भेज दिया है।

एक डॉक्यूमेंट को प्रिव्यू करना (Previewing a Document)

डॉक्यूमेंट को प्रिव्यू करने से आप प्रिंट कमांड को वास्तव में एक्जीक्यूट करने से पहले डॉक्यूमेंट को इसके प्रिंटेबल फॉर्मेट में देख सकते हैं। डॉक्यूमेंट का प्रिव्यू उस डॉक्यूमेंट को प्रिंटेबल फॉर्मेट में डिस्प्ले करता है और यह दिखाता है कि प्रिंटआउट लेने के बाद डॉक्यूमेंट कैसा दिखाई देगा।

➔ डॉक्यूमेंट प्रिव्यू करने के लिए:

1. उस डॉक्यूमेंट को खोलें जिसका प्रिंट प्रिव्यू आप देखना चाहते हैं।
2. **फाइल** टैब पर क्लिक करें और **फाइल** टैब से प्रिंट विकल्प चुनें। प्रिंट विकल्प बैक स्टेज व्यू में दिखाई देंगे जैसा आप चित्र 3.20 में देख सकते हैं।

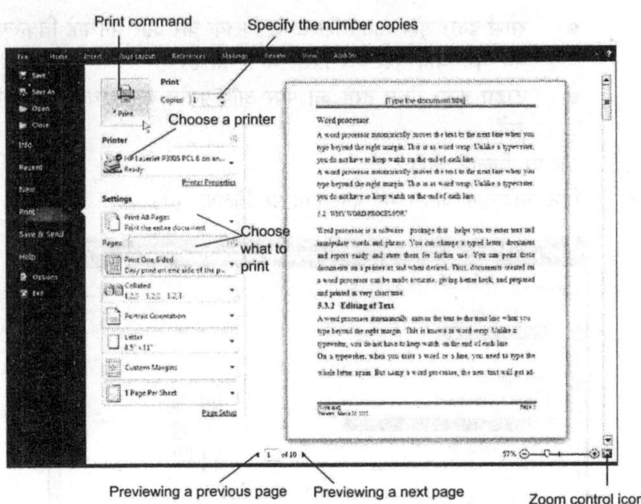

चित्र 3.20: बैक स्टेज व्यू में प्रिंट प्रिव्यू

3. बैक स्टेज व्यू में तीन पेन्स होते है। लेफ्ट पेन में कई विकल्प होते हैं जैसे सेव, सेव ऐज, ओपन, क्लोज, इन्फो, रीसेंट आदि मिडिल पेन में, प्रिंट विकल्प और इससे संबंधित प्रिंटर सैटिंग्स होती है राइट पेन में, प्रिव्यू डॉक्यूमेंट देखा जा सकता है। राइट पेन के नीचे जूम कंट्रोल बटन उपलब्ध होता है। + (प्लस) बटन का प्रयोग डॉक्यूमेंट को बड़ा करने में और (माइनस) बटन का प्रयोग प्रिव्यू डॉक्यूमेंट को छोटा करने में होता है। नेक्स्ट बटन का डॉक्यूमेंट के अगले पेज पर जाता है और प्रीवियस बटन डॉक्यूमेंट के पिछले पेज पर।

3.3.5 वर्ड 2010 को बंद करना और उसमें से बाहर निकलना (Closing and Quitting Word 2010)

डॉक्यूमेंट में काम खत्म करने के बाद, आप विंडो को क्लोज करें ताकि ये स्क्रीन से हट जाए और कम्प्यूटर की मेन मेमोरी भी फ्री हो जाए।

➔ एक डॉक्यूमेंट को बंद करके वर्ड 2010 से बाहर आने के लिए:

1. **फाइल** टैब पर क्लिक करो और **क्लोज़** टैब को चुनो।
2. यदि लास्ट सेव के बाद से डॉक्यूमेंट में कोई बदलाव नहीं किया गया है तो विंडो क्लोज हो जाएगी। लेकिन यदि लास्ट बार डॉक्यूमेंट को सेव करने के बाद से आपने कोई बदलाव किया है तो वर्ड 2010 एक ऐलर्ट (Alert) डायलॉग बॉक्स दिखाएगा। जिसमें पूछा जाएगा कि आप क्लोज करने से पहले अपना काम सेव करना चाहते हैं क्या? (देखें चित्र 3.21)।

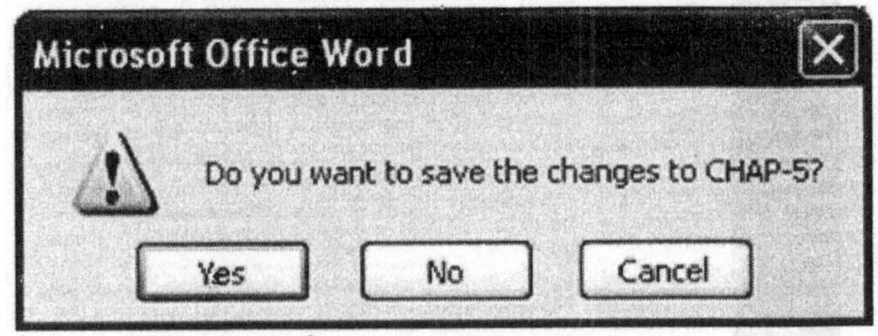

चित्र 3.21: एलर्ट डायलॉग बॉक्स

3. डॉक्यूमेंट के कंटेंट्स को सेव करने के बाद, विंडो बंद हो जाती है।

➔ **वर्ड 2010 को क्विट करने के लिए:**

1. **फाइल** टैब पर क्लिक करें, अब **एक्जिट** चुनें। वर्ड 2010 विंडो बंद हो जाएगी और एप्लीकेशन टर्मिनेट हो जाएगा (देखें चित्र 3.22)।

चित्र 3.22: फाइल टैब में से एग्ज़िट सिलेक्ट करना

3.4 टेक्स्ट बनाना और उसे मैनीपुलेट करना (Text Creation and Manipulation)

जब आप वर्ड में एक नया डॉक्यूमेंट खोलते हैं, इन्सर्शन पॉइंट, स्क्रीन के ऊपरी बाएँ किनारे पर होता है। आप इस डॉक्यूमेंट में टाइपिंग शुरू कर सकते हैं। आप डॉक्यूमेंट में एडिटिंग करके कभी भी कोई भी परिवर्तन कर सकते हैं।

आप स्टैंडर्ड टूलबार पर स्थित शो/हाइड बटन पर क्लिक कर के सभी नॉन प्रिंटिंग कैरेक्टरर्स जैसे पैराग्राफ मार्क्स, टैब कैरेक्टर, और स्पेसेज को छिपा या दिखा सकते हैं। इस प्रकार के कैरेक्टर्स दिखाने से आप एक झलक में यह जान सकते हैं कि कहीं आपने कोई एक्स्ट्रा स्पेस तो टाइप नहीं की है, टैब कैरेक्टर की जगह स्पेसेज तो टाइप नहीं की हैं, आदि। ये कैरेक्टर, यद्यपि स्क्रीन पर दिखते हैं पर कभी भी प्रिंट नहीं होते हैं। (देखें चित्र 3.23)

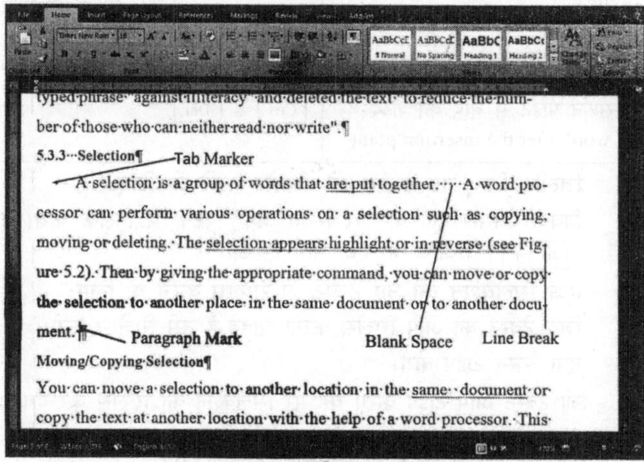

चित्र 3.23: स्क्रीन, जो नॉन प्रिंटिंग कैरेक्टर डिस्प्ले करती है।

3.4.1 एक ब्लैंक डॉक्यूमेंट बनाना (Creating a Blank Document)

यदि आप एक डॉक्यूमेंट बना रहे हैं, जैसे मेमो, लेटर, रिपोर्ट, या रिज्यूमे, ब्रोशर्स, कैलेंडर्स, कार्ड आदि, तो आप वर्ड 2010 के साथ आने वाले किसी भी एक विज़ार्ड या टेम्पलेट्स का प्रयोग कर सकते हैं।

आप एक ब्लैंक डॉक्यूमेंट भी बना सकते हैं जो वर्ड 2010 के **ब्लैंक** टेम्पलेट पर आधारित होता है। ब्लैंक टेम्पलेट आपको यह फ्लेक्सिबिलिटी **प्रदान** करता है कि आप अपनी जरूरतों के अनुसार डॉक्यूमेंट्स बना सकते **हैं। और** एडिट कर सकते हैं।

➔ **एक नया डॉक्यूमेंट बनाने के लिए:**

1. **फाइल** टैब पर क्लिक करें, बैक स्टेज व्यू दिखाई देता है, **न्यू टैब पर** क्लिक करें। (देखें चित्र 3.24)
2. ब्लैंक डॉक्यूमेंट विकल्प चुनें जो चित्र 3.24 के अनुसार **अवेलेबल** टेम्पलेट्स के अंतर्गत होता है।
3. चित्र 3.24 में दिखाए अनुसार **क्रिएट** बटन पर क्लिक करें। **चित्र 3.25** की तरह से नया ब्लैंक डॉक्यूमेंट बन जाता है।

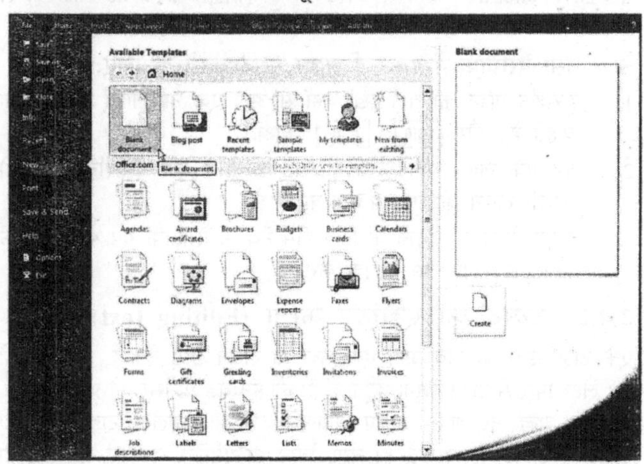

चित्र 3.24: न्यू टैब बैक स्टेज व्यू

चित्र 3.25: वर्ड ब्लैंक डॉक्यूमेंट

एक नया पैराग्राफ स्टार्ट करना (Starting a New Paragraph)

वर्ड 2010 में, पैराग्राफ वो होता है जिसमें कितना भी टेक्स्ट या ग्राफ़िक्स रखा जा सकता है पर इसके बाद पैराग्राफ मार्क भी होता है। एक पैराग्राफ तब खत्म होता है जब आप [Enter] key दबाते हैं। यदि आप ने कुछ भी टेक्स्ट टाइप नहीं किया है लेकिन [Enter] key दबा दी है तो भी वर्ड 2010 एक पैराग्राफ मार्क [¶] इन्सर्ट कर देता है। वर्ड 2010 में पूरे पैराग्राफ में एक साथ कई तरह की फॉर्मेटिंग (जैसे जस्टीफिकेशन और लाइन स्पेसिंग) ऐप्लाई की जा सकती है।

➔ **एक नया पैराग्राफ स्टार्ट करने के लिए:**

1. इन्सर्शन पॉइंट को वहाँ रखो जहाँ से आप नया पैराग्राफ स्टार्ट करना चाहते हैं, और [Enter] key दबाओ।

   जब आप [Enter] key दबाते हैं, वर्ड 2010 एक पैराग्राफ मार्क इन्सर्ट करता है और इन्सर्शन पॉइंट को नए पैराग्राफ की पहली लाइन तक मूव कराता है।

एक नई लाइन स्टार्ट करना (Starting a New Line)

वर्ड 2010 ऑटोमैटिक रूप से टेक्स्ट को रैप (wrap) करके नई लाइन में ले जाता है जब टाइप किया गया टेक्स्ट दाईं मार्जिन पर पहुँच जाता है।

➔ **उसी पैराग्राफ में एक नई लाइन स्टार्ट करने के लिए:**

1. इन्सर्शन पॉइंट को वहाँ रखो जहाँ से आप एक नई लाइन स्टार्ट करना चाहते हैं, और [Shift] + [Enter] दबाओ।
2. वर्ड एक लाइन ब्रेक कैरेक्टर इन्सर्ट करता है और इन्सर्शन पॉइंट को अगली लाइन के शुरू में मूव करता है।
3. लाइन ब्रेक्स को देखने के लिए होम टैब के पैराग्राफ ग्रुप में जाकर के शो/हाइड कमांड पर क्लिक करो।

3.4.2 टेक्स्ट की एडीटिंग करना (Editing Text)

एक टाइपराइटर पर जब आप एक शब्द या लाइन छोड़ देते हैं, तब आपको पूरा लेटर फिर से टाइप करना पड़ता है है। लेकिन वर्ड प्रोसेसर को प्रयोग करके, आप नए शब्द, नए वाक्य या नए पैराग्राफ़्स कहीं भी, पहले से टाइप किए गए टेक्स्ट में इन्सर्ट कर सकते हैं। नया टेक्स्ट ऑटोमैटिक रूप से ऐडजस्ट हो जाएगा। इसी तरह, आप टेक्स्ट का कोई भी हिस्सा डिलीट कर सकते हैं और मैटर का बाकी का भाग ऑटोमैटिक रूप से ऐडजस्ट हो जाएगा।

चित्र 3.26 में, आप देख सकते हैं कि हाइलाइट किया गया टेक्स्ट नया इन्सर्ट किया गया टेक्स्ट है और बाकी का टेक्स्ट डिलीट हो जाता है।

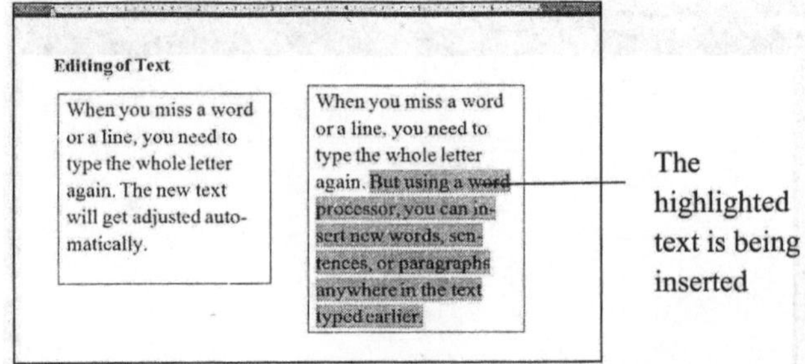

चित्र 3.26: टेक्स्ट को ऐड करना और डिलीट

टेक्स्ट को इन्सर्ट करना (Inserting Text)

यदि आप नोटिस करते हैं कि कुछ टेक्स्ट डॉक्यूमेंट से बाहर ही रह गया है, तो आप इन्सर्शन पॉइंट को उस पोज़ीशन तक ले जा सकते है और उस टेक्स्ट को अंदर टाइप कर सकते हैं। इस तरीके को ही इन्सर्टिंग कहा जाता है।

मौजूद टेक्स्ट के ऊपर टाइप करना (Typing over the Existing Text)

डीफॉल्ट द्वारा, वर्ड मौजूद टेक्स्ट को दाईं ओर मूव करता है जैसे जैसे आप नए कैरेक्टर्स इंसर्ट करते जाते हैं। यदि आप नए टेक्स्ट से मौजूद टेक्स्ट को कैरेक्टर बाई कैरेक्टर (character by character) रिप्लेस करना चाहते हैं तो ओवर टाइप मोड में में स्विच करो।

➔ **मौजूद टेक्स्ट के ऊपर टाइप करने के लिए:**

1. **फाइल** टैब पर क्लिक करें और **ऑप्शन्स** चुनें।
2. **वर्ड ऑप्शन्स** डायलॉग बॉक्स सामने आता है, लेफ्ट पेन में एडवांस्ड टैब पर क्लिक करें और फिर **एडिटिंग ऑप्शन्स** के अंतर्गत, use the inset key to control overtype mode चैक बॉक्स को सिलेक्ट करें।

टाइप किए गए टेक्स्ट में करेक्शन्स लगाना (Applying Corrections in the Typed Text)

सिंपल टाइपिंग की गल्तियों को करेक्ट करने के लिए [Backspace] या [Delete] कीज़ को दबाया जाता है। ज्यादा कैरेक्टर्स को डिलीट करने के लिए, पहले टेक्स्ट को सिलेक्ट करें जिसे आप डिलीट करना चाहते हैं, फिर [Backspace] या [Delete] की दबाएँ। टेबल 3.3 में टेक्स्ट और ग्राफिक्स डिलीट करने के अलग-अलग तरीके दिए गए हैं।

टेबल 3.3 टेक्स्ट या ग्राफिक्स डिलीट करने के की कॉंबिनेशन्स

डिलीट करने के लिए (To delete)	की कॉंबिनेशन (Key combination)
सिलेक्ट किया गया टेक्स्ट (Selected text)	[Backspace] या [Del] दबाओ
इन्सर्शन पॉइंट से पहले के कैरेक्टर्स (Characters before the insertion point)	[Backspace] दबाओ
इन्सर्शन पॉइंट के बाद के कैरेक्टर्स (Characters after the insertion point)	[Del] दबाओ
इन्सर्शन पॉइंट से पहले का शब्द (A word before the insertion point)	[Ctrl] + [Backspace]
इन्सर्शन पॉइंट से बाद का शब्द A word after the insertion point	[Ctrl] + [Del]

➔ **डिलीट किए गए टेक्स्ट को रीस्टोर करने के लिए:**

1. क्विक ऐक्सेस टूल बार पर स्थित अनडू बटन पर क्लिक करो। या [Ctrl] + [Z] कीज को एक साथ दबाओं

➔ **एक सिलेक्शन को नए टेक्स्ट से रीप्लेस करने के लिए:**

1. जिस टेक्स्ट को आप रिप्लेस करना चाहते हैं उसे सिलेक्ट करो।
2. नया टेक्स्ट टाइप करो।

   जो टेक्स्ट आप टाइप करेंगे वह पूरे सिलेक्शन को रिप्लेस कर देगा।

गल्तियों को अनडू करना (Undoing Mistakes)

यदि आप वर्ड 2010 में गल्ती करते हैं तो आप ''अनडू'' कमांड ऐप्लाई कर

सकते हैं उदाहरण के लिए यदि आपने गल्ती से एक शब्द डिलीट कर दिया है, तो आप इसे अनडू कमांड द्वारा वापस ला सकते हैं। अनडू के ऐक्शन को उल्टा करने के लिए ''रीडू'' कमांड का प्रयोग होता है। सेविंग, प्रिंटिंग जैसे कुछ ऐक्शन होते हैं जिन्हें आप अनडू नहीं कर सकते हैं।

➔ **परिवर्तनों को अनडू या रीडू करने के लिए:**

1. हाल ही में किए गए किसी ऐक्शन को अनडू या रीडू करने के लिए क्विक ऐक्सेस टूल बार पर स्थित अनडू बटन पर क्लिक करो या Ctrl + Z दबाओ अथवा रीडू बटन पर क्लिक करो या Ctrl + Y दबाओ।
2. कई सारे ऐक्शन्स को अनडू या रीडू करने के लिए, अनडू या रीडू बटन के पास स्थित डाउन ऐरो पर क्लिक करो और फिर जिन ऐक्शन्स को आप अनडू या रीडू करना चाहते हैं उन्हें सिलेक्ट करो। (देखें चित्र 3.27)

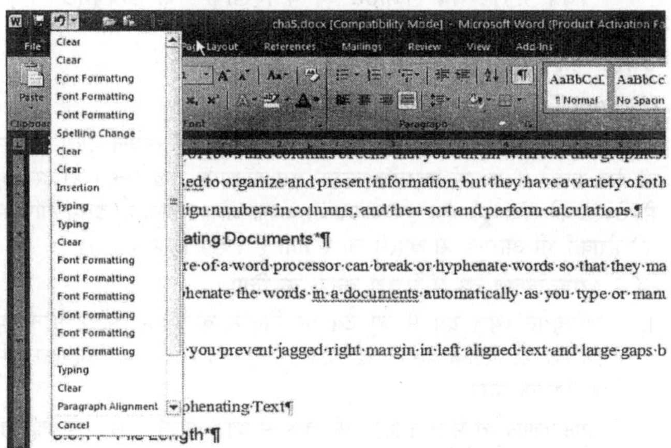

चित्र 3.27: अनडू लिस्ट को सिलेक्ट करना

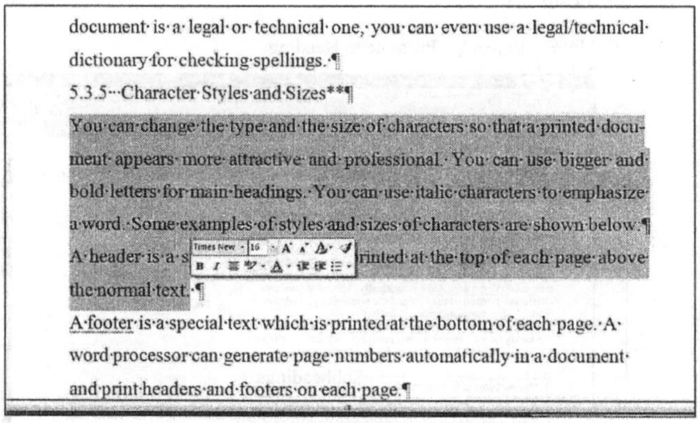

document·is·a·legal·or·technical·one,·you·can·even·use·a·legal/technical·dictionary·for·checking·spellings.·¶

5.3.5···Character·Styles·and·Sizes**¶

You·can·change·the·type·and·the·size·of·characters·so·that·a·printed·document·appears·more·attractive·and·professional.·You·can·use·bigger·and·bold·letters·for·main·headings.·You·can·use·italic·characters·to·emphasize·a·word.·Some·examples·of·styles·and·sizes·of·characters·are·shown·below.¶

A·header·is·a·s[...]rinted·at·the·top·of·each·page·above·the·normal·text.·¶

A·footer·is·a·special·text·which·is·printed·at·the·bottom·of·each·page.·A·word·processor·can·generate·page·numbers·automatically·in·a·document·and·print·headers·and·footers·on·each·page.¶

चित्र 3.28: टेक्स्ट सिलेक्ट करना और पॉप-अप टूलबार डिस्प्ले करना

टेक्स्ट को पॉपअप टूलबार से सिलेक्ट करना

(Selecting the Text with Popup Toolbar)

वर्ड 2010 एक पॉप-अप टूलबार डिस्प्ले करता है। उदाहरण के लिए, उस टेक्स्ट को सिलेक्ट करें जिस पर आप फॉर्मेटिंग ऐप्लाई करना चाहते हैं जैसे बोल्ड, फॉंट साइज आदि, एक पॉपअप टूलबार सिलेक्ट किए गए टेक्स्ट के ऊपरी दाएँ कोने में दिखाई देगा और यह एक धुँधली इमेज की तरह दिखेगा। जैसे जैसे आप माउस को पॉपअप टूलबार तरफ मूव कराते जाएँगे, यह अधिक डार्क और अधिक शार्प होता जाएगा। जैसा आप चित्र 3.28 में देख सकते हैं।

एक डॉक्यूमेंट के अलग-अलग व्यूज़ डिस्प्ले करना

(Displaying Different Views of a Document)

वर्ड 2010 में जिस तरह का कार्य आप करते हैं, वह आपको आपकी जरूरत के अनुसार सर्वश्रेष्ठ स्क्रीन व्यू निर्धारित करने में मदद करता है। वर्ड 2010 में अलग-अलग व्यूज उपलब्ध हैं। ये हैं:

- प्रिंट लेआउट व्यू
- फुल स्क्रीन रीडिंग व्यू
- वेब लेआउट व्यू
- आउटलाइन व्यू
- ड्राफ्ट व्यू

दो तरीकों से आप व्यू बदल सकते हैं। ये हैं:

- डॉक्यूमेंट व्यूज ग्रुप में जाकर व्यू टैब पर क्लिक करें और जिस भी व्यू में आप डॉक्यूमेंट को देखना चाहते हैं। उसमें जाएँ।
- स्टेटस के दाईं ओर स्थित व्यू बटन्स पर क्लिक करें (चित्र 3.29)।

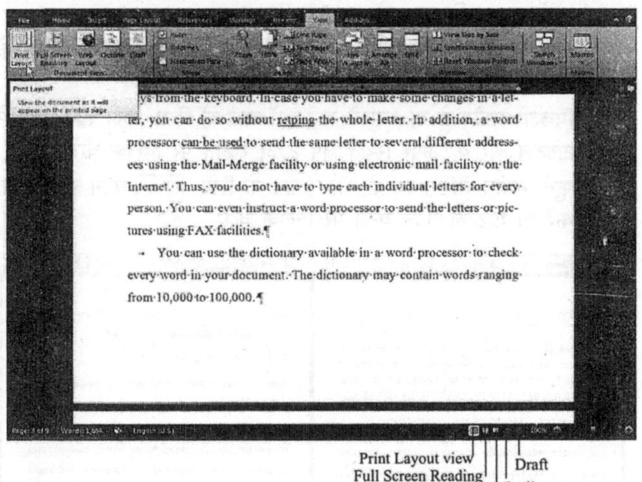

चित्र 3.29: एक डॉक्यूमेंट को प्रिंट लेआउट व्यू में एडिट करना

टेक्स्ट को प्रिंट लेआउट व्यू में एडिट करना

(Editing Text in Print Layout View)

यह डीफॉल्ट व्यू है। प्रिंट लेआउट व्यू का प्रयोग यह देखने के लिए किया जाता है कि प्रिंटेड आउटपुट पर टेक्स्ट, ग्राफिक्स और अन्य एलीमेंट्स जैसे हैडर, फुटर आदि किस प्रकार दिखेंगे। यह व्यू हैडर्स एवं फुटर्स की एडिटिंग, मार्जिन्स को एडजस्ट करने, कॉलम्स के साथ काम करने, एवं ऑब्जेक्ट्स ड्रॉ करने के लिए बहुत उपयोगी है।

➔ **प्रिंट लेआउट व्यू में काम करने के लिए:**

1. डॉक्यूमेंट व्यूज़ ग्रुप में **व्यू** टैब पर क्लिक करें और प्रिंट लेआउट कमांड पर क्लिक करें।। या स्टेटस बार आयकन्स में से क्लिक करें (देखें चित्र 3.29)।

टेक्स्ट को फुल स्क्रीन रीडिंग व्यू में एडिट करना (Editing Text in Full Screen Reading View)

फुल स्क्रीन व्यू उतना ही टाइपिंग एरिया डिस्प्ले करता है जितना स्क्रीन पर फिट हो सकता है और इसकी साइज भी पढ़ने के लिए सुविधाजनक होनी चाहिए। इस व्यू में, रिबन को एक सिंगल टूलबार से रिप्लेस किया गया है जो स्क्रीन के टॉप पर होता है। आप डॉक्यूमेंट को प्रिंट कर सकते हैं, टेक्स्ट को हाइलाइट कर सकते हैं और कमेंट्स लिख सकते हैं। आप पेज टू पेज जाकर व्यू को एडजस्ट भी कर सकते हैं।

➔ **फुल स्क्रीन व्यू में स्विच करने के लिए:**

1. डॉक्यूमेंट व्यूज ग्रुप में, व्यू टैब पर क्लिक करें और फिर फुल स्क्रीन रीडिंग कमांड पर क्लिक करें जैसा चित्र 3.29 में दिखाया गया है। या स्टेटस बार आयकन्स में से क्लिक करें।
2. फुल रीडिंग स्क्रीन में, व्यू विकल्पों पर क्लिक करें, एक ड्रॉप डाउन मेन्यू दिखाई देगा। आप इंक्रीज टेक्स्ट साइज या डिक्रीज टेक्स्ट साइज पर क्लिक करके रीडिंग के लिए टेक्स्ट को बड़ा या छोटा कर सकते हैं। इससे अस्थाई रूप से टेक्स्ट किस तरह से पेज पर फिट होना है, यह बदल जाता है। इससे मूल डॉक्यूमेंट प्रभावित नहीं होता है।
3. आप एक बार में एक पेज पढ़ सकते हैं। इसके लिए शो वन पेज पर क्लिक करें या आप एक बार में दो पेज पढ़ सकते हैं। इसके लिए शो **टू पेजेस** पर क्लिक करें।
4. **फुल स्क्रीन** व्यू में पढ़ते समय, आप एलाउ टाइपिंग पर क्लिक करके **डॉक्यूमेंट** को एडिट भी कर सकते हैं।
5. **पिछली स्क्रीन** में या अगली स्क्रीन में जाने के लिए, फुल स्क्रीन व्यू में **टाइटल बार** के ऊपर स्थित जंप टू अ स्क्रीन पर क्लिक करें।
6. **फुल स्क्रीन** रीडिंग व्यू से बाहर आने के लिए, Esc बटन पर क्लिक **करें या प्रिंट** लेआउट बटन पर क्लिक करें।

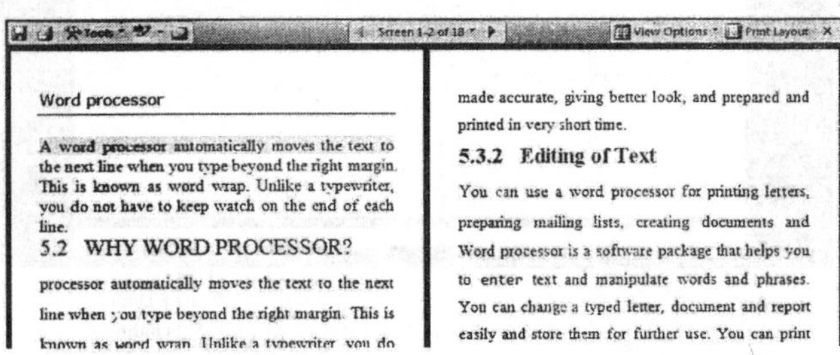

चित्र 3.30: फुल स्क्रीन व्यू में डॉक्यूमेंट को एडिट करना

वेब लेआउट व्यू में एडिटिंग करना (Editing in Web Layout View)

जब आप वर्ड 2010 में एक वेब पेज बनाते हैं, तो आपको वेब लेआउट व्यू में ही काम करना चाहिए। वेब लेआउट व्यू में, आप देख सकते है कि बैक ग्राउंड टेक्स्ट रैप किया गया है ताकि विंडो में फिट हो सके। ग्राफिक्स को सही जगहों पर रखा गया है, ताकि पेज ठीक उसी तरह देखे जैसा वह वेब ब्राउजर में दिखाई देगा (देखें चित्र 3.31)।

➔ **वेब लेआउट व्यू में स्विच करने के लिए:**

1. **डॉक्यूमेंट** व्यूज ग्रुप में व्यू टैब पर क्लिक करें और वेब लेआउट व्यू कमांड पर क्लिक करें जैसा चित्र 3.31 में दिखाया गया है। या स्टेटस बार आयकन्स पर क्लिक करें।

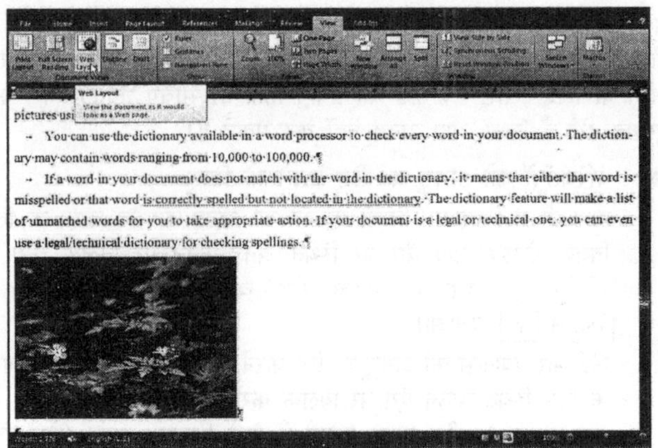

चित्र 3.31: वेब लेआउट व्यू में दिखाया गया डॉक्यूमेंट

टेक्स्ट को आउटलाइन व्यू में एडिट करना (Editing Text in Outline View)

आउटलाइन व्यू में, आप एक डॉक्यूमेंट को कोलैप्स करके केवल मुख्य हैडिंग्स ही देख सकते हैं या इसे एक्सपैंड करके पूरा डॉक्यूमेंट देख सकते हैं। इस व्यू में, टेक्स्ट को लंबी दूरी तक मूव या स्क्रॉल करना आसान होता है। इसमें टॉपिक्स की हैरार्की भी आसानी से बदली जा सकती है (देखें चित्र 3.32)।

➔ **आउटलाइन व्यू में स्विच करने के लिए:**

1. डॉक्यूमेंट व्यूज ग्रुप में व्यू टैब पर क्लिक करें और आउटलाइन व्यू कमांड पर क्लिक करें (देखें चित्र 3.31)। या स्टेटस बार आयकन्स में से क्लिक करें।

आउटलाइन व्यू में चित्र 3.32 की तरह से आउटलाइन टूलबार दिखाई देता है। वर्ड 2010 फॉर्मेटिंग हैडिंग्स को और बॉडी टेक्स्ट पैराग्राफ्स को अलग-अलग लेवल में इंडेंट करता है। नोट करें कि (+) या (-) चिन्ह प्रत्येक हैडिंग के बाईं ओर दिखते हैं।

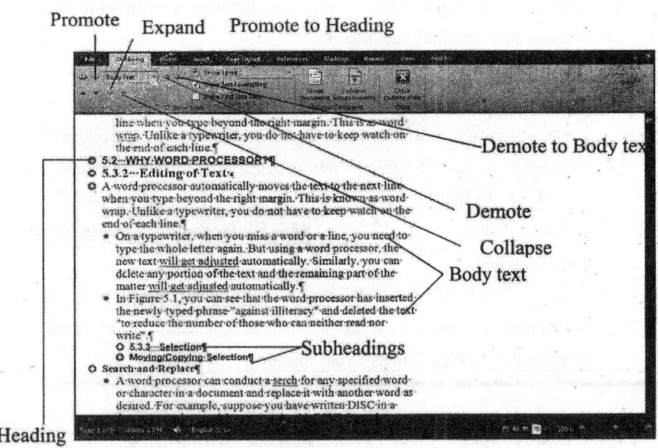

चित्र 3.32: आउटलाइन व्यू में डॉक्यूमेंट

- एक (+) चिन्ह यह दर्शाता है कि हैडिंग के साथ बॉडी टेक्स्ट की सब हैडिंग्स और पैराग्राफ्स भी जुड़े हुए है।
- एक (-) चिन्ह दर्शाता है कि **हैडिंग के नीचे कोई भी सब हैडिंग या** पैराग्राफ नहीं है।

☞ आउटलाइन व्यू में आपको हैडिंग को अलग-अलग लेवल्स पर देखने के विकल्प भी मिलेंगे या आप पूरा का पूरा डॉक्यूमेंट देख सकेंगे जिसमें बॉडी टेक्स्ट भी शामिल हो।

ड्रॉफ्ट व्यू में एडिट करना (Editing in Draft + View)

ड्राफ्ट व्यू आप की अधिकांश टाइपिंग एवं एडिटिंग के लिए बेस्ट व्यू है जैसा चित्र 3.33 में दिखाया गया है। इस व्यू में, आप कैरेक्टर और पैराग्राफ फॉर्मेटिंग देख सकते हैं जैसे वो प्रिंट होंगे। लाइन और पेज ब्रेक्स, टैब स्टॉप्स और एलाइनमेंट बिल्कुल एक्यूरेट होते हैं। टेक्स्ट बॉडी के बाहर का एरिया, जिसमें हैडर्स, फुटर्स, फुटनोट्स, पेज नंबर्स, मार्जिन स्पेसिंग आदि होते हैं, दिखाई नहीं देता है। ड्राफ्ट व्यू में इमेजेस भी नहीं दिखाई जाती है।

☞ नोट करें कि ड्राफ्ट व्यू में कर्सर मूवमेंट बहुत तेजी से होता है।

➔ ड्रॉफ्ट व्यू में स्विच करने के लिए:

1. डॉक्यमेंट व्यूज ग्रुप में व्यू टैब पर क्लिक करें और ड्राफ्ट व्यू कमांड पर क्लिक करें (देखें चित्र 3.33) या स्टेटस बार आयकन्स में से क्लिक करें।

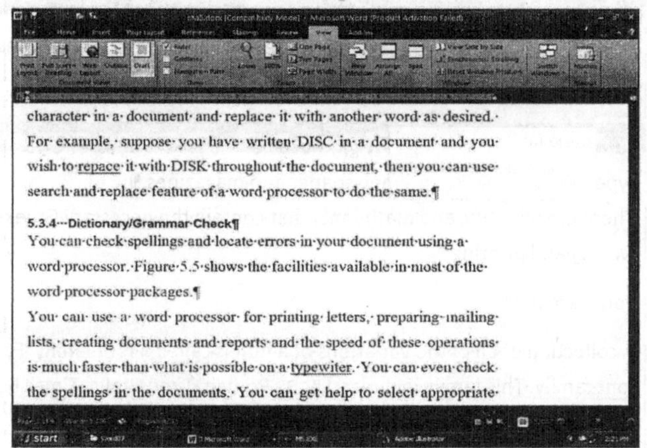

चित्र 3.33: ड्रॉफ्ट व्यू में डॉक्यूमेंट

3.4.3 टेक्स्ट का सिलेक्शन (Text Selection)

इससे पहले कि आप टेक्स्ट या ग्राफ़िक पिक्चर को मूव, फॉर्मेट, डिलीट या चेंज करें, आपको आइटम्स को सिलेक्ट करना होगा। आपको आइटम्स सिलेक्ट करने के लिए माउस या कीबोर्ड का प्रयोग करना होगा। नोट करें कि सिलेक्टेड टेक्स्ट या ग्राफ़िक्स हाईलाइटेड हैं। सिलेक्शन को कैंसिल करने के लिए, सिलेक्शन के बाहर क्लिक करो या ऐरो keys का प्रयोग करो ताकि इन्सर्शन पॉइंट को मूव किया जा सके।

➔ टेक्स्ट सिलेक्ट करने के लिए

1. जहाँ से आप टेक्स्ट सिलेक्ट करना चाहते हैं वहाँ पर इन्सर्शन पॉइंट को रखो।
2. अब बायाँ माउस बटन दबाओ और माउस पॉइंटर को मूव कराते हुए टेक्स्ट को सिलेक्ट करो। या आप टेक्स्ट या ग्राफ़िक्स सिलेक्ट करने के लिए, इन्सर्शन पॉइंट को सिलेक्ट किए जाने वाले टेक्स्ट या ग्राफ़िक्स के शुरू में रखो; अब [Shift] key को दबाए रखकर, फिर वहाँ क्लिक करो जहाँ आप चाहते हैं कि सिलेक्शन खत्म हो। सिलेक्टेड टेक्स्ट चित्र 3.34 की तरह से हाईलाइटेड दिखाई देगा।

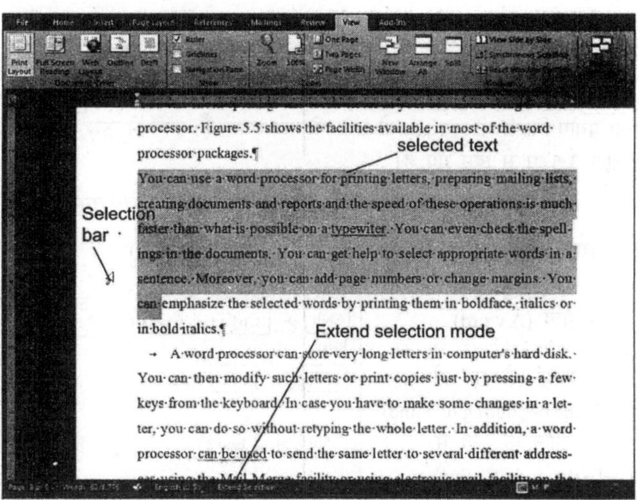

चित्र 3.34: टेक्स्ट सिलेक्ट करने के लिए सिलेक्शन बार का प्रयोग करना

माउस से टेक्स्ट को सिलेक्ट करना (Selecting Text with a Mouse)

आप टेक्स्ट के एक टुकड़े को या एक सिंगल कैरेक्टर या एक पूरा डॉक्यूमेंट सिलेक्ट कर सकते हैं। आप माउस और कीबोर्ड सिलेक्शन तकनीकों को जोड़ भी सकते हैं।

➔ माउस से एक छोटा टेक्स्ट सिलेक्ट करने के लिए:

1. जिस टेक्स्ट को आप सिलेक्ट करना चाहते हैं उसकी शुरूआत में माउस बटन को क्लिक करके दबा कर रखो।
2. पॉइंटर को टेक्स्ट पर किसी भी दिशा में ड्रैग करो ताकि आप कोई भी छोटा टेक्स्ट अपनी पसंद के अनुसार सिलेक्ट कर सकते हैं।

☞ यदि पॉइंटर, विंडो के किनारे को छूता है, जब आप ड्रैग करते हैं, और यदि अधिक टेक्स्ट होता है, तो विंडो उसी दिशा में स्क्रॉल करने लगती है।

आप टेक्स्ट को टेबल 3.4 में दिए गए किसी एक तरीके से भी सिलेक्ट कर सकते हैं।

टेबल 3.4: टेक्स्ट सिलेक्ट करने के तरीके

टेक्स्ट सिलेक्ट करने के लिए (Text to Select)	माउस ऐक्शन (Mouse Action)
एक शब्द (A word)	शब्द पर डबल क्लिक करो।
एक वाक्य (A sentence)	[Ctrl] key दबाओ और वाक्य पर क्लिक करो।
एक लाइन (A line)	सिलेक्शन बार पर क्लिक करो और लाइन्स के अंत तक ऊपर या नीचे की ओर ड्रैग करो।
एक पैराग्राफ़ (A paragraph)	सिलेक्शन बार पर डबल क्लिक करो।
डॉक्यूमेंट (Document)	[Ctrl] key दबाओ और सिलेक्शन बार में क्लिक करो।
एक रेक्टैंगुलर बॉक्स या कॉलम (जो टेबल के भीतर न हो)	सिलेक्ट किए जाने वाले कॉलम के ऊपरी बाएँ भाग में क्लिक करो और फिर टेक्स्ट सिलेक्ट करने के लिए ड्रैग करते समय [Alt] Key दबाकर रखो।

एक कीबोर्ड द्वारा टेक्स्ट सिलेक्ट करना

टेक्स्ट सिलेक्ट करने का तरीका है, जब आप इंसर्शन पॉइंट को मूव करें तब Shift key को दबाकर पकड़े रहें। टेक्स्ट को सिलेक्ट करने के लिए Shift key का प्रयोग किसी भी मूव key के साथ भी कर सकते हैं। इनमें से कुछ कॉंबिनेशन टेबल 3.5 में में दिए गए हैं।

टेबल 3.5: टेक्स्ट सिलेक्ट करने के की कॉंबिनेशन

सिलेक्ट करने के लिए (To select)	दबाओ (Press)
एक शब्द (A word)	Shift + Ctrl + ← or → arrow key
एक लाइन के शुरू में (To the beginning of a line)	Shift + Home
एक लाइन के अंत में (To the end of a line)	Shift + End
एक पैराग्राफ़ के अंत में (To the end of a paragraph)	Ctrl + Shift + ↓
एक पैराग्राफ़ के शुरू में (To the beginning of a paragraph)	Ctrl + Shift + ↑
एक बार में एक लाइन (One line at a time)	Shift + ↑ + Shift + ↓
एक डॉक्यूमेंट के शुरू में (To the beginning of a document)	Shift + Ctrl + Home
एक डॉक्यूमेंट के अंत में (To the end of a document)	Shift + Ctrl + End

➔ **इंसर्शन पॉइंट से एक दूरस्थ लोकेशन को सिलेक्ट करने के लिए:**

1. इसर्शन पॉइंट को उस टेक्स्ट की शुरूआत में मूव करें जिसे आप सिलेक्ट करना चाहते हैं।
2. F8 की दो दबाएँ (एक्सटेंड सिलेक्शन)

☞ जब आप एक्सटेंट सिलेक्शन मोड में हैं, तब शब्द स्टेटस बार पर स्क्रीन के नीचे दिखाई देते हैं।

3. टेबल 3.6 में दी गई किसी एक की को दबाएँ और अंत में Esc की दबाएँ।

टेबल 3.6: टेक्स्ट को इंसर्शन पॉइंट से सिलेक्ट करना

सिलेक्ट करने के लिए (To select)	दबाओ (Press)
अगला या पिछला कैरेक्टर (Next or previous character)	← or → arrow key
लाइन का अंत (The end of line)	End key
लाइन की शुरूआत (The beginning of a line)	Home key
पिछली स्क्रीन के ऊपर (The top of the previous screen)	PgUp key
अगली स्क्रीन के नीचे (The bottom of next screen)	PgDn key
एक डॉक्यूमेंट की शुरूआत में (The beginning of a document)	Ctrl + Home keys
एक डॉक्यूमेंट के अंत में (The end of a document)	Ctrl + End keys

3.4.4 कट, कॉपी और पेस्ट (Cut, Copy and Paste)

'कॉपींग' (copying) का अर्थ है सिलेक्ट किए गए टेक्स्ट या ग्राफ़िक की कॉपी बनाना और इसे दूसरी लोकेशन में इन्सर्ट करना, ताकि ओरीज़नल डॉक्यूमेंट वैसा ही रहे।

➔ **उसी डॉक्यूमेंट में टेक्स्ट को एक लोकेशन से दूसरी में कॉपी करने के लिए:**

1. पहले बताए गए तरीके के अनुसार आप कॉपी किए जाने वाले टेक्स्ट को सिलेक्ट करो।
2. क्लिप बोर्ड ग्रुप में से **कॉपी** चुनो। सिलेक्ट किया गया टेक्स्ट क्लिप बोर्ड पर प्लेस हो जाएगा जो MS वर्ड में एक ऐक्सेसरी (Accessory) है। (देखें चित्र 3.35)
3. अब इन्सर्शन पॉइंट को उस लोकेशन पर पोजीशन करो जहाँ आप टेक्स्ट को रखना चाहते हैं।
4. क्लिप बोर्ड ग्रुप में से **पेस्ट** चुनो। सिलेक्ट किया गया टेक्स्ट पेस्ट हो जाएगा। (देखें चित्र 3.36)

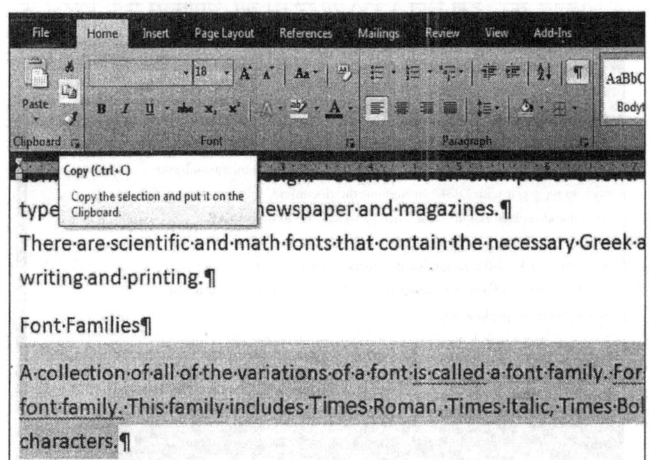

चित्र 3.35: टेक्स्ट को कॉपी करने के लिए सिलेक्ट करें।

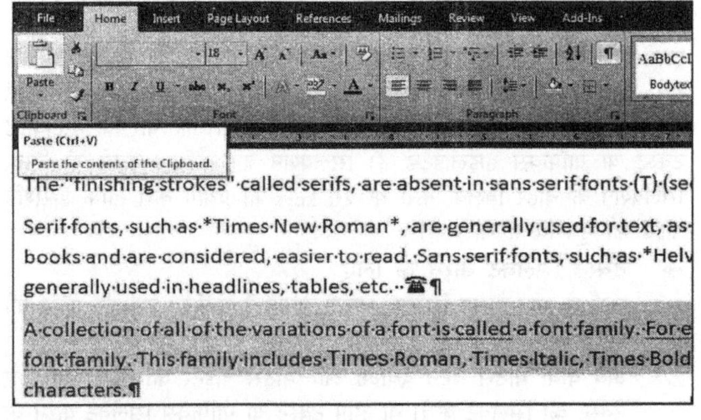

चित्र 3.36: सिलेक्ट किए गए टेक्स्ट को पेस्ट करना

टेक्स्ट को मूव करना (Moving Text)

1. 'मूविंग' का अर्थ है सिलेक्ट किए गए टेक्स्ट या ग्राफ़िक को एक

लोकेशन से रिमूव (कट) करके इसे उसी डॉक्यूमेंट में दूसरी लोकेशन में इन्सर्ट करो।

➔ **टेक्स्ट को उसी डॉक्यूमेंट में एक लोकेशन से दूसरी में मूव कराने के लिए:**

1. मूव किए जाने वाले टेक्स्ट को सिलेक्ट करो। (देखें चित्र 3.37)
2. क्लिप बोर्ड ग्रुप में से **कट** चुनो। सिलेक्ट किया गया टेक्स्ट, स्क्रीन से गायब हो जाएगा और वह क्लिप बोर्ड पर प्लेस हो जाएगा।
3. अब इन्सर्शन पॉइंट को वहाँ रखो जहाँ आप टेक्स्ट को पेस्ट करना चाहते हैं।
4. क्लिप बोर्ड ग्रुप में से **पेस्ट** चुनो। सिलेक्ट किया गया टेक्स्ट मूव हो जाएगा। (देखें चित्र 3.38)

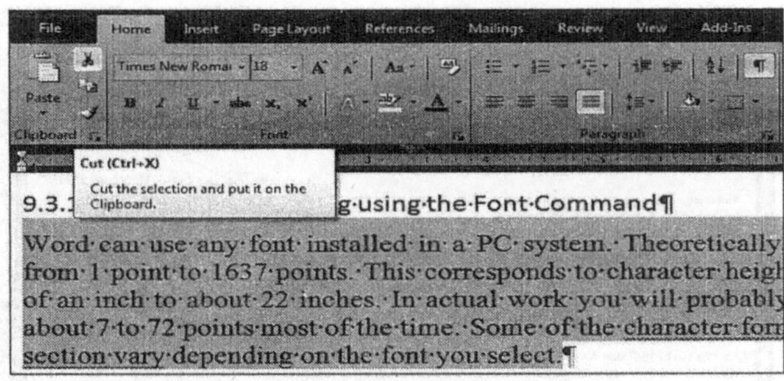

चित्र 3.37: मूव करने के लिए टेक्स्ट को हाइलाइट करना

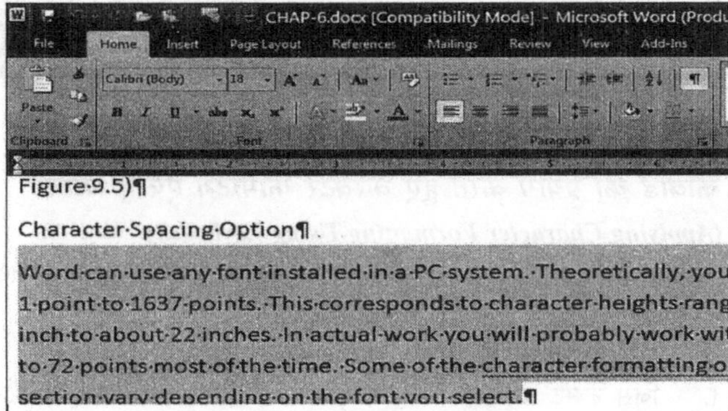

चित्र 3.38: हाइलाइट किया गया टेक्स्ट नई लोकेशन में पेस्ट हो जाता है

ड्रैग एंड ड्रॉप तकनीक द्वारा मूव एवं कॉपी करना

(Moving and Copying Using Drag and Drop)

एक डॉक्यूमेंट में थोड़ी दूरी तक यदि एक सिलेक्शन को मूव और कॉपी करना है तो ड्रैग एंड ड्रॉप एडिटिंग इसका एक आसान तरीका है। आप डॉक्यूमेंट्स के बीच आइटम्स को ड्रैग एंड ड्रॉप कर सकते हैं। लेकिन एक डॉक्यूमेंट में यदि एक सिलेक्शन को लंबी दूरी तक मूव या कॉपी करना है तो आपको कट, कॉपी एवं पेस्ट कमांड्स का ही प्रयोग करना होगा।

➔ **ड्रैग एंड ड्रॉप एडिटिंग द्वारा टेक्स्ट को मूव कराने के लिए:**

1. जिस टेक्स्ट ग्राफिक्स को आप मूव कराना चाहते हैं उसे सिलेक्ट करो।
2. सिलेक्टेड टेक्स्ट ग्राफिक्स को पॉइंट करो और बायाँ माउस बटन दबाए रखकर, जब चित्र 3.39 की तरह ड्रैग एंड ड्रॉप पॉइंटर दिखाई दे, तब डॉटेड इंसर्शन पॉइंट को नई लोकेशन तक ड्रैग करो।
3. टेक्स्ट को नई जगह पर छोड़ने के लिए माउस बटन को रिलीज करो।

➔ **ड्रैग एंड ड्रॉप एडिटिंग द्वारा टेक्स्ट/ग्राफ़िक्स को कॉपी करने के लिए:**

1. जिस टेक्स्ट की आप कॉपी करना चाहते हैं, उसे चुनो।
2. Ctrl key को दबाकर रखो और सिलेक्टेड टेक्स्ट को पॉइंट करो और फिर बाएँ माउस बटन को दबाकर रखो जब आप डॉटेड इंसर्शन पॉइंट को नई लोकेशन तक खीचें।

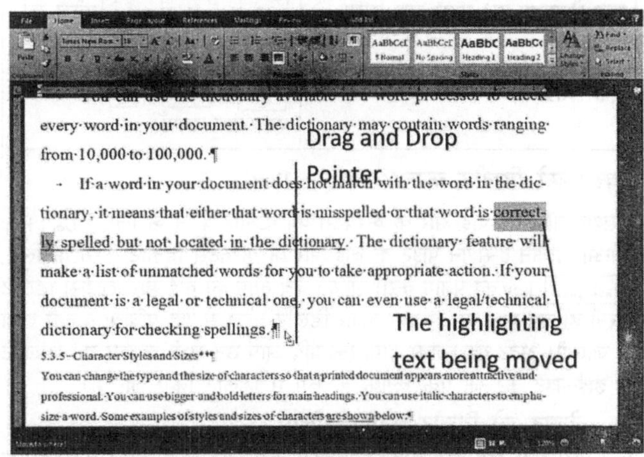

चित्र 3.39: माउस पॉइंटर को ड्रैग और ड्रॉप करना

➔ **टेक्स्ट/ग्राफिक्स को टूलबार द्वारा मूव या कॉपी करने के लिए:**

1. उस टेक्स्ट या ग्राफिक्स को सिलेक्ट करें जिसे आप मूव या कॉपी करना चाहते हैं।
2. इनमें से एक काम करें:
   - सिलेक्शन को मूव करने के लिए, होम टैब के क्लिप बोर्ड ग्रुप पर स्थित कट बटन पर क्लिक करें।
   - सिलेक्शन को कॉपी करने के लिए, होम टैब के क्लिप बोर्ड ग्रुप पर स्थित कॉपी बटन पर क्लिक करें।

   वर्ड सिलेक्ट किए गए टेक्स्ट को क्लिप बोर्ड पर रखता है।
3. इंसर्शन पॉइंट को नई लोकेशन में पोजीशन करें, जहाँ आप नए टेक्स्ट को या ग्राफ़िक्स को इन्सर्ट करना चाहते हैं। अब होम टैब, क्लिप बोर्ड ग्रुप में पेस्ट कमांड पर क्लिक करें।

मूविंग और कॉपींग के लिए कीबोर्ड शॉर्टकट्स का प्रयोग

(Using Keyboard Shortcuts for Moving and Copying)

वर्ड 2010 में कई कीबोर्ड शॉर्ट कट्स हैं अर्थात् टेक्स्ट और ग्राफिक्स को मूव और कॉपी करने के लिए की कॉँबिनेशन्स। टेबल 3.7 में इन्हीं कीबोर्ड शॉर्टकट्स का प्रयोग करके टेक्स्ट या ग्राफिक्स को कॉपी या मूव करने के अलग-अलग तरीकों की लिस्ट दी गई है।

टेबल 3.7: टेक्स्ट या ग्राफ़िक्स मूव या कॉपी करने के कीबोर्ड शॉर्टकट्स

ऐक्शन	की कॉंबिनेशन
सिलेक्ट किए गए टेक्स्ट या ग्राफिक्स को क्लिपबोर्ड पर कॉपी करना	Ctrl + C कीज़ को एक साथ दबाएँ
सिलेक्ट किए गए टेक्स्ट या ग्राफिक्स को क्लिप बोर्ड पर मूव करना	Ctrl + X या Shift + Del कीज़ को एक साथ दबाएँ।
क्लिप बोर्ड के कंटेंट्स को डॉक्यूमेंट में पेस्ट करना	Ctrl + V या Shift + Ins कीज़ को एक साथ दबाएँ।
एक पैराग्राफ को ऊपर मूव करना	Alt + Shift + ↑ कीज़ को एक साथ दबाएँ।
एक पैराग्राफ को नीचे मूव करना	Alt + Shift + ↓ ऐरो कीज को एक साथ दबाएँ।

टेक्स्ट को डिलीट करना (Deleting Text)

इन्सर्शन पॉइंट के दाई ओर के कैरेक्टर्स को डिलीट करने के लिए Del key दबाओ लेकिन इन्सर्शन पॉइंट के बाई ओर के कैरेक्टर्स डिलीट करने के लिए, Backspace key का प्रयोग करो। लेकिन जब आप को कई सारी लाइन्स डिलीट करनी हों तब एक बार में एक अक्षर डिलीट करने से यह प्रक्रिया काफी लंबी हो जाएगी। अत: यह बेहतर होगा कि यदि आप उन सभी लाइन्स को सिलेक्ट या हाईलाइट करें जो एक ब्लॉक के रूप में डिलीट किए जाने हैं।

➔ **टेक्स्ट को डिलीट करने के लिए:**

1. **लेफ्ट** माउस बटन दबाकर डिलीट किए जाने वाले टेक्स्ट को सिलेक्ट **करो।**
2. अब कीबोर्ड से Del key दबाओ।

3.4.5 फॉंट और साइज़ सिलेक्शन (Font and Size Selection)

कैरेक्टर अपीयरेंस को मॉडिफ़ाई करने के लिए आप रिबन में स्थित कमांड्स का भी प्रयोग कर सकते हैं या टेक्स्ट सिलेक्ट करें, एक मिनी टूलबार दिखाई देगा।

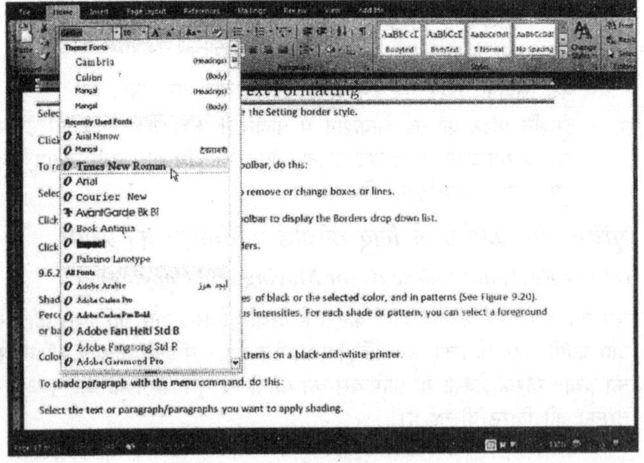

चित्र 3.40: फॉंट ड्रॉप डाउन लिस्ट

➔ **रिबन का प्रयोग करके फॉंट बदलने के लिए:**

1. जिस टेक्स्ट का फॉंट बदलना उसे सिलेक्ट करें, फॉंट लिस्ट बॉक्स के दायीं ओर बने डाउन ऐरो पर क्लिक करें। (देखें चित्र 3.40)
2. ड्रॉप डाउन लिस्ट में सभी उपलब्ध फॉंट दिखते हैं। लिस्ट में स्क्रॉल करने के लिए ड्रॉप डाउन लिस्ट के दाई ओर के स्क्रॉल ऐरो का प्रयोग करो।
3. फॉंट साइज़ लिस्ट बॉक्स में, साइज बदलने के लिए मनचाही फॉंट साइज़ को एंटर करो और Enter दबाओ। (देखें चित्र 3.41)
4. कैरेक्टर को रेगुलर, बोल्ड, इटैलिक या अंडरलाइन करने के लिए फॉर्मेट टूलबार पर उससे संबंधित बटन पर क्लिक करो (देखें चित्र 3.41) ये टॉगल बटन्स हैं। इन्हें एक बार क्लिक करने पर ऑप्शन ऑन होता है एवं दोबार क्लिक करने पर ऑप्शन ऑफ़ हो जाता है।

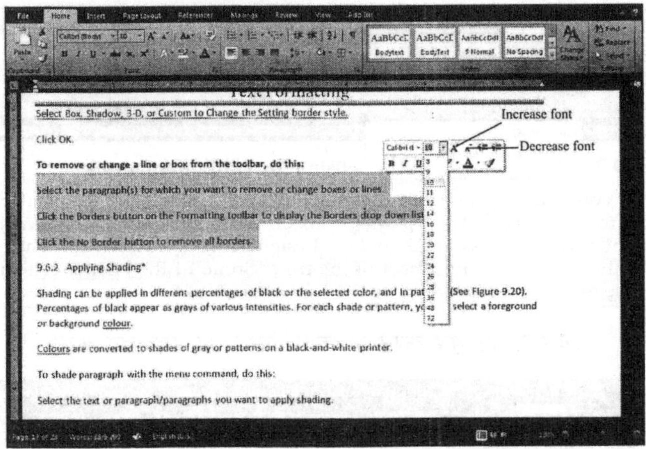

चित्र 3.41: मिनी टूलबार पर स्थित फॉंट साइज़ ड्रॉप डाउन लिस्ट

कीबोर्ड का प्रयोग करते हुए कैरेक्टर फॉर्मेटिंग ऐप्लाई करना (Applying Character Formatting Using Keyboard)

अधिकांश कैरेक्टर फॉर्मेटिंग को कीबोर्ड शॉर्टकट्स का प्रयोग करके भी ऐप्लाई किया जा सकता है। जैसा कि नीचे के सैक्शन्स में बताया गया है।

➔ **शॉर्टकट कीज का प्रयोग करके फॉर्मेट करने के लिए:**

1. जिस टेक्स्ट को आप फॉर्मेट करना चाहते हैं उसे सिलेक्ट करें और मनचाहे फॉर्मेटिंग इफेक्ट के लिए शॉर्टकट की कॉंबिनेशन्स का प्रयोग करें।

फॉर्मेट	शॉर्टकट
बोल्ड	Ctrl + B
इटैलिक	Ctrl + I
सिंगल अंडरलाइन	Ctrl + U
वर्ड अंडरलाइन	Ctrl + Shift + W
डबल अंडरलाइन	Ctrl + Shift + D
स्माल कैप्स	Ctrl + Shift + K
ऑल कैप्स	Ctrl + Shift + A

क्रमशः...

क्रमश:...

हिडन टेक्स्ट	Ctrl + Shift + H
सुपर स्क्रिप्ट	Ctrl + Shift + =
सब स्क्रिप्ट	Ctrl + =
कॉपी फॉर्मेटिंग	Ctrl + Shift + C
पेस्ट फॉर्मेटिंग	Ctrl + Shift + V
रिमूव फॉर्मेटिंग	Ctrl + Spacebar
लेटर्स का केस बदलना	Ctrl + F3
फाँट	Ctrl + Shift + F : यह कमांड फॉर्मेटिंग टूलबार में फाँट बॉक्स को एक्टिवेट करता है। एक नया फाँट नाम टाइप करें या ऐरो कीज का प्रयोग करके मनचाहे फाँट को हाइलाइट करें। Enter की दबाकर इसे सिलेक्ट करें।
सिंबल फाँट	Ctrl + Shift + Q
पॉइंट साइज़	Ctrl + Shift + P यह कमांड फॉर्मेटिंग टूल बार में पॉइंट साइज बॉक्स को एक्टिवेट करता है। एक नई साइज टाइप करके ऐरो कीज का प्रयोग करें और मनचाहे पॉइंट साइज को हाइलाइट करें। इसे सिलेक्ट करने के लिए Enter दबाएँ।
अगला बड़ा पॉइंट साइज जो चुने गए फाँट्स के लिए उपलब्ध है।	Ctrl + Shift + >
अगला छोटा पॉइंट साइज जो चुने गए फाँट्स के लिए उपलब्ध है।	Ctrl + Shift + <
एक पॉइंट साइज ऊपर	Ctrl +]
एक पॉइंट साइज नीचे	Ctrl + [

3.4.6 टेक्स्ट का ऐलाइनमेंट (Alignment of Text)

एक पैराग्राफ़ का ऐलाइनमेंट ऐट्रीब्यूट, पेज पर मेन डॉक्यूमेंट के टेक्स्ट की पोज़ीशन से संबंधित होता है। टेबल 3.10 में वर्ड 2010 में उपलब्ध विभिन्न एलाइनमेंट ऑप्शन दिए गए हैं और इन्हें चित्र 3.42 में दिखाया गया है।

टेबल 3.8: एक पैराग्राफ़ के लिए अलग-अलग एलाइनमेंट विकल्प

ऑप्शन (Option)	विवरण (Description)
लेफ्ट ऐलाइनमेंट (Left Alignment)	टेक्स्ट को लेफ्ट मार्जिन के साथ ऐलाइन करता है और एक टेढ़ी मेढ़ी राइट मार्जिन बनाता है।
राइट ऐलाइनमेंट (Right Alignment)	टेक्स्ट को राइट मार्जिन के साथ ऐलाइन करता है और एक टेढ़ी मेढ़ी लेफ्ट मार्जिन बनाता है।
सेंटर ऐलाइनमेंट	टेक्स्ट को लेफ्ट और राइट मार्जिन के बीच में

क्रमश:...

क्रमश:...

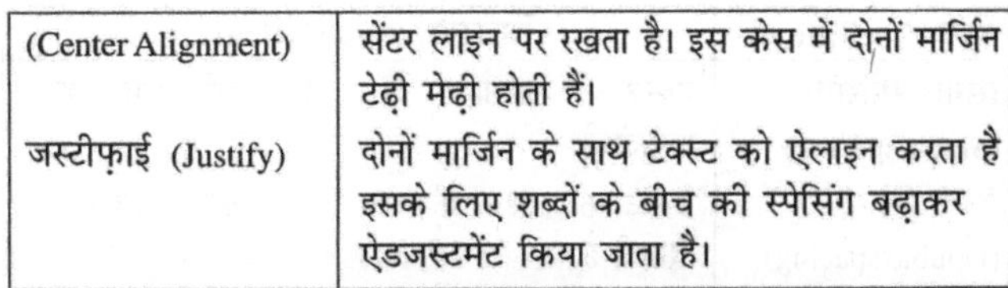

(Center Alignment)	सेंटर लाइन पर रखता है। इस केस में दोनों मार्जिन टेढ़ी मेढ़ी होती हैं।
जस्टीफ़ाई (Justify)	दोनों मार्जिन के साथ टेक्स्ट को ऐलाइन करता है इसके लिए शब्दों के बीच की स्पेसिंग बढ़ाकर ऐडजस्टमेंट किया जाता है।

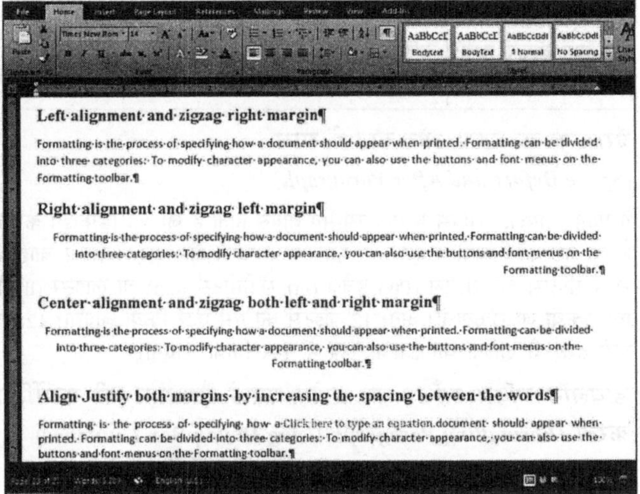

चित्र 3.42: पैराग्राफ एलाइनमेंट विकल्प

3.5 टेक्स्ट की फॉर्मेटिंग करना (Formatting the Text)

पैराग्राफ़ फॉर्मेटिंग में एक पैराग्राफ़ में पूर्णत: टेक्स्ट की अपीयरेंस को कंट्रोल करना शामिल होता है। पैराग्राफ फॉर्मेटिंग के ऑप्शन्स हैं: टेक्स्ट ऐलाइनमेंट, पैराग्राफ़ इंडेंटेशन, लाइन स्पेसिंग, स्पेसिंग बिफोर एंड ऑफ्टर द पैराग्राफ़ और बॉर्डर एंड शेडिंग आदि

3.5.1 पैराग्राफ़ इंडेंटिंग (Paragraph Indenting)

इंडेंट्स व्हाइट स्पेस (white space) होती है जो मार्जिन के साथ जोड़ी जाती है और इस तरह से पैराग्राफ़ के लिए टेक्स्ट एरिया को कम किया जाता है। अत: जब आपके पास एक राइट मार्जिन होती है और आप एक 1.0" का राइट इंडेंट लगाना चाहते हैं तो आपका टेक्स्ट पेपर के दाएँ किनारे से 2.0" पर प्रिंट होगा।

☞ प्रत्येक पैराग्राफ की पहली लाइन, उसी पैराग्राफ की बाकी लाइनों से अलग तरह से इंडेंट होती है। पहली लाइन बाकी लाइनों से छोटी हो सकती है जो रेगुलर इंडेंट (regular indent) बनाता है या अन्य लाइनों से बड़ी हो सकती है जो हैंगिंग इंडेंट (hanging indent) बनाता है।

एक बार जब आप इंडेंट बदलते हैं, तो प्रत्येक नया पैराग्राफ जो आप Enter key दबाकर स्टार्ट करते हैं, एक समान इंडेंट सैटिंग को मेंटेन करेगा जब तक आप इसे फिर से बदल नहीं देंगे।

लाइन स्पेसिंग

एक पैराग्राफ़ में लाइन स्पेसिंग का अर्थ है लाइनों के बीच में कितनी जगह होनी चाहिए। टेबल 3.9 में वो ऑप्शन बताए गए हैं जो वर्ड लाइन स्पेसिंग के लिए प्रदान करता है।

टेबल 3.9: लाइन स्पेसिंग के विभिन्न विकल्प

ऑप्शन (Option)	विवरण (Description)
सिंगल स्पेसिंग (Single spacing)	टेक्स्ट की लाइनों के बीच कोई खाली जगह नहीं दिखती है।
डबल स्पेसिंग (Double spacing)	टेक्स्ट की लाइनों के बीच एक खाली लाइन स्पेस दिखती है।
1.5 स्पेसिंग (1.5 spacing)	टेक्स्ट की एक लाइन स्पेस की आधी ऊँचाई की लाइन स्पेस टेक्स्ट की लाइनों के बीच दिखती है।
ऐक्जैक्ट लाइन हाइट (exact line height)	लाइनों के बीच जो स्पेस आप चाहते हैं उसे स्पेसिफाई करो।

पैराग्राफ़ के पहले और बाद में स्पेस (Space Before and After Paragraph)

पैराग्राफ़ डायलॉग बॉक्स में एक स्पेसिंग बॉक्स होता है जो यह डिफाइन करता है कि वर्ड को कितनी व्हाइट स्पेस पैराग्राफ के पहले और बाद में रखनी चाहिए। स्पेस सैटिंग्स को पॉइंट्स (Pts), इंचेज (in), सेंटीमीटर्स (cm) या लाइन्स (li) में एंटर किया जा सकता है। अत: 12 पॉइंट्स को ऐसे एंटर किया जाएगा: 12 pt। इसी तरह दो लाइनों को 2 li के रूप में एंटर किया जाएगा।

डायलॉग बॉक्स लाँचर का प्रयोग करके पैराग्राफ की फॉर्मेटिंग करना (Formatting Paragraph Using Dialog Box Launcher)

➔ पैराग्राफ़ की फॉर्मेटिंग के लिए:

1. फॉर्मेट किए जाने वाले पैराग्राफ में कहीं भी इन्सर्शन पॉइंट को रखो या मल्टीपल पैराग्राफ़ सिलेक्ट करो।
2. फॉर्मेट मेन्यू पर क्लिक करो या पैराग्राफ़ कमांड को चुनो। पैराग्राफ़ डायलॉग बॉक्स चित्र 3.43 की तरह दिखाई देगा।

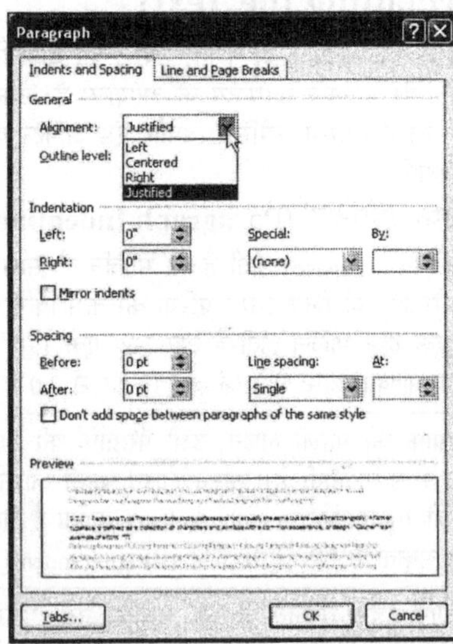

चित्र 3.43: पैराग्राफ डायलॉग बॉक्स, इंडेंट्स और स्पेसिंग प्रॉपर्टीशीट के साथ

3. इंडेंट्स एंड स्पेसिंग टैब पर क्लिक करो, चित्र 3.43 की तरह प्रॉपर्टीशीट दिखाई देगी।

जनरल ऑप्शन्स

4. ऐलाइनमेंट लिस्ट बॉक्स में करेंट ऐलाइनमेंट दिखता है।
5. यदि जरूरत हो तो करेंट ऐलाइनमेंट को बदलो। इसके लिए लिस्ट बॉक्स के पास बने डाउन ऐरो पर क्लिक करो, इसे लिस्ट दिखाने के लिए खोलो। लिस्ट में से, ऐलाइनमेंट ऑप्शन पर क्लिक करो जैसी जरूरत हो।

पैराग्राफ़ इंडेंट ऑप्शन्स

6. चित्र 3.44 की तरह इंडेंट्स एंड स्पेसिंग टैब से लाइन स्पेसिंग इंडेंटेशन ऑप्शन दिखाई देता है।
7. लेफ्ट टेक्स्ट बॉक्स, करेंट लेफ्ट इंडेंटेशन दिखाता है। इंडेंटेशन के लिए नई वैल्यू एंटर करो या इंडेंटेशन बदलने के लिए अप और डाउन ऐरो keys का प्रयोग करो
8. राइट टेक्स्ट बॉक्स, करेंट राइट इंडेंटेशन दिखाता है। इंडेंटेशन के लिए नई वैल्यू एंटर करो या इंडेंटेशन बदलने के लिए अप एंड डाउन ऐरो keys का प्रयोग करो

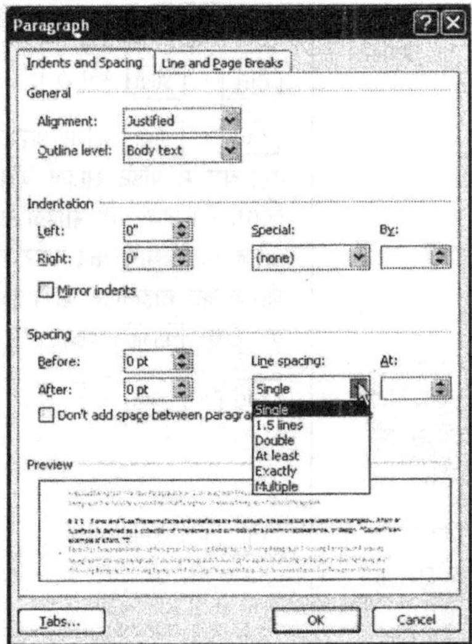

चित्र 3.44: इंडेंट्स एंड स्पेसिंग टैब, लाइन स्पेसिंग ऑप्शन्स के साथ

9. फर्स्ट लाइन इंडेंट या हैगिंग इंडेंट ऐप्लाई करने के लिए स्पेशल लिस्ट बॉक्स का प्रयोग करो। स्पेशल: लिस्ट बॉक्स की डाउन ऐरो key को क्लिक करो जिससे निम्न ऑप्शन प्रदर्शित हों:

ऑप्शन (Option)	इफेक्ट (Effect)
फर्स्ट लाइन (First line)	यह केवल पैराग्राफ़ की पहली लाइन को ही इंडेंट करता है।
हैगिंग इंडेंट (Hanging Indent)	यह पहली लाइन को छोड़कर बाकी पैराग्राफ़ को इंडेंट करता है।

जैसी जरूरत हो वैसा सिलेक्ट करने के लिए इन ऑप्शन्स पर क्लिक करो।

10. बाई (By): टेक्स्ट बॉक्स में इंडेंटेशन एंटर करो या अप एंड डाउन ऐरो का प्रयोग करो जिससे आवश्यक इंडेंटेशन दिया जा सके। सिलेक्ट किए गए इंडेंटेशन का इफेक्ट प्रिव्यू बॉक्स में दिखाई देता है।

लाइन स्पेसिंग ऑप्शन्स

11. लाइन स्पेसिंग टेक्स्ट बॉक्स, जो स्पेसिंग बॉक्स में होता है, में लाइन स्पेसिंग कंट्रोल करने के ऑप्शन होते हैं। स्पेसिंग बॉक्स के डाउन ऐरो पर क्लिक करो। ऑप्शन नीचे दिए गए हैं।

ऑप्शन (Option)	वर्णन (Explanation)
सिंगल (Single)	डीफॉल्ट वैल्यू है।
डबल (Double)	दो लाइनों के बीच एक खाली लाइन छोड़ता है।
1.5 लाइन्स (1.5 lines)	दो लाइनों के बीच एक खाली लाइन की आधी स्पेस छोड़ता है।
ऐट लीस्ट (At Least)	लाइनों के बीच न्यूनतम कितनी जगह है यह बताता है।
ऐक्जैक्टली (Exactly)	लाइनों के बीच ऐक्जैक्ट कितनी स्पेस है यह बताता है।

पैराग्राफ़ से पहले और बाद में स्पेस के ऑप्शन्स

12. स्पेस टाइप करो या बिफोर: टेक्स्ट बॉक्स में से आवश्यक स्पेस सिलेक्ट करो जिससे पैराग्राफ़ से पहले स्पेस जोड़ी जा सके।
13. स्पेस टाइप करो या आफ्टर: टेक्स्ट बॉक्स में से आवश्यक स्पेस सिलेक्ट करो जिससे पैराग्राफ के बाद में स्पेस जोड़ी जा सके।
14. OK पर क्लिक करो या Enter दबाओ ताकि पैराग्राफ़ डायलॉग बॉक्स को क्लोज़ किया जा सके।

रूलर का प्रयोग करके पैराग्राफ्स की फॉर्मेटिंग करना (Formatting Paragraphs Using Ruler)

➔ **रूलर का प्रयोग करके पैराग्राफ फॉर्मेट करने के लिए:**

1. फॉर्मेट किए जाने वाले पैराग्राफ़ पर कहीं भी इंसर्शन पॉइंट रखो या मल्टीपल पैराग्राफ्स को ऐलाइन करने के लिए सिलेक्ट करो।
2. होम टैब के पैराग्राफ ग्रुप पर स्थित उचित ऐलाइनमेंट बटन पर क्लिक करो उदाहरण: लेफ्ट, सेंटर, राइट, जस्टीफाइटड ऐलाइनमेंट (चित्र 3.45 देखें)

➔ **माउस का प्रयोग करके पैराग्राफ इंडेंट करने के लिए:**

1. इंडेंट किए जाने वाले पैराग्राफ पर इंसर्शन पॉइंट रखो या जितने पैराग्राफ आपको इंडेंट करने हैं उन्हें सिलेक्ट करो।
2. होम टैब के पैराग्राफ ग्रुप पर स्थित इंडेंटेशन बटन पर क्लिक करो।
3. इन्क्रीज इंडेंट बटन, इंडेंट मार्कर को एक टैब स्टॉप राइट में मूव कराता है और डिक्रीज इंडेंट इसे एक टैब स्टॉप पीछे मूव करता है।

➔ **रूलर का प्रयोग करके पैराग्राफ इंडेंट करने के लिए:**

1. इंसर्शन पॉइंट को एक पैराग्राफ में रखो या इंडेंट किए जाने वाले कई सारे पैराग्राफ्स को चुनो।
2. इंडेंट मार्कर्स रूलर पर दिखेंगे।
3. ट्राएंगुलर (triangular) इंडेंड मार्कर में से सबसे उचित को चुनकर ड्रैग करके मनचाही लोकेशन पर ले जाओ।
4. जब आप मार्कर को ड्रैग करते हैं, तो रूलर स्केल, इंडेंट मार्क की पोज़ीशन दिखाता है जो इसकी रेस्पेक्टिव (respective) मार्जिन से संबंधित होती है। (देखें चित्र 3.45)।
5. जब आप माउस बटन को पोज़ीशन करने के बाद इसे रिलीज़ करते हैं तो सिलेक्टेड पैराग्राफ्स का टेक्स्ट उसी के अनुसार मूव होता है।

शॉर्टकट Keys का प्रयोग करके पैराग्राफ की फॉर्मेटिंग करना (Formatting Paragraph Using Shortcut Keys)

➔ **शॉर्टकट Keys का प्रयोग करके पैराग्राफ्स को फॉर्मेट करने के लिए:**

1. जिस पैराग्राफ को ऐलाइन करना है उसमें कहीं पर भी इंसर्शन पॉइंट को रखो या कई पैराग्राफ्स को सिलेक्ट करो।

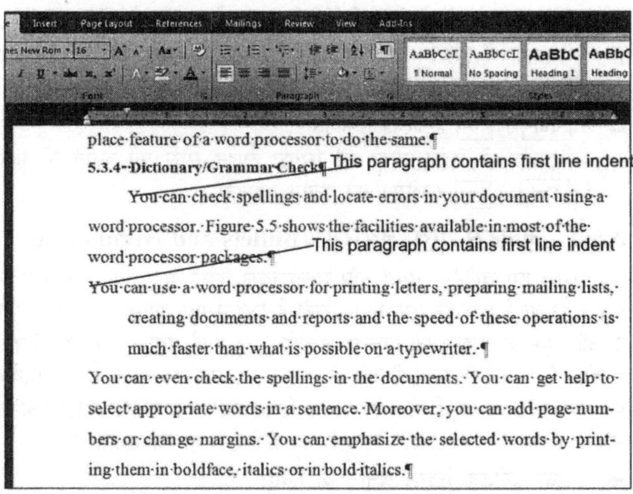

चित्र 3.45: पैराग्राफ ग्रुप पर स्थित इंडेंटेशन बटन

2. नीचे दिए गए किसी एक कीबोर्ड शॉर्टकट का प्रयोग करो।

ऐलाइनमेंट (Alignment)	Key कॉंबिनेशन (combination)
लेफ्ट (Left)	Ctrl + L keys को एक साथ
राइट (Right)	Ctrl + R keys को एक साथ
सेंटर (Center)	Ctrl + E keys को एक साथ
जस्टीफ़ाई (Justify)	Ctrl + J keys को एक साथ

➔ **कीबोर्ड शॉर्टकट का प्रयोग करके पैराग्राफ इंडेंट करने के लिए:**

1. इंसर्शन पॉइंट को एक पैराग्राफ़ में रखो या इंडेंट किए जाने वाले मल्टीपल पैराग्राफ़्स को सिलेक्ट करो।
2. नीचे दिए गए शॉर्टकट key कॉंबिनेशन का प्रयोग करो।

Key कॉंबिनेशन (combination)	इफेक्ट्स (Effects)
Ctrl + M	लेफ्ट इंडेंट लगाता है।
Ctrl + Shift + M	लेफ्ट इंडेंट हटाता है।
Ctrl + T	हैंगिंग इंडेंट लगाता है।
Ctrl + Shift + T	हैंगिंग इंडेंट कम करता है।
Ctrl + Q	पैराग्राफ़ फार्मेटिंग हटाता है।

➔ **कीबोर्ड शॉर्टकट का प्रयोग करके लाइन स्पेसिंग बदलने के लिए:**

1. इंसर्शन पॉइंट को एक पैराग्राफ़ में रखो या उन पैराग्राफ्स को चुनो जिनके लिए आप लाइन स्पेसिंग बदलना चाहते हैं।
2. नीचे दिए key शॉर्टकट्स में से एक का प्रयोग करो।

Key कॉंबिनेशन (combination)	इफेक्ट्स (Effects)
Ctrl + 1	सिंगल स्पेस वाली लाइनें बनाता है।
Ctrl + 2	डबल स्पेस वाली लाइनें बनाता है।
Ctrl + 5	1.5 स्पेस वाली लाइनें बनाता है।
Ctrl + 0 (zero)	पैराग्राफ़ से पहले एक लाइन स्पेस ऐड या रिमूव करता है।

→ **पैराग्राफ से पहले एक सिंगल लाइन स्पेस देने के लिए:**

1. पैराग्राफ में इंसर्शन पॉइंट को रखो या उस पैराग्राफ को सिलेक्ट करो जिसके पहले आप सिंगल लाइन की स्पेस डालना चाहते हैं।
2. Ctrl + 0 (ज़ीरो) दबाओ।
3. पैराग्राफ से पहले जोड़ी गई सिंगल लाइन स्पेस को हटाने के लिए Ctrl + 0 (ज़ीरो) को दोबारा दबाओ।

3.5.2 बुलेट्स एवं नंबरिंग (Bullets and Numbering)

वर्ड 2010 हमें बुलेटेड, नंबर्ड और मल्टीलेवल लिस्ट बनाने की क्षमता प्रदान करता है। बुलेटेड लिस्ट एक लिस्ट होती है जिसमें एक ग्राफ़िक कैरेक्टर होता है, और एक बहुत ही छोटी पिक्चर या बुलेट, लिस्ट के प्रत्येक पैराग्राफ के शुरू में होती है। नंबर्ड लिस्ट इसी की ही तरह है, अंतर सिर्फ इतना है कि प्रत्येक पैराग्राफ नंबर्ड या लेटर्ड होता है। प्रत्येक लिस्ट टाइप की स्टाइल को बदला जा सकता है और अलग-अलग बुलेट्स का प्रयोग किया जा सकता है।

→ **एक बुलेटेड लिस्ट बनाने के लिए:**

1. बुलेटेड किए जाने वाले टेक्स्ट को चुनें या बनाई जाने वाली नई लिस्ट की लोकेशन चुनें।
2. लिस्ट में बुलेट्स की लास्ट स्टाइल को प्रयोग करने के लिए, बुलेट्स या नंबरिंग बटन को प्रेस करें जैसा चित्र 3.46 में दिखाया गया है। इसे दोबारा दबाएँ ताकि लिस्ट समाप्त हो जाए या
3. सिलेक्ट किए गए टेक्स्ट में राइट क्लिक करें और शॉर्टकट मेन्यू में से बुलेट्स या नंबरिंग चुनें ताकि उपलब्ध स्टाइल्स की एक गैलरी देखी जा सके।

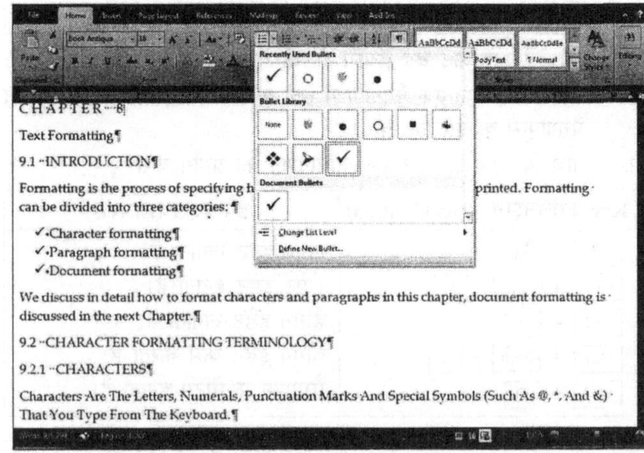

चित्र 3.46: बुलेट्स एवं नंबरिंग डायलॉग बॉक्स

☞ बुलेट या नंबर टेक्स्ट की लाइन के शुरूआत में दिखते हैं जब एंटर की को टेक्स्ट की पिछली लाइन के अंत में दबाया जाता है।

टैब और टैब सैटिंग का प्रयोग (Use of Tab and Tab Setting)

टैब्स का प्रयोग, आइटम्स की अपेक्षाकृत आसान लिस्ट बनाने के लिए किया जाता है। वर्ड 2010 डॉक्यूमेंट में प्रत्येक पैराग्राफ़ की कई अलग अलग टैब सैटिंग्स हो सकती हैं। वर्ड चार प्रकार की टैब सैटिंग्स प्रदान करता है (देखें चित्र 3.47)। प्रत्येक टैब टैक्स्ट को ऐलाइन करने के लिए बना होता है। टैब्स विशेषतौर पर कॉलमनर (Columnar Lists) लिस्ट्स बनाने के लिए उपयोग होते हैं। अलग अलग टैब्स और उनके फंक्शन्स नीचे दिए गए हैं:

टैब	फंक्शन
लेफ्ट टैब	इन टैब्स पर टाइप किया गया टेक्स्ट स्टॉप के बाँए किनारे पर ऐलाइन होता है।
सेंटर टैब	एक सेंटर टैब स्टॉप, आपके टेक्स्ट को टैब स्टॉप के चारों ओर ऐलाइन करता है।
राइट टैब	राइट टैब स्टॉप, आप जो भी टाइप करते हैं उसे टैब के बाईं ओर ऐलाइन करता है।
डेसीमल टैब	डेसीमल टैब स्टॉप्स, नंबर्स के कॉलम्स को डेसीमल पॉइंट पर ऐलाइन करता है। इसे मुख्यत: फाइनैंशियल रिपोर्ट्स के लिए प्रयोग किया जाता है।।

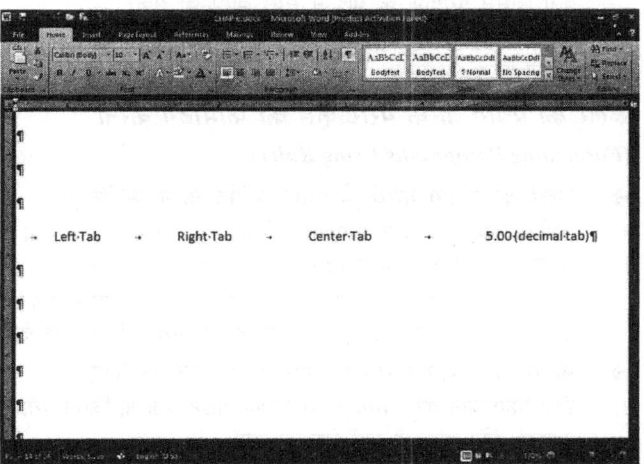

चित्र 3.47: वर्ड 2010 में उपलब्ध टैब्स

टैब्स डायलॉग बॉक्स के साथ टैब स्टॉप्स की सैटिंग्स करना (Setting Tab Stops with the Tabs Dialog Box)

→ **टैब्स डायलॉग बॉक्स का प्रयोग करके टैब्स सैट करने के लिए:**

1. इन्सर्शन पॉइंट को उस पैराग्राफ़ में रखो जिसके लिए आप टैब इन्सर्ट करना चाहते हैं।
2. होम टैब पर क्लिक करके फिर पैराग्राफ लाँचर डायलॉग बॉक्स पर क्लिक करो।
3. पैराग्राफ टैब्स बटन पर क्लिक करें, टैब्स डायलॉग बॉक्स चित्र 3.48 की तरह से दिखाई देगा।
4. टैब स्टॉप पोज़ीशन बॉक्स में, वह पोज़ीशन एंटर करो जहाँ आप टैब स्टॉप इन्सर्ट करना चाहते हैं।
5. ऐलाइनमेंट एरिया में, जिस तरह का टैब आप इन्सर्ट करना चाहते हैं उसे सिलेक्ट करो।

☞ डीफॉल्ट के रूप में टैब्स डायलॉब बॉक्स में मेज़रमेंट्स (measurements) इंचेज़ में होते हैं, जब तक कि आप कुछ और टाइप न करें (cm - सेंटीमीटर के लिए, pt - पॉइंट के लिए या pi - पिका के लिए)। उदाहरण के लिए 5 cm से लेफ्ट टैब स्टॉप, लेफ्ट मार्जिन से 5 सेंटीमीटर्स लेफ्ट में पोज़ीशन हो जाएगा।

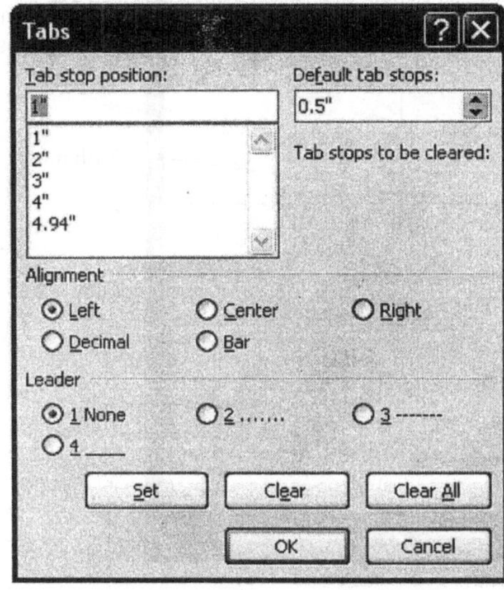

चित्र 3.48: टैब्स डायलॉग बॉक्स

3.5.3 चेंज केस कमांड का प्रयोग करना (Using Change Case Command)

वर्ड किसी भी टेक्स्ट को कैपिटल लेटर्स (Capital Letters) में बदलने की सुविधा, चेंज केस कमांड का इस्तेमाल करके, प्रदान करता है।

➔ **कैपिटलाइज़ेशन ऐप्लाई करने के लिए:**

1. उस टेक्स्ट को सिलेक्ट करो जिसके लिए आप कैपिटलाइज़ेशन (Capitalization) चाहते हैं।

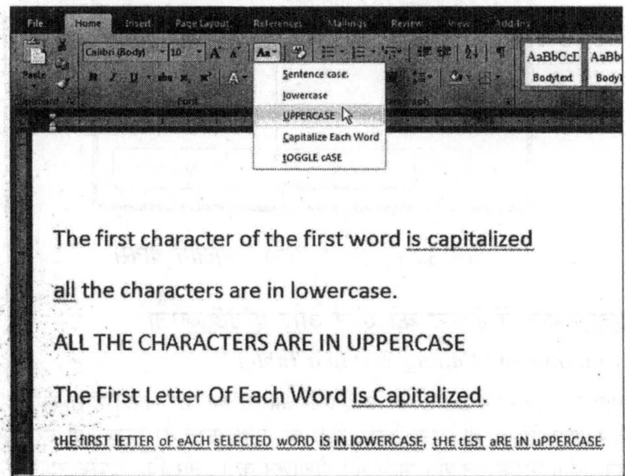

चित्र 3.49: चेंज केस ऑप्शन्स

2. होम टैब के फॉट ग्रुप में जाकर चेंज केस को चुनो। चित्र 3.49 की तरह से डायलॉग बॉक्स दिखाई देगा।
3. चेंज केस डायलॉग बॉक्स में दिए गए ऑप्शन इस तरह होते हैं:

ऑप्शन (Option)	**विवरण (Description)**
सेंटेंस केस (Sentence Case)	पहले शब्द का पहला कैरेक्टर कैपिटलाइज़्ड किया जाता है
लोअर केस (Lower Case)	सभी कैरेक्टर्स लोअर केस में होते हैं।
अपर केस (Upper Case)	सभी कैरेक्टर्स अपर केस में होते हैं।
कैपिटलाइज ईच वर्ड (Capitalize each Word)	प्रत्येक शब्द का पहला अक्षर कैपिटलाइज़्ड होता है।
टॉगल केस (Toggle Case)	प्रत्येक सिलेक्टेड शब्द का पहला अक्षर लोअर केस में होता है और बाकी अपर केस में होते हैं।

4. उपरोक्त विकल्प टेक्स्ट में ऐप्लाई हो जाते हैं और इन्हें चित्र 3.49 में दिखाया गया है।

3.6 टेबल मैनीपुलेशन (Table Manipulation)

फॉर्म, फाइनैन्शियल रिपोर्ट्स, कैटलॉग्स एवं बायो डाटा जैसे डॉक्यूमेंट्स बनाने के लिए आपको टेबल्स का प्रयोग करना चाहिए। वर्ड की टेबल में हॉरीजॉटल रोज़ (rows) और वर्टिकल कॉलम्स (columns) होते हैं। आप रोज़ और कॉलम्स के इंटर सेक्शन से बने एरिया जिसे सेल्स (cells) कहते हैं में टाइप करते हैं सेल्स में टेक्स्ट, नंबर्स और ग्राफ़िक्स हो सकते हैं।

आप सेल्स की साइज़, शेप और अपीयरेंस को भी कंट्रोल कर सकते हैं और बॉर्डर एवं शेडिंग फीचर का इस्तेमाल भी कर सकते हैं। आप एक टेबल में रोज़ और कॉलम्स इन्सर्ट और डिलीट कर सकते हैं।

☞ एक नया फीचर जिसे टेबल विज़ार्ड कहते हैं, आपको ऑटोमैटिक रूप से टेबल बनाने में मदद करता है।

टेबल का कॉन्सेप्ट (Concept of Table)

एक टेबल, सेल्स की रोज़ (rows) और कॉलम्स (columns) से बनती हैं, जिन्हें आप टेक्स्ट और ग्राफ़िक्स से फ़िल कर सकते हैं। आप टेबल्स का प्रयोग, कॉलम्स में नंबर्स को ऐलाइन करने के लिए कर सकते हैं, और इसके बाद इन पर आप सॉर्ट करके कैलकुलेशन्स भी कर सकते हैं। आप टेबल्स का प्रयोग पेज लेआउट तैयार करने और टेक्स्ट और ग्राफ़िक्स अरेंज करने के लिए भी कर सकते हैं।

रोज़ (Rows)

एक रो, सेल्स (Cells) का एक हॉरीजॉटल ब्लॉक है जो टेबल की पूरी चौड़ाई में रन करती है।

कॉलम (Column)

एक कॉलम, सेल्स का एक वर्टिकल ब्लॉक है जो पूरी टेबल की लंबाई में रन करता है।

सेल (Cell)

एक सेल, एक रो और एक कॉलम का इंटरसेक्शन (intersection) होता है।

3.6.1 टेबल ड्रॉ करना (Draw Table)

वर्ड 2010 आपको इन्सर्ट टैब पर इन्सर्ट टेबल ग्रिड सिलेक्ट करके टेबल ड्रॉ करने

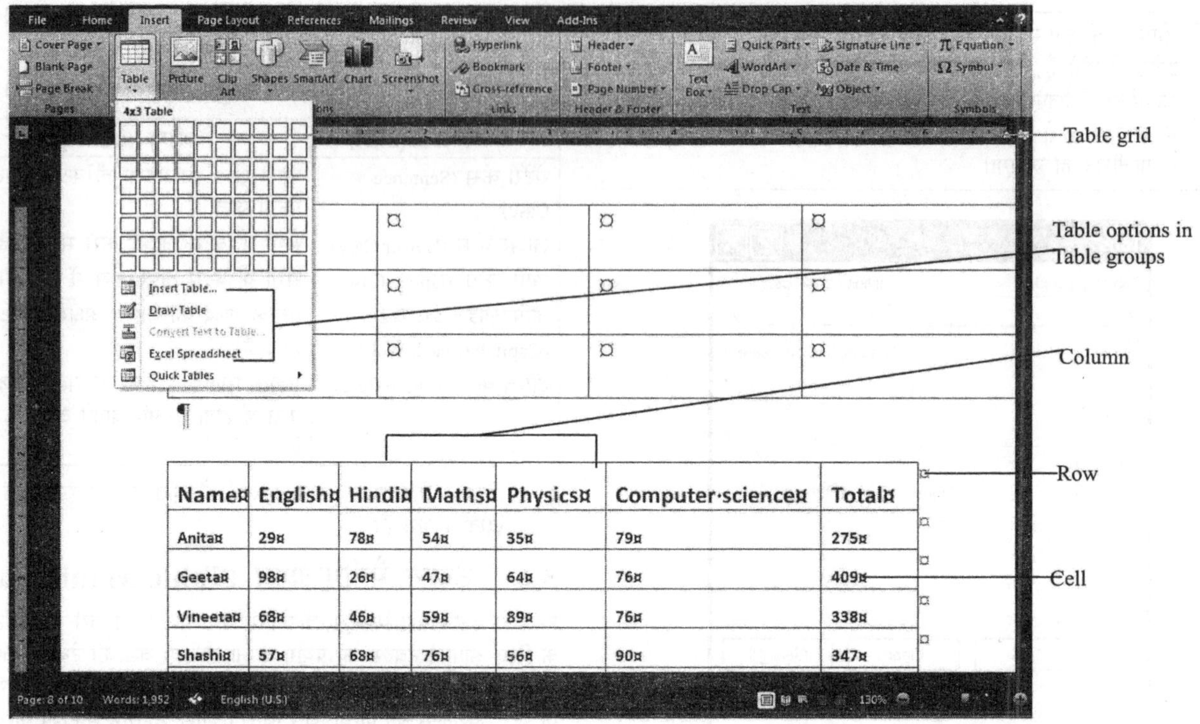

चित्र 3.50: टेबल ग्रिड

की अनुमति देता है। या आप टेबल ग्रुप में से टेबल विकल्प चुनकर फिर इन्सर्ट टेबल... कमांड से भी टेबल ड्रा कर सकते हैं।

➔ **माउस का प्रयोग करके टेबल ड्रॉ करने के लिए:**

1. इन्सर्शन पॉइंट को वहाँ पोजीशन करें जहाँ आप टेबल इन्सर्ट करना चाहते हैं।
2. **टेबल्स** ग्रुप के **इन्सर्ट** टैब पर क्लिक करें। डाउन ऐरो पर क्लिक करें और इन्सर्ट टेबल ग्रिड चुनें जैसा चित्र 3.50 में दिखाया गया है। माउस बटन को ड्रैग करके जितने रोज और कॉलम आप चाहते हैं, उन्हें हाइलाइट करें।
3. डिस्प्ले की गई ग्रिड, आवश्यक संख्या के रोज और कॉलम दिखाती है। यदि यह सही है और आपके द्वारा चुनी गई ग्रिड की तरह है तब माउस बटन को क्लिक करें।
4. माउस बटन को रिलीज करते ही वर्ड एक खाली टेबल इन्सर्ट करता है।

➔ **टेबल विकल्प का प्रयोग करके टेबल बनाने के लिए:**

1. इन्सर्शन पॉइंट को वहाँ पोजीशन करें जहाँ आप टेबल इन्सर्ट करना चाहते हैं।
2. **टेबल्स** ग्रुप के **इन्सर्ट** टैब में, **टेबल** डाउन को क्लिक करें, इन्सर्ट टेबल... विकल्प को हाइलाइट करें। इन्सर्ट टेबल डायलॉग बॉक्स चित्र 3.51 की तरह दिखाई देगा
3. मनचाहे रोज और कॉलम्स की संख्या एंटर करें जो आप टेबल में रखना चाहते हैं।
4. OK पर क्लिक करें

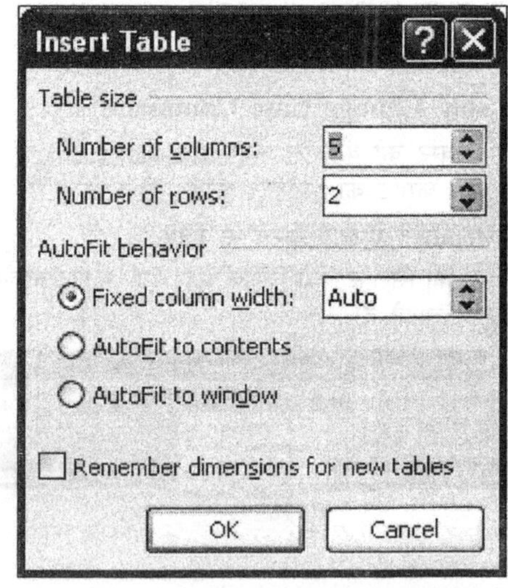

चित्र 3.51: इन्सर्ट टेबल डायलॉग बॉक्स

एक टेबल में टेक्स्ट को एंटर और एडिट करना
(Entering and Editing Text in a Table)

आप एक टेबल में टेक्स्ट को मूव, एंटर और एडिट कर सकते हैं ठीक वैसे ही जैसे आप किसी भी अन्य टेक्स्ट मैटर के साथ करते हैं। माउस या ऐरो keys का प्रयोग करके इन्सर्शन पॉइंट को पोजीशन करो, और फिर टेक्स्ट टाइप करो। सेल बॉर्डर्स, मार्जिन की तरह कार्य करते हैं। वर्ड ऑटोमैटिक रूप से टेक्स्ट को

सेल के अंदर ही रैप (wrap) कर लेता है जैसे ही आप दाएँ किनारे तक पहुँचते हैं।

➔ **एक माउस द्वारा टेबल के अंदर मूव करने के लिए:**

1. जिस सेल को आप मूव कराना चाहते हैं उसमें पॉइंटर रखकर क्लिक करो।

➔ **टेबल के अंदर मूव करने के लिए कीबोर्ड का प्रयोग:**

1. जब आप टेबल में दाई ओर के अंतिम कॉलम पर जाकर [Tab] key दबाते हैं तो इन्सर्शन पॉइंट, लेफ्ट और डाउन जाकर अगली रो में पहुँचेगा।
2. जब आप बाई ओर के अंतिम कॉलम में जाकर [Shift] + [Tab] दबाते हैं तो यह राइट और अप जाकर एक ऊपर वाली रो में पहुँचता है।

जैसे पहले बताए जा चुके हैं, वो सभी वर्ड के पैराग्राफ और कैरेक्टर फॉर्मेट्स आप सेल्स के टेक्स्ट पर ऐप्लाई कर सकते हैं। सेल्स में मल्टीपल पैराग्राफ़ और मल्टीपल पैराग्राफ़ फॉर्मेट्स भी आ सकते हैं।

3.6.2 सेल की विड्थ और हाइट बदलना (Changing Cell Width and Height)

रो की हाईट बदलना (Changing Row Height)

वर्ड 2010 आमतौर पर प्रत्येक रो की हाईट को ऑटोमैटिक रूप से सैट करता है ताकि जिस सेल में सबसे ऊँची एंट्री है उसे शामिल किया जा सके। उदाहरण के लिए, यदि एक रो में एक सेल को 2" की जरूरत होती है जिससे यह ग्राफिक्स या टेक्स्ट रख सके तो उस विशेष रो में सभी सेल्स 2" ऊँचे होंगे।

➔ **एक रो की हाईट को ऐडजस्ट करने के लिए:**

1. रो में कहीं भी क्लिक करो जिसकी आप हाईट बदलना चाहते हैं।
2. पॉइंटर को स्क्रीन के बाएँ किनारे पर स्थित वर्टिकल रूलर पर ले जाओ या रो के ऊपर ले जाओ। पॉइंटर अप-एंड-डाउन ऐरो में बदल जाएगा। इसका प्रयोग करो और रो को ड्रैग करके मनचाही हाईट बढ़ाओ। (देखें चित्र 3.52)
3. माउस बटन को छोड़ो
4. टेबल रो हाईट स्क्रॉल बॉक्स पर क्लिक करके लेआउट टैब के टेबल टूल टैब में से सेल साइज ग्रुप चुनकर रो की हाइट बदलें।

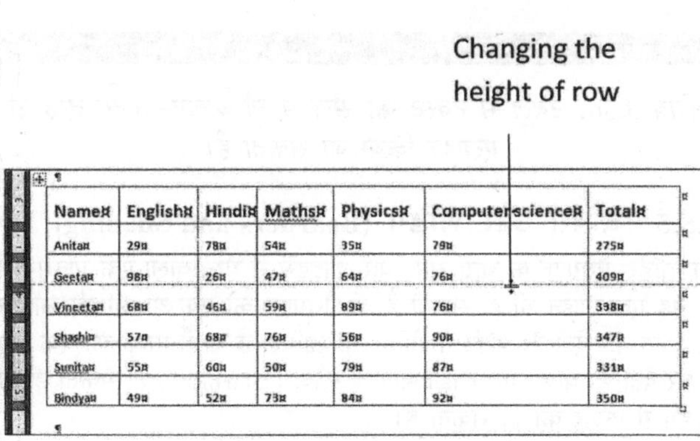

Changing the height of row

Name	English	Hindi	Maths	Physics	Computer science	Total
Anita	29	78	54	35	79	275
Geeta	98	26	47	64	76	409
Vineeta	68	46	59	89	76	338
Shashi	57	68	76	56	90	347
Sunita	55	60	50	79	87	331
Bindya	49	52	73	84	92	350

चित्र 3.52: टेबल की हाईट बदलना

कॉलम की विड्थ बदलना (Changing Column Width)

➔ **कॉलम की विड्थ, माउस द्वारा बदलने के लिए:**

1. एक कॉलम बाउंड्री पर पॉइंट करो
2. पॉइंटर डबल ऐरो के शेप में बदल जाएगा। (देखें चित्र 3.38)। कॉलम विड्थ मार्कर को ड्रैग करो। डॉटेड लाइन और रूलर सैटिंग्स पर ध्यान दो, अब माउस बटन को रिलीज़ करो जब यह आवश्यक विड्थ पर पहुँच जाए।
3. टेबल कॉलम विड्थ स्क्रॉल बॉक्स पर क्लिक करके, सेल साइज ग्रुप में जाकर टेबल कॉलम विड्थ बदलें।

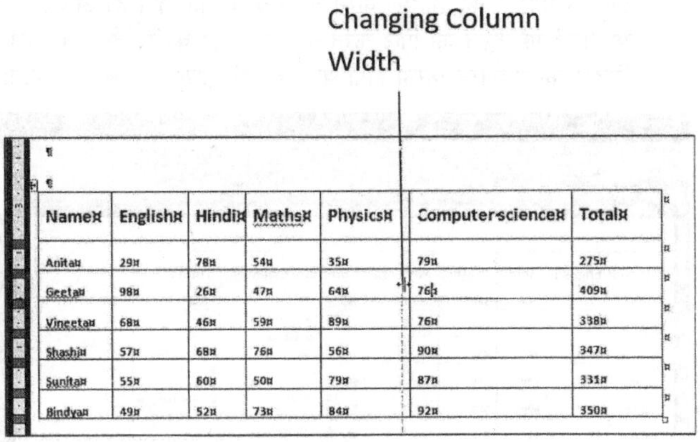

Changing Column Width

Name	English	Hindi	Maths	Physics	Computer science	Total
Anita	29	78	54	35	79	275
Geeta	98	26	47	64	76	409
Vineeta	68	46	59	89	76	338
Shashi	57	68	76	56	90	347
Sunita	55	60	50	79	87	331
Bindya	49	52	73	84	92	350

चित्र 3.53: कॉलम विड्थ एडजस्ट करना

- ड्रैगिंग के समय यदि आप [Shift] key को दबाए रखते हैं, तो टेबल की ओवर ऑल विड्थ बढ़ती है जबकि बिल्कुल दाई ओर का कॉलम वैसा ही रहता है।
- यदि आप ड्रैगिंग के समय [Ctrl] key दबाए रखते हैं तो दाई ओर के सभी कॉलम बदलते हैं लेकिन टेबल की ओवर ऑल विड्थ नहीं बदलती है। इसलिए, केवल दाई ओर के कॉलम्स की ही विड्थ बदलेगी।

3.6.3 रो या कॉलम को डिलीट/इन्सर्ट करना (Deletion/Insertion of Row and Column)

रोज़ इन्सर्ट करना (Inserting Row)

एक मौजूद टेबल के अंत में एक नई रो जोड़ने के लिए, इन्सर्शन पॉइंट को अंतिम सेल में कहीं भी रखकर [Tab] key दबाओ। वर्ड, एक नई रो को, इसके ठीक ऊपर के सेल्स की स्टाइल का प्रयोग करके, इन्सर्ट करेगा।

➔ **टेबल के बीच में एक सिंगल रो इन्सर्ट करने के लिए:**

1. इन्सर्शन पॉइंट को रो के नीचे रखो जहाँ आप नई रो को इन्सर्ट करना चाहते हैं।
2. टेबल मेन्यू पर क्लिक करके, इन्सर्ट को हाईलाइट करके, Rows above या Rows below को चुनो। नई रो इन्सर्ट हो जाएगी। या, राइट क्लिक करके, पॉपअप मेन्यू में से इन्सर्ट रोज को चुनो (देखें चित्र 3.54)।
3. कई सारी रोज़ जोड़ने के लिए, या तो राइट माउस बटन पर क्लिक करके इन्सर्ट रोज़ कमांड को बार बार दोहराओ या जितनी रोज़ आप इन्सर्ट करना चाहते हैं उतनी मौजूद रोज़ को सिलेक्ट करो। वर्ड उतनी ही रोज़ इन्सर्ट कर देगा।

कॉलम्स इन्सर्ट करना (Inserting Column)

➔ **टेबल के बीच में एक सिंगल कॉलम इन्सर्ट करने के लिए:**

1. उस कॉलम को सिलेक्ट करो जिसके दाई ओर आप नया कॉलम इन्सर्ट करना चाहते हैं।

2. टेबल मेन्यू पर क्लिक करो, इन्सर्ट को हाईलाइट करके, column to left या columns to Right चुनो/या राइट क्लिक करके पॉपअप मेन्यू में से इन्सर्ट कॉलम्स चुनो। या स्टैंडर्ड टूलबार पर स्थित इन्सर्ट कॉलम बटन पर क्लिक करो।
3. वर्ड एक नया कॉलम जोड़ता है पर पहले के कॉलम्स की चौड़ाई को, इस नए कॉलम को शामिल करने के लिए बदलता नहीं है। आपके पेज पर बढ़ाई गई टेबल को फिट करने के लिए, आप को मार्जिन एवं कॉलम विड्थ को ऐडजस्ट करना होगा या पेज ओरिएंटेशन को बदलना होगा।

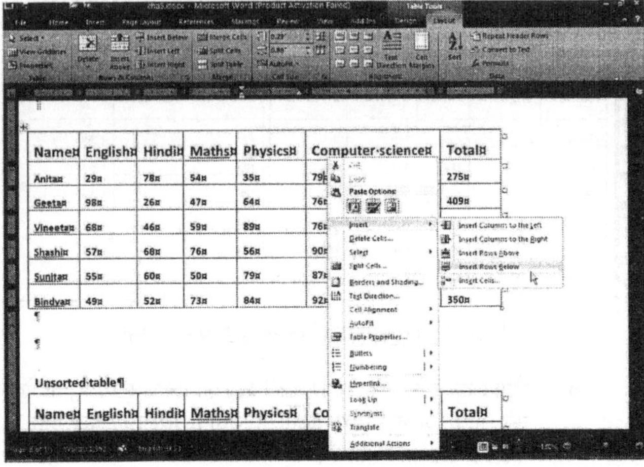

चित्र 3.54: रोज़ को इन्सर्ट करना

मल्टीपल कॉलम इन्सर्ट करने के लिए, मौजूद कॉलम में से जितने आपको चाहिए, उतने सिलेक्ट करो, ताकि नए कॉलम एक के बाद एक, नई लोकेशन के दाईं ओर इन्सर्ट होते चलें। यदि आप 3 कॉलम जोड़ना चाहते हैं तो 3 मौजूद कॉलम को सिलेक्ट करो जो मन चाहे इन्सर्शन पॉइंट के दाईं ओर हों, फिर इन्सर्ट बटन पर क्लिक करो।

➔ **टेबल के दाएँ किनारे पर एक कॉलम इन्सर्ट करने के लिए:**

1. एक एंड-ऑफ-रो मार्कर (end-of-row marker) को सिलेक्ट करो (देखें चित्र 3.55)
2. स्टैंडर्ड टूलबार पर स्थित इन्सर्ट कॉलम बटन पर क्लिक करो या राइट क्लिक करके पॉपअप मेन्यू में से इन्सर्ट कॉलम्स चुनो।

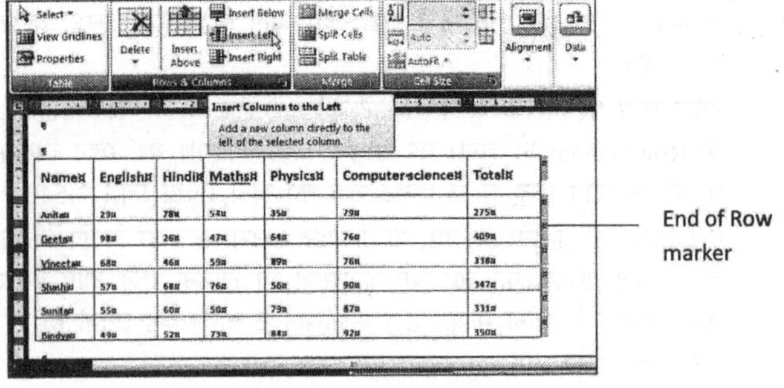

चित्र 3.55: एंड-ऑफ-रो मार्कर

रोज़ को डिलीट करना (Deleting Rows)

➔ **एक रो या सेल्स की रोज़ को डिलीट करने के लिए:**

1. डिलीट की जाने वाली रो या रोज़ को सिलेक्ट करो।
2. **टेबल** मेन्यू पर क्लिक करो, डिलीट को हाईलाइट **करके, रोज़** कमांड चुनो। यह रोज़ और उनके कंटेंट्स को डिलीट कर देगा।
3. केवल सेल्स के कंटेंट्स को डिलीट करने के लिए, (जबकि सेल्स वैसे ही रहेंगे), टेक्स्ट या ग्राफिक्स सिलेक्ट करके Del key दबाओ।

कॉलम्स डिलीट करना (Deleting Columns)

➔ **कॉलम्स को डिलीट करने के लिए:**

1. डिलीट किए जाने वाले कॉलम या कॉलम्स सिलेक्ट करो।
2. **टेबल** मेन्यू पर क्लिक करके **डिलीट** को हाई लाइट करो और **कॉलम्स** को चुनो।
3. OK पर क्लिक करो।

3.6.4 एक सेल में टेक्स्ट को ऐलाइन करना (Alignment of Text in a Cell)

आप एक टेबल सेल में टेक्स्ट को नौ अलग-अलग तरीकों से एलाइन कर सकते हैं, टॉप लेफ्ट (डीफॉल्ट एलाइनमेंट), टॉप सेंटर, टॉप राइट, सेंटर, सेंटर लेफ्ट, सेंटर राइट, बॉटम लेफ्ट, बॉटम सेंट और बॉटम राइट जो कि चित्र 3.56 में देखें जा सकते हैं।

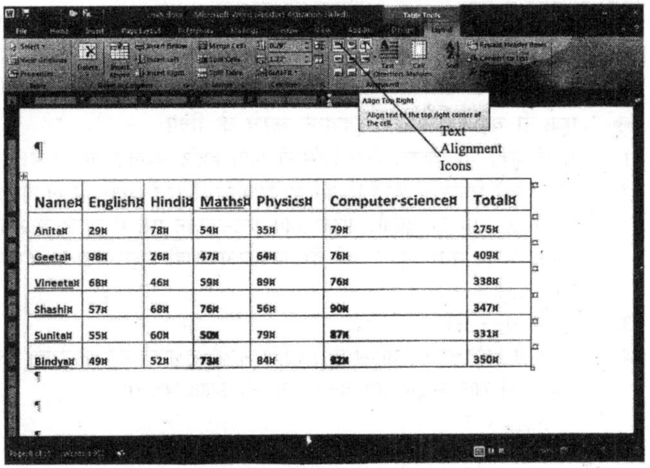

चित्र 3.56: टेबल में टेक्स्ट को सेल में नौ अलग-अलग तरह से एलाइन किया जा सकता है।

3.6.5 बॉर्डर्स और शेडिंग (Boarders and Shading)

एक बॉर्डर, पैराग्राफ के चारों ओर, चारों साइड्स से घेरने वाला एक बॉक्स होता है। यह एक लाइन भी हो सकती है जो पैराग्राफ को एक या अधिक साइड्स पर ऑफ कर देती है। बॉर्डर में शेडिंग भी शामिल है जो पैराग्राफ को एक पैटर्न से भर देती है। बॉक्स एवं लाइनें सॉलिड ब्लैक (solid black) हो सकती हैं और शेडिंग ग्रे कलर की हो सकती है।

यदि पैराग्राफ्स के एक ग्रुप को उसके चारों ओर बॉक्स के साथ फॉर्मेट **किया जाता है** और आप लास्ट पैराग्राफ के अंत में Enter दबाते हैं, तो नया **पैराग्राफ बॉक्स** के अंदर आ जाता है। लेकिन यदि आप एक नया पैराग्राफ बॉर्डर के **बाहर** बनाना चाहते हैं तो Enter दबाने से पहले इन्सर्शन पॉइंट को बॉर्डर **के बाहर** रखो।

बॉर्डर्स ऐप्लाई करना (Applying Borders)

➔ **एक पैराग्राफ या पैराग्राफ्स के एक समूह के लिए बॉर्डर्स ऐप्लाई करने के लिए:**

1. जिस पैराग्राफ के चारों ओर बॉर्डर लगाना है उसके भीतर कहीं भी इंसर्शन पॉइंट रखो या कई पैराग्राफ्स को सिलेक्ट करो या जिस टेक्स्ट को बॉर्डर से घेरना है उसे सिलेक्ट करो। (देखें चित्र 3.57)
2. **फॉर्मेट** मेन्यू पर क्लिक करो और **बॉर्डर्स एवं शेडिंग** चुनो। बॉर्डर्स एवं शेडिंग डॉयलॉग बॉक्स चित्र 3.58 की तरह दिखाई देगा।
3. नीचे दिए गए ऑप्शन्स में से चुनो।

ऑप्शन (Option)	इफेक्ट (Effect)
नन (None)	कोई बॉक्स नहीं
बॉक्स (Box)	सिलेक्टेड टेक्स्ट या पैराग्राफ के चारों ओर एक जैसी लाइनों से बना एक बॉक्स आता है।
शैडो (Shadow)	एक बॉक्स जिसके निचले दाएँ कोने में एक ड्रॉप शैडो होती है।
3-D	एक पिक्चर फ्रेम बॉक्स
कस्टम (Custom)	सिलेक्टेड पैराग्राफ्स के एक या अधिक साइड्स में कस्टम डिज़ाइन के बॉर्डर आते हैं।

4. सैटिंग को सिलेक्ट करने के बाद, स्टाइल स्क्रॉल लिस्ट में से स्टाइल को चुनो। स्टाइल, बॉर्डर के लिए इस्तेमाल होने वाली लाइन के टाइप को निर्धारित करती है।
5. कलर: ड्रॉप डाउन लिस्ट में, उस कलर को चुनो जो आप बॉर्डर में डालना चाहते हैं। यदि आप ऑटो ऑप्शन चुनते हैं, तो टेक्स्ट के लिए डीफॉल्ट कलर का प्रयोग होता है।
6. विड्थ: ड्रॉप डाउन लिस्ट में, बॉर्डर के लिए चौड़ाई बताओ।
7. प्रिव्यू बॉक्स यह बताता है कि सिलेक्टेड टेक्स्ट में बॉर्डर कैसे ऐप्लाई होता है।
8. ऐप्लाई टू: में बॉर्डर के लिए चौड़ाई निर्धारित करो जो आप सिलेक्टेड टेक्स्ट या पैराग्राफ के लिए लगाना चाहते हैं।

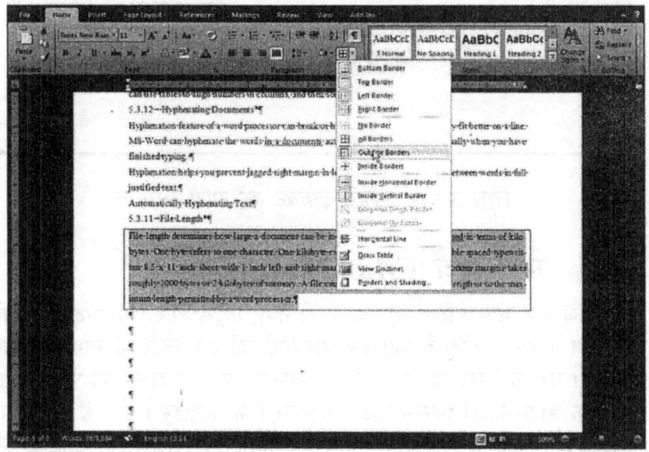

चित्र 3.57: बॉर्डर के अंदर रखा हुआ पैराग्राफ

6. विड्थ: ड्रॉप डाउन लिस्ट में, बॉर्डर के लिए चौड़ाई बताओ।

7. प्रिव्यू बॉक्स यह बताता है कि सिलेक्टेड टेक्स्ट में बॉर्डर कैसे ऐप्लाई होता है।
8. ऐप्लाई टू: में बॉर्डर के लिए चौड़ाई निर्धारित करो जो आप सिलेक्टेड टेक्स्ट या पैराग्राफ के लिए लगाना चाहते हैं।

9. ऑप्शन्स पर क्लिक करके चित्र 3.58 में दिखाए गए डायलॉग बॉक्स को सामने लाओ।

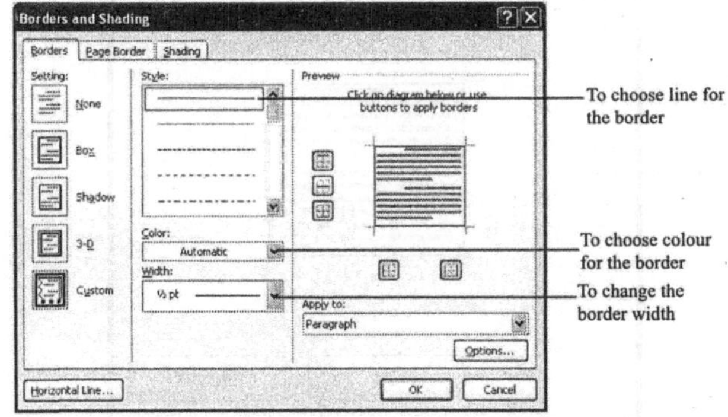

चित्र 3.58: बॉर्डर्स एवं शेडिंग डायलॉग बॉक्स

इस डायलॉग बॉक्स में, जरूरत के अनुसार बॉर्डर और टेक्स्ट के बीच में कितना गैप होना चाहिए यह बताओ।

10. OK पर क्लिक करो या Enter दबाओ।

जब पैराग्राफ़ आपके पेज की मार्जिन से बाहर निकलने लगते हैं (जैसा कि अक्सर होता है यदि आप पैराग्राफ को इंडेंट नहीं करते हैं), तो बॉर्डर्स भी थोड़ा मार्जिन से बाहर ही निकल जाता है। यदि आप चाहते हैं कि बॉर्डर्स ठीक मार्जिन के भीतर ही रहे तो आप को पैराग्राफ को इंडेंट करना चाहिए। बॉर्डर्स को ठीक मार्जिन पर रखने के लिए, पैराग्राफ को बॉर्डर की चौड़ाई के साथ इंडेंट करो।

➔ **डायलॉग बॉक्स लाँचर कमांड से एक बॉक्स या लाइन को हटाने या बदलने के लिए:**

1. उस पैराग्राफ को या उन पैराग्राफ्स को सिलेक्ट करो जिसके लिए आप बॉक्स या लाइनों को बदलना या हटाना चाहते हैं।
2. पैराग्राफ ग्रुप पर क्लिक करो और बॉर्डर्स एवं शेडिंग को चुनो।
3. बॉर्डर टैब को सिलेक्ट करो।
4. सैटिंग ग्रुप में नन् (None) ऑप्शन को सिलेक्ट करो जिससे सभी बॉर्डर हट जाएँगे।
5. जो लाइन आप बदलना चाहते हैं उसे सिलेक्ट करो और स्टाइल: बॉक्स में से अलग अलग ऑप्शन्स को चुनो। आप कलर: लिस्ट बॉक्स में से लाइन के लिए अलग कलर भी चुन सकते हैं।
6. बॉर्डर स्टाइल की सैटिंग बदलने के लिए बॉक्स, शैडो, 3-D या कस्टम को सिलेक्ट करो।
7. OK पर क्लिक करो।

➔ **एक लाइन या बॉक्स को हटाने या बदलने के लिए:**

1. उस पैराग्राफ या उन पैराग्राफ्स को सिलेक्ट करो जिसके लिए आप बॉक्स या लाइनें बदलना या हटाना चाहते हैं।
2. होम टैब पैराग्राफ ग्रुप पर स्थित बॉर्डर बटन पर क्लिक करो जिससे बॉर्डर ड्रॉप डाउन लिस्ट दिखाई दे।
3. नो बॉर्डर बटन पर क्लिक करो जिससे सभी बॉर्डर हट जाते हैं।

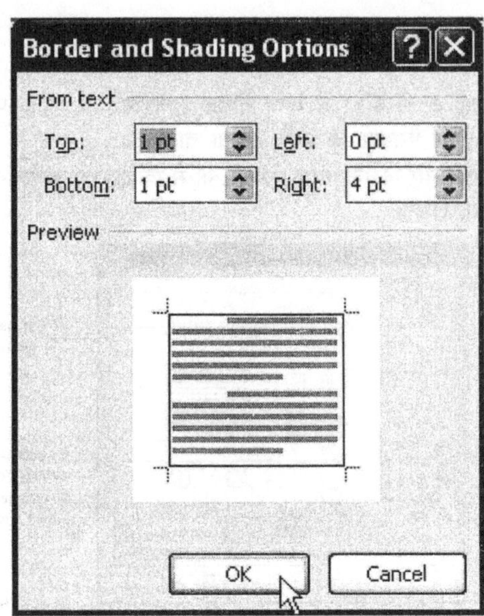

चित्र 3.59: बॉर्डर एवं शेडिंग विकल्प

शेडिंग ऐप्लाई करना (Applying Shading)

शेडिंग को ब्लैक और सिलेक्टेड कलर की अलग अलग पर्सेंटेज के पैटर्न में ऐप्लाई किया जा सकता है (चित्र 3.60 देखें)। ब्लैक की पर्सेंटेज ग्रे के रूप में विभिन्न इटैंसिटी में दिखती है। पैटर्न के प्रत्येक शेड के लिए, आप एक फोर ग्राउंड (foreground) या बैक ग्राउंड (background) कलर सिलेक्ट कर सकते हैं।

कलर्स को एक ब्लैक एंड व्हाइट प्रिंटर पर ग्रे के शेड्स एवं पैटर्न्स में परिवर्तित किया जा सकता है।

➔ **माउस से पैराग्राफ को शेड करने के लिए:**

1. उस टेक्स्ट या पैराग्राफ/पैराग्राफ्स को सिलेक्ट करो जिसमें आप शेडिंग ऐप्लाई करना चाहते हैं।

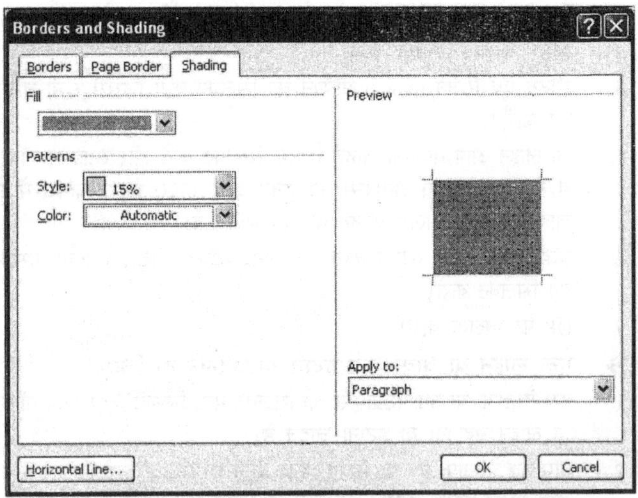

चित्र 3.60 बॉर्डर्स एंड शेडिंग डायलॉग बॉक्स में शेडिंग टैब

2. पैराग्राफ ग्रुप में बॉर्डर डाउन ऐरो पर क्लिक करो और बॉर्डर्स एवं शेडिंग. .. चुनो। बॉर्डर एवं शेडिंग टैब में शेडिंग टैब प्रॉपर्टीशीट पर क्लिक करो जैसा चित्र 3.60 में दिखाया गया है।
3. **फिल:** इस बॉक्स में, जो कलर आप शेडिंग के लिए चाहते हैं उस पर क्लिक करो या शेडिंग कलर हटाने के लिए नन् (none) पर क्लिक करो।
4. **स्टाइल:** इस ड्रॉप डाउन लिस्ट में उस शेडिंग स्टाइल को चुनो जो आप फिल कलर के ऊपर ऐप्लाई करना चाहते हैं।
5. **कलर:** इस ड्रॉप डाउन लिस्ट में, सिलेक्ट किए गए शेडिंग पैटर्न में लाइन एवं डॉट्स के लिए एक कलर पर क्लिक करो। यदि आप स्टाइल: बॉक्स में कलर पर क्लिक करते हैं तो कलर: बॉक्स दिखाई नहीं देता है।
6. फिल लिस्ट में से एक कलर सिलेक्ट करो जिससे एक पर्सेंटेज पैटर्न या एक पैटर्न बैकग्राउंड को शेड किया जा सके। प्रिव्यू बॉक्स में सिलेक्शन ऑप्शन का इफेक्ट देखा जा सकता है।
7. OK पर क्लिक करो।

➔ **माउस का प्रयोग करके शेडिंग हटाने के लिए:**

1. उस पैराग्राफ या पैराग्राफ्स को सिलेक्ट करो जिसमें से आप शेडिंग हटाना चाहते हैं।
2. बॉर्डर एंड शेडिंग डायलॉग बॉक्स में शेडिंग बटन पर क्लिक करो।
3. फिल ग्रुप में से नोफिल (NoFill) सिलेक्ट करो।
4. OK पर क्लिक करो।

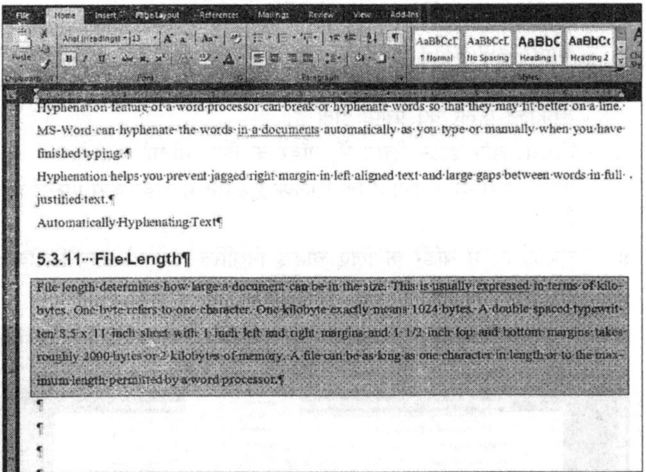

चित्र 3.61: शेडिंग इफेक्ट के साथ पैराग्राफ

3.7 मेल मर्ज (Mail Merge)

मेज मर्ज एक मास मेलिंग सुविधा है जो नाम, ऐड्रेस और रेसीपिएंट्स के बारे में अन्य जानकारी लेती है और इस जानकारी को एक लेटर के साथ मर्ज कर देती है। मेल मर्ज प्रिंटिंग (शॉर्ट में मर्ज प्रिंटिंग) में दो फाइल्स का प्रयोग होता है। एक डाटा फाइल जिसमें डाटा आइटम्स (या फील्ड्स) होते हैं जो किसी विशेष क्रम में व्यवस्थित होते हैं, और एक मास्टर फाइल जिसमें स्टैंडर्ड टेक्स्ट एवं डाटा वेरिएबल्स होते हैं, जो निश्चित डाटा आइटम्स से रिप्लेस किए जाते हैं, जिन्हें वर्ड 2010 में मर्ज ऑपरेशन के दौरान डाटा फाइल से लिया जाता है।

3.7.1 एक मेल मर्ज लेटर बनाना (Creating a Mail Merge Letter)

एक मर्ज डॉक्यूमेंट को किस तरह से बनाना और प्रिंट करना है, इसका बेस्ट तरीका है, एक प्रैक्टिकल उदाहरण लेकर समझना। इसे नीचे बताया गया है।

मेल मर्ज के लिए एक डॉक्यूमेंट बनाना (Creating a Document for Mail-merge)

मेल मर्ज के लिए, आपके पास निम्न होना चाहिए:

- एक डाटा सोर्स बनाएँ।
- एक मेन डॉक्यूमेंट बनाएँ
- मेन डॉक्यूमेंट्स में फील्ड्स इन्सर्ट करें।
- डिजाइन और डाटा एंट्री एरर्स की जाँच करें।
- डाटा सोर्स डॉक्यूमेंट और मेन डॉक्यूमेंट को मर्ज करें और अंत में मर्ज्ड डॉक्यूमेंट को प्रिंट करें।

डाटा सोर्स की प्लानिंग करना (Planning Data Source)

एक डाटा सोर्स डॉक्यूमेंट को डिजाइन करना मेज मर्ज फीचर को प्रयोग करने का एक महत्त्वपूर्ण भाग है। शुरू के लिए, आप ऐसा डाटा सोर्स डॉक्यूमेंट बना सकते हैं जिसमें एक फील्ड आपके फ्रेंड के नाम का हो, एक ऐड्रेस का और एक सिटी और पिनकोड का हो। यह हमेशा अच्छा होता है यदि आप डाटा को मल्टीपल फील्ड्स में ही पढ़ें। अर्थात् आप नाम फील्ड के लिए फर्स्ट नेम और लास्ट नेम दो फील्ड्स प्रयोग कर सकते हैं। इसी तरह से आप हाउस नंबर, कॉलोनी, सिटी और पिन के लिए अलग-अलग फील्ड्स रख सकते हैं। उदाहरण के लिए, यदि आप एक मैसेंजर के द्वारा एक नियंत्रण पत्र डिलीवर करना चाहते हैं, तो आपको ऐड्रेसेज को कॉलोनी फील्ड के आधार पर सॉर्ट करना होगा, ताकि निमंत्रण जो एक ही कॉलोनी के होते हैं, को मैसेंजर द्वारा एक साथ भेजे जा सकते हैं।

मेल मर्ज स्टार्ट करना (Starting Mail Merge)

वर्ड 2010 में एक स्टेप-बाई-स्टेप मेल मर्ज विजार्ड होता है जो आपको मर्ज्ड डॉक्यूमेंट बनाने तक की प्रक्रिया में गाइड करता है।

➔ **मेलमर्ज हेल्पर का प्रयोग करने के लिए:**

पहले एक ब्लैंक डॉक्यूमेंट बनाएँ।

1. मेलिंग्स टैब पर क्लिक करें जो स्टार्ट मेल मर्ज ग्रुप में होता है, और क्लिक करें, डाउन पॉइंटिंग ऐरों लिस्ट दिखाई देगी, जैसी चित्र 3.62 में दिखाई गई है, जिसमें पाँच चॉएस - लेटर्स, ई-मेल मैसेजेस, एनवलप्स, लेबल्स और डायरेक्ट्री होती हैं।

   मेल मर्ज प्रोसेस की पहली स्टेप है मेन डॉक्यूमेंट बनाना, क्योंकि मेन डॉक्यूमेंट जिस तरह का होता है, उसी के अनुसार बाकी की चॉएसेज होती है जो आप मेल मर्ज हेल्पर में चुन सकते हैं। नोट करें लेटर्स, ई-मेल मैसेजेस, एनवलप्स, लेबल्स और कैटलॉग्स विभिन्न प्रकार के डॉक्यूमेंट्स हैं जो आप मेल मर्ज विजार्ड का प्रयोग करके तैयार कर सकते हैं। अत: हेल्पर आपको डाटा सोर्स की अलग-अलग चॉएसेज प्रदान करता है।

मेन डॉक्यूमेंट बनाना (Creating Main Document)

वर्ड 2010 में एक स्टेप-बाई-स्टेप मेल मर्ज विज़ार्ड है जो आपको मर्ज्ड डॉक्यूमेंट्स बनाने के लिए स्टेप्स बताता है।

➔ **मेन डॉक्यूमेंट बनाने के लिए:**

1. **मेलिंग** टैब पर क्लिक करें जो **स्टार्ट मेल मर्ज** ग्रुप में होता है और डाउन पॉइंटिंग ऐरो पर क्लिक करके **स्टेप-बाई-स्टेप मेलमर्ज विज़ार्ड** सिलेक्ट करें।

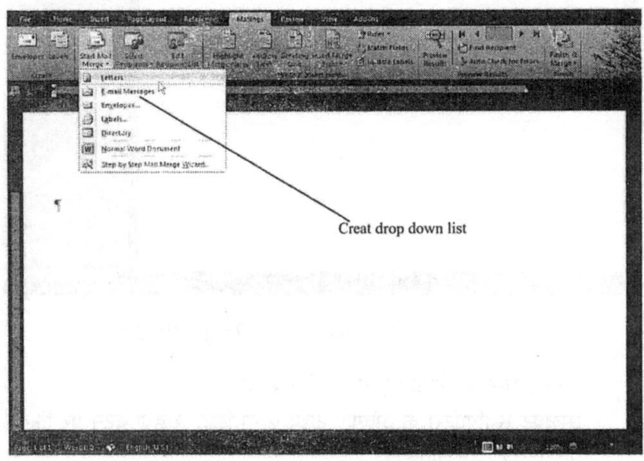

चित्र 3.62: डाटा सोर्स ड्रॉप डाउन लिस्ट बनाना

2. दाईं ओर मेल मर्ज टास्क पेन बॉक्स दिखाई देता है, जैसा चित्र 3.63 में दिखाया गया है, यह विजार्ड के 6 स्टेप्स में से पहला स्टेप हैं।

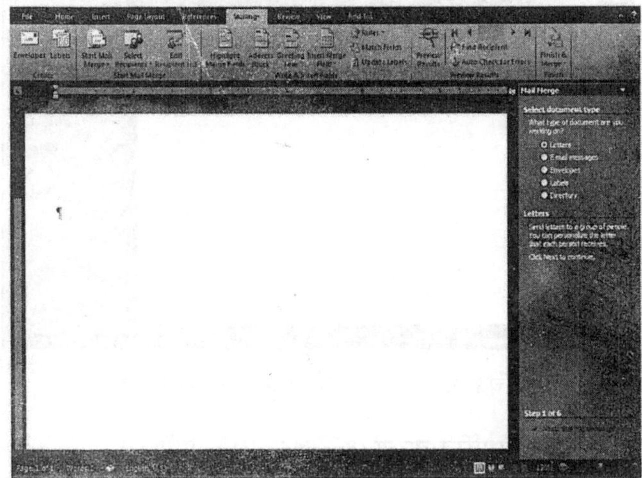

चित्र 3.63: मेल मर्ज टास्क पेन (स्टेप 1)

3. सिलेक्ट डॉक्यूमेंट टाइप में से, लेटर रेडियो बटन चुनें।
4. नेक्स्ट: स्टार्टिंग डॉक्यूमेंट पर क्लिक करें।

   विज़ार्ड आपको बाकी की मेल प्रक्रिया के लिए गाइड करता है। नीचे और भी जानकारियां दी गई हैं जो स्टेप-बाई-स्टेप क्रम में लिस्टेड है।
5. सिलेक्टेड स्टार्टिंग डॉक्यूमेंट के अंतर्गत तीन विकल्प होते हैं, यूज द करेंट डॉक्यूमेंट रेडियो बटन पर क्लिक करें, जो निर्धारित करता है कि आप कैसे अपने लेटर्स सैट अप करना चाहते हैं (चित्र 3.64)।

चित्र 3.64: मेल मर्ज टास्क पेन (स्टेप 2)

6. नेक्स्ट: सिलेक्ट रेसीपिएंट्स पर क्लिक करें।
7. सिलेक्ट रेसीपिएंट्स के अंतर्गत, टाइप ए न्यू लिस्ट रेडियो बटन पर क्लिक करें (देखें चित्र 3.65)।
8. टाइप ए न्यू लिस्ट सैक्शन में क्रिएट... पर क्लिक करें।

चित्र 3.65: मेल मर्ज टास्क पेन (स्टेप 3)

डाटा सोर्स निर्धारित करना (Specifying Data Source)

इसमें वो फील्ड्स होते हैं जो आप डाटा सोर्स में निर्धारित करते हैं। आप जितने चाहिए उतने डाटा रिकॉर्ड्स एंटर कर सकते हैं। डाटा एंटर करने के बाद, क्लोज बटन पर क्लिक करें ताकि ऐड्रस लिस्ट सेव की जा सके (चित्र 3.66)।

9. एक न्यू ऐड्रेस लिस्ट डायलॉग बॉक्स चित्र 3.66 की तरह से दिखाई देगा। जो भी सूचना आप डाटा सोर्स में शामिल करना चाहते हैं, उन्हें टाइप करें।

फील्ड नेम्स को ऐड करना और हटाना
(Adding and Removing Field Names)

यदि आपको न्यू ऐड्रेस लिस्ट डायलॉग बॉक्स में सभी फील्ड नेम्स नहीं चाहिए, तो निम्न सभी फील्ड नेम्स के लिए, पहले फील्ड सिलेक्ट करें और फिर कस्टमाइज़ कॉलम बटन पर क्लिक करें।

कस्टमाइज ऐड्रेस लिस्ट डायलॉग बॉक्स चित्र 3.67 की तरह दिखेगी।

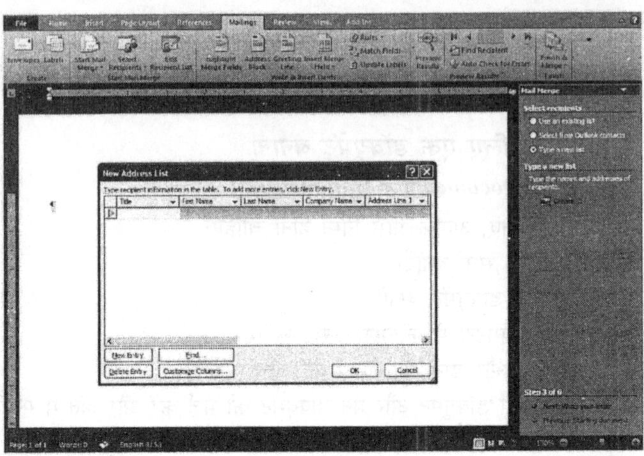

चित्र 3.66: न्यू ऐड्रेस लिस्ट डायलॉग बॉक्स

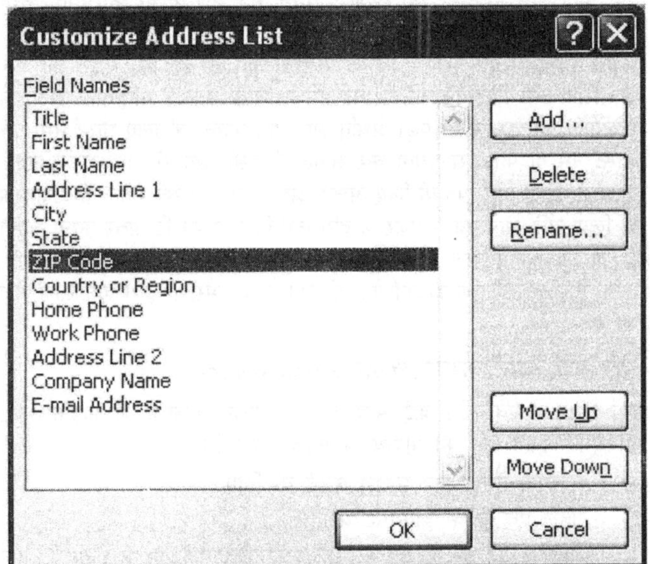

चित्र 3.67: कस्टमाइज ऐड्रेस लिस्ट डायलॉग बॉक्स

10. कस्टमाइज ऐड्रेस लिस्ट डायलॉग बॉक्स में से फील्ड नेम्स के क्रम को चुनें और OK पर क्लिक करें।
11. चुने गए फील्ड नेम्स हैं: टाइटल, फर्स्ट नेम, लास्ट नेम, ऐड्रेस लाइन 1, सिटी, ज़िप कोड।
12. फील्ड नेम्स के अंतर्गत ये टाइप करें (अगले फील्ड में जाने के लिए टैब की का प्रयोग करें।

```
Title: Mr.
First Name: Rahul
Last Name: Verma
Address Line 1: 12-A, Vikaspuri
City: New Delhi
Pin: 110 018
```

पहली एंट्री पूरी करने के बाद, न्यू एंट्री पर क्लिक करके अन्य डाटा रिकॉर्ड को इस तरह से एंटर करें।

Title: Ms.
First Name: Urvashi
Last Name: Batra
Address Line 1: A-3, Janakpuri
City: New Delhi
Pin: 110 049

Title: Mr.
First Name: Ravi
Last Name: Kumar
Address Line 1: D2/4, Model Town
City: New Delhi
Pin: 110 009

डाटा सोर्स को सेव करना *(Saving Data Source)*

जब आप फील्ड्स को ऐड करना, रिमूव करना और अरेंज करने का काम खत्म कर देते हैं, तब अपने डाटा सोर्स को सेव करें।

13. चित्र 3.68 की तरह से सेव ऐड्रेस लिस्ट डायलॉग बॉक्स दिखाई देगा। अपनी डाटा सोर्स फाइल के लिए नाम और लोकेशन एंटर करें, मानलो Data.doc और सेव करने के लिए सेव बटन पर क्लिक करें।

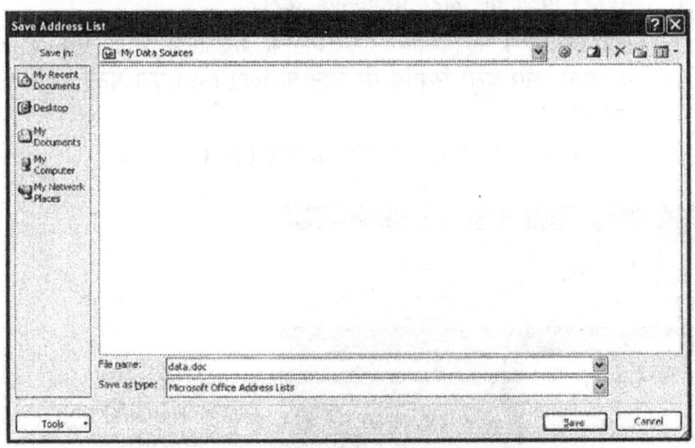

चित्र 3.68: सेव ऐड्रेस लिस्ट डायलॉग बॉक्स

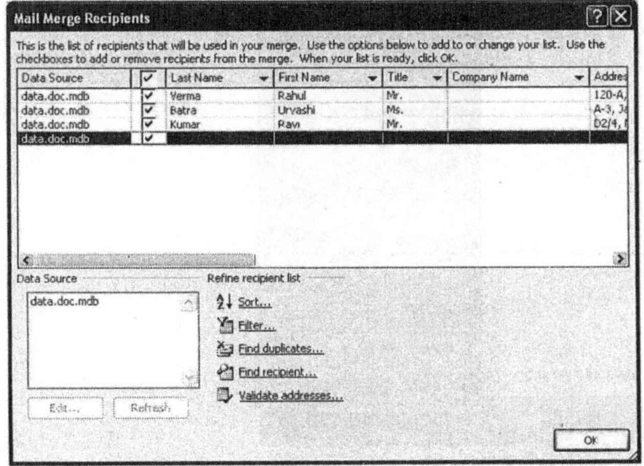

चित्र 3.69: मेल मर्ज रेसीपिएंट्स डायलॉग बॉक्स

14. मेल मर्ज रेसीपिएंट्स डायलॉग बॉक्स चित्र 3.69 की तरह से दिखाई देता है। उन रेसीपिएंट्स को चुनें जो आपकी मर्ज प्रक्रिया में प्रयोग किए जाएंगे।
15. OK पर क्लिक करें।
16. नेक्स्ट: राइट योर लेटर पर क्लिक करें।

लेटर टाइप करना *(Typing Letter)*

अब निम्न लेटर टाइप करें:

Pitampura
New Delhi - 110034
Ref. Rahul/Comm/20
Dated: 3rd June, 2002
To
<<Title>> <<FirstName>>
<<LastName>>
<<Address1>>
<<City>>- <<Pin>>

Dear <<Title>> <<LastName>>

I have to inform you that th meeting of the club committee will be held at the Club House. 36-N, Chanakapuri, Vinay Marg on Tuesday 25th June, 2002 at 8.30 p.m. I hope you will make it convenient to attend the conference. The agenda for the conference is as under:

1. Confirmation of the minutes of the last meeting (enclosed).
2. Accounts and Internal Auditors Reports for the months of Feb and March 2002 (enclosed).
3. Election of new members.
4. List of outstanding.
5. Any other matter with the permission of the Chairman.

Your Faithfully,

P.K. Verma
(Secretary)

मास्टर डॉक्यूमेंट में फील्ड नेम्स इन्सर्ट करना *(Inserting Field Names in the Master Document)*

जब आप मर्ज फील्ड नेम्स को मास्टर डॉक्यूमेंट में रखते हैं, तब आप वर्ड 2010 को यह कहते हैं कि कहाँ पर आपको डाटा सोर्स का टूल से ली गई ऐरिएबल सूचना दिखानी है। आप देखेंगे कि वर्ड 2010 प्रत्येक फील्ड नेम्स को << >> चिन्हों के बीच रखता है।

➔ **एक फील्ड इन्सर्ट करने के लिए:**

1. मेलिंग टैब में, राइट एंड इन्सर्ट फील्ड्स ग्रुप में इन्सर्ट मर्ज फील्ड पर क्लिक करें। डाउन पॉइंटिंग ऐरो पर क्लिक करें और उन फील्ड नेम्स को चुनें जो आप मास्टर डॉक्यूमेंट में दिखाना चाहते हैं। आप इस लिस्ट में से फील्ड नेम्स चुनते हैं (चित्र 3.70)।

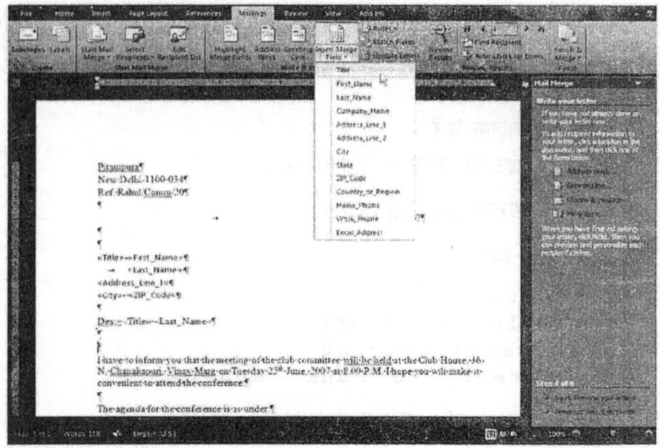

चित्र 3.70: मेल मर्ज टास्क पेन (स्टेप 4)

2. मर्ज फील्ड नेम से टाइटल पर क्लिक करके इसे डॉक्यूमेंट में इन्सर्ट करें।
3. Spacebar की दबाएँ टाइटल और फर्स्ट नेम के बीच एक खाली स्पेस इन्सर्ट करें।
5. Spacebar की को दबाएँ जिससे फर्स्ट नेम और लास्ट नेम के बीच एक खाली स्पेस इन्सर्ट हो।
6. इन्सर्ट मर्ज फील्ड बटन पर क्लिक करें और लास्ट नेम को चनें।
7. अगली लाइन में जाने के लिए Enter की दबाएँ।
8. कर्सर को <<ऐड्रेस>> सिलेक्ट करें और Enter की दबाएँ।
9. फिर से कर्सर को <<Address 1>> के नीचे रखें। इन्सर्ट मर्ज फील्ड बटन क्लिक करों। <<City>> सिलेक्ट करें और एक hygen टाइम करें और <<Pin>> सिलेक्ट करें जो मर्ज फील्ड बटन में से है और Enter की दबाएँ।
10. एक खाली लाइन छोड़ने के लिए Enter की को दो बार दबाएँ।
11. Dear टाइप करके Spacebar दबाएँ।
12. इन्सर्ट मर्ज फील्ड बटन क्लिक करें ओर <<Title>> चुनें।
13. Spacebar दबाएँ ताकि Title और Cast Name में जगह छोड़ी जा सके।
14. इन्सर्ट मर्ज फील्ड बटन पर क्लिक करें और <<Last Name>> सिलेक्ट करें।
15. एक कौमा टाइप करें और Enter की दोबार दबाएँ ताकि एक खाली लाइन छोड़ी जा सके।
16. उपरोक्त सभी स्टेप्स पूरे करके, आपकी स्क्रीन चित्र 3.71 की तरह दिखाई देगी।
17. अब लेटर का बाकी भाग टाइप करें।

मास्टर डॉक्यूमेंट को सेव करना *(Saving the Master Document)*

18. जब आपने मेन डॉक्यूमेंट पूरा कर लिया और सभी मर्ज फील्ड्स को इन्सर्ट कर दिया, तब ऑफिर बटन पर सेव ऐज़ को क्लिक करें।
19. डॉक्यमेंट का नाम दें और सेब बटन पर क्लिक करं।
20. नेक्स्ट: प्रिव्यू योर लेटर पर क्लिक करें।
21. लेटर के प्रिव्यू में, (<<) बटन पर क्लिक करें ताकि पहला रिकॉर्ड देखा जा सके, और दूसरे रिकॉर्ड पर जाने के लिए (>>) ऐरो बटन पर क्लिक करें (चित्र 3.71)।
22. नेक्स्ट: कम्प्लीट द मर्ज पर क्लिक करें (चित्र 3.72)।

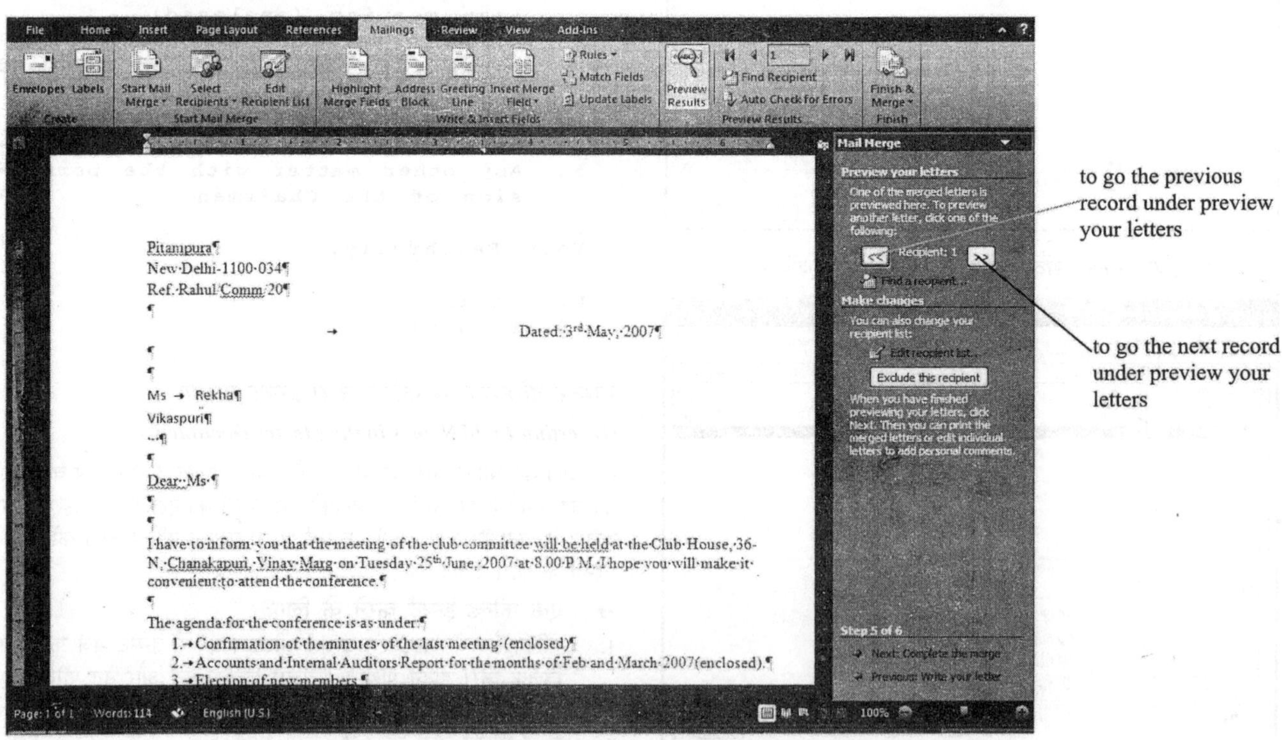

चित्र 3.71: अधूरी स्क्रीन (स्टेप 5)

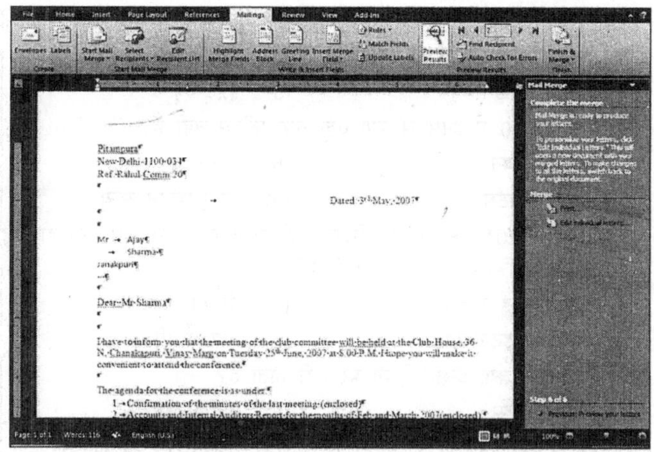

चित्र 3.72: अधूरी स्क्रीन (स्टेप 6)

23. व्यक्तिगत डॉक्यूमेंट को पर्सनलाइज करने के लिए आप पहले मर्ज को पूरा करें, फिर आप रिजल्टिंग मर्ज्ड डॉक्यूमेंट में जो सूचना चाहते हैं उसे एडिट करें।
24. एडिट इंडिविजुअल लेटर्स... पर क्लिक करें जो मर्ज सेक्शन में होता है। चित्र 3.73 की तरह से मर्ज टू न्यू डॉक्यूमेंट डायलॉग बॉक्स दिखाई देता है।

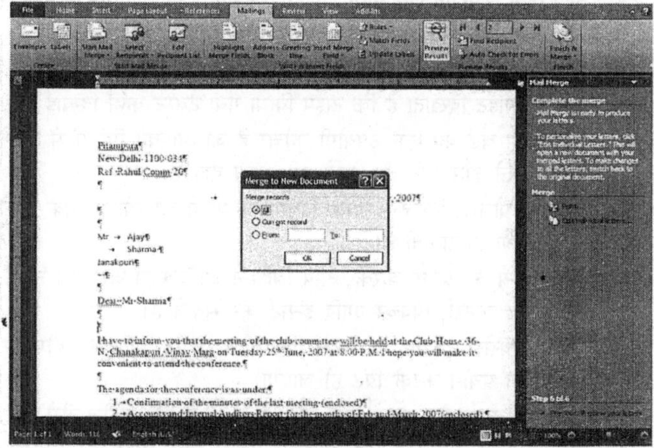

चित्र 3.73: मर्ज टू न्यू डॉक्यूमेंट डायलॉग बॉक्स

25. मर्ज रिकॉर्ड एरिया में, जो रिकॉर्ड्स आप मर्ज करना चाहते हैं, उन्हें चुन लें।
26. ऑल रेडियो बटन पर क्लिक करें और फिर OK पर क्लिक करें। वर्ड 2010 एक नया मर्ज्ड डॉक्यूमेंट बनाता है और उसे ओपन करता है। आपका मेन डॉक्यूमेंट भी ओपर रहता है। आप यदि चाहते हैं तो उसमें भी जा सकते हैं और सभी डॉक्यूमेंट्स में बदलाव करके फिर सभी मर्ज्ड डॉक्यूमेंट् को सेव कर सकते हैं। ऑफिस बटन को क्लिक करें और फाइल सेव करें।

मर्ज्ड लेटर्स को प्रिंट करना (Printing the Merged Letters)

यदि आप लेटर्स प्रिंट करना चाहते हैं, तो यह सुनिश्चित करें कि प्रिंटर ऑन है और यह प्रिंट करने के लिए तैयार है। अब फिनिश ग्रुप में फिनिश एंड मर्ज पर क्लिक करें। डाउन पॉइंटिंग ऐरो पर क्लिक करें और प्रिंट डॉक्यूमेंट्स... चुनें। मर्ज टू प्रिंटर डायलॉग बॉक्स दिखाई देता है। रिकॉर्ड्स सिलेक्ट करें और OK पर क्लिक करें।

3.8 सारांश (Summary)

इस अध्याय में MS वर्ड का उपयोग करके वर्ड प्रोसेसिंग के कॉन्सेप्ट्स को प्रस्तुत किया गया है। यह पैकेज एक प्रोग्राम है जो आपको एक टाइपराइटर की अपेक्षा अधिक तेजी से व अधिक आसानी से डॉक्यूमेंट्स बनाने में आपकी मदद करता है। आप डॉक्यूमेंट्स को अपने कम्प्यूटर में स्टोर कर सकते हैं और उन्हें जरूरत पड़ने पर आसानी से दोबारा प्रयोग भी कर सकते हैं। इसमें यह भी चर्चा की गई कि MS वर्ड की सहायता से किस प्रकार डॉक्यूमेंट्स को ओपन, सेव और प्रिंट किया जाता है। टेक्स्ट को बनाना भी वर्ड में बहुत महत्त्वपूर्ण है जैसे टेक्स्ट को कैसे बनाएँ और उसे कैसे सिलेक्ट करें। यह आपको टेक्स्ट की अपीयरेंस बदलने और एक सिस्टमैटिक रूप से एक डॉक्यूमेंट में सूचना को ऑर्गनाइज़ करने की भी अनुमति देता है। यह अध्याय यह भी चर्चा करता है कि टेक्स्ट को कैसे ऐलाइन किया जाता है, पैराग्राफ्स को कैसे इंडेंट किया जाता है और बुलेट्स तथा नंबरिंग कैसे ऐप्लाई की जाती हैं। टेक्स्ट की अपीयरेंस को फॉंट साइजेज, स्टाइल्स आदि बदलकर, बदला जा सकता है। अंत में टेबल कैसे बनाई जाती है और सेल की हाईट और विड्थ बदलना तथा बॉर्डर और शेडिंग के बारे में भी वर्णन किया गया है।

मॉडल प्रश्न और उत्तर
(Model Questions and Answers)

A. मल्टीपल चॉएस

1.1 वर्ड कुछ विशेष तरीके प्रदान करता है जिनसे आप एक डॉक्यूमेंट में चारों ओर मूव कर सकते हैं। ये तरीके हैं:

(a) स्क्रॉलिंग द्वारा
(b) एक निश्चित पेज में मूव करके
(c) (a) और (b) दोनों से
(d) उपरोक्त में से कोई नहीं।

1.2 वर्ड ऑटोमैटिक रूप से एक डीफॉल्ट लेफ्ट ऐलाइन्ड टैब स्टॉप प्रत्येक ________ पर प्लेस करता है:

(a) 0.2" (b) 0.4"
(c) 0.3" (d) 0.5"

1.3 जब एक टेबल बना ली जाती है, तब इनमें से कौन सा कार्य नहीं किया जा सकता है?

(a) टेबल में रोज इन्सर्ट करना
(b) कॉलम्स को डिलीट और इन्सर्ट करना
(c) एक टेबल को दो टेबल्स में स्प्लिट करना
(d) इनमें से कोई नहीं।

1.4 जब वर्ड लोड हो जाता है तब ओपनिंग स्क्रीन एक डॉक्यमेंट को डिस्प्ले करती है जिसका नाम होता है:

(a) डॉक्यूमेंट 1
(b) डॉक्यूमेंट
(c) DOC 1

(d) किसी भी डॉक्यूमेंट का नाम प्रदर्शित नहीं होता है।

1.5 आप अपनी फ़ाइल की सेव डिटेल्स को इसमें स्पेसीफ़ाई करते हैं:
(a) सेव ऐज़ डायलॉग बॉक्स
(b) सेव द फाइल ऐज़... डायलॉग बॉक्स
(c) फाइल सेव डायलॉग बॉक्स
(d) उपरोक्त में से कोई नहीं

1.6 क्लिपबोर्ड के कंटेंट्स वैसे ही रहते हैं जब तक:
(a) आप दूसरा टेक्स्ट कट न करें
(b) आप अपना कम्प्यूटर बंद न करें
(c) आप दूसरा टेक्स्ट कॉपी न करें
(d) उपरोक्त सभी

1.7 कौन सा शब्द, उन वर्ड प्रोसेसिंग प्रोग्राम्स के लिए इस्तेमाल होता है जो आपको सीधे पीसी स्क्रीन पर आपके डॉक्यूमेंट की फाइनल अपीयरेंस दिखाता है जो डॉक्यूमेंट पेपर पर प्रिंट हो; ठीक उसकी तरह ही दिखता है:
(a) सर्च एंड रिप्लेस (b) पेजीनेशन
(c) सॉफ्ट कॉपी (d) WYSIWYG

1.8 वर्ड टेक्स्ट को इटालिक बनाया जा सकता है, इसे दबाकर:
(a) Ctrl + I (b) Ctrl + B
(c) Ctrl + U (d) उपरोक्त में से कोई नहीं

1.9 जब आप एक डॉक्यूमेंट में एक टेबल इन्सर्ट करते हैं, तब:
(a) वर्ड प्रत्येक सेल को कंटीन्युअस (continuous) लाइन्स से आउटलाइन करता है ताकि जब आप एक टेबल में काम करें तो आप सेल्स को देख सकें।
(b) वर्ड प्रत्येक सेल को डॉटेड ग्रिडलाइन्स (Dotted gridlines) से आउटलाइन करता है ताकि आप सेल्स को देख सकें जब आप टेबल में काम करें।
(c) कोई भी लाइन ड्रॉ नहीं होती है।
(d) उपरोक्त में से कोई नहीं।

1.10 रिबन के किस भाग को आप मार्जिन बदलने के लिए प्रयोग करेंगे?
(a) पेज लेआउट (b) व्यू
(c) इन्सर्ट (d) होम

1.11 स्टेट्स बार पर क्या दिखाया जा सकता है?
(a) डॉक्यूमेंट्स का नाम, इन्सर्ट बटन, स्पेल चैक
(b) स्पेलिंग ऐरर्स की संख्या, पेज नंबर, डॉक्यूमेंट का नाम
(c) मार्जिन्स का साइज, वर्ड काउंट, वेबलेआउट
(d) डॉक्यूमेंट में पेजेस की संख्या, वर्ड काउंट, स्पेलिंग/ग्राम चैक।

1.12 रिबन के किस भाग में प्रयोग किए जाने वाले फॉंट्स को देखा जा सकता है?
(a) व्यू (b) पेज लेआउट
(c) रेफरेंस (d) होम

1.13 रिबन के किस भाग में आप डॉक्यूमेंट के व्यूज देख सकते हैं?:
(a) इन्सर्ट (b) व्यू
(c) पेज लेआउट (d) होम

1.14 किस पेज व्यू में आप यह देख सकेंगे कि प्रिंट होने पर पेज कैसा दिखेगा?
(a) आउटलाइन व्यू (b) ड्राफ्ट व्यू
(c) रीडिंग व्यू (d) प्रिंट व्यू

1.15 वर्ड 2010 में इनमें से क्या एक नया फीचर नहीं है?
(a) रिबन (b) बटन
(c) चार्ट्स (d) ड्रॉप डाउन मेन्यू

1.16 विंडोज 2010 में टॉप पर स्थित छोटे से टूलबार का नाम क्या होता है जो सेव डिस्क कमांड दिखाता है?
(a) माई डॉक्यूमेंट्स (b) क्विक ऐक्सेस
(c) टाइटल बार (d) फाइंड मी

1.17 इनमें से क्या इन्सर्ट रिबन पर नहीं होता है?
(a) शेप्स (b) क्लिप आर्ट
(c) पेज नंबर्स (d) थिसौरस (Thesaurus)

B. निम्न कथनों में सही या गलत बताइए।

2.1 कटिंग का अर्थ होता है डॉक्यूमेंट में से सिलेक्शन को कट करना और इसे क्लिप बोर्ड पर रखना।

2.2 पैराग्राफ़ फॉर्मेटिंग पूरे पैराग्राफ़ पर ऐप्लाई की जाती है, चाहे पैराग्राफ़ का केवल कुछ ही भाग एक ब्लॉक में शामिल हो।

2.3 कैरेक्टर फॉर्मेटिंग निश्चित करता है कि टेक्स्ट का ब्लॉक कैसा दिखना चाहिए।

2.4 आप कुछ ऑपरेशन जैसे सेविंग, प्रिंटिंग, ओपनिंग और क्रिएटिंग डॉक्यूमेंट्स को अनडू नहीं कर सकते हैं।

2.5 सुपर स्क्रिप्ट कैरेक्टर्स रेगुलर कैरेक्टर्स से नीचे होते हैं।

2.6 इन्सर्शन पॉइंट दिखाता है कि टाइप किया गया टेक्स्ट कहाँ दिखाई देगा।

2.7 प्रिंट प्रिव्यू वर्ड का एक उपयोगी फ़ीचर है जो आपको प्रिंटिंग से पहले प्रिव्यू करने और परिवर्तन करने की आज्ञा देता है।

2.8 एक वर्ड प्रोसेसर पैकेज में एक डॉक्यूमेंट के शब्दों की स्पेलिंग चैक करने की सुविधा हो सकती है।

2.9 इन्सर्ट मेन्यू का प्रयोग करके, आप विभिन्न ऑब्जेक्ट्स जैसे पेज नंबर्स, हैडर्स एंड फुटर्स, पिक्चर आदि इन्सर्ट कर सकते हैं।

2.10 क्विक ऐक्सेस टूलबार पर स्थित प्रिंट बटन से पूरा डॉक्यूमेंट डीफॉल्ट सैटिंग का प्रयोग करके प्रिंट हो जाएगा।

2.11 रिव्यू टैब का प्रयोग करके आप वर्ड की विभिन्न यूटिलिटीज जैसे स्पेल चैक, मैक्रोज और मेज मर्ज आदि में ऐक्सस कर सकते है।

2.15 फॉर्मूला बार MS वर्ड 2010 में उपलब्ध होता है।

उत्तर

1. 1.1 (c) 1.2 (d) 1.3 (c) 1.4 (a) 1.5 (a)
1.6 (d) 1.7 (d) 1.8 (a) 1.9 (b) 1.10 (a)
1.11 (d) 1.12 (d) 1.13 (b) 1.14 (d) 1.15 (d)
1.16 (b) 1.17 (d)

2. 2.1 T 2.2 T 2.3 T 2.4 T 2.5 F
2.6 T 2.7 T 2.8 T 2.9 T 2.10 T
2.11 F 2.12 F

अध्याय-4

स्प्रेडशीट पर कार्य करना (Using Spreadsheet)

4.0 परिचय (Introduction)

स्प्रेडशीट ऐप्लीकेशन्स (कभी कभी इन्हें केवल स्प्रेडशीट्स भी कहा जाता है) कम्प्यूटर प्रोग्राम्स होते हैं जो आपको इलेक्ट्रॉनिक तरीके से स्प्रेडशीट्स को बनाने और उन्हें मैनीपुलेट (manipulate) करने में मदद करते हैं। एक स्प्रेडशीट ऐप्लीकेशन में, प्रत्येक वैल्यू एक सेल (cell) में होती है। आप डिफ़ाइन कर सकते हैं कि किस तरह का डाटा प्रत्येक सेल में है और कैसे अलग अलग सेल्स एक दूसरे पर निर्भर करते हैं। सेल्स के बीच रिलेशनशिप्स को फॉर्मूलाज (formulas) कहा जाता है, और सेल्स के नामों को लेबल्स (labels) कहा जाता है।

वैल्यूज़ की एक टेबल रोज़ (rows) और कॉलम्स (columns) में अरेंज होती है। प्रत्येक वैल्यू की अन्य वैल्यूज़ के साथ प्रीडिफाइन्ड रिलेशनशिप (predefined relationship) हो सकती है। यदि आप एक वैल्यू बदलते हैं, तो आपको दूसरी वैल्यूज़ को भी बदलना पड़ सकता है, या वो ऑटोमैटिक रूप से बदल जाएँगी।

एक बार जब आपने सेल्स और फॉर्मूलाज़ को डिफाइन (define) कर दिया ताकि उन्हें एक साथ लिंक किया जा सके, तो आप अपना डाटा एंटर कर सकते हैं। इसके बाद आप सिलेक्ट की गई वैल्यूज़ को मॉडिफ़ाई करके यह देख सकते हैं कि किस तरह बाकी की सभी वैल्यूज़ इसके अनुसार बदलेंगी। इससे आपको विभिन्न व्हाट-इफ़ सीनैरियोज़ (what-if scenarios) को समझने में मदद मिलेगी।

मार्केट में कई सारे स्प्रेडशीट ऐप्लीकेशन्स उपलब्ध हैं, इनमें से Lotus 1-2-3 और ऐक्सेल (Excel) सबसे अधिक प्रसिद्ध हैं। अधिक पॉवरफुल स्प्रेडशीट ऐप्लीकेशन्स ग्राफ़िक फ़ीचर्स को सपोर्ट करते हैं और वो आपको एंटर किए गए डाटा से चार्ट्स और ग्राफ़्स (charts and graphs) तैयार करने की सुविधा देते हैं।

4.1 उद्देश्य (Objectives)

पाठक निम्न समझने में सक्षम हो सकेंगे:

- स्प्रेडशीट के ऐलीमेंट्स
- MS ऐक्सेल में सेल्स का मैनीपुलेशन
- MS ऐक्सेल में फंक्शन्स और चार्ट्स

4.2 इलेक्ट्रॉनिक स्प्रेडशीट के ऐलीमेंट्स (Elements of Electronic Spreadsheet)

जब आप एक स्प्रेडशीट पैकेज जैसे MS ऐक्सेल में कार्य करते हैं तो आपको कुछ स्प्रेडशीट शब्दावली को भी जानना चाहिए। इस शब्दावली के कुछ शब्द नीचे दिए जा रहे हैं।

वर्कबुक (Workbook)

वर्कबुक कई वर्कशीट्स का कलेक्शन है। एक सिंगल वर्कबुक में आप ऑर्गनाइज़्ड तरीके से सूचना को स्टोर कर सकते हैं। डीफॉल्ट द्वारा, एक वर्कबुक, तीन वर्कशीटों के साथ खुलती है और इसमें अधिकतम 255 वर्कशीट आ सकती हैं।

वर्कशीट (Worksheet)

वर्कशीट एक शीट होती है जो रोज़ और कॉलम्स को मिलाकर बनती है। यह एक ऑर्गनाइज़ेशन के फाइनैन्शियल डॉक्यूमेंट्स (financial documents) या प्रोजेक्ट की प्लानिंग के लिए प्रयोग की जाती है। वर्कशीट, स्प्रेशीट प्रोग्राम का प्रयोग करके बनाए गए वास्तविक डॉक्यूमेंट को रेफर करती है।

☞ MS ऐक्सेल एक लोकप्रिय स्प्रेडशीट प्रोग्राम है, जहाँ आप इस प्रोग्राम का प्रयोग करके वर्कशीट डिज़ाइन करते हैं।

चार्टशीट (Chartsheet)

चार्टशीट, वर्कबुक में एक अलग शीट होती है जिसमें केवल ग्राफ़ और चार्ट्स होते हैं। यह उस समय उपयोगी होती है, जब आप, अन्य प्रकार के डाटा से अलग कोई चार्ट या टेबुलर डाटा देखना चाहते हैं।

रो (Row)

रो सेल्स से बना हॉरीजॉँटल ब्लॉक (horizontal block) होता है जो वर्कशीट की पूरी चौड़ाई में बाएँ से दाएँ की ओर चलता है। रोज़ में, वर्कशीट के बाएँ किनारे पर, ऊपर से नीचे की ओर नंबर डाले जाते हैं। पहली रो को 1, दूसरी को 2 और इस तरह आगे भी नंबर दिए जाते हैं। एक ऐक्सेल वर्कशीट में अधिकतम 65536 रोज़ आ सकती हैं।

कॉलम (Column)

कॉलम, सेल्स का एक वर्टिकल ब्लॉक (vertical block) होता है जो पूरी वर्कशीट में चलता है। एक वर्कशीट में 256 कॉलम होते हैं जो A से IV तक लेबल्ड होते हैं। पहला ब्लॉक A, दूसरा B और इस तरह Z तक होते हैं। इसके बाद AA, AB.... से IV तक होते हैं। वर्कशीट का अंतिम (या सबसे दायाँ) कॉलम IV यानी 256 वाँ कॉलम होता है।

सेल्स (Cells)

एक सेल, रोज़ और कॉलम्स का इंटरसेक्शन (intersection) होता है। उदाहरण के लिए, सबसे ऊपरी सेल होता है A1 (कॉलम A, रो 1)। सेल E6, E कॉलम और 6 रो का इंटरसेक्शन होता है। जब आप माउस से क्लिक करके एक सेल को सिलेक्ट करते हैं, या कीबोर्ड से इस पर मूव करते हैं, तो यह ऐक्टिव सेल बन जाता है। (देखें चित्र 4.3)

फॉर्मूला (Formula)

यह एक सेल में डाली गई वैल्यूज़ (values), नाम, सेल रेफरेंसेज (cell references), फंक्शन्स (functions) और ऑपरेटर्स (operators) का एक क्रम है जो एक साथ मिलकर नई वैल्यूज़ प्रदान करते हैं। एक फॉर्मूला हमेशा एक = (ईक्वल) साइन से शुरू होता है।

फंक्शन (Function)

फंक्शन प्रीडिफाइन्ड (predefined) फॉर्मूले होते हैं, जो काफी जटिल कैलकुलेशन्स (calculations) करते हैं और इसके लिए ये एक निश्चित क्रम में, एक निर्दिष्ट

वैल्यू का प्रयोग करते हैं जिससे एक परिणाम निकल सके।

स्प्रेडशीट्स के साथ कार्य करना (Working with Spreadsheet)

ऐक्सेल में प्रत्येक वर्कबुक में कई सारी वर्कशीट्स होती हैं। इन शीट्स में चार्ट्स (charts), मैक्रोज (macros) आदि भी हो सकते हैं। शीट्स में अलग अलग तरह की सूचना हो सकती है। लेकिन आमतौर पर ये सूचनाएँ एक दूसरे से संबंधित होती हैं।

☞ आम तौर पर, स्प्रेडशीट एक सॉफ्टवेयर टूल है। और वर्कशीट एक वर्कफाइल है जो स्प्रेडशीट सॉफ्टवेयर से बनी है। लेकिन कभी कभी वर्कशीट को स्प्रेडशीट भी कहा जाता है।

प्रत्येक वर्कशीट में 256 कॉलम्स और 65,536 रोज़ होती हैं। एक रो और कॉलम का इंटरसेक्शन एक सेल बनाता है जिसमें आप डाटा या फॉर्मूला एंटर कर सकते हैं। कॉलम हैडिंग्स A से स्टार्ट होती है और जैसे ही वो Z अक्षर के कॉलम तक पहुँचती हैं, हैडिंग्स AA, AB से स्टार्ट होकर IV तक चलती हैं। इसकी तरह रो हैडिंग भी शीट में ऊपर से नीचे की ओर संख्या 1 से शुरू होकर 65,536 तक चलती है। फॉर्मूलों के लिए उसी वर्कबुक में दूसरी शीट में किसी सूचना को रेफर करना उतना ही आसान होता है, जितना कि एक ही वर्कशीट में।

MS ऐक्सेल में इस्तेमाल होने वाली शब्दावली
(Terminologies Used in MS Excel)

MS ऐक्सेल का प्रयोग करते समय, निम्न शब्दावली को ध्यान में रखना चाहिए।

सिलेक्ट (Select): एक सेल या सेल्स के ग्रुप को हाईलाइट करना, डायलॉग बॉक्स ऑप्शन या ग्राफ़िकल ऑब्जेक्ट को कीबोर्ड या माउस ऐक्शन से हाई लाइट करना

चूज़ (Choose): एक कमांड को ऐक्ज़ीक्यूट और कंप्लीट करना

ऐक्टिव (Active): एक ऐप्लीकेशन या डॉक्यूमेंट विंडो को फोरग्राउंड में लाना

टेबल 4.1 में माउस ऑपरेशन की शब्दावली की जानकारी दी गई है:

टेबल 4.1: माउस फंक्शन की शब्दावली

ऐक्शन	फंक्शन
पोज़ीशन (Position)	माउस पॉइंटर को एक आइटम पर रखो।
क्लिक (Click)	एक आइटम पर पॉइंट करो और फिर तेज़ी से माउस के लेफ्ट बटन को दबा कर रिलीज़ करो।
डबल क्लिक (Double Click)	एक आइटम पर पॉइंट करो और फिर तेजी से लेफ्ट माउस बटन को दो बार दबाकर रिलीज़ करो।
ड्रैग (Drag)	एक आइटम पर पॉइंट करो और लेफ्ट माउस बटन को दबाए रखकर माउस को एक नई लोकेशन तक ले जाकर छोड़ो।
राइट क्लिक (Right Click)	एक आइटम पर पॉइंट करो और माउस के राइट बटन पर क्लिक करो।

4.2.1 स्प्रेडशीट (ऐक्सेल 2010) को खोलना (Opening of Spreadsheet (Excel 2010))

MS एक्सेल 2010 को विंडोज 7 ऑपरेटिंग सिस्टम की जरूरत होती है ताकि IBM PC पर रन हो सके। एक्सेल 2010 को विंडोज XP ऑपरेटिंग सिस्टम पर भी रन किया जा सकता है, यदि विंडोज XP पर **सर्विस Pack 3** को इंस्टॉल किया गया है।

➔ **विंडोज 7 में एक्सेल 2010 को स्टार्ट करने के लिए:**

1. टास्कबार पर स्थित **स्टार्ट** बटन को क्लिक करें, **ऑल प्रोग्राम्स** को हाईलाइट करें, माइक्रोसॉफ्ट ऑफिस पर क्लिक करें और फिर माइक्रोसॉफ्ट एक्सेल पर क्लिक करें (चित्र 4.1)।

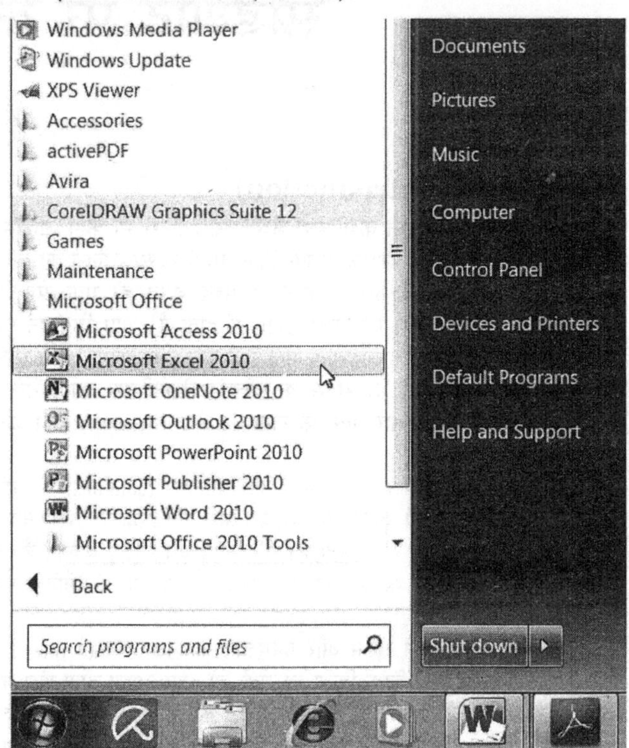

चित्र 4.1: विंडोज 7 में एक्सेल 2010 को स्टार्ट करना

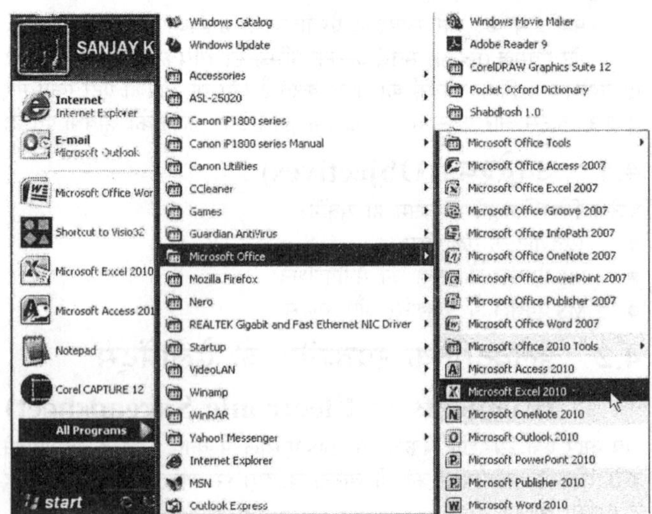

चित्र 4.2: विंडोज XP में एक्सेल 2010 को स्टार्ट करना

➔ **विंडोज XP में एक्सेल 2010 को स्टार्ट करने के लिए:**

1. टास्कबार पर स्थित स्टार्ट बटन पर क्लिक करें, ऑल प्रोग्राम्स को हाई

लाइट करें, माइक्रोसॉफ्ट ऑफिस पर क्लिक करें, फिर माइक्रोसॉफ्ट एक्सेल 2010 पर क्लिक करें (चित्र 4.2)।

एक्सेल 2010 की इंटरफेस (Excel 2010 Interface)

एक्सेल 2010 में माइक्रोसॉफ्ट ऑफिस फ्लुएंट इंटरफेस शामिल होती है। जिसमें कस्टमाइजेबल वीजुअल सिस्टम टूल्स और कमांड्स होते हैं। चित्र 4.3 में एक्सेल 2010 एप्लीकेशन विंडो के एलीमेंट्स और एक एक्सेल 2010 वर्कबुक को डिटेल में दिखाया गया है।

टाइटल बार (Tible Bar)

एक्सेल 2010 विंडो के टॉप पर, टाइटल बार होती है। टाइटल बार के बाएँ किनारे पर ऑफिस बटन होता है और इसी के पास खुले हुए डॉक्यूमेंट का नाम डिस्प्ले होता है। टाइटल बार के दाएँ किनारे पर मिनिमाइज़, रिस्टोर/मैक्सीमाइज़ और कलोज बटन होते हैं (चित्र 4.3)।

एप्लीकेशन विंडो (Application Window)

इस एप्लीकेशन विंडो के भीतर एक्सेल 2010 रन करता है।

क्विक एक्सेस टूलबार (Quick Access Toobar)

क्विक एक्सेस टूलबार एक कस्टमाइजेबल टूलबार है जिसमें स्थित कमांड्स के सैट उस टैब से स्वतंत्र होते हैं जो अभी डिस्प्ले हो रहा है। आप उन बटन्स को ऐड कर सकते हैं जो कमांड्स को क्विक ऐक्सेस टूलबार में दिखाते हैं। आप क्विक एक्सेस टूलबार को एक या दो संभावित स्थानों से मूव करा सकते हैं। डीफॉल्ट से यह टूलबार एक्सेस 2010 विंडो के टॉप पर ही दिखता है। इसमें वो टूल्स होते हैं जो आप अक्सर प्रयोग करते हैं जैसे सेव, अनडू और रिपीट बटन्स (देखें चित्र 4.3)। आप क्विक एक्सेस टूलबार को कमांड्स जोड़कर कस्टमाइज कर सकते हैं।

वर्कबुक विंडो (Workbook Window)

एक विंडो जो एक्सेल 2010 एप्लीकेशन विंडो के भीतर होती है, जिसमें एक वर्कशीट, चार्ट या डायलॉग बॉक्स होते हैं, वर्कबुक विंडो कहलाती है।

फाइल टैब (File Tab)

फाइल टैब एक कलर्ड टैब है जो माइक्रोसॉफ्ट ऑफिस 2010 प्रोग्राम्स के ऊपरी बाएँ कोने में और क्विक एक्सेस टूलबार के नीचे स्थित होता है। (देखें चित्र 4.3) जब आप फाइल टैब पर क्लिक करते हैं, तो आप बैक स्टेज व्यू देख सकते हैं। फाइल टैब ने एक्सेल 2007 के ऑफिस बटन को रिप्लेस किया है। इसमें व्यू, ओपन सेव, सेव ऐज और प्रिंट आदि कमांड होते हैं।

एक्टिव वर्कबुक (Active Workbook)

एक्सेल 2010 वर्कबुक विंडो जो एंट्रीज और कमांड्स एक्सेप्ट करती है।

इनैक्टिव वर्कबुक (Inactive Workbook)

एक विंडो जिसमें एक्सेल 2010 की सूचना होती है। यह कमांड्स से प्रभावित नहीं होती है। इस तरह की विंडो में ग्रे टाइटल बार होता है और यह एक्टिव वर्कबुक विंडो के पीछे होती है।

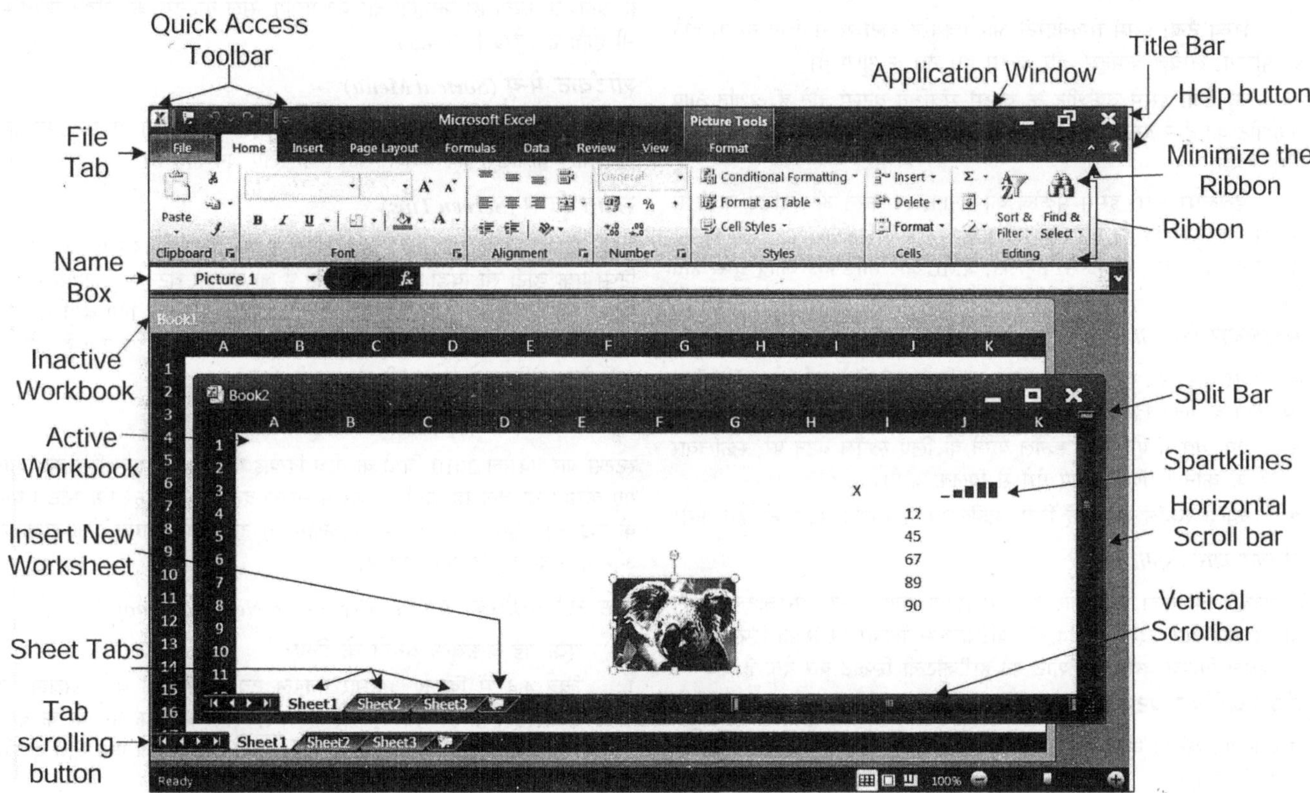

चित्र 4.3: एक्सेल 2010 विंडों के एलीमेंट्स

रिबन (Ribbon)

रिबन, टाइटल बार के ठीक नीचे डिस्प्ले होता है (देखें चित्र 4.3)। रिबन में कमांड्स लॉजिकल ग्रुप्स में व्यवस्थित होते हैं, जो एक साथ संग्रह करके टैब्स के अंतर्गत रखे जाते हैं। आप रिबन को एक्टिव टैब पर डबल क्लिक करके छिपा सकते हैं। अलग-अलग प्रकार के टैब्स जो यहाँ बताए गए हैं, एक्सेल 2010 के रिबन में उपलब्ध हैं।

होमटैब: जब आप एक्सेल 2010 खोलते हैं, तब होमटैब एक्टिव हो जाता है। इसमें वर्कशीट कंटेंट्स से संबंधित बटन्स होते हैं जैसे एंटरिंग, एडिटिंग एवं डाटा फॉर्मेटिंग। यह 7 ग्रुप्स में विभाजित है, क्लिपबोर्ड, फॉंट, एलाइनमेंट, नंबर, स्टाइल, सेल्स और एडिटिंग।

इन्सर्ट टैब: इसमें उन आइटम्स से संबंधित बटन्स होते हैं जिन्हें आप वर्कशीट में इन्सर्ट कर सकते हैं। इस टैब के ग्रुप्स हैं टेबल, इलस्ट्रेशन्स (पिक्चर; क्लिपआर्ट), चार्ट्स, स्पार्कलाइन्स, फिल्टर, लिंक्स, टेक्स्ट और सिंबल्स।

पेज लेआउट टैब: इसें वर्कशीट की दिखावट से संबंधित बटन्स होते हैं। यह टैब पाँच ग्रुप्स में विभाजित रहता है अर्थात् थीम्स, पेज सैटअप, स्केल टू फिट, शीट विकल्प और अरेंज।

फॉर्मूला टैब: इसमें फंक्शन्स से संबंधित बटन्स होते हैं। इस टैब के ग्रुप्स हैं फंक्शन्स लाइब्रेरी, डिफाइन्ड नेम्स, फॉर्मूला ऑडिटिंग एवं कैलकुलेशन ।

डाटा टैब: इसमें डाटा एनालिसिस से संबंधित बटन्स होते हैं। इस टैब के ग्रुप्स हैं गेट एक्सटर्नल डाटा, कनेक्शन्स, सॉर्ट एवं फिल्टर, डाटा टूल्स, एवं आउटलाइन एंड एनालिसिस।

रिव्यू टैब: इसमें सिक्योरिटी और एक्यूरेट डाटा से संबंधित बटन्स होते हैं। प्रूफिंग, लैंग्वेज कमेंट्स और चेंजेंस इस टैब के ग्रुप्स हैं।

व्यू टैब: इसमें वर्कशीट के व्यू से संबंधित बटन्स होते हैं अर्थात् आप वर्कशीट को कैसे देखना चाहते हैं। इस टैब के ग्रुप्स हैं वर्कबुक व्यू, शो/हाइड, जूम, विंडो।

डेवलपर टैब: इसमें मैक्रोज को बनाने, रन करने और एडिट करने से संबंधित बटन्स होते हैं। इसमें इम्पोर्ट XML (extensible Markup Language), वर्कशीट व्यू, कोड, ऐड इन्स कंट्रोल्स, XML और मॉडिफाई आदि ग्रुप्स होते हैं।

स्क्रॉलबार (Scroll Bar)

स्क्रॉलबार बाई ओर वर्टिकल स्क्रॉलिंग के लिए एवं नीचे दाई ओर हॉरीजाँटल स्क्रॉलिंग के लिए दिखाई देता है। (देखें चित्र 4.3)

- एक बार में एक सेल स्क्रॉल करने के लिए स्क्रॉल बटन पर, स्क्रॉलबार के कोने में दिखाए गए ऐरो से क्लिक करो।
- ज्यादा स्क्रॉल करने के लिए, स्क्रॉलबार में स्क्रॉल बटन को ड्रैग करो।

स्प्लिट बार (Split Bar)

स्प्लिटबार, वर्टिकल स्क्रॉलबार के ऊपर स्थित होता है और हॉरीजाँटल स्क्रॉल बार के दाई ओर (देखें चित्र 4.3)। वर्टिकल स्क्रॉलबार पर स्थित स्प्लिट बटन पर डबल क्लिक करो। यह शीट को हॉरीजाँटली स्प्लिट कर देता है।

टैब स्क्रॉलिंग बटन्स (Tab Scrolling Button)

ये वर्कशीट स्क्रॉल करने के लिए, शीट टैब के बाई ओर स्थित ऐरो बटन हैं। (देखें चित्र 4.3)

- शीट टैब्स के बीच में स्क्रॉल करने के लिए, जिस डायरेक्शन में आप स्क्रॉल करना चाहते हैं उसके अनुसार एक ऐरो पर क्लिक करो।
- बाई या दाई तरफ एक बार में एक शीट टैब स्क्रॉल करने के लिए, बीच वाले टैब स्क्रॉलिंग बटन पर क्लिक करो।
- बाई या दाई ओर, शीट टैब्स के एक ग्रुप में स्क्रॉल करने के लिए, बाएँ और दाएँ कोने पर स्थित टैब स्क्रॉल बटन पर क्लिक करो।
- वर्कबुक में, शीट्स की लिस्ट प्रदर्शित करने के लिए, एक टैब स्क्रॉलिंग बटन पर राइट क्लिक करो जिससे मेन्यू प्रदर्शित हो।

शीट टैब्स (Sheet Tabs)

टैब, वर्क बुक विंडो के नीचे की ओर होता है जो वर्कशीट का नाम प्रदर्शित करता है। (देखें चित्र 4.3)। शीट टैब पर क्लिक करके आप अगली शीट पर जा सकते हैं। शॉर्टकट मेन्यू प्रदर्शित करने के लिए शीट टैब पर राइट क्लिक करो। शीट टैब्स में स्क्रॉल करने के लिए, टैब स्क्रॉलिंग बटन्स का प्रयोग करो।

नेम बॉक्स (Name Box)

नेम बॉक्स, फॉर्मूला बार के बाएँ किनारे पर होता है। (देखें चित्र 4.3)। यह सिलेक्टेड सेल, चार्ट आइटम या ड्रॉइंग ऑब्जेक्ट की पहचान करता है।

फॉर्मूला बार (Formula Bar)

फॉर्मूला बार, एक कॉन्स्टेंट वैल्यू या फॉर्मूला, जो ऐक्टिव सेल में प्रयोग होता है, प्रदर्शित करता है। फॉर्मूला बार का प्रयोग, सेल कंटेंट्स को एडिट करने में भी होता है (देखें चित्र 4.3)

शॉर्टकट मेन्यू (Sortcut Menu)

शॉर्टकट मेन्यू, सिलेक्टेड आइटम या ऑब्जेक्ट्स से संबंधित अक्सर इस्तेमाल होने वाले कमांड्स को प्रदर्शित करने के लिए बने होते हैं।

स्क्रीन टिप्स (Screen Tips)

स्क्रीन टिप्स कमांड बटन के नाम दिखाता है, जो रिबन में दिए गए हैं। स्क्रीन टिप्स एक छोटी सी विंडो में दिखाए जाते हैं जो टूलबार बटन पर आपके माउस पॉइंटर को पोजीशन करते ही दिखाई देती है। एन्हांस्ड स्क्रीन टिप बड़ी विंडोज हैं जो एक स्क्रीन टिप से अधिक विवरणात्मक टेक्स्ट डिस्प्ले करती हैं और ये एक हेल्प टॉपिक से लिंक भी हो सकती हैं।

स्टेटस बार (Status Bar)

स्टेटस बार एक्सेल 2010 विंडो के नीचे दिखाई देता है। यह एक सिलेक्ट किए गए कमांड या चल रहे कार्य के बारे में सूचना देता है। नोट करें कि स्टेटस बार के दाई ओर जूम स्लाइडर, अलग-अलग व्यू टूल्स जैसे नॉर्मल पेज लेआउट और पेजब्रेक व्यू दिखाए जाते हैं।

एक नई वर्कबुक बनाना (Creating a New Workbook)

➔ **एक नई वर्कबुक बनाने के लिए:**

1. चित्र 4.4 में दिखाए अनुसार **फाइल** टैब पर क्लिक करें, **अवेलेबल टेम्पलेट्स** के अंतर्गत न्यू सिलेक्ट करें, ब्लैंक वर्कबुक पर क्लिक करें, फिर क्रिएट बटन पर क्लिक करें या Ctrl + N कीज एक साथ दबाएँ।

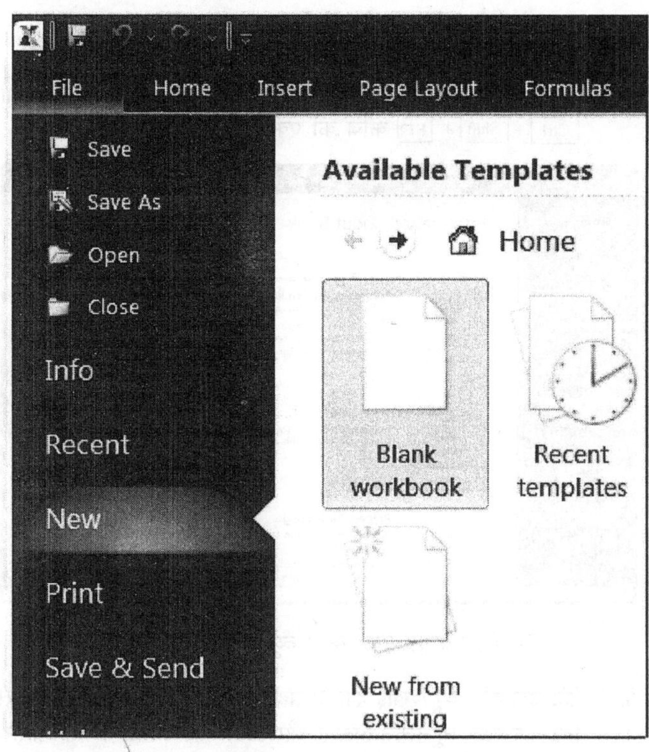

चित्र 4.4: फाइल टैब

☞ आप एक ब्लैंक वर्कबुक बना सकते हैं या एक मौजूद वर्कबुक के आधार पर नई वर्कबुक बना सकते हैं। डीफॉल्ट वर्कबुक टेम्पलेट या अन्य टेम्पलेट के आधार पर भी नई वर्कबुक बनाई जा सकती है।

4.2.2 एक वर्कबुक को खोलना (Opening a Workbook)

→ **एक वर्कबुक खोलने के लिए:**

1. चित्र 4.4 की तरह से **फाइल** टैब पर क्लिक करें। **ओपन** चुनें या Ctrl + O कीज एक साथ दबाएँ। चित्र 4.5 की तरह से ओपन डायलॉग बॉक्स दिखाई देगा।
2. इस डायलॉग बॉक्स में, ड्राइव या फोल्डर का नाम चुनें, जिसमें वर्कबुक होती है। आवश्यक वर्कबुक खोजने के बाद इसे सिलेक्ट करें।
3. OK पर क्लिक करें।

→ **एक से अधिक वर्कबुक एक साथ खोलने के लिए:**

1. सिंगल वर्कबुक खोलने के स्टेप्स 1 और 2 दोहराओ।
2. एक फाइल के नाम पर क्लिक करो, फिर Ctrl key दबाए रख कर दूसरी फाइल का नाम दबाओ और Enter key दबाओ।

4.2.3 वर्कबुक को सेव करना (Saving a Workbook)

ऐक्सेल में वर्कबुक सेव करने के 2 कमांड्स हैं। सेव कमांड का प्रयोग एक मौजूद वर्कबुक को सेव करने के लिए होता है, सेव ऐज़ कमांड का प्रयोग वर्कबुक को पहली बार सेव करते समय होता है या जब आप वर्कबुक को एक नए नाम से सेव करते हैं तब होता है।

→ **पहली बार वर्क बुक को सेव करने के लिए:**

1. **फाइल** टैब पर क्लिक करो और **सेव ऐज़...** चुनो। चित्र 4.6 की तरह से सेव ऐज़ डायलॉग बॉक्स खुलेगा
2. सेव इन... बॉक्स में, जहाँ आप फाइल सेव करना चाहते हैं उस लोकेशन को बताओ।
3. फाइल नेम: बॉक्स में फाइल का नाम दो।
4. सेव ऐज़ टाइप: बॉक्स में फाइल की टाइप बताओ।
5. सेव बटन पर क्लिक करो।

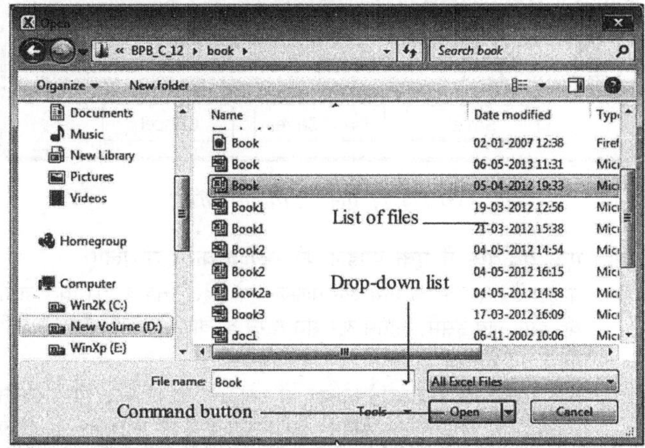

चित्र 4.5: ओपन डायलॉग बॉक्स

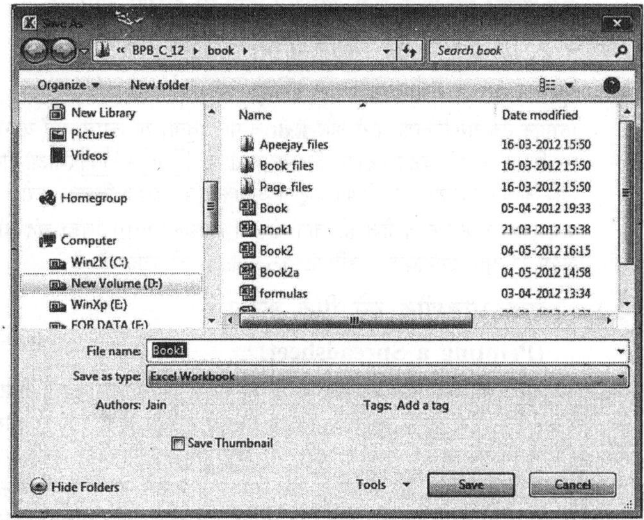

चित्र 4.6: सेव ऐज डायलॉग बाक्स

☞ एक्सेल 2010 वर्कशीट को .xlsx एक्सटेंशन के साथ सेव किया जाता है जो यह बताता है कि इसमें XML आधारित फाइल फॉर्मेट का प्रयोग किया जाता है।

एक वर्कबुक विंडो को क्लोज़ करना
(Closing a Workbook Windows)

जब आप चार्ट या वर्कशीट को प्रयोग करना खत्म कर देते हैं, तो इसकी विंडो को क्लोज़ करना होता है। यदि आपने, वर्कबुक को पिछली बार सेव करने के बाद कोई भी परिवर्तन किया है, तो ऐक्सेल एक ऐलर्ट डायलॉग बॉक्स दिखाता है, जैसा चित्र 4.7 में दिखाया गया है। इसमें यह पूछा जाता है कि क्या क्लोज़िंग से पहले आप अपना कार्य सेव करना चाहते हैं?

चित्र 4.7: एलर्ट डायलॉग बॉक्स

➔ **एक वर्कबुक में एक फाइल को क्लोज करने के लिए:**

1. फाइल टैब पर क्लिक करो और क्लोज़ चुनो (देखें चित्र 4.4)। विंडो तभी बंद होगी जब इसमें, अंतिम बार सेव करने के बाद से, कोई परिवर्तन नहीं किए गए होंगे।
2. यदि अंतिम बार सेव करने के बाद से अब तक आपने कोई भी परिवर्तन किया है तो ऐलर्ट बॉक्स दिखेगा। इस डायलॉग बॉक्स में Don't save चुनो यदि आप फाइल का बदला रूप सेव करना नहीं चाहते हैं, और Save चुनो यदि आप अपने किए हुए परिवर्तन को सेव करना चाहते हैं। एक नया फाइल नेम टाइप करो और सेव बटन पर क्लिक करो।

एक्सेल 2010 प्रोग्राम को क्विट करना (Quitting Excel 2010)

➔ **ऐक्सेल 2010 क्विट करने के लिए:**

1. **फाइल** टैब पर क्लिक करो और **Exit** कमांड चुनो। या ऊपरी दाएँ कोने पर स्थित क्लोज़ बटन (X) पर क्लिक करो या Alt + F4 **दबाओ** या टाइटल बार के बाईं ओर स्थित कंट्रोल आयकन पर डबल क्लिक करो।
2. जब सभी वर्कबुक क्लोज़ हो जाती हैं, तो ऐक्सेल 2010 विंडो बंद हो जाती है और ऐप्लिकेशन टर्मिनेट (terminate) हो जाता है।

4.2.4 एक स्प्रेडशीट को प्रिंट करना (Printing a Spreadsheet)

किसी भी खुली हुई वर्कशीट को प्रिंट करने का सबसे आसान तरीका है **प्रिंट** विकल्प को बैक स्टेज व्यू से चुनना या क्विक ऐक्सेस टूलबार से प्रिंट प्रिव्यू और प्रिंट बटन पर क्लिक करना। ऐक्सेस 2010 में, आप पूरी वर्कशीट और वर्कबुक्स या उनका कुछ भाग प्रिंट कर सकते हैं इन्हें एक एक करके या कुछ को एक साथ भी प्रिंट कर सकते हैं। और यदि प्रिंट किया जाने वाला डाटा माइक्रोसॉफ्ट एक्सेल टेबल में है, तो आप प्रिंट एरिया सैट करके सीधे एक्सेल टेबल को ही प्रिंट कर सकते हैं।

☞ आप वर्कबुक को प्रिंटर पर प्रिंट करने के बदले एक फाइल में प्रिंट कर सकते हैं। यह तभी उपयोगी होता है जब आपको वर्कबुक को एक अलग तरह के प्रिंटर पर प्रिंट करना पड़ता है जो पहले इस्तेमाल किए जा रहे प्रिंटर से अलग होता है।

➔ **एक स्प्रेडशीट प्रिंट करने के लिए:**

1. उस वर्कशीट को खोलें जिसे आप प्रिंट करना चाहते हैं।
2. फाइल टैब पर क्लिक करें और प्रिंट कमांड चुनें (देखें चित्र 4.8) या Ctrl + Shift + F12 कीज को एक साथ दबाएँ।

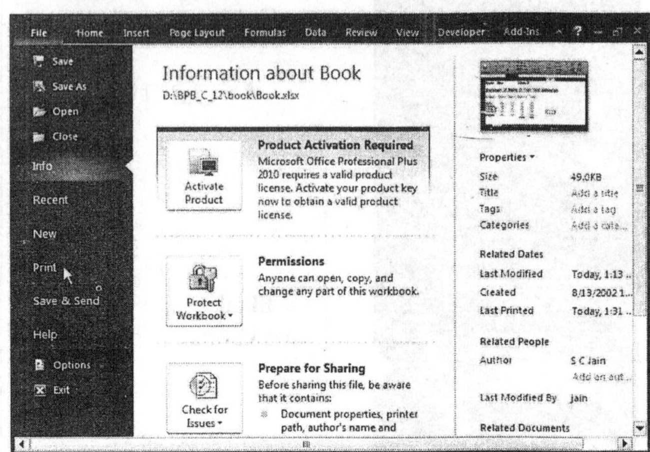

चित्र 4.8: बैक स्टेज व्यू में प्रिंट कमांड

3. प्रिंट बैक स्टेज व्यू दिखाई देता है। यहाँ पर प्रिंट आयकन पर क्लिक करें।
4. प्रिंट बैक स्टेज व्यू क्लोज होता है और स्टेटस बार में प्रिंट जॉब की प्रोसेस डिस्प्ले होती है।

चित्र 4.9 में बैक स्टेज प्रिंट विकल्प दिखाए गए हैं और इनका निम्न टेबल में वर्णन किया गया है।

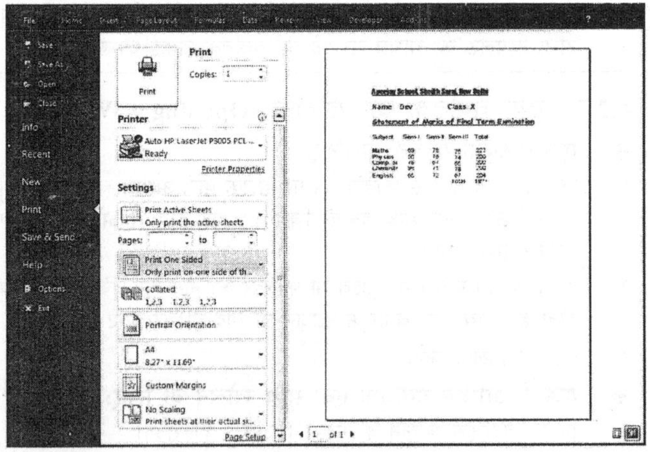

चित्र 4.9: प्रिंट विकल्प

विकल्प	फंक्शन
प्रिंट सैक्शन: कॉपीज	 प्रिंट की जाने वाली कॉपीज की संख्या निर्धारित करता है।
प्रिंटर सैक्शन:	यह सैक्शन एक ड्रॉप डाउन लिस्ट में से सिलेक्टेड प्रिंटर को शो करता है। क्यू स्टेटस को प्रिंटर

क्रमश:...

क्रमशः...

	करता है, टाइप करता है, कौन सा प्रिंटर पोर्ट प्रयोग हो रहा है यह बताता है और क्या प्रिंटर व्यस्त है या खाली, यह भी दिखाता है। प्रिंटर ड्रॉप डाउन लिस्ट में से मनचाहा प्रिंटर चुनें।
प्रिंट टू फाइल	इस विकल्प को चुनें ताकि सिलेक्ट किए गए प्रिंटर के लिए एक डिस्क फाइल तैयार की जा सके।
सैटिंग्स:	यह सैक्शन पेज सैटअप विकल्प दिखाता है जैसे पेज ओरिएंटेशन, पेपर साइज़ और पेज मार्जिन्स। ये विकल्प नीचे वर्णित किए गए हैं।
प्रिंट व्हाट विकल्प:	
प्रिंट ऐक्टिव शीट्स	केवल सिलेक्टेड वर्कशीट्स ही प्रिंट होती है।
पूरी वर्कबुक प्रिंट करना	अभी जो वर्कबुक खुली है उसे प्रिंट करता है।
प्रिंट सिलेक्शन	सिलेक्ट किए गए सेल्स को प्रिंट करता है।
इग्नोर प्रिंट एरिया	इस विकल्प को चुनें यदि आप चाहते हैं कि जो प्रिंट एरिया आपने चुना है उसे अनदेखा किया जाए।
पेजेस फ्रॉम:/टू:	इस विकल्प को चुनें यदि आप उन पेजेस को प्रिंट करना चाहते हैं जिन्हें आपने चुना है।
कोलेट	इस विकल्प को चुनें ताकि मल्टीपल कॉपीज को प्रिंट एवं कोलेट कर सकें।
पेज ओरिएंटेशन	यह आपको पेज का ओरिएंटेशन बदलने की अनुमति देता है अर्थात पोर्ट्रेट (वर्टिकली) या लैंड स्कप (हॉरीजॉंटल)
पेज साइज़	यह आपको पेपर साइज चुनने में मदद करता है।
मार्जिन्स	यह आपको पेजेस की मार्जिन सैट करने में मदद करता है।
स्केलिंग	यह आपको वर्कशीट की साइज एडजस्ट करने में मदद करता है।

एक वर्कशीट के प्रिंटिंग सैक्शन या कई वर्कशीट्स के प्रिंटिंग सैक्शन (Printing Section of a Worksheet or Multiple Worksheets)

मान लो कि आप के पास एक वर्कशीट में एक साल से डाटा जमा हो रहा है, लेकिन आप केवल एक महीने का ही डाटा प्रिंट करना चाहते हैं तो इस तरीके का प्रयोग करो।

➔ **एक वर्कशीट के एक सैक्शन को प्रिंट करने के लिए:**

1. प्रिंट किए जाने वाले सेल्स की रेंज को सिलेक्ट करो।
2. प्रिंट व्हाट के अंतर्गत सैटिंग सैक्शन के अंदर प्रिंट बैक स्टेज विंडो में प्रिंट, सिलेक्शन को चुनो ताकि चुने गए सेल्स को प्रिंट किया जा सके। ऐक्सेल, किसी भी सैट किए गए प्रिंट एरिया को अनदेखा करके, सिलेक्ट किए गए रेंज को ही प्रिंट करता है (देखें चित्र 4.9)।

➔ **एक कमांड द्वारा कई वर्कशीट्स को प्रिंट करने के लिए**

1. आप जो भी शीट्स प्रिंट करना चाहते हैं उन्हें सिलेक्ट करो (सभी वर्कशीट एक ही वर्कबुक में होनी चाहिए)।
2. प्रिंट व्हाट ड्रॉप डाउन लिस्ट के अंतर्गत सैटिंग सैक्शन में से प्रिंट बैक स्टेज विंडो में प्रिंट ऐक्टिव शीट (print active sheet) ऑप्शन को चुनो।

4.2.5 सेल्स की ऐड्रेसिंग करना (Addressing of Cells)

एक स्प्रेडशीट में रोज़ और कॉलम्स होते हैं जो मिलकर सेल्स बनाते हैं। सेल एक बॉक्स होता है जहाँ आप डाटा एंटर कर सकते हैं। कॉलम्स सेल्स की वर्टिकल लाइन्स बनाते हैं जब कि रोज़ सेल्स की हॉरीजॉंटल लाइन्स बनाती हैं। सेल, रोज़ और कॉलम्स का इंटरसेक्शन होता है। एक सेल की लोकेशन या ऐड्रेस का वर्णन करने के लिए, हमें उन कॉलम और रो का नाम लिखना पड़ता है जिनके इंटरसेक्शन से यह सेल बना है। चित्र 4.10 में कॉलम C और रोज़ 3 का इंटरसेक्शन है C3। यहाँ C3 को एक सेल कहा जाता है और C3 इसका ऐड्रेस कहलाता है।

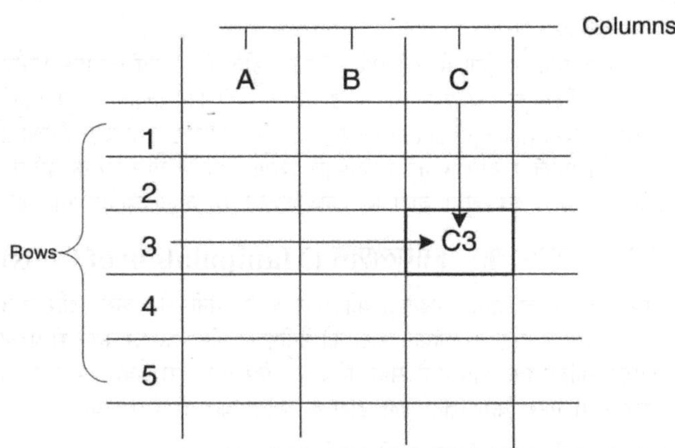

चित्र 4.10: सेल्स की ऐड्रेसिंग

एक वर्कशीट में सेल्स के दो प्रकार के डाटा हो सकते हैं।

कॉन्स्टेंट वैल्यू: कॉन्स्टेंट वैल्यू एक डाटा होता है जो आप सीधे सेल में ही टाइप करते हैं। यह एक नंबर एक डेट, टाइम, करेंसी, पर्सेंटेज़, फ्रैक्शन या टेक्स्ट कुछ भी हो सकता है। कॉन्स्टेंट वैल्यूज़ तब तक नहीं बदलती हैं जब तक हम उन्हें एडिट नहीं करते हैं।

फॉर्मूला: एक फॉर्मूला, वैल्यूज़, सेल रेफरेंसेज़, नेम्स, फंक्शन या ऑपरेटर्स की एक सीक्वेंस होता है जो मौजूद वैल्यू में से एक नई वैल्यू प्रस्तुत करता है। फॉर्मूलाज़ हमेशा ईक्वल चिन्ह (=) से शुरू होते हैं। एक वैल्यू जो फॉर्मूला के परिणाम स्वरूप मिलती है, ऑटोमैटिक रूप से तब बदल जाती है जब वर्कशीट में फॉर्मूला में शामिल अन्य वैल्यूज़ बदलती हैं।

MS ऐक्सेल आपको न्यूमेरिकल डाटा पर कैलकुलेशन्स करने में मदद करता है। उदाहरण के लिए, आपको या तो कुछ डाटा का सम (SUM) निकालना है या फॉर्मूलाज़ के कुछ कॉम्प्लेक्स सैट के द्वारा कैलकुलेट करना है तो ऐक्सेल तुरंत आपको उत्तर दे देगा। फॉर्मूलाज़ का प्रयोग करके, आप कुशलतापूर्वक अपने बिज़नेस या पर्सनल फाइनैंसेज का ट्रैक रख सकते हैं।

सेल ऐड्रेस A1 से A10 तक के नंबर्स का सम निकालने के लिए, फॉर्मूला इस प्रकार होगा:

= A1 + A2 + A3 + A4 + A5 + A6 + A7 + A8 + A9 + A10

फंक्शन, फॉर्मूला का शॉर्टकट होता है। उदाहरण के लिए सेल ऐड्रेस A1 से A10 तक के नंबर्स का सम कैलकुलेट करने के लिए जो फंक्शन इस्तेमाल होगा वह इस प्रकार है।

= SUM (A1:1A0)

दो डॉट्स (:) सेल ऐड्रेसेस के एक ग्रुप की ओर इशारा करती हैं। एक फॉर्मूला की अपेक्षा एक फंक्शन लिखना ज्यादा आसान है।

सेल ऐड्रेसेज़ का प्रयोग करने वाले फॉर्मूलाज़
(Formulas Using Cell Addresses)

एक फॉर्मूला में वैल्यूज़ या नंबर्स के बदले सेल ऐड्रेसेज भी हो सकते हैं। इस स्थिति में, फॉर्मूला, इसमें शामिल सेल ऐड्रेस के कंटेंट्स पर ऐप्लाई होता है। सेल ऐड्रेसेज को एक फॉर्मूला में उन्हें टाइप या हाईलाइट करके शामिल किया जा सकता है। एक फॉर्मूला में, सेल ऐड्रेसेज को नंबर्स, मैथमैटिकल ऑपरेटर्स और फंक्शन्स के साथ प्रयोग किया जाता है। उदाहरण के लिए मान लो कि सेल ऐड्रेस B20 के कंटेंट्स को सेल ऐड्रेस D13 से जोड़ा जाना है तो निम्न फॉर्मूला टाइप करो:

= B20 + D13

यदि एक फॉर्मूला में कई सारे ऑपरेटर्स होते हैं, तो ऐक्सेल एक प्रीसैट ऑर्डर में कैलकुलेशन्स प्रदान करता है अर्थात् ऐडीशन (addition) से पहले मल्टीप्लिकेशन (multiplication) किया जाता है। उदाहरण के लिए, फॉर्मूला 2 * 3 + 4 में पहले 2 और 3 को मल्टीप्लाई किया जाता है फिर उसके प्रोडक्ट (product) में 4 को जोड़ा जाता है। अत: रिजल्ट 10 आना चाहिए 14 नहीं।

4.3 सेल्स का मैनीपुलेशन (Manipulation of Cells)

एक्सेल की पॉवर डाटा आइटम्स को स्टोर करने, मैनीपुलेट करने और उन्हें डिस्प्ले करने में होती है। लेकिन डाटा को मैनीपुलेट और डिस्पले करने से पहले आपको चाहिए कि आप उन्हें सही तरीके से एंटर करें। इस सैक्शन में एक्सेल वर्कशीट में एंटर किए जाने वाले डाटा के प्रकार के बारे में बताया गया है।

एक सेल में एंटर किए जाने वाले डाटा के प्रकार
(Types of Data Entered in a Cell)

एक सेल में 4 अलग अलग तरह के डाटा हो सकते हैं। ये हैं:

- टेक्स्ट (Text)
- न्यूमरलस (Numerals)
- लॉजिकल वैल्यूज़ (Logical Values)
- ऐरर (Error)

टेक्स्ट (Text)

एक सेल में टेक्स्ट में लेटर्स, नंबर्स और कीबोर्ड सिंबल्स का कोई भी कॉँबिनेशन (combination) शामिल हो सकता है।

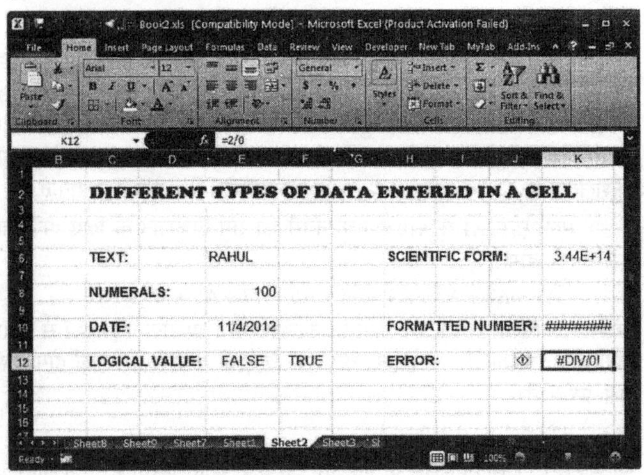

चित्र 4.11: सेल्स में एंटर किए गए अलग-अलग प्रकार के डाटा

- एक सेल में 32,000 कैरेक्टर्स तक डाले जा सकते हैं।
- यदि कॉलम की विड्थ, एक टेक्स्ट स्ट्रिंग को, एक सेल में देखने में पूरा फिट होने से रोकती है तो डिस्प्ले पास के सेल्स के ऊपर दिखता है। लेकिन जब पास के सेल भी भर जाते हैं तो डिस्प्ले ट्रंकेटेड (truncated) हो जाता है।

न्यूमरल्स (Numericals)

न्यूमरल्स में सभी डेसीमल डिज़िट्स जैसे 0 से 9, जिन पर आप जोड़, घटाव, गुणा, भाग और अन्य मैथमैटिकल एवं स्टैटिस्टिकल ऑपरेशन कर सकते हैं, होते हैं। स्प्रेडशीट प्रोग्राम जैसे ऐक्सेल 2010 में, न्यूमेरिक कैलकुलेशन्स ही सबसे सामान्य कार्य है, जो आसानी से किया जाता है। इसलिए यह आवश्यक है कि ऐक्सेल न्यूमरल्स को कैसे समझता है, इसे आप भी समझें।

- एक नंबर को कौमा लगाकर, साइंटिफिक नोटेशन्स (scientific notations) के साथ या अनेकों न्यूमेरिक फॉर्मेट्स में से एक के साथ प्रदर्शित किया जा सकता है। ऐक्सेल में नंबर्स के 2 पहलू होते हैं, पहला फॉर्मेट प्रदर्शित करना और दूसरा वैल्यू स्टोर करना। फॉर्मेट प्रदर्शन, को आप सेल में देख सकते हैं और वैल्यू का अर्थ कैलकुलेटेड वैल्यू से होता है, (जो आप फॉर्मूला बार में देखते हैं)।
- डेट और टाइम, भी नंबर होते हैं लेकिन स्पेशल फॉर्मेटिंग के साथ। यदि आप 1-9 को एक टेक्स्ट स्ट्रिंग (text string) की तरह डालेंगे तो ऐक्सेल इसे एक डेट के रूप में मानेगा और इसे 9-Jan के रूप में प्रदर्शित करेगा।
- जब एक अनफॉर्मेटेड (unformatted) नंबर, सेल में फिट नहीं होता है, तो यह साइंटिफिक नोटेशन्स के साथ प्रदर्शित होता है (देखें चित्र 4.11)।
- जब एक फॉर्मेटेड नंबर ही सेल में फिट नहीं आता है तो नंबरचिन्ह जैसे (####) प्रदर्शित होते हैं।

लॉजिकल वैल्यूज़ (Logicl Values)

आप सेल्स में लॉजिकल वैल्यूज़ जैसे 'सही' (True) या गलत (False) भी डाल सकते हैं। लॉजिकल वैल्यूज़ अक्सर कंडीशनल फॉर्मूला लिखने में प्रयोग की जाती है। इसके अलावा ऐसे भी कई फॉर्मूला होते हैं जो लॉजिकल वैल्यूज़ वापस करते हैं। अत: यदि आप कहते हैं 3 > 4 तो इसका रिजल्ट False होगा। क्योंकि 3 4 से बड़ा नहीं है।

ऐरर (Error)

एक ऐरर वैल्यू अलग तरह का डाटा होता है। उदाहरण के लिए यदि एक फॉर्मूला, एक नंबर को 0 से डिवाइड करने की कोशिश करें तो इसका रिजल्ट होगा # DIV/0! Error Value.

4.3.1 एक वर्कशीट में टेक्स्ट, नंबर्स और डेट्स एंटर करना

जब आप को स्टेटस बार में Ready शब्द दिखाई देगा (देखें चित्र 4.11), तब आप वर्कशीट में डाटा एंटर कर सकते हैं। ऐक्सेल 2010 वर्कशीट में डाटा एंटर करने में 3 स्टेप्स शामिल हैं।

1. उस सेल को ऐक्टिवेट करो जिसमें आप डाटा एंटर करना चाहते हैं।
2. जो डाटा आप एंटर करना चाहते हैं उसे टाइप करो।
3. Enter key, Tab या कोई भी ऐरो key दबाकर डाटा एंट्री को फाइनल करो।

उदाहरण 1

आप सेल में डाटा आइटम कैसे एंटर करते हैं?

समाधान

1. उस सेल को लोकेट करो जिसमें आप डाटा एंटर करना चाहते हैं। मन चाहे सेल पर क्लिक करो जिससे वह ऐक्टिव हो जाए। ऐक्टिव सेल गाढ़े बॉर्डर के साथ दिखता है और इसकी रो और कॉलम हैडिंग्स भी गाढ़ी दिखती हैं जिससे सेल ऐड्रेस को आसानी से पहचाना जा सके।
2. अपना डाटा ऐक्टिव सेल में टाइप करो। दो बटन फॉर्मूला बार में दिखाई देंगे: **एंटर** बटन और **कैंसिल** बटन। स्टेटस बार में 'Enter' दिखता है जिससे यह पता चलता है कि आप डाटा एंटर करने की प्रक्रिया में हैं। (देखें चित्र 4.12)

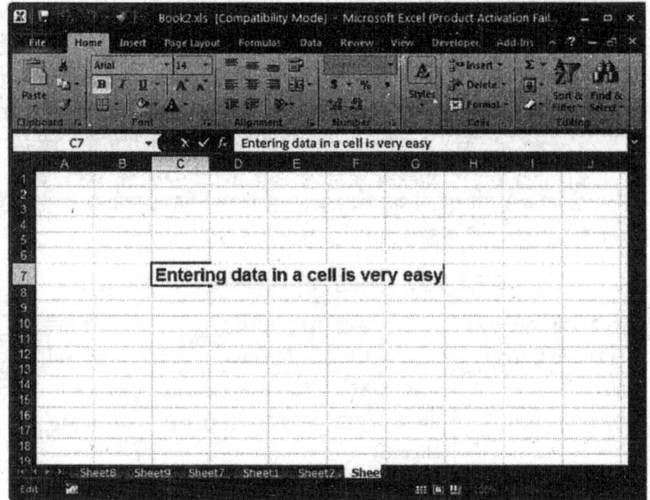

चित्र 4.12: एक सेल में डाटा एंटर करना

3. एंटर बटन पर क्लिक करो जिससे यह पता चले कि आपने डाटा टाइपिंग कंप्लीट कर दी है। आप Enter key, tab key या कोई भी ऐरो key दबा सकते हैं जिससे डाटा एंट्री को कंप्लीट दिखाया जा सके।
4. यदि आप डाटा एंट्री को फाइनल करने से पहले कोई भी गलती करते हैं तो Backspace key दबाकर इन्सर्शन पॉइंट के बाईं ओर का कैरेक्टर डिलीट कर सकते हैं। जो भी आपने टाइप किया है, उसे मिटाने के लिए, कैंसिल बटन पर क्लिक करो या Esc key दबाओ।
5. उपरोक्त स्टेप्स को दोहराओ जिससे डाटा एंट्री को कंप्लीट किया जा सके।

ऐक्सेल आप को डाटा एंटर और एडिट करने के लिए निम्न दो ऑप्शन प्रदान करता है।

- आप डाटा फॉर्मूला बार में एंटर कर सकते हैं।
- आप डाटा को सीधे सेल में ही एंटर और एडिट कर सकते हैं।

यदि 'In cell editing' फ़ीचर को ऑन कर दिया जाए तो डाटा सीधे सेल में एंटर और एडिट किया जा सकता है।

☞ यदि एडिट डायरेक्टली इन सेल फीचर को ऑफ कर दिया जाता है तो जो भी आप टाइप करते हैं, सेल में दिखता है लेकिन कर्सर फॉर्मूला बार में दिखता है।

➔ **इन सेल एडिटिंग विकल्प को ऑन करने के लिए:**

1. **फाइल** टैब को क्लिक करें और फिर **ऑप्शन्स** पर क्लिक करें **ऐक्सेल ऑप्शन्स** डायलॉग बॉक्स दिखाई देता है। इस डायलॉग बॉक्स में, बाईं ओर **एडवांस्ड** बटन पर क्लिक करें। **ऐक्सेल ऑप्शन्स** डायलॉग बॉक्स, **एडवांस्ड** प्रॉपर्टीज के साथ चित्र 4.13 की तरह दिखाई देता है।

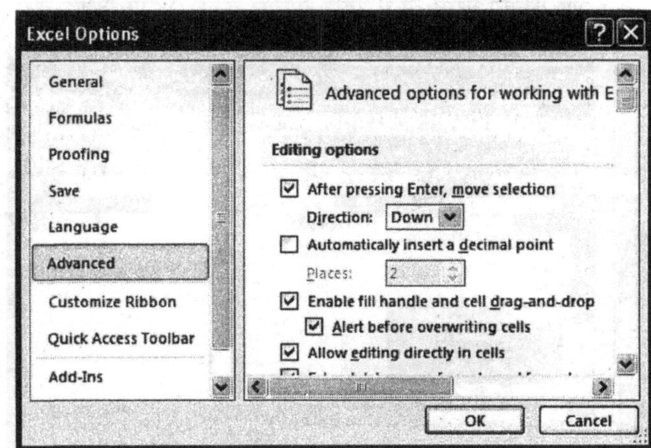

चित्र 4.13: ऐक्सेल विकल्प, एडवांस्ड प्रॉपर्टीज के साथ

2. चैक बॉक्स पर क्लिक करें अर्थात् डायरेक्ट एडिटिंग को सेल्स में स्टार्ट करें। इस के लिए एडिटिंग ऑप्शन्स ग्रुप में जाएँ, जब चैक मार्क दिखाई देता है तो इसका अर्थ होता है कि ऑप्शन ऑन है (चित्र 4.13)।
3. OK पर क्लिक करें।

टेक्स्ट एंटर करना (Entering Text)

टेक्स्ट एंट्रीज़ में अक्षर, नंबर और चिन्ह शामिल होते हैं।

➔ **एक सेल में टेक्स्ट एंटर करने के लिए:**

1. सेल सिलेक्ट करो, टेक्स्ट एंट्री टाइप करो, और फिर फॉर्मूला बार में एंटर बटन पर क्लिक करके टेक्स्ट को एंटर करो या Enter key दबाकर टेक्स्ट एंटर कर सकते हैं।
   - नंबर्स को टेक्स्ट की तरह एंटर करने के लिए, पहले अपोस्ट्राफी (') टाइप करके फिर नंबर टाइप करो- उदाहरण के लिए '45,000। या नंबर्स के पहले एक ईक्वल साइन (=) रखो और नंबर्स को कोटेशन मार्क्स के भीतर रखो। उदाहरण के लिए नंबर 45,000 को टेक्स्ट की तरह बनाने के लिए = "45,000" टाइप किया जाता है।
   - नोटिस करो कि एक सेल में, जिसमें जनरल फॉर्मेट है, नंबर्स को टेक्स्ट के रूप में एंटर किए जाने से, टेक्स्ट की तरह ये बाईं ओर ही ऐलाइन होता है। जब आप एक नंबर को टेक्स्ट की तरह एंटर करते हैं तो आप नंबर को अब भी इस्तेमाल कर सकते हैं यदि इसकी जरूरत एक न्यूमेरिक फॉर्मूला में पड़ती है।

उदाहरण 2

आप तेजी से किस प्रकार नंबर्स की एक रेंज को टेक्स्ट के रूप में अपनी वर्कशीट में टेक्स्ट न्यूमेरिक फॉर्मेट का प्रयोग करके, फॉर्मेट कर सकते हैं?

समाधान

1. उस रेंज को सिलेक्ट करें जिसमें नंबर्स हैं।
2. होमटैब के नंबर ग्रुप के ड्रॉप डाउन लिस्ट में से **टेक्स्ट** विकल्प चुनें। (चित्र 4.14) या Ctrl + 1 कीज एक साथ दबाएँ या **होमटैब** पर

क्लिक करके, फिर **नंबर** ग्रुप में क्लिक करें, अब **डायलॉग बॉक्स लाँचर** पर क्लिक करें। इस डायलॉग बॉक्स में, नंबर टैब पर क्लिक करें और कैटेगरी लिस्ट: में से टेक्स्ट सिलेक्ट करके OK पर क्लिक करें।

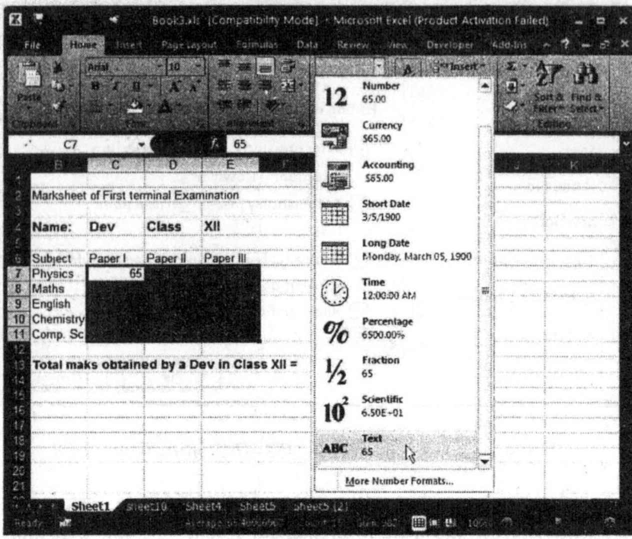

चित्र 4.14: ड्रॉप डाउन लिस्ट

नंबर्स एंटर करना (Entering Numbers)

नंबर कांस्टेंट वैल्यूज़ (constant values) होती है जिनमें निम्न कैरेक्टर्स होते हैं जो टेबल 4.2 में दिए गए हैं।

टेबल 4.2: स्पेशल कैरेक्टर्स - न्यूमेरिक एंट्रीज़ के लिए

कैरेक्टर	फंक्शन
0 से 9	इन संख्याओं का कोई भी कॉँबिनेशन
+	जब इसे E के साथ लिखा जाता है तब यह एक्सपोनेंट की ओर इशारा करता है अर्थात् 3E + 3 का अर्थ है 3×10^3
–	नेगेटिव नंबर बताता है।
( )	नेगेटिव नंबर बताता है।
, (comma)	थाउज़ेंड (thousand) मार्कर होता है।
/	फ्रैक्शन इंडिकेटर (fraction indicator) या डेट सेपरेटर (date separator)
$	करेंसी इंडिकेटर (currency indicator)
%	परसेंटेज इंडिकेटर (percent indicator)
. (period)	डेसीमल इंडिकेटर (decimal indicator)
E	एक्सपोनेंट इंडिकेटर (exponent indicator)
e	एक्सपोनेंट इंडिकेटर (exponent indicator)
:	टाइम सेपरेटर (time separator)
(single space)	कंपाउंड फ्रैक्शन्स में सेपरेटर (जैसे 4 1/2) और डेट-टाइम एंट्रीज (जैसे 1/2/94 5.00)

➔ एक नंबर एंटर करने के लिए:

1. सेल सिलेक्ट करो, नंबर टाइप करो और Enter key दबाओ या फॉर्मूला बार में एंटर बटन पर क्लिक करो।
2. आप इंटीजर जैसे 145, डेसीमल फ्रैक्शन जैसे 145.437, इंटीजर फ्रैक्शन जैसे 1 1/2 या साइंटिफिक नोटेशन जैसे 1.45437E+2 आदि एंटर कर सकते हैं।

☞ एक नंबर को टेक्स्ट के रूप में एंटर करने से नंबर का डिस्प्ले, सेल की विड्थ से ज्यादा हो जाता है। यदि आप सामान्य तरीके से एक नंबर एंटर करते हैं और सेल इसे डिस्प्ले करने के लिए पर्याप्त चौड़ा नहीं है तो सेल में # चिन्ह भर जाएँगे या कुछ केसेज में नंबर साइंटिफिक नोटेशन में दिखने लगेंगे।

ऐक्सेल 2010, सेल में टाइप किए गए नंबर को और उस फार्मेट को अर्थात् जिस रूप में नंबर को दिखाया जाना है, दोनों को स्टोर करता है। जब आप एक सेल में एक नंबर स्टोर करते हैं तो ऐक्सेल यह स्थापित करने की कोशिश करता है कि नंबर को किस तरह से फॉर्मेट किया जाना चाहिए। उदाहरण के लिए, ऐक्सेल टेबल 4.3 में दिखाई गई एंट्रीज को, जिनमें फॉर्मेट भी बताए गए हैं, ऐक्सेप्ट करता है और उन्हें डिस्प्ले भी करता है।

टेबल 4.3 की एंट्रीज़ को चित्र 4.15 में डिस्प्ले किया गया है। ये वैसे ही दिख रही हैं जैसी ये ऐक्सेल वर्कशीट में दिखाई देंगी।

टेबल 4.3: ऐक्सेल के ऑटोमैटिक फॉर्मेट

टाइप की गई एंट्री (Typed Entry)	चुना गया फॉर्मेट (Chosen Format)	रिजल्ट (Result)
897	नंबर, जनरल (Number, General)	897
7999 Mg Rd.	टेक्स्ट, लेफ्ट ऐलाइन्ड (Text, left aligned)	7999 Mg Rd
450.09	नंबर, डॉलरफॉर्मेट (Number, dollar format)	$450.09
54.6%	नंबर, पर्सेंट फॉर्मेट (Number, percent format)	5460.00%
2 3/4	नंबर, फ्रैक्शन (Number, fraction)	2 3/4
45600	नंबर, कौमा फॉर्मेट (Number, comma format)	45,600.00
-678	नंबर, नेगेटिव (Number, negative)	-678.00
(678)	नंबर नेगेटिव (Number, negative)	-678
1/5/99	डेट (Date), m/d/yy	10/05/99
4/5	डेट (Date), m/d/yy (current year assumed)	0-5 Apr

➔ फिक्स्ड डेसीमल विकल्प को कंट्रोल करने के लिए:

1. **फाइल** टैब पर क्लिक करें, फिर **ऑप्शन्स** पर क्लिक करें। एक्सेल ऑप्शन्स डायलॉग बॉक्स दिखाई देता है। इस डायलॉग बॉक्स में, **एडवांस्ड** बटन पर क्लिक करें जो बाईं ओर रहता है। एक्सेल ऑप्शन्स डायलॉग बॉक्स **एडवांस्ड** प्रॉपर्टीज के साथ दिखाई देता है (देखें चित्र 4.13)।
2. ऑटोमैटिकली इन्सर्ट डेसीमल पॉइंट: चैकबॉक्स पर क्लिक करें जो **एडिटिंग ऑप्शन्स** ग्रुप में होता है, जिससे चैकमार्क न दिखे (चित्र 4.13)।
3. OK पर क्लिक करें।

☞ ऐक्सेल 2010 के फिक्स्ड डेसीमल रिप्रेजेन्टेशन फीचर का प्रयोग करके आप ऑटोमैटिक रूप से डेसीमल्स को वर्कशीट में एंटर की गई प्रत्येक वैल्यू के लिए ऐड कर सकते हैं।

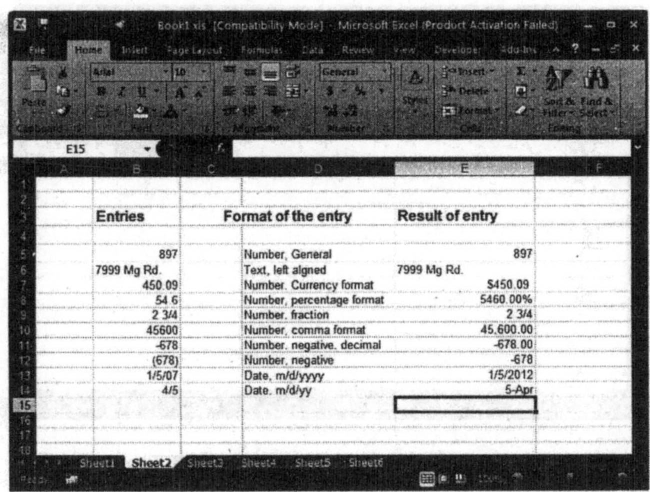

Entries	Format of the entry	Result of entry
897	Number, General	897
7999 Mg Rd.	Text, left aligned	7999 Mg Rd.
450.09	Number, Currency format	$450.09
54.6	Number, percentage format	5460.00%
2 3/4	Number, fraction	2 3/4
45600	Number, comma format	45,600.00
-678	Number, negative, decimal	-678.00
(678)	Number, negative	-678
1/5/07	Date, m/d/yyyy	1/5/2012
4/5	Date, m/d/yy	5-Apr

चित्र 4.15: टेबल 4.3 में दिए गए डाटा के लिए ऑटोमैटिक फॉर्मेट्स

वर्कशीट में डेट और टाइम एंटर करना

(Entering Date and Time in a Worksheet)

ऐक्सेल 2010 ऑटोमैटिक रूप से, अधिकतर सामान्य तरीके से टाइप की गई डेट और टाइम को समझ लेता है। जब आप एक डेट या टाइम टाइप करते हैं तो ऐक्सेल आपकी एंट्री को एक सीरियल नंबर में बदलता है। यह सीरियल नंबर, सेंचुरी की शुरूआत से लेकर आपने जो डेट टाइप की है, तब तक के दिनों की संख्या को दर्शाता है। टाइम, दिन के 24 घंटों के एक डेसीमल फ्रैक्शन (decimal fraction) के रूप में रिकॉर्ड हो जाता है।

यदि आप की एंट्री एक वैलिड डेट या टाइम फॉर्मेट के रूप में पहचानी जाती है, तो आप डेट और टाइम को स्क्रीन पर देखेंगे। सही तरीके से एंटर की गई डेट फॉर्मूला बार में mm/dd/yy के फॉर्मेट में दिखेगी। इस पर, सेल किस तरह से फॉर्मेट किया गया है, इसका कोई असर नहीं होगा।

उदाहरण के लिए, यदि आप एक सेल में टाइप करते हैं 2 March 12 और उस सेल को एक नंबर जिसमें 2 डेसीमल स्थान हों, के लिए फॉर्मेट किया गया है (जैसे #, ##0.00), तो आप देखेंगे कि डेट 40,970.00 दिखाई देगी।

यदि ऐक्सेल 2010 एंट्री को एक वैलिड डेट या टाइम फॉर्मेट के रूप में नहीं पहचानता है और आप एक टेक्स्ट डेट जैसे April 5 12 एंटर करते हैं, तो इस एंट्री को टेक्स्ट मानता है और इसे एक अनफॉर्मेटेड सेल में, लेफ्ट की ओर ऐलाइन कर देता है।

उदाहरण 3

अलग-अलग फॉर्मेट्स में डेट एंटर करने के लिए फॉलो किए जाने वाले स्टेप्स का वर्णन करें।

समाधान

1. उस सेल को सिलेक्ट करें जिसमें आप डेट एंटर करना चाहते हैं।
2. सेल में डेट टाइप करें और निम्न में से कोई भी फॉर्मेट्स प्रयोग करें। उदारण के लिए 7th मार्च 2012 एंटर करने के लिए टाइप करें:

   3/7/12

   7 - Mar - 12

   7 Mar (सिस्टम डेट से year ले लिया जाता है)

   Mar - 12 (केवल month और year ही दिखाया गया है)

   3/7/12 0:00

आप 3/7, 03/07/12, Mar - 12 या March 7, 2012 भी एंटर कर सकते हैं (चित्र 4.16)। इनमें से किसी भी डेट फॉर्मेट्स में, आप या तो /, -, या स्पेस का प्रयोग करेंगे, एलीमेंट्स को अलग करने के लिए।

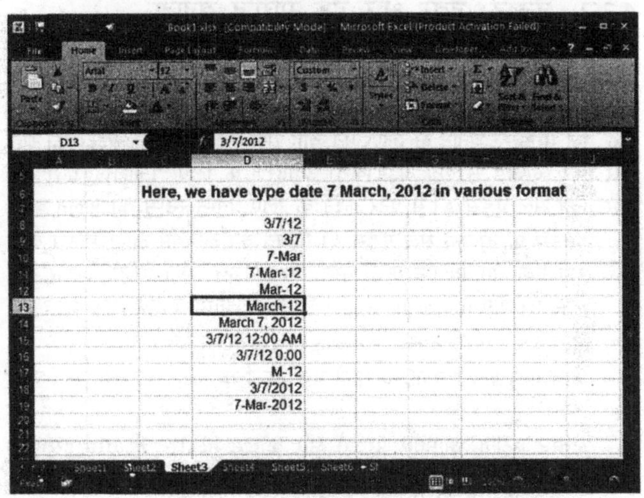

चित्र 4.16: एक वर्कशीट में डेट एंटर करने के विभिन्न तरीके

उदाहरण 4

आप एक एक्सेल 2010 वर्कशीट में टाइम कैसे एंटर करेंगे?

समाधान

1. सेल सिलेक्ट करो जिसमें आप टाइम एंटर करना चाहते हैं।
2. इनमें से किसी भी फॉर्मेट में आप टाइम एंटर करो। उदाहरण के लिए 1 : 32 PM को टाइप करो:

   13 : 32

   13 : 32 : 45

   1 : 32 PM

   1 : 32 : 45 PM

   6/8/99   13 : 32

पहले 2 उदाहरण 24 घंटे वाली क्लॉक से हैं। यदि आप 12 घंटे वाली क्लॉक इस्तेमाल करते हैं तो टाइम के बाद एक स्पेस देकर A, AM, P या PM (अपकेस या लोअरकेस) अवश्य लिखें।

☞ AM या PM के पहले एक स्पेस अवश्य छोड़ें। एक 24 घंटे वाली क्लॉक के टाइम को AM/PM से मिक्स ना करें। जैसा कि अंतिम फॉर्मेट में दिखाया गया है, आप एंट्री के समय ही डेट और टाइम को कंबाईन कर सकते हैं।

➔ एक सेल में करेंट डेट/टाइम एंटर करने के लिए:

1. करेंट डेट एंटर करने के लिए, सेल को सिलेक्ट करो और Ctrl + ; keys दबाओ।

2. करेंट टाइम एंटर करने के लिए सेल को सिलेक्ट करो और Ctrl + : keys दबाओ।

☞ एक डेट को डीफॉल्ट फॉर्मेट में फॉर्मेट करने के लिए उस सेल को सिलेक्ट करो जिसमें डेट होती है और Ctrl + # दबाओ। टाइम को डीफॉल्ट फॉर्मेट में फॉर्मेट करने के लिए Ctrl + @ दबाओ।

4.3.2 टेक्स्ट, नंबर और डेट सीरीज़ बनाना (Creating Text, Number and Date Series)

टेक्स्ट बनाना (Creating Text)

एक सेल में टेक्स्ट बनाने के लिए, मन चाहे सेल ऐड्रेस पर सेल पॉइंटर को रखो और फिर कीबोर्ड से एंट्री टाइप करो। उदाहरण के लिए, 'Entering text' इस टेक्स्ट को सेल ऐड्रेस A1 में एंटर करने के लिए, निम्न स्टेप्स का पालन करो:

1. माउस पॉइंटर को सेल ऐड्रेस A1 में मूव कराओ और लेफ्ट माउस बटन को एक बार क्लिक करो। तुरंत, सेल पॉइंटर, सेल ऐड्रेस A1 पर एक रेक्टैंगल शेप (rectangle shape) में बदल जाएगा (देखें चित्र 4.17)।
2. अब इस सेल में टेक्स्ट 'Entering text in a cell' टाइप करो।
3. अब एंटर key दबाओ। आपकी वर्कबुक चित्र 4.17 की तरह से दिखाई देगी।
4. टेक्स्ट एंट्रीज़, आमतौर पर, रो और कॉलम हैडिंग्स की तरह इस्तेमाल होती हैं जिससे फोन नंबर्स, ऐड्रेसेज़ आदि एंटर किए जा सकें। सभी टेक्स्ट लेफ्ट ऐलाइन्ड होते हैं और इन टेक्स्ट एंट्रीज़ पर फॉर्मूला ऐप्लाई नहीं हो सकता है।

प्रत्येक सेल की 9-10 कैरेक्टर्स की डीफॉल्ट विड्थ होती है, अर्थात् प्रत्येक सेल 9-10 तक कैरेक्टर्स होल्ड कर सकता है। यदि सेल ऐड्रेस की एंट्री इसकी डीफॉल्ट विड्थ से अधिक होती है, तो इसका डिस्प्ले, अगले सेल तक एक्सटेंड हो जाता है। इसका यह अर्थ नहीं है कि इसने अगले सेल की जगह घेर ली है। सिर्फ यह उस के ऊपर प्रदर्शित हो रहा है।

उदाहरण के लिए, मानलो कि सेल ऐड्रेस A1 में टेक्स्ट एंटर किया जाना है। आप देखेंगे कि टाइप किया गया टेक्स्ट सेल B1 में एक्सटेंड हो गया है। (देखें चित्र 4.17)

यद्यपि दोनों सेल ऐड्रेसेज़ (A1 और B1) को ढकने वाला लेबल वास्तव में सेल ऐड्रेस A1 में होता है, लेकिन यह जानने के लिए कि वास्तव में टेक्स्ट किस सेल में डिस्प्ले हो रहा है:

लेफ्ट माउस बटन को सेल ऐड्रेस B1 पर क्लिक करो। आप देखेंगे कि फॉर्मूला बार में टेक्स्ट एंट्री डिस्प्ले नहीं होती है।

नंबर और डेट सीरीज़ का प्रयोग करना (Using Number and Data Series)

ऐक्सेल 2010, डेट्स, नंबर्स या टेक्स्ट की एक सीरीज़ को एंटर करना बहुत आसान बना देता है। उदाहरण के लिए आप कॉलम हैडिंग्स जैसे Jan, Feb, Mar आदि एंटर करते हैं या 2, 4, 6, 8 जैसे नंबर एंटर करते हैं तो यह काम ऐक्सेल में बड़ी आसानी से होता है।

आप ऊपर दी गई सीरीज़ को 2 तरह से एंटर कर सकते हैं:

1. माउस द्वारा, फिल हैंडल को ड्रैग करके।
2. कमांड द्वारा जो आपको, कई प्रकार की सीरीज़ बनाने की सुविधा देता है।

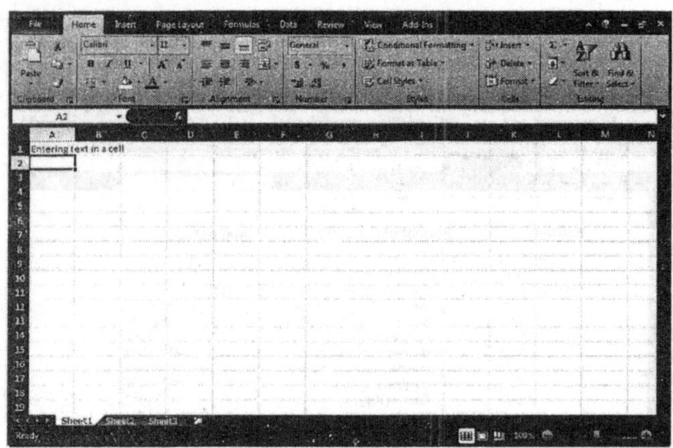

चित्र 4.17: एक सेल में टेक्स्ट बनाना

☞ फिल हैंडल को दाईं और नीचे की ओर ड्रैग करने से सीरीज़ इन्क्रीज़िंग ऑर्डर (increasing order) में भरती है; जबकि फिल हैंडल को ऊपर और बाईं ओर ड्रैग करने से सीरीज़ डिक्रीज़िंग ऑर्डर (decreasing order) में भरती है।

एक लीनियर सीरीज़ बनाना (Creating a Linear Series)

➔ **एक लीनियर सीरीज़ बनाने के लिए:**

1. सीरीज़ के पहले 2 ऐलीमेंट्स के डाटा को, दो ऐडजेसेंट (adjacent) सेल्स में एंटर करो, मानलो 1 और 3 को सेल H9 और H10 में डालते हैं (देखें चित्र 4.18)। ऐक्सेल इन्हीं दो डाटा आइटम्स को प्रयोग करके यह निर्धारित करता है कि सीरीज़ का स्टार्टिंग नंबर क्या है और प्रत्येक स्टेप में इंक्रीमेंट कितना है।
2. इन दोनों सेल्स को सिलेक्ट करो और फिल हैंडल को नीचे या दाईं और ड्रैग करो जिससे इंक्रीज़िंग ऑर्डर में फिल हो या फिल हैंडल को ऊपर या बाएँ ड्रैग करो ताकि डिक्रीज़िंग ऑर्डर में फिल हो। फिल हैंडल एक छोटा स्क्वैयर (square) होता है जो एक सिलेक्शन के निचले दाएँ कोने में स्थित होता है (देखें चित्र 4.18)।
3. माउस बटन को रिलीज़ करो।

☞ ग्रे बॉर्डर के अंदर का एरिया, पहले दो सेल्स से निर्धारित की गई सीरीज़ से भर जाएगा।

उदाहरण 5

लीनियर डाटा की एक सीरीज बनाएँ और इसके लिए ऑटोफिल कमांड की मदद दें।

समाधान

1. पहले सेल में स्टार्टिंग नंबर या डेट एंटर करो, यदि आप चाहते हैं कि रेंज उन वैल्यूज़ से भर जाए जो 1 - 1 कर के इंक्रीमेंट होती है। यदि आप चाहते हैं कि रेंज ऐसी वैल्यूज़ से फिल हो, जो अलग अलग तरह से इंक्रीमेंट होती है, तो रेंज में पहला सेल, पहली वैल्यू से फिल करो और दूसरा सेल दूसरी वैल्यू से जो उस तरह बढ़ती या घटती है, जैसा आप सीरीज़ में चाहते हैं।
2. उन सेल्स के रेंज को सिलेक्ट करो जिनमें डेट्स या नंबर्स होते हैं जो

सीरीज़ की स्टार्टिंग वैल्यू की तरह यूज़ होते हैं। सिक्शन के निचले दाएँ कोने पर फिल हैंडल होता है।

3. जिस रेंज को फिल किया जाना है वहाँ तक माउस के दाएँ बटन से ड्रैग करके जाओ। राइट माउस बटन छोड़ो, जिससे शॉर्ट कट फिल मेन्यू, चित्र 4.19 की तरह दिखाई दे।

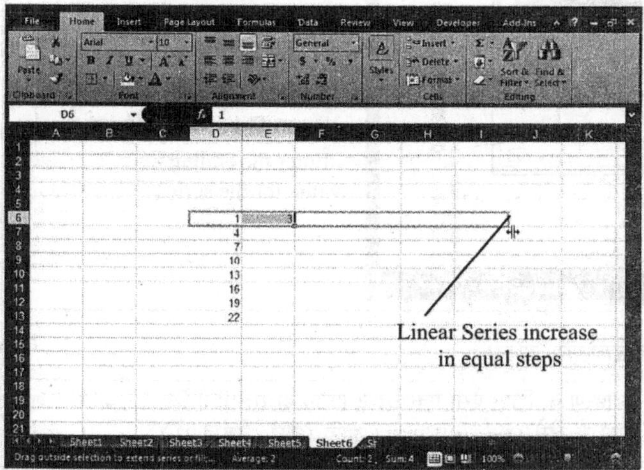

चित्र 4.18: एक लीनियर सीरीज बनाना

4. शॉर्टकट फिल मेन्यू में निम्न कमांड ऑप्शन होते हैं:

कमांड (Command)	विवरण (Description)
फिल सीरीज़ (Fill series)	सिलेक्शन को ऐसी वैल्यूज़ से फिल करता है जो फर्स्ट सेल की वैल्यू के आधार पर एक एक करके बढ़ती है।
फिल डेज़ (Fill days)	पहले सेल के दिन के आधार पर 1 - 1 करके बढ़ता है और सिलेक्शन को फिल करता है।
फिल वीक डेज़ (Fill week days)	पहले सेल में जो दिन होता है उसके आधार पर सिलेक्शन को एक-एक करके बढ़ा कर, फिल करता है।
फिल मंथ्स (Fill months)	पहले सेल में जो महीना होता है, उसके आधार पर 1 - 1 करके बढ़ाकर बाकी सिलेक्शन को फिल करता है।
लीनियर ट्रेंड (linear trend)	सिलेक्शन के खाली सेल्स को लीनियर रिग्रेशन (बेस्ट फिट) वैल्यूज़ से फिल करता है। इसमें स्टार्टिंग वैल्यूज़ ओवर रिटन (over written) नहीं होती है। यह कमांड तभी उपलब्ध होता है जब एक से अधिक सेल्स, एक स्टार्टिंग वैल्यू से भरे होते हैं।
ग्रोथ ट्रेंड (Growth trend)	सिलेक्शन में खाली सेल्स को ग्रोथ रिलेशन (एक्सपोनेन्शियल) से कैलकुलेट की गई वैल्यूज़ से फिल करता है। स्टार्टिंग वैल्यूज़ ओवर रिटन (over written) नहीं होती हैं। यह कमांड तभी उपलब्ध होता है, जब, एक से अधिक सेल, स्टार्टिंग वैल्यू से भरे होते हैं।
सीरीज़ (series)	सीरीज़ डायलॉग बॉक्स डिस्प्ले करता है।

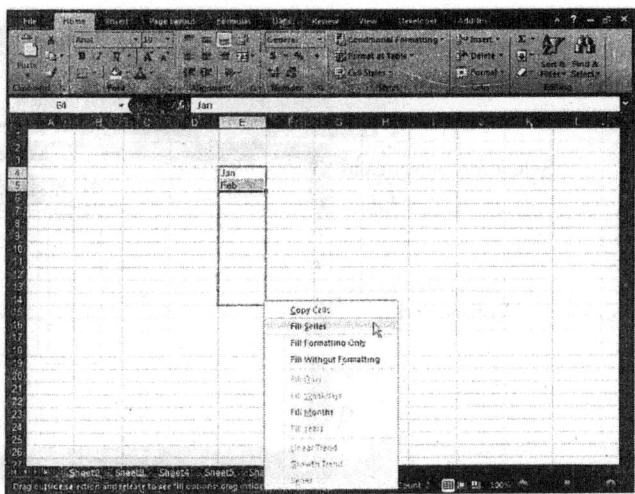

चित्र 4.19: शॉर्टकट फिल मेन्यू

उदाहरण 6

फिल सीरीज डायलॉग बॉक्स की मदद से एक नंबर सीरीज बनाएँ:

समाधान

1. पहले सेल में फर्स्ट नंबर या डेट एंटर करो।
2. सेल्स की रेंज सिलेक्ट करो जिसे आप फिल करना चाहते हैं।
3. होम टैब में जाकर **एडिटिंग** ग्रुप पर क्लिक करो, अब **फिल** ड्रॉप डाउन को हाईलाइट करो और **सीरीज़...** चुनो। सीरीज़ डायलॉग बॉक्स चित्र 4.20 की तरह दिखाई देगा।
4. रोज़ या कॉलम्स ऑप्शन पर क्लिक करो जो उस रेंज से मैच करता है जिसे आप फिल करना चाहते हैं। यह ऑटोमैटिक रूप से सिलेक्ट हो जाता है ताकि सेल्स, जो आपने चुने हैं, के ओरिएंटेशन से मैच हो सकें।
5. **Trend** चैक बॉक्स को सिलेक्ट करो यदि आप चाहते है कि सिलेक्टेड वैल्यूज़, एक लीनियर या एक्सपोनेन्शियल बेस्ट-फिट की वैल्यूज़ से रिप्लेस हो जाएँ। यह सिलेक्शन स्टेप 6 को लीनियर या ग्रोथ ऑप्शन के लिए रोकता है।
6. निम्न में से कोई एक ऑप्शन चुनो।

ऑप्शन (Option)	विवरण (Description)
लीनियर (Linear)	सीरीज़ में पिछले नंबर के साथ स्टेप वैल्यू ऐड करता है।
ग्रोथ (Growth)	सीरीज़ में पिछले नंबर के साथ स्टेप वैल्यू को मल्टीप्लाई करता है।
डेट (Date)	डेट यूनिट ग्रुप (Date unit group) को इनेबल (enable) करता है जिससे इन्क्रीमेंट डे, वीक डे, मंथ या ईयर में ऐप्लाई हो सके।
ऑटोफ़िल (Autofill)	ऑटोमैटिक सीरीज़ बनाता है जो टेक्स्ट डेट्स और लेबल्स को शामिल कर सके।

7. जिस तरह की सीरीज़ आप बनाना चाहते हैं, उसके आधार पर नीचे दिए गए स्टेप्स के सैट में से एक का प्रयोग करो।

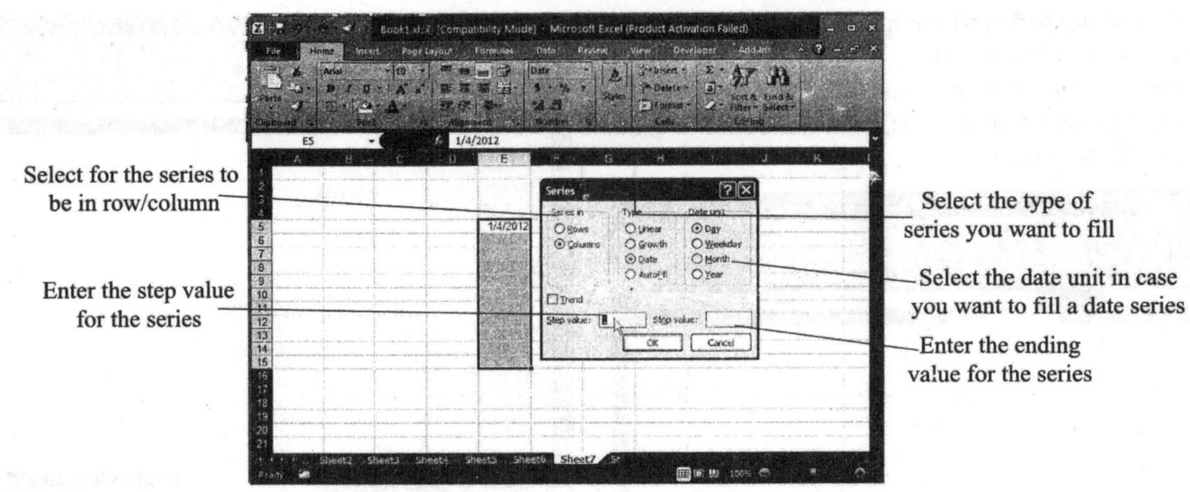

चित्र 4.20: सीरीज़ डायलॉग बॉक्स

➔ **एक लीनियर या ग्रोथ बनाने के लिए:**

1. स्टेप वैल्यू बॉक्स में पहले स्टेप वैल्यू एंटर करो। यह नंबर कान्सटेंट अमाउंट होता है जिससे सीरीज़ सेल दर सेल बदलती जाती है। स्टेप वैल्यू पॉज़िटिव या नेगेटिव कुछ भी हो सकती हैं।
2. स्टॉप वैल्यू बॉक्स में वह वैल्यू एंटर करो जहाँ आप फिल को रोकना चाहते हैं। यह तब आवश्यक है जब आप सोचते हैं कि आपने बहुत सारे सेल्स हाईलाइट किए हों, जब आपने फिल के लिए रेंज सिलेक्ट किया था।
3. OK पर क्लिक करो।

➔ **एक डेट सीरीज बनाने के लिए:**

1. सीरीज़ डायलॉग बॉक्स में डेट यूनिट एरिया पर क्लिक करो (देखें चित्र 4.20)

   डे, वीकडे, मंथ या ईयर सिलेक्ट करो जिससे डेट इंक्रीमेंट बताए जा सकें। नोट करो कि वीक डे आप को saturday और sunday छोड़कर dates देते हैं।
2. इंक्रीमेंट का अमाउंट स्पेसीफ़ाई करने के लिए, स्टेप वैल्यू बॉक्स में स्टेप वैल्यू एंटर करो। यदि स्टार्टिंग वैल्यू (starting value) 12/1/2012 है, और आपने मंथ को डेट यूनिट माना है और स्टेप वैल्यू (step value) 2 हैं तो सीरीज में सेकेंड डेट होगी 2/1/2013.

☞ जब सीरीज़, सिलेक्टेड रेंज के एंड पर पहुँचती है या स्टॉप वैल्यू पर, तो ऐक्सेल सेल को फिल करना बंद कर देता है। यदि आप नेगेटिव स्टेप वैल्यू का प्रयोग करते हैं, तो स्टॉप वैल्यू, स्टार्टिंग वैल्यू से कम होनी चाहिए।

3. सीरीज़ स्टॉप करने के लिए, स्टॉप वैल्यू (stop value) बॉक्स में स्टॉप वैल्यू एंटर करो (उदाहरण 12/1/2013)। स्टॉप वैल्यू यह बताती है कि सीरीज़ में लास्ट डेट क्या होगी।
4. OK पर क्लिक करो।

टेक्स्ट और हैडिंग्स की सीरीज़ बनाना

(Creating Series of Text and Headings)

ऐक्सेल, हैडिंग्स की सीरीज़ भी बना सकता है जो डेट्स या नंबर नहीं होती है। उदाहरण के लिए, ऐसी एक टेक्स्ट हैडिंग हो सकती है जिसमें एक नंबर शामिल होता है जैसे Quarter 1, Task 1 आदि (देखें चित्र 4.21)

टेक्स्ट सीरीज़ जो ऐक्सेल पहचानता है, में टेबल 4.4 में दिखाया गया टेक्स्ट शामिल होता है।

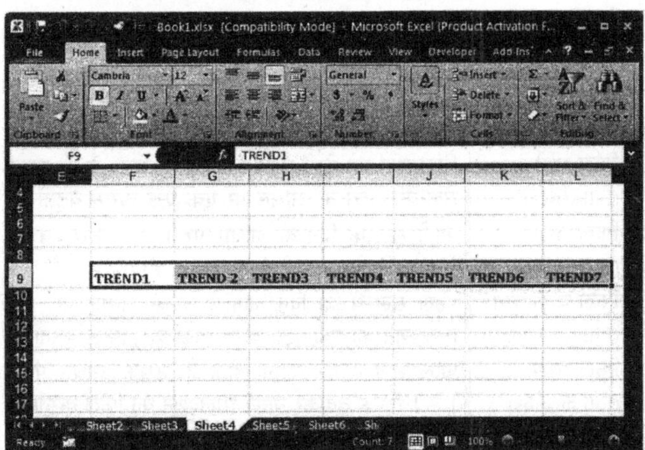

चित्र 4.21: एक सीरीज़ की हैडिंग्स जो डेट्स या नंबर नहीं हैं।

टेबल 4.4: टेक्स्ट सीरीज़ जो ऐक्सेल पहचान सके

टाइप (Type)	उदाहरण (Example)
डे (Day)	Tuesday, Wednesday या Tue, Wed
मंथ (Month)	September, October या Sep, Oct.
टेक्स्ट (Text)	Project, Task
टेक्स्ट नंबर (Text number)	Task 1, Task 2, Paragraph 1.2, Paragraph 1.3
क्वाटर्ली (Quarterly)	Quarter 1, Quarter 2, Qtr 2, Qtr 3, Q1, Q2

ऐक्सेल का ऑटोफिल फ़ीचर वीक (week), मंथ (month) के नाम एवं quarterly abbreviations, जैसे कुछ key words पहचानता है। ऐक्सेल एक सीरीज़

बनाता है, जिसमें यदि हम लिखें Qtr1 और उसके बाद Qtr4 लिखें, तो यह इसी के आधार पर सही ढंग से इन key words को रिपीट करता चला जाएगा।

→ **ऑटो फिल के साथ प्रयोग करने के लिए एक कस्टम लिस्ट टाइप करने के लिए:**

1. **फाइल** टैब पर क्लिक करो फिर **ऑप्शन्स...** चुनो। ऐक्सेल ऑप्शन्स डायलॉग बॉक्स दिखाई देता है। इस डायलॉग बॉक्स में बाईं ओ एडवांस्ड बटन पर क्लिक करें। ऐक्सेल ऑप्शन्स डायलॉग बॉक्स एडवांस्ड प्रॉपर्टीज के साथ दिखाई देता है। इस डायलॉग बॉक्स में जनरल ग्रुप के अंतर्गत, एडिट कस्टम लिस्ट पर क्लिक करें।
2. कस्टम लिस्ट डायलॉग बॉक्स चित्र 4.22 की तरह दिखाई देगा।
3. कस्टम लिस्ट बॉक्स में से New List सिलेक्ट करो।
4. लिस्ट एंट्रीज़: लिस्ट बॉक्स सिलेक्ट करो और जो आइटम आप लिस्ट में चाहते हैं उन्हें टाइप करो। आइटम्स अलग करने के लिए Enter दबाओ।
5. लिस्ट को कस्टम लिस्ट: लिस्ट बॉक्स में ऐड करने के लिए, ऐड पर क्लिक करो। आपकी लिस्ट कस्टम लिस्ट बॉक्स में दिखाई देगी।
6. यदि आपके पास एंटर करने को और कोई लिस्ट नहीं है तो OK पर क्लिक करो। यदि आप के पास एंटर करने को अतिरिक्त लिस्ट है, तो कस्टम लिस्ट: लिस्ट बॉक्स में से New List को सिलेक्ट करो और फिर लिस्ट ऐंट्रीज़: लिस्ट बॉक्स में अपनी लिस्ट टाइप करना शुरू करो।

→ **एक ऐसी लिस्ट ऐड करना जो वर्कशीट पर सेल्स की रेंज में हो:**

1. उन सेल्स को सिलेक्ट करो, जिसमें वह लिस्ट है जिसे आप बनाना चाहते हैं। अब ऊपर बताए गए स्टेप 1 को दोहराओ।
2. इंपोर्ट लिस्ट फ्रॉम सेल्स: बॉक्स में सिलेक्शन रेंज दिखाई देगा। आप लिस्ट को री सिलेक्ट करने के लिए, दाईं ओर बने ऐरो पर क्लिक करो।
3. जब सिलेक्शन फाइनल हो जाए, तो इंपोर्ट पर क्लिक करो और फिर OK पर क्लिक करो।

जो लिस्ट आपने बनाई थी वो ऐक्सेल में स्टोर की गई है। इस लिस्ट को अब अन्य वर्कशीट्स में भी इस्तेमाल किया जा सकता है।

4.3.3 वर्कशीट के डाटा की एडिटिंग करना (Editing Worksheet Data)

एक सेल एंट्री को एडिट करते समय, आप टेक्स्ट को या तो सेल में या फॉर्मूला बार में एडिट कर सकते हैं।

सेल एंट्री को फॉर्मूला बार में एडिट करना (Editing Cell Entry in the Formula Bar)

→ **सेल एंट्री को फॉर्मूला बार में एडिट करने के लिए:**

1. उस सेल को सिलेक्ट करो जिसमें एडिट किये जाने वाला डाटा है।
2. इन्सर्शन पॉइंट को फॉर्मूला बार में टेक्स्ट पर लाओ। पॉइंटर को उस टेक्स्ट पर रखो जिसे आप एडिट करना चाहते हैं, और फिर क्लिक करो। एक फ्लैशिंग इन्सर्शन पॉइंट (flashing insertion point) यह दर्शाता है कि टाइपिंग और एडिटिंग कहाँ होगी।
3. सेल एंट्री को एडिट करो।

एक सेल में डायरेक्ट एडिटिंग करना (Editing Directly in a Cell)

→ **एक सेल में एक एंट्री को डायरेक्ट एडिट करने के लिए:**

1. सेल को डबल क्लिक करो या F2 दबाओ।
2. ऐरो keys को दबाओ जिससे I बीम मूव हो जो इन्सर्शन पॉइंट को दिखाती है कि आप कहाँ पर एडिट करना चाहते हैं।
3. सेल एंट्री में आवश्यक परिवर्तन करें।
4. Enter key दबाकर सूचना एंटर करो या Esc key दबाओ ताकि कंटेंट्स वैसे ही रहें।

पेस्ट स्पेशल फीचर का प्रयोग करना (Using Paste Special Feature)

पेस्ट स्पेशल फीचर एक बहुत ही उपयोगी फीचर है जिससे आप सेल के एट्रीब्यूट्स जैसे फॉर्मेट या वैल्यू (दोनों एक साथ नहीं) के कुछ भाग को कॉपी

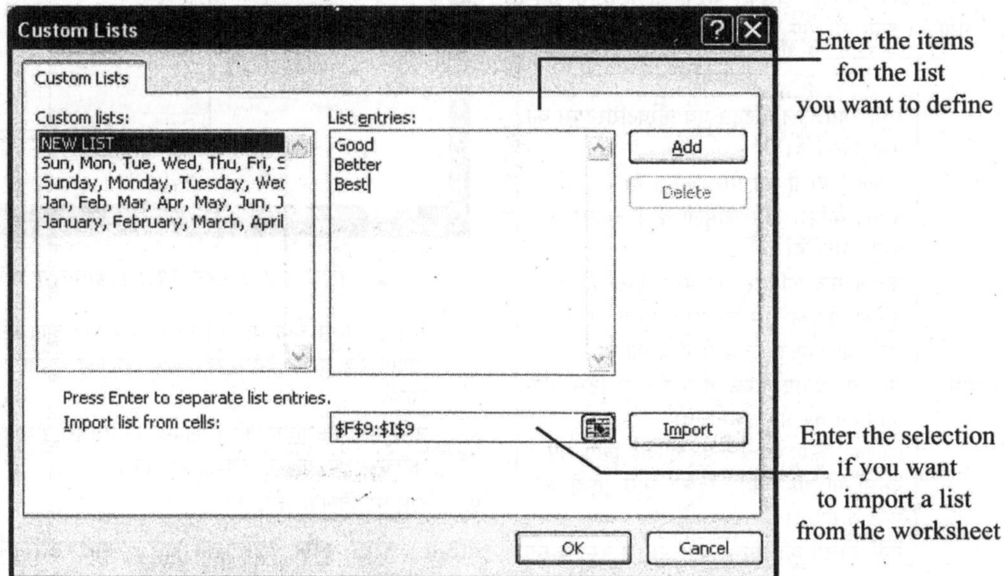

चित्र 4.22: कस्टम लिस्ट टैब

या पेस्ट कर सकते हैं। इस कमांड से, आप डाटा बेस लेआउट्स को वर्कशीट लेआउट्स में रीओरिएंट कर सकते हैं या इसका उल्टा भी कर सकते हैं। यह कमांड आपको सेल्स के एट्रीब्यूट्स को एक साथ पेस्ट करके उन्हें कम्बाइन करने की सुविधा प्रदान करता है।

☞ पेस्ट बटन जो क्लिक बोर्ड ग्रुप में होता है, क्लिप बोर्ड के कंटेंट्स को कर्सर की पोजीशन पर रखता है। पेस्ट बटन का ड्रॉप डाउन ऐरो, पेस्ट प्रिव्यू (चित्र में दिखाया गया है) कहलाता है। यह डाटा पेस्ट करने के बहुत से तरीके दिखाता है। विवरण के लिए एक विकल्प पर पॉइंट करें, सिलेक्ट करने के लिए क्लिक करें।

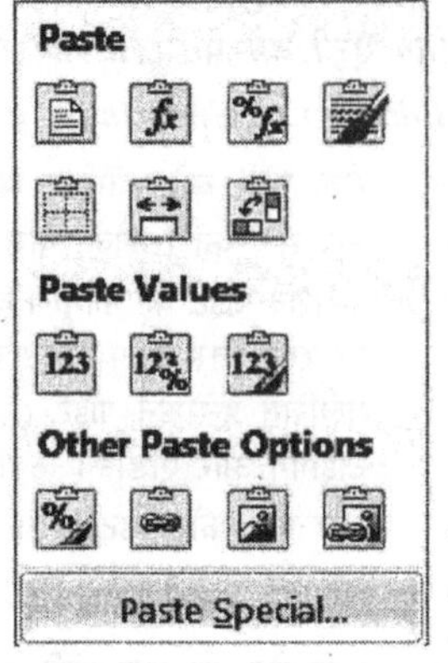

→ **पेस्ट स्पेशल फीचर का प्रयोग करने के लिए:**

1. सेल या सेल्स की रेंज चुनें।
2. होमटैब पर क्लिप करें और फिर क्लिप बोर्ड ग्रुप के अंतर्गत कॉपी बटन पर क्लिक करें, या Ctrl + A कीज एक साथ दबाएँ।
3. वर्कशीट का ऊपरी बायाँ कोना चुनें जहाँ आप पेस्ट करना चाहते हैं। जब आप रोज और कॉलम्स को ट्रांसपोर्ट करते हैं, तब यह सुनिश्चित करें कि जब पेस्ट एरिया को 90 डिग्री घुमाया जाता है तो कौन से सेल्स कवर्ड होते हैं इस पर ध्यान अवश्य देना है।
4. क्लिप बोर्ड ग्रुप के अंतर्गत पेस्ट बटन के पास बने ऐरो पर क्लिक करें और फिर पेस्ट स्पेशल... सिलेक्ट करें ताकि पेस्ट स्पेशल डायलॉग बॉक्स डिस्प्ले हो सके (चित्र 4.23)।
5. निम्न टेबल में जो भी प्रॉपर्टीज आप ट्रांसफर करना चाहते हैं, तो उनके बारे में बताया गया हैं। इनमें से आप चुन सकते हैं।

विकल्प	विवरण
ऑल	सभी ओरीजनल कंटेंट्स एवं कैरेक्टरिस्टिक्स को पेस्ट करता है।
फॉर्मूलाज	केवल फॉर्मूलों को पेस्ट करता है।
वैल्यूज	केवल वैल्यूज और फॉर्मूलों के रिजल्ट्स को पेस्ट करता है।
फॉर्मेट्स	केवल सेल फॉर्मेट्स को पेस्ट करता है।
कमेंट्स	केवल नोट कंटेंट्स को पेस्ट करता है।
वैलिडेशन	डाटा वैलिडेशन रूल्स पेस्ट करता है।
ऑल यूजिंग सोर्स थीम	थीम का प्रयोग करके सभी सेल कंटेंट्स और फॉर्मेटिंग को पेस्ट करता है।
ऑल एक्सेप्ट बॉर्डर	सिलेक्ट किए गए रेंज पर एप्लाई किए गए किसी भी बॉर्डर को छोड़कर सारी चीजों को पेस्ट करता है।
कॉलम विड्थ	एक कॉलम की विड्थ को दूसरे में पेस्ट करता है।

क्रमशः...

क्रमशः...

फॉर्मूलाज एंड नंबर फॉर्मेट्स	केवल फॉर्मूलों को उनके नंबर फॉर्मेट्स के साथ पेस्ट करता है।
वैल्यूज एंड नंबर फॉर्मेट्स	केवल वैल्यूज को उनके नंबर फॉर्मेट के साथ पेस्ट करता है।

6. डायलॉग बॉक्स से सिलेक्ट करें कि आप कैसे ट्रांसफर की गई कैरेक्टरिस्टिक्स या इन्फॉर्मेशन को सेल्स के साथ कंबाइन करके पेस्ट करना चाहते हैं। नीचे की टेबल में विभिन्न विकल्प और उनके फंक्शन दिए गए हैं।

विकल्प	विवरण
नन (None)	रिसीविंग सेल को रिप्लेस करता है।
ऐड (Add)	रिसीविंग सेल से उसमें ऐड करता है जिसमें उन्हें पेस्ट किया गया है।
सबट्रैक्ट (Subtract)	रिसीविंग सेल से उसमें सबट्रैक्ट करता है जिसमें उन्हें पेस्ट किया गया है।
मल्टीप्लाई (Multiply)	रिसीविंग सेल से उसमें मल्टीप्लाई करता है जिसमें उन्हें पेस्ट किया गया है।
डिवाइड (Divide)	रिसीविंग सेल में डिवाइड करता है जिसमें इन्हें पेस्ट किया गया है।

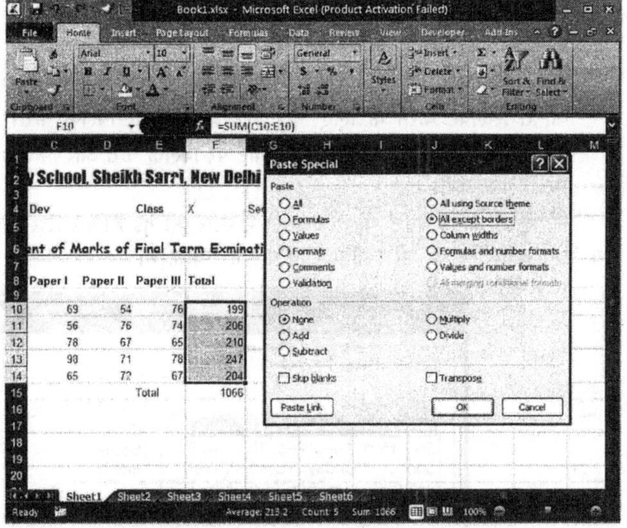

चित्र 4.23: पेस्ट स्पेशल डायलॉग बॉक्स

7. स्किप ब्लैंक्स चैक बॉक्स सिलेक्ट करें यदि आप ब्लैंक सेल्स को जिन्हें आपने रेंज की कॉपी करते समय सिलेक्ट किया था, पेस्ट करना नहीं चाहते हैं।
8. ट्रांसपोज चैकबॉक्स को सिलेक्ट करें जिससे रोज़ को कॉलम्स में और कॉलम्स को रोज में बदला जा सके।
9. OK पर क्लिक करें।

4.3.4 रोज़ और कॉलम्स को इन्सर्ट और डिलीट करना (Inserting and Deleting Rows and Columns)

ऐक्सेल में आप पूरी रो या पूरा कॉलम इन्सर्ट या डिलीट कर सकते हैं आप

आसानी से सेल्स को इन्सर्ट या डिलीट कर सकते हैं ताकि आसपास की रोज़ और कॉलम्स इससे प्रभावित न हों। यह तकनीक आप को सेल्स ऐड या रिमूव करने की सुविधा देती है बिना पूरी रो या कॉलम को बदले।

सेल्स, रोज़ या कॉलम्स को इन्सर्ट करना

(Inserting Cells, Rows, or Columns)

कभी कभी आप चाहते हैं कि सेल्स, रोज़ या कॉलम्स इन्सर्ट करें ताकि नए फॉर्मूला या डाटा के लिए जगह बन सके। जिस तरह से आप सेल्स कॉलम्स या रोज़ डिलीट करते हैं। उसी तरह आसानी से आप उन्हें इन्सर्ट भी कर सकते हैं।

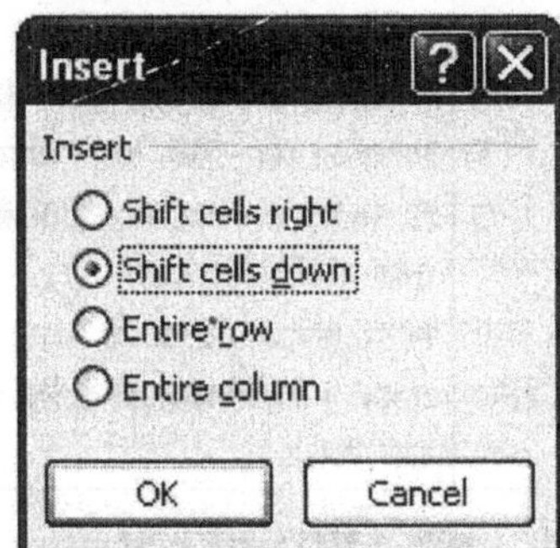

चित्र 4.24: इन्सर्ट डायलॉग बॉक्स

➔ **सेल्स इन्सर्ट करने के लिए:**

1. एक सेल या सेल्स की रेंज सिलेक्ट करो, जहाँ आप नए सेल्स इन्सर्ट करना चाहते हैं। या रोज़ या कॉलम्स में सेल्स सिलेक्ट करो जहाँ आप नई रोज़ या कॉलम्स इन्सर्ट करना चाहते हैं।
2. होम टैब के सेल्स ग्रुप में जाकर इन्सर्ट ड्रॉप डाउन लिस्ट में से इन्सर्ट सेल्स पर क्लिक करो और सेल्स... चुनो। या Ctrl + + (प्लस) दबाओ या राइट माउस बटन दबाकर इन्सर्ट... चुनो। इन्सर्ट डायलॉग बॉक्स चित्र 4.24 की तरह दिखाई देगा।
3. सेल्स इन्सर्ट करने के लिए, वह दिशा सिलेक्ट करो, जिसमें आप चाहते हैं कि सिलेक्टेड सेल्स इन्सर्ट हों।

   सेल्स इन्सर्ट करने के विभिन्न ऑप्शन इस प्रकार हैं:

ऑप्शन (Option)	**फंक्शन (Function)**
शिफ्ट सेल्स राइट (Shift Cells Right)	सिलेक्टेड सेल्स दाईं ओर मूव करते हैं।
शिफ्ट सेल्स डाउन (Shift Cells Down)	सिलेक्टेड सेल्स नीचे की ओर मूव करते हैं।
एंटायर रो (Entire Row)	प्रत्येक सिलेक्टेड सेल पर एक पूरी रो इन्सर्ट करता है।
एंटायर कॉलम (Entire Column)	प्रत्येक सिलेक्टेड सेल पर एक पूरा कॉलम इन्सर्ट करता है।

4. OK पर क्लिक करो।

➔ **रोज़ या कॉलम्स इन्सर्ट करने के लिए:**

1. रोज़ या कॉलम्स में सेल्स सिलेक्ट करो जहाँ आप चाहते हैं कि नई रोज़ या कॉलम इन्सर्ट हों।
2. **इन्सर्ट** मेन्यू पर क्लिक करो और रोज़ इन्सर्ट करने के लिए **रोज़** को चुनो।
3. **इन्सर्ट** मेन्यू पर क्लिक करो और कॉलम्स इन्सर्ट करने के लिए **कॉलम्स** को चुनो।

सेल्स, रोज़ या कॉलम्स को डिलीट करना

(Deleting Cells, Rows or Columns)

एडिट मेन्यू का डिलीट कमांड, सेल्स, रोज़ या कॉलम्स को वर्कशीट में से पूरी तरह डिलीट करता है। यह एडिट मेन्यू के क्लीयर कमांड से अलग है। क्लीयर कमांड सेल के कंटेंट्स, फॉर्मेट या नोट हटाता है। लेकिन सेल को वैसे ही छोड़ देता है।

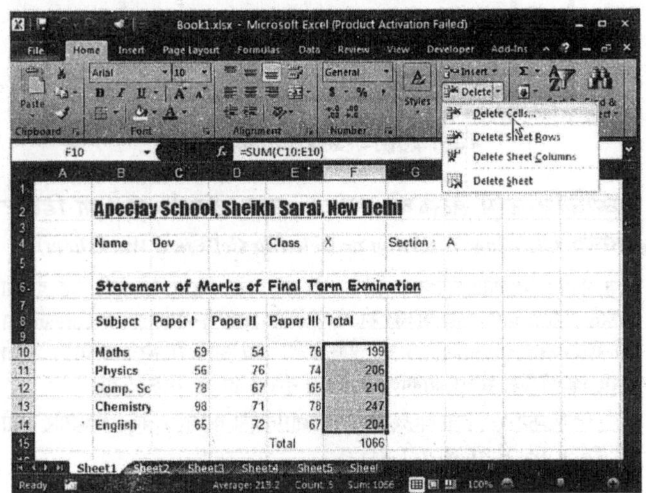

चित्र 4.25: सेल्स के सिलेक्टेड ग्रुप

➔ **सेल्स, रोज़ या कॉलम्स को डिलीट करने के लिए:**

1. डिलीट किए जाने वाले सेल्स या रेंज को सिलेक्ट करो या रोज़ और कॉलम जो डिलीट किए जाने हैं उनके सेल्स को सिलेक्ट करो।
2. होम टैब में जाकर सेल्स ग्रुप में से **डिलीट** बटन के पास बने ऐरो पर क्लिक करो या Ctrl + - (माइनस) key दबाओ या राइट माउस बटन दबाकर **डिलीट** सिलेक्ट करो। डिलीट डायलॉग बॉक्स दिखाई देगा। (देखें चित्र 4.26)
3. सेल्स को डिलीट करने के लिए, उस दिशा को सिलेक्ट करो जिसमें आप बाकी के सेल्स को मूव कराना चाहते हैं।

ऑप्शन (Option)	**विवरण (Description)**
शिफ्ट सेल्स लेफ्ट (Shift Cells Left)	डिलीट किए गए सेल्स के दाईं ओर के सेल्स लेफ्ट की ओर मूव करते हैं।
शिफ्ट सेल्स अप (Shift Cells Up)	डिलीट किए गए सेल्स के नीचे के सेल्स ऊपर की ओर मूव करते हैं।
एंटायर रो (Entire Row)	एक सिलेक्टेड सेल वाली पूरी रो डिलीट होती है।
एंटायर कॉलम (Entire column)	एक सिलेक्टेड सेल वाला पूरा कॉलम डिलीट होता है।

4. OK पर क्लिक करो।

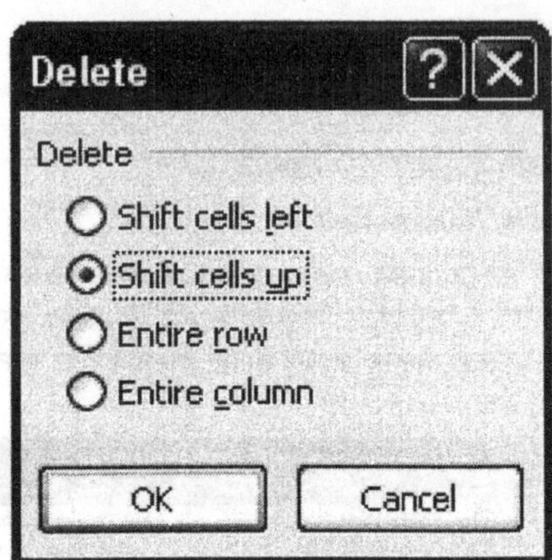

चित्र 4.26: डिलीट डायलॉग बॉक्स

एक वर्कशीट में सेल्स को क्लीयर करना, इन्सर्ट करना या डिलीट करना (Clearing, Inserting or Deleting Cells in a Worksheet)

जब आपने वर्कशीट को बना लिया और टेस्ट कर लिया, तो आप यह देखना चाहते हैं कि आप वर्कशीट का लेआउट किस तरह रीऑर्गनाइज़ (Reorganize) या रीस्ट्रक्चर (Restructure) कर सकते हैं। जब आप री स्ट्रक्चर करते हैं तो आप चाहेंगे कि सेल्स, रोज़ या कॉलम्स इन्सर्ट हों या डिलीट हों।

शॉर्टकट keys जो वर्कशीट को रीऑर्गनाइज़ करने में बहुत मददगार होती हैं, टेबल 4.5 में दी जा रही हैं।

टेबल 4.5: वर्कशीट का लेआउट बदलने के लिए शॉर्टकट keys

Keys	ऐक्शन (Action)
Del	सिलेक्टेड फॉर्मूला या कंटेंट्स को क्लीयर करता है, ठीक वैसे जैसे एडिट, क्लीयर कंटेंट्स कमांड करता है।
Backspace	फॉर्मूला बार को क्लीयर करता है, फॉर्मूला बार के कंटेंट्स को एक्टिवेट और क्लीयर करता है।
Ctrl + C	सिलेक्शन को कॉपी करता है, जिससे इसे पेस्ट किया जा सके; ठीक एडिट, कॉपी कमांड की तरह।
Ctrl + X	सिलेक्शन को कट करता है जिससे इसे पेस्ट किया जा सके, ठीक एडिट, कट कमांड की तरह।
Ctrl + V	सिलेक्टेड सेल पर पेस्ट होता है, ठीक एडिट, पेस्ट कमांड की तरह।
Ctrl + Z	लास्ट कमांड को अनडू करता है।
Ctrl + Backspace	वर्कशीट को रीपोजीशन करता है जिससे ऐक्टिव सेल दिखाई दे।

4.3.5 सेल की हाईट और विड्थ बदलना (Changing Cell Height and Width)

एक वर्कशीट या इसमें शामिल टेबल की अपीयरेंस (appearance) को बेहतर बनाने के लिए, आप कॉलम्स की विड्थ एवं रोज़ की हाईट को ऐडजस्ट कर सकते हैं। इस तरह आप एक पेज पर अधिक डाटा फिट कर सकते हैं। यदि जरूरत पड़े तो, आप गुप्त डाटा को छिपा भी सकते हैं।

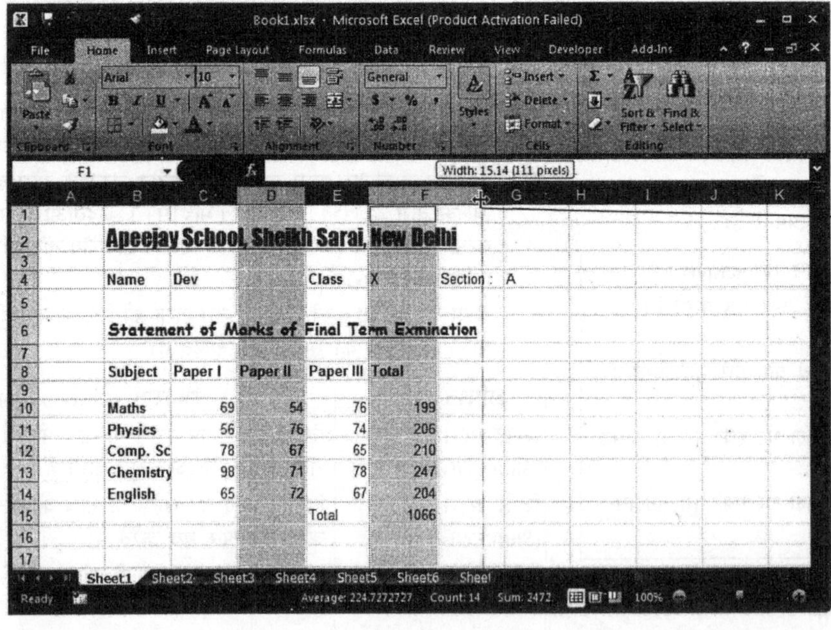

चित्र 4.27: माउस से कॉलम की विड्थ बदलना

कॉलम विड्थ कैसे ऐडजस्ट की जाती है?
(How to Adjust Column Width?)

एक वर्कशीट में बेहतर अपीयरेंस पाने के लिए आप एक या अधिक कॉलम्स की विड्थ को ऐडजस्ट कर सकते हैं। यदि कॉलम, एक नंबर, डेट या टाइम प्रदर्शित करने के लिए, पर्याप्त चौड़ा नहीं है तो ऐक्सेल 2010 इसे # कैरेक्टर्स का प्रयोग करके एक सेल में प्रदर्शित करता है। इसलिए आपको पूरी सूचना दिखाने के लिए, कॉलम विड्थ ऐडजस्ट करने की जरूरत पड़ सकती है।

उदाहरण 7

उन तरीकों का वर्णन करें जिससे आप कॉलम विड्थ एडजस्ट कर सकते हैं।

समाधान

➔ **कॉलम विड्थ को माउस से एडजस्ट करने के लिए:**

1. उस कॉलम को सिलेक्ट करो जिसके लिए आप विड्थ बदलना चाहते हैं।
2. माउस पॉइंटर को कॉलम हैडिंग के दाई तरफ, कॉलम सेपरेटर पर रखो पॉइंटर एक डबल हैडेड (double headed) हॉरीजॉटल (horizontal) ऐरो में बदल जाएगा (देखें चित्र 4.27)
3. कॉलम को बाएँ या दाएँ की ओर ड्रैग करो जब तक शैडो वहाँ न पहुँच जाए, जहाँ आप चाहते हैं। विड्थ बॉक्स, जो तब दिखता है, जब आप कॉलम को ड्रैग करते हैं, इस कॉलम विड्थ के लिए न्यूमेरिक वैल्यू डिस्प्ले करता है।

➔ **रिबन का प्रयोग करके कॉलम विड्थ एडजस्ट करने के लिए:**

1. कॉलम्स में सेल्स सिलेक्ट करो जिन्हें आप बदलना चाहते हैं।
2. फॉर्मेट मेन्यू पर क्लिक करो और कॉलम को हाईलाइट करो। (देखें चित्र 4.28)
3. कॉलम विड्थ ऐडजस्ट करने के लिए इनमें से एक ऑप्शन चुनो।
4. OK पर क्लिक करो।

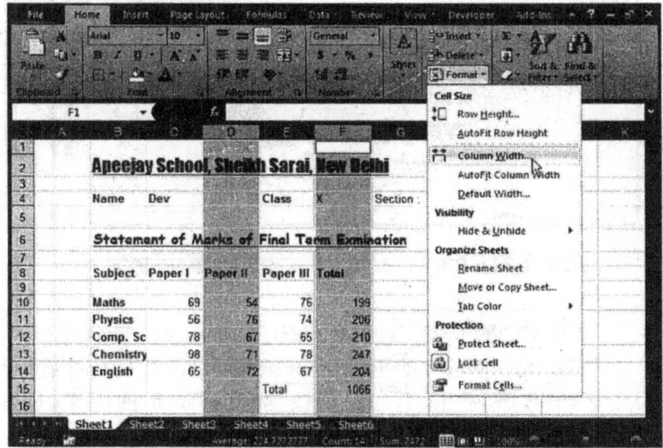

चित्र 4.28: फॉर्मेट कॉलम ऑप्शन

➔ **एक कॉलम विड्थ को कॉपी करने के लिए:**

1. कॉलम में सेल्स सिलेक्ट करो जिन्हें आप को कॉपी करना है।
2. स्टैंडर्ड टूलबार स्थित कॉपी बटन पर क्लिक करो।
3. उन सेल्स को सिलेक्ट करो जहाँ आप इस विड्थ को ऐप्लाई करना चाहते हैं।
4. ऐडिट मेन्यू पर क्लिक करो पेस्ट स्पेशल चुनो। चित्र 4.30 की तरह से पेस्ट स्पेशल डायलॉग बॉक्स दिखाई देगा।

ऑप्शन (Option)	विवरण (Description)
कॉलम विड्थ... (ColumnWidth)	कॉलम विड्थ डायलॉग बॉक्स दिखाई देता है (देखें चित्र 4.29) विड्थ टाइप करो और OK पर क्लिक करो।
ऑटो फिट सिलेक्शन (Autofit Selection)	यह ऑप्शन कॉलम विड्थ को अपने आप ऐडजस्ट करता है।
स्टैंडर्ड विड्थ... (Standard width)	यह ऑप्शन, सभी सिलेक्टेड कॉलम्स को डिफॉल्ट कॉलम विड्थ के अनुसार ऐडजस्ट करता है।

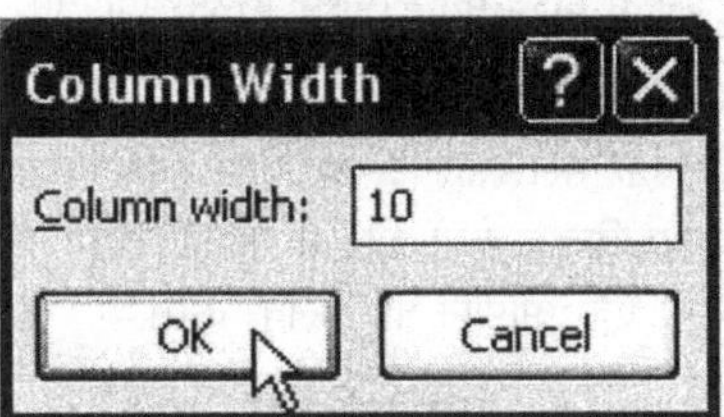

चित्र 4.29: कॉलम विड्थ डायलॉग बॉक्स

5. इस डायलॉग बॉक्स में, पेस्ट ग्रुप में से कॉलम विड्थ को चुनो।
6. OK पर क्लिक करो।

Keep Source Column Widths button

चित्र 4.30: पेस्ट विकल्प द्वारा कॉलम विड्थ को कॉपी करना

रो हाईट को कैसे ऐडजस्ट करें? *(How to Adjust Row Height?)*

आप रो हाईट को एक वर्कशीट में ऐडजस्ट कर सकते हैं ताकि टाइटल्स (titles), सबटोटल्स (subtotals) और ग्रांडटोटल्स (grandtotals) के लिए पर्याप्त जगह बन सके।

उदाहरण 8

आप रो हाइट कैसे एडजस्ट करेंगे?

(a) माउस का प्रयोग करके

(b) रिबन द्वारा

समाधान (a)

1. उन रोज़ को सिलेक्ट करो जिसके लिए आप हाईट को ऐडजस्ट करना चाहते हैं।
2. जिस रो, को आप बदलना चाहते हैं उसके रो हैडर के ठीक नीचे स्थित लाइन पर माउस पॉइंटर को रखो। माउस पॉइंटर एक डबल हैडेड वर्टिकल ऐरो में बदल जाएगा। (देखें चित्र 4.31)
3. डबल हैडेड पॉइंटर को ऊपर और नीचे तब तक ड्रैग करो जब तक कि आवश्यक हाईट न मिल जाए। अब माउस बटन को रिलीज कर दो। स्क्रीन टिप इस रो हाइट की न्यूमेरिक वैल्यू बताएगा।

समाधान (b)

1. प्रत्येक रो में एक सेल सिलेक्ट करो जिसे आप बदलना चाहते हैं।
2. फॉर्मेट मेन्यू पर क्लिक करो और रो को हाईलाइट करो।
3. इनमें से किसी एक ऑप्शन पर क्लिक करो।

ऑप्शन (Option)	विवरण (Description)
हाईट (Height)	रो हाईट डायलॉग बॉक्स प्रदर्शित करने के लिए, रो हाईट एंटर करो और OK पर क्लिक करो (देखें चित्र 4.32)
ऑटोफिट (Autofit)	ऐक्सेल रो हाईट को ऑटोमैटिक रूप से एडजस्ट करता है।

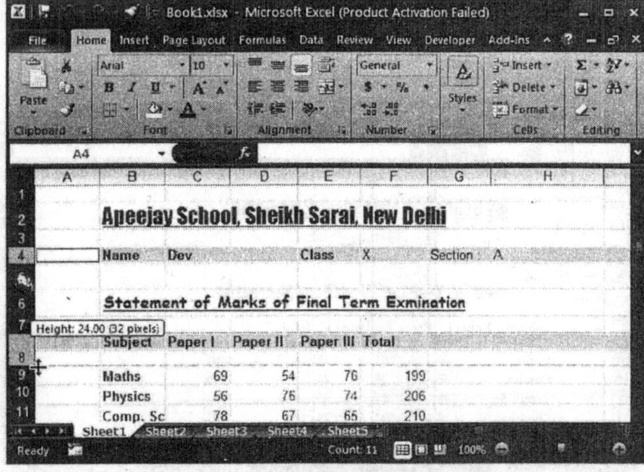

चित्र 4.31: माउस से रो हाइट बदलना

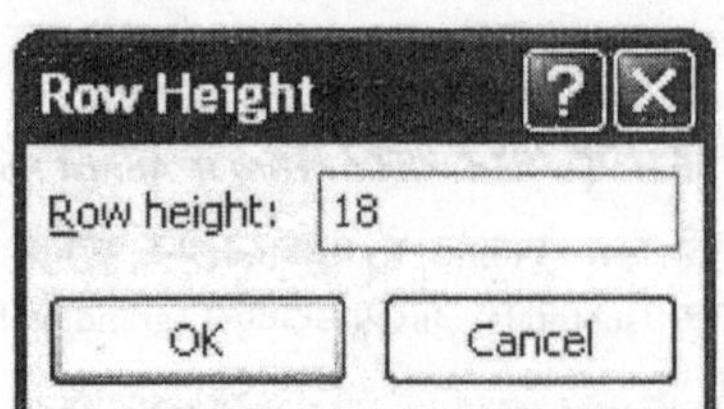

चित्र 4.32: रो हाईट डायलॉग बॉक्स

4.4 फंक्शन और चार्ट्स (Function and Charts)

4.4.1 फॉर्मूलाज का प्रयोग (Using Formulas)

ऐक्सेल फॉर्मूला हमेशा एक ईक्वल टू (=) चिन्ह सें प्रारंभ होता है और यह निम्न प्रकार के डाटा आइटम्स को शामिल कर सकता है:

(a) न्यूमेरिक और टेक्स्ट वैल्यूज़ (कॉन्स्टैंट्स)

(b) ऐरिथमैटिक ऑपरेटर, कपैरिज़न ऑपरेटर, टेक्स्ट ऑपरेटर, फंक्शन, पैरेंथिसिस।

(c) सेल रेफरेंसेज और नाम

☞ इन कंपोनेंट्स को मिलाकर, आप रिजल्ट कैलकुलेट कर सकते हैं जो आप वर्कशीट में सूचना के इस्तेमाल से चाहते हैं।

ऐक्सेल आप को यह भी ऑप्शन देता है कि आप एक वर्कशीट पर फॉर्मूलाज या उनका रिजल्ट डिस्पले करें।

➔ **फॉर्मूला के रिजल्ट के प्रदर्शन को नियंत्रित करने के लिए:**

1. **फाइल** टैब पर क्लिक करें, फिर **ऑप्शन्स** पर क्लिक करें। ऐक्सेल ऑप्शन्स डायलॉग बॉक्स दिखाई देता है। इस डायलॉग बाक्स में, बाईं ओर स्थित **एडवांस्ड** बटन पर क्लिक करें। एक्सेल ऑप्शन्स डायलॉग बॉक्स **एडवांस्ड** प्रापर्टीज के साथ देगा। (देखें चित्र 4.33)।
2. **'शो फॉर्मूलाज इन द सेल्स इन्स्टेड ऑफ देयर ऑप्शन्स फोर दिस वर्कशीट'** के अंतर्गत दिखाई देगा।
3. OK पर क्लिक करें।

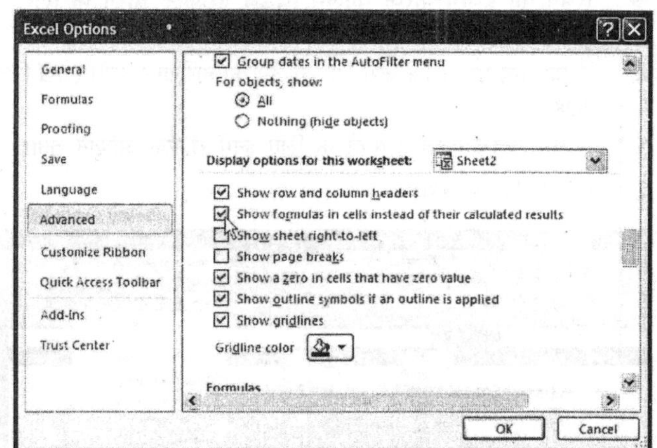

चित्र 4.33: एक्सेल ऑप्शन्स, एडवांस्ड प्रॉपर्टीज के साथ

☞ फॉर्मूलाज देखने और उनका रिजल्ट्स देखने के बीच स्विच करने के लिए, फॉर्मूलाज टैब के फॉर्मूला और ऑडिटिंग ग्रुप में से शो फॉर्मूलाज बटन पर क्लिक करें या Ctrl + ` कीज को एक साथ दबाएँ (देखें चित्र 4.34)

जब आप फॉर्मूला प्रदर्शित करते हैं, तो ऐक्सेल ऑटोमैटिक रूप से सभी कॉलम्स की चौड़ाई डबल कर देता है (देखें चित्र 4.34)। कॉलम की चौड़ाई इसकी ओरीजनल सैटिंग पर तब वापिस आती है जब आप फॉर्मूला का रिजल्ट डिस्प्ले करने के लिए वापस आते हैं। फॉर्मूला ऑटोमैटिक रूप से करेंट रिजल्ट को रीकैलकुलेट और प्रोड्यूस करते हैं, जब आप फॉर्मूलाज में प्रयोग होने वाले डाटा को अपडेट कर देते हैं।

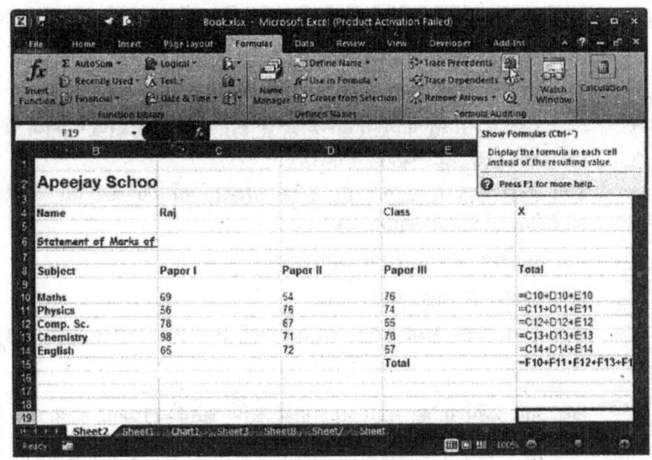

चित्र 4.34: सेल्स में फॉर्मूला डिस्प्ले किया गया है।

फॉर्मूलाज को किस तरह एंटर करें? (How to Enter Formulas?)

आप एक फॉर्मूला को एक ईक्वल चिन्ह (=) के साथ लिखना प्रारंभ करते हैं और उसके बाद फॉर्मूला में वैल्यूज़, ऑपरेटर्स, सेल रेफरेंसेज़, फंक्शन और नामों को डालकर फॉर्मूला बनाया जाता है ताकि हमें मनचाहा रिजल्ट मिल सके।

आप फॉर्मूला को या तो फॉर्मूला बार में एंटर कर सकते हैं या सेल में। आप एक फॉर्मूला को फॉर्मूला बार के प्रयोग से, केवल इसमें टाइप करके और Enter दबाकर एंटर कर सकते हैं। आप एक फॉर्मूला के साथ सीधे सेल में एंटर कर सकते हैं और फॉर्मूला बार को अनदेखा कर सकते हैं।

☞ यह अवश्य सुनिश्चित करें कि आप फॉर्मूला एक = चिन्ह से ही प्रारंभ करते हैं। इसे आप को याद रखना होगा। यदि आप = चिन्ह लगाना भूल जाते हैं तो ऐक्सेल उस एंट्री को फॉर्मूला ही नहीं मानता है। यदि आप B12*D15 एंटर करते हैं (कोई = चिन्ह नहीं लगाते हैं) तो B12*D15, वास्तव में उस सेल में एक टेक्स्ट की तरह एंटर होगा ना कि फॉर्मूले की तरह।

➔ **फॉर्मूला बार में फॉर्मूला एंटर करने के लिए:**

1. उस सेल को सिलेक्ट करो जिसमें आप फॉर्मूला एंटर करना चाहते हैं।
2. एक = चिन्ह टाइप करो या एडिट फॉर्मूला बटन पर क्लिक करो।
3. एक वैल्यू, सेल रेफरेंस फंक्शन या नाम टाइप करो।
4. यदि फॉर्मूला पूरा (complete) है, तो Enter दबाओ या फॉर्मूला बार में बने एंटर बॉक्स (एक चैक मार्क) पर क्लिक करो। यदि फॉर्मूला अधूरा (incomplete) है तो स्टेप 5 में पहुँचो।
5. एक ऑपरेटर टाइप करो। कई प्रकार के ऑपरेटर होते हैं। सबसे कॉमन ऑपरेटर होते हैं मैथ सिंबल्स जैसे (+) और (−)
6. स्टेप 3 में वापस जाओ।

➔ **एक सेल में फॉर्मूला एंटर करने के लिए:**

1. जिस सेल में आप फॉर्मूला एंटर करना चाहते हैं उस पर डबल क्लिक करो और एक बराबर = चिन्ह टाइप करो।

   की बोर्ड को प्रयोग करने के लिए, सेल को सिलेक्ट करो और F2 दबाओ। या एडिट फॉर्मूला बटन पर क्लिक करो। सेल एडिटिंग के लिए खुल जाता है और एक = चिन्ह उसमें इन्सर्ट हो जाता है। (चित्र 4.35)

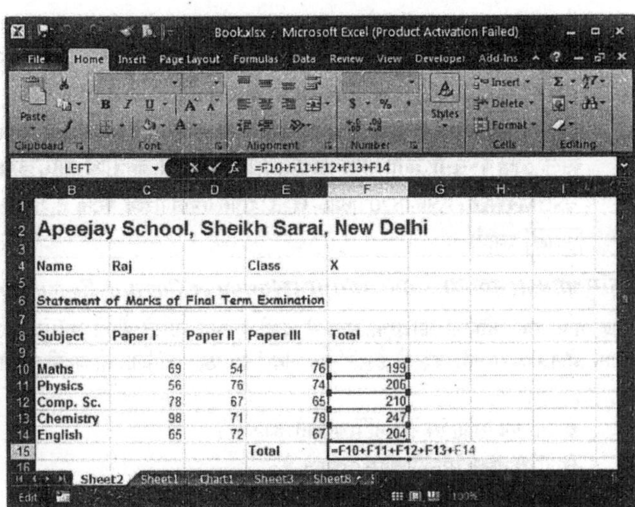

चित्र 4.35: ऐक्सेल में फॉर्मूला एंटर करना

2. एक वैल्यू सेल रेफरेंस, फंक्शन या नाम टाइप करो।
3. यदि फॉर्मूला पूरा है तो Enter key दबाओ, यदि फॉर्मूला अधूरा है तो स्टेप 4 में पहुँचो।
4. एक ऑपरेटर टाइप करो।
5. स्टेप 2 में वापस जाओ।

हमेशा फॉर्मूला में प्रत्येक शब्द को ऑपरेटर या कोष्टक (parentheses) से अलग किया जाता है।

कई रेंजेस को सम करने के लिए SUM फंक्शन का प्रयोग करना (Using SUM Function to sum several Ranges)

कई रेंजेस को सम करने के लिए, प्रत्येक को रेफर करें, एक कौमा से उन्हें अलग करें, SUM फंक्शन का प्रयोग करें।

➔ **कई रेंजेस को सम करने के लिए:**

1. चित्र 4.36 में सेल्स A:20:A26 में Rs1 से लेकर 100 तक प्राइसेज एंटर करें।

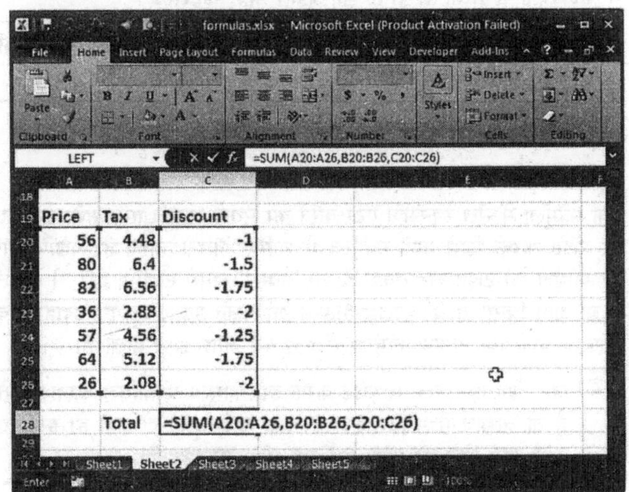

चित्र 4.36: कई रेंजेस में सम फंक्शन एंटर करना

2. सेल्स B20: B26 चुनें और फॉर्मूला = A 20*8% टाइप करें जो टैक्स अमाउंट कैलकुलेट करता है।
3. [Ctrl] + [Enter] कीज को एक साथ दबाएँ।
4. सेल्स C20 : C26 में कुछ डिस्काउंट वैल्यूज -1 से -3 तक टाइप करें।
5. सेल C28 में सभी तीनों कॉलम्स को निम्न फंक्शन के साथ सम करें। =SUM (A20 : A26, B20 : B26, C20 : C26 (देखें चित्र 4.36)
6. [Enter] दबाएँ।

फॉर्मूला को मूव या कॉपी कराना (Moving or Copying Formula)

जब आप एक फॉर्मूला को एक सेल से दूसरे में मूव कराते हैं तो फॉर्मूले के भीतर सेल रेफरेंस नहीं बदलते हैं। लेकिन जब आप एक फॉर्मूला को कॉपी करते हैं, तो:

- ऐब्सोल्यूट सेल रेफरेंस नहीं बदलते हैं।
- रिलेटिव सेल रेफरेंस बदलते हैं।

➔ **एक फॉर्मूला को मूव या कॉपी कराने के लिए:**

1. उस सेल को सिलेक्ट करो जिसमें मूव या कॉपी किए जाने वाला फॉर्मूला है।
2. सिलेक्शन के बॉर्डर पर पॉइंट करो।
3. सेल को मूव करने के लिए, सिलेक्शन को, पेस्ट ऐरिया के ऊपरी बाएँ सेल तक ड्रैग करो। MS ऐक्सेल, पेस्टेड एरिया में जो भी डाटा होता है उसे रिप्लेस कर देता है।
4. सेल को कॉपी करने के लिए [Ctrl] key को दबाए रखो, जब आप माउस को ड्रैग करते हैं।

☞ आप फॉर्मूलाज को ऐडजेसेंट सेल्स में फिल हैंडल का प्रयोग करके कॉपी कर सकते हैं। उस सेल को सिलेक्ट करो जिसमें फॉर्मूला है और फिर फिल हैंडल को उस रेंज पर ड्रैग करके ले जाओ, जिसे आप फिल करना चाहते हैं।

सेल रेफरेंसेज को एंटर करना (Entering Cell References)

सेल रेफरेंसेज़, वर्कशीट के विभिन्न भागों से वैल्यूज़ को प्रयोग करने की अनुमति देते हैं और एक मनचाहा कैलकुलेशन ऐक्ज़ीक्यूट करते हैं। आप एक फॉर्मूला में कई सेल या सेल्स के समूह का प्रयोग कर सकते हैं।

☞ फॉर्मूला बार के बाएँ किनारे पर नेम बॉक्स में ऐक्टिव सेल का रेफरेंस प्रदर्शित होता रहता है।

पॉइंटिंग द्वारा सेल रेफरेंसेज को एंटर करना (Entering Cell References)

एक फॉर्मूला में सेल रेफरेंसेज़ एंटर करने का सबसे आसान तरीका है, उस सेल पर पॉइंट करके जिसे आप फॉर्मूला में शामिल करना चाहते हैं। यद्यपि आप पूरे फॉर्मूले को टाइप कर सकते हैं, पर अक्सर आपसे टाइपिंग ऐरर हो सकती है या आप किसी रो या कॉलम हैडिंग्स को गलत पढ़ सकते हैं। उदाहरण के लिए, मानलो कि आपने फॉर्मूला में E52 की जगह D52 डाला है।

☞ जब आप एक सेल पर पॉइंट करके इसे फॉर्मूला में शामिल करना चाहते हैं तो वास्तव में पॉइंटर को सेल तक मूव करके ले जाते हैं। इसलिए आप सही सेल पर पॉइंट करें यह भी आवश्यक है।

➔ **पॉइंटिंग द्वारा एक फॉर्मूला में सेल रेफरेंस एंटर करने के लिए:**

1. फॉर्मूला के लिए सेल सिलेक्ट करो।
2. एक = चिन्ह टाइप करो या एडिट फॉर्मूला बटन पर क्लिक करो।
3. जिस सेल को फॉर्मूला में चाहते हैं उस पर पॉइंट करके क्लिक करो या ऐरो keys द्वारा सेल में पहुँचो।
   आप जिस सेल में पहुँचते हैं, उसका ऐड्रेस, फॉर्मूला बार की कर्सर लोकेशन पर दिखने लगता है।
4. एक ऑपरेटर जैसे + चिन्ह एंटर करो।
5. अलगे सेल पर पॉइंट करो।
6. स्टेप 4 से लेकर सभी स्टेप्स दोहराते जाएँ जब तक फॉर्मूला पूरा न हो जाए।

☞ जब आप फॉर्मूला को नई लोकेशन में कॉपी करके ले जाते हैं या जब आप एक रेंज को फॉर्मूला से फिल करते हैं तो फॉर्मूला में जो सेल रेफरेंस होता है वह बदल जाता है। आप फॉर्मूलाज में केवल रिलेटिव सेल रेफरेंसेज ही इस्तेमाल करना चाहेंगे।

फॉर्मूलाज में सेल रेफरेंसेज का प्रयोग करना (Using Cell References in Formulas)

आप एक सेल की लोकेशन को रेफर करने के लिए ऐब्सोल्यूट (Absolute) या रिलेटिव (Relative) रेफरेंस का प्रयोग करते हैं। आइए दोनों तरह के सेल रेफरेंस के बीच का अंतर समझें।

मान लो कि आप ऑफिस में हैं और आप चाहते हैं कि कोई एक लेटर लेकर पोस्ट ऑफिस तक जाए। रिलेटिव रेफ़रेंस का प्रयोग करके आप एक व्यक्ति से कहते हैं, ''सामने के दरवाजे से जाओ, बाएँ मुड़ो, रोड पार करो और दो बिल्डिंग पार करने के बाद दाएँ मुड़कर फिर दूसरी बिल्डिंग में जाओ''। ये सभी निर्देश आपकी ऑफिस की लोकेशन से रिलेटिव हैं, जब आप निर्देश देते हैं। यदि आपका ऑफिस दूसरी जगह शिफ्ट जो जाता है तो ये निर्देश बेकार हो जाएँगे।

अतः यह सुनिश्चित करने के लिए लेटर मेल बॉक्स तक पहुँचे, चाहे आप कहीं भी हों और आप अलग तरह के निर्देश देते हैं। आप शायद ऐसा कह सकते हैं ''इस पत्र को I.P. Estate पोस्ट ऑफिस में ले जाओ''। अतः आप जिस समय बोल रहे हैं, उस समय चाहे आप कहीं भी हो, पोस्ट ऑफिस एक ऐब्सोल्यूट लोकेशन पर है: I.P. Estate पोस्ट ऑफिस

☞ अतः रिलेटिव और ऐब्सोल्यूट रेफरेंस में अंतर इतना है कि एक ऐब्सोल्यूट रेफरेंस में, सेल एक बार फिक्स हो जाता है, और वह हमेशा के लिए वहीं रहता है। लेकिन रिलेटिव रेफरेंस में यह उस लोकेशन पर निर्भर करता है, जहाँ आप का पॉइंटर होता है।

रिलेटिव रेफरेंसेज़ को प्रयोग करना (Using Relative References)

जब आप फॉर्मूला एंटर करते हैं तो ऐक्सेल सेल ऐड्रेस के लिए रिलेटिव रेफरेंसिंग का प्रयोग करता है।

चित्र 4.37 में सेल F10 में फॉर्मूला है = C10 + D10 + E10। ये सभी सेल रेफरेंस रिलेटिव हैं। फॉर्मूला को यदि हिंदी में अनुवादित किया जाए तो इसको इस तरह से पढ़ा जाएगा; सेल F10 में, इसके बाएँ ओर के तीनों कॉलम (C10), (D10) और (E10) में दिए गए नंबरों को जोड़ो। ये तीनों कॉलम एक ही रो (10 वीं रो) में होने चाहिए।

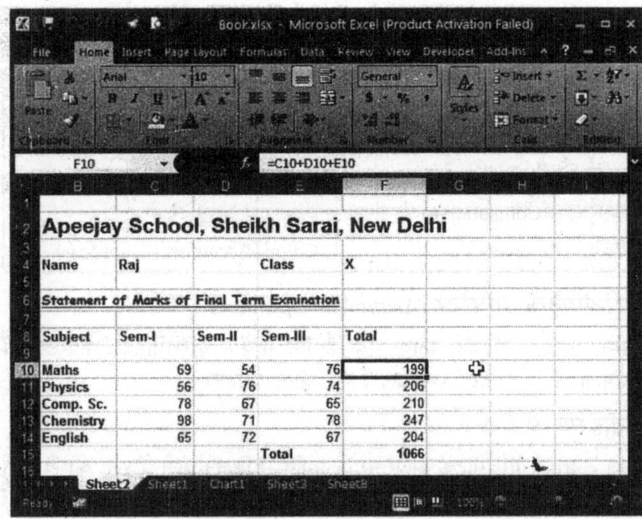

चित्र 4.37: रिलेटिव रेफरेंस के साथ एंटर किया गया फार्मूला

मान लो आप कॉलम में ऊपर से नीचे, फॉर्मूला को कॉपी करते हैं तो फॉर्मूला अपने सेल रेफरेंसेज को नई पोजीशन पर ऐडजस्ट कर लेता है। कॉपी किए गए फॉर्मूले इस प्रकार होंगे।

जिस सेल में फॉर्मूला है	फॉर्मूला (A1 फॉर्मेट)
G10	= D10 + E10 + F10
G11	= D11 + E11 + F11
G12	= D12 + E12 + F12

आप ध्यान देंगे कि फॉर्मूला जिस सेल में होता है, उस सेल से रिलेटिव पोज़ीशन के आधार पर सेल रेफरेंस देने के लिए फॉर्मूला बदलता जाता है।

ऐब्सोल्यूट रेफरेंस का प्रयोग करना (Using Absolute References)

एक वर्कशीट में जब भी आप एक फॉर्मूला की कॉपी करके उसे नई जगह पर ले जाते हैं तो आप ऐब्सोल्यूट रेफरेंस का प्रयोग करेंगे केवल इसलिए ताकि सेल रेफरेंस वैल्यूज को बदलने से रोका जा सके।

➔ **F4 Key द्वारा ऐब्सोल्यूट रेफरेंस एंटर करने के लिए:**

1. एक = साइन और सेल रेफरेंस टाइप करो जिसे आप चाहते हो कि ऐब्सोल्यूट हों।
2. [F4] key दबाओ, जो ऐब्सोल्यूट रेफरेंस key है, जब तक $ चिन्हों का सही कॉंबिनेशन दिखाई न देने लगे।
3. अगला ऑपरेटर टाइप करो और इस तरह फॉर्मूला को एंटर करते जाओ।

आप यदि किसी मौजूद फॉर्मूला की एडिटिंग करना चाहते हैं तब भी F4 key का प्रयोग कर सकते हैं।

☞ ऐब्सोल्यूट रेफरेंसेज़ में एक + चिन्ह कॉलम अक्षर के आगे, या रो संख्या के आगे या दोनों के आगे लगाया जाता है। (देखें चित्र 4.38)

मिक्स्ड रेफरेंसेज़ का प्रयोग करना (Using Mixed References)

एक वर्कशीट में जब आप सेल्स की कॉपी एक जगह से दूसरी जगह करते हैं तो कुछ केसेज में आप चाहते हैं कि या रो फिक्स रहे या, कॉलम फिक्स रहे। इन स्थितियों में हम मिक्स्ड रेफरेंस का प्रयोग करेंगे। उदाहरण के लिए $B5 रेफरेंस में कॉलम B नहीं बदलता है लेकिन नई लोकेशन के अनुसार रो बदलती रहती है। $ चिन्ह कॉलम को बदलने से रोकता है। B$5 में ठीक इसका उल्टा होता है। यहाँ कॉलम, नई जगह के अनुसार बदलता रहता है लेकिन रो हमेशा 5 पर फिक्स रहती है कारण इसके आगे $ चिन्ह होता है जो इसे बदलने से रोकता है।

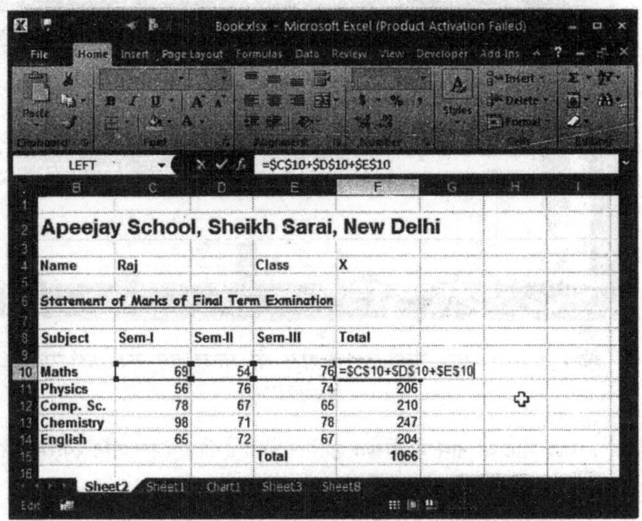

चित्र 4.38: ऐब्सोल्यूट रेफरेंस के साथ फॉर्मूला

जिस तरह से आपने ऐब्सोल्यूट रेफरेंसेज बनाए थे, उसी तरह से आप मिक्स्ड रेफरेंस बना सकते हैं। $ चिन्ह या विशेष रो और कॉलम नंबर्स को बिना ब्रैकेट्स के टाइप करो अथवा [F4] Key दबाओ। प्रत्येक बार [F4] Key दबाने से सेल रेफरेंस एक नए कॉंबिनेशन में आगे बढ़ता चलता है।

☞ प्रत्येक बार जब आप [F4] दबाते हैं, तो ऐक्सेल रिलेटिव और ऐब्सोल्यूट रेफरेंसेज़ के सभी कॉंबिनेशन में घूमता है। [F4] को चार बार दबाओ, (उदाहरण के लिए), और आप B22 से $B$22, B$22, $B22 और वापस B22 में पहुँच जाएँगे।

एक वर्क बुक में अन्य शीट्स को रेफर करना (Referencing to Other Sheets in a Workbook)

आप वर्कबुक में अन्य शीट्स को रेफर भी कर सकते हैं। इसके लिए आपको फॉर्मूला में एक शीट रेफरेंस और एक सेल रेफरेंस दोनों एंटर करने होंगे। उदाहरण के लिए, शीट 6 पर सेल A1 को रेफर करने के लिए, आप फॉर्मला में शीट 6!A1 एंटर करेंगे।

आप माउस का प्रयोग करके भी एक सेल का रेफरेंस एंटर कर सकते हैं (या सेल्स के रेंज का) जो एक वर्कबुक में दूसरी वर्कशीट पर जाता है।

➔ **एक अलग वर्कशीट में सेल या रेंज को रेफर करने के लिए:**

1. सेल में फॉर्मूला एंटर करना शुरू करें जहाँ आप चाहते हैं कि रिजल्ट दिखाई दें।
2. जिस वर्कशीट को आप रेफर करना चाहते हैं उसके शीट टैब पर क्लिक करें।
3. सेल या रेंज सिलेक्ट करें जिसे आप रेफर करना चाहते हैं। फॉर्मूला बार में कम्प्लीट रेफरेंस, जिसमें शीट रेफरेंस भी शामिल हैं, दिखाई देगा (देखें चित्र 4.39)।

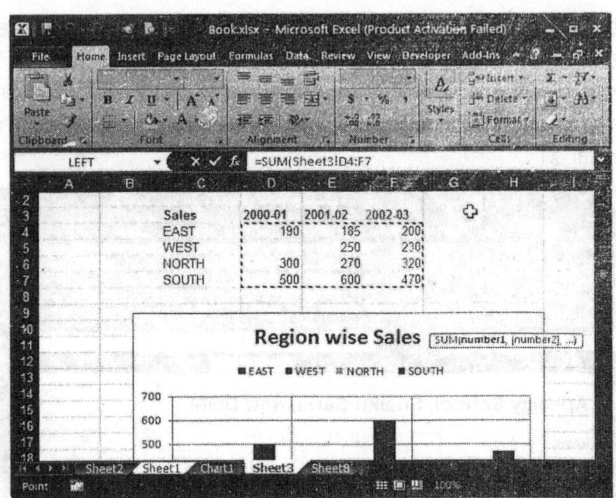

चित्र 4.39: दूसरी वर्कशीट में सेल या सेल्स की रेंज को रेफर करना।

4. यदि शीट के नाम में स्पेसेज शामिल होती हैं तो एक्सेल शीट रेफरेंस को सिंगल कोटेशन मार्क्स से घेर देता है।
5. फॉर्मूला फिनिश करें और [Enter] की दबाएँ।

3-D रेफरेंस एंटर करना (Entering 3-D References)

आप 3-D रेफरेंसेज का प्रयोग एक सेल रेंज को रेफर करने के लिए कर सकते हैं। जिसमें एक वर्कबुक में दो या अधिक शीट्स शामिल होती है। एक 3-D रेफरेंस में शीट रेंज होता है जो शीट्स की शुरूआत और अंत को निर्धारित करता है, और एक सेल रेंज होता है जो रेफर किए जाने वाले सेल्स का निर्धारण करता है। आइए एक 3-D रेफरेंस का उदाहरण देखें

= SUM (sheet1:sheet6!$E$1:$E$6)

यह रेफरेंस $E$1:$E$6 सेल्स की रेंज में वैल्यू को सम करता है, प्रत्येक शीट्स में जो शीट 1 से लेकर शीट 6 तक होता है, और प्रत्येक सम को एक दूसरे के साथ जोड़कर एक ग्रांड टोटल देता है।

➔ **माउस का प्रयोग करके रेफरेंस एंटर करने के लिए:**

1. उस सेल में क्लिक करो जिसमें फॉर्मूला एंटर करके आप चाहते हैं कि रिजल्ट दिखाई दे।
2. पहली वर्कशीट के लिए शीटटैब पर क्लिक करें जिसे आप रेफरेंस में शामिल करना चाहते हैं। [Shift] की को दबाए रखकर अंतिम वर्कशीट पर क्लिक करें जिसे आप रेफरेंस में शामिल करना चाहते हैं और फिर जिन सेल्स को आप रेफर करना चाहते हैं उन्हें सिलेक्ट करें।
3. फॉर्मूला फिनिश करें और [Enter] को प्रेस करें।

☞ नोटिस करें कि (!) चिन्ह जो शीट रेफरेंस को सेल रेफरेंस से अलग करता है। यदि आपने शीट को नाम दिया है, तो शीट का नाम प्रयोग पहले करें और फिर सेल रेफरेंस का। यदि शीट के नाम में स्पेसेज होती है, तो शीट रेफरेंस को सिंगल कोटेशन मार्क्स से घेरें।

4.4.2 फॉर्मूलाज़ में ऑपरेटर्स का प्रयोग करना (Using Operator in Formulas)

फॉर्मूलाज में ऑपरेटर्स का प्रयोग किया जाता है ताकि फॉर्मूलाज में ली गई प्रत्येक वैल्यू पर वह ऑपरेशन ऐक्जीक्यूट किया जा सके। ऐक्सेल 4 तरह के ऑपरेशन्स का प्रयोग करता है। ये नीचे दिए गए हैं:

ऑपरेटर्स (Operators)	**चिन्ह (Signs)**
ऐरिथमैटिक (Arithmetic)	+, -, *, /, %, ^
टेक्स्ट (Text)	&
कंपैरेटिव (Comparative)	=, <, <=, >, >=,<>
रेफरेंस (Reference)	Colon (:), comma (,), space ( )

ऐरिथमैटिक ऑपरेटर (Arithmetic Operator)

निम्न उदाहरण में यह बताया गया है कि प्रत्येक ऐरिथमैटिक ऑपरेटर को फॉर्मूला में किस तरह इस्तेमाल किया जाना चाहिए।

उदाहरण 9

चित्र 4.40 में ऐरिथमैटिक ऑपरेटर्स के प्रयोग से मिलने वाले रिज़ल्ट को दिखाया गया है और ये निम्न टेबल में भी दिए जा रहे हैं।

ऑपरेटर (Operator)	**फॉर्मूला (Formula)**	**रिजल्ट (Result)**	**ऑपरेशन का प्रकार (Type of Operation)**
+	=5+2	7	5 को 2 के साथ जोड़ना
-	=5-2	3	5 में से 2 को घटाना
-	-5	-5	एक नंबर का नेगेटिव
*	=5*2	10	5 को 2 से गुणा करना
/	=5/2	2.5	5 को 2 से भाग करना
%	5%	.05	पर्सेंटेज
^	=5^2	25	एक्सपोनेन्शिएसन (टू द पॉवर ऑफ़)

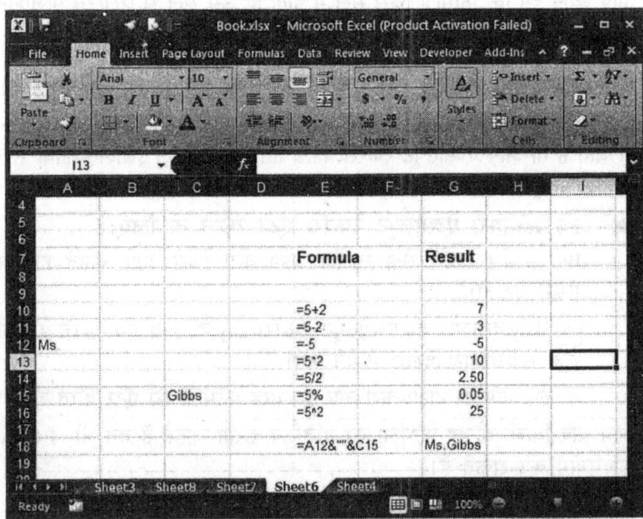

चित्र 4.40: ऐरिथमैटिक और टेक्स्ट ऑपरेटर्स

टेक्स्ट कॉन्कैटिनेशन ऑपरेटर (Text Concatenation Operator)

ऐम्परसैंड (ampersand)(&) ऑपरेटर, कोटेशन मार्क्स (quotation marks) के भीतर रखे टेक्स्ट या रेफरेंस्ड सेल्स में रखे टेक्स्ट को जोड़ता है। टेक्स्ट को जोड़ने की प्रक्रिया ही कॉन्कैटिनेशन कहलाती है, जिसे निम्न उदाहरण में बताया गया है।

उदाहरण 10

चित्र 4.41 में निम्न टेबल में दिए गए कॉन्कैटिनेशन ऑपरेटर का रिज़ल्ट दिखाया गया है।

ऑपरेटर (Operator)	फॉर्मूला (Formula)	रिजल्ट (Result)	ऑपरेशन का प्रकार (Type of Operation)
$	=A12&""&C15	Ms.Gibbs	A12 और C15 के टेक्स्ट को जोड़ा गया है।

कम्पैरीजन ऑपरेटर्स (Comparison Operators)

वैल्यूज की तुलना करने के लिए आप कपैरेटिव ऑपरेटर्स का प्रयोग करके फॉर्मूला बना सकते हैं। ये ऑपरेटर एक 'True' या 'False' रिज़ल्ट देते हैं जो इस बात पर निर्भर करता है कि फॉर्मूला किस तरह से स्थिति का आकलन करता है। इसके बाद की टेबल में कुछ कपैरेटिव ऑपरेटर्स की सूची दी गई है और उन्हें फॉर्मूलाज में प्रयोग करके उसका रिज़ल्ट चित्र 4.41 में दिखाया गया है।

ऑपरेटर्स (Operators)	टाइप (Type)
=	ईक्वल टू (Equal to)
<	लेस दैन (Less than)
<=	लेस दैन या ईक्वल टू (Less than or equal to)
>	ग्रेटर दैन (Greater than)
>=	ग्रेटर दैन या ईक्वल टू (Greater than or equal to)
<>	नॉट ईक्वल टू (Not equal to)

नीचे कपैरेटिव ऑपरेटर्स के कुछ उदाहरण दिए गए हैं।

फॉर्मूला (Formula)	रिजल्ट (Result)
=A12<15	TRUE यदि सेल A12 के कंटेंट्स 15 से कम हो तो और यदि सेल A12 के कंटेंट्स 15 से ज्यादा हों तो FALSE.
=B36>=15	यदि सेल B36 के कंटेंट्स 15 या 15 से ज्यादा हो तो TRUE अन्यथा FALSE.

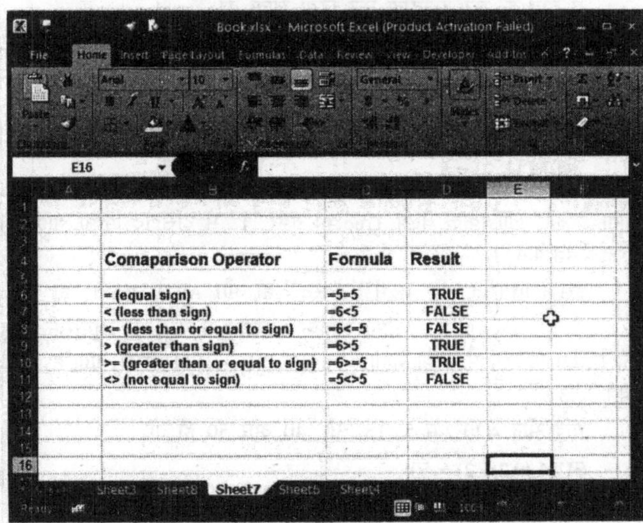

चित्र 4.41: कपैरेटिव ऑपरेटर

रेफरेंस ऑपरेटर (Reference Operators)

रेफरेंस ऑपरेटर सेल कंटेंट्स या कॉन्स्टैंट्स (constants) में कोई बदलाव नहीं करते हैं (देखें टेबल 4.6)। इसके बदले, ये इस चीज को कंट्रोल करते हैं कि किस तरह से एक फॉर्मूला, जब कैलकुलेट करना शुरू करता है, तो यह सेल्स का और सेल्स के रेंजेस का ग्रुप बनाता है। चित्र 4.42 में रेफरेंस ऑपरेटर्स के उदाहरण दिए गए हैं।

टेबल 4.6: रेफरेंस ऑपरेटर्स

ऑपरेटर्स	उदाहरण	टाइप	रिजल्ट
:	SUM (A7:A11)	रेंज	दो कोनों के बीच स्थित आयताकार एरिया में जितने सेल होते हैं उन्हें एक सेल रेफरेंस की तरह लेकर आंकलन करता है
	SUM (A7:A11, B11)	यूनियन	दो रेफरेंसों का एक सिंगल रेफरेंस की तरह आंकलन करता है।
Space	SUM (A9:A11 A7:A11)	इंटरसेक्ट	दोनों रेफरेंस में कॉमन सेलों का आंकलन करता है (यदि दोनों में कोई सेल कॉमन नहीं है तो रिजल्ट #NULL होता है।
Space	=Yr 99 Sales	इंटरसेक्ट	कॉलम जिसका नाम Yr 99 है और रो जिसका नाम Sales है, के इंटरसेक्ट पर स्थित सेल के कंटेंट्स

☞ रेफरेंस ऑपरेटर्स आपको ऐब्सोल्यूट और रिलेटिव रेफरेंस एवं नाम वाले रेंजेस को कंबाइन करने में सक्षम बनाता है। रेफरेंस ऑपरेटर्स, सेल्स को जोड़ने के लिए महत्त्वपूर्ण हैं (यूनियन) या अलग अलग रेंजेस के बीच शेयर किए जाने वाले कॉमन एरिया को रेफर करने में भी यह उपयोगी हैं (इंटरसेक्शन)।

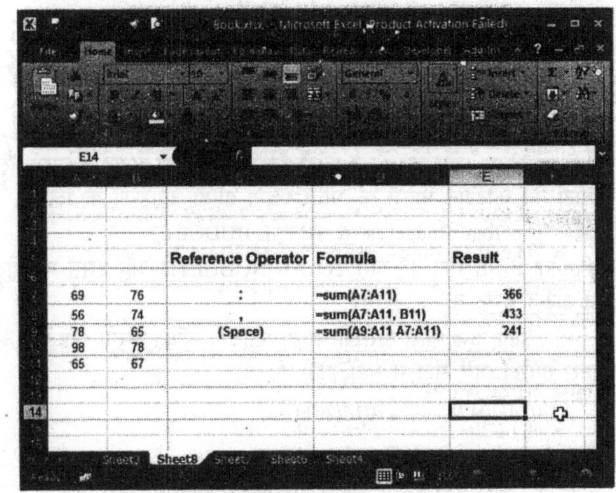

चित्र 4.42: रेफरेंस ऑपरेटर्स

रेंज ऑपरेटर्स (Range Operator)

रेंज ऑपरेटर्स (:) का प्रयोग करके आप अपने फॉर्मूला में अपने काम को कम कर सकते हैं यदि आप फॉर्मूला में कॉलम B के सभी सेल्स को रेफर करना चाहते हैं तो B:B टाइप करो। इसी तरह रोज़ 5 से 12 तक के सभी सेल्स को शामिल करने वाली रेंज को 5:12 के रूप में डाला जा सकता है।

फॉर्मूला का आंकलन (प्राथमिकता)

[Evaluation of Formulas (Precedence)]

एक फार्मूला में ऑपरेटर्स को ऐप्लाई करते समय ऐक्सेल कुछ नियमों का पालन करता है। पहले कैलकुलेशन से अंतिम तक काम करते समय, ऐक्सेल ऑपरेटर्स का टेबल 4.7 में दिए गए क्रमानुसार आंकलन करता है

टेबल 4.7: ऐक्सेल जिस क्रम में ऑपरेटर्स का आंकलन करता है

ऑपरेटर (Operator)	परिभाषा (Definition)
:	रेंज (Range)
space	इंटरसेक्ट (Inersect)
,	यूनियन (Union)
-	नेगेशन (Negation)
%	पर्सेंटेज (Percentage)
^	एक्सपोनेन्सिएशन (Exponentiation)
* and /	मल्टीप्लिकेशन एंड डिवीज़न (Multiplication and division)
+ and -	ऐडिशन एंड सब्सट्रैक्शन (Addition and substraction)
&	टेक्स्ट जॉइनिंग (Text joining)
=, <, and <= >, >=, and <>	कम्पैरीज़न्स (Comparisions)

यदि आप चाहते हैं कि जिस क्रम में कैलकुलेशन्स किए जा रहे हैं वह क्रम बदला जाए तो जिसे आप पहले कैलकुलेट करना चाहते हैं उसे पैरेंथिसिस (Parenthesis) में रखा जाता है।

उदाहरण के लिए आप निम्न फॉर्मूलाज के रिजल्ट में अंतर को ध्यान से समझ पाएँगे:

फॉर्मूला	रिजल्ट
=6 + 21/3	13
= (6+21)/3	9

फॉर्मूलाज में टाइम, डेट और टेक्स्ट एंटर करना

(Entering Text, Date and Time in Formulas)

आप टेक्स्ट, डेट्स, और टाइम का फॉर्मूलाज में प्रयोग कर सकते हैं इसके लिए इन डाटा को कोटेशन मार्क्स के भीतर रखना होगा। उदाहरण के लिए:

= "The Total Budget is" & TOTAL BUDGET

यह दिखाता है कि सेल का नाम TOTAL_BUDGET है और इसमें वह वैल्यू है जो टोटल बजट के बराबर है।

यदि आप कुछ खास तारीखों पर तारीखों का गणित करना चाहते हैं और ये खास तारीखें जब सेल में नहीं होती हैं, तो:

= "4/14/2012" – "4/14/2011"

या

= "14 April 112" – "14 April 111"

ये फॉर्मूला दोनों तारीखों के बीच जितने दिन होते हैं वह बताएगा।

4.4.3 अन्य बेसिक फंक्शन्स (Other Basic Functions)

फंक्शन्स प्रीडिफाइन्ड (Predefined) फॉर्मूले होते हैं जो कुछ निश्चित वैल्यू, जिन्हें आर्ग्यूमेंट (argument) कहते हैं, पर कैलकुलेशन्स करते हैं। प्रत्येक फंक्शन निश्चित तरह के आर्ग्यूमेंट्स लेते है। जैसे नंबर, रेफरेंस, टेक्स्ट या लॉजिकल वैल्यू। आप फंक्शन के नाम के बाद, एक पैरेन्थिसिस के अंदर, आर्ग्यूमेंट्स को एंटर कर सकते हैं। फंक्शन इन आर्ग्यूमेंट्स को उसी तरह प्रयोग करते हैं जैसे ऐलजेब्रिक इक्वेशन्स, वैरिएबल्स का प्रयोग करते हैं। उदाहरण के लिए, SUM फंक्शन वैल्यू या वैल्यू की एक रेंज को जोड़ता है और PMT फंक्शन, इंटरेस्ट रेट, लोन की अवधि तथा लोन के प्रिंसिपल अमाउंट के आधार पर, लोन के पेमेंट का कैलकुलेशन करता है। ऐक्सेल में कई फंक्शन्स शामिल हैं जिन्हें निम्न श्रेणियों में विभाजित किया जा सकता है:

मैथमैटिकल फंक्शन (Mathematical Functions)

ऐक्सेल में कई मैथ और ट्रिग्नोमेट्री के फंक्शन होते हैं। मैथमैटिकल फंक्शन्स का प्रयोग कई विस्तृत प्रकार के सरल एवं जटिल कैलकुलेशन करने के लिए किया जाता है जैसे सेल्स के एक रेंज की वैल्यू की टोटलिंग करना, नंबर्स की राउंडिंग करना आदि। जब हम sine या cosine वैल्यू चाहते हैं तब ट्रिग्नोमेट्री फंक्शन्स (Trignometry functions) का प्रयोग होता है।

SUM ( )

सेल्स के रेंज में सभी नंबर्स को जोड़ता है (देखें चित्र 4.44)

सिंटैक्स (Syntax)

SUM (नंबर 1, नंबर 2, ...)

यहाँ नंबर 1, नंबर 2, इस तरह 30 तक के आर्ग्यूमेंट हो सकते हैं जिनके लिए आप टोटल सम या टोटल वैल्यू चाहते हैं।

- आर्ग्यूमेंट्स की लिस्ट में जो भी आप सीधे टाइप करते हैं, संख्या, लॉजिकल वैल्यू और संख्याओं का टेक्स्ट रूप, ये सभी काउंट होते हैं।
- यदि एक आर्ग्यूमेंट एक ऐरे (array) या रेफरेंस (reference) होता है, तो उस ऐरे या रेफरेंस में जो नंबर होते हैं केवल उन्हें ही काउंट किया जाता है। खाली सेल, लॉजिकल वैल्यू, टेक्स्ट या ऐरर वैल्यू, जो ऐरे या रेफरेंस में होते हैं, को अनदेखा कर दिया जाता है।
- वो आर्ग्यूमेंट जो ऐरर वैल्यू होते हैं या वह टेक्स्ट जिसे नंबर्स में ट्रांसलेट नहीं किया जा सकता है, ऐरर का कारण बनते हैं।

उदाहरण 11

SUM (3, 2) = 5

SUM ("3", 2, True) = 6 क्योंकि टेक्स्ट वैल्यू को नंबर में ट्रांसलेट कर दिया जाता है और लॉजिकल वैल्यू True को नंबर '1' में ट्रांसलेट किया जाता है। (देखें चित्र 4.44)

इसके विपरीत यदि A8 में "टेक्स्ट" हो और A9 में "text 1" हो तो:

SUM (A8, A9, 2) = 2 होगा क्योंकि रेफरेंसेज में यदि नॉन न्यूमरिक वैल्यू को रेफरेंस के रूप में लिया जाता है तो इन्हें ट्रांसलेट नहीं किया जाता है (देखें चित्र 4.43)

यदि सेल A2:E2 में 5, 15, 30, 40 और 50 हो तों

SUM (A2:C2) = 50

SUM (B2:E2, 15) = 150 (देखें चित्र 4.43)

ROUND ()

ROUND () फंक्शन एक नंबर को निश्चित संख्यक डिजिट तक राउंड करता है (देखें चित्र 4.43)

सिंटैक्स (Syntax)

ROUND (Number, Num-digits)

यहाँ Number वह संख्या होती है जिसे आप राउंड करना चाहते हैं Num-digits, उस डिजिट को बताता है, जहाँ तक आप नंबर को राउंड करना चाहते हैं।

- यदि Num-digits '0' से बड़ी होती है तो नंबर एक निश्चित संख्यक डेसीमल प्लेस तक राउंडेड हो जाता है।
- यदि Num-digits = 0 होती है तो नंबर इसके पास की इंटीजर संख्या तक राउंडेड हो जाता है।
- यदि Num-digits '0' से छोटी होती है तो नंबर डेसीमल पॉइंट के बाएँ तक ही राउंडेड होगा।

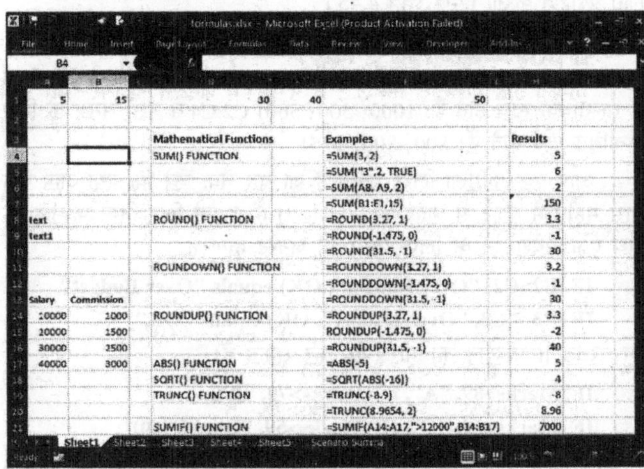

चित्र 4.43: मैथमैटिकल फंक्शन्स और उनके रिज़ल्ट

उदाहरण 12

ROUND (3.27, 1) = 3.3 (देखें चित्र 4.43)

ROUND (-1.475, 0) = -1

ROUND (31.5, -1) = 30

ROUNDDOWN ()

ROUNDDOWN () फंक्शन एक नंबर को नीचे '0' की तरफ राउंड करता है (देखें चित्र 4.43)

सिंटैक्स (Syntax)

ROUNDDOWN (Number, Num-digits)

यहाँ Number वह संख्या होती है जिसे आप राउंड करना चाहते हैं। Num-digits, डिज़िट्स की संख्या को बताता है, जहाँ तक आप नंबर को राउंड करना चाहते हैं।

- यदि Num-digits '0' से बड़ी है तो नंबर, बताई गई डेसीमल प्लेस की संख्या तक राउंडेड डाउन (Rounded down) हो जाएगा।
- यदि Num-digits = 0 है तो नंबर पास के ही इंटीजर तक राउंडेड डाउन हो जाएगा।
- यदि Num-digits '0' से कम हैं तो नंबर डेसीमल पॉइंट के बाई ओर तक ही राउंडेड डाउन होगा।

उदाहरण 13

ROUNDDOWN (3.27, 1) = 3.2 (देखें चित्र 4.44)

ROUNDDOWN (-1.475, 0) = -1

ROUNDDOWN (31.5, -1) = 30

ROUNDUP()

ROUNDUP () फंक्शन एक नंबर को '0' से ऊपर की ओर राउंड करता है। (देखें चित्र 4.43)

सिंटैक्स (Syntax)

ROUNDUP (Number, Num-digits)

यहाँ Number वह संख्या है जिसे आप राउंड करना चाहते हैं। Num-digits, डिज़िट्स की संख्या को बताता है जहाँ तक आप नंबर को राउंडेड अप (Rounded up) करना चाहते हैं।

- यदि Num-digits '0' से बड़ी है तो नंबर निश्चित संख्यक डेसीमल प्लेस तक राउंडेड अप हो जाएगा।
- यदि Num-digits = 0 है तो नंबर पास के इंटीजर तक राउंडेड अप हो जाएगा।
- यदि Num-digits '0' से कम है तो नंबर, डेसीमल पॉइंट के बाई ओर तक राउंडेड अप होगा।

उदाहरण 14

ROUNDUP (3.27, 1) = 3.3. (देखें चित्र 4.43)

ROUNDUP (-1.475, 0) = -2

ROUNDUP (31.5, -1) = 40

उदाहरण 15

ABS()

ABS() फंक्शन एक नंबर की एब्सोल्यूट वैल्यू रिटर्न करता है। किसी नंबर की एब्सोल्यूट वैल्यू का अर्थ है बिना + या - साइन के वह नंबर।

सिंटैक्स (Syntax)

ABS(num)

यह num वह संख्या (real number) है जिसकी आप एब्सोल्यूट वैल्यू निकालना चाहते हैं।

उदाहरण 16

ABS(5) = 5

ABS(-5) = 5 (देखें चित्र 4.43)

SQRT ()

SQRT(), एक संख्या का पॉज़िटिव स्क्वैयर रूट वापस करता है। (देखें चित्र 4.43)

सिंटैक्स (Syntax)

SQRT(NUM)

यहाँ Num वह नंबर है जिसके लिए आप स्क्वैयर रूट निकालना चाहते हैं। यदि नंबर नेगेटिव तो SQRT से #NUM! ऐरर वैल्यू वापस मिलेगी।

उदाहरण 17

SQRT(16) = 4

SQRT (-16) = # Num!

लेकिन यदि आप नेगेटिव नंबर का भी स्क्वैयर रूट जानना चाहते हैं तो फंक्शन को इस तरह लिखें:

SQRT (ABS (-16)) = 4 (देखें चित्र 4.43)

TRUNC( )

TRUNC( ) फंक्शन एक नंबर को, एक इंटीजर वैल्यू में ट्रंकेट कर देता है। इसके लिए यह नंबर में से फ्रैक्शनल पार्ट को हटा देता है। (देखें चित्र 4.44)

सिंटैक्स (Syntax)

TRUNC (num, num_digits)

यहाँ **num** वह नंबर होता है जिसे आप ट्रंकेट करना चाहते हैं। **Num-digits** एक नंबर होता है जो ट्रंकेशन के लिए प्रिसीज़न (Precision) निश्चित करता है। num-digits की डीफॉल्ट वैल्यू '0' है।

उदाहरण 18

TRUNC(8.9) = 8

TRUNC (-8.9) = -8

TRUNC(8.9654, 2) = 8.96

लॉजिकल फंक्शन (Logical Function)

लॉजिकल फंक्शन्स का प्रयोग तब होता है जब हम यह चैक करना चाहते हैं कि एक दी गई कंडीशन सही है या गलत।

IF( )

IF( ) फंक्शन का प्रयोग यह निर्धारित करने के लिए होता है कि कोष्टक (braces) में दी गई कंडीशन सही है या गलत। यदि दी गई कंडीशन सही होती है तो यह एक वैल्यू देता है और यदि कंडीशन गलत साबित होती है तो यह दूसरी वैल्यू देता है। (चित्र 4.44)

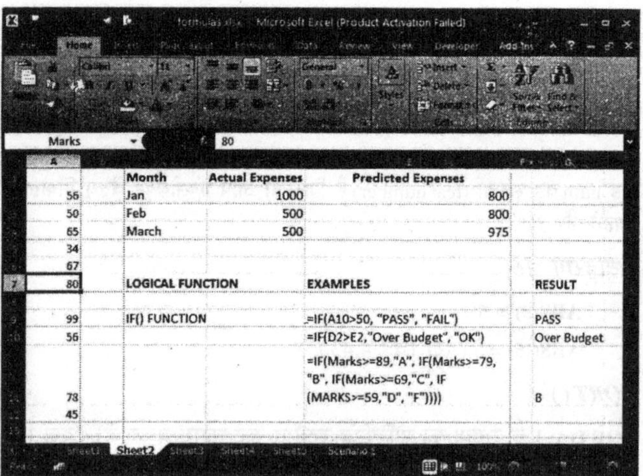

चित्र 4.44: लॉजिकल फंक्शन

सिंटैक्स (Syntax)

IF(logical_test, value_if_true, value_if_false)

जहाँ **logical_test** एक वैल्यू या ऐक्सप्रेशन होता है जो आंकलन के बाद 'सही' या 'गलत' बताता है। उदाहरण के लिए, A10 = 100 एक लॉजिकल ऐक्सप्रेशन है।

value_if_true वह वैल्यू है जो वापस की जाती है यदि logical_test सही है। उदाहरण के लिए यदि सेल A10 की वैल्यू 100 है तो ऐक्सप्रेशन का आंकलन 'सही' (True) होगा।

value_if false वह वैल्यू है, जो वापस की जाती है यदि logical_test गलत है। उदाहरण के लिए, यदि सेल A10 में वैल्यू 100 नहीं है तो ऐक्सप्रेशन का आंकलन 'गलत' (False) होता है।

उदाहरण 19

एक मार्कशीट पर, सेल A10 में एक फॉर्मूला होता है जो रिज़ल्ट कैलकुलेट करता है। यदि A10 सेल में रखे फॉर्मूला का परिणाम 50 से अधिक या इसके बराबर निकलता है तो निम्न फंक्शन "Pass" प्रदर्शित करेगा अन्यथा फंक्शन 'Fail' प्रदर्शित करेगा (देखें चित्र 4.45)

IF (A10 >= 50, "Pass", "Fail")

मानलो एक ऐक्सपेंस वर्कशीट में B2:B4 में जनवरी, फरवरी और मार्च के वास्तविक खर्चे होते हैं: 1000, 500, 500। C2:C4 में उसी समय के लिए प्रस्तावित खर्चे होते हैं: 800, 800, 975।

आप एक फॉर्मूला लिख सकते हैं जो यह चैक करे कि क्या आप एक खास महीने में बजट से बाहर (over budget) हैं। इसके लिए निम्न फॉर्मूला के साथ एक संदेश देने के लिए टेक्स्ट भी जनरेट होता है:

IF (B2>C2, "Over Budget", OK) equals "Over Budget"

IF (B3 > C3, "Over Budget", OK) equals "OK"

हम नेस्टेड IF फंक्शन का भी प्रयोग कर सकते हैं।

IF (Marks>89, "A", IF (Marks>79, "B",

IF (Marks>69, "C", IF (Marks>59, "D", "F"))))

उपरोक्त उदाहरण में (चित्र 4.44 के अनुसार), सेल A7 के नाम में जो marks हैं, यदि पहला लॉजिकल_test (Marks>89) सही है, तो "A" वापस आएगा। यदि पहला लॉजिकल_test गलत है तो दूसरा IF स्टेटमेंट का आंकलन होगा और इस तरह आगे बढ़ा जाएगा।

☞ जब सेल्स की ऐवरेजिंग की जाती है, तो यह ध्यान रखें कि खाली सेल और जिनमें वैल्यू '0' होती है, के बीच अंतर होता है। विशेषकर तब जब आपने व्यू टैब (ऑप्शन कमांड, टूल्स मेन्यू) पर ज़ीरो वैल्यू चैक बॉक्स को क्लीयर कर दिया है। खाली सेल काउंट नहीं होंगे जबकि ज़ीरो वैल्यू काउंट होती हैं।

TRUE( )

TRUE( ) फंक्शन लॉजिकल वैल्यू 'सही' (True) वापस करता है और यह कोई आर्ग्यूमेंट नहीं लेता है।

सिंटैक्स (Syntax)

TRUE()

FALSE( )

FALSE( ) फंक्शन, TRUE( ) फंक्शन की तरह ही होता है लेकिन यह लॉजिकल वैल्यू 'गलत' (False) वापस करता है।

सिंटैक्स (Syntax)

FALSE()

स्टैटिस्टिकल फंक्शन (Statical Function)

स्टैटिस्टिकल फंक्शन्स का प्रयोग, डाटा की रेंज पर स्टैटिस्टिकल ऐनालिसिस करने के लिए होता है। इनमें कुछ सरल और कुछ जटिल स्टैटिस्टिकल फंक्शन जैसे average, min, max, standard deviation, slopes आदि होते हैं।

MAX( )

मैक्स फंक्शन, एक सेल में स्टोर की गई वैल्यूज़ के एक सैट में से सबसे बड़ी वैल्यू को वापस करता है।

सिंटैक्स (Syntax)

MAX (number 1, number 2 ....)

यहाँ **number 1, number 2 ....** आदि 30 तक नंबर होते हैं जिनमें से आप सबसे बड़ी वैल्यू जानना चाहते हैं।

- आप आर्ग्यूमेंट्स डाल सकते हैं जो नंबर, खाली सेल, लॉजिकल वैल्यू, या नंबर्स के टेक्स्ट रूप हो सकते हैं। जो आर्ग्यूमेंट ऐरर वैल्यू होते हैं या जो टेक्स्ट ट्रांस्लेट नहीं किए जा सकते हैं वो ऐरर का कारण हैं।
- यदि आर्ग्यूमेंट में कोई नंबर नहीं होते हैं तो MAX फंक्शन '0' वापस करता है।

उदाहरण 20

यदि A1:A5 में 10, 7, 9, 27 और 2 नंबर हैं तो

MAX(A1:A5) = 27 होगा (देखें चित्र 4.46)

MAX(A1:A5, 30) = 30

MIN( )

मिन फंक्शन, वैल्यू के एक सैट में से सबसे छोटी वैल्यू वापस करता है।

SCORE | 34

A	B	C	D	E	G	H
34						Sales
45	1	STATISTICAL FUNCTION	EXAMPLE	RESULT		05/01/2007
7						19
21		MAX() FUNCTION	=MAX(A1:A5)	45		62.24
6			=MAX(A1:A5,75)	75		TRUE
		MIN() FUNCTION	=MIN(A1:A5)	6		#DIV/0!
			=MIN(A1:A5,0)	0		
		AVERAGE() FUNCTION	=AVERAGE(A1:A5)	22.6	SALARY	COMMISSION
			=AVERAGE(SCORE)	22.6	10000	1000
			=AVERAGE(SCORE,B2)	19	20000	1500
		COUNT() FUNCTION	=COUNT(I1:I7)	3	30000	2500
			=COUNT(I4:I7)	1	40000	3000
			=COUNT(I1:I7,2)	4		
		COUNTIF() FUNCTION	=COUNTIF(H9:H12,">12000")	3		
			=COUNTIF(H16:H20,"SON")	2		
			=COUNTIF(A1:A4,">=10")	3	MOTHER	
					FATHER	
					SON	
					DAUGHTER	
					SON	

Sheet1 Sheet2 Sheet3 Sheet4 Sheet5 Scenario Summ

चित्र 4.45: स्टैटिस्टिकल फंक्शन

सिंटैक्स (Syntax)

MIN(number 1, number 2, ...)

जहाँ नंबर 1, **नंबर 2**, ... 30 तक नंबर होते हैं जिनमें से आप सबसे छोटी वैल्यू जानना चाहते हैं।

- आप नंबर, खाली सेल, लॉजिकल वैल्यू या नंबर्स के टेक्स्ट रूप आदि को आर्ग्यूमेंट्स के रूप में दिखा सकते हैं। जो आर्ग्यूमेंट ऐरर वैल्यू देते हैं या जो टेक्स्ट नंबर्स में ट्रांस्लेट नहीं किए जा सकते हैं, ऐरर का कारण बनते हैं।
- यदि आर्ग्यूमेंट में कोई नंबर नहीं होता है, तो MIN फंक्शन '0' वापस करता है।

उदाहरण 21

यदि A1:A5 में नंबर 10, 7, 9, 27 और 2 है तो

MIN(A1:A5) = 2 (देखें चित्र 4.46)

MIN(A1:A5, 0) = 0

AVERAGE( )

ऐवरेज फंक्शन उन आर्ग्यूमेंट्स का ऐवरेज (ऐरिथमैटिक मीन (mean)) वापस करते हैं जिन्हें फंक्शन में आर्ग्यूमेंट की तरह डाला जाता है। (चित्र 4.45)

सिंटैक्स (Syntax)

AVERAGE(number 1, number 2 ......)

जहाँ **नंबर 1, नंबर 2** ...... आदि 30 तक न्यूमरिक आर्ग्यूमेंट्स होते हैं जिनके लिए आप ऐवरेज निकालना चाहते हैं।

नोट्स

- ये आर्ग्यूमेंट्स या तो नंबर हो सकते हैं या नाम, या फिर रेफरेंसेज हो सकते हैं जिनमें नंबर होते हैं।
- यदि एक ऐरे या रेफरेंस आर्ग्यूमेंट्स जिसमें टेक्स्ट, लॉजिकल वैल्यू या खाली सेल होते हैं तो इस तरह की वैल्यू को अनदेखा कर दिया जाता है, लेकिन जिन सेल्स में '0' वैल्यू होती है। उन्हें शामिल किया जाता है।

☞ जब सेल्स की ऐवरेज निकाल रहे हैं, तो ध्यान रखें कि खाली सेल और '0' वैल्यू वाले सेल्स में अंतर होता है, विशेष कर तब जब आपने व्यू टैब (ऑप्शन कमांड, टूल्स मेन्यू) पर ज़ीरो वैल्यू चैक बॉक्स को क्लीयर कर दिया है। खाली सेल काउंट नहीं होते हैं जबकि ज़ीरो वैल्यू वाले सेल काउंट होते हैं।

उदाहरण 22

यदि A1:A5 का नाम Scores रखा गया है और इसमें नंबर 10, 7, 9, 27 और 2 हैं तो

AVERAGE(A1:A5) = 11 (देखें चित्र 4.46)

AVERAGE(Scores) = 11 होगा यहाँ स्कोर्स, रेंज का नाम है।

AVERAGE(A1:A5, 5) = 10

AVERAGE(A1:A5) = SUM(A1:A5)/COUNT (A1:A5) = 11

यदि C1:C3 का नाम Other Scores रखा है और इसमें तीन नंबर 4, 18, और 7 हैं तो

AVERAGE (SCORES, Other Scores) = 10.5

COUNT( )

काउंट फंक्शन उन सेल्स की संख्या को काउंट करता है, जिनमें नंबर और, आर्ग्यूमेंट्स की लिस्ट के भीतर के नंबर होते हैं। COUNT का प्रयोग एक रेंज या नंबर्स के ऐरे में नंबर फील्ड में एंट्रीज़ की संख्या पाने के लिए किया जाता है। (देखें चित्र 4.45)

सिंटैक्स (Syntax)

COUNT (value 1, value 2 .....)

जहाँ **value 1, value 2 ...** आदि 30 आर्ग्यूमेंट्स है जिनमें विभिन्न प्रकार का, अलग अलग डाटा होता है या ये उसे रेफर करते हैं लेकिन केवल नंबर ही काउंट होते हैं।

- जो आर्ग्यूमेंट नंबर, डेट या नंबर्स का टेक्स्ट रूप होते हैं, काउंट किए जाते हैं। जो आर्ग्यूमेंट ऐरर वैल्यू या टेक्स्ट होते हैं जिन्हें नंबर्स में ट्रांसलेट नहीं किया जा सकता है, को अनदेखा कर दिया जाता है।
- यदि एक आर्ग्यूमेंट ऐरे या रेफरेंस होता है, केवल उसे ऐरे या रेफरेंस की संख्याओं को ही काउंट किया जाता है। खाली सेल, लॉजिकल वैल्यू, टेक्स्ट या ऐरर वैल्यू, जो ऐरे या रेफरेंस में होती हैं, को अनदेखा कर दिया जाता है। यदि आप को लॉजिकल टेक्स्ट या ऐरर वैल्यूज़ को काउंट करने की जरूरत पड़ती है तो COUNT फंक्शन का प्रयोग करो।

उदाहरण 23

निम्न उदाहरण में कॉलम I1 से I6 तक में निम्न वैल्यू होती हैं, (देखें चित्र 4.45)

I1	**Sales**
I2	**1/5/2007**
I3	**19**
I4	**62.24**
I5	**TRUE**
I6	**DIV/0!**
17	**Blank**

COUNT (I1:I7) = 3 (देखें चित्र 4.45)

COUNT (I4:I7) = 1

COUNT (I1:I7, 2) = 4

डेट एंड टाइम फंक्शन (Date and Time Function)

डेट और टाइम फंक्शन्स के साथ आप फॉर्मूलाज में डेट और टाइम वाली वैल्यूज़ के साथ काम कर सकते हैं एवं उन्हें ऐनालाइज़ भी कर सकते हैं। उदाहरण के लिए, यदि आप फॉर्मूला में करेंट डेट का इस्तेमाल करना चाहते हैं तो आप TODAY( ) फंक्शन का प्रयोग कर सकते हैं, जो करेंट डेट ही वापस करता है।

TODAY( )

यह सिस्टम की करेंट डेट वापस करता है (देखें चित्र 4.46)

सिंटैक्स (Syntax)

TODAY( )

NOW( )

यह करेंट डेट और टाइम वापस करता हैं (देखें चित्र 4.46)

सिंटैक्स (Syntax)

NOW( )

DAY( )

यह उस तारीख का दिन वापस करता है, जो आर्ग्यूमेंट के रूप में डाली गई थी। यह दिन एक इंटीजर के रूप में दिया जाता है जो 1 से 31 के बीच में रहता है (चित्र 4.46 देखें)

सिंटैक्स (Syntax)

DAY(serial_number)

यहाँ **serial_number**, उस दिन की तारीख होती है जिसे आप ढूँढना चाहते हैं। तारीखों को टेक्स्ट स्ट्रिंग के रूप में कोटेशन चिन्हों के भीतर एंटर किया जाता है।

उदाहरण 24

DAY ("4-Jan") = 4

DAY ("15-Apr-2007") = 15

DAY ("4/15/2011") = 15

DAY ("2009/10/10") = 10

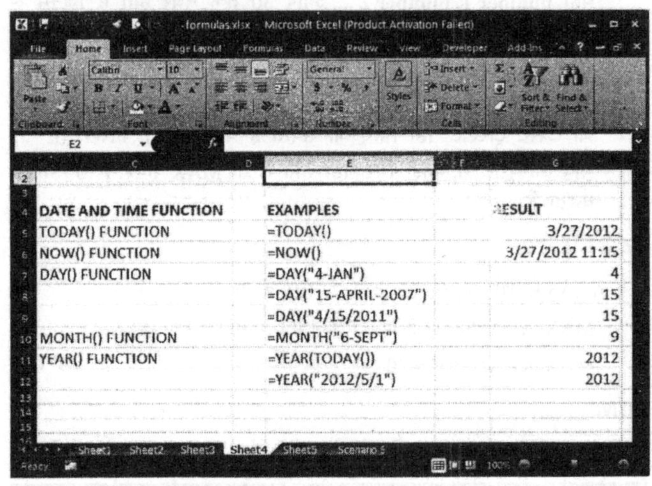

DATE AND TIME FUNCTION	EXAMPLES	RESULT
TODAY() FUNCTION	=TODAY()	3/27/2012
NOW() FUNCTION	=NOW()	3/27/2012 11:15
DAY() FUNCTION	=DAY("4-JAN")	4
	=DAY("15-APRIL-2007")	15
	=DAY("4/15/2011")	15
MONTH() FUNCTION	=MONTH("6-SEPT")	9
YEAR() FUNCTION	=YEAR(TODAY())	2012
	=YEAR("2012/5/1")	2012

चित्र 4.46: डेट एंड टाइम फंक्शन

MONTH( )

यह एक तारीख का महीना वापस करता है जिसे आपने आर्ग्यूमेंट के रूप में डाला था। इस महीने (month) को एक इंटीजर के रूप में बताया जाता है जो 1 (जनवरी) से 12 (दिसम्बर) तक होता है। (देखें चित्र 4.46)

सिंटैक्स (Syntax)

MONTH(serial_number)

जहाँ **serial_number** उस महीने की तारीख होती है जिसे आप खोज रहे हैं।

उदाहरण 25

MONTH ("6-sept") = 9 (देखें चित्र 4.47)

MONTH ("2012/04/01") = 4

YEAR( )

यह एक तारीख के अनुरूप जो वर्ष होता है उसे वापस करता है। (देखें चित्र 4.46)

सिंटैक्स (Syntax)

YEAR (serial_number)

यहाँ **serial_number** उस वर्ष की तारीख होती है जिसे आप ढूँढना चाहते हैं।

उदाहरण 26

YEAR ("5/7/2011") = 2011

YEAR ("2012/05/01") = 2012

टेक्स्ट फंक्शन (Text Function)

टेक्स्ट फंक्शन्स के साथ आप फॉर्मूलाज में टेक्स्ट स्ट्रिंग्स भी इस्तेमाल कर सकते हैं। आप स्ट्रिंग का केस भी बदल सकते हैं। टेक्स्ट स्ट्रिंग की लंबाई पता कर सकते हैं, दो स्ट्रिंग को जोड़ सकते हैं आदि।

CONCATENATE( )

दो या अधिक टेक्स्ट स्ट्रिंग्स को एक टेक्स्ट स्ट्रिंग्स में जोड़ता है। (चित्र 4.47)

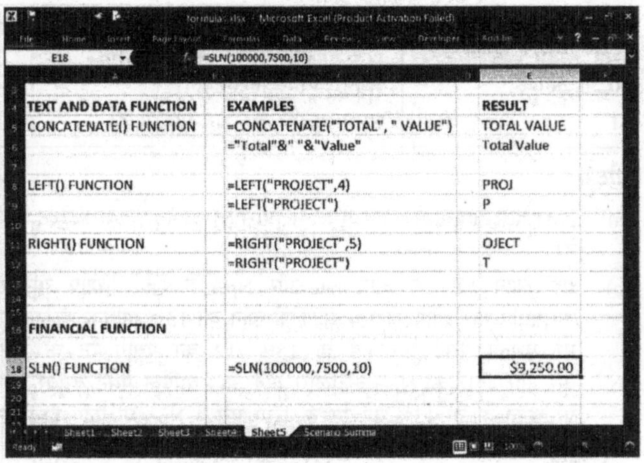

TEXT AND DATA FUNCTION	EXAMPLES	RESULT
CONCATENATE() FUNCTION	=CONCATENATE("TOTAL", " VALUE")	TOTAL VALUE
	="Total"&" "&"Value"	Total Value
LEFT() FUNCTION	=LEFT("PROJECT",4)	PROJ
	=LEFT("PROJECT")	P
RIGHT() FUNCTION	=RIGHT("PROJECT",5)	OJECT
	=RIGHT("PROJECT")	T
FINANCIAL FUNCTION		
SLN() FUNCTION	=SLN(100000,7500,10)	$9,250.00

चित्र 4.47: टेक्स्ट फंक्शन एंड फाइनेंसियल फंक्शन

सिंटैक्स (Syntax)

CONCATENATE (text1, text2 ....)

यहाँ **text1, text2 ....** आदि 1 से लेकर 30 टेक्स्ट आइटम होते हैं जिन्हें एक सिंगल टेक्स्ट आइटम में जोड़ा जाता है।

"&" ऑपरेटर का प्रयोग भी टेक्स्ट आइटम्स को जोड़ने के लिए किया जाता है।

उदाहरण 27

CONCATENATE ("TOTAL", "VALUE") = TOTAL VALUE (देखें चित्र 4.48)

यदि आप & ऑपरेटर को स्ट्रिंग्स जोड़ने के लिए इस्तेमाल करते हैं तो

"TOTAL" "&" "&" "VALUE"

LEFT( )

LEFT फंक्शन टेक्स्ट स्ट्रिंग्स का पहला कैरेक्टर या कैरेक्टर्स वापस करता है, जो आर्ग्यूमेंट्स में बताए गए कैरेक्टर्स की संख्या पर आधारित होता है। (देखें चित्र 4.48)

सिंटैक्स (Syntax)

LEFT (text, num_chars)

यहाँ **text**, टेक्स्ट स्ट्रिंग होती है

num_chars, उन कैरेक्टर्स की संख्या होती है जितने निकाले जाने हैं। डीफॉल्ट द्वारा यह 1 माना गया है।

उदाहरण 28

LEFT ("PROJECT", 4) = PROJ (देखें चित्र 4.48)

यदि A1 में "SUBJECT" है तो

LEFT (A1) = "S"

RIGHT( )

यह LEFT की तरह ही है लेकिन यह एक टेक्स्ट स्ट्रिंग के कैरेक्टर्स में से अंतिम कैरेक्टर या कैरेक्टर्स वापस करता है। जो आर्ग्यूमेंट में बताए गए कैरेक्टर्स की संख्या पर आधारित होते हैं।

सिंटैक्स (Syntax)

RIGHT (text, num_chars)

जहाँ **text**, टेक्स्ट स्ट्रिंग होती है।

num_chars, निकाले जाने वाले कैरेक्टर्स की संख्या होती है।

उदाहरण 29

RIGHT ("PROJECT", 5) = "OJECT" (देखें चित्र 4.48)

RIGHT ("PROJECT") = "T"

फाइनैंशियल फंक्शन (Financial Function)

फाइनैंशियल फंक्शन कॉमन बिज़नेस कैलकुलेशन करते हैं। उदाहरण के तौर पर, एक लोन के लिए पेमेंट का निर्धारण करना।

SLN( )

एक समय अवधि के लिए एक संपत्ति का स्ट्रेट-लाइन डेप्रिसिएशन वापस करता है। (देखें चित्र 4.47)

सिंटैक्स (Syntax)

SLN (Cost, Last_value, life)

यहाँ **cost**, संपत्ति की प्रारंभिक कीमत होती है।

last_value, डेप्रिसिएशन के बाद अंत में जो वैल्यू होती है।

life, वर्ष की संख्या होती है जिसमें संपत्ति को डेप्रिसिएशन हुआ था (संपत्ति की उपयोगी लाइफ)

उदाहरण 30

मान लीजिए आपने एक कार को 100,000 में खरीदा था जिसकी 10 वर्ष की उपयोगी लाइफ थी और एक साल्वेज (salvage) वैल्यू 7,500 थी। इसके प्रति वर्ष के डेप्रिसिएशन ऐलाउंस होंगे:

SLN (100000, 7500, 10) = $9,250 (देखें चित्र 4.48)

PMT( )

मान लीजिए आप एक कार खरीदना चाहते हैं और आप अपनी मंथली इन्स्टॉलमेंट कैलकुलेट करना चाहते हैं तो आप PMT( ) फंक्शन का प्रयोग कर सकते हैं। यह फंक्शन ऐक्सेल में बिल्ट इन होता है।

उदाहरण 31

1. एक सेल को ऐक्टिवेट करो।

2. फॉर्मूलाज टैब के अंतर्गत, इन्सर्ट फंक्शन को क्लिक करो। या फॉर्मूला बार के सेंटर में इन्सर्ट फंक्शन बटन पर क्लिक करो। अर्थात् fx या Shift + F3 कीज़ को एक साथ दबाओ। यह इन्सर्ट फंक्शन डायलॉग बॉक्स को चित्र 4.48 की तरह से डिस्प्ले करेगा।

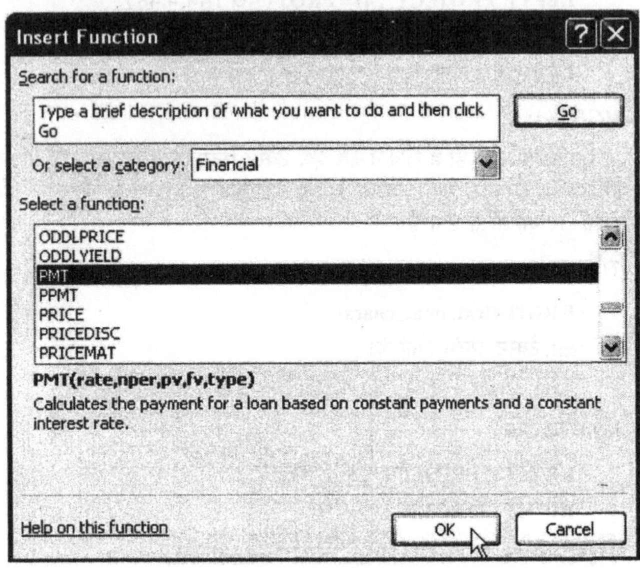

चित्र 4.48: इन्सर्ट फंक्शन डायलॉग बॉक्स

3. सिलेक्ट अ कैटेगरी: ड्रॉपडाउन लिस्ट में से एक फाइनैंशियल कैटेगरी चुनों।
4. सिलेक्ट अ फंक्शन: लिस्ट बॉक्स में से PMT फंक्शन पर क्लिक करो।
5. OK पर क्लिक करो यह एक फंक्शन आर्ग्यूमेंट डायलॉग बॉक्स चित्र 4.49 की तरह से खोलेगा।

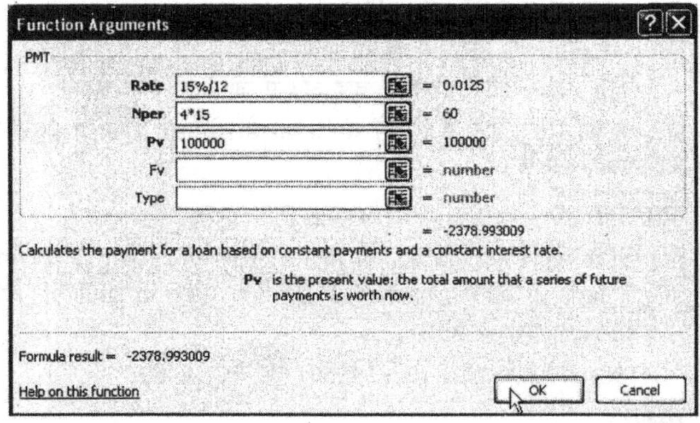

चित्र 4.49: फंक्शन आर्ग्यूमेंट्स डायलॉग बॉक्स

फंक्शन के लिए आवश्यक आर्ग्यूमेंट नीचे दिए जा रहे हैं:

आर्ग्यूमेंट	विवरण
रेट (Rate)	लोन की इंटरेस्ट रेट होती है।
Nper	लोन के लिए कुल पेमेंट्स की संख्या होती है।
Pv	प्रेज़ेन्ट वैल्यू या कुल अमाउंट जो भविष्य के पेमेंट की सीरीज़ का अभी का मूल्य है।
Fv	फ्यूचर वैल्यू या कैश बैलेंस जिस पर आप अंतिम पेमेंट कर देने के बाद पहुँचना चाहते हैं। यदि Fv को हटा दिया जाए, तो इसे '0' मान लिया जाता है और इससे फ्यूचर लोन की वैल्यू भी पता चलती है।
Type	यह '0' या 1 संख्याओं द्वारा दिखाया जाता है, जब पेमेंट बकाया होता है।

सैट टाइप ईक्वल टू	यदि पेमेंट बकाया होगा
0 या नहीं हैं	समय अवधि के अंत में
1	समय अवधि की शुरूआत में ही

नोट्स

(a) PMT द्वारा वापस भेजे गए पेमेंट में प्रिंसिपल अमाउंट तथा इंटरेस्ट होता है।

(b) यह ध्यान रखें कि आप rate और Nper के लिए विशेष यूनिट्स का प्रयोग करें। यदि आप 4 साल के लोन का 15% वार्षिक इंटरेस्ट रेट पर मंथली पेमेंट करते हैं तो 15% /12 का प्रयोग रेट के लिए करें और 4*15 का Nper के लिए। यदि आप वार्षिक पेमेंट बराबर लोन पर करते हैं, तो 15% को रेट के लिए एवं 4 Nper के लिए इस्तेमाल करें।

निम्न फॉर्मूला, 100,000 लोन पर, 15% वार्षिक इंटरेस्ट रेट पर, 60 महीनों के लिए दिए जाने वाले मंथली पेमेंट को वापस करता है।

PMT (15%/12, 60, 1,00,000) = 2378.99

बराबर लोन के लिए, यदि पेमेंट, समय अवधि के शुरू में ही बकाया रह जाएँ तो पेमेंट होगा।

PMT (15%/12, 60, 1,00,000, 0, 1) = 2349.62

निम्न फॉर्मूला वह अमाउंट वापस करता है जो, यदि आप किसी व्यक्ति को 5000 का लोन, 12% इंटरेस्ट पर पाँच महीनों के लिए देते हैं, तो वह व्यक्ति आपको प्रति महीने देगा।

PMT (12%/12, 5, -5000) = 1030.20

आप PMT का प्रयोग अपने PPF अकाउंट के लिए भी कर सकते हैं, यह निर्धारित करने के लिए कि लोन के अलावा भी कोई अन्य पेमेंट बकाया तो नहीं है। उदाहरण के लिए, यदि आप चाहते हैं, 18 वर्षों में, 5,00,000 सेव करना तो प्रतिमाह एक निश्चित अमाउंट सेव करने के लिए आप PMT फंक्शन का प्रयोग करके यह निर्धारित कर सकते हैं कि आपको कितना सेव करना चाहिए। यदि आप मान लेते हैं कि आप अपनी सेविंग्स पर 12% इंटरेस्ट कमा सकेंगे तो आप PMT का प्रयोग करके यह पता लगा सकते हैं कि आपको प्रति माह कितना सेव करना ठीक होगा।

PMT (12%/12, 18*12, 0, 5,00,000) = Rs. 659.75

अर्थात् यदि आप Rs 659.75 प्रतिमाह, 18 वर्षों तक देते रहेंगे तो आप 18 वर्षों के बाद 5,00,000 रू पाएँगे।

उपरोक्त उदाहरण यह बताता है कि फाइनेंशियल फंक्शन के क्या क्या उपयोग हैं। और भी कई सारे जटिल फंक्शन हैं जो अकाउटैंट्स, इंजीनियर्स एवं अन्य प्रोफ़ेशनल लोगों के लिए काफी उपयोगी है।

4.5 सारांश

यह अध्याय MS ऐक्सेल नामक एक बहुत ही लोकप्रिय स्प्रेडशीट पैकेज का कॉन्सेप्ट प्रस्तुत करता है। यह एक सबसे अधिक वर्साटाइल (versatile) स्प्रेडशीट प्रोग्राम है। पहले हमने एक इलेक्ट्रॉनिक स्प्रेडशीट के ऐलीमेंट्स की चर्चा की। हमने यह भी चर्चा की कि डॉक्यूमेंट्स को कैसे बनाया, एडिट, सेव और प्रिंट किया जाता है। टेक्स्ट, नंबर्स और डेट्स को एंटर करने की भी चर्चा की गई है। इस अध्याय में आगे बताया गया है कि वर्कशीट डाटा में सेल की एडिटिंग कैसे की जाती है। रोज और कॉलम्स को इन्सर्ट और डिलीट करना और इनकी हाईट तथा विड्थ बदलने की भी चर्चा की गई है। अंत में डाटा के बेहतर ढंग से समझने और प्रस्तुत करने के लिए, आप ऐक्सेल में चार्ट्स का उपयोग कर सकते हैं, जिनका विस्तार से वर्णन किया गया है।

मॉडल प्रश्न और उत्तर
(Model Questions and Answers)

A. मल्टीपल चॉएस

1.1 ड्रैग और ड्रॉप तरीके से एक सेल के कंटेंट्स को कॉपी करने के लिए इनमें से किस की (key) को प्रेस करना होगा:

(a) End की (b) Shift की
(c) Esc की (d) इनमें से कोई नहीं

1.2 यदि आप ___________ दबाते हैं तो सेल आपकी टाइपिंग को अपना कंटेंट मान लेता है:

(a) Enter (b) Ctrl + Enter
(c) Tab (d) Insert

1.3 ऑटोफिल फ़ीचर

(a) ऑटोमैटिक रूप से सेल वैल्यूज की एक रेंज ऐड करता है।
(b) डाटा की एक सीक्वेंशियल सीरीज को एक्सटेंड करता है।
(c) सिलेक्टेड सेल्स के चारों ओर बॉर्डर ऐप्लाई करता है।
(d) इनमें से कोई नहीं।

1.4 Qtr 1, Qtr 2, Qtr 3 इनमें से किसका एक उदाहरण है:

(a) फॉर्मूला (b) फंक्शन
(c) सीरीज़ (d) सिंटैक्स

1.5 आप मौजूद ऐक्सेल डाटा को निम्न की दबाकर एडिट कर सकते हैं:

(a) F1 की (b) F2 की
(c) F3 की (d) F4 की

1.6 ऐक्सेल में रो और कॉलम के इंटरसेक्शन को कहा जाता है:

(a) स्क्वैयर (b) सेल
(c) क्यूबिकल (d) वर्कशीट

1.7 डीफाल्ट से, ऐक्सेल शीट निम्न फॉंट स्टाइल प्रदर्शित करती हैं:

(a) स्ट्राइक थ्रू (b) इटालिक
(c) बोल्ड (d) इनमें से कोई नहीं

1.3 ऐक्सेल फाइल का एक्सटेंशन हैं:

(a) .TMT (b) .XXL
(c) .Xls (d) उपरोक्त में से कोई नहीं

1.9 इनमें से कौन एक फाइनैन्शियल फंक्शन नहीं है?

(a) FV( ) (b) NPV( )
(c) SUM( ) (d) PMT( )

1.10 सेल्स की एक रेंज के लिए जो सेल B1 से शुरू होकर कॉलम G और रो 10 तक जाती है, सेल रेफरेंस इस प्रकार होगा:

(a) G1-G10 (b) B1.G10
(c) B1;G10 (d) B1:G10

B. निम्न कथनों में सही या गलत बताइए।

2.1 सेल्स को उनकी पोजीशन्स से रोज या कालम्स के अनुसार नामित किया जाता है।

2.2 वर्कशीट विंडो का लास्ट कॉलम XFD है।

2.3 शीटटैब तब डिस्प्ले होगा जब आप एक शीट को डिस्प्ले करते हैं।

2.4 यदि बोल्ड और अंडरलाइन्ड बटन्स पहले से हल्के दिखते हैं, तो इसका अर्थ है कि इन्हें अभी इस्तेमाल किया जा रहा है।

2.5 एक नई वर्कशीट बनाने के लिए, वर्कशीट को फाइल मेन्यू में से सिलेक्ट करें?

2.6 एक कॉलम की स्टैंडर्ड विड्थ 18.43 होती है।

2.7 ओपन डायलॉग बॉक्स से फाइल को तेजी से खोलने के लिए फाइल के आयकन पर डबल क्लिक करें।

2.8 आप एक पूरी रो और एक पूरे कॉलम को एक साथ सिलेक्ट कर सकते हैं।

2.9 एक सिलेक्टेड रेंज के भीतर आप एक्टिव सेल को मूव नहीं कर सकते हैं।

2.10 अनडू कमांड का प्रयोग करके आप मल्टीपल एक्शन्स अनडू कर सकते हैं।

उत्तर

1.	1.1	(d)	1.2	(a)	1.3	(b)	1.4	(c)	1.5	(b)
	1.6	(b)	1.7	(d)	1.8	(c)	1.9	(c)	1.10	(d)
2.	2.1	F	2.2	T	2.3	T	2.4	F	2.5	F
	2.6	F	2.7	T	2.8	F	2.9	F	2.10	T

अध्याय-5

कम्यूनिकेशन में इंटरनेट का प्रयोग (Communication Using the Internet)

5.0 परिचय (Introduction)

कम्यूनिकेशन, इंटरनेट का बहुत ही लोकप्रिय उपयोग है। इंटरनेट ने, कम्प्यूटर्स के प्रयोग द्वारा लोगों के लिए एक दूसरे के साथ कम्यूनिकेट करना बहुत आसान बना दिया है। इंटरनेट पर कम्यूनिकेशन का सबसे अधिक लोकप्रिय तरीका है इलेक्ट्रॉनिक मेल (ई-मेल)। इस्तेमाल होने वाली सभी तकनीकों में से ई-मेल सबसे ऊपर है। कुछ कम्यूनिकेशन तकनीकों में ई-मेल डिस्कशन ग्रुप्स (discussion groups), यूज़नेट न्यूज (usenet news), चैट ग्रुप्स (chat groups) आदि भी शामिल हैं। ये नेटवर्क किए गए कम्प्यूटर वातावरण के लिए यूनीक (unique) हैं और ये इंटरनेट की वजह से काफी लोकप्रिय भी हो गए हैं। अन्य तकनीकें, जिसमें ऑडियो और वीडियो कॉन्फ्रेंसिंग तथा इंटरनेट टेलीफ़ोनी भी शामिल हैं, भी इंटरनेट पर उपलब्ध हैं। इन्हें कम्प्यूटर सिस्टम्स की मल्टीमीडिया क्षमता की अधिक आवश्यकता होती है।

इंटरनेट एक ऐसी शक्तिशाली क्षमता प्रदान करता है कि इसे प्राय: सभी कार्यों, जो सूचना पर निर्भर हैं, के लिए इस्तेमाल किया जा सकता है। यह प्रत्येक व्यक्ति, जो इसके कॉन्स्टीटुएंट नेटवर्क (constituent network) में एक से कनेक्ट होता है, के लिए ऐक्सेसिबल (accessible) है। यह इलेक्ट्रॉनिक मेल (ई-मेल), चैट रूम्स, न्यूज़ ग्रुप्स और ऑडियो एवं वीडियो ट्रांसमीशन द्वारा ह्यूमन कम्यूनिकेशन को सपोर्ट करता है। यह अलग अलग लोकेशन्स पर स्थित कई लोगों को संयुक्त रूप से कार्य करने की अनुमति देता है। यह कई ऐप्लीकेशन्स, जिनमें वर्ल्ड वाइड वेब (world wide web) शामिल हैं, के द्वारा डिज़िटल सूचना में ऐक्सेस को सपोर्ट करता है। इंटरनेट, बड़े और बढ़ती संख्या में 'ई-बिज़नेसेज' के लिए एक मजबूत पृष्ठभूमि साबित हुए हैं क्योंकि ये इंटरनेट के ज़रिए अपना अधिकांश सेल्स सर्विसेज़ का कार्य करते हैं। कई विशेषज्ञों का मानना है कि इंटरनेट, बिजनेस एवं समाज को नाटकीय ढंग से बदल देगा।

5.1 उद्देश्य (Objectives)

पाठक निम्नलिखित को समझ सकेंगे:

- कम्प्यूटर नेटवर्क्स के बेसिक्स
- इंटरनेट के कॉन्सेप्ट
- इंटरनेट पर उपलब्ध सर्विसेज़
- इंटरनेट ऐक्सेस के लिए कम्प्यूटर को तैयार करना

5.2 कम्प्यूटर नेटवर्क्स के बेसिक्स (Basics of Computer Networks)

एक नेटवर्क, कम्प्यूटर्स का एक ग्रुप होता है जो इस तरह से कनेक्टेड होता है ताकि रिर्सोसेज़ को शेयर कर सके। एक नेटवर्क में कम्प्यूटर्स का एक ग्रुप एक स्वतंत्र स्टैंडएलोन (standalone) मशीन की अपेक्षा ज्यादा स्टोरेज क्षमता और प्रोसेसिंग पॉवर प्रदान करेगा। कम्प्यूटर्स के साथ साथ, एक नेटवर्क में पेरीफेरल डिवाइसेज भी होती हैं जो कैरियर और डाटा कम्यूनिकेशन डिवाइसेज के साथ होती हैं जो डाटा और सूचना को एक्सचेंज करने के लिए इस्तेमाल की जाती हैं।

कम्प्यूटर नेटवर्क्स के प्रयोग द्वारा, डाटा ट्रांसफर की कॉस्ट (cost) को इकॉनॉमिकल (economical) बनाया जा सकता है कारण कम्प्यूटर्स डाटा ट्रांसफर को बहुत ही तेज़ गति से करते हैं। इस तरह से कम्प्यूटर्स, डाटा या सूचना ट्रांसफर करते समय हमें कॉस्ट और समय की बचत करने में मदद करते हैं। एक नेटवर्क में, अलग अलग मेक (make) के कम्प्यूटर्स एक साथ जुड़े होते हैं और यूज़र्स एक ग्रुप में एक साथ कार्य कर सकते हैं। सॉफ्टवेयर पैकेजेस को, डाटाबेस मैनेजमेंट सिस्टम (DBMS) एवं ग्राफ़िकल आर्टवर्क में कार्य करने वाले ग्रुप के लिए विकसित किया गया है। इसके अलावा दूर-दूर स्थित अलग अलग डिपार्टमेंट्स का डाटा एक सेंट्रल कम्प्यूटर पर ट्रांसफर और स्टोर किया जा सकता है। इस डाटा को, फिर अलग अलग डिपार्टमेंट्स में स्थित कम्प्यूटर्स द्वारा ऐक्सेस किया जा सकता है। सेंट्रल कम्प्यूटर से डाटा को, सभी यूज़र्स द्वारा अपडेट और ऐक्सेस किया जा सकता है। यह तरीका, ऑर्गनाइज़ेशन के कार्य करने के सीधे तरीके में कोई गड़बड़ी न हो, इसका ध्यान रखता है क्योंकि सभी यूज़र्स को लेटेस्ट सूचना मिलती है (उदाहरण के लिए, इन्वेंट्री (inventory)), जो सेंट्रल कम्प्यूटर में स्टोर की गई है।

5.2.1 नेटवर्क के लाभ (Advntages of Network)

कम्प्यूटर नेटवर्किंग के लाभ इस प्रकार हैं:

1. **रिसोर्स की शेयरिंग:** रिसोर्स शेयरिंग का उद्देश्य है सभी प्रोग्राम्स, डाटा और पेरीफेरल्स को अधिकृत यूजर्स के लिए नेटवर्क पर उपलब्ध कराना चाहे रिसोर्सेज का फिज़िकल लोकेशन कुछ भी हो।
2. **विश्वसनीयता:** यह लाभ सप्लाई के एक वैकल्पिक सोर्स द्वारा प्रदान किया जाता है। उदाहरण के लिए, फाइल्स दो या तीन मशीन्स पर रेप्लिकेट की जा सकती है; अत: यदि इनमें से एक अनुपलब्ध है (हार्डवेयर फेल्योर की वजह से), तो अन्य कॉपीज का प्रयोग किया जा सकता है। इसके साथ साथ मल्टीपल सेंट्रल प्रोसेसिंग यूनिट्स (CPU) की उपस्थिति का अर्थ है यदि एक खराब होता है, तो अन्य उसका काम लेने में समर्थ होते हैं। यह मिलिट्री, बैंकिंग, एयर ट्रैफिक कंट्रोल आदि के लिए बहुत महत्त्वपूर्ण है, जहाँ हार्डवेयर समस्याओं के होने पर भी कार्य को जारी रखना आवश्यक होता है।
3. **वित्तीय लाभ:** छोटे कम्प्यूटर्स (PCs) के पास बेहतर प्राइस-टू पर्फार्मेंस रेशियो होता है बड़ों की तुलना में मेन फ्रेम कम्प्यूटर एक पीसी की तुलना में दस गुना तेज हो सकता है, लेकिन इसकी कीमत भी सौ गुना अधिक होती है। परिणाम स्वरूप, अधिकांश संगठन एक कम्प्यूटर नेटवर्क को मेन्टेन करना पसंद करते हैं जिसमे एक बड़े सेंट्रलाइज्ड कम्प्यूटर के बदले पर्सनल कम्प्यूटर्स के सैट होते हैं।

4. **बेहतर संचार माध्यम:** एक संगठन जिसमें दूर-दूर जगहों पर बहुत सी ब्रांचेज होती हैं, कम्प्यूटर सुविधाओं की नेटवर्किंग करना संचार का सस्ता और आसाना तरीका है। इसमें तुरंत कोई भी सूचना एक जगह से दूसरी जगह भेजी जा सकती है। जब भी कोई यूजर एक फाइल को अपडेड करता है, यह नेटवर्क पर लॉगइन करने वाले अन्य यूजर्स को भी दिखाई देता है।
5. **रिमोट डाटाबेस में ऐक्सेस:** रिमोट डाटाबेस में ऐक्सेस पाने के द्वारा, यह संभव है कि आप अनावश्यक परेशानी और कीमती समय गँवाने से बच जाएँ, विशेषकर ऐसे कार्यों में जैसे हवाई और रेल आरक्षणों में, होटेल्स की बुकिंग आदि। विश्व की किसी भी रिमोट जगह, आप एक एयर टिकट एक शहर से दूसरे शहर के लिए करवा सकते हैं, होटल्स कमरे आरक्षित करवा सकते हैं और तुरंत इसकी कन्फर्मेशन भी प्राप्त करवा सकते हैं।

5.2.2 नेटवर्क्स के प्रकार (Types of Networks)

कई प्रकार के कम्प्यूटर नेटवर्क्स होते हैं जिनके बारे में नीचे वर्णन किया जा रहा है।

लोकल एरिया नेटवर्क (LAN) Local Area Network)

लोकल एरिया नेटवर्क (लैन), कम्प्यूटर्स का एक ग्रुप है जो एक ही रूम, एक ही फ्लोर, या एक ही बिल्डिंग में लोकेटेड होते हैं, जो आपस में कनेक्ट होकर

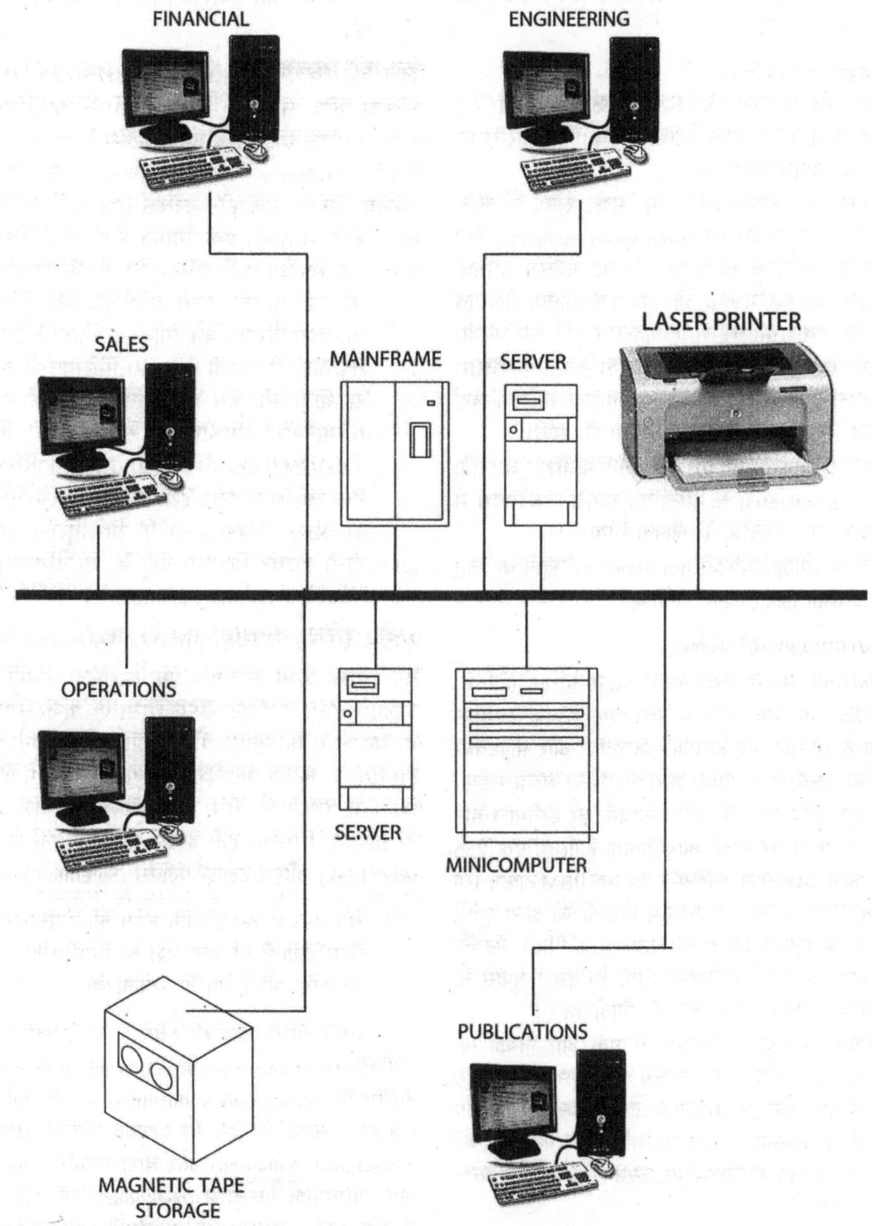

चित्र 5.1: एक ऑर्गनाइज़ेशन का सामान्य लैन सिस्टम।

एक सिंगल कम्प्यूटर नेटवर्क बनाते हैं। लोकल एरिया नेटवर्क्स (लैन्स) यूज़र्स को स्टोरेज डिवाइसेज, प्रिंटर्स, ऐप्लीकेशन्स, डाटा और अन्य नेटवर्क रिसोर्सेज़ शेयर करने की अनुमति देते हैं। ये एक खास ग्राफ़िकल एरिया में सीमित होते हैं, जो आमतौर पर एक किलोमीटर से कम व्यास का होता है।

चित्र 5.1 में लैन ऑपरेशन्स की बेसिक फिज़िकल कैरेक्टरिस्टिक्स (भौतिक विशेषताएँ), सूचना ट्रांसफर (information transfer) और शेयर्ड डिवाइस (shared device) कॉन्सेप्ट्स को दर्शाया गया है। लाइन प्रिंटर और मैग्नेटिक टेप स्टोरेज शेयर्ड रिसोर्सेज़ हैं, क्योंकि नेटवर्क से जुड़ा कोई भी यूज़र इन डिवाइसेज को पीसी द्वारा, एक रिसोर्स मैनेजर या सर्वर बनकर, ऐक्सेस कर सकता है। ये शब्द लैन की भाषा में अक्सर बोले जाते हैं। कुछ नेटवर्क्स में, यूज़र्स मेनफ्रेम या मिनी कम्प्यूटर्स से सीधे डाटा या फाइल्स एक्सचेंज कर सकते हैं।

लैन के फायदे (Adtantages of LANs)

(a) लोकल एरिया नेटवर्क्स, महँगे रिसोर्सेज जैसे कलर्ड लेज़र प्रिंटर्स और हाई स्पीड एवं उच्च क्षमता वाली मास स्टोरेज डिवाइसेज को कई सारे यूज़र्स के बीच शेयर करने की अनुमति देता है।

(b) लोकल एरिया नेटवर्क्स, एक ऑर्गनाइजेशन में, मुख्य लोगों के बीच जरूरी सूचना के हाई स्पीड एक्सचेंज (high speed exchange) की अनुमति देते हैं। यदि ढंग से मैनेज किया जाए, तो यह शेयरिंग, अधिक कुशलता एवं उत्पादकता को बढ़ावा देगी और यह इलेक्ट्रॉनिक मेल एवं कंपनी की वेबसाइट जैसे ज्यादा महत्त्वपूर्ण ऐप्लीकेशन्स की ओर बढ़ेगी।

(c) लोकल एरिया नेटवर्क वह उत्प्रेरक (catalyst) प्रदान करता है जिससे पीसी के लिए पोटेंशियल ऐप्लीकेशन्स की रेंज को बढ़ाया जा सके जहाँ एक ऐप्लीकेशन पैकेज, यूजर्स द्वारा इस्तेमाल किया जा सके।

(d) लैन, उत्पादकता बढ़ाने में योगदान देते हैं। एक ऑर्गनाइज़ेशन के लाँग रेंज इंटरेस्ट्स (long range interests) के प्रस्तावित योगदान के संदर्भ में एक लैन के इन्स्टॉलेशन को नज़दीक से जानना होगा।

बिज़नेस के केस में, एक लैन को प्रौफ़िटेबिलिटी (profitability) बढ़ाने के लिए विज़िबल कांट्रीब्यूटर (visible contributor) होना चाहिए।

लैन के नुकसान (Disadvantages of LANs)

(a) लोकल एरिया नेटवर्किंग की फाइनैन्शियल कॉस्ट बहुत अधिक होती है। यदि कोई एक लेज़र प्रिंटर को शेयर करने के लिए एक नेटवर्क इस्तेमाल करने का प्लान बनाता है तो यूज़र को नेटवर्किंग हार्डवेयर और सॉफ्टवेयर खरीदने की अपेक्षा एक दूसरा लेज़र प्रिंटर खरीदना ज्यादा सस्ता पड़ेगा।

(b) लोकल एरिया नेटवर्किंग सॉफ्टवेयर के लिए, नेटवर्क पर इस्तेमाल होने वाले प्रत्येक कम्प्यूटर में मेमोरी स्पेस की आवश्यकता होती है। एक 256 मेगाबाइट मेन मेमोरी वाले IBM पीसी कम्प्यूटर जो एक IBM टोकन रिंग नेटवर्क में जिसमें एक प्रिंटर या एक डिस्कस्पेस होती है जो अन्य यूजर्स द्वारा शेयर की जाती है, के लिए कम्प्यूटर की प्रायः 10% मेमोरी, नेटवर्क इंटरफ़ेस को मैनेज करने के लिए आवश्यक होती है। इससे यूज़र्स के प्रोग्राम्स के लिए उपलब्ध मेमोरी स्पेस कम हो जाती है।

(c) लोकल एरिया नेटवर्किंग, कम्प्यूटर ऑपरेशन में एक और लेवल की कॉम्प्लेक्सिटी (complexity) जोड़ता है। यूजर्स को नेटवर्क कमांड्स समझने में हो सकता है कि तकलीफ हो। एक लैन के इन्स्टॉलेशन और मैनेजमेंट के लिए अधिक टेक्निकल और ऐडमिनिस्ट्रेटिव स्किल्स की आवश्यकता होती है बजाए उन कम्प्यूटर्स को इन्स्टॉल और मैनेज करने के, जो नेटवर्क्ड नहीं होते हैं।

(d) यूज़र के हिस्से का कुछ कंट्रोल छूट जाता है। आपको एक प्रिंटर को अन्य यूज़र्स के साथ शेयर करना पड़ सकता है। आप एक ऐसी परिस्थिति का सामना करते हैं जैसे, उदाहरण के लिए मान लो कि पूरा नेटवर्क अचानक लॉक हो जाता है कारण किसी एक यूज़र ने कोई गल्ती कर दी है।

(e) यदि यह महत्त्वपूर्ण है कि गोपनीय डाटा की सुरक्षा की जाए तो किसी प्रकार का सिक्योरिटी सिस्टम अवश्य अपनाना चाहिए।

(f) कई करेंट ऐप्लीकेशन प्रोग्राम्स एक नेटवर्क के वातावरण में नहीं चलेंगे। इन प्रोग्राम्स को शायद अधिक मेमोरी की आवश्यकता होती है या इनके पास अन्य तकनीकी रूकावटें होती हैं। अन्य केसेज में, प्रोग्राम हो सकता है कि चले, लेकिन ऐक्ज़ीक्यूशन (execution) से डाटा के लिए बहुत ही कम मेमोरी बचती है। मेमोरी - इंटेंसिव (intensive) प्रोग्राम्स, जैसे RDBMS और एक्सपर्ट सिस्टम्स, विशेषतौर पर नेटवर्किंग के लिए ही बने हैं।

लैन की विशेषताएँ (Characteristics of LAN)

लोकल एरिया नेटवर्क्स, विशेष प्रकार के कम्यूनिकेशन सिस्टम्स हैं, लेकिन, लैन्स की तीन प्राइमरी कैरेक्टरिस्टिक्स हैं जो इन्हें वाइड एरिया नेटवर्क्स जैसे टेलनेट (Telnet), टिमनेट (Tymnet), कम्प्यूसर्व (compuserve) और पब्लिक-स्विच्ड टेलीफ़ोन नेटवर्क (PSTN) से अलग करती है। ये हैं:

(a) लैन्स (LANs) एक सीमित भौगोलिक एरिया के भीतर कार्य करते हैं।

(b) जब सामान्य वाइड एरिया नेटवर्क्स जो अभी इस्तेमाल हो रहे हैं, से तुलना की जाती है, तब लैन्स अपेक्षाकृत हाई स्पीड पर ऑपरेट करते हैं। लैन की डाटा ट्रांसफर की स्पीड 80 मिलियन बिट्स प्रति सेकेंड (80 Mbps) तक हाई हो सकती है या 10 मिलियन कैरेक्टर्स प्रति सेकेंड (10 Mcps) से थोड़ी सी कम हो सकती हैं। इसकी अधिकांश पर्सनल कम्प्यूटर कम्यूनिकेशन सिस्टम द्वारा इस्तेमाल की जाने वाली ट्रांसमीशन स्पीड 1200/2500 bps (120/250 Cps) या हाईग्रेड टेलीफोन कंपनी डिज़िटल ट्रंक लाइन्स के लिए इस्तेमाल होने वाली अधिकतम डाटा ट्रांसफर स्पीड 56 Kbps (7000 Cps) के साथ तुलना (compare) की जाती है।

(c) लैन्स प्राइवेट नेटवर्क्स होते हैं, जो टैरिफ्स (tariffs) या अन्य रेगुलेटरी कंट्रोल्स (regulatory controls) से संबंधित नहीं होते हैं।

वाईड एरिया नेटवर्क (WAN) (Wide Area Network)

वैन (वाइड एरिया नेटवर्क) एक डिज़िटल कम्यूनिकेशन सिस्टम है जो अलग अलग साइट्स, कम्प्यूटर इंस्टालेशन्स एवं यूज़र टर्मिनल्स को इंटरकनेक्ट करता है। यह लैन्स को आपस में कम्यूनिकेट करने की भी सुविधा प्रदान करता है। इस तरह के नेटवर्क को देशभर में या विश्वभर में ऑपरेट करने के लिए डेवलप किया जा सकता है। वैन्स में इस्तेमाल होने वाला ट्रांसमीशन मीडिया आमतौर पर पब्लिक सिस्टम्स होते हैं जैसे टेलीफोन लाइन्स, माइक्रोवेव लिंक (Microwave Link) और सैटेलाइट लिंक्स (Satellite Links)।

☞ वैन (WAN) का उपयोग लैन्स को इंटरकनेक्ट (interconnect) करने के लिए होता है जो एक देश के विपरीत दिशा में या पृथ्वी के मान चित्र पर कहीं भी स्थित हो सकता है।

वाइड एरिया नेटवर्क्स (वैन्स), कंटीन्यूअस ऐरर डिटेक्शन और करेक्शन टेक्नीक्स (continuos error detection and correction techniques) जो सिंक्रोनस ट्रांसमीशन (synchronous transmission) में शामिल होती हैं, को कंबाइन (जोड़ता) करता है। इसे यह सशक्त नेटवर्क प्रॉब्लम डिटरमिनेशन (network problem determination) और डाटा राउटिंग (data routing) के साथ करता है ताकि पॉवरफुल बैकबोन्स (backbones) बन सके जो एंड यूज़र्स (end users) के लिए उच्च गुणवत्ता एवं विश्वसनीय सेवा सुनिश्चित कर सके। ये नेटवर्क, कई सारे होस्ट (host) कम्प्यूटर्स में, एक साथ, एक ही फ़िज़िकल मीडियम

(physical medium) में ऐक्सेस करने की अनुमति कई सारे यूज़र्स को देते हैं, जबकि प्रत्येक यूज़र का सेशन अलग होता है, ताकि कोई भी यूज़र नेटवर्क पर अन्य के बारे में जान नहीं पाए। वाईड एरिया नेटवर्क्स ऐसी स्पीड्स पर ऑपरेट करते हैं जो 19,200 bps, जो नॉर्मल वॉएस - ग्रेड टेलीफोन लाइन्स की लिमिट है, से कहीं ज्यादा होती है।

चित्र 5.2 में एक वाईड एरिया नेटवर्क दिखाया गया है, जिसे एक बड़ी कंपनी, रीज़नल कम्प्यूटर्स को कनेक्ट करने के लिए, प्रयोग में ला सकती है। इस उदाहरण में, विभिन्न सेक्शन्स जैसे मैन्यूफैक्चरिंग (manufacturing), डिस्ट्रीब्यूशन (distribution) और अकाउंटिंग (accounting) आदि सभी नेशनल हैडक्वाटर्स से कनेक्टेड होते हैं और इस प्रकार कम्यूनिकेशन के लिए एक दूसरे से भी। अधिकांश वैन्स, कॉम्प्लेक्स (complex) होते हैं और ये लैन्स की अपेक्षा ज्यादा यूज़र्स को सर्व करते हैं एवं ज्यादा काम भी करते हैं।

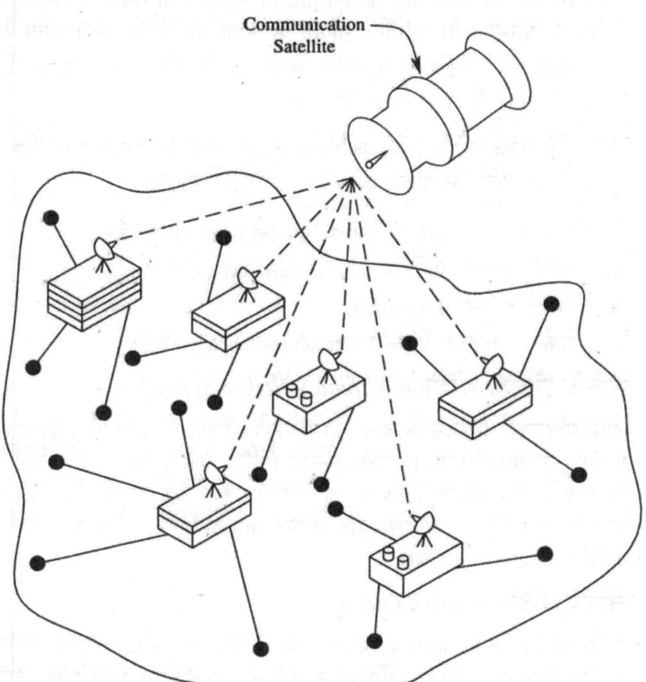

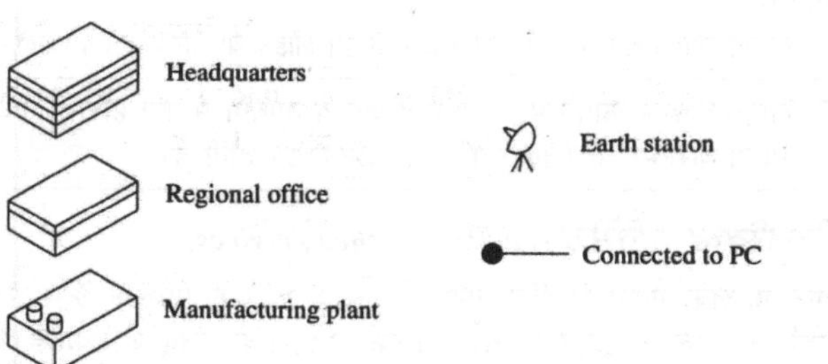

चित्र 5.2: एक वाइड एरिया नेटवर्क जो रीज़नल कम्प्यूटर्स से कनेक्टेड है।

वैन्स को विशेष प्रकार से बनाया जाता है, स्पेशल रूप से कंडीशन्ड टेलीफोन लाइन्स, माइक्रोवेव कम्यूनिकेशन्स या सैटलाइट डाटा ट्रांसमीशन का प्रयोग करके।

कुछ फंक्शन्स जो वैन पर किए जा सकते हैं, इस प्रकार हैं:

रिमोट डाटा और जॉब एंट्री (Remote Data and Job Entry)

वैन का प्रयोग करके पॉइंट - ऑफ - सेल (point-of-sale) टर्मिनल्स से सेल्स और ट्रांज़ेक्शन्स (sales and transactions) के लिए डाटा एंटर करना संभव है। प्रोसेसिंग और रिपोर्टिंग के उद्देश्य से एक कम्प्यूटर में इस डाटा को सेंट्रलाइज़ करना भी संभव है। उदाहरण के लिए, विकसित देशों में सुपर मार्केट्स जो वैन्स के द्वारा कनेक्टेड होते हैं, अपने रिमोट सेल (remote sale) सेंटर्स से सारा सेल्स डाटा भेज सकते हैं और सेंट्रल पर्चेज (central purchase) एवं डिस्ट्रीब्यूशन (distribution) सेंटर सारी सेल फिगर्स (sale figures) को डे टूडे (day to day) बेसिस पर मॉनीटर कर सकते हैं। इसके बाद सेंट्रल डिस्ट्रीब्यूशन सेंटर इन ब्राँचेज से कलेक्ट किए गए डाटा के आधार पर ग्रोसरी (grocery) आइटम्स सप्लाई करने के लिए कार्य करते हैं। इससे सभी ब्रांचेज़ को कंट्रोल करने में मदद मिलती है और अलग अलग ब्रांचेज में सभी आइटम्स को समय से सप्लाई किया जा सकता है।

इसी प्रकार, विश्वविद्यालयों और कॉलेजों में रिमोट जॉब एंट्री से फैकल्टी (faculty) और स्टूडेंट्स (students) को एक सेंट्रल कम्प्यूटर पर उनके अपने प्रोग्राम्स लिखने और ऐक्ज़ीक्यूट करने में मदद मिलती है। उदाहरण के लिए, यदि सभी IITs वैन्स के द्वारा कनेक्ट हो जाते हैं, तो रिसर्च प्रोजेक्ट्स आसानी से इम्प्लीमेंट हो सकते हैं कारण एक प्रोग्राम जो किसी एक ITT पर डेवलप किया गया है, का उपयोग, अन्य IIT के स्टूडेंट्स द्वारा ऑन-लाइन किया जा सकता है और प्रयासों के ड्यूप्लिकेशन (duplication) को अवॉएड (avoid) किया जा सकता है। इससे ना केवल कार्य कुशलता आती है बल्कि प्रयासों की बचत भी होती है।

सूचना का केन्द्रीयकरण (Centralizing Information)

एक बिजनेस के लिए अक्सर यह सुविधाजनक होता है कि रीज़नल/नेशनल (क्षेत्रीय/राष्ट्रीय) सूचना को सेंट्रलाइज़ (centralize) किया जाए। उदाहरण के लिए, ऑटोपार्ट डीलर्स को, इन्वेंट्री आइटम्स की फाइल, जो एक सेंट्रलाइज़्ड कम्प्यूटर पर होती है, का प्रयोग करके, रेयर (rare) ऑटोपार्ट्स को लोकेट करने में मदद मिलती है। वैन्स इस तरह के डीलर्स को सेंट्रलाइज़्ड डाटाबेसेज से क्वेरी करने में मदद करते हैं।

संचार की सुविधा (Facilitating Communication)

विकसित देशों में कॉर्पोरेशन्स, अक्सर वैन्स का प्रयोग एम्प्लॉयी कम्यूनिकेशन्स की सुविधा के लिए करते हैं ताकि लंबी दूरी के फोन कॉल्स और लेटर्स लिखने में बचत की जा सके, लिखित डॉक्यूमेंट्स की तैयारी में आने वाले खर्चों को कम किया जा सके और अंतर्राष्ट्रीय कम्यूनिकेशन्स में शामिल टाइम लैग (time lag) को दूर किया जा सके। कम्प्यूटर कॉन्फ्रेंसिंग जिसमें यूज़र्स एक दूसरे से उनके कम्प्यूटर सिस्टम द्वारा कम्यूनिकेट करते हैं, वैन्स का दूसरा संभावित फंक्शन है।

दो विशेष रूप से महत्त्वपूर्ण प्रकार के वैन्स हैं:

(a) हैरार्किकल नेटवर्क्स (Hierarchical Networks)

(b) डिस्ट्रीब्यूटेड डाटा - प्रोसेसिंग नेटवर्क्स (Distributed Data - Processing Networks)

हैरार्किकल नेटवर्क्स (Hierarchical Networks)

कई वैन्स कम्प्यूटर्स को एक हैरार्की में कन्फिगर करते हैं और इसलिए इन्हें हैरार्किकल नेटवर्क्स कहा जाता है। बेसिक आइडिया ये है कि लोकल मिनी कम्प्यूटर्स और माइक्रो कम्प्यूटर्स, रीजनल मिनी और मेनफ्रेम कम्प्यूटर्स के इर्द

गिर्द कलस्टर (झुंड) बनाते हैं। यह, एक ऑर्गनाइजेशनल चार्ट की हैरार्किकल रिलेशनशिप्स (relationships) की तरह एक रिपोर्टिंग अरेंजमेंट (reporting arrangement) बनाते हैं। एक हैरार्किकल नेटवर्क का सबसे अधिक पॉवरफुल कम्प्यूटर आमतौर पर एक लार्ज मेनफ्रेम कम्प्यूटर होता है। अक्सर एक फ्रंट एंड प्रोसेसर इस मेनफ्रेम साइट पर इस्तेमाल किया जाता है ताकि इनपुट/आउटपुट डाटा कम्यूनिकेशन्स को हैंडल किया जा सके और सिस्टम की कम्प्यूटर सिक्योरिटी के कार्य को भी जिससे बैक एंड प्रोसेसर (back end processor) को आवश्यक डाटा प्रोसेसिंग कार्यों को करने के लिए तैयार किया जा सके।

डिस्ट्रीब्यूटेड डाटा-प्रोसेसिंग नेटवर्क्स
(Distributed Data - Processing Networks)

डिस्ट्रीब्यूटेड डाटा - प्रोसेसिंग नेटवर्क्स, कम्प्यूटर्स या टर्मिनल्स को लोकल या रीज़नल साइट्स पर रखते हैं, ताकि, इन लोकेशन्स पर कम्प्यूटर पॉवर (उदाहरण: मेनफ्रेम कम्प्यूटर रिसोर्सेज) में ऐक्सेस प्रदान की जा सके। एक डिस्ट्रीब्यूटेड डाटा-प्रोसेसिंग सिस्टम, कई हार्डवेयर और खास सॉफ्टवेयर रिसोर्सेज की शेयरिंग, कई यूज़र्स के बीच, जो एक दूसरे से काफी दूर पर स्थित होते हैं, संभव बनाता है।

वैन और नेटवर्क सर्विसेज का प्रयोग करना
(Using WAN and Network Services)

आजकल कई वाइड एरिया नेटवर्क सर्विसेज उभरकर आ रही हैं कारण कॉर्पोरेट बिज़नेस हाउसेज और पब्लिक एंड प्राइवेट सेक्टर्स की डिमांड काफी बढ़ रही है।

यूज़र्स ऐसे वाईड एरिया नेटवर्क ऐक्सेसेज की माँग कर रहे हैं जो डाटा, वीडियो, इमेजिंग, फ़ैक्स और वॉएस के ट्रांसमीशन के लिए सपोर्ट प्रदान करते हैं। वाईड एरिया नेटवर्क सर्विसेज के लिए प्राइमरी ड्राइविंग फोर्सेज (primary driving forces) जो बढ़ी हुई क्षमता एवं सॉफ़िस्टिकेशन के साथ होनी चाहिए, इस प्रकार हैं:

(a) होस्ट से टर्मिनल का कनेक्शन (Host to terminal connection)
(b) लैन से लैन का कनेक्शन (LAN to LAN connection)
(c) रिमोट लैन कनेक्शन (Remote LAN connection)

होस्ट से टर्मिनल का कनेक्शन (Host to Terminal Connection)

टर्मिनल एक I/O (इनपुट/आउटपुट) डिवाइस है, जिसमें एक कीबोर्ड और एक मॉनीटर होता है, और होस्ट एक बैक - एंड प्रोसेसिंग कम्प्यूटर है। होस्ट और टर्मिनल्स अलग अलग लोकेशन्स पर लोकेटेड हो सकते हैं। होस्ट्स अलग अलग टर्मिनल्स के साथ, लोकल एरिया नेटवर्क कनेक्शन्स के द्वारा या रिमोट डायल-अप कनेक्शन्स के द्वारा कनेक्टेड हो सकते हैं। एक टर्मिनल के द्वारा, यूज़र्स के कमांड्स एंटर किए जाते हैं। यह सूचना एक होस्ट कम्प्यूटर को ईथरनेट या टोकन रिंग लोकल एरिया नेटवर्क कनेक्शन पर ट्रांसमिट की जाती है (आमतौर पर मेनफ्रेम कम्प्यूटर)। मेनफ्रेम कम्प्यूटर इनपुट को प्रोसेस करता है और आउटपुट को नेटवर्क के ऊपर से होते हुए टर्मिनल मॉनीटर को भेज देता है। इस तरह ऐप्लीकेशन होस्ट में रन करता है और टर्मिनल यूज़र इंटरफेसिंग (interfacing) का कार्य करता है।

टर्मिनल्स दो प्रकार के हो सकते हैं:

(a) लोकल टर्मिनल्स: यह सीधे होस्ट से एक सीरियल या लैन कनेक्शन द्वारा कनेक्टेड होता है।
(b) रिमोट टर्मिनल्स: यह होस्ट के साथ, एक फोन लाइन, जिसके दोनों ओर एक एक मोडम होता है, द्वारा कनेक्टेड होते हैं।

लैन से लैन का कनेक्शन (LAN to LAN Connection)

वाइड एरिया नेटवर्किंग का प्रयोग ऐसी डिवाइसेज के साथ कम्यूनिकेट करने के लिए होता है, जो किसी के लोकल लैन के बाद स्थित होती है। कम्यूनिकेशन के लिए, दो लैन्स एक ही वैन में होने चाहिए। राउटर्स (Routers) का प्रयोग, समान प्रोटोकॉल अपनाने वाले लैन्स को कनेक्ट करने के लिए होना चाहिए। चित्र 5.3 में दो ईथरनेट लैन्स के बीच इंटरकनेक्शन दिखाया गया है।

जब दो अलग अलग प्रकार के लैन्स कनेक्टेड होते हैं, तो टनेल्स (tunnels) और गेटवेज़ (gateways) का प्रयोग किया जाता है।

टनेल्स (Tunnels) सिंपल कंस्ट्रक्ट्स (simple constructs) होते हैं जो एक ऐसे नेटवर्क क्षेत्र में से डाटा पैकेट्स को पास कराने के लिए इस्तेमाल किए जाते हैं, जो कम महत्त्वपूर्ण होते हैं। डाटा पैकेट्स एक ऐसी फ्रेमिंग में पैक किए जाते हैं जो इसे ट्रांसपोर्ट करने वाले नेटवर्क द्वारा ही पहचानी जा सकती है। डाटा की ओरीजनल फ्रेमिंग और फॉर्मेटिंग पैकिंग के भीतर ही सुरक्षित रखी जाती है।

गेटवे एक डिवाइस है जो अलग अलग राउटिंग प्रोटोकॉल्स वाले नेटवर्क्स को इंटर कनेक्ट करने में सक्षम है।

☞ एक कम्यूनिकेशन लिंक, जो दो या अधिक लैन्स को एक वैन में जोड़ते हैं, को एक वैन लिंक (WAN link) कहा जाता है।

वैन लिंक्स को निम्न तीन श्रेणियों में ग्रुप किया जा सकता है:

(a) सर्किट स्विच्ड सर्विसेज़ (Circuit switched services)
(b) लीज़्ड लाइन्स (Leased lines)
(c) पैकेट - स्विच्ड सर्विसेज (Packet-switched services)

सर्किट-स्विच्ड सर्विसेज (Circuit Switched Services)

लीकम्यूनिकेशन सिस्टम के द्वारा, कम्यूनिकेशन सेशन के ड्यूरेशन (duration) के लिए, स्थापित किया गया एक अस्थाई स्विच्ड सर्किट। जब कनेक्शन खत्म हो जाता है, तब कैरियर (carrier) के स्विचेज, अन्य उपयोगों के लिए फ्री हो जाते हैं। उदाहरण हैं, मॉडेम्स और डायल-अप इंटीग्रेटेड सर्विसेज डिज़िटल नेटवर्क (ISDN) कनेक्शन्स।

लीज़्ड लाइन्स (Leased Lines)

ये डेडिकेटेड (dedicated) कनेक्शन्स होते हैं जो एक स्थाई स्विच्ड सर्किट स्थापित करते हैं जो नेटवर्क ट्रैफ़िक को कैरी (carry) करने के लिए हमेशा तैयार रहता है।

लीज़्ड लाइन का एक उदाहरण है एक T1 लाइन या फ्रैक्शनल T1 लाइन।

☞ लीज़्ड लाइन्स काफी महँगी होती है जब ये उपयोग में नहीं होती है, तब भी ये कस्टमर के लिए समर्पित (डेडीकेटेड) होती हैं।

पैकेट-स्विच्ड सर्विसेज़ (Packet-switched Services)

ये एक पब्लिक पैकेट-स्विचिंग नेटवर्क जैसे X.25, एक पब्लिक फ्रेम रिले नेटवर्क, या एक वर्चुअल प्राइवेट नेटवर्क (VPN) के लिए डेडिकेटेड या डायल-अप कनेक्शन्स होते हैं। इंटरमीडियरी (intermediary) स्विचेज सर्वश्रेष्ठ संभावित रूट पर डाटा पैकेट्स भेजते हैं। इसके लिए ये डेस्टिनेशन नोड का लॉजिकल ऐड्रेस, जो पैकेट हैडर में होता है, का उपयोग करते हैं।

रिमोट लैन कनेक्शन

एक लैन में रिमोट ऐक्सेस या तो एक मॉडेम का उपयोग करते हुए डायल-अप कनेक्शन द्वारा होता है या एक लीज़्ड लाइन द्वारा। एक ऑफ़िस लैन,

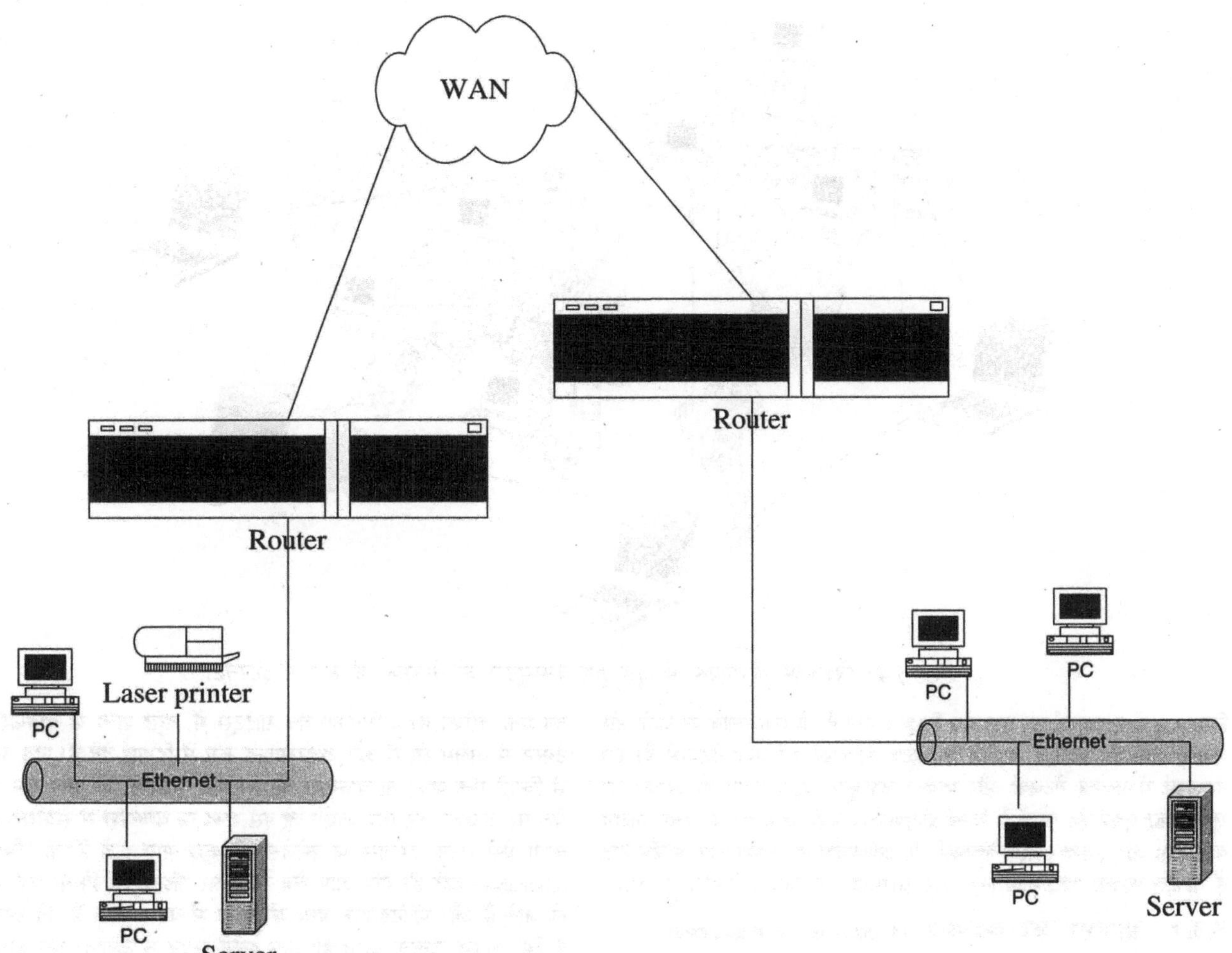

चित्र 5.3: वाईड एरिया नेटवर्क्स (वैन) द्वारा लैन से लैन का कनेक्शन

एम्प्लॉयीज़ (कर्मचारियों) या / और कस्टमर्स (ग्राहकों) को निम्न सर्विसेज़ में ऐक्सेस प्रदान करता है:

(a) फाइल एवं प्रिंट सर्विसेज़

(b) क्लाइंट/सर्वर ऐप्लीकेशन्स जैसे डाटाबेस ऐप्लीकेशन्स

(c) रिमोट नेटवर्क ऐडमिनिस्ट्रेशन के लिए ऐप्लीकेशन्स

PC Anywhere जैसे प्रोग्राम्स नेटवर्क-ऐक्सेस को दूर से (रिमोटली (remotely)) कंट्रोल करते हैं। लेकिन, चूँकि रिमोट कनेक्शन मुख्य रूप से एक स्लो मॉडेम का प्रयोग करके बनाया जाता है, नेटवर्क-ऐक्सेस कंट्रोल अक्सर स्लो और जर्की होता है। लेकिन यह हाई सिक्योरिटी प्रदान करता है, हार्डवेयर और लाइसेंसिंग कॉस्ट्स पर बचत करता है और इसे एक नेटवर्क पर इंप्लीमेंट करना आसान होता है।

रिमोट लैन कनेक्शन यूज़र्स को, रिमोट लोकेशन्स से कंपनी की फाइल, प्रिंट और अन्य सर्विसेज को ऐक्सेस करने की सुविधा प्रदान करता है।

5.3 इंटरनेट का परिचय (Introduction to Internet)

1960 के अंतिम भाग से ही इंटरनेट के क्षेत्र में लगातार नई नई खोज हो रही हैं। इंटरनेट के कुछ आसान विवरण इस प्रकार हैं- "एक बड़ा कम्प्यूटर नेटवर्क" या "नेटवर्क्स का नेटवर्क", "एक अत्यंत तेज़ और वैश्विक मैसेज़िंग सिस्टम" आदि। लेकिन इंटरनेट इन सबसे भी कहीं अधिक हो गया है। यह एक महत्त्वपूर्ण इंफ्रास्ट्रक्चर (infrastructure) में परिवर्तित हो चुका है, जो विस्तृत, मल्टी डिसीप्लीनरी (multi disciplinary) कम्यूनिटी को सपोर्ट करता है। यह कम्यूनिटी अब स्टूडेंट्स, साइंटिस्ट्स और रिसर्चर्स, बड़े कॉर्पोरेशन्स, नॉन प्रॉफ़िट ऑगनाईज़ेशन्स, गवर्नमेंट एजेंसीज़ और व्यक्तिगत कम्प्यूटर्स से बनी होती है।

इंटरनेट, विश्व में प्रतिदिन एक करोड़ (Ten Million) से भी अधिक लोगों द्वारा इस्तेमाल होने वाला, हज़ारों तकनीकों और दर्जनों सर्विसेज़ का एक बहुत ही कॉम्प्लेक्स कॉंबिनेशन है। इंटरनेट इस तरह, नेटवर्क्स का एक नेटवर्क है।

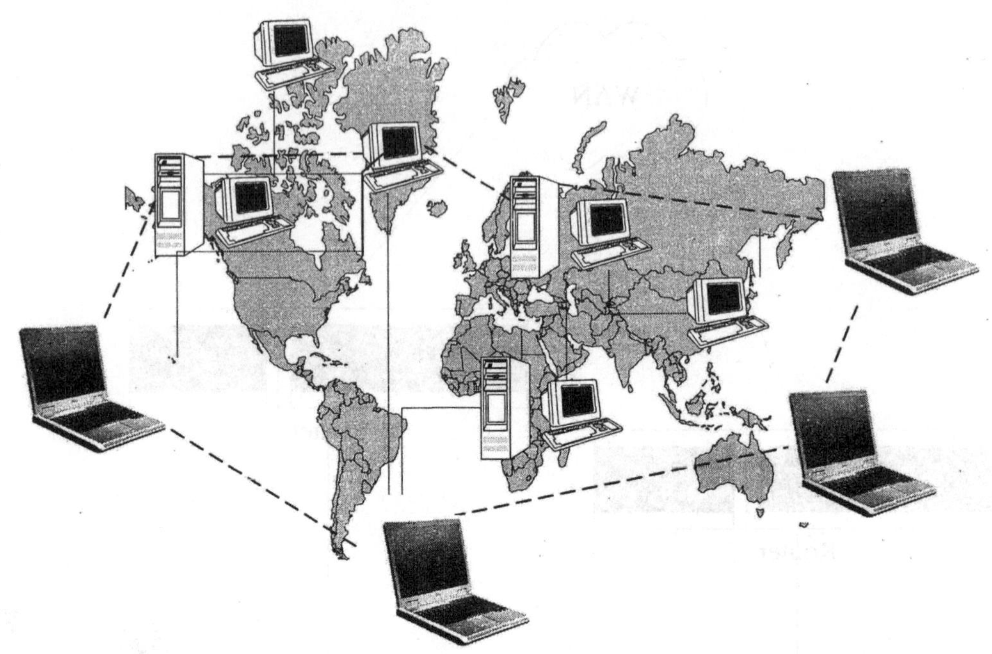

चित्र 5.4: विश्वभर में आपस में जुड़े हुए कम्प्यूटर्स के नेटवर्क के रूप में इंटरनेट।

चित्र 5.4 में कम्प्यूटर्स का एक वेब दिखाया गया है जो एक ग्लोब के चारों ओर बनाया गया है। इंटरनेट, हजारों कम्प्यूटर नेटवर्क्स का एक नेटवर्क है। इन नेटवर्क्स में प्रत्येक नेटवर्क और प्रत्येक कम्प्यूटर, कुछ रूल्स के आधार पर सूचना का एक्सचेंज करते हैं जिन्हें प्रोटोकॉल्स कहा जाता है। ये अलग अलग कम्प्यूटर्स और अलग अलग नेटवर्क्स, दो प्रोटोकॉल्स के कॉमन धागे से बँधे होते हैं अर्थात् इंटरनेट प्रोटोकॉल (IP) और ट्रांसमीशन कंट्रोल प्रोटोकॉल (TCP)।

5.3.1 इंटरनेट का कॉन्सेप्ट (Concept of Internet)

इंटरनेट इंटरकनेक्टेड कम्प्यूटर नेटवर्क्स का एक ग्लोबल सिस्टम है जो विश्व भर में करोड़ों यूज़र्स को सर्व करने के लिए स्टैंडर्ड इंटरनेट प्रोटोकॉल सुइट (Standard Internet Protocol Suite) (TCP/IP) का प्रयोग करते हैं। यह नेटवर्क्स का एक नेटवर्क है जो लोकल से ग्लोबल स्कोप वाले लाखों प्राइवेट, पब्लिक, ऐकाडेमिक, बिज़नेस और सरकारी नेटवर्क्स से मिलकर बनता है जो इलेक्ट्रॉनिक और ऑप्टिकल नेटवर्किंग टेक्नॉलॉजीस के एक ब्रॉड ऐरे (broad array) से लिंक्ड होते हैं। इंटरनेट, इन्फॉर्मेशन रिसोर्सेज़ और सर्विसेज़ की एक वास्ट ऐरे (vast array) को कैरी करते हैं, जिनमें अधिक ध्यान देने योग्य है वर्ल्ड वाइड वेब (www) के इंटर-लिंक्ड हाइपर टेक्स्ट डॉक्यूमेंट्स और ई-मेल सपोर्ट करने वाला इन्फ्रास्ट्रक्चर।

कई इंटरनेट यूज़र्स के लिए, इलेक्ट्रॉनिक मेल (ई-मेल) ने व्यवहारिक तौर पर, छोटे लिखित ट्रांजैक्शन्स के लिए पोस्टल सर्विसेज को रिप्लेस कर दिया है। इलेक्ट्रॉनिक मेल, नेट (Net) पर सर्वाधिक इस्तेमाल होने वाला ऐप्लीकेशन है। आप अन्य कम्प्यूटर यूज़र्स के साथ लाइव "कन्वर्सेशन्स (conversations)" भी कैरी कर सकते हैं, जिसमें आप इंटरनेट रिले चैट (IRC) का प्रयोग करते हैं। हाल ही में, इंटरनेट टेलीफोनी हार्डवेयर और सॉफ्टवेयर ने रीयल-टाइम वॉएस कन्वर्सेशन्स की सुविधा प्रदान की।

इंटरनेट का अधिक इस्तेमाल होने वाला भाग है वर्ल्ड वाइड वेब। इसका आउटस्टैंडिंग फीचर है हाईपर टेक्स्ट, जो क्रॉस रेफरेसिंग (cross referencing) का एक तरीका है। अधिकांश वेब साइट्स में, कुछ शब्द या वाक्यांश, बाकी टेक्स्ट से अलग रंग में और अंडरलाइन्ड रूप में दिखाई देते हैं। जब आप इनमें से किसी एक शब्द या वाक्यांश को सिलेक्ट करते हैं, तो आप उस साइट या पेज पर ट्रांसफर कर दिए जाएँगे जो इस शब्द या वाक्यांश से संबंधित हैं। कभी कभी ऐसे बटन, इमेजेस या इमेजेस के कुछ भाग होते हैं जो 'क्लिकेबल' (clickable) होते हैं। यदि आप वेब साइट पर पॉइंटर को किसी एक स्पॉट पर ले जाते हैं और पॉइंटर एक हाथ के चिन्ह में बदल जाता है, तो इसका अर्थ है कि आपके क्लिक करते ही आप दूसरी साइट में ट्रांसफर कर दिए जाएँगे।

वेब का प्रयोग करके आपको सूचना के लाखों पेजेस में ऐक्सेस मिल जाता है। वेब ब्राउज़िंग, वेब ब्राउज़र की मदद से की जाती है, जिनमें से सबसे लोकप्रिय है इंटरनेट एक्सप्लोरर (Internet Explorer) और नेटस्केप नेवीगेटर (Netscape Navigator)।

5.4 इंटरनेट के ऐप्लीकेशन्स (Applications of Internet)

आपको इंटरनेट के कई ऐप्लीकेशन्स मिलेंगे, कुछ उदाहरण नीचे दिए जा रहे हैं:

- बहुत कम कीमत पर विश्वभर में मित्रों के साथ इलेक्ट्रॉनिक मेल एक्सचेंज करना।
- पब्लिक न्यूज ग्रुप के द्वारा अपनी पसंद के टॉपिक्स पर ग्रुप चर्चाओं में भाग लेना। न्यूजग्रुप एक ऑनलाइन कम्यूनिटी बुलेटिन बोर्ड होता है, जहाँ यूजर्स मैसेजेस पोस्ट कर सकते हैं, मैसेजेस का रिप्लाई भेज सकते हैं या मेसेजेस को केवल पढ़ सकते हैं। इसे फोरम भी कहा जाता है।
- एजुकेशनल टूल्स खोजना, विश्व भर से विश्वविद्यालय खोजना बुक स्टोर्स और लाइब्रेरी खोजना जिससे ऑनलाइन इन्फॉर्मेशन को शेयर किया जा सके।

- यूएसए और यूरोप में कमर्शियल इलेक्ट्रॉनिक स्टोर्स बढ़ते ही जा रहे हैं। आप इंटरनेट पर ही अलग-अलग प्रोडक्ट्स के लिए ऑर्डर प्लेस कर सकते हैं।
- बिजनेस के केस में आप जिस प्रोडक्ट का प्रयोग कर रहे हैं उसके लिए आपको तकनीकी सहायता मिल सकती है। आप वेब साइट पर तकनीकी या मार्केटिंग से संबंधित सामग्री, सूचना के रूप में प्रकाशित कर सकते हैं।
- छात्र एक ही जगह पर बैठकर क्लासेज अटेंड कर सकते हैं और कुछ विषयों के बारे में जानकारी ले सकते हैं। उन्हें क्लास के लिए कहीं ऐसी जगह जाने की जरूरत नहीं होती है जहाँ कोर्सेज चलाए जाते हैं। यह डिस्टैंस लर्निंग सिस्टम कहलाता है जो सामान्यत: इंटरैक्टिव होता है। छात्र अपने शिक्षक से बातचीत कर सकते हैं और उनसे वीडियो कॉन्फ्रेंसिंग के जरिए निर्देश प्राप्त कर सकते हैं।
- चूँकि इंटरनेट इलेक्ट्रॉनिक है, अत: आप इसमें चेंजेस करके लेट ब्रेकिंग न्यूज को रिफलेक्ट कर सकते हैं, जो प्रिंटेड पब्लिकेशन्स के लिए असंभव होता था। इसमें चेंज करना आसान है, अपडेट्स करने सरल हैं और सूचना तुरंत मिलती है।
- इंटरनेट सूचना प्रकाशित करने का आजकल पहला ग्लोबल वेन्यू हो गया है। यह नेटवर्क आजकल अनेकों यूजर्स द्वारा प्रयोग किया जाता है और इसको पॉजिटिव फीडबैक लूप से लाभ मिलता है। जितने अधिक यूजर्स इसे मिलते हैं, उतना अधिक कंटेंट इसे मिलता है, और जितना अधिक कंटेंट इसे मिलता है, उतने अधिक यूजर्स इसे मिलते हैं।

इंटरनेट के विभिन्न ऐप्लीकेशन्स (Various Application of Internet)

इंटरनेट ऐप्लीकेशन्स आजकल व्यापक रूप से उपलब्ध हैं और जैसे-जैसे इन्फॉर्मेशन टेक्नॉलॉजी में वृद्धि हो रही है, इसके ऐप्लीकेशन्स भी बढ़ते जा रहे हैं। इंटरनेट ऐप्लीकेशन्स का प्रयोग विभिन्न क्षेत्रों में हो रहा है जैसे शैक्षिक, मिलिट्री मेडिकल, मीडिया और विभिन्न अन्य इंडस्ट्रियल सेक्टर्स। कई मौजूद इंटरनेट ऐप्लीकेशन्स में से जो सबसे अधिक जाने और प्रयोग किए जाते हैं वो हैं; वर्ल्ड वाइड वेब (www), इलेक्ट्रॉनिक मेल (e-mail), मेलिंग लिस्ट, न्यूज ग्रुप, इंटरनेट रिले चैट (IRC), फाइल ट्रांसफर प्रोटोकॉल (FTP), टेलनेट, गोफर और Pint। प्रत्येक ऐप्लीकेशन के फंक्शन इस प्रकार हैं:

5.4.1 वर्ल्ड वाइड वेब (www) (World Wide Web)

वर्ल्ड वाइड वेब (www) इंटरनेट का सबसे अधिक रोचक ऐप्लीकेशन है। वेब डॉक्यूमेंट्स हाइपर टेक्स्ट और हाइपर मीडिया के फॉर्मेट में बनाए जाते हैं, जिसमें हाइपर टेक्स्ट मार्कअप लैंग्वेज (HTML) का प्रयोग किया जाता है। HTML में एक डॉक्यूमेंट को दूसरे से कनेक्ट करने की क्षमता होती है। HTML डॉक्यूमेंट्स, जो इससे बनाए जाते हें, में टेक्स्ट, इमेजेस, एनीमेशन, ऑडियो और वीडियो हो सकता है।

वर्ल्ड वाइड वेब या "द वेब" (संक्षिप्त में) एक इंटरनेट आधारित ग्लोबल इन्फॉर्मेशन सिस्टम है। यह विश्वभर में चार मिलियन कम्प्यूटर्स से भी अधिक से मल्टीमीडिया इन्फॉर्मेशन उपलब्ध कराता है। www सर्वर्स की एक सीरीज होती है जो हाइपरटेक्स्ट से इंटरकनेक्टेड होती है। हाइपरटेक्स्ट सूचना प्रस्तुत करने का एक तरीका है जिसमें कुछ टेक्स्ट हाइलाइटेड होते हैं, जिन्हें, जब सिलेक्ट किया जाता है, उस विशेष टॉपिक पर अधिक सूचना डिस्प्ले करते हैं वेब ऑडियो, इंटरैक्टिव मल्टीमीडिया और लाइव ऑडियो प्रदान करता है और इसके साथ अधिक बेसिक डाटा टाइप्स जैसे टेक्स्ट डॉक्यूमेंट्स और स्टिल फोटोग्राफ्स भी। (देखें चित्र 5.5)

सभी इंटरनेट सर्विसेज की तरह, वेब भी स्पेशल सर्वर कम्प्यूटर्स (वेब सर्वर्स) और आपके पीसी के बीच इंटरैक्शन और डाटा के ट्रांसफर पर आधारित होता है।

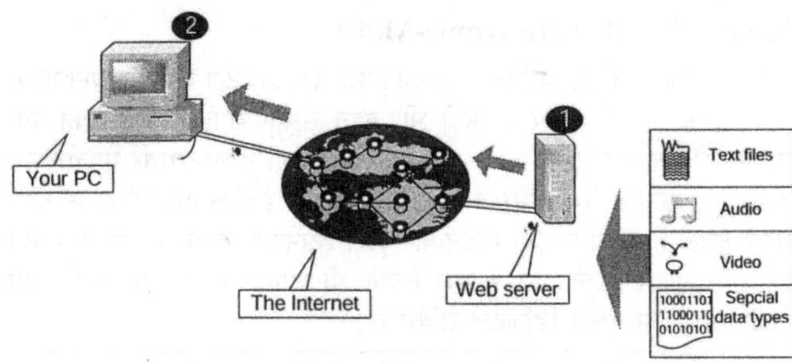

चित्र 5.5: वेब पर उपलब्ध कुछ डाटाटाइप्स

हाइपरटेक्स्ट (नॉनलीनियर इन्फॉर्मेशन)
(Hpertext (Non-linear Information))

कन्वेंशनल इन्फॉर्मेशन सिस्टम्स जैसे टेक्स्ट बुक्स में सूचना प्रिंटेड पेजेस पर लीनियर तरीके से प्रस्तुत की जाती है। एक नोवेल को पढ़ने और समझने के लिए आपको पेज 1 से शुरू करके प्रत्येक पेज एक के बाद एक पढ़ना होगा जब तक आप बुक के अंत तक न पहुँच जाएँ।

हाइपरटेक्स्ट इन्फॉर्मेशन सिस्टम्स, दूसरी ओर, आपको "इन्फॉर्मेशन स्पेस" की बाढ़ के बीच नेवीगेट करने की अनुमति देता है और आप अपनी पसंद का कोई भी रास्ता चुन सकते हैं। हाइपरटेक्स्ट, जो वेब पर इम्पलीमेंट किए जाते हैं, वेब पेजेस को अन्य पेज पर जाने की लिंक्स के साथ बनाने की अनुमति देता है। यह सिस्टम आपको एक सिंगल वेब पेज पर स्थित विभिन्न लिंक्स में से चुनने की छूट देता है जो आमतौर पर दूसरी वेबसाइट्स जो भोगौलिक रूप से विश्व में कहीं दूसरी जगह पर स्थित है, के वेब पेजेस तक पहुँचाती है।

मल्टीमीडिया (Multimedia)

मल्टीमीडिया एक तकनीक है जो टेक्स्ट, डाटा, इमेज, ग्राफिक्स, ऑडियो, वीडियो और एनीमेशन को कम्पयूटर के लिए डिजिटल रूप में इंटीग्रेट करने की सुविधा प्रदान करती है। वेब में मल्टीमीडिया इन्फॉर्मेशन डिस्प्ले करने की क्षमता होती है जैसे इमेजेस, वीडियो, ऑडियो, एनीमेशन और अन्य मल्टीमीडिया डाटा टाइप्स।

हाइपरलिंक्स (Hyperlinks)

हाइपर लिंक्स या लिंक्स वेब नेवीगेशन एलीमेंट्स होते हैं, जो आपको वेब पेजेस के बीच मूव या नेवीगेट करने की अनुमति देते हैं। ये आपको ऑडियो, वीडियो और अन्य प्रकार की मल्टीमीडिया फाइल्स को डाउनलोड करने की भी अनुमति देते हैं। वेब पेजेस जो एक लिंक द्वारा ऐक्सेस किए जाते है, उसी वेब साइट पर स्थित हो सकते हैं जिस पर सोर्स लिंक रहती है या वेब पर किसी अन्य साइट में कहीं पर भी।

तीन तरह की हाइपरलिंक्स होती हैं।

- टेक्स्ट हाइपरलिंक
- इमेज हाइपरलिंक
- इमेज मैप्स (जिनमें मल्टीपल हाइपरलिंक्स होती हैं)

फंक्शन की दृष्टि से हाइपरलिंक की सभी तीनों कैटेगरीज एक जैसी हैं। टेक्स्ट हाइपरलिंक्स आमतौर पर नीले रंग से दिखाई जाती हैं और इन्हें अंडरलाइन

किया जाता है जबकि इमेज हाइपरलिंक्स और मैप्स को नीले रंग के बॉर्डर से दिखाया जाता है। तीनो केसेज में, माउस पॉइंटर एक ऐरो से लेकर एक पॉइंटिंग हैंड में बदल जाएगा जब यह एक हाइपरलिंक से पास होगा।

5.4.2 ई-मेल (Electronic-Mail)

ई-मेल मैसेजेस, वॉएस, वीडियो और ग्राफ़िक्स को डिज़िटल कम्यूनिकेशन लिंक जैसे इंटरनेट पर, विश्वभर में कहीं भी, बहुत सस्ती लागत में भेजने का एक तरीका है। तकनीकी रूप से, ई-मेल एक प्रकार का क्लाइंट/सर्वर ऐप्लीकेशन है जो एक राउटेड, स्टोर्ड मैसेज सर्विस, किन्हीं दो ई-मेल अकाउंट्स के बीच प्रदान करता है। क्योंकि सभी मॉर्डन कम्प्यूटर्स इंटरनेट से कनेक्ट किए जा सकते हैं, अत: यूजर्स इटरनेट पर ई-मेल किसी भी जगह पर भेज सकते हैं जहाँ टेलीफोन या वायरलैस डिजिटल सर्विस हो।

☞ एक इलेक्ट्रॉनिक मेल सिस्टम की बैकबोन है कम्यूनिकेशन्स नेटवर्क, जो रिमोट टर्मिनल्स को एक सेंट्रल सिस्टम या एक लोकल एरिया नेटवर्क जो पर्सनल कम्प्यूटर्स को इंटर कनेक्ट करता है, से कनेक्ट करता है। यूजर्स एक सिंगल रेसीपिएंट को मेल भेज सकते हैं, या वो इसे सिस्टम पर स्थित चुनिंदा यूजर्स, जिनकी संख्या चाहे कितनी भी हो, को ब्रॉडकास्ट कर सकते हैं।

ई-मेल के लिए दो बड़ी प्रक्रियाएँ उपलब्ध है:

- ई-मेल सर्विस जैसे हॉटमेल, रिडिफमेल आदि को सब्सक्राइब करना
- अपना ई-मेल सर्वर इंटरनेट पर इन्स्टॉल करना।

पहला विकल्प बिजनेस सैटअप के लिए सही नहीं माना जाता है, जिसके कारण नीचे दिए जा रहे हैं:

- ई-मेल जो आपके बिजनेस का हिस्सा है, उसमें किसी अन्य का विज्ञापन आ रहा है।
- आपका नाम किसी अन्य व्यक्ति के द्वारा प्रयोग किया जा रहा है। इसका अर्थ है आपका ई-मेल सुरक्षित नहीं है और यह गलत हाथों में जा सकता है।

लेकिन, इस तरीके को प्रयोग करने के कुछ लाभ इस प्रकार हैं।

- अपने स्वयं के ई-मेल सैटअप को व्यवस्थित करने से बचना चाहिए।
- जब मैसेजेस की संख्या कम हो, तब ई-मेल का एक अलग सैटअप काफी सस्ता पड़ता है।
- आपका ई-मेल ऐड्रेस आप को ही नहीं पहचानता है। अत: इसमें जंक या बेकार की मेल नही पहुँच रही है जिसे spams कहा जाता है।

अपने स्वयं के इमेज सर्वर को सैटअप करने के लाभ इस प्रकार है:

- आप अपने वेब पेजेस को होस्ट कर सकते हैं और साथ-साथ अपने मेल सर्वर को रन भी कर सकते हैं।
- अपने स्वयं के मेल सर्वर को सैटअप करने की प्रारंभिक लागत ज्यादा हो सकती है, लेकिन जैसे-जैसे ई-मेल मैसेजेस की वॉल्यूम बढ़ती है, ओवरहैड्स भी बढ़ते जाते हैं। इसलिए आपके द्वारा दी जाने वाली कीमत, (प्रति मैसेज के लिए) कम हो जाएगी।

एक ई-मेल भेजने के लिए आवश्यक स्टेप्स इस प्रकार है:

1. अपने पीसी पर एक ई-मेल प्रोग्राम शुरू करें।
2. ई-मेल कहाँ भेजना है उसका ऐड्रेस लिखें।
3. मैसेज बनाएँ।
4. सेंड बटन पर क्लिक करके मैसेज को लक्ष्य तक भेजें।

ई-मेल के लाभ (Advantages of E-mail)

स्पीड (Speed): सामान्य पोस्टल सिस्टम की तुलना में ई-मेल संचार का एक तेज तरीका है। एक सेकेंड के एक छोटे से भाग में ही मैसेज विश्व में कहीं भी पहुँच जाता है।

सामग्री (Content): मैसेज में टेक्स्ट की कुछ लाइन्स हो सकती हैं या कई सौ लाइन्स हो सकती है। पोस्टल सर्विस के विपरीत यहाँ मैसेज को इसके वजन से चार्ज नहीं किया जाता है।

लागत (Cost): ई-मेल सूचना को मूव करने का एक अत्यंत सस्ता तरीका है , विशेषकर तब जब इसे तेजी से मूव किया जाता है। USA के लिए एक तीन पेज का लैटर भेजने के लिए कोरियर से 400 रू लगते हैं या फैक्स को भेजने के लिए 100 रू के करीब लगेंगे। लेकिन यह लैटर ई-मेल से एक लोकल कॉल की रेट पर भेजा जा सकता है।

प्रयोग की सुविधा (Ease of Use): ई-मेल को भेजना, नॉर्मल पोस्टल सिस्टम द्वारा लैटर भेजने की तुलना में आसान है। पोस्टल सिस्टम में हमें लैटर लिखना पड़ता है, एनवलप खोजने पड़ते हैं, स्टॉम्प खरीदने के लिए जाना होता है, और फिर एक मेल बॉक्स खोजकर इसे ड्रॉप करना होता है

मैसेज प्राप्त करना (Receiving Message): हमें हर समय अपने कम्प्यूटर पर बैठना आवश्यक नहीं है जिससे ई-मेल के रूप में एक मैसेज मिल सके। ई-मेल बहुत ही महत्त्वपूर्ण है और व्यापक रूप से प्रयोग किया जाता है। मैसेज को सर्विस प्रोवाइडर द्वारा स्टोर किया जाता है। यह हमें मैसेज तब डिलीवर करेगा जब हम इसके बारे में पूछेंगे।

कई कॉपियाँ (Multiple Copies): हम एक ही मैसेज को मल्टीपल यूजर्स के पास बिना रीटाइप किए बार-बार भेज सकते हैं।

हार्डवेयर आवश्यकताएँ (Hardware Requirements): हमें एक कम्प्यूटर पर रहना होगा ताकि हम ई-मेल पढ़ और प्रिंट कर सकें।

एक तेज माध्यम (Hasty Medium): चूँकि ई-मेल को प्रयोग करना आसान है, अत: यह संभव है कि एक मैसेज ऐसा भी चला जाए जिसके लिए बाद में आपको पछताना पड़े। अत: सावधानी से मैसेज भेजें।

भावनाओं को व्यक्त करना कठिन (Hard to Convey Emotions): आवाज भावभंगिमा एवं विचारों का कोई अतिरिक्त क्लू दिए बिना, आसानी से कोई भी व्यक्ति मैसेज के अर्थ का गलत मलतब निकाल सकता है।

ई-मेल निजी नहीं है ((Email) is Not Private): क्योंकि मैसेज एक सिस्टम से दूसरे में पास किया जाता है, अत: हमेशा संभावना रहती है कि कोई आपके मैसेज को इंटरसेप्ट करके बीच में ही पढ़ लें।

ई-मेल के फ़ीचर्स (Features of E-mail)

एक मैसेज का रिप्लाई करना: हम दूसरों के द्वारा भेजे गए मैसेज का जवाब भेज सकते हैं। हमारे जवाब में ओरीजनल मैसेज भी शामिल रहता है जिसे कोटिंग कहा जाता है। कोटिंग (Quoting) हमें यह बताता है कि उसे किस मैसेज का जवाब भेजा गया है।

एक मैसेज को फॉर्वर्ड करना: हम मैसेज को बिना रीटाइप किए फॉर्वर्ड कर सकते हैं।

एक मैसेज को सेव करना: महत्त्वपूर्ण मैसेजेस को स्टोर किया जा सकता है। इससे हमें बाद में मैसेज को फिर से पढ़ने में मदद मिलेगी।

एक मैसेज को डिलीट करना: हम अवांछित मैसेजेस को डिलीट कर सकते हैं अन्यथा मेल हमारे इनबॉक्स में भर जाएगी।

एक मैसेज को प्रिंट करना: एक मैसेज की हार्डकॉपी पाने के लिए प्रिंट

किया जा सकता है।

5.4.3 *मेलिंग लिस्ट (Mailing List)*

मेलिंग लिस्ट एक महत्त्वपूर्ण इंटरनेट ऐप्लीकेशन हैं जो चर्चा के एक तरीके की तरह प्रयोग किए जाते हैं या इन्हें ई-मेल द्वारा एक ग्रुप के भीतर सूचना के आदान-प्रदान के लिए प्रयोग किया जाता है। प्रत्येक ई-मेल जो एक मेलिंग-लिस्ट ऐड्रेस को भेजा जाता है, वह उन सभी ई-मेल ऐड्रेसेस पर भी भेजा जाएगा जो मेलिंग लिस्ट के यूनीक मेंबर के रूप में रजिस्टर्ड है। मेलिंग ई-मेल का दूसरा रूप है। यह सुविधा ग्रुप्स द्वारा सूचना को आदान-प्रदान करने और ग्रुप्स के अन्य मेंबर्स के साथ चर्चा के लिए प्रयोग की जाती है।

5.4.4 टेलनेट (Telnet)

टेलनेट का पूरा अर्थ है टेली कम्यूनिकशन नेटवर्क। यह एक वर्चुअल टर्मिनल प्रोटोकॉल है जो एक यूजर को एक TCP/IP होस्ट पर लॉग ऑन करने के लिए अनुमति देता है ताकि वह नेटवर्क के अन्य होस्ट को ऐक्सेस कर सके। टेलनेट सर्विस एक इंटरनेट यूजर को इंटरनेट पर कहीं भी स्थित एक दूसरे कम्प्यूटर में लॉगइन करने की अनुमति देती है। अर्थात् एक यूजर टेलनेट कमांड को अपने लोकल कम्प्यूटर पर एक्ज़ीक्यूट कर सकता है और एक रिमोट कम्प्यूटर पर लॉगइन सैशन शुरू कर सकता है। इस कार्य को ''रिमोट लॉगइन'' कहा जाता है।

☞ आप इंटरनेट पर कई होस्ट्स को टेलनेट का प्रयोग करके ऐक्सेस कर सकते हैं। होस्ट दूसरे और अलग कम्प्यूटर्स होते हैं।

उदाहरण के लिए, कुछ होस्ट यूनिक्स-आधारित सिस्टम हो सकते हैं, कुछ विंडोज NT/2000 आधारित कम्प्यूटर्स और अन्य मैकिन्टोश हो सकते हैं। चीजों को आसान बनाने के लिए, कई होस्ट मेन्यू आधारित सिस्टम का प्रयोग करते हैं जिससे आपको सीधे उनके रिसोर्सेज में ऐक्सेस मिल जाती है। जब और जैसे आप टेलनेट से कनेक्ट होते हैं, आपको टर्मिनल एमुलेशन का प्रयोग करने की जरूरत पड़ सकती है। इस तरीके से, आप यह सुनिश्चित कर सकते हैं कि आपका कीबोर्ड और मॉनीटर होस्ट की अपेक्षाओं के अनुरूप कार्य कर रहे हैं। सबसे कॉमन टर्मिनल एमुलेशन है TV-100 एमुलेशन। इस तरह यदि आप टेलनेट सॉफ्टवेयर का प्रयोग करते हैं, तो VT-100 प्रयोग करने में एक सुरक्षित एमुलेशन है।

☞ टेलनेट रूटीन तौर पर इस तरह के कार्यों जैसे रिमोट रूप से राउटर्स को कन्फिगर करना या नेटवर्क पर अलग-अलग होस्ट पर ऐप्लीकेशन्स रन करना, आदि के लिए प्रयोग होता है।

टेलनेट कनेक्शन स्थापित करना (Establishing Telnet Connection)

टेलनेट का प्रयोग करने के लिए, आपको होस्ट का ऐड्रेस पता होना चाहिए जिसके रिसोर्सेज आप प्रयोग करना चाहते हैं। आपका टेलनेट क्लाइंट उस होस्ट से संपर्क करने के लिए उसके इटरनेट ऐड्रेस का प्रयोग करता है। जब आप होस्ट से संपर्क करते हैं, तब दूरस्थ कम्प्यूटर और आपका कम्प्यूटर एक दूसरे से किस तरह बातचीत करेंगे इस बारे में विचार करते हैं। वो निर्णय लेते हैं कि कौन सा टर्मिनल एमुलेशन प्रयोग किया जाएगा। टेलनेट एमुलेशन निर्धारित करता है। कि आपका कीबोर्ड कैसे सूचना को दूरस्थ कम्प्यूटर पर ट्रांसफर करेगा और कैसे सूचना आपकी स्क्रीन पर डिस्प्ले होगी। उदाहरण के लिए, यह निर्धारित करता है कि कैसे बैकस्पेस की (←) कार्य करेगी।

एक टेलनेट सैशन में टाइप किया गया टेक्स्ट आपके कम्प्यूटर के बफर पर जमा हो जाता है। जब एक डाटा की पूरी लाइन ट्रांसमिशन के लिए तैयार हो जाती है, या जब आप डाटा ट्रांसमिट करने के लिए एक कमांड देते हैं, तो डाटा आपके नेटवर्क वर्चुअल टर्मिनल (NVT) कीबोर्ड से इंटरनेट पर भेजा जाता है। डाटा के साथ होस्ट का IP ऐड्रेस भी होता है, जो यह निश्चित करता है कि पैकेट सही जगह पर पहुँचना चाहिए।

☞ जब एक क्लाइंट और सर्वर कम्यूनिकेट करते हैं, तो वे टेलनेट प्रोटोकॉल का उपयोग करते हें। टेलनेट प्रोटोकॉल मान लेता है कि कनेक्शन का प्रत्येक छोर जो क्लाइंट और सर्वर को कनेक्ट करता है, एक NVT है। प्रत्येक NVT में एक वर्चुअल प्रिंटर और वर्चुअल कीबोर्ड होता है, कीबोर्ड एक NVT से डाटा दूसरे NVT में भेजता है। जब आप अपने कीबोर्ड पर टेक्स्ट टाइप करते हैं, तब आप NVT कीबोर्ड का प्रयोग करते हैं।

आपका IP ऐड्रेस भी भेजा जाता है ताकि सूचना आपके पास वापस आए। इसके साथ-साथ, कुछ विशेष टेलनेट कमांड्स जिन्हें अन्य NVT प्रयोग करेंगे, यह निर्णय लेने के लिए भेजे जाते हैं कि डाटा के साथ क्या करना है या डाटा के प्रति कैसी प्रतिक्रिया देनी है। उदाहरण के लिए, जब डाटा एक NVT से दूसरे में भेजा जाता है, और कुछ विशेष सूचना ओरीजनेटिंग NVT को वापस भेजी जानी चाहिए ताकि एक प्रक्रिया आगे बढ़ाई जा सके, तब टेलनेट Go Ahead (GA) कमांड भेजा जाता है।

जब टेलनेट होस्टडाटा को रिसीव कर लेता है तब यह उसे प्रोसेस करता है, आपकी स्क्रीन पर वापस लाता है और डाटा के उपयोग का रिजल्ट देता है या कमांड को एक दूरस्थ कम्प्यूटर पर चलाने का रिजल्ट देता है। उदाहरण के लिए यदि आप "dir" लेटर्स से कीज़ की एक सीरीज टाइप करते हैं और [Enter] प्रेस करते हैं, तो डिस्टैंट कम्प्यूटर उस कमांड को एक्जीक्यूट करता है रनिंग कमांड का रिजल्ट आपके कम्प्यूटर स्क्रीन पर डिस्प्ले किया जाता है।

☞ चूँकि पैकेट्स को कई इंटरनेट राउटर्स से होकर प्रत्येक दिशा में जाना पड़ता है जो आपके कम्प्यूटर और होस्ट के बीच होते हैं, अत: आपके भेजने के समय और आपकी अपनी कम्प्यूटर स्क्रीन पर रिजल्ट्स देखने के समय में थोड़ी देर हो सकती है।

एक रिमोट होस्ट से कनेक्ट करना (Connect to A Remote Host)

➔ **टेलनेट का प्रयोग करके एक रिमोट होस्ट से कनेक्ट करने के लिए:**

1. टेलनेट खोलें। इसके लिए स्टार्ट मेन्यू में जाएँ, रन चुनें, टेलनेट टाइप करें और [Enter] प्रेस करें।
2. मेन्यू से कनेक्ट रिमोट सिस्टम चुनें।
3. सिस्टम का IP ऐड्रेस या नाम एंटर करें जिसे आप होस्ट नेमफील्ड के साथ कनेक्ट करना चाहते हैं।
4. यदि जरूरत हो तो, पोर्ट फील्ड में एक पोर्ट स्पेसीफाई करें।
5. टाइप: में से टर्मिनल का प्रकार चुनें जो आप चाहते हैं कि टेलनेट एमुलेट करें।
6. जब आप रिमोट होस्ट से जुड़े कार्य पूरे कर लेते हैं, तो आप कनेक्ट/डिस्कनेक्ट में से चुनकर एक रिमोट होस्ट से डिस्कनेक्ट हो सकते हैं।

नेटस्केप नेवीगेटर के साथ टेलनेट का प्रयोग करना (Using Telnet with Netscape Navigator)

आप नेटस्केप नेवीगेटर को कन्फिगर कर सकते हैं ताकि किसी भी टेलनेट

ऐप्लीकेशन का प्रयोग कर सकें। नेटस्केप नेवीगेटर को विंडोज़ टेलनेट प्रोग्राम का प्रयोग करने के लिए कन्फिगर किया जाता है।

➔ **नेटस्केप नेवीगेटर को टेलनेट का प्रयोग करने के लिए सैटअप करने की प्रक्रिया:**

1. ऑप्शन्स चुनें और फिर जनरल प्रिफरेंसेज चुनें। प्रिफरेंसेज डायलॉग बॉक्स दिखाई देता है।
2. प्रिफरेंसेज डायलॉग बॉक्स में, Apps शीट टैब पर क्लिक करें।
3. इस शीट टैब में, ब्राउज़... बटन पर क्लिक करें जो टेलनेट ऐप्लीकेशन टेक्स्ट बॉक्स के दाईं ओर होता है।
4. इससे 'Select a Telnet Application' डायलॉग बॉक्स दिखाई देगा। telnet.exe फाइल चुनें और डायलॉग बॉक्स में open बटन दबाकर इसे खोलें।
5. अब टेलनेट ऐप्लीकेशन डायलॉग बॉक्स में टेलनेट ऐप्लीकेशन का पाथ दिखाई देता है।
6. OK पर क्लिक करें और टेलनेट ऐप्लीकेशन शुरू करें।

टेलनेट प्रोटोकॉल कैरेक्टरिस्टिक्स

(Telnet Protocol Characteristics)

नीचे टेलनेट की विशेषताएँ बताई गई हैं:

(a) टेलनेट टर्मिनल एमुलेशन प्रोटोकॉल है, जब आप कमांड्स इश्यू करने के लिए डिवाइसेज को इन्स्टॉल करना और कन्फिगर करना प्रारंभ करते हैं।

(b) टेलनेट वर्साटाइल है। आप फोन पर टेलनेट सैशन्स स्थापित कर सकते हैं। यदि कोई फोन कनेक्शन नहीं है और आपकी डिवाइस इंटरनेट द्वारा ऐक्सेसिबल है, तो आप एक टेलनेट सैशन इंटरनेट पर स्थापित कर सकते हैं। इनमें से किसी भी परिस्थिति में आप एक रिमोट होस्ट के साथ टेलनेट सैशन स्थापित करते हैं।

☞ टेलनेट इतना वर्साटाइल (versatile) है, अधिकांश कम्यूनिकेशन सुइट्स, जिनमें माइक्रोसॉफ्ट की डायल-अप नेटवर्किंग भी शामिल है, आपको एक टेलनेट सैशन स्थापित करने में मदद करेंगे।

5.4.5 FTP

FTP अर्थात् **फाइल ट्रांसफर प्रोटोकॉल** सर्विस एक इंटरनेट यूजर को इंटरनेट पर एक कम्प्यूटर से दूसरे कम्प्यूटर में एक फाइल को मूव करने की अनुमति देती है। फाइल में किसी भी प्रकार की डिजिटल सूचना हो सकती है जैसे टेक्स्ट डॉक्यूमेंट, इमेज, आर्टवर्क, मूवी, साउंड, सॉफ्टवेयर आदि। अतः कोई भी चीज जो कम्प्यूटर पर स्टोर हो सकती है, को FTP सर्विस के साथ मूव किया जा सकता है। एक फाइल को रिमोट कम्प्यूटर से व्यक्तिगत कम्प्यूटर में मूव करने को 'फाइल डाउनलोडिंग' कहा जाता है जबकि एक फाइल को अपने कम्प्यूटर से किसी रिमोट कम्प्यूटर पर मूव करना 'फाइल अपलोडिंग' कहलाता है।

☞ FTP एक इंटरैक्टिव सिस्टम है। FTP क्लाइंट जो विंडोज NT या 2000 के साथ आता है, एक कैरेक्टर आधारित क्लाइंट है।

कई FTP सर्वर्स जो पूरे विश्व में फैले हैं, यूजर्स को जो इंटरनेट पर कहीं भी हों, लॉगइन करने और फाइल्स डाउनलोड करने की अनुमति देते हैं। FTP का मुख्य प्रतिद्वंदी है HTTP (हाइपर टेक्स्ट ट्रांसफर प्रोटोकॉल) और वह दिन ज्यादा दूर नहीं है जब साइट्स FTP सर्वर की जगह HTTP सर्वर्स को चलाएँगे। यह इसलिए क्योंकि HTTP सर्वर्स वो सभी कार्य कर सकते हैं जो भी FTP सर्वर कर सकता है और इसे अधिक कुशलता से कर सकता है।

जैसे-जैसे वेब की लोकप्रियता बढ़ती जाती है, डाउनलोडिंग सॉफ्टवेयर और भी आसान होता जाता है। आप अपना वेब ब्राउजर प्रयोग कर सकते हैं और फाइल्स की लिंक्स पर क्लिक कर सकते हैं, जो सीन्स के पीछे होती हैं, FTP अभी भी फाइल्स डाउनलोड कर रहा है।

इंटरनेट पर फाइल्स डाउनलोडिंग की एक समस्या यह होती है कि कुछ फाइल्स इतनी बड़ी होती हैं कि उन्हें डाउनलोड करने में काफी अधिक समय लग जाता है। फाइल ट्रांसफर को तेज गति से करने और FTP सर्वर पर जगह बचाने का एक तरीका है फाइल्स को कम्प्रेस करना। फाइल्स को कम्प्रेस करने के कई अलग-अलग तरीके प्रयोग किए जाते हैं। जब फाइल्स डाउनलोड हो जाती है, तो आपको डीकम्प्रेशन (Decompression) सॉफ्टवेयर जैसे PKUNZIP चलाना चाहिए जिससे आप फाइल्स को डीकम्प्रेस करके उन्हें प्रयोग कर सकें।

☞ FTP TCP/IP स्टैक में सबसे ऊपर एक्ज़ीक्यूट करता है और ओपन सिस्टम इंटरफेस (OSI) प्रोटोकॉल का प्रयोग करता है जिससे यूजर्स और ऐप्लीकेशन्स को नेटवर्क स्टेशन्स के बीच फाइल्स ट्रांसफर करने में सक्षम बनाया जा सके।

पब्लिक डोमेन सॉफ्टवेयर (Public Domain Software)

इंटरनेट फाइल्स को डाउनलोड करने की अनुमति देता है जो सैंपल ऐप्लीकेशन्स, डिजिटल आर्ट, म्यूज़िक और अन्य कई चीजों के एक बड़े संग्रह में से किया जाता है। सॉफ्टवेयर कम्पनियाँ अपने नए प्रोडक्ट्स को प्रमोट करती हैं और इसके लिए ये अपनी साइट्स को मेन्टेन करती हैं जहाँ पर उनके ग्राहक सैंपल प्राप्त कर सकते हैं, अपडेट्स ले सकते हैं और संबंधित सूचना प्राप्त कर सकते हैं। एंटरटेनमेंट सप्लाई साउंड और वीडियो फाइल्स जो मूवीज़, बैंड्स और वीडियो गेम्स के लिए होती है, को इकट्ठा करते है।

☞ आप इंटरनेट से फाइल्स ऐक्सेस कर सकते हैं लेकिन डाउनलोडेड इंटरनेट फाइल्स कम्प्यूटर वायरसेज के लिए एंट्री का प्रमुख सोर्स होती है। इसलिए, आपको अपने नेटवर्क और पीसी को इन डाउनलोडेड वायरसेज से बचाना चाहिए।

एक सैंपल एंटी वायरस प्रोग्राम डाउनलोड करना

(Downloading a Sample AntiVirus Program)

McAfee वेबसाइट केवल एक मात्र ऐसी जगह नहीं है जहाँ से आप फ्री एंटी वायरस प्रोग्राम्स डाउनलोड कर सकते हैं, बल्कि आप इसे खरीद भी सकते हैं, ताकि ऑनलाईन हेल्प और रेगुलर अपडेट्स जैसे ज्यादा फीचर्स आपको मिलें। जब आप McAfee का वायरस स्कैन चैक करते हैं, तो निम्न कार्य करें:

1. अपने ब्राउज़र को खोलें और अपने इंटरनेट सर्विस प्रोवाइडर पर लॉग ऑन करें। ब्राउजर ऐड्रेस बार में www.mscafee.com/ टाइप करें McAfee का होम पेज दिखाई देगा।
2. McAfee पेज के दाईं ओर के कोने में स्थित डाउनलोड बटन पर क्लिक करके डाउनलोड प्रक्रिया की शुरूआत करें। पहले आपको McAfee के मार्केटिंग डिपार्टमेंट के लिए अपने बारे में कुछ सूचना फिल करनी होगी।
3. डाउनलोड पेजेस पर तब तक क्लिक करते रहें जब तक आप उस पेज तक नहीं पहुँचते हैं जहाँ आप यह बता सकें कि कौन सा प्रोग्राम आप चाहते हैं और कौन सा ऑपरेटिंग सिस्टम आपके पास है। वायरस स्कैन (VirusScan) एक अच्छा विकल्प है और McAfee में एक WebScan प्रोग्राम भी होता है जिससे डाउनलोड करते समय ही इंटरनेट वायरसेज को खोजा जा सके।
4. जब डाउनलोड डायलॉग बॉक्स दिखाई दे, तब अपने ब्राउजर को फाइल

डाउनलोड की लोकेशन बताएँ।

5. इंटरनेट से लॉग ऑफ करें और वेब ब्राउजर से एग्ज़िट करें।

एकबार जब आपने फाइल कम्प्रैस कर दी, जैसे v35i310e.zip, तो आपको इसे अनज़िप या डीकम्प्रेस करना होगा ताकि आप सैटआप फाइल तक पहुँच सकें और प्रोग्राम इन्स्टॉल कर सकें। इस फाइल को अनकम्प्रेस करने के लिए आप WinZip फाइल का प्रयोग कर सकते हैं।

शेयरवेयर (Shareware)

शेयरवेयर वह सॉफ्टवेयर है जो ट्रायल के लिए फ्री में वितरित किया जाता है (कभी-कभी लिमिटेड या लिस्ट फॉर्मेट में)। यदि आप सॉफ्टवेयर को पसंद करते हैं, तो इसे प्रयोग करना जारी रखने के लिए (इसके ट्रायल पीरियड के बाद भी), आपको इसके लिए रजिस्टर और पे (pay) करना होगा।

सॉफ्टवेयर जो बिल्कुल मुफ्त में वितरित किया जाता है उसे फ्रीवेयर कहते हैं।

☞ सॉफ्टवेयर जो आपको हर वक्त रजिस्टर करने की याद दिलाए, उसे nagware कहा जाता है।

अच्छे शेयरवेयर के लिए वेबसाइट ऐड्रेस नीचे दिया गया है:

- http://www.tucows.com
- http://hyperarchive.lcs.mit.edu

FTP सर्वर्स

वेब सर्वर्स की तरह, इंटरनेट में FTP सर्वर्स के इन्स्टॉलेशन्स भी होते हैं। कई ऑर्गनाइज़ेशन्स FTP सर्वर्स का प्रयोग फाइल्स के वितरण को हैंडल करने के लिए करते हैं। जब कोई यूजर किसी चीज को डाउनलोड करने के लिए लिंक करता है, तो लिंक वास्तव में HTTP के बदले FTP को रीडायरेक्ट हो जाती है। FTP सर्वर्स में कुछ फाइल्स जनरल पब्लिक के लिए ऐक्सेसिबल होती हैं, जबकि अन्य केवल यूजर द्वारा ऐक्सेसिबल होती हैं। जनरल पब्लिक को अधिक प्राइवेट यूजर्स से अलग करने के लिए, FTP सर्वर्स को दो भागों में बाँटा गया है:

- ऐनोनीमस सर्वर (अज्ञात सर्वर)
- नॉन-ऐनोनीमस सर्वर (जाने पहचाने सर्वर)

ऐनोनीमस सर्वर (Anonymous Server)

ऐनोनीमस सर्वर FTP का सबसे कॉमन उपयोग है। FTP साइट्स जो ऐनोनीमस FTP की अनुमति देती हैं, को ऐक्सेस करने के लिए एक पासवर्ड की जरूरत नहीं होती है। आपको केवल एक अज्ञात व्यक्ति की तरह लॉगइन करना है और अपना ई-मेल ऐड्रेस और पासवर्ड (उनके रिकॉर्ड के लिए) एंटर करना है।

नॉन-ऐनोनीमस सर्वर (Non-Anoymous Server)

यदि आप एक नॉन-ऐनोनीमस सर्वर हैं, तो आप अपने नाम से ही लॉग इन करेंगे और अपना ही पासवर्ड देंगे।

FTP ऑथेंटिकेशन (FTP Authentication)

FTP ऑथेटिकेशन बहुत आसान है। किसी मौजूद FTP सर्वर के बारे में यूजर्स को ऑथेटिकेट करने के लिए ezproxy.usr को एडिट करें और फिर इस तरह से एक लाइन लिखें:

:: ftp = ftpserv.mylib.org

इस लाइन को लिखने के बाद, "flpserv.mylib.org" को FTP सर्वर के लिए उचित होस्ट-नेम से रिप्लेस करें। इस लाइन को होस्टनेम से बदलने का तुरंत प्रभाव पड़ता है। Ezproxy को रीस्टार्ट करने की जरूरत के बिना ही ऐसा प्रभाव देखा जाता है। जब Ezproxy को ऑथेटिकेशन रिक्वेस्ट मिलती है, तो यह यूजर को FTP सर्वर से जोड़ता है और यदि FTP सर्वर लॉगिन एक्सेस दिखाता है, तो रिमोट यूज़र ऑथेंटिकेटेड हो जाएगा और इसे आगे बढ़ने की अनुमति मिल जाएगी।

FTP क्लाइंटस (FTP Clients)

FTP एक क्लाइंट/सर्वर मॉडल पर चलता है (देखें चित्र 5.6)। FTP का प्रयोग करने के लिए आपको अपने पीसी पर क्लाइंट सॉफ्टवेयर चलाने की जरूरत होगी।

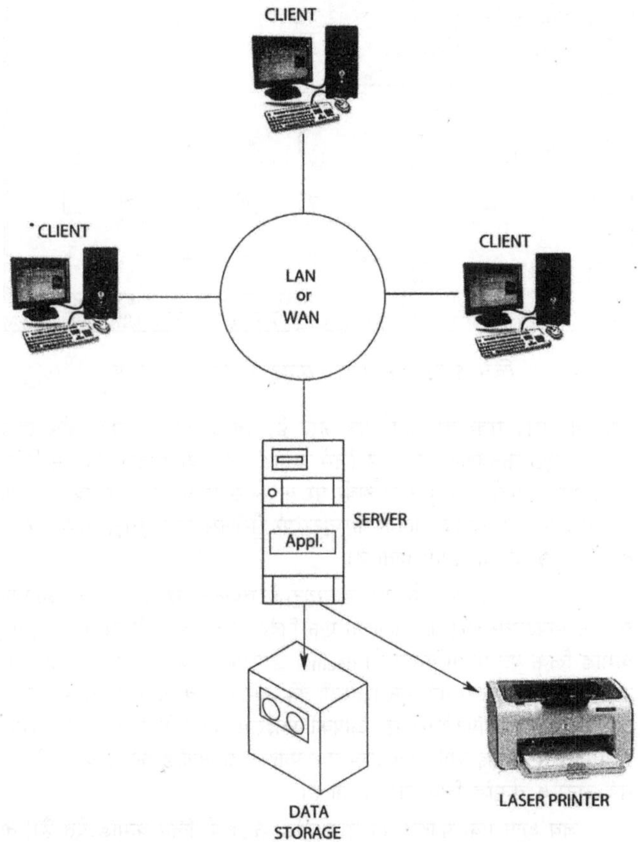

चित्र 5.6: क्लाइंट/सर्वर मॉडल : FTP लोडिंग के लिए

एक FTP सैशन शुरू करने के लिए, आप FTP क्लाइंट सॉफ्टवेयर रन करें और FTP सर्वर से संपर्क करें, जहाँ से आप फाइल्स डाउनलोड करना चाहते हैं। आप FTP क्लाइंट सॉफ्टवेयर जो विंडोज 2000 में उपलब्ध है, का प्रयोग कर सकते हैं। FTP क्लाइंट एक FPT सर्वर से बात करता है। FTP TCP का प्रयोग कम्यूनिकेशन्स को हैंडल करने के लिए करता है और दोनों होस्टों के बीच एक सैशन तैयार करता है।

FTP daemon FTP सर्वर पर रन होता है। यह daemon सभी FTP ट्रांजैक्शन्स को हैंडल करता है। जब एक FTP क्लाइंट एक सर्वर को संपर्क करता है, तब daemon एक अकाउंट नंबर और पासवर्ड के बारे में पूछेगा (या यूजरनेम के बारे में) (देखें चित्र 5.7)। कई FTP साइट्स ऐनोनीमस FTP की अनुमति देती हैं जैसा पहले बताया जा चुका है।

☞ कुछ FTP क्लाइंट्स आपके लिए FTP सर्वर पर ऑटोमैटिक रूप से लॉगऑन करेंगे, जब आप कनेक्ट करते हैं, ताकि आपसे लॉगऑन करने के लिए नहीं कहा जाएगा। आपका क्लाइंट सॉफ्टवेयर इसे ऑटोमैटिक रूप से आपके लिए करता है।

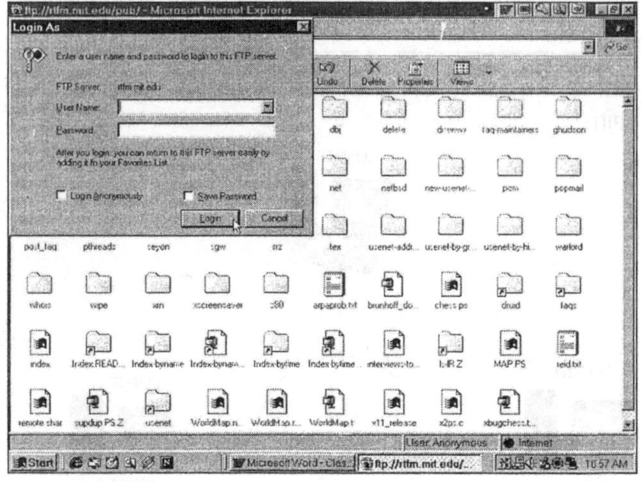

चित्र 5.7: एक FTP साइट में लॉगिंग करना

जब आप FTP सर्वर पर लॉग ऑन करते हैं, तब आपके कम्प्यूटर और सर्वर के बीच एक कनेक्शन खुलता है जिसे कमांड लिंक कहा जाता है। इस लिंक का प्रयोग आपके कम्प्यूटर से सर्वर पर कमांड्स भेजने के लिए किया जाता है।, और सर्वर से वापस आपके कम्प्यूटर पर मैसेजेस और सूचना वापस भेजने के लिए भी इसका प्रयोग होता है।

जब आप FTP सर्वर पर डायरेक्ट्रीज बदलना चाहते हैं, तो आपका क्लाइंट सॉफ्टवेयर FTP daemon को एक निर्देश भेजता है, और इसके लिए यह कमांड लिंक का प्रयोग करता है। daemon डायरेक्ट्रीज को बदलता है और उस डायरेक्ट्री की फाइल्स की एक लिस्टिंग को कमांड लिंक द्वारा वापस भेजता है। आपके क्लाइंट सॉफ्टवेयर पर, आपको फाइल्स की एक लिस्टिंग न्यू सर्वर डायरेक्ट्री में दिखाई देगी। जब आप एक फाइल डाउनलोड करना चाहते हैं, तो यह अनुरोध कमांड लिंक पर भेजता है।

जब आप एक फाइल को डाउनलोड करने के लिए कमांड देते है।, तो एक दूसरा कनेक्शन खुलता है, जिसे डाटा कनेक्शन या डाटा लिंक कहा जाता है। यह कनेक्शन निम्न मोड्स में से किसी एक में खुलता है:

- अमेरिकन स्टैंडर्ड कोड फॉर इन्फॉर्मेशन इंटरचेंज (ASCII) मोड
- बाइनरी मोड
- लाइन मोड

ASCII मोड

ASCII मोड का प्रयोग टेक्स्ट फाइल्स और अन्य चीजें जैसे लाइनफीड और कैरिज रिटर्न को भेजने के लिए किया जाता है।

बाइनरी मोड (Binary Mode)

बाइनरी मोड का प्रयोग बाइनरी फाइल्स को भेजने के लिए होता है।

लाइन मोड (Line Mode)

लाइन मोड FTP का प्रयोग टेक्स्ट फाइल्स को लाइन-बाई-लाइन भेजने के लिए होता है या यह ASCII मोड के समान है लेकिन इसमें कुछ अतिरिक्त फीचर्स भी होते हैं।

फाइल सर्वर से आपके कम्प्यूटर पर डाटा कनेक्शन के द्वारा डाउनलोड की जाती है। जब फाइल डाउनलोड हो जाती है, तब डाटा लिंक ऑटोमैटिक रूप से क्लोज हो जाती है। इसके बाद, कमांड लिंक खुली रहती है। आप इसके बाद डायरेक्ट्रीज बदल सकते हैं या अधिक फाइल्स डाउनालोड कर सकते हैं। जब आप पूरा कार्य खत्म कर लेते हैं, तब आप लॉगऑफ करते हैं और कमांड लिंक क्लोज हो जाती है। इसके बाद आप FTP सर्वर से जुड़े नहीं रहते हैं।

FTP से कनेक्ट होना (Connecting with FTP)

एक सामान्य FTP सैशन एक क्लाइंट के रूप में स्टार्ट होता है, जब आप FTP प्रोग्राम रन करते हैं और एक FTP साइट से कनेक्ट करते हैं, तो जो प्रोग्राम आपके पास है, उसके आधार पर, आप या तो अपनी लॉगइन सूचना कनेक्ट होने से पहले एंटर करेंगे अथवा आपसे ऐसा करने के लिए कहा जाएगा (कनेक्ट होने के बाद)। यदि आप एक वेब ब्राउजर का प्रयोग एक ऐनोनीमस साइट से कनेक्ट होने के लिए करते हैं, तो ब्राउजर आपसे लॉगइन होने के लिए कहेगा।

एक FTP साइट से कनेक्ट होने के लिए, आपको FTP सर्वर पर एक अकाउंट का नाम जानना होगा। अन्य शब्दों में कहा जाएगा तो आपको एक यूजरनेम और पासवर्ड के साथ लॉगिन करना होगा ताकि सर्वर जान सके कि आप कौन हैं। पब्लिक के लिए ऐक्सेस की जाने वाली FTP साइट्स आपसे चाहती हैं कि आप एक स्पेशल अकाउंट का प्रयोग करें जिसे **ऐनोनीमस** कहा जाता है। जब तक आप स्पेसीफाई नहीं करते है।, तब तक इंटरनेट एक्सप्लोरर यह मान लेता है कि आप FTP साइट्स से एक ऐनोनीमस यूजर के रूप में कनेक्ट होना चाहते हैं, और यह सर्वर को यूजरनेम **ऐनोनीमस** देता है और पासवर्ड देता है जिसमें आपका अपना ई-मेल ऐड्रेस होता है।

☞ जब आप एक FTP साइट में ऐनोनीमस के रूप में लॉगिन करते हैं, तब कभी भी अपना वास्तविक पासवर्ड एंडर ना करें। यह सिक्योरिटी का उल्लंघन है, कारण आपका पासवर्ड एक लॉग फाइल में दिखेगा जो कई लोगों द्वारा पढ़ी जा सकती है। यदि आप ऐसा गलती से करते हैं, तो तुरंत अपना पासवर्ड बदल दें।

☞ यदि आप फाइल्स को एक साइट तक भेजना चाहते हैं (जहाँ आपको अपलोड करने की अनुमति होती है), तो फाइल को आप ब्राउजर विंडो में ड्रैग करें और इसे अपलोड करने के लिए yes पर क्लिक करें।

➔ एक FTP साइट से कनेक्ट होने के लिए:

1. FTP साइट का URL ऐड्रेस बॉक्स में एंटर करें और go पर क्लिक करें। उदाहरण के लिए, FTP साइट rtfm.mit.edu/pub/ से कनेक्ट करने के लिए, URL को इस प्रकार एंटर करें:

   fttp://rtfm.mit.edu.pub/
2. ब्राउजर स्पेसीफाइड साइट्स खोलता है।
3. डायरेक्ट्री, जिसमें डाउनलोड की जाने वाली फाइल है, उसे डिस्प्ले करें।
4. फाइल पर राइट क्लिक करें और copy to folder चुनें (देखें चित्र 5.8)।

5. एक बार जब आपने फाइल को कम्प्यूटर ड्राइव में सेव कर लिया तो आप इसे उचित सॉफ्टवेयर का प्रयोग करके खोल सकते हैं, जो फाइल के प्रकार पर निर्भर होता है। यदि यह एक .doc फाइल है, तो आप माइक्रोसॉफ्ट वर्ड का प्रयोग इस फाइल को खोलने के लिए कर सकते हैं।

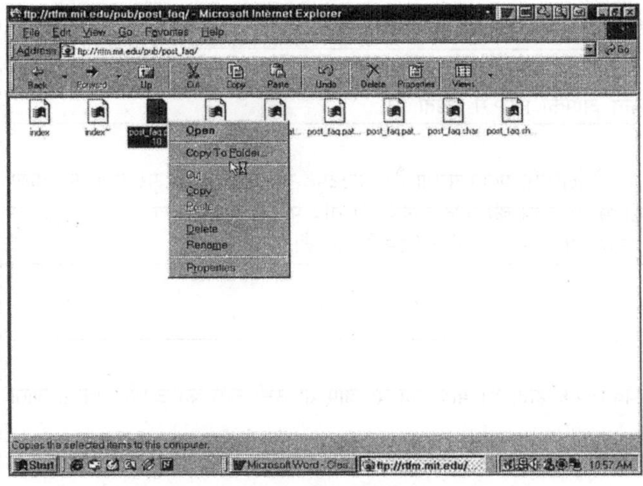

चित्र 5.8: FTP सर्वर पर एक फाइल खोलना

FTP कॉमन कमांड्स

बेसिक कमांड है:

FTP hostname

यह कमांड जो डिस्क ऑपरेटिंग सिस्टम (DOS) प्रॉम्प्ट पर लिखा होता है, वह एक इंटरैक्टिव FTP सैशन खोलता है।

जब आप FTP को एक स्क्रिप्ट में चलाना चाहते हैं, तो जो स्विचेज उपलब्ध होते हैं, वो इस प्रकार हैं:

ftp [-v] [-d] [-i] [-n] [-g]

[-s:filename] [-a] [-w:windowsize]

[computer]

टेबल 5.1 में वो पैरामीटर्स दिए गए हैं जिन्हें आप कमांड में एंटर कर सकते हैं।

अधिकतर समय, आप FTP क्लाइंट को इंटरैक्टिव मोड में प्रयोग करते हैं। इस मोड में रहते हुए आपको ऐसे कई कमांड्स भी जानने चाहिए जिनके लिस्ट टेबल 5.2 में दी गई है। ये कमांड माइक्रोसॉफ्ट FTP क्लाइंट्स के लिए सबसे अधिक कॉमन वैलिड कमांड्स हैं।

कई FTP कमांड्स DOS कमांड्स के समान हैं। जैसे rmdir DOS के rd कमांड की तरह है। mkdir, rmdir दोनों का प्रयोग रिमोट होस्ट पर डायरेक्ट्री बनाने के लिए होता है। अन्य कमांड है help जो DOS के ? कमांड की तरह है। type कमांड फाइल के ASCII कैरेक्टर्स टाइप करता है।

टेबल 5.1: FTP कमांड लाइन स्विचेज

स्विच	अर्थ
-v	रिमोट होस्ट के रिस्पाँसेज को ऑफ कर देता है।
-n	इनीशियल कनेक्शन होने पर ऑटो-लॉगऑन को डिसेबल कर देता है।
-i	मल्टीपल फाइल ट्रांसफर के दौरान प्रॉम्पटिंग बंद कर देता है।
-d	डीबगिंग मोड को ऑफ कर देता है, जो क्लाइंट और सर्वर के बीच पास किए गए सभी कमांड्स डिस्प्ले करता है।
-g	फाइल नेम ग्लैबिंग (globbing) को ऑफ करता है। यह लोकल फाइल और पाथ नेम्स में वाइल्ड कार्ड कैरेक्टर्स के प्रयोग की अनुमति देता है।
-s: फाइल नेम	FTP को स्क्रिप्ट के रूप में निश्चित टेक्स्ट फाइल प्रयोग करने के लिए कहता है; ये कमांड FTP के स्टार्ट होने के बाद ऑटोमैटिक रूप से चलते हैं
-a	FTP को किसी लोकल इंटरफेस को प्रयोग करने का निर्देश देते हैं जब भी डाटा कनेक्शन बनाया जाता है।
-w: विंडो साइज़	डीफॉल्ट ट्रांसफर बफर साइज 4096 के अलावा एक अन्य विंडो साइज को प्रयोग करने की अनुमति देता है।
-Computr	FTP रिमोट होस्ट को कम्प्यूटर नेम या IP ऐड्रेस बताता है जिससे इसे कनेक्ट होना चाहिए।

टेबल 5.2: FTP कमांड्स और उनके विवरण

कमांड	विवरण
append	उपयोग: **append local_filename remote_filename** यह FTP को कहता है कि लोकल फाइल ट्रांसफर करे और इसे रिमोट फाइल के अंत में अपेंड करे। यदि रिमोट फाइल का नाम नहीं दिया जाता है, तो FTP उसी फाइल नेम को लोकल फाइलनेम के रूप में प्रयोग करता है। यदि लोकल फाइल नेम मौजूद नहीं होता है, तो FTP इसे बना लेता है।
bell	उपयोग: **bell** यह कमांड बेल को ऑन या ऑफ करता है। बेल डीफॉल्ट से ऑफ होती है। जब इसे ऑन किया जाता है, तब यह प्रत्येक फाइल ट्रांसफर के बाद बजती है।

क्रमशः...

क्रमश:...

binary	उपयोग: **binary** यह मोड को ASCII से binary में बदलता है। जब भी आफ फाइल ट्रांसफर करते हैं तब इसे करना चाहिए ताकि कैरेक्टर कन्वर्जन एक्जीक्यूटेबल या कम्प्रेस्ड फाइल्स पर नहीं होंगे।
cd	उपयोग: **cd directory name** यह वर्किंग डायरेक्ट्री को FTP सर्वर पर बदलता है यह विंडो NT cd कमांड के समान होता है।
close	उपयोग: **close** यह रिमोट होस्ट के साथ FTP सैशन को बंद करता है लेकिन आपको FTP में रखता है।
dir	उपयोग: **dir directory filename** यह रिमोट सिस्टम जिसे आप निर्धारित करते हैं, पर डायरेक्ट्री की लिस्टिंग प्रदान करता है। आउटपुट को एक फाइल पर डायरेक्ट किया जा सकता है जिसमें एक फाइलनेम एंटर किया जाएगा। किसी भी विकल्प की जरूरत नहीं है। यदि फाइल नेम छूट जाता है, तब केवल लिस्ट डिस्प्ले होती है। यदि डायरेक्ट्री नेम छूट जाता है, तो करेंट डायरेक्ट्री के कंटेंट डिस्प्ले होते हैं।
disconnect	उपयोग: **disconnect** यह क्लोज कमांड की तरह ही कार्य करता है।
get	उपयोग: **get remote_file local_file** यह रिमोट होस्ट से फाइल रिट्रीव करता है। लोकल फाइल वैकल्पिक होती है। यदि नहीं दी जाए तो उसी नाम का उपयोग किया जाता है।
glob	उपयोग: **glob** यह glob सैटिंग ऑन या ऑफ के बीच टॉगल करता है। ग्लैबिंग फाइल नेम्स में वाइल्ड कार्ड्स के प्रयोग की अनुमति देता है। डीफॉल्ट से यह ऑन हो जाता है।
literal	उपयोग: **literal parameter** यह रिमोट FTP होस्ट को एक लिटरल स्ट्रिंग भेजता है। आमतौर पर एक सिंगल रिप्लाई कोड रिटर्न किया जाता है।
input	उपयोग: **input filename filename filename** यह get कमांड का उल्टा होता है। यह लोकल फाइल को लेता है और इसे FTP सर्वर पर प्लेस करता है। यदि रिमोट फाइल नेम नहीं दिया जाता है, तो उसी फाइल का प्रयोग किया जाता है।
pwd	FTP पर करेंट डायरेक्ट्री डिस्प्ले करता है।
led	आपके कम्प्यूटर पर डायरेक्ट्री को बदलता है।
rmdir	निर्धारित डायरेक्ट्री को डिलीट करता है।

GUI आधारित FTP क्लाइंट्स WS_FTP क्लाइंट

WS_FTP कई वर्षों से उपलब्ध है, लेकिन यह अभी भी सबसे अच्छा FTP क्लाइंट माना जाता है। यह FTP क्लाइंट सरकारी और शैक्षिक यूजर्स के लिए फ्री होता है और उन लोगों के लिए भी जो इसका नॉन-कमर्शियल उपयोग करते हैं। निम्न वेबसाइट से WS_FTP का लेटेस्ट वर्जन पाने के लिए निम्न टाइप करें:

http://www.ipswitch.com/products/WS_FTP/index.html

WS_FTP डायरेक्ट्री के कंटेंट को बाईं ओर के लोकल सिस्टम में डिस्प्ले करता है और दाएँ भाग में रिमोट सिस्टम में दिखाए गए FTP सर्वर पर एक डायरेक्ट्री डिस्प्ले करता है। रिमोट सिस्टम फाइल ट्रांसफर का एक सोर्स होता है और लोकल सिस्टम फाइल का लक्ष्य होता है। एक फाइल को कम्प्यूटर से सर्वर पर अपलोड करने में, फाइल्स लोकल से रिमोट सिस्टम में मूव कर जाती है।

एक फाइल को WS_FTP के साथ ट्रांसफर करना

(Tansfering a File with WS_FTP)

एक फाइल को सर्वर से होस्ट तक मूव करने के लिए (डाउनलोडिंग) या होस्ट से सर्वर तक मूव करने के लिए (अपलोडिंग), निम्न करें:

1. फाइल नेम खोजें जिसे आप ट्रांसफर करना चाहते हैं, और इसे सिलेक्ट करें।
2. ASCII फाइल टाइप निर्धारित करें (पिक्चर फाइल्स के लिए)और डाटाफाइल्स के लिए बाइनरी टाइप। लेकिन जब आप फाइल्स के बारे में निश्चित न हों, तो पहले बाइनरी टाइप ही निर्धारित करें।
3. उस बटन पर क्लिक करें जिसमें एक ऐरो उस दिशा में पॉइंट कर रहा हो जिस दिशा में आप फाइल या फाइल्स को मूव करना चाहते हैं।

जब आपने सभी फाइल्स को एक जगह से दूसरी जगह पर कॉपी कर लिया, तो विंडो के नीचे बने क्लोज बटन पर क्लिक करें।

क्यूट FTP (cute FTP)

क्यूट FTP अन्य प्रकार का FTP क्लाइंट है। यह कम यूजर फ्रेंडली है। यह WS_FTP की तरह ही है क्योंकि यह भी लोकल और रिमोट सिस्टम और इसकी डायरेक्ट्रीज को विंडो के बाई ओर दाई और डिस्प्ले करता है। क्यूट FTP में हम फाइल्स को लोकल से रिमोट या रिमोट से लोकल सिस्टम में ड्रैग एंड ड्रॉप कर सकते हैं। क्यूट FTP सभी डायरेक्ट्रीज की एक हिस्ट्री भी मेन्टेन करता है।

➔ लोकल सिस्टम से रिमोट सिस्टम या इसके विपरीत फाइल मूव करने के लिए:

1. उस फाइल को खोजें जिसे आप ट्रांसफर करना चाहते हैं।
2. मूव की जाने वाली फाइल या फाइल्स को ड्रैग करें।
3. ट्रांसफर पूरा करने के लिए yes बटन पर क्लिक करें।

फाइल मूव होने के बाद आप फाइल मेन्यू से डिस्कनेक्ट कर सकते हैं।

ब्राउजर आधारित FTP क्लाइंट्स FTP इंटरनेट एक्सप्लोरर के साथ (Borwser Based FTP Clients FTP with Internet Explorer)

माइक्रोसॉफ्ट इंटरनेट एक्सप्लोरर की FTP इंटरफेस सामान्य विंडोज एक्सप्लोरर फोल्डर पर आधारित है, जो रिमोट फाइल ऐक्सेस को आपके अपने कम्प्यूटर पर ऐक्सेसिंग फोल्डर्स की तरह बनाता है। इंटरनेट एक्सप्लोरर के साथ FTP कनेक्शन करने के लिए इन स्टेप्स को फॉलो करें।

1. इंटरनेट एक्सप्लोरर को ऐक्टिवेट करने के लिए इसके डेस्कटॉप शॉर्टकट पर क्लिक करें या स्टार्ट पर क्लिक करके, प्रोग्राम्स चुनें और फिर इंटरनेट एक्सप्लोरर चुनें।
2. निम्न प्रकार से ऐड्रेस बॉक्स में एक साइट का ऐड्रेस सीधे एंटर करके उस साइट से सीधे जुड़ें:

   ftp://ftp.microsoft.com

   या

   ftp://your_username: your_password@ftp.your_Isp.com
3. FTP साइट में नेवीगेट करने के लिए फोल्डर आयकन्स पर क्लिक करके सबडायरेक्ट्रीज को खोलें।
4. फाइल्स पर क्लिक करके उन्हें डाउनलोड करें।
5. फाइल्स सिलेक्ट करके इंटरनेट एक्सप्लोरर से बाहर आएँ और फिर क्लोज़ चुनें।

आपसे आपके इंटरनेट सर्विस प्रोवाइडर (ISP) से डिस्कनेक्ट होने के लिए कहा जाएगा।

5.4.6 यूज़नेट क्या है? (What is Usenet?)

यूज़नेट यूजर नेटवर्क के लिए संक्षिप्त रूप में लिखा जाता है। यह एक इंटरनेशनल, नॉन कमर्शियल नेटवर्क है, जो कई हजारों यूनिक्स आधारित साइट्स को लिंक करता है। यह विश्व का सबसे बड़ा इलेक्ट्रॉनिक डिस्कशन फोरम है। यह पूरे इंटरनेट पर स्थित कम्प्यूटर्स के बीच मैसेजेस भेजने का एक तरीका प्रदान करता है। विश्वभर के लोग न्यूज ग्रुप नामक चर्चा में भाग लेते हैं जो विभिन्न विषयों पर अपनी अपनी पसंद के क्षेत्रों में होती है।

☞ यद्यपि इंटरनेट और यूजनेट में बहुत नजदीकी रिश्ता है, फिर भी वो दोनों समान नहीं हैं। यूज़नेट इंटरनेट से पहले आता है। प्रत्येक इंटरनेट कम्प्यूटर यूजनेट का हिस्सा नहीं हो सकता है और ना ही प्रत्येक यूजनेट सिस्टम्स तक इंटरनेट से पहुँचा जा सकता है।

इंटरनेट की तरह, यूज़नेट में कोई भी सेंट्रल गवर्निंग बॉडी नहीं होती है। यूज़नेट उन लोगों के द्वारा चलाया जाता है जो इसका प्रयोग करते हैं। करीब 10,000 से अधिक अलग-अलग न्यूज ग्रुप्स के साथ यूज़नेट को प्रतिदिन लाखों लोग; 100 से अधिक देशों में ऐक्सेस करते हैं। यूज़नेट सर्विस इंटरनेट यूजर्स के एक ग्रुप को अपने व्यूज़/आइडियाज का आदान-प्रदान करने और किसी कॉमन विषय पर सूचना, जो ग्रुप के सभी लोगों की रूचि की हो, का आदान-प्रदान करने की अनुमति देती है ऐसे कई ग्रुप्स इंटरनेट पर स्थित हैं और इन्हें न्यूज ग्रुप कहा जाता है। उदाहरण के लिए, न्यूज ग्रुप जिसका नाम comp.security.misc है, में कम्प्यूटर सिक्योरिटी के मुद्दे में रूचि रखने वाले यूजर्स शामिल होते हैं।

अधिक से अधिक ऐसे 20 अलग-अलग मुख्य हैरार्किकल न्यूज ग्रुप्स हैं, जैसे रिक्रिएशन (जिसे "rec" शब्दों द्वारा पहचाना जाता है) और कम्प्यूटर्स (जिसे "comp" शब्दों से पहचाना जाता है)। इन प्रमुख हैरार्कीज और सब कैटेगरीज़ के भीतर (जैसे rec.arts) और भी कई सब कैटेगरीज़ (जैसे re.arts.books) होती है। प्रत्येक अलग-अलग न्यूज ग्रुप मूवीज से लेकर पेरेंटिंग, इकोलॉजी, स्पोर्ट्स टीम, क्लिप आर्ट, और स्वयं यूजनेट के बारे में नयूज आदि सब कुछ कवर करती है।

यूजनेट कम्पोनेंट (Usenet Components)

इंटरनेट यूजनेट (यूजर्स नेटवर्क) ठीक इलेक्ट्रॉनिक बुलेटिन बोर्ड की तरह होता है। लोगों की रूचि अलग-अलग होती है जो अपने विचार अन्य लोगों के साथ शेयर करना चाहते हैं और उनके सुझाव एवं उनकी राय को आमत्रित करते हैं। लोगों को समस्या भी होती है, जिसका समाधान, वो अन्य लोगों से चाहते हैं। यूजनेट क्लाइंट सर्वर कॉन्सेप्ट पर कार्य करता है, इसलिए, यूज़नेट के दो प्रमुख कम्पोनेंट्स होते हैं। ये नीचे दिए गए हैं:

- न्यूज़ सर्वर
- न्यूज़ रीडर

न्यूज ग्रुप्स पर पोस्ट किए जाने वाले आर्टिकल्स इंटरनेट पर न्यूज सर्वर्स द्वारा वितरित किए जाते हैं। ये न्यूज सर्वर्स आर्टिकल्स को यूजर्स के लिए स्टोर और फॉर्वर्ड करते हैं। एक यूजर को क्लाइंट सॉफ्टवेयर की जरूरत होती है, जिसे न्यूज रीडर्स कहा जाता है, जो इन आर्टिकल्स को पढ़े। न्यूज सर्वर्स और न्यूज रीडर्स नेटवर्क न्यूज ट्रांसफर प्रोटोकॉल (MNTP) का प्रयोग करके कम्यूनिकेट करते हैं।

यूज़नेट न्यूजग्रुप्स (Usenet Newsgroups)

यूज़नेट के भीतर अलग-अलग डिस्कशन ग्रुप्स होते हैं यूज़नेट न्यूजग्रुप्स में इंटरनेट और यूज़नेट सब्सक्राइबर्स द्वारा पोस्ट किए गए आर्टिकल्स होते हैं। इनमें से कुछ आर्टिकल्स में ही वास्तविक न्यूज होती है।

अधिकांश न्यूजग्रुप्स एक ही सब्सजेक्ट के साथ जुड़े होते हैं। यूज़नेट द्वारा उपलब्ध सब्सेक्ट्स की रेंज काफी बड़ी होती है। आप 10,000 अलग-अलग न्यूजग्रुप्स में से चुन सकते हैं। यदि लोग किसी विषय में रूचि लेते हैं, तो उन्हें उस सब्जेक्ट के लिए कहीं भी एक न्यूजग्रुप अवश्य मिल जाता है। आप अपने खुद के आर्टिकल्स पोस्ट कर सकते हैं और इसी तरह के आइटम्स, जो दूसरों ने पोस्ट किए हैं, को ब्राउज़ कर सकते हैं। आप न्यूजग्रुप को रिप्लाई कर सकते हैं ताकि अन्य सब्सक्राइबर आपके रिप्लाई को पढ़ सकें या एक प्राइवेट ई-मेल मैसेज में आप सीधे ओरीजनेटर को ही जवाब दे सकें।

यूज़नेट किस तरह काम करता है (How Usenet Works?)

चूँकि यूजनेट एक ग्लोबल बुलेटिन बोर्ड और डिस्कशन एरिया है, यह हजारों अलग-अलग विषयों पर मैसेजेस कलेक्ट करके न्यूजग्रुप्स में रखता है। न्यूजग्रुप्स कई होस्ट कम्प्यूटर्स में पाया जाता है जो इंटरनेट पर कहीं भी होते हैं। ऐसे हजारों न्यूजग्रुप्स होते हैं जो ऐसे सभी टॉपिक्स को कवर करते हैं जिनकी आपने कल्पना भी नहीं की होती है और ऐसे कई और भी टॉपिक्स होते हैं जिनके बारे में अपने कभी-सोचा भी नहीं होगा। भाग लेने के लिए, लोग ऐसे मैसेजेस को भेजते और पढ़ते हैं जिन्हें न्यूजग्रुप्स में पोस्ट नहीं किया गया है। न्यूज ग्रुप रीडर सॉफ्टवेयर आपसे मैसेजेस पढ़ने और न्यूजग्रुप्स में प्रतिक्रिया देने के लिए कहता है। सॉफ्टवेयर आपको अपने न्यूजग्रुप्स मैनेज करने का तरीका प्रदान करता है

जिसमें आपको न्यूजग्रुप में सब्सक्राइब करने की अनुमति दी जाती है, जिसका अर्थ है कि नए मैसेजेस आपको ऑटोमैटिक रूप से डिलीवर हो जाएँगी जब भी आप सर्वर की जाँच करेंगे।

पिक्चर्स, मल्टीमीडिया फाइल्स और एक्जीक्यूटेबल प्रोग्राम्स भी न्यूजग्रुप्स में अन्य लोगों को देखने और प्रयोग करने के लिए भेज दिए जाते हैं। लेकिन, न्यूजग्रुप्स में प्रयोग की जाने वाली तकनीक की वजह से, उन फाइल्स को एनकोड किया जाना चाहिए जिन्हें पोस्ट किया जाना है। देखने के लिए, या फाइल्स का प्रयोग करने के लिए, आपको पहले उन्हें अपने कम्प्यूटर से ट्रांसफर करना होगा, फिर उन्हें स्पेशल सॉफ्टवेयर से डीकोड करना होगा। एनकोडिंग और डीकोडिंग प्रोग्राम्स के बहुत से वर्जन्स हैं जो PC मैकिन्टोश और यूनिक्स कम्प्यूटर्स पर काम करते हैं। मल्टीपरपस इंटरनेट मेल एक्सटेंशन (MIME) इस तरह की एक कोडिंग स्कीम है।

☞ यूज़नेट सर्वर्स एक दूसरे से बातचीत करते हैं ताकि सभी मैसेजेस जो एक सर्वर पर पोस्ट किए जाते हैं, दूसरे सर्वर पर ड्यूप्लिकेट किए जा सकें। प्रत्येक साइट तय करती है कि कौन सा न्यूजग्रुप चलाना है।

न्यूजग्रुप्स में भाग लेना (Participation in Newsgroups)

न्यूजग्रुप्स में भाग लेने के लिए, आपको स्पेशल सॉफ्टवेयर की जरूरत पड़ेगी जिससे आप उन्हें पढ़कर अपनी प्रतिक्रिया दे सकें। PC, मैकिन्टोश और यूनिक्स कम्प्यूटर्स के लिए रीडर्स है। ऑनलाइन सर्विसेज जैसे कम्प्यूसर्व और अमेरिका ऑनलाइन का अपना स्वयं का प्रोप्राइटरी सॉफ्टवेयर होता है जो आपको न्यूज ग्रुप्स में भाग लेने में मदद करता है। एक अच्छा न्यूजग्रुप रीडर सॉफ्टवेयर पैकेज आपको चल रही चर्चाओं को थ्रेड्स की तरह देखने में मदद करता है।

☞ थ्रेड्स (Threads) ऑन गोइंग कन्वर्सेशन (चल रही चर्चाएँ) होती हैं जो विषय के अनुसार ग्रुप्ड होती है।

कई न्यूजग्रुप्स में अक्सर पूछे जाने वाले प्रश्नों (Frequently Asked Questions) (FAQ) की लिस्ट होती है जो उनसे संबंधित होते हैं। ये FAQs न्यूजग्रुप के बारे में कॉमन प्रश्नों का उत्तर देते हैं। न्यूजग्रुप में प्रश्नों को भेजने से पहले FAQ को एक साथ पढ़ना अच्छा रहता है क्योंकि किसी ने पहले भी इन्हें आपको हो सकता है भेजा हो।

आप न्यूजग्रुप्स में भाग लेने के लिए मैसेजेस को पढ़ते हैं और उन पर प्रतिक्रिया देते हैं। न्यूजग्रुप्स दो प्रकार के होते हैं।

(a) मॉडरेटेड न्यूजग्रुप्स
(b) अनमॉडरेट न्यूजग्रुप्स

मॉडरेटेड न्यूजग्रुप्स (Moderated Newsgroups)

एक मॉडरेटेड ग्रुप में, प्रत्येक मैसेज एक मानव मॉडरेटर के पास जाता है। मॉडरेटर उस मैसेज को देखता है और यह सुनिश्चित करता है कि वो ग्रुप के लिए उचित है। यदि ऐसा है तो मैसेजेस पोस्ट किए जाते हैं। न्यूजग्रुप में पोस्ट किए गए मैसेज के सभी भाग मॉडरेटर द्वारा रिव्यू किए जाते हैं ताकि यह सुनिश्चित हो कि वो उन मानकों को पूरा करते हैं जिन्हें न्यूज ग्रुप ने सब्जेक्ट के लिए सैट किया है।

अनमॉडरेटेड न्यूजग्रुप्स (Unmoderated Newgroups)

एक अनमॉडरेटेड न्यूजग्रुप्स में, सभी मैसेजेस ऑटोमैटिक रूप से पोस्ट किए जाते है। जब मैसेजेस पोस्ट किए जाते हैं, तब यूजनेट सर्वर्स उन्हें अन्य साइट्स पर वितरित कर देते हैं जिनमें न्यूज ग्रुप होते हैं। एक साइट में आमतौर पर केवल सबसे करेंट मैसेजेस ही होते हैं। अन्यथा, उनमें जल्दी ही स्टोरेज जगह की कमी होने लगेगी। कुछ यूजनेट साइट्स पुराने डिस्कशन्स को स्टोर करते हैं या आर्काइव बनाकर रखते हैं।

बाइनरी फाइल्स जैसे पिक्चर्स और मल्टीमीडिया फाइल्स को न्यूजग्रुप्स में पोस्ट किया जा सकता है। ये फाइल्स विशेष रूप से एनकोडेड की जानी चाहिए ताकि उन्हें पोस्ट किया जा सके। उन्हें देखने के लिए, आपको उन्हें अपने कम्प्यूटर में ट्रांसफर करना चाहिए और फिर उन्हें स्पेशल सॉफ्टवेयर के साथ

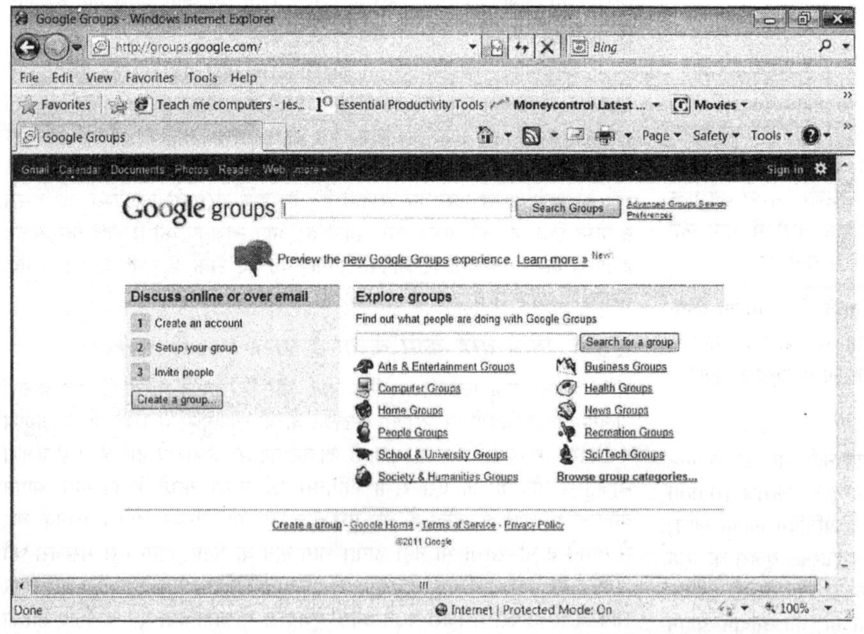

चित्र 5.9: गूगल ग्रुप्स

☞ न्यूजग्रुप्स को चैक करने का एक सुविधाजनक तरीका है उन्हें सब्सक्राइब करना जो आपकी रूचि के हों। इस तरह से, जब भी आप यूजनेट सर्वर की जाँच करेंगे, आपके द्वारा सब्सक्राइब्ड न्यूजग्रुप में नए मैसेजेस आपको डिलीवर किए जाएँगे। आप किसी न्यूजग्रुप के लिए अपना सब्सक्रिप्शन कैंसिल कर सकते हैं यदि आपकी इसमें अब बिल्कुल भी रूचि नहीं है।

डीकोड करना चाहिए। एक कॉमन एनकोडिंग स्कीम जो न्यूजग्रुप के साथ प्रयोग की जाती है उसे **uuencode** कहा जाता है।

मॉडरेटेड न्यूज ग्रुप का प्रमुख आइडिया ये है कि न्यूजग्रुप की क्वालिटी सुनिश्चित की जाए। चूँकि कोई भी एक नॉन-मॉडरेटेड न्यूजग्रुप के मैसेजेस की क्वालिटी मॉडरेट नहीं करता है, अतः कोई भी कुछ भी पोस्ट कर सकता है। लेकिन इस तरह के न्यूजग्रुप के मेंबर्स को मैसेज पोस्ट करते समय सतर्क रहना चाहिए क्योंकि अन्य मेंबर्स शायद गुस्से से भरी प्रतिक्रिया दें और सभी अभद्र मैसेजेस की प्रतिक्रिया के रूप में वो भी भड़काऊ मैसेज पोस्ट करें। इस मुद्दे को ऐड्रेस करने के लिए, नेटिकेट (नेटवर्क एटिकेट) की अवधारणा सामने आई, जो भड़काऊ मैसेजेस के नियमों के साथ कार्य करती है और दूसरों को ठेस नहीं पहुँचाती है।

न्यूजग्रुप्स को सर्च करना (Searching Newsgroups)

उन न्यूजग्रुप्स को खोजना जिनमें आपकी रूचि हो, हमेशा बहुत आसान कार्य नहीं होता है। सर्च इंजिन, गूगल एक तेज और आसानी से प्रयोग की जाने वाली सेवा प्रदान करता है जो सभी न्यूजग्रुप्स को सर्च करता है और उन मैसेजेस को खोजता है जो आपके द्वारा निर्धारित क्राइटेरिया से मैच करते हैं। (देखें चित्र 5.9)।

➔ **गूगल का प्रयोग करके न्यूजग्रुप को सर्च करने के लिए:**

1. मुख्य इंटरनेट एक्सप्लोरर विंडो में ऐड्रेस बॉक्स में निम्न URL टाइप करें और Enter प्रेस करें।
   http://groups.google.com
   इससे आप गूगल ग्रुप्स पेज पर पहुँच जाएँगे (देखें चित्र 5.9)
2. गूगल सर्च टेक्स्ट बॉक्स में अपना सर्च क्राइटेरिया एंटर करें या लिस्ट में लिस्टेड टॉपिक्स पर क्लिक करें।
3. सिलेक्शन टॉपिक्स पर थ्रेड्स (Threads) की लिस्ट चित्र 5.10 की तरह से डिस्प्ले होगी।
4. एक पोस्टिंग को पढ़ने के लिए, Enter की प्रेस करें। पोस्ट करने के लिए post a new message बटन पर क्लिक करें।

चित्र 5.10: टॉपिक्स की लिस्ट डिस्प्ले की जाती है।

न्यूजग्रुप्स में सब्सक्राइब करना (Subscribing to Newsgroups)

एक बार जब आप अपने न्यूज सर्वर से कनेक्ट हो जाते हैं, तो आपको चुनना होगा कि कौन से न्यूजग्रुप को आप सब्सक्राइब करना चाहते हैं। क्योंकि न्यूज सर्वर में हजारों न्यूजग्रुप्स उपलब्ध हैं, अतः न्यूजग्रुप की लिस्ट को डाउनलोड और डिस्प्ले करने में काफी समय लगता है। अपना समय बचाने के लिए, आप एक न्यूजग्रुप को, बिना लंबे समय के वादे के, सैंपल के रूप में ले सकते हैं या यदि आप उसी न्यूज ग्रुप में वापस आना चाहते हैं तो आप उस ग्रुप को सब्सक्राइब कर सकते हैं।

➔ **माइक्रोसॉफ्ट आउटलुक एक्सप्रेस के साथ एक न्यूजग्रुप को सब्सक्राइब करने के लिए:**

1. न्यूजग्रुप्स की लिस्ट देखने के लिए, Tools मेन्यू चुनें और फिर Newsgroup चुनें या वैकल्पिक रूप से टूलबार पर स्थित Newsgroup बटन पर क्लिक करें। आप देखेंगे कि सभी उपलब्ध न्यूजग्रुप्स की लिस्ट आपके कम्प्यूटर स्क्रीन पर उपलब्ध है।
2. यदि आप किसी विशेष ग्रुप को खोजना चाहते हैं, तो डिस्प्ले न्यूजग्रुप में कीवर्ड टाइप करें जिसमें टेक्स्ट बॉक्स है।
3. एक न्यूजग्रुप में सब्सक्राइब करने के लिए, न्यूजग्रुप का नाम चुनें और फिर सब्सक्राइब बटन पर क्लिक करें या न्यूज ग्रुप पर डबल क्लिक करें जिसे आप सब्सक्राइब करना चाहते हैं।
4. यदि आप अभी-अभी सब्सक्राइब किया गया न्यूजग्रुप देखना चाहते हैं, तो डायलॉग बॉक्स के निचले भाग में स्थित सब्सक्राइब्ड टैब पर क्लिक करें। आप वही लिस्ट देखेंगे जो आपने अभी सिलेक्ट की है।

न्यूज सर्वर्स (News Servers)

न्यूज सर्वर एक प्रोग्राम या एक कम्प्यूटर है जो न्यूजफीड प्रदान करता है। न्यूज सर्वर न्यूज ग्रुप आर्टिकल्स को पढ़ने और भेजने के लिए स्टोर करता है यदि आपके पास एक न्यूज क्लाइंट या न्येज रीडर होता है। नीचे कुछ न्यूज सर्वर्स दिए गए हैं:

(a) www.usatoday.com
(b) news.vsnl.net.in
(c) msnews.microsoft.com
(d) espenet.sportzone.com

5.4.7 इंटरनेट रिले चैट (IRC)

चैट इंटरनेट द्वारा दूसरों से तुरंत कम्यूनिकेट करने का सबसे तेज तरीका है।

☞ इंटरनेट रिले चैट (IRC) एक इंटरनेट ऐप्लीकेशन है जिसे फिरलैंड में Jakko Oikarinen ने डेवलप किया था। अधिकांश (लेकिन सब नहीं) वार्तालाप इंग्लिश में होते हैं। यदि कोई आपसे एक IRC सैशन के दौरान आपके पासवर्ड के बारे में पूछता है, तो उसे देने की जल्दी मत करना। कोई आपको भ्रमित कर रहा है ताकि आप उसे अपने सिस्टम के बारे में महत्त्वपूर्ण सूचना दें, जो वह व्यक्ति प्रयोग कर सके।

ऐसे बहुत से टॉपिक्स होते हैं जिन्हें ''चैनल'' कहा जाता है जिसके लिए आप विश्वभर में कई लोगों से चैट कर सकते हैं। जब आप कोई चैनल जॉइन करते हैं तो आप देख सकते हैं कि चैनल पर अन्य लोग अपने कीबोर्ड्स से क्या टाइप कर रहे हैं। इसके बदले, चैनल में हर कोई यह देख सकता है कि आप अपने कीबोर्ड से क्या टाइप कर रहे हैं। आप किसी के साथ निजी वार्तालाप भी कर सकते हैं। चैनल्स विश्व में अलग-अलग सर्वर्स पर लाइव हो जाते हैं। कुछ सर्वर्स में बहुत कम चैनल्स होते हैं और अन्य में बहुत ज्यादा होते हैं।

चैटिंग का कॉन्सेप्ट (Concepts of Chatting)

चैटिंग फोन पर बात करने जैसी ही है। अंतर सिर्फ इतना है कि फोन पर आप बात करते हैं जबकि चैटिंग करते समय आपको वही टाइप करना होता है, जो आप कहना चाहते हैं और यह मैसेज तुरंत चैटिंग किए जाने वाले व्यक्ति को मिल जाता है। इसके अलावा आप ग्रुप्स में चैट कर सकते हैं अर्थात् आप जिस मैसेज को भेजना चाहते हैं उसे कई लोग एक साथ रिसीव करते हैं।

यदि आप चैट करना चाहते हैं, तो आपको एक सर्वर पर लॉगऑन करना चाहिए जो चैट की सुविधा देता है। ऐसी बहुत सी साइट्स हैं जो चैट की सुविधा देती हैं।

उदाहरण के लिए, निम्न साइट्स चैट सुविधाएँ प्रदान करती हैं:

in.messanger.yahoo.com

sify.com

123india.com

IRC पर कार्य करना (Working on IRC)

जब आप चैट करना चाहते हैं, तब आप इंटरनेट पर एक कनेक्शन करते हैं और फिर अपना क्लाइंट सॉफ्टवेयर स्टार्ट करें। इसके बाद, आपको एक IRC सर्वर पर लॉगऑन करना होगा जो इंटरनेट पर स्थित है। कई IRC सर्वर्स विश्व भर में स्थित हैं। ये एक नेटवर्क में एक दूसरे से कनेक्टेड हैं। ताकि ये एक दूसरे को मैसेजेस भेज सकें। सर्वर्स एक स्पैनिंग फ्री (spanning free) सैशन में जुड़े होते हैं, जिसमें प्रत्येक सर्वर कई अन्य सर्वर्स से जुड़े होते हैं, लेकिन सभी सर्वर्स एक दूसरे से सीधे कनेक्टेड नहीं होते हैं।

जब आप एक सर्वर से कनेक्टेड होते हैं, तो जॉइन करने के लिए आप एक विशेष चैनल चुनते हैं और चैटिंग के दौरान स्वयं की पहचान के लिए एक यूजर नेम चुनते हैं। कई चैनल्स उपलब्ध हैं जो अलग-अलग टॉपिक्स को कवर करती है।

आपका मैसेज आपके पीसी पर स्थित क्लाइंट सॉफ्टवेयर से IRC सर्वर को भेजा जाता है। जिससे आप कनेक्टेड हैं। मैसेज फिर आपके सर्वर से अन्य सर्वर को भेजा जाता है। जहाँ आपके चैनल के लोगों ने लॉगऑन किया है। मैसेज सर्वर से सर्वर को ट्रांसफर होता रहता है। स्पैनिंग फ्री सर्वर स्ट्रक्चर के अंतर्गत, मैसेज हमेशा नेटवर्क में सबसे छोटा रास्ता लेता है ताकि यह अपने अतिम लक्ष्य तक जल्दी पहुँच सके।

प्रत्येक सर्वर आपके मैसेज को उन लोगों के क्लाइंट सॉफ्टवेयर को भेजता है जो प्रत्येक सर्वर पर चैनल से कनेक्टेड हैं। लोग आपके मैसेज को अपने पीसी से ही पढ़ सकते हैं। और उसकी प्रतिक्रिया भी दे सकते हैं।

☞ Rediff पर चैट करने के लिए आप Rediff Bol 8.0 Instant Messenger को इन्स्टॉल करें।

➔ **Rediff पर चैट करने के लिए:**

1. Rediffmail.com साइट पर लॉगऑन करें और फिर चैट बटन पर क्लिक करें। एक Rediff Bol विंडो चित्र 5.11 की तरह दिखाई देती है। (यह चित्र केवल तभी दिखेगा जब अपने Rediff Bol 8.0 Instant Messanger को इन्स्टॉल किया होगा)। इस चित्र में, sign in बटन पर क्लिक करें यदि आप पहले से ही एक Rediff यूजर हैं, अन्यथा, Register बटन पर क्लिक करके अपने आप को Rediff पर रजिस्टर करें।

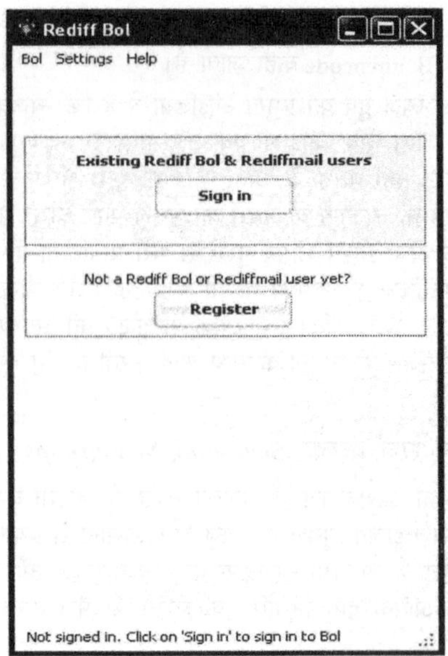

चित्र 5.11: Rediff Bol विंडो

2. इसके बाद sign in to Rediff Bol डायलॉग बॉक्स दिखाई देता है जैसा चित्र 5.12 में दिखाया गया है। यहाँ, इस डायलॉग बॉक्स में अपना Rediff ID और पासवर्ड एंटर करें और फिर sign in बटन पर क्लिक करें।

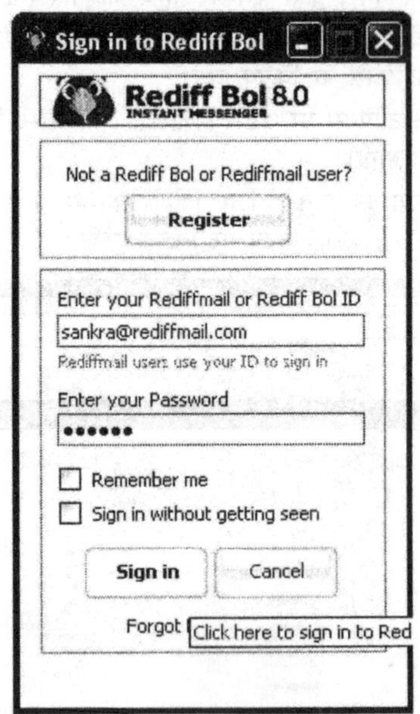

चित्र 5.12: Sign in to Rediff Bol डायलॉग बॉक्स

3. Connecting.... स्टेटस दिखाती हुई एक विंडो चित्र 5.13 की तरह दिखाई देगी।

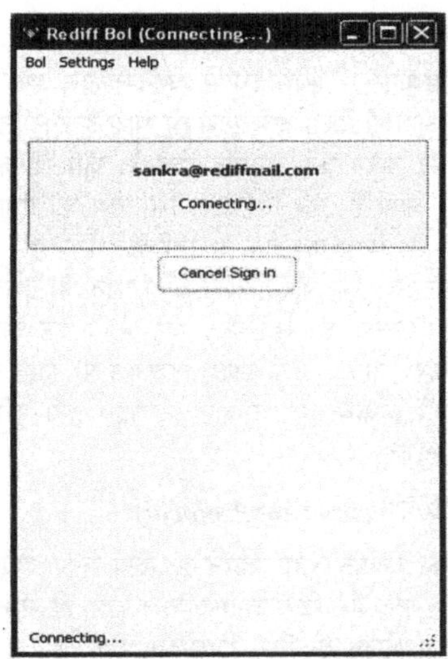

चित्र 5.13: Connecting... स्टेटस विंडो

4. इसके बाद Rediff Bol विंडो चित्र 5.14 की तरह दिखाई देगी इस विंडो में Chat Rooms बटन पर क्लिक करें और चैट रूम सिलेक्ट करें।

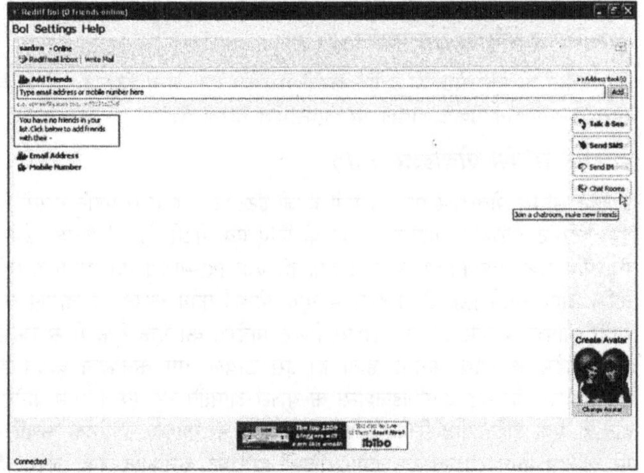

चित्र 5.14: Rediff Bol विंडो

5. अगला डायलॉग बॉक्स "Join a chatroom of your choice" चित्र 5.15 की तरह दिखाई देता है। चैट रूम्स की लिस्ट में से एक चैट रूम सिलेक्ट करें (यहाँ हमने Delhi सिलेक्ट किया है) Update Nickname बटन पर क्लिक करें और चैट रूम में एंटर करने के लिए एक निकनेम बनाएँ।
6. Update Nickname डायलॉग बॉक्स चित्र 5.16 की तरह दिखाई देता है। निकनेम:बॉक्स में निकनेम टाइप करें और फिर continue बटन पर क्लिक करें।
7. चित्र 5.17 में एक डायलॉग बॉक्स दिखाई देगा जिसमें यह मैसेज दिखाई देगा कि आपने सफलता पूर्वक निकनेम बना लिया है। क्लोज बटन पर क्लिक करें। अब आप फिर से चित्र 5.11 की तरह join a chatroom of your choice डायलॉग बॉक्स में पहुँचते हैं। यहाँ join बटन पर क्लिक करें।

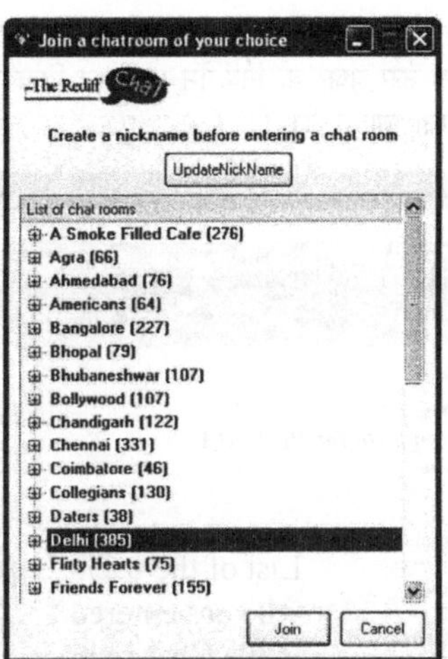

चित्र 5.15: Join a chatroom of your choice डायलॉग बॉक्स विंडो

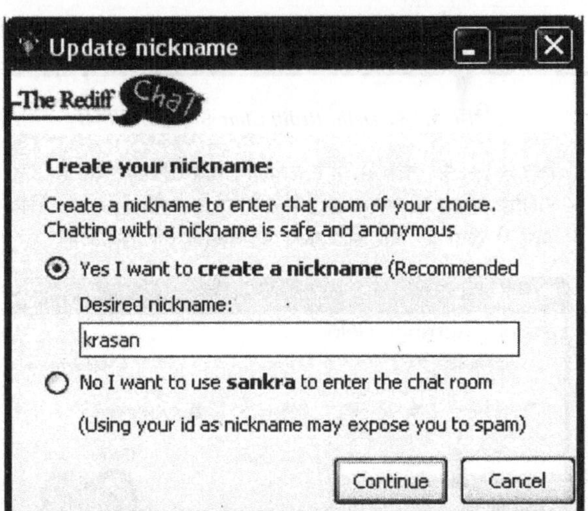

चित्र 5.16: Update Nickname डायलॉग बॉक्स

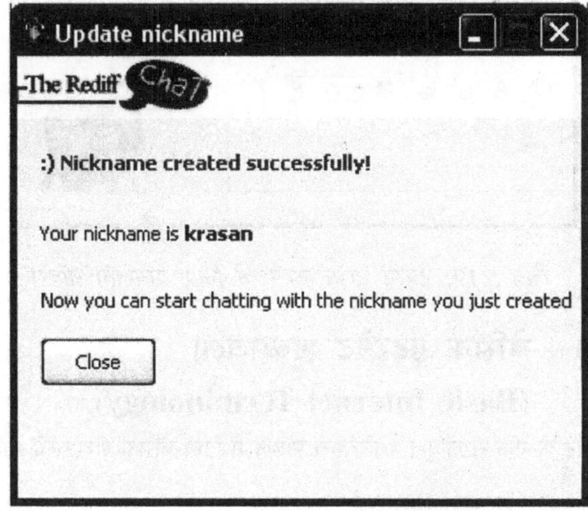

चित्र 5.17: Update Nickname डायलॉग बॉक्स

8. Delhi:Rediff chat डायलॉग बॉक्स चित्र 5.18 की तरह दिखाई देगा। चित्र के दाईं ओर से उस यूजर के निकनेम पर राइट क्लिक करें जिसके साथ आप चैट करना चाहते हैं।

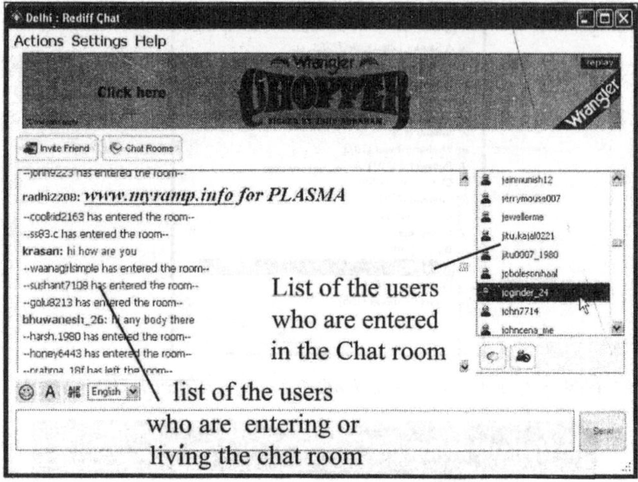

चित्र 5.18: Delhi:Rediff Chat डायलॉग बॉक्स

9. चित्र 5.19: की तरह से एक डायलॉग बॉक्स दिखाई देता है। यहाँ आप टाइपिंग एरिया में टेक्स्ट टाइप कर सकते हैं, जो स्क्रीन के निचले बाएँ भाग में होता है, और सेंड बटन पर क्लिक कर सकते हैं।

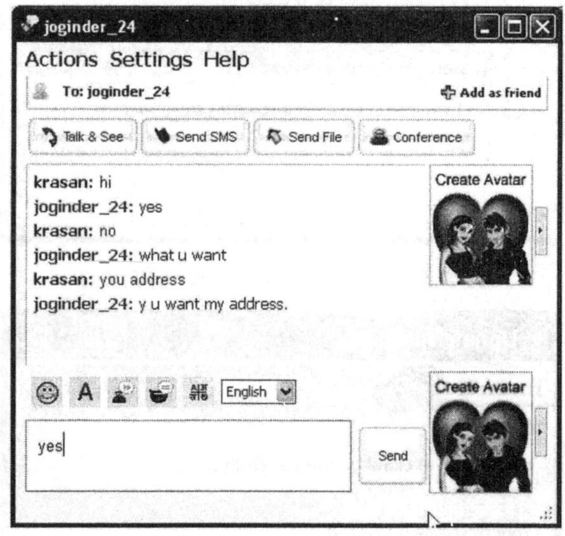

चित्र 5.19: टेक्स्ट टाइप करने के लिए डायलॉग बॉक्स

5.5 बेसिक इंटरनेट शब्दावली (Basic Internet Terminology)

इंटरनेट के एक सरलीकृत हैरार्किकल मॉडल में निम्न बेसिक शब्दावली शामिल होती है:

मोडेम (Modem)

मोडेम (जो मॉड्यूलर - डीमॉड्यूलर का संक्षिप्त रूप है) एक कम्प्यूटर पेरीफेरल है जो आपको अन्य कम्प्यूटर्स के साथ इंटरनेट लाइन्स से कम्यूनिकेट करने और कनेक्ट करने की अनुमति देता है। जब डिजिटल डाटा टेलीफोन लाइन्स पर भेजा जाता है, तब डिजिटल सिग्नल्स को ऐनालॉग रूप में कन्वर्ट करना आवश्यक है। जिस तकनीक से डिजिटल सिग्नल्स को ऐनालॉग रूप में कन्वर्ट किया जाता है, उसे मॉड्यूलेशन कहा जाता है। इसकी विपरीत प्रक्रिया, अर्थात् ऐनालॉग सिग्नल को डिजिटल रूप में कन्वर्ट करने की प्रक्रिया को डीमॉड्यूलेशन कहा जाता है, जो लक्ष्य डिवाइस पर होता है। मॉड्यूलेशन और डीमॉड्यूलेशन की प्रक्रिया एक स्पेशल डिवाइस द्वारा पूरी की जाती है जिसे **मोडेम** कहा जाता है।

इंटरनेट प्रोटोकॉल (Internet Protocol)

नेट पर सूचना को आदान-प्रदान करने के लिए बनाए गए नियमों के सैट को प्रोटोकॉल कहा जाता है। इंटरनेट प्रोटोकॉल (IP) ही एक कम्प्यूटर से दूसरे कम्प्यूटर पर डाटा भेजने के लिए जिम्मेदार होते हैं।

इंटरनेट इन्फॉर्मेशन सर्वर (IIS)

इंटरनेट इन्फॉर्मेशन सर्वर (IIS) इंटरनेट सर्विस का एक ग्रुप है (HTTP सर्वर और FTP सर्वर) जिसमें विंडोज NT और विंडोज 2000 की अतिरिक्त क्षमताएँ भी शामिल हैं।

ट्रांसमिशन कंट्रोल प्रोटोकॉल (TCP)

यह नियमों के एक सैट का प्रयोग करके मैसेजेस को, अन्य इंटरनेट पॉइंट्स के साथ, इन्फॉर्मेशन पैकेट लेवल पर, एक्सचेंज करता है।

इंटरनेट सर्विस प्रोवाइडर (ISP)

इंटरनेट सर्विस प्रोवाइडर एक कम्पनी है जो इंटरनेट में ऐक्सेस प्रदान करती है। एक इंटरनेट सर्विस प्रोवाइडर इंटरनेट के लिए एक गेटवे है। अधिकांश केसेज में, आप एक एक ISP से कनेक्ट होते हैं, एक PC मोडेम का प्रयोग करके, ताकि आप अपने ISP के मोडेम्स में एक स्टैंडर्ड फोन लाइन पर डायल कर सकें। आपका मोडेम आपके ISP पर स्थित मोडेम्स की एक बैंक में से किसी एक मोडेम के साथ कनेक्ट होता है। इसे डॉयल-अप कनेक्शन कहते हैं। कॉर्पोरेशन्स और बड़े ऑर्गनाइज़ेशन्स के यूजर्स आमतौर पर एक ISP से कनेक्ट होते हैं, एक हाई-स्पीड लिंक के द्वारा (आमतौर पर फाइबर ऑप्टिक केबलिंग पर लेकिन फोन लाइन्स पर नहीं), जिन्हें डायरेक्ट कनेक्शन कहा जाता है।

आपके कम्प्यूटर को इंटरनेट का हिस्सा बनाने के लिए आवश्यकताएँ इस प्रकार हैं:

1. इंटरनेट कनेक्शन
2. मोडेम
3. टेलीफोन लाइन
4. प्रोग्राम जो डाटा का कम्यूनिकेशन हार्डवेयर कम्पोनेंट पर कंट्रोल करता है।

5.5.1 इंटरनेट सर्विस प्रोवाइडर (ISP) द्वारा इंटरनेट कनेक्शन (Internet Connection by ISP)

ISP आपको इंटरनेट से अपने कम्प्यूटर को कनेक्ट करने की अनुमति देता है।

इंटरनेट कनेक्शन्स इंटरनेट सर्विस प्रोवाइडर्स द्वारा प्रदान किए जाते हैं जो एक मेन सर्वर इन्स्टॉल करते हैं और सर्वर के द्वारा ये यजूर्स को कनेक्शन्स प्रदान

करते हैं। सर्वर एक कम्प्यूटर है जिसकी स्टोरेज क्षमता और मेमोरी बहुत अधिक है। यह सैटेलाइट्स द्वारा विश्व में अलग-अलग जगहों पर इन्स्टॉल किए गए अन्य सर्वर्स से कनेक्टेड होता है। सर्वर से होकर भेजे जाने वाले कनेक्शन्स के लिए सर्वर्स पर निजी स्थान आवंटित किए जाते हैं ताकि कनेक्टेड यूजर के लिए ई-मेल्स स्टोर किए जा सकें।

कुछ ISP इस प्रकार हैं:

1. Tata VSNL (विदेश संचार निगम लिमिटेड)
2. MTNL (महानगर टेलीफोन निगम लिमिटेड)
3. रिलाएंस
4. महिंद्रा सत्यम
5. एयरटेल

5.5.2 इंटरनेट ऐक्सेस टेक्नीक्स (Internet Access Techniques)

इंटरनेट से कनेक्ट होने के कई तरीके हैं। अधिक महँगी सर्विसेज अधिक फीचर्स प्रदान करती हैं, अधिक लचीलापन देती हैं और इनमें अधिक डाटा ट्रांसफर क्षमता होती है। विभिन्न प्रकार की इंटरनेट ऐक्सेस तकनीकों का नीचे वर्णन किया गया है:

टेलीफोन लाइन ऑप्शन (Telephone Line Option)

यदि आप टेलीफोन सिस्टम (पुराना लैंडलाइन) का प्रयोग करते हैं और इंटरनेट पर पहुँचना चाहते हैं, तो आपका टेलीकम्यूनिकेशन कनेक्शन या तो नॉर्मल फोन सिस्टम फॉलो करता है अथवा एक ISDN या ऐसिमेट्रिकल डिजिटल सब्सक्राइबर लाइन (ADSL), जब तक यह टेलीफोन कम्पनी के सेंट्रल ऑफिस में न पहुँच जाए। सेंट्रल ऑफिस राउटर एक लाँग डिस्टैंस कैरियर के पॉइंट ऑफ प्रेजेंस या POP को कॉल करता है। POP वह पॉइंट है जिसपर एक लोकल कॉल लाँग डिस्टैंस कम्पनी को दिया जाता है। यह कॉल फिर सेंट्रल ऑफिस के लिए राउटेड होता है जो आपके ISP के सबसे पास हो।

डायलअप कनेक्शन्स, टेलीफोन सिस्टम के द्वारा (Dial-up Connections Through the Telephone System)

डायलअप कनेक्शन एक टेम्परेरी कनेक्शन है, जो आपके कम्प्यूटर और ISP सर्वर के बीच सैटअप किया जाता है। डायलअप कनेक्शन एक मोडेम का प्रयोग करके स्थापित किया जाता है, जो टेलीफोन लाइन का प्रयोग ISP सर्वर के नंबर को डायल-अप करने के लिए करता है। मोडेम इलेक्ट्रॉनिक सिग्नल्स को ऐनालॉग सिग्नल में और इसके विपरीत ऐनालॉग सिग्नल को इलेक्ट्रॉनिक सिग्नल्स में कन्वर्ट करता है।

डायल-अप कनेक्शन इंटरनेट में एक सिंपल ऐक्सेस होता है। यह लीज़्ड लाइन की तुलना में सस्ता होता है और इंटरनेट को आपके पास तब तक उपलब्ध कराता रहता है। जब तक आप इससे कनेक्टेड रहते हैं।

☞ इंटरनेट से डायल-अप कनेक्शन में, आप एक मोडेम का प्रयोग अपने कम्प्यूटर को ISP के कम्प्यूटर के साथ कनेक्ट करने के लिए करते हैं जो आपकी नॉर्मल रेगुलर टेलीफोन लाइन पर होता है।

डेडिकेटेड कनेक्शन्स (Dedicated Connections)

कम्पनीज और इन्स्टीट्यूशन्स के लिए सबसे अधिक लोकप्रिय इंटरनेट ऐक्सेस डेडिकेटेड फोन लाइन है जो दिन के 24 घंटे आपके LAN को इंटरनेट से कनेक्ट किए रहता है। लेकिन एक डेडिकेटेड इंटरनेट ऐक्सेस के लिए काफी मात्रा में उपकरणों की आवश्यकता पड़ती है। लाइन को उपयोग करने के लिए एक मासिक फीस भी लागत के तौर पर मानी जाती है। यह लाइन की क्षमता के अनुसार बदलती रहती है। लाइन क्षमता यह तय करती है कि कितने यूजर्स इंटरनेट से एक साथ कनेक्ट हो सकते हैं।

डेडिकेटेड कनेक्शन में, डायरेक्ट लाइन की स्पीड काफी अधिक होती है। यह बहुत तेज लेकिन महँगा होता है।

☞ डेडिकेटेड कनेक्शन्स को लीज़्ड लाइन्स भी कहा जाता है। लीज्ड लाइन्स डायरेक्ट केबल्स हैं जो आपके कम्प्यूटर को एक ISP सर्वर से कनेक्ट करने के लिए बिछाए जाते हैं।

लीज़्ड लाइन (Leased Line)

यह एक सस्ता मोडेम आधारित कनेक्शन है, जो तभी सैटअप किया जाता है जब इसकी जरूरत होती है। यह इंटरनेट का कभी-कभी प्रयोग करने वाले यूजर्स के लिए आदर्श समाधान है। एक वेब सर्वर को रन करना, मेल की एक बड़ी वॉल्यूम को हैंडल करना, यूजर्स के एक पूरे नेटवर्क को कनेक्ट करना या अन्य इन्फॉर्मेशन सर्विसेज प्रदान करने के लिए इंटरनेट से एक स्थाई कनेक्शन की जरूरत होती है। इसके लिए नॉर्मल मोडेम द्वारा डिलीवर की जाने वाली बैंडविड्थ से अधिक बैंडविड्थ की भी आवश्यकता होती है।

इसका समाधान एक लीज़्ड लाइन कनेक्शन है जो तेज और स्थाई होता है। आपकी बैंडविड्थ आवश्यकताओं के आधार पर ISP लीज़्ड लाइन प्रदान करते हैं जो 10 Mbps से लेकर 100 Mbps या अधिक रेंज की होती है।

ब्रॉडबैंड कनेक्शन्स (Broadband Connections)

एक हाईस्पीड इंटरनेट कनेक्शन जिसे ब्रॉडबैंड कनेक्शन कहा जाता है। एक चैनल ब्रॉडबैंड हो सकती है यदि यह एक कैरियर पर बिना मॉड्यूलेशन के सिग्नल भेजती है। सिग्नल में मीडियम जितनी फ्रीक्वेंसी ले जा सकता है उसकी पूरी रेंज होती है। यह एक हाई स्पीड इंटरनेट ऐक्सेस की सर्विस प्रदान करती है जो न्यूनतम 512 Kbps और अधिकतम 100 Mbps हो सकता है।

इस सर्विस को प्रदान करने के लिए एक ग्राहक आमतौर पर लैंड लाइन फोन का प्रयोग करता है। जब वह इंटरनेट को ब्राउज कर रहा होता है, तब भी नॉर्मल टेलीफोन कॉल के लिए वह अपना टेलीफोन प्रयोग कर सकता है। इंटरनेट से कनेक्शन के लिए अलग टेलीफोन चार्जेज नहीं होते हैं। इसमें इंटरनेट से ऐक्सेस, एक नॉर्मल डायल-अप की तुलना में 8 गुना तेज होगा। इसके लाभ हैं:

(i) कीमत
(ii) स्पीड
(iii) सैटअप टाइम नहीं
(iv) हमेशा ऑन रहना

वाई-फाई (Wi-Fi) (वायरलैस फीडलिटी) कनेक्शन ((Wireless Fidelity) Connection)

Wi-Fi टेक्नोलॉजी का प्रयोग होम कम्प्यूटर नेटवर्क्स और इंटरनेटवर्क्स दोनों के लिए होता है क्योंकि यह कम्प्यूटर्स के बीच वायर्स जोड़ने की जरूरत को दूर करता है।

इसमें Wi-Fi सर्किट कार्ड्स या चिप्स से जुड़े कम्प्यूटर्स की जरूरत होती है जिससे बिना किसी विजिबल कम्यूनिकेशन लिंक के इंटरनेट से कनेक्ट किया जा सके। इंटेल ने सेंट्रिनो माइक्रोचिप्स को बाजार में उतारा था जिससे लैपटॉप्स के लिए बिल्ट-इन Wi-Fi क्षमता प्रदान की जा सकती है।

अब वायर्ड टेलीफोन कम्पनीज के पास भी एक एकस्ट्रा सर्विस होती है जिसे Wi-Fi कहा जाता है जिससे डिज़िटल सब्सक्राइबर लाइन (DSL) कस्टमर्स को केबल मोडेम की ओर जाने से रोका जा सके, जो नेटवर्क्स पर कार्य करते हैं।

☞ वायरलैस इंटरनेट ऐक्सेस एक लैन (LAN) है जो वायर्स की जगह रेडियो वेव्स (waves) से चलता है। यह एक सेंट्रल हब से ब्रॉडकास्ट किया जाता है, जो एक हार्ड-वायर्ड डिवाइस है, जो वास्तव में इंटरनेट कनेक्शन को स्थापित करती है। मेन कम्प्यूटर सिस्टम या सर्वर पर स्थित हब, इंटरनेट कनेक्टिविटी को क्लाइंट को ब्रॉडकास्ट करता है, जो मूलरूप से रिसीविंग रेंज के भीतर कोई भी हो सकता है, जिसके पास एक वायरलैस लैन कार्ड हो।

वेब टीवी (Web TV)

आप इंटरनेट को सीधे अपने टेलीविजन सैट पर ऐक्सेस कर सकते हैं। इसके लिए आप एक सैट टॉप बॉक्स का प्रयोग कर सकते हैं, जो इंटरनेट में डायल करता है, और फिर आपके टेलीविजन सैट पर वेब पेजेस डिस्प्ले करता है। इनमें से सबसे अधिक जाना पहचाना है Web TV सैट टॉप बॉक्स और नेटवर्क।

ऑनलाइन सर्विसेज (Online Services)

ऑनलाइन सर्विसेज इंटरनेट रिसोर्सेज में इंटरनेट गेटवे के द्वारा ऐक्सेस प्रदान करती है। प्रायः सभी प्रमुख ऑनलाइन सर्विसेज आपको इंटरनेट की फुलपॉवर को टैप करने की अनुमति देती हैं। कोई भी स्पेशल सैटअप की जरूरत नहीं पड़ती है। जब आप ऑनलाइन सर्विस में डायल करते हैं, तो आप इंटरनेट रिसोर्सेज का प्रयोग कर सकेंगे जिसमें वर्ल्ड वाइड वेब की ब्राउजिंग भी शामिल है।

☞ क्लाउड आधारित कम्प्यूटर सर्विसेज अपने कार्य के लिए शेयर्ड रिसोर्सेज पर निर्भर होती है जैसे सर्वर्स (नेटवर्क कम्प्यूटर्स) और सॉफ्टवेयर जो ऑनलाइन स्टोर किए गए होते हैं। एक कम्पनी को IT-सैटअप के लिए फ़िजिकल रूप से ढाँचे की जरूरत नहीं होती है। इसके बदले यह स्टोरेज, सॉफ्टवेयर या कम्प्यूटिंग पॉवर को एक क्लाउड कम्प्यूटिंग कम्पनी से लेकर "किराए" पर देता है।

5.5.3 इंटरनेट से कनेक्ट होना (Getting Connected to Internet)

इंटरनेट की बैकबोन (backbone) बहुत ही हाई स्पीड कम्यूनिकेशन लिंक्स से बनी होती है जो अमेरिकन एंड टेलीग्राफ (AT&T), स्प्रिंट ऑफ USA और भारत की VSNL जैसी कंपनीज द्वारा अधिकृत होती हैं। बैकबोन से कनेक्शन ISP के द्वारा किया जाता है जो फिर अलग-अलग लोगों या कम्पनीज को कनेक्शन बेचते हैं।

इंटरनेट से कनेक्ट होने का सबसे कॉमन तरीका है इंटरनेट सर्विस प्रोवाइडर (ISP) के द्वारा ISP वास्तव में एक "पास थ्रू" कनेक्शन होते हैं। कनेक्शन के लिए बेसिक टेक्निकल सपोर्ट देने के अलावा, एक ISP आपको भी सैटअप करता है ताकि आप इंटरनेट मेल और वर्ल्ड वाइड वेब का प्रयोग कर सकें।

➔ **एक इंटरनेट कनेक्शन को सैटअप करने के लिए, जिसमें विंडोज XP का प्रयोग हो, निम्न करें:**

1. **स्टार्ट** बटन पर क्लिक करें, **ऑल प्रोग्राम्स** चुनें, **ऐक्सेसरीज** हाईलाइट करें फिर **कम्यूनिकेशन्स** हाईलाइट करें और फिर **न्यू कनेक्शन विज़ार्ड** चुनें (देखें चित्र 5.20)। न्यू कनेक्शन विज़ार्ड डायलॉग बॉक्स में नेक्स्ट पर क्लिक करें।

चित्र 5.20: न्यू कनेक्शन विज़ार्ड स्टार्ट करना

2. अगले डायलॉग बॉक्स में (जो चित्र 5.21 में दिखाया गया है), पहला विकल्प सिलेक्ट करें अर्थात् connect to the Internet. **अब नेक्स्ट पर क्लिक करें।**

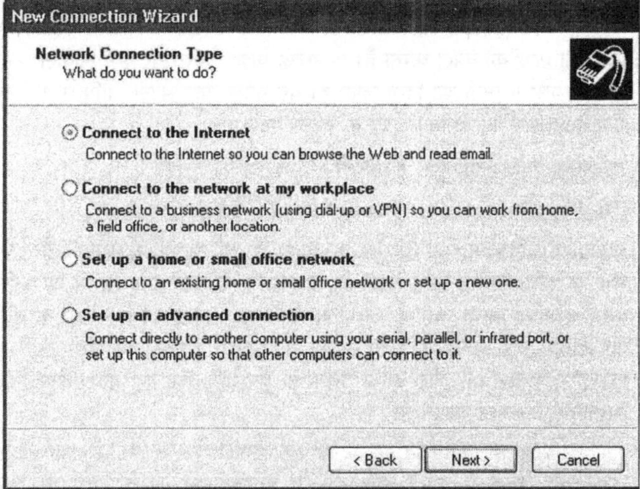

चित्र 5.21: नेटवर्क कनेक्शन टाइप के लिए विकल्प

3. अगला डायलॉग बॉक्स आपको चॉएस देगा कि आप इंटरनेट से किस तरह कनेक्ट होना चाहते हैं। यहाँ आपको setup my connection manually चुनना होगा। नेक्स्ट पर क्लिक करें (देखें चित्र 5.22)।
4. अगला डायलॉग बॉक्स आपको कनेक्शन का तरीका चुनने का मौका देता है अर्थात आप डायल-अप मोडेम या ब्रॉडबैंड कनेक्शन जिसमें यूजरनेम और पासवर्ड की जरूरत हो अथवा ब्रॉडबैंड कनेक्शन जो हमेशा ऑन रहता है। यहाँ आपको connect using a dial-up modem चुनना है। (देखें चित्र 5.23)

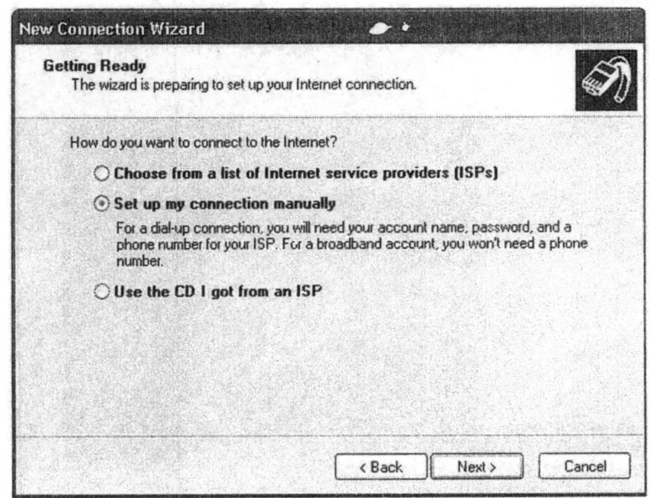

चित्र 5.22: इंटरनेट कनेक्शन टाइप

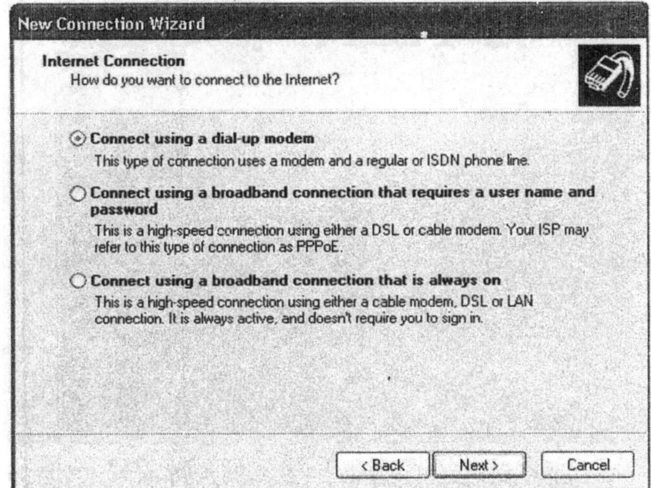

चित्र 5.23: इंटरनेट कनेक्शन के अलग-अलग तरीके।

5. अगले डायलॉग बॉक्स में, आपको ISP का नाम देना होगा और नेक्स्ट पर क्लिक करना होगा।
6. इसके बाद डायल किया जाने वाला नंबर दें ताकि ISP से कनेक्शन किया जा सके। अब नेक्स्ट पर क्लिक करें।
7. यूज़रनेम और पासवर्ड पेज में नेम और पासवर्ड टाइप करें जो आपकी ISP से पहचान कराते हैं। इसके बाद नेक्स्ट और उसके बाद फिनिश पर क्लिक करें। जो कनेक्शन आपने इंटरनेट के लिए अपनी जरूरत के अनुसार किया है, वह नेटवर्क कनेक्शन फोल्डर में सेव हो जाएगा।

5.5.4 इंटरनेट के साथ कार्य करना (Getting Started with the Internet)

मेल्स रिसीव करने, साइट्स सर्फ करने के लिए, हमें इंटरनेट से कनेक्ट होना होगा।

➔ **इंटरनेट से कनेक्ट होने के लिए:**

1. स्टार्ट बटन पर क्लिक करें, फिर कनेक्ट टू चुनें और फिर कनेक्शन सिलेक्ट करें अर्थात् MTNL। (हमारे केस में) जैसा चित्र 5.24 में दिखाया गया है।

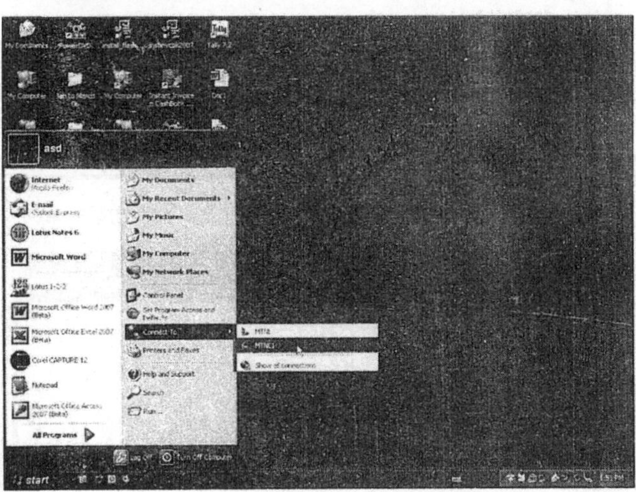

चित्र 5.24: इंटरनेट से कनेक्ट होना।

2. कनेक्ट MTNL डायलॉग बॉक्स चित्र 5.25 की तरह दिखाई देता है। इस डायलॉग बॉक्स में डायल बटन पर क्लिक करें जब आप इस बटन पर क्लिक करते हैं, तो चित्र 5.26 की तरह से एक दूसरा डायलॉग बॉक्स सामने आ जाता है। यह डायलॉग बॉक्स बताता है कि कम्प्यूटर डायल कर रहा है और सर्विस प्रोवाइडर से कनेक्ट होने की कोशिश कर रहा है।

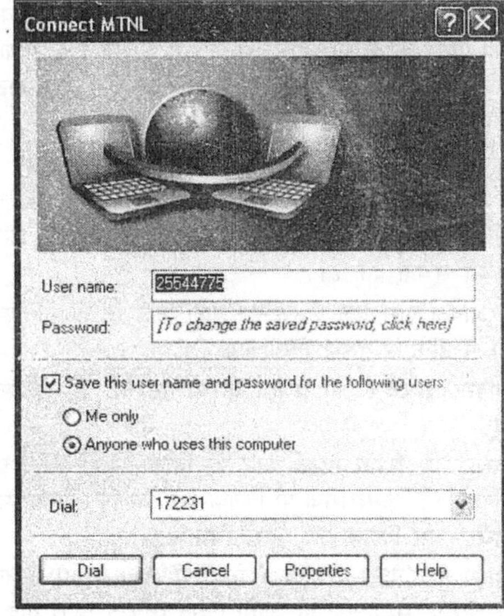

चित्र 5.25: कनेक्ट MTNL डायलॉग बॉक्स

3. तुरंत कनेक्टिंग MTNL डायलॉग बॉक्स दिखाई देता है जिसमें यह मैसेज होता है verifying user name and password, जैसा चित्र 5.27 में दिखाया

गया है। कुछ ही सेकेंड्स के बाद कम्प्यूटर इंटरनेट से कनेक्ट हो जाता है।

चित्र 5.26: इंटरनेट से कनेक्ट करने के लिए नंबर डायल करना

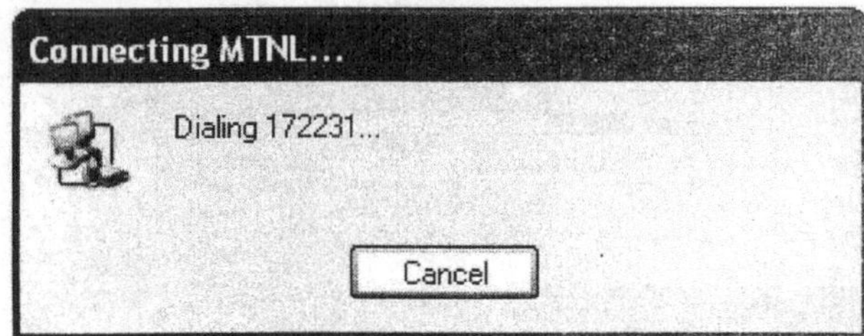

चित्र 5.27: इंटरनेट से कनेक्ट करना

→ **इंटरनेट से डिस्कनेक्ट होने के लिए:**

1. टास्कबार के दाईं ओर, कम्प्यूटर्स पर डबल क्लिक करें। एक डायलॉग बॉक्स आएगा। इस डायलॉग बॉक्स में डिस्कनेक्ट बटन पर क्लिक करें और आप इंटरनेट कनेक्शन से डिस्कनेक्ट हो जाएँगे।
2. आपको क्रॉस (x) चिन्हों के साथ कम्प्यूटर्स दिखेंगे। इससे पता लगता है कि आपने इंटरनेट से सफलतापूर्वक डिस्कनेक्ट कर लिया है।

आप मोबाइल ब्रॉडबैंड टेक्नॉलॉजी, जिसे वायरलैस वाइड एरिया नेटवर्क (WWAN) कहते हैं, का प्रयोग करके भी इंटरनेट से कनेक्ट हो सकते हैं। मोबाइल ब्रॉडबैंड का प्रयोग करने के लिए, आपको एक डाटा कार्ड और एक डाटा प्लान की जरूरत पड़ेगी जिसमें मोबाइल ब्रॉडबैंड प्रोवाइडर हो।

डिवाइस पाने के बाद, सुनिश्चित करें कि आप अपने सब्सक्राइबर आइडेंटिटी मॉड्यूल (SIM) को ऐक्टिवेट करते है। और SIM की मोबाइल ब्रॉडबैंड सर्विस को भी। आपका मोबाइल ऑपरेटर या डिवाइस रिटेलर आपको ऐसा करने की सूचना देता है।

यदि आपके पास एक एक्सटर्नल डाटा कार्ड है, तो सुनिश्चित करें कि यह लैपटॉप में ठीक से इन्सर्ट किया गया है।

→ **मोबाइल ब्रॉडबैंड का प्रयोग करके इंटरनेट से कनेक्ट करने के लिए:**

1. टास्कबार पर स्थित **स्टार्ट** बटन पर क्लिक करें, **ऑल प्रोग्राम्स** को हाईलाइट करें, **ऐक्सेसरीज** पर क्लिक करें और फिर **रिलाएंस नेटकनेक्ट ब्रॉडबैंड+** पर क्लिक करें (देखें चित्र 5.28)
2. रिलाएंस नेटकनेक्ट-ब्रॉडबैंड + विंडो में **connect** पर क्लिक करें और आप इंटरनेट से कनेक्ट हो जाएँगे (देखें चित्र 5.29)। यदि आप पहली बार इंटरनेट से कनेक्ट होते हैं, तो आपको यूजरनेम और पासवर्ड देना होगा और अपनी जरूरत के अनुसार सैटिंग बदलनी होगी।

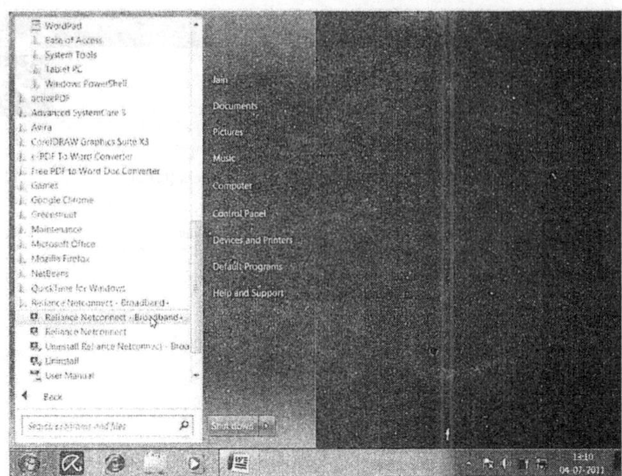

चित्र 5.28: इंटरनेट से कनेक्ट करना

चित्र 5.29: रिलाएंस नेटकनेक्ट ब्रॉडबैंड का प्रयोग करके इंटरनेट से कनेक्ट होना

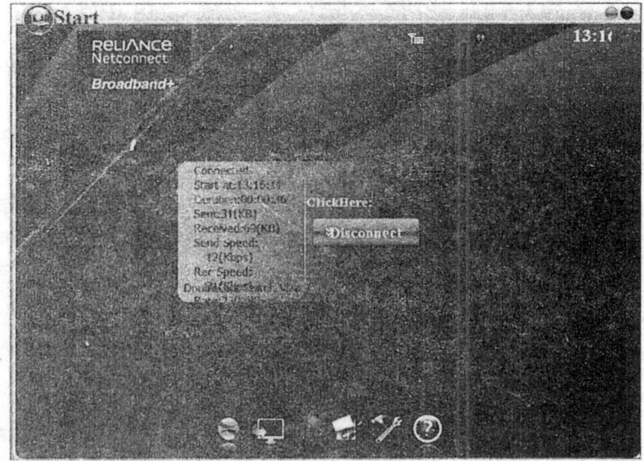

चित्र 5.30: इंटरनेट को डिस्कनेक्ट करना

➔ एक मोबाइल ब्रॉडबैंड इंटरनेट कनेक्शन को डिस्कनेक्ट करने के लिए:

1. रिलाएंस नेटकनेक्ट ब्रॉडबैंड+ विंडो में, डिस्कनेक्ट पर क्लिक करें, (देखें चित्र 5.30)।

5.6 बेसिक इंटरनेट कनेक्टिविटी ट्रबलशूटिंग (Basic Internet Connectivity Trouble-shooting)

इनमें से कोई भी मुद्दा समस्या खड़ी कर सकता है, जब आप इंटरनेट पर एक सर्वर के साथ कम्यूनिकेट करने की कोशिश करते हैं:

- सर्वर ठीक से काम नहीं कर रहा है या इंटरनेट से अस्थाई रूप से डिस्कनेक्ट कर दिया गया है।
- आपका इंटरनेट ब्राउजर ठीक तरह से कन्फिगर नहीं किया गया है।
- ISP से आप के डायल-अप कनेक्शन का TCP/IP कन्फिगरेशन गलत है।
- आपके ISP का डोमेन नेम सर्विस (DNS) सर्वर ठीक तरह से कार्य नहीं कर रहा है।

स्टेप 1: इंटरनेट सैटिंग्स को कन्फिगर करना
(Step 1: Configure Internet Settings)

1. इस स्टेप में आपके इंटरनेट कनेक्शन को डिटेक्ट करने के लिए इंटरनेट सैटिंग्स का कन्फिगरेशन शामिल है।

   IP ऐड्रेस

   सबनेट मास्क

   डीफॉल्ट गेटवे

   DNS सर्वर्स

   उपरोक्त सभी जानकारी ISP से प्राप्त करने के बाद, आपको अपने PC पर करेंट IP डिटेल्स देखनी होंगी। निम्न करें:

   - **स्टार्ट** मेन्यू पर जाएँ और **Run...** कमांड चुनें। **Run** डायलॉग बॉक्स में cmd टाइप करके Enter को प्रेस करें।
   - कमांड प्रॉम्प्ट विंडो में IPCONFIG/ALL टाइप करें। आप चित्र 5.31 की तरह से राउटर की डिटेल्स देखेंगे जो प्रयोग किया जाता है। ये निम्न प्रकार हैं।

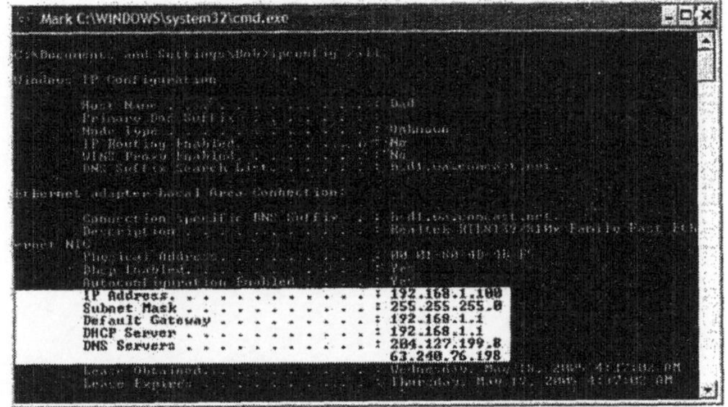

चित्र 5.31: राउटर की डिटेल्स दिखाती हुई विंडो

   IP ऐड्रेस: यदि आपके पास एक राउटर है, तो कॉमन उदाहरण होगा:

   192.168.0.x, 192.168.1.x

   सबनेट मास्क: सुनिश्चित करें कि आपके पास सही सबनेट मास्क हैं। अधिक कॉमन रूप से यह होता है 255.255.255.0

   डीफॉल्ट गेटवे: सुनिश्चित करें कि आपके पास करेक्ट डीफॉल्ट गेटवे IP ऐड्रेस है।

   यदि IP ऐड्रेस, जो आपके ISP के डायल-अप कनेक्शन के लिए डिस्प्ले होता है, उस IP ऐड्रेस से मैच नहीं करता है जो आपके ISP ने दिया है, तो उस IP ऐड्रेस को बदल दें जो डिस्प्ले किया गया है ताकि यह ISP द्वारा दिए गए ऐड्रेस से मैच करे।

   DNS सर्वर: सुनिश्चित करें कि आपके पास सही DNS सर्वर है। कभी-कभी यह आपके राउटर का IP ऐड्रेस होता है, अतः यह गेटवे IP की तरह ही होगा।

2. एक पिंग टैस्ट पर्फार्म करके यह चैक करें कि इंटरनेट प्रोटोकॉल सुइट सही तरीके से कन्फिगर किया गया है। पिंग कमांड का प्रयोग करके अपने मोडेम से टैस्ट सूचना देने के लिए कहें।

   - **स्टार्ट** मेन्यू पर जाएँ और **Run...** कमांड चुनें। **Run** डायलॉग बॉक्स में Ping टाइप करें (अर्थात् राउटर का ऐड्रेस)

     उदाहरण pint 192.168.1.1
   - यदि आपको एक रिप्लाई मिलता है तो आप समझ जाते हैं कि राउटर से आपका कनेक्शन काम कर रहा है।

3. आप विंडोज नेटवर्क डायग्नॉस्टिक टूल का प्रयोग अपने इंटरनेट/नेटवर्क कनेक्शन के बारे में सूचना एकत्र करने के लिए कर सकते हैं।

   यदि आप एक लोकल नेटवर्क से कनेक्ट होते हैं, एक नेटवर्क ऐडैप्टर का प्रयोग करके, और साथ-साथ एक मोडेम का प्रयोग करके अपने ISP से कनेक्ट होते हैं, तो अपने डायल-अप कनेक्शन को इस तरह से कन्फिगर करें ताकि किसी भी तरह की राउटिंग से जुड़ी दुविधा आपके डायल-अप कनेक्शन के फेवर में रिज़ॉल्व हों। निम्न स्टेप्स फॉलो करें:

   - **कंट्रोल पैनल** में **नेटवर्क कनेक्शन्स** पर डबल क्लिक करें।
   - **इंटरनेट कनेक्शन** पर राइट क्लिक करें, **प्रॉपर्टीज** पर क्लिक करें और फिर नेटवर्किंग टैब पर क्लिक करें।
   - इंटरनेट प्रोटोकॉल ऐडैप्टर पर क्लिक करें, प्रॉपर्टीज पर क्लिक करें और फिर एडवांस्ड पर क्लिक करें।
   - Use default gateway on remote network को सिलेक्ट करने के लिए इसके चैक बॉक्स पर क्लिक करें, और फिर OK पर क्लिक करें।

स्टेप 2: सुनिश्चित करें कि आपका ब्राउज़र कन्फिगरेशन सही है
(Step 2: Make Sure that Your Browser Configuration is Correct)

ISP से डायलअप कनेक्शन द्वारा इंटरनेट से कनेक्ट करने के लिए आपका इंटरनेट ब्राउजर सही तरीके से कन्फिगर्ड है, यह सुनिश्चित करें। यह भी सुनिश्चित करें कि आपका इंटरनेट ब्राउजर एक प्रॉक्सी सर्वर के द्वारा कनेक्ट होने के लिए कन्फिगर नहीं किया गया है।

इन सैटिंग्स को वेरिफाई करने के लिए, इंटरनेट एक्सप्लोरर स्टार्ट करें, और फिर टूल्स मेन्यू पर इंटरनेट ऑप्शन्स पर क्लिक करें, कनेक्शन टैब पर क्लिक करें और फिर लैन सैटिंग्स चुनें। Uncheck the Automatically detect settings और use a proxy server for your LAN विकल्पों को अनचैक करें। अब OK पर क्लिक करके ऐप्लाई बटन पर क्लिक करें।

5.7 सारांश (Summary)

यह अध्याय इंटरनेट का प्रयोग करके कम्यूनिकेशन के बारे में सूचना की व्याख्या करता है। अध्याय कम्प्यूटर नेटवर्क्स के बेसिक कॉन्सेप्ट से शुरू होता है जैसे लैन और वैन। इसके बाद इंटरनेट के कॉन्सेप्ट की चर्चा की गई है। इसके उपरांत हमने विभिन्न प्रकार के इंटरनेट ऐप्लीकेशन्स जैसे www, इलेक्ट्रॉनिक मेल, मेलिंग लिस्ट, न्यूज ग्रुप्स, FTP और IRC आदि की विस्तार में चर्चा की। ISP शब्द के बारे में भी व्याख्या की गई। अंत में हमने विभिन्न प्रकार के इंटरनेट कनेक्शन्स को इस अध्याय में कवर किया।

मॉडल प्रश्न और उत्तर (Model Questions and Answers)

A. मल्टीपल चॉएस

1.1 वर्ल्ड वाइड वेब इनमें से किसे इंटीग्रेट करता है:
(a) ई-मेल, टेलनेट, यूजनेट
(b) साउंड और मूवी फाइल्स
(c) (a) और (b)
(d) सभी इंटरनेट कम्यूनिकेशन टूल्स

1.2 आपके नेट ऐक्सेस की स्पीड इनमें से किसमें परिभाषित होती है:
(a) RAM (b) Kbps
(c) MHz (d) मेगाबाइट्स

1.3 इनमें से क्या वेब ऐक्सेसिंग का एक तरीका नहीं है:
(a) ISDN (b) MODEM
(c) DSL (d) CPU

1.4 आप नेटवर्क पर स्थित एक कम्प्यूटर को क्या कहते हैं जो दूसरे कम्प्यूटर से एक फाइल की रिक्वेस्ट करता है:
(a) एक क्लाइंट (b) एक होस्ट
(c) एक राउटर (d) एक वेब सर्वर

1.5 वैन (WANs) 1 Mbps से कम स्पीड पर कार्य करते हैं जबकि लैन (LANs) इसके बीच कार्य करते हैं:
(a) 1 और 4 Mbps (b) 2 और 6 Mbps
(c) 4 और 10 Mpbs (d) 1 और 10 Mbps

1.6 वेब पेजेस इनमें से किसका प्रयोग करके यूनीक तरीके से पहचाने जाते हैं:
(a) IP ऐड्रेस (b) डोमेन
(c) URL (d) फाइल नेम

1.7 Printek India में पाँच वर्क स्टेशन और दो प्रिंटर्स होते हैं। यह जहाँ तक संभव है एक
(a) LAN है (b) MAN है
(c) WAN है (d) इनमें से कोई नहीं।

1.8 वर्ल्ड वाइड वेब इनमें से किससे बना होता है:
(a) 1 पेज (b) केवल 100 वेब पेजेस
(c) केवल 500 वेब पेजेस (d) लाखों वेब पेजेस

1.9 न्यूज ग्रुप्स होते हैं:
(a) चार्ट सर्विस (b) डिस्कशन ग्रुप्स
(c) ई-मेल सर्विस (d) इनमें से कोई नहीं

1.10 इनमें से क्या एक न्यूज सर्वर नहीं है?
(a) www.ustoday.com (b) news.vsnl.net.in
(c) www.w3.schools.com (d) msnews.microsoft.com

B. निम्न कथनों में सही या गलत बताइए।

2.1 नेटवर्क कम्प्यूटर्स का एक ग्रुप होता है जो एक दूसरे से कम्यूनिकेट करने के लिए सैट किए जाते हैं।
2.2 ई-मेल का प्रयोग इंटरनेट पर कम्यूनिकेट करने के लिए होता है।
2.3 ब्राउज़र एक सॉफ्टवेयर प्रोग्राम है जो www से सूचना पाने के लिए प्रयोग किया जाता है।
2.4 इंटरनेट एक कमर्शियल इन्फॉर्मेशन सर्विस नहीं है।
2.5 इंटरनेट एक सिंगल और बहुत बड़ा नेटवर्क है।
2.6 इंटरनेट पर सूचना के आदान प्रदान के लिए बनाए गए नियमों के सैट को प्रोटोकॉल कहा जाता है।
2.7 ई-मेल का प्रयोग ब्रॉडकास्ट मैसेजेस भेजने के लिए हो सकता है, लेकिन केवल आपकी अपनी कम्पनी के भीतर ही।
2.8 ई-मेल इलेक्ट्रॉनिक मेल का संक्षिप्त रूप है।
2.9 FTP एक कम्प्यूटर से दूसरे पर फन पेजेस ट्रांसफर करने का एक तरीका है।
2.10 डाउनलोड का अर्थ है एक फाइल को आपके कम्प्यूटर से दूसरे में कॉपी करना।

उत्तर

1.	1.1	(c)	1.2	(b)	1.3	(d)	1.4	(a)	1.5	(d)
	1.6	(c)	1.7	(a)	1.8	(d)	1.9	(b)	1.10	(c)
2.	2.1	T	2.2	T	2.3	T	2.4	T	2.5	F
	2.6	T	2.7	F	2.8	F	2.9	F	2.10	F

अध्याय-6

WWW और वेब ब्राउज़र (WWW and Web Browser)

6.0 परिचय (Introduction)

वर्ल्ड वाइड वेब इंटरनेट द्वारा ऐक्सेस किए जाने वाले इंटरलिंक्ड हाइपरटेक्स्ट डॉक्यूमेंट्स का एक सिस्टम है। वेब ब्राउजर से, आप वेब पेजेस को देख सकते हैं जिनमें टेक्स्ट, इमेजेस, वीडियो और अन्य मल्टीमीडिया एलीमेंट्स हो सकते हैं और उनके बीच हाइपरलिंक के द्वारा नेवीगेट कर सकते हैं। वर्ल्ड वाइड वेब एक इंटरनेट सर्विस है जो प्रोटोकॉल्स के कॉमन सैट पर आधारित है, जो एक विशेष रूप से कन्फिगर्ड सर्वर कम्प्यूटर को एक स्टैंडर्ड तरीके से इंटरनेट पर डॉक्यूमेंट्स वितरित करने की अनुमति देती है। वेब कई अलग-अलग कम्प्यूटर प्लैटफॉर्म्स जैसे यूनिक्स (Unix), विंडोज 98 और Mac08 पर स्थित प्रोग्राम्स को अनुमति देता है कि वे इन्फॉर्मेशन सर्वर को फॉर्मेट और डिस्प्ले कर सकें।

वर्ल्ड वाइड वेब क्लाइंट-सर्वर तकनीक का एक उदाहरण है। इंटरनेट यूजर जो एक सॉफ्टवेयर का प्रयोग करते हैं, और जिन्हें वेब ब्राउजर कहा जाता है, वेब पर स्थित एक डॉक्यूमेंट के लिए रिक्वेस्ट करते हैं। वेब ब्राउजर एक सॉफ्टवेयर ऐप्लीकेशन प्रोग्राम है जो आपके पीसी पर रहता है और यह टेक्स्ट, इमेजेस और मल्टीमीडिया को अलग-अलग पेजेस पर डिस्प्ले कर सकता है।

6.1 उद्देश्य (Objectives)

पाठक निम्न को समझने में सक्षम होंगे:

- वर्ल्ड वाइड वेब
- वेब ब्राउजिंग सॉफ्टवेयर
- सर्च इंजिन्स
- URL को समझना
- वेब सर्फिंग

6.2 वर्ल्ड वाइड वेब (World Wide Web)

इंटरनेट और वर्ल्ड वाइड वेब जैसे शब्दों का प्रयोग हम प्रतिदिन बिना किसी अंतर के करते हैं। लेकिन इंटरनेट और वर्ल्ड वाइड वेब दोनों का एक अर्थ नहीं है। इंटरनेट, इंटरकनेक्टेड (interconnected) कम्प्यूटर नेटवर्क्स का एक ग्लोबल सिस्टम है। इसके विपरीत, वेब एक ऐसी सर्विस है जो इंटरनेट पर चलती है। यह इंटरकनेक्टेड डॉक्यूमेंट्स और अन्य रिसोर्सेज (Resources) का एक कलेक्शन है, जो हाइपरलिंक्स और URLs से लिंक्ड है। संक्षिप्त में कहा जाए तो वेब एक ऐप्लीकेशन है जो इंटरनेट पर चलता है। एक वेब पेज को वर्ल्ड वेब पर देखने के लिए आमतौर पर वेब ब्राउज़र में पेज का URL टाइप करके शुरूआत की जाती है, या उस पेज की हाइपरलिंक्स को फॉलो (follow) किया जाता है। जब आप हाइपरलिंक्स पर क्लिक करते हैं तो यह मैसेजेस डिस्प्ले करता है।

WWW (वर्ल्ड वाइड वेब), इंटरनेट साइट्स का एक नेटवर्क है। WWW में फाइल्स होती हैं, जिन्हें पेजेस कहा जाता है, जिनमें डॉक्यूमेंट्स एवं रिसोर्सेज, जैसे ई-मेल, वेब चैट और डिस्कशन ग्रुप्स (discussion groups) के लिए लिंक्स होती है। आप WWW को इंटरनेट पर उपलब्ध ऐसी सर्विस मान सकते हैं, जो विश्वभर में डॉक्यूमेंट्स डिलीवर करने के लिए प्रयोग की जाती है।

☞ हाइपरटेक्स्ट आपको एक नॉनलीनियर (nonlinear) तरीके से टेक्स्ट और वीजुअल सूचना को पढ़ने और नेवीगेट करने में मदद करता है, जो इस पर निर्भर करता है कि आगे आप क्या जानना चाहते हैं। यह टेक्स्ट बुक के ठीक विपरीत होता है, जहाँ पर विषय लगातार या लीनियर (सीधे) रूप में बताया गया होता है।

पहले वर्ष में, Mosaic के रिलीज़ होने के बाद, WWW सर्वर्स (servers) की संख्या 100 से 7000 तक पहुँच गई। आने वाले वर्ष में यही बढ़त एक्सपोनेन्शियल (exponential) रूप से होने की संभावना है, और शायद यही टेक्नॉलॉजी के लिए ड्राइविंग फोर्स है और साथ साथ मानव जीवन के प्रत्येक क्षेत्र में इंटरनेट के प्रयोग के लिए भी।

☞ इंटरनेट पर स्थित सभी वेब सर्वर्स को एक साथ मिलाकर वर्ल्ड वाइड वेब कहा जाता है। WWW के बारे में स्टैंडर्ड्स सैट करने और रूल्स एन्फ़ोर्स (enforce) करने के लिए, कोई भी जानकारी W3 कान्सॉर्टियम (Consortium) से ली जा सकती है। आप कन्सॉर्टियम के होमपेज को http://www.w3.org) पर देख सकते हैं। वेब को प्रभावित करने वाले ऑर्गनाइज़ेशन्स का दूसरा समूह है ब्राउज़र डेवलपर्स का, जिनमें नेटस्केप कम्यूनिकेशन्स कॉर्पोरेशन और USA का माइक्रोसॉफ्ट कॉर्पोरेशन्स प्रमुख है।

वेब सर्वर में ऐक्सेस करने के लिए, हम क्लाइंट सॉफ्टवेयर, जिसे एक ब्राउज़र प्रोग्राम कहते हैं, का प्रयोग करते हैं। एक ब्राउज़र के साथ, हम वेब पेज पर एक ऐलीमेंट चुन सकते हैं, जो एक कम्प्यूटर ऐनीमेशन, प्लेसाउंड या दूसरा वेब पेज दिखाने के साथ हमें क्रॉसलिंक (crosslink) करता है, ब्राउज़र्स, विश्व में स्थित अन्य वेब सर्वर के साथ भी संपर्क कर सकते हैं।

6.3 वेब ब्राउज़िग सॉफ्टवेयर (Web Browsing Software)

वेब ब्राउज़र एक सॉफ्टवेयर पैकेज है जो माइक्रोसॉफ्ट कॉर्पोरेशन एवं कई अन्य कंपनीज द्वारा फ्री में सप्लाई किया जाता है, जो वेब पेजेस को देखने एवं वर्ल्ड वाइड वेब में नेवीगेट करने के लिए इस्तेमाल किया जाता है। ब्राउज़र्स को वेब क्लाइंट्स (web clients) भी कहा जाता है।

वेब ब्राउज़र्स की एक वाइड रेंज, हर प्रकार के सिस्टम के लिए उपलब्ध होती है, जिसकी आप कल्पना कर सकते हैं, जिसमें ग्राफ़िकल यूज़र इंटरफेस और डायल-अप UNIX कनेक्शन्स के लिए टेक्स्ट-ओन्ली शामिल होता है।

अधिकांश ब्राउज़र्स फ्रीवेयर (freeware) होते हैं। आमतौर पर आपको सिर्फ इंटरनेट से एक ब्राउज़र को डाउनलोड करना है। उदाहरण के तौर पर, इंटरनेट एक्सप्लोरर 6.0 वर्जन, विंडोज़ XP के एक पार्ट के रूप में फ्री में आता है।

आजकल वर्ल्ड वाइड वेब के लिए इस्तेमाल होने वाले सबसे लोकप्रिय ब्राउजर्स में से हैं नेटस्केप नेवीगेटर, जो नेटस्केप कम्यूनिकेशन्स कॉर्पोरेशन द्वारा डेवलप किया गया और इंटरनेट एक्सप्लोरर, जिसे माइक्रोसॉफ्ट कॉर्पोरेशन ने डेवलप किया।

एक वेब ब्राउज़र निम्न दो प्रकार की सर्विसेज प्रदान करता है:

- एक URL ऐड्रेस दिया जाए तो यह उस सूचना को ऐक्सेस करने में सक्षम होना चाहिए। हाईपरटेक्स्ट वेब डॉक्यूमेंट्स के लिए अर्थात् ब्राउज़र HTTP प्रोटोकॉल का प्रयोग करके, वेब सर्वर के साथ कम्यूनिकेट करने में सक्षम होना चाहिए।
- चूँकि वेब, FTP और Gopher सर्वर्स, यूज़नेट न्यूज़ पोस्टिंग्स में, ईमेल आदि में भी सूचना को मैनेज कर सकता है, ब्राउज़र्स को अक्सर इन सर्वर्स या प्रोटोकॉल्स के साथ भी कम्यूनिकेट करना चाहिए।

अलग-अलग ब्राउज़र्स, उसी फाइल को अलग-अलग तरीके से फॉर्मेट और डिस्प्ले करते हैं। यह हार्डवेयर की क्षमताओं और ब्राउज़र के लिए उपलब्ध लेआउट ऑप्शन्स पर निर्भर करता है।

☞ वेब से डॉक्यूमेंट्स को रिट्रीव करना और उन्हें आपके सिस्टम के लिए फार्मेट करना, ये दो कार्य हैं जो एक ब्राउज़र की कार्यप्रणाली के कोर (core) माने जाते हैं। लेकिन, जो ब्राउज़र आप इस्तेमाल करते हैं और जो फीचर्स इसमें शामिल हैं, उनके आधार पर आप मल्टीमीडिया फाइल्स को प्ले करने में, जावा ऐप्लेट्स के साथ इंटरैक्ट करने व उन्हें देखने में, आपका मेल पढ़ने में, या अन्य ऐडवांस्ड फ़ीचर्स जो एक विशेष ब्राउज़र प्रदान करता है, का प्रयोग करने में सक्षम हो जाते हैं।

6.3.1 लोकप्रिय वेब ब्राउज़र्स (Popular Web Browsers)

सबसे अधिक लोकप्रिय वेब ब्राउजर्स हैं:

- नेटस्केप नेवीगेटर
- ncSA Mosaic
- गूगल क्रोम 6
- Mozilla Firefox
- Lynx
- माइक्रोसॉफ्ट इंटरनेट एक्सप्लोरर

नेटस्केप नेवीगेटर (*Netscape Navigator*)

नेटस्केप नेवीगेटर जिसे नेटस्केप के नाम से अधिक जाना जाता है, विंडोज़, मैकिन्टोश (Macintosh) और UNIX के कई अलग अलग वर्जन्स जो विंडोज सिस्टम को चलाते हैं, के लिए उपलब्ध होता है। यह अच्छी तरह से सपोर्टेड (supported) होता है और यह up-to-the मिनट फीचर्स प्रदान करता है जिसमें एक इंटीग्रेटेड न्यूज़ और मेल रीडर, जावा ऐप्लेट्स के लिए सपोर्ट एवं अधिक न्यूज़ और इंटरेस्टिंग फ़ीचर्स, जो अभी डेवलप किए जाने हैं, के लिए 'प्लग-इन्स' को हैंडल करने की क्षमता शामिल होती हैं।

➔ नेटस्केप नेवीगेटर स्टॉर्ट करने के लिए:

1. **स्टार्ट** मेन्यू पर क्लिक करें, **प्रोग्राम्स** चुनें, **नेटस्केप कम्यूनिकेटर** हाइलाइट करें और चित्र 6.1 की तरह से **नेटस्केप नेवीगेटर** चुनें।

चित्र 6.1: नेटस्केप नेवीगेटर स्टार्ट करना

2. चित्र 6.2 की तरह से नेटस्केप नेवीगेटर विंडो दिखाई देगी।

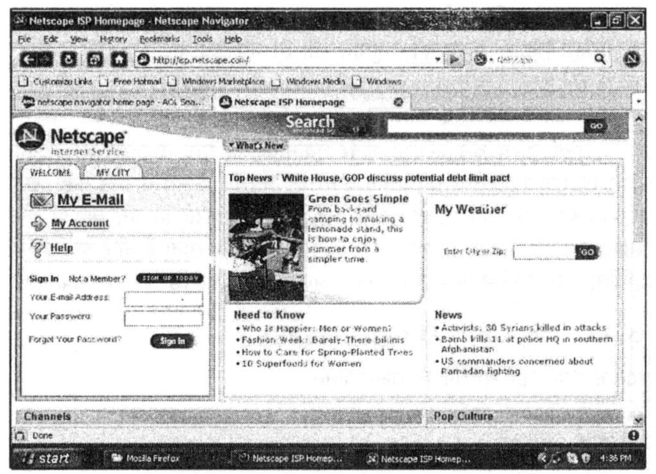

चित्र 6.2: नेटस्केप नेवीगेटर का होम पेज

मोज़िला फ़ायरफॉक्स (*Mozila FireFox*)

यह एक तेज़, पूरे फ़ीचर्स वाला वेब ब्राउज़र है जो ब्राउज़िंग को काफ़ी कुशल बनाता है। फ़ायरफॉक्स में पॉपअप ब्लॉकिंग (popup blocking), टैब ब्राउजिंग (tab browsing), इंटीग्रेटेड गूगल सर्चिंग (integrated google searching) और सिंप्लीफ़ाइड प्राइवेसी कंट्रोल्स (simplified privacy controls) होते हैं जो आपके ट्रैक्स (tracks) को अधिक प्रभावी तरीके से कवर करने की सुविधा देते हैं। एक स्ट्रीमलाइन्ड (streamlined) ब्राउज़र विंडो जो किसी अन्य ब्राउज़र की अपेक्षा आप को अधिक पेजेस दिखाता है, और कई अतिरिक्त फ़ीचर्स जो आप के साथ कार्य करते हैं ताकि आप को अपने ऑनलाइन टाइम में से अधिकतम मिल सके। यह भी फ्री में उपलब्ध है।

मोज़िला फायरफॉक्स ब्राउजर के साथ इंटरनेट ब्राउज करने में मोज़िला फायरफॉक्स फ्री होता है और ओपन सोर्स वेब ब्राउज़र, मोजिला ऐप्लीकेशन

सुइट से आकर मोज़िला कॉर्पोरेशन द्वारा मैनेज किए जाते हैं फॉयरफॉक्स दूसरा सबसे अधिक लोकप्रिय ब्राउज़र है।

फायरफॉक्स विभिन्न ऑपरेटिंग सिस्टम्स पर चल सकता है जिनमें माइक्रोसॉफ्ट विंडोज़, Linux, Mac OS X और कई अन्य प्लैटफॉर्म्स शामिल हैं। इसकी करेंट स्टेबल रिलीज़ है वर्जन 5.0.1। मोज़िला फायरफॉक्स ब्राउजर्स किस तरह कार्य करते हैं यह जानने के लिए, सबसे पहले आपको अपने कम्प्यूटर पर डाउनलोड करना होगा।

➔ **मोज़िला फायरफॉक्स स्टार्ट करने के लिए:**

1. स्टॉर्ट मेन्यू पर क्लिक करें, प्रोग्राम्स चुनें, मोज़िला फायरफॉक्स को चित्र 6.3 के अनुसार हाईलाइट करें।

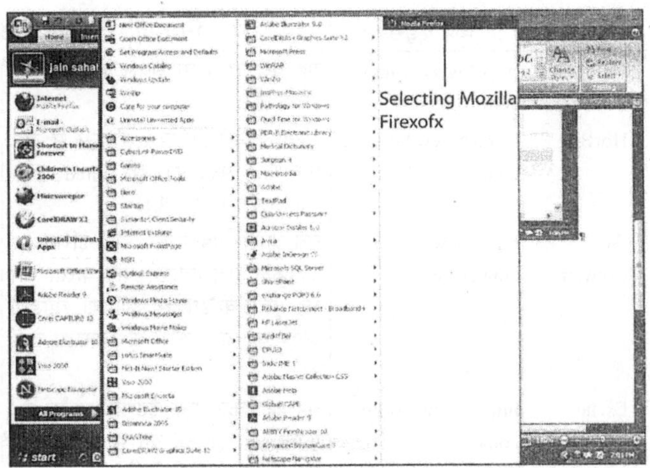

चित्र 6.3: मोज़िला फायरफॉक्स स्टार्ट करना

2. जब आप फायरफॉक्स स्टार्ट करते हैं, तो आपको होम पेज दिखता है। डीफॉल्ट से आप फायरफॉक्स का होम पेज चित्र 6.4 की तरह देखें।

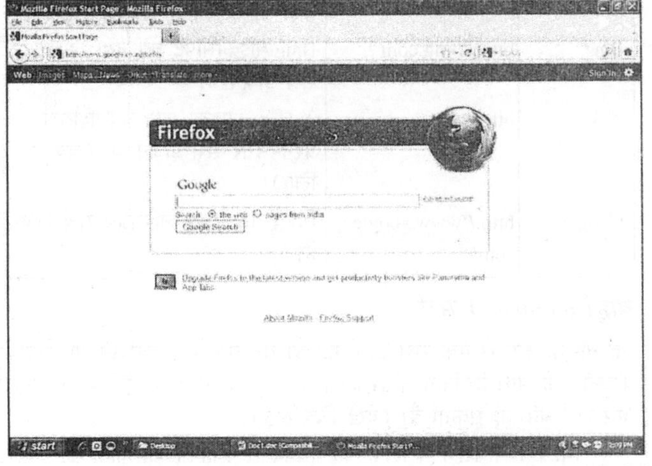

चित्र 6.4: मोज़िला फायरफॉक्स का होम पेज

ncSA मोज़ाइक (ncSA Mosaic)

कुछ वर्षों पहले वेब पर Mosaic की जगह, नेटस्केप की तरह ही एक लोकप्रिय ब्राउज़र के रूप में थी। वास्तव में Mosaic, पहला, फुल कलर ग्राफ़िकल ब्राउज़र था और इसी की वजह से वेब आज इतना लोकप्रिय हुआ है। Mosaic को ncSA ने Illinois यूनीवर्सिटी में डेवलप किया था; और इसके कई सपोर्टेड कमर्शियल वर्ज़न्स Spry और Spyglass जैसी कंपनीज के द्वारा उपलब्ध हैं। ncSA Mosaic पर्सनल यूज़ के लिए फ्री है और यह विंडोज़, Macintosh और UNIX (X विंडो सिस्टम) के लिए अलग अलग वर्ज़न्स में आता है। प्रत्येक वर्जन क्रमश: Win Mosaic, MacMosaic और XMosaic कहलाता है।

लिंक्स (Lynx)

यदि इंटरनेट के लिए आप के पास केवल एक ही कनेक्शन डायल-अप टेक्स्ट-ओन्ली UNIX (या अन्य) अकाउंट के द्वारा है, तो आप टेक्स्ट ओन्ली ब्राउज़र्स जैसे Lynx को इस्तेमाल करने तक ही सीमित होते हैं। आप डॉक्यूमेंट्स को कलर रूप में या ग्राफिक्स को ऑनलाइन नहीं देख सकते हैं। Lynx को ओरीज़नली यूनीवर्सिटी ऑफ Kansas ने डेवलप किया था और अब Worcester Foundation for Biological Research में Foteos Macrides ने। यह टेक्स्ट-ओन्ली इंटरनेट कनेक्शन्स जैसे डायल-अप UNIX अकाउंट के लिए एक सर्वश्रेष्ठ ब्राउज़र है। इसमें VT100 टर्मिनल एमुलेशन (terminal emulation) की आवश्यकता होती है, जिसे अधिकतर टर्मिनल एमुलेशन प्रोग्राम्स को सपोर्ट करना चाहिए। आप वेब पेजेस में लिंक्स (links) सिलेक्ट करने के लिए ऐरो keys का प्रयोग कर सकते हैं। चूँकि Lynx ऐसे सिस्टम पर चलता है जिसमें ग्राफ़िक्स डिस्प्ले करने जैसी क्षमता की कमी होती है, Lynx का प्रयोग करके वेब पेजेस देखने से आपको सिर्फ टेक्स्ट और लिंक्स (links) ही मिलता है। डिज़ाइनिंग पेजेस जो समान रूप से Lynx और ग्राफ़िकल ब्राउज़र्स में कार्य करते हैं, वेब पेज डिज़ाइन के सबसे अधिक इंटरेस्टिंग चैलेंजेस में से एक है।

☞ Lynx उन लोगों के लिए आइडियल सॉल्यूशन है जिनके पास या तो डायरेक्ट कनेक्शन नहीं है या जो वेब को ग्राफ़िकली इस्तेमाल करने के लिए समय नहीं निकालना चाहते हैं। यह तेज है और यह आप को वेब पर प्राय: सभी चीजों को पकड़ने में सक्षम बनाता है।

माइक्रोसॉफ्ट इंटरनेट एक्सप्लोरर (Microsoft Internet Explorer)

यह ब्राउजर माइक्रोसॉफ्ट कॉर्पोरेशन ने बनाया था और इसे विंडोज ऑपरेटिंग सिस्टम के साथ जोड़ दिया गया है। आधुनिक ऑपरेटिंग सिस्टम विंडोज 7 माइक्रोसॉफ्ट के आधुनिक वेब ब्राउजर इंटरनेट एक्सप्लोरर 8 के साथ आता है। यदि आप विंडोज 7 की मूल (genuine) कॉपी खरीदेंगे तो आपको इंटरनेट एक्सप्लोरर 8 फ्री में मिलेगा। अन्यथा यह माइक्रोसॉफ्ट की वेबसाइट से डाउनलोडिंग के लिए फ्री है। यह वेब साइट है: (http:\\www.microsoft.com/ie./)

गूगल क्रोम 6 (Google Chrome 6)

गूगल ने वेब को ब्राउज करने के लिए किसी भी टाइप के यूजर के लिए स्पीड से कार्य करने के लिए गूगल क्रोम बनाया। यह इसकी तेज़ लोडिंग स्पीड की वजह से काफी लोकप्रिय हो गया है।

गूगल क्रोम को न्यूनतम यूजर इंटरफेस के साथ बनाया गया है। यह तेज ब्राउजिंग इंजिन के साथ बना हुआ है।

6.4 सर्च इंजिन्स (Search Engines)

सर्च इंजिन एक प्रोग्राम या सॉफ्टवेयर है जो अपने वेब पेजेस के डाटाबेस में विशेष सूचना की खोज करता है जो आपके अनुरोध से मैच करे। डाटाबेस में

सूचना वेब साइट और उनके कंटेंट्स के बारे में होती है।

चूँकि इंटरनेट सूचना का एक वृहद् भंडार है, अत: यह कठिन कार्य है कि आप वास्तव में जो सूचना चाहते हैं वही आपको मिले। अत: वेब ब्राउजर में सर्चिंग फीचर, जैसे इंटरनेट एक्सप्लोरर एक विशेष सुविधा प्रदान करता है जिसे सर्च इंजिन कहते हैं। सर्च इंजिन्स इंटरनेट को टेक्स्ट या आपके द्वारा खोजे जाने वाले टॉपिक्स के लिए स्कैन करता है।

6.4.1 लोकप्रिय सर्च इंजिन्स/कंटेंट्स के लिए सर्च करना (Popular Search Engines/Search for Contents)

हम सोच सकते हैं कि वेब सर्च एक इन्फॉर्मेशन रिट्रीवल प्रॉब्लम (information retrieval problem) है। एक डाटाबेस को सर्च करने की तुलना में, डॉक्यूमेंट कंटेंट्स के लिए सर्च ज्यादा खतरनाक होती है क्योंकि यह स्ट्रक्चर्ड नहीं होती है। सर्च को आसान बनाने के लिए, डॉक्यूमेंट्स को इंडेक्स्ड (indexed) होना चाहिए। इससे समय भी कम लगता है।

प्रत्येक डॉक्यूमेंट के पास ऑब्जेक्ट टर्म्स (object terms) होते हैं जिनके नाम हैं, ऑथर का नाम (Author's Name), डॉक्यूमेंट्स का URL (Document URL) और पब्लिकेशन की तारीख (Date of Publication)। इसमें नॉन ऑब्जेक्टिव टर्म्स (non objective terms) भी हो सकते हैं जो सूचना को रिफ्लेक्ट (reflect) करने के लिए बने हों, जिन्हें कंटेंट टर्म्स कहा जाता है। सर्च इंजिन का प्रभाव दो बातों से मापा जा सकता है:

- इंडेक्सिंग एक्ज़ॉस्टिविटी (Indexing Exhaustivity)
- टर्म स्पेसीफिसिटी (Term Specificity)

☞ इंडेक्सिंग का अर्थ है एक डॉक्यूमेंट रिप्रेजेन्टेशन की प्रोसेसिंग, जिसमें डॉक्यूमेंट के साथ कंटेंट्स का विवरण या टर्म्स जोड़े जाते हैं।

इंडेक्सिंग में, वेब डॉक्यूमेंट्स रीकॉल द्वारा कैरेक्टराइज्ड होते हैं (यह कुल रिट्रीव किए गए डॉक्यूमेंट्स की संख्या और रिट्रीव किए गए रेलीवेंट डॉक्यूमेंट्स की संख्या का अनुपात (Ratio) होता है)। यह फंक्शन या तो मैनुअली (manually) किया जाता है या ऑटोमैटिकली (automatically)। लेकिन कई वेब साइट्स मैनुअल इंडेक्सिंग को बहुत इंप्रैक्टिकल (अव्यवहारिक) बताती है।

ऑटोमैटिक इंडेक्सिंग में सिंगल टर्म इंडेक्सिंग, स्टैटिस्टकल (statistical) तरीके, और साथ ही इन्फॉर्मेशन थियोरिटिकल (theoritical) एवं प्रोबैबिलिस्टिक (probabilistic) तरीके भी शामिल होते हैं। इसके साथ ही ऑटोमैटिक इंडेक्सिंग, लिंग्विस्टिक (linguistic) और मल्टीटर्म (multiterm) या फ्रेज इंडेक्सिंग (phrase indexing) का प्रयोग करती है।

चूँकि इंटरनेट, सूचना का एक बड़ा संग्रह है, अत: आप वास्तव में जो सूचना चाहते हैं, उसे विशेषतौर से पाना बहुत ही कठिन है अत: एक वेब ब्राउज़र में जो सर्च फीचर होता है जैसे इंटरनेट एक्सप्लोरर, वह सर्च इंजिन जैसी एक स्पेशल सुविधा तक ईज़ी ऐक्सेस प्रदान करता है। सर्च इंजिन्स, इंटरनेट को, उस शब्द या टॉपिक के लिए स्कैन करते हैं जिसे आप ढूँढ रहे होते हैं।

☞ सर्च इंजिन एक सॉफ्टवेयर है, जो विशेष सूचना के लिए वेब पेजेस के एक डाटाबेस में से सर्च करता है।

सर्च इंजिन्स की कैटेगरीज़ (Categories of Search Engines)

वेब पर कई सर्च इंजिन्स उपलब्ध हैं। अधिकांश सर्च इंजिन्स, keyword सर्चेज के साथ वेबसाइट रिव्यूज और होमपेज सर्विसेज़ प्रदान करते हैं। कुछ लोकप्रिय सर्च इंजिन्स इस प्रकार हैं:

(a) Yahoo! एवं AltaVista
(b) HotBot
(c) WebCrawler
(d) Excite
(e) Lycos
(f) Bing
(g) Ask
(h) Google

कुछ अत्यंत सामान्य इंजिन्स टेबल 6.1 में दिए गए हैं यदि आप http://thesearchenginelist.com पर विज़िट करते हैं तो आपको अलग-अलग सर्च इंजिन्स कैटेगरी वाइज़ मिलेंगे।

टेबल 6.1: सर्च इंजिन्स की लिस्ट

सर्च नेम	वेब ऐड्रेस	विवरण
yahoo! Search	http://www.yahoo.com	यह वेब पर दूसरा सबसे बड़ा सर्च इंजिन है।
HotBot	http://www.hotbot.com/	HotBot प्रारंभिक सर्च इंजिन्स में से एक था (1996 से)। इसे Wired Magazine लाँच किया था।
Web Crawler	http://www.webcrawler.com	वेब क्रॉलर पहला वेब सर्च इंजिन था जो फुल सर्च टेक्स्ट प्रदान करता था। यह यूजर्स के इमेजेस, ऑडियो, वीडियो आदि को सर्च करने के विकल्प देता है।
Excite	http://www.excite.com/	यह आजकल एक इंटरनेट पोर्टल है, पहले यही इंटरनेट का सबसे जाना पहचाना ब्रांड होता था।
Lycos	http://www.lycos.com/	इसका प्रारंभिक फोकस था ब्रॉडबैंड एंटरटेनमेंट कंटेंट, अभी भी यह एक टॉप 5 इंटरनेट पोर्टल है और, Media Metrix के अनुसार यह 13वीं सबसे बड़ी ऑनलाइन प्रॉपर्टी है।
Bing	http://bing.com	Bing माइक्रोसॉफ्ट का नया ऑनलाइन सर्च इंजिन है।
Ask	http://ask.com	Ask.com पहला ऐसा कॉमर्शियल प्रश्न-उत्तर सर्च इंजिन था (वेब के लिए)।
Google	http://www.google.com/	विश्व का सबसे लोकप्रिय सर्च इंजिन है।

याहू! (Yahoo!) सर्च

यह बेसिक रूप से एक सर्च डायरेक्ट्री है। यह वेब की डायरेक्ट्री या सब्जेक्ट कैटलॉग के साथ हैरार्किकली (Hierarchically) ऑर्गनाइज्ड होती है जो ब्राउज़ और सर्च की जा सकती है। (देखें चित्र 6.5)

विभिन्न सर्विसेज में लिंक, दो तरीकों से स्थापित की जाती है:

(a) यूज़र के सबमिशन्स (submissions) द्वारा
(b) रोबोट्स द्वारा जो जाने पहचाने पेजेस में से नई लिंक्स रिट्रीव करते हैं।

Yahoo! वेब पेजेस, Usenet और ई-मेल ऐड्रेसेज को इंडेक्स करता है। इस सर्च इंजिन में 14 कैटेगरीज़ होती हैं जो इसके होम पेज पर लिस्टेड होती हैं। इन

सभी ऑप्शन्स में यूज़र सर्च के लिए एक सर्च बॉक्स प्रदान किया जाता है।

आप Yahoo! को दो मोड्स में सर्च कर सकते हैं:

(a) Yahoo! सर्च पेज

(b) Yahoo! सर्च ऑप्शन्स

Yahoo! सर्च पेज (+) इन्क्लूसिव (inclusive) और (–) एक्सक्लूसिव (exclusive) जैसे ऑपरेटर्स का प्रयोग करता है। Yahoo! सर्च ऑप्शन्स, आपकी सर्च की फाइन ट्यूनिंग के लिए, स्विचेज लाने में मदद करते हैं। ये स्विचेज, क्वेरी का आउटपुट पाने के लिए रेलीवेंसी रैंकिंग (relevancy ranking) का प्रयोग करते हैं। क्वेरी आउटपुट, डॉक्यूमेंट्स और रिलेटेड Yahoo! कैटेगरीज़ की एक लिस्ट है, जिसमें डॉक्यूमेंट की कुछ प्रारंभिक लाइन्स भी होती है।

चित्र 6.5: Yahoo! वेब साइट का एक व्यू

यदि Yahoo! में सर्च रिक्वेस्ट फेल हो जाती है, यह ऑटोमैटिक रूप से Alta Vista की तरफ मुड़ जाती है ताकि अधिक सर्च की जा सके। Yahoo! बहुत सी एक्स्ट्रा सर्विसेज जैसे ई-मेल अकाउंट्स, रीज़न स्पेसिफ़िक साइट्स, लोगों को खोजने के लिए सर्चेज, साइट रिव्यूज़ (site reviews), और एक कस्टमाइजेबल (customisable) न्यूज़ पेज प्रदान करता है।

अल्टाविस्टा (AltaVista)

इसे USA की डिज़िटल इलेक्ट्रॉनिक कॉर्पोरेशन (DEC) की रिसर्च सुविधा द्वारा तैयार किया गया था। इस सर्च इंजिन में एक स्पाइडर (spider) होता है, जिसे स्कूटर कहा जाता है, जो वेब और यूज़नेट न्यूज़ ग्रुप्स पर चलता रहता है।

इंडेक्सिंग, एक डॉक्यूमेंट के फुल टेक्स्ट पर आधारित होती है और पहली कुछ लाइन्स एक ऐब्स्ट्रैक्ट (abstract) की तरह इस्तेमाल की जाती है। अल्टाविस्टा सर्च, फुल बूलियन, फ्रेज़ और केस सेंसिटिव सर्चेज को सपोर्ट करता है। इंजिन में सर्च टाइप्स के दो मोड्स होते हैं, जिनके नाम हैं सिंपल और ऐडवांस्ड सर्च।

सिंपल सर्च में अल्टाविस्टा, जहाँ तक संभव हो सकता है ज्यादा से ज्यादा संख्या में आपके सर्च वर्ड्स जिन पेजेस में होते हैं, उन्हें खोजने की कोशिश करता है, और उन पेजेस को रिज़ल्ट में हाईएस्ट से लोएस्ट (highest to lowest) के क्रम में सजाकर दिखाता है।

ऐडवांस्ड सर्च में, पेज एक जैसे सिंटैक्स रूल्स (syntax rules) का प्रयोग करते हैं जैसा बेसिक सर्च में, लेकिन ये इनमें बूलियन ऑपरेटर्स (basic operators) जोड़ देते हैं ताकि सर्चेज अधिक से अधिक फ्लेक्सिबल हो सकें। इन ऑपरेटर्स में &(AND), |(OR) और !(NOT) शामिल हैं।

ऐडवांस्ड सर्च रिजल्ट को इस आधार पर रैंक करती है जिसमें उन डॉक्यूमेंट्स को हायर स्कोर दिया जाता है जो क्वेरी (query) के टॅर्म्स को पहले कुछ शब्दों में ही शामिल कर लेते हैं या उन डॉक्यूमेंट्स को जिनमें क्वेरी टर्म्स एक दूसरे के बहुत पास होते हैं।

हॉटबॉट (HotBot)

यह इंजिन, वेब डॉक्यूमेंट्स को रिट्रीव और इंडेक्स करने के लिए एक रोबोट जिसे slurp कहा जाता है, और वर्क स्टेशन्स के एक पैरेलल नेटवर्क्स का प्रयोग करता है। HotBot दो प्रकार के होते हैं: Like (ऑर्डिनरी HTML) और ActiveX। HotBot सिंपल कीवर्ड्स और बूलियन सर्चेज प्रदान करता है। यह सर्च इंजिन खास शब्दों या वाक्यांशों (Phrases) को सर्च करने के लिए अधिक उपयुक्त है। HotBot सर्च में, यूज़र्स के लिए एक टेक्स्ट बॉक्स होता है जिसमें वो अपनी क्वेरी स्ट्रिंग्स (query strings) एंटर करते हैं, और एक लिस्ट बॉक्स होता है जिसमें से वो उपयुक्त रूल, जैसे सभी शब्द, कोई भी शब्द या सही वाक्यांश (Phrases) चुन सकते हैं। HotBot आपकी सर्च की फाइन ट्यूनिंग के लिए प्रयोग किया जाता है। आप यह सिलेक्ट कर सकते है कि क्या टार्गेट पेज में शब्द या सही वाक्यांश होने चाहिए अथवा नहीं।

वेबक्रॉलर (WebCrawler)

वेबक्रॉलर में पॉवरफुल सर्च कस्टमाइज़ेशन और साइट रिव्यूज़ के लिए एक अच्छा सिलेक्शन होता है। इसमें एक वेब रोबोट होता है जिसे Webbot कहा जाता है, जो पूरे वेब के डॉक्यूमेंट्स में से कीवर्ड्स को लेकर एक डेली (daily) इंडेक्स तैयार करता है। रोबोट HTML डॉक्यूमेंट्स के जाने पहचाने सैट से स्टार्ट करता है और उनके URL का प्रयोग करके नए डॉक्यूमेंट्स को रिट्रीव करने का प्रयास करता है। सर्च इंजिन, नेवीगेशन को एक मॉडिफ़ाईड ब्रेड्थ फर्स्ट मोड (modified breadth - first mode) में डायरेक्ट करता है। यह HTML डॉक्यूमेंट्स की टाइटल और फुलटेक्स्ट दोनों को इंडेक्स करता है। डॉक्यूमेंट में शब्द कितनी बार आया है, उस फ्रीक्वेंसी के आधार पर शब्दों को मापा जाता है।

वेबक्रॉलर में एक वेबराउलेट (WebRoulette) होता है, जो आपके विजिट करने के लिए रैंडम सिलेक्टेड साइट्स (random selected sites) का सुझाव देता है। इसमें एक दूसरा ऑप्शन होता है जिसे 'Surf the Web backwards' कहा जाता है, जो आपको एक URL एंटर करने के लिए कहता है और जो भी साइट्स इससे सीधे रूप में लिंक्ड हैं उनकी लिस्ट सामने लाता है।

एक्साइट (Excite)

यह डॉक्यूमेंट्स की फुल टेक्स्ट सर्च के लिए स्पाइडर (spider) और इंडेक्सर (indexer) दोनों का प्रयोग करता है। स्पाइडर केवल वेब और यूज़नेट न्यूज़ ग्रुप डॉक्यूमेंट्स को रिट्रीव करता है। यूज़र्स, इंडेक्सिंग के लिए URLs सबमिट कर सकते हैं। इंडेक्सर, इंडेक्स टर्म्स जनरेट करता है और एक शॉर्ट डॉक्यूमेंट समरी (summary) भी। Excite इंडेक्स में करीब 50 मिलियन URLs होते हैं।

यह इंजिन एक फुल फ़ीचर्ड सर्च इंजिन है। यह केस सेंसिटिव सर्चेज जैसी सर्विसेज प्रदान करता है। एक्साइट के द्वारा इस्तेमाल किए जाने वाले बूलियन ऑपरेटर्स हैं AND, NOT एवं OR.

इन्फोसीक (Infoseek)

यह एक लोकप्रिय सर्च इंजिन है जिसमें एक रोबोट होता है, जो HTML और PDF डॉक्यूमेंट्स को रिट्रीव करता है। यह फुल टेक्स्ट, को इंडेक्स करता है और प्रत्येक डॉक्यूमेंट की एक शॉर्ट समरी (summary) जनरेट करता है। इन्फ़ोसीक से वेब, यूज़नेट ग्रुप्स और वेब फ्रीक्वेंटली आस्क्ड क्वेश्चन्स (FAQs) में सर्चेज

की अनुमति प्रदान करता है। यह इंडेक्स्ड साइट सर्चेज प्रदान करता है और वेब को कई सारी कनवीनिएंट बास्केट्स (convenient baskets) में विभाजित करता है। इंटरनेट पर अन्य किसी भी सर्च इंजिन की अपेक्षा, इन्फोसीक ने अधिक वेब साइट्स को कैटलॉग (catalogue) करने का लक्ष्य पूरा किया है, जो Yahoo! के ठीक विपरीत है।

लाइकोस (Lycos)

इसमें, इसके डाटाबेस में 66 मिलियन पेजेस होते हैं। इस सर्च इंजिन में एक रोबोट होता है जो heuristics का प्रयोग करके वेब में नेवीगेट करता है और एक सर्चेबल इंडेक्स बनाता है। इंडेक्स किए गए प्रत्येक डॉक्यूमेंट के लिए, रोबोट आउटगोइंग लिंक्स को एक लाइन में रखता है और इसमें से एक URL सिलेक्ट करता है। उदाहरण के लिए, एक heuristic, रोबोट को एक URL सिलेक्ट करने के लिए बाध्य करती है, जो एक वेब सर्वर के होमपेज को पॉइंट करता है। यूज़र्स URLs को इंडेक्सिंग के लिए सबमिट करते हैं। लाइकोस, टाइटल्स, हैडिंग्स और HTML की सबहैडिंग्स, FTP एवं गोफर (Gopher) डॉक्यूमेंट्स को इंडेक्स करता है। यह न्यूज़, साइट रिव्यू जैसे कई कंटेंट्स प्रदान करता है और एक people फाइंडर को लिंक करता है। इसमें इमेजेस और साउंड्स को सर्च करने की भी क्षमता होती है।

बिंग (Bing)

यह माइक्रोसॉफ्ट का ऑनलाइन सर्च पोर्टल है जो bing.com पर स्थित है। Bing की सर्च क्षमता खोजी जाने वाली सूचना के प्रकार के प्रति संवेदनशील है और ऐसे सर्च रिजल्ट लाती है जो माँगी गई सूचना से अधिक जुड़े होते हैं।

आस्क (Ask)

Ask Jeeves को यूजस द्वारा प्राकृतिक भाषा में प्रतिदिन पूछे जाने वाले प्रश्नों का उत्तर प्राप्त करने के लिए डिजाइन किया गया था। Ask.com पहला ऐसा कमर्शियल प्रश्न-उत्तर देने वाला सर्च इंजिन है जो वेब पर कार्य करता है।

गूगल (Google)

गूगल एक इंटरेस्टिंग सर्च इंजिन है जिसमें कई यूनीक फ़ीचर्स (unique features) होते हैं। उदाहरण के लिए, आप सर्च कंपनी की सूचना भी प्राप्त कर सकते हैं। यह कंपनी सर्चेज के लिए उपयोगी है कारण इनका वेब साइट्स को रैंक करने का तरीका काफी अलग है। ऐड्रेस बार में **http://www.google.com** टाइप करो और गूगल होमपेज में जाने के लिए एंटर दबाओ। जब आप वहाँ होते हैं तो, सर्च बॉक्स में कंपनी का नाम टाइप करके गूगल सर्च बटन पर क्लिक करो। एक सर्च में बेस्ट मैचिंग वेब साइट्स खोजने में गूगल इतना अच्छा है कारण इसमें एक ऐसा फ़ीचर होता है जो सबसे संभावित मैच को ढूँढने और उसे लोड करने के लिए ऑटोमैटिक सुविधा प्रदान करता है। इस फ़ीचर को इस्तेमाल करने के लिए, सर्च बॉक्स में कंपनी का नाम टाइप करो और I'm feeling lucky बटन पर क्लिक करो। यह संबंधित कंपनी की सूचना प्रदान करता है।

गूगल सर्च के बेसिक्स (Basics of Google Search)

1. जो भी सूचना आप चाहते हैं, उसको खोजने के लिए सही सर्च टर्म्स का प्रयोग करना सबसे प्रमुख चाबी है। यह अच्छा होगा यदि आप मल्टीपल सर्च टर्म्स का प्रयोग करें। अपने सर्च टर्म्स को सावधानी से चुनें, क्योंकि गूगल उन्हीं सर्च टर्म्स को खोजता है जो आपने सिलेक्ट किए हैं।
2. गूगल सर्चेज केस सेंसिटिव नहीं होती है। सभी लेटर्स चाहें आप उन्हें कैसे भी टाइप करें, ऐसे समझे जाएँगे जैसे वे लोअर केस में ही लिखे हैं।
3. डीफॉल्ट से, गूगल केवल उन्हीं पेजेस को रिटर्न करता है जो आपके सभी सर्च टर्म्स शामिल करते हैं। टर्म्स के बीच 'end' शामिल करने की जरूरत नहीं है। ध्यान रखें कि जिस क्रम में टर्म्स टाइप किए गए हैं, वह सर्च रिजल्ट को प्रभावित करता है। सर्च को और भी प्रतिबंधित करने के लिए कुछ और शब्द शामिल करें।
4. गूगल कॉमन वर्ड्स और कैरेक्टर्स जैसे "where" और "how" को अनदेखा कर देता है। साथ ही साथ कुछ सिंगल डिजिट्स और सिंगल लेटर्स को भी, क्योंकि इनसे आपकी सर्च स्लो हो जाती है और रिजल्ट इम्प्रूव नहीं होता है।
5. जब आप ऐसा रिजल्ट चाहते हैं जिसमें एक पूरा फ्रेज (Exact Phrase) हो, तो इस तरह के सर्च टर्म्स को दोनों ओर कोटेशन मार्क लगाएँ। जैसे "Mother Teresa"।
6. यदि आपके सर्च टर्म के एक से अधिक अर्थ होते हैं, तो आप अपनी सर्च को एक ("_") चिन्ह लगाकर फोकस कर सकते हैं। यह चिन्ह उन अर्थों के सामने लगाना चाहिए जिन्हें आप छोड़ना चाहते हैं।

गूगल वेबसाइट पर सूचना सर्च करना (Searching Information on Google Website)

एक बार जब आप सर्च के बेसिक्स के बारे में जान जाते हैं, तब आप गूगल सर्च के साथ बहुत कुछ कर सकते हैं और इसके लिए आपको केवल सर्च टर्म्स टाइप करने हैं। ऐडवांस्ड सर्च के साथ आप उन पेजेस को सर्च कर सकते हैं जो आपको ऐसे कई विकल्प देते हैं ताकि आपकी सर्चेज अधिक स्पष्ट हों और रिजल्ट उपयोगी हों (देखें चित्र 6.6)।

चित्र 6.6: गूगल पेज में ऐडवांस्ड सर्च लिंक सिलेक्ट करना

1. आप इस पेज पर जाने के लिए गूगल होमपेज पर स्थित "ऐडवांस्ड सर्च" लिंक पर क्लिक करें।
2. ऐडवांस्ड सर्च पेज चित्र 6.7 की तरह दिखेगा।
3. अपनी जरूरत के अनुसार बॉक्सेज फिल करें।

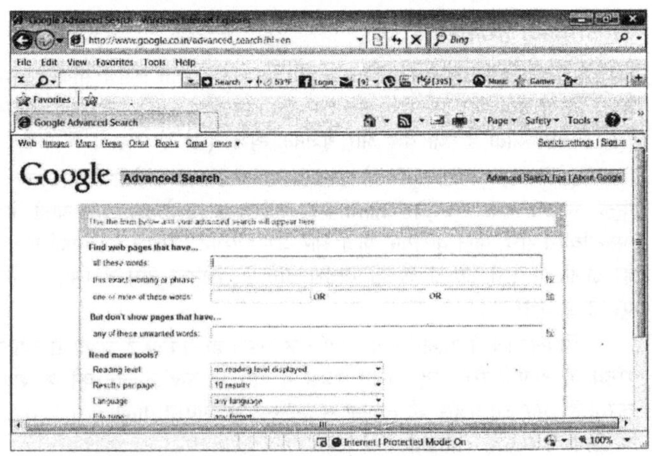

चित्र 6.7: ऐडवांस्ड सर्च वेब पेज

6.4.2 वेब ब्राउज़र में ऐक्सेस करना (Accessing Web Browser)

इंटरनेट एक्सप्लोरर, वर्ल्ड वाइड वेब से अधिक से अधिक जानकारी पाना आसान बनाता है, चाहें आप नई सूचना के लिए सर्च कर रहे होते हैं या अपनी पसंद की वेब साइट को ब्राउज़ कर रहे होते हैं।

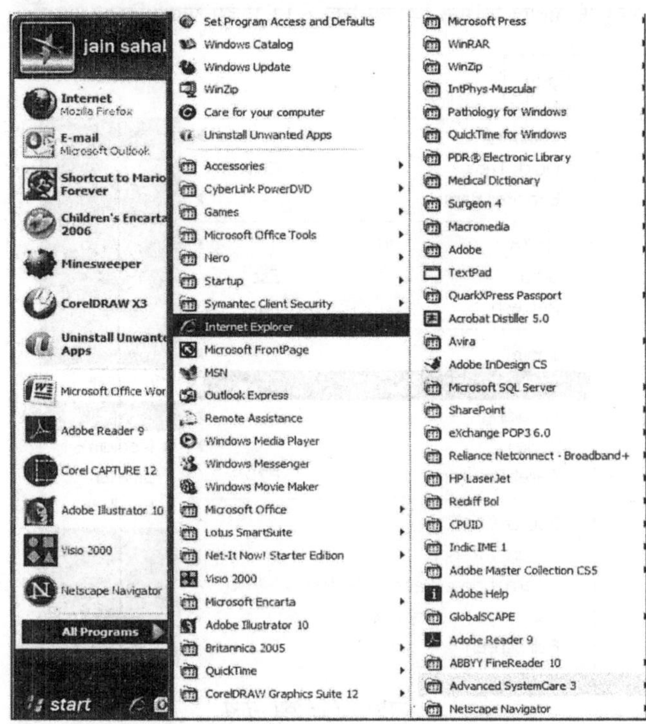

चित्र 6.8: स्टार्ट मेन्यू से इंटरनेट एक्सप्लोरर सिलेक्ट करना

→ **वेब ब्राउज़र को ऐक्सेस करने के लिए:**

1. स्टार्ट बटन पर क्लिक करो, प्रोग्राम्स को हाईलाइट करो और फिर इंटरनेट एक्सप्लोरर या कोई अन्य लोकप्रिय ब्राउज़र के नाम को सिलेक्ट करो।
2. स्टार्टिंग पेज को ब्राउज़र का होम पेज कहा जाता है और यह इंटरनेट के किसी भी पेज पर सैट किया जा सकता है।

इंटरनेट एक्सप्लोरर के विभिन्न भाग चित्र 6.9 में दिखाए गए हैं।

टाइटल बार: बाईं ओर टाइटल बार अभी खुले हुए वेब पेज का नाम डिस्प्ले करता है और दाईं ओर मैक्सीमाइज़/मिनिमाइज़ रीस्टोर और क्लोज बटन्स होते हैं। (देखें चित्र 6.9)।

मेन्यू बार: यह टाइटल बार के ठीक नीचे स्थित होता है और इसमें पुल डाउन मेन्यू होते हैं। इसके ऑप्शन्स नीचे दिए गए हैं:

फाइल मेन्यू *(File Menu)*

फाइल मेन्यू फाइल हैंडलिंग के विकल्प प्रदान करता है। फाइल मेन्यू में उपलब्ध विभिन्न विकल्प चित्र 6.10 में दिखाए गए हैं। ये इस प्रकार है:

- **न्यू:** न्यू विंडो में नई फाइल खोलता है, यूजर को एक ही समय पर अलग-अलग वेब पेजेस देखने की अनुमति देता है।
- **ओपन:** यूजर को उस साइट का इंटरनेट ऐड्रेस टाइप करने की अनुमति देता है जिसे वो देखना चाहते हैं या आप डायलॉग बॉक्स के द्वारा ब्राउजर लिस्ट में से एक पहले से मौजूद साइट सिलेक्ट कर सकते हैं।
- **सेव:** करेंट डॉक्यूमेंट को सेव करता है।
- **सेव ऐज़:** यूजर को करेंट पेज एक फाइल (जिसका अलग नाम हो) के रूप में सेव करने की अनुमति देता है।
- **पेज सैटअप:** यूजर को एक डॉक्यूमेंट एक डॉक्यूमेंट में सैटिंग्स चेंज करने की अनुमति देता है ताकि पेज के व्यू को ठीक किया जा सके।
- **प्रिंट:** यूजर को एक डॉक्यूमेंट प्रिंट करने की अनुमति देता है जिसमें पेज सैटअप का प्रयोग करके सैटिंग की गई है।
- **सेंड:** करेंट पेज को मेल के रूप में नेटवर्क पर स्थित दूसरे यूजर को भेज देता है।

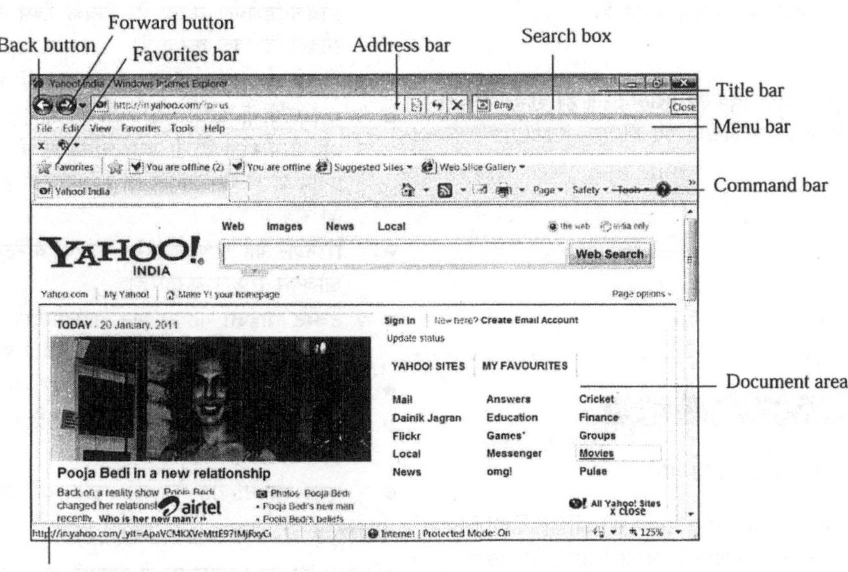

चित्र 6.9: इंटरनेट एक्सप्लोरर के भाग

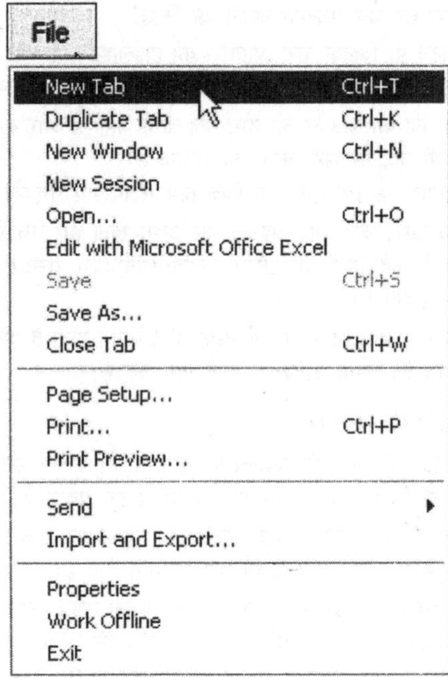

चित्र 6.10: फाइल मेन्यू

- **इम्पोर्ट एंड एक्सपोर्ट:** इम्पोर्ट/एक्सपोर्ट विज़ार्ड आपको आसानी से सूचना इंटरनेट एक्सप्लोरर से इम्पोर्ट और एक्सपोर्ट करने की अनुमति देता है।
- **प्रॉपर्टीज़:** पेज की प्रॉपर्टीज डिस्प्ले करता है जिसमें जनरल और सिक्योरिटी सूचना शामिल होती है।
- **वर्क ऑफलाइन:** ऑफ लाइन होने पर स्क्रीन पर पेजेस डिस्प्ले करता है।
- **क्लोज़/एग्जिट:** करेंट विंडो को क्लोज करता है।

एडिट मेन्यू *(Edit Menu)*

एडिट मेन्यू टेक्स्ट मैनीपुलेशन के लिए विकल्प प्रदान करता है। एडिट मेन्यू के अंतर्गत विभिन्न विकल्प चित्र 6.11 में दिखाए गए हैं।

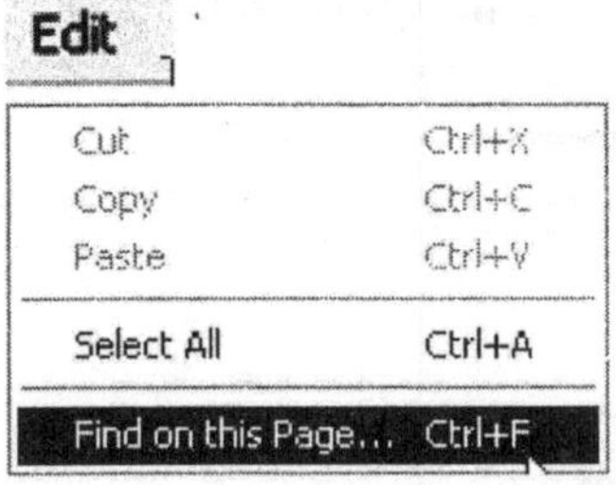

Edit
Cut Ctrl+X
Copy Ctrl+C
Paste Ctrl+V
Select All Ctrl+A
Find on this Page... Ctrl+F

चित्र 6.11: एडिट मेन्यू

- **कट, कॉपी, पेस्ट:** इन्हें मार्क किए गए टेक्स्ट की कटिंग, कॉपींग और पेस्टिंग के लिए प्रयोग किया जाता है। इन ऑप्शन्स का प्रयोग टेक्स्ट को अन्य डॉक्यूमेंट में ड्यूप्लिकेटिंग और मूविंग के लिए किया जाता है।
- **सिलेक्ट ऑल:** पूरे पेज को कट, कॉपी या पेस्ट कार्यों के लिए सिलेक्ट किया जाता है।
- **फाइंड:** तय टेक्स्ट के लिए करेंट विंडो को सर्च करता है।

व्यू मेन्यू *(View Menu)*

व्यू मेन्यू स्क्रीन डिस्प्ले को कंट्रोल करने के लिए ऑप्शन्स प्रदान करता है। इस मेन्यू के अंतर्गत विभिन्न विकल्प चित्र 6.12 में इस प्रकार दिखाए गए हैं:

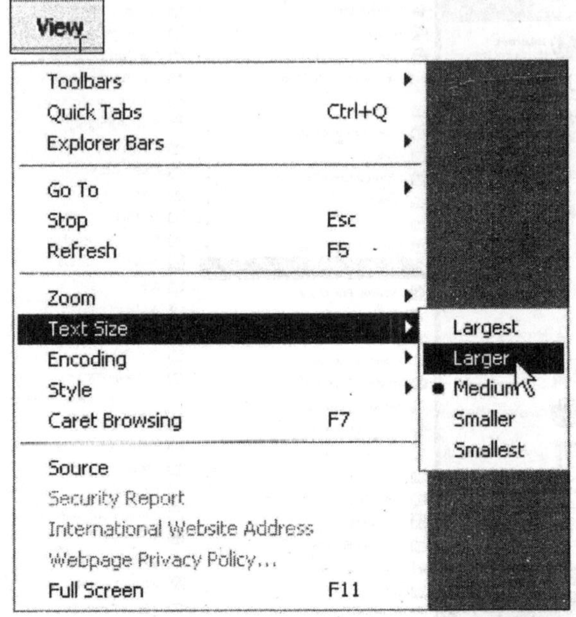

चित्र 6.12: व्यू मेन्यू

- **टूलबार्स, क्विक टैब्स, एक्सप्लोरर बार्स:** टूलबार्स के डिस्प्ले को इनेबल/डिसेबल करता है। क्विक टैब्स और एक्सप्लोरर बार्स को भी इनेबल/डिसेबल करता है।
- **गो टू:** बैकवर्ड, फॉवर्ड या होमपेज में जाने की अनुमति देता है।
- **स्टॉप:** कभी-कभी वेब पेजेस डाउनलोड होने में अधिक समय लेते हैं। यदि ऐसा होता है, तो यूजर डॉक्यूमेंट के रिट्रीवल को स्टॉप ऑप्शन का प्रयोग करके रोक सकते हैं। इसका अर्थ है करेंट ऑपरेशन टर्मिनेट किया जा सकता है।
- **रिफ्रेश:** यह ऑप्शन करेंट पेज के कंटेंट्स को, इसकी एक नई कॉपी खोजकर रिफ्रेश करता है।
- **टेक्स्ट साइज़:** यह ऑप्शन आपको देखे जाने वाले पेजेस पर टेक्स्ट की साइज सिलेक्ट करने की अनुमति देता है।
- **एनकोडिंग:** डाटा को अलग फॉर्मेट में एनकोड करता है।
- **सोर्स:** यह ऑप्शन आपको करेंट पेज के लिए HTML सोर्स कोर्ड दिखाता है।
- **फुल स्क्रीन:** यह पेज पूरी स्क्रीन की जगह को घेर लेता है।

फेवराइट मेन्यू *(Favorites Menu)*

यदि आप इंटरनेट एक्सप्लोरर में आपकी फेवराइट्स लिस्ट में पहले से ऐड की गई वेब साइट्स को देखना चाहते हैं, तो यहाँ से आप फेवराइट्स बार में वेब

साइट्स ऐड करें और इंटरनेट एक्स्प्लोरर के अनुसार लिस्ट को व्यवस्थित करें। (देखें चित्र 6.13)

चित्र 6.13: फेवराइट्स मेन्यू

- **ऐड टू फेवराइट्स:** यूज़र को करेंट पेज को फेवराइट पेज की लिस्ट में ऐड करने की अनुमति देता है।
- **ऑर्गनाइज़ फेवराइट्स:** यह फेवराइट पेजेस की लिस्ट डिस्प्ले करता है और यूज़र को लिस्ट में से एक चुनने की अनुमति देता है।

टूल्स मेन्यू (Tools Menu)

टूल्स मेन्यू में आपके पास ब्राउजिंग हिस्ट्री को डिलीट करने के विकल्प होते हैं। इसके अलावा आप इसमें से इनप्राइवेट ब्राउजिंग और फिल्टरिंग भी ऐक्टिवेट कर सकते हैं। यदि आप गलती से एक्सप्लोरर विंडो को बंद कर देते हैं तो इंटरनेट एक्सप्लोरर आपको अंतिम सैशन प्रदान करता है। (देखें चित्र 6.14)।

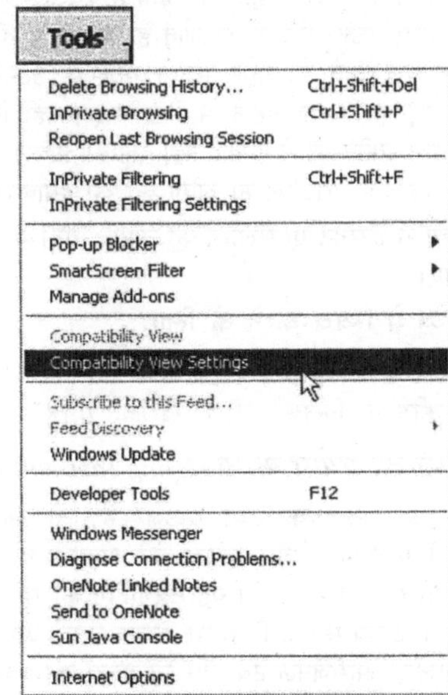

चित्र 6.14: टूल्स मेन्यू

- **इनप्राइवेट फिल्टरिंग:** इंटरनेट एक्सप्लोरर 8 इनप्राइवेट फिल्टरिंग टूल प्रदान करता है जो आपको सूचना के फ्लो को सभी के लिए अथवा चुनिंदा थर्ड पार्टीज के लिए ब्लॉक करने की अनुमति देता है।
- **स्मार्टस्क्रीन फिल्टर:** स्मार्टस्क्रीन फिल्टर आपको तब ऐलर्ट करता है, जब आपका सामना एक खतरनाक वेबसाइट से होता है। इसमें आपके सामने एक रेड वार्निंग स्क्रीन आ जाती है। जिससे आपको पता लग जाता है कि वेबसाइट खतरनाक है। यह आपको वेब खतरों से बेहतर सुरक्षा प्रदान करता है। यदि एक वेबसाइट, जो आप खोलना चाहते हैं, ठीक नहीं है, तो इंटरनेट एक्सप्लोरर 8 इसे पूरी तरह से ब्लॉक कर देगा।

हेल्प मेन्यू (Help Menu)

हेल्प मेन्यू के विकल्प यूज़र को इंटरनेट एक्सप्लोरर के बारे में सूचना प्रदान करते हैं (देखें चित्र 6.15)

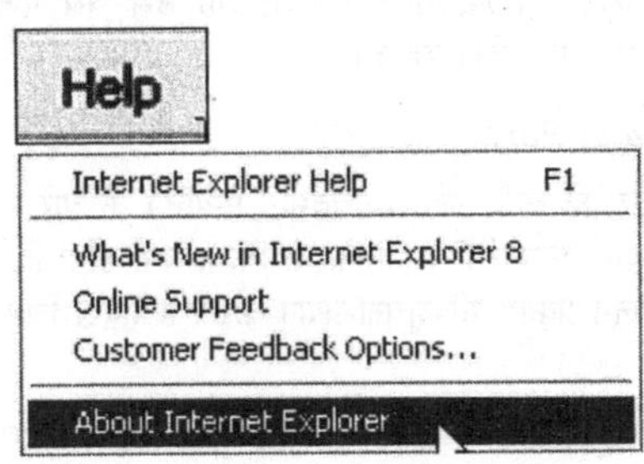

चित्र 6.15: हेल्प मेन्यू

- **ऑनलाइन सपोर्ट:** यूजर किसी भी क्वेरी पर ऑनलाइन सपोर्ट प्राप्त कर सकते हैं।
- **इंटरनेट एक्सप्लोरर के बारे में:** यह प्रोग्राम इन्फॉर्मेशन, वर्जन नंबर और कॉपीराइट इन्फॉर्मेशन डिस्प्ले करता है।

ऐड्रेस बार (Address Bar)

यह उस पेज का ऐड्रेस डिस्प्ले करता है जो आप अभी देख रहे हैं। आप ऐड्रेस बार को नेवीगेशन के लिए भी प्रयोग कर सकते हैं। जिस पेज पर आप जाना चाहते हैं उस पेज का ऐड्रेस ऐड्रेस बार में टाइप करें और एंटर की दबाएँ। ऐड्रेस बार में निम्न बटन्स होते हैं।

बैक (Back): पहले से देखें गए पेजेस की लिस्ट में से एक पेज डिस्प्ले करता है।

फॉर्वर्ड (Forward): आगे आने वाले पेजेस की लिस्ट में से एक पेज डिस्प्ले करता है।

स्टॉप (Stop): करेंट पेज की डाउनलोडिंग स्टॉप करता है।

रिफ्रेश (Referesh): लेटेस्ट पेजेस को ही फिर से डिस्प्ले करता है।

सर्च बॉक्स (Search Box)

यह ऐड्रेस बार के ऊपरी-दाएँ कोने में स्थित होता है। किसी भी टॉपिक को सर्च करने के लिए, सर्च बॉक्स में टाइप करें और फिर एंटर दबाकर, बटन पर क्लिक कर दें।

कमांड बार (Command Bar): कमांड बार, इंटरनेट एक्सप्लोरर विंडों के ऊपरी दाएँ कोने में स्थित होता है और यह इंटरनेट एक्सप्लोरर की सैटिंग्स में आसान से पहुँचा देता है।

फेवराइट्स बार (Favourites Bar): फेवराइट्स बार, लिंक्स टूलबार को रिप्लेस कर देता है, जो इंटरनेट एक्सप्लोरर के पिछले वर्जन्स में दिखता था। यह आपकी फेवरेट वेब साइट्स में वन-क्लिक ऐक्सेस प्रदान करता है।

चित्र 6.16: स्टेटस बार

एक्सप्लोरर एनीमेशन (Explorer Animation): यह तभी आता है जब इंटरनेट एक्सप्लोरर, इंटरनेट पर एक कम्प्यूटर से सूचना पाने का इंतजार करता है। यदि इंटरनेट एक्सप्लोरर इंतजार करता है, तो फ्लैग आयकन शिमर करता है।

स्टेटस बार (Status Bar): यह आपको बताता है कि इंटरनेट एक्सप्लोरर अभी क्या कर रहा है।

डॉक्यूमेंट एरिया (Document Area): यह उस वेब पेज को डिस्प्ले करता है जिसे आप अभी देख रहे हैं।

स्टेटस बार (Status Bar)

स्टेटस बार, ब्राउज़र की करेंट स्टेटस (वर्तमान स्थिति) के बारे में सूचना प्रदान करता है। स्टेटस बार, सेक्शन्स में ऑर्गनाइज़ किया गया होता है, जिनमें प्रत्येक सेक्शन, अलग-अलग प्रकार की सूचना प्रदान करता है (देखें चित्र 6.16)।

ये इस प्रकार हैं:

1. बाईं ओर करेंट पेज स्टेटस होता है। जिस समय आप एक वेब पेज डाउनलोड कर रहे होते हैं, इस एरिया में एक आयकन और टेक्स्ट एक्सप्लेन (explain) करता है कि अभी ब्राउज़र क्या कर रहा है। जब पेज आ जाता है, तब यह एरिया, आपके द्वारा पॉइंट किए जाने वाली किसी भी लिंक का ऐड्रेस दिखाता है।
2. प्रोग्रेस स्टेटस टेक्स्ट के दाईं ओर, प्रोग्रेस बार होता है, जो तभी ऐक्टिव होता है जब इंटरनेट एक्सप्लोरर बार सूचना डाउनलोड करता है। जब करेंट पेज के लिए डाटा डाउनलोड हो जाता है तो बार पूरा भर जाता है।
3. स्टेटस बार का बीच का सेक्शन, तीन स्मार्ट पेन्स (panes) में विभाजित होता है। प्रत्येक पेन या तो एक आयकन दिखाता है या यह खाली होता है। पहला पेन एक आयकन दिखाता है, जब आप ऑफ़-लाइन कार्य करते हैं। दूसरा पेन एक आयकन दिखाता है, जब इंटरनेट एक्सप्लोरर प्रिंट करता रहता है। तीसरा पेन एक लॉक (lock) आयकन दिखाता है, यदि आपके पास एक वेब साइट के लिए एक सीक्योर (secure) कनेक्शन होता है।

एक्सप्लोरर बार (Explorer Bar)

एक्सप्लोरर बार एक अलग विंडो पेज होता है। यह इंटरनेट एक्सप्लोरर विंडो के बाईं ओर डिस्प्ले होता है। इस विंडो में खास तरह की सूचना प्रदर्शित होती है। इंटरनेट एक्सप्लोरर में चार अलग अलग तरह के एक्सप्लोरर बार्स होते हैं, ये हैं सर्च (search), फ़ेवराइट्स (favourites), हिस्ट्री (history) और चैनल्स (channels) (देखें चित्र 6.17)।

➔ **एक एक्सप्लोरर बार को डिस्प्ले करने के लिए:**

1. कमांड बार के टूल्स बटन पर क्लिक करें (देखें चित्र 6.17)
2. एक्सप्लोरर बार्स चुनें।
3. फिर मन चाहे एक्सप्लोरर बार पर क्लिक करें।

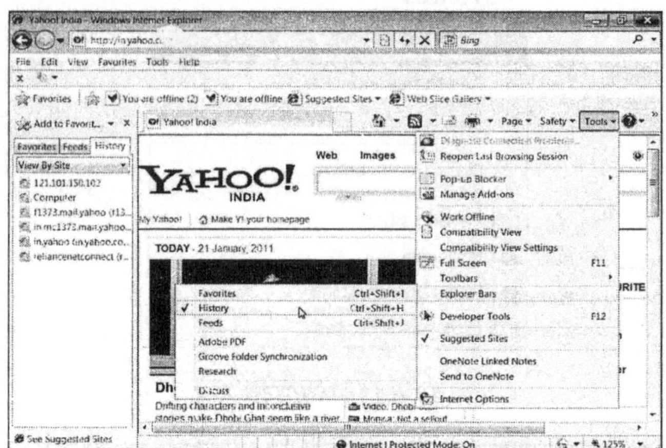

चित्र 6.17: टूल्स मेन्यू से एक्सप्लोरर बार सिलेक्ट करना

फुलस्क्रीन व्यू का प्रयोग करना (Using Full Screen View)

इंटरनेट एक्सप्लोरर एक स्पेशल व्यू प्रदान करता है जिसे फुल स्क्रीन व्यू कहा जाता है। फुल स्क्रीन व्यू में, केवल स्टेटस बार ही नार्मल तरीके से दिखाई देता है। जब आप फुल स्क्रीन मोड में काम करते हैं, तो आप माउस पॉइंटर को स्क्रीन के ऊपर ले जाएँ ताकि ऐड्रेस बार सर्च, सर्च बॉक्स, टैब्स रो और कमांड बार डिस्प्ले हो। यदि आप सर्च बॉक्स और ऐड्रेसस बार पर क्लिक करते हैं, तो ये इंटरफेस एलीमेंट्स तब तक दिखाई देती रहती है जब तक आप टाइप करते हैं। जैसे ही आप माउस पॉइंटर को दूर ले जाते हैं या पेज में ही क्लिक करते हैं, ये फिर से दूर चले जाते हैं। फुल स्क्रीन मोड में, इंटरनेट एक्सप्लोरर मैक्सीमाइज़्ड होता है, यद्यपि यह पहले से मैक्सीमाइज नहीं किया गया था। विंडोज टास्कबार, फुल स्क्रीन व्यू में दिखाई नहीं देता है। लेकिन, आप टास्कबार को तब भी दिखा सकते हैं, विंडोज की लोगो की को दबाकर।

फुलस्क्रीन व्यू से इंटरनेट एक्सप्लोरर की नॉर्मल विंडो में वापस आने के लिए F11 की दबाएँ।

➔ **फुलस्क्रीन व्यू में स्विच करने के लिए:**

1. कमांड बार के **टूल्स** बटन पर क्लिक करें।
2. अब **फुल स्क्रीन** पर क्लिक करें। (देखें चित्र 6.18)

टैब्स एवं टैब ग्रुप्स का प्रयोग करना (Using Tabs and Tab Groups)

इंटरनेट एक्सप्लोरर 8 (IE8) एक टैब्ड ब्राउजर है, जो आपको एक ही एप्लीकेशन विंडो में मल्टीपल पेजेस खोलने की अनुमति देता है और आप उनके बीच तेजी से स्विच कर सकते हैं। यह टैब ग्रुपिंग की सुविधा को भी ऐड करता है। जब आप करेंट टैब में एक लिंक पर क्लिक करके एक न्यू टैब खोलते हैं तो इंटरनेट एक्सप्लोरर ओरीजनल टैब और न्यू कलर को एक ही रंग में शो करता है, ताकि आप एक झलक में देख सके कि दोनों टैब्स में कंटेंट्स हैं जो रिलेटेड है। कोई भी ऐडीशनल टैब्स, जो करेंट टैब ग्रुप में पेजेस में से जनरेट होते हैं, भी एक जैसे कलर के ही होते हैं (देखें चित्र 6.19)।

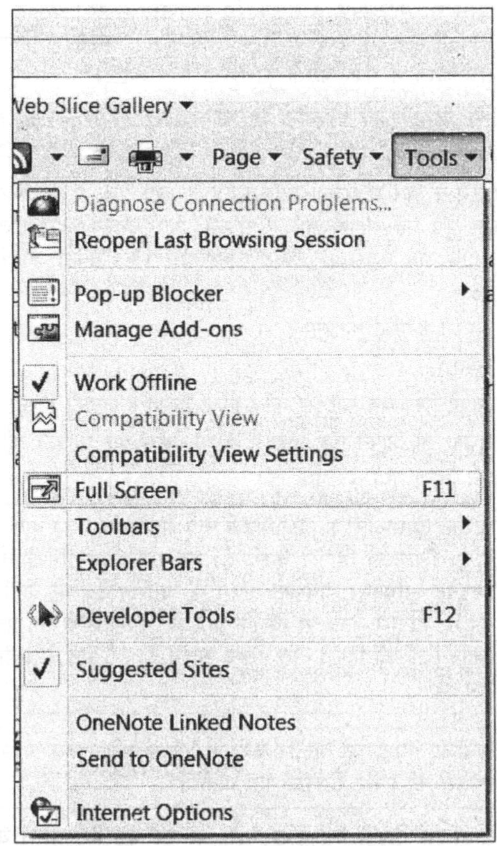

चित्र 6.18: टूल्स मेन्यू में इंटरनेट फुलस्क्रीन व्यू चुनना

☞ आप जो समय निर्धारित करते है, उतने समय के बाद इंटरनेट एक्सप्लोरर हिस्ट्री से आइटम को ऑटोमैटिक रूप से डिलीट करता है। इंटरनेट ऑप्शन्स डायलॉग बॉक्स के, जनरल टैब पर, ब्राउज़िंग हिस्ट्री ग्रुप सिलेक्ट करें; सैटिंग बटन पर क्लिक करें, फिर स्पिनर का प्रयोग करके यह सैट करें कि कितने दिनों की हिस्ट्री आप रखना चाहते हैं। डीफॉल्ट 20 दिन होता है।

क्विक टैब्स (Quick Tabs)

क्विक टैब्स विंडो सभी खुले हुए टैब्स के थंबनेल्स को करेंट ब्राउजर में डिस्प्ले करता है जैसा चित्र 6.20 में दिखाया गया है। थंबनेल पर एक बार क्लिक करके एक टैब पर जाएँ या टैब के ऊपरी दाएँ कोने में स्थित X पर क्लिक करके टैब को क्लोज करें।

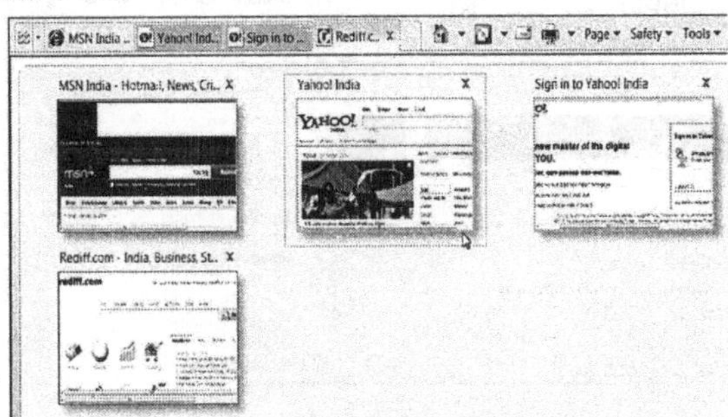

चित्र 6.20: थंबनेल प्रिव्यू दिखाता हुआ क्विक टैब्स

हिस्ट्री से साइट्स में वापस आना (Returning to Sites through History)

पिछले सैशन में जो साइट आपने विजिट की थी उसमें वापस जाने के लिए,

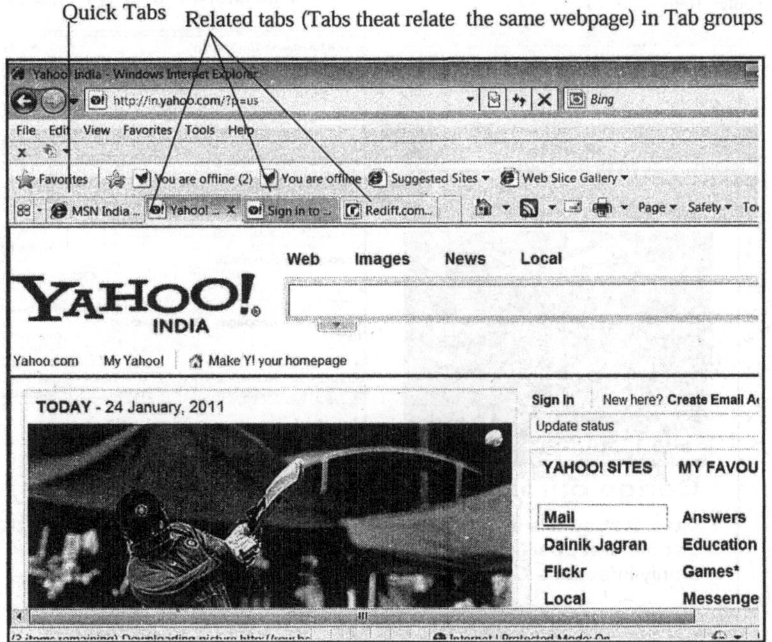

चित्र 6.19: इंटरनेट एक्सप्लोरर में टैब ग्रुप्स दिखाना

या उस साइट में आपके करेंट लोकेशन से कई स्टेप्स पीछे है, आपको इंटरनेट एक्सप्लोरर के हिस्ट्री फीचर का प्रयोग करना होगा। इंटरनेट एक्सप्लोरर हिस्ट्री लिस्ट को एक टैब की तरह से फेवराइट्स सेंटर में छिपा लेता है।

➔ **हिस्ट्री एक्सप्लोरर बार को खोलने के लिए:**

1. कमांड बार के **टूल्स** बटन पर क्लिक करें (देखें चित्र 6.21)
2. एक्सप्लोरर बार्स चुनें।
3. हिस्ट्री पर क्लिक करें।

चित्र 6.21: हिस्ट्री ऑप्शन चुनना

इंटरनेट एक्सप्लोरर विंडो के बाईं ओर बने पेज में अपने जो पेजेस विजिट किए हैं उनको दिखाया जाता है, जो डेट और फिर साइट के अनुसार सॉर्ट किए गए हैं। आप हिस्ट्री लिस्ट को कई तरीकों से सॉर्ट कर सकते हैं (देखें चित्र 6.22)।

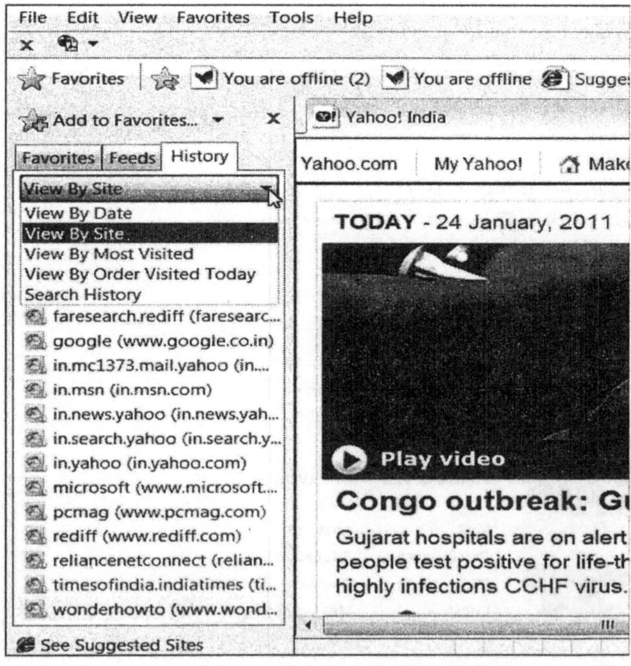

चित्र 6.22: सर्च कमांड की लिस्ट दिखाना

4. इससे भी महत्त्वपूर्ण ये है कि हिस्ट्री लिस्ट में सर्च कमांड होता है जो आपको हाल ही के दिनों में सर्फ किए गए महत्त्वपूर्ण पेजेस या साइट सर्च करने में मदद करता है। (देखें चित्र 6.22)

ब्राउजिंग हिस्ट्री को डिलीट करना (Deleting Browsing History)

जब आप वेब को ब्राउज करते हैं, इंटरनेट एक्सप्लोरर, आपकी विजिट की गई वेब साइट्स के बारे में सूचना स्टोर करता है, और साथ में आपसे वेब साइट्स से अक्सर पूरी गई आपके बारे में सूचना, जिसे आपको देना होता है (जैसे आपका नाम और ऐड्रेस)। इंटरनेट एक्सप्लोरर निम्न प्रकार की सूचना स्टोर करता है:

1. टेम्परेरी इंटरनेट फाइल्स
2. कुकीज
3. आपने जिन वेब साइट्स को विजिट किया है उनकी हिस्ट्री
4. सूचना जो आपने वेब साइट्स में या ऐड्रेस बार में एंटर की है।
5. सेव किया गया वेब पासवर्ड।

☞ इंटरनेट एक्सप्लोरर 8 ऑटोमैटिक रूप से आइटम्स को कुछ समय बाद हिस्ट्री लिस्ट से डिलीट करता है। यह समय आप निर्धारित करते हैं। **इंटरनेट ऑप्शन्स** डायलॉग बॉक्स में, **जनरल टैब** पर ब्राउजिंग हिस्ट्री ग्रुप में, सैटिंग्स बटन पर क्लिक करें और पिर स्पिनर का प्रयोग करके जितने दिनों की हिस्ट्री आप रखना चाहते हैं। उसे सैट करें। डीफॉल्ट 20 दिन है।

☞ ब्राउजिंग हिस्ट्री को डिलीट करने से आपके फेवराइट्स या सबस्क्रिप्टेड फीड्स की लिस्ट डिलीट नहीं होती है।

➔ **ब्राउजिंग हिस्ट्री का कुछ भाग या पूरा डिलीट करने के लिए:**

1. कमांड बार के सेफ्टी बटन पर क्लिक करें।
2. डिलीट ब्राउजिंग हिस्ट्री चुनें (देखें चित्र 6.23)।

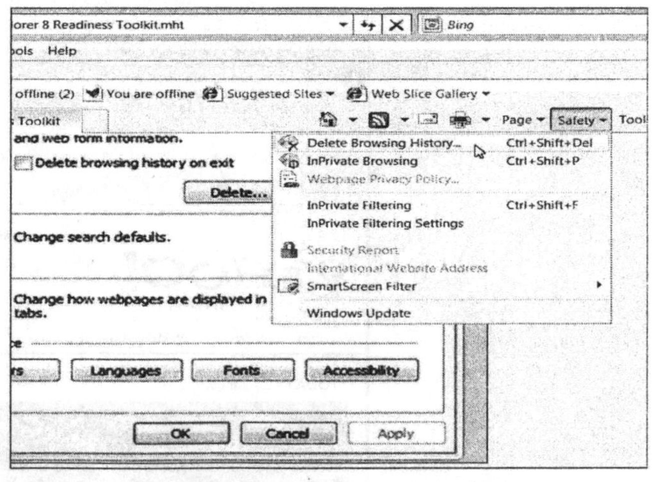

चित्र 6.23: ब्राउजिंग हिस्ट्री डिलीट करना

3. चित्र 6.24 में दिखाए अनुसार डिलीट ब्राउजिंग हिस्ट्री लिस्ट दिखाई देती है।
4. सूचना की प्रत्येक कैटेगरी के पास स्थित चैक बॉक्स को चुनें, जिसे आप डिलीट करना चाहते हैं।

5. प्रिजर्व फेवराइट्स वेब साइट डाटा चैक बॉक्स को चुनें यदि आप कुकीज और फाइल्स जो आपकी फेवराइट्स लिस्ट में वेबसाइट्स से जुड़ी हैं, को डिलीट करना नहीं चाहते हैं।
6. अब डिलीट पर क्लिक करें।

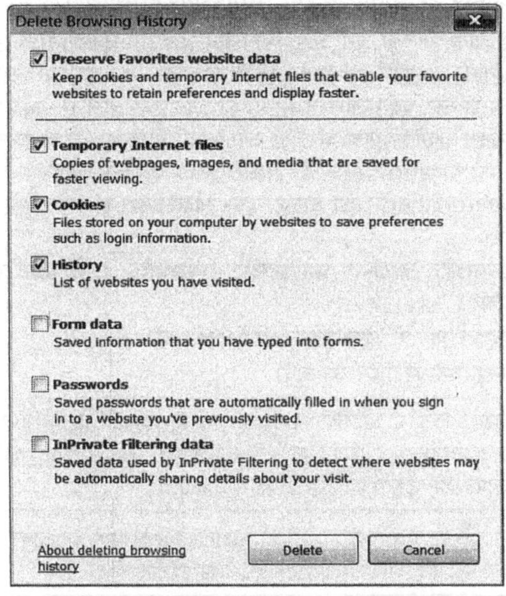

चित्र 6.24: ब्राउजिंग हिस्ट्री लिस्ट डिलीट करना।

6.4.3 फेवराइट्स फोल्डर का प्रयोग करना (Using Favourites Folder)

इंटरनेट एक्सप्लोरर फेवराइट्स कमांड्स की एक सीरीज़ और जिन वेब पेजेस को आप सबसे ज्यादा पंसद करते हैं उन्हें सर्फ करने के लिए एक फेवराइट एक्सप्लोरर बार प्रदान करता है। फेवराइट्स कमांड्स का प्रयोग करके, आप फेवराइट पेजेस की एक लिस्ट बना सकते हैं और उन्हें फोल्डर्स में व्यवस्थित कर सकते हैं। इसके बाद एक फेवराइट पेज में जाएँ, और फेवराइट मेन्यू में से जो पेज आप चाहते हैं उसे सिलेक्ट करें।

फेवराइट्स में एक आइटम ऐड करना (Adding an Item to Favourites)

इंटरनेट एक्सप्लोरर अभी डिस्प्ले होने वाले वेब पेज और टैब्स के पूरे ग्रुप को आपके फेवराइट्स में ऐड करने के कार्य को आसान बनाता है। Add to Favourites कमांड आपको उस पेज के लिए, जो आप अभी देख रहे हैं, एक फेवराइट पेज लिस्टिंग बनाने की अनुमति देता है।

➔ **वेव पेज को अपनी फेवराइट लिस्ट में ऐड करने के लिए:**

1. Add to Favourites बटन पर क्लिक करें या
2. फेवराइट्स सेंटर खोलें, फिर ऐड्रेस बार में URL के बाएँ स्थित आयकन को ड्रैग करें और इसे फेवराइट्स बार में ड्रॉप करें। एक मूव बटन चित्र 6.25 की तरह से दिखाई देगा, जो बताता कि पेज कहाँ ऐड किया जाएगा।
3. फेवराइट्स मेन्यू पर क्लिक करें।
4. Add to Favourites पर क्लिक करें।
5. Add a Favourite डायलॉग बॉक्स चित्र 6.26 की तरह से दिखाई देगा।
6. नेम: टेक्स्ट बॉक्स में जो भी चेंज आप पेज के नाम में करना चाहते हैं वो करें।
7. Create In. बॉक्स में फेवराइट (Favourite) पेज की लोकेशन चुनें।
8. Add बटन पर क्लिक करें।
9. यह करेंट पेज के लिए एक फेवराइट पेज लिस्टिंग बनाता है।

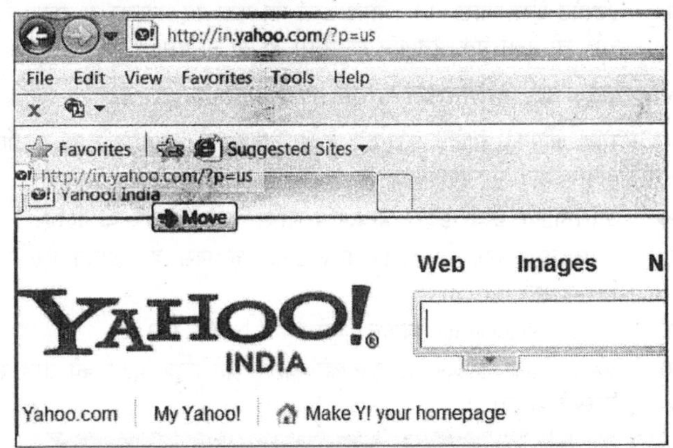

चित्र 6.25: फेवराइट्स आइटम को ड्रैग करें और इसे फेवराइट्स बार में ऐड करें।

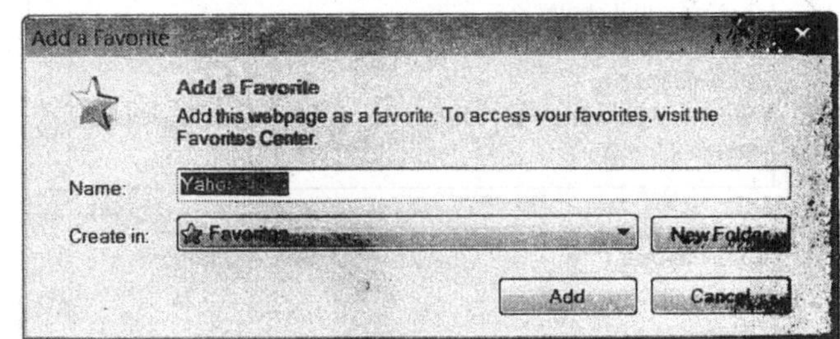

चित्र 6.26: Add a Favourite डायलॉग बॉक्स

फेवराइट लिस्ट में पेजेस के ग्रुप्स ऐड करना (Adding Groups of Pages to Favourites List)

1. फेवराइट्स सेंटर में Add to Favourites के पास बने डाउन ऐरो पर क्लिक करें।
2. Add Current Tabs to Favourite को चुनें जैसा चित्र 6.27 में दिखाया गया है।

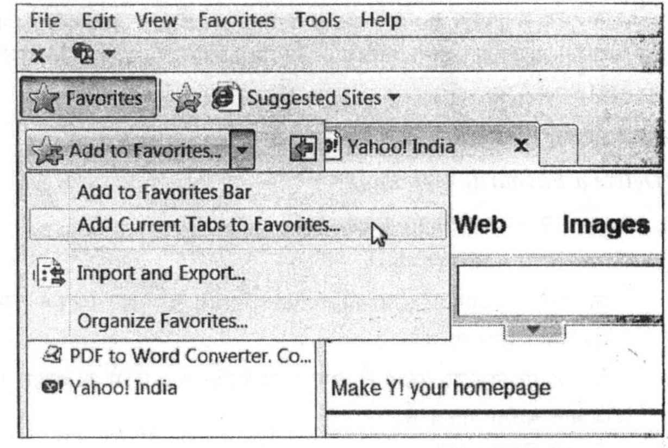

चित्र 6.27: फेवराइट्स ऑप्शन में करेंट टैब्स ऐड करने के लिए चुनना।

3. यह एक Add a Favourite डायलॉग बॉक्स चित्र 6.26 की तरह से डिस्प्ले करेगा।
4. इस डायलॉग बॉक्स में ग्रुप का नाम दें और Add पर क्लिक करें।
5. इंटरनेट एक्सप्लोरर सभी ओपन टैब्स को एक नए फोल्डर में रखता है। चाहे वो टैब्स एक टैब ग्रुप के मेंबर्स हो या ना हों।

फेवराइट्स को ऑर्गनाइज करना (Organize Favourite)

यह कमांड आपको आपके फेवराइट पेजेस को देखने, व्यवस्थित करने और उसमें वापस आने में मदद करता है।

➔ **ऑर्गनाइज़ फेवराइट्स डायलॉग बॉक्स को खोलने के लिए:**

1. फेवराइट्स सेंटर में, Add to Favourites के पास बने डाउन ऐरो पर क्लिक करें।
2. Organize Favourites विकल्प चुनें (देखें चित्र 6.27)।
3. यह Organize Favourites डायलॉग बॉक्स को चित्र 6.28 की तरह से डिस्प्ले करेगा।

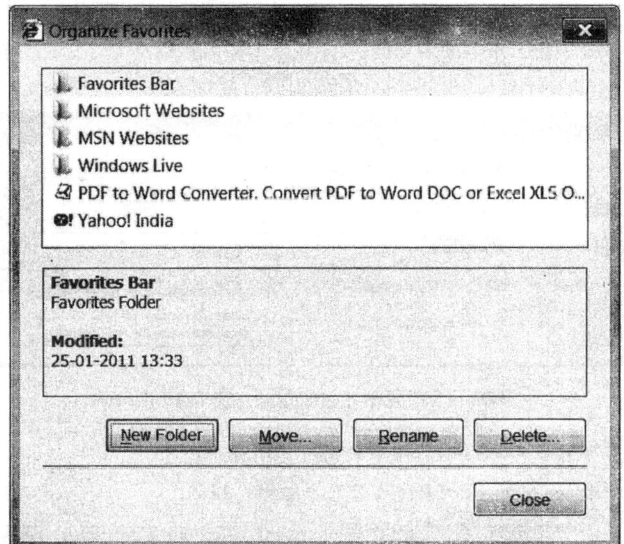

चित्र 6.28: ऑर्गनाइज फेवराइट्स डायलॉग बॉक्स

4. डायलॉग बॉक्स के बटन्स एक तेज तरीका प्रदान करते हैं जिससे नए फोल्डर्स बनाए जा सकते हैं, आइटम्स को रीनेम किया जा सकता है और अपनी चीजों को अपनी पसंद के अनुसार ऑर्गनाइज़ किया जा सकता है।

एक फेवराइट वेब पेज को डिलीट करना (Delete a Favourite Web Page)

1. फेवराइट सेंटर बटन पर क्लिक करें।
2. फेवराइट्स पर क्लिक करें।
3. जो फेवराइट आप डिलीट करना चाहते हैं उस पर राइट क्लिक करें।
4. डिलीट पर क्लिक करें।
5. इटरनेट एक्सप्लोरर पूछता है क्या आप निश्चित रूप से फेवराइट को डिलीट करना चाहते हैं।
6. Yes पर क्लिक करें

☞ आप टूल्स मेन्यू के इंटरनेट ऑप्शन्स डायलॉग बॉक्स के जनरल टैब के होम पेज ग्रुप में से अपनी पसंद के ऑप्शन पर क्लिक करके होम पेज को सैट कर सकते हैं।

प्राइवेट रूप से ब्राउज़ करना (Browsing Privately)

ऐसे कई मौके आते हैं जब आप अपने वेब ब्राउजिंग ऐक्सशन्स की कोई भी हिंट (संकेत) आपके द्वारा प्रयोग किए जाने वाले कम्प्यूटर पर नहीं छोड़ना चाहते हैं। इंटरनेट एक्सप्लोरर 8 (IE8) का इनप्राइवेट ब्राउजिंग फीचर आपको डाटा सुरक्षित रखने में मदद करता है और ब्राउजिंग हिस्ट्री को बचाकर आपकी प्राइवेसी को भी सुरखित रखता है। टेम्परेरी इंटरनेट फाइल्स, फार्म डाटा, कुकीज और यूजरनेम्स/पासवर्ड्स को ब्राउजर द्वारा **लोकल रूप से स्टोर किए** जाने को रोकता है।

➔ **इनप्राइवेट ब्राउजिंग को इंटनरेट एक्सप्लोरर 8 में स्टार्ट करने के लिए::**

1. कमांड बार के सेफ्टी बटन पर **क्लिक करें।**
2. इनप्राइवेट ब्राउजिंग को चुनें।

☞ प्राइवेट रूप से ब्राउजिंग करने का ये मतलब नहीं है कि गुप्त रूप से ब्राउजिंग करना। इसका अर्थ है जो साइट्स आप विज़िट करते हैं वो आपके IP ऐड्रेस को रिकॉर्ड कर सकता है।

एक नयी इंटरनेट एक्साप्लोरर 8 विंडो खुलती है और एक इनप्राइवेट इंडिकेटर ऐड्रेस बार के बाईं ओर चित्र 6.29 की तरह दिखाई देगा।

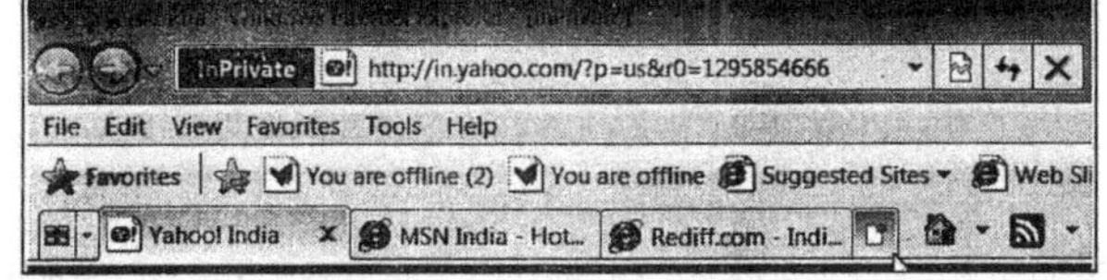

चित्र 6.29: इनप्राइवेट ब्राउजिंग

इनप्राइवेट फिल्टरिंग का प्रयोग करना (Using Inprivate Filtering)

जब आप किसी वेब साइट को विजिट करते हैं, तो साइट संबंधित डाटा आमतौर पर थर्ड पार्टी को ट्रांसमिट हो जाता है, और यदि वह पार्टी आपके द्वारा विजिट की गई मल्टीपल साइट्स पर अपने ऐड्स डाल देती है, तो सूचना एकत्र करने की यह प्रक्रिया ऐडवर्टाइजर को अधिक ऐड्स (Precisely targeted) जनरेट करने में मदद करती है। इंटरनेट एक्सप्लोरर 8 इनप्राइवेट फिल्टरिंग टूल प्रदान करता है जो आपको सूचना के प्रवाह को सभी या चुनिंदा थर्ड पार्टीज में जाने से रोकता है। जब इनप्राइवेट फिल्टरिंग ऐक्टिव होती है, तब थर्ड पार्टी कंटेंट ब्लॉक हो जाता है और यह इन रिक्वेस्ट्स के 10 यूनीक अनुभवों (default threshold) पर आधारित होता है। इन प्राइवेट फिल्टरिंग आपको वेबसाइट कंटेंट प्रोवाइडर्स द्वारा आपकी साइट विजिट के बारे में जानकारी इकट्ठा करने से बचाती है।

☞ एक प्राइवेट सैशन के दौरान कुकीज और टेम्परेरी इंटरनेट फाइल्स मेमोरी में रखी होती हैं, लेकिन ये ऑटोमैटिक रूप से डिलीट हो जाती हैं जब आप प्राइवेट सैशन को क्लोज कर देते हैं।

इनप्राइवेट फिल्टरिंग को इनेबल करना (Enabling Inprivate Filtering)

इनप्राइवेट फिल्टरिंग को डिफॉल्ट द्वारा ऑफ किया जाता है। यदि आप इसे

लगातार प्रयोग करना चाहते हैं, तो प्रत्येक बार जब आप स्टार्ट करें, तब इसे ऑन करिए। जब पहली बार आप इन प्राइवेट फिल्टरिंग इनेबल करते हैं, तब आपको ऑटोमैटिक या मैनुअल ब्लॉकिंग में से चुनने को कहा जाता है। यह सैटिंग भविष्य में इनप्राइवेट फिल्टरिंग सैशन्स के लिए प्रयोग की जाएगी।

→ **इनप्राइवेट फिल्टरिंग को इनेबल करने के लिए:**

1. कमांड बार के सेफ्टी बटन पर क्लिक करें।
2. इनप्राइवेट फिल्टरिंग चुनें।

☞ IE8 विंडो के निचले भाग में स्टेटस बार में स्थित एक इंडिकेटर इनप्राइवेट फिल्टरिंग का स्टेटस दिखता है।

कैरेट ब्राउजिंग (Caret Browsing)

कैरेट ब्राउजिंग एक नया ऐक्सेसिबिलिटी फीचर है जो यूजर्स को एक वेब पेज नेविगेट करने में मदद करता है जिसमें कीबोर्ड का प्रयोग करके स्क्रीन पर एक मूवेबल कर्सर का सहारा लिया जाता है। यूजर्स टेक्स्ट को सिलेक्ट और कॉपी कर सकते हैं और कीबोर्ड का प्रयोग करके इसे छोटे से छोटा करके सिंगल कैरेक्टर भी बना सकते हैं।

→ **कैरेट ब्राउजिंग फीचर को टर्न-आउट करने के लिए:**

1. कमांड बार के पेज बटन पर क्लिक करें।
2. अब कैरेट ब्राउजिंग चुनें।

☞ F7 की प्रेस करने से कैरेट ब्राउजिंग ऑन या ऑफ हो जाती है।

वेब स्लाइसेज (Web Slices)

एक वेब स्लाइस वेब पेज का विशेष भाग होता है जो यूजर्स को एक वेब साइट से कनेक्ट होने के सक्षम बनाता है और इसके लिए उस साइट पर सीधे एक पेज में कंटेंट्स को सब्सक्राइब किया जाता है और यह आपको अपडेटेड कंटेंट्स देखने में मदद करता है जैसे करेंट टैम्प्रेचर या चेंजिंग ऑक्शन प्राइस आदि।

☞ एक वेब पेज के भीतर वेब स्लाइसेज देखने के लिए, अपने माउस कर्सर को वेब पेज के ऐरियाज पर घुमाएँ। आप देखेंगे वेब पेज पर एक वेब स्लाइस आयकन कंटेंट के पास में दिखाई देता है।

→ **एक वेब स्लाइस में सब्सक्राइब करने के लिए:**

1. पेज पर जाएँ (यहाँ हमने एक वेब साइट www.moneycontrol.com खोली है) जिसमें एक वेब स्लाइस हो।
2. कमांड बार के वेब स्लाइस बटन पर क्लिक करें और एक विकल्प चुनें। (देखें चित्र 6.30)

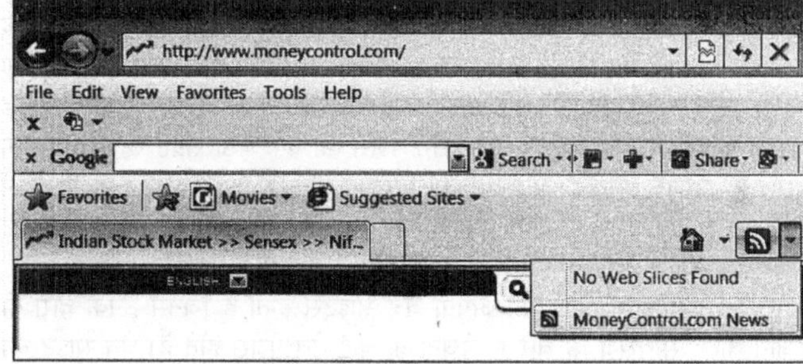

चित्र 6.30: एक वेब पेज में वेब स्लाइस

3. वेब स्लाइस आयकन से एक ऑप्शन सिलेक्ट करने के बाद, डिस्प्ले की गई विंडो में subscribe to feed पर क्लिक करें।

☞ यदि वेब पेज में एक या अधिक वेब स्लाइसेज होते हैं जिनको आप सब्सक्राइब कर सकते हैं, तो फीड्स बटन हरा हो जाता है।

6.4.4 वेब पेजेस को डाउनलोड करना (Downloading Web Pages)

अपलोडिंग (uploading) का अर्थ है एक फाइल को एक कम्प्यूटर सिस्टम से दूसरे, आमतौर पर बड़े कम्प्यूटर सिस्टम में ट्रांसमिट करना। एक नेटवर्क यूजर की दृष्टि से, फाइल को अपलोड करने का अर्थ है इसे उस कम्प्यूटर को भेजना, जो इसे पाने के लिए सैट किया गया है। लोग जो दूसरों के साथ बुलेटिन बोर्ड सर्विसेज (BBS) पर इमेजेस शेयर करते हैं, आमतौर पर BBS के लिए फाइल्स अपलोड करते हैं।

दूसरी दिशा में ट्रांसमिशन को डाउनलोडिंग (downloading) कहते हैं, एक आमतौर पर बड़े कम्प्यूटर से, अन्य आमतौर पर छोटे कम्प्यूटर में एक इंटरनेट यूजर की दृष्टि से डाउनलोडिंग का अर्थ है, फाइल को दूसरे कम्प्यूटर से रिसीव करना।

फाइल ट्रांसफ़र प्रोटोकॉल (FTP) एक इंटरनेट सुविधा है जो फाइल्स की डाउनलोडिंग और अपलोडिंग के लिए प्रयोग की जाती है। (यदि आप एक दूसरी साइट में एक फाइल की अपलोडिंग करते हैं, तो आपको ऐडवांस में आज्ञा लेनी होगी जिससे आप उस साइट में और उस डायरेक्ट्री को ऐक्सेस कर सकें जहाँ फाइल को प्लेस किया जाना है।)

जब आप एक ई-मेल नोट के साथ एक अटैच्ड फाइल भेजते हैं, तब यह केवल एक अटैचमेंट होता है, कोई डाउनलोड या अपलोड नहीं होता है। लेकिन वास्तव में, कई लोग 'अपलोड' शब्द का प्रयोग 'सेंड' (send) के बदले और 'डाउनलोड' शब्द का प्रयोग 'रिसीव' (receive) के बदले करते हैं।

संक्षिप्त में, एक सामान्य वर्कस्टेशन या छोटे कम्प्यूटर के यूज़र की दृष्टि से अपलोड का अर्थ है एक फाइल को भेजना और डाउनलोड का अर्थ है एक फाइल को प्राप्त करना।

वेब, इंटरनेट के कंपोनेंट्स के भागों में से एक सबसे लोकप्रिय भाग है। यह विश्व भर में कई सर्वर्स पर स्टोर किए गए हाइपर टेक्स्ट डॉक्यूमेंट्स से बना है।

☞ हाईपरटेक्स्ट डॉक्यूमेंट्स में वो लिंक्स होती हैं, जिनपर आप क्लिक करके, पेज के दूसरे सेक्शन्स में अलग अलग डॉक्यूमेंट्स या अन्य प्रकार के इंटरनेट रिसोर्स जैसे इलेक्ट्रॉनिक मेल (ई-मेल) या न्यूज़ ग्रुप में जा सकते हैं।

वेब पेजेस में टेक्स्ट, ग्राफ़िक्स, ऐनीमेशन, साउंड और कभी कभी मूवीज़ भी शामिल होती हैं। रिच कंटेंट, जिसमें एक पेज से दूसरे में लिंक द्वारा जंप करने की भी क्षमता होती है, ने वेब की तरक्की में अपना भरपूर सहयोग दिया है।

उदाहरण के लिए, आपने एक फाइल को खोजा जिसे आप सेव करना चाहते हैं। अन्य उदाहरण के तौर पर, कल्पना करो कि आप एक आर्ट कोर्स पेपर पर रिसर्च कर रहे हैं और एक पूरा पेज सेव करना चाहते हैं।

→ **एक वेब पेज को डाउनलोड करने के लिए:**

1. फाइल मेन्यू पर क्लिक करो और **'सेव वेब पेज'** को चुनो। डायलॉग बॉक्स चित्र 6.31 की तरह दिखाई देगा।
2. ध्यान दें कि **फाइल नेम: टेक्स्ट** बॉक्स में एक डीफॉल्ट वैल्यू होती है। या तो इस नाम को ऐक्सेप्ट करो अथवा इसे किसी दूसरे नाम से बदलो।

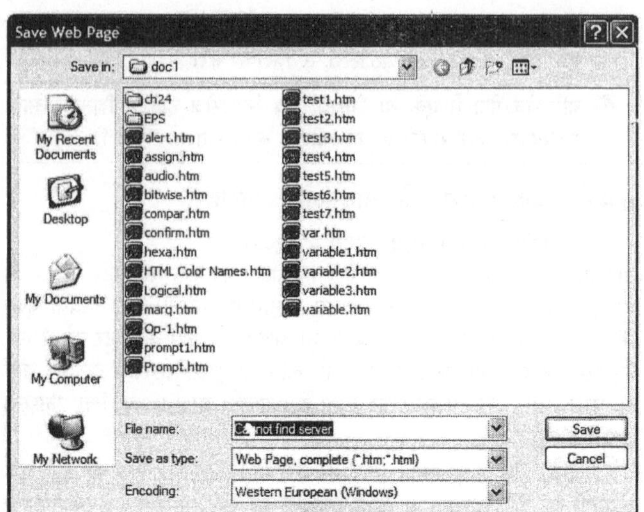

चित्र 6.31: सेव वेब पेज डायलॉग बॉक्स

3. **सेव इन:** लिस्ट बॉक्स में से उस लोकेशन को चुनो जहाँ आप फाइल को सेव करना चाहते हैं।
4. इसके बाद **सेव** बटन पर क्लिक करो ताकि फाइल सेव की जा सके।

6.4.5 वेब पेजेस को सेव और प्रिंट करना (Saving and Printing Web Pages)

ब्राउज़ करते समय आपके सामने ऐसी सूचना के पेजेस आ सकते हैं जिन्हें आप हार्ड कॉपी के रूप में रखना चाहते हैं। इंटरनेट एक्सप्लोरर कई तरह के प्रिंट ऑप्शन्स प्रदान करता है। ये हैं:

- करेंट पेज से जुड़े सभी डॉक्यूमेंट्स प्रिंट करना
- करेंट पेज में शामिल सभी लिंक्स की एक सूची प्रिंट करना
- एक पेज का सिलेक्टेड भाग प्रिंट करना, जो फ्रेम्स का इस्तेमाल करके बनाया गया है। यह ऑप्शन तभी उपलब्ध होता है जब करेंट पेज में फ्रेम्स होते हैं।

☞ ऑर्गनाइज़ फेवराइट्स डायलॉग बॉक्स एक्सप्लोरर विंडो की तरह कार्य करता है। आप फाइल्स या फोल्डर्स को ड्रैग करके एक फोल्डर आयकन तक ले जा सकते हैं ताकि उन्हें उस फोल्डर में मूव करा सकें, और आप फाइल्स या फोल्डर्स पर राइट क्लिक करके कॉन्टेक्स्ट मेन्यू को देख सकते हैं।

एक वेब पेज को प्रिंट करने का आसान तरीका है टूलबार पर स्थित प्रिंट बटन पर क्लिक करना। इस केस में आपको किसी भी अन्य ऑप्शन को चुनने की आज्ञा नहीं मिलेगी और आपको पेज का प्रिंटआउट ठीक वैसा ही मिलेगा जैसा वह स्क्रीन पर दिखता है।

➔ **प्रिंट डायलॉग बॉक्स के ऑप्शन्स इस्तेमाल करके एक वेब पेज को प्रिंट करने के लिए:**

1. फाइल मेन्यू पर क्लिक करें और प्रिंट चुनें। प्रिंट डायलॉग बॉक्स चित्र 6.32 के अनुसार दिखाई देगा।
2. प्रिंटर पेजेस सिलेक्ट करें और जितनी कॉपीज आप चाहते हैं उस संख्या को चुनें 1 प्रिंट डायलॉग बॉक्स के विभिन्न विकल्प टेबल 6.2 में दिए गए हैं।

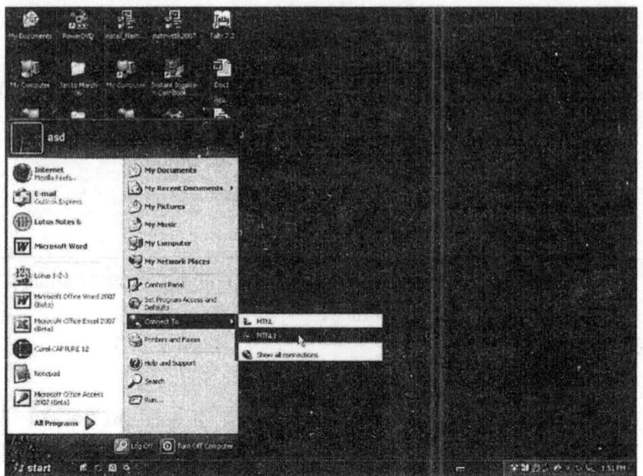

चित्र 6.32: इंटरनेट एक्सप्लोरर का प्रिंट डायलॉग बॉक्स

टेबल 6.2: प्रिंट डायलॉग बॉक्स के विकल्प

विकल्प (Option)	फंक्शन
As laid out on screen	पूरे पेज को वैसे ही प्रिंट करता है जैसा यह स्क्रीन पर दिखाई देता है।
Only the selected frame	एक सिलेक्टेड फ्रेम प्रिंट करता है। यह विकल्प आपको प्रिंटिंग से पहले कुछ शब्दों को सिलेक्ट करने के लिए कहता है।
All frames individually	प्रत्येक फ्रेम को एक अलग पेज पर प्रिंट करता है।
Printed all linked documents	यह विकल्प प्रत्येक डॉक्यूमेंट, जो करेंट पेज से लिंक्ड होता है, का प्रिंट आउट जनरेट करता है।
Print table of links	यह विकल्प एक शॉर्ट प्रिंटआउट देता है जिसमें सभी URLs, जो डॉक्यूमेंट में शामिल हों, लिस्ट किए गए होते हैं।

3. प्रिंट विकल्प चुनने के बाद OK पर क्लिक करें जिससे प्रिंटिंग स्टार्ट हो।

6.5 वेब सर्फिंग (Surfing the Web)

आपने लोगों को इंटरनेट ब्राउजिंग या सर्फिंग के बारे में बातचीत करते हुए सुना ही होगा। कोई वेब सर्फिंग कर रहा है इसका अर्थ है वह इंटरनेट पर साइट चैक कर रहा है। इंटरनेट में एक ग्राफ़िकल, आसानी से प्रयोग होने वाला सिस्टम होता है जो सूचना का एक बड़ा हिस्सा प्रदान करता है। यह सिस्टम ही वर्ल्ड वाइड वेब (www) या वेब वहलाता है। इसमें पेजेस का एक बड़ा संग्रह रहता है जिसमें सूचना, इमेजेस, साउंड और वीडियो क्लिप्स होती हैं जो विश्वभर के पीसी में स्टोर की जाती है। www पर प्रत्येक पेज एक वेब पेज कहलाता है। जो साइट इस वेब पेज को सटोर करती है उसे वेब साइट कहते हैं। विभिन्न यूनिवर्सिटीज़, सरकारी एजेन्सियाँ आदि की अपनी वेब साइट्स होती हैं जिनमें उनके द्वारा दी जाने वाली सर्विसेज के बारे में सूचना के कई वेब पेजेस होते हैं। वेब साइट का पहला पेज होमपेज कहलाता है। वेब आपके अलग-अलग वेब पेजेस में और वेब साइट्स में घूम-घूम कर माउस की एक ही क्लिक से सूचना एकत्र करने के लिए कहता है।

6.5.1 वेब के एलीमेंट्स (Elements of the Web)

वेब ब्राउजर (Web Browser)

वेब ब्राउज़र एक सॉफ्टवेयर ऐप्लीकेशन प्रोग्राम है जो आपके पीसी पर रहता है और यह टेक्स्ट, इमेजेस और मल्टीमीडिया डाटा, जो अलग-अलग वेब पेजेस पर मिलता है, को डिस्प्ले करता है। यह आपको एक वेब पेज निश्चित करने की अनुमति देता है, लिंक का प्रयोग करके नेविगेट करने और अपने पसंदीदा वेब पेजेस को बुकमार्क करने की सुविधा देता है। सबसे कॉमन वेब ब्राउजर्स हैं इंटरनेट एक्सप्लोरर, नेटस्केप नेवीगेटर और मोज़िला फायरफॉक्स।

वेब पेज (Web Page)

वर्ल्ड वाइड वेब (WWW) सूचना वेब पेजेस पर प्रेजेन्ट की जाती है, जिसे आप अपने कम्प्यूटर पर एक वेब ब्राउजर, जैसे इंटरनेट एक्सप्लोरर की मदद से डाउनलोड करते हैं। प्रत्येक वेब पेज टेक्स्ट को इमेजेस, साउंड, म्यूजिक और वीडियो के साथ कम्बाइन करता है।

वेब साइट (Web Site)

वेब साइट वेब पेजेस का एक संग्रह है जो एक विशेष व्यक्ति, बिजनेस, सरकार, स्कूल अथवा संगठन से संबंधित होते हैं। वेब साइट्स एक वेब सर्वर पर स्टोर होते हैं। ये स्पेशल कम्प्यूटर हैं जो उन लोगों तक वेब पेजेस उपलब्ध कराते हैं, जो उन्हें ब्राउज करते हैं।

वेब ऐड्रेस (Web Address)

प्रत्येक वेब पेज का अपना वेब ऐड्रेस होता है जो पेज को यूनीक तरीके से पहचानता है। यह ऐड्रेस कभी-कभी URL कहलाता है। यदि आप एक पेज का ऐड्रेस जानते हैं। तो आप ऐड्रेस को अपने वेब ब्राउजर में टाइप कर सकते हैं और पेज को देख सकते हैं।

लिंक्स (Links)

लिंक (जिसे हाइपर लिंक भी कहा जाता है), एक प्रकार का क्रॉस रेफरेंस है, दूसरे वेब पेज के लिए। प्रत्येक लिंक टेक्स्ट या इमेज का एक हिस्सा होता है, जो जब आप इसे क्लिक करते हैं, तब दूसरे पेज को आपके वेब ब्राउजर पर ऑटोमैटिक रूप से लोड करता है।

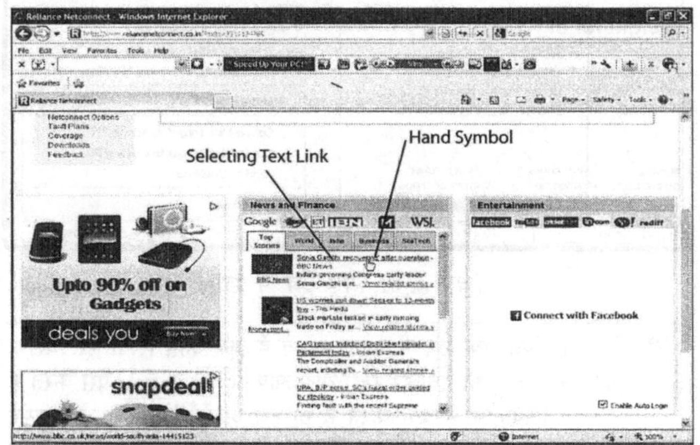

चित्र 6.33: टेक्स्ट लिंक सिलेक्ट करना

6.5.2 एक लिंक सिलेक्ट करना (Select A Link)

प्रायः सभी वेब पेजेस दूसरे पेजेस के लिए लिंक्स को शामिल करते हैं जिनमें करेंट पेज से संबंधित सूचना होती है और आप इन लिंक्स का प्रयोग करके अन्य वेब पेजेस में नेवीगेट कर सकते हैं। जब आप एक लिंक चुनते हैं तब आपका वेब ब्राउजर अन्य पेज लोड करता है।

1. माउस को लिंक पर रखें (माउस पॉइंटर हैंड सिंबल में बदल जाता है) (देखें चित्र 6.33)
2. टेक्स्ट या इमेज पर क्लिक करें।
3. स्टेटस बार करेंट डाउनलोड स्टेटस दिखाता है।
4. लिंक्ड वेब पेज दिखाई देता है। वेब पेज टाइटल और ऐड्रेस लिंक्ड पेज के लोड होने के बाद बदल जाते हैं।
5. स्टेटस बार Done दिखाता है जब पेज पूरी तरह से लोड हो जाता है। (देखें चित्र 6.34)।

चित्र 6.34: लिंक्ड वेब पेज लोड होता है और स्टेट बार में Done मैसेज दिखाया गया है।

☞ जब आप एक लिंक को पॉइंट करते हैं तब स्टेटस बार में दिखाया गया ऐड्रेस उस ऐड्रेस से अलग हो सकता है जो वेब के डाउनलोड होते समय दिखता है।

6.5.3 एक वेब पेज ऐड्रेस एंटर करें (Enter a Web Page Address)

यदि आप एक विशेष वेब पेज को ऐड्रेस जानते हैं, तो आप ऐड्रेस को वेब ब्राउजर में टाइप कर सकते हैं और प्रोग्राम पेज को डिस्पले करेगा। इंटरनेट एक्सप्लोरर के ऐड्रेस बार में उन वेब पेज ऐड्रेसेज की लिस्ट होती है जो आपने सबसे बाद में एंटर किए हैं। लिस्ट को पुल डाउन करके आप इन ऐड्रेसेज को देख सकते हैं और साइट में वापस आने के लिए एक को सिलेक्ट कर सकते हैं।

➔ **वेब पेज ऐड्रेस टाइप करने के लिए:**

1. ऐड्रेस बार में क्लिक करें
2. वेब पेज का ऐड्रेस टाइप करें। उदाहरण के लिए, हमने टाइप किया है http://gmail.com (देखें चित्र 6.35)।
3. Go बटन पर क्लिक करें या Enter प्रेस करें। वेब पेज चित्र 6.36 की तरह से दिखाई देता है।

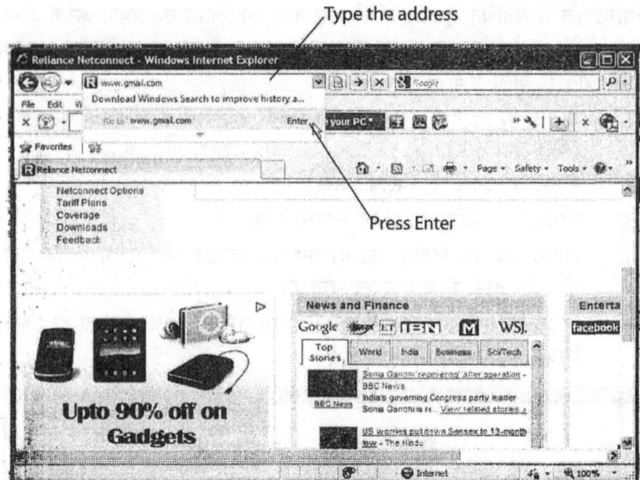

चित्र 6.35: ऐड्रेस बार में ऐड्रेस टाइप करें

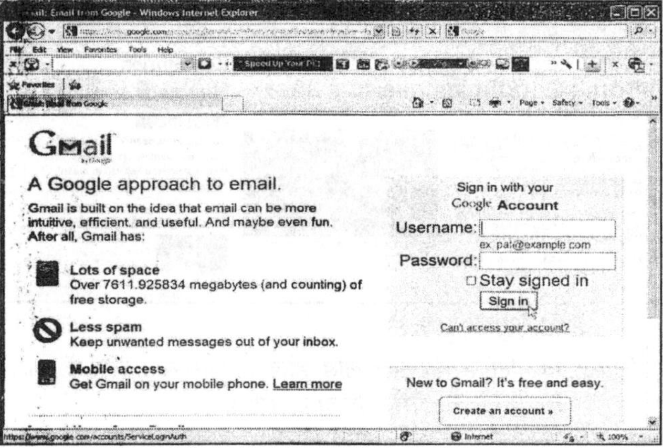

चित्र 6.36: Gmail वेब पेज दिखाई देता है।

☞ अधिकांश वेब ऐड्रेसेज http:// से शुरू होते हैं। आप इन कैरेक्टर्स को छोड़ सकते हैं जब भी आप अपना ऐड्रेस टाइप करते हैं, इंटरनेट एक्सप्लोरर उन्हें ऑटोमैटिक रूप से ऐड करता है।

→ **एक वेब पेज को रीडिस्प्ले करने के लिए:**

1. ऐड्रेस बार में ड्रॉप डाउन ऐरो पर क्लिक करें।
2. ऐड्रेसेज की एक लिस्ट दिखती है जो आपने टाइप की थी। (देखें चित्र 6.37)

एक टैब में वेब पेज खोलना (Open a Web Page in a Tab)

आप बहुत सारे वेब पेजेस के साथ एक साथ आसानी से कार्य कर सकते हैं यदि आप उन्हें (प्रत्येक को) उसके अपने टैब में खोलें। जब आप एक वेब ब्राउजर को नॉर्मल तरीके से यूज करते हैं तब प्रत्येक भाग ब्राउजर विंडो के मुख्य भाग में दिखाई देते हैं, जिसे आमतौर पर कंटेंट एरिया कहा जाता है। टैब दूसरे कंटेंट एरिया की तरह होता है और यह पहले के पीछे रहता है, और केवल टैब का छोटा हिस्सा ही दिखाई देता है। टैब पर क्लिक करें और आप दूसरा कंटेंट एरिया और इसका लोडेड वेब पेज देखेंगे। आप जितने चाहे उतने पेजेस उनके अपने टैब में खोल सकते हैं।

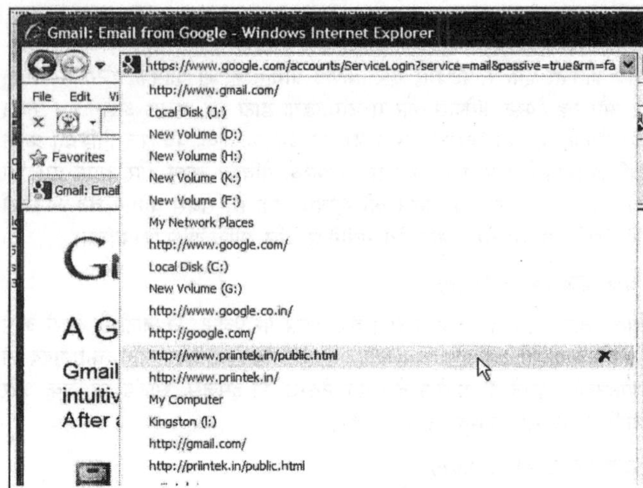

चित्र 6.37: पिछले वेब पेज ऐड्रेसेज की लिस्ट

- जो लिंक आप खोलना चाहते हैं उस पर राइट क्लिक करें।
- Open in New Tab पर क्लिक करें (देखें चित्र 6.38)
- एक नया टैब पेज टाइटल के साथ दिखाई देता है (देखें चित्र 6.39)
- टैब पर क्लिक करें ताकि पेज डिस्प्ले हो।

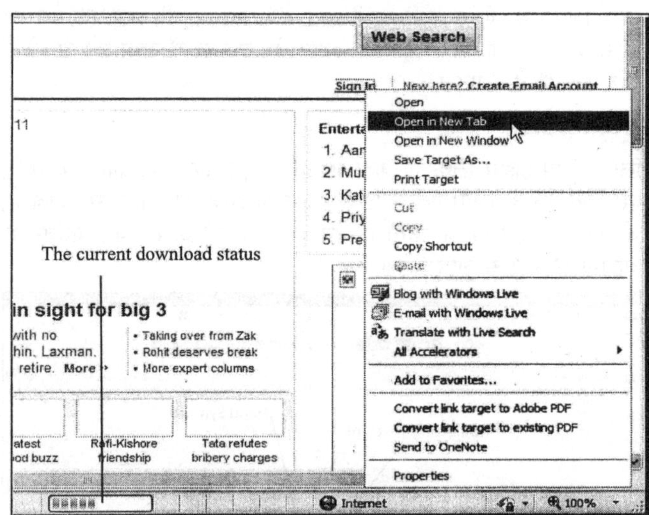

चित्र 6.38: नए टैब में खोलें

☞ आप पेज को एक टैब में खोल सकते हैं जब आप लिंक पर क्लिक करें तब Ctrl की दबाकर रखें। यदि आप Ctrl + Shift प्रेस करते हैं जब भी लिंक पर क्लिक करते हैं तो टैब ऑटोमैटिक रूप से डिस्प्ले होता है। यदि आप एक ऐड्रेस टाइप करते हैं, तो Alt + Enter प्रेस करें और पेजको न्यू टैब में खोलें।

→ **टैब्स को नेवीगेट करने के लिए:**

1. Tab Left या Tab Right बटन पर क्लिक करें ताकि आप जिस टैब को डिस्प्ले करना चाहते हैं वह दिखाई दे (देखें चित्र 6.40)।

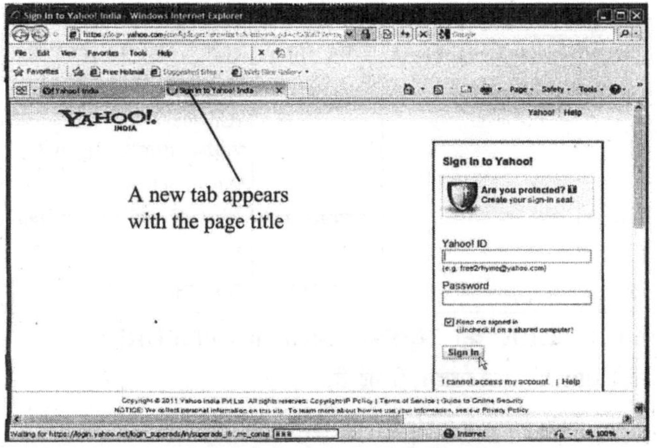

चित्र 6.39: नया टैब पेज टाइटल के साथ

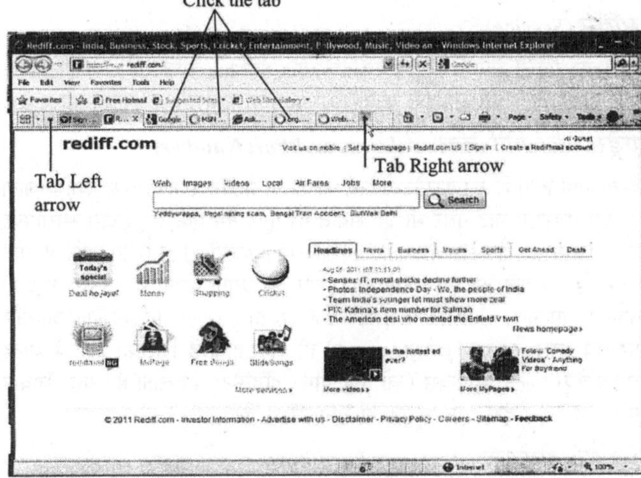

चित्र 6.40: टैब्स को नेवीगेट करना

☞ आपको Tab Left और Tab Right बटन्स तभी दिखाई देंगे यदि इंटरनेट एक्सप्लोरर में सभी टैब्स को डिस्प्ले करने की पर्याप्त जगह नहीं होती है।

2. टैब पर क्लिक करें वेब पेज जो टैब में लोडेड है, दिखाई देगा।

6.5.4 वेब पेजेस को नेवीगेट करना (Navigate Web Pages)

जब आप कई पेजेस विज़िट कर लेते हैं, तो आप एक ऐसे पेज में वापस जा सकते हैं जिसे आपने पहले विज़िट किया था। आप ऐड्रेस रीटाइप करें या लिंक को खोजें, इसके बदले इंटरनेट एक्सप्लोरर आपको कुछ आसान तरीके प्रदान करता है।

जब आप वेब पेजेस को नेवीगेट करते हैं, तो आप उस पेज में वापस जा सकते हैं जिसे आपने करेंट ब्राउजर में विजिट किया था। जब आप ऐसा कर लेते हैं, तब आप रिवर्स करके फिर से फॉर्वर्ड जाकर पेजेस में जा सकते हैं।

एक पेज पीछे जाना (Go Back One Page)

1. Back बटन पर क्लिक करें। जो पेज आपने पहले देखा था वह सामने आ जाएगा।

कई पेजेस पीछे जाना (Go Back Several Pages)

1. रीसेंट पेजेस पर क्लिक करें। जो साइट्स आपने विजिट की है उनकी लिस्ट दिखाई देती है।
2. करेंट साइट एक चैक मार्क के साथ दिखाई देती है (देखें चित्र 6.41)।
3. करेंट साइट के नीचे लिस्टेड आइटम्स वो हैं जो आपने करेंट **साइट से** पहले विजिट किए थे।
4. जब आप माउस को एक पिछली साइट पर रखते हैं, इंटरनेट **एक्सप्लोरर** GoBack ऐरो दिखाता है।
5. **उन पेजेस** पर क्लिक करें जो आप डिस्प्ले करना चाहते हैं। **पेज दिखाई देता है।**

एक पेज आगे जाना (Go Forward One Page)

1. **फॉर्वर्ड बटन** पर क्लिक करें। अगला विजिटेड पेज दिखाई देता है।

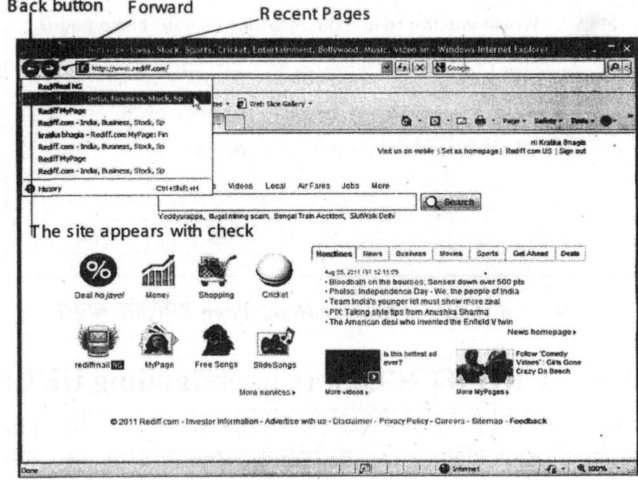

चित्र 6.41: रीसेंट पेजेस लिस्ट

☞ यदि आप सिलेक्टेड लिंक के लास्ट पेज पर हैं तो फॉवर्ड बटन ऐक्टिव नहीं होता है।

होम पेज को सैट करना (Setting the Home Page)

ब्राउजिंग के दौरान, जब आप वेब पर इधर उधर घूम रहे होते हैं तो आसानी से आप भ्रमित हो सकते हैं। इसलिए, आपको एक पेज या मल्टीपल पेजेस को अपना होमपेज बना लेना चाहिए। होम पेज पहला पेज होता है जो वेब ब्राउजर को खोलने के बाद दिखता है। इसे अलग-अलग नामों से भी जाना जाता है जैसे फ्रंट पेज, स्टार्ट पेज या वेब पेज।

➔ **होम पेज को सैट करने के लिए:**

1. साइट को खोलें जिसे आप अपना होमपेज बनाना चाहते हैं।
2. चित्र 6.42 में दिखाए अनुसार कमांड बटन के होम बटन के पास बने ऐरो पर क्लिक करें।
3. इसके बाद Add या Change Home Page चुनें जैसा कि चित्र 6.42 में दिखाया गया है।
4. Add or Change Home Page डायलॉग बॉक्स चित्र 6.43 की तरह दिखाई देता है।

5. इस डायलॉग बॉक्स में अपनी जरूरत के अनुसार विकल्प चुनें।
6. Yes बटन पर क्लिक करें।

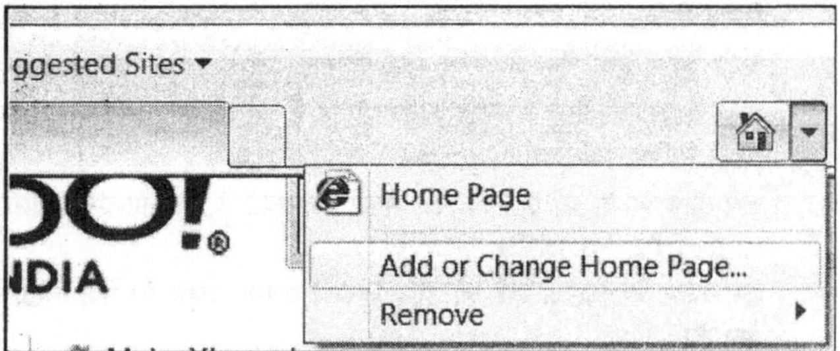

चित्र 6.42: कमांड बार में होम चुनना।

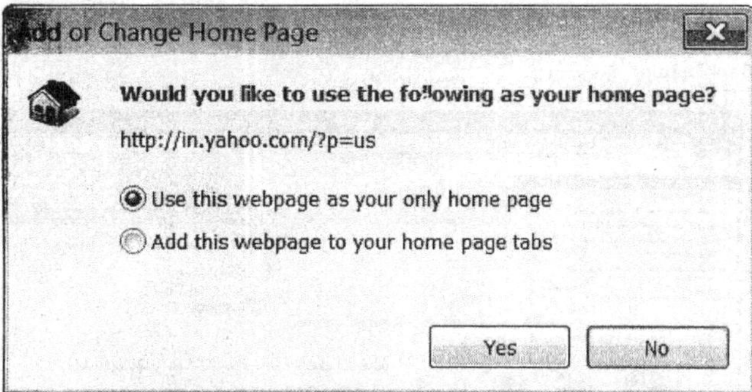

चित्र 6.43: Add or Change Home Page डायलॉग बॉक्स

6.6 URL को समझना (Understanding URL)

URL या यूनीफॉर्म रिसोर्स लोकेटर इंटरनेट पर ऐड्रेस को कहा जाता है। URLs **के द्वारा** ही करोड़ों डॉक्यूमेंट्स और मल्टीमीडिया फाइल्स को इंटरनेट पर ऐक्सेस **किया** जाता है। URL में निम्न सूचना होती है।

- उस साइट का इंटरनेट नेम जिसमें रिसोर्स (डॉक्यूमेंट डाटा) होता है।
- रिसोर्स जिस सर्विस (जैसे HTTP, FTP आदि) द्वारा सर्व किया जाता है उसका टाइप।
- सर्विस का इंटरनेट पोर्ट (यदि यह छूट जाता है, तो ब्राउजर एक कॉमन स्वीकृत डीफॉल्ट वैल्यू को मान लेता है)।
- सर्वर के डायरेक्ट्री स्ट्रक्चर में रिसोर्स की लोकेशन।

टेबल 6.3 में ऐसे कम्पोनेंट्स दिखाए गए हैं जो एक URL बनाते हैं। URL जो टेबल में उदाहरण के तौर पर लिया गया है, यह है:

http://www.entertainment.satyamonline.com/contents/horoscope.asp

टेबल 6.3: URL में प्रयोग किए जाने वाले कम्पोनेंट्स

उदाहरण	व्याख्या	विवरण
http://	प्रोटोकॉल	HTTP एक प्रोटोकॉल है जो इस URL के लिए वेब पेजेस ट्रांसमिट करने के लिए प्रयोग किया जाता है।
http://www.entertainment.satyamonline.com	डोमेन नेम	सर्वर है जहाँ पेज स्थित होता है। प्रत्येक डोमेन नेम अलग (Unique) होता है। यहाँ इंटरनेट सर्विस प्रोवाइडर (ISP) है satyamonline
contents/	डायरेक्ट्री पाथ	डायरेक्ट्री जहाँ पर पेज स्थित है।
horoscope.asp	फाइल नेम	वेब पेज का फाइल नेम

क्रमशः...

6.6.1 URL का स्ट्रक्चर (Structure of a URL)

नीचे URL की आउटलाइन दी गई है:

http://www.address.edu:1234/path/subdir/file.htm

service — -host- — port — file and resource details

सर्विस (Service)

URL का पहला भाग है सर्विस स्पेसीफायर (यहाँ http सर्विस है) जो प्रोटोकॉल और सर्वर दोनों की पहचान करता है। यह भाग कोलन के पहले आता है।

ऐड्रेस और पोर्ट नंबर (Address and Port Number)

दूसरा भाग है सर्वर का इंटरनेट ऐड्रेस, जो डबल फॉर्वर्ड स्लैश (//) से दर्शाया जाता है। इस ऐड्रेस में पोर्ट नंबर भी आ सकते हैं। फुल नेम एक स्ट्रिंग द्वारा स्पेसीफाई किया जाता है जैसे //www.address.edu:1234/ जहाँ :1234 का अर्थ है पोर्ट नंबर 1234। यदि आप डीफॉल्ट पोर्ट नंबर का प्रयोग करना चाहते हैं, तो आप कोलन और नंबर दोनों को छोड़ सकते हैं अर्थात् //www.address.edu/ आमतौर पर वेब सर्वर का नाम हमेशा www से ही शुरू होता है जिसका अर्थ है वर्ल्ड वाइड वेब। ".edu" सफिक्स (जो एक डोमेन इंडिकेटर कहलाता है) यह इंडिकेट करता है कि ऐड्रेस एक स्कूल या यूनिवर्सिटी है।

रिसोर्स लोकेशन (Resource Location)

होस्ट और पोर्ट स्पेसीफिकेशन के बाद लगाया गया फॉर्वर्ड स्लैश इंडिकेट करता है कि यहाँ ऐड्रेस खत्म होता है और फाइल/रिसोर्स स्पेसीफिकेशन की शुरूआत होती है जिसे ऐक्सेस किया जा सकता है। रिसोर्स को सर्वर की रूट डायरेक्ट्री से रिलेटिव पाथ द्वारा स्पेसीफाई किया जाता है।

6.6.2 ऐब्सोल्यूट URL (Absolute URL)

एक पूरी तरह से योग्य URL, जो रिसोर्स की लोकेशन को स्पेसीफाई करता है और जो इंटरनेट पर रहता है, को ऐब्सोल्यूट URL कहा जाता है। यह कम्प्लीट पाथ होता है जिसमें डोमेन फाइल नेम शामिल होते हैं। उदाहरण: http://www.ibdhost.com/images/logo.gif एक इमेज फाइल को स्पेसीफाई करता है जिसका नाम logo.gif है और जो इमेजेस डायरेक्ट्री में रहते हैं। यह डायरेक्ट्री www.ibdhost.com डोमेन के लिए होती है। इस तरह का URL तब प्रयोग होता है, जब आप एक फाइल को लिंक करना चाहते हैं जो दूसरे सर्वर है।

ऐब्सोल्यूट URL का दूसरा उदाहरण है http://www.ibdhost.com/help/path/index.php

6.6.3 रिलेटिव URL / (Relative URL)

एक आंशिक रूप से योग्य URL वह होता है जो इंटरनेट पर एक रिसोर्स स्पेसीफाई करता है जिसकी लोकेशन एक स्टार्टिंग पाइंट से रिलेटिव होती है जो

एक ऐब्सोल्यूट URL द्वारा स्पेसीफाईड होता है। वास्तव में कॉन्कैटिनेटेड ऐब्सोल्यूट और रिलेटिव URLs मिलकर एक कम्प्लीट URL बनाते हैं।

एक बार जब आपने एक डॉक्यूमेंट को व्यू कर लिया जो नेटवर्क पर कहीं लोकेटेड है (मान लो कि डॉक्यूमेंट है http://www.domain.com/default.html) तब आप एक आंशिक या रिलेटिव URL प्रयोग कर सकते हैं जो उसी डायरेक्ट्री में दूसरी फाइल को इंडिकेट करता है। इसमें एक ही सर्वर सॉफ्टवेयर द्वारा सर्व की गई एक ही मशीन होती है। उदाहरण के लिए, यदि उसी डायरेक्ट्री में एक दूसरी फाइल मौजूद है और डायरेक्ट्री को second.html कहा जाता है, तो second.html उस पॉइंट पर एक वैलिड URL माना जाएगा।

इससे हाइपर टेक्स्ट डॉक्यूमेंट्स के सैट्स बनाने के लिए एक आसान तरीका मिलता है। यदि हाइपर टेक्स्ट डॉक्यूमेंट्स का एक सैट कॉमन डायरेक्ट्री में है तो इन्हें केवल इनके फाइल नेम्स द्वारा ही रेफर किया जा सकता है। लेकिन, यदि कोई रीडर इनमें से किसी एक डॉक्यूमेंट पर है, तो दूसरे डॉक्यूमेंट पर, उसी डायरेक्ट्री में, जंप किया जा सकता है और इसके लिए अन्य डॉक्यूमेंट का फाइलनेम एक रिलेटिव URL के रूप में प्रयोग किया जाता है। अतिरिक्त सूचना (ऐक्सेस का तरीका, होस्टनेम, पोर्ट नंबर, डायरेक्ट्री नेम आदि) URL पर आधारित होगी जो पहले डॉक्यूमेंट तक पहुँचने के लिए प्रयोग होगी।

☞ रिलेटिव URL प्रेजेन्टेशन फाइल या डायरेक्ट्री (फोल्डर) की तुलना में एक फाइल या डायरेक्ट्री को पॉइंट करता है। रिलेटिव URL वेब साइट की मेन्टेनैंस में मदद करते हैं। एक फाइल को एक डायरेक्ट्री से दूसरी में मूव करना आसान होता है, या, एक वेब साइट को एक डोमेन नेम से दूसरे में मूव करना भी आसान होता है। हमें लिंक्स की अपडेटिंग या src(img)paths के बारे में चिंता नहीं करनी चाहिए।

6.7 डोमेन नेम सिस्टम (DNS) (Doman Name System)

डोमेन नेम्स का प्रयोग एक या अधिक IP ऐड्रेसेज को पहचानने के लिए होता है। उदाहरण के लिए डोमेन नेम microsoft.com करीब एक दर्जन IP ऐड्रेसेज को रिप्रेजेंट करता है। डोमेन नेम्स का प्रयोग URL में निश्चित वेब पेजेस की पहचान के लिए होता है। उदाहरण के लिए URL http://www.pc.webopedia.com/index.html में, डोमेन नेम हैं pc.webopedia.com

अधिकांश संगठन ऐसे डोमेन नेम्स का प्रयोग करते हैं जो याद रखने में आसान हों। प्रत्येक डोमेन नेम एक आइडेंटिफायर से खत्म होता है जो आपको बताता है कि यह किस तरह की वेब साइट है। टेबल 6.4 आजकल प्रयोग होने वाले कॉमन आइडेंटिफायर्स को दिखाता है। इसमें भविष्य में प्रयोग होने वाले प्रस्तावित आइडेंटिफायर्स भी शामिल हैं।

चूँकि इंटरनेट IP ऐड्रेसेज पर आधारित है, ना कि डोमेन नेम्स पर, तो प्रत्येक वेब ब्राउजर के लिए एक डोमेन नेम सिस्टम (DNS) सर्वर चाहिए जो डोमेन नेम्स को IP ऐड्रेसेज में ट्रांसलेट करे।

टेबल 6.4: करेंट और प्रस्तावित डोमेन नेम आइडेंटिफायर्स

करेंट डोमेन आइडेंटिफायर्स	
.com	कमर्शियल बिजनेस
.edu	एजुकेशनल इंस्टीट्यूशन्स
.gov	गवर्नमेंट एंटिटीज
.net	इंटरनेट सर्विस प्रोवाइडर्स
.mil	मिलिट्री साइट्स
.org	ऑर्गनाइज़ेशन जो किसी अन्य कैटेगरी में फिट नहीं होते हैं।
प्रस्तावित डोमेन आइडेंटिफायर्स	
.arts	कल्चरल और एंटरटेनमेंट संबंधित ऑर्गनाइज़ेशन्स
.firm	बिज़नेसेज
.info	इन्फॉर्मेशन सर्विसेज
.nom	व्यक्तिगत वेब साइट्स
.rec	रिक्रिएशन संबंधित ऑर्गनाइज़ेशन्स
.store	स्टोर्स एवं शॉप्स
.web	वर्ल्ड वाइड वेब संबंधित ऑर्गनाइज़ेशन्स

6.7.1 आई पी ऐड्रेस (IP Address)

इंटरनेट प्रोटोकॉल (IP) ऐड्रेस एक यूनीक ऐड्रेस है जिसका प्रयोग कम्प्यूटिंग डिवाइसेज द्वारा स्वयं की पहचान के लिए किया जाता है और ये इंटरनेट प्रोटोकॉल नेटवर्क में स्थित अन्य डिवाइसेज के साथ कम्यूनिकेट करते हैं। कोई भी डिवाइस जो IP नेटवर्क से कनेक्टेड है, का उस नेटवर्क के भीतर एक यूनीक ऐड्रेस होना चाहिए। आई ऐड्रेस एक स्ट्रीट ऐड्रेस या टेलीफोन नंबर की तरह होता है जो मेल मैसेज डिलीवर करने या एक वेबसाइट को कॉल (view) करने के लिए एक नेटवर्क डिवाइस को यूनीक तरीके से पहचानने के लिए प्रयोग किया जाता है।

IP ऐड्रेसेज xxx.xxx.xxx.xxx फॉर्मेट में होते हैं जहाँ प्रत्येक xxx 0 से लेकर 255 तक का एक नंबर होता है। IP ऐड्रेसेज होस्ट कम्प्यूटर्स की पहचान करते हैं ताकि सूचना का पैकेट सही कम्प्यूटर तक पहुँचे। आपको IP ऐड्रेस तब टाइप करना पड़ सकता है जब आप अपने कम्प्यूटर को इंटरनेट कनेक्शन प्राप्त करने के लिए कन्फिगर करते हैं। IP ऐड्रेस में निम्न कैरेक्टरिस्टीक्स कॉमन होती है।

- IP ऐड्रेसेज यूनीक (अलग) होते हैं।
- IP ऐड्रेसेज ग्लोबल और स्टैंडर्डाइज़्ड होते हैं।
- किन्हीं दो मशीन्स का IP ऐड्रेस समान नहीं हो सकता है।
- इंटरनेट से जुड़ी सभी मशीन्स एक ऐड्रेस स्थापित करने के लिए एक जैसी स्कीम का प्रयोग करने के लिए राजी हैं।

6.8 ई-गवर्नेंस वेब साइट का प्रयोग करना (Using E-Governance Website)

ई-गवर्नमेंट में टेक्नोलॉजी के प्रयोग को सरकारी कार्यों में सुविधा और सरकारी सूचना एवं सेवाओं के वितरण के लिए आवश्यक माना जाता है। ई-गवर्नमेंट इलेक्ट्रॉनिक गवर्नमेंट का संक्षिप्त रूप है, और यह सरकारी कार्यों में मदद के लिए इंटरनेट और नॉन इंटरनेट ऐप्लीकेशन्स के साथ कार्य करता है।

6.8.1 ई-गवर्नमेंट के उदाहरण (Examples of E-Government)

ई-गवर्नमेंट से प्रत्येक व्यक्ति को, जो वेब साइट विजिट करता है, सक्षम बनाया जाना चाहिए ताकि ग्राफिकल यूजर इंटरफेस (GUI) युक्त इंटरनेट द्वारा शहर के कर्मचारियों के साथ कम्यूनिकेट और इंटरैक्ट किया जा सके। सरकारी सेवाओं जो नागरिकों के, बिजनेस पार्टनर्स और कर्मचारियों के हित में होती हैं, की ऐक्सेस और डिलीवरी को बेहतर बनाने के लिए टेक्नोलॉजी का प्रयोग किया

जाता है। साइट पर दिए गए ई-मेल ऐड्रेस पर एक सिंपल ई-मेल लेटर भेजने के स्थान पर ई-गवर्नमेंट अधिक बेहतर तकनीक जैसे इन्सटैंट मैसेजिंग, ऑडियो/वीडियो प्रेजेन्टेशन्स आदि प्रदान करती है।

- बेहतर सरकार बनाने के लिए इन्फॉर्मेशन और कम्यूनिकेशन तकनीकों का प्रयोग और विशेषरूप से इंटरनेट का एक टूल के रूप में प्रयोग किया जाना चाहिए।
- सरकारी संगठन के कार्य के सभी क्षेत्रों में इन्फॉर्मेशन और कम्यूनिकेशन तकनीक का प्रयोग किया जाना चाहिए।
- तकनीक, इंटरनेट और नए मीडिया के द्वारा भीतरी और बाहरी रिलेशन शिप्स में परिवर्तन लाने के लिए लगातार प्रशासन, जन भागीदारी और उत्कृष्ट सर्विस डिलीवरी में सुधार होना चाहिए।

कुछ महत्वपूर्ण सरकारी वेबसाइट्स का अध्ययन करने से पता चलता है कि अधिकतर सरकारी वेबसाइट्स संबंधित विभाग/इकाई के बारे में बेसिक सूचना प्रदान कर रही हैं। इनमें से कुछ वेब साइट्स नियमित रूप से अपडेट की जाती हैं। लेकिन इनमें से अधिकांश अभी भी ई-गवर्नेंस के कॉन्सेप्ट को सही मायने में पूरा करने से कोसों दूर हैं। यद्यपि प्रयास का असर देखा जा सकता है, फिर भी यह अहसास अभी भी अधूरा है कि वेबसाइट पूरी तरह से सिटीजन फ्रेंडली और इफेक्टिव होनी चाहिए जो प्रतियोगिता से भरे इंटरनेट-केंद्रित विश्व में आगे बढ़ने के लिए सरकार को अपने नागरिकों को एक त्रुटिरहित सेवा प्रदान करे जिसका वास्तविक कार्यकारी लाभ हो।

अध्ययन के दौरान, भारतीय संदर्भ में ई-गवर्नेंस के इफेक्टिव ऐप्लीकेशन के कुछ अच्छे उदाहरण सामने आए हैं। इसमें से कुछ प्रमुख उदाहरणों को नीचे बताया **गया है:**

- दिल्ली सरकार की वेबसाइट (http://delhigovt.nic.in) में एक सैक्शन है लाइसेंसेज और सर्टिफिकेट्स का जो दिल्ली सरकार की विभिन्न पब्लिक सेवाओं के बारे में सभी जरूरी सूचना एक माउस क्लिक पर प्रदान करती हैं। इन सेवाओं में ड्राइविंग लाइसेंस प्राप्त करना, मैरिज रजिस्ट्रेशन सर्टिफिकेट प्राप्त करना आदि शामिल है। सर्विस पर सभी जानकारी के साथ-साथ, संबंधित ऐप्लीकेशन फॉर्म्स भी डाउनलोडिंग के लिए ऑनलाइन दिए गए हैं।
- इन्कम टैक्स विभाग की वेबसाइट (http://incomtaxdelhi.nic.in) में आसान और रोचक ढंग से सभी इन्कम टैक्स प्रक्रियाओं के बारे में व्यापक सूचना शामिल की गई है। इसलिए कोई भी व्यक्ति ऐप्लीकेशन फॉर्म डाउनलोड करके वार्षिक टैक्स रिटर्न भर सकता है। दूसरी ऑनलाइन सर्चिंग सुविधा टैक्स ऐक्सेसिंग ऑफीसर जो उस क्षेत्र का स्थानीय व्यक्ति हो, के बारे में पूरी जानकारी प्रदान करती है।

वेब साइट्स ई-गवर्नेंस की सहायता के लिए एक पॉवरफुल टूल होते हैं। सरकार के लिए इस कार्य को सफल बनाने और इसके बेहतर परिणाम प्राप्त करने के लिए योजनाबद्ध प्रयास एवं अथक परिश्रम एवं दृढ़ निश्चय की आवश्यकता है।

6.5 सारांश (Summary)

यह अध्याय WWW और वेब ब्राउज़र के कॉन्सेप्ट्स प्रस्तुत करता है। यह लोकप्रिय वेब ब्राउज़र जैसे इंटरनेट एक्सप्लोरर, नेटस्केप नेवीगेटर और Lynx को इस्तेमाल करने के बारे में बताता है। यह भी चर्चा की गई है कि वेब ब्राउज़र्स को किस तरह कन्फिगर करना चाहिए। Yahoo, AltaVista, WebCrawler जैसे सर्च इंजिन्स की भी चर्चा की गई है। इसमें यह भी बताया गया है कि वेब ब्राउज़र को कैसे ऐक्सेस किया जाता है। फ़ेवराइट्स फोल्डर का प्रयोग करके आप फ़ेवराइट पेजेस की एक लिस्ट तैयार कर सकते हैं और उन्हें फोल्डर्स में ऑर्गनाइज़ कर सकते हैं। अंत में हार्ड कॉपी के रूप में एक वेब पेज प्रिंट करना, ताकि जो सूचना आप चाहते हैं, उसे स्टोर किया जा सके, इसका भी वर्णन किया गया है। इस अध्याय में हमने **DNS और IP ऐड्रेसेज के बारे में भी चर्चा** की है।

मॉडल प्रश्न और उत्तर
(Model Questions and Answers)

A. मल्टीपल चॉएस

1.1 इनमें से कौन एक इंटरनेट सर्च इंजिन नहीं है:

(a) गूगल (b) वेब क्रॉलर
(c) एक्साइट (d) Scientia ans

1.2 कुछ वेब पेजेस, इंडीपेंडेंट पेन्स से विभाजित होते हैं, जिनके नाम हैं:

(a) ऐक्सेल (b) आउटलुक एक्सप्रेस
(c) फ्रेम्स (d) उपरोक्त में से कोई नहीं

1.3 गूगल एक

(a) सर्च इंजिन है। (b) इमेजेस की डायरेक्ट्री है।
(c) गणित का नंबर है। (d) वेब पर स्थित चैट सर्विस है।

1.4 किसी भी साइट ऐड्रेस के शुरू में टाइप किए जाने वाले http का अर्थ होता है:

(a) HTML ट्रांसफर टेक्नॉलॉजी प्रोसेस
(b) हाइपर स्पेस टर्म्स और टेक प्रोटोकॉल
(c) हाइपर स्पेस टेक्नीक्स और टेक प्रोग्राम्स
(d) हाइपर टेक्स्ट ट्रांसफर प्रोटोकॉल

1.5 ISP का पूरा अर्थ है:

(a) इंटरनेट सर्वे पीरियड
(b) इंटरनेट सर्विस प्रोवाइडर
(c) इंटीग्रेटेड सर्विस प्रोवाइडर
(d) इंटरनेट सिक्योरिटी प्रोटोकॉल प्रोवाइडर

1.6 इनमें से किस साइट पर आप अपना ई-मेल अकाउंट सैटअप कर सकते हैं?

(a) www.linux.org (b) www.gre.com
(c) www.syvum.com (d) www.hotmail.com

1.7 नेटवर्क पर स्थित एक कम्प्यूटर को क्या कहा जाता है जो दूसरे कम्प्यूटर से रिक्वेस्ट फाइल्स भेजता है:

(a) एक क्लाइंट (b) एक होस्ट
(c) एक राउटर (d) एक वेब सर्वर

1.8 इंटरनेट मेल द्वारा इनमें से कौन सा प्रोटोकॉल इस्तेमाल किया जाता है?

(a) HTTP (b) TCP/IP
(c) FTP (d) उपरोक्त में से कोई नहीं

1.9 एजुकेशन इंस्टीट्यूशन्स द्वारा अधिकृत और परिचालित, इंटरनेट पर स्थित कम्प्यूटर्स इनमें से किस डोमेन का हिस्सा हैं:

(a) **Com** डोमेन (b) **edu** डोमेन
(c) **mil** डोमेन (d) उपरोक्त में से कोई नहीं

1.10 इनमें से कौन सा शब्द एक "ब्राउज़र" है?
(a) नेटस्केप (b) वर्ल्ड वाइड वेब
(c) लाँचर (d) ई-मेल

B. निम्न कथनों में सही या गलत बताइए।

2.1 इंटरनेट एक्सप्लोरर एक वेब ब्राउजर है।
2.2 एक क्लाइंट PC से एक सर्वर कम्प्यूटर को सूचना भेजने को अपलोडिंग कहा जाता है।
2.3 वेब क्रॉलर एक सर्च इंजिन है।
2.4 न्यूज ग्रुप्स को यूजनेट भी कहा जाता है।
2.5 इंटरनेट से हाई स्पीड डायरेक्ट डिजिटल कनेक्शन का एक उदाहरण ISP है।
2.6 वेब ब्राउजर वो डॉक्यूमेंट्स हैं जो HTTP का प्रयोग करते हैं।
2.7 वेब ब्राउजर को एक वेब क्लाइंट भी कहा जाता है।
2.8 FTP एक इंटरनेट सुविधा है जो फाइल्स की डाउनलोडिंग और अपलोडिंग के लिए प्रयोग की जाती है।
2.9 वेब को एक्सप्लोर करने का कार्य सर्फिंग कहलाता है।
2.10 इंटरनेट एक्सप्लोरर नए इन्स्टॉल किए गए विंडोज 7 में एक डीफॉल्ट ब्राउजर है।

उत्तर

1.	1.1	(d)	1.2	(c)	1.3	(a)	1.4	(d)	1.5	(b)
	1.6	(d)	1.7	(a)	1.8	(a)	1.9	(b)	1.10	(a)
2.	2.1	T	2.2	T	2.3	T	2.4	T	2.5	F
	2.6	F	2.7	T	2.8	T	2.9	T	2.10	T

अध्याय-7

कम्यूनिकेशन एवं कोलाबोरेशन (Communication and Collaboration)

7.0 परिचय (Introduction)

कम्यूनिकेशन (संचार) बिज़नेस लाइफ़ का एक आवश्यक पहलू है। प्रतिदिन, बिज़नेस से संबंधित लोगों को, ऑर्गनाइज़ेशन (organisation) के अलग-अलग स्तर के लोगों के साथ कम्यूनिकेट करना पड़ता है।

प्रभावकारी कम्यूनिकेशन, हमेशा 2-वे (two-way) प्रोसेस है और बिना प्रभावकारी कम्यूनिकेशन के, कोलाबोरेशन (सहयोग) संभव नहीं है। दोनों साथ साथ ही चलते हैं। एक इंटरनेट कनेक्शन के साथ, आप अपने दोस्तों, टीम मेंबर्स और पूरे विश्व में बिज़नेस पार्टनर्स के साथ कोलाबोरेट कर सकते हैं।

स्टूडेंट्स (छात्रों) को यह सिखाने का कि, स्टूडेंट्स की टीम्स को विश्वभर के अन्य क्लासरूम्स के साथ किस तरह से कम्यूनिकेट और कोलाबोरेट करना चाहिए, इंटरनेट एक बहुत ही आकर्षक एवं प्रभावकारी तरीका प्रदान करता है। ''टेली कम्यूनिटीज (Tele communities)'' के बनने से, स्टूडेंट्स की एकता बढ़ती है और उन्हें एक साथ मिलकर काम करने की शिक्षा मिलती है। कोलाबोरेटिव लर्निंग (collaborative learning) तब और भी खास हो जाती है, जब एक साथ कार्य करने वाले स्टूडेंट्स अलग अलग देशों और अलग अलग संस्कृति (कल्चर) से हों, एवं उनका इतिहास और सामाजिक-राजनैतिक विश्वास भी अलग अलग हो।

7.1 उद्देश्य (Objectives)

पाठक, निम्नलिखित को समझने में सक्षम हो सकेंगे:

- ई-मेल के बेसिक्स
- ई-मेल ऐड्रेसिंग
- ओपनिंग, क्रिएटिंग और फॉर्वर्डिंग के साथ ई-मेल का प्रयोग
- डॉक्यूमेंट कोलाबोरेशन
- इन्सटैंट मैसेजिंग और कोलाबोरेशन

7.2 ई-मेल के बेसिक्स (Basics of E-mail)

ई-मेल मैसेजेस, वॉएस, वीडियो और ग्राफ़िक्स को डिजिटल कम्यूनिकेशन लिंक जैसे इंटरनेट पर, विश्व में कहीं भी, बहुत कम कीमत पर भेजने का एक तरीका है। तकनीकी रूप से, ई-मेल एक प्रकार का क्लाइंट/सर्वर ऐप्लीकेशन है जो किन्हीं दो ई-मेल अकाउंट्स के बीच एक राउटेड (routed), स्टोर्ड मैसेज सर्विस प्रदान करता है। चूँकि सभी मॉडर्न कम्प्यूटर्स को इंटरनेट से जोड़ा जा सकता है, इसलिए यूज़र्स इंटरनेट पर ई-मेल को किसी भी लोकेशन तक भेज सकते हैं जिसके पास टेलीफ़ोन या वायरलैस डिजिटल सर्विस (wireless digital services) होती है।

☞ एक इलेक्ट्रॉनिक मेल सिस्टम का बैकबोन है एक कम्यूनिकेशन्स नेटवर्क, जो रिमोट टर्मिनल्स को एक सेंट्रल सिस्टम या एक लोकल एरिया नेटवर्क, जो पर्सनल कम्प्यूटर्स को इंटर कनेक्ट करता है, के साथ कनेक्ट करता है। यूज़र्स एक सिंगल रेसीपिएंट को मेल भेज सकते हैं या वो सिस्टम पर कितनी भी संख्या के सिलेक्टेड यूज़र्स को ब्रॉडकास्ट कर सकते हैं।

7.2.1 एक इलेक्ट्रॉनिक मेल क्या है? (What is an Electronic Mail?)

ई-मेल, एक लेटर को मेल से भेजने का एक इलेक्ट्रॉनिक तरीका है। इलेक्ट्रॉनिक मेल सिस्टम का प्राइमरी कम्पोनेंट है एक ''पोस्ट ऑफिस'', जो शेयर्ड हार्ड-डिस्क (shared hard disk) पर स्थित एक एरिया होता है, जो मेल के लिए रिजर्व्ड (आरक्षित) रहता है। यह पोस्ट ऑफिस एक सेंट्रल मैसेज होल्डर (central message holder) की तरह कार्य करता है, और इसमें प्रत्येक यूज़र के लिए ''इन'' और ''आउट'' बास्केट्स होती हैं। (देखें चित्र 7.1)। एक मैसेज भेजने के लिए, सेंडर की ''आउट'' बास्केट और ऐड्रेसी के ''इन'' बास्केट के बीच में एक लिंक स्थापित की जाती है।

मेल पाने का तरीका, सिस्टम के सॉफ़िस्टीकेशन (sophistication) पर निर्भर करता है। जब मल्टीटास्किंग पर्सनल कम्प्यूटर्स (multitasking personal computers) और वर्कस्टेशन्स (workstations) का प्रयोग किया जाता है, तब मेल को जब तक यूज़र्स तक डिलीवर किया जाता है, उस बीच में वे कुछ और काम करते रहते हैं। अन्यथा, यूज़र्स को अपने मेल बॉक्सेज (डिस्क स्पेस) के साथ एक सेंट्रल सिस्टम या फाइल सर्वर में इंटरोगेट (interrogate) करना पड़ता है।

☞ इलेक्ट्रॉनिक मेल प्रोग्राम्स, अक्सर लोकल एरिया नेटवर्क (Local Area Network) सॉफ्टवेयर या, ऐड-ऑन (add-on) ऑप्शन्स के रूप में आते हैं। या फिर ये इंडीपेंडेंट (स्वतंत्र) प्रोग्राम्स होते हैं जो एक खास नेटवर्क एनवायरॉनमेंट (परिवेश) में काम करने के लिए डिज़ाइन किए जाते हैं

ई-मेल कैसे कार्य करता है? (How E-mail Works?)

जिस व्यक्ति के साथ आप कम्यूनिकेट करते हैं, वह इंटरनेट पर कोई अन्य यूज़र हो सकता है, कोई ऐसा व्यक्ति जो उसी कम्प्यूटर सिस्टम, जिसका प्रयोग आप कर रहे हैं, का प्रयोग कर रहा होता है, या कोई ऐसा व्यक्ति हो सकता है जो हज़ारों मील दूर स्थित एक कम्प्यूटर सिस्टम पर होता है। ई-मेल, ऐसे कम्प्यूटर सिस्टम के बीच ट्रांसमिट होता है, जो मैसेजेस को ऐक्सचेंज (आदान-प्रदान) करते हैं या उन्हें दूसरी साइट्स पर भेज देते हैं। ई-मेल ऐक्सचेंज के इस कार्य के लिए ये कुछ निश्चित इंटरनेट प्रोटोकॉल्स (Internet Protocols) के रूल्स (नियम), जो खास इसी कार्य के लिए ही बनाए गए हैं, को फॉलो (follow) करते हैं। आपको बहुत सी बातों को विस्तार में जानने की जरूरत नहीं है, जो कि कम्प्यूटर का काम है। लेकिन, आप को इस बारे में थोड़ी जानकारी अवश्य

होनी चाहिए कि ई-मेल किस प्रकार कार्य करता है। ई-मेल भेजना वैसा ही है, जैसा किसी चीज को पोस्टल सर्विस (डाक सेवा) द्वारा भेजना।

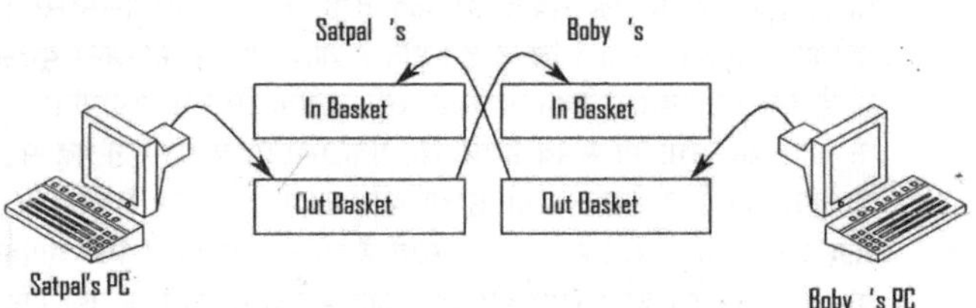

चित्र 7.1: मेल भेजना

एक पोस्टल सर्विस द्वारा, मेल भेजने के स्टेप्स:

- लेटर को लिखो या पैकेज को बनाओ।
- इस पर ऐड्रेस लिखो।
- उपयुक्त पोस्टेज में भेजो या इसे भेजने का खर्च दो।
- इसे एक पोस्ट बॉक्स में ड्रॉप करो ताकि यह सही रास्ते से जाकर, सही ऐड्रेस पर डिलीवर किया जा सके।

आपको इस बात की चिंता करने की जरूरत नहीं है कि इसे डिलीवर करने में कौन से तरीकों का प्रयोग होना है या कौन सा रास्ता अपनाना है। आप बस इस भेजे जाने वाली चीज को तैयार करो, इस पर ऐड्रेस लिखो और पोस्ट ऑफिस को दे दो।

एक ई-मेल भेजने के स्टेप्स:

1. एक ई-मेल प्रोग्राम स्टार्ट करो।
2. ई-मेल कहाँ भेजना है, उसका ऐड्रेस लिखो।
3. ई-मेल प्रोग्राम का प्रयोग करके एक मैसेज कम्पोज़ करो।
4. मैसेज भेजने के लिए एक कमांड दो।

अपने शायद ध्यान दिया होगा कि, हमने पोस्टेज जोड़ने और कीमत चुकाने के भाग को छोड़ दिया है। प्रत्येक यूज़र, कई ऑर्गनाइज़ेशन्स जैसे स्कूल्स, कंपनीज़ जिनमें इंटरनेट ऐक्सेस है, में ई-मेल के लिए कोई भी प्रति मैसेज फ़ी (per message fee) पे (pay) नहीं करते हैं।

आप कई ई-मेल प्रोग्राम का प्रयोग एक मैसेज को ऐड्रेस करने, कम्पोज़ करने और भेजने के लिए करते हैं। ई-मेल प्रोग्राम्स को मेल-यूज़र एजेन्ट्स कहा जाता है क्योंकि ये यूज़र के लिए काम करते हैं। यूज़र एजेंट आपको मैसेज तैयार करके भेजने की अनुमति देते हैं और आपके पास जो मेल आते हैं उनके साथ भी कार्य करने की आज्ञा देते हैं। ई-मेल प्रोग्राम, आप के और कम्प्यूटर सिस्टम के साथ go-between का कार्य करते हैं और कम्प्यूटर सिस्टम मेल की डिलीवरी और रिसीविंग को हैंडल करते हैं। एक बार फिर से याद दिला दें, कि आप को इस बात से कुछ लेना देना नहीं होता है कि मेल किस तरह डिलीवर होती है।

इंटरनेट पर मैसेजेस निम्न तरीके से एक साइट से दूसरी तक भेजे जाते हैं। जब आप मैसेज को कम्पोज़ करते हैं तब यह एक पीस (piece) में होता है, लेकिन जब यह इंटरनेट पर भेजा जाता है, तब यह कई टुकड़ों (pieces) में बँट (divide) जाता है, जिन्हें पैकेट्स कहा जाता है। पैकेट्स की संख्या, मैसेज के साइज़ पर निर्भर होती है। प्रत्येक पैकेट में अन्य चीजों के अलावा, निम्न चीजें भी होती है:

- जो व्यक्ति मेल भेजता है (सेंडर) उसका ई-मेल ऐड्रेस
- जो व्यक्ति मेल रिसीव करता है (रेसीपिएंट) उसका ई-मेल ऐड्रेस
- मैसेज के कैरेक्टर्स 1 से लेकर 1500 के बीच होने चाहिए।

पैकेट्स को कई इंटरनेट साइट्स से होकर गुजरना पड़ता है और अंत में ये डेस्टीनेशन तक भेजे जाते हैं। इंटरनेट को हज़ारों नेटवर्क्स और लाखों कम्प्यूटर्स मिलकर बनाते हैं और पैकेट्स एक सिस्टम से दूसरे सिस्टम में पास होते जाते हैं। प्रत्येक साइट पैकेट को ऐक्सेप्ट करती है लेकिन मैसेज जो अन्य ऐड्रेस पर जाने के लिए निश्चित है, को पास कर देती है। पैकेट्स, डेस्टीनेशन तक किसी भी क्रम में यात्रा करके पहुँच सकते हैं और उन्हें एक ही रास्ते से जाना भी जरूरी नहीं है। जब आप एक रिमोट साइट से कम्यूनिकेट करते हैं, तब आप सोच सकते हैं कि आपका यह डायरेक्ट कनेक्शन है, लेकिन वास्तव में ऐसा नहीं है। डेस्टीनेशन पर पैकेट्स को जमा कर के क्रम में सजा दिया जाता है, जिससे ई-मेल ठीक उसी रूप में दिखती है, जिसमें वह भेजी गई थी। यदि पैकेट्स में कोई ऐरर्स (गल्तियाँ) होते हैं या कुछ पैकेट्स खो जाते हैं, तब डेस्टीनेशन, वापस सोर्स को रिक्वेस्ट भेजता है कि मैसेज को फिर से (रीसेंड) भेजें। यह सारा SMTP के हिसाब से होता है। जहाँ SMTP का अर्थ है सिंपल मेल ट्रांसफर प्रोटोकॉल जो एक प्रोटोकॉल है जिस का प्रयोग इंटरनेट द्वारा, कम्प्यूटर सिस्टम के बीच मैसेजेस को ट्रांसपोर्ट करने के लिए किया जाता है। SMTP, TCP (ट्रांसमीशन कंट्रोल प्रोटोकॉल) का प्रयोग करता है, जो कम्यूनिकेशन का एक विश्वसनीय साधन प्रदान करता है।

जब आप अपनी ई-मेल पढ़ते हैं, तब एक बार फिर से आप एक प्रोग्राम का प्रयोग करते हैं (एक मेल - यूज़र एजेन्ट), जो आपको उन मैसेजेस के साथ कार्य करने में मदद करता है, जिनका आप अपने लिए इंतजार कर रहे होते हैं। कई सिस्टम्स में आपसे कहा जाता है कि यदि आपके पास लॉगइन (login) करते समय ई-मेल है, तो इंटरनेट से संपर्क स्थापित करने के लिए या तो आप सिस्टम में ऐक्सेस करो या अपने सिस्टम को स्टार्ट करो। ई-मेल मैसेज कभी भी पहुँच सकते हैं। ये उस फाइल में जुड़ जाते हैं, जो उस डायरेक्ट्री का हिस्सा होती है, जिसमें आपके सिस्टम के सभी ई-मेल को होल्ड (hold) करके रखने की क्षमता होती है। ई-मेल मैसेज को बनाने वाले पैकेट्स सिस्टम तक पहुँचते हैं, ये ऐसेम्बल (assemble) किए जाते हैं और फिर प्रत्येक यूज़र की फाइल में जोड़ दिए जाते हैं। फाइल को अक्सर एक सिस्टम मेल बॉक्स कहा जाता है। यह आप को ऐड्रेस किए गए सभी मैसेजेस जो सिस्टम में होते हैं, को होल्ड करता है और इस तरह से आप अब अपना मेल पढ़ सकते हैं। यदि किसी कारण से, आपका मेल बॉक्स खराब या करप्टेड (corrupted) हो जाता है या यह बदल जाता है, तो आप अपना मेल जो ई-मेल को ऐलोकेट (allocate) करने वाली डायरेक्ट्री में होता है, नहीं पढ़ सकते हैं। आमतौर पर कई सारे मैसेजेस को होल्ड करने के लिए पर्याप्त स्पेस होती है, लेकिन यह महत्त्वपूर्ण है कि आप पुराने ई-मेल मैसेजेस और जिन्हें आप पढ़ चुके हैं, को डिलीट कर दें ताकि सबके ई-मेल के लिए जगह बनाई जा सके।

ई-मेल के लाभ और सीमाएँ
(Advantages and Limitations of E-Mail)

लाभ (Advantages):

ई-मेल के, कम्यूनिकेशन के किसी भी दूसरे रूप की अपेक्षा, बहुत से लाभ हैं। यह तेज एवं सुविधाजनक है तथा अनुचित हस्तक्षेप नहीं करता है अर्थात् यह नॉनइंट्रूसिव (nonintrusive) है।

- आप इंटरनेट पर तेजी से किसी के भी साथ कम्यूनिकेट कर सकते हैं। ई-मेल आमतौर पर इसके डेस्टीनेशन तक कुछ मिनट या सेकेंड्स में ही पहुँच जाता है।
- किसी के साथ कम्यूनिकेट करने में आने वाली लागत का दूरी के साथ कुछ लेना-देना नहीं है, और कई स्थितियों (केसेज) में यह लागत मैसेज की साइज पर भी निर्भर नहीं होती है। यदि आप ई-मेल का चार्ज देते

हैं, तो यह कीमत, मैसेजेस की संख्या पर आधारित होती है, ना कि इन्हें कहाँ भेजा जाता है, उस पर। इसके अलावा, ये कीमत अक्सर उतनी ही होती है चाहें मैसेजेस की साइज़ कम, ज्यादा कुछ भी हो। ई-मेल दोस्तों, सहकर्मियों या बिज़नेस ऐसोशिएट्स के साथ कम्यूनिकेट करने का सबसे सस्ता तरीका है, जो इस बात से संबंधित नहीं होता है कि वे शारीरिक रूप से (फ़िजिकली) कहाँ स्थित (लोकेटेड) होते हैं।

- आप लेटर्स, नोट्स, फाइल्स, डाटा या रिर्पोट्स सभी को एक जैसी तकनीक का प्रयोग करके भेज सकते हैं। एक बार जब आप सीख जाते हैं कि आपके ई-मेल प्रोग्राम का प्रयोग कैसे करना है तो प्रत्येक चीज़ उसी तरीके से भेजी जाती है।
- आप जब ई-मेल भेजते हैं तो इस बात की चिंता न करें कि आप किसी को बीच में रोक रहे हैं। एक कम्प्यूटर सिस्टम जो इंटरनेट के साथ कम्यूनिकेट करता है, के द्वारा ई-मेल भेजा और डिलीवर किया जाता है। यद्यपि यह किसी के मेल बॉक्स में रखा जाता है, रेसीपिएंट का कार्य ई-मेल के आने से रुकता नहीं है।
- आप अपने ई-मेल के साथ एक सुविधाजनक समय में कार्य कर सकते हैं। आपको ई-मेल के पहुँचने के समय पर रुकना नहीं पड़ता है और आप इसे पढ़ सकते हैं और जब आपके पास समय हो तब इस पर काम कर सकते हैं। इसे ऐसे समय पर लिखना और भेजना बिल्कुल भी जरूरी नहीं है जब आप को पता हो कि रेसीपिएंट उपलब्ध होगा।
- ई-मेल ऐनॉनीमस (गुमनाम) नहीं हो सकता है, कारण प्रत्येक मैसेज में भेजे जाने वाले व्यक्ति का रिटर्न ऐड्रेस होता है, लेकिन आप एक इंटरनेट ऐड्रेस वाले किसी भी व्यक्ति को लिख सकते हैं।

सीमाएँ (Limitation):

- ई-मेल, निजी हो, यह आवश्यक नहीं है। चूँकि मैसेजेस एक सिस्टम से दूसरे में भेजे जाते हैं, और कभी कभी नेटवर्क्स पर स्थित कई सिस्टम्स पर, अत: आपके पास कई अवसर होते हैं जब आप ई-मेल को इंटरसेप्ट (intercept) करके पढ़ सकते हैं। कई तरह के कम्प्यूटर सिस्टम्स में प्रोटेक्शन्स (protections) बिल्ट-इन होते हैं ताकि यूज़र्स को अन्य यूज़र्स के ई-मेल को पढ़ने से रोका जा सके, लेकिन एक सिस्टम ऐडिमिनिस्ट्रेटर के लिए यह अभी भी संभव है कि वह एक सिस्टम पर ई-मेल पढ़ सके या कोई कम्प्यूटर सिस्टम की सुरक्षा को बाईपास भी कर सकता है।
- यदि आप एक इंटरेस्ट ग्रुप ज़ाइन करते हैं तो यह संभव है कि आपके पास ऐसे मैसेजेस की भरमार होगी, जो आपके किसी काम के नहीं होंगे। जिस तरह आप अन्य प्रकार की जंक मेल प्राप्त करते हैं, उसी प्रकार आप 'जंक' ई-मेल भी प्राप्त कर सकते हैं। कुछ लोग, अपने प्रोडक्ट को मार्केट करने या ऐडवर्टाइज़ करने के लिए भी ई-मेल को ही सबसे सस्ता तरीका मानते हैं। इनमें से किसी भी केस में आपको ऐक्टिव स्टेप लेना होगा ताकि आप रिसीव किए गए ई-मेल को डिलीट कर दें और इसे पहली जगह पर भेजे जाने से रोक दें।
- ई-मेल में धोखाधड़ी भी हो सकती है, यह कॉमन नहीं है, लेकिन सेंडर के ऐड्रेस के साथ धोखा करना या उसे बदलना संभव है। कुछ ई-मेल जो आपको मिलती हैं, उनका सोर्स, हो सकता है कि आप कन्फर्म करना चाहें।
- कुछ ई-मेल सिस्टम्स, केवल टेक्स्ट फाइल्स ही भेज या प्राप्त कर सकते हैं। अधिकांश ई-मेल सिस्टम्स, केवल टेक्स्ट और कैरेक्टर फॉर्मेट वाले मैसेजेस के साथ ही डील कर सकते हैं। यदि आप इमेजेस, प्रोग्राम्स या फाइल्स, जो वर्ड प्रोसेसिंग प्रोग्राम्स द्वारा बनाए गए हों, को भेजना या पाना चाहते हैं, तो कुछ एक्स्ट्रा स्टेप्स करने होंगे। लेकिन, कुछ ई-मेल प्रोग्राम्स MIME (मल्टीपरपस इंटरनेट मेल ऐक्सटेंशन्स) का प्रयोग करते हैं और

(a)	(b)
Mr. Ram Singh 18, Gandhi Lane Ramesh Nagar, New Delhi - 110051	To: sj12@yahoo.co.in
United Diamonds 180, Main Street, Connaught Place New Delhi - 110051 June 2, 2007 Subject:Interview for Programmers Dear Mr. Singh You will be pleased to know that the company has selected you for the post of Senior programmer. Please send your confirmation of the acceptance of our offer. Yours Truly (S. Jain) M.D.	From: "jainshashank@hotmail.com Subject: Interview for Programmers Date: Sun, 02 Jun 2007 11.47:10+0530 Dear Mr.Singh, You will be pleased to know that the company has selected you for the post of Senior programmer. Please send yourconfirmation of the acceptance of our offer. Yours Truly (S. Jain) M.D.

चित्र 7.2 (a) पोस्टल मेल फॉर्मेट (b) ई-मेल फॉर्मेट

ये मैसेजेस के साथ कई तरह से कार्य कर सकते हैं।

ई-मेल मैसेज की बनावट (Structure of E-Mail Message)

एक ई-मेल मैसेज बाइनरी डाटा से बना होता है जो आमतौर पर ASCII टेक्स्ट फॉर्मेट में होता है। ASCII एक स्टैंडर्ड है जो किसी भी कम्प्यूटर को टेक्स्ट पढ़ने के लिए सक्षम बनाता है। चाहें उसका सिस्टम या हार्डवेयर कोई भी हो। ASCII कोड उन कैरेक्टर्स का वर्णन करते हैं, जिन्हें आप स्क्रीन पर देखते हैं।

☞ आप पिक्चर्स, ऐक्ज़ीक्यूटेबल प्रोग्राम्स, साउंड, वीडियो और अन्य बाइनरी फाइल्स अपने ई-मेल मैसेज में अटैच कर सकते हैं।

चित्र 7.2 में एक पोस्टल मेल मैसेज और एक ई-मेल मैसेज के बीच समानता दिखाई गई है। To, लाइन में आप जिन्हें मैसेज भेज रहे हैं, उनका ऐड्रेस टाइप करते हैं। ऐड्रेस को बहुत ही सख्त नियमों के अनुसार ही टाइप करना पड़ता है। यदि आपने एक ही अक्षर टाइप किया या **सिंटैक्स** (syntax) गलत है तो आपका मैसेज निर्धारित रेसीपिएंट तक नहीं पहुँचेगा। आपका ई-मेल ऐड्रेस from: लाइन पर दिखाई देगा। इस ऐड्रेस का प्रयोग करके, मैसेज को पाने वाले, अपना उत्तर आपको भेज सकेंगे।

सब्जेक्ट: लाइन पर, आप अपने मैसेज का सब्जेक्ट या बहुत ही संक्षिप्त सारांश टाइप कर सकते हैं। मैसेज के सबसे नीचे "सिग्नेचर" एरिया होता है जिसमें आपके बारे में व्यक्तिगत सूचना होती है। कुछ मेल प्रोग्राम, आपके द्वारा भेजे जाने वाले प्रत्येक मैसेज के अंत में ऑटोमैटिक रूप से इस सिग्नेचर को अपेंड (append) करते हैं। सिग्नेचर एरियाज की जरूरत नहीं होती है और ये उस व्यक्ति की पसंद पर निर्भर करता है, जो ई-मेल मैसेज बनाता है। सिग्नेचर वाला भाग 5 लाइन्स से ज्यादा नहीं होना चाहिए। एक ई-मेल मैसेज के 5 सेक्शन्स नीचे दिए गए हैं:

- ई-मेल ऐड्रेस
- हैडर
- बॉडी
- सिग्नेचर (ऑप्शनल)
- अटैचमेंट्स (ऑप्शनल)

चित्र 7.3 में एक ई-मेल मैसेज के मुख्य सेक्शन्स दिखाए गए हैं। नोट करें कि सिग्नेचर और अटैचमेंट्स ऑप्शनल होते हैं। कई मैसेजेस उन्हें नहीं दिखाते हैं। और कुछ ई-मेल ऐप्लीकेशन्स उनका सपोर्ट ही नहीं करते हैं।

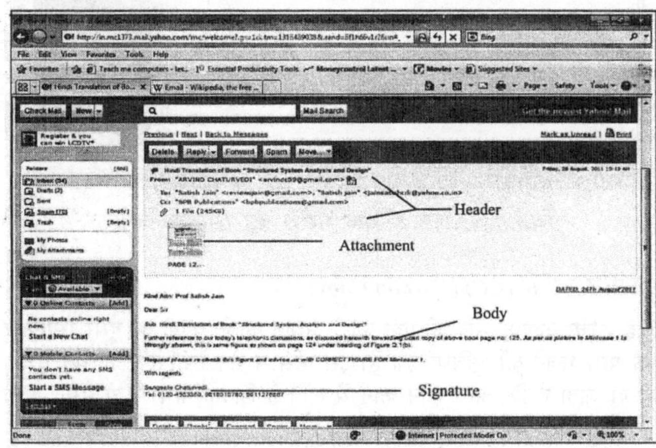

चित्र 7.3: ई-मेल मैसेज के मुख्य सैक्शन्स

7.2.2 ई-मेल ऐड्रेसिंग (E-Mail Addressing)

एक ई-मेल ऐड्रेस दो अलग अलग भागों से बना है।

- मेल सर्वर कम्प्यूटर, जिस पर आप का ई-मेल अकाउंट होता है, का डोमेन नेम।
- उस मेल सर्वर पर आपका पर्सनल आइडेंटिटी या अकाउंट नेम (यूज़र नेम)।

  उदाहरण के लिए, एक ही ISP या ऑर्गनाइजेशन में 100 लोगों के ई-मेल अकाउंट हैं। अत: सभी 100 यूज़र्स, एक ही डोमेन नेम (मानलो hotmail.com) को शेयर करेंगे लेकिन प्रत्येक व्यक्ति के पास एक यूनीक यूज़र नेम जैसे "rakesh" या "aparna" होगा। यूज़र नेम और डोमेन नेम को एक @ ("at") सिंबल से अलग किया जाता है। ये दोनों मिलकर एक कम्प्लीट ई-मेल ऐड्रेस बनाते हैं।

चित्र 7.4 में एक ई-मेल ऐड्रेस के कम्पोनेंट्स को दिखाया गया है। जिन यूज़र्स के पास मल्टीपल ई-मेल अकाउंट्स होते हैं, जो शायद अलग अलग ISP या ऑर्गनाइज़ेशन के साथ होते हैं, के पास प्रत्येक अकाउंट के लिए अलग ई-मेल ऐड्रेस होंगे।

हैडर (Header)

ई-मेल मैसेज का हैडर, सबसे ऊपरी सेक्शन होता है। यह मैसेज के स्टेटस के बारे में सूचना दिखाता है। एक हैडर मैसेज की सूचना को रिकॉर्ड कर लेता है और इसे मैसेज के रेसीपिएंट् (स) को देता है। हैडर्स, आउटगोइंग (सेंट) और इनकमिंग (रिसीव्ड) दोनों मैसेज में होते हैं।

ट्रांसपोर्टेड मैसेज से संबंधित प्रिंसिपल हैडर फील्ड्स की सूची टेबल 7.1 में दी गई है। ये आवश्यक है कि इंटरनेट पर ई-मेल की सुविधा का प्रयोग करने वाले सभी लोगों के द्वारा इसे इस्तेमाल किया जाये।

टेबल 7.1: ई-मेल में हैडर फील्ड्स

नेम	फंक्शन
टू (To:)	प्राइमरी रेसीपिएंट्(स) के ई-मेल ऐड्रेस/ऐड्रेसेज
सीसी (Cc:)	सेकेंड्री रेसीपिएंट्(स) जिन्हें कॉपी भेजी जानी चाहिए, के ई-मेल ऐड्रेस/ऐड्रेसेज
बीसीसी (Bcc:)	ई-मेल ऐड्रेस/ऐड्रेसेज, उन सेकेंड्री रेसीपिएंट्(स) के जिन्हें कॉपी भेजी जानी चाहिए लेकिन प्राइमरी रेसीपिएंट को यह पता न लगे कि इन लोगों को मेल भेजी गई है।
फ्रॉम (From:)	ई-मेल को बनाने वाला
सेंडर (Sender:)	वास्तविक सेंडर का ई-मेल ऐड्रेस
रिसीव्ड (Received)	प्रत्येक ट्रांसफर एजेंट, जो भी रूट में आते जाते हैं, के द्वारा जोड़ी गई लाइन जिसमें एजेंट की आइडेंटिटी होती है और मैसेज कब मिला था वह तारीख और समय होता है।
रिटर्न पाथ (Return Path:)	का प्रयोग वापसी में सेंडर के पाथ को पहचाने के लिए हो सकता है।

टेबल 7.1 में दिए गए हैडर फ़ील्ड्स के साथ साथ ऐसे कई और हैडर फ़ील्ड्स हैं जो जरूरी नहीं है पर आवश्यकता पड़ने पर उनका इस्तेमाल किया जा सकता है। ये टेबल 7.2 में दिऐ जा रहे हैं।

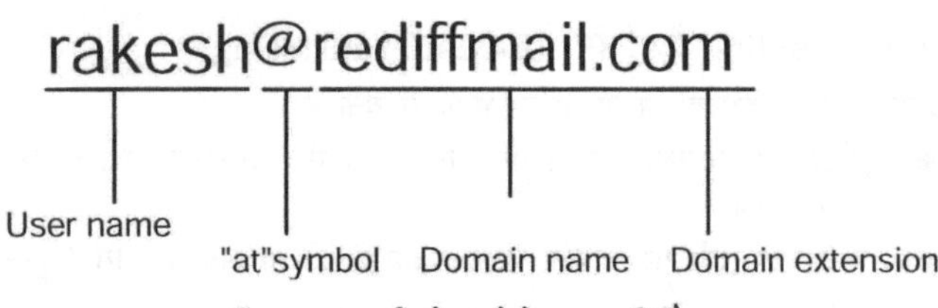

चित्र 7.4: ई-मेल ऐड्रेस का सिंटैक्स

ये हैडर निम्न प्रकार की सूचना दिखाते हैं:

- एक मैसेज का समय और तारीख
- मैसेज का सब्जेक्ट (जैसा सेंडर ने टाइप किया है।)
- क्या कार्बन कॉपीज़ भेजी गई थी
- क्या मैसेज के साथ फाइल्स अटैच की गई हैं और
- सेंडर का ई-मेल ऐड्रेस

टेबल 7.2: ई-मेल में ऐडीशनल हैडर फील्ड्स

नेम	फंक्शन
डेट: (Date:)	मैसेज जब भेजा गया था उसका समय और तारीख
रिप्लाई टू: (Reply To:)	जिस ई-मेल ऐड्रेस पर जवाब भेजा जाना है।
इन रिप्लाई टू: (IN-Reply-To:)	जिस मैसेज के लिए यह एक जवाब है, उसका मैसेज - आइडेंटिफ़िकेशन नंबर
मैसेज ID: (Message-ID)	एक यूनीक नंबर जिससे मैसेज आइडेंटिफ़ाई हो सकते हैं और इनका प्रयोग मैसेज को रेफर करने में हो सकता है।
रेफरेंसेज: (References:)	अन्य रेलीवेंट मैसेज आइडेंटिफ़िकेशन नम्बर्स
कीवर्ड्स: (Keywords:)	यूज़र्स द्वारा सिलेक्ट किए गए कीवर्ड्स
सब्जेक्ट: (Subject:)	मैसेज की एक समरी (summary) जो ऑनलाइन डिस्प्ले के लिए होती हैं।

बॉडी (Body)

ई-मेल मैसेज की बॉडी प्राइमरी फोकस होती है कारण इसमें वास्तविक मैसेज होता है। यद्यपि एक ई-मेल मैसेज के साइज़ (कैरेक्टर्स की संख्या) की कोई सीमा नहीं होती है, फिर भी कई इंटरनेट सर्विस प्रोवाइडर्स एक ई-मेल मैसेज की साइज़ को सीमित करते हैं।

अटैचमेंट्स (Attachments)

ई-मेल बिज़नेसेस के लिए काफी आकर्षक होते हैं क्योंकि अब यह यूज़र्स को किसी भी ई-मेल मैसेज के साथ फाइल अटैच करने की अनुमति प्रदान करता है। कोई भी फाइल फॉर्मेट जैसे वर्ड प्रोसेसिंग डॉक्यूमेंट्स, स्प्रेडशीट्स, इमेजेस या वीडियो फाइल्स, एक ई-मेल मैसेज के साथ अटैच की जा सकती है। ई-मेल कॉम्प्लेक्स डाटा को अटैचमेंट के रूप में आज्ञा देती है लेकिन बॉडी में नहीं।

☞ ई-मेल मैसेजेस में वायरसेज नहीं होते हैं, लेकिन उन्हें भी अटैचमेंट्स द्वारा भेजा जा सकता है। अत: आपको सभी ई-मेल अटैचमेंट्स को एक वायरस डिटेक्शन (जाँच) और इराडिकेशन (दूर करना) सॉफ्टवेयर प्रोग्राम जैसे McAfee, VirusScan या Norton Anti Virus द्वारा, उन्हें खोलने और फॉवर्ड करने से पहले स्कैन करना चाहिए।

अधिकांश मेल ऐप्लीकेशन्स आपको ऐलर्ट (alert) करते हैं यदि एक इनकमिंग मैसेज में अटैचमेंट होता है। इस तरह के ई-मेल ऐप्लीकेशन्स, मैसेज की बॉडी के भीतर एक आयकन दिखाते हैं ताकि अटैच फाइल को रिप्रेजेन्ट किया जा सके। यह आयकन इंडिकेट करता है कि किस प्रकार की फाइल अटैच्ड है और रेसीपिएंट को इस पर डबल क्लिक करने की अनुमति होती है जिससे अटैचमेंट, उनके कम्प्यूटर पर ऑटोमैटिक रूप से लॉंच हो जाए।

सिग्नेचर (Signature)

एक ई-मेल मैसेज के लिए सिग्नेचर, पर्सनल इन्फॉर्मेशन होती है, जो आउटगोइंग मैसेज के निचले भाग में ऑटोमैटिक रूप से दिखती है। सिग्नेचर का प्रयोग भी ऑप्शनल है। आप कोई भी सिग्नेचर इन्फॉर्मेशन, जो आप चाहें, डाल सकते हैं।

☞ सिग्नेचर का उद्देश्य (इसे सिग्नेचर ब्लॉक या सिग्नेचर फाइल भी कहा जाता है) है, मैसेज के रेसीपिएंट को पर्सनल कॉन्टैक्ट की सूचना देना।

एक सिग्नेचर ब्लॉक की सूचना में निम्न चीजें शामिल हो सकती हैं:

- पूरा नाम (Full Name)
- जॉब टाइटल / पोज़ीशन
- ऑर्गनाइज़ेशन का नाम और डिवीज़न
- फ़ोन और फ़ैक्स नंबर्स
- फ़िज़िकल ऐड्रेस (स्नेल मेल (Snail Mail))
- ई-मेल ऐड्रेस
- वेब साइट ऐड्रेस (URL)

ई-मेल सॉफ्टवेयर का सिग्नेचर फीचर इस्तेमाल करने से, आप प्रत्येक आउटगोइंग मैसेज में सूचना टाइप करने से बच सकते हैं। चित्र 7.5 में एक सामान्य (टिपिकल) ई-मेल सिग्नेचर दिखाया गया है।

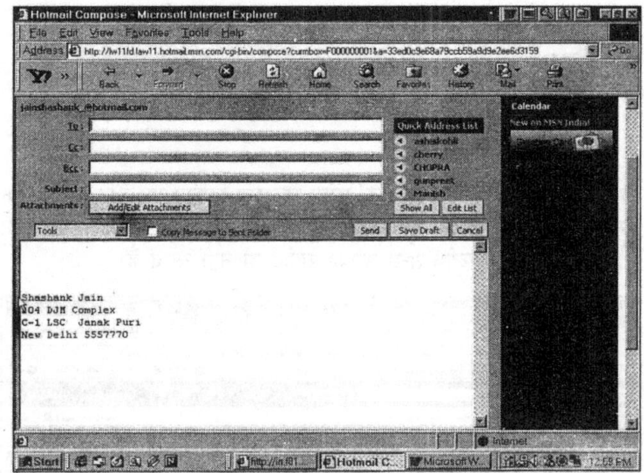

चित्र 7.5: एक ई-मेल मैसेज का सिग्नेचर ब्लॉक

कार्बन कॉपी (CC) (Carbon Copy)

यह फीचर आपको मेल की एक कॉपी अर्थात् कार्बन कॉपी को दूसरे रेसीपिएंट के पास भेजने की सुविधा देता है। इस केस में मेन रेसीपिएंट को यह सूचना दे दी जाती है कि अन्य कौन कौन से लोग हैं जिनके पास भी ये मैसेज भेजा जा रहा है। (देखें चित्र 7.6)

ब्लाइंड कार्बन कॉपी (BCC) (Blind Carbon Copy)

इस ऑप्शन में फर्स्ट ई-मेल को पाने वाला व्यक्ति, यह नहीं जान पाता है कि

अन्य रेसीपिएंट्स के नाम क्या है, जो इसी मैसेज की कार्बन कॉपी प्राप्त करते हैं।

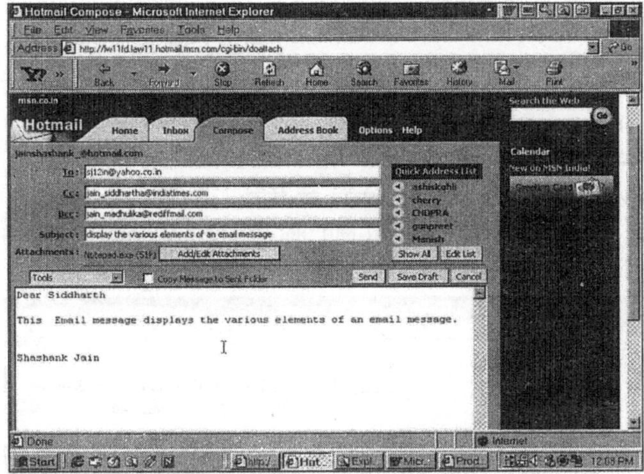

चित्र 7.6: ई-मेल मैसेज, कार्बन कॉपी और BCC एवं अटैचमेंट्स के साथ

बाउंस्ड मेल (Bounced Mail)

बाउंस्ड मेल एक ई-मेल मैसेज है, जो अपने डेस्टीनेशन (लक्ष्य) तक पहुँचने में फेल हो गया है और इसी वजह से इस तरह के ई-मेल मैसेजेस सेंडर के पास लौटकर आ जाते हैं। जब सर्वर, मैसेज रेसीपिएंट का ऐड्रेस (या रेसीपिएंट के इंटरनेट सर्विस प्रोवाइडर) को लोकेट करने में फेल हो जाता है, तब मैसेज, सेंडर के पास 'बाउंस' बैक होकर आ जाता है।

बाउंस हुए मेल मैसेजेस, में मैसेज के ऊपर या/और सब्जेक्ट फील्ड में एक टेक्स्ट क्लिप होती है। जैसे ''रिटर्न्ड मेल'' या "Mail undeliverable"। एक बाउंस हुआ मैसेज आप को अलर्ट करता है कि आपका ई-मेल अनडिलीवर्ड हो गया है और अब आप फिर से मैसेज को सही ऐड्रेस के साथ भेजो और यह सुनिश्चित करो कि यह रेसीपिएंट तक पहुँचे।

ई-मेल क्लाइंट को कन्फिगर करना (Configuring E-mail Client)

जब तक ई-मेल सॉफ्टवेयर चलता है तब यूज़र हो सकता है अपने ई-मेल की समरी (Summary) माँगे। मेल बॉक्स में बहुत से मैसेजेस होते हैं। एक सिंपल ई-मेल मैसेज सिस्टम में, डिस्प्ले किए गए फील्ड्स की चॉएस प्रोग्राम में बनाई जाती है जो इनमें से एक हो सकती है।

Sl. No.	Flags	Size in Bytes	Sender	Address	Subject

उपरोक्त फॉर्मेट में, पहला फील्ड मैसेज नंबर का होता है। दूसरा फील्ड फ्लैग्स का होता है, जिसमें कई शब्द हो सकते हैं जैसे 'न्यू मैसेज' आदि। तीसरा फील्ड यह बताता है कि मैसेज कितना लंबा है, और अगला फील्ड सेंडर और इसका ऐड्रेस बताता है। अंतिम कॉलम ई-मेल मैसेज का सब्जेक्ट बताता है। एक बार जब मैसेजेस ई-मेल पैकेज में लिस्टेड हो जाते हैं, तब यूज़र अपने ई-मेल बॉक्स को प्रोसेस कर सकता है और विभिन्न सेंडर्स से आए अलग अलग मैसेजेस को अलग अलग प्रायरिटी (Priority) दे सकता है। पुराने समय में फाइल ट्रांसफर करने के लिए एक बहुत ही सॉफ़िस्टिकेटेड सॉफ्टवेयर जैसे लोटस नोट्स और माइक्रोसॉफ्ट आउटलुक ऐक्सप्रेस का प्रयोग किया जाता था, लेकिन तब से लेकर अब तक, ई-मेल ने एक लंबा सफर तय किया है। यूज़र एजेन्ट्स ने ई-मेल के एक बड़े वॉल्यूम को संभव कर दिखाया है।

☞ RFC 822 ई-मेल मैसेज और मल्टीमीडिया एक्सटेंशन्स का फॉर्मेट प्रदान करते हैं।

नेटस्केप मेल क्लाइंट (Netscape Mail Client)

नेटस्केप मैसेन्जर फुल फ़ीचर्ड मेल प्रोग्राम जिसे नेटस्केप मैसेन्जर कहा जाता है, को सपोर्ट करता है। नेटस्केप मैसेन्जर, नेटस्केप मेल का रिडिज़ाइन्ड वर्जन है। यह माइक्रोसाफ्ट इंटरनेट मेल की तरह दिखाई देता है। नेटस्केप मैसेन्जर की मदद से, आप अपना ई-मेल और न्यूज़ बहुत आसानी से और जल्दी से प्राप्त कर सकते हैं। नेटस्केप मैसेन्जर के पास एक मेल को एक बार में एक से अधिक लोगों को भेजने की सुविधा होती है।

➔ **नेटस्केप मैसेन्जर को स्टार्ट करना:**

1. स्टार्ट, प्रोग्राम्स, नेटस्केप कम्यूनिकेटर, नेटस्केप मैसेन्जर को हाईलाइट करो।

नेटस्केप मेल से ई-मेल कैसे भेजें

(How to send E-Mail with Netscape Mail)

नेटस्केप मेल की मदद से एक मैसेज को लिखना और भेजना, किसी भी ऑनलाइन सर्विस की ही तरह है, चाहे वह माइक्रोसॉफ्ट एक्सचेंज हो या AOL (America Online)।

➔ **एक ई-मेल भेजने के लिए:**

1. नेट स्केप मैसेंजर विंडो के निचले दाएँ कोने में बने आयकन पर क्लिक करो या विंडो चुनकर फिर नेटस्केप पर मेल चुनो।
2. नेटस्केप आपसे आपका मेल पासवर्ड पूछता है। पासवर्ड एंट्री डायलॉग बॉक्स में पासवर्ड टाइप करो और फिर OK बटन पर क्लिक करो।
3. नेटस्केप मेल विंडो प्रदर्शित होती है। To Mail टूलबार बटन पर क्लिक करो जिससे मैसेन्जर कम्पोज़ीशन विंडो प्रदर्शित हो।
4. मेल टू: टेक्स्ट बॉक्स में, रेसीपिएंट का मेल ऐड्रेस टाइप करो।
5. यदि आप इस मैसेज की कॉपीज एक से ज्यादा लोगों को भेजना चाहते हैं तो CC: टेक्स्ट बॉक्स में उचित ऐड्रेसेस टाइप करो।
6. सब्जेक्ट: टेक्स्ट बॉक्स में, मैसेज के लिए सब्जेक्ट टाइप करो।
7. मैसेज की बॉडी टाइप करो और फिर सेंड बटन पर क्लिक करो।

आउटलुक एक्सप्रेस (Outlook Express)

आउटलुक ऐक्सप्रेस, माइक्रोसॉफ्ट का ई-मेल प्रोग्राम है, जो विंडोज़ में शामिल रहता है और इंटरनेट एक्सप्लोरर 4.0 से आगे के प्रोग्राम्स में भी आउटलुक ऐक्सप्रेस, ऑनलाइन कम्यूनिकेशन के विश्व को आपके कम्प्यूटर के डेस्कटॉप पर लाता है। यदि आप अपने दोस्तों और सहकर्मियों के साथ ई-मेल एक्सचेंज करना चाहते हैं या आइडियाज़ और इन्फॉर्मेशन के लिए न्यूज़ग्रुप्स को जॉइन करना चाहते हैं तो आपको आउटलुक के अलग अलग टूल्स का इस्तेमाल करना होगा। आप आउटलुक ऐक्सप्रेस की मदद से निम्न कार्य कर सकते हैं।

मल्टीपल मेल को मैनेज करना: यदि आपके पास बहुत सारी मेल हैं या न्यूज़ अकाउंट्स हैं तो आप उन सबको एक ही विंडो से आउटलुक ऐक्सप्रेस की मदद से, प्रयोग कर सकते हैं। आप एक ही कम्प्यूटर के लिए मल्टीपल यूजर्स या आईडेंटिटीज़ (identities) तैयार कर सकते हैं।

तेज़ी से मैसेजेस को ब्राउज़ करना: मैसेज लिस्ट का प्रयोग करके, आप मैसेजेस की एक सूची देख सकते हैं और उसी समय प्रत्येक मैसेजेस को पढ़ भी सकते हैं। फोल्डर्स की लिस्ट में मेल फोल्डर्स, न्यूज़ सर्वर्स और न्यूज़ग्रुप्स

होते हैं, और आप आसानी से उनमें स्विच कर सकते हैं।

एक सर्वर पर मेल रखना: यदि आपका ISP, एक IMAP मेल सर्वर का प्रयोग इनकमिंग मेल के लिए करता है, तो आप अपने मैसेजेस सर्वर पर रख सकते हैं, बिना अपने कम्प्यूटर में मैसेजेस को डाउनलोड किए हुए, जिससे आप किसी भी कम्प्यूटर से मैसेजेस देख सकते हैं।

ऐड्रेस बुक: आप अपनी ऐड्रेस बुक में नाम और ऐड्रेसेज ऑटोमैटिक रूप से सेव कर सकते हैं या तो एक मैसेज का रिप्लाई देकर या उन्हें दूसरे प्रोग्राम्स से इम्पोर्ट करके।

सीक्योर मैसेजेस को भेजना और पाना: आप डिज़िटल ID का इस्तेमाल करके डिज़िटल तरीके से मैसेजेस को साइन और एन्क्रिप्ट (encrypt) भी कर सकते हैं। इस प्रकार आप सीक्योर (सुरक्षित) मैसेजेस भेज सकते हैं और प्राप्त भी कर सकते हैं।

ऑफ़लाइन रीडिंग के लिए न्यूज़ ग्रुप में मैसेजेस को डाउनलोड करना: आप आउटलुक ऐक्सप्रेस का प्रयोग अपने ऑनलाइन समय का कुशल प्रयोग करने के लिए भी कर सकते हैं, मैसेजेस या पूरे न्यूज़ग्रुप्स को डाउनलोड करने के द्वारा, ताकि आप ऑफलाइन रीडिंग के लिए न्यूज़ग्रुप्स मैसेजेस को पढ़ सकें।

वेब आधारित ई-मेल (Web based E-mail)

प्रत्येक ई-मेल सर्विस, चाहें वह एक ऑनलाइन सर्विस हो या कमर्शियल ई-मेल सर्विस हो, का मेल हैंडल करने का अपना अलग तरीका होता है। अधिकांश ई-मेल सर्विसेज इंटरनेट को उनके गेटवे के रूप में प्रयोग करती हैं (गेटवे उस पाथ का वर्णन करता है जिससे मैसेजेस एक सर्विस से दूसरी में पास होते हैं)। इंटरनेट विश्वभर में कम्प्यूटर्स को कनेक्ट करता है ताकि लोग आपस में सूचना शेयर कर सकें। जब हम मैसेज को ई-मेल सर्विस से किसी भी सिस्टम पर भेजते हैं, तब मैसेज पूरे इंटरनेट पर यात्रा करते हुए डेस्टीनेशन तक पहुँचता है। हमने केवल मैसेज़िंग का ऐड्रेस सही तरीके से दिया है, ताकि इंटरनेट जान सके कि मैसेज को कहाँ पर डिलीवर करना है। यहाँ कुछ वेब आधारित फ्री ई-मेल अकाउंट होते हैं जैसे हॉट मेल और रिडिफ़ मेल .com, जो वेब आधारित ई-मेल ऐक्सेस प्रदान करते हैं।

आप कई तरीकों से मेल भेज सकते हैं जब आप इंटरनेट पर कार्य करते हैं। निम्न कमांड्स इंटरनेट एक्सप्लोरर के टूलबार पर ई-मेल बटन से जुड़े हुए हैं:

- **ReadMail:** यह आउटलुक एक्सप्रेस को खोलता है और आपके इनबॉक्स के कंटेंट को डिस्प्ले करता है।
- **NewMessage:** यह एक नया आउटलुक एक्सप्रेस मेल मैसेज बनाता है।
- **Send a Link:** यह एक लिंक बनाता है जिससे ई-मेल मैसेज के साथ फाइल्स को अटैच किया जा सके।
- **Read News:** न्यूज पढ़ने के लिए आउटलुक एक्सप्रेस न्यूज खोलता है।

7.3 ई-मेल का प्रयोग (Using E-Mail)

ई-मेल या इलेक्ट्रॉनिक मेल को इंटरनेट से किसी को भी जिसके पास एक ई-मेल ऐड्रेस है, भेजा जा सकता है। ई-मेल का प्रयोग करने के लिए, आपको एक ई-मेल ऐड्रेस और इसे हैंडल करने के लिए एक प्रोग्राम दोनों चाहिए जिससे इंटरनेट या आउटलुक ऐक्सप्रेस द्वारा एक फ्री ई-मेल अकाउंट बनाया जा सके।

7.3.1 ई-मेल अकाउंट खोलना (Opening E-mail Accounts)

एक मेल भेजने के लिए तैयार होने से पहले, आपको चाहिए कि एक ई-मेल अकाउंट बनाएँ। इंटरनेट पर ऐसी कई साइट्स हैं जिनके द्वारा आप फ्री ई-मेल अकाउंट बना सकते हैं। इनमें से कुछ साइट्स हैं:

(a) www.yahoo.com
(b) www.rediffmail.com
(c) www.msn.com
(d) www.hotmail.com
(e) www.gmail.com

यहाँ आप जीमेल.कॉम पर एक ई-मेल अकाउंट बनाते हैं।

➔ **एक ई-मेल अकाउंट खोलने के लिए:**

1. www.gmail.com साइट पर लॉग ऑन करें। चित्र 7.7 की तरह से ऐड्रेस बार पर www.gmail.com टाइप करें।

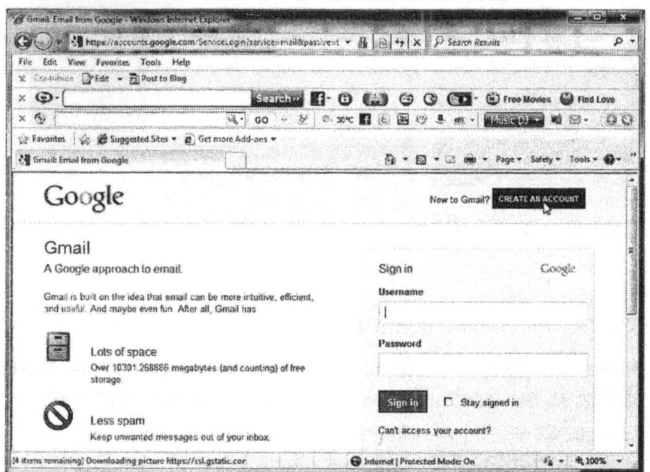

चित्र 7.7: Gmail Google विंडो

2. चित्र 7.7 में दिखाए अनुसार गूगल विंडो में से create an account in the gmail बटन पर क्लिक करें।
3. चित्र 7.8 की तरह से gmail Accounts विंडो दिखाई देगी।

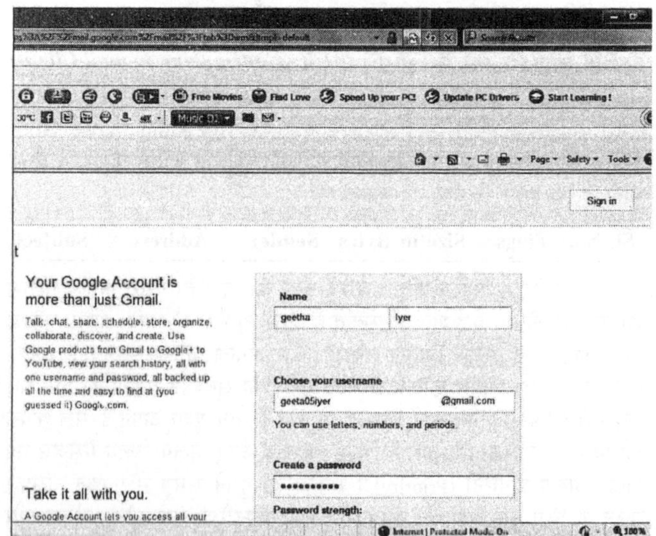

चित्र 7.8: गूगल अकाउंट टेक्स्टबॉक्स में सूचना टाइप करना

4. चित्र में दिखाए अनुसार नेम बॉक्स में फर्स्ट और लास्ट नेम टाइप करें।
5. Choose your username टेक्स्ट बॉक्स में मनचाहा login id टाइप करें जिसे आप अपने लिए बनाना चाहते हैं।
6. Create a password टेक्स्ट बॉक्स में पासवर्ड टाइप करें।
7. चित्र 7.9 के अनुसार confirm your password टेक्स्ट बॉक्स में अपना पासवर्ड दोबारा टाइप करें।
8. Birthday टेक्स्ट बॉक्स में Date of Birth टाइप करें।

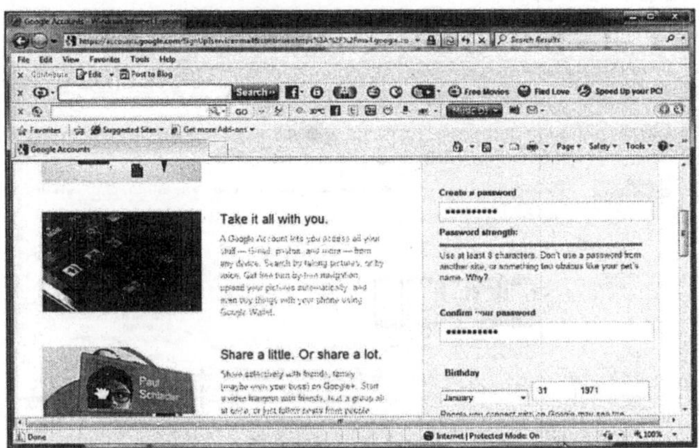

चित्र 7.9: कन्फर्म पासवर्ड और Date of Birth एंटर करना

9. चित्र 7.10 के अनुसार gender ड्रॉप डाउन लिस्ट में से gender type सिलेक्ट करें।
10. Mobile Phone बॉक्स में मोबाइल नंबर टाइप करें।

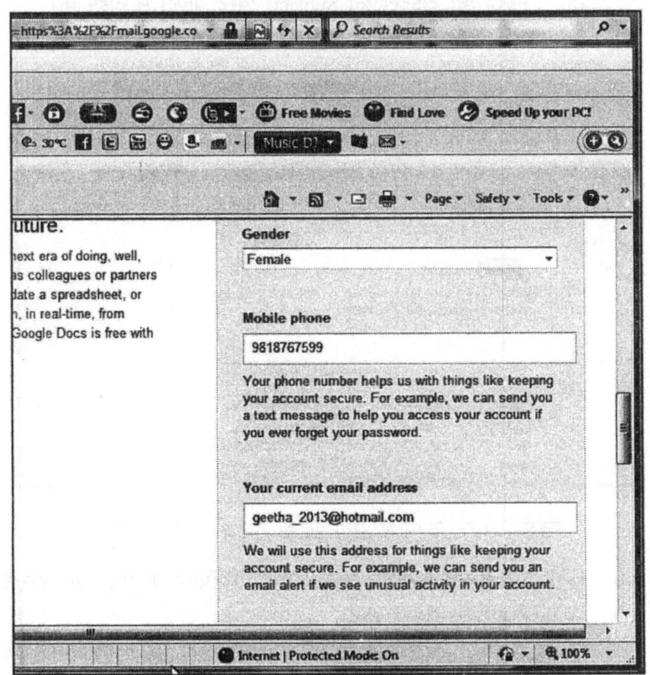

चित्र 7.10: gender, mobile नंबर और ई-मेल ऐड्रेस टाइप करना

11. Your current e-mail address टेक्स्ट बॉक्स में एक ई-मेल ऐड्रेस टाइप करें ताकि आपका अकाउंट सुरक्षित रहे।
12. चित्र में दिखाए गए कैरेक्टर्स को चित्र में नीचे दिए गए टेक्स्ट बॉक्स में टाइप करें (देखें चित्र 7.11)।
13. लोकेशन ड्रॉप डाउन लिस्ट में से प्लेस सिलेक्ट करें।
14. नेक्स्ट पेज पर जाने के लिए नेक्स्ट स्टेप पर क्लिक करें।

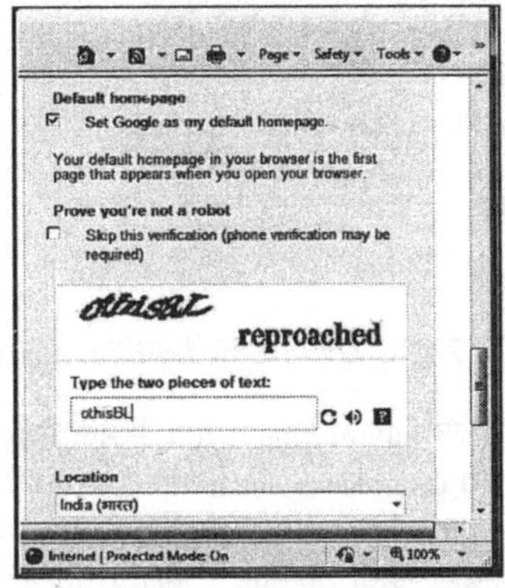

चित्र 7.11: दिए गए कैरेक्टर्स टाइप करना

15. चित्र 7.12 की तरह से verify your account पेज दिखाई देगा।

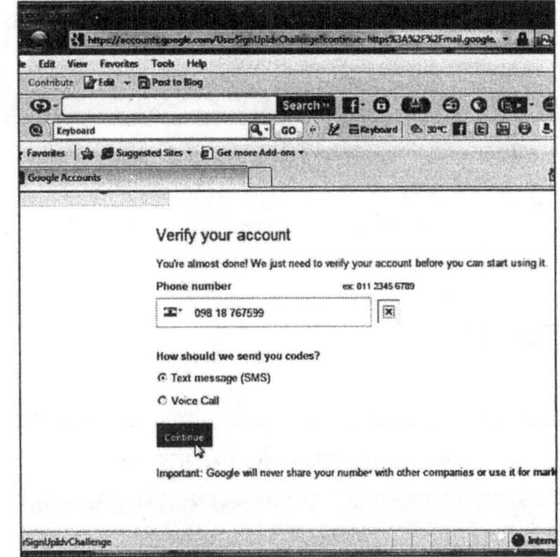

चित्र 7.12: वेरिफाई योर अकाउंट पेज

16. वेरिफाई योर अकाउंट पेज में से मनचाहा विकल्प चुनें अर्थात् आपको अपने कोड्स कैसे भेजने चाहिए, टेक्स्ट मैसेज (SMS) द्वारा या वॉएस कॉल द्वारा। उदाहरण के लिए, यदि आप टेक्स्ट मैसेज (SMS) सिलेक्ट करते हैं, तो आपको गूगल से आपके मोबाइल नंबर पर एक वेरिफिकेशन कोड मिलेगा जिसे आपने वेरिफाई योर अकाउंट पेज में एंटर किया था।
17. Continue बटन पर क्लिक करें (देखें चित्र 7.12)।
18. जो कोड आपको आपके मोबाइल नंबर में मिलता है उसे चित्र 7.13 में दिखाए अनुसार Enter Verification Code में टाइप करें।
19. Continue बटन पर क्लिक करें।

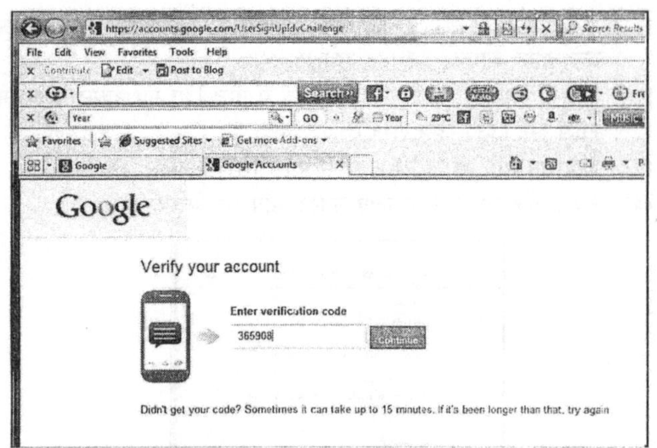

चित्र 7.13: अकाउंट वेरिफिकेशन करना

20. गूगल वेलकम पेज आपको आपका नया ई-मेल ऐड्रेस दिखाता है जिसे आपने बनाया है। Continue to Gmail बटन पर क्लिक करें जो ready to use है। (देखें चित्र 7.14)। Gmail इनबॉक्स में वह ई-मेल मैसेज दिखता है जिसे आपने एंटर किया था। आप ई-मेल पर क्लिक करके उस मैसेज को देख सकते हैं (देखें चित्र 7.15)।

चित्र 7.14: गूगल वेलकम पेज स्क्रीन

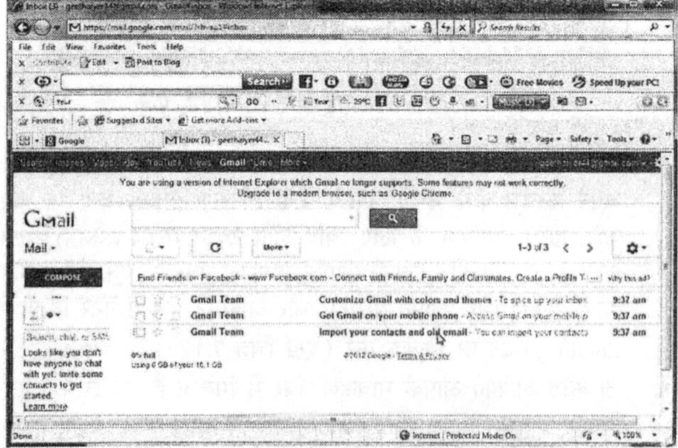

चित्र 7.15: Gmail मेल बॉक्स विंडो

21. उस ई-मेल पर क्लिक करो जिसे आपने Gmail टीम से प्राप्त किया है (जैसा चित्र 7.15 में दिखाया गया है)। आप ई-मेल मैसेज को Gmail विंडो में देख सकेंगे।

22. एक ई-मेल मैसेज लिखने के लिए Compose mail बटन पर क्लिक करें जो Gmail विंडो के बाईं ओर रहता है। कम्पोज मेल विंडो चित्र 7.16 की तरह दिखाई देगी।

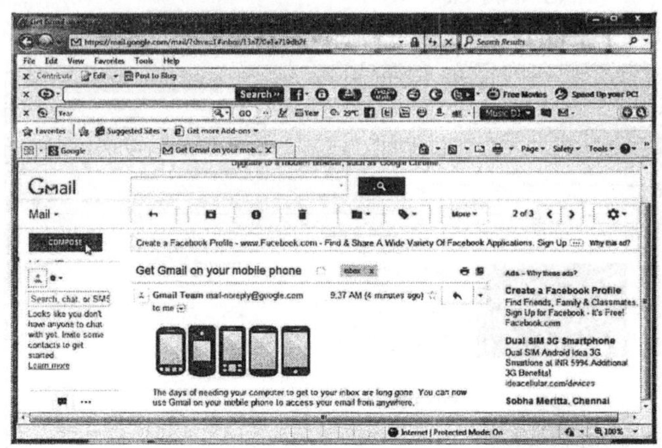

चित्र 7.16: कम्पोज मेल को सिलेक्ट करना

23. कम्पोज मैसेज विंडो में आपको विभिन्न फील्ड्स दिखेंगे जो निम्न के लिए प्रयोग होते हैं (देखें चित्र 7.17)।
    (a) ई-मेल ऐड्रेस को To: टेक्स्ट बॉक्स में टाइप करें जो रेसीपिएंट का Mail-id ऐड्रेस होगा, जिसे आप मेल भेजना चाहते हैं।
    (b) मैसेज की टाइटल को Subject: टेक्स्ट बॉक्स में टाइप करें।
    (c) ई-मेल मैसेज की body को मैसेज एरिया में टाइप करें।

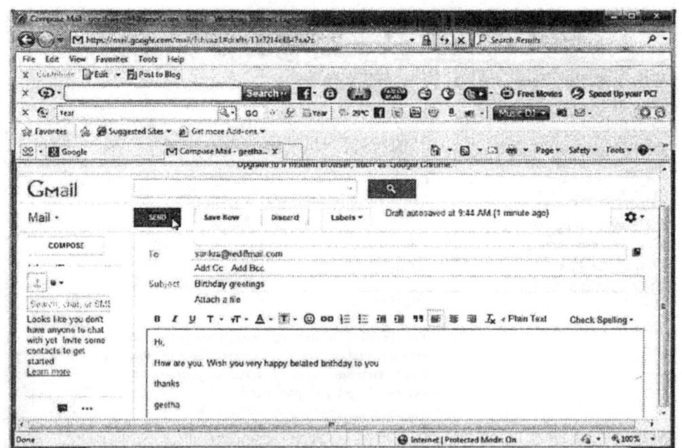

चित्र 7.17: कम्पोज मेल विंडो को विभिन्न फील्ड्स

24. Send बटन पर क्लिक करें ताकि मैसेज रेसिपिएंट के ऐड्रेस पर उसके इनबॉक्स को भेज दिया जाए।

    Gmail इनबॉक्स विंडो दिखाई देती है जिसमें वह मैसेज दिखता है जो आपने भेजा है।

25. अपने ई-मेल ऐड्रेस ड्रॉप डाउन ऐरो पर क्लिक करें और फिर sign out बटन सिलेक्ट करें जिससे गूगल अकाउंट से साइन आउट कर सकें।

आउटलुक ऐक्सप्रेस में ई-मेल अकाउंट्स सैटअप करना
(Adding an E-Mail Account in Ms Outlook 2010)

इंटरनेट कनेक्शन विज़ार्ड ऑनलाइन मेल बॉक्स की सैटिंग करके आपके काम को आसान बनाता है। इसमें जो ई-मेल अकाउंट आप सैटअप करते हैं उसके प्रत्येक स्टेप से आपको गुजरना पड़ता है।

काम शुरू करने से पहले आपको यह सुनिश्चित कर लेना चाहिए कि आप ई-मेल ऐड्रेस को निम्न सूचना के साथ जानते हैं। (इसे पाने के लिए शायद आपको अपने ISP से संपर्क पड़ सकता है)।

पहली सूचना ई-मेल सर्वर्स के बारे में

(a) जिस तरह का ई-मेल सर्वर आप इस्तेमाल कर रहे हैं, POP 3 (अधिकांश ई-मेल अकाउंट्स), HTTP (जैसे हॉटमेल), या IMAP।

(b) इनकमिंग ई-मेल सर्वर का नाम।

POP3 और IMAP सर्वर्स के लिए आउटगोइंग ई-मेल सर्वर का नाम (आमतौर पर SMTP)

दूसरी सूचना आपके अकाउंट के बारे में

(a) आपका अकाउंट नेम और पासवर्ड

(b) पता करें कि क्या आपका ISP आपसे सिक्योर पासवर्ड ऑथेंटिकेशन (SPA) प्रयोग करने के लिए कहता है ताकि आप अपने ई-मेल अकाउंट को एक्सेस कर सकें।

आइए आउटलुक 2010 में ई-मेल अकाउंट सैटअप करने के लिए हमें जिन स्टेप्स को फॉलो करना है, उन्हें देखें।

➔ **आउटलुक 2010 में एक ई-मेल अकाउंट सैटअप करने के लिए:**

1. **फाइल** टैब पर क्लिक करें फिर **इन्फो** टैब को चुनें।
2. **अकाउंट इन्फॉर्मेशन** के अंतर्गत, **ऐड अकाउंट** या अकाउंट सैटिंग्स ड्रॉप-डाउन ऐरो पर क्लिक करें (देखें चित्र 7.18)।

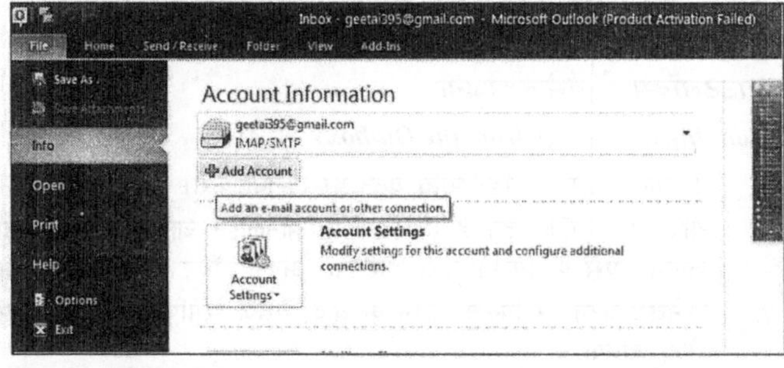

चित्र 7.18: ई-मेल अकाउंट सैट करना

3. **अकाउंट सैटिंग्स** डायलॉग बॉक्स चित्र 7.19 की तरह से दिखाई देगा। इस डायलॉग बॉक्स में, **न्यू:** बटन पर क्लिक करें। यह चित्र 7.20 की तरह से **ऐड न्यू अकाउंट** डायलॉग बॉक्स डिस्प्ले करेगा।
4. इस डायलॉग बॉक्स में, **योर नेम:** टेक्स्ट बॉक्स में नाम टाइप करें और **ई-मेल ऐड्रेस:** टेक्स्ट बॉक्स में ई-मेल ऐड्रेस टाइप करें। **पासवर्ड:** टेक्स्ट बॉक्स में पासवर्ड टाइप करें और **रीटाइप पासवर्ड:** टेक्स्ट बॉक्स में पुन: पासवर्ड को टाइप करें ताकि पासवर्ड कन्फर्म हो जाए। अब **नेक्स्ट** > बटन को क्लिक करें।

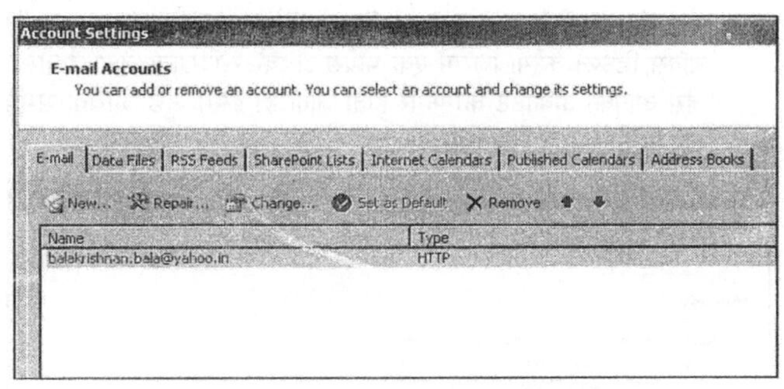

चित्र 7.19: अकाउंट सैटिंग्स डायलॉग बॉक्स

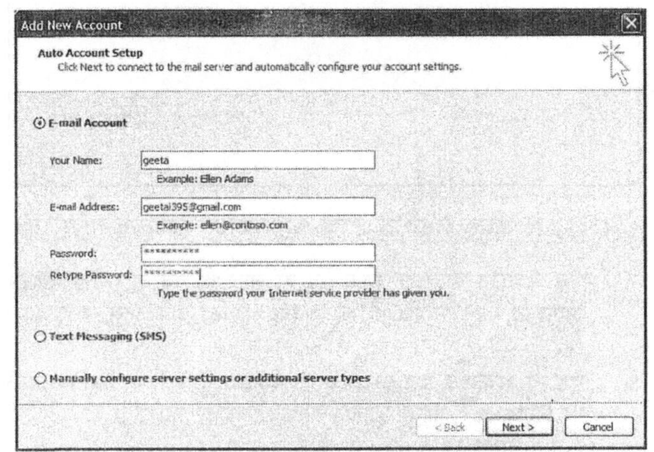

चित्र 7.20: ऐड न्यू अकाउंट डायलॉग बॉक्स

5. चित्र 7.21 की तरह से एक अन्य डायलॉग बॉक्स दिखाई देगा जिसमें से आप सर्विस चुन सकते हैं। इस डायलॉग बॉक्स में, **इंटरनेट ई-मेल** रेडियो बटन पर क्लिक करें और फिर **नेक्स्ट** > बटन पर क्लिक करें।

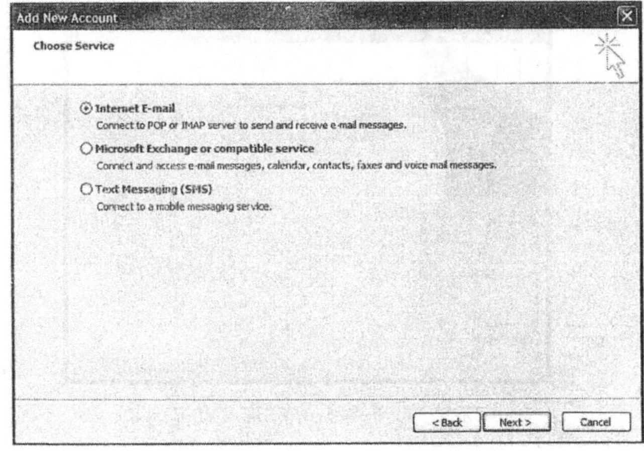

चित्र 7.21: सर्विस चुनने के लिए एंड-न्यू अकाउंट डायलॉग बॉक्स

6. जैसे ही आप **नेक्स्ट** > बटन पर क्लिक करेंगे, यह एक दूसरा डायलॉग बॉक्स डिस्प्ले करेगा जिसमें एक प्रोग्रेस इंडिकेटर दिखाया जाता है जैसे-जैसे आपका अकाउंट कन्फिगर होता जाता है। इसमें कुछ अधिक समय लग सकता है। (देखें चित्र 7.22)

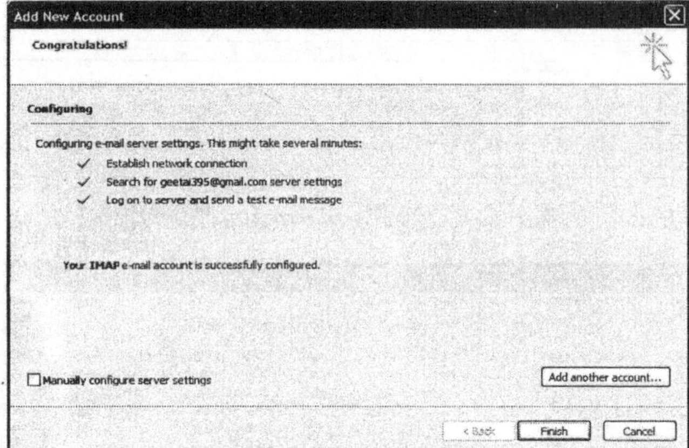

चित्र 7.22: प्रोग्रस इंडिकेटर (ऐड-न्यू अकाउंट डायलॉग बॉक्स में)

7. जब अकाउंट सफलता पूर्वक ऐड हो जाता है, तब आप **ऐड एनादर अकाउंट** बटन पर क्लिक करके और भी कई अकाउंट्स जोड़ सकते हैं।
8. **ऐड न्यू अकाउंट** डायलॉग बॉक्स से बाहर आने के लिए, **फिनिश** बटन पर क्लिक करें, ताकि आपका ई-मेल अकाउंट कन्फिगर हो और इसे तुरंत इस्तेमाल किया जा सके (देखें चित्र 7.23)

☞ **यदि आउटलुक** 2010 ई-मेल अकाउंट को ऑटोमैटिक रूप से सैटअप **करने के लिए** फेल हो जाता है, तो एक और तरीका आप ट्राई कर **सकते हैं, यदि** आपको यह मैसेज मिलता है: An encrypted connection to your server is not available. एक एनक्रिप्टेड कनेक्शन को प्रयोग करने **का प्रयास** करने के लिए नेक्स्ट पर क्लिक करें।

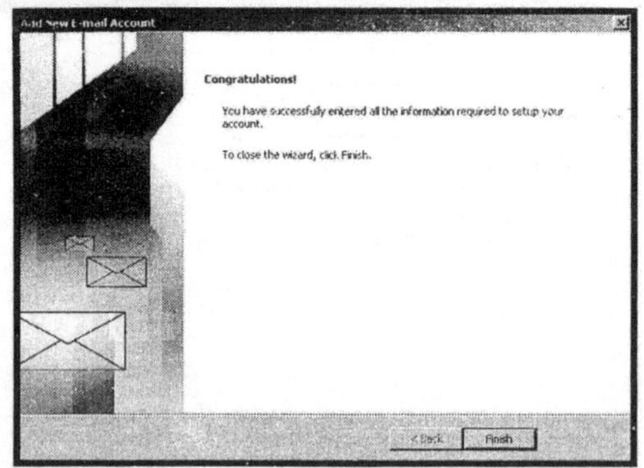

चित्र 7.23: ई-मेल अकाउंट रेडी टू यूज

7.3.2 मेलबॉक्सः इनबॉक्स एवं आउटबॉक्स (Mail Box : Inbox and Outbox)

इलेक्ट्रॉनिक मेल पाने के लिए, एक यूज़र के पास एक मेलबॉक्स और एक स्टोरेज एरिया होना चाहिए, जिसमें इनकमिंग ई-मेल मैसेजेस तब तक रखे जा सकें जब तक यूज़र के पास उन्हें पढ़ने का समय हो। जब एक मैसेज आता है, ई-मेल सॉफ्टवेयर ऑटोमैटिक रूप से इसे यूज़र के मेलबॉक्स में स्टोर करता है।

इनबॉक्स (Inbox)

आउटलुक ऐक्सप्रेस के इनबॉक्स में मैसेजेस उनके प्राप्त होने की तारीख और समय के अनुसार स्टोर होते हैं डीसेंडिंग (descending) ऑर्डर में, जिसका अर्थ है, सबसे हाल में आया हुआ मैसेज इनबॉक्स में सबसे ऊपर होता है और सबसे पुराना मैसेज, सबसे नीचे। आप इनमें से किसी भी फील्ड हैडर्स पर क्लिक कर सकते हैं (**फ्रॉम**, **सब्जेक्ट**, **रिसीव्ड** आदि) ताकि मैसेज लिस्ट को फील्ड के अनुसार सॉर्ट किया जा सके। दुबारा क्लिक करने से लिस्ट डीसेंडिंग से ऐसेंडिंग हो जाएगी या इसके विपरीत।

आउटबॉक्स (Outbox)

न्यू मैसेज विंडो बंद हो जाती है और आपका मैसेज अब आउटबॉक्स में आ जाता है। यह वास्तव में अब तक भेजा नहीं गया है, आप अभी ऑफ़लाइन हैं। आप कई लोगों के लिए मैसेजेस लिख सकते हैं और उन्हें आउटबॉक्स में स्टोर कर सकते हैं। जब आप तैयार होते हैं तो आप उन सबको तुरंत भेज सकते हैं। इससे ऑनलाइन समय के केवल कुछ सेकेंड्स ही इस्तेमाल होते हैं और फोन के बिल में बचत होती है। आप आउटबॉक्स के कंटेंट्स देख सकते हैं और एक मैसेज को भेजने से पहले उसे एडिट कर सकते हैं।

➔ **आउटबॉक्स में एक मैसेज को एडिट करने के लिए:**

1. इसे सिलेक्ट करने के लिए फोल्डर्स पेन में आउटबॉक्स पर क्लिक करो।
2. मैसेज लिस्ट पेन में मैसेज हैडर पर डबल क्लिक करो।
3. एक एडिट विंडो सामने आती है और आप मैसेज को एडिट कर सकते हैं।
4. सेंड पर क्लिक करो ताकि उसे वापस आउटबॉक्स में डाला जा सके।
5. यदि कनेक्ट करने को कहा जाता है तो कैंसिल पर क्लिक करो।

आउटबॉक्स से मैसेज भेजना

(Sending a Message from the Outbox)

6. टूलबार पर स्थित सेंड/रिसीव बटन पर क्लिक करो।
   यदि आप ऑफ़लाइन हैं तो आप से ऑनलाइन जाने **के लिए कहा** जाएगा। **यस** पर क्लिक करो और फिर अगले प्रॉम्प्ट **पर कनेक्ट करो।**
7. **कनेक्ट** बटन पर क्लिक करने के बाद, मैसेज रेसीपिएंट **के ऐड्रेस पर** भेजा जाएगा।
8. एडिट मैसेज

7.3.3 नए ई-मेल मैसेजेस को बनाना और भेजना (Creating and Sending New E-Mail Messages)

आउटलुक यूजर्स के लिए एक बहुत ही कॉमन टास्क है ई मेल भेजना और पाना। मेल मैसेज विंडो, जो आउटलुक 2010 के नाम आइटम विंडो की तरह ही होती है, में मेन्यूज और टूलबार्स की जगह एक नया रिबन दिया गया है।

☞ ई-मेल भेजने और पाने के लिए, आपको एक मेल सर्वर के साथ जुड़ना पड़ेगा। आप मेल सर्वर को एक पोस्ट ऑफिस की तरह भी मान सकते हैं। यह एक कम्प्यूटर है जिसमें नेटवर्क कनेक्शन है, जो आपके मैसेजेस को प्राप्त करता है और आपके आउटगोइंग मैसेजेस को नेटवर्क के अन्य कम्प्यूटर्स की एक तरफ डायरेक्ट करता है। कम्प्यूटर का प्रयोग आपके

मैसेजेस को बनाने के लिए और आपके पास जो मैसेजेस आए हैं उन्हें पढ़ने के लिए होता है। इसे मेल क्लाइंट कहा जाता है।

➔ **एक नया ई-मेल मैसेज बनाने और ई-मेल ऐड्रेस टाइप करने के लिए:**

1. **होम** टैब में, **न्यू** ग्रुप के अंतर्गत, न्यू ई-मेल पर क्लिक करें (देखें चित्र 7.24)।

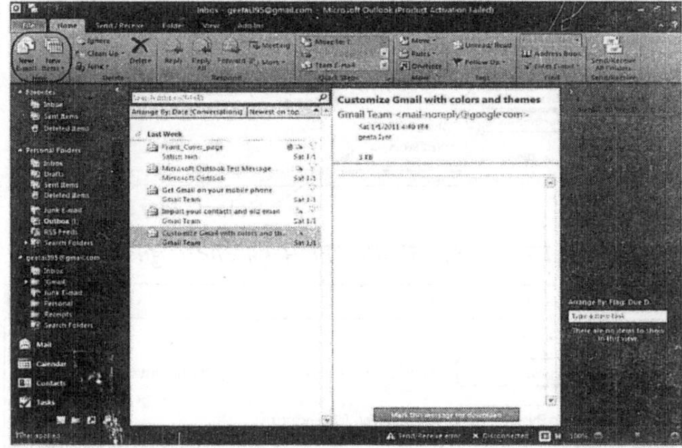

चित्र 7.24: नया ई-मेल मैसेज बनाना

☞ न्यू मेल मैसेज को खोलने की शॉर्टकट की है Ctrl + N या Ctrl + Shift + M कीज को एक साथ दबाएँ।

2. आउटलुक 2010 एक अनटाइटल्ड मैसेज विंडो खोलता है।
3. इस विंडो में (चित्र 7.25 देखें), **To..** टेक्स्ट बॉक्स में रेसीपिएंट का ऐड्रेस एंटर करें। यदि आप कई रेसीपिएंट्स के ऐड्रेस एंटर करना चाहते हैं तो आप इन सबको एक सेमीकोलन और एक स्पेस से सेपरेट करें।
4. यदि आप मैसेज की एक कॉपी रेसीपिएंट के अलावा किसी को भेजना चाहते हैं, वो ऐड्रेस को **Cc..** टेक्स्ट बॉक्स में एंटर करें।

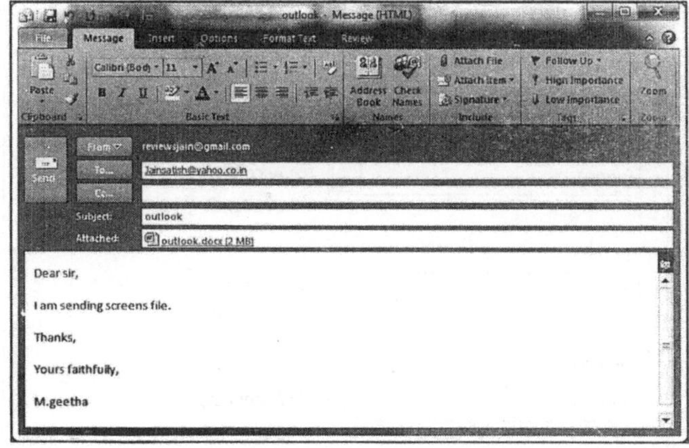

चित्र 7.25: मैसेज विंडो

5. न्यू मैसेज विंडो का टाइटल बार दिखाई देगा। इसमें अनटाइटल्ड मैसेज (प्लेन टेक्स्ट) तब तक दिखाई देता है जब तक आप सब्जेक्ट लाइन में टेक्स्ट एंटर नहीं कर देते हैं। यही सब्जेक्ट लाइन फिर मैसेज विंडों के टाइटल बार में दिखाई देगी। (चित्र 7.25)।
6. मैसेज विंडो में सब्जेक्ट लाइन के नीचे मैसेज की बॉडी टाइप करें।
7. अब मैसेज भेजने के लिए सैंड आयकन पर क्लिक करें।

7.3.4 ई-मेल मैसेज का रिप्लाई भेजना (Replying to an E-mail Messages)

ई-मेल का रिप्लाई भेजना ठीक वैसा ही है जैसा एक पत्र का उत्तर देना। इससे आपको मैसेज मिला, इसकी पुष्टि होती है और आपको अपनी प्रतिक्रिया देने का मौका मिलता है।

☞ एक मैसेज का रिप्लाई देने का शॉर्टकट मैसेज है Ctrl + R कीज जिन्हें एक साथ दबाया जाता है।

➔ **ई-मेल मैसेज का रिप्लाई देने के लिए:**

1. **होम** टैब में, **रिस्पाँड** ग्रुप के अंतर्गत, रिप्लाई या रिप्लाई ऑल बटन पर क्लिक करें (देखें चित्र 7.26)।

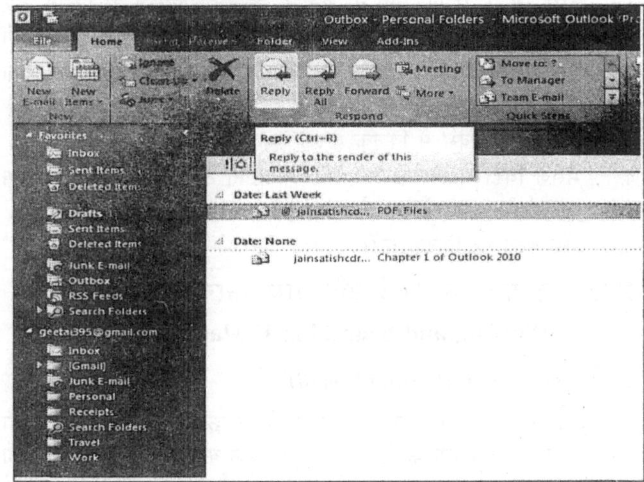

चित्र 7.26: मैसेज का रिप्लाई करना

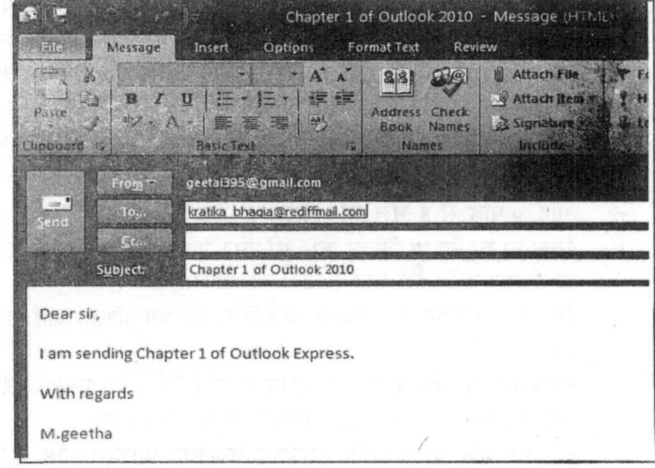

चित्र 7.27: रिप्लाई मैसेज विंडो

2. आउटलुक एक मैसेज विंडो दिखाता है जिसमें रेसीपिएंट का ई-मेल ऐड्रेस और सब्जेक्ट लाइन पहले ही टाइप की गई है और साथ में ओरीजनल मैसेज की कॉपी भी है (देखें चित्र 7.27)।
3. रेसीपिएंट को ऐड करने के लिए To, Cc या Bcc बॉक्स में क्लिक करें, मैसेज कम्पोज करें और सेंड बटन पर क्लिक करें।

7.3.5 ई-मेल मैसेज को फॉर्वर्ड करना (Forwarding an E-mail Message)

कभी-कभी आप एक मैसेज रिसीव करते हैं, लेकिन इसे रिप्लाई करने के बदले आप इसे किसी दूसरे को भेजना चाहते हैं (फॉर्वर्ड)। मैसेज को फॉर्वर्ड करने का अर्थ है मैसेज की कॉपी करना और इसे किसी अन्य व्यक्ति को भेजना जिसे ओरीजनल सेंडर जानता भी नहीं है।

☞ मैसेज फार्वर्ड करने की शॉर्टकट की है Ctrl + F कीज को एक साथ दबाना।

→ **ई-मेल मैसेज को फॉर्वर्ड करने के लिए:**

1. **होम** टैब में, रिस्पाँड ग्रुप के अंतर्गत, **फॉर्वर्ड** आयकन पर क्लिक करें या उस मैसेज को डबल क्लिक करें जिसे आप फॉर्वर्ड करना चाहते हैं।
2. एक मैसेज विंडो दिखाई देती है जिसमें आपका चुना हुआ मैसेज होता है।
3. **To:** टेक्स्ट बॉक्स में क्लिक करके एक ई-मेल ऐड्रेस टाइप करें।
4. मैसेज विंडो में क्लिक करें और अतिरिक्त टेक्स्ट टाइप करें जो आप फॉर्वर्ड किए गए मैसेज के साथ भेजना चाहते हैं।
5. सेंड बटन पर क्लिक करें।

7.3.6 ई-मेल को सॉर्ट और सर्च करना (Sorting and Searching E-Mail)

ई-मेल की सॉर्टिंग (Sorting E-mail)

आउटलुक आपको सिंगल कॉलम या मल्टीपल कॉलम्स से सॉर्ट करने की सुविधा देता है। उदाहरण के लिए, यदि आप एक कॉलम हैडिंग चुनते हैं, जो एक एवसक्लेमेशन (exclamation) मार्क (!) होता है (जो फोल्डर बैनर के नीचे स्थित होता है), तो आपके सभी महत्त्वपूर्ण मैसेजेस, मैसेज लिस्ट के ऊपर लिस्टेड होंगे। या यदि आप फ्रॉम बटन पर क्लिक करते हैं, तो मैसेजेस, अल्फाबेटिकल ऑर्डर में उस व्यक्ति के प्रथम नाम से सॉर्ट हो जाएँगे, जिसने मैसेज भेजा है। एक से ज्यादा कॉलम्स से सॉर्ट करने के लिए, कॉलम हैडिंग्स को रिवर्स ऑर्डर (विपरीत क्रम) में सिलेक्ट करो।

कॉलम हैडिंग्स की मदद से अपने ई-मेल को सॉर्ट करने के साथ-साथ आप सॉर्ट डायलॉग बॉक्स की मदद से भी ई-मेल को सॉर्ट कर सकते हैं।

→ **सॉर्ट कमांड से ई-मेल सॉर्ट करने के लिए:**

1. रिबन पर **व्यू** टैब पर क्लिक करें। **अरेंजमेंट** ग्रुप में **मोर** ड्रॉप डाउन ऐरो पर क्लिक करें (देखें चित्र 7.28)। **व्यू सैटिंग्स** को चुनें।
2. चित्र 7.29 की तरह से एडवांस्ड व्यू सैटिंग्स डायलॉग बॉक्स दिखाई देता है।
3. **एडवांस्ड व्यू सैटिंग्स** डायलॉग बॉक्स में, **सॉर्ट...** बटन पर क्लिक करें। चित्र 7.30 की तरह से **सॉर्ट** डायलॉग बॉक्स दिखाई देगा।
4. डायलॉग बॉक्स के नीचे स्थित **सिलेक्ट अवेलेबल फील्ड्स फ्रॉम:** ड्रॉप डाउन लिस्ट में से, फील्ड सैट चुनें जिसमें वो फील्ड्स हैं जिन्हें आप सॉर्टिंग के लिए प्रयोग करना चाहते हैं।

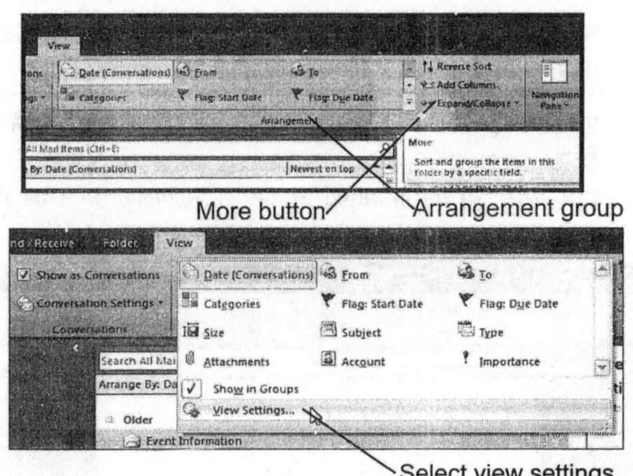

चित्र 7.28: अरेंजमेंट ग्रुप में व्यू सैटिंग चुनना

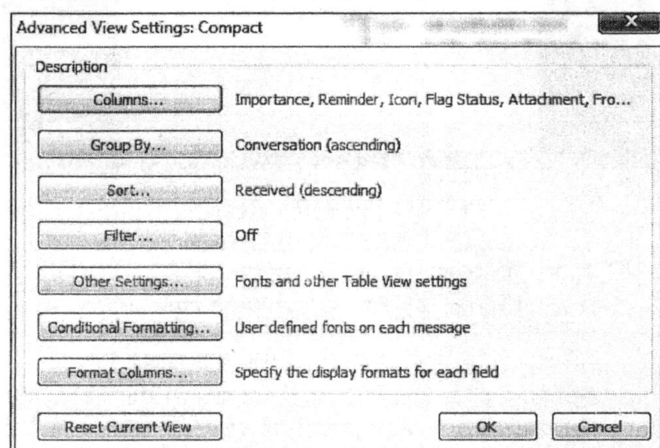

चित्र 7.29: एडवांस्ड व्यू सैटिंग्स डायलॉग बॉक्स

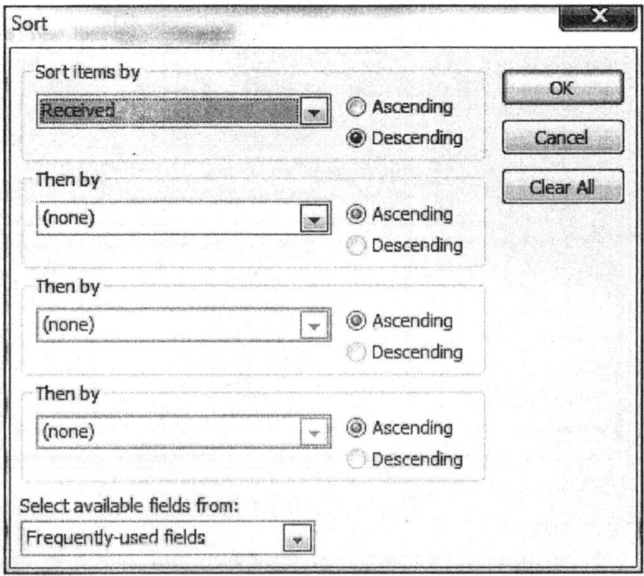

चित्र 7.30: सार्ट डायलॉग बॉक्स

5. **सॉर्ट आइटम्स बाई** ड्रॉप डाउन लिस्ट में से आइटम्स सिलेक्ट करें जैसे सब्जेक्ट, रिसीव्ड, सैंट और साइज और फिर डिसेंडिंग या एसेंडिंग विकल्प चुनें।
6. OK पर क्लिक करके सॉर्ट डायलॉग बॉक्स को क्लोज करें, दोबारा OK पर क्लिक करके **एडवांस्ड व्यू सैटिंग** डायलॉग बॉक्स को क्लोज करें और अपने चेंजेस देखें।

ई-मेल सर्च करना (Searching E-mail)

वर्ल्ड वाइड वेब पर स्थित कई साइट्स ई-मेल ऐड्रेसेज की बहुत बड़ी-बड़ी डायक्ट्रीज़ प्रदान करती हैं। यदि आप एक व्यक्ति, कंपनी या अन्य ऑर्गनाइज़ेशन के साथ कॉन्टैक्ट करना चाहते हैं लेकिन कॉन्टैक्ट का ई-मेल ऐड्रेस नहीं जानते हैं, तो आप आउटलुक ऐक्सप्रेस का प्रयोग करके इनमें से प्रत्येक डायरेक्ट्री को सर्च कर सकते हैं।

➔ **किसी का ई-मेल ऐड्रेस सर्च करने के लिए:**

1. आउटलुक 2010 में किसी व्यक्ति का ई-मेल ऐड्रेस खोजने के लिए, **सर्च** बॉक्स में सर्च के लिए शब्दों को टाइप करके **एंटर** दबाएँ। आप विंडो के बीच में हाइलाइटेड Yellow आइटम्स देख सकते हैं।

ऐड्रेस बुक सर्च करना (Search Address Book)

2. आउटलुक 2010 में आपकी पर्सनल ऐड्रेस बुक में खोजने के लिए, **होम** टैब के **फाइन्ड** ग्रुप में **ऐड्रेस बुक** को चुनें। **ऐड्रेस बुक** डायलॉग बॉक्स दिखाई देता है। सर्च बॉक्स में जो नाम आप खोज रहे हैं उसे टाइप करें (नेम, ई-मेल ऐड्रेस, डिस्प्ले नेम) अब सर्च शुरू करने के लिए Go बटन पर क्लिक करें।

मैसेज भेजना (Send a Message)

3. सर्च आइटम खोजे गए आइटम्स के रिजल्ट डिस्प्ले करता है। मेल मैसेज ऐड्रेस पर डबल क्लिक करें। मेल मैसेज विंडो दिखाई देती है। **मैसेज** ग्रुप में **मूव** ग्रुप पर क्लिक करें। **ऐक्शन्स** ड्रॉप डाउन ऐरो पर क्लिक करें, फिर लिस्ट में से **रीसेंड दिस मैसेज...** विकल्प को चुनें और फिर ई-मेल मैसेज विंडो में **सेंड** बटन पर क्लिक करें।

7.4 ऐडवांस्ड ई-मेल फ़ीचर्स (Advanced E-mail Features)

7.4.1 डॉक्यूमेंट को ई-मेल से भेजना (Sending Document by E-Mail)

➔ **एक डॉक्यूमेंट को सीधे वर्ड से ई-मेल के रूप में भेजने के लिए:**

1. यदि आप MS वर्ड का प्रयोग कर रहे हैं तो **फाइल** मेन्यू सिलेक्ट करें और **सेंड टू:** को हाईलाइट करें। एक सबमेन्यू सामने आएगा। अब **मेल रेसीपिएंट** पर क्लिक करें जिससे डॉक्यूमेंट को मैसेज की बॉडी के रूप में भेजा सके।
2. मेल मैसेज विंडो दिखाई देती है।
3. रेसीपिएंट के ई-मेल नेम को **टू:** लाइन में टाइप करें या अपनी ऐड्रेस बुक में से ई-मेल नेम को सिलेक्ट करें।
4. Cc: बॉक्स को खाली छोड़ दें। यह तब इस्तेमाल होता है जब आप किसी को मैसेज की कॉपी भेजते हैं।
5. सब्जेक्ट लाइन पर ई-मेल का सब्जेक्ट टाइप करें।
6. **सेंड ए कॉपी** पर क्लिक करें यदि आप चाहते हैं कि डॉक्यूमेंट को ई-मेल बॉडी के रूप में भेजे। या **सेंड** पर क्लिक करें यदि आप चाहते हैं कि डॉक्यूमेंट एक अटैचमेंट के रूप में भेजा जाए।

7.4.2 स्पेल चैकिंग को ऐक्टिवेट करना (Activating Spell Checking)

एक डॉक्यूमेंट को टाइप करते समय, आप गल्तियाँ करते हैं। डॉक्यूमेंट को सेंड करने से पहले स्पेल चैकिंग करना बहुत महत्त्वपूर्ण है।

➔ **एक स्पेल चैक कमांड को ऐक्टिवेट करने के लिए:**

1. विंडोज़ मेल में या आउटलुक ऐक्सप्रेस में स्पेल चैक ऐक्टिवेट करने के लिए।
2. **टूल्स** मेन्यू पर क्लिक करो और **ऑप्शन्स** को चुनो। चित्र 7.31 की तरह से **ऑपशन्स** डायलॉग बॉक्स दिखाई देगा।

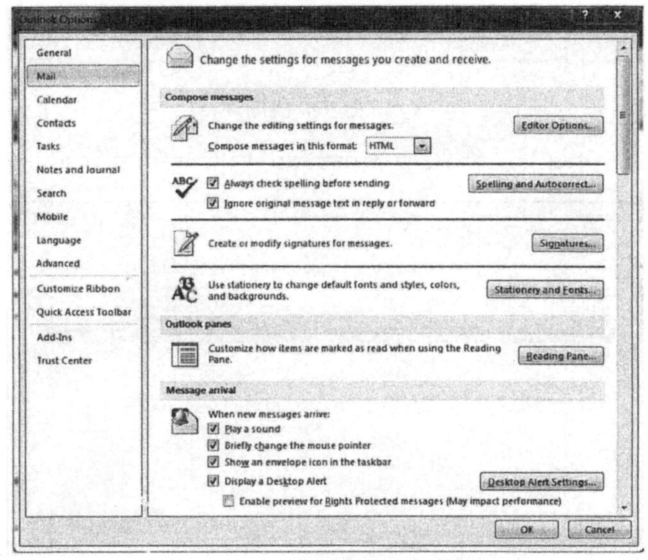

चित्र 7.31: ऑप्शन्स डायलॉग बॉक्स

3. सैटिंग्स ऑप्शन में, **स्पेलिंग** टैब पर क्लिक करो और **''ऑलवेज़ चैक स्पेलिंग बिफ़ोर सेंडिंग''** चैक बॉक्स पर चैक करो।
4. एक बार जब आपने यह कर दिया है तो **ऐप्लाई** बटन पर क्लिक करो और फिर OK बटन पर। अब सभी आउटगोइंग ई-मेल स्पेलिंग मिस्टेक्स के लिए चैक होकर ही जाएँगी।
5. ई-मेल की स्पेलिंग और ग्रामाटिकल ऐरर्स (grammatical errors) चैक करने से आप के ई-मेल मैसेजेस बिल्कुल सही और प्रोफ़ेशनल तरीके से तैयार होंगे।

7.4.3 ऐड्रेस बुक का प्रयोग करना (Using Address Book)

आउटलुक ऐड्रेस बुक, ऐड्रेस बुक्स ऐड्रेस लिस्ट्स का एक कलेक्शन है जो आपके आउटलुक कॉन्टैक्ट फोल्डर्स से बनाया गया है। इसे उन लोगों के नाम और ई-मेल ऐड्रेसेज को स्टोर करने के लिए प्रयोग किया जाता है जिन्हें आप मेल भेजते हैं। जब आप किसी के लिए मैसेज बनाते हैं, तो ऐड्रेसबुक में इसकी एंट्री हो जाती है।

➔ **मेल मैसेज विंडो में ऐड्रेस बुक खोलने के लिए:**

1. **होम** टैब के **न्यू** ग्रुप में **न्यू ई-मेल** पर क्लिक करें।
2. **न्यूज** ग्रुप में **मैसेज** टैब पर, **ऐड्रेस बुक** आयकन पर क्लिक करें।
3. **मेल** मैसेज विंडो खुलेगी जैसा चित्र 7.32 में दिखाया गया है। **ऐड्रेस बुक** पर क्लिक करें।

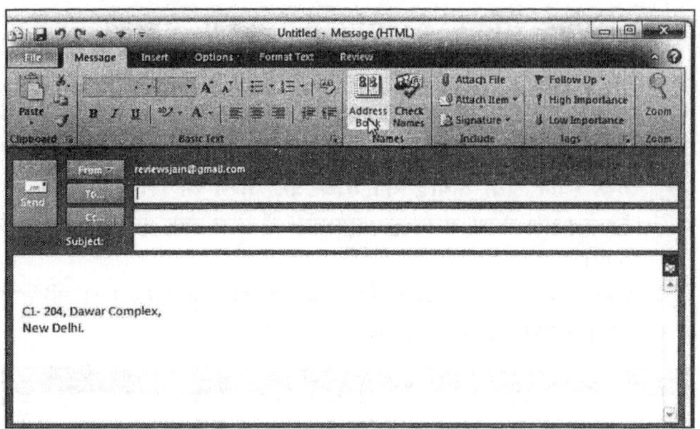

चित्र 7.32: मेल मैसेज विंडो

4. चित्र 7.33 की तरह से **सिलेक्ट नेम्स** डायलॉग बॉक्स दिखेगा।

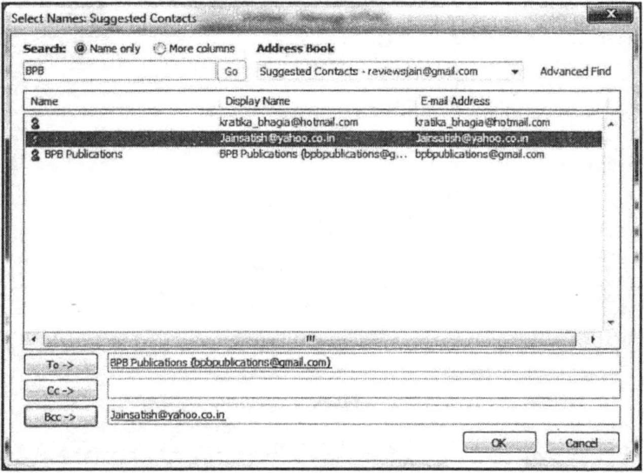

चित्र 7.33: सिलेक्ट नेम्स डायलॉग बॉक्स

5. **ऐड्रेस बुक** ड्रॉप डाउन लिस्ट में से मनचाहे ऐड्रेस को चुनें।
6. लिस्ट बॉक्स में नाम सिलेक्ट करें और फिर To -> या Cc -> बटन्स को क्लिक करें।
7. सिलेक्ट नेम्स डायलॉग बॉक्स को नाम चुनने के बाद क्लोज करने के लिए OK पर क्लिक करें।
8. मैसेज विंडो में टेक्स्ट बॉक्सेज में डिस्प्ले किए गए सिलेक्टेड नाम अंडरलाइन्ड दिखेंगे, जिससे पता चलता है कि इन्हें ऐड्रेस बुक से सिलेक्ट किया गया है (देखें चित्र 7.34)।
9. जब आप मैसेज भेजते हैं तब डिस्प्ले किए गए नाम के लिए, ऐड्रेस बुक में स्टोर किया गया ई-मेल ऐड्रेस, मैसेज डिलीवर करने के लिए प्रयोग होता है।

ऐड्रेस बुक में एक नाम जोड़ना
(Adding a Name to the Address Book)

नाम जोड़ने से आपको एक उपयोगी ऐड्रेस बुक तैयार करने की शुरूआत करने में मदद मिलती है। यदि आप अपना ई-मेल ऐड्रेस किसी दूसरे के साथ भी शेयर करते हैं और वो आपको ई-मेल भेजते हैं तब भी, आप रिसीव किए गए मैसेज से ही, नामों को ऐड्रेस बुक में जोड़ सकते हैं।

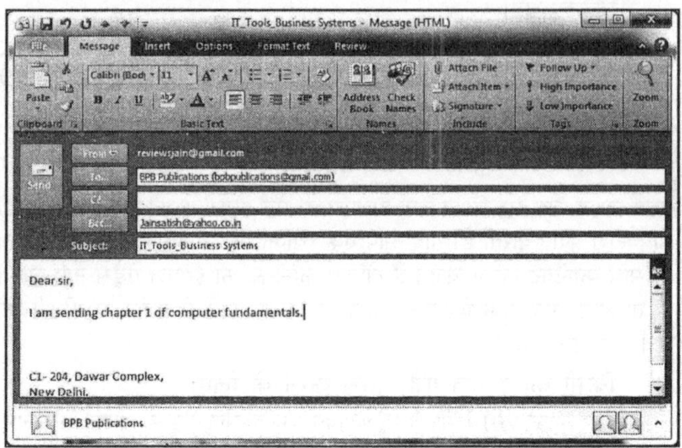

चित्र 7.34: मैसेज टेक्स्ट विंडो में सिलेक्टेड नाम डिस्प्ले होते हैं।

→ **ऐड्रेस बुक में एक नाम जोड़ने के लिए:**

1. होम टैब पर, फाइन्ड ग्रुप में, ऐड्रेस बुक आयकन पर क्लिक करें या Ctrl + Shift + B कीज़ को एक साथ दबाएँ।
2. चित्र 7.35 की तरह से ऐड्रेस बुक डायलॉग बॉक्स देगा।
3. अब आउटलुक ऐड्रेस बुक जिसमें सभी कॉन्टैक्ट्स की लिस्ट है, स्क्रीन पर दिखाई देगी।

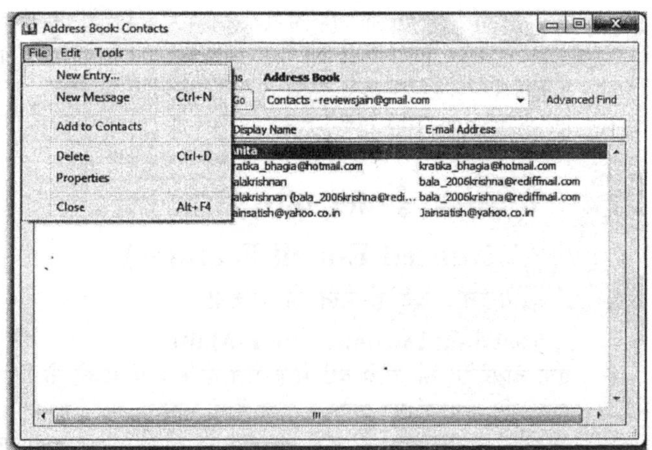

चित्र 7.35: ऐड्रेस बुक डायलॉग बॉक्स

4. ऐड्रेस बुक विंडो के भीतर, मेन्यू बार में **फाइल** टैब पर क्लिक करें और **न्यू एंट्री** चुनें।
5. न्यू एंट्री विंडो दिखाई देती है। इसमें सिलेक्ट द एंट्री टाइप: कैटेगरी में कॉन्टैक्ट विकल्प पर डबल क्लिक करें (देखें चित्र 7.36)।
6. अब एक न्यू कॉन्टैक्ट विंडो स्क्रीन पर डिस्प्ले होती है जहाँ आप एक कॉन्टैक्ट के सभी डिटेल्स निर्धारित करते हैं और फिर सेव एंड क्लोज बटन पर क्लिक करते हैं (देखें चित्र 7.37)।
7. अब ऐड्रेस बुक में निश्चित कॉन्टैक्ट ऐड हो जाएगा।

अत: इस प्रकार आप आउटलुक की ऐड्रेस बुक में एक कॉन्टैक्ट नाम जोड़ सकते हैं।

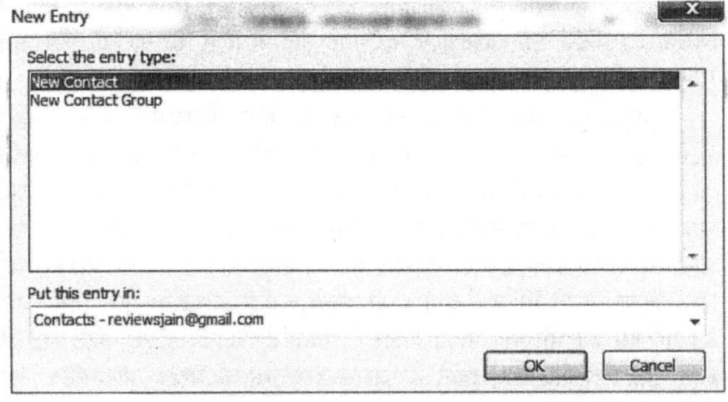

चित्र 7.36: न्यू एंट्री विंडो

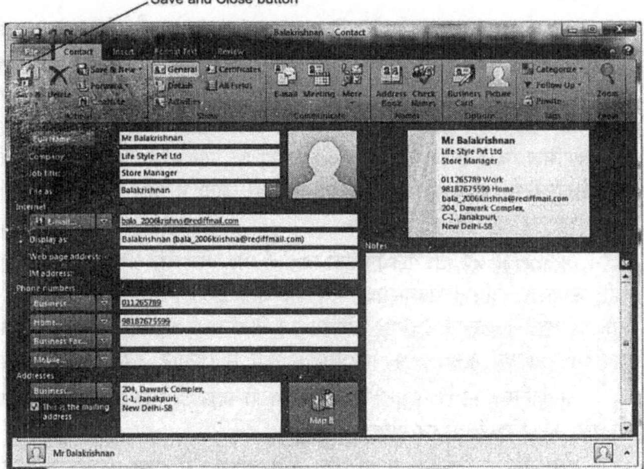

चित्र 7.37: कॉन्टैक्ट विंडो

7.4.4 अटैचमेंट के रूप में सॉफ्ट कॉपी भेजना (Sending Softcopy as Attachment)

कोई भी फाइल जो कम्प्यूटर पर स्टोर की गई है, को ई-मेल द्वारा भेजा जा सकता है। इससे पहले कि फाइल को रेसीपिएंट द्वारा खोला जाए, इसे मेल सर्वर द्वारा, रेसीपिएंट के कम्प्यूटर में डाउनलोड या ट्रांसफर किया जाना आवश्यक है। कितना समय इसमें लगेगा यह इस बात पर निर्भर करता है कि इंटरनेट कनेक्शन स्पीड और फाइल साइज़ क्या है।

➔ **अटैचमेंट के रूप में एक सॉफ्ट कॉपी भेजने के लिए:**

1. जो भी ई-मेल मैसेजेस आप बाहर भेज रहे हैं, उनके साथ आप किसी भी प्रकार की फाइल को अटैच करके भेज सकते हैं।

MS वर्ड स्टार्ट करना

2. वर्ड में, जिस फाइल को आप अटैचमेंट के रूप में भेजना चाहते हैं उसे खोलो या तैयार करो।
3. **फाइल** मेन्यू पर क्लिक करो और **सेंड टू:** को हाईलाइट करो। एक सब ऑप्शन सामने आएगा। **मेल रेसीपिएंट** को **(अटैचमेंट के रूप में)** सिलेक्ट करो।
4. रेसीपिएंट का ई-मेल नाम **टू:** लाइन में टाइप करो या अपनी ऐड्रेस बुक में से ई-मेल नाम को सिलेक्ट करो।
5. **Cc:** बॉक्स को खाली छोड़ दो। इसका प्रयोग तब होता है, जब आप किसी को मैसेज की कॉपी भेजना चाहते हैं।
6. सब्जेक्ट लाइन में ई-मेल के लिए सब्जेक्ट टाइप करो।
7. यदि आप ऐडीशनल फाइल भी शामिल करना चाहते हैं तो **'अटैच टू फाइल मैसेज आयकन'** पर क्लिक करो जैसे चित्र 7.38 में दिखाया गया है।
8. एक बार जब आयकन पर क्लिक कर दिया गया है, तब **इन्सर्ट अटैचमेंट** डायलॉग बॉक्स चित्र 7.38 की तरह से दिखाई देता है।

फाइल अटैच करना

9. **लुक इन:** ड्रापडाउन लिस्ट में से फाइल्स को सिलेक्ट करो। फाइल सिलेक्ट करके फिर **अटैच** सिलेक्ट करो।
10. जो फाइल आपने चुनी है, उसका नाम अटैच टेक्स्ट बॉक्स में मैसेज बॉक्स के सबसे ऊपर प्रदर्शित होता है। (देखें चित्र 7.39)
11. सेंड ए कॉपी बटन पर क्लिक करो ताकि मैसेज और उसकी **अटैच्ड फाइल** डिलीवर की जा सके। फाइल, मेल सर्वर में अपलोड हो जाती है, जिससे इसमें मैसेज भेजने में जितना समय लगता है, वह इंटरनेट कनेक्शन की स्पीड और फाइल की साइज़ पर निर्भर करता है।

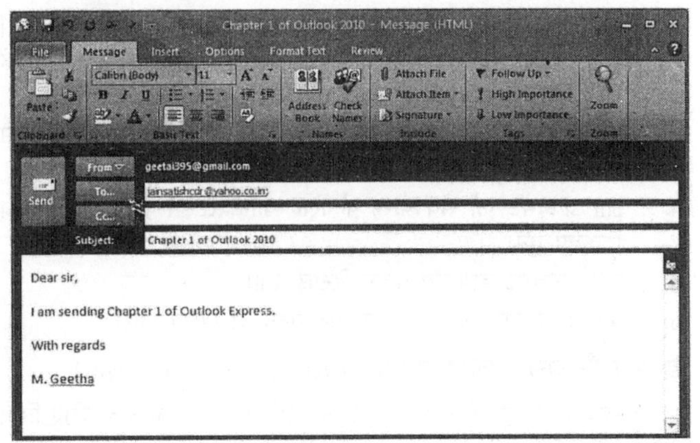

चित्र 7.38: वर्ड ने फाइल को आउटलुक मैसेज विंडो में अटैच किया है।

अटैचमेंट्स को खोलना और सेव करना (Opening and Saving Attachments)

अटैचमेंट्स फाइल्स वह होती है जिन्हें ई-मेल मैसेज के साथ शामिल किया जा सकता है। मैसेजेस जिनमें अटैचमेंट्स होते हैं, को एक पेपर क्लिप आयकन से पहचाना जाता है, जो मैसेज लिस्ट में होता है। मैसेज के फॉर्मेट पर निर्भर करके, जो आपने प्राप्त किया है, अटैचमेंट्स मैसेज में दो में से एक लोकेशन पर दिखाई देता है।

- यदि मैसेज फॉर्मेट HTML या प्लेन टेक्स्ट होता है, तो अटैचमेंट्स, अटैचमेंट बॉक्स में सब्जेक्ट लाइन के अंतर्गत दिखाई देते हैं।
- यदि मैसेज फॉर्मेट कम कॉमन रिच टेक्स्ट फॉर्मेट (RTF) होता है, तो अटैचमेंट्स, मैसेज की बॉडी में दिखते हैं। यद्यपि फाइल मैसेज बॉडी में दिखाई देती है, यह वास्तव में एक अलग अटैचमेंट ही होता है।

➔ **एक अटैचमेंट के साथ मेल को खोलना या सेव करने के लिए:**

1. एक pdf डॉक्यूमेंट का एक अटैचमेंट शामिल करने वाले इनबॉक्स फोल्डर में से किसी ई-मेल मैसेज को सिलेक्ट करें। ई-मेल मैसेज सिलेक्ट करने के बाद, रीडिंग पेन में मैसेज को पढ़ें।
2. रीडिंग पेन में आप देखेंगे कि एक pdf डॉक्यूमेंट एक ईमेल मैसेज के साथ अटैच्ड है।
3. निम्न कमांड कॉन्टेक्स्ट मेन्यू में होते हैं जो तब डिस्प्ले होते हैं जब आप एक pdf डॉक्यूमेंट पर राइट क्लिक करते हैं।
   - **प्रिव्यू:** यह रीडिंग पेन में अटैच्ड फाइल का एक प्रिव्यू दिखाता है।
   - **ओपन:** यह अटैच्ड डॉक्यूमेंट खोलता है।
   - **क्विक प्रिंट:** यह अभी सिलेक्ट किए अटैचमेंट को डिफॉल्ट प्रिंटर पर प्रिंटिंग के लिए भेजता है।
   - **सेव ऐज:** यह सेव अटैचमेंट डायलॉग बॉक्स खोलता है, जहाँ आप अटैच्ड आइटम को सेव करने के लिए फाइल नेम और सही लोकेशन निर्धारित कर सकते हैं।
   - **सेव ऑल अटैचमेंट्स:** ये आपके कम्प्यूटर सिस्टम पर एक ई-मेल मैसेज के साथ शामिल सभी अटैचमेंट्स को सेव करता है।
   - **रिमूव अटैचमेंट्स:** यह अभी सिलेक्ट किए गए अटैचमेंट को ई-मेल मैसेज से हटाता है।
   - **कॉपी:** यह कभी सिलेक्ट किए गए अटैचमेंट की कॉपी करता है। आप अटैचमेंट की कॉपी का अपने सिस्टम पर एक मनचाहे लोकेशन पर पेस्ट कमांड का प्रयोग करके रख सकते हैं।
   - **सिलेक्ट ऑल:** यह एक ई-मेल मैसेज में शामिल सभी अटैचमेंट्स को सिलेक्ट करता है।
4. pdf डॉक्यूमेंट को सेव करने के लिए कॉन्टेक्स्ट मेन्यू में से सेव ऐज विकल्प चुनें।
5. सेव अटैचमेंट डायलॉग बॉक्स दिखाई देगा।
6. फाइल को सेव करने के लिए सेव बटन पर क्लिक करें।

ई-मेल मैसेजेस डिलीट करना (Deleting E-mail Messages)

एक ई-मेल मैसेज को मैसेज विंडो या इनबॉक्स से डिलीट करने के लिए निम्न विकल्प हैं:

1. जिस इनबॉक्स फोल्डर को आप डिलीट करना चाहते हैं उसके ई-मेल पर क्लिक करें।
2. डिलीट ग्रुप में होम टैब पर, डिलीट आयकन पर क्लिक करें।
3. आपका मैसेज डिलीट हो जाएगा और डिलीटेड आइटम्स फोल्डर में सैंड हो जाएगा।

7.4.5 स्पैम की हैंडलिंग (Handling SPAM)

ई-मेल स्पैम जिसे (unsolicited bulk e-mail) अनसॉलिसिटेड बल्क ई-मेल (UBE), जंकमेल (Junk mail), या (unsolicited commercial email) (UCE) अनसॉलिसिटेड कमर्शियल ई-मेल भी कहा जाता है, अवांछित ई-मेल मैसेजेस को, अक्सर कमर्शियल कंटेंट के साथ, बहुत बड़ी संख्या में रेसीपिएंट के एक (indiscriminate) इन्डिसक्रिमिनेट सैट को भेजे जाने का एक अभ्यास है। स्पैम का सबसे अधिक मान्यता प्राप्त रूप है ई-मेल स्पैम, यह शब्द, अन्य मीडिया में इसी तरह की ऐब्यूसेज (abuses) के लिए भी इस्तेमाल होता है। जैसे इन्स्टेंट मैसेजिंग स्पैम (instant messaging spam), यूज़नेट न्यूज़ ग्रुप स्पैम (usenet newsgroup spam), वेब सर्ज इंजिन स्पैम (web search engine spam), इंटरनेट फोरम स्पैम (internet forum spam), जंक फैक्स ट्रांसमीशन्स (junk fax transmissions), सोशल नेटवर्किंग स्पैम (social networking spa,) और फाइल शेयरिंग नेटवर्क स्पैम (final sharing network spam)। स्पैम एक ई-मेल है जिसकी शुरूआत एक समस्या में परिवर्तित होने के लिए की गई थी, जब मिड 1990 में इंटरनेट को जनरल पब्लिक के लिए खोला गया था।

आउटलुक जंक ई-मेल और ऐडल्ट कंटेंट मैसेजेस (adult content messages) को इस तरह के मैसेजेस में संभावित तौर पर शामिल कुछ की वर्ड्स (keywords) की लिस्ट के आधार पर, पहचानता है। आउटलुक आप को जंक मेल और ऐडल्ट कंटेंट सेंडर्स की एक लिस्ट बनाने की अनुमति देता है, जो उन लोगों या कंपनीज़ के ई-मेल ऐड्रेसेज पर आधारित होते हैं जिनके मैसेजेस की आप पहचान करते हैं। जंक ई मेल की कलर कोडिंग करने के साथ साथ, आप उन मैसेजेस को भी एक अलग कलर दे सकते हैं जिनके ऐडल्ट कंटेंट होते है। आप एक रूल भी बना सकते है जिससे इस तरह के मैसेज ऑटोमैटिक रूप से डिलीट हो जाएँ।

जंक ई-मेल्स को मैनेज करना (Managing Junk Emails)

आउटलुक 2010 का जंक ई-मेल फिल्टर अनचाहे ई-मेल मैसेजेस को आपके इनबॉक्स में से कम करना चाहता है। इसके लिए यह इन मैसेजेस को जंक ई-मेल फोल्डर में भेज देता है। जंक ई-मेल फिल्टर इस तरह के इनकमिंग मैसेज को कई तथ्यों के आधार पर जाँचता है कि क्या ये स्पैम हैं। इसमें वह टाइम शामिल जिस समय मैसेज को भेजा गया था और मैसेज के कंटेंट भी होते हैं। डीफॉल्ट से, जंक ई-मेल फिल्टर ऑन हो जाता है और इसका प्रोटेक्शन लेबल लो पर सेंट किया जाता है।

आउटलुक जंक ई-मेल फिल्टर जंक ई-मेल मैसेजेस की डिलीवरी स्टॉप नहीं करता है, लेकिन संदेहास्पद स्पैम को जंक ई-मेल फोल्डर में भेजता है। जंक ई-मेल फोल्डर में भेजे गए मैसेजेस 30 दिनों के लिए रोके जाते हैं, जिसके बाद इन्हें आपके अकाउंट से ऑटोमैटिक रूप से डिलीट कर दिया जाता है।

आप निम्न स्टेप्स करके मैनुअल रूप से जंक ई-मेल फिल्टर के लिए सैटिंग्स को परिभाषित कर सकते हैं।

1. होम टैब के डिलीट ग्रुप में जंक ड्रॉप डाउन ऐरो बटन पर क्लिक करें। चित्र 7.39 की तरह से एक ड्रॉप डाउन लिस्ट दिखाई देती है।

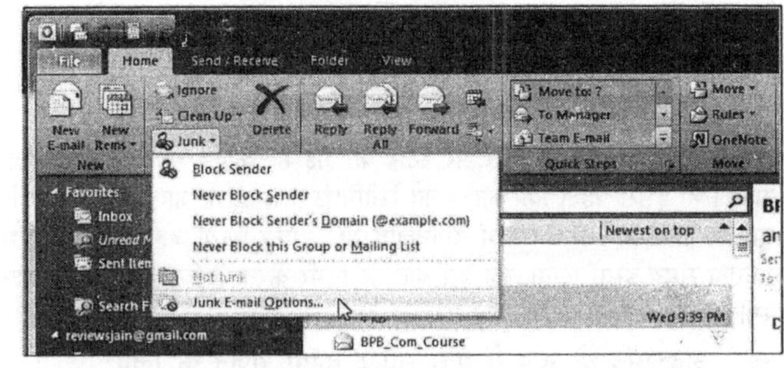

चित्र 7.39: जंक ईमेल विकल्पों को चुनना

2. चित्र 7.39 में दिखाए अनुसार ड्रॉप डाउन लिस्ट में से जंक ई-मेल विकल्पों को चुनें।
3. चित्र 7.40 की तरह से जंक ई-मेल ऑप्शन्स डायलॉग बॉक्स दिखाई देता है। आउटलुक जंक ई-मेल फिल्टर 4 प्रोटेक्शन लेवल्स प्रदान करता है। जो भी लेवल आप जंक ई-मेल प्रोटेक्शन के लिए चाहते हैं उसे चुनें:
   - **नो ऑटोमैटिक फिल्टरिंग:** यह कोई भी प्रोटेक्शन का लेवल

प्रदान नहीं करता है। लेकिन यदि आपने ब्लॉक्ड सेंडर्स लिस्ट सैटअप की है, तो भी ये ई-मेल्स जंक ई-मेल फोल्डर पर जाएँगे।

- **लो (Low):** इनकमिंग मेल पर लो लेवल की फिल्टरिंग की जाती है। इसकी सैटिंग लो रखने का मतलब है, जंक ई-मेल फोल्डर में फिल्टर किए जाने वाले सही मैसेजेस की संख्या घटाना। यही डीफॉल्ट मोड है।
- **हाई (High):** इनमिंग मेल पर हाई लेवल की फिल्टरिंग की जाती है। इस विकल्प का प्रयोग तब करें जब आप विकल्प को चुना, तो आपको नियमित रूप से अपने जंक मेल फोल्डर को चैक करना पड़ेगा क्योंकि इसमें सही मैसेज भी गल्ती से जा सकते हैं।
- **केवल सेफ लिस्ट्स:** केवल सेफ सेंडर्स और सेफ रेसीपिएंट्स के मैसेजेस ही आपके इन बॉक्स में पास किए जा सकते हैं। बाकी सभी मेल को जंक मेल की तरह लिया जाता है। यह प्रोटेक्शन का सबसे चरम रूप है।

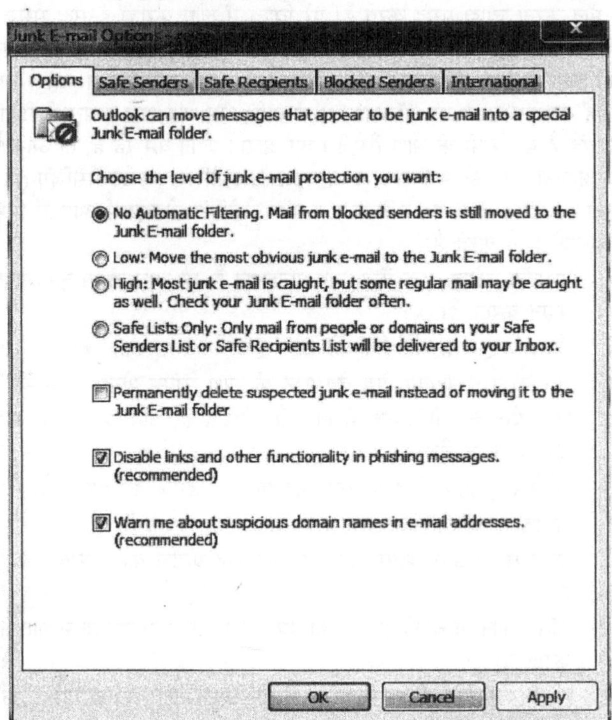

चित्र 7.40: जंक ईमेल ऑप्शन डायलॉग बॉक्स

4. संदेहास्पद जंक ई-मेल को स्थाई रूप से डिलीट करने के लिए, इसे जंक ई-मेल फोल्डर में भेजने के बदले आप एक चैक बॉक्स सिलेक्ट करके इसे स्थाई रूप से डिलीट भी कर सकते हैं ताकि ये जंक ई-मेल फोल्डर में जाने से पहले ही स्थाई रूप से डिलीट हो जाए।
5. इमेज और ग्राफ़िक्स को इनबॉक्स में डाउनलोड करने से बचाने के लिए फिशिंग चैक बॉक्स में (phishing check box) से डिसेबल्ड लिंक और अन्य फंक्शन्स को चुनें। (देखें चित्र 7.40)।
6. ई-मेल ऐड्रेसेज चैक बॉक्स में संदेहास्पद डोमेन नेम्स के बारे में **वॉर्न मी** चैक बॉक्स को चुनें। इस विकल्प को चुनने से आपको तब चेतावनी दी जाती है जब एक ई-मेल मैसेज के सेंडर का डोमेन नेम फर्जी निकलता है या इसमें ऐसे कैरेक्टर्स होते हैं जो किसी प्रसिद्ध कम्पनी के डोमेन नेम से मिलते जुलते है।
7. OK बटन पर क्लिक करके सभी चेंजेस जो आपने जंक ई-मेल ऑप्शन्स डायलॉग बॉक्स में किए हैं, को सेव करें और इसे चित्र 7.33 की तरह से क्लोज करें।

7.5 डॉक्यूमेंट कोलाबोरेशन (Document Collaboration)

डॉक्यूमेंट कोलाबोरेशन टाइम और स्पेस के दबाव के बिना डिपार्टमेंट्स के बीच प्रोजेक्ट विशेष से संबंधित सूचना को शेयर करने के लिए संगठनों को सशक्त बनाता है। एक कॉमन वर्चुअल प्लैटफॉर्म में लॉगइन करने से ही कर्मचारी तुरंत एक दूसरे के साथ कोलाबोरेट (संपर्क स्थापित) कर सकते हैं। रूटीन कार्य और समय पर पूर्ण होने वाले फंक्शन्स को मैनेज और रिव्यू किया जा सकता है। बिजनेस से जुड़े व्यक्ति कर्मचारियों से बातचीत कर सकते हैं, डॉक्यूमेंट्स शेयर कर सकते हैं, कार्य का शिड्यूल तय कर सकते हैं और पर्फार्मेंस को कुशलता से मॉनीटर कर सकते हैं। कर्मचारी कम्पनी के विशेषज्ञों से समय समय पर स्पष्टीकरण ले सकते हैं और इस सूचना को वैश्विक रूप से शेयर कर सकते हैं।

☞ डॉक्यूमेंट कोलाबोरेशन का अर्थ है डाटा को लगातार स्थिर रूप से शेयर करते रहना, ताकि इसे अधिकृत व्यक्तियों द्वारा रिट्रीव, रिव्यू, अप्रूव और ऑडिट किया जा सके।

डॉक्यूमेंट कोलाबोरेशन का प्रयोग करने में आपकी सफलता टूल्स के चयन पर निर्भर करती है जो डॉक्यूमेंट्स को अपलोड करने, खोजने और रिव्यू करने का एक सुरक्षित तरीका प्रदान करता है और फिर इस रिव्यू प्रक्रिया में अन्य को शामिल करता है।

आइए अधिक सुरिक्षत तरीकों की तुलना में ई-मेल से डॉक्यूमेंट्स को भेजने से जुड़े कुछ खतरों के बारे में जानें।

डॉक्यूमेंट रिव्यू रिस्क (Document Review Risks)

डॉक्यूमेंट कोलाबोरेशन के साथ जुड़े खतरों से बिजनेस प्रक्रिया में प्रगति हो सकती है। यहाँ कुछ उदाहरण दिए जा रहे हैं कि हमें किस प्रकार शुरूआत करनी चाहिए।

1. **गाइडलाइन्स (Guidelines):** हम संगठनों के साथ कार्य करते हैं ताकि दिशा निर्देशों का एक सैट डेवलप किया जा सके जिससे डॉक्यूमेंट्स को रिव्यू किया जाए। इससे प्रत्येक कॉंट्रीब्यूटर समझता है कि रिव्यू प्रक्रिया के दौरान उनसे क्या अपेक्षा की जाती है। जो आपके लिए साधारण हो सकता है, विशेष कर तब जब आप वेब टेक्नोलॉजी में पारंगत हैं, वह अन्य व्यक्तियों के लिए अधिक चुनौती पूर्ण हो सकता है।
2. **ओनरशिप (Ownership):** प्रत्येक डॉक्यूमेंट का एक डॉक्यूमेंट ओनर (मालिक) होना चाहिए। इस तरह, व्यक्ति ही डॉक्यूमेंट को रिव्यू सायकल से निकालने के लिए जिम्मेदार होता है और यह सुनिश्चित करता है कि इसे समय से स्वीकृति मिल जाए।
3. **सिक्योरिटी (Security):** ई-मेल से डॉक्यूमेंट्स की शेयरिंग से अलग प्रकार के सुरक्षा संबंधी खतरे पैदा होते हैं, विशेष रूप से विश्वसनीय (गुप्त) डॉक्यूमेंट्स के लिए।
4. **प्रोग्रेस रिपोर्ट (Progress Report):** जब हम सब ई-मेल की सुविधा का लाभ उठाते हैं, तो क्या अन्य लोगों ने डॉक्यूमेंटेशन को रिव्यू करना शुरू

कर दिया है या उन्होंने इसे खोला भी है या नहीं, इसे जानने का कोई अन्य तरीका नहीं है।

5. **शिड्यूलिंग (Scheduling):** ई-मेल की एक लिमिटेशन यह है कि, जहाँ आप दूसरों को यह याद दिलाते हैं, कि तय तारीख तक डॉक्यूमेंट का रिव्यू पूरा कर लें, वहीं हो सकता है वो इसे अनदेखा कर दें या उसे ई-मेल में देखें ही नहीं।
6. **वर्कफ्लो (Workflow):** डॉक्यूमेंट कोलाबोरेशन के साथ सफलता को नापने का सही तरीका है करेंट प्रोसेसेज को बेहतर बनाना, कॉस्ट में कमी लाना और ग्राहकों को संतुष्ट करना। आपको एक ऐसा परिदृश्य नहीं चाहिए जहाँ उच्च वेतन प्राप्त टीम मेंबर्स डॉक्यूमेंट्स के बीच कटिंग और पेस्टिंग करने में घंटों का समय बिताते हैं।

7.6 इन्स्टैंट मैसेजिंग और कोलाबोरेशन (Instant Messaging and Collaboration)

इन्सटैंट मैसेजिंग (IM) दो या दो से अधिक लोग, जो पर्सनल कम्प्यूटर्स या अन्य डिवाइसेज का प्रयोग शेयर्ड क्लाइंट्स के साथ करते हैं, के बीच रीयल-टाइम डायरेक्ट टेक्स्ट-आधारित कम्यूनिकेशन करने का एक रूप है। यूजर्स का टेक्स्ट नेटवर्क, जैसे इंटरनेट, पर भेजा जाता है। अधिक ऐडवांस्ड इन्सटैंट मैसेजिंग सॉफ्टवेयर क्लाइंट्स कम्यूनिकेशन के अधिक उन्नत मोड की अनुमति देते हैं जैसे लाइव वॉएस या वीडियो कॉलिंग।

इन्सटैंट मैसेजिंग प्रभावी एवं दक्ष कम्यूनिकेशन की अनुमति देता है, ताकि उत्तर या ऐक्नॉलेजमेंट (पाने) की रिसीप्ट तुरंत दी जा सके। कई केसेज में, इन्सटैंट मैसेजिंग में अतिरिक्त फीचर्स शामिल होते हैं जो इसे और भी अधिक लोकप्रिय बनाते हैं। जैसे यूजर्स एक दूसरे को वेबकैम्स के द्वारा देख सकते हैं। जैसे इंटरनेट पर माइक्रोफोन और हैडफोन्स या लाउडस्पीकर्स का प्रयोग करके फ्री में सीधे बातचीत कर सकते हैं। कई क्लाइंट्स प्रोग्राम्स फाइल ट्रांसफर की अनुमति देते हैं, यद्यपि वो तय फाइल-साइज़ में ही सीमित होते हैं।

कई इन्सटैंट मैसेजिंग सर्विसेज वीडियो कॉलिंग फीचर्स, वॉएस ओवर इंटरनेट प्रोटोकॉल (VOIP) और वेब कॉन्फ्रेंसिंग सर्विसेज प्रदान करते हैं। वेब कॉन्फ्रेंसिंग सर्विसेज वीडियो कॉलिग और इन्सटैंट मैसेजिंग क्षमताओं दोनों को इंटीग्रेट कर सकती है।

☞ कुछ इन्सटैंट मैसेजिंग कम्पनीज डेस्कटॉप शेयरिंग भी प्रदान करती हैं। इसके अलावा ये IP रेडियो और IPTV वॉएस और वीडियो फीचर्स के लिए प्रदान करती हैं।

7.6.1 इन्स्टैंट मैसेजिंग प्रावाइडर्स (Instant Messaging Provides)

प्रथम इन्सटैंट मैसेजिंग सर्विस वर्ष 1996 में एक इज़राइल स्थित ICQ द्वारा शुरू की गई थी। ICQ एक इन्सटैंट मैसेजिंग कम्प्यूटर प्रोग्राम है जिसका मालिक Time Warner's AOL Subsidiary है। ICQ को सबसे पहले इज़राइली कम्पनी Mirabilis ने विकसित किया था। प्रोग्राम का प्रथम वर्जन 1996 नवंबर में रिलीज हुआ। इसके बाद इसे अमेरिका ऑनलाइन ने अपने अधिकार में ले लिया। प्रमुख इन्सटैंट मैसेजिंग प्रोवाइडर्स हैं AOL's इन्सटैंट मैसेजर (AIM), ICQ, Yahoo! मैसेंजर, RediffBol, Google Talk, Jabber और माइक्रोसॉफ्ट के द्वारा शुरू किए गए Microsoft Network या MSN मैसेंजर, विंडोज़ मैसेंजर और विंडोज Live मैसेंजर।

इन्सटैंट मैसेजिंग प्रोवाइडर्स वीडियो फोनिंग फाइल शेयरिंग, PC-to-PC वॉएस मेलिंग और PC-to-रेगुलर फोन कॉलिंग जैसी सर्विसेज भी प्रदान करते हैं। इन्सटैंट मैसेजिंग ने IP टेलीफोनी को बढ़ावा दिया क्योंकि IM सॉफ्टवेयर ''टैक्स्ट चैट'' से ''वॉएस चैट'' में स्विच करने को आसान बनाता है, जबकि यूजर के पास हैडसेट या माइक्रोफोन और स्पीकर्स हों। इन्सटैंट मैसेज प्रोवाइडर्स यूजर्स को ये विकल्प देते हैं कि वो सबसे पहले एक मित्रों की लिस्ट (Buddy List) तैयार करें। आपको इस लिस्ट में उन लोगों के यूजर नेम्स ऐड करने होंगे जिन्हें आप मैसेज करना चाहते हैं। इसे फ्रैंड लिस्ट या कॉन्टैक्ट लिस्ट भी कहा जाता है। जब वो इंटरनेट पर लॉग ऑन करते हैं, अपने इन्सटैंट मैसेज सॉफ्टवेयर के साथ, और यदि उन्होंने स्वयं को ''अदृश्य'' "(invisible)" के रूप में कन्फिगर नहीं किया हुआ है, तो आपको तुरंत ऐलर्ट किया जाता है। जब वो लॉग ऑफ करते हैं, तो भी आपको इसकी सूचना दी जाती है। प्रत्येक सिस्टम में उसके अपने तरीके होते हैं इनकमिंग और आउटगोइंग मैसेजेस को ब्लॉक करने के।

हममें से कई लैटर्स लिखने के बदले या फोन पर कॉल करने के बदले ई-मेल करना ज्यादा पसंद करते हैं। पूरे विश्व में लोग करोड़ों ई-मेल मैसेजेस प्रतिदिन भेजते हैं। हमें याद रखना चाहिए कि कभी कभी ई-मेल भी उतना तेज नहीं होता है। आप नहीं जानते हैं कि जिस व्यक्ति को आप ई-मेल भेजना चाह रहे हैं वह उस समय पर ऑनलाइन है या नहीं। और यदि आप वापस ई-मेलिंग कर रहे हैं या किसी के साथ मैसेजेस का आदान प्रदान कर रहे हैं, तो आमतौर पर आपको कुछ स्टेप्स क्लिक करने पड़ते हैं। इसीलिए इन्सटैंट मैसेजिंग (IM) इतना लोकप्रिय हुआ है। अधिकतर इन्सटैंट मैसेजिंग प्रोवाइडर्स आपको निम्न सुविधाएँ प्रदान करते हैं।

- **इन्सटैंट मैसेज:** एक फ्रैंड, जो ऑनलाइन है, के साथ नोट्स का आदान प्रदान करता है।
- **चैट:** फ्रैंड्स या सहर्मियों को साथ एक चैट रूम बनाता है।
- **वेब लिंक्स:** आपकी प्रिय वेबसाइट के साथ लिंक्स शेयर करता है।
- **वीडियो:** व्यू वीडियोज भेजता और देखता है, और फ्रैंड्स के साथ फेस-टू-फेस चैट करता है।
- **इमेजेस:** आपके फैंड के कम्प्यूटर पर स्टोर इमेज को देखता है।
- **साउंड्स:** आपके फ्रैंड्स के लिए साउंड प्ले करता है।
- **फाइल्स:** फाइल्स शेयर करता है और उन्हें फ्रैंड्स को डायरेक्ट भेजता है।
- **टॉक:** फोन के बदले इंटरनेट का प्रयोग करके फ्रैंड से वास्तव में बातचीत करता है।
- **स्ट्रीमिंग कंटेंट:** रीयल टाइम या नीयर-रीयल-टाइम स्टॉक कोट्स और न्यूज बताता है।
- **मोबाइल केपेबिलिटीज़:** अपने सेल फोन से इन्सटैंट मैसेजेस भेजता है।

7.6.2 इन्सटैंट मैसेजिंग का प्रयोग करना (Using Instant Messaging)

नीचे दिए गए स्टेप्स से आपको समझ में आ जाएगा कि एक इन्सटैंट मैसेजिंग सर्विस से वास्तव में क्या होता है:

1. आप डाउनलोड पेज में जाएँ और फ्री सॉफ्टवेयर क्लाइंट की एक कॉपी अपने कम्प्यूटर पर प्राप्त करें।
2. आप सॉफ्टवेयर इन्स्टॉल करें और क्लाइंट को ओपन करें।,
3. क्लाइंट सर्वर से जुड़ने की चेष्टा करता है। यह कम्यूनिकेशन के लिए एक प्रोप्राइटरी प्रोटोकॉल्स का प्रयोग करता है।
4. एक बार जब क्लाइंट सर्वर से कनेक्ट हो जाता है, तो आप अपना नाम

और पासवर्ड एंटर करके सर्वर में लॉगइन कर सकते हैं। यदि यह आपका पहला अनुभव है, तो आप एक अकाउंट के लिए साइनअप करके इसे प्रयोग करना शुरू कर सकते हैं। जब सर्वर आपका नाम और पासवर्ड वेरिफाई कर देता है। तो आप लॉगइन हो जाते हैं।

5. क्लाइंट कनेक्शन सूचना (IP ऐड्रेस और क्लाइंट से जुड़े हुए पोर्ट की संख्या) उस कम्प्यूटर के सर्वर को भेजता है जिसे आप प्रयोग कर रहे हैं। यह यूजर को आपकी कॉन्टैक्ट लिस्ट में स्थिति प्रत्येक नाम प्रदान कराता है।
6. सर्वर टेम्परेरी फाइल्स बनाता है जिसमें आप के और आपके कॉन्टैक्ट्स की लिस्ट के लिए कनेक्शन सूचना होती है। इसके बाद यह जाँच करता है कि क्या आपकी कॉन्टैक्ट लिस्ट में से किसी यूजर ने अभी लॉगइन किया है।
7. यदि सर्वर को पता लगता है कि आपके किसी कॉन्टैक्ट ने लॉगइन किया है, तो यह आपके कम्प्यूटर पर क्लाइंट को वापस मैसेज भेजता है, उस यूजर की कनेक्शन सूचना के साथ। सर्वर आपकी कनेक्शन सूचना उन लोगों को भी भेजता है जो आपकी कॉन्टैक्ट लिस्ट में हैं और जिन्होंने साइन इन किया है।
8. जब आपका क्लाइंट आपके कॉन्टैक्ट लिस्ट के व्यक्तियों के बारे में कनेक्शन सूचना प्राप्त करता है, तो यह उस व्यक्ति का "ऑन लाइन" स्टेटस बदल देता है। आप कान्टैक्ट लिस्ट में उस व्यक्ति के नाम पर क्लिक करते हैं जो ऑन लाइन होता है, और एक विंडो खुलती है जिसमें आप टेक्स्ट एंटर करते हैं। आप मैसेज एंटर करके क्लिक करते हैं और "सेंड" पर क्लिक करते हैं या एंटर दबाते हैं ताकि आप उस व्यक्ति के साथ कम्यूनिकेट कर सकें।
9. चूँकि आपके क्लाइंट के पास एक IP ऐड्रेस और पोर्ट नंबर उस व्यक्ति के कम्प्यूटर का होता है जिसे आपने मैसेज भेजा है, तो आपका मैसेज उस व्यक्ति के कम्प्यूटर पर क्लाइंट को सीधे भेज दिया जाता है। अन्य शब्दों में कहा जाए तो, सर्वर इस मौके पर शामिल नहीं होता है। सभी कम्यूनिकेशन दो क्लाइंटों के बीच डायरेक्ट होती है।
10. अन्य व्यक्ति आपके इन्सटैंट मैसेज को प्राप्त करता है और अपनी प्रतिक्रिया देता है। जो विंडो आप लोग अपने अपने कम्प्यूटर पर देखते हैं वह बातचीत के स्क्रॉलिंग डायलॉग्स के साथ बढ़ती चलती है। प्रत्येक व्यक्ति के इन्सटैंट मैसेजेस इस विंडो में दोनों कम्प्यूटर्स में दिखाई देते हैं।
11. जब बातचीत पूरी हो जाती है, तो आप मैसेज विंडो को बद कर देते हैं। अर्थात् आप ऑफ लाइन हो जाते हैं और एग्ज़िट कर जाते हैं। जब ऐसा होता है, तो आपका क्लाइंट सर्वर को मैसेज भेजता है कि सैशन को समाप्त किया जाए। सर्वर कॉन्टैक्ट लिस्ट पर प्रत्येक व्यक्ति के क्लाइंट को, जो अभी ऑनलाइन है, मैसेज भेजता है यह बताने के लिए कि आप लॉग ऑफ कर चुके हैं। अंत में, सर्वर टेम्परेरी फाइल्स डिलीट कर देता है जिसमें आपके क्लाइंट के लिए कनेक्शन सूचना रहती है। आपके कॉन्टैक्ट्स के क्लाइंट्स में, जो ऑनलाइन हैं, आपका नाम ऑफलाइन स्टेटस सैक्शन में चला जाता है।

कुछ लोकप्रिय इन्सटैंट मैसेंजर हैं Yahoo Messenger, MSN Meassenger, RediffBol, Google Talk और Skype।

Skype इन्सटैंट मैसेंजर का प्रयोग करना (Using the Skype Instant Messangers)

स्काइप एक जाना माना इन्सटैंट मैसेंजर है। यह यूजर्स को इसके द्वारा दी जाने वाली इन्सटैंट मैसेजिंग की सुविधा का लाभ उठाने की अनुमति देता है। इन्सटैंट मैसेजिंग के अलावा, स्काईप का अन्य फीचर है फाइल ट्रांसफर, वीडियो कॉन्फ्रेंसिंग आदि। स्काईप यूजर्स को शॉर्ट मैसेज सर्विस भी प्रदान करता है। Niklas Zennstorm और Janus Friis ने स्काईप सॉफ्टवेयर प्रोग्राम को विकसित किया था। आपको एक स्काइप प्रोग्राम डाउनलोड करना होता है, जिसे इन्स्टॉल करें, एक स्काईप यूजर के रूप में रजिस्टर करें और स्काईप ऐप्लीकेशन का उपयोग शुरू करें।

एक बार इन्स्टॉल होने के बाद, प्रोग्राम किसी भी अन्य चैट प्रोग्राम की तरह दिखता है और कार्य भी करता है। आप इसमें कॉन्टैक्ट्स ऐड कर सकते हैं, उन्हें ब्लॉक कर सकते हैं, देख सकते हैं कि वो ऑन लाइन हैं या नहीं और उनके साथ कम्यूनिकेट कर सकते हैं।

स्काईप इन्स्टॉल करना (Installing Skype)

1. अपने पीसी या लैपटॉप में स्काईप इन्स्टॉल करने के लिए, सबसे पहले आपको इंटरनेट से स्काईप सैटअप ऐप्लीकेशन डाउनलोड करना चाहिए। (आप स्काई सैटअप ऐप्लीकेशन को http://www.skype.com/intl/en_us/get_skype/on_your_computer/windows/downloading/ से डाउनलोड कर सकते हैं)
2. अपने कम्प्यूटर में स्काईप सैटअप ऐप्लीकेशन सेव करने के बाद, स्काईप सैटअप फाइल पर डबल क्लिक करो।
3. सैटअप विज़ार्ड में सिंपल स्टेप्स फॉलो करो ताकि इन्स्टॉलेशन को पूरा किया जा सके।

स्काईप स्टार्ट करना (Starting Skype)

1. **स्टार्ट** बटन पर क्लिक करो।
2. **ऑल प्रोग्राम्स** पर क्लिक करो।
3. अब **स्काईप फोल्डर का नाम** सिलेक्ट करो और फिर रिजल्ट्स की लिस्ट में से स्काईप सिलेक्ट करो (देखें चित्र 7.41)

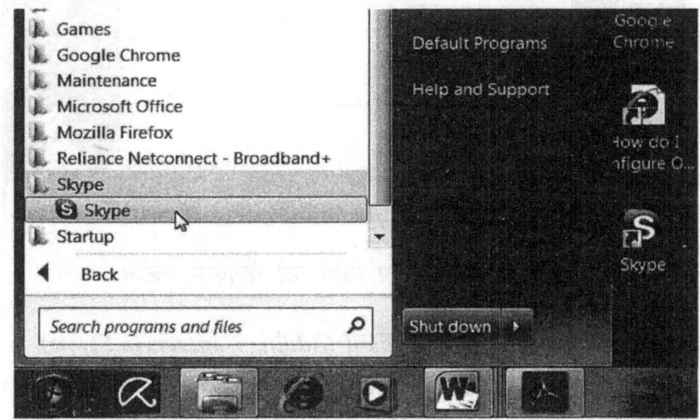

चित्र 7.41: स्टार्ट मेन्यू से स्काईप स्टार्ट करना

☞ स्काईप 28 भाषाओं में उपलब्ध है और विश्व के प्राय: सभी देशों में प्रयोग किया जाता है।

यदि आप पहली बार स्काईप स्टार्ट कर रहे हैं तो यह एक क्रिएट **अकाउंट विंडो** खोलेगा जैसाकि चित्र 7.42 में दिखाया गया है।

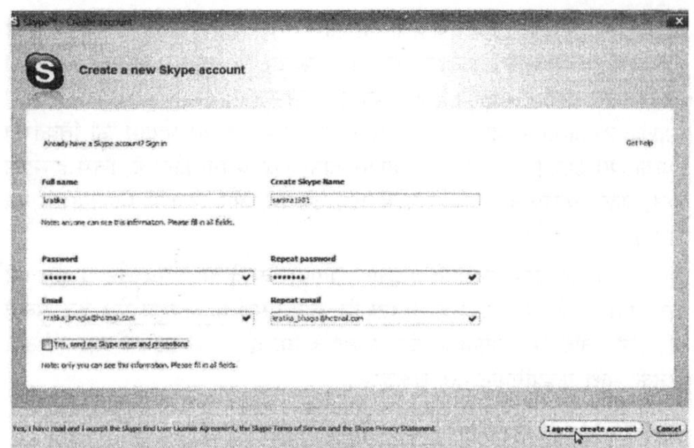

चित्र 7.42: स्काईप विंडो में एक अकाउंट खोलना

1. उपरोक्त स्क्रीन में अपना नाम, स्काईप यूज़रनेम, स्काईप के लिए पासवर्ड एवं अपना ई-मेल ऐड्रेस टाइप करो।
2. अब वहाँ दिखाए गए निर्देशों को फॉलो करो और **साइनइन** बटन पर क्लिक करो जैसाकि चित्र 7.43 में दिखाया गया है।

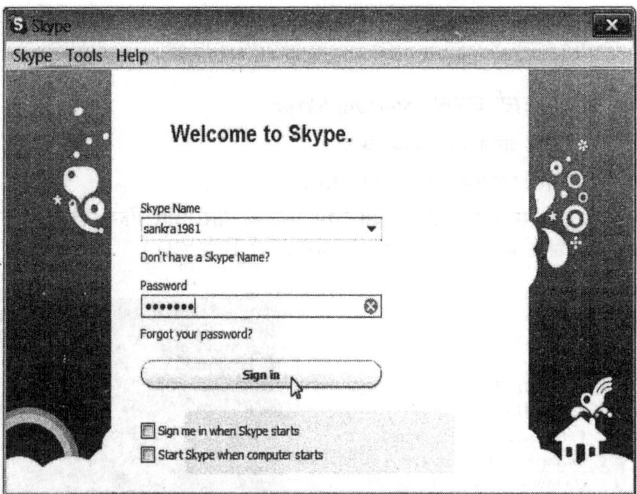

चित्र 7.43: स्काईप विंडो की वैलकम स्क्रीन

स्काईप में कॉन्टैक्ट्स ऐड करना (Adding Contacts in Skype)

आप एक सिंगल कॉन्टैक्ट ऐड कर सकते हैं, या आप एक साथ मल्टीपल कॉन्टैक्ट्स, अपने ई-मेल अकाउंट की ऐड्रेस बुक में से इम्पोर्ट कर सकते हैं। एक बार जब आपने अपने दोस्तों को कॉन्टैक्ट के रूप में ऐड कर लिया, तो आप एक दूसरे से कॉल्स पर बात कर सकते हैं, वीडियो कॉल्स कर सकते हैं या इन्स्टैंट मैसेजेस (IMs) और फाइल्स भेज सकते हैं।

→ **एक कॉन्टैक्ट ऐड करने के लिए:**

1. स्काईप में साइन इन करें।
2. कॉन्टैक्ट्स मेन्यू पर क्लिक करें (देखें चित्र 7.44)।
3. अब Add a Contact... पर क्लिक करें।

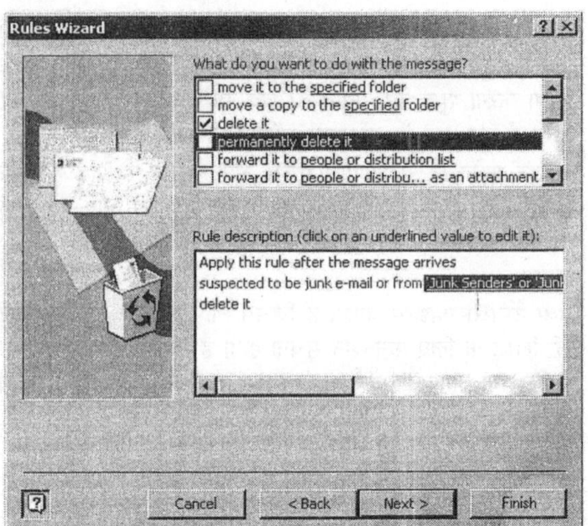

चित्र 7.44: कॉन्टैक्ट्स मेन्यू में से Add a contact ऑप्शन चुनना

4. चित्र 7.45 की तरह से Add a Contact विंडो खुलेगी

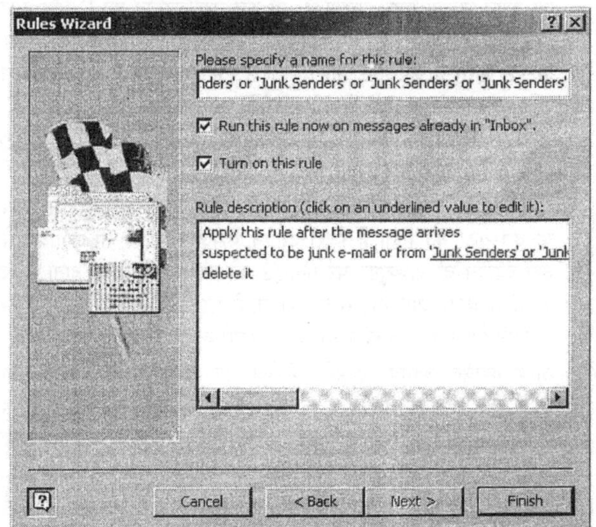

चित्र 7.45: Add a Contact डायलॉग बॉक्स

5. इस स्क्रीन में उस व्यक्ति का ई-मेल, फोन नंबर, फुल नेम या स्काईप नेम एंटर करें जिसे आप ऐड करना चाहते हैं।
6. यदि ऐड किए जाने वाले व्यक्ति का अकाउंट डिस्प्ले होता है, तो कॉन्टैक्ट के नीचे Add पर क्लिक करें।

कॉन्टैक्ट ऐड होने से पहले आप उस व्यक्ति को कुछ टेक्स्ट एंटर करके एक रिक्वेस्ट भेज सकते हैं और चित्र 7.46 की तरह से Send Request पर क्लिक कर सकते हैं। जब वह कॉन्टैक्ट आपकी कॉन्टैक्ट लिस्ट में ऐड हो जाएगा, इसके यह बाद तब तक ऑफ लाइन दिखेगा जब तक वह आपकी रिक्वेस्ट को ऐक्सेप्ट नहीं कर लेगा। जब एक बार वह व्यक्ति आपकी रिक्वेस्ट को मान जाता है, तो वो आपकी कॉन्टैक्ट लिस्ट में ऐड हो जाएगा। आप फिर उस व्यक्ति को फ्री कॉल्स कर सकते हैं, वीडियो कॉल्स कर सकते हैं और इन्स्टैंट मैसेजेस और फाइल्स का आदान-प्रदान कर सकते हैं।

स्काईप टू स्काईप कॉलिंग (Skype to Skype Calling)

यदि आपकी कॉन्टैक्ट लिस्ट में कॉन्टैक्ट्स होते हैं, तो आप उस व्यक्ति को असानी से काल कर सकते हैं।

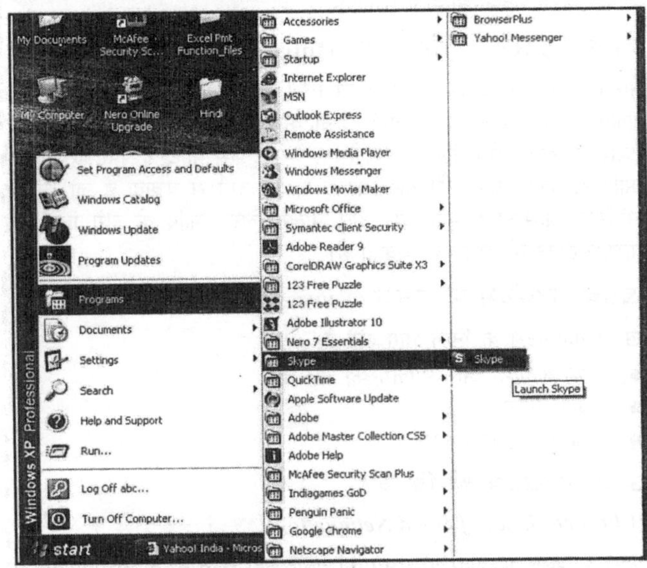

चित्र 7.46: Send Contact Request डायलॉग बॉक्स

1. स्काईप में साइन इन करें
2. कॉन्टैक्ट्स टैब पर, जिस व्यक्ति को कॉल करना है उसे खोजें।
3. कॉन्टैक्ट्स पर क्लिक करें। आप मेन विंडो में उसके डिटेल्स देखेंगे।
4. कॉल बटन पर क्लिक करें, आप को रिंगिंग सुनाई पड़ेगी।
5. हैंगअप के लिए, एंड कॉलबटन पर क्लिक करें।

☞ स्काईप से फोन्स और मोबाइल फोन्स पर कॉल करने के लिए, आपका कुछ स्काईप क्रेडिट और एक सब्सक्रिप्शन खरीदना होगा। यदि अन्य व्यक्ति इंटरनेट पर स्काइप से कनेक्टेड नहीं है, तो आप कॉन्टैक्ट की प्रोफाइल पर एक नंबर पर कॉल कर सकते हैं या डायल पैड का प्रयोग करके एक फोन नंबर एंटर कर सकते हैं।

स्काईप से फोन्स और मोबाइल्स पर कॉल करना (Call Phones and Mobiles from Skype)

1. डायल पैड पर ऐक्सेस करने के लिए, call phones आयकन पर क्लिक करें।
2. डायल पैड में, फ्लैग मेन्यू से एक कंट्री चुने यदि आप बाहर बात कर रहे हैं।
3. अब फोन नंबर टाइप करें (या की पैड पर नंबर्स पर क्लिक करें)।
4. अंत में कॉल बटन पर क्लिक करें।

एक वीडियो कॉल करना (Making a Video Call)

स्काईप के साथ वीडियो कॉलिंग भी फ्री होती है बशर्ते वह वयक्ति जिसे आप कॉल कर रहे हैं, एक स्काईप यूजर हो। एक वीडियो कॉल करने से पहले, आप और वह व्यक्ति जिसे आप कॉल कर रहे हैं, यह चैक करें कि वेब कैम सही ढंग से काम कर रहा है और इंटरनेट कनेक्शन भी सही तरीके से कार्य कर रहा है।

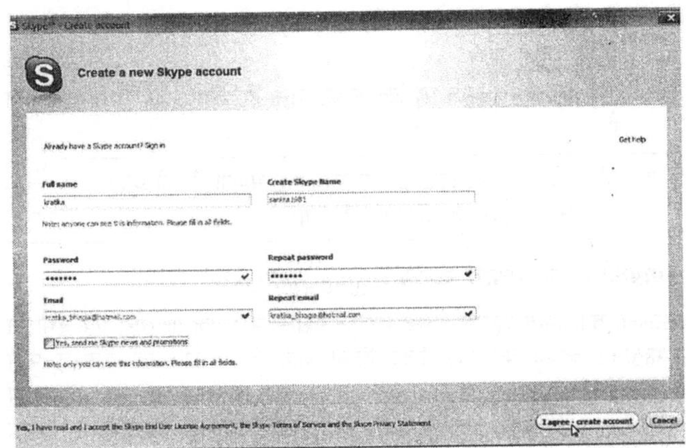

चित्र 7.47: कॉल फोन टैब

1. स्काईप में साइन इन करें।
2. अपनी कॉन्टैक्ट लिस्ट में से उस व्यक्ति को सिलेक्ट करें जिसे आप कॉल करना चाहते हैं।
3. चैक करें कि वह व्यक्ति ऑन लाइन है या नहीं।
4. कॉलिंग एरिया में 'वीडियो कॉल' पर क्लिक करें। आपका वीडियो कॉल तब शुरू होगा जब वह व्यक्ति उत्तर देगा।

☞ आप वीडियो कॉल के दौरान अपना वीडियो कभी भी ऑफ कर सकते हैं। यदि आप ऐसा करते हैं तो जिस व्यक्ति को आप कॉल करते हैं वह आपका वीडियो नहीं देख सकेगा, यद्यपि आप उसका वीडियो देख पाएँगे।

इन्सटैंट मैसेजेस भेजना (Send Instant Message)

1. आपकी कॉन्टैक्ट लिस्ट में से उस व्यक्ति या ग्रुप को खोजें जिसे आप मैसेज भेजना चाहते हैं।
2. उस व्यक्ति पर राइट क्लिक करें, एक पॉपअप मेन्यू चित्र 7.48 की तरह दिखाई देगा। Send IM विकल्प को लिस्ट में से चुनें।

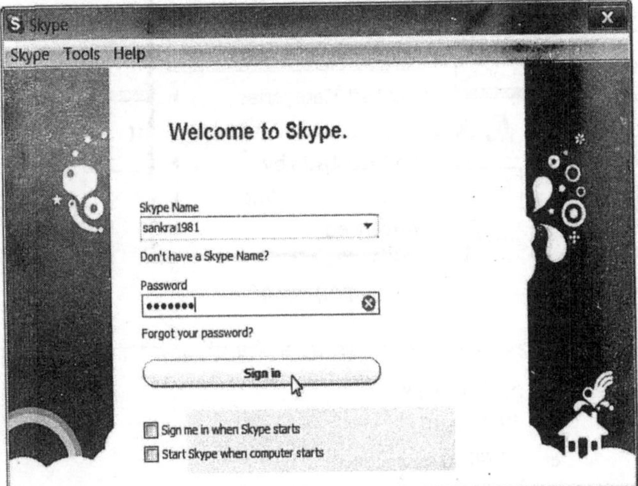

चित्र 7.48: इन्सटैंट मैसेजेस भेजना

3. मेन विंडो में, कन्वर्सेशन बॉक्स के भीतर क्लिक करें।
4. मैसेज टाइप करें।
5. अब सेंड मैसेज बटन पर क्लिक करें जैसा कि चित्र 7.49 में दिखाया गया है।

☞ यदि कोई आपको इन्सटैंट मैसेजेस (IM) भेजता है, तो आपके Recent Tab पर एक ऑरेंज डॉट दिखाई देगा।

स्माइलीज़ का प्रयोग करना (Using Smileys)

स्माइली का प्रयोग अक्सर टेक्स्ट कम्यूनिकेशन्स में मैसेज के साथ एक इमोशन (भावना) व्यक्त करने के लिए किया जाता है। जिस तरह फेस-टू-फेस (आमने-सामने) या टेलीफोन वार्तालाप में चेहरे के हाव भाव या आवाज़ में उतार चढ़ाव का प्रयोग होता है, उसी तरह टेक्स्ट मैसेजेस में स्माइलीज़ का प्रयोग होता है। उदाहरण के लिए यदि आप किसी के साथ मज़ाक कर रहे हैं और आपने उसे एक टेक्स्ट मैसेज भेजा जिसमें ईडियट! लिखो हो तो जिस व्यक्ति को आपका मैसेज मिलता है वो ये सोच सकता है कि आप उस पर एक गंदा कमेंट कर रहे हैं। लेकिन यदि आप उसी मैसेज को एक 'हैप्पी स्माइली': ("happy smiley:") के साथ भेजते हैं तो वही व्यक्ति ये समझ जाएगा कि आपने ऐसा हँसी मज़ाक में कहा है सीरीयसली नहीं। इससे दो लोगों के बीच कोई गलतफ़हमी नहीं आती है। एक स्माइली बनाने के लिए, आप अपने स्टैंडर्ड कीबोर्ड कैरेक्टर्स और पंक्चुएशन मार्क्स का ही प्रयोग करते हैं। स्माइलीज़ अक्सर चैट रूम्स, गेम्स रूम्स, इन्स्टेंट मैसेजिंग और ई-मेल में प्रयोग की जाती हैं। अलग अलग तरह की स्माइलीज़ होती हैं, जो इस प्रकार हैं:

(a) बेसिक स्माइलीज़
(b) ज़्यादा इस्तेमाल होने वाली स्माइलीज़
(c) मेगा स्माइलीज़
(d) यूज़नेट स्माइलीज़
(e) मिडगेट स्माइलीज़
(f) इमोशनल स्माइलीज़

चित्र 7.49

कुछ अत्यधिक लोकप्रिय स्माइलीज़ नीचे दी जा रही हैं:

:-) खुश (Happy)
:-(दुखी (Sad)
:-e. निराश (Disappointed)
>:-< पागल (Mad)
:-o आश्चर्यचकित (Surprised)
:-@ चिल्लाना (Screaming)
:-I उदासीन (Indifferent)
:-D हँसना (Laughing)
:-) पलक झपकना (wink)

7.6.3 इंटरनेट नेटिकेट्स (Internet Netiquettes)

नेटिकेट्स (Netiquettes), इंटरनेट पर किए जाने वाले सही व्यवहार के लिए बनाए गए कन्वेन्शनल रूल्स होते हैं। नेटिकेट्स, इंटरनेट को कम्यूनिकेशन्स के ट्रेडीशनल रूप जैसे टेलीफ़ोन कन्वर्सेशन, फ़ेस टू फ़ेस मीटिंग्स, पेपर बेस्ड लेटर्स आदि से अलग करते हैं। यह आपको गलतफ़हमी से बचाता है जो इंटरनेट सर्विसेज खासकर ई-मेल, चैट और मेलिंग लिस्ट आदि के द्वारा किए गए कम्यूनिकेशन के दौरान् हो सकती है।

खराब नेटिकेट्स के लक्षण (Nature of Poor Netiquette)

खराब नेटिकेट्स के निम्न भाग होते हैं:

- खराब ग्रामर और स्पेलिंग की गल्तियाँ
- जंक मेल्स
- खराब या कड़ी भाषा

अच्छे नेटिकेट्स की विशेषता (Characteristics of Good Netiquette)

कम्यूनिकेशन्स जो यूज़र के समय को बर्बाद नहीं करते हैं, वो अच्छे नेटिकेट्स माने जाते हैं।

7.7 सारांश (Summary)

इस अध्याय में कम्यूनिकेशन और कोलाबोरेशन की पूरी जानकारी दी गई है। अध्याय का परिचय कम्यूनिकेशन के साथ शुरू होता है। यह वो प्रोग्राम है जिसके द्वारा एक मैसेज या सूचना एक सेंडर से एक रिसीवर को भेजी जाती है। इलेक्ट्रॉनिक मेल, मैसेजेस एक्सचेंज करने का एक तरीका है, जो मुख्य रूप से मानव के इस्तेमाल के लिए ही बनाया गया है। यह कम्यूनिकेशन का एक महत्त्वपूर्ण साधन है। इस अध्याय में मेल भेजने व प्राप्त करने के बारे में भी चर्चा की गई है। रेसीपिएंट, एक ऐड्रेस बुक में ऐड्रेस को भविष्य के इस्तेमाल के लिए सेव कर सकते हैं, एक मैसेज को एडिट कर सकते हैं, ओरीज़नल मैसेज का रिप्लाई भेज सकते हैं, मैसेज को किसी तीसरे व्यक्ति को फॉवर्ड कर सकते हैं, स्पेलिंग की जाँच कर सकते हैं और अन्य कई सारे ऑप्शन्स भी ट्राई कर सकते हैं। आउटलुक ऐक्सप्रेस का प्रयोग करके इनबॉक्स फोल्डर, सभी इनकमिंग मेल्स स्टोर करने के लिए इस्तेमाल किया जा सकता है। आउटबॉक्स एक फोल्डर, जो सभी आउटगोइंग मेल्स, जिनकी चर्चा भी की गई है, को स्टोर करता है। एक स्माइली का प्रयोग टेक्स्ट कम्युनिकेशन्स में एक मैसेज के साथ इमोशन्स को व्यक्त करने के लिए होता है और इन्हें भी विस्तार से बताया गया है।

मॉडल प्रश्न और उत्तर (Model Questions and Answers)

A. मल्टीपल चॉएस

1.1 SMTP एक सरल:
(a) TCP प्रोटोकॉल है। (b) IP प्रोटोकॉल है।
(c) TCP/IP प्रोटोकॉल है। (d) उपरोक्त में से कोई नहीं है।

1.2 ई-मेल को एक मेल बॉक्स से खोजने के लिए इस्तेमाल किया जाने वाला

एक सिंपल प्रोटोकॉल हैं:

(a) POP3 (b) POP2
(c) IMAP (d) उपरोक्त में से कोई नहीं

1.3 कम्प्यूटर नेटवर्किंग का एक लोकप्रिय ऐप्लीकेशन है न्यूज़ ग्रुप का वर्ल्ड वाइड वेब, जिसे कहा जाता है:

(a) न्यूज (News) (b) गेटवेज़ (Gateways)
(c) नेट न्यूज़ (Net News) (d) (a) और (b) दोनों

1.4 ई-मेल ऐड्रेस इनसे बना होता हैं:

(a) सिंगल पार्ट (एक भाग) (b) दो पार्ट्स (दो भाग)
(c) तीन पार्ट्स (तीन भाग) (d) उपरोक्त में से कोई नहीं

1.5 VSNL से सप्लाई किया गया प्रोग्राम, जब आप ई-मेल ऐक्सेस के लिए इंटरनेट कनेक्शन के बारे में माँगते हैं, इनमें से कौन सा होता है:

(a) ISP (b) HotDog
(c) Pine (d) उपरोक्त में से कोई नहीं

1.6 MIME इनमें से किसका संक्षिप्त रूप है:

(a) मल्टीमीडिया इंटरनेट मीडियम एग्ज़ाम
(b) मल्टीमीडिया इंटरनेट मेल एक्सटेंशन्स
(c) म्यूज़िक इंटरनेट मेल एक्सटेंशन्स
(d) मैसेज इंटरनेट मेल एक्सटेंड

1.7 इंटरनेट एक्सप्लोरर का ई-मेल कम्पोनेंट कहलाता है:

(a) मैसेंजर मेल बॉक्स (b) मैसेज बॉक्स
(c) आउटलुक एक्सप्रेस (d) इनमें से कोई नहीं

1.8 मैसेंजर मेल बॉक्स इनमें उपस्थित रहता है:

(a) इंटरनेट एक्सप्लोरर (b) नेटस्केप कम्यूनिकेटर
(c) (a) और (b) दोनों (d) उपरोक्त में से कोई नहीं

1.9 क्विक रिट्रीवल के लिए, कॉन्टैक्ट सूचना को स्टोर करने की सुविधाजनक जगह है:

(a) मैसेज बॉक्स (b) ऐड्रेस बॉक्स
(c) ऐड्रेस बुक (d) उपरोक्त में से कोई नहीं

1.10 इनमें से कौन सा स्टेटमेंट डिज़िटल सिग्नेचर के लिए सही नहीं है?

(a) यह ऑथेन्टिकेशन (प्रमाणीकरण) का एक मैकेनिज़्म (तरीका) है।
(b) यह किसी के सिग्नेचर की स्कैन्ड (scanned) इमेज होती है।
(c) यह सूचना को एन्क्रिप्ट (encrypt) करके बनाई जाती है।
(d) इसे ड्यूप्लिकेट (duplicate) नहीं किया जा सकता है।

B. निम्न कथनों में सही या गलत बताइए।

2.1 एक ही मेल मैसज की कॉर्बन कॉपी के रेसीपिएंट्स को निर्धारित करने के लिए Cc: फील्ड का प्रयोग किया जाता है।

2.2 SMTP मैसेज की लंबाई कुछ भी हो सकती है।

2.3 एक मेल बॉक्स से ई-मेल को पाने के लिए प्रयोग किया जाने वाला प्रोटोकॉल को POP1 कहा जाता है।

2.4 सभी इनकमिंग ई-मेल मैसेजेस को आउटबॉक्स फोल्डर में स्टोर करना चाहिए।

2.5 इंटरनेट के ई-मेल कम्पोनेंट को इंटरनेट एक्सप्लोरर कहा जाता है।

2.6 मेल हैडर को मेल बॉडी से, ऑफसैट करने के लिए ऐस्टरिक्स की एक लाइन का प्रयोग किया जाता है।

2.7 रेसीपिएंट का लॉग-इन नेम उसके ई-मेल ऐड्रेस का एक हिस्सा होना चाहिए।

2.8 ई-मेल मैसेजेस आमतौर पर केवल एक या दो लोगों को ही ऐड्रेस और डिलीवर्ड किए जाते हैं।

2.9 ई-मेल केवल टेक्स्ट आधारित मैसेजेस तक ही सीमित है।

2.10 ई-मेल ऐड्रेस को दो भागों को @ सिंबल से अलग किया जाता है।

उत्तर

1.	1.1	(a)	1.2	(a)	1.3	(c)	1.4	(b)	1.5	(c)
	1.6	(b)	1.7	(c)	1.8	(b)	1.9	(c)	1.10	(b)
2.	2.1	T	2.2	F	2.3	F	2.4	F	2.5	T
	2.6	F	2.7	F	2.8	T	2.9	F	2.10	T

अध्याय-8

छोटे प्रेज़ेन्टेशन्स तैयार करना (Making Small Presentations)

8.0 परिचय (Introduction)

MS पॉवरपॉइंट एक प्रेज़ेन्टेशन प्रोग्राम है जिसे विंडोज़ और MAC OS कम्प्यूटर ऑपरेटिंग सिस्टम्स के लिए विकसित किया गया। यह समझाने के तरीकों में सबसे अधिक इस्तेमाल होने वाला तरीका है जिसे अधिकतर बिज़नेस के लोग, शिक्षाविद् (ऐजुकेटर्स) और प्रशिक्षण देने वाले लोग (ट्रेनर्स) इस्तेमाल करते हैं। इसके विक्रेता, माइक्रोसॉफ्ट कॉर्पोरेशन के अनुसार, प्रतिदिन पॉवरपॉइंट से करीब 30 मिलियन प्रेज़ेन्टेशन्स बनाए जाते हैं।

माइक्रोसॉफ्ट पॉवरपॉइंट में, जैसा कि अधिकांश अन्य प्रेज़ेन्टेशन सॉफ्टवेयर में होता है, टेक्स्ट, ग्राफ़िक्स, मूवीज़ और अन्य ऑब्जेक्ट्स, अलग अलग पेजेस या स्लाइड्स पर रखी जाती हैं। "स्लाइड" स्लाइड प्रोजेक्टर के लिए एक रेफरेंस होता है, जो एक ऐसी डिवाइस है जो पॉवरपॉइंट और अन्य प्रेज़ेन्टेशन सॉफ्टवेयर की वजह से लगभग लुप्त (Obsolete) हो गई है। स्लाइड्स को स्क्रीन पर प्रिंट किया जा सकता है, डिस्प्ले किया जा सकता है और प्रेजेन्ट करने वाले की कमांड पर उनमें नेवीगेट भी किया जा सकता है। स्लाइड्स के बीच ट्रांज़ीशन (transition) को कई तरीकों से ऐनीमेट (animate) किया जा सकता है। और इसी प्रकार से स्लाइड पर, ऐलीमेंट्स की इमर्जेंस (emergence) को भी। एक प्रेज़ेन्टेशन की ओवरऑल डिज़ाइन को एक मास्टर स्लाइड से कंट्रोल किया जा सकता है। प्रत्येक स्लाइड पर टेक्स्ट तक एक्सटेंड (extend) होने वाले ओवरऑल स्ट्रक्चर को एक आउटलाइनर का प्रयोग करके एडिट किया जा सकता है। प्रेज़ेन्टेशन्स को कई प्रकार के फ़ाइल फॉर्मेट्स में सेव और रन किया जा सकता है।

8.1 उद्देश्य (Objetives)

पाठक निम्नलिखित को समझने में सक्षम हो सकेंगे:

- प्रेज़ेन्टेशन को खोलना और सेव करना
- टेम्पलेट का प्रयोग करके एक प्रेज़ेन्टेशन तैयार करना
- स्लाइड्स तैयार करना जैसे MS ऐक्सेल में बनी टेबल्स को इन्सर्ट करना, क्लिप आर्ट ऐड करना आदि।
- सुंदरता (ऐस्थेटिक्स) प्रदान करना
- स्लाइड्स का प्रेज़ेन्टेशन
- एक स्लाइड शो चलाना

8.2 पॉवरपॉइंट के बेसिक्स (Basics of PowerPoint)

पॉवरपॉइंट सबसे अधिक बिकने वाला प्रेज़ेन्टेशन ग्राफ़िक्स सॉफ्टवेयर पैकेज है जो अमेरिका के माइक्रोसॉफ्ट कॉर्पोरेशन द्वारा डिज़ाइन किया गया। 1987 में इसके आने के बाद से, पॉवरपॉइंट ने प्रेज़ेन्टेशन ग्राफ़िक्स में कार्य करने के नए स्टैंडर्ड सैट किए हैं।

पॉवरपॉइंट आपको अपने विचार एवं सूचनाएँ, जो आप दर्शकों तक पहुँचाना चाहते हैं, को बड़ी आसानी से उन तक पहुँचाने में आपकी मदद करता है। पॉवरपॉइंट से आप:

- ओवर हैड प्रोजेक्टर (OHP), 35 mm स्लाइड या स्क्रीन के ऊपर प्रेज़ेन्टेशन प्रस्तुत करने के लिए तेजी से पेपर तैयार कर सकते हैं।
- स्पीकर नोट्स से अपने प्रेज़ेन्टेशन को अतिरिक्त महत्त्व दे सकते हैं।
- माइक्रोसॉफ्ट वर्ड या माइक्रोसॉफ्ट ऐक्सेल जैसे अन्य ऐप्लीकेशन पैकेजेस में तैयार की गई सामग्री का इस्तेमाल कर सकते हैं।

8.2.1 पॉवरपॉइंट का प्रयोग करना (Using PowerPoint)

प्रेज़ेन्टेशन (Presentation)

आप स्लाइड, हैंडआउट्स या स्पीकर नोट्स के रूप में प्रेज़ेन्टेशन बना सकते हैं।

स्लाइड्स (Slides)

स्लाइड, प्रेज़ेन्टेशन का एक व्यक्तिगत पेज होता है। इसमें टेक्स्ट, ग्राफ़िक्स, क्लिपार्ट आदि हो सकते हैं। आप स्लाइड्स ओवर हैड प्रोजेक्टर की ट्रांसपेरेंसीज़ (transparencies) के लिए भी प्रिंट कर सकते हैं।

हैंड आउट्स (Handouts)

हैंड आउट्स, आपकी स्लाइड्स का प्रिंटेड रूप होता है, इसमें 2, 3 या 6 स्लाइड प्रति पेज पर प्रिंट होती हैं।

8.2.2 प्रेज़ेन्टेशन के लिए पॉवरपॉइंट 2010 को खोलना (Opening PowerPoint 2010 for Presentation)

→ **पॉवरपॉइंट 2010 स्टार्ट करने के लिए:**

1. टास्कबार पर स्थित **स्टार्ट** बटन पर क्लिक करें।
2. **ऑल प्रोग्राम्स** मेन्यू आइटम को हाई लाइट करके MS ऑफिस पर क्लिक करें और MS पॉवरपॉइंट को चुनें (देखें चित्र 8.1)

जब आप पॉवरपॉइंट 2010को पहली बार स्टार्ट करते हैं तो आप को एक ब्लैंक प्रेज़ेन्टेशन दिखाई देगा जिसमें केवल एक ही स्लाइड होगी। इसका लेआउट बहुत ही सिंपल है जिसमें ऊपर टाइटल और नीचे सबटाइटल है (देखें चित्र 8.2)

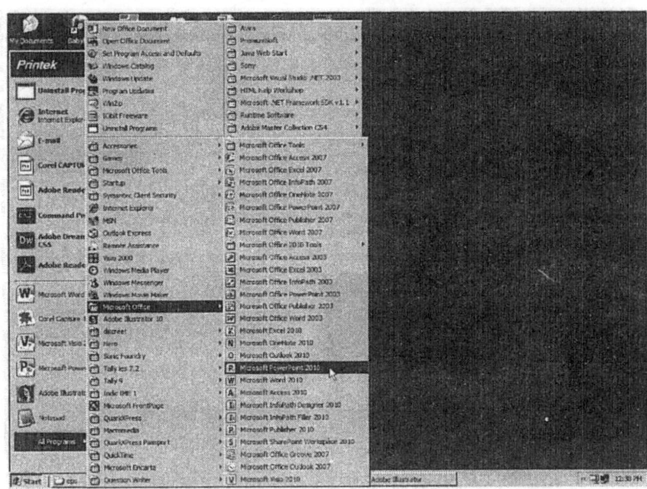

चित्र 8.1: स्टार्ट बटन से पॉवरपॉइंट को स्टार्ट करना

स्क्रीन एलीमेंट्स को समझना

(Understanding the Screen Elements)

पॉवरपॉइंट 2010 की ओपनिंग स्क्रीन, वर्ड 2007 एवं ऐक्सेल 2007 की ओपनिंग स्क्रीन से बहुत कुछ मिलती जुलती है। पॉवरपॉइंट विंडो के मुख्य ऐलीमेंट्स (elements) को चित्र 8.2 में दिखाया गया है।

टाइटल बार (Title Bar): टाइटल बार स्क्रीन के सबसे ऊपर होता है (देखें चित्र 8.2)। यह माइक्रोसॉफ्ट पॉवरपॉइंट नाम की टाइटल के साथ प्रेज़ेन्टेशन का नाम भी दिखाता है। यदि आपने अभी तक प्रेज़ेन्टेशन को सेव नहीं किया है तो 'प्रेज़ेन्टेशन 1' नाम दर्शाएगा जो प्रेज़ेन्टेशन के लिए एक डीफॉल्ट नाम होता है। टाइटल बार के दाई ओर मिनिमाइज़, रिस्टोर/मैक्सीमाइज़ एवं क्लोज़ बटन होते हैं।

रिबन (Ribbon): रिबन टाइटल बार के ठीक नीचे डिस्प्ले होता है। रिबन में कमांड्स लॉजिकल ग्रुप्स में व्यवस्थित होते हैं जो टैब्स के अंतर्गत जमा होते हैं। (चित्र 8.2)

क्विक ऐक्सेस टूलबार (Quick Access Toolbar): यह टूलबार पॉवरपॉइंट 2010 **विंडो के** टॉप पर डीफॉल्ट द्वारा ही लोकेटेड होता है। डीफॉल्ट से, यह टूलबार **सेव, अनडू** और रिपीट बटन्स डिस्प्ले करता है।

मिनिमाइज़ बटन (Minimize Button): ऐप्लीकेशन विंडो को टास्क बार पर एक बटन के रूप में छोटा कर देता है, आप रीओपन करने के लिए टास्कबार पर इसके बटन पर क्लिक कर सकते हैं।

रीस्टोर बटन (Restore Button): टाइटल बार के दाई ओर स्थित एक डबल बॉक्स जो एक एप्लीकेशन या डॉक्यूमेंट को साइजेबल विंडो में रिस्टोर करता है।

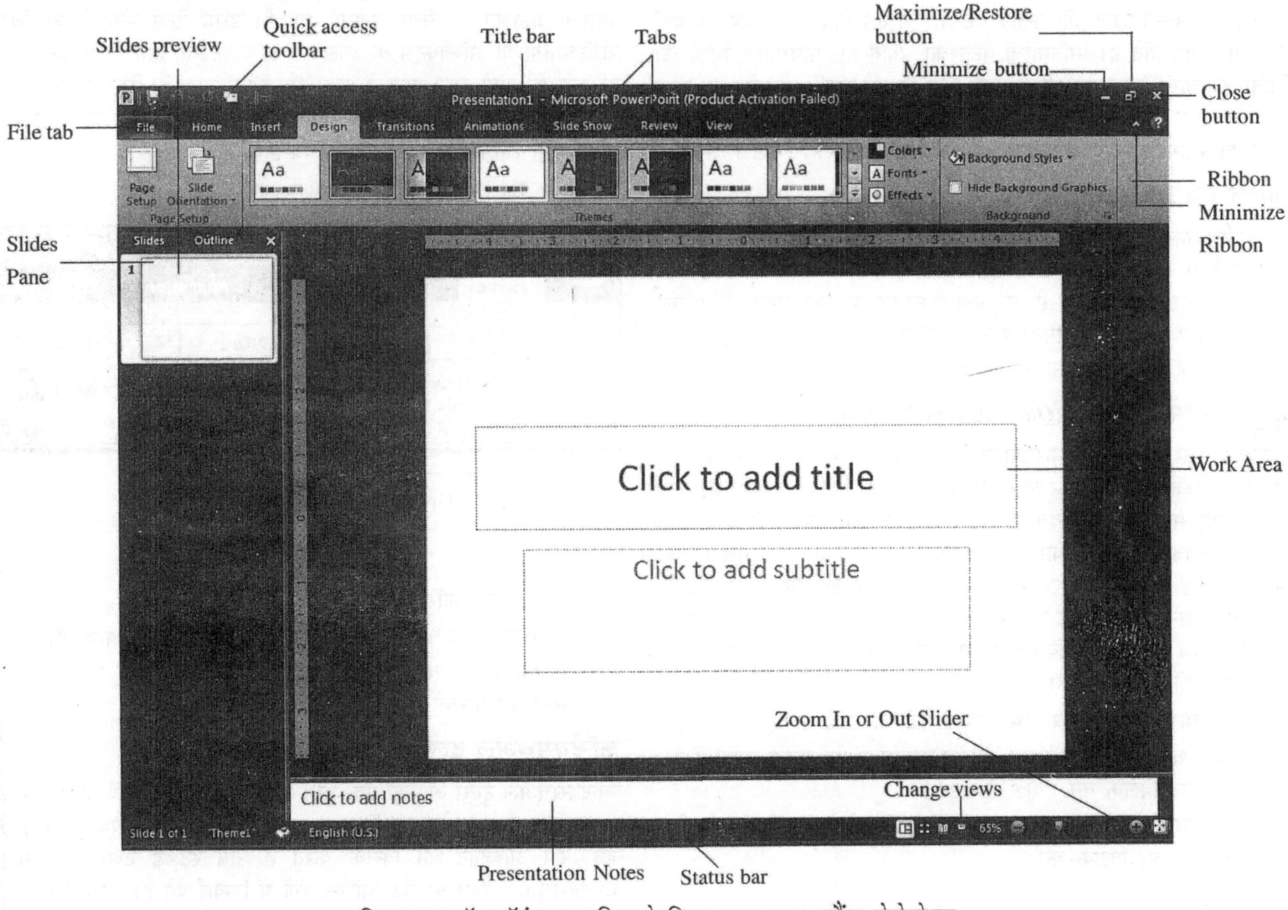

Slides preview
Quick access toolbar
Title bar
Tabs
Maximize/Restore button
Minimize button
Close button
File tab
Ribbon
Minimize Ribbon
Slides Pane
Work Area
Zoom In or Out Slider
Change views
Presentation Notes
Status bar

चित्र 8.2 पॉवरपॉइंट द्वारा डिस्प्ले किया गया एक ब्लैंक प्रेज़ेन्टेशन

क्लोज बटन (Close Button): टाइटल बार के दाईं ओर बना एक बॉक्स (X) जो विंडो या डायलॉग बॉक्स को बंद करता है।

वर्क एरिया (Work Area): जहाँ एक्टिव पॉवरपॉइंट स्लाइड्स (या स्लाइड) दिखाई देती है। चित्र 8.2 में यह नॉर्मल व्यू में दिखाया गया है लेकिन अन्य व्यूज भी उपलब्ध हैं जो वर्क एरिया को अलग तरह से दिखाते हैं

स्टेट्स बार (Status Bar): यह प्रेजेन्टेशन के बारे में सूचना देता है और व्यू बदलने के लिए तथा जूम के लिए शॉर्टकट्स प्रदान करता है।

पॉवरपॉइंट 2010 इंटरफेस के बारे में जानना (Exploring PowerPoint 2010 Interface)

पॉवरपॉइंट 2010 को एक नया लुक दिया गया है। यहाँ एक नया यूजर इंटरफेस भी है जो मेन्यूज, टूलबार्स और अधिकतर टास्क पेन्स, को पिछले पॉवरपॉइंट वर्जन से रिप्लेस करता है। नया यूजर इंटरफेस इस तरह से डिजाइन किया गया है ताकि आप अधिक कुशलता से कार्य कर सकें, अलग-अलग कार्यों के लिए सही सुविधाओं को आसानी से खोज सकें और पॉवरपॉइंट में अधिक रचनात्मक तरीके से कार्य कर सकें।

पॉवरपॉइंट 2010 इंटरफेस में कई अलग-अलग कम्पोनेंट्स होते हैं जो इस प्रकार हैं:

मिनिमाइज़/मैक्सीमाइज़/रीस्टोर और क्लोज बटन्स (Minimize/Maximize/Restoe and Close Buttons)

मिनिमाइज़, मैक्सीमाइज़ और क्लोज बटन्स, एम एस पॉवरपॉइंट विंडो के दाएँ कोने में स्थित होते हैं। मिनिमाइज़ बटन का प्रयोग MS पॉवरपॉइंट विंडो को मिनिमाइज करके टास्कबार पर रखने के लिए होता है जबकि मैक्सीमाइज बटन MS पॉवरपॉइंट विंडो को रिस्टोर या मैक्सीमाइज करने में मदद करता है। क्लोज बटन का प्रयोग डॉक्यूमेंट को क्लोज करने के लिए होता है। (देखें चित्र 8.2)

फाइल टैब (File Tab)

फाइल टैब कलर्ड टैब होता है जो माइक्रोसॉफ्ट ऑफिस 2010 प्रोग्राम्स के ऊपरी बाएँ कोने में और क्विक ऐक्सेस टूलबार के नीचे स्थित होता है। जब आप फाइल टैब पर क्लिक करते हैं, तो आप बैकस्टेज व्यू देख सकते हैं। फाइल टैब पॉवरपॉइंट 2007 के ऑफिस बटन को रिप्लेस करता है। इसमें न्यू, ओपन, सेव, सेव ऐज प्रिंट जैसे कमांड्स होते हैं।

क्विक ऐक्सेस टूलबार (Quick Access ToolBar)

क्विक ऐक्सेस टूलबार एक कस्टमाइज़ेबल टूलबार है जिसमें कमांड्स का एक सैट होता है जो उस टैब से स्वतंत्र होता है, जो अभी डिस्प्ले हो रहा है। आप बटन्स जोड़ सकते हैं जो क्विक ऐक्सेस टूलबार में कमांड्स को रिप्रेजेंट करते हैं। आप क्विक ऐक्सेस टूलबार को एक या दो संभावित जगहों से मूव भी कर सकते हैं। यह टूलबार डीफॉल्ट से पॉवरपॉइंट विंडो के टॉप पर स्थित होता है। इसमें सेव, अनडू और रिपीट बटन्स होते हैं जिन्हें आप अक्सर इस्तेमाल करते हैं (देखें चित्र 8.2)। आप क्विक ऐक्सेस टूलबार में कमांड्स ऐड करके इसे कस्टमाइज भी कर सकते हैं।

➔ **क्विक ऐक्सेस टूलबार में कमांड ऐड करने के लिए:**

1. जिस कमांड को आप क्विक ऐक्सेस टूलबार में ऐड करना चाहते हैं उस पर राइट क्लिक करें (देखें चित्र 8.3)।
2. अब चित्र 8.3 में दिखाए गए कांटेक्स्ट मेन्यू में से **ऐड टू क्विक ऐक्सेस टूलबार** पर क्लिक करें।

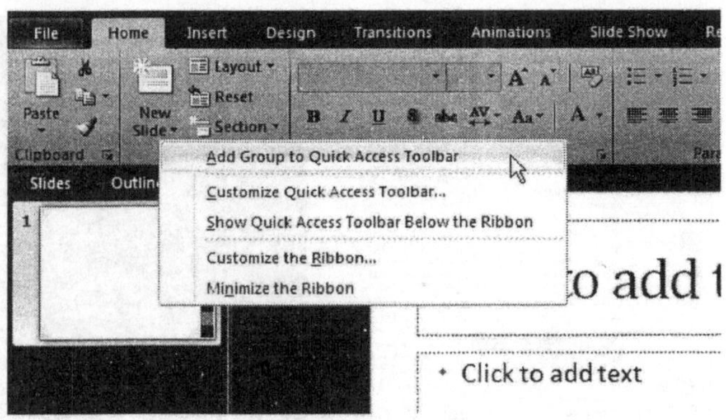

चित्र 8.3: क्विक ऐक्सेस टूलबार में कमांड ऐड करना

डायलॉग बॉक्स लाँचर्स (Dialog Box Launchers)

डायलॉग बॉक्स लाँचर्स छोटे आयकन्स हैं जो रिबन पर ग्रुप्स में दिखाई देते हैं। डायलॉग बॉक्स लाँचर पर क्लिक करने से एक रिलेटेड डायलॉग बॉक्स या टास्क पेन खुलता है, जो उस ग्रुप से संबंधित अधिक विकल्प प्रदान करता है।

रिबन (Ribbon)

रिबन, पॉवरपॉइंट 2010 में मेन्यूज और टूलबार्स का प्राइमरी रिप्लेसमेंट है। यह आसान ब्राउजिंग के लिए बनाया गया है। इसमें टैब्स होते हैं जो विशेष परिस्थितियों या ऑब्जेक्ट्स के आसपास ही व्यवस्थित होते हैं। प्रत्येक टैब के कंट्रोल्स को आगे अन्य ग्रुप्स में व्यवस्थित किया जाता है। रिबन में मेन्यूज और टूलबार्स से बेहतर कंटेंट हो सकते हैं। इसमें बटन्स, गैलरीज और डायलॉग बॉक्स कंटेंट्स भी शामिल रहते हैं। (देखें चित्र 8.4)

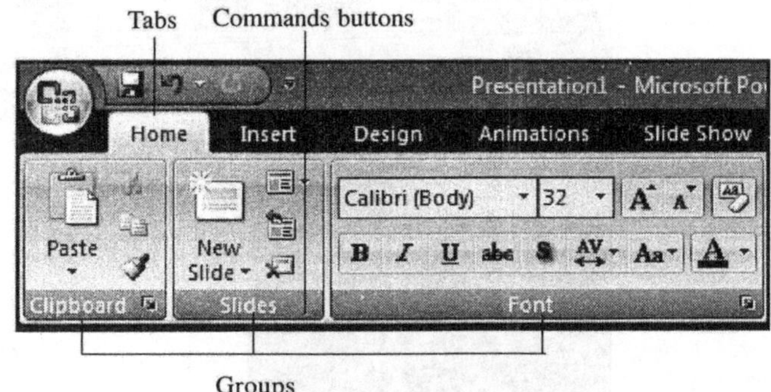

चित्र 8.4: रिबन

1. टैब्स टास्क ओरिएंटेड होते हैं।
2. टैब्स के भीतर के ग्रुप्स टास्क को सबटास्क्स में ब्रेक करते हैं।
3. प्रत्येक ग्रुप के कमांड बटन्स कमांड को पूरा करते हैं या कमांड्स के मेन्यू को डिस्प्ले करते हैं।

कॉन्टेक्सचुअल टूल्स (Contextual Tools)

कॉन्टेक्सचुअल टूल्स आपको एक ऐसी ऑब्जेक्ट के साथ कार्य करने में सक्षम बनाते हैं जिसे आप पेज पर सिलेक्ट करते हैं, जैसे टेबल, पिक्चर या ड्राइंग। जब आप ऑब्जेक्ट को क्लिक करते हैं, तब स्टैंडर्ड टैब्स के पास ही कॉन्टेक्सचुअल टैब्स के सैट विभिन्न रंगों में दिखाई देते हैं। (देखें चित्र 8.5)

1. Select an object in your presentation.
2. The name of the applicable contextual tools appears in an accent color, and the contextual tabs appear next to the standard set of tabs.
3. The contextual tabs provide controls for working with the selected item.
4. A standard tab available on the Ribbon.

चित्र 8.5: कॉन्टेक्सचुअल टूल्स

स्क्रॉल बार (Scroll Bar)

स्क्रॉल बार पॉवरपॉइंट के दाईं ओर दिखाई देता है। आप स्क्रॉल बार में उपस्थित अप और डाउन ऐरो बटन्स का प्रयोग करके अलग-अलग स्लाइड्स के बीच स्क्रॉल कर सकते हैं।

वर्क एरिया (Work Area)

यहाँ ऐक्टिव पॉवरपॉइंट स्लाइड (स्लाइड्स) दिखाई देती है। वर्क एरिया स्लाइड्स को नॉर्मल व्यू में दिखाता है, लेकिन अन्य व्यू भी उपलब्ध हैं जो वर्क एरिया को अलग तरह से दिखाते हैं।

स्टेटस बार (Status Bar)

यह प्रेजेन्टेशन के बारे में सूचना देता है और करेंट स्लाइड के बारे में पूरी जानकारी देता है जैसे स्लाइड नंबर और थीम का नाम। स्लाइड नंबर अभी सिलेक्ट की गई स्लाइड को डिस्प्ले करता है और प्रेजेन्टेशन में उपस्थित कुल स्लाइड्स की संख्या में से इसकी संख्या बताता है। जबकि थीम नाम प्रेजेन्टेशन में ऐप्लाई की गई थीम के नाम को दर्शाता है।

स्लाइड्स पेन (Slides Pane)

पॉवरपॉइंट विंडो के ऊपरी दाएँ सैक्शन में, स्लाइड पेन करेंट स्लाइड का एक लार्ज व्यू डिस्प्ले करता है। इस व्यू में करेंट स्लाइड दिखाई गई है, जिसमें आप टेक्स्ट और पिक्चर्स इन्सर्ट कर सकते हैं। (पिक्चर: एक फाइल (जैसे एक मैटाफाइल) जिसे आप दो या अधिक ऑब्जेक्ट्स के रूप में अनग्रुप और मैनीपुलेट कर सकते हैं या एक फाइल जो सिंगल ऑब्जेक्ट के रूप में होती है (जैसे बिटमैप्स), टेबल्स, स्मार्ट आर्ट ग्राफिक्स, चार्ट्स, ड्रॉइंग ऑब्जेक्ट्स, टेक्स्ट बॉक्सेज, मूवीज, साउंड्स, हाइपरलिंक्स और एनीमेशन्स)।

नोट्स पेन (Notes Pane)

स्लाइड पेन के नीचे स्थित नोट्स पेन में, आप नोट्स टाइप कर सकते हैं जिन्हें आप करेंट स्लाइड में ऐप्लाई कर सकते हैं। बाद में आप अपने नोट्स को प्रिंट कर सकते हैं और उन्हें प्रेजेन्टेशन देते समय रेफर भी कर सकते हैं। आप ऑडिएंस को देने के लिए नोट्स को हैंडआउट के रूप में भी प्रिंट कर सकते हैं या उन्हें वेब पेज पर पोस्ट कर सकते हैं।

ज़ूम कंट्रोल (Zoom Control)

आप ज़ूम कंट्रोल्स का प्रयोग अपने प्रेजेन्टेशन का एक बड़ा या छोटा व्यू पाने के लिए कर सकते हैं। इसके लिए आप ज़ूम स्लाइडर को दाएँ या बाएँ ड्रैग कर सकते हैं। आप ज़ूम इन (+ plus) बटन पर क्लिक करके प्रेजेन्टेशन का एक बड़ा व्यू और ज़ूम आउट (- minus) बटन पर क्लिक करके प्रेजेन्टेशन का एक छोटा भाग व्यू देख सकते हैं।

टैब्स के बारे में जानना (Exploring the Tabs)

पॉवरपॉइंट 2010 में रिबन टैब्स का ग्रुप होता है। इस टैब में दो तरह के टैब्स होते हैं, कमांड टैब्स और कॉन्टेक्सचुअल टैब्स। कमांड टैब विशेष श्रेणी के कमांड्स का कलेक्शन होता है। कमांड टैब के कमांड्स अलग-अलग ग्रुप में रखे जाते हैं। प्रत्येक कमांड सैट, कमांड्स की एक सब कैटेगरी को रिप्रेजेंट करता है। कॉन्टेक्सचुअल टैब्स तब रिबन पर दिखाई देते हैं जब आप किसी ऑब्जेक्ट को ऐड या सिलेक्ट करते हैं, जैसे इमेज, टेबल, या पॉवरपॉइंट पर एक चार्ट। फॉर्मेट टैब कॉन्टेक्सचुअल टैब का एक उदाहरण है। नीचे कुछ टैब्स के बारे में बताया जा रहा है।

होम टैब: जब आप इसे क्लिक करते हैं, तो यह टैब एक्टिव होता है। इस टैब में वो बटन व्यवस्थित होते हैं जो डॉक्यूमेंट कंटेंट्स के साथ काम करने से संबंधित होते हैं। इसमें छः ग्रुप्स होते हैं: क्लिपबोर्ड, स्लाइड्स, फॉंट, पैराग्राफ, ड्रॉइंग एवं एडिटिंग। केवल वो बटन ही एक्टिव रहते हैं जो करेंट में सिलेक्ट किए गए डॉक्यूमेंट एलीमेंट पर पर्फॉर्म किए जाने वाले कमांड्स को रिप्रेजेंट करते हैं। (चित्र 8.6)

होम टैब के लिए ग्रुप्स इस प्रकार हैं:

(a) **क्लिपबोर्ड:** इसमें कट, कॉपी और पेस्ट कमांड्स होते हैं।

(b) **स्लाइड्स:** यह सैक्शन आपको नई स्लाइड्स इन्सर्ट करने की अनुमति देता है। इसके अलावा आप अलग-अलग स्लाइड्स के लेआउट्स एडजस्ट कर सकते हैं, स्लाइड्स को डीफॉल्ट पर रीसैट कर सकते हैं, और स्लाइड्स को डिलीट भी कर सकते हैं।

चित्र 8.6: होम टैब

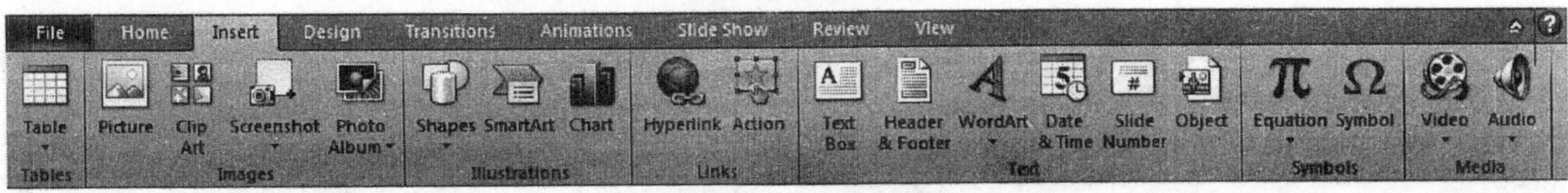

चित्र 8.7: इन्सर्ट टैब

(c) **फाँट:** यहाँ आप फाँट सिलेक्ट कर सकते हैं। फाँट टाइप एवं साइज एडजस्ट कर सकते हैं, इसे बोल्ड, इटालिक या अंडरलाइन्ड भी कर सकते हैं। कलर या हाइलाइटिंग को बदल सकते हैं। टैब का प्रयोग करके, आप सिलेक्ट किए गए टेक्स्ट का केस बदल सकते हैं। अर्थात् इसे अपर केस या लोअर केस कर सकते हैं।

(d) **पैराग्राफ:** बुलेट्स या नंबर्ड लिस्ट। यह टेक्स्ट का एलाइनमेंट भी बदलता है और लाइन्स के बीच की स्पेसिंग भी बदलता है।

(e) **ड्रॉइंग:** शेप्स इन्सर्ट करता है। एक दी गई स्लाइड में ऑब्जेक्ट्स अरेंज करता है। सिलेक्टेड शेप में यह फिल कलर भी ऐप्लाई करता है और शेप्स में इफेक्ट भी ऐड करता है।

(f) **एडिटिंग:** टेक्स्ट को फाइंड, एडिट, सिलेक्ट और रिप्लेस करता है।

इन्सर्ट टैब: इस बटन पर क्लिक करके आप इन्सर्ट किए जाने वाले रिलेटेड आइटम इन्सर्ट कर सकते हैं। ये आइटम्स इस टैब पर व्यवस्थित होते हैं। इसमें सात ग्रुप्स हैं: टेबल्स, इमेजेस, इलस्ट्रेशन्स, लिंक्स, टेक्स्ट, सिंबल्स और मीडिया (देखें चित्र 8.7)।

जब भी आप अपने स्लाइड शो में कुछ इन्सर्ट करना चाहते हैं, तब इन्सर्ट टैब में जाकर आप ऐसा कर सकते हैं। आप के पास उपलब्ध ग्रुप्स इस प्रकार होते हैं:

(a) **टेबल्स:** स्लाइड्स में टेबल्स इन्सर्ट करता है। ये पहले से बनी होती हैं या आप इन्हें अपनी इच्छा के अनुसार बना सकते हैं।

(b) **इमेजेस: यह** आपको एक फाइल से पिक्चर्स इन्सर्ट करने एवं स्लाइड में क्लिपआर्ट इन्सर्ट करने की अनुमति देता है। आप फोटो एलबम भी बना सकते हैं और पिक्चर्स में वीजुअल इफेक्ट्स भी डाल सकते हैं। स्क्रीन शॉर्ट से आप कम्प्यूटर पर खुली हुई करेंट विंडो का वास्तविक स्क्रीन शॉट ले सकते हैं।

(c) **इलस्ट्रेशन्स:** यह आपको प्रीडिफाइन्ड शेप्स, स्मार्ट आर्ट और चार्ट्स को प्रेजेन्टेशन में इन्सर्ट करने की अनुमति देता है।

(d) **लिंक्स:** एक हाइपर लिंक ऐड करता है, ताकि आप अपने स्लाइड शो से बाहर निकल कर वेब रिसोर्स में जा सकते हैं। यदि आप किसी ऑब्जेक्ट को माउस से पॉइंट करते हैं तो आप स्लाइड शो में कुछ परिवर्तन करने के लिए इसके साथ ऐक्शन जोड़ सकते हैं।

(e) **टेक्स्ट:** यह केवल स्लाइड में टेक्स्ट टाइप करने के लिए ही नहीं है। इन्सर्ट टेक्स्ट बॉक्सेज से आप शब्दों की लोकेशन एवं ओरिएंटेशन के साथ प्ले कर सकते हैं, हैडर्स एवं फुटर्स इन्सर्ट कर सकते हैं। अपने टेक्स्ट को वर्ड आर्ट में बदल सकते हैं। डेट, टाइम, स्लाइड नंबर एवं अन्य एम्बेडेड ऑब्जेक्ट्स को इन्सर्ट कर सकते हैं।

(f) **सिंबल्स:** यह आपको ईक्वेशन्स इन्सर्ट एवं एडिट करने में मदद करता है तथा प्रेजेन्टेशन में आपको सिंबल्स इन्सर्ट करने की अनुमति देता है।

(g) **मीडिया:** यह मीडिया और साउंड को आपकी स्लाइड में इन्सर्ट करता है जिससे एक वास्तव में रंगीन प्रेजेन्टेशन बन सके।

डिजाइन टैब: इस टैब पर क्लिक करें, जो आइटम्स से संबंधित बटन शो करता है। इनसे आप अपनी स्लाइड्स में डिजाइन डाल सकते हैं। ये इस टैब पर व्यवस्थित होते हैं। इसमें तीन ग्रुप्स होते हैं, पेज सैटअप, थीम्स, बैकग्राउंड (देखें चित्र 8.8)।

अलग-अलग स्लाइड्स का लुक डिजाइन टैब के कंटेंट्स से एडजस्ट करें। केवल एक स्लाइड को बदलें, या अपने परिवर्तनों को पूरे प्रेजेन्टेशन पर ऐप्लाई करें।

(a) **पेज सैटअप:** मार्जिन्स, पेज साइज और ओरिएंटेशन (पोर्ट्रेट या लैंडस्केप) को एडजस्ट करता है।

(b) **थीम्स:** पॉवरपॉइंट 2007 में 20 बिल्ट इन थीम्स होती हैं। (थीम्स कलर, लेआउट और फाँट का कॉंबिनेशन होती है) आप अधिक थीम्स के लिए वेब को ब्राउज कर सकते हैं, या अपने ही कस्टम थीम्स तैयार कर सकते हैं।

(c) **बैकग्राउंड:** आप रंगों को बदलकर अपनी स्लाइड्स का बैकग्राउंड लुक एडजस्ट कर सकते हैं या इसमें स्पेशल इमेजेस जैसे वाटर मार्क्स ऐड कर सकते हैं।

ट्रांजीशन्स: ट्रांजीशन्स टैब आपको इफेक्ट्स ऐप्लाई करने के बाद अपने प्रेजेन्टेशन को प्रिव्यू करने की अनुमति देता है। आप स्लाइड में ट्रांजीशन्स जोड़ने के साथ ही साथ प्रेजेन्टेशन के स्लाइड शो के लिए टाइमिंग भी सैट कर सकते हैं। इसमें तीन ग्रुप्स होते हैं: प्रिव्यू, ट्रांजीशन टू दिस स्लाइड एवं टाइमिंग। (देखें चित्र 8.9)

(a) **प्रिव्यू:** यह ट्रांजीशन इफेक्ट ऐप्लाई किए जाने के बाद स्लाइड को देखने में मदद करता है।

(b) **ट्रांजीशन टू दिस स्लाइड:** यह स्लाइड में ट्रांजीशन ऐप्लाई करने और ट्रांजीशन के लिए विशेष रूप से इफेक्ट विकल्प को सैट करने की अनुमति देता है।

(c) **टाइमिंग:** यह आपको ट्रांजीशन साउंड जोड़ने और अगली स्लाइड में जाने के लिए टाइम सैट करने की अनुमति देता है।

एनीमेशन टैब: इस टैब पर क्लिक करें जिससे आइटम्स से संबंधित बटन्स दिखाई देंगे। इनसे आप अपनी स्लाइड में एनीमेशन्स डाल सकते हैं। उदाहरण

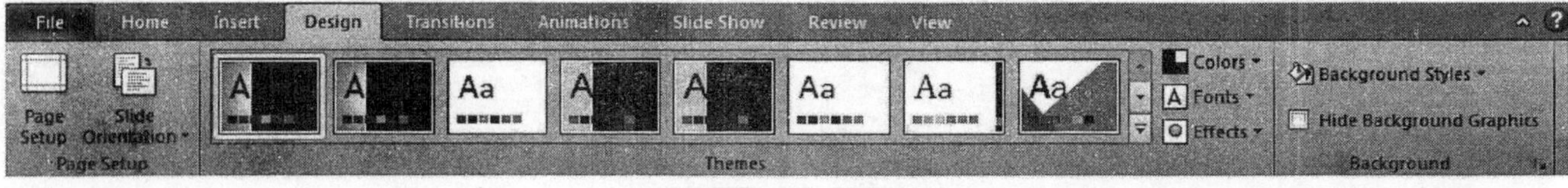

चित्र 8.8: डिजाइन टैब

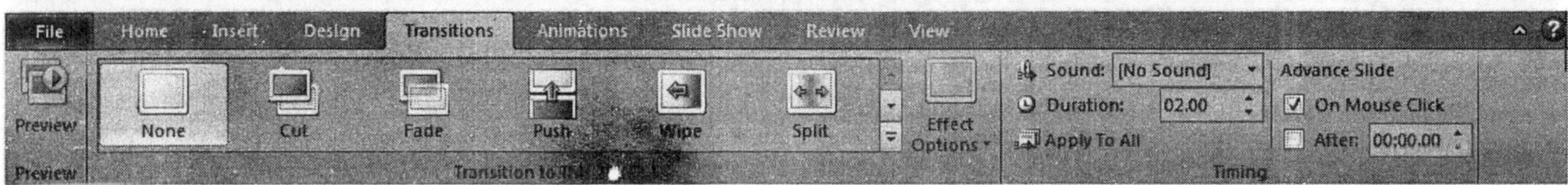

चित्र 8.9: ट्रांजीशन्स

के लिए, आप स्लाइड पर अलग-अलग ऑब्जेक्ट्स एनीमेट कर सकते हैं। ये इसी टैब पर उपस्थित होते हैं। इसमें चार ग्रुप्स होते हैं: प्रिव्यू, एनीमेशन, एडवांस एनीमेशन एवं टाइमिंग (देखें चित्र 8.10)।

(a) **प्रिव्यू:** यह स्लाइड पर एप्लाई किए गए एनीमेशन को प्रिव्यू करने के लिए प्रयोग होता है। इसमें ट्रांजीशन इफेक्ट और एनीमेशन जो ऑब्जेक्ट्स और टेक्स्ट पर ऐप्लाई होते हैं, शामिल होते हैं।

(b) **एनीमेशन:** यह एक स्लाइड में एनीमेशन ऐप्लाई करने एवं एनीमेशन टाइप पर आधारित इफेक्ट्स ऐप्लाई करने में मदद करता है।

(c) **एडवांस्ड एनीमेशन:** यह आपको ट्रिगर इफेक्ट ऐप्लाई करने और ऐप्लाई किए गए एनीमेशन में एडवांस्ड फीचर्स ऐप्लाई करने की अनुमति देता है।

(d) **टाइमिंग्स:** स्लाइड्स की ड्यूरेशन सैट करने और स्लाइड्स के बीच की डिले (delay) सैट करने में मदद करता है। आप एनीमेशन को रीऑर्डर कर सकते हैं।

स्लाइड शो: इस टैब पर क्लिक करें जो आइटम्स से संबंधित बटन्स दिखाएगा। इस टैब में आप वास्तविक प्रेजेन्टेशन को पूरी स्क्रीन पर देख सकते हैं। उदाहरण के लिए आप देख सकते हैं कि प्रेजेंटेशन के दौरान आपके ग्राफिक्स एनीमेटेड इफेक्ट्स कैसे दिखेंगे। इसमें तीन ग्रुप्स होते हैं: स्टार्ट स्लाइड शो, सैटअप एवं मॉनीटर्स (देखें चित्र 8.11)।

(a) **स्टार्ट स्लाइड शो:** इसे शुरू से चलाएँ या सिलेक्टेड स्लाइड से चलाएँ। अथवा आप प्रेजेन्टेशन की केवल उन्हीं स्लाइड्स को लेकर एक अन्य स्लाइड शो बना सकते हैं जिन्हें आप प्रयोग करना चाहते हैं।

(b) **सैटअप:** अपने स्लाइड शो के लिए नैरेशन रिकॉर्ड कर सकते हैं। सलाइड शो में जैसे-जैसे स्लाइड्स ऑटोमैटिक रूप से ट्रांजिशन होती जाती है। आप बोलने के साथ साथ अपने टाइमिंग्स का अभ्यास भी कर सकते हैं।

(c) **मॉनीटर्स:** यह आपको एक स्क्रीन रिजॉल्यूशन चुनने या प्रेजेन्टर व्यू चुनने में मदद करता है।

रिव्यू टैब: इस टैब पर क्लिक करें जो आइटम्स से संबंधित बटन्स दिखाएगा। इस टैब में आप अपने प्रेजेन्टेशन को देख सकते हैं और उसमें कमेंट्स ऐड कर सकते हैं। और आप डॉक्यूमेंट फिनिश करने के बाद उसमें स्पेलिंग की जाँच भी कर सकते हैं। इसमें चार ग्रुप्स होते हैं: प्रूफिंग, लैंग्वेज, कमेंट्स और कम्पेयर (देखें चित्र 8.12)।

(a) **प्रूफिंग:** स्पेलिंग चैक करता है, अधिक जानकारी एवं रेफरेंसेज के लिए रिसर्च टास्कपेन खोलता है, सिनोनिम्स (समानार्थी शब्द) खोजता है ताकि आप एक ही शब्द को बार बार इस्तेमाल न करें, ग्रामर आदि को चैक करता है।

(b) **लैंग्वेज:** यह आपको टेक्स्ट को अन्य भाषा में ट्रांसलेट करने की अनुमति देता है।

(c) **कमेंट्स:** दी गई स्लाइड के बारे में कमेंट्स जोड़ सकते हैं या उन्हें एडिट कर सकते हैं, या स्लाइड पर कटेंट्स के विशेष भाग के बारे में भी कमेंट्स जोड़ सकते हैं। जब आप नैरेशन की योजना बनाते हैं तो यह काफी मददगार होता है।

(d) **कम्पेयर:** अलग-अलग प्रेजेन्टेशन्स को कम्पेयर करता है, परिवर्तनों को स्वीकार या अस्वीकार करता है और रिव्यू पेन दिखाता है।

व्यू टैब: इस टैब में सात ग्रुप्स होते हैं: प्रेजेन्टेशन व्यूज़, मास्टर व्यूज़, शो/हाइड,

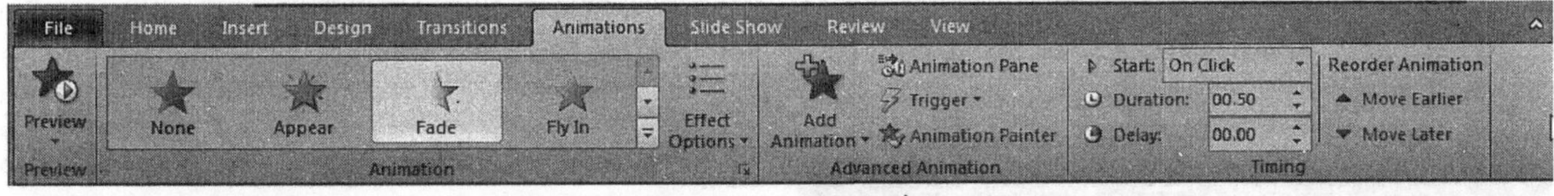

चित्र 8.10: एनीमेशन टैब

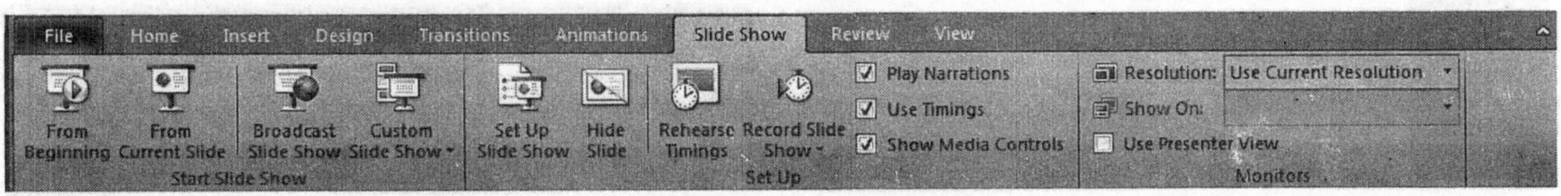

चित्र 8.11: स्लाइड शो

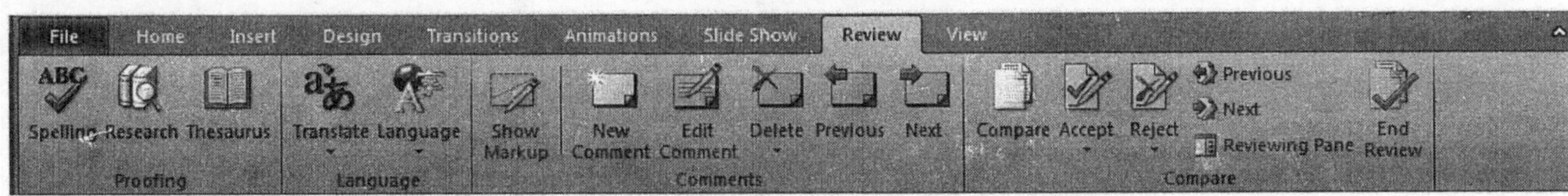

चित्र 8.12: रिव्यू टैब

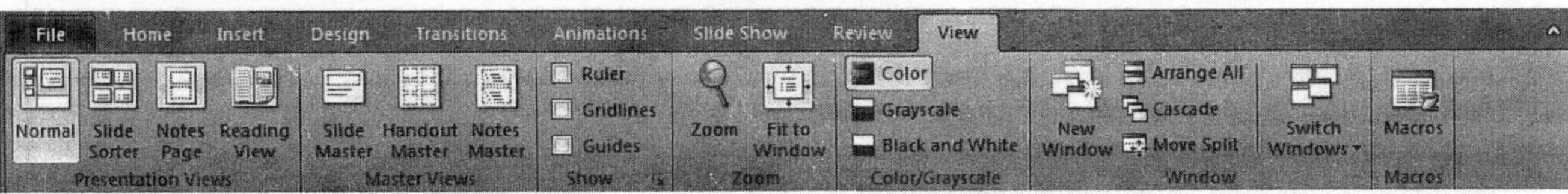

चित्र 8.13: व्यू टैब

जूम, कलर/ग्रे स्केल, विंडो और मैक्रोज (देखें चित्र 8.13)।

(a) **प्रेजेन्टेशन व्यू:** स्क्रीन व्यूइंग या प्रिंट आउट्स के लिए आप नॉर्मल, स्लाइड सॉर्टर, नोट्स व्यू, हैंडआउट व्यू या अन्य विकल्पों में से चुन सकते हैं।

(b) **मास्टर व्यू:** प्रेजेन्टेशन को स्लाइड मास्टर व्यू में देखने के लिए या हैंडआउट मास्टर व्यू और नोट्स मास्टर व्यू में देखने के लिए आप विकल्प चुन सकते हैं।

(c) **शो/हाइड:** यह ग्रिड लाइन्स, रूलर्स और अन्य टूल्स डिस्प्ले करता है ताकि आप ऑब्जेक्ट्स को स्लाइड्स में ठीक वहाँ रख सकें जहाँ आप उन्हें चाहते हैं।

(d) **जूम:** स्लाइड विंडो की साइज बदलने के लिए जूम इन या जूम आउट करें।

(e) **कलर/ग्रे स्केल:** प्रेजेन्टेशन को कलर, ग्रेस्केल या ब्लैक एंड व्हाइट में देखा जा सकता है।

(f) **विंडो:** जिस विंडो में आप काम कर रहे हैं उसे इस तरह से अरेंज करें ताकि इससे अधिक लाभ हो सके।

(g) **मैक्रोज:** कस्टम मैक्रो बनाएँ और प्रयोग करें ताकि जटिल कार्यों को भी एक या दो क्लिक से किया जा सके।

8.2.3 एक मौजूद प्रेजेन्टेशन को खोलना (Opening an Existing Presentation)

पॉवरपॉइंट 2010 फाइल्स को इनमें से किसी भी फॉर्मेट में खोलता है जैसे (.pptx, pptm, .potx, .ppt, .pot आदि)।

➔ **एक मौजूद प्रेजेन्टेशन को खोलने के लिए:**

1. रिबन पर **फाइल** टैब खोलें, बैकस्टेज व्यू दिखाई देगा। या Ctrl + O को प्रेस करें (देखें चित्र 8.14)।
2. बैकस्टेज व्यू से **ओपन** विकल्प चुनें।

चित्र 8.14: फाइल टैब से ओपन विकल्प चुनना

3. **ओपन** डायलॉग बॉक्स खुलता है। (देखें चित्र 8.15)
4. **लुकइन:** ड्रॉपडाउन लिस्ट में से फाइल्स और फोल्डर्स चुनें।
5. लिस्ट में से जो फाइल आप खोलना चाहते हैं उसके नाम को चुनें।
6. प्रेजेन्टेशन खोलने के लिए **ओपन** बटन पर क्लिक करें।

8.2.4 प्रेजेन्टेशन को सेव करना (Saving the Presentation)

जब आप प्रेज़ेन्टेशन पर काम कर रहे होते हैं तो यह बहुत जरूरी है कि आप उसे रेगुलर इंटर्वल्स (regular intervals) पर सेव करते रहें जिससे यदि सिस्टम फेल हो जाता है तब भी आपका काम नष्ट नहीं होगा।

पॉवरपॉइंट में आप की फाइल को सेव करने के दो कमांड हैं Save एवं SaveAs कमांड।

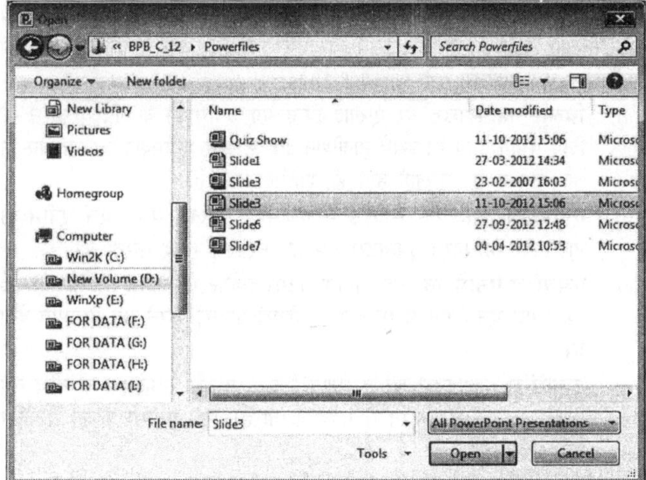

चित्र 8.15: पॉवरपॉइंट का ओपन डायलॉग बॉक्स

- Save कमांड का प्रयोग प्रेज़ेन्टेशन को सेव करने के लिए किया जाता है।
- SaveAs कमांड का प्रयोग तब होता है जब आप किसी मौजूद प्रेज़ेन्टेशन को नए नाम से सेव करना चाहते हैं या आप प्रेज़ेन्टेशन को पहली बार सेव कर रहे हैं।

➔ **प्रेज़ेन्टेशन को सेव करने के लिए:**

1. रिबन में File टैब पर क्लिक करो बैक स्टेज व्यू दिखाई देगा। Save को चुनो या क्विज एक्सेस टूल बार पर स्थित सेव बटन पर क्लिक करें या कीबोर्ड से Ctrl + S दबाएँ।
2. यदि आपने पहले ही फाइल सेव कर ली है तो पॉवरपॉइंट पहले से सेव की गई फाइल्स को अपडेट कर देगा। यदि आपने पहले से फाइल सेव नहीं की है, तो चित्र 8.16 के अनुसार SaveAs डायलॉग बॉक्स सामने आएगा।

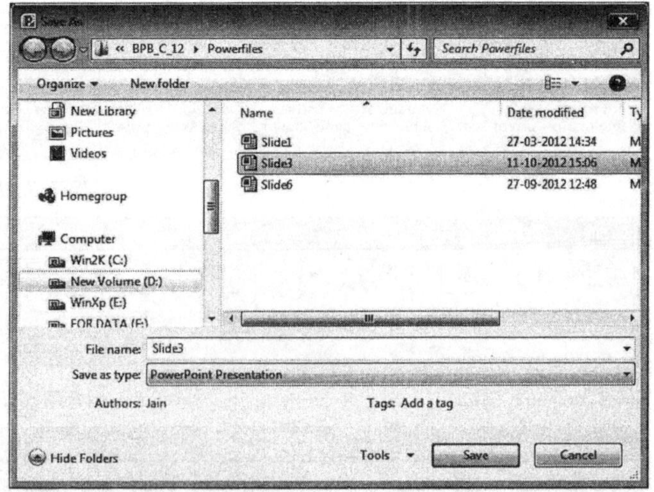

चित्र 8.16: पॉवरपॉइंट का सेव ऐज डायलॉग बॉक्स

3. SaveAs डायलॉग बॉक्स में अपनी फाइल की लोकेशन बताओ।

4. File Name लिस्ट बॉक्स में अपनी फाइल का नाम एंटर करो।
5. सभी विवरण पूरे करने के बाद सेव पर क्लिक करो।

➔ **सेव ऐज कमांड का प्रयोग करके एक प्रेज़ेन्टेशन को सेव करने के लिए**

1. फाइल टैब पर क्लिक करके SaveAs को चुनो। सेव ऐज़ डायलॉग बॉक्स चित्र 8.16 की तरह दिखाई देगा। अब स्टेप 2 से 5 तक जो ऊपर दिए गए हैं, उन्हें दोहराइए।

8.3 प्रेज़ेन्टेशन तैयार करना (Creation of Presentation)

पॉवरपॉइंट को इस तरह से डिज़ाइन किया गया है ताकि आपके प्रेजेन्टेशन को एक कंसिस्टेंट (consistent) रूप मिल सके। पॉवरपॉइंट स्लाइड के रूप को नियंत्रित करने के चार तरीके हैं- डिज़ाइन संबंधित एलीमेंट्स द्वारा, वीजुअल एलीमेंट्स के द्वारा, कलर स्कीम एवं स्लाइड की लेआउट के द्वारा।

8.3.1 एक इन्स्टॉल किए गए टेम्पलेट का प्रयोग करके प्रेज़ेन्टेशन तैयार करना (Creating a Presentation Using an Installed Template)

टेम्पलेट एक फाइल है जिसमें कई तरह के डॉक्यूमेंट्स होते हैं जिसमें रिज्यूमे, कवर लेटर्स, बिजनेस प्लान्स, बिजनेस कार्ड्स आदि शामिल होते हैं। माइक्रोसॉफ्ट ऐसे टेम्पलेट्स और प्रेजेन्टेशन्स प्रदान करता है जो पॉवर पॉइंट के साथ प्री-इन्सटॉल्ड होते हैं। ये टेम्प्लेट्स अलग-अलग लेआउट्स, वीजुअल एलीमेंट्स और अन्य डिजाइन संबंधित एलीमेंट्स प्रदान करते हैं ताकि प्रेजेन्टेशन्स तैयार हों।

➔ **इन्स्टॉल किए गए टेम्पलेट का प्रयोग करके प्रेजेन्टेशन बनाने के लिए:**

1. **फाइल** टैब पर क्लिक करें। बैकस्टेज व्यू दिखाई देगा (देखें चित्र 8.17)
2. बैकस्टेज व्यू में से **न्यू** विकल्प चुनें। यह मिडिल पेन में उपलब्ध सभी टेम्पलेट्स की लिस्ट डिस्प्ले करेगा (देखें चित्र 8.17)

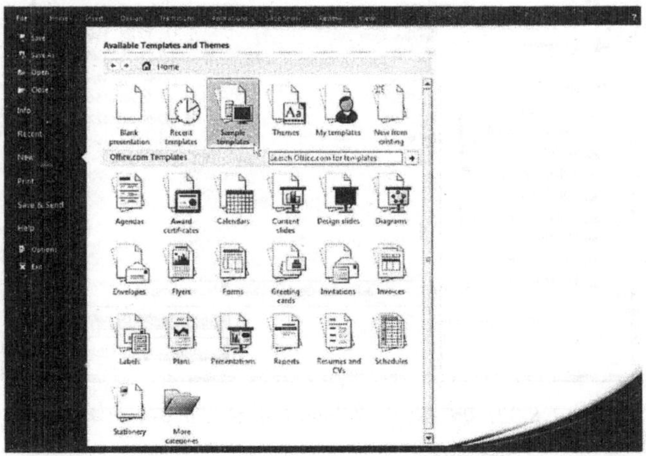

चित्र 8.17: उपलब्ध टेम्पलेट थीम्स में से सैंपल टेम्पलेट चुनना

3. अवेलेबल टेम्पलेट्स और थीम्स कैटेगरी में से, सैंपल टेम्पलेट्स विकल्प चुनें।
4. सैंपल टेम्पलेट्स में से आप अलग तरह के टेम्पलेट्स देख सकते हैं जिसमें सभी प्रकार की फॉर्मेटिंग होती है जैसे बैकग्राउंड, थीम्स कलर्स, फॉन्ट्स आदि। (देखें चित्र 8.18)

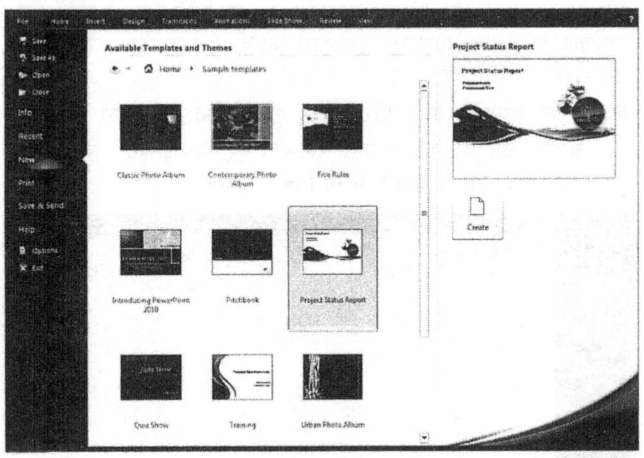

चित्र 8.18: सैंपल टेम्पलेट्स में से मनचाहा टेम्पलेट चुनना

5. जो टेम्पलेट आप ऐप्लाई करना चाहते हैं उसे चुनें उदाहरण के लिए, हमने चुना है **प्रोजेक्ट स्टेटस रिपोर्ट** (देखें चित्र 8.18)।
6. **प्रिव्यू** बॉक्स में आप सैंपल प्रेजेन्टेशन को देख सकते हैं।
7. **क्रिएट** प्रेजेन्टेशन पर क्लिक करें।
8. आप चुने गए टेम्पलेट को चित्र 8.19 की तरह से डीफॉल्ट प्रेजेन्टेशन के रूप में देख सकते हैं।

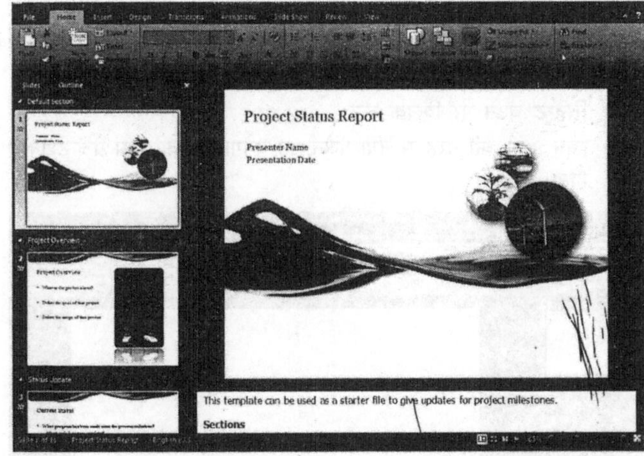

चित्र 8.19: पॉवरपॉइंट चुने गए टेम्पलेट को खोलता है।

8.3.2 एक ब्लैंक प्रेजेंटेशन तैयार करना (Creating a Blank Presentation)

जब आप पॉवरपॉइंट 2010 को स्टार्ट करते हैं, तो प्रोग्राम एक ब्लैंकटाइटल स्लाइड डीफॉल्ट से ही डिस्प्ले करता है। आप टेक्स्ट और पिक्चर्स को स्लाइड

पर ऐड करना शुरू कर सकते हैं। एक अलग लेआउट चुन सकते हैं, एक डिजाइन ऐप्लाई कर सकते हैं आदि।

यदि आप स्वयं एक पॉवरपॉइंट प्रेजेन्टेशन बनाना चाहते हैं तो आप पॉवरपॉइंट 2010 में ब्लैंक टेम्पलेट का प्रयोग कर सकते हैं। ब्लैंक टेम्पलेट केवल प्रेजेन्टेशन के बेसिक वीजुअल एलीमेंट्स को ही देता है जैसे प्लेस होल्डर, जिससे स्लाइड में टाइटल ऐड की जा सके।

➔ **ब्लैंक टेम्पलेट का प्रयोग करके एक प्रेजेन्टेशन बनाने के लिए:**

1. **फाइल** टैब पर क्लिक करें। बैकस्टेज व्यू दिखाई देगा, जिसमें चित्र 8.20 की तरह से अलग-अलग विकल्प दिखेंगे।

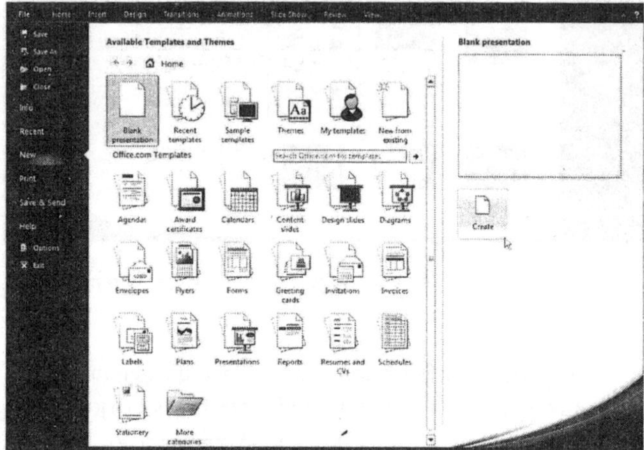

चित्र 8.20: फाइल बैकस्टेज व्यू

2. बैक स्टेज व्यू से **न्यू** विकल्प चुनें।
3. मिडिल पेन में सभी उपलब्ध टेम्पलेट्स की लिस्ट दिखाई देगी।
4. **अवेलेबल टेम्पलेट्स एंड थीम्स** कैटेगरी के अंतर्गत **ब्लैंक प्रेजेन्टेशन** विकल्प को चुनें।
5. **क्रिएट** बटन पर क्लिक करें।
6. चित्र 8.21 की तरह से नया प्रेजेन्टेशन बनेगा जिसका नाम प्रेजेन्टेशन 2 होगा।

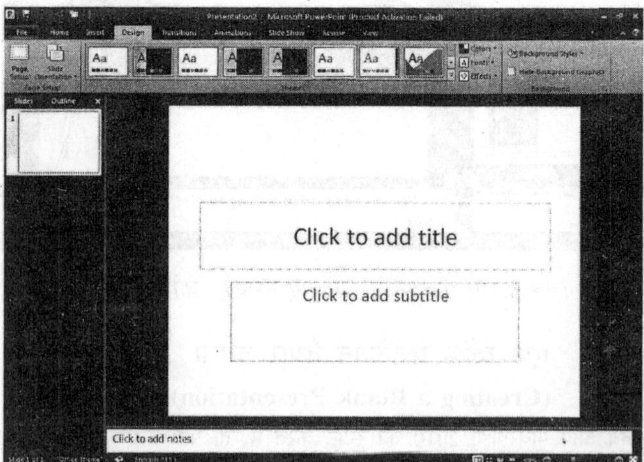

चित्र 8.21: ब्लैंक प्रेजेन्टेशन जिसका डीफॉल्ट नेम प्रेजेन्टेशन 2 है।

आप देख सकते हैं कि एक ब्लैंक प्रेजेन्टेशन में सिंगल स्लाइड टेक्स्ट बॉक्सेज के साथ होती है (प्लेस होल्डर्स) ताकि आप एक टाइटल और एक सबटाइटल एंटर कर सकें। आप इसमें अलग-अलग स्टाइल्स और बैकग्राउंड भी ऐप्लाई कर सकते हैं।

एक मौजूद प्रेजेन्टेशन पर आधारित नया टेम्पलेट तैयार करना
(Creating a New Template based on an Existing Presentation)

आप जिस तरह से प्रेजेन्टेशन बनाते हैं, ठीक उसी तरह से आप टेम्पलेट भी बना सकते हैं। यदि आप के पास एक टेम्पलेट होता है जिसमें वो सभी फीचर्स हैं जो आप चाहते हैं, तो आप उस मौजूद टेम्पलेट को आधार बना कर एक नया प्रेजेन्टेशन बनाने में समय की बचत कर सकते हैं।

1. रिबन में **फाइल** टैब पर क्लिक करें। बैकस्टेज व्यू दिखेगा। चित्र 8.20 की तरह से विकल्पों की लिस्ट दिखेगी।
2. लिस्ट में से न्यू विकल्प पर विकल्प करें।
3. **अवेलेबल टेम्पलेट्स और थीम्स** के अंतर्गत **न्यू फ्रॉम एक्जिस्टिंग** आयकन पर क्लिक करें।
4. चित्र 8.22 की तरह से **न्यू फ्रॉम एक्जिस्टिंग** डायलॉग बॉक्स दिखाई देगा।
5. जैसा टेम्पलेट आप बनाना चाहते हैं, उसी तरह का टेम्पलेट चुनें।
6. अब **क्रिएट न्यू** पर क्लिक करें। जो परिवर्तन आप ऐप्लाई करना चाहते हैं जैसे थीम कलर्स, फॉन्ट्स और अन्य फॉर्मेट्स आदि को कार्यान्वित करें।
7. टेम्पलेट सेव करने के लिए **सेव ऐज** बटन पर क्लिक करें।
8. **सेव ऐज** डायलॉग बॉक्स दिखाई देगा। फाइल नेम: ड्रॉप डाउन लिस्ट में से टेम्पलेट फाइल को नया नाम दें।
9. **सेव ऐज टाइप:** ड्रॉप डाउन लिस्ट में से पॉवरपॉइंट टेम्पलेट सिलेक्ट करें और फिर **सेव** बटन पर क्लिक करें। (देखें चित्र 8.16)

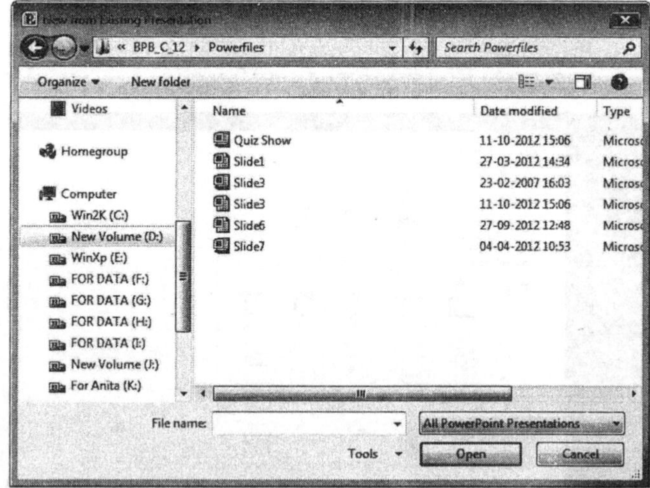

चित्र 8.22: एक मौजूद प्रेजेन्टेशन में से नया टेम्पलेट बनाना

8.3.3 टेक्स्ट एंटर और एडिट करना
(Entering and Editing Text)

पॉवरपॉइंट स्लाइड में हमेशा किसी न किसी प्रकार का टेक्स्ट होता है, चाहे वो केवल टाइटल ही क्यों न हो। पॉवरपॉइंट में टेक्स्ट को एंटर और एडिट करना ठीक वैसा ही है जैसे वर्ड और ऐक्सेल में।

स्लाइड्स में टेक्स्ट एंटर करना (Entering Text to Slides)

आप प्रेज़ेन्टेशन में दो तरीकों से टेक्स्ट डाल सकते हैं:

- टेक्स्ट प्लेस होल्डर (Text Place Holder) के सहित नई स्लाइड इन्सर्ट करना
- एक मौजूद स्लाइड में टेक्स्ट इन्सर्ट करना

एक प्लेस होल्डर में टेक्स्ट डालना (Adding Text in a Place Holder)

पॉवरपॉइंट में 1 से लेकर 24 तक स्लाइड्स के ऑटो लेआउट्स होते हैं। इनमें से कई लेआउट्स में टाइटल, बॉडी एवं बुलेटेड लिस्ट के लिए टेक्स्ट प्लेस होल्डर होते हैं।

➔ **टेक्स्ट के सहित एक नई स्लाइड इन्सर्ट करने के लिए:**

1. **Insert** मेन्यू पर क्लिक करके **New Slide** को चुनें या Ctrl + M keys दबाओ। **न्यू स्लाइड** डायलॉग बॉक्स में से एक टेक्स्ट लेआउट चुनें (देखें चित्र 8.23)
2. प्लेस होल्डर में कहीं भी क्लिक करके इसे सिलेक्ट करें। धुँधली आउट लाइन एक चौड़े हैश्ड (Hashed) बॉर्डर में बदल जाएगी (देखें चित्र 8.24)
3. सैंपल टेक्स्ट गायब हो जाएगा और प्लेस होल्डर के भीतर एक इन्सर्शन पॉइंट दिखाई देने लगेगा जो यह इशारा करता है कि आप टेक्स्ट ऐंटर करो।
4. एक टाइटल या सबटाइटल प्लेस होल्डर में, इन्सर्शन पॉइंट सेंटर्ड (Centered) या लेफ्ट एलाइन्ड (Left aligned) होता है।
5. एक बुलेटेड लिस्ट प्लेस होल्डर में, सैंपल टेक्स्ट गायब हो जाता है और बुलेट्स रह जाती हैं और इंसर्शन पॉइंट उस जगह पर टिक जाता है जहाँ से टेक्स्ट शुरू होगा।
6. सिलेक्ट किए गए प्लेस होल्डर में स्लाइड के लिए टेक्स्ट टाइप करें और Enter key दबाएँ।

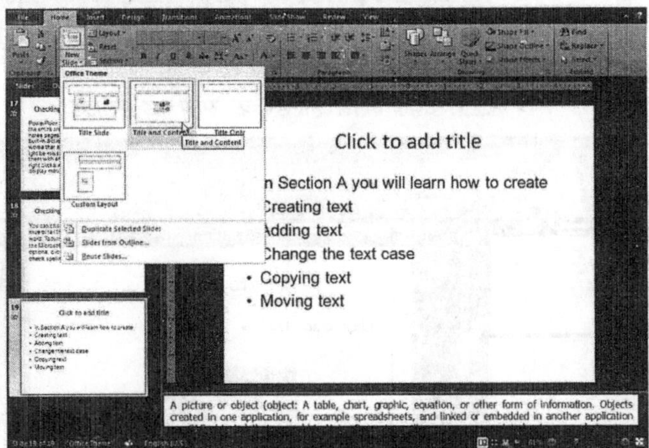

चित्र 8.23: टाइटल और कंटेंट्स के साथ स्लाइड लेआउट चुनना

7. बुलेट के केस में, जब आपको नई बुलेट लगानी हो तो एंटर key दबाएँ। यदि बुलेटेड लिस्ट इतनी लंबी है कि एक लाइन में नहीं आ सकती तो पॉवरपॉइंट ऑटोमैटिक रूप से टेक्स्ट को रैप (wrap) करके अगली लाइन में ले जाता है और उसे एलाइन (align) भी कर देता है।
8. जब आप टेक्स्ट एंटर करना बंद कर देते हैं तो स्लाइड की किसी भी खाली जगह में क्लिक करके ऑब्जेक्ट को डीसिलेक्ट करो या स्लाइड के चारों ओर दिखने वाले ग्रे बॉर्डर पर क्लिक करो।

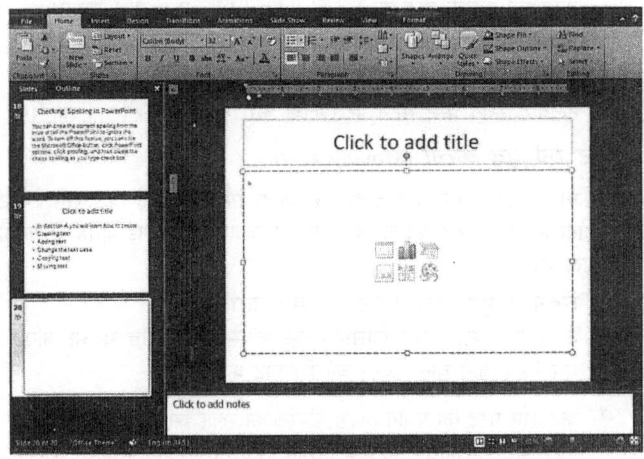

चित्र 8.24: प्लेस होल्डर के साथ स्लाइड लेआउट

एक स्लाइड पर टेक्स्ट को एडिट करना

आप किसी भी टेक्स्ट ऑब्जेक्ट में, केवल उस ऑब्जेक्ट पर क्लिक करके ही, कोई भी परिवर्तन कर सकते हैं। एक इन्सर्शन पॉइंट सामने आता है जो यह इशारा करता है कि टेक्स्ट ऐडिटिंग के लिए तैयार है। इसके बाद आप टेक्स्ट में जरूरी परिवर्तन कर सकते हैं।

इससे पहले कि आप मौजूद टेक्स्ट को बदलें, आपको इसे निम्न तकनीकों में से चुनना होगा:

- एक शब्द चुनने के लिए इस पर डबल क्लिक करें। शब्द और इसके बाद की खाली जगह सिलेक्ट हो जाएगी।
- या, जो टेक्स्ट आप सिलेक्ट करना चाहते हैं, उसकी शुरूआत में इन्सर्शन पॉइंट को रखें, शिफ्ट की दबाएँ। अब कैरेक्टर्स को एक एक करके चुनने के लिए ऐरो की दबाएँ या जो टेक्स्ट आप चुनना चाहते हैं उसके अंत में जाकर क्लिक करें।
- आउटलाइन टैब पर जाकर स्लाइड आयकन पर क्लिक करके आप उस पूरी स्लाइड टाइटल को सिलेक्ट कर सकते हैं।
- प्लेस होल्डर के भीतर क्लिक करके इसके भीतर का पूरा टेक्स्ट आप सिलेक्ट कर सकते हैं। अब होम टैब में एडिटिंग ग्रुप में से पहले सिलेक्ट पर क्लिक करके फिर सिलेक्ट ऑल पर क्लिक करें।

टेक्स्ट की कॉपी करना (Copying Text)

आप एक पेज़ पर दिखने वाले टेक्स्ट की कॉपी दूसरे पेज पर कर सकते हैं। टेक्स्ट की कॉपी, विंडोज़ के क्लिप बोर्ड की सहायता से संभव हो पाती है। *क्लिप बोर्ड* आपके कम्प्यूटर की मेमोरी का वह ऐरिया है जो डाटा होल्ड करने के लिए इस्तेमाल किया जाता है। जब तक डाटा क्लिप बोर्ड में रहता है, आप इसे किसी भी विंडोज़ सॉफ्टवेयर ऐप्लीकेशन में कहीं भी रख सकते हैं। यह डाटा तब तक क्लिप बोर्ड पर रहता है, जब तक आप इसे नए डाटा से रीप्लेस (replace) नहीं कर देते हैं, या आप विंडोज़ से एक्ज़िट (exit) नहीं कर देते हैं।

→ **रिबन कमांड के प्रयोग से टेक्स्ट की कॉपी करना:**

1. कॉपी किए जाने वाले टेक्स्ट को सिलेक्ट करें।
2. Edit मेन्यू पर क्लिक करके Copy को चुनो या टूलबार पर स्थित कॉपी बटन पर क्लिक करो या Ctrl + C keys एक साथ दबाएँ।
3. प्रेज़ेन्टेशन के उस स्थान पर मूव करो जहाँ इस टेक्स्ट को इन्सर्ट कराना चाहते हैं।
4. टूलबार स्थित पेस्ट बटन पर क्लिक करो या Ctrl + V दबाएँ।

टेक्स्ट को मूव करना (Moving Text)

मूव कार्य भी कॉपी की ही तरह होता है। अंतर सिर्फ इतना है कि इसमें टेक्स्ट मूव होता है अर्थात् यह पहली जगह से हट जाता है और नई जगह में कॉपी हो जाता है।

→ **रिबन कमांड द्वारा टेक्स्ट को मूव कराना:**

1. टेक्स्ट पर क्लिक करें जिससे टेक्स्ट बॉक्स एडिट मोड में आ जाए।
2. मूव किए जाने वाले टेक्स्ट को सिलेक्ट करें।

☞ कट और पेस्ट का प्रयोग करना, टेक्स्ट को स्लाइड्स के बीच और उसके आस पास मूव कराने का एक तरीका है। इसमें केवल टेक्स्ट को सिलेक्ट एवं कट करो, उपयुक्त स्लाइड तक ले जाएँ और वहाँ ले जाकर पेस्ट करना ही होता है।

3. राइट क्लिक करें और शॉर्टकट मेन्यू में से Cut सिलेक्ट करें या टूलबार स्थित कट बटन पर क्लिक करें या Ctrl + X दबाएँ। नई लोकेशन में जाकर, फिर से राइट क्लिक करें और Paste चुनें या पेस्ट बटन पर क्लिक करें या Ctrl + V दबाएँ।

टेक्स्ट को डिलीट करना (Deleting Text)

आप एक टेक्स्ट बॉक्स में से कुछ कैरेक्टर, शब्द या पूरे टेक्स्ट को डिलीट कर सकते हैं। इसके लिए इनमें से कोई एक तरीका चुनें:

- Delete key से कर्सर के दाईं ओर के कैरेक्टर मिट जाते हैं।
- Backspace key से कर्सर के बाईं ओर के कैरेक्टर मिट जाते हैं।

यदि आपने गल्ती से टेक्स्ट डिलीट कर दिया है, तो अपने ऐक्शन को अनडू (undo) कर सकते हैं टूलबार पर अनडू बटन दबाकर। (आप Ctrl + Z दबाकर या एडिट मेन्यू में से अनडू ऑप्शन चुन कर भी ऐसा कर सकते हैं।)

8.3.4 स्लाइड्स को एक प्रेज़ेन्टेशन में इन्सर्ट और डिलीट करना (Inserting and Deleting Slides in a Presentation)

→ **एक स्लाइड इन्सर्ट करने के लिए:**

1. स्लाइड व्यू में, उस स्लाइड को डिस्प्ले करें जिसके बाद आप स्लाइड इन्सर्ट करना चाहते हैं।
2. **इन्सर्ट** मेन्यू पर क्लिक करें और **न्यू स्लाइड....** चुनें या स्टैंडर्ड टूलबार पर स्थित **न्यू** स्लाइड बटन पर क्लिक करो। चित्र 8.17 की तरह **न्यू** स्लाइड डायलॉग बॉक्स दिखाई देगा।

स्लाइड्स को डिलीट करना (Deleting Slides)

→ **स्लाइड को डिलीट करने के लिए:**

1. आउटलाइन पेन में उस स्लाइड को सिलेक्ट करें जिसे आप डिलीट करना चाहते हैं।
2. Delete key दबाएँ। सिलेक्ट की गई स्लाइड डिलीट हो जाएगी।

8.4 स्लाइड्स की तैयारियाँ (Preparation of Slides)

8.4.1 वर्ड टेबल या एक ऐक्सेल वर्कशीट इन्सर्ट करना (Inserting Word Table or an Excel Worksheet)

एक टेबुलेटेड डाटा ऐड करने के कई तरीके हो सकते हैं जैसे आप वर्ड फाइल में से टेबल इन्सर्ट कर सकते हैं या पॉवर पॉइंट में से लेआउट ऑप्शन्स चुन सकते हैं। इसके अलावा आप ऐक्सेल वर्कशीट में से भी डाटा को इन्सर्ट कर सकते हैं।

आप बिना MS वर्ड 2010 का प्रयोग किए हुए, अपने प्रेज़ेन्टेशन में भी टेबल बना सकते हैं।

→ **टेबल के साथ एक नई स्लाइड बनाने के लिए:**

1. इन्सर्ट टैब पर क्लिक करो और स्लाइड ग्रुप में जाकर न्यू स्लाइड डाउन पॉइंटिंग ऐरो को चुनें, स्लाइड की लिस्ट दिखाई देगी।

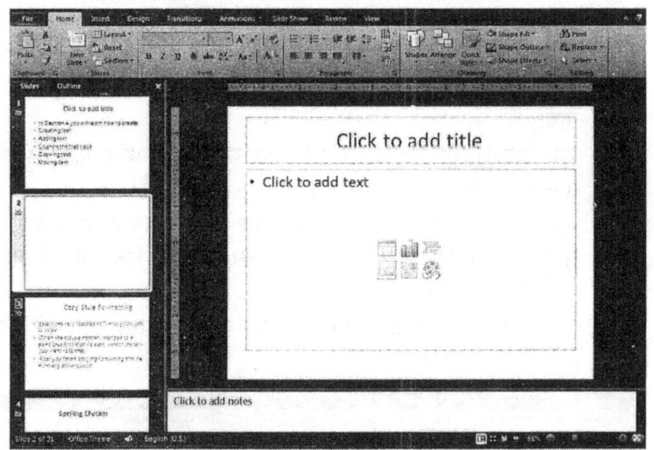

चित्र 8.25: टेबल प्लेस होल्डर के साथ नई स्लाइड

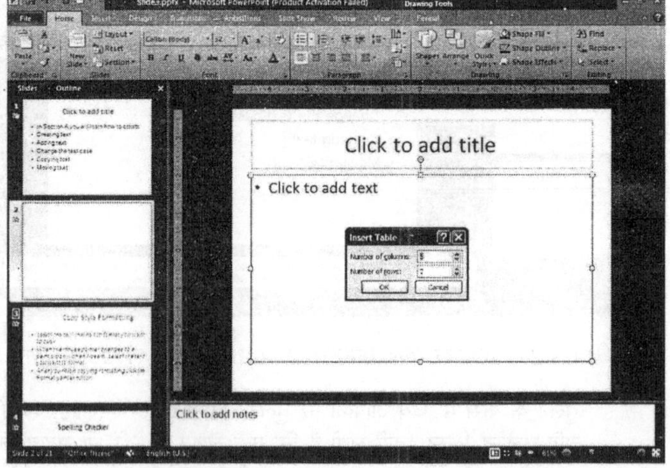

चित्र 8.26: इन्सर्ट टेबल डायलॉग बॉक्स

2. टाइटल और कंटेंट स्लाइड पर क्लिक करें। चित्र 8.25 की तरह से एक नई स्लाइड दिखाई देगी।
3. इन्सर्ट टेबल प्लेस होल्डर पर क्लिक करें। **इन्सर्ट टेबल** डायलॉग बॉक्स चित्र 8.26 की तरह दिखाई देगा।
4. इन्सर्ट टेबल डायलॉग बॉक्स में *कॉलम* (column) और *रोज़* (rows) की संख्या डालें, जितनी आप टेबल में रखना चाहते हैं। आप कॉलम/रो की संख्या टाइप कर सकते हैं या इन संख्याओं को दर्शाने के लिए एडिट बॉक्सों के दाई ओर के अप या डाउन ऐरो को क्लिक कर सकते हैं।

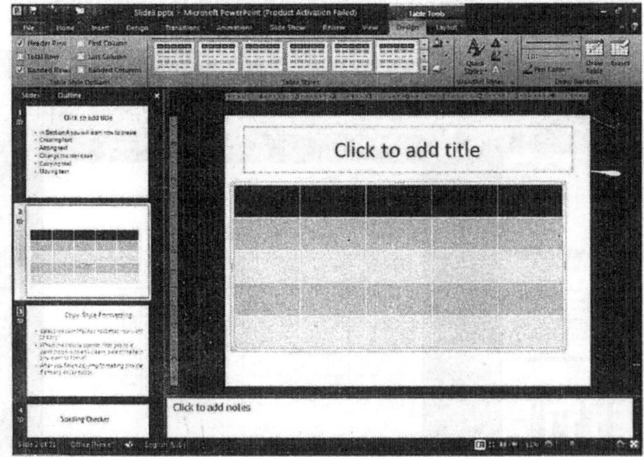

चित्र 8.27: टेबल सहित, स्लाइड

5. कॉलम तथा रो की संख्या निश्चित के बाद टेबल बनाने के लिए OK पर क्लिक करो।
6. चित्र 8.27 की तरह एक टेबल दिखाई देगी।

टेबल में टेक्स्ट एंटर करना (Entering Text in a Table)

जब आप एक नई टेबल बनाते हैं तो यह पूरी तरह से खाली होती है और एक ग्रे (grey) फ्रेम के भीतर स्लाइड पर चित्र 8.27 की तरह दिखाई देती है। जब आप टेबल को इन्सर्ट करते हैं तो इन्सर्शन पॉइंट टेबल में ऊपर बाएँ किनारे पर स्थित पहले सेल में चमकता रहता है। आप जो भी टेक्स्ट टाइप करते हैं वह इसी इन्सर्शन पॉइंट पर दिखाई देता है। टेबल में टेक्स्ट डालने के बाद जब आप एडिट मोड से बाहर आना चाहते हैं तो टेबल के बाहर कहीं पर भी क्लिक करें।

एक टेबल की एडिटिंग (Editing a table)

एक बार जब आपने टेबल बना ली, और इसमें टेक्स्ट या नंबर एंटर कर दिए, तो आप इसका स्ट्रक्चर (structure) मॉडिफाई (modify) करने के लिए इसमें सेल्स, कॉलम्स एवं रोज़ (Rows) को जोड़ सकते हैं, हटा सकते हैं, मूव करवा सकते हैं तथा उनको कॉपी कर सकते हैं। आप कॉलम्स की चौड़ाई (width) एवं रोज़ की ऊँचाई (height) भी बदल सकते हैं तथा टाइप किए गए टेक्स्ट को सेल्स में जगह देने के लिए सेल्स को मर्ज (merge) या स्प्लिट (split) कर सकते हैं।

सेल्स, कॉलम्स एवं रोज़ को सिलेक्ट करना (Selecting Cells, Columns and Rows)

➔ **सेल्स को सिलेक्ट करने के लिए:**

1. एक सिंगल सेल सिलेक्ट करने के लिए, माउस पॉइंटर को सेल के बाएँ भीतरी किनारे पर रखो। जैसे ही पॉइंटर राइट ऐरो में बदलता है, सेल पर क्लिक करें।
2. एक ही कॉलम में एक दूसरे से सटे हुए (adjacent) सेल्स को सिलेक्ट करने के लिए, पहले सेल में कहीं भी क्लिक करें और माउस पॉइंटर को कॉलम में ऊपर से नीचे की ओर खींचें।
3. एक ही रो में एक दूसरे से सटे हुए सेल्स को सिलेक्ट करने के लिए, पहले सेल में कहीं भी क्लिक करें और माउस पॉइंटर को रो में बाएँ से दाई ओर खींचें।
4. कई सेल्स को सिलेक्ट करने के लिए, पहले सेल पर क्लिक करें और फिर Shift key दबाए रखकर, दूसरे सेल पर क्लिक करें। दोनों सेल एवं इनके बीच के भी सभी सेल सिलेक्ट हो जाते हैं।

➔ **सेल्स की एक रो सिलेक्ट करने के लिए:**

1. माउस पॉइंटर को टेबल के बाएँ किनारे के पास रखें। जब पॉइंटर राइट ऐरो में बदल जाता है, तब रो पर क्लिक करें जैसा चित्र 8.28 में दिखाया गया है। या टेबल टूल कॉन्टेक्सचुअल टैब में से लेआउट टैब पर क्लिक करके, टेबल ग्रुप में, सिलेक्ट डाउन पॉइंटिंग ऐरो पर क्लिक करें और सिलेक्ट रो चुनें।

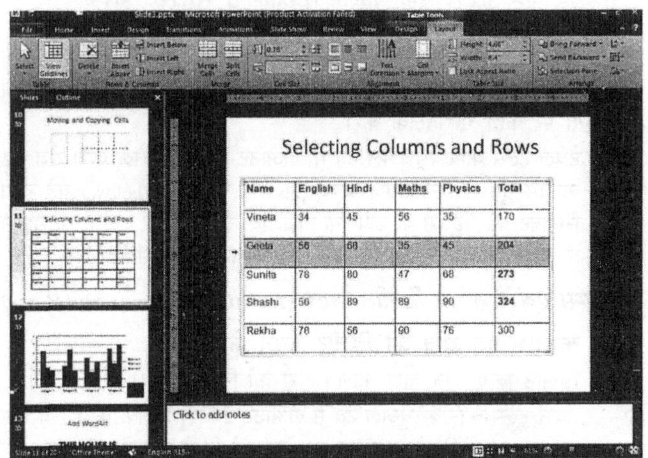

चित्र 8.28: टेबल में एक पूरी रो (Row) को सिलेक्ट करना

➔ **एक कॉलम या कई कॉलम्स को सिलेक्ट करने के लिए:**

1. एक कॉलम या कॉलम्स के सबसे ऊपर के बॉर्डर पर माउस पॉइंटर रखो। पॉइंटर डाउन ऐरो में बदल जाएगा। अब पूरे कॉलम को सिलेक्ट करने के लिए बाएँ माउस बटन को क्लिक करो (देखें चित्र 8.29)। या टेबल टूल्स कॉन्टेक्सचुअल टैब में, लेआउट टैब पर क्लिक करें। टेबल ग्रुप में से सिलेक्ट डाउन पॉइंटिंग ऐरो पर क्लिक करके, सिलेक्ट कॉलम पर क्लिक करें।

कॉलम्स और रोज़ को जोड़ना (Adding Columns and Rows)

➔ **एक कॉलम इन्सर्ट करने के लिए:**

1. जहाँ आप चाहते हैं कि नया कॉलम इन्सर्ट हो, ठीक उसके अगले कॉलम में कहीं भी क्लिक करें।
2. टेबल टूल्स कॉन्टेक्सचुअल टैब में लेआउट टैब पर क्लिक करें। रोज और कॉलम ग्रुप में इन्सर्ट कॉलम टू द **लेफ्ट** या **राइट** को चुनें। सिलेक्ट किए गए कॉलम के बाई या दाई ओर एक कॉलम इन्सर्ट हो जाएगा। या माउस

पर राइट क्लिक करें, इन्सर्ट चुनें, एक सबमेन्यू दिखाई देगा, इन्सर्ट कॉलम टू द लेफ्ट या राइट चुनें।

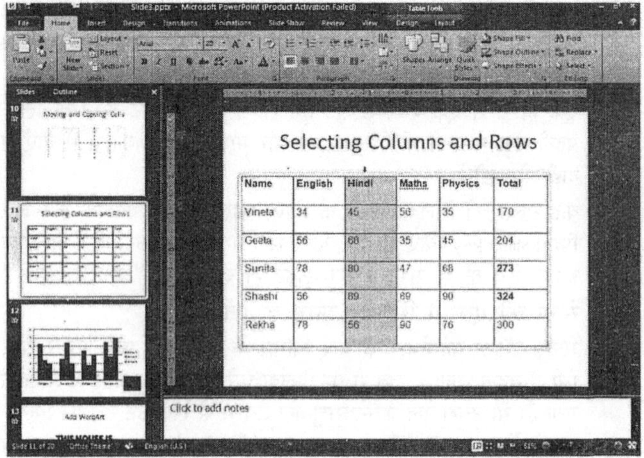

चित्र 8.29: एक कॉलम (Column) सिलेक्ट करना

→ **एक रो इन्सर्ट करने के लिए:**

1. जहाँ आप नई रो को इन्सर्ट करना चाहते हैं, ठीक उसके अगली वाली रो पर कहीं भी क्लिक करें।
2. टेबल टूल्स कॉन्टेक्सचुअल टैब में, लेआउट टैब पर क्लिक करें। रोज एंड कॉलम ग्रुप में इन्सर्ट रोज अबव (above) या बिलो (below) को चुनें। सिलेक्ट की गई रो के ऊपर या नीचे एक रो इन्सर्ट हो जाएगी या माउस पर राइट क्लिक करके भी आप यही विकल्प चुन सकते हैं।

कॉलम्स एवं रोज़ को डिलीट करना (Deleting Columns and Rows)

→ **कॉलम्स एवं रोज़ को डिलीट करने के लिए:**

1. डिलीट किए जाने वाले कॉलम / रो को सिलेक्ट करें।
2. टेबल टूल्स कान्टेक्सचुअल टैब में लेआउट टैब पर क्लिक करें। रोज और कॉलम ग्रुप में डिलीट **कॉलम** या **रोज़** को सिलेक्ट करें। या माउस पर राइट क्लिक करके, डिलीट **रोज़** या **कॉलम** को चुनें।

सेल्स की कॉपी करना या उन्हें मूव कराना (Copying and Moving Cells)

एक बार जब आप एक सेल के कंटेंट्स को सिलेक्ट करते हैं, तो आप ड्रैग एंड ड्रॉप ऑप्शन का प्रयोग करके इन्हें दूसरी लोकेशन पर कॉपी या मूव करवा सकते हैं। दूसरे तरीके में, आप एडिट मेन्यू से कट, कॉपी या पेस्ट कमांड को चुनो या सेल पर राइट माउस बटन से क्लिक करने पर जो शॉर्टकट मेन्यू आता है उसमें से कट, कॉपी और पेस्ट कमांड्स को चुनो।

→ **ड्रैग एंड ड्रॉप का प्रयोग करके सेल कंटेंट्स की कॉपी करना या उन्हें मूव कराने के लिए:**

1. उस टेक्स्ट को सिलेक्ट करें जिसे आप मूव कराना चाहते हैं या जिसकी कॉपी करना चाहते हैं।
2. क्लिप बोर्ड ग्रुप के होम टैब में से या शॉर्टकट मेन्यू में से कट (मूव करने के लिए) या कॉपी को चुनें।
3. कट और कॉपी किए गए टेक्स्ट को जहाँ आप रखना चाहते हैं वहाँ इन्सर्शन पॉइंट को पोज़ीशन करने के लिए टेबल में क्लिक करें।
4. होम टैब क्लिप बोर्ड ग्रुप या शॉर्टकट मेन्यूज़ से 'पेस्ट' चुनें। कट या कॉपी किया गया टेक्स्ट, इन्सर्शन पॉइंट पर मूव या कॉपी हो जाएगा।
5. **सिलेक्ट किए गए टेक्स्ट को मूव करने के लिए:** माउस पॉइंटर को सिलेक्ट किए गए टेक्स्ट पर रख कर बाएँ माउस बटन को दबाए रखकर टेक्स्ट को डेस्टिनेशन (destination) सेल तक ड्रैग करके ले जाएँ।
6. **सिलेक्ट किए गए टेक्स्ट को कॉपी करने के लिए:** माउस पॉइंटर को सिलेक्ट किए हुए टेक्स्ट पर रख कर, Ctrl key को दबाए रखकर, माउस के बाएँ बटन को दबाएँ और इसे दबाए रखकर ही टेक्स्ट को डेस्टिनेशन सेल तक ड्रैग करके ले जाएँ।

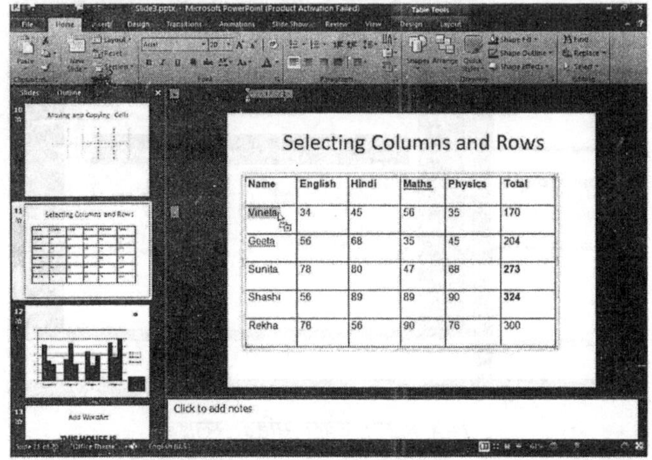

चित्र 8.30: कंटेंट्स के साथ एक सेल को कॉपी करना

पॉइंटर के पास में एक प्लस साइन (+) दिखेगा जो यह इशारा करेगा कि आप मूविंग की जगह कॉपी कर रहे हैं। (देखें चित्र 8.30)

कॉलम की चौड़ाई एवं रो की ऊँचाई बदलना (Changing Column Width and Row Height)

आप एक टेबल की रोज़ की साइज़ को उनकी ऊँचाई कम-ज्यादा करके बदल सकते हैं। इसी प्रकार आप कॉलम्स की साइज़ को बदलने के लिए उनकी चौड़ाई को घटा या बढ़ा सकते हैं।

कॉलम की चौड़ाई बदलना (Changing Column Width)

→ **एक टेबल में कॉलम की चौड़ाई बदलने के लिए:**

1. पॉइंटर को कॉलम के दाएँ बॉर्डर पर रखें जब तक यह डबल लाइन और ऐरो में बदल न जाए। (चित्र 8.31 देखें)
2. कॉलम के बॉर्डर को बाईं या दाईं ओर ड्रैग करें ताकि कॉलम की चौड़ाई कम या ज्यादा की जा सके। एक डैश्ड लाइन (dashed line) टार्गेट कॉलम विड्थ (target column width) का इशारा करती है।
3. माउस बटन को छोड़ें। कॉलम की चौड़ाई नई साइज में, जितनी आपने खींचकर निश्चित की थी, बदल जाएगी।
4. टेबल टूल्स कॉन्टेक्सचुअल टैब में जाकर लेआउट टैब पर क्लिक करें। सेल्स साइज ग्रुप में से टेबल कॉलम विड्थ अप और डाउन ऐरो पर क्लिक करके रिलेक्टेड कॉलम की विड्थ सैट करें।

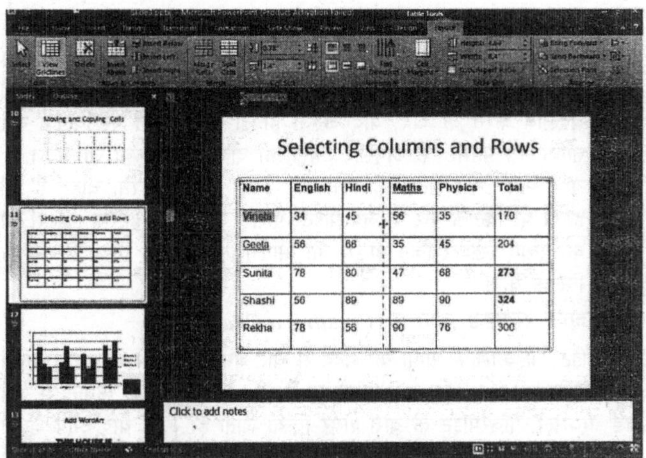

चित्र 8.31: कॉलम की चौड़ाई बदलना

रो की ऊँचाई बदलना (*Changing Row Height*)

➔ **एक टेबल में रो की ऊँचाई बदलने के लिए:**

1. पॉइंटर को रो के दाएँ बॉर्डर पर रखें जब तक यह एक डबल लाइन और ऐरो में न बदल जाए।
2. रो के बॉर्डर को ऊपर या नीचे की तरफ ड्रैग करें ताकि रो की ऊँचाई बढ़ाई या घटाई जा सके। एक डैश्ड लाइन रो की ऊँचाई की ओर इशारा करती है। (देखें चित्र 8.32)
3. माउस बटन को छोड़ें। रो की ऊँचाई वह होगी जो आपने ड्रैग करके तय करी है।
4. टेबल टूल्स कॉन्टेक्सचुअल टैब में जाकर लेआउट टैब पर क्लिक करें। सेल्स साइज ग्रुप में से रो हाइट अप एंड डाउन ऐरो पर क्लिक करके सिलेक्टेड सेल की हाइट सैट करें।

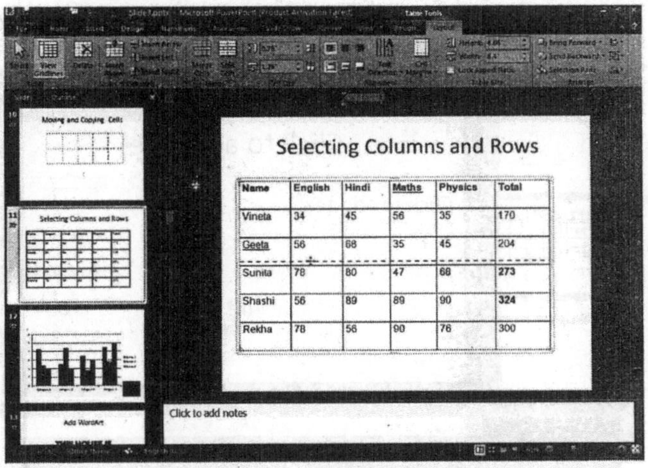

चित्र 8.32: रो की ऊँचाई बदलना

सेल्स को मर्ज और स्प्लिट करना (*Merging and Spliting Cells*)

एक बड़ा सेल, जो दो या अधिक सेल्स के बराबर हो, को बनाने के लिए आप एक दूसरे से सटे हुए सेल्स को मर्ज कर सकते हैं। चित्र 8.33 में सेल्स की मर्जिंग करने पर आप से एक बड़े सेल में एक कॉलम हैडिंग डालने को कहा जाता है। यह बड़ा सेल कई छोटे सेल्स की चौड़ाई के बराबर होता है।

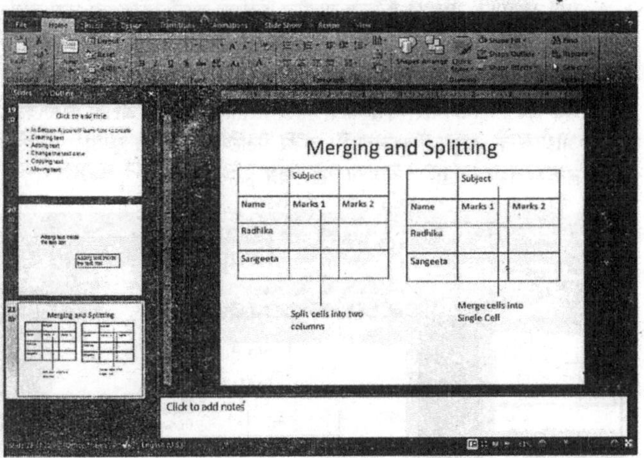

चित्र 8.33: पहली रो में सेल को मर्ज करना और इसे रो 2 में दो सेल्स में स्प्लिट करना

➔ **दो या अधिक सेल्स को मर्ज करने के लिए:**

1. मर्ज किए जाने वाले सेल्स को सिलेक्ट करें।
2. टेबल टूल्स कॉन्टेक्सचुअल टैब पर क्लिक करें, लेआउट टैब पर क्लिक करें। अब मर्ज ग्रुप में मर्ज सेल पर क्लिक करें। या माउस पर राइट क्लिक करके, **मर्ज** सेल्स को चुनें।

➔ **एक सेल को स्प्लिट करने के लिए:**

1. स्प्लिट किए जाने वाले सेल को सिलेक्ट करें। आप एक बार में एक ही सेल को स्प्लिट कर सकते हैं।
2. टेबल टूल्स कॉन्टेक्सचुअल टैब पर क्लिक करें। लेआउट टैब पर क्लिक करके मर्ज ग्रुप में से स्प्लिट सेल पर क्लिक करें।
3. सेल दो बराबर चौड़ाई के सेल्स में स्प्लिट हो जाता है और यदि इसमें कोई भी टेक्स्ट होता है तो वह इसके बाईं ओर दिखाई पड़ता है।

☞ एक सेल को स्प्लिट करने के बाद, आप शायद चाहें कि सेल की चौड़ाई को ऐडजस्ट किया जाए ताकि यह आपके करेंट सेल स्ट्रक्चर एवं लेआउट में सही दिखाई दे।

बॉर्डर एवं फिल जोड़ना (*Adding Borders and Fills*)

पॉवरपॉइंट में सेल्स और टेबल के चारों ओर डीफॉल्ट बॉर्डर लगाते हैं, यह करेंट प्रेज़ेन्टेशन टेंपलेट में किया जाता है। आप सेल्स, कॉलम्स एवं रोज़ या पूरे टेबल के चारों ओर के बॉर्डर को बदल सकते हैं।

टेबल का बॉर्डर बदलना (*Changing Table Borders*)

एक टेबल में बॉर्डर फॉर्मेटिंग के कई तरीके हो सकते हैं। आप इनमें से चुन सकते हैं:

1. बॉर्डर फॉर्मेट (कॉलम बॉर्डर, रो बॉर्डर और टेबल बॉर्डर, आदि)
2. बॉर्डर स्टाइल (सॉलिड लाइन, डैश्ड लाइन, डॉटेड लाइन, आदि)
3. बॉर्डर की चौड़ाई (.25 पॉइंट टू 6 पॉइंट)
4. बॉर्डर कलर

➔ **टेबल सेल्स सिलेक्ट करने के लिए जिनमें आप बॉर्डर ऐड करना या बदलना चाहते हैं:**

1. पूरी टेबल या सेल या कॉलम या रोज़ जिसके चारों ओर आप नया बॉर्डर लगाना चाहते हैं, को सिलेक्ट करें।
2. डिजाइन टैब पर टेबल टूल्स के अंतर्गत टेबल स्टाइल्स ग्रुप में बॉर्डर डाउन ऐरो पर क्लिक करें। इस बटन का वास्तविक नाम, अंतिम सिलेक्टेड आइटम के अनुसार बदलता है। बॉर्डर पैलेट ड्रॉप डाउन में अलग अलग बॉर्डर टाइप दिखाई देते हैं। (देखें चित्र 8.34)

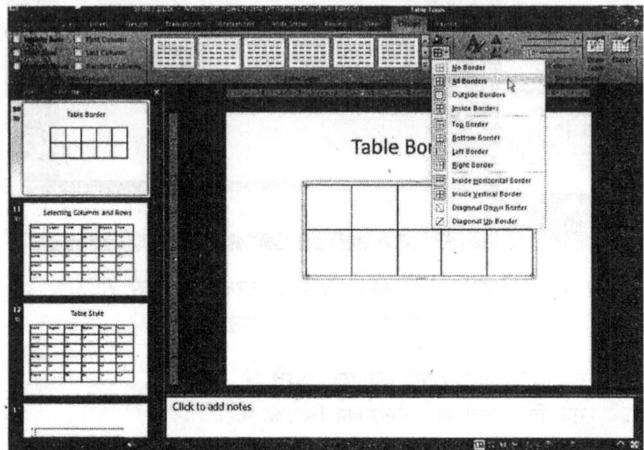

चित्र 8.34: बॉर्डर पैलेट

3. **जो बॉर्डर** आप चाहते हैं उस पर क्लिक करें। टेबल का चुना हुआ भाग **नए टाइप के बॉर्डर को** दिखाने के लिए बदल जाएगा।
4. यदि आप **बॉर्डर** लाइन स्टाइल बदलना चाहते हैं, तो ड्रॉ बॉर्डर के पास स्थित डाउन ऐरो पर क्लिक करें और पेन स्टाइल चुनें। पेन बॉर्डर स्टाइल पैलेट ड्रॉप डाउन मेन्यू, चित्र 8.35 की तरह सामने आता है।

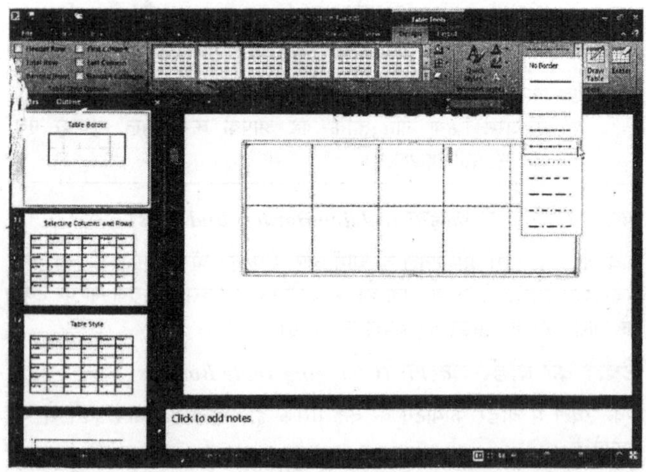

चित्र 8.35: बॉर्डर स्टाइल ड्रॉप डाउनलिस्ट दिखाई देती है।

5. जो बॉर्डर स्टाइल आप चाहते हैं, उस पर क्लिक करें। माउस पॉइंटर पेन स्टाइल में बदल जाएगा। टेबल रो या कॉलम लाइन पर क्लिक करें जो स्टाइल आपने सिलेक्ट किया है वही बॉर्डर स्टाइल दिखने लगेगा।
6. यदि आप बॉर्डर की चौड़ाई या कलर बदलना चाहते हैं, तो स्टेप 2 से 4 को दोहराएँ जिसमें बॉर्डर विड्थ और बॉर्डर कलर बटन का प्रयोग करें। बदलाव करने के बाद, यदि जरूरी हो तो बॉर्डर बटन पर क्लिक करें ताकि नये फॉर्मेट के अनुसार टेबल को दोबारा ड्रॉ किया जा सके।
7. यदि आप **टेबल सेल्स** के बीच बॉर्डर्स को डिलीट करना चाहते हैं, तो इरेजर **पर क्लिक करें** या जब पॉइंटर पेंसिल के रूप में हो तब Shift की को दबाए रखकर जिन बॉर्डर्स को आप डिलीट करना चाहते हैं उन पर क्लिक करें।

एक चार्ट स्लाइड बनाना (Creating a Chart Slide)

पॉवरपॉइंट, माइक्रोसॉफ्ट ग्राफ़ की मदद से चार्ट बनाता या उसे मॉडिफाई करता है। माइक्रोसॉफ्ट ग्राफ़ एक ग्राफ़िंग प्रोग्राम है जो MS ऑफिस के कंपोनेंट्स जैसे वर्ड, ऐक्सेल, पॉवरपॉइंट के द्वारा शेयर किया जाता है। अतः यदि आप जानते हैं कि एक MS ऑफिस कंपोनेंट में ग्राफ़िक्स किस प्रकार तैयार करना चाहिए तो आप यही तकनीक अन्य MS ऑफिस कंपोनेंट्स में भी इस्तेमाल कर सकते हैं।

चार्ट्स जो आप बनाते हैं वह पॉवरपॉइंट 2010 में एम्बेडेड हो जाएगा और चार्ट डाटा एक ऐक्सेल 2010 वर्कशीट में स्टोर हो जाता है जो पॉवरपॉइंट फाइल में शामिल होती है।

➔ **एक चार्ट स्लाइड बनाने के लिए:**

1. स्लाइड्स ग्रुप में **न्यू स्लाइड** पर क्लिक करें। यह स्लाइड्स डिस्प्ले करता है जिसके बाद आप चार्ट स्लाइड ऐड कर सकते हैं या इलस्ट्रेशन ग्रुप में **इन्सर्ट** टैब पर क्लिक कर सकते हैं। अब चार्ट आयकन पर क्लिक करें।
2. न्यू स्लाइड दिखाई देती है। स्लाइड के सेंटर में टेबल, चार्ट, मीडिया क्लिप्स, स्मार्ट आर्ट आदि होते हैं। जैसा चित्र 8.36 में दिखाया गया है।
3. न्यू स्लाइड में इन्सर्ट चार्ट पर क्लिक करें। चित्र 8.37 की तरह से इन्सर्ट चार्ट डायलॉग बॉक्स दिखाई देता है।

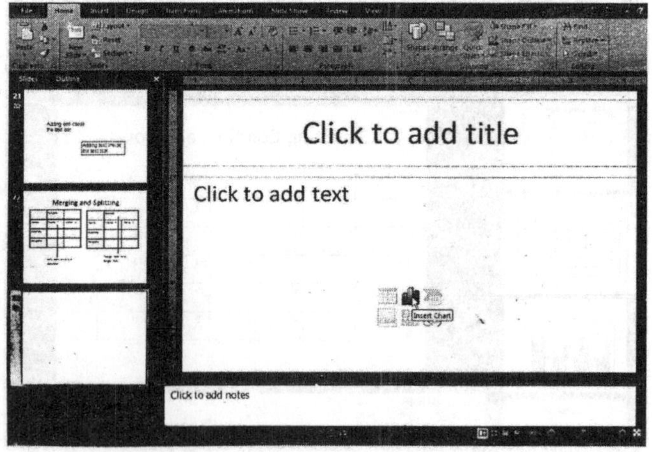

चित्र 8.36: एक न्यू स्लाइड में चार्ट है।

4. टेम्पलेट्स के अंतर्गत चार्ट टाइप चुनें। उदाहरण के लिए, यदि आप कॉलम चार्ट टाइप पर क्लिक करते हैं, तो कॉलम सेक्शन में अलग तरह के कॉलम्स होते हैं। मनचाही चार्ट टाइप चुनें। OK पर क्लिक करें।

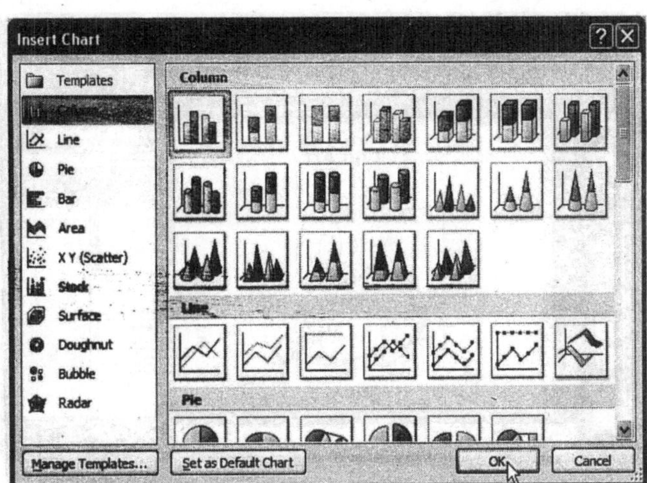

चित्र 8.37: इन्सर्ट चार्ट डायलॉग बॉक्स

5. ऐक्सेल वर्कशीट में एक सैंपल चार्ट दिखाई देता है और डाटाशीट विंडो जिसमें चार्ट के लिए डाटा रखा गया है, इसके ऊपर से दिखती है (देखें चित्र 8.38)।
6. ऐक्सेल में सैंपल डाटा को रिप्लेस करने के लिए वर्कशीट के एक सेल पर क्लिक करें और फिर जो डाटा आप चाहते हैं, उसे टाइप करें। जब आप ऐक्सेल में डाटा एंटर करते हैं, तो आप पॉवरपॉइंट में डाटा और चार्ट को एक साथ देख सकते हैं। (देखें चित्र 8.39)
7. एक्सेल में, ऑफिस बटन पर क्लिक करें फिर **सेव ऐज** पर क्लिक करें।
8. **सेव ऐज़** डायलॉग बॉक्स में **सेव इन:** लिस्ट में से उस फोल्डर या ड्राइव को चुनें जिसमें आप वर्कशीट को सेव करना चाहते हैं।
9. **फाइल नेम:** बॉक्स में फाइल के लिए एक नया नाम टाइप करें।
10. सेव पर क्लिक करें।
11. एक्सेल में ऑफिस बटन पर क्लिक करें फिर क्लोज़ पर क्लिक करें।

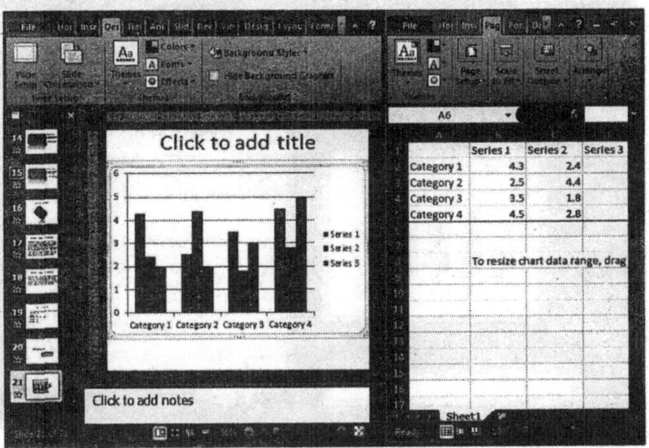

चित्र 8.38: सैंपल डाटा जो ग्राफिक रूप से डिस्प्ले किया गया है।

डाटाशीट में डाटा एंटर करना (Entering Data in a Datasheet)

डाटाशीट में डाटा एंटर करने के 2 स्टेप्स होते हैं। ये हैं:

- सबसे बाएँ कॉलम और सबसे ऊपरी रो में लेबल एंटर करें।
- बाकी के सेल्स में ग्राफ़ किया जाने वाला डाटा एंटर करें।

➔ **एक डाटाशीट में डाटा एंटर करने के लिए:**

1. कॉलम A के सबसे ऊपरी सेल पर क्लिक करें, और कैटेगरी लेबल, **सबसे** ऊपर की पूरी लाइन में एंटर करें। (ये कैटेगरी, ग्राफ़ में X-**ऐक्सिस के** किनारे दिखाई देती है।
2. डाटा सीरीज़ का नाम कॉलम के किनारे एंटर करें जो पहले लेबल **किए** गए सेल से शुरू होगा। प्रत्येक रो, प्रत्येक कैटेगरी के लिए **डाटा सीरीज़** को दर्शाती है।
3. सेल में प्रत्येक कैटेगरी के लिए वैल्यू एंटर करें (देखें चित्र 8.40)

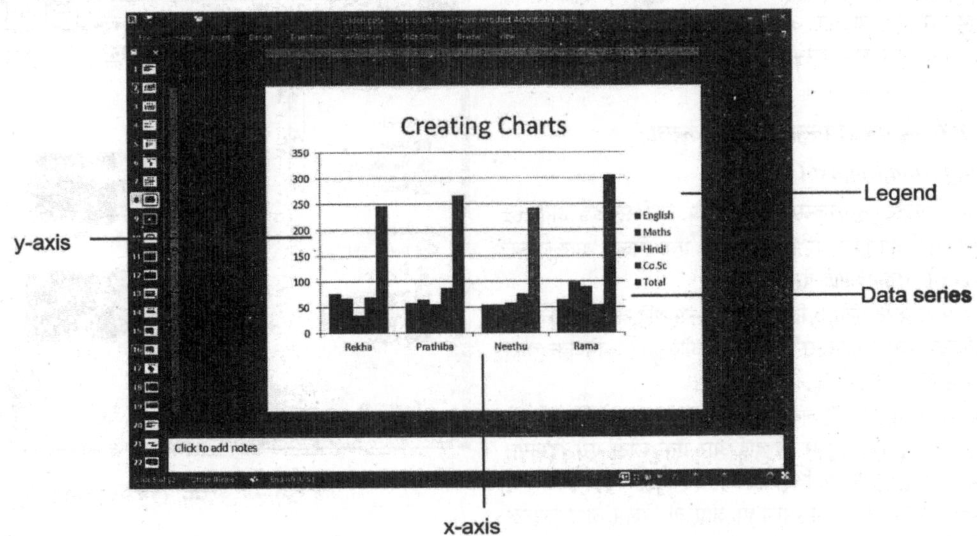

8.39: पॉवरपॉइंट में एक सैंपल चार्ट दिखता है।

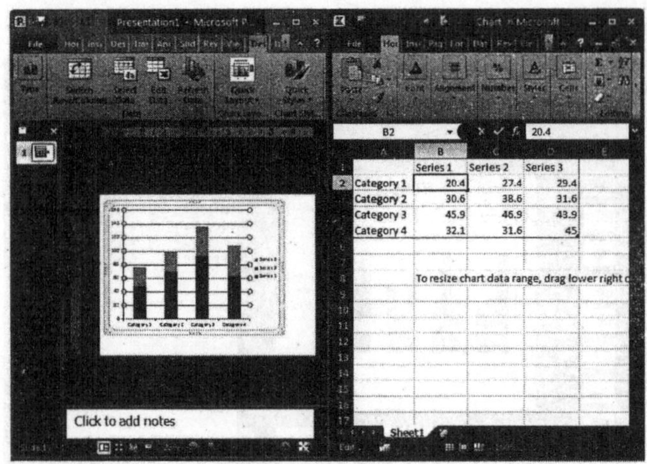

चित्र 8.40: डाटाशीट के सेल B2 में डाटा एंटर करना

अब प्रत्येक सेल में कॉलम के अनुसार नंबर टाइप करो और Enter दबाओ। अभ्यास के लिए, नीचे दिए गए नंबर एंटर करो।

20.4	27.4	20.4
30.6	38.6	31.6
45.9	46.9	43.9
32.1	31.6	45

8.4.2 क्लिपआर्ट पिक्चर्स ऐड करना (Adding Clipart Pictures)

क्लिपआर्ट गैलरी, पॉवरपॉइंट की ग्राफ़िक फाइल्स का एक कलेक्शन है जो आप प्रेज़ेन्टेशन में इन्सर्ट कर सकते हैं। माइक्रोसॉफ्ट ने क्लिपआर्ट इमेजेस की एक गैलरी को क्लिप आर्ट गैलरी के नाम से बनाया है, ताकि आपके पास आर्ट वर्क का अपना कलेक्शन उपलब्ध रहे।

पॉवरपॉइंट आपको, आपकी स्लाइड्स के लिए उपयुक्त आर्टपीस को सिलेक्ट करने में मदद करता है जो आप अपने प्रेजेन्टेशन के खास शब्दों (key words) को देखकर और इनसे मैच करने के लिए पिक्चर्स को खोज करके ऐड कर सकते हैं।

क्लिप आर्ट गैलरी में से एक पिक्चर इन्सर्ट करना

(Inserting a Picture from ClipArt Gallary)

1. उस स्लाइड को सिलेक्ट करो जिसमें एक क्लिप आर्ट स्लाइड होती हैं।
2. स्लाइड में क्लिपआर्ट आयकन पर क्लिक करें। एक क्लिप आर्ट टास्क पेन चित्र 8.41 की तरह दिखाई देगा।
3. सर्च फॉर बॉक्स में से करेंट एंट्री के लिए सर्च करें या यदि कोई एंट्री नहीं है तो बॉक्स में क्लिक करें। 'एनीमल्स' टाइप करें और go पर क्लिक करें। टास्क पेन में एनीमल्स की लिस्ट डिस्प्ले होगी।
4. सिलेक्टेड पिक्चर पर क्लिक करें जब यह स्लाइड के सेंटर में दिखाई देती है या पिक्चर सिलेक्ट करें, पिक्चर के दाईं ओर एक छोटा ऐरो दिखेगा। ऐरो पर क्लिक करके इन्सर्ट पर क्लिक करें। (चित्र 8.41)।
5. जब क्लिप गैलरी का प्रयोग करना खत्म हो जाए तो क्लिप आर्ट टाइटल बार पर स्थित क्लोज़ बटन पर क्लिक करें।

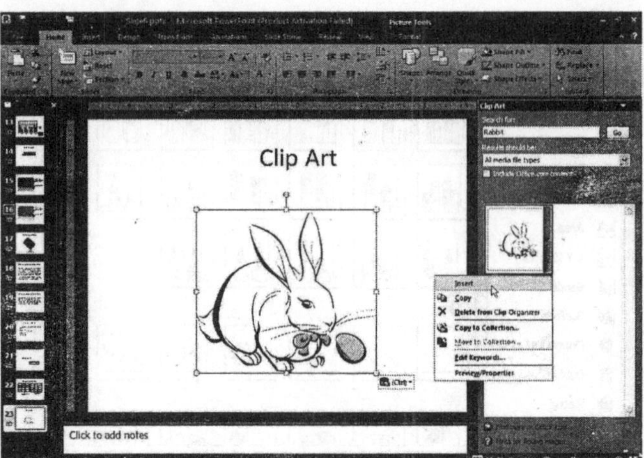

चित्र 8.41: क्लिपआर्ट टास्क पेन

8.4.3 अन्य ऑब्जेक्ट्स इन्सर्ट करना (Inserting Other Objects)

आप एक प्रेजेन्टेशन में हो सकता है कि एक विशेष ग्राफ़िक को ऐड करना चाहें लेकिन इसे क्लिप गैलरी में मेन्टेन करना न चाहें। आप अन्य ऐप्लिकेशन्स में से पिक्चर इन्सर्ट कर सकते हैं।

➔ एक फाइल में से पिक्चर इन्सर्ट करने के लिए:

1. जहाँ पर आप पिक्चर इन्सर्ट करना चाहते हैं वहाँ पर क्लिक करें।
2. इमेजेस ग्रुप में इन्सर्ट टैब पर पिक्चर पर क्लिक करें।
3. चित्र 8.42 की तरह से **इन्सर्ट पिक्चर** डायलॉग बॉक्स दिखाई देगा।
4. **लुक इन:** ड्रॉपडाउन लिस्ट में से एक फाइल को खोजें।
5. इस ग्राफ़िक को करेंट स्लाइड पर रखने के लिए, इन्सर्ट बटन पर क्लिक करें।

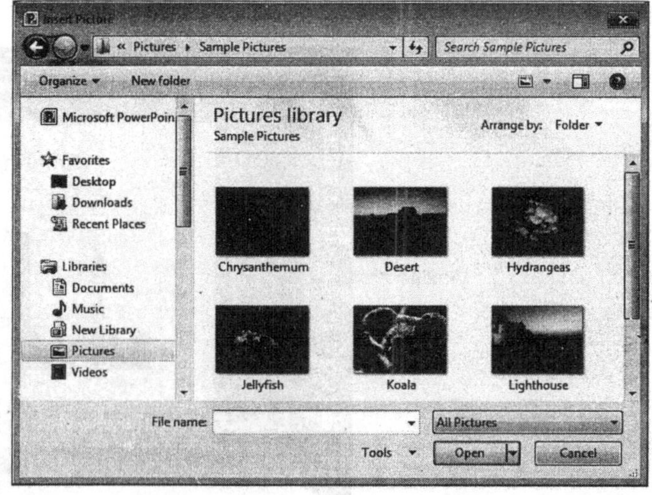

चित्र 8.42 इन्सर्ट पिक्चर डायलॉग बॉक्स

8.4.4 एक ऑब्जेक्ट की रीसाइज़िंग और स्केलिंग (Resizing and Scaling an Object)

एक ऑब्जेक्ट को रीसाइज़ करना (Resizing an Object)

एक ऑब्जेक्ट को रीसाइज़ या रीशेप करने के लिए, ऑब्जेक्ट के एक हैंडल को जिस दिशा में आप चाहते हैं उस तरफ़ ड्रैग करो। यदि आप ऑब्जेक्ट के अनुपात को मेन्टेन करना चाहते हैं, तो शिफ़्ट key दबाए रखकर किसी एक कोने के हैंडल को ड्रैग करो। यदि आप चाहते हैं कि ऑब्जेक्ट इसके करेंट सेंटर से बाहर की ओर बढ़े तो Ctrl key दबाए रखकर एक कोने के हैंडल को ड्रैग करें।

➔ **एक ऑब्जेक्ट को रीसाइज़ करने के लिए:**

1. उस ऑब्जेक्ट को सिलेक्ट करें जिसे आप रीसाइज़ करना चाहते हैं।

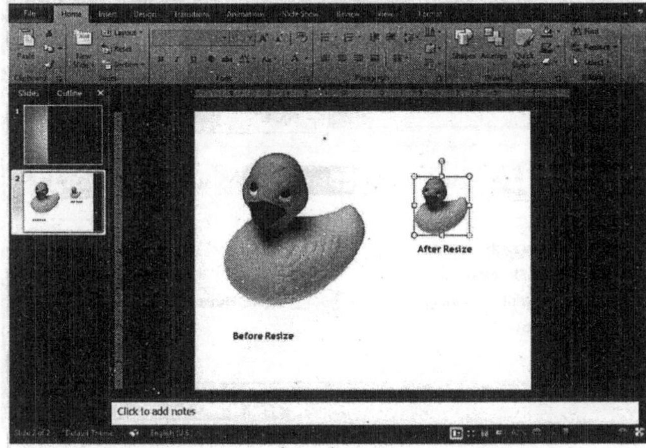

चित्र 8.43: रीसाइज़ की गई ऑब्जेक्ट

2. एक साइड हैंडल को तब तक ड्रैग करें जब तक ऑब्जेक्ट उस शेप में न आ जाए जिसमें आप चाहते हैं (देखें चित्र 8.43)।

एक ऑब्जेक्ट की स्केलिंग करना (Scaling an Object)

ऑब्जेक्ट्स को ड्रैग करने के बजाए, आप फॉर्मेट ऑटोशेप डायलॉग बॉक्स में से साइज़ एंड पोज़ीशन टैब्स पर स्थित ऑब्जेक्ट प्लेसमेंट्स और साइज़िंग को सैट कर सकते हैं।

➔ **एक ऑब्जेक्ट को स्केल करने के लिए:**

1. उस ऑब्जेक्ट को सिलेक्ट करें जिसे आप स्केल करना चाहते हैं।
2. साइज ग्रुप में पिक्चर टूल कॉन्टेक्सचुअल फॉर्मेट टैब पर क्लिक करें।
3. साइज़ टैब पर क्लिक करें और स्केल के अंतर्गत, **हाईट:** और **विड्थ:** बॉक्सेज में जो पर्सेंटेज आप चाहते हैं, उन्हें एंटर करो या डायलॉग बॉक्स लाँचर पर क्लिक करें।
4. फॉर्मेट पिक्चर डायलॉग बॉक्स चित्र 8.44 की तरह दिखेगा।

☞ जब भी ऑब्जेक्ट को रीसाइज़ किया जाता है, तब ऑब्जेक्ट की हाइट और विड्थ के बीच के रेशियो (अनुपात) को मेन्टेन करने के लिए, साइज़ टैब पर स्थित लॉक आस्पेक्ट रेशियो (Lock aspect Ratio) चैक बॉक्स को सिलेक्ट करें।

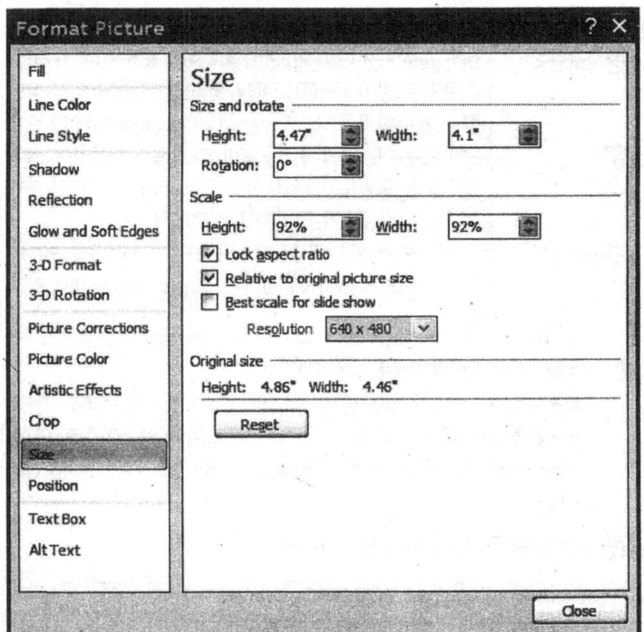

चित्र 8.44: फॉर्मेट पिक्चर डायलॉग बॉक्स

8.5 ऐस्थेटिक्स प्रदान करना (Providing Aesthetics)

पॉवरपॉइंट को इस तरह से डिज़ाइन किया गया है ताकि आपके स्लाइड प्रेज़ेन्टेशन्स को एक कन्सिस्टेंट लुक प्रदान किया जाए। चार तरीके हैं जिनके द्वारा पॉवरपॉइंट आप को अपनी स्लाइड्स का लुक बदलने में मदद करता है। ये हैं- डिज़ाइन टेम्पलेट्स मास्टर्स, कलर स्कीम्स और स्लाइड के लेआउट्स।

8.5.1 टेक्स्ट प्रेज़ेन्टेशन को एन्हांस करना (Enhancing Text Presentation)

टेक्स्ट प्रेजेन्टेशन को एन्हांस करने का अर्थ है अपने प्रेज़ेन्टेशन को अधिक प्रेज़ेन्टेबल तरीके से तैयार करना जिसमें बोल्ड, इटालिक्स, अंडरलाइन, टेक्स्ट ऐलाइनमेंट, फॉंट साइज़, फॉंट स्टाइल, कलर्स आदि फॉर्मेटिंग फ़ीचर्स का प्रयोग किया गया हो।

एक स्लाइड में टेक्स्ट को ऐलाइन करना (Aligning Text on a Slide)

टेक्स्ट को पेज के अथवा स्लाइड में टेक्स्ट बॉक्स के मार्जिन के बीच में प्लेस करने का एक तरीका होता है ऐलाइनमेंट। ऐलाइनमेंट के विभिन्न प्रकार को टेबल 8.1 में दिखाया गया है।

टेबल 8.1: स्लाइड में टेक्स्ट ऐलाइनमेंट

ऐलाइनमेंट (Alignment)	प्रभाव (Effects)
लेफ़्ट ऐलाइन	सभी लाइनों की बाईं मार्जिन एक सीध में बाईं तरफ होती है जबकि प्रत्येक लाइन का दायाँ किनारा जहाँ उचित लगता है वहीं खत्म होता है (इसे ragged right edge कहा जाता है)।

क्रमशः...

क्रमशः...

राइट ऐलाइन	सभी लाइनों की दाईं मार्जिन, दाई ओर एक सीध में होती है जबकि बायाँ किनारा, लाइन कंटेंट्स के हिसाब से जहाँ तहाँ खत्म होता है। (इसे ragged left edge कहा जाता है)।
सेंटर	प्रत्येक लाइन को बीच में रखता है। प्रत्येक लाइन के बाएँ और दाएँ किनारों में अंतर होता है जो लाइन में नंबर्स और कैरेक्टर्स की साइज़ पर निर्भर करता है।
जस्टीफ़ाइड	प्रत्येक लाइन बाईं मार्जिन से शुरू होती है और दाईं मार्जिन पर खत्म होती है। इसमें कोई भी ragged edges नहीं होती है।

➔ **टेक्स्ट को ऐलाइन करने के लिए:**

1. टेक्स्ट को सिलेक्ट करें, फॉर्मेटिंग टूल बार पर स्थित लेफ्ट, राइट या सेंटर ऐलाइनमेंट बटन को क्लिक करो। या पैराग्राफ लाँचर डायलॉग बॉक्स को क्लिक करके, और ऐलाइनमेंट सैक्शन में जाकर मनचाहे ऑप्शन को सिलेक्ट करो।

फाँट को बदलना (Changing Fonts)

कम्प्यूटर प्रोग्राम में फाँट को टाइप फेसेज (Typefaces) भी कहते हैं। इसमें **कैरेक्टर्स का** एक समूह होता है जो एक ही तरह की स्टाइल के होते हैं या एक जैसे दिखते हैं।

फाँट को दो ग्रुपों में बाँटा गया है:

- कैरेक्टर्स को किस तरह से स्पेस्ड (spaced) किया गया है अर्थात् कैरेक्टर्स के बीच कितनी जगह छूटी है इसके आधार पर- मोनो स्पेस्ड (mono spaced) या प्रपोर्शनेटली स्पेस्ड (proportionately spaced) (देखें चित्र 8.38)।

  मोनो स्पेस्ड फाँट में सारे कैरेक्टर एक ही चौड़ाई (width) के होते हैं। प्रपोर्शनेटली स्पेस्ड फाँट में प्रत्येक कैरेक्टर की चौड़ाई अलग अलग होती है जैसे w की चौड़ाई i से अधिक होगी।
- अंतिम स्ट्रोक के आधार पर- सेरिफ (serif) और सैन्स् सेरिफ (sans serif)। सैन्स सैरिफ में अंतिम स्ट्रोक नहीं होत हैं। (चित्र 8.45 देखें)। सेरिफ फाँट में अंतिम स्ट्रोक होते हैं।

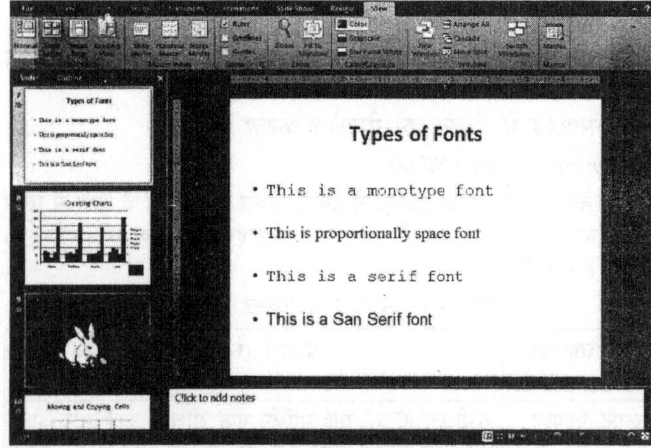

चित्र 8.45: विभिन्न प्रकार के फाँट्स का प्रदर्शन

अपने प्रेज़ेन्टेशन के लिए फाँट्स को चुनते वक्त निम्न बिंदुओं को ध्यान में रखो:

- ढेर सारे फाँट्स को एक ही स्लाइड में प्रयोग करने से यह अनप्रोफेशनल (unprofessional) दिखता है। आपको हैड लाइन के लिए एक फाँट, बाकी टेक्स्ट के लिए कोई दूसरा फाँट और बुलेटेड आइटम के लिए तीसरा फाँट इस्तेमाल करने की सलाह दी जाती है। कभी भी बहुत सारे फाँट इस्तेमाल मत करो।
- फैंसी फाँट (Fancy Fonts) स्लाइड पर सही तरीके से कार्य नहीं करते हैं खासकर हैडलाइन के लिए।
- सैन् सेरिफ फाँट देखने में बोल्ड और बेहतर होते हैं।
- प्रपोर्शनल फाँट (Proportional Font) बॉडी टेक्स्ट के लिए बहुत अच्छे होते हैं।

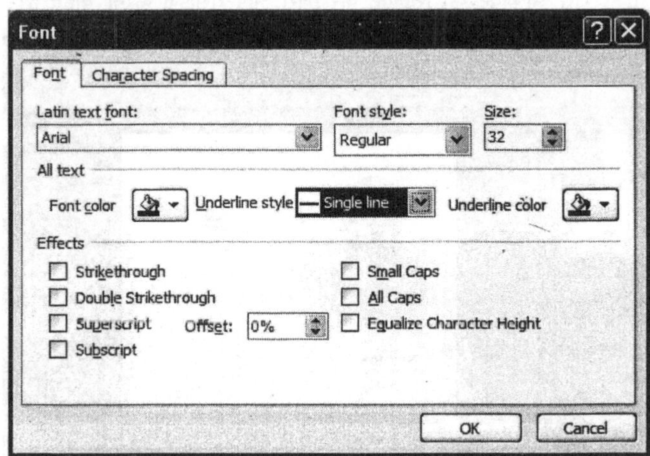

चित्र 8.46: डायलॉग बॉक्स द्वारा फाँट सिलेक्ट करना

➔ **स्लाइड में किसी भी टेक्स्ट के फाँट को बदलने के लिए:**

1. जिस टेक्स्ट को बदलना है, उसे सिलेक्ट करें।
2. होम टैब में जाकर फाँट ग्रुप को चुनें या टेक्स्ट को सिलेक्ट करें। एक मिनीटूल बार दिखाई देता है। दिखाई देने वाली फाँट थीम्स में से जो फाँट आप ऐप्लाई करना चाहते हैं उसे चुनें।
3. या राइट मउास बटन पर क्लिक करें और शॉर्टकट मेन्यू से फाँट चुनें। फाँट डायलॉग बॉक्स चित्र 8.46 की तरह दिखेगा।

☞ अपने दर्शकों पर अच्छा प्रभाव डालने के लिए फाँट का साइज और टाइप सही चुनें

4. जिस फाँट का प्रयोग करना है, उसे क्लिक करो। सिलेक्ट किया हुआ टेक्स्ट, सिलेक्ट किए गए फाँट में बदल जाता है।

टेक्स्ट साइज़ को बदलना (Changing the Text Size)

फाँट साइज़ को पाँइट साइज़ में मापा जाता है, जो कि ऊँचाई को नापता है। प्रत्येक पॉइंट एक इंच के 1/72 हिस्से के बराबर होता है।

➔ **टेक्स्ट की साइज़ बदलने के लिए:**

1. बदले जाने वाले टेक्स्ट को सिलेक्ट करो।
2. फॉर्मेट मेन्यू पर क्लिक करो और फाँट को चुनें या राइट माउस बटन पर

क्लिक करके Font को चुनें। फाँट डायलॉग बॉक्स में साइज़ ड्राप डाउन लिस्ट पर क्लिक करें और मन चाहा साइज़ चुनो या आप साइज़ को टाइप भी कर सकते हैं। दूसरे तरीके में फॉर्मेटिंग टूल बार पर स्थित फाँट साइज़ बॉक्स के दाईं ओर स्थित ऐरो पर क्लिक करें ताकि आप उपलब्ध साइज़ों की लिस्ट देख सकें।

3. नया साइज़ सिलेक्ट करें या
4. फॉर्मेटिंग टूल बार पर इन्क्रीज़ या डिक्रीज़ (Increase or decrease) फाँट साइज़ पर क्लिक करें।

टेक्स्ट में स्पेशल इफेक्ट डालना

(Adding Special Effects to Text)

टेक्स्ट को प्रभावी और आकर्षक बनाने का सबसे आसान तरीका है कैरेक्टर, वाक्यों या पैराग्राफ्स में विशेष फॉर्मेटिंग प्रभावों को जोड़ना। पॉवरपॉइंट इस कार्य को और भी आसान बनाता है।

➔ **स्पेशल इफेक्ट डालने के लिए:**

1. उस टेक्स्ट को सिलेक्ट करें जिस पर आप स्पेशल इफेक्ट डालना चाहते हैं।
2. फॉर्मेट मेन्यू पर क्लिक करें और फाँट को चुनें या राइट माउस बटन क्लिक कर के फाँट चुनें। फाँट डायलॉग बॉक्स में इफेक्ट्स ऐरिया में से कोई भी ऑप्शन पर क्लिक करें (देखें चित्र 8.47)।

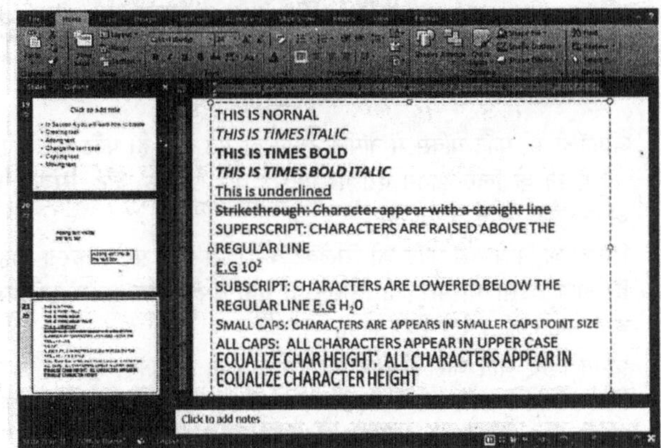

चित्र 8.47: फाँट स्टाइल इफेक्ट

फाँट स्टाइल: बॉक्स में निम्न फाँट स्टाइल ऑप्शन होते हैं:

- **Regular (रेगुलर):** टेक्स्ट नॉर्मल रूप में दिखता है।
- **Bold (बोल्ड):** टेक्स्ट बोल्ड या हाईलाइटेड रूप में दिखता है।
- **Italic (इटालिक):** टेक्स्ट इटालिक रूप में दिखता है।
- **Bold Italic (बोल्ड इटालिक):** टेक्स्ट बोल्ड एवं इटालिक रूप में दिखता है।

ऑल टैक्स्ट में निम्न ऑप्शन्स होते हैं:

- **फाँट कलर:** चुने गए टैक्स्ट का कलर निर्धारित करता है। बॉक्स में कलर चुनें, आप कलर को बकेट (bucket) के नीचे देख सकेंगे।
- **अंडरलाइन स्टाइल:** निर्धारित करता है कि क्या चुना गया टैक्स्ट अंडरलाइन्ड है। अन्डरलाइनिंग हटाने के लिए नन पर क्लिक करें।
- **अंडरलाइन कलर:** अंडरलाइन किए गए टैक्स्ट का कलर निर्धारित करता है। ये विकल्प तब तक उपलब्ध रहता है जबतक आप एक अंडरलाइन स्टाइल ऐप्लाई न कर दें।
- **ईक्वलाइज़ कैरेक्टर हाईट:** ये टैक्स्ट इफेक्ट को रीफॉर्मेट करके एक जैसी हाईट ऐप्लाई करता है।

उपरोक्त वर्णित फाँट स्टाइल और स्पेशल इफेक्ट्स चित्र 8.47 में दिखाए गए हैं।

इफेक्ट्स एरिया में निम्न ऑप्शन होते हैं:

- **स्ट्राइक थ्रू:** चुने गए टैक्स्ट को काटती हुई एक लाइन ड्रॉ करता है।
- **सुपरस्क्रिप्ट (Superscript) :** टेक्स्ट ऊपर उठा हुआ जैसे x^2y की तरह दिखता है।
- **सबस्क्रिप्ट (Subscript) :** टेक्स्ट नीचे खिसका हुआ जैसे H_2O की तरह दिखता है।
- **स्मॉल कैप्स:** चुना गया टैक्स्ट छोटी साइज़ का दिखता है। इसका असर नंबर्स, पंक्चुएशन, नॉन-अल्फाबेटिक कैरेक्टर्स पर नहीं पड़ता है।
- **ऑल कैप्स:** ये लोअर केस को कैपिटल्स में कन्वर्ट करता है।

टेक्स्ट का रंग बदलना (Changing Text Colour)

➔ **टेक्स्ट के रंग बदलने के लिए:**

1. रंग बदले जाने वाले टेक्स्ट को सिलेक्ट करें।
2. होम टैब में फाँट ग्रुप पर क्लिक करके फाँट कलर के पास के ऐरो पर क्लिक करें। फाँट कलर पैलेट दिखाई देगा।
3. डाउन ट्राएंगल (Down Triangle) पर क्लिक करके ऑटोमैटिक कलर में से चुनें।
4. उस रंग को लाने के लिए जो कलर स्क्रीन में नहीं है, More Font Color... पर क्लिक करो। स्टैंडर्ड टूलबार पर जो कलर आप चाहते हैं उस पर क्लिक करें या कलर टैब को चुनें जिससे आप अपना कलर मिक्स कर सकें और इसके बाद OK पर क्लिक करें।

कीबोर्ड का प्रयोग करके कैरेक्टर फॉर्मेटिंग ऐप्लाई करना

(Applying Character Formatting Using the Keyboard)

कीबोर्ड शॉर्टकट्स का प्रयोग करके हम अधिकांश कैरेक्टर फॉर्मेटिंग को ऐप्लाई कर सकते हैं। इसकी चर्चा निम्न सेक्शन में की गई है।

➔ **शॉर्टकट कीज का प्रयोग करके फॉर्मेट करने के लिए:**

1. फॉर्मेट किए जाने वाले टेक्स्ट को सिलेक्ट करो और मनचाहा फॉर्मेटिंग इफेक्ट पाने के लिए शॉर्टकट key कॉम्बिनेशन का प्रयोग करो। निम्न टेबल में कीबोर्ड शॉर्टकट और उनसे संबंधित फॉर्मेट दिए गए हैं।

Format	Shortcut
Bold	Ctrl + B
Italic	Ctrl + I
Underline	Ctrl + U
Superscript	Ctrl + Shift + (+)
Subscript	Ctrl + =
Copy formatting	Ctrl + Shift + C
Paste formating	Ctrl + Shift + V
Remove formating	Ctrl + Spacebar
Change case of letters	Shift + F3
Change the font	Ctrl + Shift + F
Change the font size	Ctrl + Shift + P
Increase the font size	Ctrl + Shift + >
Decrease the font size	Ctrl + Shift + <

बुलेट्स और नंबरिंग (Bullets and Numbering)

पॉवरपॉइंट 2010 बुलेटेड और नंबर्ड लिस्ट्स बनाने की क्षमता प्रदान करता है। बुलेटेड लिस्ट एक लिस्ट है जिसमें प्रत्येक पैराग्राफ की शुरूआत में एक ग्राफिक कैरेक्टर, बहुत छोटी पिक्चर या बुलेट होती है। कई बुलेटेड और नंबर्ड लिस्ट्स के लिए आप स्मार्ट आर्ट का प्रयोग भी कर सकते हैं। प्रत्येक लिस्ट टाइप की स्टाइल को बदला जा सकता है और अलग-अलग बुलेट्स का प्रयोग किया जा सकता है।

➔ **एक बुलेटेड लिस्ट बनाने के लिए:**

1. उस टेक्स्ट को सिलेक्ट करें जिसमें आप बुलेट जोड़ना चाहते हैं।
2. पैराग्राफ ग्रुप में बुलेट्स कमांड आयकन के डाउन ऐरो पर क्लिक करें।
3. एक ड्रॉप डाउन लिस्ट दिखाई देती है जिसमें प्री-डिफाइन्ड बुलेट लिस्ट होती है।
4. इस ड्रॉप डाउन लिस्ट में से मनचाहा बुलेट टाइप सिलेक्ट करें। उदाहरण के लिए, हमने सर्कल्ड बुलेटेड लिस्ट चुनी है (देखें चित्र 8.48)।
5. चित्र 8.49 में दिखाए अनुसार सिलेक्टेड बुलेट टाइप टेक्स्ट पर ऐप्लाई की गई है।

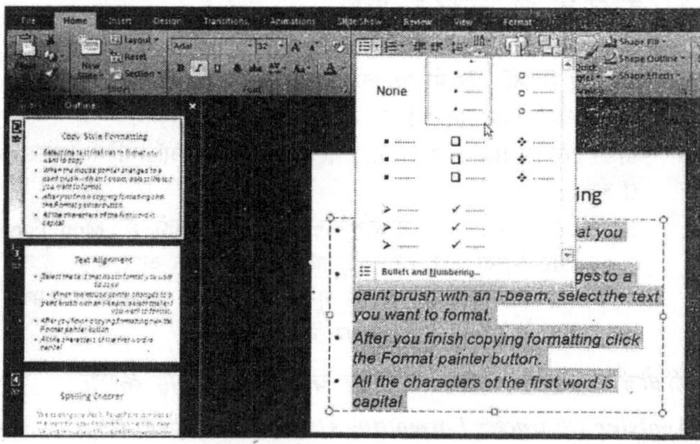

चित्र 8.48: पैराग्राफ ग्रुप में से बुलेट्स सिलेक्ट करना

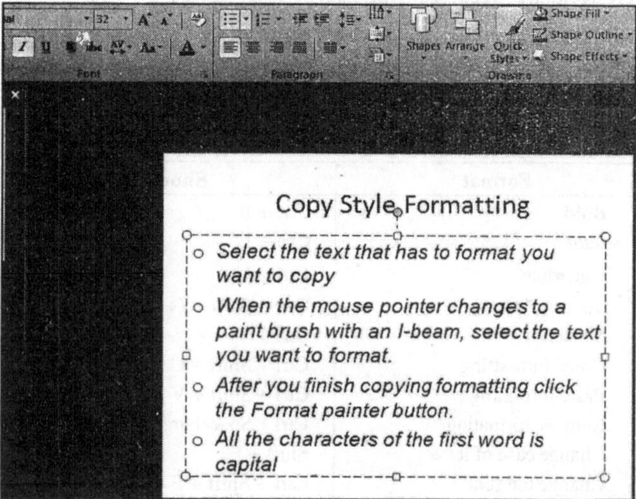

चित्र 8.49: सिलेक्ट की गई बुलेट्स को पैराग्राफ पर ऐप्लाई किया गया है।

सिंबल्स जोड़ना (Adding Symbols)

पॉवरपॉइंट, स्पेशल सिंबल कैरेक्टर्स जैसे कॉपीराइट या रजिस्ट्रेशन सिंबल आदि की पूरे रेंज प्रदान करता है।

➔ **सिंबल जोड़ने के लिए:**

1. इंसर्ट मेन्यू पर क्लिक करें और सिंबल चुनें। सिंबल डायलॉग बॉक्स चित्र: 8.50 की तरह दिखाई देगा।

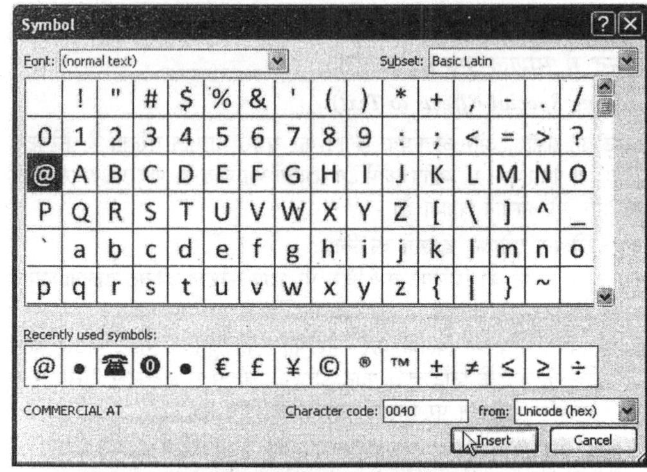

चित्र 8.50: सिंबल डायलॉग बॉक्स

2. डीफॉल्ट से, फॉंट बॉक्स में नॉर्मल टेक्स्ट ही सैट होता है। फॉंट की चॉएस को देखने के लिए डाउन ऐरो पर क्लिक करें, प्रत्येक फॉंट, सिंबल का अलग सैट प्रदान करता है।
3. सिंबल के साथ उस फॉंट को सिलेक्ट करें जिसे आप प्रयोग करना चाहते हैं। आप किसी भी पसंदीदा सिंबल पर एक बार क्लिक करके इसे बड़ा बना सकते हैं। (देखें चित्र 8.50)
4. प्रयोग किए जाने वाले सिंबल को इन्सर्ट करने के लिए, इस पर डबल क्लिक करें जिससे यह स्लाइड पर प्लेस हो जाएगा (या इसे सिलेक्ट करके फिर इन्सर्ट को चुनो)
5. सिंबल डायलॉग बॉक्स को छोड़कर अपनी स्लाइड में वापस आने के लिए क्लोज़ पर क्लिक करें।
6. **रीसैंटली यूज़्ड सिंबल्स:** बॉक्स में वो सिंबल्स होते हैं जो अक्सर इस्तेमाल किए जाते हैं।
7. **डेस्क्रिप्शन:** यह चुने गए सिंबल का एक अर्थपूर्ण विवरण प्रदान करता है। उदाहरण के लिए, यदि ® सिंबल को सिलेक्ट किया गया है तो इसका विवरण आएगा रजिस्टर्ड साइन।
8. **कैरेक्टर कोड:** लिस्ट बॉक्स, जो सिंबल को दर्शाने वाला एक यूनीक कोड डिस्प्ले करता है।
9. **फ्रॉम:** ड्रॉपडाउन लिस्ट, जो उन कैरेक्टर सैट का निर्धारण करती है जिस पर कैरेक्टर कोड आधारित होता है। ASCII एक कैरेक्टर एन्कोडिंग स्टैंडर्ड है जो इंग्लिश अल्फाबेट पर आधारित होता है। यूनीकोड एक कैरेक्टर एनकोडिंग स्टैंडर्ड है जो विश्व की प्राय: सभी लिखित भाषाओं को एक ही कैरेक्टर सैट का प्रयोग करके रिप्रेजेंट करने में सक्षम बनाता है।

10. सिंबल डायलॉग बॉक्स से बाहर आने के लिए क्लोज पर क्लिक करें और वापस स्लाइड में आएँ।

बुलेट्स एवं नंबरिंग को हटाना (Remove Bullets and Numbering)

➔ **बुलेट और नंबरिंग को हटाने के लिए:**

1. उस टेक्स्ट या प्लेस होल्डर को सिलेक्ट करें जिसमें से आप बुलेट या नंबर हटाना चाहते हैं।
2. फॉर्मेटिंग टूलबार में से बुलेट एंड नंबरिंग को सिलेक्ट करें या आप बैक स्पेस दबाकर भी एक लिस्ट के किसी आइटम से बुलेट या नंबरिंग हटा सकते हैं। पॉवरपाइंट अपने आप ही लिस्ट के क्रम को पुनः व्यवस्थित कर देता है।
3. बुलेट या नंबरिंग को हटाने के बाद यदि आप लिस्ट के ऐलीमेंट्स को पुनः व्यवस्थित करना चाहते हैं तो फॉर्मेटिंग टूलबार पर स्थित प्रमोट (promote) और डिमोट (demote) बुलेट का प्रयोग करें।

8.5.2 थीम्स, कलर एवं लाइन स्टाइल के साथ कार्य करना (Working with Themes, Colour and Line Style)

पहले के वर्जन्स में कलर और लाइन स्टाइल्स में एक कलर स्कीम होती थी जो प्रेजेन्टेशन के विभिन्न अंगों को आठ डीफॉल्ट रंगों के कोऑर्डिनेटेड सैट प्रदान करती थी। प्रेजेन्टेशन का सबसे अलग डिजाइन एलीमेंट होता है बैकग्राउंड, इसलिए कलर स्कीम का पहला कलर बैकग्राउंड कलर होता है। अन्य सात कलर बैकग्राउंड कलर को कॉम्प्लीमेंट करते हैं और ये टेक्स्ट, चार्ट एवं अन्य ऑब्जेक्ट्स पर ऐप्लाई किए जा सकते हैं जो बैकग्राउंड के सामने आते हैं।

लेआउट निर्धारित करता है कि कहाँ टेक्स्ट, ग्राफिक्स, चार्ट्स और अन्य एलीमेंट्स अलग-अलग स्लाइड में दिखाई देंगें। थीम निर्धारित करती है पूरे प्रेजेन्टेशन का लुक अर्थात् कलर, फाँट्स और पूरा फॉर्मेट। जिस तरह से स्लाइड का लेआउट होता है, उसी तरह से प्रेजेन्टेशन के लिए थीम होती है। दोनों यही निर्धारित करते हैं कि किस प्रकार का पूरा प्रेजेन्टेशन दिखाई देगा।

पॉवरपॉइंट 2010 के आधुनिक वर्जन में थीम्स यूनीफाइड डिजाइन एलीमेंट का एक सैट होती हैं जो आप के डॉक्यूमेंट को एक लुक प्रदान करती हैं जिसमें कलर फाँट एवं ग्राफिक का प्रयोग किया जाता है। आप प्रीडिफाइन्ड थीम्स का प्रयोग कर सकते हैं जो पॉवर पॉइंट के साथ आती है या आप अपनी ही थीम्स डिफाइन कर सकते हैं।

➔ **एक नई स्लाइड सिलेक्ट करने और थीम्स इफेक्ट ऐप्लाई करने के लिए:**

1. **स्लाइड्स** ग्रुप में **होम** टैब पर क्लिक करें। **न्यू स्लाइड** डाउन पॉइंटिंग ऐरो पर क्लिक करें। पॉवरपॉइंट एक लेआउट की लिस्ट खोलता है जिसमें से आप चुन सकते हैं (चित्र 8.51)।
2. जब आप एक लेआउट सिलेक्ट करने के लिए क्लिक करते हैं, तो पॉवरपॉइंट एक नई स्लाइड को आपके प्रेजेन्टेशन में उस लेआउट के साथ उस लोकेशन में इन्सर्ट कर देता है।
3. **थीम्स** ग्रुप में **डिजाइन** टैब पर क्लिक करें। अब थीम्स ग्रुप के निचले दाएँ कोने में मोर बटन पर क्लिक करें चित्र 8.52 की तरह से थीम्स की एक लिस्ट दिखाई देगी।
4. अपने प्रेजेन्टेशन में जो भी स्टाइल आप चाहते हैं उसे सिलेक्ट करें।
5. यदि आप थीम को मॉडिफाई करना चाहते हैं, तो थीम्स ग्रुप के दाई ओर स्थित फाँट, कलर्स और इफेक्ट बटन्स में से सिलेक्ट करें।

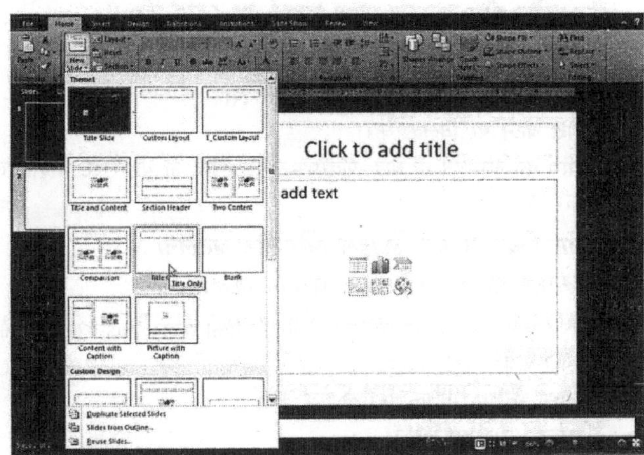

चित्र 8.51: होम टैब से न्यू स्लाइड सिलेक्ट करना

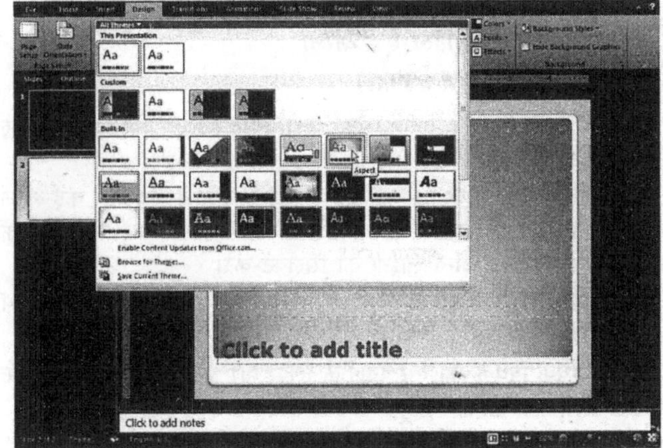

चित्र 8.52: डिजाइन टैब से थीम्स सिलेक्ट करना

6. अपनी पसंद के अनुसार थीम को मॉडिफाई करने के बाद रिबन थीम्स के पास बने डाउन ऐरो पर क्लिक करें और **सेव करेंट थीम** को सिलेक्ट करें।

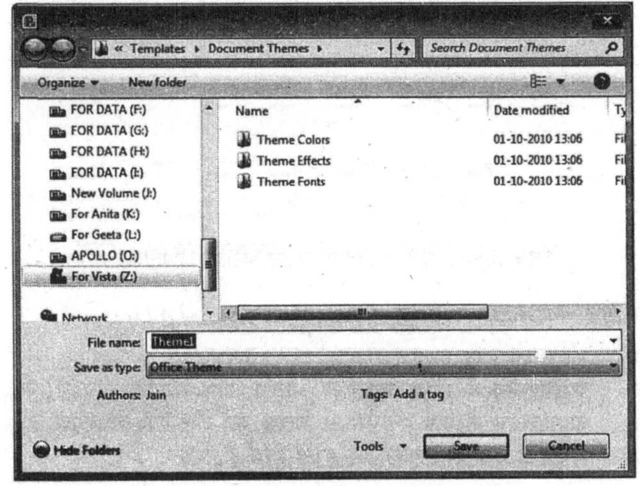

चित्र 8.53: सेव करेंट थीम डायलॉग बॉक्स

7. **सेव करेंट थीम** डायलॉग बॉक्स दिखाई देगा (देखें चित्र 8.53)।
8. **सेव इन:** ड्रॉप डाउन लिस्ट में एक डीफॉल्ट फोल्डर होता है।
9. **फाइल नेम:** ड्रॉप डाउन लिस्ट में नाम दें।
10. **सेव** बटन पर क्लिक करें।,
11. थीम का नाम देने के बाद, पॉवरपॉइंट उस थीम को थी लिस्ट में शामिल कर लेता है।

एक लाइन का कलर, स्टाइल और वेट बदलना
(Change the Colour, Style and Weight of a Line)

आप एक लाइन शेप का लुक बदलने के लिए इसका कलर, लाइन स्टाइल और वेट बदल सकते हैं।

- लाइन में एक क्विक स्टाइल ऐड करें।
- लाइन का कलर बदलें।
- लाइन को डैश्ड बनाएँ।
- लाइन का वेट बदलें।

लाइन में क्विक स्टाइल ऐड करना
(Add a Quick Style to a Line)

लाइन्स मे क्विक स्टाइल्स में थीम कलर्स, शैडो, लाइन स्टाइल्स और थ्री-डायमेंशनल पर्सपेक्टिव शामिल होते हैं।

1. जो लाइन आप बदलना चाहते हैं उसे सिलेक्ट करें। यदि आप कई लाइनों को बदलना चाहते हैं, तो पहली लाइन को सिलेक्ट करें, फिर Ctrl को दबाए रखकर अन्य लाइनों को सिलेक्ट करें।
2. **फॉर्मेट** टैब में **ड्रॉइंग टूल्स** के अतर्गत, **शेप** स्टाइल्स ग्रुप में, जो भी क्विक स्टाइल आप चाहते हैं उस पर क्लिक करें।
3. अधिक क्विक स्टाइल्स देखने के लिए, **मोर** बटन पर क्लिक करें (देखें चित्र 8.54)।

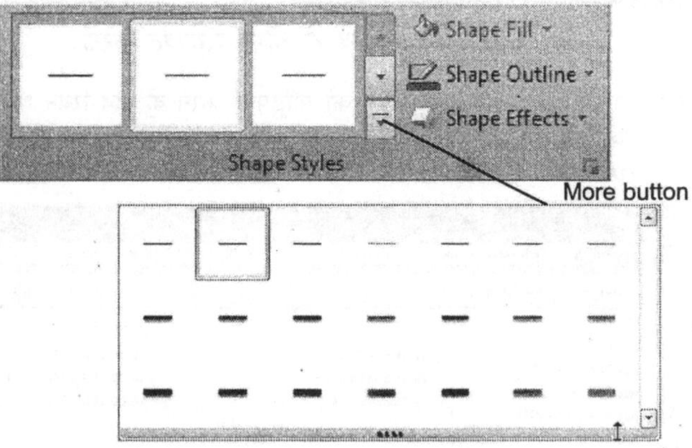

चित्र 8.54: मोर बटन से लाइन स्टाइल सिलेक्ट करना

लाइन का कलर बदलना (Chang the Colour of a Line)

1. जो लाइन आप बदलना चाहते हैं उसे सिलेक्ट करें।
2. **फॉर्मेट** टैब में **ड्रॉइंग टूल्स** के अंतर्गत, **शेप स्टाइल्स** ग्रुप में, शेप आउटलाइन के पास बने ऐरो पर क्लिक करें और फिर जो कलर आप चाहते हैं उस पर क्लिक करें (देखें चित्र 8.55)।

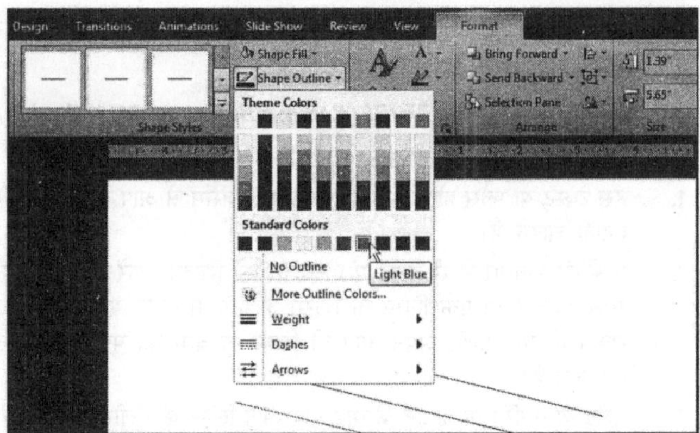

चित्र 8.55: शेप आउटलाइन ड्रॉप-डाउन लिस्ट में से लाइन का कलर चुनना

3. वह कलर चुनने के लिए, जो थीम कलर्स में नहीं हैं **मोर आउटलाइन कलर्स** पर क्लिक करें और फिर जो कलर आप **स्टैंडर्ड टैब** पर चाहते हैं उस पर क्लिक करें अथवा **कस्टम टैब** पर अपनी पसंद का कलर मिक्स करें। स्टैंडर्ड टैब पर स्थित कस्टम कलर्स एवं कलर्स अपडेटेड नहीं होते हैं यदि आप बाद में डॉक्यूमेंट थीम बदलते हैं।

एक लाइन को डैश्ड बनाना (Make a Live Dashed)

आप लाइन की मोटाई, स्टाइल्स और कलर बदल सकते हैं। एक लाइन को फॉर्मेट करने के लिए, इस पर क्लिक करके पहले सिलेक्ट करें। मल्टीपल लाइन्स सिलेक्ट करने के लिए शिफ्ट की को दबाए रखकर लाइन्स को क्लिक करें। सिलेक्ट की गई लाइन्स डिम्ड और डैश्ड दिखती है।

1. जो लाइन आप बदलना चाहते हैं उसे चुनें।
2. **फॉर्मेट** टैब पर **ड्रॉइंग टूल्स** के अंतर्गत, **शेप स्टाइल्स** ग्रुप में, शेप आउटलाइन के पास बने ऐरो पर क्लिक करें।
3. डैशेज (Dashes) पर पॉइंट करें और जो लाइन स्टाइल आप चाहते हैं उस पर क्लिक करें (देखें चित्र 8.56)।

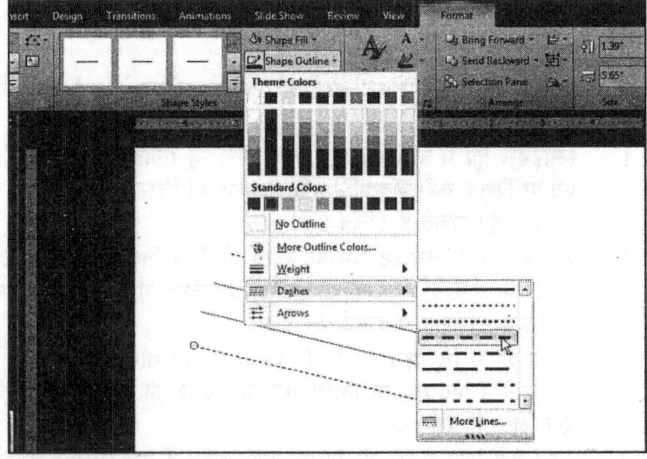

चित्र 8.56: शेप आउटलाइन ड्रॉप डाउन लिस्ट में से लाइन डैशेज चुनना

4. एक कस्टम स्टाइल बनाने के लिए, **मोर लाइन्स** पर क्लिक करें और फिर जो भी विकल्प आप चाहते हैं उसे चुनें।

लाइन का वेट बदलना (Change the Weight of a Line)

1. जो लाइन आप बदलना चाहते हैं उसे चुनें।
यदि आप कई लाइन्स बदलना चाहते हैं, तो पहली लाइन को सिलेक्ट करें फिर Ctrl को दबाए रखकर अन्य लाइन्स को सिलेक्ट करें।
2. **फॉर्मेट** टैब पर **ड्रॉइंग टूल्स** के अंतर्गत, **शेप स्टाइल्स** ग्रुप में **शेप आउटलाइन** के पास बने ऐरो पर क्लिक करें।
3. **वेट** को पॉइंट करें, और फिर जो भी लाइन वेट आप चाहते हैं, उस पर क्लिक करें। (देखें चित्र 8.57)

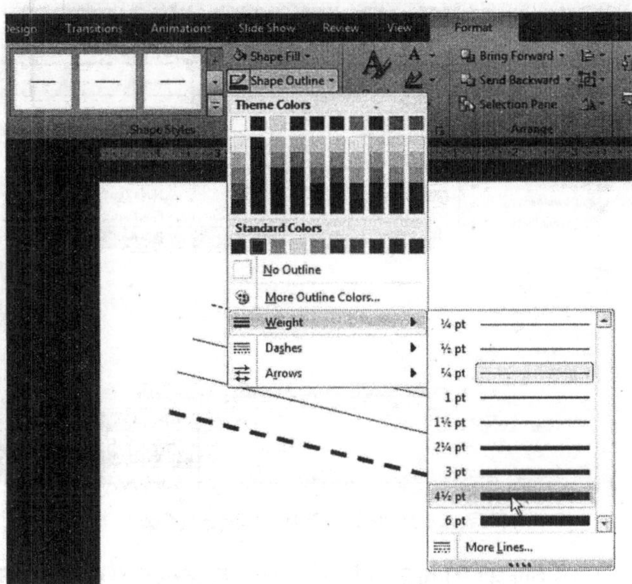

चित्र 8.57: शेप आउटलाइन ड्रॉप डाउन लिस्ट में से लाइन वेट सिलेक्ट करना।

4. एक कस्टम स्टाइल बनाने के लिए, **मोर लाइन्स** पर क्लिक करके जो भी विकल्प आप चाहते हैं उसे चुनें।

8.5.3 मूवी या (वीडियो) और साउंड ऐड करना (Adding Movie or (Video) and Sound)

आप एक म्यूजिक, साउंड या वीडियो क्लिप को एक स्लाइड पर इन्सर्ट करते हैं जहाँ आप इसे स्लाइड शो के दौरान चलाना चाहते हैं। आप जब भी स्लाइड की तरफ बढ़ते हैं तो साउंड या वीडियो ऑटोमैटिक रूप से चले, यह आप चुन सकते हैं कि साउंड या वीडियो तभी स्टार्ट हो जब आप स्लाइड शो के दौरान इसके आयकन पर क्लिक करें।

पॉवरपॉइंट 2010 में एक सबसे रोचक फीचर है कि अब आपके पास उन वीडियो क्लिप्स को एडिट और स्टाइल करने की क्षमता है जिन्हें आप अपनी स्लाइड्स में ऐड करते हैं। आप कम्प्यूटर से वीडियो फाइल्स इन्सर्ट कर सकते हैं, उन्हें वेब से डाउनलोड भी कर सकते हैं, या वीडियो क्लिप्स को माइक्रोसॉफ्ट ऑफिस क्लिपआर्ट से इन्सर्ट कर सकते हैं। यह आपको स्लाइड्स में लाइफ ऐड करने में सक्षम बनाता है और कम्पेलिंग स्टोरीज को इस तरह से शेयर करने योग्य बनाता है ताकि आप ऑडिएंस को बाँधे रहने में कामयाब हो सके।

पॉवरपॉइंट वीडियोज को अलग-अलग फॉर्मेट्स में सपोर्ट करता है जैसे ऑडियो वीडियो इंटरचेंज (.avi), मोशन पिक्चर्स ग्रुप (.mpg) और मूवी (.mov)।

➔ **एक क्लिपआर्ट वीडियो से वीडियो इन्सर्ट करने के लिए:**

1. नई स्लाइड इन्सर्ट करें या उस स्लाइड को डिस्प्ले करें जिसमें **मीडिया क्लिपआर्ट** हो।
2. **इन्सर्ट** टैब पर क्लिक करें।
3. **मीडिया** ग्रुप के अंतर्गत **वीडियो** बटन पर क्लिक करें। चित्र 8.58 की तरह से एक ड्रॉप डाउन लिस्ट दिखाई देगी।

चित्र 8.58: इन्सर्ट टैब में से फाइल ऑप्शन में जाकर वीडियो सिलेक्ट करना

4. लिस्ट में फाइल ऑप्शन में जाकर वीडियो चुनें।
5. चित्र 8.59 की तरह से इन्सर्ट वीडियो डायलॉग बॉक्स दिखाई देगा।

चित्र 8.59: इन्सर्ट वीडियो डायलॉग बॉक्स

6. उस लोकेशन को ब्राउज़ करें जहाँ पर वीडियो आपके कम्प्यूटर पर सेव किया गया हों।
7. मनचाही वीडियो फाइल को चुनकर, इन्सर्ट बटन पर क्लिक करें।
8. चित्र 8.60 की तरह से चुना गया वीडियो स्लाइड में इन्सर्ट हो जाएगा।
9. इमेज के साइजिंग हैंडल्स को ड्रैग करके आप वीडियो के साइज को सैट कर सकते हैं और फिर इसे आप जहाँ ले जाना चाहते हैं वहाँ तक ड्रैग करें।
10. प्ले बटन पर क्लिक करके वीडियो को प्ले करें।

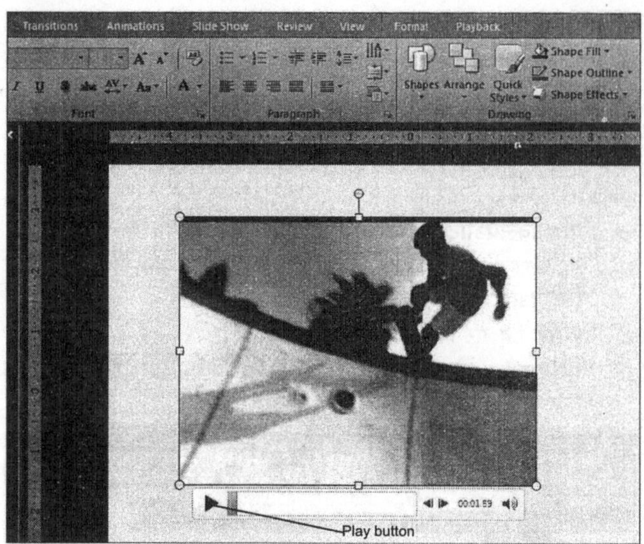

चित्र 8.60: वीडियो फाइल प्रेजेन्टेशन में इन्सर्ट हो गई है।

साउंड फाइल ऐड करना (Adding Sound File)

साउंड इफेक्ट्स, जैसे म्यूज़िक और वॉएस रिकॉर्डिंग्स, स्लाइड प्रेज़ेन्टेशन्स में एक अन्य स्तर का प्रोफ़ेशनलिज़्म (व्यावसायिकता) जोड़ सकते हैं। एक प्रेज़ेन्टेशन को खत्म करने का या शुरू करने का एक अच्छा तरीका है म्यूज़िक और इससे ऑडिएंस (audience) को भी प्रेज़ेन्टेशन रूम में प्रवेश करते और वहाँ से बाहर आते समय कुछ सुनने का मौका मिलता है। आप कई स्लाइड्स के लिए बैकग्राउंड म्यूज़िक के तौर पर एक मूवी का थीम साँग (theme song) चला सकते हैं या एक वॉएस रिकॉर्डिंग (voice recording) प्ले कर सकते हैं जिसमें ऐडवर्टाइज़िंग स्लोगन्स (advertising slogans) होते हैं जो एक सिंगल स्लाइड पर इन्सर्ट किए जा सकें, उदाहरण के तौर पर।

कई साउंड फाइल फॉर्मेट्स है। इनमें से दो कॉमन प्रकार हैं वेव फाइल्स (wave files जिनका फाइल नेम एक्सटेंशन .wav होता है) और MIDI फाइल्स (जिनका फाइलनेम एक्सटेंशन .mid, .midi या .rmi होता है)।

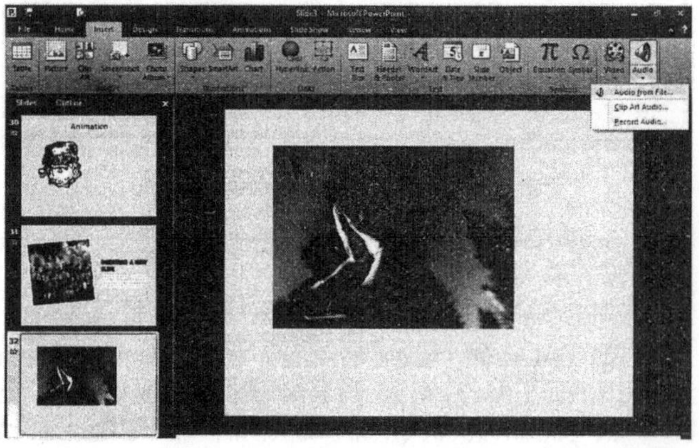

चित्र 8.61: इन्सर्ट टैब से ऑडियो को फाइल से सिलेक्ट करना

→ **साउंड को स्लाइड में इन्सर्ट करने के लिए:**

1. उस स्लाइड को सिलेक्ट करें जिसमें आप मनचाही साउंड को इन्सर्ट करना चाहते हैं।
2. **इन्सर्ट** टैब पर क्लिक करें।
3. चित्र 8.61 की तरह से मीडिया ग्रुप में अंतर्गत ऑडियो बटन पर क्लिक करें।
4. एक ड्रॉप डाउन लिस्ट दिखाई देती है।
5. ड्रॉप डाउन लिस्टों से ऑडियो फ्रॉम फाइल विकल्प चुनें (देखें चित्र 8.61)।
6. चित्र 8.62 की तरह से **इन्सर्ट ऑडियो** डायलॉग बॉक्स दिखाई देगा।

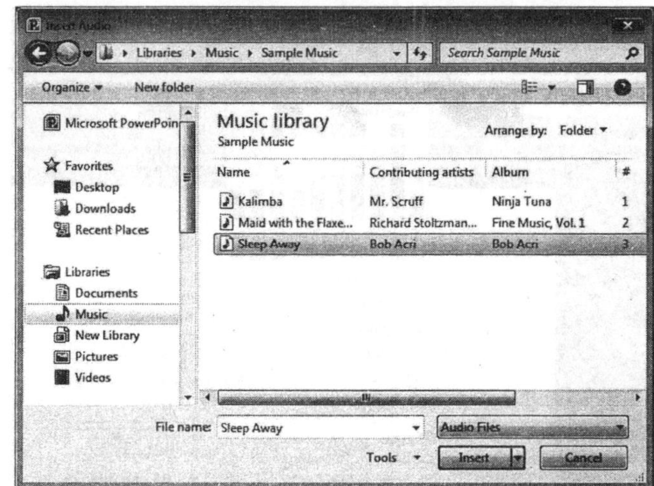

चित्र 8.62: इन्सर्ट साउंड डायलॉग बॉक्स

7. उस लोकेशन को ब्राउज करें जहाँ पर आप के कम्प्यूटर में साउंड क्लिप सेव की गई है। उदाहरण के लिए, हमने चित्र 8.62 में एक सैंपल म्यूजिक फोल्डर सिलेक्ट किया है।
8. मनचाही साउंड क्लिप चुनें और OK बटन पर क्लिक करें।
9. जैसा चित्र 8.63 में दिखाया गया है, ऑडियो फाइल स्लाइड में इन्सर्ट हो जाती है।

चित्र 8.63: ऑडियो फाइल प्रेजेन्टेशन में इन्सर्ट हो जाती है।

8.5.4 हैडर्स और फुटर्स ऐड करना (Adding Headers and Footers)

आप प्रत्येक स्लाइड या नोट पेजेस पर हैडर्स, फुटर्स और पेज नंबर्स जोड़ सकते हैं।

➔ **स्लाइड में हैडर और फुटर इन्सर्ट करने के लिए:**

1. इन्सर्ट टैब में जाकर टेक्स्ट ग्रुप में से हैडर एंड फुटर.... चुनें। या प्रिंट बैक स्टेज व्यू में से हैडर एंड फुटर लिंक ऑप्शन पर क्लिक करें।
2. हैडर एंड फुटर डायलॉग बॉक्स दिखाई देगा। अब चित्र 8.64 में नोट्स और हैंडआउट्स टैब प्रॉपर्टीशीट पर क्लिक करें

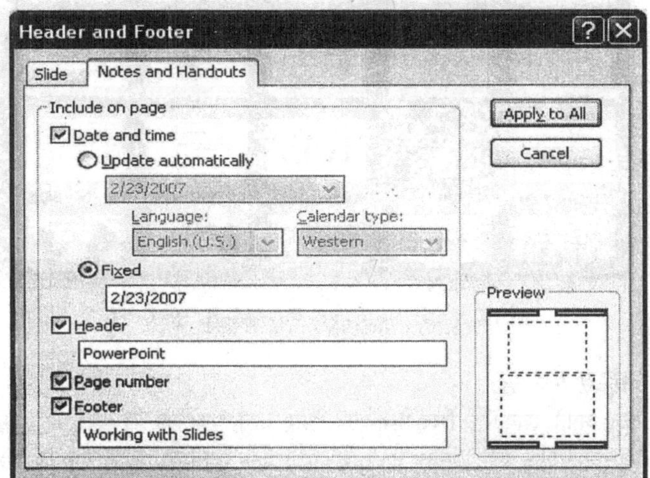

चित्र 8.64: नोट्स और हैंडआउट्स टैब के साथ हैडर और फुटर डायलॉग बॉक्स

हैडर एंड फुटर डायलॉग बॉक्स की नोट्स टैब प्रॉपर्टीशीट में निम्न ऑप्शन्स होते हैं।

डेट एंड टाइम: यदि आप यह ऑप्शन सिलेक्ट करते हैं, तो डेट और टाइम, पेज के ऊपरी दाएँ कोने में दिखाई देता है।

- **ऑटोमैटिक रूप से अपडेट करना (Update Automatically):** जब प्रिंटआउट्स निकाले जाते हैं तब वास्तविक डेट/टाइम को प्रिंट करने के लिए इस ऑप्शन को सिलेक्ट करें। उस लिस्ट बॉक्स का प्रयोग करें ताकि वह फॉर्मेट सिलेक्ट किया जा सके जिसमें आप डेट और टाइम को दिखाना चाहते हैं।
- **फ़िक्स्ड (Fixed):** इस ऑप्शन को चुनें यदि आप चाहते हैं कि डेट टेक्स्ट बॉक्स में प्रिंट हों

हैडर: हैडर पेज के ऊपरी बाएँ कोने में दिखाई देता है। इस ऑप्शन के नीचे बने बॉक्स में हैडर के लिए टेक्स्ट एंटर करें।

पेज नंबर: पेज नंबर्स को केवल न्यूमरल्स में ही दिखाया जाता है और ये पेज के निचले दाएँ कोने में दिखते हैं। नंबरिंग ऑटोमैटिक होती है, एक बार जब ये ऑप्शन ऑन हो जाता है।

फुटर: फुटर पेज के निचले बाएँ कोने में दिखाई देता है। इस ऑप्शन के नीचे बने बॉक्स में फुटर का टेक्स्ट एंटर करें।

3. सिलेक्टेड सैटिंग्स को ऐप्लाई करने के लिए ऐप्लाई ऑल पर क्लिक करें।

8.6 स्लाइड्स का प्रेज़ेन्टेशन (Presentation of Slides)

8.6.1 एक प्रेज़ेन्टेशन को देखना (Viewing a Presentation)

पॉवरपॉइंट, आपके प्रेज़ेन्टेशन को देखने के पाँच तरीके (व्यू) प्रदान करता है। प्रत्येक व्यू आपको प्रेज़ेन्टेशन के एक अलग पहलू पर काम करने की

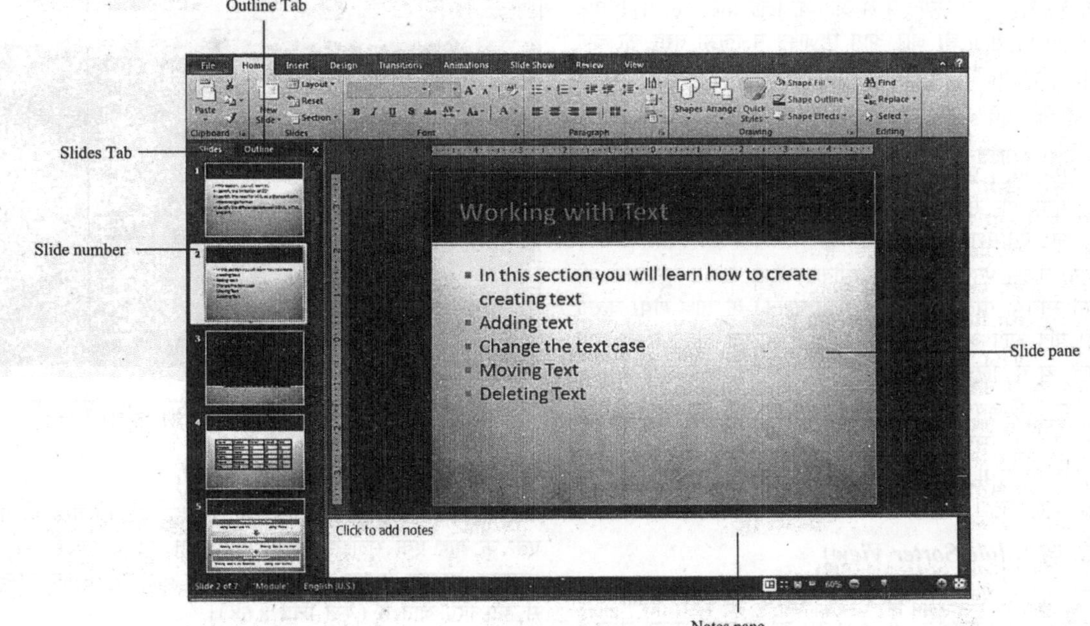

चित्र 8.65: नॉर्मल व्यू

सुविधा देता है। एक व्यू में किए गए बदलाव का असर अन्य व्यू में देखा जा सकता है।

विभिन्न व्यू के कार्यों को समझने के लिए, मानलो कि आप एक घर देख रहे हैं। अब यह मान कर कि आप घर के ठीक सामने खड़े हैं, आपको एक व्यू दिखेगा, यदि आप घर के एक साइड में जाते हैं तो आपको उसी घर का अलग व्यू दिखेगा। इसी प्रकार पॉवरपॉइंट के व्यू भी एक ही प्रेजेन्टेशन को अलग अलग तरीके से देखने की सुविधा देते हैं।

पॉवरपॉइंट के बाएँ निचले कोने में जो बटन होते हैं जो स्टेटस बार से ठीक ऊपर स्थित होते हैं, आप को विभिन्न व्यूज़ में आने जाने की सुविधा प्रदान करते हैं। (देखें चित्र 8.65)

निम्न सेक्शन में आप को विभिन्न व्यूज़ के बारे में पूरी जानकारी दी जा रही है:

नॉर्मल व्यू

नार्मल व्यू में चार टैब्स (Tabs) होते हैं:

- आउटलाइन टैब
- स्लाइड टैब
- स्लाइड पेन
- नोट्स पेन

ये पेन आप को प्रेज़ेन्टेशन के हर पहलू पर एक ही जगह कार्य करने की सुविधा देते हैं। आप प्रत्येक पेन की साइज़ को, पेन के बॉर्डर को खींच कर, छोटा/बड़ा कर सकते हैं।

- **आउटलाइन टैब:** प्रेज़ेन्टेशन के कंटेंट्स को बनाने एवं व्यवस्थित करने में आउटलाइन पेन का इस्तेमाल होता है। आप प्रेज़ेन्टेशन के सारे टेक्स्ट को टाइप करके फिर बुलेट पॉइंट, पैराग्राफ्स एवं स्लाइड्स को पुर्नव्यवस्थित कर सकते हैं।
- **स्लाइड्स टैब (Slides Tab):** यह एक ऐसी जगह है जहाँ से आप अपने प्रेजेन्टेशन की स्लाइड्स थंबनेल साइज़ की इमेजेस में देख सकते हैं और एडिट भी कर सकते हैं। थंबनेल्स से आप के लिए प्रेजेन्टेशन में नेवीगेट करना आसान हो जाता है। और आप डिजाइन में किसी तरह का चेंज करने का इफेक्ट भी देख सकते हैं। आप स्लाइड्स को रीअरेंज, ऐड या डिलीट भी कर सकते हैं।
- **स्लाइड पेन:** स्लाइड पेन में आप देख सकते हैं कि प्रत्येक स्लाइड में आपका टेक्स्ट किस प्रकार दिखता है। आप अलग अलग स्लाइड्स में ग्राफ़िक्स, मूवी और साउंड क्लिपिंग जोड़ सकते हैं, हाइपर लिंक बना सकते हैं और ऐनीमेशन डाल सकते हैं।
- **नोट्स पेन:** नोट्स पेन में आप को स्पीकर नोट्स या उन सूचनाओं को जोड़ने की सुविधा मिलती है, जिन्हें आप दर्शकों के साथ शेयर करना चाहते हैं। यदि आप अपने नोट्स में ग्राफ़िक डालना चाहते हैं तो आप नोट्स पेज व्यू में नोट्स अवश्य डालें।

ये पेन्स तब भी दिखते हैं जब आप आपने प्रेज़ेन्टेशन को एक वेब पेज की तरह सेव करते हैं। इसमें अंतर सिर्फ इतना होता है कि आउटलाइन पेन एक 'टेबल ऑफ कंटेंट्स' (विषय सूची) प्रदर्शित करता है जिससे आप पूरे प्रेजेन्टेशन में नेवीगेट (navigate) कर सकें।

स्लाइड सॉर्टर व्यू (Slide Sorter View)

स्लाइड सॉर्टर व्यू आप के प्रेजेन्टेशन की प्रत्येक स्लाइड को सूक्ष्म (Miniature) रूप में प्रदर्शित करता है (देखें चित्र 8.66)। इस व्यू में काम करना ऐसा है जैसे आप अपने प्रेज़ेन्टेशन या रिपोर्ट के पेज टेबल पर एक साथ रखकर उन्हें देख सकते हैं। इस व्यू में आप प्रेज़ेन्टेशन की डिज़ाइन कन्सिस्टेंसी एवं फ्लो को भी देख सकते हैं। यदि जरूरत पड़े तो आप स्लाइड्स का क्रम बदल सकते हैं, स्लाइड की कॉपी कर सकते हैं या उन्हें डिलीट भी कर सकते हैं।

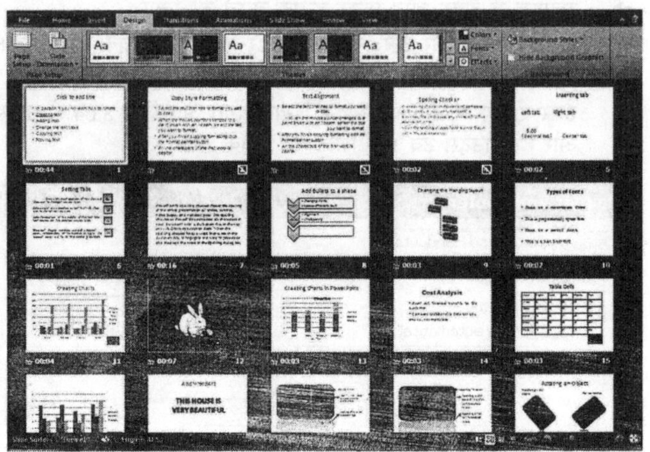

चित्र 8.66: पॉवरपॉइंट का स्लाइड सॉर्टर व्यू

नोट्स पेज व्यू

जब अपने दर्शकों के लिए प्रेजेन्टेशन तैयार करते हैं तो यह व्यू आप को इसमें इस्तेमाल होने वाले स्पीकर नोट्स बनाने में मदद करता है। नोट्स पेज व्यू, पेज के सबसे ऊपरी भाग में स्लाइड का छोटा वर्ज़न प्रस्तुत करता है तथा निचले भाग को नोट्स या मुख्य बिंदुओं के लिए खाली छोड़ देता है। (देखें चित्र 8.67)

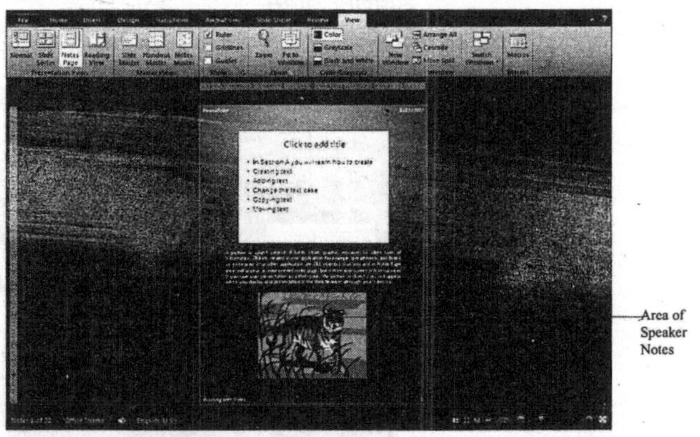

चित्र 8.67: पॉवरपॉइंट का नोट्स पेज व्यू

स्लाइड शो व्यू (Slide Show View)

पॉवरपॉइंट का यह व्यू एक वास्तविक स्लाइड शो की तरह ही प्रेज़ेन्टेशन को एक के बाद एक स्लाइड करके आगे बढ़ते हुए दर्शाता है। इस व्यू में सभी मेन्यूबार, टूलबार, रूलर्स, स्टेटसबार, स्क्रॉल बार एवं विंडोज़ टास्कबार, स्क्रीन से हटा दिए जाते हैं (देखें चित्र 8.68)।

चित्र 8.68: पॉवरपॉइंट का स्लाइड शो व्यू

8.6.2 प्रेज़ेन्टेशन के लिए एक सैटअप चुनना (Choosing a Setup for Presentation)

सैटअप डायलॉग बॉक्स के विकल्पों के साथ, आप कौन सा शो रन करना चाहते हैं और शो कैसे चलना चाहिए, यह चुन सकते हैं।

***स्लाइड शो को स्टार्ट करना** (Starting the Slide Show)*

जब आप स्लाइड शो देखते हैं, तो आपके पास निम्न विकल्प होते हैं:

1. **स्टार्ट स्लाइड शो ग्रुप में स्लाइड शो** टैब पर किलक करें। स्लाइड शो को शुरूआत से चुनें या Shift + F5 कीज को दबाएँ।
2. स्लाइड शो में, जब आप अगली स्लाइड तक जाते हैं तब N दबाते हें या Backspace को दबाकर प्रीवियस स्लाइड में जाते हैं।

स्लाइड शो विकल्प सैट करने के लिए:

1. सैटअप ग्रुप में स्लाइड शो टैब पर क्लिक करें। सैटअप शो आयकन चुनें। सैटअप शो डायलॉग बॉक्स चित्र 8.69 की तरह दिखाइ देगा।

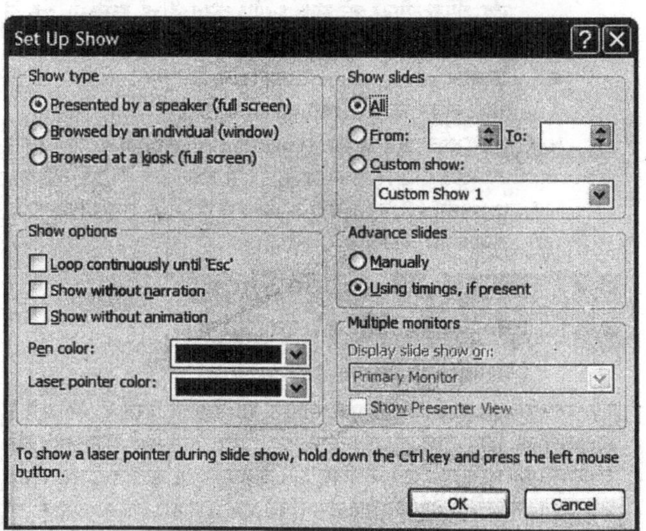

चित्र 8.69: सैटअप शो डायलॉग बॉक्स

2. प्रेजेन्टेशन की सभी स्लाइड्स दिखाने के लिए, शो स्लाइड्स सैक्शन में **ऑल** पर क्लिक करें।
3. प्रेजेन्टेशन की स्लाइड्स में से कुछ विशेष ग्रुप की स्लाइड्स चुनने के लिए, **फ्रॉम:** और **टू:** एडिट बॉक्सेज में स्टार्टिंग और एंडिंग स्लाइड एंटर करें।
4. एक कस्टम स्लाइड प्रेजेन्टेशन स्टार्ट करने के लिए जो दूसरे प्रेजेन्टेशन से निकाला गया है, कस्टम शो: ड्रॉप डाउन लिस्ट पर क्लिक करें, फिर प्रेजेन्टेशन पर क्लिक करें जिसे आप कस्टम शो की तरह देखना चाहते हैं।

***स्पेशल शो देना** (Giving Special Show)*

पॉवरपॉइंट स्पेशल स्लाइड शो के तीन तरीके प्रदान करता है। ये सैटअप शो डायलॉग बॉक्स में उपलब्ध हैं। (देखें चित्र 8.69)

1. प्रेज़ेन्टेड बाइ अ स्पीकर (Presented by a Speaker) (Fullscreen) (फुलस्क्रीन): यह पारंपरिक फुलस्क्रीन स्लाइड शो है।
2. ब्राउज़्ड बाइ ऐन इंडीविजुअल (Browsed by an Individual) (Window) (विंडो): यह स्लाइड शो को एक स्टैंडर्ड विंडो में रन करता है।
3. ब्राउज़्ड ऐट अ किऑस्क (Browsed at a Kiosk) (Fullscreen) (फुलस्क्रीन): यह एक फुल सेल्फ रनिंग शो प्रदर्शित करता है जो 5 मिनट बाद फिर से स्टार्ट हो जाता है।

8.6.3 स्लाइड्स और हैंड आउट्स प्रिंट करना (Printing Slides and Handouts)

हैंड आउट्स से आप प्रेज़ेन्टेशन में स्लाइड की दो, तीन या छः छोटी इमेजों को लगा सकते हैं। आप इन्हें प्रिंट करते समय इनके लिए फॉर्मेट सिलेक्ट कर सकते हैं।

हैंड आउट निम्न दो तरीकों से बनाए जा सकते हैं:

- स्टैंडर्ड पॉवरपॉइंट फॉर्मेट का प्रयोग करके आप पेज फॉर्मेट पर दो, तीन या छः स्लाइड प्रिंट कर सकते हैं।
- आप हैंड आउट मास्टर का प्रयोग करके अपनी जरूरत के अनुसार हैंड आउट फॉर्मेट को कस्टमाइज़ कर सकते हैं।

यदि आप हैंड आउट बनाते हैं तो पॉवरपॉइंट स्लाइड्स को सिकोड़ कर (shrinks) आपके द्वारा प्रिंट डायलॉग बॉक्स से चुने ऑप्शन के अनुसार उन्हें एक पेज पर फिट (fit) कर देता है। स्टैंडर्ड हैंड आउट फॉर्मेट का प्रयोग करने के लिए आपको इनका प्रिंट आउट लेते समय, केवल एक पेज पर प्रिंट की जाने वाली स्लाइड्स की उस संख्या को ही सिलेक्ट करना होता है।

☞ प्रत्येक हैंड आउट का हैडर/फुटर, डेट, पेज नंबर तभी प्रिंट होगा जब आपने इन्हें नोट्स पेजेस पर सिलेक्ट किया होगा। यह ऑटोमैटिक रूप से आपके हैंड आउट्स पर ऐप्लाई हो जाएगा।

यदि आप अपने हैंड आउट में नोट्स पेजेस से अलग हैडर, फुटर, डेट या पेज नंबर कुछ भी चाहते हैं तो इन्हें आपको हैडर एंड फुटर डायलॉग बॉक्स में जाकर बदलना होगा।

☞ प्रेज़ेन्टेशन का गोल्डन रूल है कि "दिखाने से ज्यादा बोलें और बोलने से ज्यादा हैंड आउट्स दें"। इसलिए जो सामग्री आप (प्रेज़ेन्टेशन से पहले या बाद में) हैंड आउट्स के रूप में देते हैं वह आपकी स्लाइड में रखी पिक्चर्स से अधिक ही होनी चाहिए।

हैंड आउट्स प्रिंट करना (Printing Handouts)

आप अपने पूरे प्रेज़ेन्टेशन स्लाइड्स, आउट लाइन, नोट्स और हैंड आउट्स को प्रिंट कर सकते हैं। आप चुने हुए हैंड आउट्स, नोट्स पेजेस, स्लाइड्स या आउट लाइन पेजेस भी प्रिंट कर सकते हैं।

➔ **हैंड आउट को प्रिंट करने के लिए:**

1. जिस प्रेज़ेन्टेशन को प्रिंट करना है, उसे खोलें।
2. **फाइल** टैब पर क्लिक करो, बैक स्टेज व्यू दिखाई देता है।

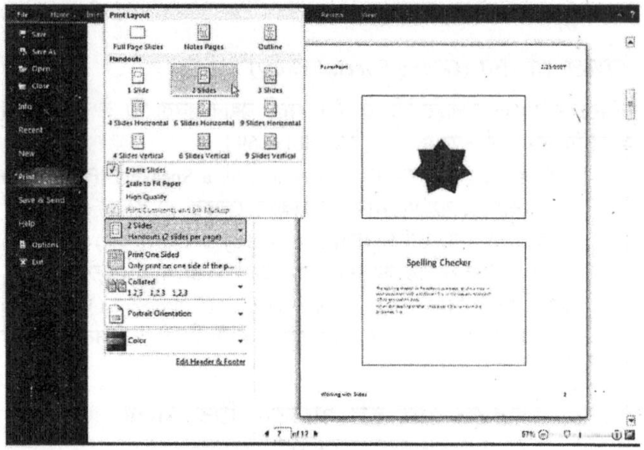

चित्र 8.70: हैंडआउट फॉर्मेट में फाइल टैब में से स्लाइड्स प्रति पेज सिलेक्ट करना

3. यदि आप हैंड आउट्स सिलेक्ट करते हैं तो प्रति पेज आप कई सारी स्लाइड्स को सिलेक्ट कर सकते हैं। चाहे इनका क्रम हॉरीजाँटल हो या वर्टिकल।
4. हैंड आउट्स सेक्शन में सभी ऑप्शन ऐप्लाई करने के बाद OK पर क्लिक करें।

स्लाइड्स को प्रिंट करना (Printing Slides)

पॉवरपॉइंट 2010 में आप सभी स्लाइड्स या प्रेजेन्टेशन की करेंट स्लाइड प्रिंट कर सकते हैं इसके अलावा अप यह भी निश्चित कर सकते हैं कि एक पेज पर कितनी स्लाइड प्रिंट करनी है।

➔ **स्लाइड्स को प्रिंट करने के लिए:**

1. जिस प्रेजेन्टेशन को आप प्रिंट करना चाहते हैं उसे खोलो।
2. रिबन पर फाइल टैब में क्लिक करें, अब प्रिंट टैब पर क्लिक करें। चित्र 8.71 की तरह से प्रिंट बैक स्टेज व्यू दिखाई देगा।
3. अभी जो प्रिंटर सिलेक्टेड है उसका नाम **प्रिंटर** ड्रॉप डाउन ऐरे के अंतर्गत सबसे ऊपर दिखाइ देता है। एक अलग प्रिंटर पर प्रेजेन्टेशन को प्रिंट करने के लिए, **प्रिंटर** ड्रॉप डाउन लिस्ट में से मनचाहा प्रिंटर चुनें।
4. **कॉपीज:** स्पिनर बॉक्स में प्रत्येक स्लाइड के लिए जितनी कॉपीज आप प्रिंट करना चाहते हैं उसे निर्धारित करें।
5. सैटिंग ड्रॉप डाउन में निम्न विकल्प होते हैं जिनमें से आप चुन सकते हैं।

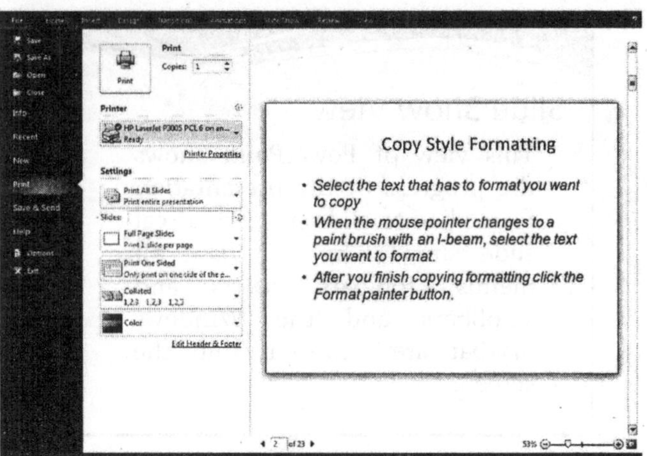

चित्र 8.71: बैक स्टेज व्यू प्रिंट करना

विकल्प	विवरण
प्रिंट ऑल स्लाइड्स	पूरे प्रेज़ेन्टेशन को एक बार में प्रिंट करता है।
करेंट स्लाइड	स्लाइड शो को मॉनीटर पर प्रिंट करना है।
कस्टम रेंज	कुछ चुनिंदा स्लाइड्स के रेंज को ही प्रिंट करता है।
कस्टम शो	कस्टम शो जो आपने सैट अप किया है, उसे ही प्रिंट करता है।
प्रिंट हिडन स्लाइड्स	छिपाई गई स्लाइड्स को ही प्रिंट करता है।

6. **कोलेट:** यदि आप मल्टीपल कॉपीज प्रिंट करने के साथ उन्हें अरेंज करना चाहते हैं तो इस विकल्प को चुनें।
7. कलर बटन पर क्लिक करके प्रिंट आउट्स के लिए कलर सैटिंग को निम्न विकल्पों में से चुनें:
   - **कलर (Colour):** यह डिफॉल्ट है। जब आप इस सैटिंग को ब्लैक एंड व्हाइट प्रिंटर के साथ प्रयोग करते हैं तो इससे ग्रे स्केल या ब्लैक बैक ग्राउंड के साथ स्लाइड्स मिलती है।
   - **ग्रेस्केल (Grayscale):** ग्रे स्केल में प्रिंट करने के लिए ग्रे स्केल चैक बॉक्स को सिलेक्ट करें।
   - **प्योर ब्लैक एंड व्हाइट (Pure Black and White):** यह प्रेज़ेन्टेशन के सभी रंगों को काले या सफेद में बदल देता है। इस ऑप्शन को तभी सिलेक्ट करें जब एक प्रिंटर ग्रे स्केल में शेड्स प्रिंट नहीं कर सकता है।

8.7 स्लाइड शो (Slide Show)

8.7.1 एक स्लाइड शो को रन करना (Assigning Slide Transition)

जब आप स्लाइड सॉर्टर व्यू में एक स्लाइड शो डेवलप करते हैं, तो आप सभी स्लाइड्स के लिए ट्रांज़ीशन इफ़ेक्ट्स का प्रिव्यू प्राप्त कर सकते हैं। लेकिन ट्रांज़ीशन्स फुल स्क्रीन देखने के लिए और ऐनीमेटेड या बुलेटेड टेक्स्ट स्लाइड्स को देखने के लिए, आपको प्रेज़ेन्टेशन को एक स्लाइड शो के रूप में चुनना होगा।

स्लाइड ट्रांज़ीशन को जोड़ना (Assigning Slide Transitions)

जैसे जैसे आप प्रेज़ेन्टेशन के दौरान् एक स्लाइड से दूसरी में बढ़ते जाते हैं, ट्रांज़ीशन अगली स्लाइड्स को स्क्रीन पर, एक पहले से रिकॉर्ड किए गए साउंड को प्ले करते हुए, खींच कर लाता है।

➔ **ट्रांज़ीशन जोड़ने के लिए:**

1. उस स्लाइड या उन स्लाइड्स को चुनें जिन पर आप ट्रांज़ीशन इफेक्ट जोड़ना चाहते हैं।
2. **ट्रांजीशन** टैब पर क्लिक करें। **ट्रांजीशन टू दिस स्लाइड** ग्रुप में, डाउन ऐरो पर क्लिक करें और फिर जो इफेक्ट स्लाइड शो के दौरान ऐप्लाई किया जाएगा, उसे सिलेक्ट करें। उदाहरण के लिए यहाँ हमने **subtle** के अंतर्गत **flash** चुना है। (देखें चित्र 8.72)
3. यदि आप सभी स्लाइड्स पर ऐप्लाई करना चाहते हैं तो **टाइमिंग्स** ग्रुप में **ऐप्लाई टू ऑल** पर क्लिक करें।
4. **टाइमिंग्स** ग्रुप में **साउंड:** ड्रॉप डाउन लिस्ट में से अपने स्लाइड शो को साउंड ट्रांजीशन देने के लिए साउंड विकल्प चुनें।
5. 'ऐडवांस' सेक्शन में ट्रांज़ीशन के दो ऑप्शन होते हैं:
   - ऑन माउस क्लिक चैक बॉक्स (on mouse click check box): यदि आप चाहते हैं कि ट्रांजीशन माउस क्लिक करने पर ही हो।
   - ऑटोमैटिकली आफ़्टर (Automatically After): इस केस में ट्रांजीशन ऑटोमैटिक रूप से ठीक उतने समय बाद होता है जितना समय आप 'सेकेंड्स' बॉक्स में डालते हैं।
6. सभी विकल्पों को ऐप्लाई करने के बाद आप स्लाइड शो में इफेक्ट देख सकते हैं। इसके लिए स्टार्ट स्लाइड शो ग्रुप में स्लाइड शो टैब पर क्लिक करें, फ्रॉम बिगिनिंग आयकन पर क्लिक करें। नेक्स्ट बटन (अर्थात् →) पर क्लिक करके अगली स्लाइड में जाएँ।
7. प्रिव्यू ग्रुप में करेंट ट्रांजीशन इफेक्ट देखने के लिए प्रिव्यू कमांड पर क्लिक करें।

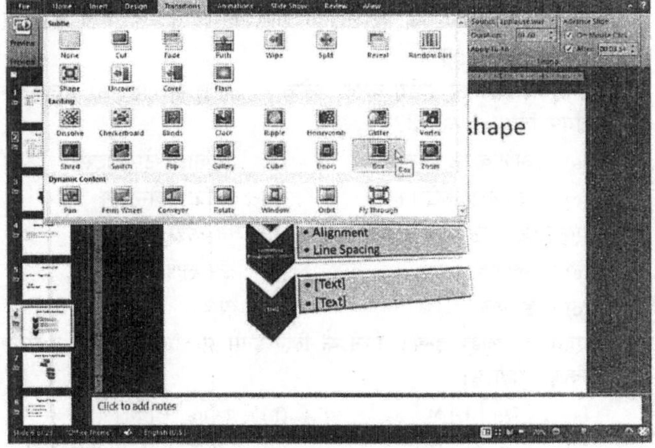

चित्र 8.72: स्लाइड में ट्रांजीशन इफेक्ट्स सिलेक्ट करना

माउस के द्वारा एक स्लाइड शो को कंट्रोल करना

एक स्लाइड शो के दौरान्, आप पॉप अप मेन्यू बटन का प्रयोग कर सकते हैं और चित्र 8.73 के अनुसार पॉपअप मेन्यू दिखाई पड़ता है। जैसा कि पहले बताया गया था, जैसे ही आप माउस पॉइंटर को मूव करते हैं, बटन, करेंट स्लाइड के निचले बाएँ कोने में दिखाई देता है। आप बटन पर क्लिक करके स्लाइड शो पॉपअप मेन्यू को प्रदर्शित कर सकते है।

पॉपआप मेन्यू पर स्थित नेक्स्ट (Next) और प्रीवियस (Previous) कमांड आपको स्लाइड शो में आपकी स्लाइड्स में आगे पीछे जाने की अनुमति देते हैं।

एक खास स्लाइड तक जाने के लिए, Go को हाईलाइट करो और मेन्यू में से स्लाइड नेवीगेटर (Navigator) को चुनो। इसके बाद स्लाइड नेवीगेटर डायलॉग बॉक्स में उस स्लाइड को सिलेक्ट करो जिस पर आप जाना चाहते हैं और इसके बाद GOTO पर क्लिक करो। (देखें चित्र 8.73)

प्रेज़ेन्टेशन के दौरान् किसी भी समय स्लाइड शो को रोकने के लिए, पॉपअप मेन्यू में से केवल 'End show' को सिलेक्ट करो।

कीबोर्ड से स्लाइड शो को कंट्रोल करना

स्लाइड शो पॉपअप मेन्यू के साथ साथ, आप टेबल 8.2 में सूचीबद्ध keys को प्रयोग करके शो के विभिन्न पहलुओं को नियंत्रित कर सकते हैं।

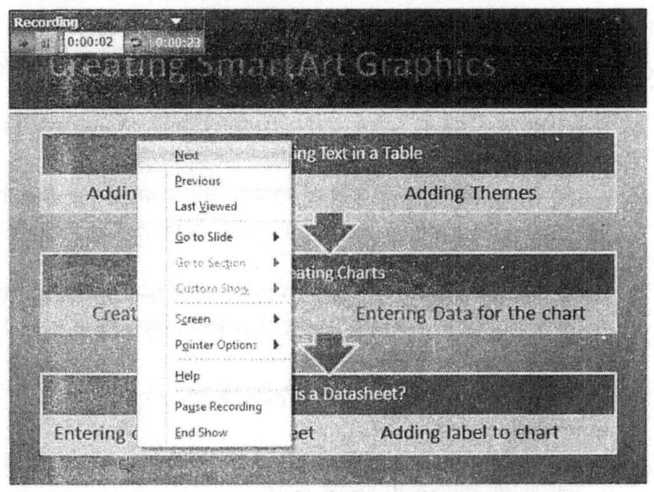

चित्र 8.73: स्लाइड शो के दौरान पॉपअप मेन्यू

टेबल 8.2: स्लाइड शो कीबोर्ड कंट्रोल

इसे दबाइए	इस काम को करने के लिए
स्पेस बार, →, ↓, PgDn, या N	अगली स्लाइड में जाने के लिए
बैकस्पेस, ←, ↑, PgUp या P	पिछली स्लाइड मे वापस जाने के लिए
स्लाइड नंबर + Enter	स्लाइड नंबर पर जाने के लिए
B या .	काली स्क्रीन / वापस शुरू करो
W या ,	सफेद स्क्रीन / वापस शुरू करो
Ctrl + A	माउस पॉइंटर को ऐरो के रूप में दर्शाओ
Ctrl + P	माउस पॉइंटर को पेन के रूप में दर्शाओ
S या + (न्यूमरिक कीपैड)	ऑटोमैटिक शो को रोको या वापस शुरू करो
H	हिडन स्लाइड को दिखाओ या छिपाओ (शो/हाइड)।
T	
O	
Esc	शो को End करो

8.7.2 ट्रांज़ीशन और स्लाइड टाइमिंग्स (Transitions and Slide Timings)

यदि आप स्लाइड शो में मैनुअली मूव नहीं कराना चाहते हैं, तो स्लाइड को स्क्रीन पर किस प्रकार से आना है, उस समय की लंबाई को सैट करने के दो तरीके हैं। एक तरीका है कि प्रत्येक स्लाइड के लिए टाइम को मैनुअली सैट किया जाए और फिर स्लाइड शो को रन किया जाए और जो टाइमिंग आपने सैट किए हैं उन्हें देखा जाए। दूसरा तरीका है रिहर्सल फीचर का प्रयोग करके, जहाँ आप रिहर्स करने के साथ साथ टाइम भी रिकॉर्ड कर सकते हैं। आपने जो टाइमिंग पहले सैट किए हैं उन्हें ऐडजस्ट करके फिर से नए के साथ रिहर्सल कर सकते हैं।

स्लाइड शो टाइमिंग को मैनुअली सैट करना

(Setting Slide Show Timings Manually)

1. स्लाइड सॉर्टर व्यू या नॉर्मल व्यू में, जिन स्लाइड या स्लाइड्स के लिए आप टाइम सैट करना चाहते हैं, उन्हें सिलेक्ट करो।
2. स्लाइड शो मेन्यू पर क्लिक करो और स्लाइड ट्रांज़ीशन... चुनो। चित्र 8.74 की तरह से स्लाइड ट्रांज़ीशन डायलॉग बॉक्स दिखाई देगा।
3. एडवांस के अंतर्गत 'ऑटोमैटिकली आफ्टर' चैक बॉक्स में क्लिक करो और फिर जिसने सेकेंड के बाद आप चाहते हैं कि स्लाइड स्क्रीन पर आ जाए उस नंबर को एंटर करो।
4. सिलेक्ट की गई स्लाइड्स में टाइमिंग ऐप्लाई करने के लिए, ऐप्लाई पर क्लिक करो या सभी स्लाइड्स में एक जैसे टाइमिंग ऐप्लाई करने के लिए 'ऐप्लाई टू ऑल' पर क्लिक करो।
5. ऐसा प्रत्येक स्लाइड के लिए दोहराओ जिसके लिए भी आप स्लाइड सैट करना चाहते हैं।
6. टाइमिंग देखने के लिए, पॉवरपॉइंट विंडो के निचले बाएँ कोने में स्थित स्लाइड शो आयकन पर क्लिक करो।

Name	English	Hindi	Maths	Physics	Total
Vineta	34	45	56	35	170
Geeta	56	68	35	45	204
Sunita	78	80	47	68	273
Shashi	56	89	89	90	324
Rekha	78	56	90	76	300

चित्र 8.74: स्लाइड शो में रिहर्सल टाइमिंग्स डायलॉग बॉक्स दिखाया गया है।

8.8 सारांश (Summary)

इस अध्याय में MS पॉवरपॉइंट में प्रेज़ेन्टेशन बनाने की पूरी जानकारी दी गई है। इस पैकेज अर्थात् पॉवरपॉइंट में प्रेज़ेन्टेशन ग्राफ़िक्स के साथ कार्य करने के नए नए तरीके हैं। इस का प्रयोग, सूचना को एक सरल एवं प्रभावी ढंग से प्रेज़ेन्ट करने के लिए किया जाता है। सबसे पहले हमने चर्चा की कि एक प्रेज़ेन्टेशन को कैसे खोला और सेव किया जा सकता है। बाद में हमने टेम्पलेट किस तरह से बनाया जाए इसकी चर्चा की। फॉर्मेटिंग फ़ीचर्स जैसे टेक्स्ट एलाइनमेंट, फॉन्ट्स बदलना, टेक्स्ट का साइज़ बदलना, बुलेट्स एवं नंबरिंग ऐड करना और टेक्स्ट में स्पेशल इफेक्ट्स ऐड करना आदि के बारे में भी वर्णन किया गया है। क्लिपआर्ट ऐड करने का प्रयोग एक स्लाइड में ग्राफ़िक ऑब्जेक्ट्स ऐड करने के लिए किया गया है। ऑब्जेक्ट्स को मॉडिफ़ाई करना जैसे रीसाइज़िंग और स्केलिंग की भी चर्चा की गई है। इसमें प्रेज़ेन्टेशन के अलग अलग व्यूज़ के बारे में भी विवरण दिया गया है जैसे नॉर्मल, स्लाइड, आउटलाइन, और स्लाइड सॉर्टर व्यू। प्रत्येक आपको प्रेज़ेन्टेशन के अलग पहलू पर कार्य करने की अनुमति देता है। इसमें प्रीसैट ऐनीमेशन भी शामिल होता है, जो एक स्लाइड शो के दौरान् टेक्स्ट ऑब्जेक्ट को डिस्प्ले करने के लिए प्रयोग किया जाने वाला इफेक्ट होता है। अंत में, रिहर्स टाइमिंग फ़ीचर का प्रयोग करके, एक स्लाइड शो के दौरान् ऑटोमैटिक रूप से स्क्रीन पर एक स्लाइड डिस्प्ले टाइम को सैट किया जा सकता है।

मॉडल प्रश्न और उत्तर (Model Questions and Answers)

A. मल्टीपल चॉएस

1.1 इनमें से कौन सा व्यू एक पॉवरपॉइंट व्यू नहीं है?
(a) स्लाइड सॉर्टर व्यू (b) स्लाइड व्यू
(c) स्लाइड शो व्यू (d) सॉर्टर व्यू

1.2 सेव ऐज़ डायलॉग बॉक्स का प्रयोग किया जा सकता है:
(a) पहली बार फाइल को सेव करने के लिए
(b) फाइल को किसी अन्य नाम से सेव करने के लिए
(c) फाइल को वर्ड के अलावा अन्य फॉर्मेट में सेव करने के लिए
(d) उपरोक्त सभी

1.3 इनमें से किसका प्रयोग करके स्क्रैच (scratch) से शुरू करे प्रेजेनटेशन तैयार किया सकता है?
(a) ऑटोकंटेंट विज़ार्ड (b) डिज़ाइन टेम्पलेट्स
(c) सैंपल प्रेज़ेन्टेशन (d) ब्लैंक प्रेज़ेन्टेशन

1.4 एक प्रेज़ेन्टेशन में एक इलेक्ट्रॉनिक पेज को कहा जाता है:
(a) स्लाइड (b) ई-स्लाइड
(c) ई-पेज (d) पेज

1.5 एक नई स्लाइड इन्सर्ट करने के लिए इनमें से कौन सा शॉर्टकट प्रयोग किया जाता है:
(a) Ctrl + M (b) Ctrl + N
(c) Ctrl + O (d) उपरोक्त में से कोई नहीं

1.6 डीफ़ाल्ट द्वारा पॉवरपॉइंट डॉक्यूमेंट को क्या एक्सटेंशन दिया गया है:
(a) .EXT (b) .COM
(c) .PPT (d) कोई नहीं

1.7 इनमें से किस मेन्यू में बैकग्राउंड है?
(a) फॉर्मेट (b) व्यू
(c) इन्सर्ट (d) स्लाइड शो

1.8 क्लिपआर्ट के संबंध में इनमें से क्या सही है:

(a) पॉवरपॉइंट क्लिपआर्ट गैलरी में उपलब्ध पिक्चर्स को डिस्प्ले करता है।

(b) आप क्लिपआर्ट इन्सर्ट करने के लिए एक टूलबार बटन या एक प्लेस होल्डर का प्रयोग कर सकते हैं।

(c) आप क्लिपआर्ट को रीकलर कर सकते हैं।

(d) उपरोक्त सभी

1.9 किसी व्यू में नोट्स पेन दिखाई देता है:

(a) नॉर्मल व्यू (b) आउटलाइन व्यू

(c) (a) और (b) दोनों (d) उपरोक्त में से कोई नहीं

1.10 हैंड आउट मास्टर में फुटर एरिया इनमें से कहाँ दिखता है:

(a) पेज के ऊपर (b) पेज के नीचे

(c) पेज के बीच में (d) उपरोक्त में से कोई नहीं

B. निम्न कथनों में से सही या गलत बताइए:

2.1 आप एक प्रेजेन्टेशन को देखने के लिए पॉवरपॉइंट के दस में से किसी भी एक व्यू का प्रयोग कर सकते हैं।

2.2 स्लाइड सॉर्टर व्यू बटन ऑटोमैटिक रूप से स्लाइड्स को अल्फाबेटिक क्रम में सॉर्ट करता है।

2.3 आउटलाइन व्यू, स्लाइड व्यू, और स्लाइड शो स्लाइड्स के एक जैसे सैट्स को अलग-अलग तरीकों से देखने की एक सुविधा है।

2.4 प्रेजेन्टेशन को क्लोज करना और पॉवरपॉइंट को एक्जिट करना दोनों एक ही हैं।

2.5 आप क्लोज बटन से पॉवरपॉइंट 2010 को शटडाउन कर सकते हैं।

2.6 पहली बार जब आप प्रेजेन्टेशन को सेव करते हैं तो आपको इसे नाम देना चाहिए।

2.7 टेक्स्ट बॉक्स को स्लाइड में कहीं पर भी रखा जा सकता है।

2.8 बुलेट्स एवं नंबरिंग स्टैंडर्ड टूलबार में दिखाई देती है।

2.9 पॉवरपॉइंट स्लाइड में टेबल को तभी इन्सर्ट किया जा सकता है यदि MS वर्ड भी इन्स्टॉल किया गया हो।

2.10 एनीमेशन इफेक्ट्स डिजाइन टैब/स्टैंडर्ड टूलबार में दिखते हैं।

उत्तर

1.	1.1	(a)	1.2	(d)	1.3	(a)	1.4	(a)	1.5	(a)
	1.6	(c)	1.7	(a)	1.8	(d)	1.9	(c)	1.10	(b)
2.	2.1	F	2.2	T	2.3	T	2.4	T	2.5	T
	2.6	T	2.7	T	2.8	F	2.9	T	2.10	F

शब्दावली (Glossary)

ऐब्सोल्यूट सेल ऐड्रेस (Absolute Cell Address): एक फॉर्मूला में सेल ऐड्रेस या रेंज नेम हमेशा उसी सेल या सेल्स की रेंज को रेफर करता है। एक सेल ऐड्रेस को ऐब्सोल्यूट बनाने के लिए रो और कॉलम के आगे एक $ चिन्ह लगाओ जैसे $A X $2।

एब्सट्रैक्शन (Abstraction): किसी चीज के आवश्यक फ़ीचर्स को बिना ज्यादा बातों को शामिल किए हुए रिप्रेजेन्ट करने का तरीका।

ऐक्सेंट कलर्स (Accent Colors):: जो कलर्स एक स्लाइड पर सेकेंड्री फ़ीचर्स पर ऐप्लाई किए जाते हैं। ऐक्सेंट कलर्स ग्राफ़्स में इस्तेमाल होते हैं।

ऐक्सेस टाइम (Access Time): जिस समय डाटा को स्टोरेज डिवाइस से बाहर बुलाया जाता है और जब उसकी डिलीवरी शुरू होती है उसके बीच का टाइम इंटरवल।

अकाउंट (Account): एक कम्प्यूटर या नेटवर्क में ऐक्सेस करने का एक तरीका, जो आमतौर पर एक होम डायरेक्ट्री, ईमेल इनबॉक्स और ऐक्सेस प्रिविलेजेस के सैट के साथ स्पेसिफिक यूज़र नेम और पासवर्ड देने के लिए होता है।

ऐक्शन बटन्स (Action Button): पहले से बनाए बटन आयकन्स जो एक पॉवरपॉइंट स्लाइड पर रखे जाते हैं और जो ऐनीमेशन इफेक्ट से जुड़े हों।

ऐक्टिव एरिया (Active Area): करेंट वर्कशीट का वह भाग जिसमें आपने डाटा एंटर किया है या सेल्स को फॉर्मेट किया है। ऐक्टिव एरिया सेल 41 पर शुरू होता है और सबसे निचले, और दाएँ ओर के भरे हुए और फॉर्मेटेड सेल पर खत्म होता है।

ऐलाइमेंट (Alignment): लेफ्ट मार्जिन, राइट मार्जिन या दोनों मार्जिन्स के किनारों पर टेक्स्ट को रखा जाना है।

ऐल्फ़ान्यूमेरिक (Alphanumeric): कैरेक्टर्स का एक सैट होता है जिसमें लेटर्स, डिजिट्स, और आमतौर पर अन्य स्पेशल कैरेक्टर्स जैसे कौमा, डॉलर साइन, प्लस साइन आदि होते हैं।

ALU (एरिथमैटिक लॉजिक यूनिट): यह कम्प्यूटर की सेंट्रल प्रोसेसिंग यूनिट (CPU) के कम्पोनेंट्स में से एक होता है जो सभी मैथमैटिकल तथा लॉजिकल कार्य करता है।

एन्कॉर्ड रेंज (Anchored Range): सेल्स की रेंज जिसमें एक कोना फ़िक्स होता है। आप दूसरे कोने को पॉइंटर key मूवमेंट द्वारा ऐडजस्ट कर सकते हैं। एक रेंज को एंकर करने के लिए पीरियड key (.) को दबाएँ।

ऐनीमेट (Animate): इलेक्ट्रॉनिक स्लाइड शो के दौरान् टेक्स्ट को किस प्रकार प्रदर्शित करना है यह कंट्रोल करके मूवमेंट को भ्रम पैदा किया जाता है।

ऐनीमेट (Animate): टेक्स्ट या एक ऑब्जेक्ट के साथ स्पेशल वीज़ुअल या साउंड इफेक्ट एड करना। उदाहरण के लिए आप अपने टेक्स्ट को इस तरह सैट कर सकते हैं ताकि उसमें बुलेट पॉइंट्स बाई ओर से उड़ती हुई आएँ, शब्द को एक एक करके आएँ या जब भी कोई पिक्चर सामने आए तो तालियों की आवाज सुनाई दे। आप स्लाइड पर कितनी भी संख्या में ऑब्जेक्ट्स को ऐनीमेट कर सकते हैं और आप चार्ट के ऐलीमेंट्स को भी ऐनीमेट कर सकते हैं।

ऐनीमेशन (Animation): इमेजेस, पिक्चर्स या ड्रॉइंग्स कैसेट जो एक सीक्वेंस में प्रदर्शित होते हैं, मूवमेंट का आभास कराते हैं। कम्प्यूटर ऐनीमेशन फाइल्स पॉवरपॉइंट जैसे प्रोग्राम्स में इन्सर्ट की जा सकती हैं और स्पीकर या व्यूअर द्वारा रन की जा सकती है।

ऐनोटेट (Annotate): एक कमेंट लिखना या ड्रॉ करना। पॉवरपॉइंट स्लाइड शो में, ऐनोटेशन का अर्थ है इलेक्ट्रॉनिक पेन को लिखने या ड्रॉ करने के लिए इस्तेमाल करना।

ऐप्लेट (Applet): एक छोटा ऐप्लीकेशन जो खुद से चल पाने में सक्षम नहीं है। जब आप पॉवरपॉइंट या अन्य ऐप्लीकेशन खरीदते हैं, तो यह ऐडीशनल ऐप्लेट्स के साथ आता है। जैसे, पॉवरपॉइंट में फॉंट्स को मैनीपुलेट करने के लिए ऐप्लेट्स होते हैं (वर्ड आर्ट)/ग्राफ़ ड्रॉइंग के लिए (माइक्रोसॉफ्ट ग्राफ) और ग्राफ़िक्स बनाने के लिए (माइक्रोसॉफ्ट ड्रॉ) होते हैं।

ऐप्लीकेशन प्रोग्राम (Application Program): खास उद्देश्य के लिए डिज़ाइन किया गया सॉफ्टवेयर जैसे पे कैलकुलेशन, एक्जामिनेशन रिजल्ट्स की प्रोसेसिंग, स्टोर्स की अकाउंटिंग और इन्वेंट्री कंट्रोल आदि।

ऐप्लीकेशन्स (Applications): एक प्रोग्राम के विशेष उपयोग। जैसे वर्ड के साथ आप लेटर्स, मेलिंग लिस्ट्स, प्रपोज़ल्स, रिज्यूमे, टाइमटेबल्स आदि बना सकते हैं।

APPS: इंटरनेट की शब्दावली में, APPS का अर्थ है एक सर्वर हार्डडिस्क पर स्थित पब्लिक डायरेक्ट्री।

आर्कीटेक्चर (Architecture): एक कम्प्यूटर सिस्टम को विभिन्न कम्पोनेंट्स को बनाना, डिज़ाइन करना, ऑर्गनाइज़ करना एवं इन्हें इंटरकनेक्ट करना। यह खासकर प्रोसेसर हार्डवेयर और साइज़ एवं इसकी बाइट्स की ऑर्डरिंग सीक्वेंस को रेफ़र करता है।

आर्काइव (Archive): बैकअप स्टोरेज। आमतौर पर एक सेकेंड्री स्टोरेज मीडियम जैसे मैग्नेटिक टेप या एक मास स्टोरेज डिवाइस जो सेमी डायरेक्ट ऐक्सेस और सीक्वेंशियल प्रिंसिपल्स पर कार्य करती है।

ऐसेंडिंग ऑर्डर (Ascending Order): डाटाबेस रिकॉर्ड्स या अन्य वर्कशीट डाटा को ऐसेंडिंग या डिसेंडिंग ऑर्डर में स्टोर किया जा सकता है। ऐसेंडिंग सॉर्ट्स में लेबल्स ऐल्फ़ाबेटिकल ऑर्डर में और वैल्यूज़ कम से ज्यादा के ऑर्डर में अरेंज होती है।

ASCII फाइल: यह यूनीवर्सल रूप से पहचाना जाने वाला टेक्स्ट फॉर्मेट जिसे ASCII (अमेरिकन स्टैंडर्ड कोड फॉर इन्फॉर्मेशन इंटरचेंज) कहा जाता है, में स्थित एक डॉक्यूमेंट फाइल है। एक ASCII फाइल में कैरेक्टर्स, स्पेसेज, पंक्चुएशन, कैरिजरिटर्न, कुछ टैब और एंड ऑफ फाइल मार्कर्स होते हैं लेकिन इसमें बोल्ड, इटालिक जैसे कोई भी फॉर्मेटिंग इन्फॉर्मेशन नहीं होती है।

ऐट्रीब्यूट (Attribute): एक ऑब्जेक्ट के फ़ीचर्स जिन्हें आप पॉवरपॉइंट टूल्स और कमांड्स का प्रयोग करके मैनीपुलेट कर सकते हैं। इनमें लाइन, फ़िल, शैडो, कलर, एम्बॉसिंग और शेप आदि शामिल हैं। ग्राफ़िक और टेक्स्ट दोनों तरह की ऑब्जेक्ट्स में ऐट्रीब्यूट्स होते हैं।

ऑडियो रिस्पाँस (Audio Response): एक आउटपुट मीडियम जो कम्प्यूटर सिस्टम से वर्बल रिस्पाँस प्रस्तुत करता है।

ऑटोक्लिप आर्ट (AutoClip Art): एक फ़ीचर जो पॉवरपॉइंट प्रेजेन्टेशन को स्कैन करने के लिए, प्रेजेन्टेशन कंटेंट के साथ key वर्ड्स को मैच करता है। ऑटो क्लिपआर्ट ऐसी क्लिपआर्ट इमेजेस को सजेस्ट करता है जो स्लाइड के लिए उचित हो सकती है।

ऑटो कंटेंट विज़ार्ड (Auto Content Wizard): एक टूल जो आपको एक प्रस्तावित प्रेजेन्टेशन के स्टेप्स के दौरान् गाइड करता है और सजेस्टेड कंटेंट भी शामिल करता है।

ऑटो लेआउट (Auto Layout): स्लाइड लेआउट्स जो आपके द्वारा प्रेजेन्टेशन में नई स्लाइड ऐड करते समय उपलब्ध होते हैं। ऑटोलेआउट्स में टाइटल्स, टेक्स्ट, ऑब्जेक्ट्स जैसे क्लिपआर्ट, ग्राफ़्स एवं चार्ट्स आदि रेडीमेड प्लेस होल्डर्स शामिल होते हैं। आप स्टेटस बार पर स्थित लेआउट बटन का प्रयोग करके जहाँ आप चाहें वहाँ लेआउट्स को बदल सकते हैं।

ऑटो लेआउट ऑब्जेक्ट एरिया (Auto Layout Object Area): टाइटल प्लेस होल्डर के साथ, जो भी बॉर्डर्ड एरिया, न्यू स्लाइड बनाते समय दिखाई देता है। कई प्रकार के ऑब्जेक्ट प्लेस होल्डर्स होते हैं। टेक्स्ट, ग्राफ़्स टेबल्स, ऑर्गनाइज़ेशनल चार्ट्स और क्लिपआर्ट के लिए प्लेस होल्डर्स। प्लेस होल्डर में टेक्स्ट ऐड करने के लिए सिर्फ़ क्लिक किया जाता है और खास ऑब्जेक्ट ऐड करने के लिए डबल क्लिक किया जाता है।

ऑटोमेटेड ऑफ़िस (Automated Office): एक सामान्य शब्द जो एक ऑफ़िस के वातावरण में कम्प्यूटर्स, ऑफ़िस, इलेक्ट्रॉनिक डिवाइसेज और टेलीकम्यूनिकेशन टेक्नॉलॉजी के मर्जर (merger) को दिखाता है।

ऑटोशेप (Autoshape): पॉवरपॉइंट ड्रॉइंग टूलबार पर स्थित एक मेन्यू जिसमें बहुत सी कॉमन शेप्स (जिन्हें ऑटो शेप्स भी कहा जाता है) होती हैं जो एक स्लाइड पर ऑटोमैटिक रूप से कर्सर को क्लिक और ड्रैग करके बनाई जा सकती है।

बैकग्राउंड कलर (Background Color): एक पॉवरपॉइंट स्लाइड का अंडरलाइंग कलर। उदाहरण के लिए, यदि आप एक सफेद कैनवस पर पेंट कर रहे हैं, तो आपका बैकग्राउंड कलर सफेद है। इसके ऊपर आप कोई भी कलर पैंट कर सकते हैं लेकिन अंडरलाइंग कलर अर्थात् सबसे नीचे का दबा हुआ कलर सफेद ही होगा। और जहाँ जहाँ आप पेंट नहीं लगाएँगे वहाँ सफेद ही दिखेगा। स्लाइड का बैकग्राउंड कलर भी इसी तरह से काम करता है।

बैकग्राउंड आइटम (Background Item): एक ऑब्जेक्ट जिसे आप स्लाइड मास्टर पर ऐड कर सकते हैं जिससे वह स्लाइड मास्टर को फॉलो करने वाली प्रेजेन्टेशन की सभी स्लाइड्स पर दिखाई देगी। पॉवरपॉइंट के लिए स्लाइड मास्टर पर स्थित सभी ऑब्जेक्ट्स - मास्टर टाइटल और मास्ट टेक्स्ट के अलावा एक बैकग्राउंड आइटम होते हैं। बैकग्राउंड आइटम में डेट, टाइम, पेज या स्लाइड नंबर और प्रेजेन्टेशन का नाम आदि शामिल होते हैं।

बैकअप (Backup): प्रोग्राम्स, डाटा फ़ाइल्स, हार्डवेयर उपकरण आदि की वैकल्पिक सुविधा, जो ओरीजनल के नष्ट होने, खोने या कार्य न करने की परिस्थिति में इस्तेमाल की जाती है।

बैकअप फ़ाइल (Backup File): दूसरी फाइल की डुप्लिकेट जिसे आप सुरक्षा के तौर पर बनाते हैं। एक विशेष प्रकार की बैकअप फाइल .bak वर्ड के द्वारा ऑटोमैटिक रूप से बनाई जाती है जब आप उस फाइल को सेव करते हैं जिसे आप एडिट कर रहे होते हैं। आप .bak फाइल को एडिट नहीं कर सकते है।

बैकअप फाइल्स(Backup Files): ये वा फाइल्स होती हैं जो MS वर्ड और अन्य वर्ड प्रोसेसिंग प्रोग्राम्स में ऑटोमैटिक रूप से जनरेट होती हैं जब आप किसी डॉक्यूमेंट को सेव करते हैं। ये फाइल्स कम्प्यूटर के खराब होने या पॉवर फेल होने की अवस्था में डॉक्यूमेंट की सुरक्षा करती है।

बारकोड (Bar Code): एक कोडिंग स्ट्रक्चर जिसमें कैरेक्टर्स को बार्स (bars) की सीरीज़ के रूप में दर्शाया जाता है।

बार ग्राफ़ (Bar Graph): एक ग्राफ़ जो न्यूमेरिक डाटा को विभिन्न ऊँचाई वाले वर्टिकल और हॉरीजाँटल बार्स की सीरीज़ के रूप में दर्शाता है, जो X ऐक्सिस और Y ऐक्सिस के किनारे समान दूरी पर रखे होते हैं। प्रत्येक बार एक सिंगल वर्कशीट सेल की वैल्यू को रिफ्लेक्ट करता है। बार ग्राफ़ में लेबल्स होते हैं जो यह पहचान करते हैं कि प्रत्येक बार क्या दर्शाता है।

बेस (Base): कुल डिजिट्स (सिंबल्स) की संख्या जो पोजीशनल नंबर सिस्टम में नंबर्स को दर्शाने के लिए उपलब्ध होती है।

BIOS (बेसिक इनपुट आउटपुट सिस्टम): BIOS इनपुट/आउटपुट ऑपरेशन्स की पूरी जानकारी को संभालने के लिए जिम्मेदार होता है, जिसमें एक प्रोग्राम के लॉजिकल रिकॉर्ड्स के साथ पेरीफेरल डिवाइस के फ़िज़िकल रिकॉर्ड्स को रिलेट करने का कार्य भी शामिल होता है।

बिट (BIT): बाइनरी डिजिट के लिए एक ऐक्रोनिम (संक्षिप्त शब्द) जो एक बाइनरी सूचना के टुकड़े (Piece) के लिए होता है। यह '0' या '1' में से कुछ भी हो सकता है।

BLOB (बाइनरी लार्ज ऑब्जेक्ट): यह स्ट्रिंग की एक लाँग बिट होती है जो कॉम्प्लेक्स डाटा के लिए इस्तेमाल की जाती है।

ब्लॉक (Block): टेक्स्ट का एक भाग जिसकी लंबाई एक शब्द से लेकर कई पेजेस तक हो सकती है। ऐडिटिंग के दौरान्, आप मूव, कॉपी या टेक्स्ट डिलीट करने के लिए ब्लॉक्स को मार्क कर सकते हैं।

ब्लॉक (Block): रिलेटेड आइटम्स (रिकॉर्ड्स कैरेक्टर्स, आदि) का एक ग्रुप जिसे इनपुट और आउटपुट के दौरान् एक यूनिट की तरह हैंडल किया जाता है। प्रोग्राम कोडिंग का एक सेक्शन जिसे एक यूनिट की तरह से माना जाता है।

ब्लॉक मूव (Block Move): एक ऑपरेशन जिसमें डाटा एक अलग जगह पर चला जाता है। ब्लॉक मूव्स आमतौर पर एक वर्ड प्रोसेसर या एडीटर में हाई लेवल लैंग्वेज में डॉक्यूमेंट्स को री ऑर्गनाइज़ करने के लिए इस्तेमाल होता है।

ब्लॉकिंग फैक्टर (Blocking Factor): एक फ़िज़िकल रिकॉर्ड में लॉजिकल रिकॉर्ड्स की संख्या।

बफ़र (Buffer): एक डिवाइस या एक स्टोरेज एरिया जहाँ डाटा अस्थाई रूप से स्टोर होता है।

बग (Bug): कम्प्यूटर प्रोग्राम में एक ऐरर।

बाइट (Byte): ऐडजेसेंट बिट्स की एक निश्चित संख्या, जो एक खास कैरेक्टर या सिंबल को रिप्रेजेन्ट करती है। आमतौर पर एक बाइट में आठ बिट्स होती है।

CAD (कम्प्यूटर एडेड डिज़ाइन): डिज़ाइन कार्यों को ऑटोमैटिक रूप से करने में कम्प्यूटर का उपयोग।

CAI (कम्प्यूटर एडेड इन्स्ट्रक्शन): एक सामान्य शब्द जो कम्प्यूटर की मदद से पढ़ाने को कहा जाता है। इसे CAE (कम्प्यूटर एडेड एजुकेशन) भी कहा जाता है।

CAM (कम्प्यूटर एडेड मैन्यूफैक्चरिंग): मैन्यूफैक्चरिंग ऑपरेशन्स को ऑटोमेट करने के लिए कम्प्यूटर्स का प्रयोग।

कैन्ड प्रोग्राम्स (Canned Programs): एक बाहरी सप्लायर द्वारा बनाया गया और यूज़र को मशीन-रीडेबल फॉर्म में प्रदान किया गया प्रोग्राम।

कार्ट्रिज (Cartridge): एक डिवाइस जो एक प्रीरिकॉर्डेड प्रोग्राम को रखने के लिए इस्तेमाल की जाती है।

सेल (Cell): एक ऐक्सेल वर्कशीट में एक कॉलम और एक रो का इंटरसेक्शन। सेल वर्कशीट में सबसे बेसिक यूनिट होता है।

सेल ऐड्रेस (Cell Address): वर्कशीट/कॉलम/रो इंटरसेक्शन्स ग्रिड में सेल की लोकेशन। सेल ऐड्रेस में वर्कशीट लेटर, एक कोलन और कॉलम लेटर तथा रो नंबर होते हैं।

सेल पॉइंटर (Cell Pointer): वर्कशीट में हाईलाइटेड रेक्टैंगल उस एरिया को प्रदर्शित करते हैं जो करेंट सेल को मार्क करता है। आप सेल पॉइंटर को ऐरो keys की सहायता से और कीबोर्ड पर स्थित कुछ अन्य keys द्वारा मूव करा सकते हैं।

चेन प्रिंटर (Chain Printer): एक प्रिंटर जिसमें कैरेक्टर्स एक चेन या बैंड पर एम्बॉस्ड होते हैं। चेन एक लूप के फॉर्म में होती है जो हाई स्पीड पर घूमती है और प्रिंट हैड्स निर्धारित कैरेक्टर्स को प्रिंट करने के लिए ऐक्टिवेट हो जाते हैं।

कैरेक्टर (Character): एक सिंगल डिजिट, लेटर, पंक्चुएशन मार्क, स्पेस या अन्य सिंबल जो कम्प्यूटर द्वारा पढ़े और लिखे जा सकते हैं।

कैरेक्टर ऐट्रीब्यूट (Character Attribute): फॉंट में जोड़ा जाने वाला एन्हांसमेंट जैसे बोल्ड, इटालिक या अंडरलाइन।

कैरेक्टर प्रिंटर (Character Printer): एक प्रिंटर जिसमें एक बार में एक कैरेक्टर प्रिंटर करने का प्रिंट मैकेनिज़्म होता है।

कैरेक्टर स्ट्रिंग (Character String): आपस में जुड़े हुए (Contiguous) कैरेक्टर्स का कोई भी ग्रुप (लेटर्स, नंबर्स, पंक्चुएशन मार्क्स, स्पेशल सिंबल्स आदि) जो कोटेशन मार्क में एन्क्लोज्ड होते हैं और फॉर्मूलाज़ तथा मैक्रोज़ में इस्तेमाल किए जाते हैं।

चार्ट (Chart): डाटा का एक पिक्टोरियल रिप्रेजेन्टेशन। चार्ट को ही कभी कभी ग्राफ़ भी कहा जाता है।

चिप (Chip): सिलिकन की पतली पट्टी जिस पर इंटीग्रेटेड इलेक्ट्रॉनिक कम्पोनेंट्स जमा किए जाते हैं।

क्लिपआर्ट (ClipArt): आप अपने डॉक्यूमेंट्स में इस्तेमाल कर सकें, ऐसी इमेजेस का एक कलेक्शन। अक्सर क्लिप सीडी रॉम पर बड़े कलेक्शन्स में डिस्ट्रीब्यूटेड होती हैं (हजारों क्लिपआर्ट पीसेज) जो कैटेगरीज़ में ऑर्गनाइज़्ड होती है। कई क्लिपआर्ट फॉर्मेट्स बिकते हैं और इनमें से सबसे लोकप्रिय हैं CGM, WMF, BMP और GIF फॉर्मेट फाइल्स। पॉवरपॉइंट क्लिपआर्ट के एक सैट के साथ आता है। जो Clip गैलरी 3.0 में रहती है।

कलर पैलेट (Color Palate): विभिन्न प्रकार के कलर ब्लॉक्स को मिलाकर बना एक डिस्प्ले, जिसमें से आप एक कलर फिल सिलेक्ट करके एक ऑब्जेक्ट या स्लाइड में जोड़ सकते हैं।

कलर स्कीम (Color Scheme): आठ कोऑर्डिनेटेड कलर्स से बना एक सैट जिसे आप एक प्रेजेन्टेशन में इस्तेमाल कर सकते हैं।

कॉलम सिलेक्टर (Column Selector): एक हॉरीजॉंटल बार जो एक कॉलम के ऊपर होता है, जिसे आप क्लिक करके एक पूरे कॉलम को, क्वेरी डिज़ाइन ग्रिड या फिल्टर डिज़ाइन ग्रिड में सिलेक्ट कर सकते हैं।

COM (कम्प्यूटर आउटपुट माइक्रोफ़िल्म): एक आउटपुट डिवाइस जो माइक्रोफिल्म पर कम्प्यूटर आउटपुट रिकॉर्ड करती है।

कौमा फ़ॉर्मेट (Comma Format): एक गलोबल या लोकल फॉर्मेट जो 999 से बड़े नंबर्स में कौमा जोड़ता है और नेगेटिव वैल्यूज़ को पैरेन्थिसिस में रखता है।

कमांड (Command): एक निर्देश जो आपके कम्प्यूटर पर ट्रांसमिट होता है जब आप कुछ खास keys दबाते हैं।

कमेंट (Comment): जब आप पॉवरपॉइंट प्रेजेन्टेशन देख रहे होते हैं- तब नोट्स ऑब्जेक्ट्स जिन्हें कमेंट्स कहा जाता है, सीधे स्लाइड पर ऐड की जा सकती है और ये कमेंट बॉक्सेज में होती है।

कम्पाइल (Compile): एक प्रोग्राम जो हाईलेवल लैंग्वेज में लिखा होता है, उसे एक ऐब्सोल्यूट या मशीन लैंग्वेज फॉर्म में कन्वर्ट या ट्रांसलेट करना।

कम्प्यूटर (Computer): एक इलेक्ट्रॉनिक उपकरण जो ऑटोमैटिक रूप से से इनपुट डाटा को ऐक्सेप्ट और स्टोर कर सकता है, उन्हें मैनीपुलेट कर सकता है और एक विस्तृत स्टेप-बाई-स्टेप प्रोग्राम या निर्देश, जो स्टोर्ड हैं, के डायरेक्शन के अंतर्गत आउटपुट रिज़ल्ट्स प्रस्तुत कर सकता है।

कम्प्यूटर ग्राफ़िक्स (Computer Graphics): कम्प्यूटर साइंस का वह एरिया जो कम्प्यूटर की मदद से पिक्चर्स के जनरेशन, मैनीपुलेशन और उनके प्रदर्शन से संबंधित होता है।

कम्प्यूटर नेटवर्क (Computer Network): एक डिस्ट्रीब्यूट डाटा प्रोसेसिंग सिस्टम जिसमें कई कम्प्यूटर्स, डाटा कम्यूनिकेशन और रिसोर्स शेयरिंग के उद्देश्य से आपस में लिंक्ड होते हैं।

कम्प्यूटर सिस्टम (Computer System): एक कम्प्यूटर के विभिन्न कंपोनेंट्स (इनपुट और आउटपुट डिवाइसेज, स्टोरेज, सीपीयू) जो एक दूसरे के साथ इंटीग्रेटेड होते हैं ताकि ऐक्ज़ीक्यूट हो रहे प्रोग्राम में आवश्यक स्टेप्स को कार्यान्वित कर सकें।

CONFIG.SYS: एक विशेष टेक्स्ट फाइल जो MS-DOS और OS/2 में ऑपरेटिंग सिस्टम बिवियर के कुछ आस्पेक्ट्स को कंट्रोल करती है। CONFIG.SYS फाइल में कमांड्स सिस्टम फेल्योर को इनेबल या डिसेबल कर सकते हैं, रिसोर्सेज पर लिमिट्स सेंट कर सकते हैं (जैसे: खुली हुई फाइल्स की अधिकतम संख्या) और डिवाइस ड्राइवर्स, जो एक व्यक्तिगत कम्प्यूटर सिस्टम से जुड़े हुए खास हार्डवेयर को नियंत्रित करते हैं, को लोड करके ऑपरेटिंग सिस्टम को एक्सटेंड करता है।

कनेक्टर (Connector): ऑटोशेप ऑब्जेक्ट जो दो या अधिक ऑब्जेक्ट्स को कनेक्ट करने के लिए इस्तेमाल होती है, की एक कैटेगरी। कनेक्टर्स में एक या दोनों किनारों पर ऐरो हैड्स होते हैं जिनसे फ्लो या डायरेक्शन का पता चलता है।

कन्सोल (Console): कम्प्यूटर सिस्टम का वह भाग जो मानव ऑपरेटर्स को कम्प्यूटर के साथ कम्यूनिकेट करने में सक्षम बनाता है।

कॉन्स्टैंट (Constant): प्रोग्राम निर्देशों में लिखी गई वैल्यू जो प्रोग्राम के ऐक्ज़ीक्यूशन के दौरान् बदलती नहीं है।

कान्स्ट्रेंट Keys (Constraint Keys): मॉडिफ़ायर Keys जो आप को किसी ऑब्जेक्ट जो आप ड्रॉ करते हैं के एक आस्पेक्ट को रेस्ट्रिक्ट करने की अनुमति देती है। जब आप शेप्स ड्रॉ करते हैं, तो आप [Shift] key को दबाकर रख सकते हैं और साथ में [Ctrl] key को भी, जिससे किसी ऑब्जेक्ट को ड्रॉ करने के तरीके को कंट्रोल किया जा सकता है। इस तरह से, आप किसी ऑब्जेक्ट को इसके सेंटर से ड्रॉ कर सकते हैं या आप रेगुलर शेप्स जैसे सर्कल या स्क्वैयर बना सकते हैं या आप उचित एंगल्स पर लाइन्स ड्रॉ कर सकते हैं।

कंटेनर डॉक्यूमेंट (Container Document): एक लिंक्ड ऑब्जेक्ट के रिसीविंग एंड पर एक डॉक्यूमेंट जो सोर्स डॉक्यूमेंट से आता है। एक पॉवरपॉइंट प्रेजेन्टेशन जो लिंक्ड ऑब्जेक्ट्स को शामिल करता है एक कंटेनर डॉक्यूमेंट

कहलाता है।

कंट्रोल कमांड्स (Control Commands): कमांड्स जो कम्प्यूटर को दिए जाते हैं जब आप एक key (या keys) दबाते हैं तथा साथ में कंट्रोल key को दबाए रखते हैं।

कंट्रोल हैंडल (Control Handle): एक स्क्वैयर जो एक फ्रीफॉर्म शेप या एक पॉलीगन के वर्टेक्स (Vertex) को दर्शाने के लिए दिखाई देता है। आप फ्रीफॉर्म शेप्स और पॉलीगन्स को एडिट कर सकते हैं, उनके कंट्रोल हैंडल्स को ऐड, डिलीट और मूव कराके।

कंट्रोल key [Ctrl]: एक key जो अक्सर caret सिंबल (^) द्वारा रिप्रेजेन्ट की जाती है, और अन्य key के साथ इस्तेमाल की जाती है, ताकि कम्प्यूटर को खास कार्यों के लिए कमांड दे सके।

कंट्रोल पैनल (Control Panel): ऐक्सेल की ऊपरी तीन लाइन्स। कंट्रोल पैनल ही वो जगह है जहाँ आप डाटा एंटर करते हैं और ऐक्सेल को कमांड्स देते हैं। यह करेंट सेल के बारे में भी सूचना प्रदर्शित करता है और इंडिकेटर्स प्रदर्शित करता है जो यह रिफ्लेक्ट करते हैं कि किसी भी समय ऐक्सेल क्या कार्य कर रहा है।

कंट्रोल यूनिट (Control Unit): सेंट्रल प्रोसेसर का भाग जो कार्यों की सीक्वेंस को निर्देशित करता है, कोडेड निर्देशों को इंटरप्रिट करता है और प्रोग्राम निर्देशों के ऐक्ज़ीक्यूशन का ध्यान रखता है।

सीपीयू (सेंट्रल प्रोसेसिंग यूनिट) CPU: एक कम्प्यूटर सिस्टम की कंट्रोल यूनिट और लॉजिक यूनिट को संयुक्त रूप से सीपीयू के नाम से जाना जाता है। सभी। सीपीयू के भीतर ही सभी कैलकुलेशन्स और कम्पैरीजन्स किए जाते हैं और सीपीयू ही एक कम्प्यूटर सिस्टम की अन्य यूनिट्स के ऑपरेशन्स को कंट्रोल और ऐक्टिवेट करने के लिए जिम्मेदार है।

क्राइटेरिया रेंज (Criteria Range): क्राइटेरिया रेंज में सिलेक्शन क्राइटेरिया होते हैं जो ऐक्सेल को यह बताते हैं कि इनपुट रेंज में कौन से रिकॉर्ड्स, एक डाटाबेस क्वेरी के दौरान् सर्च किए जाने चाहिए। क्राइटेरिया रेंज में इनपुट रेंज के फील्ड नेम्स की ऐक्ज़ैक्ट कॉपीज़ होनी चाहिए।

क्रॉप (Crop): एक पिक्चर के वर्टिकल और हॉरीजॉंटल किनारों को ट्रिम करने के लिए पिक्चर को क्रॉप करने के बाद, आप हमेशा इसे अनक्रॉप कर सकते हैं। फ़ोटोज़ अक्सर क्रॉप की जाती है। ताकि फोटो के एक खास हिस्से पर ध्यान फ़ोकस किया जा सके।

CRT (कैथोड रेट्यूब): एक इलेक्ट्रॉनिक ट्यूब जिसमें TV जैसी स्क्रीन होती है जिस पर सूचना प्रदर्शित होती है।

क्रिप्टोग्राफिक चैक सम (Cryptographic Checksum): एक वन-वे फंक्शन जो एक फाइल पर ऐप्लाई किया जाता है ताकि फ़ाइल की एक यूनीक 'फिंगर प्रिंट' भविष्य के रेफरेंस के लिए इस्तेमाल की जा सके। चैक सम सिस्टम, यूनिक्स पर फाइल सिस्टम टैंपरिंग को डिटेक्ट करने के प्रमुख माध्यम है।

क्रिप्टोग्राफ़ी (Cryptography): गुप्त कम्यूनिकेशन्स का एक सिस्टम जिससे गुप्त कम्प्यूटराइज़्ड फाइल्स की सुरक्षा बढ़ाई जा सके।

कर्सर (Cursor): आमतौर पर लाइट का एक छोटा रैक्टेंगल या लाइन जो स्क्रीन पर दिखता है, और टेक्स्ट में आपकी जगह मार्क करता है। कर्सर की शेप अलग अलग ऑपरेटिंग सिस्टम्स के साथ अलग होती है।

कस्टम ऐनीमेशन (Custom Animation): पॉवरपॉइंट का एक फ़ीचर जो आपको स्पेशल इफ़ेक्ट्स और स्लाइड्स की सीक्वेंस, एक ऑन-स्क्रीन प्रेजेन्टेशन पर सैट करने की अनुमति देता है।

कस्टम शोज़ (Custom Shows): पॉवरपॉइंट का एक फ़ीचर जो आपको एक प्रेज़ेन्टेशन में स्लाइड्स के अलग अलग सबसेट्स सेव करने की अनुमति देता है ताकि शो के अलग अलग वर्ज़न्स, स्लाइड्स के उन्हीं सैट्स में से बनाए जा सकें।

साइबरस्पेस (Cyberspace): एक शब्द, जिसे लेखक विलियम गिब्सन ने लोकप्रिय बनाया, कम्प्यूटर नेटवर्क्स की शेयर्ड इमेजिनरी रीयलिटी के लिए। कुछ लोग इंटरनेट के बदले साइबरस्पेस शब्द का प्रयोग करते हैं।

सिलिंडर (Cylinder): एक डिस्क पैक में, सभी सर्फेसेज (surfaces) के करेस्पॉँडिंग ट्रैक्स का एक सैट ही सिलिंडर कहलाता है। एक सिलिंडर के सभी ट्रैक्स ऐक्सेस मैकेनिज़्म के सिंगल मूवमेंट से ऐक्सेस किए जा सकते हैं।

डेज़ीव्हील प्रिंटर (Daisywheel Printer): एक लेटर क्वालिटी प्रिंटर जो एक प्रिंटिंग हैड का प्रयोग करता है जो देखने में एक डेज़ी या/और एक व्हील की तरह होता है।

DASD (डायरेक्ट ऐक्सेस स्टोरेज डिवाइस): यह ऑनलाइन सेकेंड्री स्टोरेज है जो हमेशा एक प्रोसेसर के लिए उपलब्ध रहती है।

डाटा (Data): कम्प्यूटर द्वारा स्टोर या प्रोसेस की जाने वाली सूचना।

डाटा (Data): रॉ फॉर्म में फैक्ट्स का एक कलेक्शन जो उचित ऑर्गनाइज़ेशन या प्रोसेसिंग के बाद सूचना बनता है।

डाटा फ़ाइल (Data File): सूचना के रिलेटेड भाग जिन्हें रिकॉड्स कहा जाता है, का एक समूह जो एक डिस्क पर एक साथ स्टोर किए जाते हैं। जैसे: एक रिकॉर्ड जो मेलिंग लिस्ट में होता है, में एक सिंगल ऐड्रेसी के बारे में सारी सूचना हो सकती है। उसी रिकॉर्ड में एक फील्ड में नाम और अन्य में स्ट्रीट ऐड्रेस, सिटी आदि हो सकती है।

डाटा लेबल (Data Label): वैल्यूज़ या वर्ड्स जो एक ग्राफ़ पर डाटा पॉइंट्स के ऊपर या नीचे दिखाई देते हैं।

डाटा रेंज (Data Range): सेल्स की रेंज जिसमें स्टोर या ग्राफ़ किए जाने वाले डाटा रिकॉड्स होते हैं।

डाटाबेस (Database): डाटा फ़ाइल्स का एक कलेक्शन जो एक सिंगल, संपूर्ण फाइल सिस्टम के रूप में इंटीग्रेटेड और ऑर्गनाइज़्ड होता है, जिसे डाटा के डुप्लिकेशन को कम करने के लिए अरेंज किया जाता है और जो उसी सिस्टम के भीतर की सूचना में सुविधाजनक ऐक्सेस प्रदान करता है ताकि विभिन्न यूज़र्स की आवश्यकताओं को पूरा किया जा सके।

डाटाबेस ऐडमिनिस्ट्रेटर (Database Administrator): यह एक डाटाबेस को डिफ़ाइन करने, अपडेट करने और उसमें ऐक्सेस कंट्रोल करने के लिए जिम्मेदार होता है।

डाटाबेस मैनेजमेंट सिस्टम (Database Management System): एक जनरल परपस सॉफ्टवेयर पैकेज जो एक टूल की तरह व्यक्तिगत डाटाबेस सिस्टम बनाने के लिए इस्तेमाल होता है।

डाटाबेस सर्वर (Database Server): एक सिस्टम जो एक नेटवर्क पर क्लाइंट ऐप्लीकेशन्स से रिक्वेस्ट्स प्राप्त करता है और उन्हें उत्तर में रिक्वेस्टेड डाटा भेजता है। प्रत्येक डाटाबेस सर्वर एक कम्प्यूटर, एक ऑपरेटिंग सिस्टम और डाटाबेस सर्वर सॉफ्टवेयर से बना है।

डाटाबेस सिस्टम (Database System): कुछ टास्क या टास्क्स के ग्रुप को करने के लिए सॉफ्टवेयर और हार्डवेयर का एक कॉंबिनेशन जिसमें बहुत सी सूचना को हैंडल करना शामिल होता है।

डाटाबेस टेबल (Database Table): रिलेटेड डाटा आइटम्स का एक कलेक्शन जो एक वर्कशीट में रोज़ और कॉलम्स अरेंज होता है। एक ऐक्सेल डाटाबेस टेबल में, फील्ड्स और रिकॉर्ड्स होते हैं, फील्ड्स कॉलम्स में और रिकॉर्ड्स

रोज़ में अरेंज़्ड होते हैं।

डाटाशीट (Datasheet): एक टेबल का डाटा जो रो और कॉलम फॉर्मेट में प्रदर्शित होता है।

डेट नंबर (Date Number): ऐक्सेल का डेट्स का ट्रैक रखने का इंटर्नल तरीका। ऐक्सेल अपना कैलेंडर 1 जनवरी, 1900 से शुरू करता है। यह उस तारीख को 1 नंबर देता है और 2 जनवरी, 1900 को 2 नंबर और इसी तरह से आगे बढ़ता है।

DBMS (डाटाबेस मैनेजमेंट सिस्टम): सॉफ्टवेयर जो एक डाटाबेस में स्टोर किए गए डाटा के मैनेजमेंट, मेन्टेनैंस और रिट्रीवल के लिए प्रयोग किया जाता है।

डीबगिंग (Debugging): प्रोग्राम ऐरर्स को खोजने और उन्हें करेक्ट करने की प्रक्रिया।

डीफॉल्ट (Default): एक ऑटोमैटिक सैटिंग जो कम्प्यूटर प्रयोग में लाता है। जब तक कि आप कोई दूसरी सैटिंग नहीं करते हैं।

डीफॉल्ट (Default): एक प्रोग्राम में प्रीसैट वैल्यू या कंडीशन जो आप बदल सकते हैं या उसे वैसा ही छोड़ सकते हैं।

डीफॉल्ट प्रिंट सैटिंग्स (Default Print Settings): प्रिंट सैटिंग्स जिसका प्रयोग ऐक्सेल करता है जब तक आप इसे अलग सैटिंग्स करने को नहीं कहते हैं।

डिमोट (Demote): टेक्स्ट की एक लाइन को पिछली लाइन से अधिक इंडेंट करना ताकि महत्त्व का निचला लेवल दर्शाया जा सके।

डिज़ाइन (Design): एक स्लाइड के वीजुअल एलीमेंट्स। जब प्रेजेन्टेशन टेम्पलेट्स को पॉवरपॉइंट में बदल रहे हों तो ऐप्लाई डिज़ाइन कमांड का प्रयोग होता है। एक टेम्पलेट में स्लाइड्स के लिए बहुत से डिज़ाइन एलीमेंट्स होते हैं जैसे ग्राफ़िक ऑब्जेक्ट्स और एक कलर स्कीम।

डिज़ाइन टेम्पलेट (Design Template): एक टेम्पलेट जिसकी कलर स्कीम और फॉर्मेट आप एक प्रेजेन्टेशन में ऐप्लाई करते हैं। पॉवर पॉइंट के साथ बहुत सारे प्रोफेशनल तरीके से डिज़ाइन किए गए टेम्पलेट्स आते हैं और आप किसी प्रेजेन्टेशन को भी टेम्पलेट की तरह इस्तेमाल कर सकते हैं।

डेस्कटॉप पब्लिशिंग (DTP): सॉफ्टवेयर जो टेक्स्ट और ग्राफ़िक्स की मैनीपुलेटिंग क्षमताओं को कंबाइन करता है ताकि यूज़र्स को चार्ट्स और पिक्चर्स, टेक्स्ट और ग्राफ़िक्स के साथ फॉर्मेट करने की सुविधा मिल सके।

डेस्कटॉप पब्लिशिंग सिस्टम (DeskTop Publishing System): एक सिस्टम जो एक कम्प्यूटर सिस्टम को और उसके उपयुक्त पेरीफ़ेरल्स को ऐसे सॉफ्टवेयर के साथ कंबाइन करता है जो आकर्षक पेज लेआउट प्रस्तुत कर सके जिसमें पिक्चर्स और टेक्स्ट कई सारे टाइप फेसेज में प्रिंट हों।

डिज़िटाइज़र (Digitizer): एक इनपुट डिवाइस जो ग्राफ़िक और पिक्टोरियल डाटा को डिजिटल कम्प्यूटर के लिए बाइनरी, न्यूमेरिक इनपुट्स में कन्वर्ट करने के लिए इस्तेमाल की जाती है।

डायरेक्ट ऐक्सेस (Direct Access): स्टोरेज डिवाइस के संबंध में जहाँ ऐक्सेस टाइम, डाटा के लोकेशन से प्रभावी तौर पर स्वतंत्र होता है।

डायरेक्ट्री (Directory): आपकी डिस्क पर स्थित फाइल नेम्स की एक ऑनस्क्रीन लिस्ट जिस पर डाटा को, फ्लैट सतह के कुछ भागों को मैग्नेटाइज़ करके स्टोर किया जा सकता है।

डिस्क (DISK): मैग्नेटिक मैटीरीयल से कोटेड एक फ्लैट सर्कुलर प्लेट; जिस पर डाटा को स्टोर करने के लिए फ्लैट सतह को मैग्नेटाइज़ किया जाता है।

डिस्क ऑपरेटिंग सिस्टम (DOS): एक ऑपरेटिंग सिस्टम जो डिस्क ओरिएंटेड कमांड्स को शामिल करता है और स्थाई स्टोरेज के लिए डिस्क डिवाइसेज का प्रयोग करता है।

डॉक्ड टूलबार (Docked Toolbar): एक टूलबार जे प्रोग्राम विंडो के एक किनारे से अटैच्ड होती है। आप एक टूलबार को प्रोग्राम विंडो के निचले किनारे या बाएँ या दाएँ अथवा प्रोग्राम टाइटल बार के नीचे डॉक कर सकते हैं। जब आप प्रोग्राम विंडो के किनारे तक एक टूलबार को ड्रैग करके ले जाते हैं, तो टूलबार आउटलाइन प्रोग्राम विंडो के किनारे पर लंबाई में स्नैप हो जाती है।

डॉक्यूमेंटेशन (Documentation): एक सॉफ्टवेयर सिस्टम का डॉक्यूमेंटेशन, प्रोग्राम्स और अन्य डॉक्यूमेंट्स, जो सिस्टम के अलग अलग फेज़ेज में तैयार किए या इस्तेमाल किए जाते हैं, के संपूर्ण ऐतिहासिक रिकॉर्ड को मेन्टेन करता है, उन्हें कलेक्ट करता है, ऑर्गनाइज़ करता है और स्टोर भी करता है।

डाउन टाइम (Down Time): वह समय जिसके दौरान, एक कम्प्यूटर मशीन फेल्योर की वजह से खराब हो जाती है या सही तरीके से काम नहीं करती है।

ड्रैग एंड ड्रॉप (Drag and Drop): किसी पॉवर स्लाइड आयकन को सिलेक्ट और ड्रैग करके दूसरी लोकेशन तक ले जाना और फिर माउस बटन को छोड़ देने से किसी मूव के कार्य को किया जाता है।

ड्रम प्रिंटर (Drum Printer): एक लाइन प्रिंटर जो एक सॉलिड, रोटेटिंग, सिलिंड्रिकल ड्रम का प्रयोग करता है जिस पर प्रिंट किए जाने वाले कैरेक्टर्स एम्बॉस्ड होते हैं।

डंब टर्मिनल (Dumb Terminal): एक टर्मिनल जिसमें कोई लोकल प्रोसेसिंग क्षमता नहीं होती है।

डंप (Dump): एक प्रोसेस जिसके द्वारा प्राइमरी स्टोरेज के सभी या कुछ कंटेंट किसी सेकेंड्री स्टोरेज डिवाइस पर कॉपी किए जाते हैं या एक प्रिंटर या स्क्रीन पर डिस्प्ले किए जाते हैं।

डीवीडी (DVD): डीवीडी में सीडी की अपेक्षा अधिक स्टोरेज क्षमता होती है। ये तीन तरह की होती हैं: डीवीडी रॉम, डीवीडी-R और DVD-RW।

एडिट (Edit): एक सेल एंट्री को बदलने के लिए। आप एक सेल एंट्री को एडिट key (F2) दबाकर मॉडिफ़ाई करते हैं, जो कंट्रोल पैनल की सेकेंड लाइन में करेंट एंट्र प्रदर्शित करती है जिससे आप इसमें परिवर्तन कर सकते हैं। दबाकर एडिटेड एंट्री को पूरा करें।

इलेक्ट्रॉनिक मेल (Electronic Mail): कम्प्यूटिंग सिस्टम और टेलीकम्यूनिकेशन सुविधाओं के प्रयोग से मैसेजेस के ट्रांसमिशन का वर्णन करने के लिए एक सामान्य शब्द।

इलेक्ट्रॉनिक स्लाइड शो (Electronic Slide Show): स्लाइड्स की एक प्रीडिफ़ाइन्ड लिस्ट जो ऑन स्क्रीन या LCD प्रोजेक्टर की मदद से सीक्वेंशियली डिस्प्ले की जाती है।

इलेक्ट्रॉनिक स्प्रेडशीट (Electronic Spreadsheet): एक ऐप्लीकेशन पैकेज जो आमतौर पर माइक्रो कम्प्यूटर्स के साथ उपलब्ध होता है, जो वर्कशीट की तरह ही रोज़ और कॉलम्स डिस्प्ले करता है। इसे कम्प्यूटेशन्स के लिए या सूचना को टेबुलर फॉर्म में प्रदर्शित करने के लिए इस्तेमाल किया जाता है।

इलेक्ट्रॉस्टैटिक प्रिंटर (Electrostatic Printer): एक हाई स्पीड प्रिंटर जो चार्ज़्ड पिन्स का प्रयोग करता है ताकि एक केमिकली ट्रीटेड पेपर पर कैरेक्टर मैट्रिसेज बनाई जा सके।

इलेक्ट्रो थर्मल प्रिंटर (Electro Thermal Printer): एक हाई स्पीड प्रिंटर जो हीटेड एलीमेंट्स का प्रयोग करता है ताकि हीट सेंसिटिव पेपर पर छोटी छोटी डॉट्स की मैट्रिसेज से कैरेक्टर बनाए जा सकें।

एम्युलेटर (Emulator): एक प्रोग्राम जो एक कम्प्यूटर को एक दूसरी मेक के

अन्य कम्प्यूटर के मशीन लैंग्वेज इन्स्ट्रक्शन्स को ऐक्ज़ीक्यूट करने की अनुमति देता है।

एंड यूज़र (End User): कोई भी व्यक्ति जो एक कम्प्यूटर आधारित सिस्टम के द्वारा जनरेट की गई सूचना को प्रयोग करता है।

EPROM (इरेज़ेबल प्रोग्रामेबल रीड ओन्ली मेमोरी): एक सेमी कंडक्टर मेमोरी जो इसमें स्टोर की गई सूचना को अल्ट्रा-वायलेट लाइट में एक्सपोज़र द्वारा इरेज़ करने की अनुमति देती है, बाद में इस पर नई सूचना को स्टोर कर दिया जाता है।

इर्गोनॉमिक्स (Ergonomics): साईज जो इस पर फोक्स करती है कि किसी तरह मशीन्स और अन्य चीजें डिज़ाइन और अरेंज की जानी चाहिए ताकि लोग इनके साथ एक सुविधाजनक और आसान तरीके से इंटरैक्ट कर सकें।

ऐरर मैसेज (Error Message): एक स्टेटमेंट जो आपकी स्क्रीन पर तब दिखता है। जब आपका कम्प्यूटर प्रोसेसिंग ज़ारी रखने में असमर्थ होता है। मैसेज आपको बताता हैकि समस्या क्या है और इसका हल क्या है?

एक्सपांड (Expand): पॉवरपॉइंट के आउटलाइन व्यू में एक फंक्शन जो आपको एक आउटलाइन की सभी लाइन्स को खोलने की अनुमति देता है ताकि सभी डिटेल पॉइंट्स को प्रदर्शित किया जा सके।

एक्सप्लोड (Explode): विशेष जोर देने के लिए एक पाई चार्ट में से एक या अधिक स्लाइसेज को अलग करना या उठाना।

एक्सटेंडेड ASCII (Extended ASCII): एक्सटेंडेड ASCII अतिरिक्त क्षमता प्रदान करता है, 128 अतिरिक्त कैरेक्टर्स जैसे एक्सटेंड लेटर्स, ग्राफ़िक कैरेक्टर्स और स्पेशल सिंबल्स की अनुमति देकर।

एक्सटेंडेड मेमोरी (Extended Memory): इंटेल माइक्रोप्रोसेसर्स आधारित पीसी सिस्टम्स में मेन मेमोरी जो 1 मेगाबाइट से अधिक हो। एक्सटेंडेड मेमोरी, आमतौर पर MS-DOS प्रोग्राम्स के लिए उपलब्ध नहीं होती है। लेकिन विंडोज़ 9X इस मेमोरी का उपयोग, पैकेजेस के बेहतर प्रदर्शन के लिए कर सकते हैं।

एक्सटेंसिबिलिटी (Extensibility): एक फ़ीचर जो मौजूद कोड के एक्सटेंशन की अनुमति देता है। यह मौजूद में से नई ऑब्जेक्ट्स बनाने की भी अनुमति देता है।

फ़ेसबुक (Facebook): यह एक डिवाइस जो लोगों को इंटरनेट के द्वारा साथ रहने की और देश की स्थिति की तरह ही उन्हें अपना भाग्य स्वयं बनाने और नियंत्रित करने की अनुमति देती है। यह वो जगह है जहाँ लोग अपने विचार रख सकते हैं और खुले मंच पर चर्चा कर सकते हैं, जैसा कि वो अन्य किसी भी जगह पर करते हैं।

फ़ेसीमाइल (फ़ैक्स) (Fascimile (Fax)): पिक्चर्स, मैच्स, ग्राफ़्स आदि का, ट्रांसमीशन लाइन्स, फोन लाइन्स एवं अन्य कैरियर्स के द्वारा, भौगोलिक रूप से अलग अलग स्थित जगहों पर ट्रांसमीशन करना। ट्रांसमिटिंग पॉइंट पर एक इमेज को स्केन किया जाता है और रिसीविंग पॉइंट पर इसे ही डुप्लिकेट किया जाता है।

फ़ील्ड (Field): एक डाटाबेस रिकॉर्ड में अलग अलग कैटेगरीज़। उदाहरण के तौर पर, एक फोनबुक रिकॉर्ड में फील्ड्स होंगे नाम, ऐड्रेस और फोन नंबर्स। एक ऐक्सेल डाटाबेस टेबल में, लेबल्ड कॉलम्स ही फ़ील्ड्स होते हैं।

फिफ़्थ जनरेशन कम्प्यूटर्स (Fifth Generation Computers): ये कम्प्यूटर्स जल्दी ही सामने लाए जाएँगें। इनमें बड़ी संख्या में प्रोसेसर्स होंगे जो स्वतंत्र रूप से पर एक साथ कार्य कर रहे होंगे। इस जनरेशन में सरल प्रोग्रामिंग लैंग्वेज और ज्ञान आधारित सिस्टम के इंप्लीमेंटेशन की अपेक्षा की जा रही है।

फाइल (File): रिलेटेड रिकॉर्ड्स का एक कलेक्शन।

फ़ाइल मैनेजमेंट सिस्टम (FMS): एक सॉफ्टवेयर पैकेज जो यूजर्स को डाटा आइटम्स डिफ़ाइन करने, इन आइटम्स को स्पेसीफ़ाइड रिकॉर्ड्स में रखने इन रिकॉर्ड्स को डेज़िग्नेटेड फाइल्स में कंबाइन करने और फिर विभिन्न तरीकों से स्टोर किए गए डाटा को मैनीपुलेट और रिट्रीव करने की अनुमति देता है ताकि यूज़र्स का लक्ष्य प्राप्त किया जा सके।

फ़िल्स कलर (Fills Color): कलर्स जो पॉवरपॉइंट उन ऑब्जेक्ट्स को फिल करने के लिए प्रयोग करता है जिनका रंग बैकग्राउंड कलर और लाइन्स एवं टेक्स्ट कलर के कंट्रास्ट में होता है ताकि आपके कलर स्कीम का राउंड आउट बनाया जा सके। आप कभी भी एक फिल कलर को बदल सकते हैं।

फर्मवेयर (Firmware): निर्देशों की एक सीक्वेंस (सॉफ्टवेयर) जो हार्डवेयर की जगह इस्तेमाल होती है और रीड ओन्ली मेमोरी (ROM) में स्टोर की जाती है। फर्मवेयर का एक उदाहरण है PROM अर्थात् प्रोग्रामेबल रीड ओन्ली मेमोरी।

फ़र्स्ट-इन, फ़र्स्ट-आउट (FIFO): पहले आओ, पहले पाओ के आधार पर कार्यों को प्रोसेस करने की तकनीक।

फ्लैश मैमोरी (Flash Memory): यह इलेक्ट्रॉनिक रूप से इरेज़ेबल और प्रोग्रामर स्थाई मेमोरी है। इसके पूरे कंटेंट्स एक ही कार्य से इरेज किए जा सकते हैं। यह EPROM की तरह बाईट-बाई-बाईट इरेज नहीं होती है। फ्लैश मेमोरी मॉड्यूल्स 4 GB क्षमता तक उपलब्ध होते हैं। फ्लैश ड्राइव्स, कुछ ऐप्लीकेशन्स में हार्ड ड्राइव को रिप्लेस करती है। ये स्टैटिक और तेज होती है लेकिन ये मँहगी होती है।

फ्लोटिंग पॉइंट नंबर्स (Floating Point Numbers): साइन्ड (signed) नंबर्स जो एक फ्रैक्शन-एक्सपोनेंट फॉर्मेट में होते हैं। उदाहरण के लिए 3216 को फ्लोटिंग पॉइंट नोटेशन में 0.3216×10^4 की तरह दर्शाया जाएगा।

फ्लॉपी डिस्क (Floppy Disk): 'डिस्क' की परिभाषा को as it is लेकर यहाँ डालें।

फॉंट (Font): टेक्स्ट या नंबर्स के टाइपफ़ेस, टाइपसाइज़ और टाइप ऐट्रीब्यूट्स।

फॉंट साइज़ (Font Size): फॉंट का साइज़ आमतौर पर कैरेक्टर की हाइट होती है जो पॉइंट्स में मापी जाती है। 72 पॉइंट फॉंट में जो कैरेक्टर्स होते हैं वो अंदाज से एक इंच बड़े होते हैं।

फ़ुटर (Footer): टेक्स्ट या ग्राफ़िक्स जो प्रत्येक पेज के नीचे दिखाई देते हैं।

फॉर्मेट (Format): स्क्रीन पर टेक्स्ट को व्यवस्थित करने का तरीका जिसके लिए आप मार्जिन को सैट करने तथा टेक्स्ट को सेंटर करने, आदि कमांड्स का प्रयोग करते हैं।

फॉर्मूला (Formula): एक मैथमैटिकल ऐक्सप्रेशन जो कि वर्कशीट में वैल्यू की गणना करते हैं। फॉर्मूला में नंबर्स और ऐरिथमैटिक ऑपरेटर्स के साथ साथ सेल ऐड्रेसेज, रेंजनेम्स और फंक्शन्स भी शामिल होते हैं।

फोर्ट्रान (FORmula TRANslation): वैज्ञानिक तथा इंजीनियरिंग ऐप्लीकेशन्स में प्रयोग होने वाली हाई लेवल, मैथमैटिकल प्रोग्रामिंग लैंग्वेज।

फोर ऐरो पॉइंटर (Four Arrow Pointer): स्लाइड्स और आउटलाइन्स के पैराग्राफ़्स को मूव कराने में प्रयोग होने वाला पॉइंटर।

फ़ोर्थ जनरेशन लैंग्वेज (Fourth Generation Language) (4GL): एक लैंग्वेज जो रिजल्ट को पाने की प्रक्रिया की तुलना में कार्य के परिणाम को ज्यादा महत्त्व देती है।

फ़ोर्थ जरनेशन कम्प्यूटर्स (Fourth Generation Computers): सन् 1975 में बने कम्प्यूटर्स से लेकर अब तक। इनमें इंटीग्रेटेड सर्किट्स, सेमी कंडक्टर मेमोरी, हाई लेवल लैंग्वेज और बेहतर ऑपरेटिंग सिस्टम का प्रयोग होता है।

फ्रेम (Frame): एक बनी हुई ऑब्जेक्ट जैसे एक स्क्वैयर को एक बॉर्डर के

रूप में स्लाइड पर दूसरी ऑब्जेक्ट के चारों ओर प्रयोग करना।

फ्री रोटेट (Free Rotate): एक पॉवर पॉइंट फंक्शन जो आपको एक ऑब्जेक्ट को किसी भी दिशा में 360 डिग्री तक घुमाने की अनुमति देता है।

फ्री फॉर्म (Free Form): एक ड्रॉइंग स्टाइल और ड्रॉइंग टाइप जो ऑब्जेक्ट को कोई भी प्रीसैट डेफिनेशन प्रदान नहीं करता है। यह बिना रूलर अथवा गाइड के पेन्सिल द्वारा पेपर पर ड्रॉइंग बनाने की ही तरह है।

फ्रंट एंड प्रोसेसर (Front End Processor): कम्यूनिकेशन प्रोसेसिंग टास्क को हैंडल करने के लिए खासतौर से बनाया गया सीपीयू इसका मुख्य उद्देश्य होस्ट कम्प्यूटर से कम्यूनिकेशन प्रोसेसिंग टास्क को ऑफ़लोड करना है। ताकि होस्ट कम्प्यूटर को ऐप्लीकेशन और डाटा प्रोसेसिंग के कार्य के लिए समर्पित किया जा सके।

जनरल परपस कम्प्यूटर (General Purpose Computer): विभिन्न प्रकार के व्यावसायिक और वैज्ञानिक ऐप्लीकेशन्स को करने वाला कम्प्यूटर।

जनरल परपस प्रोग्रामिंग लैंग्वेज (General Purpose Programming Language): ढेर सारी विभिन्न प्रकार की समस्याओं को हल करने वाली प्रोग्रामिंग लैंग्वेज।

जनरल सॉफ्टवेयर पैकेज (General Software Package): पेरोल और वर्ड प्रोसेसिंग जैसा एक सॉफ्टवेयर पैकेज जो जनरल मार्केट के लिए बनाया गया है और जिसमें ढेर सारे यूजर्स होते हैं।

ग्रेडिएंट (Gradient): एक विशेष शेडिंग जो एक अथवा दो कलर के बैकग्राउंड में हल्के से गाढ़े कलर के प्रभाव को डालती है। यह एक सिलेक्टेड डायरेक्शन से लाइट सोर्स का प्रभाव देती है।

ग्राफ़ (Graph): डाटा को दिखाने का वीजुअल तरीका। वर्कशीट के नंबर्स की अपेक्षा ग्राफ़ अक्सर स्पष्ट और प्रभावी ट्रेंड्स और प्रोजेक्शन्स को प्रस्तुत करता है।

ग्राफ़ फाइल (Graph File): एक फाइल जिसमें आप ग्राफ़ को प्रयोग करने के लिए स्टोर करते हैं। तब ग्राफ़ फाइल को अन्य सॉफ्टवेयर प्रोग्राम के द्वारा भी प्रिंट अथवा एडिट किया जा सकता है।

ग्राफ़ विंडो (Graph Window): प्रदर्शित वर्कशीट का एक भाग जो वर्तमान ग्राफ़ को दिखाता है। आप ग्राफ़ विंडो को सेल पॉइंटर के द्वारा उस कॉलम में रख सकते हैं जहाँ आप विंडो को स्टार्ट करना चाहते हैं।

ग्राफ़िक (Graphic): ग्राफ़िक इमेज सभी आकार और साइज़ में आती है। क्लिप आर्ट इमेज, ड्रॉइंग, फोटोग्राफ़, स्कैन्ड इमेज, सिग्नेचर फाइल्स आदि विशेष ग्राफ़िक के उदाहरण है।

ग्राफ़िक डिस्प्ले टर्मिनल (Graphic Display Terminal): एक वीजुअल डिस्प्ले टर्मिनल जिसमें एक ग्राफ़, ड्रॉइंग तथा अल्फ़ान्यूमेरिक सूचनाओं को प्रदर्शित करने के लिए एक स्क्रीन होती है।

ग्राफ़िक फॉमेट (Graphic): ग्राफ़िक फाइल को सेव करने में प्रयुक्त होने वाला प्रोटोकॉल, जैसे GIF, EPS।

ग्रुप (Group): एक मल्टीपल सिलेक्शन जिसको आप ड्रॉ मेन्यू के ग्रुप कमांड के द्वारा सिंगल ऑब्जेक्ट की तरह मानते हैं। ड्रॉइंग में नेस्टेड ग्रुप, ऑब्जेक्ट्स का एक मल्टीपल ग्रुप होता है। उदाहरण के लिए, क्लिप आर्ट प्राय: नेस्टेड ग्रुप्स द्वारा बनाया जाता है।

हैंडआउट्स (Handouts): पॉवरपॉइंट का प्रिंटेड आउटपुट, जिसमें दो, तीन अथवा छ: स्लाइड्स का मिनिएचर वर्ज़न होता है। ऑडिएंस हैंडआउट को बनाने का मुख्य उद्देश्य व्यूअर की प्रेजेन्टेशन को समझने में मदद करना है।

हार्ड कॉपी (Hard Copy): मनुष्य के पढ़ने योग्य कम्प्यूटर डिवाइस से निकाली गई प्रिंटेड अथवा फिल्म आउटपुट।

हार्डवेयर (Hardware): कम्प्यूटर सिस्टम के फ़िज़िकल कम्पोनेंट्स जैसे इलेक्ट्रॉनिक, मैग्नेटिक और मैकेनिकल डिवाइसेज।

हैडर (Header): प्रत्येक पेज के टॉप पर प्रदर्शित टेक्स्ट अथवा ग्राफ़िक्स।

हिडन ऑब्जेक्ट् (Hidden Object): स्लाइड अथवा स्लाइड के ऐलीमेंट्स जो अस्थाई रूप से स्क्रीन पर प्रदर्शित नहीं होते हैं और पॉवर पॉइंट प्रेजेन्टेशन के प्रिंटेड आउटपुट में शामिल नहीं होते हैं।

हिडन स्लाइड (Hidden Slide): स्लाइड शो के दौरान् स्वत: प्रदर्शित न होने वाली स्लाइड। आप शो के समय यह निश्चित करते हैं कि किस स्लाइड अथवा स्लाइड्स को आप दिखाना या छिपाना चाहते हैं।

हाई लेवल लैंग्वेज़ (High Level Language): एक प्रोग्रामिंग लैंग्वेज जिसका स्ट्रक्चर ऐप्लीकेशन ओरिएंटेड होता है और यह कम्प्यूटर के स्ट्रक्चर से स्वतंत्र रहता है।

हाई-लो क्लोज ओपन (HLCO) ग्राफ़ ((High-Low-Close-Open) (Graph)): एक ग्राफ़ जो चार डाटा पॉइंट को एक वर्टिकल लाइन्स की सीरीज़ में रखता है। HLCO ग्राफ़ विशेष रूप से एक समय के अंतराल पर स्टॉक इक्विटी के प्रदर्शन के ट्रैक को दिखाने में प्रयोग होता है। ये प्लॉट क्रमश: लो, हाई, क्लोजिंग तथा स्टॉक के ओपनिंग दामों के होते हैं। इन्हे स्टॉक मार्केट ग्राफ़ भी कहते हैं।

हाईलाइट (Highlight): टेक्स्ट के कैरेक्टर्स, शब्दों अथवा ब्लॉक को साथ के बाकी टेक्स्ट से चमकीला या हल्का करके प्रदर्शित करना।

होस्ट कम्प्यूटर (Host Computer): डिस्ट्रीब्यूटेड प्रोसेसर्स और टर्मिनल्स के नेटवर्क में स्थित मेन कंट्रोल कम्प्यूटर।

हाइफ़न हेल्प (Hyphen Help): वर्ड की सुविधा जो उस स्थान को बताती है, जहाँ हाइफ़नेशन आपके टेक्स्ट को अच्छे से प्रदर्शित करेगा। आप वर्ड को कहाँ हाइफ़नेट करना चाहते हैं यह आप ही निश्चित कर सकते हैं।

I/O (इनपुट/आउटपुट) (Input/Output): मनुष्य और मशीन के बीच इंटरैक्शन के लिए इस्तेमाल की जाने वाली तकनीक, माध्यम और डिवाइसेज।

इंडेक्स्ड फाइल (Indexed File): एक फाइल जो रैंडम ऐक्सेस की सुविधा के लिए एक इंडेक्स डायरेक्ट्री को शामिल करती है।

इंडेक्स्ड सीक्वेंशियल ऐक्सेस मैथड (Indexed Sequential Access Method): एक तरीका जिसके द्वारा रिकॉर्ड्स को एक सीक्वेंशियल क्रम में ऑर्गनाइज़ किया जाता है तथा इन्हें कुछ key तथा कैरेक्टरिस्टिक्स पर आधारित इंडेक्स द्वारा सीध रेफ़र भी किया जा सकता है।

इन्फॉर्मेशन (Information): डाटा की मैनीपुलेटिंग अथवा प्रोसेसिंग का परिणाम। जिसका प्रयोग निर्णय लेने में किया जा सकता है।

इन्फॉर्मेशन हाइडिंग (Information Hiding): एक सिद्धांत जो यह सिद्ध करता है कि ऑब्जेक्ट अथवा मॉड्यूल को बनाना तथा उपयोग में लेना पूरी तरह गुप्त होना चाहिए।

इन्फॉर्मेशन टेक्नॉलॉजी (Information Technology): IT में उपकरणों (हार्डवेयर) का कोई भी कॉम्बिनेशन शामिल हो सकता है जो इलेक्ट्रॉनिक मीडिया का प्रयोग करके इन्फॉर्मेशन के ट्रांसमिशन, स्टोरेज, रिट्रीवल, मॉडिफिकेशन तथा क्रिएशन की सुविधा प्रदान करता है। इस तरह से इसमें कम्प्यूटिंग और कम्यूनिकेशन दोनों तकनीकें शामिल होती है। हार्डवेयर, सॉफ्टवेयर, कनेक्टिविटी, टेलीकम्यूनिकेशन्स साइंस और मानव कम्प्यूटर इंटरफेस इत्यादि इसके रूप है।

इनपुट (Input): डाटा प्रोसेसिंग सिस्टम में डाला गया डाटा।

इनपुट/आउटपुट (Input/Output): कम्प्यूटर में भेजी जाने वाली कोई भी

सूचना इनपुट कहलाती है। कम्प्यूटर से प्रोसेस की हुई सूचना जो बाहर प्राप्त होती है, आउटपुट कहलाती है।

इनपुट डिवाइस (Input Device): कम्प्यूटर अथवा अन्य प्रोसेसिंग डिवाइस में सूचना को एंटर करने वाली डिवाइस जैसे कीबोर्ड और स्कैनर।

इन्सर्शन पॉइंट (Insertion Point): एक लिंकिंग वर्टिकल लाइन जो कि स्क्रीन पर उस जगह दिखती है जहाँ आप डाटा एंटर करते हैं। इन्सर्शन पॉइंट को ही कभी कभी कर्सर भी कहा जाता है। जो कैरेक्टर्स आप टाइप करते हैं वो इन्सर्शन पॉइंट के बाईं ओर दिखाई देते हैं।

इंटेलीजेंट टर्मिनल (Intelligent Terminal): एक टर्मिनल जिसमें लोकल प्रोसेसिंग की क्षमता हो। इसमें एक सीपीयू होता है जो कुछ स्पेशल फंक्शन्स जैसे डाटा एडिटिंग, दूसरे टर्मिनल को कंट्रोल करना आदि कर सकता है।

इंटरैक्टिव (Interactive): जब व्यूअर को यह चुनने की सुविधा होती है कि प्रेजेन्टेशन कैसे रन किया जाए या उसमें क्या दिखाया जाए, तब हम कहते हैं कि पॉवरपॉइंट या अन्य मल्टीमीडिया प्रेजेन्टेशन इंटरैक्टिव हैं।

इंटरनेट असिस्टेंट (Internet Assistant): कई सारे स्टेप्स की एक प्रोग्राम्ड सीरीज जिसे एक पॉवरपॉइंट यूज़र प्रेजेन्टेशन फाइल्स का एक फोल्डर बनाने के लिए इस्तेमाल कर सकते हैं जिसे इंटरनेट सर्वर पर मूव किया जा सके।

इंटरप्रिटर (Interpreter): लैंग्वेज प्रोसेसर जो हाई लेवल लैंग्वेज के स्टेटमेंट को ट्रांसलेट करता है तथा तुरंत इसे ऐक्जीक्यूट करता है, अगला स्टेटमेंट ट्रांसलेट करने से पहले। BASIC के लिए यह एक कॉमन लैंग्वेज प्रोसेसर है।

ISAM (इंडेक्स सीक्वेंशियल ऐक्सेस मैथड): फाइल डिज़ाइन तकनीक से संबंधित, जिसके द्वारा सीक्वेंशियल क्रम में ऑर्गनाइज़्ड रिकॉर्ड्स को कुछ key अथवा कैरेक्टर्स पर आधारित इंडेक्स द्वारा सीधे ही ऐक्सेस किया जा सकता है। यह रिकॉर्ड्स के रैंडम ऐक्सेस तथा सीक्वेंशियल ऐक्सेस दोनों की अनुमति देता है।

जस्टिफ़िकेशन (Justification): दी गई मार्जिन में टेक्स्ट का ऐलाइनमेंट। जैसे ही आप टेक्स्ट एंटर करते हैं लेफ्ट मार्जिन जस्टीफ़ाई होती है। वर्ड रैप, शब्दों में छोटे स्पेस देकर राइट मार्जिन को जस्टीफ़ाई करता है।

K (किलो): $2^{10} = 1024$ को केवल कम्प्यूटर में ही प्रदर्शित करने के लिए प्रयोग किया जाता है।

की टू डिस्क (Key To Disk): एक डिवाइस जो एक डिस्क डिवाइस पर डाटा एंटर करने के लिए प्रयोग की जाती है।

की-टू-टेप (Key To Tape): मैग्नेटिक टेप में डाटा एंटर करने वाली डिवाइस।

कियॉस्क (Kiosk): एक बूथ अथवा डिस्प्ले एरिया जहाँ एक ऑन स्क्रीन कम्प्यूटर प्रेजेन्टेशन को उनके लिए सैट किया जाता है जो उस एरिया में विजिट करने वालों द्वारा प्रयोग किया जा सके। ट्रेड शो के समय शॉपिंग मॉल अथवा बूथ में लगा एक इन्फॉर्मेशन काउन्टर कियॉस्क का एक उदाहरण है।

लेबल (Label): कोई भी सेल जो लेटर अथवा लेबल-प्रीफ़िक्स कैरेक्टर से प्रारंभ होता है, लेबल कहलाता है।

लेबल प्रीफ़िक्स (Label Prefix): यह दिखाता है कि सेल एंट्री एक लेबल है जो वैल्यू के ठीक उल्टी होती है। लेबल प्रीफिक्स में अपोस्ट्रॉफी (') लेफ्ट ऐलाइन लेबल्स के लिए, कोटेशन मार्क (") राइट ऐलाइन लेबल्स के लिए, कैरेट (^) सेंटर लेबल के लिए, बैक स्लैश (\) रिपीटिंग लेबल के लिए एवं वर्टिकल बार (|) प्रिंटर सैटअप स्ट्रिंग और नॉनप्रिटिंग रो को दिखाने के लिए प्रयोग किए जाते हैं।

LAN (लोकल एरिया नेटवर्क): एक डिजिटल कम्यूनिकेशन सिस्टम जो कई कम्प्यूटर्स, टर्मिनल्स तथा सीमित भौगोलिक क्षेत्र विशेषकर एक किमी के भीतर के क्षेत्रों की पेरीफेरल डिवाइसेज को इन्टर कनेक्ट करने में सक्षम होता है।

लैंडस्केप मोड (LandScape Mode): अधिकांशत: प्रिंटर्स में उपलब्ध दो में से एक प्रिंटिंग मोड (दूसरा पोर्ट्रेट मोड होता है)। लैंड स्केप मोड में प्रिंटेड लाइन्स प्रिंटर के द्वारा पेपर की दिशा के बराबर रन करती हैं। आउटपुट के साथ प्रिंट होने वाले पेज का ओरिएंटेशन ऐसा होता है जिसमें पेज की लंबी वाली साइड डॉक्यूमेंट के ऐक्रॉस रन करती है।

लैंडस्केप ओरिएंटेशन (LandScape Orientation): प्रिंटर का एक मोड जो लंबे डायमेंशन के ऐक्रॉस टेक्स्ट और ग्राफ़ को पेज के एक तरफ प्रिंट करता है।

लेयरिंग (Layering): पॉवरपॉइंट में अपने ऑब्जेक्ट्स को स्टैक के रूप में प्रदर्शित करने के लिए स्लाइड पर ऑब्जेक्ट्स को एक के ऊपर एक रखने की प्रक्रिया है। आब्जेक्ट को स्टैक के टॉप पर प्रदर्शित करने के लिए आगे लाया जा सकता है अथवा उन्हें पीछे की ओर पहली ऑब्जेक्ट के पीछे किसी भी लेयर में भेजा जा सकता है।

लेआउट (Layout): पॉवरपॉइंट में लेआउट (इसे ऑटो लेआउट भी कहा जाता है) स्लाइड के कंटेंट्स को एंटर करने के लिए प्रेजेन्टेशन की प्रत्येक स्लाइड में विभिन्न प्लेस होल्डर्स को प्रदर्शित करने के लिए ऐप्लाई होता है। टाइटल, बुलेटेड लिस्ट, क्लिपआर्ट, चार्ट, ऑर्गनाइज़ेशन चार्ट और मल्टीमीडिया क्लिप्स इत्यादि प्लेस होल्डर में शामिल होते हैं।

लेजेन्ड (Legend): लेजेंड ग्राफ़ के A से F तक के डाटा रेंजेस को पहचानने में प्रयोग होने वाले पैटर्न, सिंबल्स और कलर को स्पष्ट करता है। ये लेजेंड पैटर्न, सिंबल, कलर इत्यादि, ग्राफ़ के नीचे दिखाई पड़ते हैं।

लाइट पेन (Light Pen): एक पेन के आकार की डिवाइस, जिसका प्रयोग कैथोड रे ट्यूब वाली स्क्रीन पर लिखने अथवा स्केचिंग करने वाली इनपुट डिवाइस की तरह किया जाता है।

लाइन ग्राफ़ (Line Graph): वर्कशीट की वैल्यूज को कन्टीन्यूअस लाइन, सिंबल्स की सीक्वेंस अथवा दोनों को दिखाने वाला ग्राफ़।

लाइन प्रिंटर (Line Printer): एक बार में एक लाइन को प्रिंट करने वाला प्रिंटर।

लाइनक्स (Lynux): लाइनक्स एक ऑपरेटिंग सिस्टम कर्नेल है। यह AT & T बेल लैब्स के UNIX की तरह ही काम करता है। इसमें एक मॉडर्न ऑपरेटिंग सिस्टम की सभी सुविधाएँ होती हैं जैसे सही मल्टीटास्किंग, थ्रेड्स, वर्चुअल मेमोरी, शेयर्ड लाइब्रेरीज़, डिमांड लोडिंग, ऐक्ज़ीक्यूटेबल कॉपी ऑनराइट, सही मेमोरी मैनेजमेंट, लोड करने योग्य डिवाइस ड्राइवर मॉड्यूल, वीडियो फ्रेम बफरिंग TCP/IP नेटवर्किंग आदि।

लिस्ट प्रोसेसिंग (List Processing)(LISP): एक हाई लेवल प्रोग्रामिंग लैंग्वेज जो लॉजिकल ऑपरेशन्स तथा नॉन न्यूमेरिक ऐप्लिकेशन के लिए उपयुक्त होती है। पैटर्न रिकॉग्नीशन, ऑर्टीफिशियल इंटेलीजेंस तथा गेम के सिमुलेशन जैसे कामों में इसका प्रयोग होता है।

लोकल स्टोरेज (Local Storage): एक स्टोरेज एरिया जिसे रजिस्टर कहते हैं, का प्रयोग सीपीयू द्वारा निर्देशों को इन्टरप्रिट करने तथा लॉजिकल एवं एरिथमैटिक ऑपरेशन को करने में किया जाता है।

लॉजिकल ऑपरेटर (Logical Operator): समानता, असमानता जैसी परिस्थितियों को टेस्ट करने वाले फॉर्मूले में प्रयोग होने वाला ऑपरेटर। इसके रिलेशनल ऑपरेटर्स हैं <, <=, >=, >, =, <>, और लॉजिकल ऑपरेटर्स हैं #NOT#, #OR#, #AND# इत्यादि। लॉजिकल फॉर्मूला TRUE और FALSE का मूल्यांकन करता है।

लाँग लेबल (Long Label): एक लेबल जो सेल की कॉलम विड्थ से लंबा होता है।

लूपिंग (Looping): पॉवरपॉइंट प्रेजेन्टेशन से पहले उसको दोहराने के लिए सैट करता है। जब स्पीकर उपस्थित नहीं होता है तब ये लूप्ड प्रेजेन्टेशन उपयोगी होता है जैसे ट्रेड शो बूथ पर।

लूपिंग मैक्रो (Looping Macro): बार बार रिपीट होने वाला मैक्रो निर्देश का एक सैट। [BRANCH], [FOR] जैसे मैक्रो कमांड्स मैक्रो में लूप बना सकते हैं।

लो लेवल लैंग्वेज (Low Level Language): एक सोर्स निर्देश को दूसरे ऑब्जेक्ट निर्देश में ट्रांसलेट करने वाली प्रोग्रामिंग लैंग्वेज।

ल्यूमिनोसिटी (Luminocity): कलर की चमक अथवा धूमिल होना ये कलर को स्पष्ट करने में प्रयोग होने वाले तीन में से एक पैरामीटर हैं। (दूसरे hue और तीसरा saturation हैं)। एक स्केल पर कलर की चमक काले से सफेद होती है।

मशीन लैंग्वेज (Machine Language): कम्प्यूटर सिस्टम द्वारा सीधे समझी जाने वाली लो लेवल लैंग्वेज। कम्प्यूटर के प्रत्येक मॉडल की लैंग्वेज यूनीक होती है।

मैक्रो (Macro): ऐक्सेल के टास्क को ऑटोमेट करने वाले निर्देशों का एक सैट। कीस्ट्रोक्स, मैक्रो कमांड, वैल्यू तथा लेबल इत्यादि इसमें शामिल होते हैं। ये साधारण कीबोर्ड ऑपरेशन को ड्यूप्लिकेट बना सकते हैं तथा खुद के ही एक ऐप्लीकेशन भी हो सकते हैं। ऐक्सेल का कोई भी काम एक मैक्रो द्वारा ऑटोमेट किया जा सकता है।

मैक्रो कमांड (Macro Command): ऐक्सेल का विशेष कमांड जिसका अर्थ तभी है जब यह मैक्रो में काम करता है। मैक्रो कमांड ऐक्सेल को बिल्टइन प्रोग्रामिंग फंक्शन को करने का आदेश देता है। प्रत्येक मैक्रो कमांड में ब्रैकेट्स के अंदर एक कीवर्ड तथा इसके आर्ग्यूमेंट्स होते हैं।

मैक्रो लाइब्रेरी (Macro Library): ऐक्सेल मैक्रोज की एक फाइल जब मैक्रो लाइब्रेरी मेमोरी में होती है तब आप किसी भी ऐक्टिव फाइल में से लाइब्रेरी में मैक्रो को रन करा सकते हैं।

मैग्नेटिक इंक कैरेक्टर रिकॉग्नीशन (MICR): एक इनपुट डिवाइस है जो स्पेशल मैग्नेटिक इंक से प्रिंटेड कार्ड और पेपर डॉक्यूमेंट्स को पढ़ सकती है।

मैग्नेटिक बबल मेमोरी (Magnetic Bubble Memory): एक इलेक्ट्रॉनिक सेकेंड्री स्टोरेज डिवाइस जो सॉलिड स्टेट इलेक्ट्रॉनिक चिप्स से बनी होती है और इसमें कोई भी मूविंग पार्ट नहीं होता है। इसमें कुछ मैटीरियल्स की प्रॉपर्टीज़ का प्रयोग, ऐप्लाइड मैग्नेटिक फील्ड्स के अंतर्गत होता है ताकि 1s और 0s जैसी बाइनरी डिजिट्स को दर्शाया जा सके।

मैग्नेटिक स्टोरेज (Magnetic Storage): डिस्क, ड्रम, टेप, कोर आदि स्टोरेज डिवाइसेज जो डाटा स्टोर करने के लिए मैटीरियल्स की मैग्नेटिक प्रॉपर्टी का उपयोग करती है।

मैग्नेटिक टेप (Magnetic Tape): सेकेंड्री स्टोरेज डिवाइस जो मैग्नेटिक मैटिरियल से कोटेड एक लंबे प्लास्टिक स्ट्रिप को रिकॉर्डिंग मीडियम की तरह प्रयोग करती है।

मैग्नेटो - ऑप्टिकल ड्राइव्स (Megneto-Optical Drives): यह एक इरेज़ेबल अथवा सेमी इरेज़ेबल स्टोरेज डिस्क होती है। यह सीडी रॉम के समान और अत्यधिक क्षमता वाली होती है जिसमें लेज़र बीम के द्वारा रिकॉर्डिंग सतह को गर्म करके उस छोटे क्षेत्र में डाटा को स्टोर किया जा सकता है। MO ड्राइव्स दो फॉर्मेट में आती है एक 3.5 इंच जिस की क्षमता 230 MB और दूसरी 5.25 इंच जिसकी क्षमत 2.6 GB है। अपनी अच्छी कार्य क्षमता (20-50 ms) ऐक्सेस टाइम और 2-MBPS ट्रांसफर रेट) और लगभग न समाप्त होने वाले मीडिया के कारण ये ड्राइव्स अक्सर इस्तेमाल होने वाले ज्यादा मात्रा के डाटा के स्टोरेज के लिए प्रयोग की जाती है।

मास्टर (Master): एक विशेष प्रकार की स्लाइड अथवा पेज जिस पर आप उन सभी स्लाइड्स या पेजेस की फॉर्मेटिंग को परिभाषित करते हैं, जो पॉवरपॉइंट में प्रस्तुत होते हैं। प्रत्येक प्रदर्शन प्रत्येक 'की' कम्पोनेंट के लिए एक मास्टर रखता है, जैसे कि स्लाइड्स, टाइटल स्लाइड्स, स्पीकर नोट्स या ऑडिएंस हैंड आउट्स। अगर आप के पास पिक्चर, टेक्स्ट और एक स्पेशल फॉर्मेटिंग है जिसे आप प्रत्येक स्लाइड, टाइटल स्लाइड, नोट्स पेज या ऑडिएंस हैंडआउट पर लगाना चाहते हैं तो इसे आप उस मास्टर स्लाइड से जोड़िए।

मास्टर टेक्स्ट (Master Text): यह स्लाइड मास्टर पर स्थित स्लाइड टेक्स्ट है। मास्टर टेक्स्ट सभी स्लाइड्स के टेक्स्ट फॉर्मेट को निश्चित करता है जैसे फाँट, कलर, साइज़, लाइन स्पेसिंग और ऐलाइनमेंट और इसके साथ ही एक टेक्स्ट के प्लेस होल्डर की शेप और एक स्लाइड पर इसकी जगह। वह टेक्स्ट जिसे आप टेक्स्ट बॉक्स टूल से जोड़ते हैं, मास्टर टेक्स्ट से संचालित नहीं होता है।

मास्टर टाइटल (Master Title): स्लाइड मास्टर पर स्थित स्लाइड टाइटल के लिए फॉर्मेटेड प्लेस होल्डर। इसमें ही आप स्लाइड टाइटल के लिए फाँट, कलर, साइज़ और ऐलाइनमेंट, टाइटल ऐट्रीब्यूट, टेक्स्ट बॉक्स का आकार और इसका प्लेसमेंट स्लाइड पर सैट करते हैं।

मेमोरी (Memory): एक डिवाइस या मीडियम जो डाटा को ऐक्सेप्ट करता है तथा जरूरत पड़ने पर बाद में इसे डिलीवर भी करता है।

मेन्यू (Menu): एक प्रकार की स्क्रीन जो सभी ऑप्शन या कमांड्स को प्रदर्शित करती है जिससे आप इन्हें चुन सकते हैं।

मेन्यू (Menu): ऑप्शन्स की एक लिस्ट जिसमें से प्रोग्राम यूज़र किसी काम को करने के लिए कुछ भी सिलेक्ट कर सकता है। जैसे एक कमांड को चुनना या किसी फॉर्मेट को एक डॉक्यूमेंट के एक भाग पर ऐप्लाई करना।

मेन्यू पॉइंटर (Menu Pointer): एक मेन्यु आइटम को सिलेक्ट करना और इसकी व्याख्या प्रदर्शित करना। मेन्यू कमांड को सिलेक्ट करने के लिए पॉइंटर मूवमेंट keys का प्रयोग करके पॉइंटर को मूव करें और key को दबाएँ या कमांड के फर्स्ट लेटर को टाइप करें।

मर्ज (Merge): एक फीचर जो आपको सूचना, जैसे नाम और ऐड्रेस को एक डॉक्यूमेंट, जैसे एक लेटर के साथ जोड़ने के योग्य बनाता है। मर्ज का परिणाम पर्सनलाइज़्ड लेटर्स और एनवलप होते हैं।

मेटिंग माइंडर (Metting Minder): एक पॉवरपॉइंट फ़ीचर जो प्रेजेन्टेशन कान्फ्रेंस के संचालन का समन्वयन करता है और मीटिंग मिनट्स लेता है।

मिक्स्ड सेल ऐड्रेस (Mixed Cell Address): ऐक्सेल ऐड्रेसेज जिसमें ऐड्रेस का एक भाग रिलेटिव और दूसरा ऐब्सोल्यूट होता है। ऐब्सोल्यूट ऐड्रेसेज के साथ डॉलर चिन्ह ($) लगा होता है। जब मिक्स्ड सेल ऐड्रेसेज का प्रयोग फॉर्मूला में किया जाता है और फॉर्मूला कॉपी हो जाता है तो ऐड्रेसेज के रिलेटिव भाग नई लोकेशन के अनुसार ऐडजस्ट हो जाते हैं जबकि ऐड्रेसेज के ऐब्सोल्यूट भाग उसी स्थान पर रहते हैं।

नेटवर्क इंटरफेस कार्ड (Network Interface Card): एक चिप बेस्ड सर्किट बोर्ड जिसे किसी PC को नेटवर्क या सर्वर से जोड़ने में प्रयोग किया जाता है। PC पर सॉफ्टवेयर लोड होने से कार्ड ऐक्टिवेट होता है।

निबल (Nible): 4 विट या आधे बाईट को निबल कहते हैं।

नोड (Node): एक नेटवर्क में एक ब्रांच का एंड पॉइंट, या दो या अधिक नेटवर्क

ब्रांचेज का एक कॉमन पॉइंट।

नॉन इंपैक्ट प्रिंटर (Non Impact Printer): नॉन इपैक्ट प्रिंटर वह प्रिंटर है जो रिबन को बिना पेपर पर टकराए प्रिंट करता है जैसे थर्मल, इंकजैट, लेजर जैट आदि।

नॉन वोलाटाइल स्टोरेज (Non Volatile Storage): एक ऐसा स्टोरेज मीडियम जो अंदर के कंटेंट को पॉवर की अनुपस्थिति में भी सुरक्षित रखता है।

नोट्स मास्टर (Notes Master): एक पॉवर पॉइंट फ़ीचर जो सभी नोट्स पेजेस के कम्पोनेंट्स और फॉर्मेटिंग को नियंत्रण में रखता है।

Nudge: एक बहुत थोड़े प्रीसैट इंक्रीमेंट के द्वारा स्लाइड पर ड्रॉइंग आब्जेक्ट को मूव कराना।

ऑब्जेक्ट (Object): आप की ड्रॉइंग का एक सिंगल कम्पोनेंट। आप ड्रॉइंग और ऑटोशेप टूलबार पर ऑब्जेक्ट को टेक्स्ट और ड्रॉइंग टूल्स द्वारा ड्रॉ कर सकते हैं। ऑब्जेक्ट किसी भी प्रकार के हो सकते हैं जैसे रेक्टैंगल, स्क्वैयर, सर्कल, ओवल, राउंडेड कॉर्नर वाले रेक्टैंगल, डायमंड, ट्रापिज़ॉएड, स्टार्स, फ्रीफॉर्म, ग्राफ़ आदि।

ऑब्जेक्ट (Object): आपके स्लाइड के लिए एक सिंगल ऐलीमेंट एक ऑब्जेक्ट टेक्स्ट, ग्राफ़िक, एक आकार, पिक्चर आदि कुछ भी हो सकती हैं।

ऑक्टल नंबर सिस्टम (Octal Number System): एक नंबर सिस्टम जिसका बेस 8 हो। ऑक्टल अंकों की रेंज 0 से 7 तक होती है। यह तीन बाइनरी डिज़िट्स के समूह के शॉर्टकट रूप में प्रयोग होता है।

ऑफ़ लाइन (Off Line): एक ऐसी डिवाइस जो सीधे सीपीयू से जुड़ी न हो।

ऑन लाइन (On Line): एक ऐसी डिवाइस जो सीधी सीपीयू से जुड़ी हो।

ऑपरेटिंग सिस्टम (Operating System): प्रोग्राम्स का एक इंटीग्रेटेड समूह जो कम्प्यूटर के विभिन्न स्त्रोत और सभी क्रियाओं को मैनेज करने के लिए प्रयोग किया जाता है।

ऑप्टिकल बार कोड रीडर (Optical Bar Code Reader): एक इनपुट डिवाइस जो चिन्हों (बार्स) के समूहों को, जो डाटा पर उपस्थित होते हैं, प्रस्तुत करती है।

ऑप्टिकल कैरेक्टर रीडर (Optical Character Reader): एक इनपुट डिवाइस जो स्कैनिंग प्रणाली का प्रयोग करके पेपर पर उपस्थित कैरेक्टर्स को सीधे पढ़ सकता है। ये कैरेक्टर्स एक विशेष प्रकार के फ़ॉन्ट्स में लिखे होते हैं।

ऑप्टिकल मार्क रीडर (Optical Mark Reader): एक इनपुट डिवाइस जो पेपर पर पेन्सिल के चिन्हों को समझ सकती है।

OR सर्च (OR Search): आप OR सर्च का संचालन डाटाबेस पर करते हैं। जब आप ऐक्सेल में उस रिकॉर्ड को पता करते हैं जो किसी क्राइटेरिया रेंज में क्राइटेरिया को मैच करता है।

ऑर्गनाइज़ेशन चार्ट (Organisation Chart): एक चार्ट जो पॉवरपॉइंट प्रेज़ेन्टेशन में प्लेस किया जा सकता है ताकि एक ऑर्गनाइज़ेशन के हैरार्किकल स्ट्रक्चर को रिप्रेजेन्ट किया जा सके (जैसे एक कॉर्पोरेशन)।

ओरिएंटेशन (Orientation): प्रिंटर पेपर के लिए, या तो डॉक्यूमेंट नॉर्मली (उदाहरण के लिए पोर्टेट मोड में) या साइडवेज (लैंडस्केप मोड में) प्रिंटेड होना है, यह बताता है।

आउटलाइन (Outline): यह आपके स्लाइड्स का टाइटल, और मुख्य टेक्स्ट है। चित्रों और दूसरे वीजुअल को आउटलाइन में शामिल नहीं करते हैं। दूसरे टेक्स्ट जो आपने पहले ही टेक्स्ट टूल का प्रयोग करके जोड़े हों, और ऐंबेडेड टेक्स्ट एवं ग्राफ़िक्स भी इसमें नहीं दिखेंगे कारण ये मुख्य टेक्स्ट का भाग नहीं हैं।

आउटलाइन लेवल्स (Outline Levels): अलग अलग इंडेंटेशन्स जिस पर पैराग्राफ़्स एक आउटलाइन में दिखाई देते हैं। टाइटल्स हमेशा लेफ्ट में और टेक्स्ट टाइटल के दाईं ओर एक से लेकर पाँच लेवल्स में इंडेंटेड होता है।

आउटलाइन मास्टर (Outline Master): एक मास्टर पेज जहाँ आप हैडर और फुटर आदि को जोड़ते हैं और चाहते है कि जब आप आउटलाइन को प्रिंट में शामिल करें तब इसे दिखना चाहिए।

आउटपुट (Output): सिस्टम द्वारा प्राप्त प्रोसेसिंग का अंतिम परिणाम।

आउटपुट रेंज (Output Range): रेंज जिसमें ऐक्सेल के रिकॉर्ड्स का निचोड़ हो।

आउटपुट यूनिट (Output Unit): कम्प्यूटर सिस्टम की यूनिट जो सूचना और गणना के परिणाम को बाहर की दुनिया में भेजती है।

ओवरलैपिंग ऑब्जेक्ट (Overlapping Object): स्लाइड पर उपस्थित ऐलीमेंट्स का ऐसा स्टैक जिसमें हर कोई एक दूसरे के पीछे स्थित हो।

पैक एंड गो विज़ार्ड (Pack and Go Wizard): एक विज़ार्ड जिसका प्रयोग पॉवरपॉइंट के फाइल को तैयार करके रिमोट लोकेशन पर दिखाने के लिए होता है।

पेज ब्रेक (Page Break): टेक्स्ट का एक स्थान जहाँ एक पेज खत्म और दूसरा शुरू होता है। आप वर्ड को निर्देश देते हैं कि दो टेक्स्ट ब्लॉक्स के बीच पेज ब्रेक हो जिससे वो अलग अलग प्रिंट हो।

पैलेट (Palette): टूल्स का संग्रह। उदाहरण के लिए पॉवर पॉइंट में एक कलर पैलेट, ग्राफ़िक के बनाने के लिए उपलब्ध कलर्स को प्रदर्शित करता है।

पैरिटी बिट (Parity Bit): बिट्स की स्ट्रिंग से जुड़ी हुई एक ऐक्स्ट्रा बिट जो बाइनरी डाटा के ट्रांसमीशन में इंटर्नल ऐरर को खोजने में कम्प्यूटर की मदद करती है।

पार्स (Parse): किसी चीज को उसी के कम्पेनेंट्स भागों के रूप में तोड़ना।

पास्केल (PASCAL): ब्लेज़ पास्केल का नाम पर आधारित हाई लेवल प्रोग्रामिंग लैंग्वेज जो स्ट्रक्चर्ड प्रोग्रामिंग तकनीकों की सुविधा देती है।

पासवर्ड (Password): एक कोड जिसके द्वारा यूज़र कम्प्यूटर सिस्टम में ऐक्सेस प्राप्त करता है। इसका प्रयोग सुरक्षा के लिए होता है।

पीसी कार्ड (PC Card): पी सी कार्ड कई सुविधाओं को कम पॉवर के खर्च पर प्रदान करता है जैसे लार्ज डाटा स्टोरेज, I/O क्षमता, नेटवर्किंग, मोडेम तथा अन्य फंक्शन्स। यह क्रेडिट कार्ड के लेन्थ तथा विड्थ को एक कॉम्पैक्ट साइज़ में तेजी से मापने की सुविधा भी देता है। ये रिमूवल बोर्ड, जिसमें एक से अधिक इंटीग्रेटेड सर्किट होते हैं, के साथ ट्रेडीशनल मेमोरी, मास स्टोरेज I/O डिवाइस को हटाता अथवा बदलता है। चूँकि ये रिमूवल होती है, इसलिए ये यूज़र को मेमोरी, स्टोरेज कम्यूनिकेशन तथा अन्य क्षमताओं को उसके कम्प्यूटर को बिना केस के खोले ही ऐक्सपांड करने की सुविधा प्रदान करती है। यद्यपि ये कार्ड ओरीज़नली लैपटॉप और नोटबुक कम्प्यूटर के लिए बनाए गए थे, फिर भी अब ये पीसी के डेस्कटॉप में भी प्रयोग होते हैं।

पेन (Pen): पॉवरपॉइंट के ऑन स्क्रीन प्रेजेन्टेशन को दिखाते समय एक इलेक्ट्रॉनिक पेन द्वारा स्लाइड पर ही आप ड्रॉ कर सकते हैं। प्रेजेन्टेशन की सैटिंग के समय ही पेन के कलर को निर्धारित किया जाता है।

पेरीफेरल डिवाइसेज (Peripheral Devices): चूँकि इनपुट और आउटपुट डिवाइसेज मेन प्रोसेसिंग यूनिट के किनारे होती हैं अत: कभी कभी इन्हें पेरीफेरल डिवाइसेज भी कहा जाता है।

पर्सनल कम्प्यूटर (Personal Computer): किसी व्यक्ति द्वारा एंटरटेनमेंट, होम मैनेजमेंट तथा हॉबीज़ जैसे कार्यों के लिए प्रयोग में आने वाला कम खर्चीला

एवं छोटा कम्प्यूटर (आमतौर पर एक माइक्रोकम्प्यूटर)

पीको सेकेंड (Pico Second): एक सेकेंड का एक लाख करोड़ भाग, 10^{-6} सेकेंड।

पाई चार्ट (Pie Chart): स्लाइसेज में विभाजित सर्कल के आकार का ग्राफ़ जिसकी प्रत्येक स्लाइस में रेंज की एक वैल्यू होती है। प्रत्येक ग्राफ्ड वैल्यू जिस अनुपात को रिप्रेजेन्ट करती है उसे पाई चार्ट शो करता है। यदि एक वैल्यू दूसरे से दुगुनी होती है तो इससे एक स्लाइस भी दूसरी से दुगुनी बड़ी बनती है।

पिक्सेल (Pixel): एक पिक्चर ऐलीमेंट। इसका प्रयोग रास्टर स्कैन डिस्प्ले डिवाइस में एक पॉइंट को रिप्रेजेन्ट करने में होता है।

प्लेस होल्डर (Place Holder): पॉवरपॉइंट स्लाइड पर एक एरिया जो टेक्स्ट, ग्राफ़िक्स अथवा ऑब्जेक्ट्स (जैसे चार्ट्स) को स्वीकार कर सकता है।

प्लॉटर (Plotter): एक आउटपुट डिवाइस जो कम्प्यूटर आउटपुट को ग्राफ़िक और हार्डकॉपी के रूप में बदलती है।

पॉइंट ऑफ़ सेल (Point of Sale) (POS) डिवाइस: एक I/O डिवाइस जिसके सेंट्रल सीपीयू में सेल्स (sales) और इन्वेंट्री रिकॉर्ड को तुरंत अपडेट करने की क्षमता होती है और यह सेल्स ट्रांजैक्शन की एक प्रिंटेड रसीद भी प्रदान करता है।

पॉइंटिंग (Pointing): सेल पॉइंटर को मूव करना अथवा सेल, मेन्यू, चॉएस, फाइल, ग्राफ़, रेंज नेम अथवा स्क्रीन हेल्प चॉएस को हाईलाइट करना।

पोर्ट्रेट मोड (Portrait Mode): एक प्रिंटर ओरिएन्टेशन जिसमें प्रिंटर ऊपर से नीचे तक पेज के एक छोटे डाइमेंशन में ही प्रिंट करता है।

पॉवरपॉइंट ऐनीमेशन प्लेयर (PowerPoint Animation Player): इंटरनेट पर ऐनिमेटेड पॉवरपॉइंट प्रेजेन्टेशन को प्ले करने के लिए वेब ब्राउज़र के साथ काम करने वाला एक ऐड ऑन प्रोग्राम।

पॉवरपॉइंट ऑब्जेक्ट (PowerPoint Object): पॉवरपॉइंट में बनाई गई कोई शेप अथवा ग्राफ़ या पिक्चर जिसे आप इसके असली फॉर्मेट से पॉवरपॉइंट के फॉर्मेट में बदल सकते हैं। जैसे ऑटो शेप को आप बना सकते हैं और क्लिपआर्ट को आप विभाजित कर सकते हैं।

पॉवरपॉइंट व्यूअर (PowerPoint Viewer): पॉवरपॉइंट का एक ऐप्लीकेशन जिसे इलेक्ट्रॉनिक स्लाइड शो दिखाने के लिए बनाया गया है। आप इन्हें खुद भी प्रयोग कर सकते हैं अथवा उस यूज़र को दे सकते हैं जिसके पास पॉवरपॉइंट न हो और जो आपके स्लाइड शो को रन करने वाला है। इसकी बनावट से यह प्रयोग में आसान होता है। व्यूअर के पास खुद का आइकन होता है, जो अपने आप बन जाता है, जब आप व्यूअर को इन्स्टॉल करते हैं।

प्रेजेन्टेशन (Presentation): संबंधित स्लाइड्स का समूह जिसे आप पॉवरपॉइंट द्वारा बना सकते हैं।

प्रेज़ेन्टेशन कॉन्फ्रेंस (Presentation Conference): नेटवर्क अथवा इंटरनेट के द्वारा विभिन्न क्षेत्रों पर कई लोगों को पॉवरपॉइंट प्रेजेन्टेशन दिखाने की क्षमता।

प्रेजेन्टेशन ग्राफ़िक प्रोग्राम (Presentation Graphic Program): एक सॉफ्टवेयर ऐप्लिकेशन जो आपको, सूचनाओं, जैसे ग्राफ़ अथवा बुलेटेड लिस्ट को बनाने, डिज़ाइन करने तथा प्रस्तुत करने में मदद करता है ताकि इसे ऑडिएंस द्वारा देखा जा सके।

प्राइमरी की (Primary Key): जब आप डाटाबेस को सॉर्ट करते हैं, तो आप प्राइमरी की को सिलेक्ट करते हैं ताकि आप ऐक्सेल को बता सकें कि सही क्रम में डाटाबेस को सॉर्ट करने के लिए मुख्य फ़ील्ड कौन सी हैं।

प्राइमरी मेमोरी (Primary Memory): सीपीयू का एक भाग जो प्रोसेसिंग के दौरान् प्रोग्राम इन्सट्रक्शन्स, इनपुट डाटा, इंटरमीडिएट रिजल्ट और आउटपुट सूचना को रखता है। इसे प्राइमरी स्टोरेज, इन्टर्नल स्टोरेज और मेन मेमोरी भी कहा जाता है।

प्रिंट रेंज (Print Range): ऐक्सेल को प्रिंट करने के लिए बताई गई रेंज। एक सेल, सिंगल रेंज अथवा रेंजों की लिस्ट, प्रिंट रेंज हो सकती है। प्रिंट रेंज में हम नेम्ड ग्राफ़्स को भी शामिल कर सकते हैं

प्रिंटर (Printer): एक आउटपुट डिवाइस जो कम्प्यूटर के आउटपुट से हार्डकॉपी प्रस्तुत करती है जोकि मनुष्य के पढ़ने योग्य होती है।

प्रिंटर कंट्रोल कोड (Printer Control Code): प्रिंटर सैटअप स्ट्रिंग्स में प्रयोग होने वाला कोड। ये कोड एक प्रिंटर से दूसरे में अलग होते हैं।

प्रोसेसर (Processor): कम्प्यूटर सिस्टम की एक यूनिट जो निर्देशों को इंटरप्रिट करके उन्हें ऐक्ज़ीक्यूट भी करती है।

प्रोग्राम (Program): सीक्वेंस्ड निर्देशों का एक सैट जिसका प्रयोग कम्प्यूटर में एक विशेष समस्या को हल करने अथवा एक खास कार्य को करने ताकि कम्प्यूटर के ऑपरेशन्स को डायरेक्ट एवं कंट्रोल करने में किया जाता है। इसे रूटीन भी कहते हैं।

प्रोग्रामर (Programmer): कम्प्यूटर प्रोग्राम को लिखने, डिज़ाइन, टेस्ट तथा व्यवस्थित करने वाला व्यक्ति।

प्रोग्रामिंग लैंग्वेज (Programming Language): वह लैंग्वेज जो ऐल्गॉरिद्म को इस प्रकार ऐक्सेस करती है ताकि कम्प्यूटर उसे समझ सके।

प्रोग्रामिंग रीड ओन्ली मेमोरी (PROM): यह रीड ओन्ली मेमोरी की तरह ही होती है, अंतर सिर्फ इतना होता है कि इसकी चिप को स्पेशल एक्सटर्नल डिवाइसेज़ का प्रयोग करके दोबारा प्रोग्राम किया जा सकता है।

प्रमोट (Promote): टेक्स्ट की एक लाइन को पिछली लाइन की अपेक्षा कम में इंडेंट करना जिससे उसके महत्त्व का लेवल बेहतर दिखाई दे।

प्रॉम्प्ट (Prompt): कम्प्यूटर द्वारा प्रयोग किया गया एक अथवा अधिक सिंबल जिसके द्वारा कम्प्यूटर यूज़र को यह बताता है कि वह डाटा इनपुट लेने के लिए तैयार है। डॉस प्रॉम्प्ट एक डिस्क ड्राइव डेजिग्नेटर और राइट ऐरो है जैसे- 'c:\>'।

प्रोटेक्ट (Protect): अचानक दुर्घटनावश सेल कंटेंट्स को इरेज़ होने, बदल जाने और उनकी सैटिंग गड़बड़ा जाने से वर्कशीट, फाइल अथवा रेंज को बचाना।

पब्लिशर (Publisher): सोर्स डॉक्यूमेंट जो ऑब्जेक्ट को बनाता है जिसे आप पॉवरपॉइंट प्रेजेन्टेशन में रखते हैं। जब कभी भी पब्लिशर बदलता है तो प्रेजेन्टेशन की ऑब्जेक्ट भी बदल जाएगा।

क्वेरी (Query): डाटाबेस को क्वेरी करना वास्तव में इससे पूछे गए प्रश्न होते हैं। जब आप डाटाबेस से क्वेरी करते हैं तो आप सिलेक्शन एरिया से विशेष डाटाबेस के रिकॉर्ड को सर्च करते हैं जिसके लिए आपको सिलेक्शन क्राइटेरिया स्थापित करना होता है।

रैडिक्स (Radix): कुल डिजिट्स (सिंबल्स) की संख्या जो पोज़ीशनल नंबर सिस्टम में नंबर्स को दर्शाने के लिए उपलब्ध होती है।

रैंडम ऐक्सेस मेमोरी (RAM): सेमीकंडक्टर पर आधारित मेमोरी जिसे माइक्रोप्रोसेसर अथवा अन्य हार्डवेयर डिवाइस द्वारा पढ़ा अथवा लिखा जा सकता है। स्टोरेज लोकेशन को किसी भी क्रम में ऐक्सेस कर सकते हैं। RAM को सामान्यत: वोलाटाइल मेमोरी की तरह समझा जाता है जिसमें पढ़ने के साथ साथ लिखा भी जा सकता है।

रेंज (Range): वर्कशीट फाइल में एक सेल या जुड़े हुए सेल्स का एक समूह होता है।

रेंज नेम (Range Name): आपके द्वारा एक सेल या सेल्स के रेंज को दिया गया

नाम।

रीयल टाइम सिस्टम (Real Time System): ऑन लाइन कम्प्यूटर प्रोसेसिंग सिस्टम से संबंधित होता है जो तेजी से डाटा को रिसीव करके प्रोसेस करते हैं ताकि आउटपुट निकाला जा सके जो एक ऑन गोइंग ऐक्टिविटी या प्रोसेस को कट्रोल, डायरेक्ट या उसके परिणाम को प्रभावित कर सके।

रीकैलकुलेशन (Recalculation): एक सेल एंट्री के बदलने के बाद की प्रोसेस जो ऐक्सेल इस्तेमाल करता है, ताकि वर्कशीट वैल्यूज जो अन्य सेल्स पर निर्भर करती है, को अपडेट किया जा सके। फॉर्मूलाज़ जिनमें बदले हुए सेल्स के रेफरेंसेज होते हैं, ऑटोमैटिक रूप से रीकैलकुलेट हो जाते हैं यदि डीफॉल्ट रीकैलकुलेशन सैटिंग ऑटोमैटिक है।

रिकॉर्ड (Record): ऐक्सेल डाटाबेस में एक रिकॉर्ड एक सिंगल रो और एक कॉलम के एक फील्ड में रहता है।

रिकॉर्ड (Record): डाटा के संबंधित आइटम्स का समूह जो एक यूनिट की तरह माना जाता है।

रिकॉर्ड लेंथ (Record Length): एक रिकॉर्ड के साइज़ का मापन, प्राय: यह यूनिट में स्पेसीफ़ाइड होता है, जैसे कैरेक्टर।

रिलेटिव सेल ऐड्रेस (Relative Cell Address): एक फॉर्मूला में एक सेल ऐड्रेस जो तब बदलता है जब आप वर्कशीट के किसी अलग भाग में फॉर्मूला को कॉपी करते हैं।

रिपीटिंग लेबल (Repeating Label): एक लेबल को बैकस्लैश (\) के साथ शुरू करके फिर उसके बाद कैरेक्टर या कैरेक्टर स्ट्रिंग डालने से कैरेक्टर या स्ट्रिंग पूरे कॉलम की विड्थ में रिपीट हो जाते हैं। रिपीटिंग लेबल्स का प्रयोग अक्सर वर्कशीट में लाइन्स खींचने के लिए किया जाता है।

रेसीडेंट प्रोग्राम (Resident Program): एक प्रोग्राम जो मेमोरी में रहता है जबकि दूसरे प्रोग्राम चल रहे होते हैं। पीसी लोकल एरिया नेटवर्क रेसीडेंट प्रोग्राम्स का एक समूह होता है।

रॉम (ROM)(रीड ओन्ली मेमोरी): विशेष प्रकार के मेमोरी चिप्स, जिसमें रखे गए निर्देशों को केवल पढ़ा जा सकता है। इस प्रकार यह अचानक हुई किसी दुर्घटना से निर्देशों की सुरक्षा करता है। यह (ROM) फर्मवेयर को स्टोर करने के लिए प्रयोग किया जाता है।

रन टाइम ऐरर (Run Time Error): जब प्रोग्राम कम्प्यूटर में ऐक्ज़ीक्यूट हो रहा है तब प्रोग्राम में आया कोई ऐरर।

रन टाइम (Run Time): एक ऑब्जेक्ट प्रोग्राम के सिंगल या कन्टीन्युअस ऐक्ज़ीक्यूशन को पूरा करने के लिए आवश्यक समय।

स्क्रॉल (Scroll): स्क्रीन विंडो को ऊपर, नीचे, दाएँ या बाएँ मूव करता है। आप एक बार में एक लाइन एक कॉलम अथवा एक पूरी स्क्रीन को स्क्रॉल कर सकते हैं।

सेकेंड जनरेशन कम्प्यूटर (Second Generation Computer): 1955-64 के बीच में बनाए गए कम्प्यूटर जो सीपीयू में ट्रांजिस्टर, मैग्नेटिक कोर मेन मेमोरीज़ और प्रोग्रामिंग के लिए FORTRAN एवं COBOL जैसी हाई लेवल लैंग्वेजेस का प्रयोग करते थे।

सेकेंडरी की (Secondary Key): जब आप रिकॉर्ड्स जिनकी प्राइमरी की समान होती है, के सॉर्ट क्रम को स्पेसीफ़ाई करना चाहते हैं तो सेकेंडरी की को सिलेक्ट कर सकते हैं। उदाहरण के लिए अगर प्राइमरी की 'First name' है तो आप को 'Last name' को सेकेंडरी की के रूप में चुनना होगा जिससे डाटाबेस के सॉर्ट में संतोष जैन को संतोष शर्मा से पहले रखा जा सके।

सेकेंडरी स्टोरेज (Secondary Storage): डाटा को स्थाई रूप से स्टोर करने के लिए हार्ड डिस्क के तरह की डिवाइस।

सिक्योरिटी (Security): अनधिकृत प्रयोग, टेंपरिंग अथवा नष्ट होने से डाटा को बचाने जैसे मुद्दों के लिए संयुक्त रूप से इस्तेमाल होने वाला शब्द है सिक्योरिटी।

सीक टाइम (Seek Time): एक डिस्क सिस्टम में स्टोर किए गए डाटा को पढ़ना अथवा लिखने में प्रयोग होने वाले रीड/राइट हैड को मूव कराने में आवश्यक समय। मैक्सीमम सीक टाइम और हैड को सबसे बाहरी ट्रैक से सबसे भीतरी ट्रैक में मूव कराने का समय बराबर होता है।

सेगमेंट (Segment): फ़िजिकल रिकॉर्ड के फ्रैग्मेंट्स जो कि हैरार्किकल फैशन में अरेंज होते हैं।

सेगमेंटेशन (Segmentation): वर्चुअल मेमोरी को प्रदान करने का तरीका। यह एक मल्टी डायमेंशनल लीनियर ऐड्रेस स्पेस इंप्लीमेंटेशन है जिसे पेजिंग से भिन्न माना जाना चाहिए।

सिलेक्ट (Select): टेक्स्ट के सिलेक्शन को डिफ़ाइन करना ताकि आप उस पर कुछ भी कार्य कर सकें- जैसे कॉपी करना, मूव करना अथवा फॉर्मेटिंग करना आदि।

सीमैन्टिक लेवल मॉडल (Semantic Level Model): स्टोर्ड डाटा के अर्थ तथा इंटरप्रिटेशन से संबंधित डाटा मॉडल।

सेमीकंडक्टर स्टोरेज (Semiconductor Storage): एक स्टोरेज डिवाइस जिसके एलीमेंट्स एक इंटीग्रेटेड सर्किट चिप पर सॉलिड स्टेट इलेक्ट्रॉनिक कंपोनेंट की तरह बनाए जाते हैं।

सीक्वेंशियल फाइल ऑर्गनाइज़ेशन (Sequential File Organisation): एक फाइल ऑर्गनाइज़ेशन तकनीक जिसमें रिकॉर्ड्स कुछ फील्ड्स की वैल्यू के क्रम में रखे जाते हैं।

सीक्वेंशियल प्रोसेसिंग (Sequential Processing): एक ऐसी तकनीक जिसमें ढेर सारे एक जैसे आइटम्स या ट्रांजैक्शन्स को प्रोसेस होने के लिए एक ग्रुप में रखा जाता है और इन्हें एक निर्धारित क्रम में प्रोसेस किया जाता है।

सीरियल ऐक्सेस (Serial Access): एक स्टोरेज डिवाइस अथवा मीडियम जहाँ ऐक्सेस टाइम डाटा की लोकेशन पर निर्भर करता है। मैग्नेटिक टेप एक टिपिकल सीरियल ऐक्सेस मीडियम है।

सीरियल ऐडर (Serial Adder): एक ऐडर जिसमें ऑपरैंड्स की बिट्स एक के बाद एक करके आपस में जुड़ती जाती है।

सर्वर (Server): एक ऑब्जेक्ट जो कि क्लाइंट के आदेशानुसार काम करता है, लेकिन शायद दूसरी ऑब्जेक्ट्स पर कार्य नहीं करता है। यह सिर्फ दूसरे ऑब्जेक्ट्स को मैसेजेस भेजता है जोकि उनके द्वारा की गई रिक्वेस्ट के परिणाम होते हैं। जबकि यह भी अन्य किसी सर्वर का क्लाइंट होता है।

सैटअप स्ट्रिंग (Setup String): कैरेक्टर्स की एक सीरीज़ जोकि प्रिंटर सैटिंग्स जैसे फाँट साइज़, लाइन स्पेसिंग अथवा अन्य प्रिंटर की कैरेक्टरिस्टिक्स को कंट्रोल करती है।

शैडो कलर (Shadow Color): जब आप एक शैडो को ऑब्जेक्ट से जोड़ते हैं तब पॉवरपॉइंट जो कलर ऐप्लाई करता है। यह कलर अक्सर बैकग्राउंड कलर से गाढ़े शेड में होता है।

शेप (Shape): एक ऑब्जेक्ट का रूप। एक रेक्टैंगल, सर्कल, ट्राएंगल को ट्रापीज़ॉएड सभी एक शेप हैं। शेप एक विशेषता होती है – आप लाइन या आर्क के द्वारा बनाए गए ऑब्जेक्ट के शेप को बिना दोबारा ड्रॉ किए हुए ही बदल सकते हैं।

शॉर्टकट की (Shortcut Key): की स्ट्रोक्स कॉंबिनेशन जिनका प्रयोग करके

कमांड्स को तुरंत ऐक्ज़ीक्यूट कराना है अन्यथा पहले आप मेन्यू खोलेंगे फिर कमांड को चुनेंगे।

सिमुलेशन (Simulation): एक फ़िजिकल या हाइपोथेटिकल सिस्टम के बिहेवियर या प्रॉपर्टीज़ को रिप्रेजेन्ट और ऐनालाइज़ करना, एक सिस्टम मॉडल के बिहेवियर के द्वारा।

सिंगल इनहेरिटेंस (Single Inheritance): वह परिस्थिति जिसमें डिराइव्ड क्लास की एक ही बेस क्लास होती है।

साइजिंग हैंडल (Sizing Handle): एक वर्गाकार हैंडल जो कि एक रेक्टैंगल के प्रत्येक कोने और साइड में दिखाई पड़ता है। यह रेक्टैंगल सिलेक्टेड ऑब्जेक्ट को चारों तरफ से घेरे रखता है। आप ऑब्जेक्ट को रीसाइज़ करने के लिए साइजिंग हैंडल को ड्रैग कर सकते हैं।

स्लाइड (Slide): पॉवरपॉइंट के स्लाइड व्यू में वर्किंग डेस्कटॉप एरिया के लिए एक शब्द। यह पॉवरपॉइंट प्रेजेन्टेशन के आउटपुट का प्रत्येक पेज भी होता है।

स्लाइड आयकन (Slide Icon): छोटा सा आयकन जो आउटलाइन व्यू में प्रत्येक स्लाइड टाइटल के बगल में दिखाई पड़ता है। जहाँ भी प्रत्येक स्लाइड शुरू होती है वहाँ पॉवरपॉइंट आपको दिखाने के लिए यह आयकन जोड़ देता है। स्लाइड आयकन आपको यह बताता है कि क्या स्लाइड पर कोई ग्राफ़िक भी है।

स्लाइड मास्टर (Slide Master): यह स्लाइड जो कि टाइटल्स, मेन टेक्स्ट और कोई भी बैकग्राउंड आइटम्स के लिए फ़ॉर्मेटेड प्लेस होल्डर को रखती हैं। इन बैकग्राउंड आइटम्स को आप चाहते हैं कि ये प्रेजेन्टेशन की सभी स्लाइड्स पर दिखाई दें। यदि आप स्लाइड मास्टर पर कोई भी परिवर्तन करते हैं तो इस परिवर्तन का असर प्रेजेन्टेशन की सभी स्लाइड्स में होगा।

स्लाइड शो (Slide Show): पॉवरपॉइंट प्रेजेन्टेशन के लिए एक शब्द।

स्लाइड सॉर्टर (Slide Sorter): पॉवरपॉइंट में एक व्यू जो एक प्रेजेन्टेशन की सभी स्लाइड्स को मिनिएचर में दिखाता है।

स्लाइड ट्रांज़ीशन (Slide Transition): एक स्पेशल इफेक्ट जो इलेक्ट्रॉनिक स्लाइड शो के दौरान् स्लाइड को इंट्रोड्यूस कराने के लिए प्रयोग में लाया जाता है।

सॉफ्ट कॉपी (Soft Copy): कम्प्यूटर आउटपुट जो एक टर्मिनल की स्क्रीन पर प्रदर्शित होता है, स्थाई या प्रिंटेड कॉपी के रूप में नहीं।

सॉफ्टवेयर (Software): कम्प्यूटर प्रोग्राम्स का सैट जिसमें एक कम्प्यूटर सिस्टम के प्रभावी कार्य प्रणाली से संबंधित डॉक्यूमेंटेशन एवं प्रोसीज्योर्स भी होती है।

सॉर्ट (Sort): डाटा को एक मनचाहे क्रम में सजाने की प्रक्रिया।

सॉर्ट की (Sort Key): एक फील्ड बताता है जिस पर सॉर्ट आधारित होता है।

सोर्स डॉक्यूमेंट (Source Document): एक डॉक्यूमेंट जिस पर डाटा, जो मशीन रीडेबल कोड में रिकॉर्ड किया जाना है, ओरीजनेट करता है। अर्थात् यह ओरीज़नल हाथ से लिखा या टाइप किया गया डॉक्यूमेंट या एक टाइम कार्ड होता है।

सोर्स प्रोग्राम/कोड (Source Program/Code): एक प्रोग्राम जो एक सिंबॉलिक या हाई लेवल सोर्स लैंग्वेज जैसे C लैंग्वेज, कोबोल, बेसिक आदि में लिखा गया है।

स्पीकर नोट्स (Speaker Notes): नोट्स जो आपको अपनी स्पीच प्रस्तुत करने में एवं डॉक्यूमेंट बनाने में मदद करते हैं।

स्पेशल कैरेक्टर (Special Characters): एक ग्राफ़िक कैरेक्टर जो ना तो एक अक्षर है, न एक संख्या और ना ही एक स्पेस कैरेक्टर है, उदाहरण के तौर पर डॉलर चिन्ह, कौमा, पीरियड आदि।

स्पेशल परपस कम्प्यूटर (Special Purpose Computer): एक कम्प्यूटर जो केवल एक विशेष प्रकार का कार्य करने के लिए ही बना है।

स्पेशल परपस प्रोग्रामिंग लैंग्वेज (Special Purpose Programming Language): एक प्रोग्रामिंग लैंग्वेज जो एक खास तरह की समस्या या ऐप्लीकेशन को हैंडल करने के लिए ही डिज़ाइन की गई है।

स्पीच रिकॉग्नीशन (Speech Recognition): डाटा को कम्प्यूटर सिस्टम में सीधे बोलकर इनपुट करने की क्षमता।

स्पीच सिंथेसिस (Speech Synthesis): कम्प्यूटर आउटपुट जो बोले हुए शब्दों के रूप में होता है। इसमें कोई कैसेट, टेप शामिल नहीं होते हैं बल्कि एक छोटा LSI माइक्रोचिप इस्तेमाल होता है, जिसमें मानव आवाज़ को पुनः प्रकट करने की क्षमता होती है। ऐसा यह एक छोटे लाउटस्पीकर ऐम्प्लीफायर द्वारा करता है। अभी मल्टीमीडिया इस कॉन्सेप्ट का इस्तेमाल कर रहा है।

स्पूलिंग (Spooling): एक तकनीक जो सफलतापूर्वक कई कम्प्यूटर सिस्टम्स पर इस्तेमाल की गई है ताकि स्पीड मिसमैच को कम किया जा सके जो स्लो स्पीड I/O डिवाइसेज और फास्ट सीपीयू में होती है।

स्प्रेडशीट (Spreadsheet): एक स्ट्रक्चर जिसका प्रयोग न्यूमेरिक और फाइनैन्शियल कैलकुलेशन्स में होता है। स्प्रेडशीट में कॉलम्स और रोज़ होते हैं जो आपस में इंटरसेक्ट करके बॉक्स की तरह का एक पैटर्न बनाते हैं जिन्हें सेल्स कहा जाता है, जिनमें प्रत्येक में वैल्यू होती है।

SQL: यह स्ट्रक्चर्ड क्वेरी लैंग्वेज का छोटा रूप (abbreviated form) है। यह IBM द्वारा बनाई गई एक रिलेशनल डाटा ऐक्सेस लैंग्वेज है। अधिकांश डाटाबेस सर्वर इंजिन्स SQL का प्रयोग, क्लाइंट ऐप्लीकेशन्स से डाटा ऐक्सेस करने के एक स्टैंडर्ड तरीके के रूप में करते हैं।

स्टैक (Stack): एक मेमोरी जिसमें सबसे आखिर में स्टोर की गई सूचना सबसे ऊपर रखी जाती है और सबसे पहले निकाली जा सकती है। इसे LIFO (लास्ट-इन-फर्स्ट-आउट) स्टोरेज भी कहा जाता है।

स्टैक्ड बार ग्राफ़ (Stacked Bar Graph): एक बार ग्राफ़ जिसमें संबंधित बार्स एक दूसरे के ऊपर (stacked) रखे जाते हैं बजाए एक दूसरे के बगल में रखने के। स्टैक बार की हाईट आमतौर पर टोटल को दर्शाती है।

स्टैकिंग (Stacking): ऑब्जेक्ट्स को एक दूसरे के ऊपर रखना प्रत्येक ऑब्जेक्ट, दूसरी से अलग होती है और स्लाइड बैकग्राउंड सेभी। यद्यपि ऑब्जेक्ट्स एक फ्लैट स्लाइड पर बनाई गई मालूम होती है, लेकिन यह अच्छा होगा कि हम ऑब्जेक्ट्स को इस तरह सोचें जैसे कागज़ के टुकड़े एक के ऊपर एक रखे हैं। जिस ऑब्जेक्ट को आप पहले बनाते हैं। वह स्टैक में सबसे नीचे होती है और सबसे हाल में बनी आब्जेक्ट स्टैक में सबसे ऊपर होती है। स्टैकिंग का क्रम महत्त्वपूर्ण है कारण स्टैक के सबसे ऊपर वाली ऑब्जेक्ट इसके नीचे की ऑब्जेक्ट्स को ढक सकती है। आप यह प्रभाव तब देख सकते हैं जब आप एक फिल्ड ऑब्जेक्ट को दूसरी फिल्ड ऑब्जेक्ट पर स्टैक करते हैं।

स्टोरेज (Storage): (मेमोरी देखें)

स्टोर्ड प्रोग्राम कम्प्यूटर (Stored Program Computer): एक कम्प्यूटर जहाँ इसकी मेमोरी में आवश्यक डाटा और एक प्रॉबलम को सॉल्व करने का प्रोग्राम स्टोर किया जाता है।

स्ट्रिंग कॉन्कैटिनेशन ऑपरेटर (String Concatenation Operator): ऐक्सेल में ऐम्पर्सेंड (&) ही अकेला स्ट्रिंग ऑपरेटर है। यह दो स्ट्रिंग्स को एक फॉर्मूला में कंबाइन करता है। (दो स्ट्रिंग्स को कंबाइन करना ही कॉन्कैटिनेशन कहलाता है।)

स्ट्रक्चर (Structure): वर्कशीट का फ्रेमवर्क जो वर्कशीट डाटा के ठीक विपरीत होता है। इस में टाइटल्स, लेबल्स और फॉर्मेटिंग स्पेसीफ़िकेशन्स होते हैं जो वर्कशीट की अपीयरेंस को कंट्रोल करते हैं।

सबमेन्यू (Submenu): अतिरिक्त कमांड्स की एक उपलब्ध लिस्ट जब आप एक मेन मेन्यू कमांड सिलेक्ट करते हैं। कई मेन्यू कमांड्स में एक सबमेन्यू रहता है। कुछ सबमेन्यू कमांड्स, इसके बदले, अतिरिक्त सबमेन्यूज़ रखते हैं।

सबरूटीन (Subroutine): मैक्रो इन्स्ट्रक्शन्स का एक सैट जो एक विशेष कार्य करता है।

सिंटैक्स (Syntax): एक प्रोग्रामिंग लैंग्वेज के रूल्स का एक सैट जो वर्ड ऑर्डर और एक निर्देश के पंक्चुएशन का पैटर्न या स्ट्रक्चर डिफ़ाइन करता है। यह इंग्लिश लैंग्वेज में ग्रामर के रूल्स की तरह ही होता है।

सिंटैक्स ऐरर्स (Syntax Errors): कम्प्यूटर प्रोग्राम्स में ऐरर्स जो विशेष तौर से गलत पंक्चुएशन, गलत शब्द सीक्वेंस, अपरिभाषित शब्द, या शब्दों के गलत इस्तेमाल को शामिल करते हैं। ये ऐरर्स ऑटोमैटिक रूप से डिटेक्ट और पॉइंट किए जाते हैं लैंग्वेज प्रोसेसर्स के द्वारा।

टेम्पलेट (Template): एक ब्लू प्रिंट जो पॉवरपॉइंट, स्लाइड्स बनाने के लिए इस्तेमाल करता है। इस टेम्पलेट में फॉर्मेटिंग ऑप्शन्स, कलर और ग्राफ़िक्स शामिल होते हैं जो एक खास लुक बनाने के लिए जरूरी है एक वर्कशीट भी जिसमें एक ऐप्लीकेशन का स्ट्रक्चर होता है डाटा नहीं।

टर्मिनल (Terminal): इनपुट/आउटपुट डिवाइस जो एक यूज़र को एक कम्प्यूटर सिस्टम के साथ सीधे कम्यूनिकेट करने की अनुमति देती है।

टेक्स्ट रूलर्स (Text Rulers): रूलर्स जब प्रदर्शित होते हैं, तब ये पॉवरपॉइंट विंडो के बाईं ओर टॉप पर दिखाई देते हैं। एक प्लेस होल्डर में क्लिक करो या एक ऑब्जेक्ट पर ताकि मार्जिन्स और टैब्स जो उस ऑब्जेक्ट या प्लेस होल्डर में ऐप्लाई होते हैं, देखे जा सकें। जब आप एक ऑब्जेक्ट में टेक्स्ट पर क्लिक करते हैं तब आप हॉरीजॉँटल रूलर को बदलते हुए देखते हैं ताकि आपकी मार्जिन्स और टैब्स देखे जा सकें। आप हॉरीजॉँटल रूलर का प्रयोग कर सकते हैं ताकि अपने टैब्स को सैट कर सकें व टेक्स्ट ऑब्जेक्ट्स के लिए मार्जिन्स ऐडजस्ट कर सकें।

टेक्स्ट टूल (Text Tool): ड्राइंग टूलबार पर स्थित टूल, जो स्लाइड पर कहीं भी टेक्स्ट ऐड करने के लिए इस्तेमाल होता है। इसे सिलेक्ट करने के लिए टेक्स्ट टूल पर क्लिक करो और फिर केवल क्लिक करके टाइप करना शुरू कर दो।

टेक्सचर्ड बैकग्राउंड (Textured Background): एक बैकग्राउंड की डिज़ाइन जो वुड या मार्बल जैसा एक टेक्सचर बनाती है।

थर्मल प्रिंटर (Thermal Printer): एक प्रिंटिंग डिवाइस जो हीट सेंसिटिव पेपर का प्रयोग करती है।

थर्ड जनरेशन कम्प्यूटर (Third Generation Computer): कम्प्यूटर्स जो 1964 से 1975 के बीच बने, जिनमें CPU में इंटीग्रेटेड सर्किट्स का प्रयोग हुआ, हाईस्पीड मैग्नेटिक कोर मेन मेमोरीज़ का प्रयोग हुआ पॉवरफुल हाई लेवल लैंग्वेजेस और टाइम शेयरिंग ऑपरेटिंग सिस्टम का प्रयोग हुआ।

थ्रूपुट (Throughput): कुल उपयोगी प्रोसेसिंग जो एक कम्प्यूटर सिस्टम द्वारा एक दिए गए तय समय के अंदर की जाए। यह कम्प्यूटर सिस्टम की एफ़िशिएंसी का एक मापक है।

टाइमिंग (Timing): एक स्लाइड शो के दौरान् कितने समय तक एक स्लाइड स्क्रीन पर रहती है, वह समय।

टाइटल (Title): वर्कशीट डिस्प्ले में सबसे ऊपर, बाएँ या ऊपर और बाई ओर रखे गए रोज़ और कॉलम जो फ्रोजन हों। टाइटल हमेशा दिखाई देती हैं, जब भी आप वर्कशीट में स्क्रॉल करते हैं।

टाइटल मास्टर (Title Master): वह स्लाइड जिसमें आपके प्रेजेन्टेशन के लिए टाइटल और सबटाइटल के फॉर्मेटेड प्लेस होल्डर होते हैं। यदि आप टाइटल मास्टर में कोई बदलाव करते हैं तो यह बदलाव आपके प्रेजेन्टेशन की सभी स्लाइड्स में दिखाई देता है जो टाइटल मास्टर पर आधारित होती हैं।

टाइटल प्लेस होल्डर (Title Place Holder): टाइटल बॉक्स जो तब दिखाई देता है, जब आप एक नई स्लाइड बनाते हैं। टाइटल प्लेस होल्डर में क्लिक करो और अपनी स्लाइड टाइटल को बनाने के लिए टाइप करो।

ट्रांजैक्शन (Transaction): अति सामान्य रूप से, एक ट्रांजैक्शन विश्व में एक ऐसा **ऐक्शन** होता है जिसके होने की घोषणा डाटाबेस को अवश्य करनी चाहिए। यह शब्द एक **ऐप्लीकेशन प्रोग्राम** के चालू होने के लिए इस्तेमाल होता है जो डाटाबेस को इस ऐक्शन के बारे में सूचित करता है।

ट्रांजैक्शन फाइल (Transaction File): एक फाइल जिसमें करेंट डाटा स्टोर किए जाते हैं ताकि उनकी मास्टर फाइल के कॉँबिनेशन में सब्सीक्वेंट प्रोसेसिंग हो सके। इसे डिटेल फाइल भी कहा जाता है।

ट्रांसपेरेंसी (Transparency): एक क्लीयर फिल्म जो इमेजेस और टेक्स्ट के साथ प्रिंट होती है और एक ओवरहैड प्रोजेक्टर के साथ, प्रेजेन्टेशन को दर्शाने के लिए इसका प्रयोग किया जाता है।

अनग्रुपिंग (Ungrouping): ऑब्जेक्ट्स को अलग करने का कार्य जो एक सिंगल ऑब्जेक्ट की तरह कार्य करने के लिए एक साथ ग्रुप की गई हैं।

UNIX: एक लोकप्रिय ऑपरेटिंग सिस्टम जो USA की बेल टेलीफोन लैबोरेट्रीज के द्वारा डिज़ाइन किया गया था और यह 32 एवं 16 बिट मिनी और माइक्रो कम्प्यूटर्स के लिए बना होता है।

यूज़र (User): कोई भी व्यक्ति जो एक कम्प्यूटर आधारित सिस्टम को डाटा सप्लाई करता है या इसमें से जनरेट की गई सूचना का प्रयोग करता है।

यूटिलिटीज़ (Utilities): वो प्रोग्राम्स जो एक कम्प्यूटर सिस्टम के कार्य में कुछ अक्सर आवश्यक प्रोसेसेज को पूरा करते हैं, उदाहरण: सॉर्टिंग, मर्जिंग एवं एक डिवाइस से दूसरी में डाटा फाइल्स को ट्रांसफर करना।

वैलिडेशन (Validation): यह सुनिश्चित करने की प्रक्रिया कि एक विशेष ट्रांजैक्शन से आए हुए फॉर्म्स और डॉक्यूमेंट्स सही हैं।

वैल्यू (Value): एक नंबर या एक फॉर्मूला जो एक नंबर का आंकलन करता है। वैल्यूज एक नंबर से या इनमें से किसी सिंबल +, -, @ से शुरू होती हैं।

वैरिएबल (Variable): ऐक्सेल में, एक वर्कशीट सेल जिसमें आपके द्वारा एंटर की गई वैल्यूज़ का एक सैट होता है। सेल की वैल्यूज में किया गया कोई भी बदलाव, वर्कशीट फाइल में कहीं दूसरी जगह पर रिफ्लेक्ट होता है।

वीडियो डिस्प्ले यूनिट (Video Display Unit) (VDU): एक I/O डिवाइस जिसमें आउटपुट दिखाने के लिए एक टेलीविजन जैसी स्क्रीन होती है और इनपुट्स एंटर करने के लिए एक कीबोर्ड होता है।

वर्चुअल मेमोरी (Virtual Memory): डिस्कस्पेस का प्रयोग करने की तकनीक ताकि प्रोग्राम्स को यह विश्वास दिलाया जा सके कि जितनी रैंडम ऐक्सेस मेमोरी (RAM) वास्तव में उपलब्ध है उससे अधिक सिस्टम में है। इसे प्योर सेगमेंटेशन, प्योर पेजिंग या दोनों के कॉँबिनेशन से इंप्लीमेंट किया जा सकता है।

VLSI (वेरी लार्ज स्केल इंटीग्रेशन) (Very Large Scale Integration): एक इलेक्ट्रॉनिक सर्किट जिसमें करीब 10,000 ट्रांजिस्टर्स एक सिंगल सिलिकन चिप पर फैब्रिकेटेड होते हैं।

वॉएस रिकॉग्नीशन यूनिट (Voice Recognition Unit): एक इनपुट डिवाइस

जो वॉएस रिकॉग्नीशन सिस्टम के साथ इस्तेमाल होती है, जो बोले गए शब्दों को बाइनरी डाटा जो सिस्टम में इनपुट के लिए उपयुक्त हों, में परिवर्तित करती है।

वॉएस रिस्पाँस यूनिट (Voice Response Unit): एक इनपुट डिवाइस जो शब्दों या मैसेजेस जो एक मैग्नेटिक मीडियम पर रिकॉर्डेड होते हैं का प्रयोग करके ऑडियो रिस्पाँस प्रस्तुत करती है।

वॉएस बैंड डाटा (Voice Band Data): एक कम्यूनिकेशन सिस्टम जो 300 से 9600 बॉड्स (bounds) के डाटा की मॉडरेट वॉल्यूम को हैंडल करता है। फोनलाइन इसके उदाहरण हैं।

वोलाटाइल स्टोरेज (Volatile Storage): एक स्टोरेज मीडियम जो अपने कंटेंट्स को, पॉवर फेल्योर या पॉवर के स्विच ऑफ जैसी स्थिति में, खो देती है।

वेब कैमरा (Web Camera): एक सिंपल वेब कैमरे में एक डिज़िटल कैमरा होता है जो कम्प्यूटर से, पैरेलल पोर्ट पर USB के द्वारा जुड़ा होता है। डिज़िटल कैमरे में लाइट, फिल्म के बदले फोटोसेंसिटिव डायोड्स की एक ऐरे (array) को स्ट्राइक करती है। वेब कैम से जुड़े हुए सॉफ्टवेयर कैमरे से एक स्टिल (still) इमेज, रेगुलर इंटरवल्स पर लेते रहते हैं। सॉफ्टवेयर अब उस इमेज को एक नॉर्मल JPG फाइल में बदल देता है और उसे वेब सर्वर पर अपलोड कर देता है।

व्हाट-इफ़ ऐनालिसिस (What-if-analysis): वर्कशीट वैल्यूज़ को बदलने और वर्कशीट फाइल में उन बदलाव के प्रभाव को देखने की प्रक्रिया।

व्हाट-इफ़ ग्राफ़िंग (What-if-graphing): वर्कशीट वैल्यूज को बदलने और ग्राफ़ में उन बदलाव के रिफ्लेक्ट होने के प्रभाव को देखने की प्रक्रिया।

व्हाट-इफ़ सीनैरियो (What if Scenario): एक कैलकुलेशन जो फॉर्मूलाज़ में वैरिएबल्स का प्रयोग करते हैं ताकि विभिन्न हाइपोथेटिकल परिस्थितियों के परिणामों का निर्णय लिया जा सके।

वाईड एरिया नेटवर्क (WAN): एक डिज़िटल कम्यूनिकेशन सिस्टम जो विभिन्न साइट्स, कम्प्यूटर इन्स्टॉलेशन्स, और यूज़र टर्मिनल्स को इंटरकनेक्ट करता है और LANs को आपस में कम्यूनिकेट करने में भी सक्षम बना सकता है। इस तरह के नेटवर्क को देशव्यापी या विश्वव्यापी रूप से डेवलप किया जा सकता है और इसमें इस्तेमाल होने वाले ट्रांसमिशन मीडियम आमतौर पर पब्लिक सिस्टम्स जैसे टेलीफोन लाइन्स, माइक्रोवेव और सैटेलाइट लिंक्स होते हैं। इनका प्रयोग LANs को इंटरकनेक्ट करने में किया जाता है जो या तो देश के विपरीत भागों में होते हैं या विश्व में कहीं भी हो सकते हैं।

वर्ड प्रोसेसिंग (Word Processing): कम्प्यूटर्स का प्रयोग, ह्यूमन कम्यूनिकेशन के लिए टेक्स्ट मैटीरियल्स को तैयार करना, उन्हें देखना, उन्हें एडिट, फॉर्मेट, स्टोर, रिट्रीव तथा प्रिंट करना।

वर्डआर्ट (Wordart): एक ऐप्लेट जो पॉवरपॉइंट के साथ आता है ताकि टेक्स्ट एन्हांसमेंट इफेक्ट्स बनाए जा सकें।

वर्कबुक (Workbook): एक ऐक्सेल फाइल जिसमें एक या अधिक वर्कशीट्स होती हैं।

वर्कशीट (Worksheet): 256 कॉलम्स और 8192 रोज़ की एक ग्रिड है। आप वर्कशीट का प्रयोग स्प्रेडशीट डाटा और डाटाबेस टेबल एंट्रीज़ को एंटर और मैनीपुलेट करने के लिए करते हैं। यह एक ऐक्सेल वर्कबुक में आपके काम का एक पेज भी होता है।

वर्कस्टेशन (Workstation): एक लोकल एरिया नेटवर्क में स्थित एक ऐक्सेस पॉइंट जो नेटवर्क द्वारा प्रदान की जाने वाली सर्विसेज के लिए होता है। एक डेस्कटॉप कम्प्यूटर भी होता है जहाँ नेटवर्क इंटरफेस कार्ड, ऐडीशनल सॉफ्टवेयर के साथ, सर्वर में ऐक्सेस के लिए जोड़ा जाता है। इसमें आमतौर पर इसकी स्वयं की प्रोसेसिंग क्षमता होती है।

वर्ल्डवाइड वेब (World Wide Web): यह हाईपर टेक्स्ट डॉक्यूमेंट्स (वेब पेजेस) का एक इंटरलिंक्ड कलेक्शन होता है जिसे वेब, www और w3 भी कहा जाता है। यह वेब सर्वर पर रहता है और अन्य डॉक्यूमेंट्स, मेन्यूज़ और डाटाबेसेज (URLs) (यूनीफॉर्म रिसोर्स लोकेटर्स) द्वारा उपलब्ध हो जाते हैं। वेब डॉक्यूमेंट्स को HTML (हाईपरटेक्स्ट मार्कआप लैंग्वेज) के साथ लिंकिंग एवं फॉर्मेटिंग के लिए मार्क किया जाता है। और वेब सर्वर्स, वेब पेजेस डिलीवर करने के लिए HTTP (हाईपर टेक्स्ट ट्रांसफर प्रोटोकॉल) का प्रयोग करते हैं। यह एक नॉन प्रोपाइटरी (non-proprietary), प्लैटफॉर्म इंडीपेंडेंट, ओपन डॉक्यूमेंट आर्कीटेक्चर है जो ISO स्टैंडर्ड पर आधारित है। यह स्टैंड अलोन (stand alone) कम्प्यूटर्स, लैन्स (LANs), वैन्स (WANs) और ग्लोबल इंटरनेट एवं सभी मुख्य डेस्कटॉप कम्प्यूटिंग प्लेटफॉर्म्स (UNIX, MAC, PC, OS/2) आदि पर समान रूप से कार्य कर सकता है।

XY ग्राफ़: एक ग्राफ़ जो सेल की वैल्यूज को पॉइंट्स के रूप में दिखाए। XY ग्राफ़ दोनों X और Y ऐक्सिस के स्केल्स का प्रयोग करता है। इस प्रकार के ग्राफ़ के प्रत्येक पॉइंट पर एक X और एक Y की वैल्यू होती है। XY ग्राफ़्स का प्रयोग यह दिखाने के लिए किया जाता है कि दोनों प्रकार के डाटा किस तरह से आपस में जुड़े हैं। इन्हें स्कैटर चार्ट भी कहा जाता है।

SOLVED SAMPLE PAPER – 1

Basic Computer Course

Total Time : 90 Minutes *Total Marks: 100*

PART – ONE

(Answer all questions; each question carries one mark)

1. Multiple choice

1.1 The connection between the computers and peripherals is called a:
a. Port c. Bus
b. I/O device d. None of the above

1.2 Add, Subtract, Divide, Multiply and Logic operations are performed by:
a. Registers c. ALU
b. Control unit d. None of these

1.3 Which of the following can be used as a primary memory?
a. Cartridge tape c. Optical disk
b. Hard disk d. None of these

1.4 Which one of the following is not an output device?
a. Printer c. Keyboard
b. Monitor d. None of the above

1.5 Find the odd one out:
a. NORTON c. eScan
b. McAFee d. None of the above

1.6 An operating system is:
a. Integrated software c. Application software
b. CD-ROM software d. System software

1.7 1 MB is equal to:
a. The amount of RAM in every computer
b. 1 billion bytes
c. 1024 KB
d. 1 thousand bytes

1.8 The resolution of a printer is measured in:
a. Megabits c. Dots per inch (DPI)
b. Hz d. Inches (diagonal)

1.9 The utility used to increase the speed of programs is called:-
a. Disk Fragmenter c. Disk Formatter
b. Disk Cleanup d. None of the above

1.10 Which of the following charts is not likely to be included in an analysis of presentation graphics package?
a. Bar c. Temperature
b. Pie d. Line

1.11 The printers that produce the output by pressing a print element and an inked ribbon against the face of a continuous paper form is called:
a. Impact printer c. Non-impact printer
b. Scanning printers d. None of the above

1.12 Which one of the following is external DOS command?
a. Copy c. Del
b. Format d. Dir

1.13 Virtual Memory is:
a. Part of main memory only used for swapping.
b. A technique to allow a program, of size more than size of the main memory to run.
c. Part of secondary storage used in program execution.
d. None of the above

1.14 Baud rate is:
a. The difference between the lowest and the highest frequency transmitted
b. Transmission capacity
c. Transmission speed of channel
d. None of the above

1.15 Which one is an example of e-mail address?
a. http://vianet.com/index.htm
b. D:\\Email\Standard
c. joesmart@billme.com
d. Chaminade.org/teachers/mailaddresses

1.16 To insert Clip Art, pictures from file into a Word 2010 Document, which of the following method is used?
a. Picture command in illustrations group c. Add Picture command
b. Insert Object command d. Insert File command

1.17 Which of the following is not a tool for analyzing spreadsheet data?
a. What-if analysis c. Goal seeking
b. Mail merge d. Sorting

1.18 A computer port is used to:
a. Communicate with other computer peripherals
b. Download files from the web
c. Communicate with all hard drives
d. Connect computers together

1.19 Which file extensions indicate only graphics files?
a. BMP and DOC c. TXT and STK
b. JPEG and TXT d. BMP and GIF

1.20 The multiplication arithmetic operator is represented by which of the following symbols?
a. ^ c. /
b. * d. x

1.21 Which of the following is not an example of an Application Software?
a. MS Word c. Operating system
b. Screen saver program d. Antivirus program

1.22 Hard disk is coated in both side above:
a. Magnetic metallic oxide c. Carbon layer
b. Optical metallic oxide d. All of the above

1.23 Which statement is valid about computer program?
a. It is understood by a computer
b. It is understood by programmer
c. It is understood user
d. Both (b) and (c)

1.24 CD-ROM stands for:
a. Compactable read only memory
b. Compact Data Read only memory
c. Compactable disk Read only memory
d. Compact disk Read only memory

1.25 Software in computer:
a. Enhances the capabilities of the hardware machine
b. Increases the speed of central processing unit
c. Both (a) and (b)
d. None of the above

1.26 Which of the following devices can be used to directly image printed text?
a. OCR
b. OMR
c. MICR
d. All of the above

1.27 In the last generation computers, the instructions are executed:
a. Parallel only
b. Sequential only
c. Both sequentially and parallel
d. All of the above

1.28 Who designed the first electronics computer-ENIAC?
a. Van-Neumann
b. Joseph M.Jacquard
c. J.Presper Eckert and John W Mauchly
d. All of the above

1.29 What is meant by a dedicated computer?
a. Which is used by one person only
b. Which is assigned one and only one task
c. Which uses one kind of software
d. Which is meant for application software

1.30 A computer program that converts an entire program into machine language is called a/an
a. Interpreter
b. Simulator
c. Compiler
d. Commander

1.31 A computer program that translates one program instructions at a time into a machine language is called a/an
a. Interpreter
b. CPU
c. Compiler
d. None of the above

1.32 A computer consists of:
a. A central processing unit
b. A memory
c. Input and output unit
d. All of the above

1.33 An application program that helps the user to change any number and immediately should result of that change is
a. Desktop publishing program
b. Database
c. Spreadsheet
d. All of the above

1.34 The instructions for starting the computer are stored in:
a. Random access memory
b. CD-ROM
c. Read only memory chip
d. All of the above

1.35 Pressing F8 key twice, selects:
a. A word
b. A sentence
c. A paragraph
d. Entire document

1.36 How can you disable extended selection mode?
a. Press F8 again to disable
b. Press Del to disable
c. Press Esc to disable
d. Press Enter to disable

1.37 What is the shortcut key you can press to create a copyright symbol?
a. Alt + Ctrl + C
b. Alt + C
c. Ctrl + C
d. Ctrl + Shift + C

1.38 What is the smallest and largest font size available in Font group on the Home tab in Word 2010?
a. 8 and 72
b. 8 and 64
c. 12 and 72
d. None of the above

1.39 Which of the following is graphics solutions for word processors?
a. Clip Art
b. WordArt
c. Drop Cap
d. All of the above

1.40 The keystroke Ctrl + I is used to:
a. Increase font size
b. Insert a line break
c. Indicate the text should be bold
d. Applies italic format to selected text

1.41 When a range is selected, how can you activate the previous cell?
a. Press the Alt key
b. Press Tab
c. Press Enter
d. None of the above

1.42 Which file format can be added to a PowerPoint 2010 show?
a. .jpg
b. .mid
c. .wav
d. All of the above

1.43 In MS PowerPoint 2010 two kind of sound effects files that can be added to the presentation are:
a. .wav and .mid files
b. .wav and .gif files
c. .wav and .jpg files
d. .jgp and .gif files

1.44 Each excel file is called a workbook because:
a. It can contain text and data.
b. It can be modified.
c. It can contain many sheets including worksheets and chart sheets.
d. None of the above

1.45 Excel probably considers the cell entry January 1, 2010 to be a:
a. Label
b. Value
c. Formula
d. Text string

1.46 Which of the following is not a valid data type in excel 2010?
a. Number
b. Character
c. Label
d. Date/time

1.47 You can show the shortcut menu during the slide show by:
a. Clicking the shortcut button on the Ribbon.
b. Right clicking the current slide.
c. Clicking an icon on the current slide.
d. None of the above

1.48 Which of the following allows you to select more than one slide in a presentation?
a. Alt + click each slide
b. Shift + drag each slide
c. Shift + click each slide
d. Ctrl + click each slide

1.49 Which command is used to start a slide show?
a. Slide show tab
b. Insert tab
c. Animations tab
d. None of the above

1.50 The PowerPoint view that displays only text (title and bullet) is:
a. Slide show
b. Slide sorter view
c. Notes page view
d. Outline view

PART – TWO

2. Select TRUE or FALSE in statements

2.1 A kilobyte is approximately 1,000 bytes.
2.2 The binary language consists of two digits 0 and 1.
2.3 When you connect to the internet your computer is communicating with a server at your Internet Service Provider (ISP).
2.4 The most common type of memory that the computer uses to process data is ROM.
2.5 A Web browser is a special device that is installed in your computer that allows it to communicate with other devices on the network.
2.6 Being computer fluent means that you should be able to build a computer yourself.
2.7 The CPU and memory are located on a special circuit board in the system unit called the motherboard.
2.8 Hard disk drives and CD drives are examples of storage devices.
2.9 The devices you use to enter data into a computer system are known as input devices.
2.10 Main memory is a software component.
2.11 A computer's CD-ROM drive can read data disks, but it cannot play audio CDs.
2.12 The first successful GUI appeared on the Macintosh computer in 1984.
2.13 Motherboard is the main circuit board in the computer where memory, CPU and other components are plugged in.
2.14 Cache memory makes memory transfer rates higher and thus raises the speed of the processor.
2.15 The laser printer uses a technology called thermal process.
2.16 You can protect scenario so other users cannot change or modify it.
2.17 Without a mouse one cannot work with MS Windows.
2.18 Folders organize files on a disk.
2.19 In Linux, error messages are placed in a standard byte stream called the standard error.
2.20 In DOS system FATs are stored before boot sector.
2.21 #REF! Error in MS Excel occurs when the formula refers to an invalid cell.
2.22 MICR stands for Magnetic Ink Course Reader.
2.23 If the text entered in a cell does not fit, Excel will display ##### to indicate that the text is too long.
2.24 A mouse is a pointing device.
2.25 A printer is an example of an input device.
2.26 Microsoft Office Word 2010 is an application program.
2.27 When you download files you send files from your computer to the Internet.
2.28 A bit is bigger than a byte.
2.29 You can add dates to worksheets, but spreadsheets cannot use dates in calculations.
2.30 In a spreadsheet, ordinary text is called a "label".
2.31 Presentation programs creates notes for each slide, which are visible only to the presenter.
2.32 A storage device is a hardware component that writes data to and reads data from a storage medium.
2.33 In a binary representation, we use digits 1 and 2.
2.34 ROM, which stands for Read-Only Memory and is also known as firmware, cannot be written on or erased by the computer user.
2.35 High-end laser printers offer resolutions as high as 300 dpi.
2.36 One of the operating system's functions is to manage the way information is stored on and retrieved from disks.
2.37 The default file extension for all Word document is .docx.
2.38 In order to create columnar data in Word you need to Set tabs or use the Table menu.
2.39 The primary function of I/O peripheral is to facilitate computer-to-computer data transmission.
2.40 Dot-matrix printer technology is available in serial and line printers.
2.41 The buttons for the most common tasks you perform in PowerPoint, such as saving, printing, or closing in a presentation.
2.42 A word processor package may have the facility for checking the spelling of word in a document.
2.43 Word does not present a new blank document when you start the program but you need to click the New button at the File drop-down list or press Ctrl + N keyst together.
2.44 A formula is always to be proceeded by specific operator like + or -.
2.45 Function keys are programmable keys.
2.46 The operating system provides the interface that a software application program need to communicate with the PC.
2.47 Windows 7 was realeased in 2009.
2.48 Bold, italic and bold italics are available for all fonts.
2.49 The octal number system has a base of 8 using number from 1 to 8.
2.50 The first generation computers used Valve technology.

Answers

1.	1.1	a	1.2	c	1.3	d	1.4	c	1.5	d
	1.6	d	1.7	c	1.8	c	1.9	a	1.10	d
	1.11	a	1.12	b	1.13	a	1.14	c	1.15	c
	1.16	a	1.17	b	1.18	a	1.19	d	1.20	b
	1.21	c	1.22	a	1.23	d	1.24	d	1.25	a
	1.26	a	1.27	c	1.28	c	1.29	b	1.30	c
	1.31	a	1.32	d	1.33	c	1.34	c	1.35	a
	1.36	a	1.37	a	1.38	a	1.39	a	1.40	d
	1.41	d	1.42	d	1.43	a	1.44	c	1.45	b
	1.46	b	1.47	b	1.48	c	1.49	a	1.50	d
2.	2.1	T	2.2	T	2.3	T	2.4	F	2.5	F
	2.6	F	2.7	T	2.8	T	2.9	T	2.10	F
	2.11	F	2.12	T	2.13	T	2.14	T	2.15	F
	2.16	T	2.17	F	2.18	T	2.19	T	2.20	F
	2.21	T	2.22	F	2.23	T	2.24	T	2.25	F
	2.26	T	2.27	F	2.28	F	2.29	F	2.30	T
	2.31	F	2.32	T	2.33	F	2.34	T	2.35	F
	2.36	T	2.37	T	2.38	T	2.39	F	2.40	T
	2.41	T	2.42	T	2.43	T	2.44	F	2.45	F
	2.46	T	2.47	T	2.48	F	2.49	F	2.50	T

SOLVED SAMPLE PAPER – 2

Basic Computer Course

Total Time : 90 Minutes *Total Marks: 100*

PART – ONE

(Answer all questions; each question carries one mark)

1. Multiple choice

1.1 What do you call a computer on a network that request files from another computer?
a. A client c. A router
b. A host d. A Web server

1.2 ALU is:
a. Arithmetic Logic Unit c. Application Logic Unit
b. Array Logic Unit d. None of the above

1.3 Which of the following option in File pull down menu is used to close a MS Word 2010 document?
a. Quit c. Exit
b. Close d. New

1.4 WAN stands for:
a. Wap Area Network c. Wide Array Net
b. Wide Area Network d. Wireless Area Network

1.5 Which of the following is not computer language?
a. High-level language c. Low level language
b. Medium level language d. All of the above

1.6 Which language is directly understood by the computer without translation program?
a. Machine language c. High-level language
b. Assembly language d. None of above

1.7 A printer's image quality is usually measured in:
a. Characters per second c. Dots per inch
b. Pages per minute d. Pixels

1.8 What do folders let you do?
a. Organize the files on a disk
b. Ensures that the computer starts properly
c. Names your files
d. Creates a file allocation table

1.9 Some keyboards have a small joystick built into them, between the g and h keys. This type of device is called (an):
a. TrackStick c. Tracking device
b. Alternative pointing d. Integrated pointing device

1.10 In MS Word you can force a page break:
a. By positioning your cursor at an appropriate place and pressing the F1 key.
b. By using the Insert/Section Break.
c. By positioning your cursor at a appropriate place and pressing Ctrl+Enter.
d. By changing the font size of your document.

1.11 Embedded software is used in:
a. Online Railway Information System c. E-learning software
b. Mobile Phones d. Multimedia Movies

1.12 In a spreadsheet, a statement that performs a calculation is called (an):
a. Formula c. Argument
b. Reference d. Parameter

1.13 Which of the following can be embedded into a slide?
a. A Web page c. A video clip
b. An audio clip d. All of the above

1.14 Which is a bootable disk?
a. The hard disk of a Computer System
b. A disk which is used to load DOS into the RAM
c. A mini floppy disk
d. A CD-ROM

1.15 The number system that is the basis for computer operation as:
a. Hexadecimal System c. ASCII
b. Octal System d. Binary System

1.16 CPU reads the information from secondary memory:
a. First information is transferred to main memory and from there, the CPU reads
b. Directly
c. Through registers
d. None of the above

1.17 Which of the following is a Diagnostic Software?
a. Windows-XP c. Norton Antivirus
b. Office-XP d. UNIX

1.18 Find the odd one out
a. Control Unit c. Registers
b. Arithmetic Logic Unit d. Printer

1.19 Which of the following is not an Impact Printer?
a. Daisy-Wheel c. Chain Printer
b. Dot-Matrix Printer d. Laser

1.20 ROM means:
a. Read once memory c. Read on Memory
b. Read only memory d. Read other memory

1.21 The output quality of a printer is measured by:
a. Dot per inch
b. Dot per sq. inch
c. Dots printed per unit time
d. All of above

1.22 CAD stands for:
a. Computer aided design
b. Computer algorithm design
c. Computer application in design
d. All of the above

1.23 To produce high quality graphics (hard copy) in colour, you would want to use a/(an):
a. RGB monitor
b. Plotter
c. Inkjet printer
d. Laser printer

1.24 Which of the following produces the best quality graphics reproduction?
a. Laser printer
b. Ink jet printer
c. Plotter
d. Dot matrix printer

1.25 Which of the following Memories allows simultaneous read and write operations?
a. ROM
b. RAM
c. EPROM
d. None of the above

1.26 An input/output device at which data enters or leaves a computer system is:
a. Keyboard
b. Terminal
c. Printer
d. Plotter

1.27 Each model of a computer has a unique
a. Assembly of a computer
b. Machine language
c. High level language
d. All of the above

1.28 Which term is used to describe RAM?
a. Dynamic RAM (DRAM)
b. Static RAM (SRAM)
c. Video RAM (VRAM)
d. All of the above

1.29 What is the meaning of 'Hibernate' in Windows XP/7?
a. Restart the computer in safe mode.
b. Shutdown the computer terminating all the running applications.
c. Restart the computer in normal mode
d. Shutdown the computer without closing the running applications.

1.30 Which shortcut key inserts a new slide in current presentation?
a. Ctrl+N
b. Ctrl+M
c. Ctrl+S
d. All of above

1.31 What happens if you select, first and second slide and then click on New Slide button on Home tab?
a. A new slide is inserted as first slide in the presentation.
b. A new slide is inserted as a second slide in the presentation.
c. A new slide is inserted as a third slide in the presentation
d. None of above

1.32 Which of the following method can insert a new slide in current presentation?
a. Right click on the Slide panel and choose New Slide
b. From Insert tab choose New Slide
c. Click on New Slide button on slides group
d. All of above

1.33 Which of the following is not a part of Slide Design?
a. Design Template
b. Color Scheme
c. Animation Scheme
d. Slide Layout

1.34 What is the best way to create another copy of a slide?
a. Click the slide then press Ctrl+A and paste in new slide.
b. From Home tab of New Slide drop-down list choose Duplicate Slide.
c. Redo everything on a new slide that you had done on previous slide.
d. None of above.

1.35 Which of the following methods can not be used to enter data in a cell?
a. Pressing an arrow key
b. Pressing the tab key
c. Pressing the Esc key
d. Clicking the enter button to the formula bar

1.36 To copy formatting from one area in a worksheet and apply it to another area you would use:
a. The Home tab > Copy Format and Home tab > Paste Format commands form the Insert tab.
b. The Copy and Apply Formatting dialog box, located under the Insert tab > Copy and Apply menu.
c. There is no way to copy and apply formatting in Excel you have to do it manually.
d. Number & values formatting in the Paste drop-down list on the Clipboard group.

1.37 In a worksheet, you can select:
a. The entire worksheet
b. Rows
c. Columns
d. All of the above

1.38 Which area in an excel window allows entering values and formulas:
a. Home tab
b. Insert tab
c. Formula bar
d. Data tab

1.39 Which of the following is the oldest Spreadsheet Package?
a. VisiCalc
b. Lotus 1-2-3
c. Excel
d. StarCalc

1.40 To insert page number in a document. Which of the following lets you insert page number?
a. Page number from Insert tab of Header & Footer group
b. Page Layout from Page Setup group
c. References tab of Footnote group
d. Both (a) & (c)

1.41 Where can you find the Draw Table tool button on?
a. Pag Layout tab of Paragraph group
b. File drop-down list
c. Home tab of Editing group
d. Tables groups of Insert tab

1.42 Which of the following options in File pull down menu is used to close a MS Word 2010 document?
a. Quit
b. Close
c. Exit
d. New

1.43 Superscript, subscript, engrave, emboss and outline are known as:
a. Font styles
b. Font effects
c. Word art
d. Text effects

1.44 Shimmer, Sparkle text, Blinking background etc are known as:
a. Font styles
b. Font effects
c. Word art
d. Text effects

1.45 The feature of Word that automatically adjust the amount of space between certain combination of characters so that an entire word looks more evenly spaced is:
a. Spacing
b. Scaling
c. Kerning
d. Positioning

1.46 How do you select an entire column?
a. Select header & Footer contextual from Layout tab column from the Format group
b. Click the column heading letter
c. Hold down the Shift key as you click anywhere in the column

d. Hold down the Ctrl key as you click anywhere in the column

1.47 To create a formula you must first:
a. Select the cell you want to place the formula into.
b. Type the equal sign (=) to tell Excel that you are about to enter a formula.
c. Enter the formula using any input values and the appropriate mathematical operator that make up your formula.
d. Choose the new command from the file menu.

1.48 How do you delete a column?
a. Select the column heading you want to delete and select the Delete Row button on the standard toolbar.
b. Select the column heading you want to delete and select Insert Delete from the menu.
c. Select the row heading you want to delete and select Edit>Delete from the menu.
d. Right click the column heading you want to delete and select delete from the shortcut menu.

1.49 How do you insert a row?
a. Right-click the table where you want to insert the new row and select Insert from the shortcut menu.
b. Select the row heading where you want to insert the new row and select Layout contextual tab of Rows and Columns group.
c. Select the row heading where you want to insert the new row and then select Insert entire row option from the Insert Cells dialog box from Rows & Columns launcher.
d. All of the above

1.50 Which of the following is not a way to complete a cell entry?
a. Pressing Enter
b. Pressing any arrow key on the keyboard
c. Clicking the Enter button on the Formula bar
d. Pressing Spacebar

PART – TWO

2. Select TRUE or FALSE in Statements

2.1 To be computer literate, you must be able to write computer programs.

2.2 The primary function of I/O peripherals is to facilitate computer-to-computer data transmission.

2.3 Dot-matrix printer technology is available in serial and line printers.

2.4 The File tab has buttons for the most common tasks you perform in PowerPoint, such as saving, printing, or exiting a presentation.

2.5 ROM, which stands for read only memory and is also known as firmware, cannot be written on or erased by the computer user.

2.6 High-end laser printers offer resolutions as high as 300 dpi.

2.7 One of the operating system's function is to manage the way information is stored on and retrieved from disks.

2.8 The default file extension for all Word documents is .docx.

2.9 In order to create columnar data in Word you need to Set tabs or use the Table menu.

2.10 A1 is an example of an absolute cell reference.

2.11 A presentation usually includes a single slide.

2.12 If the text entered in a cell does not fit, Excel will display ##### to indicate that the text is too long.

2.13 The Field size determines the amount of data that can be stored in field.

2.14 Decimal places are valid only for numeric and currency data in MS Access.

2.15 The background of any Word document is always white in color.

2.16 In PowerPoint, when you use Save as Web Page, the presentation is turned into an animated gif image.

2.17 To add a chart to a slide, click Chart button to get a blank datasheet.

2.18 Absolute cell referencing always refers to the same cell in spreadsheet.

2.19 Inkjet printer is an impact printer.

2.20 Computer aided design packages are restricted to engineering workstation systems.

2.21 Header is not displayed by Word in the outline view.

2.22 A cell entry can be edited either in the cell or in the formula bar.

2.23 Text can be inserted anywhere on the slide.

2.24 Character size is measured in points.

2.25 Different cells in a column can have different widths.

2.26 You cannot open two different workbooks in Excel simultaneously.

2.27 You can add dates to worksheets, but spreadsheets cannot use dates in calculations.

2.28 Linux is a proprietary software.

2.29 The kernel is a program that constitutes the central core of a computer operating system.

2.30 The Print command is used to print a text file on printer in the background mode.

2.31 Data stored on magnetic disk can be accessed directly.

2.32 Ctrl+B is used to make the text bold in MS Word.

2.33 The key strokes Ctrl+; are used to enter current time in Excel.

2.34 Re-writable compact disks are now available.

2.35 Laser printers and plotters are graphics device.

2.36 Right justification makes the ends of lines uneven.

2.37 In MS Excel, all formula use relative cell references.

2.38 Grep command in Linux is used to search for lines, that contain a specified pattern in a specified file.

2.39 Railway Ticket Reservation System is not an examples of on-line processing system.

2.40 Computer software is normally classified as system software and application software.

2.41 Linux is a multi-user , time-sharing system.
2.42 Speech synthesizer converts text information into spoken sentences.
2.43 A video camera is the most commonly used input device for capturing video data.
2.44 Print Preview does not allow editing of the document.
2.45 A red wavy line points to all those words in your document that possibly have an incorrect spelling.
2.46 In its default setting, workbook is made up to 3 sheets and the number can be extended up to 255 sheets.
2.47 Word keeps track of the last seven used files.
2.48 Draft view is used for typing, editing, and formatting.
2.49 Non-printing characters like spacebar, enter key, tab key, etc., are not printed on paper when you print a document.
2.50 Web Layout view wraps text to fit the window

Answers

1.	1.1	d	1.2	a	1.3	b	1.4	b	1.5	b
	1.6	a	1.7	c	1.8	a	1.9	d	1.10	c
	1.11	b	1.12	a	1.13	d	1.14	b	1.15	d
	1.16	a	1.17	c	1.18	d	1.19	d	1.20	b
	1.21	b	1.22	a	1.23	b	1.24	c	1.25	b
	1.26	b	1.27	b	1.28	d	1.29	d	1.30	b
	1.31	c	1.32	d	1.33	d	1.34	b	1.35	c
	1.36	d	1.37	b	1.38	c	1.39	a	1.40	a
	1.41	d	1.42	b	1.43	b	1.44	d	1.45	c
	1.46	b	1.47	a	1.48	d	1.49	a	1.50	d

2.	2.1	F	2.2	F	2.3	F	2.4	T	2.5	T
	2.6	T	2.7	T	2.8	T	2.9	T	2.10	F
	2.11	F	2.12	F	2.13	T	2.14	T	2.15	F
	2.16	F	2.17	T	2.18	T	2.19	F	2.20	F
	2.21	T	2.22	T	2.23	T	2.24	T	2.25	F
	2.26	F	2.27	F	2.28	F	2.29	T	2.30	F
	2.31	T	2.32	T	2.33	F	2.34	T	2.35	T
	2.36	F	2.37	F	2.38	T	2.39	F	2.40	T
	2.41	T	2.42	F	2.43	T	2.44	F	2.45	T
	2.46	F	2.47	T	2.48	F	2.49	T	2.50	T

SOLVED SAMPLE PAPER – 3

Basic Computer Course

Total Time : 90 Minutes *Total Marks: 100*

PART – ONE

(Answer all questions; each question carries one mark)

1. Multiple choice

1.1 A CPU is also known as the:
a. Microprocessor c. Primary storage
b. Random Access Memory d. Micro unit

1.2 Clock speed is measured in
a. bit per second c. bytes
b. baud d. Hertz

1.3 Digital means that computer information is discrete and countable/subdivided into:
a. digits c. analog units
b. input d. bytes

1.4 A bit can have two values
a. bit and byte c. 0 and 1
b. 2 and 4 d. 1 and 2

1.5 Binary means
a. There are two possibilities, on and off c. There are three options: 0/ 1/ and 2
b. the same as a byte: 8 bits d. that computers really need to have three or more options

1.6 Magnetic Tape used ______ access method?
a. Random c. Sequential
b. Direct d. None of the above

1.7 The ALU works on the instructions and data held in the ______
a. Notebook c. Copy pad
b. Registers d. I/O devices

1.8 The ability to combine name and addresses with a standard document is called ________.
a. document formatting c. mail merge
b. database management d. form letters

1.9 Which of the following component displays the contents of active cell?
a. Name box c. Inset tab
b. Formula bar d. Design tab

1.10 What do you call a collection of character and paragraph formatting commands?
a. The defaults c. A style
b. A template d. None of the above

1.11 Which PowerPoint 2010 feature adds special effects to modify the appearance of the slides and the timing between each slide?
a. Color Schemes c. Transition Settings
b. Animation d. Handouts

1.12 An affordable technology that uses existing telephone lines to provide high-speed connection is called
a. ISDN c. Cable modem
b. Microwave d. DSL

1.13 This address changes temporarily as the applications connect to the Internet?
a. Static IP address c. Dynamic IP address
b. Unique IP address d. None of the above

1.14 Which menu do you select to change back the number 234 entered in a cell which had changed to 8/22/13 when you clicked into another cell?
a. Insert c. Tools
b. Format d. None of the above

1.15 Left justify is the same as ________.
a. Align Left c. Align right
b. Align centre d. None of the above

1.16 If a new device such as printer or scanner is attached to a computer its _______ must be installed before the device can be used.
a. Driver c. Manager
b. Platform d. Kernel

1.17 Which type of software is created and updated by a worldwide community of programmers and available for free?
a. Software packages c. Outsourced
b. Proprietary software d. Open Source

1.18 _________ allows LAN users to share computer programs and data.
a. Communication server c. File server
b. Print server d. Application servers

1.19 The term "rich media" is synonymous for
a. Media c. Books
b. Interactive media d. Literature

1.20 The cell labelled F5 refers to _______.
a. row F column 5 c. functions available in cells
b. column F row 5 d. function key F4

1.21 The functions of Windows Explorer is to __________.
a. Organize files and folders
b. Change the settings
c. Add new programs
d. All of these

1.22 Which of the following option is included in E-learning?
a. Computer-based training c. Both (a) and (b)
b. Web-based training d. None of these

1.23 The settings to wrap text in a cell & to merge cells are found in the Format cells dialog on the _______ tab.
a. Number c. Font
b. Alignment d. Border

1.24 A technique that takes hard copy of an image/document and converts it into a digital format is known as _______.
a. Document imaging c. Document typing
b. Document printing d. None of the above

1.25 To select multiple non adjecent cells in a worksheet you will click them holding
a. Ctrl key c. Shift key
b. Alt key d. Ctrl + Shift key

1.26 After choosing a predefined template/_______ option is chosen to change a background color.
a. Design template c. Color scheme
b. Animation scheme d. Color Effects

1.27 What would you use for immediate, real-time communication with a friend?
a. e-mail c. Usenet
b. IRC d. Mailing List

1.28 When a user subscribes to a newsgroup?
a. All new posts are e-mailed to the user automatically.
b. The user must agree with everything said in that newsgroup.
c. The user is billed annually for the subscription.
d. The user is arranged with spam.

1.29 Which key is used to increase left indent?
a. Ctrl+I c. Alt+I
b. Ctrl+M d. F10

1.30 E-mail is _______.
a. Mail concerning electronic devices
b. Transaction of letters, messages, and memos over a communication network
c. Transaction of messages within a computer
d. None of the above

1.31 Which one is not the language of Internet?
a. Perl c. HTML
b. XML d. COBOL

1.32 Which of the following is/are true about rulers and guides?
a. Rulers and guides can be turned on or off
b. Rulers and guides help place objects on the slide
c. Both (a) and (b)
d. None of these

1.33 Slide Sorter of PowerPoint 2010 is available on _______ tab.
a. View c. Design
b. Reiew d. Home

1.34 What is e-commerce?
a. Buying and selling of international goods
b. Buying and selling of products and services over the Internet
c. Buying and selling of products having to do with the computers
d. Buying and selling of electronic goods

1.35 To undo the last work, press
a. Ctrl+U c. Ctrl+Z
b. Ctrl+Y d. Ctrl+W

1.36 The software that allows user to surf the Internet is called a/an _________.
a. Search engine c. Internet surfing provider
b. Internet Service Provider d. Browser

1.37 Choose the odd one out.
a. Web page c. Index page
b. Home page d. Cover page

1.38 The ALU works on the instructions and data held in the _________.
a. Notebook c. Copy pad
b. Registers d. I/O devices

1.39 Which of the following technique is best suited for bank cheques?
a. OCR c. BAR
b. OMR d. MICR

1.40 To put text on the right of the page use the _________.
a. Align left button c. Justify button
b. Align center button d. Align right button

1.41 What value will display if the formula ="$55.00"+5 is entered into a cell?
a. $60 c. 60
b. "$55.00"+5 d. $60.00

1.42 What is a slide transition?
a. Overheads
b. Letters
c. A special effect used to introduce a slide in a slide show
d. The way one slide tools

1.43 Ctrl+E command is used in MS-Word
a. Open the search car c. Start the Find Utility
b. Open the History bar d. None of these

1.44 To move the insertion point to the beginning of the previous paragraph command used is
a. Ctrl+Right arrow c. Ctrl+Left arrow
b. Ctrl+Down arrow d. Ctrl+Up arrow

1.45 To install program from network which option of network places you will choose
a. My network c. Internet
b. Entire network d. None of these

1.46 In Excel, a Data Series is defined as what?
a. A type of chart
b. A cell reference
c. A collection of related data
d. A division of results

1.47 Which is/are the main provisions of Information Technology (IT) Act, 2000?
a. Finalisation of contracts through electronic media.
b. Legal recognition to digital signatures and documents.
c. Making hacking with computer system an office
d. All of the above

1.48 The latest DVD technology uses
a. Magneto-Optical c. Protein molecules
b. Optical d. None of the above

1.49 When was Internet started in India
a. 15 August 1995 c. 8 August 1995
b. 9 August 1995 d. 7 August 1995

1.50 By default word format your text as
a. 14 point times new roman
b. 12 point times new roman
c. 11 point times new roman
d. None of above

PART – TWO

2. Select TRUE or FALSE in Statements

2.1 Dial-up is NOT a type of Broadband Internet connection.

2.2 An icon in the desktop that represents a temporary holding place for files that are deleted is called as Recycle bin.

2.3 A series of specially designed documents, all linked together to be viewed on the Internet is World Wide Web.

2.4 IPv4 has 128 bits and IPv6 has 32 bits.

2.5 Computers calculates numbers in binary number system.

2.6 The memories which do not loose their content on failure of power supply are known as non-volatile memories.

2.7 CD-ROM players are more rugged and have error correction.

2.8 Default number format is currency.

2.9 Computer memory or primary memory is also known as ROM.

2.10 The tabs appearing below at the bottom on the worksheet carry the default labelling of Sheet1, Sheet2, Sheet3 etc. These tabs cannot be renamed.

2.11 A binary digit is also called bit.

2.12 The software used to control the computer and run programs is called system software.

2.13 A component of an OS can be accessed through Start menu.

2.14 A Linux is Similar to Unix OS.

2.15 Downloading is process of copying a file from local computer to a remote computer.

2.16 AutoCorrect is a feature provided by Microsoft in Word package but not in PowerPoint package.

2.17 Text can be selected in a document by using the mouse/keyboard.

2.18 The date can be updated automatically when inserted into the toolbar.

2.19 The RFCs core topics are Internet and the TCP/IP protocol suites.

2.20 The Autosum button on the Standard toolbar automatically creates a formula to total rows and columns or rows.

2.21 VDU can be used both as an input and output devices.

2.22 To send e-mail to a large group at one time, a mail server can be use.

2.23 The E-commerce domain that involves business activity initiated by the consumer and targeted to businesses is known as Business to consumer.

2.24 In Excel, the delete and clear commands perform the same function.

2.25 Web browser refers to a software application that allows you to interact with the information on the WWW.

2.26 Multiple non adjacent ranges can be selected in Excel.

2.27 Excel ignores manual page breaks when you use the Fit to option of the Page Setup.

2.28 If required, a hidden slide can also be shown during a slide show.

2.29 Ctrl+W is the shortcut key to close an active tab of a browser.

2.30 One can rename a PowerPoint file when the file is open.

2.31 The FTP protocol is used to transfer, access and manage files.

2.32 FTP servers store files that you can transfer to or from your computer if you have an FTP client.

2.33 The act of exploring Web is known as surfing.

2.34 You can have different header and footer on each sheet of a workbook.

2.35 Telephone network is multi-cast network.

2.36 Dial-up connection is always better than leased line.

2.37 When you insert an Excel file into a Word document, the data are placed as an embedded object.

2.38 In a spreadsheet, ordinary text is called a "label".

2.39 Internet Explorer stores the web pages you visit in the Internet list folder on the hard disk.

2.40 Lables are right-justified by default.

2.41 The ROUND function shows only the non-decimal portion of a number.

2.42 The formula =B5^2 represents the fifth power of number 2.

2.43 Excel has a spell checker which can be used to check the worksheet for spelling errors.

2.44 You can add an image to a template by clicking the Insert Picture from File button on the Formatting toolbar.

2.45 You can download content from the net directly into excel.

2.46 Notes pane appears in the Normal view in PowerPoint.

2.47 The speed of the system clock has no effect on devices such as printer or disk drive.

2.48 MS PowerPoint allows to insert a sound clip intc a PowerPoint presentation but not music.

2.49 Animation is creating the appearance of movement with drawn objects.

2.50 Through the Internet, information is sent in the form of files, audio and graphics.

Answers

1.	1.1	a	1.2	b	1.3	a	1.4	c	1.5	a
	1.6	c	1.7	b	1.8	c	1.9	b	1.10	c
	1.11	c	1.12	d	1.13	c	1.14	b	1.15	a
	1.16	a	1.17	d	1.18	b	1.19	b	1.20	b
	1.21	a	1.22	c	1.23	b	1.24	a	1.25	a
	1.26	a	1.27	b	1.28	a	1.29	b	1.30	b
	1.31	d	1.32	c	1.33	b	1.34	b	1.35	c
	1.36	d	1.37	d	1.38	c	1.39	d	1.40	d
	1.41	c	1.42	c	1.43	d	1.44	d	1.45	b
	1.46	c	1.47	d	1.48	c	1.49	a	1.50	b
2.	2.1	F	2.2	T	2.3	T	2.4	F	2.5	T
	2.6	T	2.7	T	2.8	F	2.9	F	2.10	F
	2.11	T	2.12	T	2.13	T	2.14	T	2.15	F
	2.16	F	2.17	T	2.18	T	2.19	T	2.20	T
	2.21	T	2.22	T	2.23	F	2.24	T	2.25	T
	2.26	T	2.27	T	2.28	T	2.29	T	2.30	F
	2.31	T	2.32	T	2.33	T	2.34	T	2.35	F
	2.36	F	2.37	T	2.38	F	2.39	F	2.40	F
	2.41	F	2.42	F	2.43	T	2.44	F	2.45	T
	2.46	T	2.47	T	2.48	F	2.49	T	2.50	T

UNSOLVED SAMPLE PAPER – 1

Basic Computer Course

Total Time : 90 Minutes *Total Marks: 100*

PART – ONE

(Answer all questions; each question carries one mark)

1. **Multiple choice**

1.1 Which of the following are the two main components of the CPU?
a. Control Unit and Registers
b. Registers and Main Memory
c. Control unit and ALU
d. ALU

1.2 A disadvantage of the laser printer is:
a. It is quieter than an impact printer
b. It is very slow
c. The output is of a lower quality
d. None of the above

1.3 The language that the computer can understand and execute is called:
a. Machine language c. System program
b. Application software d. All of the above

1.4 Which of the following is the latest version of MS Word?
a. Word 2000 c. Word 2010
b. Word 2007 d. Word 2011

1.5 Material consisting of text and numbers is best presented as
a. A table slide c. A title slide
b. A bullet slide d. All of the above

1.6 Which of the following should you use if you want all the slides in the presentation to have the same "look"?
a. The slide layout option c. Outline view
b. Add a slide option d. A presentation design template

1.7 In the context of animations, what is a trigger?
a. An action button that advances to the next slide
b. An item on the slide that performs an action when clicked
c. The name of a motion path
d. All of above

1.8 If you have a PowerPoint show you created and want to send that using e-mail to another teacher. You can add the show to your e-mail message as a (an):
a. Inclusion c. Reply
b. Attachment d. Forward

1.9 In order to edit a chart, you can:
a. Triple click the chart object c. Double click the chart object
b. Click and drag the chart object d. Click the chart object

1.10 To exit the PowerPoint:
a. Click the application minimize button
b. Click the document close button
c. Double click the applications control menu icon
d. Double click the document control menu icon

1.11 To preview a motion path effect using the custom animation task pane, you should:
a. Click the play button c. Double click the motion path
b. Click the show effect button d. All of above

1.12 To select one hyperlink after another during a slide presentation, what do you press?
a. Tab c. Ctrl + H
b. Ctrl + K d. All of above

1.13 Special effects used to introduce slides in a presentation are called
a. Custom animations c. Present animations
b. Transitions d. Effects

1.14 You can edit an embedded organization chart object by:
a. Clicking edit object
b. Double clicking the organization chart object
c. Right clicking the chart object, then clicking edit MS-Organization Chart object
d. Both (b) and (c) both

1.15 What is the term used when you press and hold the left mouse key and move the mouse around the slide?
a. Highlighting c. Selecting
b. Dragging d. Moving

1.16 Which of the following tabs provide different options in various master views?
a. Design tab c. Review tab
b. View tab d. Slide show tab

1.17 How can you create a uniform appearance by adding a background image to all slides?
a. Create a template c. Use the autocorrect wizard
b. Edit the slide master d. All of the above

1.18 How do you create speaker note pages that show the slides, related notes, and your company logo on each page?
a. Edit the notes master and add your company logy.
b. Edit the slide master and insert your company logo and notes pane.
c. Edit the handout master to include your company logo and one slide per page with additional note space.

d. All of the above

1.19 Tab scroll buttons are placed on Excel screen:
a. Towards the bottom right corner c. Towards the top right corner
b. Towards the bottom left corner d. Towards the top left corner

1.20 Which tool will you use to join some cells and place the content at the middle of joined cell?
a. From Format Cells dialog box click on Merge Cells check box.
b. From Format Cells dialog box select the Centered alignment.
c. From Format Cells dialog box choose Merge and Center check box.
d. Click on Merge and Center tool on formatting toolbar.

1.21 The Name box on to the left of formula bar:
a. Shows the name of workbook currently working on.
b. Shows the name of worksheet currently working on.
c. Shows the name of cell or range currently working on.
d. None of above

1.22 Each Excel file is a workbook that contains different sheets. Which of the following cannot be a sheet in workbook?
a. Work sheet c. Module sheet
b. Chart sheet d. Data sheet

1.23 Which of the following is not the correct method of editing the cell content?
a. Press the Alt key c. Click the formula bar
b. Press the F2 key d. Double click the cell

1.24 Where can you change automatic or manual calculation mode in Excel?
a. Double CAL indicator on status bar
b. Go to Formulas tab in the Calculation group are mark the corresponding check button
c. Both (a) and (b)
d. None of the above

1.25 How can you show or hide the gridlines in Excel Worksheet?
a. Go to View tab >> of Show group and mark or remove the check box named Gridline.
b. Click Gridline tool on Home tabr.
c. Both of (a) and (b) above
d. None of above

1.26 What happens when you press Ctrl + X after selecting some cells in Excel?
a. The cell content of selected cells disappear from cell and gets stored in clipboard.
b. The cells selected are marked for cutting.
c. The selected cells are deleted and the cells are shifted left.
d. The selected cells are deleted and cells are shifted up.

1.27 Which of the following options is not available in Paste Special dialog box?
a. Paste c. Paste Link
b. Display as icon d. Insert Hyperlink

1.28 Which command will you choose to convert a column of data into row?
a. Cut and Paste c. Both of (a) and (b) above
b. Edit >> Paste Special >> Transpose d. None of above

1.29 The key F12 opens a:
a. Save As dialog box c. Save dialog box
b. Open dialog box d. Close dialog box

1.30 What is the short cut key to open the Open dialog box?
a. F12 c. Alt + F12
b. Shift F12 d. Ctrl + F12

1.31 An expansion card that allows the computer to output sound through connected speakers is ________.
a. Video card
b. Network Interface card
c. PC card
d. Sound card

1.32 Where can you find the horizontal split bar on MS Word 2010 screen?
a. On the Review of changes group
b. On the View tab of Windows group
c. On the top of vertical scroll bar
d. On the bottom of vertical scroll bar

1.33 Which of the following is not available on the ruler of MS Word screen?
a. Tab stop box c. Right Indent
b. Left Indent d. Center Indent

1.34 What is place to the left of horizontal scroll bar?
a. Tab stop buttons c. Split buttons
b. View buttons d. Indicators

1.35 How many ways you can save a document?
a. 3 c. 5
b. 4 d. 6

1.36 Background colour or effects applied on a document is not visible in:
a. Web layout view c. Reading View
b. Print Layout view d. Print Preview

1.37 What is a portion of a document in which you set certain page formatting options?
a. Page c. Section
b. Document d. Page Setup

1.38 Borders can be applied to:
a. Cells c. Text
b. Paragraph d. All of above

1.39 Which of the following is not a type of page margin?
a. Left c. Center
b. Right d. Paper Layout

1.40 What is the default left margin in Word document?
a. 1" c. 1.5"
b. 1.25" d. 2"

1.41 Portrait and Landscape are:
a. Page Orientation c. Page Layout
b. Paper Size d. All of above

1.42 Which of the following is not an option when printing handouts?
a. Six slides per page c. Three slides per page
b. Five slides per page d. Two slides per page

1.43 An Aero theme is the combination of one or more desktop backgrounds, ________ and ________ screen saver.
a. Window colour, scheme c. Windows colour, Gadgets
b. Desktop icons, Gadgets d. Sounds, Gadgets

1.44 The slide that is used to introduce a topic and set the tone for the presentation is called the:
a. Table slide c. Bullet slide
b. Graph slide d. Title slide

1.45 You can jump to the next column by:
a. Clicking with your mouse on the next column
b. Press Alt + Down arrow
c. Both (a) and (b)
d. None of the above

1.46 Which of the following is not a font style?
a. Bold
b. Italics
c. Regular
d. Superscript

1.47 If you need to change the typeface of a document, which menu will you choose?
a. Home tab
b. View tab
c. Insert
d. None of the above

1.48 Which of the following is the default page setup orientation for slides in PowerPoint?
a. Vertical
b. Landscape
c. Portrait
d. None of above

1.49 What are symbols used to identity items in a list?
a. Icons
b. Markers
c. Bullets
d. Graphics

1.50 The formula in cell A2 is =+B2+C3. On copying this formula to cell C2, the formula in cell C2 will be:
a. =+B2+C3
b. =+D2+E3
c. =+D2+C3
d. =+B2+E3

PART – TWO

2. Select TRUE or FALSE in Statements

2.1 Micro computer is called micro because it consists of micro processor.
2.2 Personal Computer is a micro computer.
2.3 Computer aided design packages are restricted to engineering workstation systems.
2.4 Header is not displayed by Word in the normal view.
2.5 A cell entry can be edited either in the cell or in the formula bar.
2.6 Character size is measured in points.
2.7 Different cells in a column can have different widths.
2.8 You cannot open two different workbooks in Excel simultaneously.
2.9 You cannot see Page Breaks in Excel Worksheet.
2.10 The primary function of I/O peripherals is to facilitate computer-to-computer data transmission.
2.11 The word bit is contraction of the word binary digits.
2.12 Dot-matrix printer technology is available in serial and line printers.
2.13 To start a new line within the same paragraph press Shift+Enter.
2.14 The formula bar displays the constant value or formula used in the active cell.
2.15 OMR stands for Optical Mark Reader.
2.16 The first time you save a presentation, you must name it.
2.17 CPU is a method of accessing the web.
2.18 An advantage of using the formula palette is that you can see the result of the formula as you create it.
2.19 Ctrl+U selects the underline style for the selected text.
2.20 Insertion point shows where the typed text will appear.
2.21 Closing a presentation and exiting PowerPoint are the same.
2.22 Paragraph mark is a non-printing character.
2.23 When you use the Merge and Center button to center a heading, the heading text remains in cell A1.
2.24 PowerPoint has twenty four slide layouts.
2.25 To make a cell address absolute, you must type a dollar sign before each row and column reference in the formula.
2.26 In Word, the search is case sensitive by default.
2.27 Laser printers are non-impact printers.
2.28 Pure black and white is not available in the print options.
2.29 LINUX is a multi-user, multitasking OS that can run on PCs and large system, as well.
2.30 Information is retrieved from CD-ROM using a laser beam.
2.31 You can draw objects in a presentation by using the Design toolbar.
2.32 In Word, you can set page numbers to appear in the header or footer region on the page.
2.33 END key marks the end of a paragraph.
2.34 Ctrl + S shortcut is used to select text in MS Word.
2.35 You can change the character spacing from the toolbar.
2.36 Click the new button to open already opened document.
2.37 Paragraph mark is a non printing character.
2.38 Formatting of text is an example of text processing.
2.39 A chart can only be placed on the worksheet with the data.
2.40 More than one window can be opened on the screen at one time. However, we can work in only one window at a time.
2.41 By default, the numbers are left aligned and text values are right aligned.
2.42 Cancel button can be used to undo a cell entry after it has been completed.
2.43 All formulas start with an = sign in Excel.
2.44 Once you copy data on to the Clipboard, it can be copied to multiple ranges even after pressing Enter key.
2.45 Internet is owned by United States of America.
2.46 Connection to Internet through Shell Account is faster than that through TCP/IP account.
2.47 E-mail reaches its destination immediately.
2.48 Internet can be used to send only text from one country to another.
2.49 E-mail always used bridge to send messages in different networks.
2.50 WWW stands for World Wide Web.

UNSOLVED SAMPLE PAPER – 2

Basic Computer Course

Total Time : 90 Minutes *Total Marks: 100*

PART – ONE

(Answer all questions; each question carries one mark)

1. **Multiple choice**

1.1 Main memory is:
a. Volatile c. Non-volatile
b. Volatile as well as non-volatile d. None of these

1.2 Network formed between computers spread over large geographical area is called:
a. LAN c. WAN
b. Public network d. None of the above

1.3 In LAN, communication between different machines is:
a. Slow c. slow or fast depending on traffic
b. fast d. None of these

1.4 Modem is used to:
a. Convert digital signal to analog signal only.
b. Convert analog signal to digital signal only.
c. Convert digital signal to analog signal and vice versa.
d. None of these

1.5 A server in LAN is a:
a. Device offering service to user
b. NIC (Network Interface Card)
c. Workstation with huge secondary storage
d. None of these

1.6 E-mail:
a. Cannot address many users.
b. Does not provide protection given to first class mail.
c. Always uses bridge to send messages in different networks.
d. None of these

1.7 WWW stands for:
a. World Wide Web c. We Were in Web
b. Whole World in Web d. None of these

1.8 The shortcut key used for copying selected text into Clipboard is:
a. Ctrl+X c. Ctrl+V
b. Ctrl+C d. Ctrl+D

1.9 Which of the following applications is no longer a part of Windows 7?
a. Windows Media Player c. Windows Photo Gallery
b. Windows Media Center d. WinZip

1.10 How many editions of Windows 7 have been released by the Microsoft?
a. Five c. Seven
b. Six d. Four

1.11 A recently created additional top-level domain name is?
a. .pro c. .business
b. .plan d. .school

1.12 Which of the following provides information regarding the status of your document like page numbers, number of pages.
a. Status bar c. Home tab
b. Mailings tab d. View tab

1.13 Alignment buttons are available on the ___________ tab.
a. Home c. Page Layout
b. Insert d. None of these.

1.14 Header is ___________ .
a. Any text printed at the top of every page.
b. Any graphics printed at the top of every page.
c. Any text or graphics printed at the top of a particular page.
d. Any text or graphics printed at the top of every page.

1.15 __________ case converts first character of first word of selected sentence to capital.
a. Sentence c. Upper
b. Toggle d. Title

1.16 Which of the following is not an options of Clipboard group?
a. Cut c. Copy
b. Paste d. Page Setup

1.17 Which of the following will you opt for saving a file?
a. Save button on Standard toolbar c. Save option from File menu
b. Pressing Ctrl+S d. Any of the above

1.18 Which of the following shortcuts is used to open a file in Word?
a. Ctrl+S c. Alt+N
b. Ctrl+O d. Ctrl+V

1.19 Which shortcut is used to save a file in Word?
a. Alt+S c. Ctrl+S
b. Ctrl+N d. Ctrl+V

1.20 To select a sentence, click anywhere on the sentence while holding the following key pressed:
a. Shift c. Ctrl
b. Alt d. Esc

1.21 To delete the selected sentence, press the following key:
a. Del c. Both (a) & (b)
b. Backspace d. None of the above

1.22 Mark the most appropriate statement:
a. A paragraph can be enclosed in a box.
b. A paragraph can be enclosed in a box and the background shade of the box can also be controlled.
c. A paragraph can be enclosed in a shadow box.
d. All of the above

1.23 An electronic page in a presentation is called:
a. Page c. E-page
b. Slide d. E-slide

1.24 Which of the following views is not one of PowerPoint views?
a. Slide Sorter view c. Slide view
b. Slide show view d. Sorter view

1.25 A set of predesigned formats of text or color scheme is called:
a. Slide c. Presentation scheme
b. Template d. Schema

1.26 A combination of various colours used for text and other presentation elements is called:
a. Fill effect c. Template
b. Color Scheme d. C-set

1.27 For what purpose, can you use the shortcut key Ctrl+D in PowerPoint?
a. Duplicating the selected slides. c. Pasting the selected text or graphics
b. Cutting the selected slides. d. None of the above

1.28 You see a tab on the ribbon that you had not noticed before called Drawing Tools. What is it there for?
a. To help you work with shapes
b. To help you work with SmarkArt graphics such as org charts
c. To help you work with pictures
d. None of the above

1.29 You have finished the presentation and you want to run the spelling checker. Where is it on the ribbon?
a. Home tab c. Review tab
b. Slide show tab d. None of the above

1.30 PowerPoint presentations are given extension called:
a. XLS c. PPTX
b. DOC d. BMP

1.31 Which of the following can be one of the components of a slide?
a. Titles c. Clip Art
b. Graphs d. All of the above

1.32 Which of the following can be used to create presentation from scratch?
a. Autocontent wizard c. Design templates
b. Sample presentation d. Blank presentation

1.33 Which of the following view can you use to show just the slide and its contents?
a. Normal c. Slide Show
b. Slide d. Notes Page

1.34 Auto Clip Art is a feature that:
a. Automatically places clip art in your presentation.
b. Scans your presentation for incorrect spelling in your words on each slide.
c. Scans your presentation for incorrect spelling in Word Arts objects.
d. All of above

1.35 In Microsoft PowerPoint the entry effect as one slide replaces another in a show is called a (an)
a. animation c. custom animation
b. slide transition d. preset animation

1.36 Which of the following provides a printed copy of your presentation?
a. Outline c. Audience handouts
b. Speaker notes d. All of the above

1.37 When you print preview a worksheet
a. the entire worksheet is displayed
b. the selected range is displayed
c. the active portion of the worksheet is displayed
d. All of the above

1.38 Which of these is a quick way to copy formatting from a selected cell to two other cells on the same worksheet?
a. Use Ctrl to select all three cells, then click the paste button on the standard toolbar.
b. Copy the selected cell, then select the other two cells, click style on the Format menu, then click Modify.
c. Click format painter on the Formatting toolbar twice then click in each cell you want to copy the formatting to.
d. All of above

1.39 You can open the Sort dialog box by choosing Sort from the ________ menu:
a. Home c. View
b. Page Layout d. References

1.40 What is the term used when a Clip Art image changes the direction of faces?
a. Group c. Rotate
b. Flip d. All of the above

1.41 Which of the following tools enable you to add text to a slide without using the standard placeholders?
a. Text tool box c. Drawing tool
b. Line tool d. Auto shapes tool

1.42 Which of the following is Not a characteristic of multimedia presentation
a. Non-linear c. Integrity
b. Interactive d. None of the above

1.43 A business data processing cycle consists of:
a. 3 steps c. 5 steps
b. 4 steps d. 6 steps

1.44 1 Byte is equal to:
a. 6 bits c. 18 bits
b. 8 bits d. 28 bits

1.45 The ________ is a portion of the magnetic tape that is left blank for winding the tape on the other spool, with the help of hand.
a. Leader c. Trailer label
b. Header label d. None

1.46 Which of the following language is NOT a high-level language?
a. BASIC c. LISP
b. COBOL d. None of the above

1.47 Select the incorrect statement regarding bar-code reader.
a. It is used for fast identification of items.
b. It consists of a series of small lines, called bars.
c. The actual coding of the bars is the width of the bars
d. None of the above

1.48 Select the incorrect statement:
a. RAM is a volatile memory.

b. An interpreter is nearly 5 to 25 times faster than a compiler.
c. The operating system is the first program loaded into the computer memory after the computer is switched on.
d. Secondary memory is employed for bulk storage.

1.49 ________ meaning memory aid, is a name or symbol used for some code or function in the assembly language.
a. Data
b. Instruction
c. Mnemonic
d. Statement

1.50 Which one of the following is a secondary storage device?
a. CD-ROM
b. RAM
c. Both (a) and (b)
d. None of the above

PART – TWO

2. Select TRUE or FALSE in Statements

2.1 The output obtained on the VDU is called the soft copy.
2.2 Physically, a CD-ROM and a DVD-ROM disk are different.
2.3 Data typed into the computer is called the output.
2.4 Software represents the physical components of the computer.
2.5 An interpreter is faster than a compiler.
2.6 Software is not a necessary part of the computer.
2.7 An interpreter translates the whole program at a time.
2.8 System software is a set of one or more programs that are basically designed to control the operation of a computer system.
2.9 Compiler is used to convert high-level language to machine language.
2.10 Operating system is an application software.
2.11 Selected text under Word documents can be copied or moved using drag-and-drop feature.
2.12 The Undo command is always the first command under the Edit menu of Word.
2.13 In Word, the last action can be reversed by Repeat command
2.14 You cannot copy or move text to a different location within the same document.
2.15 The Word text can be moved by using drag-and-drop method.
2.16 Font formatting applies to specific characters in word.
2.17 We cannot set a new default font in Microsoft Word.
2.18 In Microsoft Word document, the default margins are 1.25" on the left and right and 1" on the top and bottom.
2.19 Footer is the repetitive text or graphics printed at the top of pages in a document.
2.20 Headers and Footers are displayed in Normal view.
2.21 In Normal view you can see miniature slides called AutoLayouts.
2.22 PowerPoint has 12 pre-formatted slides called AutoLayouts.
2.23 Placeholder is a dotted rectangular box that can contain only text.
2.24 We cannot select more than one object at a time.
2.25 We can recolour an ClipArt object.
2.26 To select more than one object hold down the Shift key.
2.27 The SUM() function has more than one arguments.
2.28 To delete the selected objects press Alt key.
2.29 You cannot insert a sound in a PowerPoint presentation.
2.30 You can record your own sound or voice narration in a PowerPoint Presentation.
2.31 Text and objects in a slide can be animated.
2.32 The extension of a file saved as a slide show is .ppt.
2.33 You can adjust the timings you have already set and rehearse the new ones in a PowerPoint Presentation.
2.34 You can create a shortcut of your file on Desktop.
2.35 A worksheet consists of cells organized into rows and columns.
2.36 The default name of worksheet are sheet1, sheet2 and so on.
2.37 A new Excel workbook contains five worksheets by default.
2.38 MS Excel worksheet has 65,536 rows and 256 columns.
2.39 Three types of data can be entered in MS Excel.
2.40 All the formulas in Excel, begin with an equal (=) sign.
2.41 In Excel, the formula = A5 + A6 is not same as = a5 + a6.
2.42 The sum function has more than one argument.
2.43 Excel does not make an exact copy of a formula.
2.44 There are three types of cell referencing- Relative, Absolute and Mixed.
2.45 The Excel function arguments are enclosed within a square bracket.
2.46 Micro computer is called micro because it consists of microprocessor.
2.47 Personal computer is a micro computer.
2.48 You can use Explorer program to open a word document.
2.49 OCR is a device that scans written or typed text and transforms it into computer readable forms.
2.50 You cannot hide a sheet in Excel, if it is the only sheet in a workbook.

UNSOLVED SAMPLE PAPER – 3

Basic Computer Course

Total Time : 90 Minutes *Total Marks: 100*

PART – ONE

(Answer all questions; each question carries one mark)

1. Multiple choice

1.1 A group of 8 bits is known as
a. kilobyte c. binary digit
b. byte d. megabit

1.2 The use of information and communication technologies in all facets of the operations of a government organization can be termed as:
a. e-gov c. .e-biling
b. e-banking d. None of the above

1.3 Which key deletes the character to the left of the cursor?
a. End c. Home
b. Backspace d. Delete

1.4 Decimal number system contains digits from ________
a. 1-10 c. 0-8
b. 0-10 d. 0-9

1.5 How many sheets are there in Excel Workbook by default?
a. 2 c. 4
b. 3 d. 5

1.6 The spelling dialog box can be involved by choosing spelling from ________ tab.
a. Review c. Home
b. Insert d. Page Layout

1.7 A URL can specify the IP address of the Web __________ that houses a Web page?
a. Server c. Client
b. Page d. E-mail recipient

1.8 What is the difference between Memory and Storage?
a. Memory is temporary and storage is permanent
b. Memory is permanent and storage is temporary
c. Memory is slow and storage is fast
d. None of the above

1.9 The binary system use powers of
a. 10 c. 2
b. 8 d. 16

1.10 Which of the following is not one of the benefits of e-commerce to sellers?
a. E-commerce offers greater flexibility in meeting customer needs.
b. E-commerce can help to reduce costs.
c. E-commerce is a powerful tool for customer relationship building.
d. E-commerce increases the net cost per contact.

1.11 The size of the fonts can also be altered through
a. Software commands c. Both (a) and (b)
b. Hardware d. None

1.12 Name a technique _________ is used for creating Web pages.
a. Rich Text Format (RTF) c. BCD
b. ASCII d. Hyper Text Markup Language

1.13 Desktop in GUI OS is
a. Directory c. Screen
b. Device d. File

1.14 What are the tabs that appear at the bottom of each workbook called?
a. Reference tabs c. Location tabs
b. Position tabs d. Sheet tabs

1.15 What is the graphic representation of speech?
a. Audio c. Text
b. Video d. None

1.16 A ________ is a data communication system within a building, plant, or campus, or between nearby buildings.
a. MAN c. WAN
b. LAN d. None of the above

1.17 DVD stands for
a. Decoded Video Disk c. Digital Virtual Disk
b. Digital Versatile Disk d. None of these

1.18 A spiral shape track formatting is present in
a. Floppy disk c. Hard disk
b. Optical disk d. Half-inch Tape Cartridge

1.19 LCD stands for ________.
a. Liquid Colour display c. Lithium Crystal display
b. Light Colour display d. Liquid Crystal display

1.20 The ________ is also called as letter quality printer.
a. Dot Matrix Printer c. Ink Jet Printer
b. Daisy Wheel Printer d. Laser Printer

1.21 You want to insert a new slide and pick a lyout for it, first?
a. Click the slide icon on the Home tab
b. Click the arrow under the slide icon on the Home tab, next to New slide
c. Click the slide icon on the Insert tab
d. None of the above

1.22 The latest DVD technology uses
a. Magneto-Optical c. Protein Molecules
b. Optical d. None of the above

1.23 ______ is a collection of many separate networks
a. A WAN c. A LAN
b. An Internet d. None of the above

1.24 Features of text are:
a. Is silent c. easily manipulated

b. easily stored d. All of the above

1.25 When the text automatically goes onto the next line this is called ________.

a. Text wrap c. Word wrap
b. Page wrap d. Wrap word

1.26 An interface where facility is provided for entering commands is ________.

a. Menu-driven c. Command-driven
b. Graphic-driven d. None of these

1.27 What allows the user to run two or more applications on the same computer so that he/she can move from one to the other without closing the application?

a. Virtual Storage c. Multi-processing
b. Multi-tasking d. Multiprogramming

1.28 The text color in a presentation should contrast with the ________ color.

a. CPU c. stack
b. frame d. background

1.29 To permanently delete a file or folder from the computer, which of the following keys must be pressed?

a. Ctrl+Delete c. Delete+Enter
b. Alt+Delete d. Shift+Enter

1.30 Which of the following is not an option in Taskbar and Start menu properties dialog box?

a. Lock the taskbar c. Auto Hide the taskbar
b. Shut down d. Show Quick Launch

1.31 The type of memory that can be erased by simply exposing the device to a strong source of ultraviolet light for a certain amount of time is

a. PROM c. EPROM
b. Flash Memory d. EEPROM

1.32 If you type a word that is not in Word's dictionary, a ______ way underline appears below the word.

a. Green c. Red
b. Blue d. Black

1.33 Ctrl + U key combination is used to

a. Move a file c. move file from /U directory
b. move file /U directory d. None of these

1.34 What is the AutoComplete feature of Excel?

a. It automatically completes abbreviated words
b. It completes text entries that match an existing entry in the same column
c. It completes text and numeric entries that match an existing entry in the same column
d. It completes text entries that match an existing entry in the same worksheet.

1.35 Primary memory stores

a. Data alone c. Results alone
b. Programs d. All of these

1.36 Memory unit is one part of

a. Input device c. Output device
b. Control unit d. Central Processing unit

1.37 A multi-user OS allows more than one user to use computer

a. One by One
b. At a time
c. Simultaneously but CPU attends only one user at a time
d. More than one process are executed at the same time

1.38 A ________ is a grid with labeled columns and rows

a. Dialog box c. Clipboard
b. Worksheet d. Toolbar

1.39 ______ allows user to obtain information in another document by clicking on a word linked to another document.

a. Hypertext c. Cross-reference
b. Footnote d. None of the above

1.40 Which of the following files and folders does Recyle Bin store?

a. Hidden files and folders c. Deleted files and folders
b. Files and folders in Floppy drive d. None of these

1.41 In MS Excel the intersection of a row and a column is called ______

a. Square c. Cubicle
b. Worksheet d. Cell

1.42 The Internet is owned by ________

a. The US government
b. The IETF
c. A consortium of telecommunications companies
d. None of the above

1.43 The forum formed for the discussion on a particular subject through the use of the Internet is known as ________.

a. News forum c. News guide
b. Newsgroup d. News channel

1.44 Which of the following is not a type of Internet connection?

a. ISDN c. Leased line
b. Dial up d. ISP

1.45 Which function is used to calculate depreciation, rates of return, future values and loan payment amounts?

a. Logical c. Statical
b. Math & Trionometry d. Financial

1.46 In Excel, the Fill color button on the Formatting toolbar is used for what?

a. To insert a background
b. To add borders
c. To select a distribution of figures
d. To add shading or color to a cell range

1.47 Suddenly, Word no longer displays standard toolbar. What has happened?

a. Your program has been infected by a macro virus
b. This version of Word does not support toolbars
c. Your toolbar option has been deleted from the menus
d. Your toolbar has been unchecked under the View/Toolbars menu.

1.48 Which of the following options is present in the Display Properties dialog box?

a. Desktop c. Appearance
b. Themes d. All of these

1.49 Which of the following tools is used to provide online learning experience to students?

a. WebCT c. WebEx
b. Enspire d. All of these

1.50 ________ also known as BIOS

a. Basic Internet Operating Setting
b. Basic Input Output System
c. Balanced Input Output Selection
d. Biased Interface Output Signal

PART – TWO

2. Select TRUE or FALSE in Statements

2.1 Modem is an expansion card that allows two computers to communicate over ordinary phone lines.

2.2 When you hide a slide it remains in your file, even though it is hidden when you run the presentation.

2.3 You cannot change the position of the slide images on the Handout master.

2.4 To create a new worksheet, select worksheet from the file menu.

2.5 In a multi-page document, the dotted line that extends on a page is called as soft page break.

2.6 Even and odd pages can have different footers in Word.

2.7 You can use the AutoFormat command to analyze the formatting in the document and automatically create styles for you.

2.8 To fill a formula into a range, select the cell that contains the formula and then drag the fill handle downward, upward, right or left far as you need.

2.9 In Word, the easiest way to resize a picture is by dragging its edges to match the size and shape you want.

2.10 1 MHz CPU can process one million instruction in a second.

2.11 Magneto-optical disk is a hybrid of magnetic and optical technologies.

2.12 Keyboard, mouse and scanner are output devices.

2.13 Networking such as LAN, WAN started from third generation.

2.14 RW/RAM is the type of memory for information that does not change on your computer.

2.15 Ctrl+W is the shortcut key to close an active tab of a browser.

2.16 Mouse and light pen are examples of input/output devices.

2.17 Ellipse Motion is a predefined color scheme.

2.18 Web browser refers to a software application that allows you to interact with the information on the WWW.

2.19 When you copy a formula in Excel, relative cell references do not change.

2.20 Pressing Home moves the active cell to column A of the current row.

2.21 You cannot move or copy sheets from one workbook to another.

2.22 Ctrl + End moves the last cell containing contents in the worksheet in Excel.

2.23 Each Web page has a unique address, called IP address that identifies its location on the Internet.

2.24 Microsoft Excel ignores manual page breaks when you use the Fit to option of the Page Setup.

2.25 If required, a hidden slide can also be shown during a slide show.

2.26 Unwanted, unsolicited junk e-mail sent to a large number of recipients is not called spam.

2.27 Bounced e-mails always result in messages being sent back to the sender.

2.28 You can print a PowerPoint presentation in Landscape mode only.

2.29 XY is a type of chart you can insert in your PowerPoint slide.

2.30 MICR stands for magnetic ink character recognition.

2.31 From a photo album data source, you can import information to PowerPoint presentation.

2.32 Objects on a PowerPoint slide that hold text are called placeholders.

2.33 User name and domain name are two parts of an E-mail address.

2.34 To delete unknown e-mail attachments because the person could track you down and hurt you.

2.35 MICR is a machine readable code in the form of parallel vertical lines.

2.36 AltaVista, Google and HotBot are examples of search engines.

2.37 A program that manages all other programs in a computer is called Operating system.

2.38 Firewall is not useful for preventing unauthorized users from accessing internal networks.

2.39 By default, the taskbar in Windows XP is located at the right of the desktop.

2.40 In Linux, error messages are place in a standard byte stream called the standard error.

2.41 A system can have more than one web browser installed at the same time.

2.42 The logical NOT operation is a dynamic operation.

2.43 Spiders are the computer programs that are used by search engines to roam the World Wide Web via the Internet.

2.44 A non-impact printer that forms an image by spraying ink from a matrix of tiny jets is called Dot matrix.

2.45 OS is a program which acts as a mediator between the user and the hardware.

2.46 Data can be a number, a word, a picture, or a sound.

2.47 Refresh button returns to home page.

2.48 The domain name with an extension .com describes a company or commercial organization.

2.49 The primary function of I/O peripherals is to facilitate computer-to-computer data transmission.

2.50 In a spreadsheet, ordinary text is called a "label".

परिशिष्ट (Appendix)

सोशल नेटवर्किंग (Social Networking)

A.0 परिचय (Introduction)

सोशल नेटवर्किंग सर्विस एक ऑन लाइन सर्विस, प्लैटफॉर्म या साइट है जो लोगों के बीच, सोशल नेटवर्क्स या सोशल रिलेशन्स बनाने और उन पर विचार करने पर केंद्रित है। इससे जुडे हुए लोग अपनी रुचियों (interest) और क्रियाकलापों (activities) को शेयर करते हैं। एक सोशल नेटवर्क सर्विस में आवश्यक रूप से प्रत्येक यूज़र का एक रिप्रेज़ेन्टेशन (representation) (अक्सर एक प्रोफाइल (Profile)), उनके सोशल लिंक्स, और कई अन्य प्रकार की सर्विसेज शामिल होती हैं। अधिकांश सोशल नेटवर्क सर्विसेज वेब आधारित होती हैं और यूज़र्स के लिए इंटरनेट पर इंटरैक्ट करने का साधन प्रदान करती हैं, जैसे ई-मेल और इंस्टैंट मैसेजिंग, वीडियो कॉलिंग, चैट, फाइल शेयरिंग, डिस्कशन ग्रुप्स, वॉएस चैट्स, ई-मेल्स, ब्लॉगिंग आदि। ऑनलाइन कम्यूनिटी सर्विसेज को कभी कभी सोशल नेटवर्क सर्विस माना जाता है। सोशल नेटवर्किंग साइट्स यूज़र्स को अपने विचार, क्रियाकलाप, घटनाएँ और रुचियों को अपने व्यक्तिगत नेटवर्क के बीच शेयर करने की अनुमति प्रदान करते हैं।

सोशल नेटवर्किंग पूरी तरह से कम्यूनिकेशन के बारे में ही है। वे लोग जिनकी रुचियाँ एक जैसी हैं, बहुत सी सोशल नेटवर्किंग साइट्स द्वारा एक दूसरे से सूचना का आदान-प्रदान कर सकते हैं। साइट्स का निर्माण विशेष रूप से इस तरह किया जाता है ताकि इनसे सूचना बनाना, शेयर करना और कम्यूनिकेट करना सरलता और कुशलता से किया जा सके।

A.1 आजकल के सोशल नेटवर्क्स (Today's Social Networks)

परंपरागत तरीके से सोशल नेटवर्क्स उन लोगों को मिलाकर बनता था, जो एक साथ आमने सामने इकट्ठे होते थे, लेकिन आजकल के सोशल नेटवर्क्स मुख्य रूप से ऑनलाइन होते हैं। आजकल के सोशल नेटवर्क्स के उदाहरणों में सोशल नेटवर्किंग साइट्स जैसे LinkdIn, Facebook, Myspace और अन्य शामिल हैं। मोबाइल फोनों की बढ़ती लोकप्रियता और उन्नत सेलफोन तकनीक के कारण, Twitter को भी एक प्रकार का सोशल नेटवर्क माना जा सकता है जहाँ आप अपने दोस्तों के नेटवर्क को यह बता सकते हैं कि आप क्या कर रहे हैं या किसी भी समय पर क्या सोच रहे हैं। आजकल के सोशल नेटवर्क्स जॉइन करने के लिए अधिकतर फ्री होते हैं, जो उन्हें अत्यधिक लोकप्रिय बनाता है।

टॉप सोशल नटवर्क, माईस्पेस (MySpace), के पास दो सौ पचास मिलियन से भी अधिक ग्राहक हैं जिनमें ऐक्टर्स, लेखक, संगीतज्ञ, और हास्य कलाकार भी शामिल हैं। आजकल के सोशल नेटवर्क्स स्वतंत्र रूप से ज्वाइन किए जा सकते हैं और यही इनकी लोकप्रियता का कारण है।

A.1.1 नौकरी खोजने के लिए सोशल नेटवर्क्स का उपयोग (Use of Social Networks for Jobsearch)

सोशल नेटवर्क्स उनके लिए उपयोगी हो सकते हैं जो घरेलू जॉब्स (Jobs) में कानूनी कार्य ढूँढते हैं। अधिकांश सोशल नेटवर्क्स में जॉब सर्च टूल्स (Job search tools) शामिल होते हैं जिनका आप प्रयोग कर सकते हैं। LinkedIn में कुछ जॉब पोस्टिंग में प्रवेश केवल मेम्बर्स तक ही सीमित होता है।

A.1.2 बिज़नेस प्रमोशन के लिए सोशल नेटवर्क्स (Social Networks for Business Promotion)

सोशल नेटवर्क्स जैसे Facebook और Myspace का प्रयोग ज्यादातर हर तरह के बिज़नेस को प्रमोट करने के लिए होता है चाहे वो छोटा एक व्यक्ति का बिज़नेस हो या बड़े कॉर्पोरेशन का। इसके बनने के बाद से ही LinkedIn का प्रयोग व्यापक रूप से बिज़नेस कम्यूनिटी के बीच नेटवर्क कनेक्शन्स को बढ़ावा देने के लिए होता है और यह उद्यमियों और कॉर्पोरेट मैनेजर्स के बीच समान रूप से कार्य करता है ताकि उनके बिज़नेस के लिए पार्टनरशिप के अवसर खोजे जा सकें।

A.1.3 अतिरिक्त फ़ीचर्स (Additional Features)

कुछ सोशल नेटवर्क्स में अतिरिक्त फ़ीचर्स होते हैं जैसे ग्रुप्स बनाने की क्षमता जो कॉमन इंट्रेस्ट्स (Interests) या ऐफिलिएशन (Affiliations) शेयर करते हैं, लाइव वीडिया को अपलोड या स्ट्रीम करते हैं और फोरम्स में चर्चा कराते हैं। Geo-सोशल नेटवर्किंग साथ में इंटरनेट मैपिंग सर्विस देती है ताकि भौगोलिक (Geographic) फ़ीचर्स और उनके गुणों (attributes) के इर्दगिर्द यूज़र की भागीदारी की व्यवस्था की जा सके।

बाद के समय में मोबाइल सोशल नेटवर्किंग काफी लोकप्रिय हुई है। अधिकतर मोबाइल कम्यूनिटीज़ में, मोबाइल फोन यूज़र्स अब अपनी प्रोफ़ाइल्स बना सकते हैं, दोस्त बना सकते हैं, चैट रूम्स में भाग ले सकते हैं, चैट रूम्स बना सकते हैं, प्राइवेट बातचीत कर सकते हैं, फ़ोटो एव वीडियो शेयर कर सकते हैं और अपने मोबाइल फोन का प्रयोग करके ब्लॉग्स भी शेयर कर सकते हैं। कुछ कंपनीज़ वायरलैस सर्विसेज प्रदान करती हैं जो उनके ग्राहकों को अपनी स्वयं की मोबाइल कम्यूनिटी बनाने और इसे एक नाम (brand) देने की अनुमति देती हैं।

A.2 ट्विटर (Twitter)

ट्विटर एक फ्री सोशल नेटवर्किंग और माइक्रो ब्लॉगिंग सर्विस है जिसने लोगों में बात करने के तरीके को ही बदल दिया है। यह एक मैसेज सर्विस है जो लोगों को छोटे मैसेजेस (जिन्हें ट्वीट्स) कहा जाता है, अपनी ट्विटर कम्यूनिटी के बीच ही भेजने की अनुमति देती है। ट्विटर कम्यूनिटी में निम्न शामिल हैं:

1. **लोग जिन्हें आप फॉलो करते हैं:** आप अन्य ट्विटर यूज़र्स को फॉलो करके अपनी कम्यूनिटी को परिभाषित करते हैं। आपके द्वारा फॉलो किए जाने वाले सभी लोगों द्वारा बनाए गए ट्वीट्स आप देख सकते हैं। किसी को फॉलो करने का अर्थ है कि आप उनके ट्वीट्स को सबस्क्राइब (subscribe) करते हैं।
2. **लोग जो आपको फॉलो करते हैं:** अन्य लोग आपके ट्वीट्स को पढ़ते हैं और आपको फॉलो करने का निर्णय लेते हैं। आपके फॉलोअर्स (followers) आपके भेजे जाने वाले ट्वीट्स को देखते हैं।

ट्विटर का निर्माण एक सॉफ्टवेयर डेवलपमेंट टीम द्वारा किया गया था ताकि उनके अपने कम्यूनिकेशन चैलेंजेज को सॉल्व किया जा सके। ये अन्य कम्यूनिकेशन टूल्स जैसे ई-मेल, चैट और इन्स्टैंट मैसेजिंग से फ़ीचर्स लेते हैं और उन्हें एक साथ मिलाकर ट्विटर तैयार करते हैं।

A.2.1 ट्विटर पर लोगों को कैसे खोजें (How to Find People on Twitter)

ट्विटर पर लोगों को खोजने के कई तरीके हैं। ये नीचे दिए गए हैं:

1. नेम सर्च (नाम से खोजें)
2. ई-मेल सर्च (ई-मेल से खोजें)
3. कीवर्ड सर्च (चुनिंदा शब्दों से खोजें)

A.2.2 ट्वीट्स के प्रकार (Type of Tweets)

तीन प्रकार के ट्वीट्स हैं:

1. **जनरल ट्वीट्स:** एक पब्लिक ट्वीट जिसे उन सभी लोगों को भेजा जाता है, जो आपको फॉलो करते हैं।
2. **रिप्लाईज़ (Replies):** एक पब्लिक ट्वीट जो ट्विटर पर किसी खास व्यक्ति को भेजी जाती है। आप एक @ रिप्लाई भेज सकते हैं उस ट्वीट के जवाब में जो आपको एक व्यक्ति ने भेजा है या आप ट्विटर पर किसी को भी एक मैसेज भेजने के लिए @ रिप्लाई का प्रयोग कर सकते हैं।
3. **डायरेक्ट मैसेज:** एक प्राइवेट ट्वीट जो एक व्यक्ति जो आपको फॉलो करता है, को भेजी जाती है। आप एक ऐसे व्यक्ति को डायरेक्ट मैसेज नहीं भेज सकते हैं जो आपको फॉलो नहीं करता है।

☞ अकाउंट बनाते समय, आप अपना वास्तविक नाम इस्तेमाल करें यदि आप चाहते हैं कि लोग आपको ट्विटर सर्च फ़ीचर के द्वारा खोजें।

A.2.3 ट्वीट कैसे करें? (How to Tweet?)

ट्वीट करने के लिए आपको ट्विटर के होम पेज पर जाना होगा और जैसा चित्र A.1 में दिखाया गया है, उस तरह से साइन-इन (sign-in) करना होगा।

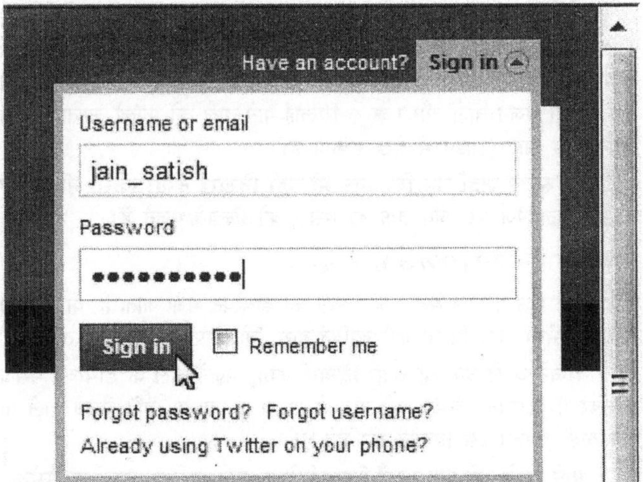

चित्र A.1: साइन-इन-स्क्रीन: ट्विटर डायलॉग बॉक्स

साइन-इन करने के बाद, आप 'ट्वीट' टाइप कर सकेंगे, जो 140 कैरेक्टर्स एक मैसेज होता है। (यह लिमिट का इसलिए सैट की गई थी ताकि इस सर्विस को टेक्स्ट मैसेजेस के साथ कपैटिबल (compatible) बनाया जा सके। जब आप ट्वीट टाइप करते हैं, तो इंटरफेस स्वयं ही आपको यह दिखाएगा कि कितने कैरेक्टर्स बाकी हैं जैसा कि चित्र A.2 में दिखाया गया है।

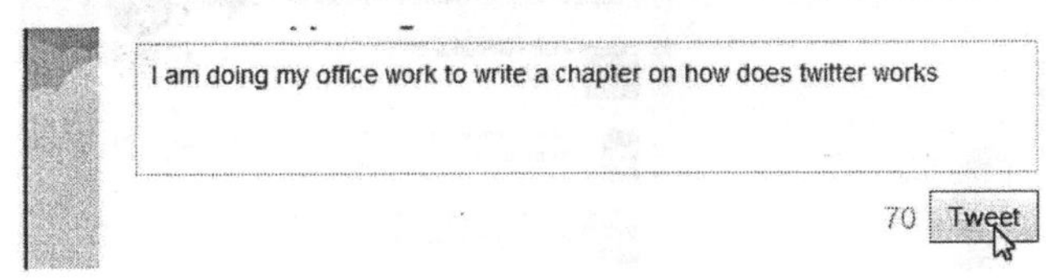

चित्र A.2: मैसेज बॉक्स

ट्विटर पर ट्वीट कैसे भेजा जाता है (How to Send a Tweet on Twitter)

ट्विटर एक अत्यंत रोचक और बहुआयामी ऐप्लीकेशन है जिसे आप अपने मित्रों से बात करने के लिए, बिजनेस करने के लिए एवं ब्लॉग प्रमोट करने या अन्य प्रकार की वेबसाइट के लिए प्रयोग कर सकते हैं। ट्विटर में आप जो भी अपडेट एंटर करते हैं उसे ''ट्वीट'' "(Tweet)" कहा जाता है। एक ट्वीट 140 कैरेक्टर्स से लंबा नहीं होना चाहिए, और आप प्रत्येक व्यक्ति को जनरल ट्वीट भी भेज सकते हैं, किसी विशेष व्यक्ति को जवाब भेज सकते हैं, या सीधे केवल एक ही व्यक्ति को ट्वीट भेज सकते हैं।

➔ **ट्विटर पर ट्वीट भेजने के लिए:**

1. ट्विटर होम पेज के द्वारा या ट्विटर API ऐप्लीकेशन जैसे Twhirl के द्वारा ट्विटर में लॉगऑन करें। आप ट्विट को फेसबुक के द्वारा भी अपडेट कर सकते हैं और ऐसे कई अन्य ऐप्लीकेशन्स द्वारा भी जो ट्विटर API का प्रयोग करते हैं।
2. बॉक्स में अपना मैसेज एंटर करें जिसमें यह लेबल हो ''आप क्या कर रहे हैं? याद रखें कि आप का ट्वीट अधिकतम 140 कैरेक्टर तक ही होना चाहिए। यह सीमा इसलिए होती है क्योंकि ट्विटर SMS नेटवर्क का प्रयोग नोटिफिकेशन्स को सेलफोन से भेजने के लिए करता है और इसे उन्हें भेजा जाता है जिन्हें इसकी जरूरत हो।
3. "Update" पर क्लिक करके ट्विटर पर स्थित सभी को ट्वीट भेजें।
4. "d USERNAME" अपने ट्वीट से पहले टाइप करें ताकि एक सीधा मैसेज एक निश्चित यूजर को भेजा जा सके। केवल वही यूज़र उस मैसेज को देख सकेगा।
5. "@ USERNAME" को अपने ट्वीट की शुरूआत में रखें ताकि उत्तर एक निश्चित व्यक्ति को ही भेजा जा सके। वह यूजर, आपके अनुयायी (followers) और उस यूजर के अनुयायी, सभी उस ट्वीट को देख सकेंगे लेकिन यह पब्लिक टाइम लाइन पर नहीं दिखेगा।

ट्विटर पर लोगों को खोजना (Finding People on Twitter)

लोगों को नाम से कैसे खोजें

1. अपने ट्विटर होमपेज के टॉप पर **सर्च बॉक्स** के भीतर व्यक्ति का नाम टाइप करें।
2. सर्च पेज पर **पीपुल** (people) **टैब** के अंतर्गत आपके सर्च के रिजल्ट्स दिखाई देंगे या
3. आप व्यक्ति का नाम **कनेक्ट पेज** पर सर्च बॉक्स के भीतर टाइप करके भी सर्च कर सकते हैं।

4. चित्र A.3 में People results for Sachin Tendulkar की लिस्ट दिखाई गई है।

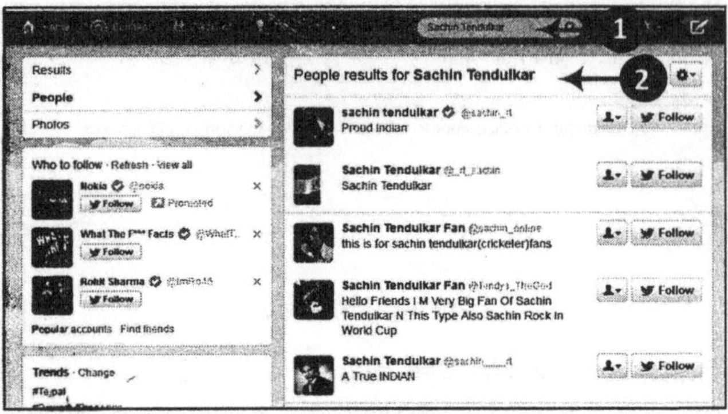

चित्र A.3: पीपुल सर्च रिजल्ट

वेब द्वारा एक डायरेक्ट मैसेज भेजने के लिए
(To Send a Direct Message via the Web)

1. ट्विटर **अकाउंट** में साइन इन करें।
2. **टॉप** राइट नेवीगेटर बार में एनवलप आयकन पर क्लिक करें।
3. **आपको** एक पॉपअप दिखाई देगा जिसमें आपकी डायरेक्ट मैसेज हिस्ट्री **दिखाई** देगी। **न्यू मैसेज** बटन पर क्लिक करें।
4. **ऐड्रेस बॉक्स** में उस व्यक्ति का नाम या यूजर नेम टाइप करें जिसे आप मैसेज भेजना चाहते हैं।
5. अपना मैसेज एंटर करें और **सेंड मैसेज** पर क्लिक करें।

☞ सुनिश्चित करें कि यूजर आपको फॉलो करता है। आप केवल एक डायरेक्ट मैसेज ही अपने अनुयाइयों को भेज सकते हैं लेकिन आप उन सभी यूजर्स जिन्हें आप फॉलो करते हैं से मैसेज प्राप्त कर सकते हैं।

➔ वेब द्वारा एक डायरेक्ट मैसेज डिलीट करने के लिए

1. टॉप राइट नेवीगेटर बार में एनवलप आयकन पर क्लिक करें।
2. आपको एक पॉप अप दिखाई देगा जो आपकी डायरेक्ट मैसेज हिस्ट्री दिखाएगा। उस मैसेज पर क्लिक करें जिसे आप डिलीट करना चाहते हैं।
3. वांछित मैसेज को खोजें और माउस उसके ऊपर घुमाऐं। एक ट्रैश आयकन चित्र A.4 की तरह दिखेगा, इस पर क्लिक करें।

चित्र A.4: मैसेज डिलीट करना

4. DM इनबॉक्स के नीचे एक मैसेज दिखाई देगा जो आपसे इस प्रकार पूछेगा "Are you sure you want to delete this message" **Delete Message** पर क्लिक करें।

ट्वीट्स के प्रकार (Typs of Tweets)

अन्य यूजर्स के प्रोफाइल्स पर विशेष प्रकार के ट्वीट्स दिखाई देंगे। जैसे आपके @reply कहाँ दिखाई देंगे जब आपने उन्हें भेज दिया है। जनरल ट्वीट्स की रूपरेखा नीचे दिखाई गई और इनके बारे में नीचे बताया भी गया है।

चित्र A.5: जनरल ट्वीट्स

परिभाषा: काई भी मैसेज, जिसमें 140 शब्दों से कम हो, ट्विटर पर पोस्ट किया जा सकता है।

भेजने वाले के लिए यह कहाँ दिखाई देता है: सेंडर (भेजनेवाले) के प्रोफाइल पेज और होम टाइम लाइन पर।

पाने वाले को यह कहाँ दिखाई देता है: किसी भी व्यक्ति की होम टाइमलाइन्स पर जो भेजने वाले व्यक्ति को फॉलो करता है।

वो स्थान जहाँ पर यह बिल्कुल दिखाई नहीं देगा: किसी अन्य व्यक्ति के प्रोफाइल पेज पर, जब तक वो मैसेज को दोबारा से ट्वीट न करें।

@ Replies:

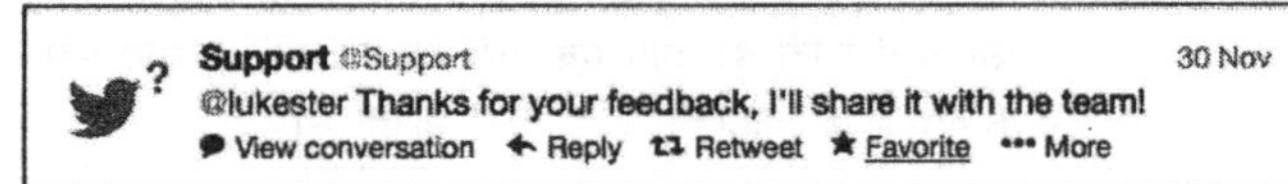

चित्र: @ Replies

परिभाषा: एक ट्वीट जो दूसरे यूजर के यूजरनेम से शुरू होता है और जो उनके किसी एक ट्वीट एक जवाब में होता है।

भेजने वाले के लिए यह कहाँ दिखाई देता है: भेजने वाले के प्रोफाइल पेज पर।

पाने वाले के लिए यह कहाँ दिखाई देता है: पाने वाले के Mention and Interaction टैब्स पर। Mentions की तरह, @replies भी पाने वाले के होम टाइम लाइन पर दिखाई देंगे यदि वो भेजने वाले को फॉलो करते हैं। कोई भी व्यक्ति, जो भेजने वाले और एक @ रिप्लाई पाने वाले को फॉलो करता है, इसे अपने होम टाइम लाइन में देख सकता है।

वो स्थान जहाँ यह बिल्कुल भी नहीं दिखाई देगा: किसी भी व्यक्ति के प्रोफाइल पेज पर, जब तक वो मैसेज को लिखते/भेजते हैं।

डायरेक्ट मैसेजेस (Direct Messages)

परिभाषा: एक पर्सनल मैसेज जो किसी को डायरेक्ट भेजा जाता है, या आपको डायरेक्ट भेजा जाए किसी ऐसे व्यक्ति द्वारा, जो आपको फॉलो करता हो।

भेजने वाले को यह कहाँ दिखाई देगा: भेजने वाले के डायरेक्ट मैसेज फोल्डर में। डायरेक्ट मैसेज पूरी तरह से गायब हो जाएगा, यदि भेजने वाले या पाने वाले व्यक्ति इसे डिलीट कर देते हैं।

पाने वाले को यह कहाँ दिखाई देगा: पाने वाले के डायरेक्ट मैसेजेस फोल्डर में। यदि भेजने वाला इसे डिलीट कर दे, तो यह गायब हो जाएगा।

वो स्थान जहाँ यह बिल्कुल भी दिखाई नहीं देगा: किसी भी पब्लिक टाइम लाइन या पब्लिक सर्च में।

ट्विटर पर हैश टैग्स का प्रयोग करना
(Using Hashtags on Twitter)

सिंबल, जिसे हैशटैग कहा जाता है, का प्रयोग एक ट्वीट में कीवर्ड्स या टॉपिक्स को मार्क करने के लिए किया जाता है। यह ट्विटर यूजर्स द्वारा मैसेजेस को वर्गीकृत करने के लिए बनाया गया है।

हैश टैग्स का प्रयोग करके ट्वीट्स को कीवर्ड्स द्वारा वर्गीकृत करना

- लोग अपने ट्वीट्स में एक संबद्ध कीवर्ड या फ्रेज़ (phrase) से पहले हैशटैग सिंबल # का प्रयोग करते हैं ताकि उन ट्वीट्स का वर्गीकरण किया जा सके और उन्हें ट्विटर सर्च में अधिक आसानी से दिखाने में मदद दी जा सके।
- एक हैशटैग्ड वर्ड पर क्लिक करने से कोई भी मैसेज आपको उस कीवर्ड से मार्क किए गए दूसरे अन्य ट्वीट्स दिखाता है।
- हैशटैग्स ट्वीट में कहीं पर भी आ सकता है अर्थात् शुरू में, बीच में या अंत में।
- हैश टैग किए गए शब्द जो बहुत लोकप्रिय हो गए हैं, अक्सर ट्रैंडिंग टॉपिक्स होते हैं।

☞ नीचे दिए गए ट्वीट में @ eddie में हैशटैग #FF शामिल किया गया है। यूजर्स ने इसे "Follow Friday" के लिए शॉर्टहैंड की तरह बनाया है, जो कि एक वीकली ट्रेडीशन है जहाँ यूजर्स लोगों को रिकमेंड करते हैं कि अन्य लोगों को ट्विटर पर फॉलो करना चाहिए। आप इसे Fridays को ही देखेंगे (देखें चित्र A.7)।

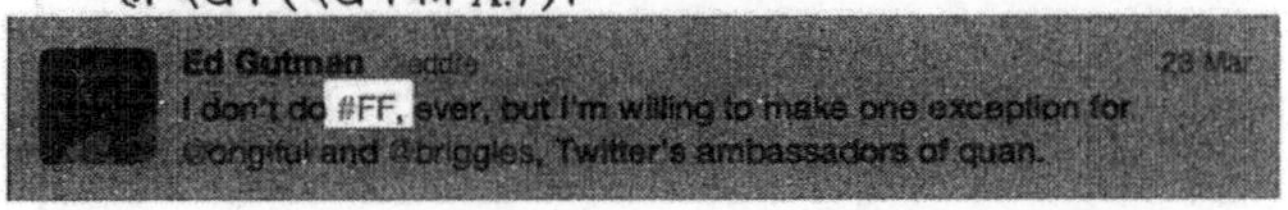

चित्र A.7: ट्वीट्स को कैटेगराइज़ करने के लिए हैश टैग का प्रयोग

A.3 फेसबुक का प्रयोग करना (Using Face- book)

फेसबुक, एक सोशल नेटवर्किंग वेबसाइट है जो दोस्तों, परिवार एवं बिज़नेस मित्रों को कनेक्ट करने के उद्देश्य से बनी है। यह सबसे बड़ी नेटवर्किंग साइट है। लोग 6 साल से अधिक समय से, एक दूसरे के साथ "फेसबुकिंग" कर रहे हैं जिससे फेसबुक पूरे विश्व में सबसे ज्यादा इस्तेमाल होने वाला सोशल नेटवर्क बन गया है।

A.3.1 फेसबुक कैसे कार्य करता है? (How Does Facebook Work?)

फेसबुक अपना कोर इन्फ्रास्ट्रक्चर (आंतरिक ढाँचा) बनाने के लिए कई प्रोग्रामिंग लैंग्वेजेस, टूल्स और सर्विसेज का प्रयोग करता है।

फेसबुक वेबसाइट का फ्रंट एंड
(The Front End of Facebook Website)

फ्रंट एंड पर, उनके सर्वर्स एक LAMP (Lynux, Apache, MySQL और PHP) पर चलते हैं जो Memcache के साथ स्टैक होते हैं।

लाइनक्स एक कम्प्यूटर ऑपरेटिंग सिस्टम है। यह ओपन सोर्स है, बहुत कस्टमाइज़ेबल है, और सिक्योरिटी के लिए अच्छा है। फेसबुक लाइनक्स ऑपरेटिंग सिस्टम को Apache HTTP सर्वर्स के साथ रन करता है।

Apache भी फ्री होता है और यह एक अत्यंत लोकप्रिय ओपन सोर्स वेब सर्वर है जो प्रयोग किया जा रहा है।

डाटाबेस के लिए, फेसबुक **MySQL** का प्रयोग करता है क्योंकि इसकी स्पीड और रिलाएबिलिटी अच्छी है।

फेसबुक **PHP** का प्रयोग करता है क्योंकि यह एक अच्छी वेब प्रोग्रामिंग लैंग्वेज है जिसे ऐक्टिव डेवलपर कम्यूनिटी से काफी सपोर्ट मिलता है। यह रैपिड इटरेशन के लिए भी अच्छा है। PHP एक डायनामिक रूप से टाइप की गई अथवा इंटरप्रिट की गई एक स्क्रिप्टिंग लैंग्वेज है।

Memcache एक मेमोरी सिस्टम है जो डायनामिक डाटाबेस से चलने वाली वेबसाइट्स (जैसे फेसबुक) को स्पीडअप करने के लिए प्रयोग किया जाता है। इसमें रीडिंग टाइम को घटाने के लिए RAM में डाटा और ऑब्जेक्ट्स की Caching की जाती है।

फेसबुक वेब साइट का बैकएंड (The Back End of Facebook Website)

फेसबुक की बैकएंड सर्विसेज को बहुत सी अलग-अलग प्रोग्रामिंग लैंग्वेजेस में लिखा जाता है जिसमें C++, Java, Python, और Erlang शामिल है। फेसबुक के ओपन सोर्स डेवलपमेंट टूल्स की लिस्ट काफी बड़ी है। इनमें से कुछ जरूरी टूल्स नीचे दिए गए हैं:

Thrift (प्रोटोकॉल): थ्रिफ्ट एक हल्के वजन का रिमोट प्रोसीज्योर कॉल फ्रेमवर्क है जो स्केलेबल क्रॉस लैंग्वेज सर्विसेज डेवलपमेंट के लिए होता है। यह तेज है, डेवलपमेंट समय बचाता है, और हाई पर्फामेंस सर्वर्स और ऐप्लीकेशन्स पर कार्य के श्रम का विभाजन प्रदान करता है।

Scribe (लॉग सर्वर): स्क्राइब एक सर्वर है जो लॉग डाटा की एग्रीनेटिंग के लिए होता है, और यह डाटा कई अन्य सर्वर्स से रीयल टाइम में स्ट्रीम्ड होता है। यह स्केलेबल फ्रेम वर्क है जो डाटा की वाइड ऐरे की लॉगिंग के लिए उपयोगी है।

Cassandra (डाटाबेस): Cassandra एक डाटा बेस मैनेजमेंट सिस्टम है जो बहुत बड़ी मात्रा में डाटा को हैंडल करने के लिए डिज़ाइन किया गया है। यह डाटा कई सर्वर्स पर फैला हुआ रहता है। यह फेसबुक के इनबॉक्स सर्च को पॉवर करता है और एक स्ट्रक्चर्ड की (key) वैल्यू प्रदान करता है जो स्थिरता के साथ स्टोर रहती है।

PHP के लिए HipHop: HipHop for PHP एक सोर्स कोड ट्रांसफॉर्मर है जो PHP स्क्रिप्ट कोड के लिए होता है और इसे सर्वर रिसोर्सेज को सेव करने के लिए बनाया गया था। यह PHP सोर्स कोड को ऑप्टिमाइज़्ड C++ प्रोग्रामिंग लैंग्वेज कोड में ट्रांसफॉर्म करता है।

A.3.2 एक अकाउंट बनाना (Creating an Account)

1. **www.facebook.com** पर जाओ।
2. अपना नाम (First name and last initial), ई-मेल ऐड्रेस, और एक पासवर्ड अगले बॉक्सेज, जो उनके लिए बने हैं, में डालो। (देखें चित्र A.8)
3. अब **साइनअप** पर क्लिक करो।

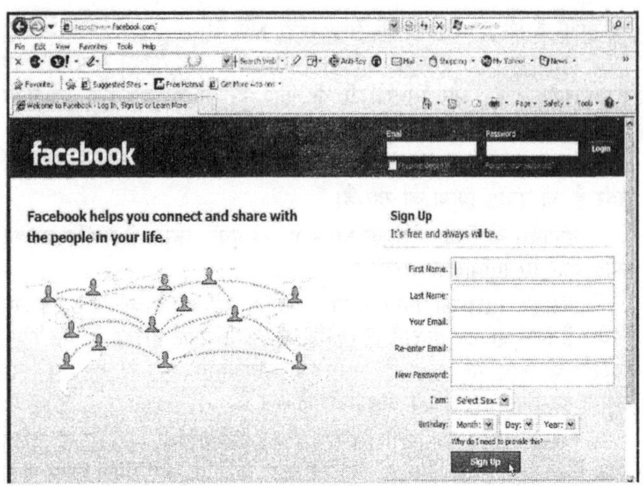

चित्र A.8: फेसबुक साइनइन विंडो

4. इसके बाद एक सिक्योरिटी कोड दिखेगा और आपको वो कोड एंटर करना है।
5. आपके ई-मेल ऐड्रेस पर एक कन्फर्मेशन लिंक भेज दी जाएगी। आपको उस लिंक पर क्लिक करना है और एक बार जब आप ये कर देते हैं, तो आपको फेसबुक के 'गेटिंग स्टार्टेड' (Getting Started) पेज पर भेज दिया जाएगा। यदि कोई आपको खोज रहा है, तो उनका नाम दिखाई देगा, और आप उन्हें अपनी फ्रेंड्स लिस्ट में ऐड करने के लिए चुन सकते हैं।

फेसबुक टूलबार और टैब्स को एक्सप्लोर करना (Exploring the Facebook Toolbar and Tabs)

आपकी स्क्रीन में सबसे ऊपर स्थित टूलबार आपको फेसबुक में नेवीगेट करने की अनुमति देता है।

फेसबुक बटन का प्रयोग करना (Use Facebook Button)

अपने फेसबुक होम पेज में वापस आने के लिए फेसबुक बटन का प्रयोग करें। आप होम बटन का प्रयोग करके भी अपने होम पेज में वापस आ सकते हैं। आपका फेसबुक पेज आपके फेसबुक फ्रेंड्स के बारे में सूचना डिस्प्ले कर सकता है। टैब्स की एक सीरीज़ स्क्रीन के टॉप पर डिस्प्ले होती है, जो आपको आसानी से आपके फेसबुक पेज में नेवीगेट करने की अनुमति देता है। आपके फेसबुक होमपेज के लिए पाँच डीफॉल्ट टैब्स होते हैं।

1. **न्यूज फ़ीड:** यह टैब आपके फ्रेंड्स के बारे में स्टोरीज डिस्प्ले करता है, जैसे वो कब फ्रेंड्स ऐड करते हैं, कब अपडेट्स पोस्ट करते हैं या एक फ्रेंड की वॉल पर कब लिखते हैं। एक फ्रेंड के बारे में डिस्प्ले की गई सूचना की मात्रा उनकी प्राइवेसी सैटिंग्स पर निर्भर होती है। आप न्यूज की मात्रा को कस्टमाइज़ कर सकते हैं जितनी आप एक विशेष फ्रेंड के बारे में आपके न्यूज फीड में प्राप्त करते हैं।
2. **स्टेटस अपडेट्स:** यह टैब स्टेटस अपडेट्स डिस्प्ले करता है जिसे आपके फ्रेंड्स ने पोस्ट किया है। इसमें आपके फ्रेंड्स के बारे में अन्य स्टोरीज शामिल नहीं होती हैं, जैसे उन्होंने ग्रुप कब जॉइन किया या कब नए फ्रेंड ऐड किए।
3. **फोटोज़:** यह टैब आपके फ्रेंड की फोटो ऐलबम डिस्प्ले करता है। फोटो ऐलबम्स जो इस टैब में डिस्प्ले किए गए होते हैं, प्राइवेसी सैटिंग्स पर निर्भर होते हैं, जिसे फोटो ऐलबम के लिए ही सिलेक्ट किया गया है।
4. **पोस्टेड आइटम्स:** यह टैब फ्रेंड्स के द्वारा पोस्ट किए गए सभी आइटम्स डिस्प्ले करता है।
5. **लाइव फीड:** यह टैब आपके फेंड्स के बारे में सभी न्यूज स्टोरीज डिस्प्ले करता है, जैसे स्टेट्स अपडेट्स, फ्रेंड्स जो उन्होंने ऐड किए हैं और ग्रुप्स जो उन्होंनें जॉइन किए हैं।

➔ **आपके फेसबुक पेज के साथ ऐप्लीकेशन टैब्स ऐड करने के लिए:**

1. टैब्स के दाएँ ओर स्थित ऐरो को सिलेक्ट करें।
2. ड्रॉप डाउन लिस्ट में से ऐप्लीकेशन फीड्स सिलेक्ट करें जो आप अपने टैब्स पर डिस्प्ले करना चाहते हैं। ये टैब्स आपके फेसबुक के होमपेज में ऐड हो जाते हैं।

प्रोफाइल बटन को प्रयोग करना (Use Profile Button)

प्रोफाइल बटन का प्रयोग करके आप अपनी प्रोफाइल को देख सकते हैं और उसे एडिट भी कर सकते हैं। आपकी प्रोफाइल ही वह जगह होती है जहाँ आप अपने दोस्तों के साथ सूचना को शेयर कर सकते हैं जैसे फोटोज, इन्फॉर्मेशन और मैसेजेस। आप इसका प्रयोग करके यह निर्धारित कर सकते हैं कि कौन आपकी प्रोफाइल देखता है। आप अपनी प्रोफाइल को पब्लिक के रूप में सैट कर सकते हैं ताकि फेसबुक पर स्थित सभी लोग आपकी प्रोफाइल देख सकें। आप अपनी प्रोफाइल को केवल उन्हीं फ्रैंड्स तक सीमित भी कर सकते हैं जिन्हें आपने सहमति दी है। इसके अलावा आप और भी कई प्रतिबंध लगा सकते हैं जो आपकी प्रोफाइल की कुछ विशेष सूचना को ही प्रभावित करेंगे।

आपके प्रोफाइल पेज के लिए चार डीफॉल्ट टैब्स होते हैं। ये हैं:

1. **वॉल:** यह टैब मैसेजेस डिस्प्ले करते हैं जिन्हें आपके फ्रैंड्स ने आपके लिए छोड़ा है। आप वॉल-टू-वॉल का प्रयोग करके अपने फ्रैंड के लिए वापस मैसेज लिख सकते हैं।
2. **इन्फो:** यह टैब आपकी प्रोफाइल इन्फॉर्मेशन डिस्प्ले करता है। सूचना को एडिट करने के लिए, एडिट इन्फॉर्मेशन पर क्लिक करें।
3. **फोटोज़:** यह टैब आपके द्वारा पोस्ट की गई पिक्चर्स डिस्प्ले करता है।
4. **वीडियोज़:** यह टैब आपके द्वारा पोस्ट किए गए वीडियो डिस्प्ले करता है।

➔ **आपके प्रोफाइल पेज में अतिरिक्त टैब्स ऐड करने के लिए:**

1. टैब्स के दाएँ ओर स्थित प्लस साइन (+) बटन को सिलेक्ट करें।
2. ड्रॉप डाउन लिस्ट में से, आपके टैब्स पर जो आप डिस्प्ले करना चाहते हैं उस ऐप्लीकेशन को सिलेक्ट करें। टैब्स आपके प्रोफाइल पेज पर ऐड हो जाते हैं।

A.3.3 आपके फेसबुक के इनबॉक्स बटन का प्रयोग कैसे किया जाता है (How to Use Your Facebook Ibox Button)

इन बटन का प्रयोग आपके फ्रैंड्स के मैसेजेस पढ़ने और फ्रैंड्स को मैसेजेस भेजने के लिए किया जाता है। फ्रैंड्स के साथ व्यक्तिगत रूप से कम्यूनिकेट करने का मैसेज ही एक तरीका है, जिसमें एक पब्लिक मैसेज को उनकी वॉल पर पोस्ट नहीं किया जा सकता है।

1. इनबॉक्स मेन्यू में से, कम्पोज़ न्यूमैसेज सिलेक्ट करें।
2. जिस व्यक्ति को आप मैसेज भेजना चाहते है। उसका नाम, सब्जेक्ट और मैसेज एंटर करें। सेंड बटन पर क्लिक करें।
3. आपको भेजे गए मैसेजेस पढ़ने के लिए, इनबॉक्स मेन्यू में से व्यू मैसेज

इनबॉक्स सिलेक्ट करें।

A.3.4 फेसबुक पर दोस्तों को खोजना (Finding Friends on Facebook)

फेसबुक को इस तरह से प्रोग्राम किया गया है ताकि यह आपसे पूछ सके कि क्या आप चाहते हैं कि यह आपकी ई-मेल लिस्ट चैक करें। यदि आप इसे चुनकर आगे बढ़ते हैं और फेसबुक को लोगों को खोजने के लिए अनुमति देते हैं, तो यह उन लोगों को खोजेगा जो आपकी ई-मेल लिस्ट में होते हैं और चैक करेगा कि क्या ये फेसबुक पर हैं। यदि उनमें से कोई एक फेसबुक पर होता है जो आपकी ई-मेल लिस्ट में भी है, तो वेबसाइट आपको उनके नामों का सुझाव देगी। आप उन्हें अपनी फ्रेंड्स लिस्ट में ऐड करने के लिए चुन सकते हैं और आपको किसी ऐसे व्यक्ति को शामिल नहीं करना है जिसे आप शामिल नहीं करना चाहते हैं।

☞ अपने ऑर्गनाइज़ेशन के नाम से प्रोफाइल बनाने से बचें। फेसबुक में वास्तविक व्यक्तियों को रिप्रेजेन्ट करने के लिए अकाउंट्स की आवश्यकता होती है। यदि आप अपना स्वयं का नाम इस्तेमाल करना नहीं चाहते हैं तो केवल पहला नाम और सरनेम का पहला अक्षर भी डाल सकते हैं।

दोस्तों को खोजें और ऐड करें (Find and Add Friends)

जब आप फेसबुक जॉइन कर लेते हैं, तो यह स्क्रीन डिस्प्ले होता है। आप अब फ्रेंड्स ऐड कर सकते हैं। (देखें चित्र A.9)। आप इस स्क्रीन पर दाईं ओर स्थित Find friends बटन पर क्लिक करके बाद में इसमें ऐक्सेस कर सकते हैं।

चित्र A.9: फाइन्ड फ्रैंड्स को सिलेक्ट करें

फ्रैंड्स कैसे खोजें: फ्रैंड्स को खोजने का एक सबसे आसान तरीक है फेसबुक को आपके ई-मेल के कॉन्टैक्ट्स और विभिन्न अन्य सोशल अकाउंट्स के कॉन्टैक्ट्स को ऐक्सेस और इम्पोर्ट करने की अनुमति प्रदान करना। फेसबुक इस सूचना का प्रयोग करके आपके कॉन्टैक्ट लिस्ट के आधार पर आपके फ्रैंड्स के साथ आपको कनेक्ट करता है।

1. फ्रैंड्स को खोजने के लिए, टूलबार पर FindFriends को लोकेट करके सिलेक्ट करें, Find Friend पेज चित्र A.9 की तरह दिखाई देगा।
2. चित्र A.10 के अनुसार फेसबुक पर फ्रैंड्स खोजने के विभिन्न तरीकों के बारे में जानने के लिए इंटरैक्टिव विंडों में दिए गए बटनों पर क्लिक करें।

→ एक फ्रैंड रिक्वेस्ट भेजने के लिए:

जब आप अपने फ्रैंड्स को खोज लेते हैं, तो आपको उन्हें एक फ्रैंड रिक्वेस्ट भेजनी होती है ताकि वो आपके फेसबुक फ्रैंड बन जाएँ।

1. चित्र A.11 के अनुसार Add as friend पर क्लिक करें।
2. फ्रैंड रिक्वेस्ट भेजी जाएगी। याद रखें कि उस व्यक्ति को आपसे यह कन्फर्म करना है कि वह फेसबुक पर आपका फ्रैंड है, इससे पहले कि आप उसे अपनी फ्रैंड्स लिस्ट में ऐड करेंगे। (देखें चित्र A.12)।

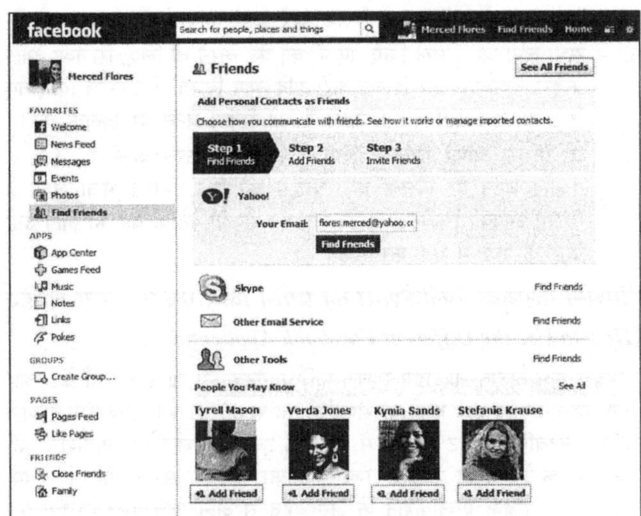

चित्र A.10: फ्रैंड्स खोजने के विभिन्न तरीके

All Results
bryan durand
Bryan Durand
4 mutual friends
Add as Friend

चित्र A.11: एक फ्रैंड रिक्वेस्ट भेजना

All Results
bryan durand
Bryan Durand
4 mutual friends
Friend Request Sent

चित्र A.12: फ्रैंड्स रिक्वेस्ट भेजना

इन्सटैंट मैसेजेस भेजने के लिए फ्रैंड्स खोजना (Find Friends You Instant Message)

ऐसे फ्रैंड्स को खोजने के लिए जिन्हें आप इन्सटैंट मैसेज भेजना चाहते हैं, Find friends you Instant Message लिंक पर क्लिक करें।

1. AIM या विंडोज लाइव मैसेंजर को बटन को सिलेक्ट करें। अपना स्क्रीन नेम एंटर करें और AIM पासवर्ड एंटर करके Find friends बटन पर क्लिक करें।

☞ आपके इन्सटैंट मैसेजिंग प्रोवाडर के अनुसार, आप आपके IM प्रोवाइडर की वेबसाइट की ओर भेजे जा सकते हैं ताकि आप उनकी साइट पर डायरेक्ट अपने पासवर्ड में एंटर कर सकें। कई ई-मेल प्रोवाइडर्स को यह आवश्यकता होती है कि आप एक ऐग्रीमेंट साइन करें जिससे आपके IM अकाउंट को फेसबुक द्वारा ऐक्सेस की अनुमति मिल सके।

2. उन लोगों की लिस्ट जो फेसबुक पर रजिस्टर्ड हैं और जिनके साथ आप इन्स्टैंट मैसेजिंग करना चाहते हैं, डिस्प्ले की जाती है। प्रत्येक फ्रैंड के

साथ एक चैकबॉक्स को क्लिक करें जिसे आप ऐड करना चाहते हैं।

3. सभी लोग जो डिस्प्ले किए गए हैं, को ऐड करने के लिए, सिलेक्ट ऑल फ्रैंड्स चैकबॉक्स पर क्लिक करें। यदि आप किसी भी डिस्प्ले किए गए फ्रैंड को ऐड नहीं करना चाहते हैं, तो स्किप बटन पर क्लिक करें।
4. जो फ्रैंड्स आपने सिलेक्ट किए हैं उन्हें ऐड करने के लिए, Add as friends बटन पर क्लिक करें। फ्रैंड्स को एक ई-मेल भेजा जाता है जिसमें आपकी रिक्वेस्ट को उनके द्वारा स्वीकृति देने के बाद ही आप उन्हें फ्रैंड के रूप में ऐड कर सकते हैं।

विभिन्न फेसबुक ऐप्लीकेशन्स का प्रयोग किस प्रकार करना चाहिए (How to Use the Different Facebook Applications)

फेसबुक एक अत्यंत लोकप्रिय सोशल मीडिया नेटवर्किंग साइट है जहाँ फ्रेंड और जाने पहचाने लोग एक दूसरे के संपर्क में रह सकते हैं। एक लोकप्रिय सोशल मीडिया नेटवर्किंग साइट के रूप में, फेसबुक इसके यूजर्स को ऐप्लीकेशन्स की एक व्यापक रेंज प्रदान करता है जिससे उनका फेसबुक सैशन और भी रोचक बने। आप फेसबुक ऐप्लीकेशन के द्वारा बहुत से ऑनलाइन गेम्स एन्जॉय कर सकते हैं। फेसबुक के कुछ लोकप्रिय ऐप्लीकेशन्स हैं बर्थडे लिस्ट बनाना, फ्रैंड को एक स्माइल भेजना, फ्रैंड के साथ हँसी मजाक करना, वर्चुअल गिफ्ट्स भेजना और फोटो कोलाज बनाना।

इस तरह के छोटे-छोटे ऐप्लीकेशन्स आपको आपके फ्रैंड्स के साथ बेहतर तरीके से कनेक्टेड रहने में मदद करते हैं और उन्हें बेहतर तरीके से आपसे बाँडिंग करने में मदद करते हैं। आपको इन फेसबुक ऐप्लीकेशन्स के साथ मजेदार एवं अच्छा समय बिताने का अवसर अवश्य ही मिलेगा। आप फेसबुक पर ईवेंट्स और ग्रुप्स बना सकते हैं और जन्मकुंडली के बारे में सीख सकते हैं।

A.3.5 नेटवर्किंग प्रारंभ करना (Start Networking)

यदि आप ऐसे दोस्तों को जानते हैं जो पहले से ही फेसबुक पर हैं, तो आप उन्हें ऐड करने के लिए पहले उन्हें खोजें जैसा कि नीचे चित्र A.4 में दिखाया गया है, और फिर उन्हें एक इन्विटेशन (आमंत्रण) भेजें।

☞ आप एक ऐसा ग्रुप बना सकते हैं जो आपके दोस्तों या समरुचि वाले लोगों के संपर्क में रहें।

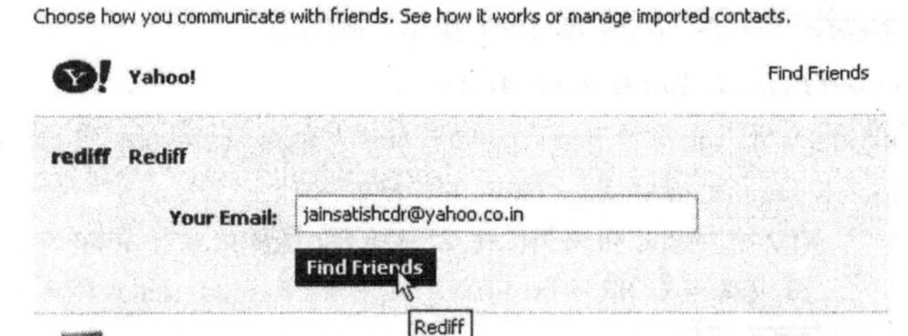

Choose how you communicate with friends. See how it works or manage imported contacts.

Yahoo! — Find Friends

rediff Rediff

Your Email: jainsatishcdr@yahoo.co.in

Find Friends

Rediff

Windows Live Hotmail — Find Friends

ymail.com — Find Friends

चित्र A.13: फेसबुक पर फैंड सर्च करना

वो चाहें तो आपका आमंत्रण स्वीकार कर सकते हैं और एक बार स्वीकार करने के बाद आप उन्हें मैसेजेस, पिक्चर्स, वीडियोज आदि भेजकर उनके साथ नेटवर्किंग स्टार्ट कर सकते हैं। इसके अलावा फेसबुक आप को यह ऑप्शन भी देता है कि आप एक व्यक्ति को अपना दोस्त बना भी सकते हैं और उसे अनदेखा (ignore) भी कर सकते हैं। एक बार जब ये सभी स्टेप्स हो जाते हैं तो इसका अर्थ है कि आपने सफलता पूर्वक एक फेसबुक प्रोफाइल बना ली।

A.3.6 हमेशा अपडेट करते रहें (Keep Updating)

एकबार जब आपने एक प्रोफाइल बना ली, तो आप इसे अपडेटेड रखने का ऑप्शन चुन सकते हैं ताकि लोग यह जान सकें कि आप कहाँ तक पहुँचे हैं और आप क्या सोचते हैं। आप फोटो या सूचना जो चाहें वो शेयर कर सकते हैं। आप किन लोगों के साथ ज्यादा सूचना या कम सूचना शेयर करना चाहते हैं, इसका भी आप प्रेफ़रेंस (Preference) सैट कर सकते हैं।

A.3.7 फेसबुक पर ग्रुप्स (Groups on Facebook)

अपने सबसे करीबी दोस्तों के संपर्क में रहने के अलावा, ऐसे कई और कारण हैं जिनसे यह सीखा जा सकता है कि फेसबुक पर एक ग्रुप कैसे बनाया जाए। ये कारण हैं:

☞ फेसबुक के साथ, आप अपने दोस्तों और जान पहचान वालों के साथ कनेक्ट हो सकते हैं और यह आप पर निर्भर करता है कि आप किसे चुनें और किसे छोड़ें। आप कुछ गेम्स भी खेल सकते हैं, अत: आगे बढ़ें और कोशिश करें।

1. फेसबुक पर लोगों के ग्रुप्स समान रुचियों को शेयर करते हैं। उदाहरण के लिए यदि आप सीख रहे हैं कि गिटार कैसे बजाया जाता है और आप मदद माँग रहे हैं, किसी एक गाने के लिए, तो आप एक ग्रुप जॉइन कर सकते हैं जो गिटार प्लेयर्स के लिए बना है और अपना प्रश्न पूछ सकते हैं और अपना उत्तर भी प्राप्त कर सकते हैं।
2. यह एक संगठन के लोगों को एक साथ लाता है, चाहे यह एक वर्कप्लेस हो या एक कॉलेज, और यह उनके लिए आपस में कम्यूनिकेट करना आसान बनाता है।
3. यह एक सेलेब्रिटी (celebrity) के लिए भी एक प्लैटफॉर्म हो सकता है ताकि वो अपने चाहने वालों (fans) के साथ कम्यूनिकेट कर सके और उनसे अपने काम के बारे में महत्त्वपूर्ण रिव्यू (review) प्राप्त कर सके।

A.3.8 फेसबुक पर ग्रुप कैसे बनाएँ

फेसबुक पर ग्रुप बनाने के लिए, पहले आपको फेसबुक के होमपेज पर जाना होगा।

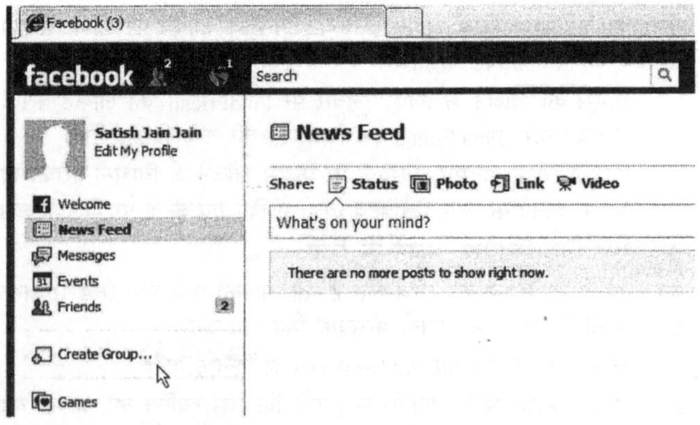

चित्र A.14: फेस बुक पर ग्रुप्स बनाना

1. फेसबुक में लॉगइन करो।
2. लॉगइन करने के बाद, उसी पेज के बाईं ओर, **क्रिएट ए ग्रुप** पर क्लिक करो।
3. Who is in your new group? (आपके नए ग्रुप में कौन हैं) इस टाइटल वाला डायलॉग बॉक्स दिखेगा, यहाँ आपको अपने ग्रुप के बारे में बेसिक सूचना भरनी होगी और अपनी आवश्यकताओं के अनुसार सैटिंग्स को मॉडिफ़ाई करना होगा, कि क्या आप केवल मेम्बर्स को ही प्रवेश देंगे या फेसबुक प र स्थित किसी को भी
4. **क्रिएट ग्रुप** बटन पर क्लिक करो।

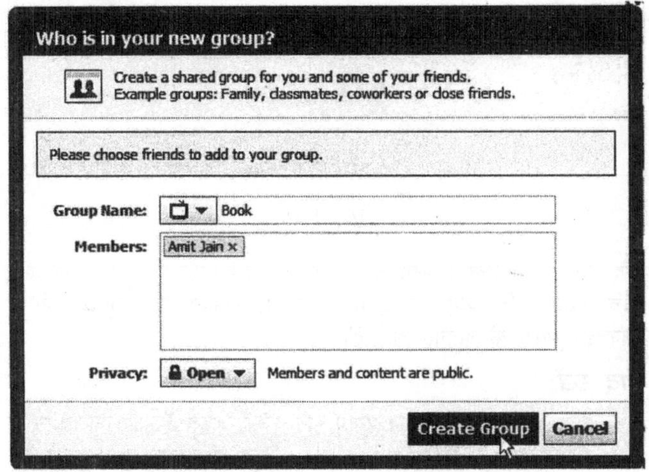

चित्र A.15: नया ग्रुप ऐड करना

A.4: लिंक्डइन क्या है? (What is LinkedIn?)

लिंक्डइन सोशल मीडिया के विशाल विश्व में एक सोशल नेटवर्क है जो बिजनेस की ओर ले जाता है। लिंक्डइन उन लोगों के बीच अधिक लोकप्रिय है जो काम करते हैं और अपने संपर्क सूत्र बनाना चाहते हैं ताकि वो मालिकों तक स्वयं पहुँच सकें। लिंक्डइन एक बिजनेस की मार्केटिंग करने की वजह से भी लोकप्रिय है, क्योंकि बिजनेस के मालिक उनसे इंटरैक्ट कर सकते हैं जो उनकी सेवाओं में इंट्रेस्टेड हैं। वो उनके प्रश्नों के उत्तर दे सकते हैं, चर्चाओं में भाग ले सकते हैं और भी बहुत कुछ कर सकते हैं।

A.4.1 लिंक्डइन का प्रयोग कैसे करें? (How to Use LinkedIn?)

लिंक्डइन एक लोकप्रिय वेबसाइट है जिसके द्वारा व्यवसायी अपना नेटवर्क बना सकते हैं और कॉलेज के छात्र इसका प्रयोग करके किसी कंपनी को व्यक्ति से मिल सकते हैं, जिसमें वो काम करना चाहते हैं। एक लिंक्डइन अकाउंट होना फायदेमंद होता है। यहाँ कुछ तरीके दिए जा रहे हैं जिनसे आप ऑनलाइन नेटवर्किंग अनुभव से बहुत कुछ हासिल कर सकते हैं।

1. **उन्हीं लोगों के साथ नेटवर्क करें जिन्हें आप पहले से जानते हैं:** यदि आप लिंक्डइन में नए हैं, तो अपना कनेक्शन बढ़ाने का सबसे अच्छा और आसान तरीका है; उन्हें ऐड करें जिनको आप व्यक्तिगत रूप से जानते हैं। लिंक्डइन आपको आपके ई-मेल अकाउंट्स से फ्रैंड्स इम्पोर्ट करने के लिए अनुमति देता है: जैसे Gmail, Yahoo, AOL, Windows Live आदि।
2. **ऑन लाइन पहचान:** लिंक्डइन आपको ऑनलाइन प्रोफाइल बनाने में मदद करता है या आप इससे एक प्रोफेशनल पहचान को दोबारा बना सकते हैं। लिंक्डइन को आमतौर पर गूगल पर टॉप रैंकिंग मिलती है, जब कोई आपका नाम सर्च इंजिन में प्लग करता है, तब आपकी प्रोफाइल सबसे ऊपर आती है। यह तब फायदेमंद होता है जब आप अपनी प्रोफेशनल (व्यावसायिक) पहचान स्थापित करना चाहते हैं कारण जो भी वो लिंक्डइन पर देखते हैं वह एक मिनि रिज्यूमे (mini resume) होता है।
3. **रोजगार (जाब्स):** यद्यपि लिंक्डइन एक नेटवर्किंग टूल के रूप में अधिक लोकप्रिय है जो आपको लोगों एवं कंपनीज के साथ संपर्क करने में मदद करती है। फिर भी पेज पर एक जॉब्स सैक्शन भी होता है आप जॉब्स पेज के द्वारा उन जॉब्स के लिए ऐप्लाई कर सकते हैं, लेकिन आप कॉन्टैक्ट पर्सन के बारे में अपनी बुद्धि का प्रयोग भी कर सकते हैं और इसके लिए आपको अधिक दृढ़ता के साथ उन्हें डायरेक्ट उस पोजीशन के लिए कॉन्टैक्ट करना होगा।
4. **लोगों को खोजना:** लिंक्डइन तब भी उपयोगी है जब आप किसी ऐसे व्यक्ति को खोजते हैं जो एक विशेष कम्पनी में कार्य करता हो या यह खोजें कि एक निश्चित संस्था में लोगों को क्या पोजीशन मिली हुई है। लिंक्डइन का एक फीचर यह है कि यह आपको किसी व्यक्ति तक पहुँचने में और उन्हें मैसेज या ई-मेल भेजने में आपकी मदद करता है।
5. **रिकमेंडेशन्स (सुझाव):** लिंक्डइन में रिकमेंडेशन्स के लिए एक बिल्टइन पेज होता है। आप अपने सहकर्मियों से सुझाव प्राप्त कर सकते हैं और आप उन्हें भी सुझाव दे सकते हैं जो आपके लिए काम करते हैं। ये सुझाव उपयोगी होते हैं क्योंकि आप अपनी उपलब्धियाँ दिखा सकते हैं और उसके लिए प्रशंसा प्राप्त कर सकते हैं।

A.4.2 एक लिंक्डइन लॉगिन कैसे बनाएँ (How to Creat a LinkedIn Login)

आप लिंक्डइन का प्रयोग जॉब्स पाने में, स्वयं को प्रमोट करने में या अपने बिजनेस को बढ़ाने में कर सकते हैं। लेकिन पहले, आपको एक लिंक्डइन लॉगिन (अकाउंट) बनाना होगा जिससे आप लिंक्डइन का प्रयोग करना शुरू कर सकें।

लिंक्डइन अकाउंट कैसे बनाया जाता है?

(How to Create a LinkedIn Account)

लिंक्डइन में स्टार्ट करने के लिए, आपको एक अकाउंट बनाने की जरूरत होगी। एक बार जब आपका अकाउंट सैट हो जाता है, तो आप अन्य लोगों को आपके नेटवर्क में जोड़ना शुरू कर देते हैं और एक पॉवरफुल टूल बनाना शुरू कर देते हैं।

➔ **अपना लिंक्डइन लॉगिन बनाने के लिए:**

1. अपना वेब ब्राउजर खोलें और LinkedIn.com पर जाएँ।
2. पेज के join linked (दाएँ) एरिया में सूचना को पूरा करें।

   First Name: बॉक्स में अपना पहला नाम टाइप करें।

   Last Name: बॉक्स में अपना पिछला नाम या सरनेम टाइप करें।

   E-mail: बॉक्स में एक वैलिड ई-मेल ऐड्रेस टाइप करें जहाँ पर आप ई-मेल रिसीव करेंगे।

   Password: **बॉक्स** में अपने अकाउंट के लिए एक पासवर्ड टाइप करें। **पासवर्ड** कम से कम 6 लैटर्स का होना चाहिए। यह अच्छा रहता है यदि

आप एक स्ट्राँग पासवर्ड बनाने के लिए लोअर केस और कैपिटल लैटर्स दोनों का प्रयोग करने के साथ-साथ कम से कम एक नंबर या स्पेशल कैरेक्टर (*, ! आदि) का भी प्रयोग करें। कोई भी खाली जगह (blank space) नहीं छोड़ें।

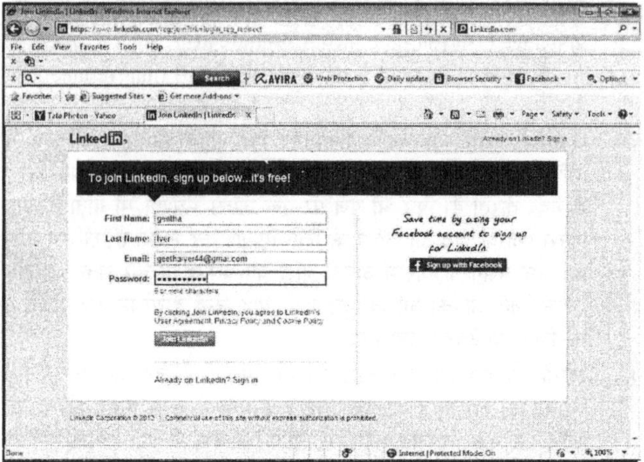

चित्र A.16

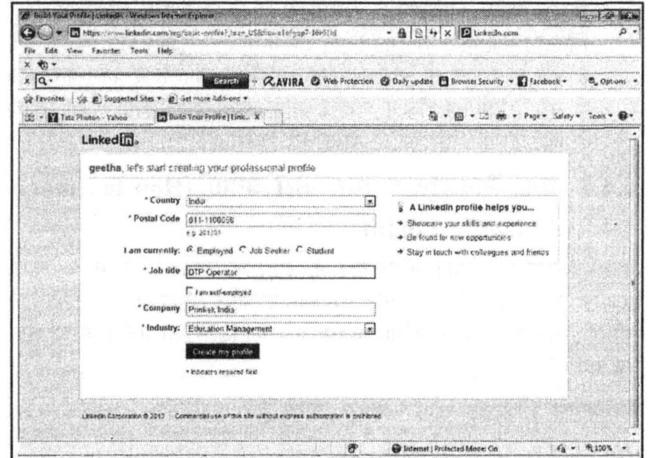

चित्र A.17

चित्र A.16 की तरह join Now बटन पर क्लिक करें। इससे आपको अगली लिंक्डइन स्क्रीन में ले जाया जाएगा जो चित्र A-17 में दिखाई गई हैं।

3. एक लिंक्डइन लॉगइन बनाने का अगला स्टेप है आपका एम्प्लॉयमेंट स्टेटस और लोकेशन इन्फॉर्मेशन प्रदान करना।
4. I am currently: ड्रॉप लिस्ट में से इनमें से कोई एक विकल्प चुनें। ये हैं Employed with company, A Business owner, working independently या A student.
5. उदाहरण के लिए आपने चुना Employed, तो बचे हुए बाकी फील्ड्स में आपको भरना होगा कम्पनी का नाम, जॉब टाइटल, कंट्री, ज़िप कोड आदि (देखें चित्र A.17)।
6. इसके बाद क्रिएट माई प्रोफाइल बटन पर क्लिक करें।

आपके ई-मेल कॉन्टैक्ट्स इम्पोर्ट करना (वैकल्पिक)

कॉन्टैक्ट्स बनाने के लिए आपके पास यह विकल्प है कि आप लिंक्डइन लॉगिन सैटअप प्रोसेस के दौरान ई-मेल ऐड्रेस को इम्पोर्ट कर सकते हैं जैसा कि चित्र A.18 के दिखाया गया है।

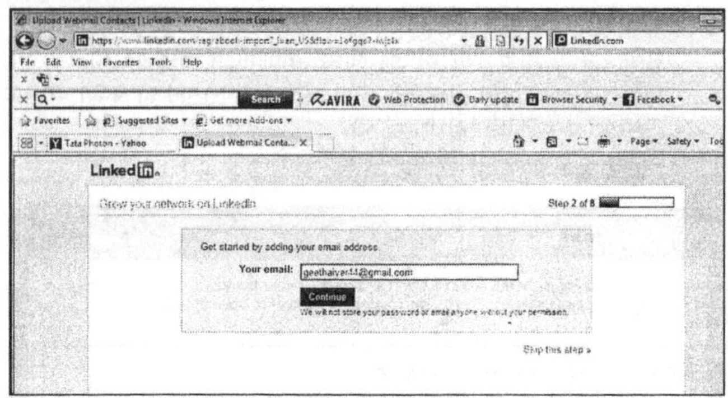

चित्र A.18:

यदि आप यह वैकल्पिक स्टेप लेना चाहते हैं, तो लिंक्डइन यह देखने के लिए जाँच करता है कि क्या कोई ई-मेल ऐड्रेसेस, आपकी ऐड्रेस बुक में मौजूद लिंक्डइन मेंबर्स के अंतर्गत आते हैं।

याद रखें:

- यदि आप इस फीचर का प्रयोग नहीं करना चाहते हैं, तो आप स्क्रीन के निचले भाग में स्थित Skip this step लिंक पर क्लिक कर सकते हैं।

एक बार जब आप या तो ई-मेल ऐड्रेस से गुजर चुके होते हैं या इसे स्किप कर देते हैं, तो एक कन्फर्मेशन स्क्रीन डिस्प्ले होती है जिसमें आपको यह पता लगता है कि एक कन्फर्मेशन ई-मेल उस ई-मेल अकाउंट को भेजा गया है जिसे आपने अभी अभी लिंक्डइन के साथ रजिस्टर किया है। यदि लिंक्डइन आपके ई-मेल प्रोवाइडर को पहचान लेता है, तो एक बटन उपलब्ध होगा जिसे आप क्लिक कर सकते हैं और सीधे अपने ई-मेल प्रोवाइडर (webmail) में जा सकते हैं, जहाँ पर आप लॉगइन कर सकते हैं और लिंक्डइन से भेजा गया कन्फर्मेशन मैसेज प्राप्त कर सकते हैं (देखें चित्र A.19)।

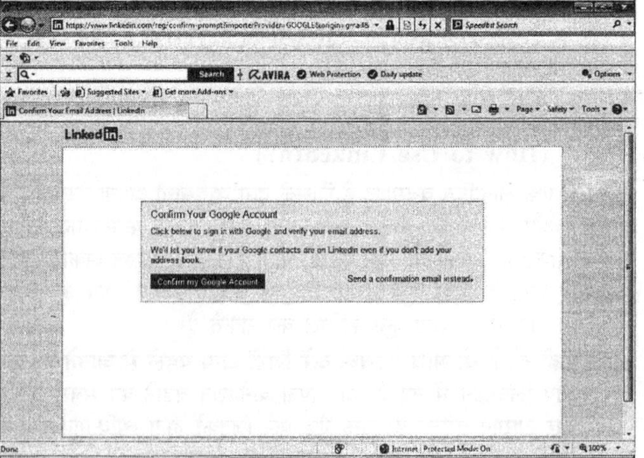

चित्र A.19

आपको तुरंत लिंक्डइन की कनफर्मेशन मिल जाती है या इसे करने में कई मिनट लग सकते हैं। एक बार जब आपको मैसेज मिल जाता है तो आपको निम्न करना होगा:

1. लिंक्डइन कन्फर्मेशन मैसेज की लिंक पर क्लिक करें।
2. जो लॉगिन आपने अभी अभी बनाया है उससे लिंक्डइन में लॉगिन करें।
3. लिंक्डइन का प्रयोग करना शुरू करें।

लिंक्डइन पब्लिक प्रोफाइल क्या है?

(What is a LinkedIn Public Profile)

आपकी पब्लिक प्रोफाइल तभी दिखती है जब लोग आपको एक पब्लिक सर्च इंजिन द्वारा सर्च करते हैं जैसे Google, Yahoo!, Bing आदि। आप एडिट प्रोफाइल पेज से अपनी पब्लिक प्रोफाइल को एडिट कर सकते हैं।

➔ **अपनी पब्लिक प्रोफाइल को छिपाने के लिए:**

1. आपके होमपेज के टॉप पर स्थित **प्रोफाइल** में कर्सर को मूव कराएँ। Edit Profile को चित्र A.20 में दिखाए अनुसार सिलेक्ट करें।

चित्र A.20

2. पब्लिक प्रोफाइल URL के पास स्थित **Edit** लिंक पर क्लिक करें, जो आपके प्रोफाइल के ऊपरी भाग में होता है। यह एक ऐड्रेस होगा जैसे www.linkedin.com/in/yourname.
3. "Make my public profile visible to no one" के पास बने बटन पर (दाईं ओर) क्लिक करें जैसा चित्र A.21 में दिखाया गया है। आपकी लिंक्डइन प्रोफाइल सर्च इंजिन में नहीं दिखाई देगी और यह नॉन-लिंक्डइन मेंबर्स को भी दिखाई नहीं देगी।

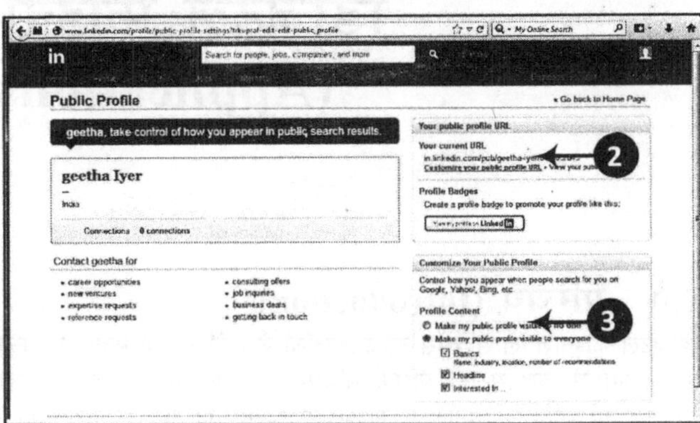

चित्र A.21

➔ **अपनी पब्लिक प्रोफाइल दिखाने के लिए:**

1. अपने होम पेज के टॉप पर **प्रोफाइल** में कर्सर को घुमाएँ। और **Edit Profile** सिलेक्ट करें।
2. आपकी प्रोफाइल के टॉप सैक्शन में पब्लिक प्रोफाइल URL के पास स्थित **Edit** लिंक पर क्लिक करें। यह एक ऐड्रेस की तरह होगा जैसे www.linkedin.com/in/yourname
3. "MakeMy Public Profile Visible to Everyone" के पास बने बटन पर क्लिक करें। आपकी बेसिक सूचना डीफॉल्ट द्वारा डिस्प्ले हो जाती है।
4. बॉक्सेज को चैक या अनचैक करें और यह सिलेक्ट करें कि कौन सा अतिरिक्त सैक्शन आप डिस्प्ले करना चाहेंगे। चेंजेस तुरंत दिखाई देते हैं और आप उन्हें तुरंत पेज पर रिफ्लेक्ट होता हुआ देख सकेंगे। View your public profile पर क्लिक करें और फुल पेज देखें। आपको वह पेज रीलोड करना होगा ताकि आपने जो चेंजेस किए हैं, उन्हें आप देख सकें।

अध्याय-9

डिजिटल फाइनेंशियल सर्विसेस् की एप्लीकेशन्स्
(Applications of Digital Financial Services)

9.0 परिचय (Introduction)

डिजिटल फाइनेंशियल सर्विसेस् नई टेक्नोलॉजी जैसे इंटरनेट या मोबाइल फोन्स् के माध्यम से फाइनेंस की बेसिक सर्विसेस् को आम जनता तक पहुँचाती है, और नये डिजिटल चैनल के माध्यम से रूपयों को ट्रांसफर करती है।

ये चैनल्स् कस्टमर और सर्विस प्रोवाइडर के खर्च को कम करते हैं तथा 365 दिनों और चौबिसों घंटे की सर्विस देने के लिए रास्ते खोलतें हैं। (चित्र 9.1)

चित्र 9.1: डिजिटल फाइनेंशियल सर्विस

9.1 उद्देश्य (Objectives)

पाठक निम्नलिखित बिन्दुओं को समझने में सक्षम हो जाएगा:

- सेविंग्स की जरूरतें
- घर में कैश रखने से हानियाँ
- बैंक की जरूरत क्यों है, बैंकिंग प्रोडक्ट
- बैंक में अकाउंट खोलने के लिए आवश्यक डॉक्यूमेंट
- बैंकिंग सर्विस चैनल्स् I और II
- इन्स्योरेंस
- अनेक स्कीम्स्

9.2 सेविंग की जरूरत क्यों है? (Why Saving are Needed?)

हमारे भविष्य की जरूरतों के लिए, एमरजेंसी में, और बड़े खर्चों को पूरा करने में सेविंग मदद करती है।

9.2.1 एमरजेंसीज़ (Emergencies)

हर एक के लिए सेविंग सबसे प्रायोरिटी में होना चाहिए, यह आपको अनच. ाही एमरजेंसीज का सामना आसानी से करने में मदद करती है। जैसे कि:

- एमरजेंसी फण्ड आप को न सिर्फ धन उपलब्ध करता है बल्कि मन की शान्ति भी देता है।
- अचानक आने वाले एक्सपेंसेस जैसे बीमारियाँ, एक्सीडेंट, कमाने वाले व्यक्ति की मौत, आग लगना, बाढ़ आना, आदि।
- जॉब का चले जाना या अचानक इन्कम बन्द हो जाना।
- यह आपको किसी से उधार लेने से बचाता है।

9.2.2 भविष्य की जरूरतें (Future Needs)

हम इसलिए सेविंग करते हैं क्योंकि हम भविष्य नहीं देख सकते हैं। निम्नलिखित कुछ कारण हैं जिनकी वजह से हम सेविंग करते हैं (चित्र 9.2):

- कुछ ऐसी चीज को खरीदना जिसे रेगुलर इन्कम से नहीं लिया जा सकता है।
- बुढ़ापे के दिनों में जरूरत को पूरा करने में मदद करती है क्योंकि तब व्यक्ति कमाई करने लायक नहीं रहता है।
- हर साल एजुकेशन पर खर्च बढ़ता जा रहा है और यह आपकी फैमिली मेम्बर को अच्छी एजुकेशन देने में मदद करती है।

चित्र 9.2: सेविंग्स

- नये बिज़नेस को शुरू करना, अपना घर खरीदना।
- रिटायरमेंट के बाद अचानक वाने वाले खर्ज।
- भविष्य में जब इन्कम कम और खर्च ज्यादा हो जाता है।

9.2.3 बड़े एक्सपेंस (Large Expense)

अक्सर बड़े एक्सपेंसेस् जैसे घर खरीदना, शादी, पढ़ाई आदि, बहुत ही अनुचित समय पर आते हैं और ये बड़े ऐक्सपेंसेस् निम्नलिखित हैं:

- फैमिली मेम्बर की देश या विदेश में पढ़ाई के लिये प्लान करना।
- शादी के लिये प्लान करना।
- घर खरीदना।
- बिज़नेस स्टार्ट करना।

9.3 घरों में कैश रखने से हानियाँ (Drawbacks of Keeping Cash at Home)

धन घर में रखा है तो यह किसी व्यक्ति के द्वारा चोरी किया जा सकता है। इस सेक्शन में हम धन को घर में रखने से होने वाली हानियों के बारे में पढ़ेंगे।

9.3.1 असुरक्षित (Unsafe)

अगर आप घर में कैश रखते हैं तो यह चोरी हो सकता है अथवा आग लगने जैसी घटना से क्षति पहुँच सकती है।

9.3.2 वृद्धि का न होना (Loss of Growth Opportunity)

बैंक में धन रखने से आप उस पर अतिरिक्त धन पा सकते हैं।

9.3.3 क्रेडिट एलिजिबिलिटी का न होना (No Credit Eligibility)

धन को बैंक में जमा करने से आपकी क्रेडिट एलिजिबिलिटी बनती है।

- आप क्रेडिट कार्ड या लोन के लिए एलिजिबल नहीं होते क्योंकि आपकी कोई क्रेडिट हिस्ट्री नहीं होती है।
- बैंक आपकी भविष्य की जरूरतों को पूरा करने के लिए लोन दे सकती हैं।

9.4 बैंक की जरूरत क्यों हैं? (Why Bank is Neede?)

बैंक एक फाइनेंशियल इंस्टिट्यूशन है जो आपके द्वारा किये गये ट्रांजेक्शन में इन्टरमीडिएट का रोल अदा करता है, और पैसों की सुरक्षा तथा मनी लेडिंग संबंधित सर्विस प्रदान करता है। यह सरकार की सहमती से बनी एक ऑर्गनाइजेशन होती है जोकि कैश डिपॉज़िट, इन्ट्रसट पे करना, तथा किसी व्यक्ति की जरूरत की सभी फाइनेंशियल सर्विसेस प्रदान करता है।

बैंक निम्नलिखित सर्विस प्रदान करती है (चित्र 9.3):

चित्र 9.3: बैंक की जरूरत

- रूपयो के सेफ्टी।
- सेविंग की आदत को बढ़ावा देता है।
- इन्ट्रस्ट प्रदान करना।
- चेक/डिमांड ड्राफ्ट के माध्यम से पेमेंट करना।
- लोन-होम/बिजनेस/व्हीकल।
- चिट फण्ड तथा साहूकार के रिस्क को खत्म करना।
- ऑन लाइन बैंकिंग।
- बैंक लॉकर्स देना।
- क्रेडिट/डेबिट कार्ड इशू करना।

9.4.1 सिक्योर मनी, इन्ट्रस्ट पाना, लोन पाना (Secure Money, Earn Interest and Get Loans)

- बैंक में पैसे सेव करने से आप इस पर इन्ट्रस्ट पा सकते हैं।
- सेविंग अकाउन्ट पर मिलने वाला रेट ऑफ इन्ट्रस्ट इस बात पर भी निर्भर करता है कि आपने कितना धन बैंक में सेव किया है, जितना अधिक धन, जितने अधिक समय के लिए बैंक में रखेंगे उतना ही अधिक इन्ट्रस्ट पा सकते हैं।
- अगर आप के संबंध बैंक के साथ अच्छे हैं तो आप अपने बैंक से लोन (जैसे, वीह्कल, हाउस या एजुकेशन, बिज़नेस लोन, आदि) ले सकते हैं। क्योंकि आप जो भी धन बैंक में जमा करते हैं उससे आपकी क्रेडिट एलिजिबिलिटी बनती है।
- अगर आप सुरक्षा कारणों से कैश अपने साथ नहीं रखना चाहते हैं तो आप इसकी जगह क्रेडिट कार्ड या डेबिट कार्ड का प्रयोग कर सकते हैं।
- यह आपके धन को सुरक्षा देता है क्योंकि घर पर रखा धन चोरी भी हो सकता है।

9.4.2 सेविंग करने की आदत बनाना (Inculcate Habit of Saving)

व्यक्ति जो बिज़नेस या जॉब कर रहा है, स्टूडेंट है, बच्चा है, या घरेलू औरतें हैं, सभी में सेविंग करने की आदत जरूर होनी चाहिए। यह आपको भविष्य में मदद कर सकता है।

9.4.3 चेक तथा डिमांड ड्राफ्ट से भेजे जाने वाली रकम (Remittance Using Cheque/Demand Draft)

बैंक, एक बैंक से दूसरे बैंक (देश या विदेश) में चेक अथवा डिमांड ड्राफ्ट द्वारा भेजे जाने वाले धन के लिए इन्टरमीडिएट का काम करता है।

9.4.4 साहूकार, चिट फंड्स् से बचें (Avoid Risk of Chit Funds and Sahukars)

चिट फंड्स (Chit Funds)

चिट एक ट्रांजेक्शन है जिसमे एक व्यक्ति कई व्यक्तियों के साथ मिलकर एग्रीमेंट करता है। इसमें व्यक्ति एक तय की गई अमाउंट को पेरिओडिकली सब्सक्राइब करते हैं। इस प्रकार के सब्सक्रिप्शन् से धन उस व्यक्ति का नम्बर आने पर, चिट एग्रीमेंट के अनुसार टेंडर द्वारा, ऑक्शन द्वारा य अन्य किसी मेथड द्वारा उसे मिल जाता है।

चिट फण्ड फ्रॉड एक बड़ा इश्यू बन गया है और बहुत सारे लोग उसके द्वारा ठगे जा चुके हैं। इकट्ठा किये गए धन को लेकर फण्ड मैनेजर भाग सकते हैं। मेम्बर भी इन्स्टालमेंट देने में गड़बड़ी कर सकते हैं और पहली बिड जीतने के बाद भाग सकते हैं। डिस्काउन्ट रेट में धांधली हो सकती है और जरूरतमंद को ज्यादा अमाउण्ट देना पड़ सकता है। इन्हीं वजहों से चिट फण्ड में इन्वेस्टमेंट करने की सलाह नहीं दी जाती है।

साहूकार (Sahukars)

यह एक प्रकार का मनी लेंडर होता है जो आपको अधिक ब्याज दरों पर लोन प्रोवाइड करता है। लोग ज्यादातर इनके पास तब आते हैं जब बैंक उन्हें लोन देने से मना कर देता है।

साहूकारों के द्वारा किए जाने वाले कुछ अनुचित कार्य

(Unfair Practices of Sahukars)

साहूकार आपको कई प्रकार से धोखा दे सकते हैं:

- ये लिए गए लोन की रकम में बदलाव करके लोन दी गयी रकम से अधिक पैसे लिख सकते हैं।
- ये लिए गए धन की वापसी से संबंधित कोई रसीद नहीं देते हैं, और कभी-कभी साहूकार मना कर देता है कि उसे कोई धन वापिस नहीं दिया गया है।
- ये बहुत ज्यादा इन्ट्रस्ट लेते हैं।

> **फैक्ट:** बैंकों द्वारा दिए जाने वाली रकम पर लगने वाला इन्ट्रस्ट साहूकारों की तुलना में बहुत कम होता है। इसलिये अगर मनी लेंडर 3 प्रति महीना का इन्ट्रस्ट साहूकारों की तुलना में बहुत कम होता है। इसलिये अगर मनी लेंडर 3 प्रति महीना का इन्ट्रेस्ट मेंशन करता है तो इसका मतलब यह 36 प्रति इयर होगा, जबकि बैंक टर्म डिपोजिट पर ज्यादा से ज्यादा 12-15% प्रति इयर का इन्ट्रस्ट लेती है।

9.5 बैंकिंग प्रोडक्ट (Banking Products)

बैंक न केवल आपको आपका धन और जेवरातों को लाकर्स में सेफ रखने के लिए सुरक्षित जगह प्रदान करता है, बल्कि ये आपको अकाउन्ट और ऐसे प्रोडक्टस् मुहैया कराते हैं जिससे आप अपना बिल पे कर सकते हैं और अपने धन पर इन्ट्रस्ट पाकर अपना धन बढ़ा सकते हैं।

9.5.1 अकाउन्ट और डिपाजिट के प्रकार (Types of Accounts and Deposit)

अकाउण्ट (Account) (चित्र 9.4)

1. **सेविंग अकाउन्ट:** यह अकाउन्ट सेविंग से संबंधित है। इसकी सबसे खास बात यह है कि बैंक इसमें रखे रूपये पर ब्याज देता है।

   फीचर्स:

   - फण्ड के डिपॉजिट एवं विथ्ड्रॉअल में फ्लेक्सबिल्टी।
   - पासबुक, चेकबुक, ए.टी.एम. कम डेबिट कार्ड कस्टमर को इशू किया जाता है।
   - अकाउण्ट डिपॉज़िट पर इन्ट्रस्ट दिया जाता है।

2. **करंट अकाउन्ट:** यह सामान्यत: बिज़नेस पर्सन, कम्पनीज़, पब्लिक एन्टरप्राइज़ेज, आदि के लिए होता है।

   फीचर्स:

   - करंट अकाउन्ट किसी फर्म या कम्पनी के नाम पर खोला जाता है।
   - इसमें नंबर ऑफ ट्रांजेक्शन की कोई सीमा नहीं होती है।
   - इसमें बैंक द्वारा कोई इन्ट्रस्ट पे नहीं किया जाता है।

3. **NRO/NRE/FCNR अकाउन्ट**

   - **फॉरेन करेंसी नान रेजिडेंट अकाउन्ट (FCNR):** यह अकाउन्ट NRI के द्वारा उनकी करेंसी के अनुसार खोला जाता है जैसे, यू.एस. डॉलर (USD), ग्रेट ब्रिटेन पाउंड (GBP), यूरो (EUR), जापानी येन (JPY), कनाडियन डॉलर (CAD) और ऑस्ट्रेलियन डॉलर (AUD), आदि।
   - **नॉन-रेजिडेंट ऑर्डेनेरी अकाउन्ट (NRO):** भारत से बाहर जाने वाला भारतीय यदि नॉन-रेजिडेंट बनता है तो उसका अकाउन्ट NRO अकाउन्ट बन जाता है जिससे वह व्यक्ति धन नहीं निकाल सकता है।
   - **नॉन-रेजिडेंट (एक्सटर्नल) रूपी अकाउन्ट (NR(E)RA):** NR(E)RA एक रूपी अकाउन्ट है और इसके माध्यम से एन.आर.आई. विदेश से भारत में अपना पैसा डाल सकते हैं तथा भारत से बाहर रूपया ले जा सकते हैं।

डिपॉजिट (Deposit) (चित्र 9.4)

1. **टर्म-फिक्स्ड डिपॉज़िट:** इसके अंतर्गत हम किसी निश्चित समय के लिए एक पर्टिकुलर अमाउन्ट को बैंक में जमा करते हैं।

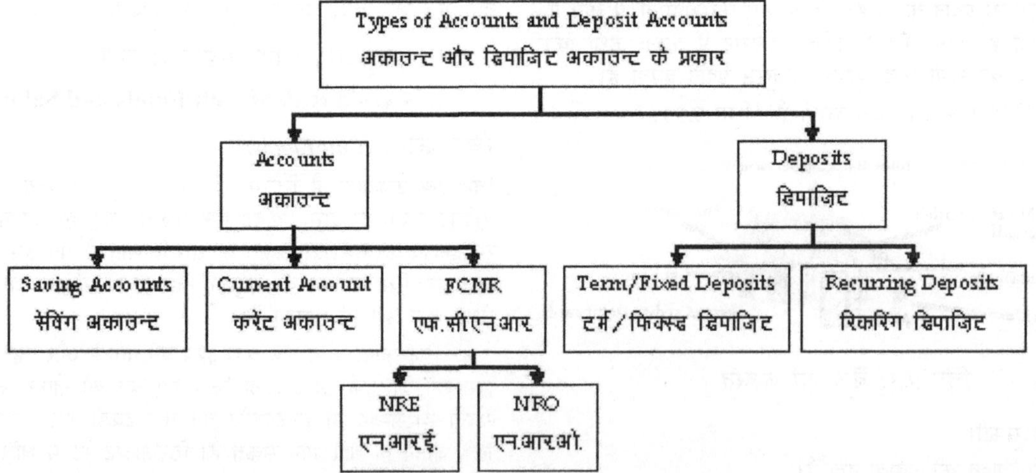

चित्र 9.4: अकाउन्ट और डिपॉज़िट के प्रकार

फीचर्स:

- टर्म डिपॉजिट फिक्स्ड् टेन्यर जैसे 7 दिन से लेकर 10 साल तक का होता है।
- टर्म डिपाजिट पर बैंक हाइअर इन्ट्रस्ट पे करती है।
- इन्ट्रस्ट को मंथली या क्वार्टली इंटरवल पर विथ्ड्रॉ किया जा सकता है।

2. **रिकरिंग डिपॉज़िट:** इसके अंतर्गत हम रेगुलर रूप से एक निर्धारित धन को बैंक में जमा करके अधिक ब्याज ले सकते हैं।

फीचर्स:

- फिक्स्ड् पीरियड् के लिए धन का पीरियाडिक डिपाजिट होता है।
- इस पर मिलने वाला इन्ट्रस्ट सेविंग अकाउन्ट से अधिक होता है।
- धन को मैचोरिटी पर या प्री-मैचोरिटी क्लोजर पर ही निकाला जा सकता है।

3. **स्मॉल अकाउन्ट:**
   - स्मॉल अकाउन्ट को किसी बैंक ऑफिशियल के सामने रीसेंट फोटोग्राफ को सब्मिट करके तथा अपना सिग्नेचर या थम्ब इम्प्रेशन लगाकर खोला जा सकता है।
   - यह 12 महीनों के लिए वैलिड रहता है।
   - बैंक बैलेंस किसी भी समय रूपये 50000/- से अधिक नहीं होना चाहिए।

4. **बेसिक सेविंग बैंक अकाउन्ट**
   - इसमें मिनिमम बैलेंस की कोई रिक्वायरमेंट् नहीं होती है।
   - डेबिट कार्ड की फैसिलिटी दी जाती है।
   - 10 साल से अधिक उम्र वाला कोई भी इंडिविजुअल अपना बेसिक सेविंग बैंक अकाउन्ट खोल सकता है।

नोट: इन्ट्रस्ट रेट बैंक पर डिपेंड करता है तथा समय-समय पर यह बदलता रहता है।

9.5.2 लोन वा ओवरड्राफ्ट के प्रकार (Types of Loan and Overdraft)

बैंक होम, कार, हाउस गुड्स, बिज़नेस, एजुकेशन, आदि के लिये लोन प्रोवाइड करते हैं। बैंक एकोनोमिक एक्टिविटीज़ जैसे ऐग्रिक्लचर, बिज़नेस, इन्डस्ट्री और सर्विस सेक्टर आदि को भी लोन प्रोवाइड करते हैं। बैंक द्वारा लिया जाने वाला इन्ट्रस्ट, मनी लेंडर से कम होता है।

- **होम लोन:** इस प्रकार का लोन व्यक्ति द्वारा उसके घर से संबंधित पपर्स जैसे कंस्ट्रक्शन, रिनोवेशन, प्रॉपर्टी खरीदने या स्टैम्प डयुटीज़ देने, आदि के लिये किया जाता है। होमलोन में एडजस्टेबल या फिक्स्ड इन्ट्रस्ट और पेमेन्ट टर्म होता है।
- **पर्सनल लोन:** इस प्रकार का लोन कर्ज अदा करने, शादी में खर्च के लिये, छुट्टियां एन्जॉय करने के लिए, व्यक्ति की माली हालत देख कर दिया जाता है।
- **एजुकेशन लोन:** यह लोन उन स्टूडेंट्स को दिया जाता है जो इंडिया में या विदेश में रहकर हाइयर एजुकेशन लेना चाहते हैं।
- **बिज़नेस लोन:** इस प्रकार का लोन या तो एक्जिस्टिंग बिज़नेस या उन्हें जो नया बिज़नेस डालना चाहते हैं उनकी इंडिविजुअल क्रेडेशियल को देखकर दिया जाता है। एग्ज़िस्टिंग बिज़नेस के लिये लोन निम्नलिखित तरीकों से दिया जाता है:
   - o **टर्म लोन:** इस प्रकार का लोन एक विशिष्ट इन्ट्रस्ट रेट के साथ फिक्स्ड टेन्यर जैसे तीन साल जैसे छोटे समय या लॉन्ग टर्म लोन जैसे दस से पन्द्रह सालों के लिये दिया जाता है। इसमें आप लोन का पार्ट तथा इस पर लगने वाले इन्ट्रस्ट का पार्ट हर महीने की इंस्टालमेंट में पे करते हैं।
   - o **बैंक ओवरड्राफ्ट लिमिट्स:** इस प्रकार के लोन में आपने जितना रूपया जमा किया है उससे अधिक निकाल सकते हैं।
   - o **बिल डिस्काउन्ट:** कुछ समय के लिए उधार लेना किसी कम्पनी के वर्किंग कैपिटल को और कैश फ्लो को कम्पनी द्वारा रेज की गई बिल/इनवॉइस को इम्प्रूव कर सकते हैं।
   - o **इन्टरनेशनल बिज़नेस के लिए लेटर ऑफ क्रेडिट:** बैंक बाइअर की पेमेन्ट के लिए सेलर को एक निश्चित समय के लिए लेटर ऑफ क्रेडिट जारी करता है।
   - o **ह्यपोथेकेशन:** कर्ज लेने वाले की कोई कीमती चीज पर बैंक लोन देता है तथा जब तक कर्ज चुका न दिया जाए तब तक इस चीज का मालिक कर्जदार ही होता है।
- **व्हीकल लोन:** इस प्रकार का लोन नये या पुराने व्हीकल की खरीद के लिए दिया जाता है। इसके ब्याज का रेट बैंक पर निर्भर करता है तथा इसकी रीएमेन्ट ई.एम.आई. के माध्यम से या अर्ली रीपमेंट से होती है।
- **लोन अगेंस्ट PPF:** PPF (पब्लिक प्रोविडेंड फण्ड)/इन्श्योरेंस पालिसी/बांड्स/शेयर्स को बैंक में सिक्यूरिटी के लिए रखकर लोन दिया जाता है।
- **गोल्ड लोन:** गोल्ड को बैंक में सिक्योरिटी के लिए रखकर लोन दिया जाता है।

ओवरड्राफ्ट (Overdraft)

यह एक प्रकार का लोन एग्रीमेंट है जिसके तहत बैंक करंट अकाउन्ट में एक मैक्सिमम अमाउन्ट (ओवरड्राफ्ट लिमिट) क्रेडिट करता है। उदाहरण, सपोज आपके पास एक करंट अकाउन्ट है जिसमें 10,000/- रूपये हैं। अचानक आपको 15000/- रूपये की जरूरत पड़ती है। बैंक आपको 5,000/- दे देता है, लेकिन इसके लिये आपको बैंक के द्वारा जारी कुछ टर्म और कंडीशन को मानना होगा।

9.5.3 चेक और डिमांड ड्राफ्ट को भरना (Filling up of Cheque and Demand draft)

चेक को कैसे भरें? (How to Fill Cheque?)

चेक को भरते समय, व्यक्ति को डेट, व्यक्ति/कम्पनी (पेयी) का नाम, पेड अमाउन्ट को फिगर तथा वर्ड में भरना होता है। चित्र 9.5 में एक चेक तथा इसके विभिन्न भागों को दिखाया गया है।

चेक को भरने के लिये:

- ट्रांजेक्शन अप्रूव करने के लिए सिग्नेचर अपने नाम के ऊपर करें।
- MICR (मैग्नेटिक इन्क कैरेक्ट रिकग्निशन) के ऊपर साइन न करें।
- डेट डालना न भूलें।
- चेक पर किसी प्रकार की ओवरराइट/कटिंग न करें।
- चेक बुक के फ्रंट पेज पर, अपने चेक का रिकॉर्ड रखें।

चित्र 9.6 में एक चेक दिखाया गया है जिसमें ओवरराइटिंग/कटिंग की गई है।

डिमांड ड्राफ्ट को कैसे भरे? (How to Fill Demand Draf (DD)?)

मान लीजिए आप 50,000/- रूपये का डिमांड ड्राफ्ट बनाना चाहते हैं। बैंक

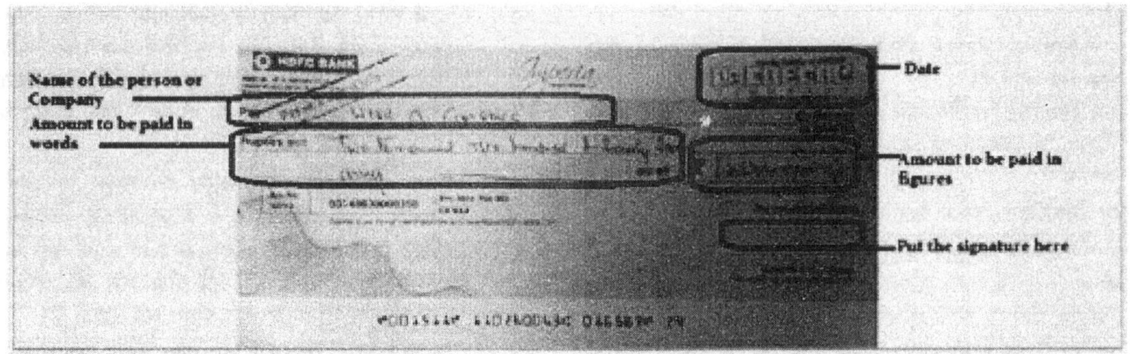

चित्र 9.5: चेक तथा इसके विभिन्न भाग

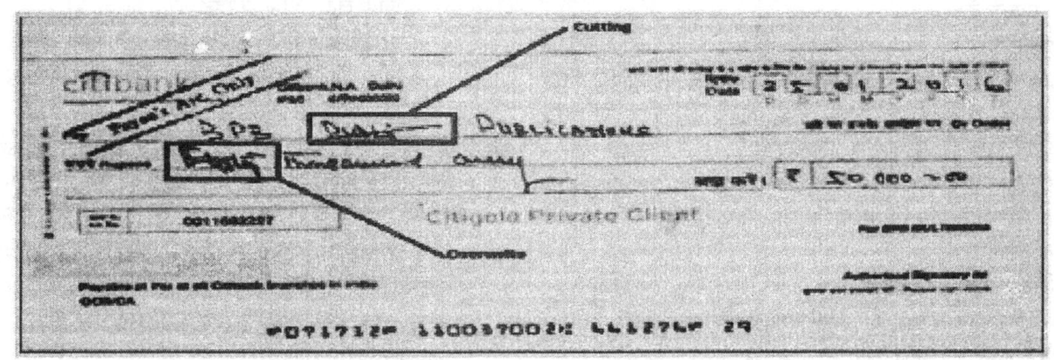

चित्र 9.6: चेक जिसमे ओवराइटिंग/कटिंग की गई है

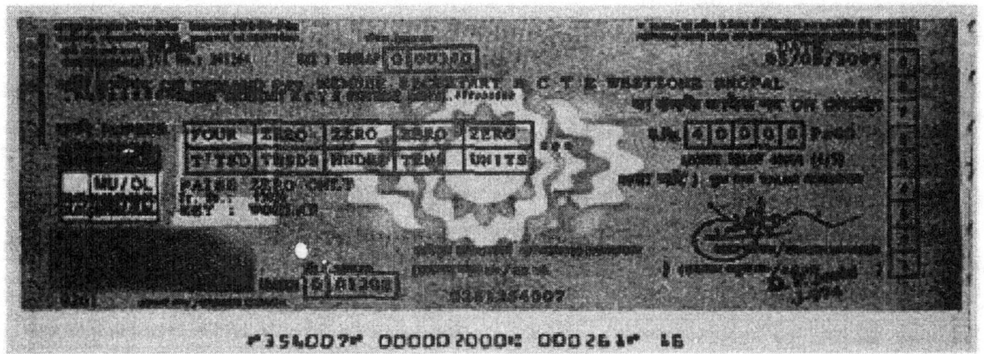

चित्र 9.7: सैम्पल डिमांड ड्राफ्ट

आप को एक फॉर्म देगा इसमें आपको अमाउन्ट भरना होगा, यदि आप चेक दे रहे हैं तो चेक नंबर भरना होगा, उसका नाम जिसके लिए आप डिमांड ड्राफ्ट इशू करवाना चाहते हैं तथा सिग्नेचर आदि डालें। फॉर्म भरकर इसके साथ कैश/चैक संबंधित बैंक एम्प्लॉई को दें। वह आपको रिसिप्ट दे देगा। आप से डिमांडड्राफ्ट बनाने के लिए बैंक कुछ कमीशन/चार्ज लेगा। चित्र 9.7 में एक सैम्पल डिमांडड्राफ्ट दिखाया गया है।

9.6 अकाउन्ट खोलने के लिए डॉक्यूमेंट्स (Documents for Opening Accounts)

निम्नलिखित में से कोई एक डॉक्यूमेंट को प्रेजेंट करने पर आप अपना अकाउन्ट खोल सकते हैं:

- वह आइडेंटिटी कार्ड या आई.डी. कार्ड जिसे सेन्ट्रल-स्टेट मिनिस्ट्री, स्टेटूटोरी/रेगुलेटरी अथॉरिटीज, पब्लिक सेक्टर अंडरटेकिंग, शेडयूल कमर्शियल बैंक्स, और पब्लिक फाइनेंशियल इंस्टिटयूशन ने इशू किया है, या;
- गजेटेड ऑफिसर द्वारा डयूली अटेस्टेड फोटोग्राफ वाला एक लेटर।

9.6.1 नो योर कस्टमर (KYC) (Know Your Customer)

- यह वो डॉक्यूमेंट है जिसके द्वारा कोई बैंक अपने कस्टमर के कैरेक्टर और क्लाइंट के एड्रेस के बारे में जानती है। यह प्रोसीजर बैंक एडमिनिस्ट्रेशन को धोखा-धड़ी से बचाता है।

चित्र 9.8: आइडेंटिटी प्रूफ के लिए आठ वैलिड डाक्यूमेंट्स

- नो योर कस्टमर स्ट्रैटजी बैंक तभी कर लेते हैं जब वह बैंक अकाउन्ट खोलता है और समय-समय पर इस डॉक्यूमेंट को अपडेट करता रहता है।

9.6.2 फोटो आईडी प्रूफ और ऐड्रेस प्रूफ (Photo ID Proof and Address Proof)

निम्नलिखित आठ डाक्यूमेंट्स आइडेंटिटी प्रूफ करने के लिए ऑफिशियली वैलिड डॉक्यूमेंट होते हैं: (चित्र 9.8)

● पासपोर्ट ● ड्राइविंग लाइसेंस ● वोटर आइडेंटिटी कार्ड ● परमानेंट अकाउन्ट नंबर (पैन) कार्ड ● आधार कार्ड ● नेशनल रूरल एम्प्लॉयमेंट गारंटी एक्ट (नरेगा) कार्ड ● टेलीफोन बिल (एम.टी.एन.एल./बी.एस.एन. एल.) ● इलेक्ट्रिसिटी बिल

आपको इनमें से कोई एक डॉक्यूमेंट अपनी आइडेंटिटी को प्रूफ करने के लिए सब्मिट करना पड़ता है। अगर इन डॉक्यूमेंट में आप का एड्रेस भी दिया गया है तो यह ऐड्रेस के प्रूफ के लिए भी प्रयोग किया जा सकता है। अगर आप के द्वारा सब्मिट किए गए डॉक्यूमेंट में आप का ऐड्रेस नहीं है तो आपको अपने ऐड्रेस प्रूफ के लिए अन्य वैलिड डॉक्यूमेंट जमा करना होगा।

9.6.3 इंडियन करेंसी (Indian Currency)

यह रिपब्लिक ऑफ इंडिया की ऑफिशियल करेंसी है जिसे रिजर्व बैंक ऑफ इंडिया इशू करता है और सेन्ट्रल गवर्मेंट इसकी गारंटी देती है। (चित्र 9.9)

क्या आप जानते हैं?
दो रूपये तथा इससे बड़े नोट्स पर गवर्नर ऑफ आर.बी.आई. के सिग्नेचर होते हैं, जबकि, एक रूपये के नोट पर फाइनेंस सिक्रेटरी, मिनिस्ट्री ऑफ फाइनेंस का सिग्नेचर होता है। सिक्के गवर्मेंट ऑफ इंडिया इशू करती है।

चित्र 9.9: भारतीय मुद्रा एवं रूपये का प्रतीक

9.7 बैंकिंग सर्विस डिलीवरी चैनल - I (Banking Service Delivery Channel - I)

बैंकिंग सेक्टर में, डिलीवरी चैनल एक चैनल और मेथड हैं जो डायरेक्टली कस्टमर को बैंकिंग सर्विसेस् प्रदान करतें हैं। इसके प्रयोग से, कस्टमर ए.टी. एम. द्वारा बैंकिंग ट्रांजेक्शन्स कर सकते हैं, बैंक के कॉल सेंटर से कांटेक्ट करके एन्क्वाइअरी करना, डिजिटल आई.वी.आर. के द्वारा एक्सेस् करना, इंटरनेट के द्वारा ट्रांजेक्शन्स करना, स्मार्ट फोन पर मोबाइल बैंकिंग के द्वारा ट्रांजेक्शन्स करना, आदि इन चैनल्स् के द्वारा बैंक बहुत बड़े जियोग्राफिकल एरिया में अपनी सर्विसेस प्रदान कर सकता है।

डिलीवरी चैनल रेगुलर ट्रांजेक्शन के स्मूथ फ्लो की सुनिश्चित करता है और बैंकों को अधिक प्रॉफिट देता है क्योंकि यह ऑपरेशनल एक्स्पेंसेस् व ट्रांजेक्शन की कास्ट को कम कर देता है।

9.7.1 बैंक ब्रांच, ए.टी.एम. (Bank Branch, ATM)

बैंक ब्रांच: यह एक रिटेल लोकेशन है, जहाँ एक बैंक कस्टमर को विभिन्न प्रकार की फेस टू फेस तथा ऑटोमेटेड सर्विस प्रदान करता है। एक बैंक की कई शाखायें स्टेट या सिटी के विभिन्न हिस्सों में होती हैं जहाँ जाकर कस्टमर इन सर्विसेस् को ले सकता है।

ए.टी.एम.: ए.टी.एम. किसी बैंक के कस्टमर को विभिन्न प्रकार के फाइनेंशियल ट्रांजेक्शन्स जैसे कैश निकालना या डिपॉजिट करना आदि को बिन बैंक जाये कर सकता है।

इस मशीन में कस्टमर की पहचान डेबिट कार्ड या क्रेडिट कार्ड को मशीन में डालने से होती है, इस कार्ड में एक मैग्नेटिक स्ट्रिप लगी होती है, प्लास्टिक कार्ड में एक चिप भी लगी होती है जिसमें यूनिक कार्ड नंबर, एक्सपाएरी डेट, कार्ड वैरिफिकेशन वैल्यू (सी.वी.सी) आदि स्टोर रहते हैं। कस्टमर को ट्रांजेक्शन से पहले अपने ऑथेन्टिकेशन के लिए पर्सनल आइडेंटिफिकेशन नंबर (पिन) डालना पड़ता है। ए.टी.एम. के माध्यम से कस्टमर कैश विथ्ड्रा, बैलेंस चेक, और मनी डिपाजिट जैसे कार्य कर सकता है। कोई भी ए.टी.एम. की सर्विस का प्रयोग 24 घंटे प्रतिदिन पूरे वर्ष कर सकता है।

9.7.2 माइक्रो ए.टी.एम. और बैंक मित्र (Bank Mitra with MicroATM)

बैंक मित्र: बैंक मित्र बैंक के एजेंट होते हैं ये वहाँ पर कार्य करते हैं जहाँ पर बैंक को खोला नहीं जा सकता है। ये अकाउन्ट खोलने से संबंधित विभिन्न प्रकार के असिस्टेंस प्रदान करते हैं।

माइक्रो ए.टी.एम.: ऑथेंटिकेशन के लिए बायोमैट्रिक हैण्ड हेल्ड डिवाइस का प्रयोग किया जाता है। रूरल/सेमी अर्बन जगहों पर बैक-मित्र की लोकेशन पर कम खर्च वाला माइक्रो ए.टी.एम. लगाया जाता है जो लोगों को त्वरित रूप से कैश विथ्ड्रा, बैलेंस चेक, और मनी डिपाजिट जैसी सर्विस देता है। यह डिवाइस मोबाइल फोन कनेक्शन पर आधारित होती है।

9.7.3 पॉइंट ऑफ सेल (Point of Sale)

पॉइंट ऑप सेल वह स्टेज है जहाँ कस्टमर अपनी पेमेन्ट किसी मर्चेंट को किसी गुड्स् या सर्विस को लेने पर देता है। इसमें मर्चेंट कस्टमर के लिए एक इनवॉइस बनाता है और कुल अमाउन्ट की गणना करता है, इसके बाद कस्टमर को क्रेडिट कार्ड अथवा डेबिट कार्ड के द्वारा पेमेन्ट करने का ऑप्शन देता है।

9.8 बैंकिंग सर्विस डिलीवरी चैनल - II (Banking Service Delivery Channel - II)

आज की रेगुलेटेड और कम्पेटेटिव मार्केटिंग में बैंक्स् को कस्टमर की एक्सपेक्टेशन पर खड़ा रहना पड़ता है। बैंक को लोयल्टी को बढ़ाने के लिए अपने कस्टमर के साथ लगातार इन्टरैक्टिव बना रहना होगा। ऐसा करने के लिए बैंक को अपने कस्टमर को एन्गेजिंग एक्सपीरियंस् देना होगा। इस सेक्शन में हम बैंक द्वारा दी जाने वाली विभिन्न प्रकार की बैंकिंग सर्विसेस् के बारे में पढ़ेंगे।

9.8.1 इंटरनेट बैंकिंग (Internet Banking)

इंटरनेट बैंकिंग एक प्रकार का इलेक्ट्रोनिक सिस्टम है जिसके द्वारा बैंक के कस्टमर बैंक की वेबसाइट के द्वारा ट्रांजेक्शन जैसे अपना अकाउन्ट मेन्टेन करना, धन ट्रांसफर करना, बिल पे करना, आदि कर सकते हैं। यह पूरी तरह सेफ है लेकिन इसमें कस्टमर के मोबाइल या कम्प्यूटर में इंटरनेट कनेक्शन का होना अनिवार्य है।

कोई भी ए.टी.एम. की सर्विस का प्रयोग 24 × 7 और 365 दिन कर सकता है।

इंटरनेट बैंकिंग एक्सेस करने के लिए:

- बैंक की सिक्योर वेबसाइट को खोलें।
- इंटरनेट बैंकिंग में अपने कस्टमर आई.डी. और पासवर्ड द्वारा लॉग-इन करें (चित्र 9.10)।

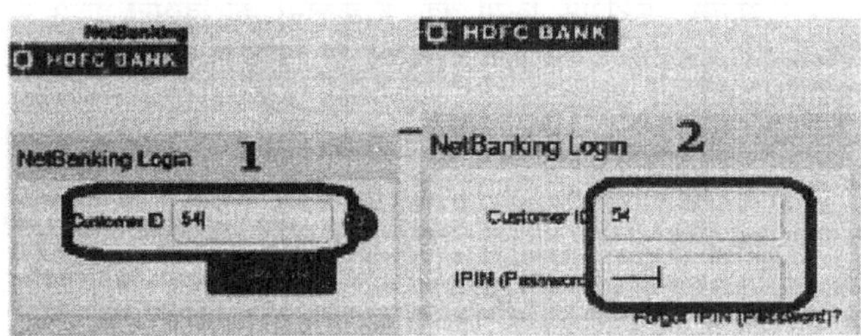

चित्र 9.10: लॉग-इन फार्म

- ऑथेंटिकेशन सक्सेसफुल हो जाने पर आप इंटरनेट बैंकिंग के कस्टमर एरिये में पहुँच जायेंगे (चित्र 9.11)।

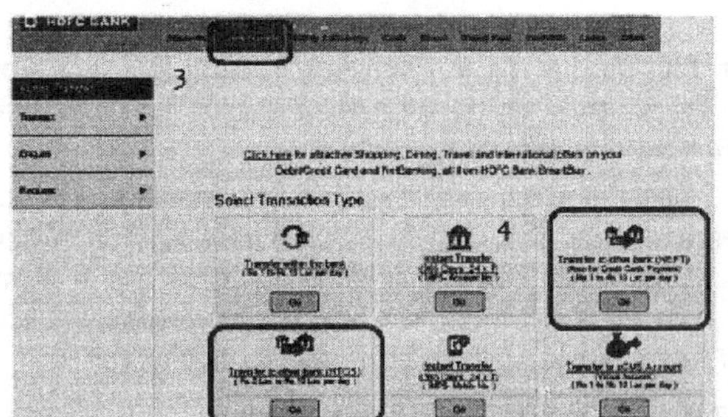

चित्र 9.11: कस्टमर एरिया

फीचर (Feature)

इंटरनेट बैंकिंग का प्रयोग करके यूजर निम्नलिखित कार्य कर सकते हैं:

- बैलेंस, स्टेटमेंट की हिस्ट्री, रीसेंट ट्रांजेक्शन, आदि देख सकते हैं और अन्य कस्टमर के लिंक्ड अकाउन्ट के बीच फण्ड ट्रान्सफर कर सकते हैं।
- क्रेडिट कार्ड का बिल पे कर सकते हैं।
- पेड चेक, चेकबुक आदि का आर्डर दे सकते हैं।
- इन्कम टैक्स, ऑनलाइन टैक्स रेमिटेंस और दूसरे टैक्स दे सकते हैं।
- लोन तथा मौजूदा लोन पर टॉपअप के लिए अप्लाई कर सकते हैं।
- म्यूच्यूअल फण्ड तथा इन्स्योरेंस् खरीद सकते हैं।
- यूटिलिटी बिल जैसे इलेक्ट्रिसिटी, टेलीफोन, गैस, इन्श्योरेंस और मोबाइल आदि पे कर सकते हैं।
- किसी के भी नाम का डिमांड ड्राफ्ट बनवा सकते हैं।

नोट: किसी को भी अपना पासवर्ड न दें।

9.8.2 नेशनल इलेक्ट्रोनिक फण्ड ट्रांसफर (NEFT), रियल टाइम ग्रॉस सेटलमेंट (RTGS) (National Electronic Fund Transfer (NEFT), Real Time Gross Settlement (RTGS))

नेशनल इलेक्ट्रॉनिक फण्ड ट्रांसफर: नेशनल इलेक्ट्रॉनिक फण्ड ट्रान्सफर भारत का सबसे प्रोमिनेंट इलेक्ट्रॉनिक फण्ड ट्रान्सफर सिस्टम है, जो बैंक के कस्टमर को आसानी से और सेफली वन-टू-वन बेसिस पर फण्ड ट्रान्सफर करने की फेसिलिटी प्रदान करते हैं। यह समय को बचाता है और इलेक्ट्रॉनिक मेसेज के द्वारा कार्य करता है। ये 'नेट' ट्रान्सफर फैसिलिटी है, जो आवर्ली बैच के अनुसार एक्सीक्यूट होता है। चित्र 9.12 में एन.ई.एफ.टी. का पूरा प्रोसेस दिखाया गया है।

रियल टाइम ग्रॉस सेटलमेंट: रियल टाइम ग्रॉस सेटलमेंट (RTGS) एक इन्टर बैंक फण्ड ट्रान्सफर का सिस्टम है जो रियल टाइम में और ग्रॉस बेसिस पर एक बैंक से दूसरे बैंक में रूपया ट्रांसफर करता है। रियल टाइम ग्रॉस सेटलमेंट (RTGS) सिस्टम हाई-वैल्यू ट्रांजेक्शन (जिन्हें तुरंत क्लियरेन्स् चाहिए) के लिए प्रयोग किया जाता है, इसके माध्यम से रूपये दो लाख या उससे ज्यादा बड़ी रकम भेजी जा सकती है।

टेबल 9.1 में NEFT तथा RTGS के बीच अन्तर को दिखाया गया है।

टेबल 9.1: NEFT और RTGS के बीच अंतर

फैक्टर्स	एन.ई.एफ.टी.	आर.टी.जी.एस.
फुलफॉर्म	नेशनल इलेक्ट्रोनिक फण्ड ट्रान्सफर	रियल टाइम ग्रॉस सेटलमेंट
स्पीड	स्लो	फास्ट
अमाउन्ट क्रेडिट होने में लगने वाला समय	ट्रांजेक्शन आवर्ली बैच के अनुसार होता है।	ट्रांजेक्शन वन-टू-वन बेसिस पर होता है।
प्रयोग	स्माल मनी ट्रान्सफर में।	लार्ज मनी ट्रान्सफर में।
कम से कम ट्रांसफर की जाने वाली रकम	रूपये 10,000/- से रूपये 2 लाख तक	रूपये 2 लाख से ज्यादा
ज्यादा से ज्यादा ट्रान्सफर की जाने वाली रकम	रूपये 2 लाख तक	कोई सीमा नहीं

एन.ई.एफ.टी. का प्रोसेस (How NEFT Work)

इस उदाहरण में कस्टमर वह व्यक्ति है जो रूपया ट्रान्सफर करता है और रिसिपेंट वह व्यक्ति है जो रूपये को पायेगा।

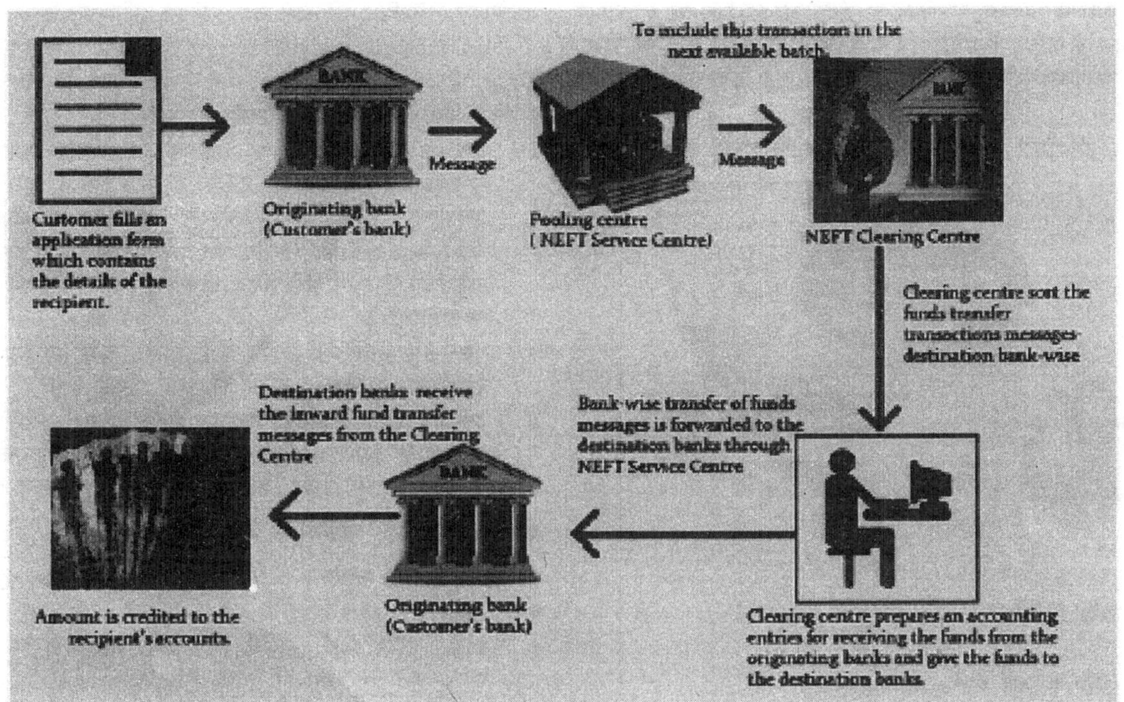

चित्र 9.12: एन.ई.एफ.टी. का प्रोसेस

1. कस्टमर फॉर्म भरता है जिसमें वह रिसिपेंट संबंधित जानकारी जैसे रिसिपेंट का नाम, बैंक, ब्रांच का नाम, आई.एफ.एस.सी. कोड, अकाउन्ट का प्रकार, अकाउन्ट नंबर तथा डिपाजिट करने के लिए रकम भरता है।
2. सभी डिटेल भरने के बाद, कस्टमर अपने बैंक की ब्रांच को औथराइज करता है कि वह उसके अकाउन्ट से रूपये डेबिट करके स्पेसिफाई किये गये व्यक्ति के अकाउन्ट में रूपये डिपाजिट कर दे।
3. कस्टमर के बैंक की ब्रांच, पूलिंग सेंटर के लिये एक मैसेज बनाती है जिसे NEFT सर्विस सेंटर कहते है।
4. NEFT, सर्विस सेंटर रिसीव्ड मैसेज को नेशनल क्लीयरिंग सेल, बैंक ऑफ इंडिया मुंबई के माध्यम से NEFT क्लीयरिंग सेंटर को फारवर्ड कर देता है।
5. इसके बाद एन.ई.एफ.टी. क्लोयरिंग सेंटर इन फण्ड ट्रान्सफर ट्रांजेक्शन मैसेजेस को डेस्टिनेशन बैंक्स के अनुसार सॉर्ट करता है और अकाउन्ट एंट्रीज मेन्टेन करता है जिससे ओरिजिनेटेड बैंक्स से फण्ड लिया जा सके तथा डेस्टिनेशन बैंक्स को फण्ड दिया जा सके।
6. इसके बाद, बैंक वाइज ट्रांसफर का मैसेज डेस्टिनेशन बैंक्स (ओरिरि. जनेटेड बैंक्स या कस्टमर बैंक्स) को एन.ई.एफ.टी. सर्विस सेंटर द्वारा फॉरवर्ड कर दिया जाता है।
7. फाइनली, डेस्टिनेशन बैंक्स (ओरिजिनेटेड बैंक्स या कस्टमर बैंक्स) क्लीयरिंग सेंटर द्वारा इनवर्ड फण्ड ट्रांसफर मैसेज रिसिव करता है और क्रेडिट अमाउन्ट को रिसिपेंट अकाउन्ट में ट्रांसफर कर देता है। (चित्र 9.12)

9.9 इन्श्योरेंन्स (Insurance)

इन्श्योरेन्स एक प्रकार का एग्रीमेंट है जिसमें कोई व्यक्ति कंपनी को रेगुलर पेमेन्ट देते हैं इसके बदले कंपनी तय किया गया अमाउन्ट किसी प्रकार के डैमेज, लॉस या डेथ पर वापस करता है।

9.9.1 इन्श्योरेंस की आवश्यकता (Necessity of Insurance)

इन्श्योरेंस संबंधित पार्टी को लॉस और आकस्मिक आपदा से बचाती है, इसलिए हम कह सकते हैं कि यह सोशल डिवाइस है जो लाइफ या प्रोपर्टी के लॉस को कम करता है।

इन्श्योरेंस जरूरी है क्योंकि:

- यह आपके फेमिली मेंबर को फाइनेंशियल सेफ्टी और सिक्यूरिटी प्रदान करता है।
- यह आपके हेल्थ के रिस्क को कम करने में मेडिकल सपोर्ट देती है।

9.9.2 लाइफ इन्श्योरेंस् और नॉन-लाइफ इन्श्योरेंस् (Life Insurance and Non-life Insurance)

लाइफ इन्श्योरेंस्: लाइफ इन्श्योरेंस् पोलिसी होल्डर तथा इन्श्योरर के बीच एक प्रकार का कॉन्ट्रैक्ट है जिसमें इन्श्योरर एक अमाउंट पे करता है, प्रीमियम के बदले, जब इन्श्योर्ड पर्सन की मौत हो जाती है। (चित्र 9.13)।

इसमें पालिसी होल्डर रेगुलर बेसिस पर या एक अनिवार्य रकम प्रीमियम के रूप में पे करता है।

बुनिओन के अनुसार, ''लाइफ इन्श्योरेंस् के कॉन्ट्रैक्ट में एक पार्टी किसी व्यक्ति के जीवन में घटित होने वाले किसी पर्टिकुलर इवेंट पर उसके द्वारा पर्टिकुलर टाइम पीरियड में धीरे धीरे दी गयी कुल राशि को तुरंत वापस करता है।''

लाइफ इन्श्योरेंस का उद्देश्य फाइनेंशियल सिक्यूरिटी देना है।

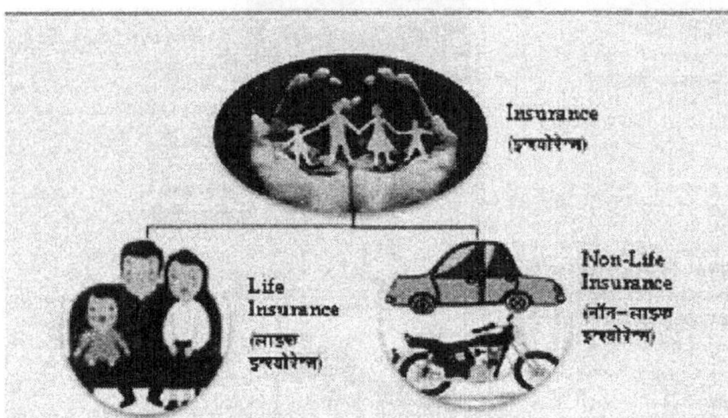

चित्र 9.13: इन्श्योरेन्स के प्रकार

लाइफ इन्श्योरेंस् निम्नलिखित रिस्क को कवर करता है:

- डेथ
- रिटायरमेंट के बाद इन्कम
- बिमारी

नॉन-लाइफ इन्श्योरेंस: यह एक इन्श्योरेंस् पालिसी होती है जो लॉस अथवा डैमेज (जो लाइफ इन्श्योरेंस् में कवर नहीं होते हैं) के बदले में आपको प्रोटेक्ट करता है। यह आप को और आपकी फैमिली को आकस्मिक खतरों के रिस्क को कम करने में आपकी मदद करती है (चित्र 9.13 देखें)।

नॉन-लाइफ इन्श्योरेंस् पालिसी प्लान का कवरेज पीरियड एक साल होता है, तथा इसका प्रीमियम नॉर्मली वन-टाइम बेसिस का होता है।

नॉन-लाइफ इन्श्योरेंस् निम्नलिखित रिस्क को कवर करता है:

- प्रॉपर्टी लॉस, जैसे कार का चोरी होना या घर में आग लगना।
- किसी अन्य के द्वारा आपको क्षति पहुँचाये जाना।
- आकस्मिक मौत या जख्मी होना।

9.10 विभिन्न स्कीम्स् (Various Schemes)

मिनिस्ट्री आफ गवर्मेंट ऑफ इंडिया समय-समय पर विभिन्न प्रकार की स्कीम ले कर आती है जिसका मकसद गरीब जनता की मदद करना होता है। ये स्कीम्स् सेन्ट्रल के अनुसार या स्टेट के अनुसार अथवा सेन्ट्रल व स्टेट के जॉइंट कोलैबारेशन से लाई जाती हैं। इस सेक्शन में हम इन्हीं स्कीम्स् के बारे में पढ़ेंगे।

9.10.1 प्रधानमंत्री जन-धन योजना (Pradhan Mantri Jan-Dhan Yojana)

प्रधान मंत्री जन-धन योजना एक राष्ट्रीय स्तर की योजना है, यह स्कीम अगस्त 2014 में प्रधानमंत्री के द्वारा लांच की गई थी।

इस स्कीम के अंतर्गत वह सभी लोग जिनका बैंक अकाउन्ट नहीं है उन्हें शामिल किया है। यह स्कीम गवर्मेंट की अन्य स्कीम के द्वारा मिलने वाली फाइनेंशियल बेनिफिट को सभी तक पहुँचाना सुनिश्चित करती है।

इस फाइनेंशियल सर्विस के अंतर्गत बैंकिंग/सेविंग व डिपाजिट अकाउन्ट, रेमिटेंस, क्रेडिट, इन्श्योरेंस, पेशन आती हैं जो किसी भी भारतीय नागरिक के लिये अफोर्डेबल मोड में आसानी से उपलब्ध हैं।

1. जन-धन योजना के अंतर्गत कोई भी जो भारतीय नागरिक है और जिसकी उम्र 10 साल से अधिक हो और जिसके पास अपना बैंक अकाउन्ट न हो वह अपना अकाउन्ट जीरो बैलेंस पर खोल सकता है।
2. बैंक अकाउन्ट किसी भी बैंक की ब्रांच में अथवा इस स्कीम के लिए अनुबंधित बिज़नेस कर्रेस्पोंडिंग आउटलेट (बैंक मित्र) में अपना खाता खोल सकते हैं।
3. यह स्कीम अकाउन्ट होल्डर के लिए एक लाख तक का एक्सीडेंटल इन्श्योरेन्स भी प्रोवाइड करती है।
4. जन-धन योजना के अंतर्गत अकाउन्ट होल्डर को RuPay डेबिट कार्ड दिया जाता है जो किसी भी बैंक के ए.टी.एम. से रूपये निकालने, आउटलेट में रिटेल के लिये पेमेन्ट, आदि में प्रयोग किया जा सकता है।

पी.एम.जे.डी.वाई. स्कीम के बेनेफिट्स

(Special Beneits under PMJDY Scheme)

- डिपाजिट पर इन्ट्रस्ट
- RuPay डेबिट कार्ड जिसके साथ एक लाख तक का एक्सीडेंटल इन्श्योरेंस् कवर स्वत: ही मिलता है।
- कोई मिनिमम बैलेंस की सीमा नहीं।
- रूपये 5000/- तक की ओवरड्राफ्ट फैसिलिटी।
- रूपये 30,000/- का लाइफ इन्श्योरेंस् कवर।
- पूरे भारत में कहीं भी मनी ट्रान्सफर की सुविधा।
- पेंशन तथा इन्श्योरेंस् प्रोडक्ट।

9.10.2 सोशल सिक्योरिटी स्कीम्स् (Social Security Schemes)

मानव अधिकार के यूनिवर्सल डेक्लैरैशन में दिए गए आर्टिकल 22 के अनुसार, सोशल स्क्योरिटी को इस प्रकार से परिभाषित कर सकते हैं 'प्रत्येक व्यक्ति समाज का एक सदस्य है जिसके पास सोशल सिक्योरिटी का अधिकार होता है, वास्तविकता का बोध होना, नेशनल लेवल की मेहनत व इंटरनेशनल मदद, ऑर्गेनाइजेशन के साथ स्टेट के मौजूदा रिसोर्सेस के साथ, किसी व्यक्ति की गरिमा के लिए जरूरी सोशल और कल्चर अधिकार, और उसके व्यक्तित्व का स्वतन्त्रत विकास।'

सरल शब्दो में, इसका अर्थ है कि वह समाज जिसमें कोई व्यक्ति रहता है, अधिकतर उन फीचर्स जैसे संस्कृति, कार्य, समाज कल्याण को बनाने तथा उन्नत करने में उस व्यक्ति की सहायता करनी चाहिए।

सोशल सिक्योरिटी की व्याख्या निम्नलिखित शब्दों में की जा सकती है:

- **सोशल इन्श्योरेंस**, इसमें लोग इन्श्योरेंस प्रोग्राम के लिए उनके सहयोग से लाभ उठाते हैं। इसमें जैसे, बेरोजगारी के समय आर्थिक सहायता, स्वास्थ्य सुविधा जैसी सुविधाएं भी शामिल हैं।
- **सर्विसेस्**, जो सोशल सिक्योरिटी प्रोविजन के लिए गवर्नमेंट प्रोवाइड करती है। इसके अंतर्गत सर्विसेस आती है: मेडिकल केयर, बेरोजगारी के दौरान फाइनेंशियल सपोर्ट।
- **बेसिक सिक्योरिटी**, यह एक इन्श्योरेंस प्रोग्राम है जिसमें एलिजिबिलिटी कोई इशू नहीं हैं।

कुछ सोशल सिक्योरिटी स्कीम्स् निम्नलिखित हैं:

9.10.2.1 प्रधानमंत्री सुरक्षा बीमा योजना (PMSBY)

(Pradhan Mantri Suraksha Bima Yojana (PMSBY))

यह स्कीम गवर्मेन्ट द्वारा गरीब जनता जिन्हें कंपनी द्वारा इन्स्योरेंस नहीं दिया गया तथा वे डेथ या डिसेबिलिटी के लिए कवर नहीं हैं, उन नागरिकों के लिए प्रारम्भ की गई है।

प्रधानमंत्री सुरक्षा बीमा योजना (PMSBY) उन सभी नागरिकों के लिए है जिनकी उम्र 18 साल से लेकर 70 साल की है और उनका बैंक अकाउन्ट नहीं है।

इसका एनुअल प्रीमियम रूपये 12 (टैक्स अतिरिक्त) है जोकि लगभग प्रीमियम का 14% है। यह अमाउन्ट एकाउन्ट से सीधे कट जाता है। आकस्मिक मौत या पूरी तरह से अपंग होने के केस में नॉमिनी को रूपये 2 लाख का पेमेन्ट दिया जायेगा और पार्शियल डिसेबिलिटी के केस में रूपये 1 लाख का पेमेन्ट दिया जायेगा।

यह स्कीम प्रधानमंत्री जन-धन योजना के अंतर्गत खोले गये बैंक अकाउन्ट से जुड़ जाती है। यह अकाउन्ट जीरो बैलेंस के अंतर्गत खोला जाता है। यह स्कीम एक साल के लिये वैलिड होती है तथा हर साल इसे रीन्यू करना होगा।

योग्यता: कोई भी व्यक्ति जिसकी उम्र 18 से 70 की बीच हो और उसका एक सेविंग बैंक अकाउन्ट जिससे आधार कार्ड लिंक्ड होना चाहिए।

सर्विस लेने के लिये:

- व्यक्ति को एक साधारण सा फॉर्म भरना होगा जिसमें उसे नॉमिनी और उसका आधार कार्ड नंबर डालना होगा। फॉर्म को हर साल के 1 जून से पहले जमा करना होगा।
- ऐसा करने से अकाउन्ट आसानी से एक्टिव हो जायेगा।
- प्रीमियम अकाउन्ट से ऑटो डेबिट होते रहेंगे।

PMSBY को कौन इम्प्लीमेंट करता है? सभी गवर्मेन्ट स्पॉन्सर्ड इन्श्योरेनस कम्पनीज इस स्कीम को चला रही है। अन्य इन्स्योरेंस् कंपनी बैंक के साथ साइन-अप करके इस सर्विस को दे रही है।

9.10.2.2 प्रधानमंत्री जीवन ज्योति बीमा योजना (PMJJBY)

(Pradhan Mantri Jeevan Jyoti Bima Yojana (PMJJBY))

PMJJBY उन सभी नागरिकों के लिये है जिनकी उम्र 18 साल से लेकर 50 साल की है और उनका कोई बैंक अकाउन्ट है। इसका एनुअल प्रीमियम रूपये 330/- हैं, इसमें सर्विस टेक्स सम्मिलित नहीं है, यह सर्विस टेक्स अकाउन्ट प्रीमियम से 14% ज्यादा होता है। यह अमाउन्ट अकाउन्ट से सीधे डेबिट हो जाता है। किसी भी कारण से आकस्मिक मौत हो जाने पर, नॉमिनी को रूपये 2 लाख का पेमेनट दिया जाता है।

यह स्कीम प्रधानमंत्री जन-धन योजना के अंतर्गत खोले गये बैंक अकाउन्ट से जोड़ी जा सकती है। इन अकाउन्ट में प्रारम्भ में जीरो बैलेंस होता है।

योग्यता: कोई भी व्यक्ति जिसकी उम्र 18 साल से 50 साल के बीच है और उसका कोई सेविंग बैंक अकाउन्ट है जिसे प्रीमियम ऑटो डेबिट किया जा सके।

प्रीमियम: एक मेम्बर के लिये रूपये 330/- का एनुअल प्रीमियम होता है, जो मेम्बर के सेविंग बैंक अकाउन्ट से ऑटो डेबिट होता है।

9.10.2.3 अटल पेंशन योजना (APY) (Atal Pension Yojana (APY))

अटल पेशन योजना एक गवर्नमेंट-बैक्ड पेंशन स्कीम है जिसे अनऑर्गनिज़्ड सेक्टर को टारगेट करके लॉन्च किया गया है। यह स्कीम प्रधानमंत्री नरेन्द्र मोदी जी के द्वारा लॉन्च की गयी है।

इस स्कीम में सभी के कॉन्ट्रिब्यूशन को पेंशन फण्ड बना दिया जाता है, सेंट्रल गवर्मेन्ट भी सब्सक्राइबर अकाउन्ट के लिए टोटल 50% की भागीदारी देती है, यह 5 सालों के लिए होता है।

इस स्कीम में ज्वाइन करने की उम्र 18 से 40 साल होनी चाहिए।

आधार कार्ड इसके आइडेंटिफिकेशन के लिये प्राइमरी और जरूरी डॉक्यूमेंट है। सब्सक्राइबर रूपये 1000 से लेकर रूपये 5000 तक का मंथली पेंशन प्लान ले सकते हैं और यह अमाउन्ट मंथली बेसिस पर बैंक अकाउन्ट से ऑटोमैटिकली डिडक्ट होती है।

9.10.2.4 प्रधानमंत्री मुद्रा योजना (PMMY)

(Pradhan Mantri Mudra Yojana (PMMY))

प्रधानमंत्री मुद्रा योजना

माइक्रो यूनिट डेवलपमेंट एंड रिफाइनेंस एजेंसी लिमिटेड (MUDRA) एक नया इंस्टीटयूशन है जिसे गवर्मेंट ऑफ इंडिया ने नॉन-कॉर्पोरेट, नॉन-फार्म सेक्टर, शॉप कीपर, फ्रूट्स/वेजिटेबल वेंडर्स, ट्रक ऑपरेटर्स, सर्विस यूनिट्स, रिपेयर शॉप्स, मशीन ऑपरेटर जिनकी आय 10 लाख से कम है उन्हें फण्ड उपलब्ध करने के लिए बनाई गयी है।

इस स्कीम में, MUDRA ने तीन प्रकार के प्रोडक्ट्स बनाये हैं जो निम्नलिखित लोन अमाउन्ट को कवर करते हैं:

- **शिशु:** इसके अंतर्गत रूपये 50000/- तक का लोन दिया जाता है।
- **किशोर:** इसके अंतर्गत रूपये 50000/- से ज्यादा और रूपये 5 लाख से कम का लोन दिया जाता है।
- **तरूण:** इसके अंतर्गत रूपये 50000/- से ज्यादा और रूपये 10 लाख से कम का लोन दिया जाता है।

बैंक ब्रान्चेस् कस्टमर की जरूरतों के अनुसार मुद्रा स्कीम में लोन उपलब्ध कराती है और इस स्कीम में बांटा गया लोन, लैटरल फ्री लोन होता है।

मुद्रा लोन, व्हीकल लोन (टू व्हीलर या फार व्हीलर), बिज़नेस इन्स्टालमेन्ट लोन (वर्किंग कैपिटल रिक्वायरमेंट के लिये) और बिज़नेस लोन्स् ग्रुप लोन्स् (वर्किंग कैपिटल लोन) के लिए लिया जा सकता है।

9.10.3 नेशनल पेशन स्कीम (NPS)

(National Pension Scheme (NPS))

यह एक डिफाइन कॉन्ट्रिब्यूशन सिस्टम है जो गवर्मेंट ऑफ इंडिया द्वारा आपरेट किया जाता है। यह स्कीम इन्वेस्टमेंट करने के लिये एक विस्तृत ऑप्शन एम्प्लोयी को उपलब्ध करता है जोकि पेंशन फण्ड को इन्वेस्ट करने की स्वतंत्रता देता है, इसमें व्यक्ति रिटायरमेंट के पहले ही पेड मनी को विथ्ड्रॉ कर सकता है और भारत सरकार की कुल पेंशन लायबिलिटी को कम करता है।

इस स्कीम में दो टायर्स होते हैं:

- **टायर 1:** सभी सिटीजन्स: के लिए बेसिक रिटायरमेंट पेंशन अकाउन्ट जिसमें रिटायरमेंट के पहले फण्ड नहीं निकाल सकते हैं।

- **टायर 2:** इसमें प्रोस्पेक्टिव पेमेन्ट सिस्टम (PPS) अकाउन्ट होता है जिसमें अपनी पेंशन का कुछ अमाउन्ट रिटायरमेंट से पहले निकाला जा सकता है।

पेंशन स्कीम पेंशन का प्रबंधन भारत सरकार की तरफ से फण्ड रेगुलेटरी एण्ड डेवलपमेंट अथॉरिटी (PFRDA) द्वारा किया जाता है।

एलिजिबिलिटी: सभी भारतीय जिनकी उम्र 18 साल से लेकर 60 साल हो इस सुविधा का लाभ उठा सकते हैं।

9.10.4 पब्लिक प्रोविडेंट फण्ड (PPF) सकीम (Public Provident Fund (PPF) Scheme)

ये सेविंग-कम-टैक्स सेविंग इंस्ट्रूमेंट है जो स्मॉल सेविंग को मोबलाइज़ करती है। यह एक तय रिटर्न के साथ इन्वेस्टमेंट की सुविधा देती है और इसके साथ टैक्स बेनिफिट भी देती है। यह केंद्र सरकार के द्वारा स्थापित की गई है।

व्यक्ति जो भारत का नागरिक है वह PPF अकाउन्ट खोलने के लिये एलिजिबल है। व्यक्ति को कम से कम रूपये 500, अकाउन्ट खुलवाने के लिए डिपाजिट करना होता है और इस अकाउन्ट को मेन्टेन करने के लिए ज्यादा से ज्यादा रूपये 1.5 लाख एक साल में, डाल सकता है।

PPF अकाउन्ट के लिए मौजूदा इन्ट्रसट रेट 8.1% पर ईयर है और डयूरेशन 15 साल है जिसे अगले 5 सालों के लिय एक्सटेंड किया जा सकता है।

व्यक्ति PPF की मेचोरिटी पर:

- अपना पूरा धन निकाल सकता है।
- PPF अकाउन्ट को बिना कंट्रीब्युशन (बिना रूपया दिये) एक्सटेंड कर सकता है।
- PPF अकाउन्ट को कंट्रीब्यूशन के साथ (अकाउन्ट में रूपया डाल कर) एक्सटेंड कर सकता है।

9.11 आपके मोबाइल पर बैंक (Bank on Your Mobile)

'आपके मोबाइल पर बैंक' का मतलब आप अपने बैंक द्वारा दी जाने वाली सर्विसेस् कभी भी कहीं भी अपने मोबाइल पर पा सकते हैं और आप बड़ी आसानी से अपना अकाउन्ट देख सकते हैं, फण्ड ट्रान्सफर कर सकते हैं, बिल पे कर सकते हैं। यह आपको अपने बैंक से जुड़ने का एक आसान रास्ता प्रदान करता है।

9.11.1 मोबाइल बैंकिंग (Mobile Banking)

यह सर्विस बैंक द्वारा प्रदान की जाती है जिसके माध्यम से कस्टमर अपने मोबाइल फोन द्वारा कहीं से भी ट्रांजेक्शन कर सकता है। (चित्र 9.14)

चित्र 9.14: मोबाइल बैंकिंग

9.11.2 मोबाइल वॉलेट (Mobile Wallet)

यह एक पेमेन्ट सर्विस होती है जो किसी फाइनेंशियल रेगुलेशन के अंतर्गत ऑपरेट होती है और मोबाइल फोन द्वारा कार्य करती है। कंजुमर विभिन्न प्रकार की सर्विस के लिए पेमेन्ट कर सकता है। यह एक प्रकार से ट्रेडिशनल वॉलेट का ही डिजिटल वर्जन होता है, जो आपके क्रेडिट तथा डेबिट कार्ड की जानकारी को बैंक पेमेन्ट, स्टोर कूपन तथा लॉयल्टी प्रोग्राम के लिए डिजिटल फॉर्म में स्टोर रखता है।

मोबाइल वॉलेट का कार्य (Working of Mobile Wallet)

कस्टमर सभी स्टोर जानकारियों से संबंधित एप्प को अपने मोबाइल में अपने पिन/पासवर्ड द्वारा खोलकर एक्सेस् कर सकते हैं। इसके बाद ऐप संबंधित ट्रांजेक्शन को इनफार्मेशन ट्रान्सफर टेक्नोलॉजी जैसे नियर-फील्ड कम्युनिकेशन (एन.एफ.सी.) के द्वारा मोबाइल वॉलेट रेडी पेमेन्ट टर्मिनल से कनेक्ट करके परफॉर्म कर सकता है।

9.12 सारांश (Summary)

यह अध्याय डिजिटल फाइनेंशियल सर्विस पर आधारित है। इसमें विभिन्न हालातों में जैसे इमरजेंसी, फ्यूचर नीड, और बड़े खर्च के लिए सेविंग क्यों जरूरी है यह बताया गया है। इस अध्याय में, घर पर कैश रखने से होने वाली हानियों की भी चर्चा की गई है। इस अध्याय में बैंक धन की सेफ्टी, इन्ट्रस्ट पाने और लोन लेने के लिए क्यों जरूरी है वह भी बताया गया है। बाद में इस अध्याय में कुछ बैंकिंग प्रोडक्ट के बारे में डिस्कस किया गया है जिसमें अकाउन्ट डिपॉजिट लोन और ओवरड्राफ्ट का वर्णन किया गया है। हम लोगों ने चेक को भरना तथा डिमांड ड्राफ्ट को बनाना भी सीखा है। इसके अतिरिक्त अकाउन्ट खोलने में लगने वाले डॉक्यूमेंट के बारे में तथा के.वाई.सी. के बारे में जानकारी पाई है। हम लोगों ने बैंक सर्विस डिलीवरी के विभिन्न चैनल्स् के बारे में भी पढ़ा है। इंटरनेट बैंकिंग, ए.टी.एम., एन.ई.एफ.टी., आर.टी.जी.एस. आदि के बारे में भी डिस्कस किया गया हैं। इसके अलावा इन्श्योरेंस् के टाइप्स के बारे में भी डिस्कस किया गया है।

अध्याय के अंत में आपने गर्वनमेंट द्वारा इम्प्लीमेन्टेड विभिन्न स्कीम जैसे पी.एम.एस.बी.वाई., पी.एम.जे.जे.बी.वाई., ए.पी.वाई., पी.एम.एम.वाई., पी.पी.एफ. और एन.पी.एस. के बारे में पढ़ा है। अन्ततः हम अपने मोबाइल पर किस प्रकार से मोबाइल बैंकिंग तथा मोबाइल वालेट जैसी सर्विसेस् का प्रयोग कर सकते हैं, यह बताया गया है।

	स्टूडेंट के लिए चेक लिस्ट	एप्रोप्रियेट पर टिक करें	
1.	क्या आपने कभी बैंक या बैंक मित्र को विजिट किया है?	हाँ	नहीं
2.	क्या आपका कोई बैंक अकाउंट है?	हाँ	नहीं
3.	क्या आपने कभी ए.टी.एम. यूज़ किया है?	हाँ	नहीं
4.	क्या आपने कभी डेबिट कार्ड यूज़ किया है?	हाँ	नहीं
5.	क्या आपने कभी पिन रिसीव किया है?	हाँ	नहीं
6.	क्या आपका लाइफ इन्श्योरेन्स है?	हाँ	नहीं
7.	क्या आपकी गाड़ी का इन्श्योरेंस है?	हाँ	नहीं
8.	क्या आपने कभी लोन लिया है?	हाँ	नहीं

मॉडल प्रश्न और उत्तर
(Model Questions and Answers)

A. बहुविकल्पी प्रश्न

1.1 हमें अपनी बचत को बैंक में रखना चाहिए क्योंकि:
(a) यह सुरक्षित होता है
(b) इसमे ब्याज मिलता है
(c) कभी भी धन को निकाला जा सकता है
(d) ऊपर दिए गए सभी विकल्प

1.2 ए.टी.एम. का पासवर्ड सिर्फ निम्न के साथ शेयर करना चाहिए:
(a) जीवनसाथी के साथ (b) आज्ञाकारी पुत्र के साथ
(c) आज्ञाकारी पुत्री के साथ (d) किसी के साथ भी नहीं

1.3 के.वाई.सी. का मतलब:
(a) नो योर कस्टमर (b) नो योर करैक्टर
(c) नोविंग योर कस्टमर (d) नोविंग योर करैक्टर

1.4 साहूकारों से धन कर्ज लेने से निम्न हानियाँ होती हैं:
(a) बहुत ज्यादा ब्याज दर
(b) हिसाब-किताब का सही न होना
(c) पारदर्शिता का न होना
(d) ऊपर दिए गए सभी विकल्प

1.5 जीवन बीमा का मतलब:
(a) व्यक्ति का बीमा
(b) पालतू जानवरों के जीवन का बीमा
(c) मशीनों का बीमा
(d) घर का बीमा

1.6 नॉन-लाइफ इनश्योरेंस किसके विरुद्ध होता है:
(a) आग (b) चोरी
(c) धोखा (d) ऊपर दिए गए सभी विकल्प

1.7 बैंक निम्न में से किसके लिये लोन देता है?
(a) घर (b) कार
(c) पढाई (d) ऊपर दिए गए सभी विकल्प

1.8 दो रूपए का नोट किसके द्वारा साइन होता है?
(a) फाइनेंशियल सेक्रेटरी द्वारा (b) आर.बी.आई. द्वारा
(c) भारत सरकार द्वारा (d) मिनिस्ट्री ऑफ फाइनेंस द्वारा

1.9 धन को सेफ रखने की सबसे सुरक्षित जगह कौन सी है?
(a) जमीन में दबा देना
(b) एक लोहे के बॉक्स में रख देना
(c) बैंक में रखना
(d) साहूकार के पास रखना

1.10 सोने व चांदी के जेवरों को बैंक के लॉकर में रखना चाहिये क्योंकि:
(a) यह सुरक्षित होता है (b) चोरी का डर नहीं होता है
(c) (a) व (b) दोनों ही (d) कोई विकल्प उपयुक्त नहीं है

1.11 पी.ओ.एस. क्या है?
(a) पॉइंट ऑफ़ सेल (b) पोजीशन ऑफ़ सेल
(c) पॉइंट ऑफ़ सेलिंग (d) पोजीशन ऑफ़ स्केलिंग

1.12 बैंक किस पर ब्याज देती है?
(a) धन डिपाजिट पर (b) लोन पर
(c) धन निकलने पर (d) किसी भी लेनदेन पर

1.13 बैंक किस पर ब्याज लेती है?
(a) धन डिपाजिट पर (b) लोन पर
(c) धन निकलने पर (d) किसी भी लेनदेन पर

1.14 इंटरनेट बैंकिंग का मतलब है:
(a) इंटरनेट के माध्यम से एकाउंट खोलना
(b) ए.टी.एम. के माध्यम से एकाउंट खोलना
(c) बैंक से संबंधित कार्यों को इंटरनेट के माध्यम से करना
(d) ऊपर दिए गए सभी विकल्प

1.15 रिकरिंग डिपाजिट में:
(a) एक तय रकम हर महीने डिपाजिट करते हैं।
(b) डिपाजिट का समय फिक्स्ड टेन्योर का होता है।
(c) एफ़.डी.आर. रेट के अनुसार इंटरेस्ट दिया जाता है।
(d) कोई इंटरेस्ट नहीं दिया जाता है।

1.16 ए.टी.एम. का प्रयोग किसके लिये करतें हैं:
(a) धन निकालने के लिये
(b) एकाउंट सम्बन्धी जानकारी लेने में
(c) एकाउंट का स्टेटमेंट लेने में
(d) ऊपर दिए गए सभी विकल्प

1.17 RuPay (रु-पे) डेबिट कार्ड क्या है?
(a) घरेलू डेबिट कार्ड।
(b) नेशनल पेमेंट्स कारपोरेशन ऑफ़ इण्डिया द्वारा पेश किया गया कार्ड।
(c) यह सभी ए.टी.एम. व पी.ओ.एस. मशीनों द्वारा स्वीकृत होता है।
(d) ऊपर दिए गए सभी विकल्प।

1.18 आधार क्या है?
(a) 12 अंकों वाला एक कार्ड
(b) एक आई.डी. प्रूफ जो यू.आई.डी.ए.आई. द्वारा इशू किया जाता है
(c) एक सेविंग एकाउंट
(d) (a) व (b) दोनों ही

1.19 पी.ए.एन. का मतलब:
(a) एक प्रकार का एकाउंट (b) प्राइमरी एकाउंट नम्बर
(c) परमानेंट एकाउंट नम्बर (d) पोजीशन एकाउंट नम्बर

1.20 करेंसी नोट्स कौन जारी करता है:
(a) आर.बी.आई. (b) एन.ए.बी.ए.आर.डी.
(c) पब्लिक सेक्टर बैंक्स (d) सेंट्रल गवर्नमेंट

1.21 सिक्के कौन जारी करता है?
(a) सेंट्रल गवर्नमेंट (b) एन.ए.बी.ए.आर.डी.
(c) पब्लिक सेक्टर बैंक्स (d) स्टेट बैंक ऑफ़ इण्डिया

1.22 शिक्षा लोन कवर करता है:
(a) शिक्षण फी व दूसरे खर्च
(b) इसे कोर्स ख़तम हो जाने के बाद वापस किया जाता है
(c) यह भारत व विदेश में शिक्षा लेने के लिये दिया जाता है

(d) ऊपर दिए गए सभी विकल्प

1.23 बैंक एकाउंट कौन खोल सकता है?
(a) भारतीय नागरिक (b) एन.आर.आई.
(c) अशिक्षित (d) ऊपर दिए गए सभी विकल्प

1.24 आधार सीडिंग का मतलब क्या है?
(a) आधार कार्ड को बैंक एकाउंट से लिंक करना
(b) इशू ऑफ़ आधार कार्ड
(c) आधार का ट्रान्सफर
(d) 12 डिजिट का कार्ड

1.25 पी.एम.जे.डी.वाई. से जुड़ने का क्या फायदा है?
(a) एक्सीडेंटल बीमा जो की रूपए 1.00 लाख का कवर देता है।
(b) जीवन बीमा जो की रूपए 30,000 का कवर देता है।
(c) रूपए 5000 की ओवर ड्राफ्ट फैसिलिटी।
(d) ऊपर दिए गए सभी विकल्प।

1.26 पी.एम.जे.डी.वाई. के अंतर्गत कौन एकाउंट खोल सकता है?
(a) कोई भी जिसकी उम्र 10 साल से ज्यादा हो
(b) सिर्फ घरेलू औरतें
(c) सिर्फ परिवार का मुखिया
(d) ऊपर दिए गए सभी विकल्प

1.27 बैंक मित्र कौन होता है?
(a) बैंक द्वारा तय किया गया बैंक का संवाददाता
(b) बैंक का खास ग्राहक
(c) बैंक की ब्रांच का सिक्यूरिटी गार्ड
(d) बैंक एकाउंट

1.28 अटल पेंशन योजना (ए.पी.वाई.) क्या है?
(a) अन-आर्गनाइज्ड सेक्टर को सोशल सिक्यूरिटी प्रदान करना।
(b) वर्कर्स को प्रोत्साहित करना जिससे वे अपनी सेवा-निवृत्ति के बाद के लिये धन संचय करे।
(c) उम्र 60 साल के बाद एक मस्ट पेंशन दी जाती है।
(d) आर्गनाइज्ड सेक्टर को सोशल सिक्यूरिटी प्रदान करना।

1.29 प्रधानमंत्री सुरक्षा बीमा योजना (पी.एम.एस.वाई.) क्या है?
(a) एक्सीडेंटल बीमा कवर
(b) जीवन बीमा कवर
(c) रूपए 5,000/- तक का ओवरड्राफ्ट
(d) ऊपर दिए गए सभी विकल्प

1.30 प्रधानमंत्री जीवन ज्योति बीमा योजना (पी.एम.जे.जे.बी.वाई.) क्या है?
(a) रूपए दो लाख़ तक का जीवन बीमा
(b) एक्सीडेंटल बीमा कवर
(c) रूपए एक लाख़ तक का जीवन बीमा
(d) रूपए एक लाख़ तक का एक्सीडेंटल बीमा कवर

1.31 इनमे से कौन सा डिपाजिट सबसे ज्यादा ब्याज दर देता है?
(a) करंट एकाउंट (b) सेविंग एकाउंट
(c) फिक्स्ड डिपाजिट (d) रिकरिंग डिपाजिट

1.32 पी.एम.एस.बी.वाई. के अंतर्गत, कितने रूपए का एक्सीडेंटल डेथ क्लेम मिलता है?
(a) रूपए एक लाख (b) रूपए दो लाख
(c) रूपए तीन लाख (d) रूपए चार लाख

1.33 क्या अशिक्षित को डेबिट कार्ड इशू किया जाता है?
(a) नहीं
(b) हाँ
(c) सिर्फ जॉइंट एकाउंट के साथ
(d) सिर्फ परिवार के मुखिया के साथ

1.34 एन.ई.एफ़.टी. का मतलब:
(a) नेशनल इलेक्ट्रिक फण्ड ट्रान्सफर
(b) नेशनल इलेक्ट्रोनिक फण्ड ट्रान्सफर
(c) नेशनल इलेक्ट्रिकल फण्ड ट्रान्सफर
(d) नेशनल इलेक्ट्रोनिक फण्ड ट्रान्सफरिंग

1.35 आर.टी.जी.एस. का मतलब:
(a) रियल टाइम ग्रॉस सेटलमेंट
(b) रेडी टाइम ग्रॉस सेटलमेंट
(c) रेडी टाइम ग्रोसरी सेटलमेंट
(d) रियल टाइम ग्रोसरी सेटल

B. निम्नलिखित कथनों में से सही या ग़लत बताइये।

2.1 डिजिटल फाइनेंस सर्विसेज, बेसिक फाइनेंशियल सर्विसेज को लोगों के लिये इंटरनेट के माध्यम से उपलब्ध नहीं करती है।

2.2 बचत (सेविंग) हर एक की प्रथम प्राथमिकता होनी चाहिये।

2.3 घरों में नगद धन रखना असुरक्षित होता है।

2.4 बैंक धन के ट्रान्सफर में एक माध्यम की तरह कार्य करता है।

2.5 सेविंग एकाउण्ट वह एकाउण्ट है जो धन को साझा करने का विशेष अधिकार प्रदान करता है तथा आप के परिवार के लिये पूरी तरह से योग्य होता है।

2.6 बैंक मित्र एक प्रकार से बैंक की ही ब्रांच होती है जो धन के ट्रान्सफर में एक एजेंट की तरह कार्य करती है।

2.7 इंटरनेट बैंकिंग का उपयोग यूटिलिटी बिल भरने में किया जाता है।

2.8 प्रधानमंत्री सुरक्षा बिमा योजना (पी.एम.एस.बी.वाई.), एक आकस्मिक मृत्यु व विकलांगता बीमा योजना है।

2.9 मुद्रा एक माइक्रो यूनिट डेवलपमेंट तथा री-फाइनेंशियल लिमिटेड है।

2.10 किशोर, रुपये 50,000 से रुपये 5 लाख़ तक के लोन को कवर करती है।

उत्तर

1.	1.1	**(d)**	1.2	**(d)**	1.3	**(a)**	1.4	**(d)**	1.5	**(a)**
	1.6	**(d)**	1.7	**(d)**	1.8	**(b)**	1.9	**(c)**	1.10	**(c)**
	1.11	**(a)**	1.12	**(a)**	1.13	**(b)**	1.14	**(d)**	1.15	**(c)**
	1.16	**(d)**	1.17	**(d)**	1.18	**(d)**	1.19	**(c)**	1.20	**(a)**
	1.2	**(a)**	1.22	**(d)**	1.23	**(d)**	1.24	**(a)**	1.25	**(d)**
	1.26	**(d)**	1.27	**(a)**	1.28	**(d)**	1.29	**(a)**	1.30	**(a)**
	1.31	**(c)**	1.32	**(b)**	1.33	**(b)**	1.34	**(b)**	1.35	**(a)**
2.	2.1	**F**	2.2	**T**	2.3	**T**	2.4	**F**	2.5	**F**
	2.6	**F**	2.7	**T**	2.8	**T**	2.9	**T**	2.10	**F**

Specimen Answer sheet for Writing Answers to Objective Questions

PAPER CODE [ ] DATE [ ]

PART ONE : Multiple Choice									
[Put mark (✓) to your Choice]									
Ques.	**A**	**B**	**C**	**D**	**Ques.**	**A**	**B**	**C**	**D**
1					26				
2					27				
3					28				
4					29				
5					30				
6					31				
7					32				
8					33				
9					34				
10					35				
11					36				
12					37				
13					38				
14					39				
15					40				
16					41				
17					42				
18					43				
19					44				
20					45				
21					46				
22					47				
23					48				
24					49				
25					50				

PART TWO: True/False					
[Put mark (✓) to your answer]					
Ques.	**T**	**F**	**Ques.**	**T**	**F**
1			26		
2			27		
3			28		
4			29		
5			30		
6			31		
7			32		
8			33		
9			34		
10			35		
11			36		
12			37		
13			38		
14			39		
15			40		
16			41		
17			42		
18			43		
19			44		
20			45		
21			46		
22			47		
23			48		
24			49		
25			50		

OTHER TITLES OF INTEREST

Artificial Intelligence for Students
ISBN: 9789355517968

IoT for Beginners
ISBN: 9789355510068

Android for **Beginners**
ISBN: 9789388176231

Neural Network for Beginners
ISBN: 9788183335324

Machine Learning for Beginners
ISBN: 9789389845426

Fundamentals of **Android App Development**
ISBN: 9789389845204

Microsoft Azure AI: A Beginner's Guide
ISBN: 9789355510518

Beginner's Guide to Instructional Design
ISBN: 9789355510778

Artificial Intelligence for All
ISBN: 9789389328509

iOS 15 Application Development for **Beginners**
ISBN: 9789355511102

Practical Digital Forensics
ISBN: 9789355511454

Digital Electronics with **Arduino**
ISBN: 9789389423761

Basics of **Python Programming**
ISBN: 9789388511803

Basic **Core Python Programming**
ISBN: 9789390684953

Advance **Core Python Programming**
ISBN: 9789390684069

Let Us Java – 6th Edition
ISBN: 9789355513151

My Data My Privacy My Choice
ISBN: 9789389845181

Getting Started with **Chatbots**
ISBN: 9789388511896

Selenium with **Java**
A Beginners Guide
ISBN: 9789391392680

Designing User Interfaces
ISBN: 9789389898743

Practical Cyber Threat Intelligence
ISBN: 9789355510297